"十二五"国家重点图书出版规划项目
四川建设西部文化强省重点项目

章玉钧　谭继和　主编

巴蜀文化通史
文献要览卷【二】

舒大刚　李冬梅等　著

四川人民出版社

目 录

第五章　巴蜀集部文献 / 423

　　第一节　巴蜀文学与集部文献 / 425
　　第二节　别集文献举要 / 429
　　　　一、汉唐别集 / 429
　　　　二、两宋别集 / 451
　　　　三、元明别集 / 499
　　　　四、清代别集 / 517
　　　　附：诗文评 / 536
　　第三节　总集与丛书文献举要 / 539
　　　　一、总集文献 / 539
　　　　二、丛书文献 / 554

第六章　民国以来巴蜀学术文献 / 569

　　第一节　民国以来巴蜀学术文献概述 / 571
　　第二节　思想史文献举要 / 576
　　　　一、经学与哲学文献 / 576
　　　　二、子学文献 / 605
　　　　三、宗教文献 / 636
　　第三节　语言文字与辞书 / 653
　　　　一、语言学 / 653
　　　　二、辞书 / 659

第四节　文学文献举要 / 673
　　　　一、文学史论文献 / 673
　　　　二、文学文献整理 / 680
　　第五节　史学文献举要 / 697
　　　　一、国史研究 / 697
　　　　二、巴蜀文化研究 / 723
　　　　三、巴蜀史料选辑 / 778
　　　　四、巴蜀考古与文博资料举要 / 801
　　　　五、地理与民族文献举要 / 817
　　第六节　综合性文集 / 854
　　第七节　总集与丛书 / 892

结　语 / 906

后　记 / 912

第五章

巴蜀集部文献

第一节　巴蜀文学与集部文献

　　集部文献盖由古之诗赋发展而来，《汉书·艺文志》有诗赋略著之，吴福连《拟四川艺文志》从之。荀勖《中经新簿》以丁部纪诗赋文集，《隋书·经籍志》易以"集部"，嘉庆《四川通志》从之。

　　就诗赋而言，巴蜀文献也是起源甚古，吴福连叙录说："涂山作歌，首倡《南音》；江沱载咏，化美《召南》。蜀诗萌芽，亦云远矣！孝养则咏'旨酒'；祭祀则咏'黍洁'；纳妃则'东平'有歌；悼亡则'陇归'有曲，皆风雅之逸篇也。"①

　　《南音》《召南》皆见于《吕氏春秋·音初》，已详《概论》所引。"旨酒""黍洁"之咏则见于《华阳国志·巴志》，云："其民质直好义，土风敦厚，有先民之流。故其诗曰：'川崖惟平，其稼多黍。旨酒嘉谷，可以养父。野惟阜丘，彼稷多有。嘉谷旨酒，可以养母。'其祭祀之诗曰：'惟月孟春，獭祭彼崖。永言孝思，享祀孔嘉。彼黍既洁，彼牲惟泽。蒸命良辰，祖考来格。'"重风物，贵孝悌，有《三百篇》之风。"东平歌""陇归曲"则见于《蜀记》佚文，为："武都山精化为女子，美而艳。蜀王纳为妃，不习水土，欲去，王必留之，作《东平之歌》以悦之。无几，物故，蜀王乃遣五丁于武都山担土为冢……王见悲悼，遂作《臾邪之歌》《龙归之曲》。"②"陇归"即"龙归"。这些都是先秦时期巴蜀地区诗赋创作的情况。

　　两汉的巴蜀，《汉书·地理志》有"王褒、严遵、扬雄之徒文章冠天下"之称，其成就之富，几得汉家文学半壁江山。刘咸炘说："相如、褒、雄，分国华之半，为词苑所宗。"③史称相如之赋，"铺张扬厉"，"劝百讽一"，

---

① 吴福连：《拟四川艺文志》。
② 《蜀记》佚文，见（宋）乐史：《太平寰宇记》卷七二引；又见（晋）常璩：《华阳国志》卷三。
③ 刘咸炘：《蜀学论》，《推十书》之《推十文》卷一。

相如自言"包括宇宙，总览人物"，时人皆称"典而丽"，"不似从人间来，其神化所至耶！"①其气势和修辞，实居汉赋之首。王褒之言情小赋，如《洞箫赋》，小巧玲珑，修辞典丽。扬雄赋则雕章琢句，穷其譬喻，一赋之成，竟梦肠流地下！此三家者，皆穷艳极巧，为辞赋之冠。田况说："蜀自西汉教化流而文雅盛，相如追肩屈、宋，扬雄参驾孟、荀，其辞其道，皆为天下之所宗式。故学者相继，谓与齐鲁同俗。"②吴福连亦云："司马、王、扬，词赋竞爽；侈丽闳衍，班固所称。"③信然！三子文章，不仅为史所称，而且为后世所仿效，刘咸炘言："韩（愈）、柳（宗元）之俦，衍扬（雄）之绪；班（固）、张（衡）以下，蹑马（司马相如）之踪。盖东南之美水涣文章而包络吴楚者，岷山之滥觞也。"④

东汉以下，蜀儒继响，作者代有。其善于写铭文者，则有广汉雒（今属广汉）人李尤，撰铭120篇，今存85篇，居两汉铭文之冠。善于写赞词者，则有犍为武阳（今彭山）人杨戏，著《季汉辅臣赞》，陈寿撰《蜀志》时多有摘取。魏晋六朝，政局荒乱，巴蜀僻远，不通中朝，但也留下简洁明快的《三国志》（陈寿）和乡情浓郁的《华阳国志》（常璩）等史志文学，以及哀婉动人的《陈情表》（李密）等。

唐代文学，在经历了六朝"绮靡香罗"之态和初唐的"轻薄为文"之后，力矫时弊，志于复古，而这复古运动的开山人物，便是蜀中射洪人陈子昂。他提倡"汉魏风骨"，鄙弃"逶迤颓靡"的"陈隋风流"，大揭自然朴素之文风，开一代诗风、文风之新姿。杜甫咏叹："公生扬马后，名与日月悬。"⑤韩愈也颂道："国朝盛文章，子昂始高蹈。"⑥明人高棅更推许他"继往开来，中流砥柱，上遏贞观之微波，下决开元之正派"⑦。彰明李白继起，将陈子昂开创的朴质豪放、浪漫恣肆的诗风推向极致，他师法《庄子》，寄意玄

---

① （宋）李昉：《太平广记》卷一九八《文章》。
② （宋）田况：《进士题名记》，《成都文类》卷三〇。
③ 吴福连：《拟四川艺文志》。
④ 刘咸炘：《蜀学论》。
⑤ （唐）杜甫：《过陈拾遗故宅》，（明）曹学佺：《蜀中广记》卷二九引。
⑥ （唐）韩愈：《荐士》，《韩愈全集·诗集》卷五，上海古籍出版社1997年钱仲联、马茂元校点本。
⑦ （明）高棅：《唐诗品汇·五言古诗叙目》，上海古籍出版社2012年据辞书出版社藏明汪宗尼校订本影印本。

妙，横空出世，一泻千里，言必己出，出必惊人，杜甫赞其"笔落惊风雨，诗成泣鬼神"①，成为后世一直效法的"诗仙""词宗"。特别是中原经"安史之乱""黄巢起义"，促成"天下诗人例到蜀"，

高适、岑参、杜甫、元稹、白居易、刘禹锡、贾岛、李商隐等，皆资蜀中之山水、人文，发为亘古未有之绝唱。五代时期，中原扰攘，藩镇割据，蜀中相对安定，"衣冠之族多避乱入蜀"，王蜀、孟蜀，独存唐风，文化之盛，外间罕匹。继李白所创《菩萨蛮》《清平乐》后，温庭筠、郑谷、韦庄在五代成都形成了婀娜多姿的《花间集》词，肇开宋词婉约一派。

中唐以迄北宋，文学复古运动取得最后胜利，形成以"唐宋八大家"为代表的"古文"风范，为后人所师法。而"八家"之中，蜀得其三，而且父子相承，花萼齐芳。苏洵议论严密，辞风劲竞，有兵家、纵横家之风。苏轼文风潇洒，多技多能，诗文词赋，无所不精，文若行云流水，词开豪放一宗；苏辙汪洋淡泊，运思深邃，而秀杰之气终不可掩。于是苏氏之文名满京城，风动天下。南宋朝廷衡文取士，多以苏文为范式，陆游《老学庵笔记》载有"苏文熟，吃羊肉；苏文生，吃菜羹"的民谚。三苏之外，蜀人之善文章者，尚有苏舜卿、文同、唐庚、韩驹、李焘、李石等，皆称名当时，或为欧阳修所识，或为陆游所赏。

元明时期，巴蜀文学相对寥落，缺乏引领全国风骚的人物，但是岷峨灵气，巴蜀文脉，杰人君子，亦不择地而出。如侨迁江西崇仁的虞集，少师母氏（眉山杨文仲之女），三岁即知读书；后避兵迁岭外，干戈中无书册可携，母亲杨氏"口授《论语》《孟子》《左氏传》、欧苏文，闻辄成诵"。及长还长沙，始得刻本，而集"已尽读诸经，通其大义矣"。后来登朝为国子太常博士、秘书少监、侍读学士，学问与吴澄、姚枢方驾，诗名与杨载、范梈、揭傒斯同称"四大家"，史称"集弘才博识，无施不宜，一时大典册，咸出其手"②，著有《道园学古录》。巴西邓文原，元时亦官至集贤直学士，兼国子祭酒，著《巴西文集》，其文温醇典雅，与鲜于枢同在赵孟頫"复古"大旗下，为元代文学复古运动之主将干城。元朝巴蜀文学，有虞、邓二人，亦可稍补其缺矣。

---

① （唐）杜甫：《寄李十二白二十韵》，《李太白全集》卷三二。
② 《元史·虞集传》。

明初，文学可观者有苏伯衡、杨基、徐贲等。川籍文人杨基、徐贲二人与长洲高启、浔阳张羽并称"吴中四杰"。但在随之而起的"台阁体""公安派""竟陵派""前七子""后七子""前五子""后五子""广五子"等文学流派中，川籍文人仅张佳胤名列"后七子"，是时巴蜀文坛缺乏全国性影响人物。正德以后，这一状况稍有改观，新都杨廷和位居首辅，其子杨慎又高中状元，蜀人熊过、任瀚并列"嘉靖八才子"，杨慎、赵贞吉、熊过、任瀚号称"西蜀四大家"，巴蜀文学稍有振兴气象。但是新一轮野蛮专制统治（即"大礼议"）将这一势头彻底粉碎。杨廷和被无情罢黜，杨慎远贬永昌，蜀学进入核心阶层影响学术的可能性被截断。不过杨慎居夷30年，却又给他带来了专心从事文学与考据事业的良好机会。他在贬所，潜心学术，撰书400余种，遍及经、史、子、集，体兼诗、文、词、曲、杂剧，多能多技，东坡第二；高文高行，明代第一。他反道学而重实学、反空谈而重考据的治学方法，为清人考据学的兴起扫清了道路。刘咸炘说："明学靡靡，用修（慎）广采，遥和何（武）、李（仲元），是古学清尘之篝也。"①

明末清初，由于战乱的破坏，巴蜀文化几于不振，被远远地排除在全国主流文化之外。初期只有少数由明入清之士，在艰难地传续着蜀中学术。如清初新繁人费密，其父经虞是崇祯举人，在经学上颇有著述，具有家学。密身经战火，窜身荒野西漠，中年后乃潜心学术，史称"蜀中著述之富，自杨升庵后，无如密者"②。今传有《弘道书》《燕峰文集》《诗集》《剑阁芳华集补》。达州人唐甄，其父也是明朝进士，做过地方县令，因目睹战乱和生计落拓之苦，著《潜书》97篇，发出"君民皆人""凡君皆贼"的呐喊。其文字则"闳肆如庄周，峭劲如韩非，条达如贾谊"③。泸州人先著，因明末蜀中战火，寄籍江南，与诸名士往来，唱酬无虚日，李调元说他"造句必新，遣言必雅"，为"词坛飞将军"④。

经过康熙、雍正两代的休养生息，蜀中文化有所恢复，至乾隆时期，出现了号称"四川三才子"的彭端淑、李调元、张问陶。彭是丹棱望族，雍正、乾

---

① 刘咸炘：《蜀学论》。
② （清）刘景伯：《蜀龟鉴》卷四，《四库未收书辑刊》影印清咸丰刻本，北京出版社2000年版。
③ （清）潘耒：《潜书序》，《潜书》卷首。
④ （清）李调元：《蜀雅》，绵州李氏万卷楼刊，道光五年（1825）补刻《函海》本。

隆间，与兄弟仲尹、遵泗相继中进士，号称"三彭"。中年辞官归里，主讲锦江书院达30年，为培养蜀中俊才做出了重要贡献。罗江李调元，乾隆进士，入翰苑为庶吉士，官学政。中因得罪权贵被充军伊犁，历经苦难幸得回归。晚岁绝意仕途，悠游山水，交结文学、戏曲人士，著书130余种，遍及经、史、小学、考据、辞章、戏曲等各个方面，博学多能，苏轼、杨慎之后，一人而已！编《函海》《全五代诗》《蜀雅》《粤风》，为整理文献、传承学术，做出了重要贡献。张问陶字船山，遂宁人，康熙朝名臣张鹏翮四世孙。乾隆末中进士，官御史、郎中、知府，中年辞官居吴门。文学上反对寻章摘句，主张直抒胸臆，为"性灵派"中坚。有《船山诗草》传世。

晚清是中国社会的剧烈变革时代，维新变法、改制图强是时代的主旋律，四川学人在这一潮流中也有上佳表现。廖平"托古改制"、宋育仁"复古改制"的经学理论，为康有为维新变法思想的产生提供了重要借鉴。宋育仁还通过办报纸、撰诗文等方式，大力推进维新思想的普及。"戊戌六君子"中的杨锐、刘光第沉郁顿挫的诗歌，也为四川近代文学打上了特殊的烙印。至于"革命军中马前卒"邹容的呐喊、川剧文学大师黄吉安和"竹枝词"派的大量创作，更为四川文学的转型注入了新的活力。

第二节 别集文献举要

一、汉唐别集

1. 《司马相如集》1卷[①]，汉司马相如撰

司马相如（前179~前117），字长卿，小名犬子，因慕战国蔺相如之为人，遂更名为相如，蜀郡成都人。少时好读书击剑，善属文。尝以赀为郎，事汉景帝，为武骑常侍。景帝不好文，相如遂称病辞官，客游于梁，为梁孝王门客。梁孝王好赋，枚乘、邹阳、严忌等著名赋家皆聚其门下，"相如得与诸生游士居数岁，乃著《子虚》之赋"。梁孝王死，相如归蜀，由于家贫，往依好友临邛令王吉，以一首《凤求凰》取悦临邛富人卓王孙女卓文君，携之私奔成

[①] 《司马相如集》的卷数，有1卷和2卷之说。如《隋书·经籍志》《玉海》作1卷，《旧唐书·经籍志》《新唐书·艺文志》《通志》《蜀中广记》作2卷，盖仅分卷不同而已。

都。家贫，遂置酒肆于市，文君当垆，相如自着犊鼻裈以充佣保。汉武帝时，相如得狗监杨得意引荐，以《子虚赋》见知于武帝，又作《上林赋》《大人赋》以献，武帝大悦，任以为郎。后迁中郎将，奉使西南，作《谕巴蜀檄》《难蜀父老》，对稳定巴蜀、开发西南、沟通汉与西南少数民族关系颇有成就。其后，有人上书言其出使时受金纳贿，相如因此被免官。居岁余，复召为郎，旋拜为孝文园令。晚年因病辞官，家居茂陵（今陕西兴平东南），年62卒，以《封禅文》留奏武帝。《史记》卷一一七、《汉书》卷五七均有传。

相如口吃，不擅交际，不慕官爵，生平以闲居、读书、写作为最大乐趣。嵇康《司马相如赞》论其人品曰："长卿慢世，越礼自放。犊鼻居市，不耻其状。托疾避官，蔑此卿相。乃赋《大人》，超然莫尚。"①可谓切当之评。其一生著述甚多，《汉书·艺文志》载相如有赋29篇，可惜多已失传，现仅存《子虚赋》《上林赋》《大人赋》《哀秦二世赋》《长门赋》《美人赋》②6篇，另有《梨赋》《鱼葅赋》《梓桐山赋》仅存篇名。除赋体之外，亦有论说杂文存世，如《谕巴蜀檄》《难蜀父老》《谏猎书》《封禅文》等，而《史记》《汉书》中提到的《遗平陵侯书》《与五公子相难》《草木书》以及文字学著作《凡将篇》，今都已失传。又《隋书·经籍志》著录相如有集1卷，今也已散佚，现存《司马相如集》乃明人"取其《上林赋》《难蜀父老文》及《封禅颂》诸作"③，编辑成册。

辞赋是汉代最主要、成就最大的文学体裁，它从《楚辞》的"骚体"演化而来。司马相如赋作成就极高，乃汉赋的集大成者，素有"文章西汉两司马"（两司马：司马相如、司马迁）之美誉，又位居汉赋"四大家"（贾谊、司马相如、王褒、扬雄）之列。今文集中收录相如赋6篇，《美人赋》《子虚赋》《上林赋》为文赋，《大人赋》《长门赋》《哀秦二世赋》为骚体赋。其中《子虚赋》《上林赋》是相如最具有代表性的作品，它承枚乘《七发》的传统，开创和奠基了汉赋"铺张扬厉"的大赋体制和"劝百讽一"的赋颂特点。如《子虚赋》，虚设"子虚""乌有先生"问答，写楚"游戏之乐，苑囿之大"不合诸侯之制，实乃借楚事以讽梁王的奢侈。《上林赋》设"亡是公"之

---

① （明）张溥：《汉魏六朝百三家集》卷三五《魏嵇中散集》，光绪五年信述堂刊本。
② 《长门赋》《美人赋》，有人疑此二赋为伪作。如南齐时陆厥云："《长门》《上林》，殆非一家之赋。"（见《南齐书·陆厥传》，中华书局1972年版。）
③ （明）曹学佺：《蜀中广记》卷九七《著作记第七》。

言，极力铺张天子上林苑之广大，游猎的壮观，结处谓"终日暴露驰骋，劳神苦形，罢车马之用，抏士卒之精，费府库之财，而无德厚之恩，务在独乐，不顾众庶，忘国家之政，而贪雉兔之获，则仁者不由也"。虽然立意在于讽谏，但整篇铺张扬厉，反不免于劝。故后世多从文学性方面评论之，明王世贞《艺苑卮言》即评论云："《子虚》《上林》，材极富，辞极丽，而运笔极古雅，精神极流动，意极高，所以不可及也。"其他赋作，如《大人赋》乃模拟《远游》，写世居中州之大人遗世轻举之事，然用字多生僻；《哀秦二世赋》是批评秦二世持身不谨、信谗不寤，蕴含深刻寓意；《长门赋》系抒情言志小赋，描摹了陈皇后失宠后的复杂心理，开后世宫怨诗创作之风；《美人赋》模拟《登徒子好色赋》，文笔优美，风格别致。如此等等，足见相如赋作题材丰富，形式多样。

《西京杂记》载相如论作赋之法云："合綦组以成文，列锦绣而为质，一经一纬，一宫一商，此赋之迹也。赋家之心，苞括宇宙，总览人物，斯乃得之于内，不可得而传。"①总观相如赋作，大抵如此。其结构宏伟，辞采富丽，长于描写，又富于音韵变化，因此对当时及后世影响甚大，成为赋家范文。扬雄《法言·吾子篇》云："如孔氏之门用赋也，则贾谊升堂，相如入室矣。"又云："长卿赋，不似从人间来，其神化所至耶。"（《扬子云集》卷四《答桓谭》）其《甘泉》《长杨》《河东》《羽猎》诸赋，均仿相如《子虚》《上林》两赋之作。班固、张衡、左思等人赋作，亦常拟相如之作为式。鲁迅《汉文学史纲要》亦赞相如之赋，"制作虽甚迟缓，而不师故辙，自摅妙才，广博宏丽，卓绝汉代"。

相如不仅以大赋绝代，其论说杂文也足以流芳。如文集中《谕巴蜀檄》《难蜀父老》《谏猎书》《封禅文》等篇，大多能针对现实问题，有的放矢，慷慨陈词，具有强烈的政论色彩和现实针对性。以《谕巴蜀檄》《难蜀父老》为例，公元前130年，汉朝在今贵州北部和四川南部设置夜郎郡后，派唐蒙打通西南夷道，唐蒙遂征发数万巴蜀民工凿石修路。然由于工程艰险，唐蒙又动辄军法从事，致使民工苦不堪言，数年之间，死者大半，一时间"惊惧子弟，忧患长老"。相如奉命入蜀，他一方面指责唐蒙扰民，另一方面又晓喻朝廷旨意，抚慰

---

① （汉）刘歆撰、（晋）葛洪辑：《西京杂记》卷二《百日成赋》，上海古籍出版社2012年王根林校点本。

民众，稳定民心，分析打通西南夷之路的重要性，于是有《谕巴蜀檄》之作。稍后，蜀中长老对开发西南夷政策提出非难，朝中大臣也多有非议，相如故又作《难蜀父老》，以赋体的假设问答为结构，先写"蜀都耆老大夫缙绅先生"向使者进言，认为开发西南夷是"割齐民以附夷狄，敝所恃而事无用"，然后使者对"缙绅先生"进行驳斥，最后以诸大夫诚服作结。总观其文，语言切直，气势充畅，有战国纵横说辞的余风，又铺张繁饰，以赋入文，实有开后世骈文的先声。因此，李充《翰林论》称《谕巴蜀檄》为盟檄之"德音"，刘勰《文心雕龙·檄移》称《难蜀父老》"文晓而喻博，有移檄之骨焉"。

《司马相如集》，又名《司马长卿集》《司马文园集》，原本久佚，现存乃明人辑本。今所见善本主要有：明汪士贤辑刻的《汉魏六朝诸家文集二十二种》中的《司马长卿集》，万历间刻本，有近人傅增湘校并跋；明张燮辑的《七十二家集》中的《司马文园集》，天启、崇祯刻本；明张溥辑的《汉魏六朝百三家集》中的《司马文园集》，明末八闽徐博刻本；今人金国永校注的《司马相如集校注》（上海古籍出版社1993年版），朱一清、孙以昭校注的《司马相如集校注》（人民文学出版社1996年版），李孝中校注的《司马相如集校注》（巴蜀书社2000年版）等。（李冬梅）

2. 《王谏议集》1卷，汉王褒撰

王褒，汉宣帝时人，生卒年不详，字子渊，蜀郡资阳（今四川资阳）人。时汉宣帝好儒，讲论六艺，爱好诗歌，欲兴文治。益州刺史王襄闻王褒有俊才，使作《中和》《乐职》《宣布》等诗。后宣帝征褒入都，褒献《圣主得贤臣颂》，遂与张子侨、刘向等待诏金马门。数从宣帝游猎，辄为歌颂，未几，擢为谏议大夫。其后太子有疾，诏使王褒等往侍，朝夕诵读奇文及所自作，至疾平而归。太子喜褒《甘泉宫颂》《洞箫颂》诸篇，命后宫嫔妃近侍皆诵读之。会方士言益州有金马、碧鸡之宝，宣帝命王褒前往祭祀，欲求金马、碧鸡，褒病死于道中。《汉书》卷六四下有传。

褒善诗，工辞赋。《汉书·艺文志》著录"王褒赋十六篇"，今存有《九怀》9篇，即《匡机》《通路》《危俊》《昭世》《尊嘉》《蓄英》《思忠》《陶壅》《株昭》，以及《洞箫赋》《圣主得贤臣颂》《甘泉宫颂》《碧鸡颂》①，凡13篇。此外，亦有《四子讲德论》《僮约》《责髯奴文》②等文。又《隋书·经籍志》载有《王褒集》5卷③，然今已散佚，今存本乃明人所辑，仅为1卷。

褒乃汉代四大辞赋家之一，亦是蜀中最著名的辞赋家之一，他继承并发扬了枚乘、司马相如大赋创作的传统，以辞赋创作为名，但其文学成就整体上却不如其他三人（贾谊、司马相如、扬雄）。今文集中赋作如《洞箫赋》为褒典型代表作，它与司马相如或叙事或抒情的散体大赋不同，是一篇咏物摹声小赋。其中描写声音之妙，充分利用赋体的优势，反复铺排，颇为生动，实开后世咏物小赋之先河，且有"音乐赋之祖"的美誉。刘勰《文心雕龙·铨赋》称："子渊《洞箫》，穷变于声貌。"而《九怀》乃吊屈原之作，王逸《九怀章句序》云："褒读屈原之文，嘉其温雅，藻采敷衍，执握金玉，委之污渎，遭世混浊，莫之能识。追而愍之，故作《九怀》，以裨其词。"④不过此作因系模仿之作，影响不是很大。

其他文论之作如《四子讲德论》，为《中和》《乐职》《宣布》诗之传，《文选》李善注引如淳曰："言王政中和，在官者乐其职，《国语》所谓宣布哲人之令德也。"此文以对话问答方式铺展，抑扬反复，引经据典，极尽歌颂之意。明孙月峰称道之，谓"其佳处，在舒徐自在，亦正于淡处见风致"。从写作技巧上来说，确为有见地之言。又《僮约》一文，系王褒买奴券文，它不仅提供了一些当时社会的历史材料，而且也多为后人仿作，如石崇仿作《奴券》，黄庭坚仿作《跛奚移文》，足见此文之价值。

是集久佚，明张溥辑《王谏议集》1卷，收入《汉魏六朝百三家集》。今人整理本主要有牛贵琥《王褒集校注》（新华出版社1993年版）、王洪林《王褒集考译》（巴蜀书社1998年版）。（李冬梅）

3．《扬雄集》5卷⑤，汉扬雄撰

扬雄有《太玄》，前已著录。

---

① 又名《移金马碧鸡文》。
② 《责髯奴文》作者，尚有争议，《古文苑》以为黄香作。
③ 《旧唐书·经籍志》《新唐书·艺文志》《宋史·艺文志》《通志》《玉海》等亦皆著录"《王褒集》五卷"。
④ （汉）王逸：《楚辞章句》卷一五《九怀章句序》，影印文渊阁《四库全书》本。
⑤ 《扬雄集》原本5卷，惜早已散佚，今辑本有1卷、3卷、4卷、5卷、6卷之别。

是集又名《扬子云集》《扬侍郎集》,《隋书·经籍志》《旧唐书·经籍志》等皆著录为5卷,然其本已佚。宋谭愈"好雄文,患其散在诸篇籍,离而不属"①,因取《汉书》及《古文苑》所载40余篇,仍辑为5卷,聊补原书之缺。明万历时,遂州郑朴又取雄所撰《太玄》《法言》《方言》三书及类书中所引《蜀王本纪》《琴清英》诸条,与其诸文、赋合之,厘为6卷,而以逸篇之目附卷末,今《四库全书》所收即此本。

在文学上,雄主要以辞赋知名,乃汉代四大赋家之一。其早年甚喜辞赋,尝慕乡人司马相如作赋弘丽温雅,故每拟之以为式。《汉书·艺文志》于"诗赋略"即著录"扬雄赋十二篇",今存《蜀都赋》等11篇,《核灵赋》1篇乃残篇。后来他认为辞赋非"贤人君子诗赋之正","童子雕虫篆刻","壮夫不为",遂转而研究哲学。其代表作是仿效司马相如《子虚》《上林》的"四赋",即《甘泉》《河东》《羽猎》《长杨》,此四赋皆因事而作,旨在谏戒帝王息佚猎、绝奢侈、惜民力、重国防。他继承的是司马相如散体大赋的路子,并将其推向了极致。而其《蜀都赋》则又是展现蜀地风貌的绝佳之作。此赋对蜀中地理位置、山川物产、竹木禽兽、都城规模、花果蔬菜、布帛蜀锦、饮食肴馔、歌舞习俗等方面都作了铺陈,这不仅对于外界了解蜀地甚是有用,而且也开始了都邑题材作品的创作。此后班固《两都赋》、张衡《二京赋》、左思《三都赋》,都是导源于此。

除辞赋外,雄亦有书、箴、颂、难、连珠等类论说之文。如他曾作《十二州箴》《二十五官箴》,将辞赋的艺术手法纳入箴言之中,以期达到劝谏君王施行德政,安不忘危,官司其职,国富民强的目的。故王应麟《汉艺文志考证》引晁氏曰:"雄见莽更易百官,变置郡县,制度大乱,士皆忘去节义,以从谀取利。乃作《司空》《尚书》《光禄勋》《卫尉》《廷尉》《太仆》《司农》《大鸿胪》《将作大匠》《博士》《城门校尉》《上林苑令》等箴,及荆、扬、兖、豫、徐、青、幽、冀、并、雍、益、交《十二州箴》,皆劝人臣执忠守节,可为万世戒言。"②不过对于雄所撰诸箴存世篇数及部分篇章真伪,后世亦多存疑。如《古文苑》及《中兴书目》皆为24篇,晁公武《郡斋读

---

① (宋)赵希弁:《郡斋读书后志》卷二,商务印书馆《万有文库》影印本。
② 晁氏语,今本《郡斋读书志》无。见(宋)王应麟:《汉艺文志考证》卷五引,中华书局2011年张三夕、杨毅点校本。

书志》则称28篇，多《司空》《尚书》《博士》《太常》4篇。而《四库全书》所收明郑朴辑本又增以《太官令》《太史令》为30篇。考《后汉书·班固传》注引雄《尚书箴》，《太平御览》引雄《太官令》《太史令》2箴，则郑朴所增，未为无据。然又考《汉书·胡广传》，称雄作《十二州箴》《二十五官箴》，其9箴亡，则汉世止28篇。刘勰《文心雕龙》称《卿尹州牧》25篇，则又亡其三，不应其后复出。且《古文苑》载《司空》等4箴，明注崔骃、崔瑗之名，则此4箴或许真非雄所作也。故陈振孙《直斋书录解题》云："今广德军所刊本，校集中无《司空》《尚书》《博士》《太常》四箴。集中所有，皆据《古文苑》。而此四箴，或云崔骃，或云崔子玉，疑不能明也。"①

是集现存版本除了上面提到的《四库全书》本外，尚有明张燮《七十二家集》本、张溥《汉魏六朝百三家集》本、汪士贤《汉魏六朝诸家文集二十二种》本、严可均《全上古三代秦汉三国六朝文》本等。其中严辑本可谓目前辑录扬雄集最为完善的本子，此本无因袭，无重出，各篇之末都注明见于某书某卷，复查核对非常方便。今人整理本主要有张震泽《扬雄集校注》（上海古籍出版社1993年版）、郑文《扬雄文集笺注》（巴蜀书社2000年版）、林贞爱《扬雄集校注》（四川大学出版社2001年版）。（李冬梅）

4．《李伯仁集》5卷②，汉李尤撰

李尤，生卒年不详，字伯仁，益州广汉雒（今四川广汉）人。少以文章显，汉和帝时，侍中贾逵荐尤有司马相如、扬雄之风，召诣东观，受诏作赋，拜兰台令史。安帝时，为谏议大夫，受诏与谒者仆射刘珍等共撰《汉记》。后安帝废太子为济阴王，尤上书谏争。顺帝立，迁乐安相。年83卒，《后汉书》卷一一〇上有传。

李尤甚有文才，著有诗、赋、铭、诔、颂、《七叹》《哀典》凡28篇，而以铭为最。如《玉海·李尤集序》曰："尤好为铭赞，门阶户席，莫不有述。"《蜀中广记》卷九七引《文章流别》云："李尤自山河都邑至于刀笔笮契，莫不有铭。"

李尤时代，汉赋已渐衰落。故其辞赋如《函谷关赋》，描写函谷关地势

---

① （宋）陈振孙：《直斋书录解题》卷一六。
② 是集又名《李尤集》《李兰台集》，有2卷和5卷之别。《隋书·经籍志》《通志》《玉海》著录为5卷，《宋史·艺文志》《蜀中广记》著录为2卷。2卷本似应为后人辑本。

险峻及历代攻守中的重要，歌颂大汉开基及"中兴再受"的功勋，虽然尚存有扬、马之风，但是篇幅短小、结构拘谨，辞气已远不如司马相如和扬雄的博大雄浑。而其为数众多的铭文，辞兼褒赞、体贵弘润，语言简练整齐，有如格言警句，则颇具特色。不过学者对李尤作品的评价整体却不是很高。如《文心雕龙·才略》云："李尤赋铭，志慕鸿裁，而才力沈膇，垂翼不飞。"张溥《汉李尤集题词》亦综论其文章云："《后汉书·文苑》二十人，李伯仁与其选，亦兰台文章之杰也。《传》云著诗、赋、铭、诔、颂、《七叹》《哀典》凡二十八篇，今诔、颂、《哀典》俱不见，《七叹》无传，惟有《七欸》，岂'叹'字之讹耶？其文寂寥，非枚叔比也。诗有《九曲歌》，间属阙文。赋五首，微质雅，拟之《上林》《长杨》，则泰山丘垤也。当时荐者称其文有相如、扬雄风，何哉？铭八十余，多体要之作，及所匠意，于子云《百官箴》得其深矣。挚仲治讥以秽病，屈诸王莽鼎铭之下，抑文家以少言为贵，而多者难于见工也。"[①]确为持平之论。

据《隋书·经籍志》载，李尤原有文集5卷，然早已散佚。明张溥《汉魏六朝百三家集》辑有《汉兰台令李伯仁集》1卷，清严可均《全后汉文》亦收录李尤现存著作颇全。《汉魏六朝百三家集》本收录李尤作品有诗1（《九曲歌》残）、赋5（《函谷关赋》《东观赋》《辟雍赋》《平乐观赋》《德阳殿赋》）、铭85、《七欸》1（残）、序1（《几铭序》）等。（李冬梅）

5.《诸葛亮集》11卷，三国蜀汉诸葛亮撰

诸葛亮（181~234），字孔明，琅琊阳都（今山东沂南）人。早孤，随叔父诸葛玄依荆州牧刘表，后避乱隐居襄阳隆中。建安十二年（207），刘备"三顾茅庐"，请教天下大计。亮纵论大势，高瞻远瞩，提出联吴抗曹，三分天下的主张，即著名的《隆中对》。刘备完全采纳，亮遂成为备经营天下的助手。后赤壁之战大破曹军，终成三国鼎立之势。蜀汉建立，亮为丞相。刘备死，辅佐后主刘禅，先后六次伐魏，建兴十二年（234）卒于军，年仅54岁，谥忠武。《三国志·蜀书》有传。

据《三国志》本传，陈寿编有《诸葛亮集》，目录24篇，凡10万余字。《隋书·经籍志》著录有25卷，《新唐书·艺文志》《旧唐书·经籍志》著录为24卷，《宋史·艺文志》著录14卷，此后原本渐渐散佚，今存多为明清时人

---

① （明）张溥：《汉魏六朝百三家集》卷一五《汉李尤集题词》。

辑本。

诸葛亮集内容多为奏章、书信一类文体，其中以《出师表》最负盛名。蜀汉建兴五年（227），诸葛亮驻军汉中，准备出师征伐曹魏，临行前上表后主刘禅。刘禅并非明主，既无兴国讨贼大志，又无亲贤远佞的明智，故诸葛亮是表开篇即用"两宜""两不宜"谆谆告诫，叮咛周至；然后具体交代国内文武大臣之贤能者及军政大事之可堪重任者；最后表明自己以身许国，报效蜀汉的心志和此次出师北伐、光复汉室的目的。诸葛亮一身忠心赤诚，可谓尽情展露笔端。因此刘勰说此表"志尽文畅"①，苏轼说此文"简而尽，直而不肆，大哉言乎！与《伊训》《说命》相表里，非秦汉以来以事君为悦者所能至也"②。陆游更是称赞说："出师一表真名世，千载谁堪伯仲间。"③《出师表》作于蜀，亦最先流传于蜀，故对巴蜀影响也至深。宋叶梦得说："《明皇幸蜀图》，李思训画……山谷间民皆冠白巾，以为蜀人为诸葛孔明服，所居深远者，后遂不除。"④此足见其遗爱之深。

是集原本早佚，明清时人辑本颇多。如明张溥《汉魏六朝百三家集》本《诸葛丞相集》1卷、清朱璘《诸葛丞相集》4卷等。今通行本为清武威张澍辑本《诸葛亮集》11卷本，内《文集》4卷、《附录》2卷、《诸葛故事》5卷。张本不论辑录原文还是收集参考资料，均较完备，现有中华书局1960年整理排印本。（李冬梅）

6.《陈拾遗集》10卷，唐陈子昂撰

陈子昂（661～702），字伯玉，梓州射洪（今四川射洪）人。出身富家，任侠尚气，年十七八后始慨然立志于学，"数年之间，经史百家，罔不该览。尤善属文，雅有相如、子云之风骨"⑤。文明元年（684）登进士第。武后光宅元年（684），诣阙上书，受赏识，拜麟台正字。垂拱三年（687），武后欲开雅州（治今雅安）由蜀道攻生羌，因以击吐蕃，子昂上《谏雅州讨生羌书》，以"七害"谏止之。天授二年（691），母丧，归蜀守制，服除，擢右拾遗。旋坐"逆党"下狱，狱解，复原官。万岁通天元年（696），任建安王武攸宜

---

① （梁）刘勰：《文心雕龙·章表》，人民文学出版社1983年周振甫注释本。
② （宋）苏轼：《乐全先生文集叙》，《苏轼文集》卷一〇，中华书局1986年孔凡礼点校本。
③ （宋）陆游：《书愤》，《剑南诗稿校注》卷一七，《陆游全集校注》本。
④ （宋）叶梦得：《避暑录话》卷下，中华书局1985年《丛书集成初编》本。
⑤ （唐）卢藏用：《陈氏别传》，（唐）陈子昂：《陈子昂集》附录。

参谋，随军东征，抵御契丹，至渔阳等地。武攸宜统率无方，前军大败，三军震恐，子昂一再进谏，不纳，徙为军曹。因登蓟北楼，赋《登幽州台歌》，成千秋绝唱。军还，复右拾遗，寻以父老而解官归乡。又数年，县令段简罗织诬陷，系子昂于狱，忧愤而卒，年仅42岁。《旧唐书》卷一九〇、《新唐书》卷一〇七有传。子昂工诗善文，著有《陈拾遗集》10卷，然作品散佚颇多，今仅存文110余篇、诗120余首。

初唐之时，诗文创作仍沿袭陈隋浮艳华丽、注重形式的宫廷诗和骈丽文遗风。《新唐书·杜甫传》云："唐兴，诗人承陈隋风流，浮靡相矜。至宋之问、沈佺期等，研揣声音，浮切不差，而号律诗，竞相沿袭。"子昂则力主革新六朝诗文风气，其《修竹篇序》以为"齐梁间诗，彩丽竞繁，而兴寄都绝"，故标举风雅比兴、汉魏风骨和建安、正始诗风，提倡写"骨气端翔，音情顿挫，光英朗练，有金石声"之诗。此诗学革新理论，后为李白、杜甫、白居易所继承发扬。

子昂之诗，以五古见长，善于托物寄兴，质朴无华，不假雕饰而遒劲刚健，为唐代诗歌革新的先驱。《感遇》三十八首，或感怀身世，或讽谏朝政，高昂清峻，独具一格，尽洗六朝宫体艳丽之风。故朱熹"爱其词旨幽邃，音节豪宕，非当世词人所及"[①]。方回赞其为"古体之祖"[②]，高棅亦称其"继往开来，中流砥柱，上遏贞观之微波，下决开元之正派"[③]。胡应麟谓"唐初承袭梁、隋，陈子昂独开古雅之源"，"子昂《感遇》尽削浮靡，一振古雅，唐初自是杰出"[④]。如此等等，都指出了他对变唐初诗风、开盛唐诗风的重要作用，其诗代表了初唐诗歌的最高成就。

子昂之文，包括表、书、文、序、颂、启各体，其中以对策、奏疏最有价值。其文言之有物，平实流畅，"以风雅革浮侈"[⑤]，开古文运动之先河。故韩愈《荐士》诗曰："国朝盛文章，子昂始高蹈。"清李调元亦曰："吾蜀文

---

① （宋）朱熹：《斋居感兴二十首·序》，《晦庵先生朱文公文集》卷四，《朱子全书》第二十册。
② （元）方回：《瀛奎律髓》卷一。
③ （明）高棅：《唐诗品汇·五言古诗叙目》。
④ （明）胡应麟：《诗薮》内编卷二，中华书局1985年版。
⑤ （唐）梁肃：《补阙李君前集序》，《文苑英华》卷七〇三，中华书局1966年版。

章之祖，司马相如、扬雄而后，必首推子昂。"①

子昂作为一位巴蜀诗文大家，其作品内容涉及巴蜀题材者也不在少数。如《初入峡苦风寄故乡亲友》《白帝城怀古》《万州晓发放舟乘涨还寄蜀中亲友》《春日登金华观》等，描写巴山蜀水之奇，对后人巴蜀作品创作颇有影响。

是集有《四库全书》本、《摛藻堂四库全书荟要》本。其又或名《陈子昂集》，有《唐十二家诗》2卷本、《唐十二名家诗》1卷本。或名《陈伯玉集》，有《唐百家诗》2卷本。或名《陈伯玉文集》，有《四部丛刊》10卷本。今人徐鹏有《陈子昂集》点校本（中华书局1960年版，上海古籍出版社2013年修订版），以《四部丛刊》本为底本，以《全唐诗》《全唐文》、清道光十七年（1837）蜀州杨国桢5卷刻本参校，补入诗文10余篇，后附王运熙《陈子昂和他的作品》、罗庸《陈子昂年谱》等有关资料，是目前较为完备的版本。子昂诗文尚未见有全注本，诗有1981年四川人民出版社出版的彭庆生《陈子昂诗注》，可以参考。（李冬梅）

7.《草堂集》10卷②，唐李白撰，李阳冰编

李白（705～766）③，字太白，号青莲居士，绵州彰明（今四川江油）人。幼善赋诗，才调逸迈，益州长史苏颋称其"天才英特，少益以学，可比相如"④。开元十二年（724），欲奋其智能，以实现其辅弼朝廷、拯济苍生之志，遂出三峡，先后至江陵、襄州、武昌，并与司马承祯、孟浩然等交游。继而游云梦旧地安陆（今属湖北），与前宰相许圉师孙女结亲，自此隐居安陆达十年之久。天宝元年（742），经道士吴筠举荐，李白至长安，见于玄宗，授以翰林学士。玄宗仅以文学侍臣遇之，未得参预国政，且又为权臣高力士、驸马张垍所忌，故李白居三年后上书求放归，玄宗亦以其非廊庙器，优诏罢遣之。李白由此得游天下，结识杜甫、高适、李邕、魏万⑤等人。至德二年（757），

---

① （清）李调元：《诗话》卷下，绵州李氏万卷楼刊，道光五年补刻《函海》本。
② 是书《新唐书·艺文志》《通志》《蜀中广记》又作20卷，不过晁公武《郡斋读书志》、乐史《李翰林别集序》、宋敏求《李太白文集后序》则均云10卷。
③ 李白生卒年通常作701～762年。按李士训《记异》载"大历初"得"石函素绢《古文孝经》"，"初受李太白"［（宋）郭忠恕：《汗简》卷七引］，说明李白大历初（766）犹在人世。李华《李白墓志铭》又说白"年六十有二卒"，由此上推62年，即生于唐中宗"神龙之初（705）"。详舒大刚、黄修明：《李白卒年诸说平议》，载《文学遗产》2006年第5期。
④ （宋）马永易：《实宾录》卷九《谪仙》（三则），影印文渊阁《四库全书》本。
⑤ 后更名为魏颢。

永王璘东巡，辟李白为僚佐。未几，以璘兵败，"附逆"当诛，系浔阳狱中，经郭子仪请解官以赎，改长流夜郎。乾元二年（759），经巫峡闻赦，重至浔阳，后往来于宣城、金陵间，穷愁潦倒，赖人周济为生。大历初年（766），病卒，享年62岁。代宗新立，曾以左拾遗召李白，命至而李白已辞世矣。《旧唐书》卷一九〇、《新唐书》卷二〇二有传。

李白性情豪放浪漫，善于为诗。其诗以《诗经》、屈赋为宗，壮浪纵恣，不受格律拘束，为一代大家，杜甫谓其"笔落惊风雨，诗成泣鬼神"。清沈德潜《唐诗别裁》亦曰："七言绝句以语近情遥，含吐不露为贵。只眼前景、口头语，而有弦外音，使人神远，太白有焉。"赵翼亦谓其"才气豪迈，全以神运，自不屑束缚于格律对偶与雕琢者争胜"。故历代论者皆以李白与杜甫并称，一曰"诗仙"，一称"诗圣"。韩愈《调张籍》诗即云："李杜文章在，光焰万丈长。"李白又工文，其文内容丰富，体裁多样，行文骈散兼具，艺术上多受庄子散文、纵横家言论、屈原楚辞、西汉相如赋和六朝骈文影响，风格清雄奔放，极富浪漫主义色彩。不过其文名多为诗名所掩，后世论及者殊少，然卓然可观者却不在少数，如《与韩荆州书》《春夜宴从弟桃李园序》等，乃脍炙人口之名篇。今李白诗存900余首，文存60余篇，其诗文集历代颇多编录，注本亦繁多，《草堂集》即为李白从叔李阳冰所编录，然今已不见原本。

据史料记载，李白之诗文于唐时曾有过两次编录。一为魏颢（万）所编《李翰林集》，其《序》云："颢平生自负，人或为狂，白相见泯合，有赠之作，谓余：'尔后必著大名于天下，无忘老夫与明月奴。'因尽出其文，命颢为集。颢今登第，岂符言耶！"[①]又云："经乱离，白章句荡尽。上元末，颢于绛偶然得之。沉吟累年，一字不下。今日怀旧，援笔成序。首以赠颢作、颢酬白诗，不忘故人也。次以《大鹏赋》、古乐府诸篇，积薪而录，文有差互者两举之。白未绝笔，吾其再刊。付男平津子掌。其他事迹，存于后序。"[②]是魏颢曾与李白交游，李白亦嘱魏颢编集，故魏颢编录此集并作序，内容有李白赠颢作、颢酬李白诗、《大鹏赋》、古乐府等，不过今亦无传本存世。

二为李白从叔李阳冰作序编录之《草堂集》。宝应元年（762）十一月，李

---

① （唐）魏颢：《李翰林集序》，《全蜀艺文志》卷三一《附录》。
② （唐）魏颢：《李翰林集序》，《全蜀艺文志》卷三一《附录》。

白于当涂"疾亟，草稿万卷，手集未修"①，故"枕上授简"②，俾阳冰为序，以成《草堂集》10卷。此集广泛流传于北宋初年，后宋真宗咸平元年（998），乐史以阳冰《草堂集》为基础，又"别收歌诗十卷，与《草堂集》互有得失，因校勘排为二十卷，号曰《李翰林集》。今于三馆中得李白赋、序、表、赞、书、颂等，亦排为十卷，号曰《李翰林别集》"③。是本后世有传，主要版本为宋度宗咸淳五年（1269）刻本和清光绪年间刘世珩影刻咸淳本，这就形成了宋代以后李白诗文集的第一个系统。

此外，宋神宗熙宁元年（1068），宋敏求又在乐史30卷本的基础上，参之各本，重编了另一个30卷本的《李太白文集》。其《李太白文集后序》云："治平元年，得王文献公溥家藏白诗集上中二帙，凡广一百四篇，惜遗其下帙。熙宁元年，得唐魏万所纂白诗集二卷，凡广四十四篇。因裒唐类诗诸编，洎刻石所传，别集所载者，又得七十七篇，无虑千篇，沿旧目而厘正其汇次，使各相从，以别集附于后，凡赋、表、书、序、碑、颂、记、铭、赞文六十五篇，合为三十卷。"④不过宋敏求虽以类广李白诗文，然未考次其作之先后，且又不免阑入他人所作，故后来曾巩得其书，"乃考其先后而次第之"⑤。元丰三年（1080），苏州太守晏知止将此书交毛渐校正刊行。这就是后世流传最广、影响最大的宋敏求编、曾巩重编、晏氏校刻的30卷本李白诗文集的第一个刻本，世称"苏本"，亦即李白诗文集的第二个系统。

自此以后，李白之诗文集其他各本，基本上都是从乐史、宋敏求两大系统之本演化而来，其中虽然篇目次第略有不同，但万变不离其宗，大体相差无多。

除此之外，李白诗文集注本亦颇多善本，如宋杨齐贤注《李翰林集》、元萧士赟补注《分类补注李太白诗集》，这是李白诗的第一个注本，实有开创之功。而清王琦辑注《李太白全集》，则是一部集大成的李白诗文辑注本。此本以杨、萧所注本为底本，又辑以逸诗逸文，并附以各种参考资料而成，共36卷。其注释详尽、评解平正通达、辑佚丰富，不愧为通用注本。现有中华书局1977年校点排印本，后面附有篇目索引，比较方便适用。

---

① （唐）李阳冰：《草堂集序》，《蜀中广记》卷九七《著作记第七》。
② （唐）李阳冰：《草堂集序》，《蜀中广记》卷九七《著作记第七》。
③ （宋）乐史：《李翰林别集序》，《李太白全集》卷三一《附录一》。
④ （宋）宋敏求：《李太白文集后序》，《李太白全集》卷三一《附录一》。
⑤ （宋）曾巩：《李太白文集后序》，《李太白全集》卷三一《附录一》。

另今上海古籍出版社1980年出版的瞿蜕园、朱金城《李白集校注》，又以王琦注本为底本，篇目次序亦大体同于王注，复增辑了十几首诗文，补充了很多参考资料，吸取了大量清代、民国以来人的研究成果，并且纠正了王注的许多错误，在各方面较之王注都有很大提高，可谓是王注之后的又一部李白诗文校注的集大成之作。1990年巴蜀书社出版安旗主编《李白全集编年注释》，1996年百花文艺出版社出版詹锳《李白全集校注汇释集评》，俱为近年李白研究的重要成果。（李冬梅）

8．《杜工部集》20卷，唐杜甫撰，宋王洙编

杜甫（712～770），字子美，自称杜陵布衣、少陵野老，祖籍京兆杜陵（今陕西西安东南），生于河南巩县（今河南山巩义），肃宗乾元二年（759）底至代宗大历三年（768）初，曾流寓巴蜀近十年。杜甫早慧而好学，"往昔十四五，出游翰墨场。斯文崔魏徒，以我似班扬。七龄思即壮，开口咏凤凰。九龄书大字，有作成一囊"①。20岁，始漫游，首游吴越。开元二十三年（735），举进士不第，复游齐赵等地。天宝初，游梁宋，遇李白，并同赴齐鲁。天宝五年（746），赴长安求仕，困顿十年，仅得右卫率府胄曹参军。安史乱起，流离秦陇之间，曾被叛军所掳，陷于长安，至德二年（757）方脱身投奔朝廷所在地凤翔，得授左拾遗。不久因房琯事获罪，得张镐营救幸免，次年贬华州司功参军，后弃官往秦州、同谷。乾元二年（759）底，到达成都，开始了寓居巴蜀的生活。其间，为避乱曾辗转绵州、梓州、阆州等地。广德二年（764），严武为剑南节度使，表为参谋、检校工部员外郎，故世称杜工部。大历三年（768），出峡东下，因兵乱未息，返家之路被阻，只得漂泊荆湘。大历五年（770），贫病交迫，卒于湘江舟中。《旧唐书》卷一九〇、《新唐书》卷二〇一有传。

杜甫是我国文学史上最伟大诗人，号称"诗圣"。他以诗的形式，用形象的语言、丰富的感情，真实地反映了玄宗、肃宗、代宗三朝的政治、经济、战乱及民间疾苦，正如浦起龙《读杜心解》所云："少陵之诗，一人之性情，而三朝之事会寄焉者也。"②故其诗有"诗史"之称。而且杜诗的艺术性亦颇为后人所倾倒，他汇涵百家，革新众体，集古今时人之大成，开后人无数法门，

---

① （唐）杜甫：《壮游》，《九家集注杜诗》卷一二，上海古籍出版社1985年版。
② （清）浦起龙：《读杜心解·少陵编年诗目谱附记》，中华书局1961年版。

"穷高妙之格，极豪逸之气，包冲淡之趣，兼峻洁之姿，备藻丽之态，而诸家之作所不及焉"①，故人又有"诗圣"之誉。现存杜甫诗1440余首、文近30篇，有《杜工部集》20卷传世。其中写于巴蜀或与巴蜀有关的诗近1000首、文5篇，如《唐兴县客馆记》《东西两川说》《为阆州王使君进论巴蜀安危表》等文均为世瞩目。

不过杜甫所作诗文，原不止现存之数。据新旧《唐书》之《杜甫传》和《新唐书·艺文志》载，杜甫原有诗文集60卷，樊晃《杜工部小集序》也说："文集六十卷，行于江汉之南。"②然因当时社会动荡不宁，杜甫诗文零散传播，又常有散佚，故此60卷本诗文集世人多不易见③，而其他各种传抄编录之本则相互杂存，如樊晃按事类分编6卷、收诗文290篇之《杜工部小集》等。④但这些本子篇目、卷帙、多寡不尽相同，正如王洙、王琪所述，"甫集初六十卷，今秘府旧藏、通人家所有称大小集者，皆亡逸之余，人自编撷，非当时第次矣"⑤。"人人购其亡逸，多或百余篇，少数十句，藏弆矜大，复自以为有得"⑥。苏舜钦亦云："杜甫本传云，有集六十卷，今所存者才二十卷，又未经学者编辑，古律错乱，前后不伦。盖不为近世所尚，坠逸过半。"⑦由于散乱不齐容易导致亡缺讹误，因此王洙于宋仁宗宝元二年（1039），收集了"古本二卷，蜀本二十卷，《集略》十五卷，樊晃序《小集》六卷，孙光宪序二十卷，郑文宝序《少陵集》二十卷，《别题小集》二卷，孙仅一卷，杂编三卷"⑧，"凡九十九卷，除其重复，定取千四百有五篇。凡古诗三百九十

---

① （宋）秦观：《韩愈论》，《淮海集》卷二二，上海古籍出版社1994年徐培均笺注本。
② （唐）樊晃：《杜工部小集序》，《杜诗详注》卷二五，中华书局1979年版。
③ 如得杜诗较多者元稹、白居易云"得《杜甫集》数百首"[（唐）元稹：《叙诗寄乐天书》，《元氏长庆集》卷三〇]、"可传者千余篇"[（唐）白居易：《与元九书》，《白氏长庆集》卷四五]，似亦未见杜甫60卷本之集。
④ 宋人所见杜甫集旧本，除樊晃《杜工部小集》外，还有顾陶本[见（宋）蔡梦弼：《杜工部草堂诗笺跋》，《杜诗详注》卷二五]、后晋开运二年（945）官书本[见（宋）吴若：《杜工部集后记》，《杜诗详注》卷二五；（宋）蔡梦弼：《杜工部草堂诗笺跋》]、孙光宪序20卷本、郑文宝序《少陵集》20卷本、蜀20卷本[此三种俱见（宋）王洙：《杜工部集序》，《杜诗详注》卷二五]等。
⑤ （宋）王洙：《杜工部集序》，《杜诗详注》卷二五。
⑥ （宋）王琪：《杜工部集后记》，《杜诗详注》卷二五。
⑦ （宋）苏舜钦：《题杜子美别集后》，《杜诗详注》卷二五。
⑧ （宋）王洙：《杜工部集序》，《杜诗详注》卷二五。

有九，近体千有六，起太平时，终湖南所作，视居行之次，与岁时为先后，分十八卷。又别录赋笔杂著二十九篇为二卷，合二十卷"①，定名为《杜工部集》②。此集是杜甫死后所编的第一部完整诗文集，它收罗了当时可以收到的全部杜甫诗文，后代各本虽然有所增损补逸③，但基本上都是以此为基础，且后来又经过王琪、何瑑、丁修的重新编订，裴煜的复视，故镂板刊行后，遂成为后世一切杜集的祖本。诚如张元济《宋本杜工部集跋》所云："自后补遗、增校、注释、批点、集注、分类、编韵之作，无不出于二王（洙、琪）之所辑梓。"今传版本有宋残刻本、《续古逸丛书》本、《四部备要》本。

杜甫诗文博大精深、善用典故熟语，于是后世注家蜂起，有"千家注杜"之说，而其形式又有编年、注释、分类、集注、评点等，这亦为研究杜甫诗文提供了绝佳的参考资料。比较知名者有宋郭知达《杜工部诗集注》36卷④、佚名《分门集注杜集》25卷⑤，明王嗣奭《杜臆》10卷⑥，清钱谦益《钱注杜诗》20卷⑦、仇兆鳌《杜少陵集详注》25卷⑧、杨伦《杜诗镜铨》20卷⑨等。其中以仇注最为出色，全书对每一首诗都分编年、内注、外注、根据四个部分，作了极详尽、极细致的考证、注释和评说，可谓迄今现存杜诗注本中最完整、最系统的集大成之作。又有文学古籍刊行社1955年本、中华书局1989年本、北京图书馆出版社1999年本。（李冬梅）

---

① （宋）王洙：《杜工部集序》，《杜诗详注》卷二五。
② 宋人整理、编辑杜诗，除王洙外，尚有孙仅（1卷，见王洙：《杜工部集序》）、苏舜钦（《老杜别集》，见苏舜钦：《题杜子美别集后》）、刘敞（《杜子美外集》5卷，见刘敞：《编杜子美外集》《寄王二十》诗及自注，《公是集》卷二四）、王安石（《杜工部诗后集》，见王安石：《老杜诗后集序》，《临川文集》卷八四）等。
③ 如裴煜补刻佚文4篇、诗5首；吴铸补刻《外集》1卷有诗35首；《王状元集百家注编年杜陵诗史》后附有补遗41首；《草堂诗集》有逸诗拾遗45首；黄长睿22卷编年本多出旧本诗42首；等等。
④ 是书又名《九家集注杜诗》，所谓"九家"，指王安石、宋祁、黄庭坚、王洙、薛梦符、杜时可、鲍彪、师民瞻、赵彦材。现存版本有南宋宝庆元年（1225）曾噩重校本、清武英殿聚珍板翻印本及清嘉庆年间翻刻本等。
⑤ 是书有《四部丛刊》本。
⑥ 现存版本有稿本、1962年中华书局上海编辑所影印本。
⑦ 现存版本有静思堂原刻本、1958年中华书局排印本。
⑧ 是书有1979年中华书局排印本。
⑨ 现存版本有原刻本、清同治十一年（1872）盱眙吴棠翻刻本、1929年成都志古堂翻刻本、1962年中华书局排印本。

9.《洪度集》1卷，唐薛涛撰

薛涛，生卒年不详，字洪度①，长安（今陕西西安）人。幼随父赴官入蜀，父病卒后，长寓成都，奉寡母家居，克尽孝道。薛涛"容姿既丽，才调尤佳，言谑之间，立有酬对"②，"又能扫眉涂粉，与士族不侔"③，声名倾动一时。唐德宗贞元元年（785），韦皋任剑南西川节度使，闻涛才名，召令侍酒赋诗，遂入乐籍。五年（789），因事获谴，罚赴松州（今四川松潘），献诗得归，乃除乐籍，居浣花溪。元和二年（807），武元衡镇蜀，奏涛为校书郎，未果，然时人皆称之为"女校书"。自韦皋后，袁滋、高崇文、武元衡、李夷简、王播、段文昌、杜元颖、郭钊、李德裕等相继镇蜀，皆以诗爱之，薛涛亦以歌伎而兼清客的身份出入幕府。其时，薛涛亦与著名诗人元稹、白居易、张祜、刘禹锡、裴度、令狐楚、牛僧孺、严绶、杜牧、雍陶等相互唱酬交往，引为诗友。薛涛初寓浣花溪时，曾自造松花笺及涂红小彩笺，雅致精美，人称"薛涛笺"，极负盛名。晚年，闲居碧鸡坊，创建吟诗楼，好作女道士装束，悠然闲适。大和中病卒，年约七旬。卒后，段文昌为其撰《墓志铭》，李德裕亦作诗悼之。事迹见《唐诗纪事》《唐才子传》。

薛涛通晓声律，善咏工诗，多唱和之作。其诗风格质朴清新，以绝句为佳。晚唐张为《诗人主客图》归涛诗入"清奇雅正""升堂"之列。元代辛文房《唐才子传》谓"其所作诗，稍欺良匠，词意不苟，情尽笔墨，翰苑崇高，辄能攀附。殊不意裙裾之下，出此异物，岂得匪其人而弃其学哉"④！明代杨慎亦赞其诗"有讽谕而不露，得诗人之妙"⑤。足见后人对薛涛诗评价之高。据载，薛涛有诗500余首⑥，原名《锦江集》，共5卷⑦，惜已失传。今存诗1卷⑧，约90首左右，或名《薛涛诗集》，或名《洪度集》，均为后世辑佚之本。

《薛涛诗集》，书前有薛涛小传，次目录，次诗，以五律、五绝、六言、

---

① 一作宏度。
② （后蜀）何光远：《鉴戒录》卷一〇《蜀才妇》，《巴蜀丛书》（第一辑），巴蜀书社1988年版。
③ （元）费著：《笺纸谱》，影印文渊阁《四库全书》本。
④ （元）辛文房：《唐才子传》卷六，中华书局1990年校笺本。
⑤ （明）杨慎：《升庵诗话》卷三《薛涛诗》，《杨升庵丛书》第六册。
⑥ （宋）章渊：《稿简赘笔》，《说郛》本。
⑦ 见（元）辛文房：《唐才子传》卷八、（宋）晁公武：《郡斋读书志》卷四。
⑧ 陈振孙《直斋书录解题》著录"《薛涛集》一卷"。

七绝为次,后附与田洙联句诗,有明万历三十七年(1609)洗墨池刊本、清嘉庆十五年(1810)沈朗倩重刻本等。《洪度集》,前有浙江诸暨楼黎然序文、陈矩以诗为序,后附《全唐诗·薛涛传》《蜀故二则》《浣花溪考》《薛涛小像》《寄旧诗与元微之》等,有清光绪三十二年(1906)贵阳陈氏灵峰草堂刻本。又《全唐诗》《薛涛李冶诗集》亦分别录存其诗1卷。而近人张蓬舟在《全唐诗》89首基础上,削去《牡丹》1首,增加新发现的《四友赞》《浣花亭》《朱槿花》3首,著成《薛涛诗笺》,共91首,由四川人民出版社于1981年出版,乃目前薛涛诗最完整的本子。(李冬梅)

10.《雍陶诗》1卷,唐雍陶撰

雍陶(805~?),字国钧,夔州云安(今重庆云阳)人,寓居成都。少时家贫,遇蜀中兵燹,羁旅他乡,发愤读书,然数试不第。文宗太和八年(834),终登进士第,作侍御史,为一时名辈所推重。宣宗大中六年(852),授国子《毛诗》博士,与贾岛、殷尧藩、无可、徐凝、章孝标友善,以琴樽诗翰相娱。刘得仁《赠雍陶博士》诗称赞他"腹是群书笥,官为六义师"。大中八年(854),出任简州(今简阳)刺史,后又为雅州(今雅安)刺史,时名益重,自比谢宣城、柳吴兴。晚年因病辞官,闲居雅州卢山,养疴傲世,与尘世隔绝而终。《唐才子传》有传。

雍陶工诗善文,尤以诗名世。据《新唐书·艺文志》《通志》《蜀中广记》等载,雍陶原有《诗集》10卷,然今已散佚①。现《全唐诗》收其诗131首,集为1卷。又《全唐文》存其文2篇,皆为赋体。其诗多为写景抒情之作,语言工稳精练,诗风清朴婉曲,可谓晚唐巴蜀诗人中首屈一指人物。其文《学然后知不足赋》《千金裘赋》,结构严整,用典贴切,出语雅致,颇见功力。另又有《稽神录》《英雄传》传世,写人叙事,简笔传神。

是书除《全唐诗》本外,今人周啸天、张效民有《雍陶诗注》,上海古籍出版社1988年版,诗注合一,颇为详赡。(李冬梅)

11.《唐求诗集》1卷,唐唐求撰

唐求,生卒年不详,一作唐球,或唐俅,蜀州(今四川崇州)人。唐僖宗乾符中,任蜀州青城县(今都江堰市西南)令。五代后梁开平元年(907),

---

① 又《郡斋读书志》《文献通考·经籍考》载《雍陶诗》5卷,《宋史·艺文志》载《雍陶诗集》3卷,《崇文总目》载《雍陶诗》1卷,表明雍陶诗至宋时即多散佚,存世不多。

前蜀主王建遣刺史李行简延请求为参谋，辞不就，至此隐居青城县味江，自称"味江山人"，人称"唐山人"或"唐隐居"。《唐才子传》卷八、《四川通志》卷三八有传。

唐求勤敏好学，能诗善赋，每有所得，即将稿捻为丸，置于大瓢，或成联、片语，不拘长短，数日后足成之。晚年病重，投瓢于味江，曰："斯文苟不沉没，得之者方知吾苦心尔。"瓢漂至新渠镇味江阙山口，有识者曰："此唐山人诗瓢也。"遂乘小舟捞起。唐求诗稿被水渍损，完好者仅十之二三，后被竞相传诵。《直斋书录解题》《文献通考》《蜀中广记》载有《唐求集》1卷。今《全唐诗》录存其诗35首、1句，编为1卷。

唐求一生苦吟，刻意求工，其诗善于写景，"气韵清新，每动奇趣，工而不僻，皆达者之辞"①，但题材却较为狭窄，多写伤时感事、隐居闲情及羁旅之思。不过从其时世情来看，唐求诗中所蕴含的对尘世生活的厌倦与批判，则远远超越了一般山水诗的审美价值，具有隐士诗的独特魅力。

是集今传版本有宋刻本、明仿宋刊本。北京图书馆出版社2003年曾据宋刻本影印出版《唐求诗集》。（李冬梅）

12.《禅月集》25卷，唐贯休撰

贯休（832~912），俗姓姜，字德隐，婺州兰溪（今浙江兰溪）人。7岁出家为童侍，20岁受具足戒，移五泄山寺修禅十年。咸通间曾游学江西、吴越，乾符初返婺州。乾宁二年（895），往江宁依成汭，居龙兴寺。天复二年（902），得罪成汭，被流放黔州（今重庆彭水）。三年（903），入蜀，受王建所重，赐号禅月大师，特为之建龙华院，加龙楼待诏明因辨果功德大师、翔麟阁首座引驾内供奉讲唱大师、三教玄逸大师、守两川僧箓大师等头衔，食邑三千户，赐紫大沙门。后梁乾化二年、前蜀永平二年（912）卒，年81岁。《宋高僧传》《十国春秋》有传。

贯休工诗，早岁即驰名诗坛，与晚唐韦庄、罗隐、李频、许棠等皆有诗唱酬，诗名与齐己、可朋等同，今有弟子昙域为其所编《禅月集》25卷传

---

① （元）辛文房：《唐才子传》卷十。

世①。据吴融《禅月集序》云："丙辰岁（896），余蒙恩诏归，与上人别，袖出歌诗草一本，曰《西岳集》，以为尽矣。窃虑将来作者或未深知，故题于卷之首。"②是此书最初题名乃《西岳集》，为贯休自编，《蜀梼杌》《唐诗纪事》《说郛》等所载作《西岳集》10卷③，盖当即指此。不过在贯休逝世后，其弟子昙域"寻检稿草及暗记忆者约一千首，乃雕刻成部，题号《禅月集》"④，是至此贯休集则由《西岳集》改为《禅月集》。

《禅月集》中所录贯休诗与一般诗僧放情山水、超然物外不同，内容多涉及社会民生，针砭时弊，而风格则"气幽骨劲"⑤，正如孙光宪所谓"骨气混成，境意倬异"⑥。又贯休居蜀十年，颇受王建礼遇，故集中多颂美之作，然亦有纪游、题咏、寄赠之诗，如《三峡闻猿》《闻知闻赴成都辟请》《到蜀与郑中丞相遇》《春游灵泉寺》《春送赵文观送故合州座主神榇归洛》《题成都玉局观孙位画龙》等，皆记蜀中所闻所得，这对于研究其时巴蜀政治文化风貌可谓非常有价值。

是集今有明雁里草堂抄本、《四库全书》本、《四部丛刊初编》景宋精钞本等。又陆永峰著《禅月集校注》（巴蜀书社2006年版）。（李冬梅）

13．《韦庄集》20卷，唐韦庄撰

韦庄（836~910），字端己，京兆杜陵（今陕西西安）人。少孤贫力学，才敏过人。乾宁元年（894）登进士第，授校书郎。四年（897），李询

---

① 是书《郡斋读书志》作30卷，明毛晋识语也说"宋人相传凡三十卷"，然其"从江左名家大索十年，仅得二十五卷，其文赞及献武肃王诗五章，章八句，俱不载"（《禅月集》卷二六），故《四库全书总目》据昙域《禅月集后序》云"编集前后所制歌诗文赞"，认为此书原本应为30卷，然后佚其文赞5卷，故今仅存歌诗25卷。后来，毛晋在据南宋嘉熙四年（1240）兜率寺可灿本重刻时，又撷拾有《补遗》1卷，今《四库全书》所收《禅月集》即为此本。不过自清康熙年间敕编《全唐诗》将贯休诗改编为12卷后，后世丛书又多沿用此例，如《金华丛书》《丛书集成》等。
② （唐）吴融：《禅月集序》，《文苑英华》卷七一四。
③ 明毛晋主张《西岳集》10卷者，"盖乾宁三年编于荆门者也"（《禅月集》卷二六），是为贯休集初编时卷数。又陶岳《五代史补》、吴任臣《十国春秋》皆作《西岳集》40卷，《四库全书总目》认为乃误记。《直斋书录解题》作《禅月集》10卷，认为"此本作《禅月集》者，贯休号禅月上人，因名其集也"。
④ （唐）昙域：《禅月集后序》，《禅月集》卷末，《禅门逸书初编》第二册，明文书局据明虞山毛氏汲古阁刊本影印本。
⑤ （清）贺贻孙：《诗筏》，上海古籍出版社1983年版。
⑥ （宋）孙光宪：《白莲集序》，《四部丛刊初编》据上海商务印书馆缩印明精钞本影印本。

为西川宣谕和协使，辟庄为判官。光化三年（900），入为左补阙。天复元年（901），入蜀依王建。王建称帝，累官至吏部侍郎、同平章事。前蜀武成三年（910）卒，年75岁，谥曰文靖。《十国春秋》《唐才子传》有传。

韦庄工诗擅词，原著有《韦庄集》20卷，然后经兵火，作品多佚。唐昭宗天复三年（903），其弟韦蔼编次庄歌诗为《浣花集》并为之作序。《序》云："余家之兄庄，自庚子（880）乱离前，凡著歌诗文章数十通。属兵火迭兴，简编俱坠，唯余口诵者，所存无几。……迄于癸亥岁（903），又缀仅千余首。……蔼便因闲日录兄之稿草中，或默记于吟咏者，次为若干首，目之曰《浣花集》。"①《浣花集》初编为20卷②，篇章数目逾1000首，不过宋后即残缺不全，卷次有1卷、5卷、10卷之别③。今传本为10卷④，有诗300余首。其中反映黄巢乱事的《秦妇吟》极为有名，故有"秦妇吟秀才"之称。

韦庄词原未有专集，散存于各书之中，计《花间集》载48首，《尊前集》载5首，《草堂诗余》《历代诗余》各载1首，共55首，王国维、刘毓盘辑本题作《浣花词》。此外，庄曾编有《又玄集》3卷，系继姚合《极玄集》后的一个唐诗选本，今存。又有《幽居杂编》1卷、《笺表》1卷、《谏草》2卷、《蜀程记》1卷、《峡程记》1卷，今皆不传。

韦庄之诗多作于唐，蜀中所作不多，其诗常借羁旅行役、离合酬赠以抒发丧乱之悲、身世之感。弟韦蔼《浣花集序》云："流离漂泛，寓目缘情，子期怀旧之辞，王粲伤时之制，或离群轸虑，或反袂兴悲。四愁九怨之文，一咏一觞之作。"概括颇得其实。而其艺术成就亦历来受到颇高评价，清贺裳说："韦庄诗飘逸，有轻燕受风之致，尤善写豪华之景。"⑤翁方纲也说："咸通十哲，概乏风骨。方干、罗隐皆极负诗名，而一望荒芜，实无足采。……韦庄在晚唐之末，稍为官样，虽亦时形浅薄，自是风会使然，胜于咸通十哲多矣。"⑥韦庄词多成于蜀，清丽疏淡，"似直而纡，似达而郁，最为词中胜

---

① （唐）韦蔼：《韦庄浣花集原序》，《浣花集》卷首，影印文渊阁《四库全书》本。
② 《崇文总目》《通志》《蜀梼杌》《说郛》皆著录《浣花集》20卷。
③ 《直斋书录解题》载《浣花集》1卷，《郡斋读书志》《文献通考》《蜀中广记》《十国春秋》《陕西通志》均载《浣花集》5卷，《宋史·艺文志》载《浣花集》10卷。
④ 《四库全书总目》认为10卷本系"疑后人析五为十，故第十卷仅诗六首也"。
⑤ （清）贺裳：《载酒园诗话又编》，《清诗话续编》本，上海古籍出版社1983年版。
⑥ （清）翁方纲：《石洲诗话》卷二，广文书局1971年版。

境"①，如《怨王孙》《定西蕃》《菩萨蛮》《小重山》《谒金门》《荷叶杯》《诉衷情》《河传》等，对于蜀中花间词派的兴起甚有影响，故"世以温韦并称"②，后世作词"当以唐《花间集》中韦庄、温飞卿为则"③。

是集今有宋椠本、明绿君亭本、《四部丛刊》本、《四库全书》本等。又1958年人民文学出版社出版了向迪琮校订的《韦庄集》，含《浣花集》《补遗》和《浣花词集》，勘定精审，系目前收录韦庄诗、词最为完整的版本。其注释本则有刘金城《韦庄词校注》（中国社会科学出版社1981年版）、李谊《韦庄集校注》（四川省社会科学院出版社1986年版、四川大学出版社2017年修订版）。其中李本以《浣花集》和《花间集》等书为基础，将韦庄散存于各书中的作品，加以集录，还选辑了有关韦庄志传、诸家评论、书录题跋以及研究论文索引等重要资料，分为诗、词、文和附录四个部分。（李冬梅）

14．《花蕊夫人宫词》④1卷，五代后蜀花蕊夫人撰⑤

花蕊夫人，生卒年不详，姓费⑥，青城（今四川都江堰）人。以才色入蜀宫，为后蜀主孟昶妃。其初封为慧妃，后因其诗清词逸，姿色雅丽，为昶宠爱，故特用前蜀主王建爱妃徐氏花蕊夫人名号封之。相传，花蕊夫人最爱芙蓉花和牡丹花，于是孟昶命官民在后蜀都城成都大量种植芙蓉、牡丹，成都"芙蓉城"的别称，遂由此而来。后蜀亡国后，花蕊夫人入于宋，备后宫。然其身虽居宋宫，但不忘故主，私绘孟昶肖像朝夕奉侍，以寄悲情。一日为太祖发觉，问她是谁，花蕊夫人称："所挂张仙，送子之神，蜀人皆知。"此说后来由宫中传至民间，至今不衰。《四川通志》有传。

花蕊夫人工诗善词，尤长于宫词，尝效王建作宫词百首，后国破流落多有散佚。据王安国《花蕊夫人诗序》云："熙宁五年（1072），臣安国奉诏定蜀民所献书可入三馆者，得花蕊夫人诗，乃出于花蕊手，而辞甚奇，与王建宫辞无异。建自唐至今，诵者不绝口，而此独遗弃不见取，甚为可惜也！臣谨缮写

---

① （清）陈廷焯：《白雨斋词话》卷一，人民文学出版社1959年版。
② 顾宪融：《词论》，史双元：《唐五代词纪事会评》，黄山书社1995年版。
③ （宋）张炎：《词源》卷下，唐圭璋《词话丛编》本。
④ 是书又名《花蕊夫人诗》《花蕊诗钞》《花蕊夫人诗集》《宫词》等。
⑤ 近人浦江清考为前蜀花蕊夫人所作，且以为其中杂有王衍等人的行乐诗。
⑥ 陈师道《后山诗话》、魏庆之《诗人玉屑》以及《四川总志》《灌县县志》《灌县文徵》等皆云姓费。又吴曾《能改斋漫录》、陶宗仪《南村辍耕录》、吴任臣《十国春秋》等说姓徐，为徐匡璋女。近年新修的《灌县县志》确认孟蜀花蕊夫人姓费。今从此说。

入三馆而归，口诵数篇于丞相安石，明日与中书语及之。而王珪、冯京愿传其本，于是盛行于时。花蕊者，为蜀孟昶侍人，事在国史。"①是其《宫词》存稿部分为手稿，部分为后人收集，手稿于熙宁五年被缮写入馆，至王珪、冯京愿传其本后，逐渐盛行于世。今《全唐诗》收录其《宫词》1卷②，共157首。另《郡斋读书志·附志》亦著录《花蕊夫人宫词》1卷③。

《宫词》笔触细腻，流丽清新，其内容从多方面反映了蜀宫生活，有一定的审美价值，也有一定的史料价值。如写宫廷美景、宫人练习骑射、宫女学道、渔家生活等。而其艺术亦有古风，尤有思致。王培荀《听雨楼随笔》称："艳绝千古，文士学士呕心不能学步。宫中情势，夫人皆所熟悉，而又辅以绮丽靡曼之笔，随手拈来，皆有生韵。后人读之，宛若亲眼目睹。"黄俞诗亦有："英雄多少埋荒土，不及夫人姓字香。"更有人题联曰："位更尊，姓附小，千秋疑窦双花蕊；蜀居后，唐为先，百首宫词一仲初。"

是书有明刻《三家宫词》本、杨慎《全蜀艺文志》本、曹学佺《蜀中名胜记》本、陈祥裔《蜀都碎事》本、《灌县文徵》本等。今徐式文著有《花蕊宫词笺注》（巴蜀书社1992年版），所附有关问题考证尤详。（李冬梅）

二、两宋别集

1. 《咸平集》50卷，宋田锡撰

田锡（940~1003），字表圣，嘉州洪雅（今四川洪雅）人。博览经史，学通古今，少时即以诗文名擅乡里。太平兴国三年（978）举进士第二，一时名动京师。初授左拾遗，后历官河北转运副使、兵部员外郎、海州团练副使、右谏议大夫、史馆编修。咸平六年（1003）病卒，年64岁，赠工部侍郎，谥献翼。著有《御屏风》10卷、《咸平集》50卷、《奏议》2卷、《曲本草》1卷等。《宋史》卷二九三有传。

是书又名《田表圣咸平集》《田锡文集》，诸家史传及目录如《宋史》本传、《隆平集》卷一三、《东都事略》卷三九、《郡斋读书后志》《文献

---

① （清）倪涛：《六艺之一录》卷一〇八，影印文渊阁《四库全书》本。
② 另《全唐诗》录有其游历青城山及名胜的题咏8首。
③ 据载，花蕊夫人除宫词外，尚有逸诗66篇，然胡仔《渔隐丛话后集》却云："花蕊又别有逸诗六十六首，乃近世好事者旋加搜索续之，篇次无伦，语意与前诗相类者极少，诚为乱真矣。"

通考·经籍考》《蜀中广记》等皆著录为50卷，范仲淹《赠兵部尚书田公墓志铭》亦言其"著文章成五十卷，目之曰《咸平集》，行于世"①。盖此集初编为50卷，且宋世似已有刊本。然《直斋书录解题》《国史经籍志》则作51卷，并云："文集板之在州者，亦毁于兵燹矣。"②据有的学者分析，"晁氏所见，或即北宋本。陈氏谓'板之在州者'云云，按洪雅宋代属嘉州（今四川乐山），因知嘉州尝有刊本；陈氏时代距宝元已两百年，且其本有范仲淹《墓志铭》、苏轼《奏议序》，则必非《墓志铭》所云行世之本。疑《解题》所录为重刻本，故有五十一卷，与晁氏著录不同，盖尝增刻附录一卷"③。此亦为猜测之言，可略备一说。

是集至明，已有残缺或散佚，《万卷堂书目》《澹生堂藏书目》皆著录为30卷，今传世之本亦为30卷，卷首有苏轼《田表圣奏议序》、范仲淹《田司徒墓志铭》、司马光《神道碑阴》，盖明人据宋本重辑而来。末卷后附田锡所撰《先君赠工部郎中墓碣》一篇，亦当系后来辑补。《四库全书总目》即云："考《奏议》乃明安盘所辑，其文已全载此集中。然《宋史·艺文志》载锡《奏议》二卷，《文献通考》载锡《咸平集》五十卷，此本载奏议一卷、书三卷、赋五卷、论三卷、箴铭二卷、诗六卷、颂策笏记表状七卷、制诰考词三卷。以奏议与诗文集合为一编，仅三十卷，则亦后人重辑之本，非其旧也。"④

田锡博学多才，以直谏称，亦工诗善文。集中奏议，伉直危切，论者以为《陆宣公奏议》之亚。诗声律谐和，气势贯畅，颇多佳句。故"范仲淹、司马光读其书，皆称其直谅，苏轼亦以比贾谊"⑤。四库馆臣亦评曰："诗文乃其余事，然亦具有典型。其气体光明磊落如其为人，固终非浇忍者所得仿佛焉。"⑥可谓的论。

是集有明祁氏澹生堂抄本、清抄本、《四库全书》本、《宋人集丁编》等。（李冬梅）

---

① （宋）范仲淹：《赠兵部尚书田公墓志铭》，《范文正公文集》卷一三，《范仲淹全集》本。
② （宋）陈振孙：《直斋书录解题》卷一七。
③ 祝尚书：《宋人别集叙录》卷第一《咸平集》，中华书局1999年版。
④ （清）永瑢等：《四库全书总目》卷一五二《咸平集》提要。
⑤ （宋）赵希弁：《郡斋读书后志》卷二。
⑥ （清）永瑢等：《四库全书总目》卷一五二《咸平集》提要。

2.《愚邱集》2卷①，宋陈尧佐撰

陈尧佐（963~1044），字希元，号知余子，世称颍川先生，阆州阆中（今四川阆中，一作南部）人。阆中陈氏，世出杰才，一门祖孙父子，进士及第，位至公卿者，盖比比焉。尧佐少好学，宋太宗端拱元年（988）登进士第，累迁三司副使，修永定实录，擢知制诰，历韶、庐、寿、洛、并、同、雍、郑八州。景祐四年（1037），拜同中书门下平章事、集贤殿大学士。次年罢相，以太子太师致仕。年82岁卒，赠司空兼侍中，谥文惠。著有《文集》30卷，又有《潮阳编》《野庐编》《愚邱集》《遣兴集》②等。其中《愚邱集》，《郡斋读书志》《宋史·艺文志》皆作2卷，《通志》《国史经籍志》又作3卷，而《蜀中广记》则作30卷，盖30卷乃尧佐文集之数，非诗集也。

《宋史》卷二八四有传。

尧佐善古隶八分，尤工诗。其诗"属辞尚古，不牵世用"，故"辞调清警号隽"③，学人赞之"高文醇醇，得圣贤之粹"④。

尧佐文集早佚，现已无考《愚邱集》全貌，唯《宋文鉴》《瀛奎律髓》《舆地纪胜》《青箱杂记》《宋诗纪事》《宋诗纪事补遗》六书录其诗40首、句6联，《全宋词》录其词1首，《宋代蜀文辑存》录其文10篇，可略见其概。今人程瑞钊有《陈尧佐诗辑佚注析》（巴蜀书社1991年版），共辑得其诗52篇、词1首、文11篇，亦可作为参考。（李冬梅）

3.《祖英集》2卷⑤，宋释重显撰

释重显（980~1052），字隐之，俗姓李，赐号明觉大师，遂州（今四川遂宁）人。咸平中终父母丧，遂于益州普安院落发为徒。后又至襄阳，从石门聪禅师，又从随州智门祚禅师，往池州景德寺为首座。南游杭州，主持苏州洞庭翠峰寺，再到明州，主持雪窦资圣寺。仁宗皇祐四年（1052）卒，年73。《禅林僧宝传》卷一一有传。著有《洞庭语录》《雪窦开堂录》《瀑泉集》《祖英集》《颂古集》《拈古集》《雪窦后集》等。

---

① 是集又名《愚丘集》《陈文惠愚邱编》《陈文惠公愚邱集》，其卷数有2卷、3卷、30卷之说。
② 又名《遣兴策》。
③ （宋）晁公武：《郡斋读书志》卷四中。
④ （宋）范仲淹：《祭陈相公文》，《范文正公文集》卷一一，《范仲淹全集》本。
⑤ 是书《通志》著录为"明觉《祖英集》一卷"。

重显颇有文才，《禅林僧宝传》曰："显盛年工翰墨，作为法句，追慕禅月休公。"①又《明觉大师塔铭》道："自师出世，门人惟益、文轸、圆应、文政、远尘、允诚、子环，相与衷记提唱语、诗、颂为《洞庭语录》《雪窦开堂录》《瀑泉集》《祖英集》《颂古集》《拈古集》《雪窦后集》，凡七集。"则各集似多为随口所唱，内容以佛教提唱诗颂为主，并由其弟子记录整理而成。其中《祖英集》2卷，专录诗作，卷首有释文政序，云："师自戾止翠峰、雪窦，或先德言句渊密，师因而颂之；或感兴怀别贻赠之作，固亦多矣。"收诗凡220首。

集中诗颂佳作颇多，张伯端《读雪窦禅师祖英集》赞云："或歌诗，或语句，丁宁指引迷人路。言辞磊落义高深，击玉敲金响千古。"《四库全书总目》亦曰："重显戒行清洁，彼教称为古德，故其诗多语涉禅宗，与道潜、惠洪诸人专事吟咏者蹊径稍别。然胸怀脱洒，韵度自高，随意所如，皆天然拔俗。五言如'静空孤鹗远，高柳一蝉新'，'草随春岸绿，风倚夜涛寒'，'片石幽笼藓，残花冷衬云'，'啼狖冲寒影，归鸿见断行'，皆绰有'九僧'遗意；七言绝句如《自贻》《送僧》《喜禅人回山》诸篇，亦皆风致清婉，琅然可诵，固非概作禅家酸留语也。"②又文政《祖英集序》亦评论曰："夫大圭不琢，贵乎天真；至言不文，尚于理实。"

是集今存版本甚多，主要有宋刊本、元至正二年（1342）释海岛刊本、明刻本、《四库全书》本、日本庆安三年（1650）京都秋田屋平左卫门刊本、日本天保六年（1835）大智院刊本、《四部丛刊续编》本、《宋人集丙编》本、《禅门逸书初编》本等。（李冬梅）

4.《才翁集》1卷，宋苏舜元撰

苏舜元（1006～1054），字才翁，梓州铜山（今四川中江）人。与祖父苏易简、弟弟苏舜钦并称"铜山三苏"。仁宗天圣七年（1029）赐进士出身，官至尚书度支员外郎、三司度支判官。著有《才翁集》1卷，今佚。事迹具《宋史》卷四四二《苏舜钦传》附。

舜元为人精悍任气节，为歌诗亦豪健，尤善草书，舜钦不能及。是书又名《苏才翁集》《苏舜元集》，早佚，今仅存诗5首、句1联，分别收入《宋诗纪事》及《娱书堂诗话》。（李冬梅）

---

① （宋）释惠洪：《禅林僧宝传》卷一一《雪窦显禅师》，中州古籍出版社2014年吕有祥点校本。
② （清）永瑢等：《四库全书总目》卷一五二《祖英集》提要。

5. 《范蜀公集》1卷，宋范镇撰

范镇（1007～1087），字景仁，世称范蜀公，成都华阳（今属四川双流）人。仁宗宝元元年（1038）举进士，为礼部第一，累知制诰。英宗立，迁翰林学士。神宗即位，迁礼部侍郎，复为翰林学士兼侍读，知通进银台司。哲宗朝，拜为端明殿学士，提举崇福宫，以银青光禄大夫致仕，累封蜀郡公。元祐二年（1087）病卒，年81岁，赠金紫光禄大夫，谥忠文。镇生平著述颇多，然多散佚，有《文集》100卷、《谏垣集》10卷、《内制集》30卷、《外制集》10卷、《正言》3卷、《乐书》3卷、《国朝韵对》3卷、《国朝事始》1卷、《东斋记事》12卷、《刀笔》8卷等。事迹详韩维《范公神道碑》、苏轼《范景仁墓志铭》，《宋史》卷三三七有传。

范镇"学本六经，口不道佛、老、申、韩之说"①，又工诗善文，有"风流文采，相如、子昂"②之誉。据苏轼《范景仁墓志铭》云，范镇"有文集一百卷"③，然多散佚不传，今唯有《两宋名贤小集》《四库全书珍本六集》存《范蜀公集》1卷。

《范蜀公集》载文120余篇，诗70来首。其文内容多奏疏、书论形式多用骈句，骈散结合，文辞豪放壮阔，寄意高远，故文章名动朝野，时人评价甚高，如韩维谓"其为文章温润简洁，如其为人"④，苏轼称"其文清丽简远，学者以为师法"⑤。其诗则留存不多，亦平淡古朴如其人。

又《宋代蜀文辑存》收范镇文124篇，《全宋文》辑范镇文12卷，《全宋诗》辑范镇诗2卷，可互为参校。（李冬梅）

6. 《苏学士集》15卷⑥，宋苏舜钦撰

苏舜钦（1008～1048），字子美，梓州铜山（今四川中江）人，自曾祖移居开封。仁宗景祐元年（1034）中进士，累迁集贤校理、监进奏院。后因值宿鬻官

---

① 《宋史·范镇列传》。
② （宋）冯山：《代赵端明祭范蜀公文》，《全蜀艺文志》卷五〇。
③ 《郡斋读书志》作10卷，《文献通考·经籍考》作120卷，《蜀中广记》作112卷。
④ （宋）韩维：《范公神道碑》，《全宋文》第四十九册，卷一〇七一，上海辞书出版社、安徽教育出版社2006年版。
⑤ （宋）苏轼：《范景仁墓志铭》，《苏轼文集》卷一四。
⑥ 是集又名《苏子美集》《苏学士文集》《苏子美文集》《沧浪集》《苏舜钦集》。其卷数，《通志》《直斋书录解题》《文献通考·经籍考》《国史经籍志》作15卷，而《郡斋读书志》《宋史·艺文志》则作16卷。

署邸报废纸饮酒，为政敌倾陷，被劾除名，遂寓居苏州。庆历八年（1048），复官湖州长史，年底即病卒，年仅41岁。《宋史》卷四四二有传。

舜钦幼承家学，工诗善古文。其诗与梅尧臣齐名，世称"苏梅"。其文承韩愈、柳宗元传统，"不牵世俗趋舍"，"为欧苏大家之前导"，以《沧浪亭记》为最著。著有《苏学士集》15卷行世。

据欧阳修《苏氏文集序》曰："予友苏子美之亡后四年，始得其平生文章遗稿于太子太傅杜公（衍）之家，而集录之以为十卷[①]。子美，杜氏婿也，遂以其集归之。"[②]又《与梅圣俞四十六通》（第二十五）曰："近为子美编成文集十五卷，凡述作中人可及者，已削去之，留其警绝者，尚得数百篇。"[③]是此集最初乃舜钦友人欧阳修于其亡后四年所编。不过今本《苏学士集》已非其旧，《四库全书总目》云："是集据欧阳修《序》，乃舜钦没后四年，修于其妇翁杜衍家搜得遗稿编辑。修《序》称十五卷，晁、陈二家目并同[④]，而此本乃十六卷，则后人又有所续入。考费衮《梁溪漫志》，载舜钦《与欧阳公辨谤书》一篇句下各有自注，论官纸事甚详，并有修附题之语。盖修编是集时，以语涉于己，引嫌避怨而删之。此本仍未收入，则尚有所佚矣。"[⑤]何焯《跋》亦云："按欧公《序》，出于公之所集录者十五卷，今必纷更旧次为十六卷，是亦好妄而已。徐节孝《爱爱歌序》云'子美有诗'，今亦不见集中。晁氏《读书志》载《李文公集》，前有苏舜钦《序》云：'唐之文章称韩、柳，翱文虽词不逮韩，而理过于柳。'今颂与此《序》无之，盖亦非完书云。"由此推知，欧阳修所编，盖仅就杜氏家所藏遗稿，且有删削，而未辑录散佚篇什也。

舜钦文集最迟至孝宗乾道年间已有刊刻。施元之《序》云："《苏子美集》十五卷，欧阳文忠公为之首序。子美在宝元、庆历间有大名，其文章瑰奇豪迈，自成一家。不幸沦落早世，故生平所著，才止于此，而近时亦少见之。元之因俾镂板于三衢，又得尚书汪公圣锡所藏豫章先生诗，为子美作也，惜其未大传，并附之左方。若祭文、墓志，已见于《文忠集》中，此不复载。"是施元之以欧阳修编本为据，刊刻舜钦文集于三衢，并略有辑佚。

---

① 欧集各本同作"十卷"，殆脱"五"字。
② （宋）欧阳修：《苏氏文集序》，《欧阳修全集》卷四三。
③ （宋）欧阳修：《与梅圣俞四十六通》，《欧阳修全集》卷一四九。
④ 衢本《读书志》作15卷，袁本《读书志》作16卷。
⑤ （清）永瑢等：《四库全书总目》卷一五二《苏学士集》提要。

是集宋刻今已不存，现存清初抄本、清康熙三十七年（1698）徐氏白华书屋刊本、清中期黑格抄本、清宣统三年（1911）北京龙文阁书局石印本、《四库全书》本、《四部丛刊初编》本、《四部备要》本等。又沈文倬校点《苏舜钦集》，中华书局上海编辑所1962年排印、上海古籍出版社1981年重排印，是书以清康熙中商丘宋荦校定震泽徐惇复刊印的16卷本为底本，并参阅他本校勘，附新编《拾遗》1卷、《附录》2卷，颇为翔实。巴蜀书社1991年出版的傅平骧、胡问涛《苏舜钦集编年校注》，资料丰富，校订精审。（李冬梅）

7．《嘉祐集》20卷①，宋苏洵撰

苏洵（1009～1066），字明允，号老泉，眉州眉山（今四川眉山）人。与子轼、辙合称"三苏"，亦为"唐宋八大家"之一。幼聪敏，智辩过人，然少不喜学。及长，学句读，属对声律，未成而废。宋仁宗天圣五年（1027），举进士不第，娶大理寺丞程文应之女为妻，弃学游历七八年。后以程氏劝，27岁始发奋读书。岁余举进士及茂才异等，皆不中，乃愤而焚其文，杜门苦学，遂通六经、百家之说。嘉祐元年（1056），偕二子轼、辙赴京，谒翰林学士欧阳修，修见其文，目为荀子，谓"后来文章当属此人"，并上书朝廷甄用。二年（1057），轼、辙同中进士，"一日父子隐然名动京师，而苏氏文章遂擅天下"。"一时后生学者皆尊其贤，学其文以为师法。"②五年（1060），应宰相韩琦举荐，任试秘书省校书郎。次年，迁霸州文安县（今河北廊坊代官）主簿，与陈州项城县（今属河南）令姚辟同修《太常因革礼》，书成未几病卒，年仅58岁。时"自天子、辅臣至闾巷之士，皆闻而哀之"③，英宗亦特赠光禄寺丞，诏令有司具舟送洵柩归故里。生平著述有《太常因革礼》100卷（与姚辟

---

① 是集又名《苏洵集》《眉山嘉祐集》《苏老泉文集》《嘉祐新集》《老泉先生集》《苏老泉集》《老泉先生文集》等。其卷数有20卷、15卷、30卷、16卷、14卷、13卷等不同之说，如欧阳修《故霸州文安县主簿苏君墓志铭》称"有文集二十卷"，《宋史》本传同之，张方平《文安先生墓表》亦云"所著文集二十卷"，曾巩《苏明允哀词》也说"明允所为文集有二十卷行于世"。又《郡斋读书志》《直斋书录解题》《宋史·艺文志》《文献通考·经籍考》等作15卷。《通志·艺文略》则著录"《老苏集》五卷、又《嘉祐集》三十卷"。而《四库全书总目》《增订四库简明目录标注·续录》又分别载录为16卷、14卷，此外还有13卷之说等。据此可知，苏洵集在宋时盖有二本，一为20卷本、一为15卷本，而15卷本或因有所散佚而致。另16卷、14卷、13卷之说，则应系出于明代重编之故。

② （宋）欧阳修：《故霸州文安县主簿苏君墓志铭》，《欧阳修全集》卷三五。

③ （宋）曾巩：《苏明允哀词》，《曾巩集》卷四一，中华书局1984年陈杏珍、晁继周点校本。

合编)、《谥法》3卷、《易传》10卷（未完稿）、《皇祐谥录》20卷、文集20卷。《宋史》卷四四三有传。

苏洵工古文，少作诗，据欧阳修《故霸州文安县主簿苏君墓志铭》、曾巩《苏明允哀词》、张方平《文安先生墓表》及《宋史》本传所云，苏洵有文集20卷行世。不过其集最初并未有专有题名，至晁公武《郡斋读书志》始称"苏明允《嘉祐集》十五卷"后，苏洵集才冠此名。之后，因其声名极高，文集屡经付梓，题名、卷数遂各有不同，著录亦因而互异。

今所传《嘉祐集》有20卷、15卷、16卷、14卷、13卷等不同版本，今本收诗40余首、文近100篇。其文，"杂出于荀卿、孟轲及《战国策》诸家"①，凌厉奇峻，纵横捭阖，"以雄迈之气，坚老之笔，而发为汪洋恣肆之文。上之究极天人，次之修明经术，而其于国家盛衰之故，尤往往淋漓感慨于翰墨间"②。特别是其史论文章极有名，如《六国论》有感于时事而发，对朝廷贿赂外敌之事极为愤慨，有战国纵横家风范，故欧阳修论其文"博辩宏伟"，"纵横上下，出入驰骤，必造于深微而后止"③。曾巩亦评其文："少或百字，多或千言，其指事析理，引物托喻，侈能尽之约，远能见之近，大能使之微，小能使之著，烦能不乱，肆能不流。其雄壮俊伟，若决江河而下也。其辉光明白，若引星辰而上也。"④可见苏洵乃吸众家之长，养自家之体，从而"能驰骋于孟刘贾董之间而自成一家者也"⑤。其诗，多五、七言古诗及四言诗，近体亦佳，以古朴见长，正如叶梦得《避暑录话》称："明允诗不多见，然精深有味，语不徒发，正类其文。"

是书今存版本甚多，主要有宋刻本、明刻本、《四库全书》本、《摛藻堂四库全书荟要》本、《四部丛刊初编》本、《四部备要》本、《三苏全集》本等。又曾枣庄、金成礼整理之《嘉祐集笺注》（上海古籍出版社1993年版），以明刻16卷本《苏老泉先生全集》作底本，再补入《类编增广老苏先生大全文集》增多之诗，校以各本，颇为实用。（李冬梅）

---

① （明）茅坤：《唐宋八大家文钞·老泉文钞引》，三秦出版社1998年校注集评本。
② （清）邵仁泓：《嘉祐集序》，《嘉祐集》卷首，影印文渊阁《四库全书》本。
③ （宋）欧阳修：《故霸州文安县主簿苏君墓志铭并序》，《欧阳修全集》卷三五。
④ （宋）曾巩：《苏明允哀词》，《曾巩集》卷四一。
⑤ （清）邵仁泓：《嘉祐集序》，《嘉祐集》卷首。

8．《丹渊集》40卷①，宋文同撰

文同（1018～1079），字与可，自号笑笑先生、锦江道人，为西汉蜀守文翁之后，故世称石室先生，梓州永泰（今四川盐亭）人。幼聪颖好学，日夕不懈，遂博通经史。皇祐元年（1049），与司马光同登进士第，历判尚书职方、秘阁校理、知太常礼院、判登闻鼓院、邛州军事判官、靖难军节度判官、邛州通判、汉州通判，知普州、陵州、兴元府、洋州等任，重恤民，清廉有政声。神宗元丰初，知湖州，未及任而卒，故人称文湖州，享年62岁。《宋史》卷四四三有传。

文同博学多才，善诗文书画，有《丹渊集》40卷传世，收录其所作诗文。其诗古朴清新，以画入诗，写景见长。其文平易流畅，清丽淡雅，颇见功力。不过因文同"特以墨竹流传，遂为画掩，故世人不甚称之。然驰骤于黄、陈、晁、张之间，未尝不颉颃上下也"②。

此集最初为文同曾孙文鷟编刊，南宋宁宗庆元元年（1195），"曲沃家诚之守邛州，以同尝三仕于邛，多遗迹，因取其集重加厘正，而卷帙则仍其旧"③，并附以所编《年谱》、所辑《拾遗》及附录司马光、苏轼等往来诗文。

据家氏《丹渊集目录跋》述文鷟本之"不伦"及其重编体例道："按先生曾孙鷟所编家集，诗分为十八卷，各以所居为别，……然别之以所居之地，则不能不致后学之疑。且《超然台赋》《莲》《松》等赋杂出于诗中，乐府独殿于诗后，挽诗既别之以门，复附之于诗，编次可谓不伦矣。""诗之次序则从其旧，惟取其词赋列于首篇，以见先生用意于古学。乐府次之，古今诗又次之，他文又次之，仍分为四十卷，又寻访先生遗文，分为两卷，复以诸公往来书翰诗文系之于末，庶知先生师友渊源所自云。"由此而知，《丹渊集》宋世系有二刊本，同为40卷，然编次不同。文鷟所编，据家氏所述，颇为失当。而家氏以体分类，则较为合理，故后世刊本多祖其本。

是集宋本久已失传，今传版本主要有明万历三十八年（1610）吴一标刻

---

① 范百禄《文公墓志铭》云文同"平生所为文五十卷"，然《郡斋读书志》《直斋书录解题》《文献通考·经籍考》《宋史》本传等皆著录为40卷，今其传本亦为40卷。盖文同集原本为50卷，不过后来多有散佚，故至其曾孙文鷟刊行家集之时，遂编为40卷。《四库全书总目》即云："遗文五十卷，其曾孙鷟编为四十卷。"
② （清）永瑢等：《四库全书总目》卷一五三《丹渊集》提要。
③ （清）永瑢等：《四库全书总目》卷一五三《丹渊集》提要。

本、明万历四十年（1612）楚永蒲刻本、明万历三十八年吴一标刻崇祯四年（1631）毛晋重修本、清抄本、《四库全书》本、《摛藻堂四库全书荟要》本、《四部丛刊》初编本等。又胡问涛、罗琴《文同全集编年校注》（巴蜀书社1999年版）。（李冬梅）

9．《华阳集》100卷①，宋王珪撰

王珪（1019～1085），字禹玉，成都华阳（今属四川双流）人，后徙居开封。仁宗庆历二年（1042）进士，初通判扬州，寻召直集贤院，修起居注，进知制诰、翰林学士。英宗治平四年（1067），擢端明殿学士。神宗即位，迁学士承旨。熙宁三年（1070），拜参知政事。九年（1076），进同中书门下平章事、集贤殿大学士。元丰五年（1082），拜尚书左仆射兼门下侍郎。哲宗立，进金紫光禄大夫，封岐国公。未几病卒，赠太师，谥曰文恭。生平著述颇丰，多散佚，有《两朝国史》120卷、《文武贤臣治蜀编年志》1卷、《审官院敕》50卷、《在京诸司库务条式》130卷、《铨曹格敕》14卷、《宫词》1卷、《华阳集》100卷等。《宋史》卷三一二有传。

王珪以文学知名，其文闳侈瑰丽，自成一家。所著《华阳集》100卷，据晁公武《郡斋读书志》云："大观二年（1108），诏故相岐国王公之家以文集来上，其子朝奉大夫、管勾南京鸿庆宫、上护军仲修等表进之，许光凝为之序。"是王珪集系其卒后由子仲修于大观二年应诏表进，婿许光凝并为之作序。因此，"家集既奏御，且镂板以传世"②。然原集后多有散佚，今传乃清乾隆四库馆臣从《永乐大典》中辑得。《四库全书总目》云："集本一百卷，诸家著录皆同。自明以来，久已湮没，仅《宋文鉴》《文翰类选》等书略载数篇。今从《永乐大典》各韵中裒掇排比，所存诗文尚夥，而内外制草为尤备，其生平高文典册，大约已罕所遗佚。谨依类编次，厘为六十卷。其遗闻逸事，与后人评论之语见于他书者，亦详加搜辑，别为附录十卷，系之集末，用资考核。至其中有青词、密词、道场文、斋文、乐语之类，虽属当时沿用之体，而究非文章正轨，不可为训，今以原集所有，姑附存之，而刊本则概加删削焉。"③又现存《永乐大典》录《华阳集》51条，四库馆臣漏辑16条，漏辑者

---

① 是集又名《王珪集》《王氏华阳集》。其百卷本早佚，今仅存60卷和40卷之辑佚本。
② （宋）许光凝：《华阳集序》，见《永乐大典（残卷）》卷一三九。
③ （清）永瑢等：《四库全书总目》卷一五二《华阳集》提要。

见《四库别集拾遗》。

王珪久居翰林，朝廷典册多出其手，虽人品事业无可取，然长于四六，又喜作诗。李清臣《王太师珪神道碑》曰："公泛通六经，深于《诗》《书》，善史学。其为文豪赡有气，闳侈瑰丽，而不失义正，自成一家。掌文诰二十年，每一篇出，四方传诵之。"①《四库全书总目》又曰："其诗以富丽为主，故《王直方诗话》载时人有'至宝丹'之目，以好用金玉锦绣字也。然其捴藻敷华，细润熨帖，精思锻炼，具有炉锤，名贵之篇，实复不少，正不独葛立方、方回所称《明堂庆成》《上元应制》诸篇为工妙独绝矣。"②评价可谓全面、公允。

是集现存版本主要有《四库全书》本、《武英殿聚珍版书》本、《丛书集成初编》本等。（李冬梅）

10.《鲜于谏议集》3卷，宋鲜于侁撰

鲜于侁（1019~1087），字子骏，阆州阆中（今四川阆中）人。仁宗景祐五年（1038）登进士第，调栎阳主簿，历江陵右司理参军、通判绵州。神宗熙宁初，除利州路转运判官，擢转运副使兼提举常平等事，后徙京东西路转运使。元丰中知扬州，坐事罢，主管西京留守司御史台。哲宗立，起为京东路转运使，召除太常少卿，累迁左谏议大夫。元祐二年（1087），以疾求去，除集贤殿修撰，知陈州，旋卒于官舍，享年69岁。著有《周易圣断》7卷、《诗传》20卷、《典说》1卷、《谏垣奏稿》2卷、《刀笔集》3卷、《治世谠言》7卷、《鲜于谏议集》3卷等，均佚。《宋史》卷三四四有传。

范镇《鲜于谏议侁墓志铭》、秦观《鲜于子骏行状》皆称侁"所著文集二十卷"，然晁公武《郡斋读书志》、马端临《文献通考·经籍考》则著录《鲜于谏议集》3卷，而《宋史·艺文志》又作"《鲜于侁集》二卷"。盖侁之文集初为20卷，后多散佚，以致诸家目录遂有3卷、2卷之说。

侁善诗文，尤喜作楚辞体，平淡渊粹，颇有成就。苏轼《与鲜于子骏书》曰："所惠诗文，皆萧然有远古风味。"③苏辙《鲜于子骏谏议哀辞》亦曰："子骏于书无所不读，而善属文。晚节为楚辞，得古之遗思，其文与蜀郡文与

---

① （宋）李清臣：《王太师珪神道碑》，（宋）杜大珪：《名臣碑传琬琰上集》卷八，文海出版社1980年影印宋钞本。
② （清）永瑢等：《四库全书总目》卷一五二《华阳集》提要。
③ （宋）苏轼：《与鲜于子骏书》，《苏轼文集》卷五三。

可相上下。"①又秦观《鲜于子骏行状》写道："晚年为诗与楚辞尤精。……苏翰林读公《八咏》，自谓欲作而不可及；读公《九诵》，以谓有屈、宋之风。"②评价不可谓不高。

佚文集久佚，盖南宋时已无传本。《舆地纪胜》《韵语阳秋》《成都文类》《宋文鉴》《事文类聚》《永乐大典》《宋诗纪事》《宋诗纪事补遗》等书录其诗50余首，《宋代蜀文辑存》录其文1篇，《新刊国朝二百家名贤文粹》收《鲜于佚文粹》，其散佚篇什，今辑入《全宋文》《全宋诗》，可资参考。
（李冬梅）

11.《净德集》60卷③，宋吕陶撰

吕陶（1027～1103），字符钧，号净德，成都（一作彭山）人。仁宗皇祐元年（1049）中进士，神宗熙宁三年（1070）举制科，累官至中书舍人、给事中，坐元祐党籍，年77卒于家，著有《净德集》60卷。《宋史》卷三四六有传。

吕陶之《净德集》，据马骐《序》云："诸孙出其家集，使著于世。"④按世次推考，此集盖吕陶诸孙刊于绍兴年间，马骐并为之作序。《宋史·艺文志》载《吕陶集》60卷，然此集"久无传本，其得见于世者，仅《宋文鉴》所载《请罢黄隐》一疏"，故清乾隆时修《四库全书》，馆臣"就《永乐大典》各韵内采掇裒辑，分类编次，厘为三十八卷"，内文28卷、诗10卷，卷首附成都马骐序，题名《净德集》。此本"虽以史传相较，其奏疏诸篇或载或阙，其《应制科策》一首不可复考，未必尽还旧观，然已什得其七八，所阙者固无几也"⑤。又现存《永乐大典》录《净德集》27条，馆臣漏辑了5条，漏辑者见《四库别集拾遗》。

吕陶秉性刚直，遇事敢言，故集中以政论文为要，说理透彻深刻，然文采稍嫌不足。《四库全书总目》结合吕陶指斥王安石事评其文学成就，以为"其深识远虑，亦不在范祖禹下。故其所上奏议，类皆畅达剀切，洞悉事机。蒋堂以贾谊比之，良非虚誉。其余诗文，亦多典雅可观。至《学论》二篇，力攻王氏《字

---

① （宋）苏辙：《鲜于子骏谏议哀辞》，《栾城集》卷一八。
② （宋）秦观：《鲜于子骏行状》，《淮海集》卷三六。
③ 是书又名《吕陶集》《净德文集》《吕元钧集》《净德先生文集》。其卷数《宋史·艺文志》作60卷，《续通志》《续通考》作38卷。是原60卷本早已散佚，现存乃残本38卷。
④ （宋）马骐：《净德集序》，《净德集》卷首。
⑤ （清）永瑢等：《四库全书总目》卷一五三《净德集》提要。

说》，不遗余力，尤为毅然自立，不附合时局者矣"①。评论可谓中肯确当。又吕陶做地方官多在蜀中，集中序、记体之文，如《利州修城记》《利州重建永安庙记》《重修成都西楼记》《府学经史阁落成记》《成都新建备武堂记》《蜀州新堰记》《鹿鸣宴诗序》等，颇能展现当时蜀中风貌，极具文化史料价值。他在《府学经史阁落成记》中提出："蜀学之盛冠天下而垂无穷者，其具有三：一曰文翁之石室，二曰高公之礼殿，三曰石室之九经。"尤为精辟。

是书有清抄本、《四库全书》本、《武英殿聚珍版书》本、《丛书集成》初编本等。（李冬梅）

12. 《安岳集》12卷②，宋冯山撰

冯山（？～1094），初名献能，字允南，时称鸿硕先生，普州安岳（今四川安岳）人。仁宗嘉祐二年（1057）进士，神宗熙宁末为秘书丞、通判梓州，官终祠部郎中。卒，以子澥登朝，赠太师。著有《冯氏春秋通解》，久佚。又有《安岳集》，今存残卷。《宋史》卷三七一有传。

嘉定十二年（1219）简池刘光祖《安岳集序》云："安岳冯公讳山，字允南，文集三十卷。太师有子讳澥，官尚书左丞，赠资政殿学士，字长源，文集四十五卷。太师卒于绍圣元年（1094），左丞薨于绍兴十年（1140），远者百二十有九年，而近者亦八十年矣，而比岁文集始行于世，又未有序之者。……今之锓木者，大泸周氏子锐也，可谓好事也已。其邑人景君佐仕于吾州，为周氏子请叙其篇端，以余粗知言云。"又嘉定乙亥（八年，1215）梧溪散人何惪固《序》云："里人周君锐阅之，契于心，乃锓诸木，俾惪固序其首，辞不获命，则以其素所感者书焉。"据此，冯山集系由泸州周锐刊刻于南宋嘉定间，且为父子二人诗文集合刊本。

至明，冯山、冯澥父子二人之诗文集合刊本已不见著录，唯冯山集孤行于世。《文渊阁书目》卷九著录"《冯太师文集》一部三册，全"。《内阁藏书目录》卷三同，并云："冯山著，凡三十卷。"《国史经籍志》卷五亦云："《冯山集》三十卷。"是冯山集明时尚有全本行于世。不过后来亦有散佚，仅存残本12卷。《四库全书总目》述之曰："山诗文本三十卷，嘉定中，泸州周锐与山子

---

① （清）永瑢等：《四库全书总目》卷一五三《净德集》提要。
② 是集又名《冯安岳集》《冯太师文集》《冯允南集》《冯太史集》《冯太师集》《冯山集》等。其卷数原本30卷，后散佚，仅存残本12卷。又《郡斋读书后志》《文献通考·经籍考》作10卷，不知何本？

瀚集合刊之，前有刘光祖《太师左丞合集序》及何惪固《二冯先生文集序》。此本瀚集全佚，山集目录虽具，而自十三卷以后悉佚不传，所存者惟诗十二卷。徐氏《传是楼书目》所阙亦同，知散佚已久，世仅有此残本也。"①

冯山工诗善文，集中颇多佳胜。何惪固《序》曰："普慈冯公允南，以文名于时，其子瀚承之，益大以肆。今观其父子之作，敷腴典重，不费追琢，自合法度，非有本者畴克尔。"《四库全书总目》亦给予较高评价："山与梅尧臣、苏舜钦同时，时已尽变杨、刘西昆之体，故其诗平正条达，无剪红刻翠之态。其《上金陵王荆公》诗有'更张汉法新'句，原序所谓'当熙、丰间不能苟合于新法'者，于此可见。盖亦介立之士，其人足重。虽残编断简，要不害其可传。"②丘晋成《论蜀诗绝句》道："允南遗集仅诗存，平易都无斧凿痕。堪羡名驰嘉祐日，已将旧调变西昆。"诸家所评，诚为公允。

是集今传版本有清抄本、《四库全书》本、《宋人集乙编》本等。又台湾《中央图书馆善本书目》著录有《安岳吟稿》8卷，1册，旧抄本，有近人邓邦述手跋，当为冯集另一抄本。（李冬梅）

13.《东坡集》40卷③，宋苏轼撰

苏轼有《苏氏易传》，前已著录。

苏轼才华丰茂，善于创新，诗、文、词皆一代宗师。苏辙《亡兄子瞻端明墓志铭》曰："其遇事所为诗、骚、铭、记、书、檄、论撰，率皆过人。有《东坡集》四十卷、《后集》二十卷、《奏议》十五卷、《内制》十卷、《外制》三卷。公诗本似李、杜，晚喜陶渊明，追和之者几遍，凡四卷（即《和陶集》）。"④以上共六集92卷，其中《东坡集》又称《东坡前集》，"乃东坡手自编者，随其出处，古律诗相间，谬误绝少。……《后集》乃后人所编"⑤。另

---

① （清）永瑢等：《四库全书总目》卷一五三《冯安岳集》提要。
② （清）永瑢等：《四库全书总目》卷一五三《冯安岳集》提要。
③ 苏文盛行，苏轼集编刻多种多样，其名亦纷繁复杂，如《郡斋读书志》《直斋书录解题》《文献通考》等有所谓"东坡七集"之称，即《东坡前集》《后集》《奏议》《内制》《外制》《和陶集》《应诏集》。此外诸家目录著录者又有《东坡前后集》《东坡文集》《苏轼集》《东坡集》《东坡续集》《苏文忠集》《苏东坡集》《苏长公全集》《苏文忠公全集》《苏文忠奏议》《乐语》《东坡和陶诗》《和陶诗》《东坡全集》《东坡七集》等之名。而其版刻不同，卷数亦不同，今40卷仅指《前集》。
④ （宋）苏辙：《亡兄子瞻端明墓志铭》，《栾城后集》卷二二。
⑤ （宋）胡仔：《渔隐丛话后集》卷二八，人民文学出版社1962年廖德明校点本。

《和陶诗》据苏辙《子瞻和陶渊明诗集引》转述苏轼之语云："吾前后和其诗凡百数十篇，……今将集而并录之，以遗后之君子。"①是《和陶诗》亦为轼亲自编定。而《奏议》《内制》《外制》三集，乃轼进呈及代言之作，应无伪作，亦系其生前编定，多为可靠。晁公武《郡斋读书志》著录略同："苏子瞻《东坡前集》四十卷、《后集》二十卷、《奏议》十五卷、《内制》十卷、《外制》三卷、《和陶集》四卷、《应诏集》十卷。"此即世所称"东坡七集"，较《墓志铭》多出《应诏集》10卷。陈振孙《直斋书录解题》、马端临《文献通考》从之，然《宋史·艺文志》则载"苏轼《前后集》七十卷"，卷数与前著录不同，此外又别出《奏议补遗》3卷、《南征集》1卷、《词》1卷、《南省说书》1卷、《别集》46卷、《黄州集》2卷、《续集》2卷、《北归集》6卷、《儋耳手泽》1卷。如此等等，可见轼集名目颇为繁多②。

今考苏轼之诗文生前已广为流传，其诗文集宋世便有多种刊刻之本。据陈振孙《直斋书录解题》云："坡之曾孙给事峤季真刊家集于建安，大略与杭本同。盖杭本当坡公无恙时已行于世矣。麻沙书坊又有《大全集》，兼载《志林》《杂说》之类，亦杂以颖滨及小坡之文，且间有讹伪剿入者。有张某为吉州，取建安本所遗尽刊之，而不加考订，中载应诏、策论，盖建安本亦无《应诏集》也。"又云："杭、蜀本同，但杭无《应诏集》。"是轼集宋世即有蜀本、杭本、建安本、麻沙书坊本、吉州本。胡仔《渔隐丛话后集》卷二八又曰："东坡文集行于世者，其名不一，惟《大全》《备成》二集诗文最多，诚如所言，真伪相半。其后居世英家刊大字东坡前、后集，最为善本。"是当时以居氏所刻大字本为最善。另邵博《闻见后录》、王辟之《渑水燕谈录》、洪迈《容斋五笔》、叶盛《水东日记》还提及有京师印本、范阳刻本、江州本、细字小本等。此后，由于"元祐党禁"解除，苏文得到广泛推崇，又出现重编、改编、补编之《续集》《外集》《大全集》以及类编、分编、选编、注释之诗集、文集，此外其他各种版刻、钞传之本，更不知其数。"然传本虽夥，其体例大要有二：一为分集编订者，乃因轼原本原目而后人稍增益之。即陈振

---

① （宋）苏辙：《子瞻和陶渊明诗集引》，《栾城后集》卷二一。
② 如《重编东坡外集序》述及苏轼传世之集凡24种："《南行集》《坡梁集》《钱塘集》《超然集》《黄楼集》《眉山集》《武功集》《雪堂集》《黄冈小集》《仇池集》《毗陵集》《兰台集》《真一集》《岷精集》《掞庭集》《百斛明珠集》《玉局集》《海上老人集》《东坡前集》《后集》《东坡备成集》《类聚东坡集》《东坡大全集》《东坡遗编》。"

孙所云杭本，当轼无恙之时已行于世者，至明代江西刻本犹然，而重刻久绝。其一为分类合编者，疑即始于居世英本。宋时所谓大全集者，类用此例。"①

是集今传之主要版本有宋刻残本、明成化四年（1468）程宗刻本、《四库全书》本、《三苏全集》本、《四部备要》本等。又今人孔凡礼点校有《苏轼诗集》（中华书局1982年版）、《苏轼文集》（中华书局1986年版），为苏轼诗文集最为完善的整理本。今有张志烈、马德富、周裕锴主编《苏轼全集校注》（河北人民出版社2010年版）。（李冬梅）

14.《栾城集》50卷②，宋苏辙撰

苏辙有《诗集传》，前已著录。

苏辙长于文，喜作诗，苏轼谓其为文汪洋澹泊，有一唱三叹之声，而其秀杰之气终不可没。所作《栾城集》《栾城后集》《栾城第三集》，乃其手自编定。《栾城后集引》曰："予少以文字为乐，涵泳其间，至以忘老。元祐六年（1091），年五十有三，始以空疏备位政府，自是无述作之暇。顾前后所作至多，不忍弃去，乃裒而集之，得五十卷，题曰《栾城集》。九年（1094），得罪出守临汝，自汝徙筠，自筠徙雷，自雷徙循，凡七年。元符三年（1100），蒙恩北归，寓居颍川。至崇宁五年（1106），前后十五年，忧患侵寻，所作寡矣，然亦班班可见，复类而编之，以为《后集》，凡二十四卷。"又《栾城第三集引》曰："崇宁四年（1105），余年六十有八，编近所为文，得二十四卷，目之《栾城后集》。又五年，当政和元年（1111），复收拾遗稿，以类相从，谓之《栾城第三集》。方昔少年，沉酣文字之间，习气所薰，老而不能已，既以自喜，亦以自笑。今益以老矣，余日未几。方其未死，将复有所为，

---

① （清）永瑢等：《四库全书总目》卷一五四《东坡全集》提要。
② 苏辙集的编订因有分集本和类编本之分，故题名多有不同。存世本著录题名有《栾城集》《苏文定公文集》《苏文定公栾城全集》《类编增广颍滨先生大全文集》《苏辙集》等。其他目录书著录亦有《苏颍滨文集》《子由栾城集》《苏子由栾城集》《苏黄门集》《黄门集》等。其卷数又有《后集》24卷、《第三集》10卷、《应诏集》12卷。然《通志·艺文略》除著录《栾城》三集外，又有《苏黄门集》70卷。《遂初堂书目》亦别有《苏黄门奏议》。《宋史·艺文志》则又著录"《栾城集》八十四卷、《应诏集》十卷、《策论》十卷、《均阳杂著》一卷"。据《四库全书总目》所云，《黄门集》"疑即《栾城集》之别名"，《宋史·艺文志》之《栾城集》84卷"盖统举言之，《策论》当即《应诏集》"，乃"复出其目"，"惟《均阳杂著》未见其书，或后人掇拾遗文，别为编次，而今佚之"。《总目》之言盖是，不过认为《应诏集》是"误以十二卷为十卷"，则非，因《藏园群书经眼录》所记旧写本《应诏集》正为10卷。

故随类辄空其后，以竢异日附益之云尔。"孙觌《与苏守季文》亦曰："《栾城》三集，黄门手自编次，固无遗矣。"①因此，"自宋以来，原本相传，未有妄为附益者"②。

《栾城》三集宋世即有建安本、麻沙本、蜀本、家藏本流传，然"建安本颇多缺谬，其在麻沙者尤甚，蜀本舛亦不免"，是以其三世孙苏诩淳熙己亥（六年，1179）遂"以家藏旧本前后并《第三集》，合为八十四卷，皆曾祖自编类者"，"与同官及小儿辈校雠数过，锓版于筠之公帑"③。之后，四世孙苏森因诩刻筠州本"其板以岁久字画悉皆漫灭"，故开禧丁卯（三年，1207）又重刊三集，"乃一新之"④。

除此之外，苏辙集又有带《应诏集》的四集96卷本。晁公武《郡斋读书志》云："苏子由《栾城集前集》五十卷、《后集》二十四卷、《第三集》十卷、《应诏集》十二卷。"陈振孙《直斋书录解题》、马端临《文献通考》著录同之。《应诏集》非辙亲手编定，据丁丙《善本书室藏书志》载，"《应诏集》乃其孙籀集其策论与应试诸作"，不知确否？而其何时与《栾城》三集最早合刊，则待考。不过庆元间眉山苏氏功德寺所刊大字本已有《应诏集》，则至少在淳熙筠州本后、开禧筠州本前，《应诏集》即与《栾城》三集合刊。

是集今传版本主要有宋刊残本、明嘉靖二十年（1541）刊本、明铜活字本、明清梦轩刊本、清宛陵贡彧校刻本、《三苏全集》本、《四部备要》本、《四部丛刊初编》本、《四库全书》本等。又曾枣庄、马德富和陈宏天、高秀芳分别有校点本《栾城集》和《苏辙集》。其中曾、马本《栾城集》由上海古籍出版社1987年出版，该本以明清梦轩本为底本，校以宋残本、《四部丛刊》本、三苏祠本等，辑佚诗、词、文凡37首为《栾城集拾遗》。陈、高本《苏辙集》由中华书局1990年出版，此本亦以清梦轩本为底本，校以各本，后附刘尚荣《苏辙佚著辑考》，辑得苏辙佚诗文70余篇。（李冬梅）

15．《范太史集》⑤55卷，宋范祖禹撰

范祖禹有《古文孝经说》，前已著录。

---

① （宋）孙觌：《与苏守季文》，《内简尺牍》卷七，新民书局1935年详注本。
② （清）永瑢等：《四库全书总目》卷一五四《栾城集》提要。
③ （宋）苏诩：《跋》，《天禄琳琅书目》卷三引，上海古籍出版社2007年版。
④ （宋）苏森：《跋》，《天禄琳琅书目》卷三引。
⑤ 是集又名《范祖禹集》《范太史文集》《太史范公文集》。

祖禹幼受家学影响，后以司马光为师，博学能文，司马光称他"好学能文，而谦晦不伐，如无所有"①，苏轼也论其"清德绝识，高文博学，非独今世所无，古人亦罕有能兼者，岂世间混混生死流转之人哉！"②平生有《范太史集》传世，收录其所著诗文。集中诗作不多，仅有3卷（卷一、卷二、卷三），多为应酬及生活实录，艺术价值不大。不过表状、札子、奏议却颇多，乃其精华所在。本传谓其"开陈治道，区别邪正，辨释事宜，平易明白，洞见底蕴，虽贾谊、陆贽不是过云"③。《四库全书总目》亦云："类皆湛深经术，练达事务，深有裨于献纳。"④诚可谓"公之文可以经世，皆不刊之说"⑤。

据汪应辰《题范太史集》曰："太史范公家所藏书，有曰《翰林词草》者，自元祐六年（1091）七月，止绍圣改元（1094），其间往往公手笔改定。然公元祐四年（1089）十一月，始为翰林学士，不知前此者，谁所作也？恐或有故，今皆存之。《乐语》则得于成都宇文氏所编次《纶言集》中，亦附于卷末。"⑥是祖禹此集最早盖由汪应辰守成都时编刊，其中恐有误收。又魏了翁《范正献公文集序》云："公之文集，玉山汪公应辰既尝板行于某所矣，今公之诸孙子长守潼川，又以刻诸郡斋而属叙，所以识诸篇端，倘庶几世道之补云。"⑦可见宋时此集又有祖禹后人所刻潼川本，且有魏了翁序。不过宋刻今早已失传，现唯存传抄本。《四库全书总目》著录为浙江汪启淑家藏本，并曰："其文集世有两本，一本仅十八卷，乃明程敏政从秘阁借阅，因为摘录刊行，非其完本。此本五十五卷，与《宋史·艺文志》卷目相符，盖犹当时旧帙也。"⑧程氏摘刊本今亦不见著录，唯黑龙江省图书馆藏有休宁汪氏摘藻堂抄本《太史范公文集钞》18卷，当即就程刊本传录。而四库所据浙江汪启淑家藏本亦为抄本，底本今藏日本大仓文化财团。

是书有清抄本、《四库全书》本、《四库全书珍本初集》本等。（李冬梅）

---

① （宋）司马光：《荐范梦得状》，《司马光集》卷四五，四川大学出版社2010年李文泽、霞绍晖校点本。
② （宋）苏轼：《与范元长十三首·八》，《苏轼文集》卷五〇。
③ 《宋史·范祖禹传》。
④ （清）永瑢等：《四库全书总目》卷一五三《范太史集》提要。
⑤ （宋）晁说之：《晁氏客语》。
⑥ （宋）汪应辰：《题范太史集》，《文定集》卷一〇，学林出版社2009年版。
⑦ （宋）魏了翁：《范正献公文集序》，《重校鹤山先生大全文集》卷五三。
⑧ （清）永瑢等：《四库全书总目》卷一五三《范太史集》提要。

16. 《跨鳌集》30卷①，宋李新撰

李新（1062～？），字符应，自号跨鳌居士，仙井监（今四川仁寿）人。哲宗元祐三年（1088）登进士第，官承议郎、南郑丞。刘泾尝荐于苏轼，令赋墨竹，口占一绝立就。元符三年（1100）上书直陈时弊，后入元祐党籍，夺官贬遂州。徽宗大观三年（1109）遇赦，授梓州司法参军。宣和五年（1123）为茂州通判，流落以终。卒，赠朝奉郎。《宋史翼》卷六有传。有《跨鳌集》行世。

是集《郡斋读书志》作"李元应《跨鳌集》五十卷"，《文献通考·经籍考》同之。《宋史·艺文志》为"《李新集》四十卷"，盖为别本。原集明末犹存，《内阁藏书目录》著录道："《跨鳌文集》十三册，全。宋哲宗朝李新著，凡四十四卷，又《遗集》一卷，《别集》一卷。"则秘阁所藏似乎不是晁公武及《宋史》著录之本。后来散亡，清乾隆时修《四库全书》，四库馆臣从《永乐大典》中辑为30卷。其中，诗11卷，文19卷，词5首。又现存《永乐大典》录《跨鳌集》25条，馆臣漏辑10条，漏辑者见《四库别集拾遗》。

李新诗文名气虽不是很高，但却颇有成就，算是蜀中三苏之后颇有才情的一位。其诗，古体喜学乐府，颇得神髓；近体摇曳多姿，韵味浓郁。注意炼字炼句，善于捕捉意境，好句佳篇甚多。其文亦多俊爽豪迈。《四库全书总目》曰："其诗气格开朗，无南渡后啁哳之音。其文序记诸篇，忽排忽散，虽似不合格，而他作亦多俊迈可诵。在北宋末年，可以称一作者，固不必定以其人废之矣。"②

是集今存版本有清刘氏嘉阴簃抄本、《四库全书》本、《四库全书珍本初集》本等。（李冬梅）

17. 《唐子西集》20卷③，宋唐庚撰

唐庚（1071～1121），字子西，人称鲁国先生，眉州丹棱（今四川丹棱）

---

① 是集又名《李新集》《跨鳌文集》。其卷数宋时有50卷和40卷之别，至明又有44卷之说。今存本为30卷，系清四库馆臣自《永乐大典》中辑得。
② （清）永瑢等：《四库全书总目》卷一五五《跨鳌集》提要。
③ 是书题名甚多，如《唐子西集》《唐庚集》《唐子西先生集》《唐子西文集》《唐先生文集》《唐先生集》《眉山唐先生文集》《眉山集》《眉山先生文集》《唐眉山先生文集》《唐眉山集》等。其卷次，诸家著录各异。《通志》作5卷、又《别集》3卷，《郡斋读书志》《蜀中广记》《世善堂藏书目录》《绛云楼书目》作10卷，《文献通考·经籍考》作15卷，《直斋书录解题》《宋史》本传、《东都事略》《国史经籍志补》作20卷，《宋史·艺文志》作22卷，《百川书志》《万卷堂书目》《澹生堂藏书目》作7卷，《四库全书总目》《续通志》作24卷。传世之本，则又有20卷、7卷、30卷、24卷等之别。

人。哲宗绍圣元年（1094）进士，调利州治狱掾，除知阆中，徽宗时迁宗子博士。以张商英荐，授提举京畿常平。商英罢相，坐贬惠州。后遇赦北还，复官承议郎，提举上清太平宫。归蜀，病卒于道，年51岁。著有《三国杂事》《斗茶记》《唐子西文录》《唐子西集》等。《宋史》卷四四三有传。

唐庚通世务，工诗文，是北宋末年蜀籍文人中诗文成就最高者，时有"小东坡"之称。然其所作诗文"随作随散，不复留稿"①，故生前未自编其集，传世之集乃后人所编。庚集宋时刊有多本，据宣和四年（1122）五月郑总《唐眉山先生文集序》曰："太学之士得其文，甲乙相传，爱而录之。爱之多而不胜录也，鬻书之家遂丐其本而刻焉。"是为京师开封书坊刊本。此本止收作者晚年诗文，不收少作，文凡45篇，诗赋185首，前附郑总序，未记卷数。郑总作序之次月，唐庚之弟唐庾对京师书坊刊本补阙纠谬，另刊其本，序曰："比见京师刊行者，止载岭外所述，多舛谬，失真害理，恐误学者观省，而不能以传诸永久。因并取其少年时所为文，随卷附之，庶以广其传云。"是为唐庾刊本。又此本既称"随卷附之"，似当以京师书坊刊本为基础，不另增卷数。至绍兴二十一年（1151），权发遣惠州军州事郑康佐再刊此集，跋曰："康佐承乏惠阳，暇日阅《寓公集》，盖东坡先生与唐公谪居时著述也，唐公之文凡十有二首，诗赋一百十有一首，与先君所传颇有重复。既而进士葛彭年以所藏闽本相示，文凡五十六首，诗赋二百八十七首，较之所见稍加多矣，而篇秩殽乱，句读舛谬不可辨。未几又得蜀本于归善令张匪躬之家，文凡一百四十二首，诗赋三百有十首，较之闽本益加多矣，而增损甚少，可以取正。康佐以郡事倥偬，遂属教授王维则雠校，旁援博取，凡所辨正，悉有据依，而唐公之文遂为全篇。因其名类，勒为三十卷，命刻板摹之。"是为郑康佐惠州刊本。此本取校诸本，收录大备，又附郑康佐跋，似最为完善。

由于宋时唐庚文集刊本颇多，故宋人著录亦不统一，或为5卷，或为10卷，或为15卷，或为20卷，或为22卷，卷次多寡不一，颇为纷繁复杂。而今传世之本，又有20卷、30卷、24卷、7卷之别。其中20卷与30卷本，卷数虽相差甚多，但编次略同，所收诗文无异，盖二者相互有所因承。7卷本则仅载诗赋而无杂文，当非全帙之本。而24卷本，为诗10卷，文14卷，乃由20卷和30卷本派生而来。

---

① （宋）唐庚：《唐眉山文集序》，《宋唐眉山全集》卷首，道光二十一年（1841）丹棱学署藏板。

唐庚自言为文当学司马迁，为诗当学杜甫。今观所作，虽不逮所言，然其文长于议论而庄重缜密，其诗刻意锻炼而不失气格。唐庾《唐眉山文集序》赞曰："予兄子西自龆龀学为文，出言已惊人，如赋《明妃曲》《题醉仙崖》什、《上任德翁序》之类，时年方十四五，老师匠手见之，无不褫魄落胆。及入官以来，所著愈多；至被谪南迁，其文益工。"郑总《唐眉山先生文集序》亦评价曰："其文实与道俱，观其文，则其为人不论可知。属意遣词，必存药石之道，或以箴世，或以自明，体高而妙，词严以精。"故《四库全书总目》总结说："刘夷叔称其工于属对，缘此遂无古意。胡仔《苕溪渔隐丛话》则称其佳句不可胜举。黄彻《䂬溪诗话》则称其巧于用事。三家之评，各明一义，而均得其实。"①

是书主要有宋刻本、明嘉靖三年（1524）任佃刻本、明抄本、清抄本、汪亮采南陵草堂雍正三年（1725）活字印本、《四部丛刊三编》本、《四库全书》本等。（李冬梅）

18.《斜川集》6卷②，宋苏过撰

苏过（1072~1123），字叔党，号斜川居士，眉州眉山（今四川眉山）人，苏轼季子，时称小坡。元祐五年（1090），试礼部下第，七年（1092），任右承务郎。绍圣元年（1094），其父南贬，先居惠州，再迁海南，过皆随侍，一身百为，而不知其难。后父北归病卒，遂家于颍昌，营湖阴水竹数亩，名之曰小斜川，并以为号。后历监太原府税、知郾城县、晚年权通判中山府。宣和五年（1123），因事至镇阳，暴疾卒于行道中，年仅52岁。著有《孔门弟子列传》《斜川集》等。事迹具《宋史》卷三三八《苏轼传》附。

晁说之《苏叔党墓志铭》称苏过"有《斜川集》二十卷"，《宋史》卷三三八《苏轼传》附《苏过传》亦称"有《斜川集》二十卷"，然陈振孙《直斋书录解题》则著录为"《斜川集》十卷"，《文献通考·经籍考》《宋史·艺文志》同之。盖苏过文集初编之本为20卷，后有所散佚，南宋时刊为10卷。至清，是集失传，书贾或以谢薖、或以刘过之集冒充之。《四库全书总目》辨江苏蒋曾莹家藏本《斜川集》10卷道："此集乃近时坊间所刊。其本但

---

① （清）永瑢等：《四库全书总目》卷一五五《唐子西集》提要。
② 是书《直斋书录解题》《文献通考·经籍考》《宋史·艺文志》《国史经籍志》《续通志》作10卷，晁说之《苏叔党墓志铭》《宋史》本传、《蜀中广记》作20卷，而存本为6卷。

有边阑，而不界每行之乌丝。此本染纸作古色，每页补画乌丝，而伪镌'虞山汲古阁毛子晋图书'一印，印于卷末，盖欲以宋版炫俗。然考晁说之所作《苏过墓志》，过卒于宣和五年，此集中所称乃嘉泰、开禧诸年号，以及周必大、姜尧章、韩侂胄诸人，过何从见之？其中所指时事，亦皆在南渡以后，尤为乖剌。案刘过《龙洲集》中所载之诗，与此尽同。盖作伪者因二人同名为'过'而抄出，冒题为《斜川集》，刊以渔利耳。"阮元《四库未收书目提要》亦曰："其书久已失传，世间行本，大率因谢幼盘（薖）、刘改之（过）二人之名与叔党同，窜改集名，聊以欺世。据明王世贞《弇州题跋》，则知以刘集充叔党之书，自元季已然，真本散佚，盖已甚久。"因原本难睹，后又失传，学者亟欲观其书，遂有赝本得以流传。

今存本《斜川集》为6卷，诗文各3卷，系清乾隆时修《四库全书》，编修周永年自《永乐大典》中辑出，后经吴长元、法式善增补缺遗，赵怀玉、鲍廷博等刊刻，以成今貌。吴长元《校刊斜川集原序》述之曰："岁在癸巳，朝廷开馆纂修《四库全书》，特诏儒臣从《永乐大典》中搜罗遗籍。时山左周编修永年于各韵下，得先生诗文散片共若干首。缘《全书提要》将外省所进《斜川集》赝本驳去，乃留笥不办。继予妹婿余编修集于孙中翰溶斋偶见稿本，亟以告予，予惊喜过望，借归录副，从《宋文鉴》《东坡全集》《播芳大全》诸书考订讹舛，增补阙遗，厘为六卷。又采他书所载遗文轶事，辄录附焉。计其卷帙，只原集十之二三。"又法式善《斜川集补遗序》云："越廿年太岁在戊辰，诏修《唐文》。（善）充总纂，检《永乐大典》，偶睹《志隐篇》《叔父所居六首》，昔吴君作跋致憾缺略者，属草录归。较赵刻，复得遗诗五十三首，文十五篇。遗珠之憾，或尚弗免。就兹勒为二卷，已自衰然，且于《直斋》十卷原数不甚悬绝。"不过现存《永乐大典》录《斜川集》26条，四库馆臣漏辑1条，漏辑者见《四库别集拾遗》。又国家图书馆、台北"中央图书馆"藏有清钞本三种，其中两种多出刻本诗20余首。

苏过颖悟博洽，尤善诗文，卓有父风。苏轼《和陶游斜川正月五日与儿子过出游作》即云："过子诗似翁，我唱而辄酬。"[①]又《与元老侄孙》曰："海外亦粗有书籍，六郎（过）亦不废学，虽不解对义，然作文极峻壮有家

---

① （宋）苏轼：《和陶游斜川正月五日与儿子过出游作》，《苏轼诗集合注》卷四二，上海古籍出版社2001年黄任轲、朱怀春校注本。

法。"①元好问则评道："叔党文笔雄赡，殊有凤毛。坡尝云：'海外无以自娱，过子每作文一篇，辄喜数日。'苏氏父子昆弟，文派若不相远。"②清人赵怀玉亦称："今观其诗文，具有家法，东坡好和陶，而叔党有《小斜川》之作；东坡善言兵，而叔党有《论黎事》之书。出处进退，未忘家国。使天假以年，名或不在其父下。"③可见苏过得乃翁文章真传，不仅受到其父的赞许，也得到了历代论者的公认。如其短篇文赋《飓风赋》《思子台赋》，可谓极具代表性。《赋话》卷一〇引《古赋辩体》赞云："苏过字叔党，以文章驰名，时号小东坡。过岭作《飓风赋》，尤为人脍炙。若其《思子台赋》，则有韵之论尔。"

是书今传版本主要有清抄本、清乾隆五十三年（1788）赵怀玉亦有生斋刻本、《宛委别藏》本、《知不足斋丛书》本、《丛书集成初编》本、《四部备要》本、《续修四库全书》本、1941年长沙商务印书馆排印本等。另舒大刚、蒋宗许、李家生、李良生等又有《斜川集校注》（巴蜀书社1996年版），此本以《知不足斋丛书》本为底本，校以各本，补入新辑诗文20余篇，又甄别底本及他书误收、误题诗文若干篇，详加校注，系年编排，凡列10卷；又有蒋宗许等笺、舒星校补《苏过诗文集编年笺注》本（中华书局2012年版）。（李冬梅）

19.《陵阳集》4卷④，宋韩驹撰

韩驹（1080~1135），字子苍，人称陵阳先生，陵阳仙井监（今四川仁寿）人。政和初（1111），以献颂补假将仕郎。召试舍人院，赐进士出身，除秘书省正字。坐苏氏蜀党，谪监华州蒲城县市易务，知洪州分宁县。召为著作郎，校正御前文籍。宣和六年（1124），迁中书舍人兼修国史。寻兼权直学士院，未几，提举江州太平观。高宗即位，出知江州。绍兴五年（1135），卒于抚州，赠中奉大夫。著有《陵阳集》《陵阳正法眼》《韩子苍语录》等。《宋

---

① （宋）苏轼：《与元老侄孙》，《苏轼文集》卷六〇。
② （金）元好问：《跋苏叔党帖》，《元好问全集》卷四〇，山西人民出版社1990年版。
③ （清）赵怀玉：《校刻斜川集序》，见（宋）苏过撰，蒋宗许、舒大刚等注，舒星校补：《苏过诗文编年笺注·附录》，中华书局2012年版。
④ 是书又名《韩子苍集》《陵阳先生诗》《陵阳先生诗集》《陵阳诗集》《陵阳先生集》等。其卷次，诸家著录各异，分别有3卷、4卷、50卷、15卷之说。又有所谓《别集》2卷、3卷、《陵阳先生诗草》1卷之称。今存本为4卷，仅录诗。

史》卷四四五有传。

韩驹少而好学，卓有文名，黄庭坚称其超逸绝尘，苏辙以比储光羲。所著《陵阳集》，宋时编刊不详，诸家著录各异。如《郡斋读书志》作"《韩子苍集》三卷"，《直斋书录解题》作"《陵阳集》五十卷"，又有"《陵阳集》四卷、《别集》二卷"，《文献通考》作"《韩子苍集》三卷"，又作"《陵阳集》五十卷"，《宋史·艺文志》则作"《陵阳集》十五卷，又《别集》三卷"。盖50卷本为韩驹集诗文全集本，3卷、4卷、2卷本乃其诗集本，因版本不同，故卷数亦异。而《宋史·艺文志》所载"十五卷"，疑为"五十卷"之倒文。今《陵阳集》50卷全集本早已亡佚，3卷、2卷本亦不传，现唯存4卷诗集本，共收诗334首。

韩驹早年学于苏辙，后与徐俯交好，遂受知于黄庭坚。故吕本中作《江西诗社宗派图》，以黄庭坚为首，下列25人，内有韩驹，不过他自己却颇不乐。"然驹诗磨淬剪截，亦颇涉豫章之格。其不愿寄黄氏门下，亦犹陈师道之瓣香南丰，不忘所自尔，非必其宗旨之迥别也。陆游跋其诗草，谓'反复涂乙，又历疏语所从来。诗成，既以予人，久或累月，远或千里，复追取更定，无毫发恨，乃止'。亦可谓苦吟者矣。"[1]

是书今传版本主要有清抄本、民国20年（1931）董玠成都刊本、《四库全书》本、《西江诗派韩饶二集》本等。（李冬梅）

20．《颐堂先生文集》5卷，宋王灼撰

王灼有《糖霜谱》，前已著录。

是集又名《颐堂文集》《颐堂集》《颐堂先生集》，宋时编刊情况不详，《郡斋读书附志》题作"《颐堂先生文集》五十九卷"，《宋史·艺文志》著录"《颐室文集》五十七卷"。王灼号颐堂，《宋史·艺文志》之"室"当是"堂"之讹。59卷、57卷，或即一本，疑"九""七"两字有一误。宋后，王灼集多有散佚，至明末清初，盖已无完本，且极罕观，以致此期公私目录书鲜有著录，唯《近古堂书目》《绛云楼书目》有"《颐堂集》"之目而无卷数，《读书敏求记》有"《颐堂集》五卷"。其现存最早刊本，为清光绪十二年（1886）丁丙侄立诚偶得之宋乾道八年（1172）王抚幹宅刊本。此本题为《颐堂先生文集》，共5卷，其中古赋1卷、古诗3卷、近体诗1卷。卷数与宋人著录

---

[1] （清）永瑢等：《四库全书总目》卷一五七《陵阳集》提要。

本相差悬殊，有赋、诗而无文，当为宋刊残帙。

王灼善诗赋，工文词，其赋长于议论而稍乏自身特色，其诗则细腻古雅而不失豪放之气。

是书有宋乾道八年（1172）王抚幹宅刻本、《四部丛刊三编》本、《续古逸丛书》本、《蜀贤遗书十二种》本、《续修四库全书》本等。又今人胡传淮、刘安遇有《王灼集辑校》（巴蜀书社1996年版）；李孝中、侯柯芳《王灼集辑注》本（巴蜀书社2005年版），收采颇备。（李冬梅）

21．《双溪集》15卷，宋苏籀撰

苏籀有《栾城遗言》，前已著录。

据苏诩《双溪集跋》曰："先公监丞，栾城公（苏辙）长孙也，在颍滨亲炙教诲十五余年。建炎初南渡，侍伯祖（苏迟）侍郎居婺州近三十载，哀其平昔所述古律论撰为十五卷，目曰《双溪集》，并所记《栾城公遗言》一卷，因镂板于筠之公帑，庶几广其传焉。"是此集乃苏籀亲手所编，并由其子苏诩于淳熙年间权知筠州时予以刊刻。

是集又名《眉山苏仲滋文集》，《宋史·艺文志》著录为11卷，而《敬乡录》《续文献通考》则作15卷，今存本为15卷，凡收诗5卷、赋1卷，余皆为文。《四库全书总目》评论说："其诗文雄快疏畅，以词华而论，终为尚有典型。"然"独是轼、辙之为伟人，不仅以文章为重，其立身本末，俱不愧古贤。籀此集中，乃有上秦桧二书，及庚申年（1140）拟上宰相书，皆极言和金之利，所以归美于桧者，无所不至，不免迎合干进之心。又杂著中别有进取策一篇，复力言攻刘豫以图金。前后议论，自相矛盾，盖皆揣摩时好以进说。小人反复，有愧于乃祖实多"①。虽斥之太甚，然苏籀之干进，亦可谓无所不用其极矣。

是书有明抄本、清抄本、民国成都昌福公司铅印本、《四库全书》本、《粤雅堂丛书初编》本、《丛书集成初编》本等。（李冬梅）

22．《张忠献文集》10卷，宋张浚撰

张浚有《紫岩易解》，前已著录。

张浚原有文集10卷，然其久佚，民国间绵竹人黄尚毅辑有《张魏公集》1卷。此本前有黄氏民国10年（1921）十一月《序》，《序》云："戴天不共忍

---

① （清）永瑢等：《四库全书总目》卷一五七《双溪集》提要。

言和，王业偏安独枕戈。放逐南荒成《易传》，长驱北伐送诗歌。武侯鱼水君臣契，儒将箕裘父子多。大集一家光日月，抗行嘉祐与东坡。"后又有黄氏《跋》，《跋》云："朱子作《张魏公行状》，载县志艺文中。公自有传，多取《行状》大义而成之者。己未（1919）续修，系艺文于各篇，公传外无所附，宣公诗文已见本集者不录，乃汇刻魏公著作，列《行状》于前，题曰《张魏公集》，以传不朽。惟遗漏尚多，后之君子辑而补之，粲然大备，庶见宣公家学渊源云。"卷首附朱熹《行状》，卷末附著作、传记资料，共收文25篇，疏漏特甚。

张浚为抗金名将，不以文名家，而以身许国，志在济时，史称"中兴贤相"，故其文以奏疏类居多，内容多为国事而发，立言醇粹，旨理分明，持论中肯，辨析周宜，条陈巨细，井然有序，以朴实无华的语言，展示了壮志凌云，正如杨万里所谓"务坦明，不为虚辞"①。而《宋诗纪事》《全蜀艺文志》、嘉庆《绵竹县志》等又录张浚诗5首，亦多存其忧国忧民之念。冯时行《见张魏公二首》其一便道："危机易蹈退难安，进退如公地最宽。忧国忧家双鬓白，通天通地一心丹。"②

是书有民国19年（1930）绵竹县校补刊本、《续修四库全书》本。又四川大学古籍所编《全宋文》，重辑张浚文，共得351篇，厘为17卷，颇为完备。（李冬梅）

23.《缙云文集》4卷，宋冯时行撰

冯时行（1101～1163），字当可，号缙云，人称缙云先生，恭州巴县（今重庆巴县）人③。徽宗宣和六年（1124）进士。建炎中任奉节尉，历南浦令、江源丞、左奉议郎知丹棱县、知万州，以力排和议，主张抗金，忤逆秦桧，被罢官家居。后曾起知蓬州、黎州、彭州，官终提点成都刑狱。隆兴元年（1163），卒于任。平生精《易》学，文尤高古，著有《易传》《缙云文集》。《宋史》卷四五九、《宋史翼》卷一〇有传。

是集又名《缙云集》《缙云先生集》，《宋史·艺文志》著录为"《缙云集》四十三卷"，至明则已残缺不全。如《文渊阁书目》卷九著录"冯时行

---

① （宋）杨万里：《张魏公传》，《杨万里集笺校》卷一一五，中华书局2007年版。
② （宋）冯时行：《见张魏公二首》，《缙云先生文集》卷三，《宋集珍本丛刊》第四十一册，影印赵氏小山堂钞本。
③ 籍贯或作璧山。

《缙云文集》一部九册，残阙"，《内阁藏书目录》著录为六册。《万卷堂书目》卷四著录"《缙云集》四卷"，《澹生堂藏书目》卷一三又为"《缙云先生集》四册二卷"。足见明时官私目录著录均不见全帙，盖早已散佚。《四库全书总目》载汪如藻家藏本《缙云文集》4卷时述之曰："《宋志》载其文集本五十五卷①，岁久散佚。明嘉靖中，重庆推官李玺始访得旧抄残本，编为四卷授梓。此本即从玺所刻传写者也。"②又今存抄本有李玺跋，谓刘培庵示以《缙云文集》，"玺上之，乃下学谕翟子表、周子鲁编辑，得其精且粹者诗若干章，文、杂著若干篇，属奇梓之，不弥月而告成"云云。则嘉靖4卷本乃为后世传本之渊源。

今传本卷一至卷三之半为诗，其余乃杂文。于其文学成就，诸家评论颇高。明张俭《嘉靖本缙云先生文集序》评曰："所为诗文五十五卷，肆口所成，咸摅发素蕴，而止乎礼义。其典雅中旷、愿欸幽玄之思，忧时悯俗、不激不随之体，使人讽而读之，有超世出尘之想，不问可知其为高古博雅君子矣。视世之浮言诳语、剽袭俳谐、艰深险怪以文其浅近之识者，恶可同年语耶？"李玺《缙云先生文集跋》也以为时行文章"典雅简明而非剽窃突鹊以为文"。《四库全书总目》亦曰："今读其诗文，忠义之气隐然可见。"③观集中诗文，其忠义爱国之心，忧时伤世之情，随处可见，令人撼魄。故朱熹论曰："近得其文集读之，论议伟然。而所论人主正心亲贤，为所谓建极者，明禹、箕之传，破诸儒之陋，乃适与鄙意合，尤恨不得一见其面目而听其话言也。"④

是集主要有清赵氏小山堂抄本、红药山房抄本、《四库全书》本、《四库全书珍本初集》本等。今人胡问涛、罗琴有《冯时行及其缙云文集研究》（巴蜀书社2002年版），计有诗近300首、词13首、文70篇。（李冬梅）

24.《方舟集》24卷，宋李石撰

李石有《续博物志》，前已著录。

据《直斋书录解题》《文献通考》载，李石有《方舟集》50卷、《后集》20卷，是其原本为70卷。又考明《文渊阁书目》著录有"李知几《方舟集》一

---

① 《宋史·艺文志》并未著录有55卷本《缙云文集》，《四库全书总目》之文乃误记。
② （清）永瑢等：《四库全书总目》卷一五八《缙云文集》提要。
③ （清）永瑢等：《四库全书总目》卷一五八《缙云文集》提要。
④ （宋）朱熹：《跋张敬夫与冯公帖》，《晦庵先生朱文公文集》卷八四，《朱子全书》第二十四册。

部四册,全",则明初此集尚存全帙。嗣后,明代官方书目已不登录,盖已亡佚。今存本系清乾隆时修《四库全书》,馆臣自《永乐大典》中辑出,编为24卷。《四库全书总目》云:"今从《永乐大典》采掇编次,犹可得十之六七。……谨以类排比,编为诗五卷,词一卷,文十二卷。又浙江采进遗书中有石所撰《易十例略》《互体例》《象统》《左氏卦例》《诗如例》《左氏君子例》《圣语例》《诗补遗》诸篇,皆题门人刘伯龙编,而帙首一行乃标曰《方舟先生集》。勘验《永乐大典》所录,经说诸篇与浙江本无异,而其前冠以《方舟集》字亦与浙江本同。盖本附入集中,后全集散亡,仅存此经说。今仍别为六卷,附之于后,以还其旧焉。"①不过今本《方舟集》不及原本前、后二集之半,集外佚文尚多,今已辑入《全宋文》。又现存《永乐大典》录《方舟集》24条,馆臣漏辑5条,漏辑者见《四库别集拾遗》。

李石性好学,善属文,名盛于蜀。少时尝从苏轼长孙苏符游,故其文学渊源出于苏氏,诗文以闳肆跌宕见长,如《四库全书总目》所云:"石亦学问气节之士,《资州志》又称其好学能属文,少从苏符尚书游,而集中亦有为苏峤所作《苏文忠集御序跋》,知其文字渊源出于苏氏,故所作以闳肆见长,虽间失之于险僻,而大致自为古雅。诸体诗纵横跌宕,亦与眉山门径为近也。"②今观集中之诗,题材丰富,叙事流畅,善于用典,颇多佳句。其词,则多为送别、忆人等传统题材,着笔细腻,语言凄丽,可谓善于抒情,婉约亦有风致。其文,以奏疏、札子、表、论、记等居多,短小精悍,说理深透,格调高雅。

是书有《四库全书》本、《四库全书珍本初集》本、清乾隆翰林院抄本等。(李冬梅)

25.《莲峰集》10卷,宋史尧弼撰

史尧弼(1108~1157),字唐英,号莲峰,眉州眉山(今四川眉山)人。绍兴二十七年(1157)与其弟尧夫同登进士第,未授官而卒。著有《莲峰集》30卷,已散佚,清人从《永乐大典》辑出。

尧弼从小聪慧,长于诗文,所著《莲峰集》宋时曾一再刊刻。如乾道丙戌(二年,1166)省斋《莲峰集序》云:"蜀士以文名者皆获传于世,惟青衣史公尧弼唐英之文未传。……比因编次公平日所著文凡三十卷,刊出与众共之,亦以

---

① (清)永瑢等:《四库全书总目》卷一五九《方舟集》提要。
② (清)永瑢等:《四库全书总目》卷一五九《方舟集》提要。

备蜀士之阙文云。"又嘉定癸酉（六年，1213）年家子任清全《嘉定重刊莲峰集序》曰："其文至多，皆散落不存。旧集漫漶，今莲峰兄长之嫡孙师道取而再刻之，加以南轩少时一帖，并诸公所跋附于其后。"是《莲峰集》乾道、嘉定年间曾经省斋、师道先后两次刊刻，且初刻为30卷，而再刻卷数则不详。

《莲峰集》，又名《莲峰文集》《莲峰先生家集》《莲峰家集》等，明末尚存，《文渊阁书目》卷九著录"史尧弼《莲峰家集》一部六册，全"，《内阁藏书目录》卷三亦著录"《莲峰先生家集》六册，全。……凡三十卷"。后渐散佚，清四库馆臣从《永乐大典》中辑出，重编为10卷。《四库全书总目》曰："焦竑《国史经籍志》载尧弼《莲峰集》三十卷，而世间亦无传本。……谨从《永乐大典》中掇拾裒辑，厘为十卷，著之于录，俾怀才赍志之士无声尘翳如之慨焉。"①又现存《永乐大典》录史尧弼诗文19条，馆臣漏辑4条，漏辑者见《四库别集拾遗》。

四库馆臣对尧弼诗文评价颇高，认为他实有"苏氏之遗风"，而不同意任清全将其援入道学家之列。《四库全书总目》云："尧弼天姿卓绝，其诗纵横排宕，摆脱恒蹊。其论策诸篇，明白晓畅，澜翻不穷，亦有不可羁勒之气。大抵有其乡苏氏之遗风。惟其夏绿霜雕，故不能如李焘之著书传后。然就其文章而论，要亦不失为才士。任清全序乃因集中有论学之作，遂以张栻少年自得，为尧弼磨礲浸灌之功，欲援而入于道学，则门户标榜之习，转不足以见尧弼矣。"②考今本《莲峰集》，其文8卷、诗2卷，文论述曲折，逻辑性强，诗一任性情，毫无雕琢，可见尧弼当为词章家，而非道学家，馆臣所评甚当。

是集有清抄本、《四库全书》本、《四库全书珍本初集》本等。另《宋元人诗八十二种》收录有《莲峰集》2卷，亦可资参考。（李冬梅）

26.《云溪集》12卷③，宋郭印撰

郭印，生卒年不详，字信可，自号亦乐居士，成都（今四川成都）人。徽宗政和中进士，累任县令，晚始退居，年80余病卒。性好吟诗，著有《云溪集》行世。

---

① （清）永瑢等：《四库全书总目》卷一六一《莲峰集》提要。
② （清）永瑢等：《四库全书总目》卷一六一《莲峰集》提要。
③ 是集原本卷次不详，唯明《千顷堂书目》著录为30卷，盖初编本为30卷。今12卷本为清四库馆臣自《永乐大典》中辑得数百首诗重新编辑所得，《续通志》《续文献通考》等著录12卷者即为此本。

据郭印《云溪杂咏序》称其"性嗜水竹，欲卜一亩之园，而贫不能有。日经月营，逾二十载，乃得今所谓云溪者，过初望焉"云云，则"云溪"乃其别墅之名。是集宋人未尝著录，亦不见刊板序跋，故原本编刊情况不详。明《文渊阁书目》著录"郭印《云溪集》一部六册，全"，不详卷数。至《内阁藏书目录》，已无其目。私家唯《千顷堂书目》著录，作"《云溪集》三十卷"，殆明末犹存旧帙。至厉鹗纂《宋诗纪事》，仅自《全蜀艺文志》及《四川总志》采诗两首，分别为《游大隋山》和《下岩寺》，盖其时原集已经亡佚。清乾隆时修《四库全书》，馆臣从《永乐大典》各韵中辑得其诗数百首，皆题曰"云溪集"，于是"分体编辑，厘为十二卷"①。又现存《永乐大典》录郭印诗18首，馆臣漏辑《珊瑚花》一首，见《四库别集拾遗》。

郭印与曾慥、计有功、冯时行等人交游甚密，皆一时博雅之士，唱和颇多。今存《云溪集》12卷全为诗，其中五古5卷、七古1卷、五律3卷、七律2卷、五排及绝句1卷。《四库全书总目》评论"其诗才地稍弱，未能自出机杼。而清词隽语，瓣香实在眉山。以视宋末嘈杂之音，固为犹有典型矣"②。所云为是。

是集有清丁氏八千卷楼抄本、《四库全书》本、《四库全书珍本初集》本等。（李冬梅）

27.《澹斋集》18卷③，宋李流谦撰

李流谦（1123~1176），字无变，号澹斋，汉州德阳（今四川德阳）人。以父荫补将仕郎，调成都府灵泉县尉，秩满调雅州教授。虞允文宣抚全蜀，招置于幕下。除诸王宫大小学教授。乞补外，以奉议郎通判潼川府。卒，享年54岁。著有《澹斋集》。事迹详其兄李益谦所作《行状》。

流谦以文学知名，卒后其兄李益谦为之作《行状》称有"文若干卷，长短句若干卷，题跋若干卷，讲义若干卷，杂篇若干卷，皆自删类，命廉槩手编之，标为《澹斋集》，盖将永历世之传也"④。又其子廉槩嘉定甲戌（七年，1214）《跋澹斋集后》云："平生所为文章，尝自诠次及百余卷。先君赖

---

① （清）永瑢等：《四库全书总目》卷一五七《云溪集》提要。
② （清）永瑢等：《四库全书总目》卷一五七《云溪集》提要。
③ 是集又名《李澹斋文集》《澹斋先生文集》《澹斋文集》。其卷数原本为89卷，后散佚，今存本为18卷。
④ （宋）李益谦：《行状》，《澹斋集》附录，影印文渊阁《四库全书》本。

此，名为不朽。计家素贫，无力刊而广之。既男廉榘泣血手自覆校，诚为精审，仅得八十九卷。婿张君极甫痛念及此，乃率学生坤谦同力为之，今幸已成编。……先君之名，亦与之无穷矣。"①是《澹斋集》曾经流谦亲自删类，初为100余卷，后其子廉榘重新覆校编刊，定为89卷，刊行约在嘉定甲戌。

是集宋代官私书目未见著录，唯明代略有刊载。如《文渊阁书目》卷九著录为"《李澹斋文集》一部十五册，全"，《内阁藏书目录》卷三同。盖宋时此集流传不广，然至明尚有全帙存世。后则渐渐散佚，今存本乃四库馆臣自《永乐大典》中辑得。《四库全书总目》述之曰："所著文集，《宋志》亦不著录，惟焦竑《国史经籍志》、黄虞稷《千顷堂书目》俱载有《澹斋集》81卷②，是明世尚有传本，今已湮没无闻。……谨就《永乐大典》所载，抄撮编次，厘为十八卷。其益谦《行状》及其子廉矩刊集原跋，并附录于末，以备考证焉。"③又现存《永乐大典》录《澹斋集》33条，较南海孔氏抄本《澹斋集》，馆臣漏辑13条，漏辑者见《四库别集拾遗》。今海内外所藏诸本，即都从《永乐大典》本出。

流谦自幼工文，特嗜诗。今存本内诗8卷，文10卷，又卷八载词25首，内容大致以应酬、记游及自抒怀抱为主。《四库全书总目》评之曰："其诗文边幅稍狭，间伤浅俚，亦未能尽臻醇粹，然笔力峭劲，不屑屑以雕琢为工，视后来破碎薾弱之习，较为胜之。"④所论大略属实。

是集有清丁氏八千卷楼抄本、南海孔氏抄本、《四库全书》本等。（李冬梅）

28.《剑南诗稿》85卷⑤，宋陆游撰

陆游有《入蜀记》，前已著录。

陆游工诗善文，诗尤著名，堪与苏轼相媲美，有《剑南诗稿》传世。此集之命名原因，据其子陆子虡《跋》云，是因为陆游曾西"游夔道，乐其风土，有终焉之志，宿留殆十载，戊戌（1178）春正月，孝宗念其久外，趣召东下，

---

① （宋）李廉榘：《跋澹斋集后》，《澹斋集》附录。
② 此记有误，《千顷堂书目》卷二九作"李流谦《淡斋先生文集》八十九卷"，《国史经籍志》卷五亦著录为89卷。
③ （清）永瑢等：《四库全书总目》卷一五七《澹斋集》提要。
④ （清）永瑢等：《四库全书总目》卷一五七《澹斋集》提要。
⑤ 是集宋刻有20卷、85卷、67卷之别，今以存世本卷数著之。

然心固未尝一日忘蜀也,……是以题其平生所为诗卷曰《剑南诗稿》,……盖不独谓蜀道所赋诗也"。《剑南诗稿》宋世曾几经刊刻,其初有门人郑师尹编刊本。其淳熙十四年(1187)《剑南诗稿序》云:"太守山阴陆先生《剑南》之作传天下,眉山苏君林收拾尤富,适官属邑,欲锓本为此邦盛事,乃以纂次属师尹。……《剑南诗稿》六百九十四首,《续稿》三百七十七首,苏君于集外得一千四百五十三首,凡二千五百二十四首,又□七首,厘为□十卷。总曰《剑南》,因其旧也。"又《直斋书录解题》卷二〇著录云:"《剑南诗稿》二十卷、《续稿》六十七卷,陆游务观撰。初为严州刻前集,稿止淳熙丁未(1187)。自戊申(1188)以及其终,当嘉定庚午(1210),二十余年,为诗益多,其幼子遹复守严州,续刻之。篇什之富以万计,古所无也。"所谓"初为严州刻前集,稿止淳熙丁未","前集稿"即《剑南诗稿》二十卷,亦即郑师尹所编之本。不过据郑序言,陆游集在郑编刊之前,已有"《剑南诗稿》六百九十四首,《续稿》三百七十七首"。郑编乃是合已有之《诗稿》《续稿》及"苏君于集外得"之"一千四百五十三首"为一编。此本今存残帙,所存卷一至四,又卷八至一〇,又卷一五至一七,凡10卷,中间略有缺叶,题曰《新刻剑南诗稿》,今藏国家图书馆①。

其次,陆游子陆子虡嘉定十三年(1220)于江州刊《剑南诗稿》85卷,《跋》略曰:"(先君)心固未尝一日忘蜀也,其形于歌诗,盖可考矣,是以题其平生所为诗卷曰《剑南诗稿》,以见其志焉,盖不独谓蜀道所赋诗也。后守新定,门人请以锓梓,遂行于世。其戊申(1188)、己酉(1189)后诗,先君自大蓬谢事归山阴故庐,命子虡编次为四十卷,复题其签曰《剑南诗续稿》,而亲加校定,朱黄涂撺,手泽存焉。自此至捐馆舍,通前稿,凡为诗八十五卷。子虡假守九江,刊之郡斋,遂名曰《剑南诗稿》,所以述先志也。其他杂文论著,季弟子遹亦已刊之溧阳。会子虡上乞骸之请,旦暮且去,故有所未暇。初,先君在新定时,所编前稿,于旧诗多所去取。其所遗诗,存者尚七卷。念先君之遗之也,意或有在,且前稿行已久,不敢复杂之卷首,故别其名曰《遗稿》云。"是陆子虡通编《前稿》《续稿》为85卷而刻之,又有《遗

---

① 关于此本是否为郑师尹严州20卷刻本,曾有异议。中华书局校点本《陆游集》之《出版说明》曰:"北京图书馆收藏的一个宋版《新刻剑南诗稿》残本(存诗不到十卷),清人黄丕烈认为即严州初刻二十卷本,但分卷次序和今本完全相同,还未必能证明它是初刻。"

稿》7卷，可谓完备。此本今亦存残帙，存诗8卷、目录7卷，题曰《放翁先生剑南诗稿》，藏国家图书馆。至明末，毛氏汲古阁将江州本《剑南诗稿》85卷与《渭南文集》等合刊为《陆放翁全集》，多为后世各本所依。

再者，陆游幼子陆子遹复守严州，又汇集陆游自淳熙十五年（1188）至逝世所作之诗，续刻成《续稿》67卷。据钱仲联《剑南诗稿校注·前言》考证曰："《书录解题》'诗集类'又著录《续稿》六十七卷，说是自淳熙十五年戊申以至其逝世前二十余年之作，其幼子子遹复守严州所续刻。考《景定严州续志》卷二《知州题名》，子遹守严州在宝庆二年（1226）十一月到绍定二年（1229）三月，刻《续稿》当在此三数年内。"是《续稿》67卷刻成于宝庆二年至绍定二年间。又《直斋书录解题》卷一八、《文献通考》卷二四〇著录《剑南诗稿》《续稿》87卷，盖合严州两刻而通计之。此本今已亡佚，甚为可惜。

陆游今存诗9300余首，陈振孙《直斋书录解题》称其"诗为中兴之冠，他文亦佳，而诗最富，至万余篇，古今未有"。《宋史》本传亦称其"才气超逸，尤长于诗"。今观陆游之诗，或雄浑豪放，或幽咽沉雄，或清新明丽，或壮浪多姿，实不拘一格。故《四库全书总目》谓陆："游诗清新刻露，而出以圆润，实能自辟一宗，不袭黄（庭坚）陈（师道）之旧格"①。陆游在蜀生活了近十年，正值其创作旺盛期，因此蜀中诗作甚多，《剑南诗稿》将其编在卷二至卷一〇，内容以反映他要求抗战、恢复中原的篇什最具代表。《瓯北诗话》卷六曰："（陆游）入蜀后，在宣抚使王炎幕下，经临南郑，瞻望杜（望帝杜宇），志盛气锐，真有唾手燕、云之意。其诗之言恢复者，十之五六。出蜀之后，犹十之三四。"此外，刻画巴山蜀水壮丽风采、描绘人民生活的诗篇亦不在少数，这无疑为巴蜀文学宝库增添了丰富佳作，同时他的诗歌艺术也促进了巴蜀文学的进一步发展。

是集有宋刻残本、明末毛氏汲古阁刻本、《四库全书》本、《摛藻堂四库全书荟要》本、《四部备要》本等。又1976年中华书局出版《陆游集》，所收《剑南诗稿》以汲古阁刊本为底本，校以宋刻《新刊剑南诗稿》残本和《放翁先生剑南诗稿》残本，作有断句。1985年上海古籍出版社出版钱仲联《剑南诗稿校注》，亦以明末汲古阁刻本为底本，除校以宋刻《新刊剑南诗稿》《放翁先生剑南诗稿》两残本外，再校《四部丛刊》影印罗椅、刘辰翁《涧谷精选陆

---

① （清）永瑢等：《四库全书总目》卷一六〇《剑南诗稿》提要。

放翁诗集前集》《须溪精选陆放翁诗集后集》本及《别集》本，书后并附篇名索引。此两本为现通行之《剑南诗稿》最佳版本。（李冬梅）

29.《于湖集》40卷，宋张孝祥撰

张孝祥（1132~1170），字安国，号于湖居士，简州（今四川简阳，一作温江）人，后徙居历阳乌江。自幼好学，年十六领乡书，再举冠里选。绍兴二十四年（1154）进士第一，帝称其"词翰俱美"，即授承事郎、签书镇东军节度判官。又召为秘书省正字，历尚书礼部员外郎、起居舍人、权中书舍人，后以劾罢，寻除知抚州。孝宗即位，复集英殿修撰、知平江府。以张浚荐，除中书舍人，再除直学士院兼都督府参赞军事，兼领建康留守。又知静江府、潭州、荆南。乾道五年（1169），请辞，以疾退居芜湖。旋卒，年仅39岁。孝宗有用才不尽之叹，诏进显谟阁直学士致仕。著有《于湖集》《于湖词》等。《宋史》卷三八九有传。

据谢尧仁《于湖集序》云"天下刊先生文集者有数处"①，是孝祥文集宋时便有多种刊本流传。王质《于湖集序》即云："岁癸巳，公之弟王臣官大冶，道永兴，某谓王臣曰：'公之文当亟辑，世酣于其歌词。而其英伟粹精之全体未著，将有以狭公者。'王臣既去一年，以公之文若干篇若干册示某。"②盖淳熙元年（1174）王臣编有孝祥文集，然不晓其卷数及是否付梓，今亦无传。至嘉泰元年（1201），孝祥弟张孝伯知隆兴府，方刻为全集，并由王大成集校。其《序》云："大成从先生久，先生深爱之者，尽以家藏与诸家所刊属其雠校，虽不敢谓全书，然视他本则有间矣。继有所得，当为后集云。"③是集《直斋书录解题》《郡斋读书附志》《文献通考·经籍考》《宋史·艺文志》等皆作40卷，故张孝伯刊本当为40卷。而全集本一出，其他各本遂归湮没，宋人已不多见，亦鲜少著录。

今全集本有传，前有谢尧仁及张孝伯序，集中依赋、辞、颂、乐章、古诗、律诗、绝句、文、记、序、铭、说、赞、奏议、内外制、表、启、书、疏文、青词、释语、祝文、致语、定书、题跋、墓志、祭文、乐府、尺牍之顺序编排，卷末附《于湖集附录》1卷，主要收录作者生平事迹、部分正文未收之佚

---

① （宋）谢尧仁：《张于湖先生集序》，《于湖居士文集》卷首，上海古籍出版社2009年徐鹏校点本。
② （宋）王质：《于湖集序》，《雪山集》卷五，《宋集珍本丛刊》第六十一册，影印清孔氏微波榭钞本。
③ （宋）张孝伯：《张于湖先生集序》，《于湖居士文集》卷首。

文及时人挽忆作者之作品。

孝祥善诗文，工词赋。其文"如大海之起涛澜，泰山之腾云气，倏散倏聚，倏明倏暗，虽千变万化，未易诘其端而寻其所穷"[1]；其诗"大抵规摹苏诗，颇具一体，而根柢稍薄，时露竭蹶之状。……然其纵横兀傲，亦自不凡"[2]；其词寓诗人句法，继轨东坡，豪迈激昂，骏发蹈厉，故有"坡翁再世"之说。

是书又名《张于湖集》《于湖居士文集》《张孝祥文集》《于湖文集》，今有清影宋抄本、《四库全书》本、《摘藻堂四库全书荟要》本、《四部丛刊初编》本等。另上海古籍出版社1980年出版有徐鹏校点本《于湖居士文集》40卷、《补遗》1卷，此本以《四部丛刊初编》本为底本，并校以宋乾道本《于湖先生长短句》《宋名家词》本等，附有补遗，颇为完备。又《两宋名贤小集》收《于湖集》3卷、《宋百家诗存》收《于湖集》1卷、《合刻两张先生集》及《二张集》收《张于湖集》8卷、《附录》1卷。（李冬梅）

30.《南轩集》44卷[3]，宋张栻撰

张栻有《南轩易说》，前已著录。

张栻生前曾"以平日所著之书并奏议、讲解百余册，装潢以进"[4]，然文集生前却并未有结集，待逝世之后，才由其弟张杓、友人朱熹编刊而成。朱熹淳熙甲辰（1184）十二月《序》述及编纂始末和义例曰："敬夫既没，其弟定叟（杓）哀其故稿，得四巨编，以授予曰：'先兄不幸蚤世，而其同志之友亦少存者。今欲次其文以行于世，非子之属而谁可？'予受书，愀然开卷亟读……然吾友平生之言，盖不止此也。因复益为求访，得诸四方学者所传凡数十篇。又发吾箧，出其往还书疏读之，亦多有可传者。方将为之定著缮写，归之张氏，则或者已用别本摹印而流传广矣。遽取观之，盖多向所讲焉而未定之论。而凡近岁以来谈经论事、发明道要之精语，反不与焉。……于是乃复亟取前所搜辑，参伍相校，断以敬夫晚岁之意，定其书为四十四卷。……敬夫所为

---

[1] （宋）谢尧仁：《张于湖先生集序》，《于湖居士文集》卷首。
[2] （清）永瑢等：《四库全书总目》卷一五八《于湖集》提要。
[3] 是书又名《张南轩集》《南轩文集》《张南轩集》《南轩先生集》《张南轩先生文集》等。其卷次著录不一，《郡斋读书附志》《续通志》作44卷，《直斋书录解题》《文献通考·经籍考》《国史经籍志》作30卷，《蜀中广记》作30卷、又《奏议》10卷，《宋史·艺文志》作48卷，《钦定国子监志》作40卷等。
[4] （宋）张端义：《贵耳集》卷上。

诸经训义,唯《论语说》晚尝更定,今已别行。其他往往未脱稿时学者私所传录,敬夫盖不善也,以故皆不著。其立朝论事及在州郡条奏民间利病,则上意多乡纳之,亦有颇施行者,以故亦不著。独取其《经筵口义》一章,附于表奏之后,使敬夫所以尧舜吾君而不愧其父师之传者,读者有以识其端云。"①定叟即张构。此本为张栻集之所谓淳熙甲辰本。盖亦赵希弁《郡斋读书附志》著录《南轩先生文集》44卷,然《直斋书录解题》《文献通考·经籍考》又著录《南轩集》30卷,疑即为朱熹所云"别本",如朱熹《答胡季随》文中便提到"黄州印本"②。而《宋史·艺文志》则又作《南轩文集》48卷,不详为何人所刻。至明清,张栻集30卷本、44卷本均有著录,《万卷堂书目》《澹生堂藏书目》著录44卷本,《世善堂书目》《绛云楼书目》著录30卷本,而《赵定宇书目》亦载44卷本,且注明为"宋版大字",《季沧苇藏书目》亦录有宋刻44卷本。由此而知,明清之时,是集尚不乏宋本,且30卷、44卷两本皆传世。只不过后来30卷本逐渐散佚,不见著录,而仅传44卷本。

张栻治学勤谨,卓然有见,虽为南宋一代经师,然诗词文赋亦俱佳,今传文集以词、赋、古诗、律诗、表、启、记、序、史论、说、书、答问、题跋、铭、箴、赞、墓志铭、祝文、祭文顺序编排。作为一代理学大师,张栻为学主"明理居敬""义利之辨",为文以哲理论说为主,文风平实坦易,返朴还淳,可谓辞畅而旨明,气清而味永,颇具儒家学者从容不迫之象。为诗常寓义理于比兴中,风格淡雅,诗意浓郁,颇具文学性。如《鹤林玉露》甲编卷三即评论其《题南城》《东渚》《丽泽》《濯清》《西屿》《采菱舟》云:"六诗平淡简远,德人之言也。"

是书今有宋刊残本、明嘉靖元年(1522)刘氏翠岩堂慎思斋刊本、清康熙四十五年(1706)锡山华氏剑光书屋刻本、清道光二十五年(1845)陈钟祥绵竹洗墨池刻本、《四库全书》本等。此外,《两宋名贤小集》收有《南轩集》1卷,明嘉靖十年(1531)聂豹编刊《南轩文集节要》8卷、清康熙四十八年

---

① (宋)朱熹:《张南轩文集序》,《张栻集》附录,中华书局2015年杨世文点校本。
② 朱熹《晦庵先生朱文公文集》卷五三《答胡季随》云:"《南轩集》误字已为检勘,今却附还。其间空字向来固已直书,尤延之见之,以为无益而贾怨,不若刊去,今亦不必补,后人读之,自当默喻也。但序文后段若欲删去,即不成文字,兼此书误本之传,不但书坊而已,黄州印本亦多有旧来文字,不唯无益,而反为累,若不如此说破,将来必起学者之疑。"

（1709）张伯行刊选本《南轩集》7卷①。而也有将张栻诗从文集中抽出单独刊刻者，如清康熙三十三年（1694）武林张氏遥述堂刊行《南轩先生诗集》7卷，清雍正十年（1732）冠英堂重刊《南轩先生诗集》8卷等，皆可与文集本互勘。

不过由于朱熹编集张栻集时曾削其少作，又以时忌删其奏议、书信等文字②，故综观张栻文集传世各本，遗漏尤多。今人杨世文、王蓉贵将张栻流传下来的著作进行全面整理，编为《张栻全集》（长春出版社1999年版，后中华书局2015年有修订版，题名《张栻集》），收录有《南轩易说》《论语解》《孟子说》《南轩集》《汉丞相诸葛忠武侯传》。其中《南轩集》以嘉靖元年（1522）刘氏翠岩堂慎思斋刊本《新刊南轩先生文集》为底本，校以今传其他各本，并参考宋元以来各种文献，网罗散佚，又辑为《南轩集补遗》1卷，收录佚诗词49首、佚文67篇。且书后附有张栻重要的序跋、传记资料和《南轩集人名索引》《引用书目》，最为完备。（李冬梅）

31.《九华集》25卷，宋员兴宗撰

员兴宗，生卒年不详，字显道，号九华子，隆州仁寿（今四川仁寿）人。高宗绍兴二十七年（1157）进士，以荐除教授。孝宗时累官至著作郎、国史院编修、实录院检讨。乾道六年（1170），以疏劾权贵被谗，谪授主管台州崇道观，后侨居润州以终。著有《采石战胜录》《辨言》《九华集》。事迹略见《南宋馆阁录》卷七。

据宝庆三年（1227）李心传《序》云："公没垂六十年，而心传猥以非才，误膺招聘，竭来成府，访别父兄，过公旧庐，低回而不忍去。公之孙荣祖出公遗稿示余，求为之序。……始，公未仕时，屏居郡之九华山，自号九华子，后人因以名其文。然传于世者，视今书才十七，盖犹有所避就，既历五纪，而后全书出焉。"则员氏《九华集》于心传作序之前早已行于世，然却并非全稿，内容仅及全帙之十七，员荣祖所存遗稿方为全稿。

是集未见宋人著录，明《文渊阁书目》卷九著录为"员兴宗《九华文集》一部八册，全"。《内阁藏书目录》卷三著录略同，云"《九华先生文集》八册，

---

① 此本清同治间收入《正谊堂全书》，后《丛书集成初编》本、《国学基本丛书》本由之出。
② （宋）朱熹：《张南轩文集序》，《张栻集》附录。又《晦庵先生朱文公文集》卷五三《答胡季随》亦云："《南轩文集》方编得略就，便可刊行。最好是奏议文字及往还书中论时事处，确实痛切，今却未敢编入。异时当以奏议自作一书，而附论事书尺于其后，勿令广传，或世俗好恶稍衰，乃可出之耳。"由此而知朱熹删削的情况。

全。……李心传序，凡五十卷"。《国史经籍志》卷五亦著录为"员兴宗《九华集》五十卷"。盖《九华集》初编卷数为50卷，且至明末尚有全帙流传于世。然其后却渐渐散佚，直至清乾隆时修《四库全书》，馆臣自《永乐大典》各韵方辑得存稿25卷、附录1卷。《四库全书总目》述之曰："其集见于焦竑《国史经籍志》者本五十卷，乃宝庆三年其孙荣祖所编，兴宗弟梦协、井研李心传俱为之序。明以来久佚不存，今检勘《永乐大典》所录，撼拾诠次，厘为诗六卷、杂文十五卷，又《论语解》《老子解略》《西陲笔略》并《绍兴采石大战始末》各一卷，而原集所载同时祭文可以互证兴宗始末者，则别为一卷附之于后。"①不过今传《四库全书》本实则诗为4卷，文为17卷，《论语解》《老子解略》《西陲笔略》《绍兴采石大战始末》各一卷，附录不编卷，凡25卷。又现存《永乐大典》录《九华集》11条，馆臣漏辑2条，漏辑者见《四库别集拾遗》。

兴宗以政事文章见称于时，时人颇多赞誉。今观兴宗是集，"所上奏议，大抵毅然抗论，指陈时弊，多引绳批根之言"。亦有论学之语，"学问淹雅，亦未易及"。其文则力追韩、柳，虽有"锤炼过甚之弊，然骨力峭劲，要无南渡以后冗长芜蔓之习，亦一作者也"②。其诗豪健，古诗尤佳，读来朗朗上口。

是集又名《九华文集》《九华先生文集》，今有清刘氏嘉荫簃抄本、《四库全书》本、《四库全书珍本初集》本等。（李冬梅）

32．《雁湖集》100卷，宋李壁撰

李壁（1159~1222），字季章，号雁湖居士，又号石林，眉州丹棱（今四川丹棱）人。李焘第三子，以父荫入官。光宗绍熙元年（1190）登进士第，授秘书省正字。宁宗时历著作佐郎、权礼部侍郎兼直学士院、权礼部尚书，累至参知政事、兼同知枢密院事。谪抚州，复除端明殿学士、知遂宁府。引疾奉祠，进资政殿大学士致仕，卒谥文懿。平生"嗜学如饥渴，群经百氏搜抉靡遗，于典章制度尤综练，为文隽逸"③，所著有《雁湖集》《消尘录》《中兴奏议》《内外制》《援毫录》《临汝闲书》等，皆佚。今仅存《中兴战功录》1卷及《王荆公诗注》15卷。《宋史》卷三九八有传。

李壁与其父焘、弟垕皆以文学知名，蜀人以为前有"三苏"，后有"三

---

① （清）永瑢等：《四库全书总目》卷一六〇《九华集》提要。
② （清）永瑢等：《四库全书总目》卷一六〇《九华集》提要。
③ 《宋史·李壁传》。

李"。叶适序其父李燾《李文简公集》曰:"蜀自三苏死,公父子兄弟后起,兼方合流以就家学,综练古今名实之际,有补于世。天下传以继苏氏。"①李壁之诗,在"四灵"诗风流行的时代,颇能自立,而又可矫世情之弊。吴子良《荆溪林下偶谈》论云:"水心称当时诗人可以独步者,李季章(壁)、赵蹈中(汝谠)耳。近时学者歆艳四灵,剽窃模仿,愈陋愈下,可叹也哉。"②刘克庄《后村诗话》摘其警句并评道:"李雁湖诗,程沧州守宜春刊于郡斋。余不及识公……晚得宜春本,摘其警句一二于此。……雁湖注半山(王安石)诗,甚精确,其绝句有绝似半山者,已采入诗选矣。"③其文多为应用文,但如《祭季修九兄文》等,文势跌宕,且写得很有感情,信为文章大手笔。其词多为劝酒、次韵之作,然如《西江月·和提刑昂席新赋》一阕,仍流露出对国事的关心。

是书又名《雁湖文集》,今佚。李壁现存诗80余首,分别收入《舆地纪胜》《永乐大典》《宋诗纪事》《宋诗纪事补遗》、嘉庆《四川通志》及民国《湖北省通志》,《全宋诗》有辑;词10首,收入《全宋词》,文37首,分别收入《宋代蜀文辑存》《永乐大典》《全宋文》。(李冬梅)

33.《书舟词》1卷④,宋程垓撰

程垓,生卒年不详,字正伯,号书舟,眉州眉山(今四川眉山)人。宋孝宗时在世,履历不详。有《书舟词》1卷行世,其余诗文皆佚。

据绍熙甲寅(五年,1194)王称《书舟词序》云:"今乡人有欲刊正伯歌词,求余书其首。余以此告之,且为言正伯方为当涂诸公以制举论荐,使正伯惟以词名世,岂不小哉?"是宋时程垓词即有蜀刻本,刊行约在绍熙五年。《直斋书录解题》卷二一著录曰:"《书舟词》一卷,眉山程垓正伯撰,王称季平为作序。"当为蜀刻本。明末毛晋刊入《宋名家词》,凡有词150余首。

程垓以词名世,其词丽而不腻,婉而不弱,虽与东坡词风格不同,然其语言

---

① (宋)叶适:《巽岩集序》,《叶适集》卷一二,中华书局2010年刘公纯等点校本。
② (宋)吴子良:《荆溪林下偶谈》卷四《四灵诗》,《历代文话》第一册,复旦大学出版社2007年版。
③ (宋)刘克庄:《后村诗话》续集卷四,中华书局1983年王秀梅点校本。
④ 是书《宋史·艺文志》作"陈正伯《书舟雅词》十一卷",《四库全书总目》卷一九八《书舟词》提要辨之曰:"传本或作《书舟雅词》二卷,而《宋史·艺文志》乃作'陈正伯《书舟雅词》十一卷',则又误'程'为'陈',误'二'为'十一'矣。"

生动优雅，意境幽深，亦可称道。故清末刘毓盘《辑校蘋洲词跋》道："眉州多词人，苏轼《东坡词》、程垓《书舟词》，其最著者。"不过王称则赞同尤袤所云程垓人之文过于诗词，其云："程正伯以诗词名，乡之人所知也。余顷岁游都下，数见朝士，往往亦称道正伯佳句，独尚书尤公以为不然。曰：'正伯之文过于诗词。'此乃识正伯之大者也。……古乐府亦文尔，初何损于正伯之文哉！余用是乐为书之。虽然，昔晏叔原（几道）以大臣子处富贵之极，为靡丽之词，其政事堂中旧客尚欲其捐有余之才，觊未至之德者，盖叔原独以词名尔，他文则未传也。至少游、鲁直，则已兼之，故陈无己之作，自云不减秦七、黄九，是亦推尊其词尔。余谓正伯为秦、黄则可，为叔原则不可。"①

是书今有明抄本、《四库全书》本、《宋名家词第二集》本、《四部备要》本等。（李冬梅）

34.《鹤山集》110卷②，宋魏了翁撰

魏了翁有《周易集义》，前已著录。

据淳祐己酉（九年，1249）夏宛陵吴渊《序》云："岁在丙申（1236），公假督钺道吴门，予时兼制置之事，故读公诗文为尤熟。公没十二年，而近思、近愚③，公之二子也，萃遗稿刻梓用传，属予序之。"是了翁集乃其殁后十余年，由二子魏近思、魏近愚萃其遗稿，刻梓于姑苏，且请吴渊作序。又吴潜《后序》曰："公之子近思、克愚相与搜遗罔轶，有《正集》《外集》《奏议》一百卷，将锓梓行于世。"是姑苏本共百卷，含《正集》《外集》和《奏议》。宋刻又有温阳本，据开庆元年（1259）佚名《鹤山集跋》称其"字画精，纸墨善"，然"舛误犹姑苏本"，盖据姑苏本翻刻。明《文渊阁书目》《内阁藏书目录》《万卷堂书目》以及《绛云楼书目》等皆著录有百卷本，题曰《鹤山先生文集》。《国史经籍志》亦著录《鹤山集》百卷。可见官私所藏，当即姑苏、温阳二本，卷次为百，但二本后皆失传。

今存宋本了翁集为宋理宗开庆元年成都刻本，题曰《重校鹤山先生大全文集》。其《跋》云："继叨西臬，距先生衮乡百里许，家有先生遗稿，刊正

---

① （宋）王称：《书舟词序》，《书舟词》卷首，影印文渊阁《四库全书》本。
② 是集题名甚多，如《鹤山全集》《鹤山文集》《魏鹤山文集》《鹤山先生文集》《重校鹤山先生大全文集》《鹤山大全集》等。其卷数宋刻有100卷和110卷之别，因百卷本失传，故今以存本卷数著录。不过存本亦有残缺，为109卷，《续通志》《续文献通考》著录者即是。
③ 魏近愚，又作魏克愚。

之局方开，嘉定法椽赵与櫄以得于先生次翁温本相过，字画精，纸墨善，意无以出其右。寻熟读，则舛误犹姑苏本。既而制干何璟、漕幕朱景行、昌士卢贞皆以所藏先生《雅言》《周礼折衷》大魁之作来，至如墓志、书札等文，求与大全集者项背相望，类成一编，比姑苏、温阳二本加详焉。余谓是编不容不再刊之，先生残编断简散落人间，未易裒辑，复命汉嘉士杨起寅偕寮友日夕相与校正，屡工锓梓。"则开庆本于百卷外又增刻数种，故题曰"大全文集"，凡110卷，今存本缺18卷，存卷中亦时有缺叶。民国时，尝影印入《四部丛刊初编》中，并用明锡山安氏本补阙，但仍缺第一百八卷。开庆本并不精善，佚名《跋》曰："深恨四郊多垒，工则取之于惊徒，力则取之于搏节，纸墨则取之于散亡，要以是纪斯文之不坠。若曰字精工巧，墨妙纸良，将有望于方来。"不过因世间止存此宋本，故仍为后来各本之祖。

《鹤山集》今存109卷，内有诗12卷、笺表制诰奏议等18卷、书牍7卷、记9卷、序铭字说跋等16卷、启3卷、志状21卷、祭文挽诗3卷、策问1卷、长短句3卷、杂文4卷、又制举文3卷、《周礼折衷》4卷、《拾遗》1卷、《师友雅言》2卷，可谓诗、词、文各体皆备。

了翁为南宋大儒，遵承朱熹、张栻义理之学，穷经学古，自为一家，与真德秀齐名。凡为文章，深衍闳畅，豪赡雅健。《四库全书总目》谓其"所作醇正有法，而纡徐宕折，出乎自然，绝不染江湖游士叫嚣狂诞之风，亦不染讲学诸儒空疏拘腐之病，在南宋中叶，可谓翛然于流俗外矣"[①]，所评大致如实。了翁虽为理学名家，但他并不排斥文学，而是认为二者两不相妨。他曾说："辞虽末伎，然根于性，命于气，发于情，止于道，非无本者能之。"[②]又说："眉山自长苏公（轼）以辞章自成一家，欧（阳修）、尹（洙）诸公赖之以变文体，后来作者相望，人知苏氏为辞章之宗也，孰知其忠清鲠亮临死生利害而不易其守，此苏氏之所以为文也。"[③]故其在宋季理学名家中，颇有文学成就。其诗有为而作，融以"理趣"，质朴醇正。其词则以事标题而不标调名，又十之九皆寿词，为宋词中之较特别者。

了翁集中"记"文亦不少，绝大多数作于蜀中，颇具文化史料价值。如

---

① （清）永瑢等：《四库全书总目》卷一六二《鹤山全集》提要。
② （宋）魏了翁：《杨少逸不欺集序》，《重校鹤山先生大全文集》卷五五。
③ （宋）魏了翁：《杨少逸不欺集序》，《重校鹤山先生大全文集》卷五五。

《眉州新开环湖记》，颇用欧阳修《丰乐亭记》和苏轼《赤壁赋》的笔法，文采风流，较之元祐诸大家，似不多让。

是集今有宋开庆元年（1259）残刻本、明锡山安氏活字排印本、明嘉靖三十年（1551）邛州吴凤刊本、《四库全书》本、《四部丛刊初编》本等。（李冬梅）

35．《鹤林集》40卷，宋吴泳撰

吴泳，生卒年不详，字叔永，号鹤林，潼川中江（今四川中江）人。师事魏了翁，宁宗嘉定元年（1208）进士，理宗朝仕至起居舍人兼直学士院，权刑部尚书，终宝章阁学士知泉州，著有《鹤林集》行世。《宋史》卷四二三有传。

吴泳读书于州鹤林寺，杜甫所谓"牛头望鹤林"，故以名集。是集又名《鹤林文集》，宋时编刊情况不详，明代《内阁藏书目录》卷三著录曰："《鹤林文集》九册，不全。……散逸，莫查卷数。"《千顷堂书目》卷二九亦著录曰："吴泳《鹤林文集》缺卷。"是明时此集原本尚在，但已残阙，甚至连原有卷数也已不清。今传《鹤林集》40卷，乃清四库馆臣从《永乐大典》中辑出。《四库全书总目》云："史称所著有《鹤林集》，而不详卷数，《艺文志》亦不著录。惟《永乐大典》各韵中，颇散见其诗文，谨裒辑编次，厘为四十卷。放佚之余，篇什尚夥，亦可见其著作之富矣。"①又现存《永乐大典》录《鹤林集》464条，馆臣漏辑400条，漏辑者见《四库别集拾遗》。

吴泳尝学于蒲江鹤山书院，亲受魏了翁教诲，又"好读濂溪、河南横渠、新安朱氏、广汉张氏之书"②，故受理学影响较大。但他并不鄙薄辞章，而是深谙"欧苏体法"，在南宋末年颇以文学著名。今本《鹤林集》中，前4卷为诗，其余为各体文。其诗古体较佳，近体可诵者却不多。吴泳又长于四六，集中制词、表启甚多，浑厚森严，体宜演诰。而所作奏札，《四库全书总目》评论道："章疏表奏，明辨骏发，亦颇有眉山苏氏之风，在西蜀文士中，继魏了翁《鹤山集》后，固无多让也。"③实未过誉也。

是书今有清抄本、《四库全书》本、《四库全书珍本初集》本等。（李冬梅）

---

① （清）永瑢等：《四库全书总目》卷一六二《鹤林集》提要。
② （宋）吴泳：《与魏鹤山书》，《鹤林集》卷二八，影印文渊阁《四库全书》本。
③ （清）永瑢等：《四库全书总目》卷一六二《鹤林集》提要。

36.《沧洲尘缶编》14卷，宋程公许撰

程公许（1182~1250），字季与，一字希颖，号沧洲，叙州宣化（今四川宜宾）人。宁宗嘉定四年（1211）进士，累官权刑部尚书，宝章阁学士，知隆兴府。卒，进龙图阁学士致仕，赠宣奉大夫，谥号文简，有《沧洲尘缶编》行世。《宋史》卷四一五有传。

淳祐元年（1241），公许《自序》云："公暇，阅所藏稿编，盈箱累篋，因取筮仕以来次第编缀。古律诗以一官为一集，赋、骚、箴、颂、铭、赞、书、序、记、志、表、启，各以类相从；奏篇、谥议、内外进退故事，则自为一帙。……用采陆士衡'惧蒙尘于叩缶，顾取笑于鸣玉'之句，名其编曰《尘缶》，并叙所以未暇搜择之本意。……是编成于淳祐改元岁辛丑之中秋，嗣有撰述，续缀右方。"据此而知，此集乃公许自编，成于淳祐元年，且诗文原为多集，而奏议等又在诗文集之外，统曰《尘缶》。又《郡斋读书附志》著录为"《沧洲先生尘缶编》三十五卷、《内外制》二十四卷"，《宋史》本传亦云"所著有《尘缶文集》《内外制》《奏议》《奉常拟谥》《掖垣缴奏》《金革讲义》①《进故事》行世"。盖公许《尘缶编》初编卷数为35卷，与其他诸集并行于世。

此集至明已无完帙，《文渊阁书目》卷九著录"程公许《沧洲尘缶编》一部八册，残阙"，而《内阁藏书目录》《菉竹堂书目》亦分别著录为5册、8册，殆非全本。今存《沧洲尘缶编》为清乾隆时修《四库全书》，馆臣自《永乐大典》各韵中所辑得14卷本。《四库全书总目》述之云："《本传》称所著有《尘缶文集》《内外制》《奏议》《奉常拟谥》《掖垣缴奏》《金华讲义》《进故事》行世，今皆散佚不传。惟《永乐大典》载有公许诗文，题曰《沧洲尘缶编》，又有公许《自序》一篇，末署'淳祐改元辛丑'，盖公许为秘书少监时所自编也。……至古今体诗，据《自序》本以一官为一集，而其目为《永乐大典》所割裂，原第已无可考。杂文亦仅有序、记、策问等寥寥数篇，尤非完帙。今姑就所存者裒辑掇拾，分类编次，厘为十四卷。"②又现存《永乐大典》录《沧洲尘缶编》59条，馆臣漏辑36条，漏辑者见《四库别集拾遗》。

公许以气节著称朝野，而诗文成就也很高，时人评其诗"兼陶杜之体"，

---

① "金革讲义"，当为"金华讲义"。
② （清）永瑢等：《四库全书总目》卷一六二《沧洲尘缶编》提要。

又谓其奏疏伉直有如田锡。今观其现存诗文集，以诗为主，文多散佚，古诗雄健豪迈，近体饶有文采，文则言之有物，文笔流畅，故《四库全书总目》评之曰："公许冲澹自守，而在朝谠直敢言，不避权幸，屡为群小龁龅，不安其位而去。当代推其风节，初不以文采见长。然所作才气磅礴，风发泉涌，往往下笔不能自休。……大抵直抒胸臆，畅所欲言。虽不以锻炼为工，而词旨昌明，议论切实，终为有道之言。其格在雕章绘句上也。"①颇为得当。

是集今有清抄本、《四库全书》本、《四库全书珍本初集》本等。（李冬梅）

37．《字溪集》12卷，宋阳枋撰

阳枋（1187~1267），初名昌朝，字宗骥，又字正父，号字溪，合州巴川（今重庆铜梁）人。早年从度正等游，学者称大阳先生。淳祐四年（1244）赐同进士出身。五年（1245），摄大宁秋官。改从政郎，为绍庆学官。卒年81岁。事迹详《纪年录》《有宋朝散大夫字溪先生阳公行状》。

据阳枋之子炎卯《行状》，枋所著"有诗辞一卷，讲义一卷，《图象问答》、语录一卷，《书说》《中庸说》《辨惑》《正言》、记序、题跋、《家训》各一卷，《易正说》二卷，《本草集方》一卷，藏于家"②。不过其集宋时官私目录未见著录，亦无时人序跋，故具体刊刻情况不详。至明，《文渊阁书目》卷九著录为"阳昌朝《字溪文集》一部八册，全"，《内阁藏书目录》卷三著录同，曰"凡十卷"。又《千顷堂书目》卷二九著录为"阳枋《字溪阳先生文集》十二卷"。是《字溪集》明末尚有全帙传世，然原刊本究竟为10卷，抑或为12卷，则尚难定论。其后《字溪集》原本散佚，今传本乃清乾隆时修《四库全书》，馆臣自《永乐大典》中辑得。《四库全书总目》述之曰："其行履不见于史传，惟《文渊阁书目》载有阳《字溪集》之名，而不著卷数。黄虞稷《千顷堂书目》则称其集为十二卷。久无传本，今检勘《永乐大典》所载，裒而集之，附以其子所作年谱、行状，仍析为十二卷，适符原目之数。虽已经割裂，未必无所残阙，然所佚似亦无多矣。"③又现存《永乐大典》录《字溪集》32条，馆臣漏辑7条，漏辑者见《四库别集拾遗》。

---

① （清）永瑢等：《四库全书总目》卷一六二《沧洲尘缶编》提要。
② （宋）阳炎卯：《有宋朝散大夫字溪先生阳公行状》，《字溪集》卷一二《附录》，影印文渊阁《四库全书》本。
③ （清）永瑢等：《四库全书总目》卷一六四《字溪集》提要。

阳枋为理学家，分析问题透彻，文字朴实，正如《四库全书总目》所说："枋尝从朱子门人度正、晏渊游，故集中与人往复书简，大都讲学之语，所谓皆明白笃实，不涉玄虚。"①其诗歌创作水平亦较高，佳篇佳句不少。

是集又名《字溪文集》《字溪阳先生文集》，今有清抄本、《四库全书》本、《四库全书珍本初集》本等。（李冬梅）

38.《渔墅类稿》8卷，宋陈元晋撰

陈元晋，生卒年不详，字明父，本蜀人，后侨居崇仁（今江西崇仁）。嘉定四年（1211）进士，累官至邕管安抚使。著有《渔墅类稿》10卷。

元晋尝建渔墅书院，因以名集。是集又名《渔墅家类稿》《溪墅类稿》。宋人书目不见著录，其具体刊刻情况不详。明《千顷堂书目》卷二九著录"陈元晋《溪墅类稿》十卷"，盖原刊为10卷。又《文渊阁书目》卷九著录"陈元晋《渔墅类稿》一部四册，全"。《菉竹堂书目》卷三亦载有四册。然至《内阁藏书目录》则云："《渔墅类稿》五册，不全。……止存甲、乙、丙、丁、己五册。"是《渔墅类稿》明末已不见全本，后更散佚不传。清乾隆时修《四库全书》，馆臣自《永乐大典》中辑得8卷。《四库全书总目》曰："焦竑《经籍志》载有元晋《渔墅类稿》十卷，诸家悉不著录。今检《永乐大典》中，尚存杂文八十余首，各体诗一百一十余首，谨以类编辑，厘为八卷。"②

元晋嗜学好义，生性亢直，今观其集，多愤世嫉俗之言，故四库馆臣论其文"于南宋废弛聚讼之象，指陈痛切，可谓深中膏肓"③。诚为当矣。

是书今有清抄本、《四库全书》本、《四库全书珍本初集》本等。（李冬梅）

39.《耻堂存稿》8卷，宋高斯得撰

高斯得（1201~？），本名斯信，字不妄，又字子从，号耻堂，邛州蒲江（今四川蒲江）人。理宗绍定二年（1229）进士，累官至端明殿学士、签书枢密院事兼参知政事。因论贾似道误国之罪而被罢官予祠。宋亡，隐居苕霅以终。平生著述颇丰，有《诗肤说》《仪礼合抄》《增损刊正杜佑通典》《徽宗长编》《孝宗系年要录》《耻堂存稿》等。《宋史》卷四〇九有传。

---

① （清）永瑢等：《四库全书总目》卷一六四《字溪集》提要。
② （清）永瑢等：《四库全书总目》卷一六二《渔墅类稿》提要。
③ （清）永瑢等：《四库全书总目》卷一六二《渔墅类稿》提要。

龚璛《耻堂存稿序》云："韩孺（为斯得第五子纯彦，字韩孺）没，二子幼，往之钱塘，闻其客授以养母，不坠家传。去年以书来曰，吾祖存稿，尚论之士仪图之。若诗篇奏疏，已刊摹若干卷。子实知吾家世，盍叙其梗概焉？"是斯得文集乃其孙编刊，并请龚璛作序。然因序未署年代，故刊刻时间不详，但已入元无疑。

《耻堂存稿》，又名《耻堂集》《耻堂文集》《先生存稿》《高耻堂存稿》，明世犹存，《文渊阁书目》卷九著录道："高斯得《耻堂存稿》一部七册，全。"《内阁藏书目录》同，且谓"凡七卷，抄本"。又《国史经籍志》卷五、《千顷堂书目》卷二九亦著录为7卷，盖斯得之孙初刊《存稿》本即为7卷。后传本散佚，今存本乃四库馆臣自《永乐大典》中辑得。《四库全书总目》述之云："《本传》载斯得所著有《耻堂文集》，明叶盛《菉竹堂书目》亦有《耻堂集》七册，而皆不言卷数。其后遂亡佚不传，厉鹗撰《宋诗纪事》亦无斯得之名。今从《永乐大典》各韵中掇拾排次，厘为文五卷、诗三卷，用存其概，而仍以元龚璛原序冠之于前。"①又现存《永乐大典》录高斯得诗文12条，馆臣漏辑2条，漏辑者见《四库别集拾遗》。

斯得生于宋末，处于国之将亡之际，故诗文中多悯时忧国之作。卢文弨《高耻堂稿跋》曰："今此八卷，乃从《永乐大典》中辑录者，中有诗三卷，多感时伤事之作，亦浣花之遗也。"②四库馆臣亦云其诗可当"诗史"，《四库全书总目》曰："斯得能以忠孝世其家，其立朝謇谔尽言，惟以培养国脉、搏击奸邪为志。《本传》载所论奏凡十余事，多当时切要。今集中仅存奏疏十篇，与《本传》相较，已不能无所遗脱。然于宋末废弛欺蔽之象，痛切敷陈，皆凛然足以为戒。至其生平遭遇，始沮于史嵩之，中厄于贾似道，晚挤于留梦炎，虽登政府，不得大行其志。悯时忧国之念，一概托之于诗。虽其抒写胸臆，间伤率易，押韵亦时有出入，而感怀书事，要自有白氏讽谕之遗。如《西湖竞渡》《三丽人行》诸首，俱拾《奸臣传》之所遗；《雷异》《鸡祸》诸篇，亦可增《五行志》之所未备。征宋末故事者，是亦足称诗史矣。"③今观斯得文集中诗及奏议，所言时事多与史合，馆臣之评，盖不谬矣。

---

① （清）永瑢等：《四库全书总目》卷一六四《耻堂存稿》提要。
② （清）卢文弨：《高耻堂稿跋》，《抱经堂文集》卷一二，中华书局2006年版。
③ （清）永瑢等：《四库全书总目》卷一六四《耻堂存稿》提要。

是书今有《四库全书》本、《武英殿聚珍版书》本、光绪元年（1875）四川浦口广定鹤山祠刻本、民国13年（1924）蒲江民治书报社铅印本、《丛书集成初编》本等。（李冬梅）

40. 《则堂集》6卷①，宋家铉翁撰

家铉翁有《春秋集传详说》，前已著录。

是集宋代官私书目未见著录，其具体编刊情况不详。至明，《国史经籍志》卷五著录为"《则堂集》十六卷"，《内阁藏书目录》卷三著录云："《则堂先生文集》六册，全，……名《瀛洲集》，凡十七卷。"考今《四库全书》本《则堂集》，其中篇什绝大部分作于河间。河间乃瀛洲治所，今属河北，故《内阁书目》有《瀛洲集》之称。《千顷堂书目》卷二九著录为"家铉翁《则堂先生文集》十八卷"。是明末此集尚有全本存世。然待清乾隆时修《四库全书》，铉翁集已不复见。馆臣自《永乐大典》辑其所存，方得此《则堂集》6卷。《四库全书总目》述之曰："其文集二十卷，则已全佚。惟《永乐大典》收其诗文尚夥，谨裒合排比，以类相从。厘为文四卷，诗、词二卷。核其所作，大半皆在河间，而明神宗时樊深撰《河间府志》，已不能采录，则其佚在万历前矣。"②今所传各本，皆出自《永乐大典》本。

铉翁学问宏博，重视理学。其学源出朱、陆二家，以"三教归一"立论，然大旨主于敦厚风俗，崇奖名教，随事推阐，以礼义为训，持论平正通达。今观《则堂集》，其文以记、序、说为多，虽重在说理，颇少情致，但平易畅达，端谨有度，确有可观。其诗则多为题画、赏花及日常生活题材，平淡中蕴藏忧国之思。正如《四库全书总目》所云："其词意真朴，文不掩质，亦异乎南宋末年纤诡繁碎之格，尚为多有可取耳。"③

是集今有《四库全书》本、《四库全书珍本初集》本、道光二十八年（1848）东武刘氏嘉荫簃抄本、清知白斋抄本等。（李冬梅）

---

① 是集又名《则堂文集》《瀛洲集》《则堂先生文集》等。其卷数诸家著录有16卷、17卷、18卷、20卷之别。今存本为清四库馆臣自《永乐大典》中辑得，为6卷，今依而著录。
② （清）永瑢等：《四库全书总目》卷一六五《则堂集》提要。
③ （清）永瑢等：《四库全书总目》卷一六五《则堂集》提要。

41.《牟氏陵阳集》24卷①，宋牟巘撰

牟巘（1227～1311），字献之，又字献甫，学者称陵阳先生，隆州井研（今四川井研）人，少随父子才徙居湖州。理宗时登进士第，历官浙东路提点刑狱、大理少卿。忤贾似道罢，杜门隐居三十六年，与子应龙等讨论六经，自相师友，日以经学道义相切磨。年85终，所著有《牟氏陵阳集》。生平事迹见《宋史·牟子才传》附传、《宋史翼》卷三四。

《牟氏陵阳集》之命名，《四库全书总目》曰："牟氏本蜀之井研人，世居陵山之阳，至子才始著籍湖州。其以'陵阳'名集，盖不忘本。以韩驹诗先有是名，故此集冠以'牟氏'，用相别焉。"②是集凡诗6卷，杂文18卷，前有元至顺二年（1331）牟巘次子帅府都事应复跋，略曰："近数年，以得官吴会间，始遂悉心裒辑，仅若干卷，十未及其一焉。……姑集其已得者类成二十四卷，敬锓诸梓，俟有所得，尚续刊之。"又有从仕郎前翰林国史院编修官程端学序，云"端学自史院归田于鄞，公之次子浙东帅府都事应复景阳甫在鄞，出公诗文若干卷，将锓诸梓，属端学序引。自惟庸陋生晚于公，无能为役，其敢赞一辞。然亦尝登公之堂而识公之容，亦尝诵公之文于学者所传，且得交于景阳，悉观公之著述非幸欤。敬附一言，以志予之幸。若公之德业文章，则不待赞也"。是牟巘集乃其次子牟应复于其卒后编刊，时在元至顺二年（1331），并请程端学为之作序。

今《陵阳集》元刊本已不见著录，明、清亦未见有重刊本行世，盖多以钞帙流传。至民国10年（1921），吴兴刘氏嘉业堂将是集刊入《吴兴丛书》，《陵阳集》遂有现存之刊本。刘承幹《刊陵阳先生集跋》述曰："予先得旧钞于甬上抱经楼，复假叶鞠裳侍讲所藏，乞刘诚甫侍御、况夔笙太守以两本互勘，差为完善，乃授之劂氏。"

牟巘文学以诗歌成就最高，诗风淡雅，强调风致。铭赞、表状、记、序、说、题跋、启、行状、墓志等各体文，则典实详雅，又不乏生动形象韵致。程端学《陵阳集序》评价其人其文曰："元初陵阳先生牟公巘博学实德，为时名卿，天下之书无所不读，古今典礼无所不考，其源出于伊洛，其出处有元亮

---

① 是集又名《陵阳先生集》《陵阳集》《陵阳文集》。其卷数，牟应复《跋》及诸家书目皆云"二十四卷"，惟《千顷堂书目》卷二九著录为"《陵阳先生集》三十四卷"，盖"三"为"二"之误。

② （清）永瑢等：《四库全书总目》卷一六五《牟氏陵阳集》提要。

（陶潜）大节，故其发于文章，渊源雅淡，从容造理；其法度之妙盖有与欧、曾并驰，而其实则吾道之言也。天下后世当有慕其人而爱其文，诵其文而想见其人者矣。"王士禛亦以为牟氏"诗有盛宋时坡（苏轼）、谷（黄庭坚）门风，题跋亦如之，杂文皆典实详雅"①。

是集今传版本有清抄本、《四库全书》本、《摛藻堂四库全书荟要》本、《吴兴丛书》本等。又《元诗选》初集甲集收有《陵阳集》1卷，可为参考。（李冬梅）

三、元明别集

1. 《松乡集》10卷，元任士林撰

任士林（1253~1309），字叔实，号松乡。其先为蜀之绵竹人，后徙居浙江奉化。六岁能属文。诸子百家，靡不博览，乡子弟多从之学。廉访使以其经理书院、教谕上虞、讲道会稽、授徒钱塘。至大初，郝天挺举之行省，任湖州安定书院山长。未几，得呕疾卒于杭之客舍，年仅57岁。著有《中易》《论语指要》《松乡集》等。《新元史》卷二二八有传。

《松乡集》，又名《松乡文集》《松乡先生文集》，元时已有刊刻，《百年收藏——二十世纪中国民间收藏风云录》即载有元刻本《任松乡集》传世。至明万历间，士林同邑孙能传纵观秘阁藏书，因得至正间旧本，其孙一鸣复衰而刻之以行于世，今传之本多由此出。集中所录，碑志居多，大抵模仿韩愈，然格力不足，又间杂偶句，显得为例不纯。不过其振衰起废之功，自不可泯。故赵孟頫评论云："叔实之文，沈厚正大，不作瘦语棘人喉舌，而含蓄顿挫，使人读之而有余味。"②胡俨亦云："其文笃实而弘博，深厚而舒徐，锵然而金石奏，灿然而琅玕呈。"③盖卓乎有道之言也。

是集今有明初刻本、明泰昌元年（1620）刻本、清抄本、清刻本、《四库全书》本等。又《元诗选》二集丙集收有《松乡集》1卷。（李冬梅）

2. 《巴西集》1卷，元邓文原撰

邓文原（1258~1328），字善之，一字匪石，人称邓巴西、素履先生，绵

---

① （清）王士禛：《居易录》卷一，《王士禛全集》杂著之十二，齐鲁书社2007年版。
② （清）顾嗣立：《元诗选》二集丙集《任山长士林》，中华书局2002年版。
③ （清）顾嗣立：《元诗选》二集丙集《任山长士林》。

州（今四川绵阳）人，后随其父流寓钱塘。宋末应浙西转运司试，中魁选。入元，辟为杭州路儒学正，官至集贤直学士，兼国子监祭酒，充经筵官，致仕，卒，谥曰文肃。所著有《内制集》《素履斋稿》《巴西集》等。《元史》卷一七二、《新元史》卷一九九有传。

文原内严而外恕，家贫而行廉，善察民苦，为官清正耿介，所著《内制集》《素履斋稿》皆已散佚，《巴西集》现仅存1卷①，录其碑志记序等文70余篇，而顾嗣立《元诗选》中所录诸诗却无一首，盖出于后人摘选者，非其完帙。然《四库全书总目》又云："近时藏书家所有，皆与此本相同，则其全集之存否，盖未可知。或好事者搜采遗编，以补亡佚，亦未可知。然吉光片羽，虽少弥珍，固当以幸存宝之，不当以不完废之矣。"②

文原文章出众，堪称元初文坛泰斗，绵州古属巴西郡，以"巴西"名集，示不忘本原。其文行文从容，温醇典雅，不浮不躁，有务实质朴之风，其中尤以"记"体意蕴较深。黄溍评曰："公为文精深典雅，温润而有体，确实而有征，诗尤简古而丽逸。"③任士林亦赞曰："善之浑厚以和，沉潜以润，如清球在悬，明珠在乘。当大德、延祐之世，承平日久，善之与袁伯长（桷）、贡仲章（奎）辈振兴文教，四海之士，望风景附。王士熙、冯思温名位最显，亦皆出善之之门。文章之柄悉归焉，其盛事可想见也。"④不过可惜的是，其文多为应世酬答之作，虽含志趣，但文采却略显不足。

是集又名《巴西文集》，有明抄本、《四库全书》本、清抄本、清嘉庆鲍氏知不足斋抄本、清刘氏味经书屋抄本等。（李冬梅）

3.《闲居丛稿》26卷，元蒲道源撰

蒲道源（1260～1336），字得之，号顺斋，眉州青神（今四川青神）人，后徙居兴元南郑（今属陕西）。幼强记过人，究心于濂洛之学。尝为郡学正，后罢归，居乡以授徒。皇庆二年（1313），征为翰林院编修，进应奉，迁国子博士。延祐七年（1320），辞归，后病卒于家。著有《闲居丛稿》等。《新元史》卷二三一有传。

---

① 是集卷数，《四库全书》本该书《提要》作2卷，而《四库全书总目》作1卷，今《巴西集》分卷上、卷下，实则名1卷，2卷者同也。
② （清）永瑢等：《四库全书总目》卷一六六《巴西文集》提要。
③ （清）顾嗣立：《元诗选》二集丙集《邓祭酒文原》。
④ （清）顾嗣立：《元诗选》二集丙集《邓祭酒文原》。

据黄溍《文献集》卷六《顺斋文集序》云："故赠秘书少监顺斋蒲公既殁，仲子御史君机衷辑遗文曰《闲居丛稿》者，为二十有六卷，以授某俾序之。"是道源《闲居丛稿》又名《顺斋文集》，系其卒后由仲子蒲机所辑，书凡26卷，且由黄溍作序。集内诗赋8卷、杂文乐府18卷。黄溍《顺斋文集序》称其"以性理之学施于台阁之文，而其文益粹，譬如良金美玉，不俟锻炼雕琢，而光辉发越自有不可掩者矣"。《四库全书总目》亦评其"诗文俱平实显易，不尚华藻"[①]，盖道源之文以真朴为其特色也。

是集今有元至正十年（1350）刻本、明抄本、清抄本、《四库全书》本等。又《元诗选》初集丙集收《闲居丛稿》1卷。（李冬梅）

4.《道园学古录》50卷，元虞集撰

虞集（1272~1348），字伯生，号道园，又号邵庵，世称邵庵先生。祖籍陵州仁寿（今四川仁寿），后随其父虞汲侨居临川崇仁（今江西崇仁）。幼聪颖，三岁即知读书，其母杨氏口授《论语》《孟子》《左传》及欧、苏文章，闻辄成诵。及长，从大儒吴澄游，受教甚厚。大德初，以荐授大都路儒学教授。历国子助教、博士，改太常博士，迁集贤修撰。延祐六年（1319），除翰林待制，兼国史院编修官，以丁忧归。泰定元年（1324），召除国子司业，迁秘书少监。拜翰林学士，兼国子祭酒。文宗立，除奎章阁侍书学士，领修《经世大典》。文宗崩，谢病归，卒谥文靖。所著今存有《道园学古录》《道园类稿》《道园遗稿》等。《元史》卷一八一、《元史类编》卷三五、《元史新编》卷三九、《新元史》卷二〇六有传。

据是集至正六年（1346）翰林学士欧阳玄《序》云："太史夏台刘君伯温，蚤岁鼓箧，从公成均，及为江右肃政使者，近公寓邑，乃裒公之文，将传诸梓，书来京师，属玄为序。言惟李汉于昌黎（韩愈）、子瞻（苏轼）于庐陵（欧阳修），皆能知而能言者，是岂为前人役乎？第于公有世契，生平敬慕公之文，以附著姓名为幸，又高刘君政事之暇，敦笃风谊如是，遂不敢辞，而为之序。"又其《圭斋文集》卷九《虞雍公神道碑》云："其存稿自题曰《道园学古录》，门人汇而锓之，得《应制》十二卷，《在朝》二十四卷，《归田》三十六卷，《方外》八卷，其散逸尚多。"李本《跋》亦云："至正元年（1341）十有一月，闽宪韩公使文公之五世孙炘来求记屏山书院，并征先生文

---

① （清）永瑢等：《四库全书总目》卷一六七《闲居丛稿》提要。

稿以刻诸梓本，与先生之幼子翁归及同门之友编辑之。得《在朝稿》二十卷，《应制录》六卷，《归田稿》一十八卷，《方外稿》六卷。盖先生在朝时为文多不存稿，固已十遗六七。归田之稿间亦放轶，今特就其所有者而录之，所谓泰山一豪芒也。"是此集为李本与虞集之幼子翁归及其同门友人所编，刊刻约在至正元年至至正六年间。集凡四编，为《在朝稿》《应制录》《归田稿》《方外稿》，其中诗稿又别名《芝亭永言》。此后，自元迄明清，《道园学古录》屡经刊刻，然皆从元蜀本出也。

除《道园学古录》外，时人复辑虞集诗文，另为一编，名《道园类稿》，然与《道园学古录》所载时有得失。又虞集之从孙虞堪亦编有《道园遗稿》6卷，为《道园学古录》的补编，收诗741首，并附录词，最初由金伯祥刊于元至正十四年（1354）。《四库全书总目》说："考裒录集之遗文者，别有《道园类稿》，以校此编。《类稿》所已载者仅百余篇，《类稿》所未载者尚五百余篇。集著作虽富，而散佚亦多。当李本编《学古录》时，已有'泰山一豪芒'之叹，则云烟变灭者不知凡几。堪续加搜访，辑缀成编，纵未能片楮不遗，要其名篇隽制，挂漏者亦已少矣。集中《题花鸟图》一首，《元诗体要》作揭傒斯诗。今观其格意，于揭为近，或堪一时误收，亦未可知。然《元音》及《乾坤清气集》均载是诗，又题集作。此当从互见之例，疑以传疑，不足以为是书病也。"①

虞集博学多闻，诗文俱工。文学上主张"宗唐宗古"，追求一种清醇典雅的诗文风格。其文为有元一代冠冕，一时宗庙朝廷之典册、公卿大夫之碑板咸出其手。"平生为文万篇，稿存者十二三。"②欧阳玄评其文云："公之临文，随事酬酢，造次天成，初无一毫尚人之心，亦无拘拘然步趋古人之意。机巧自无，境趣自生，左右逢原，各识其职。"③《元史》本传谓其"学虽博洽，而究极本源，研精探微，心解神契，其经纬弥纶之妙，一寓诸文，蔼然庆历、乾淳风烈"。胡应麟亦云："虞奎章在元中叶，一代斗山。所传《道园集》，浑厚典重，足扫晚宋尖新之习。第其才力不能远过诸人，故制作规模，

---

① （清）永瑢等：《四库全书总目》卷一六七《道园遗稿》提要。
② 《元史·虞集传》。
③ （元）欧阳玄：《雍虞公文序》，（明）朱存理：《珊瑚木难》卷二，浙江人民美术出版社2012年王允亮点校本。

边幅窘迫，宏逸沉深之轨，殊自杳然。"①其诗用典妥帖，句律精切，对仗工谨，深稳畅达，与杨载、范梈、揭傒斯并称元诗四大家。欧阳玄《梅南诗序》云："京师近年诗体一变而趋古，奎章虞先生实为诸贤倡。"②王叔载于四家中更盛赞其曰："光芒变化，诸体咸备，当推道园，如宋朝之有坡公也。"③不过虞集之诗文内容则多以应酬为主，缺乏直接反映现实的佳作，不为无憾。

是集今有明景泰七年（1456）刻本、明嘉靖四年（1525）刻本、清康熙吕无隐抄本、清蒋氏西圃抄本、《四库全书》本、《摛藻堂四库全书荟要》本、《四部丛刊初编》本、《四部备要》本等。又2007年天津古籍出版社出版有王颋点校的《虞集全集》，此集诗文搜罗详备，以台湾新文丰出版有限公司《元人文集珍本丛刊》影印明初翻印至正刊本《道园类稿》《四部丛刊初编》影印景泰翻印元刊本《道园学古录》、书目文献出版社《北京图书馆古籍珍本丛刊》影印至正十四年（1354）刊本《道园遗稿》、影印至元六年（1340）刊本《伯生诗后》以及《新编翰林珠玉》为主，辅以其他书籍所见，得诗文各1000余篇。此外，还收集到与作者有关的传、行状、神道碑以及时人的唱酬文字，计诗文总200余篇，编成外集，附于书后。此本可谓迄今为止最为完善的虞集诗文集之整理本。（李冬梅）

5.《眉庵集》12卷，明杨基撰

杨基（1326~1378），字孟载，号眉庵，先世蜀之嘉州（今四川乐山）人，祖父仕江左，基生于吴中。幼聪颖敏绝，九岁能背诵六经，著书十余万言，名曰《论鉴》。遭世乱，隐居赤山。曾入张士诚幕为记室，旋谢去。入明，于洪武二年（1369）授荥阳知县，不久谪居钟离，闲居秣陵。久之，以荐为江西行省幕官，未几坐罪落职。洪武六年（1373），起奉使湖南广右，召还授兵部员外郎，出为山西按察副使，进按察使。后被诬夺官，贬为输作，卒于工所。著有《眉庵集》。《明史》卷二八五《高启传》有附传。

杨基甚有诗名，与高启、张羽、徐贲为诗友，人称明初"吴中四杰"。高启《赠杨荥阳》诗云："嘉陵美山水，亦复富文彦。杨君产其邦，材拔性高

---

① （明）胡应麟：《诗薮》外编卷六。
② （元）欧阳玄：《梅南诗序》，《圭斋文集》卷八，《欧阳玄全集》，四川大学出版社2010年汤锐校点本。
③ （明）瞿佑：《归田诗话》卷下，《知不足斋丛书》本。

狷。……平生眼无人，遇我独相善。"①足见高启对杨基颇多嘉许和佩服。杨基今存《眉庵集》12卷，内诗11卷、词1卷。据张习《眉庵集后志》云："先生平日之诗甚富，皆率意为之，累不存稿。尝见先生自序一帙云：'因吾友方君不得见予全集为恨，故留此以示之尔。'则是先生盛年稿已散失，今流传人间者十无二三，况皆抄本，又无序志，家异而人殊。后至天顺间，郡人郑教授尝为刊行，间多讹谬，矧诸奇作失载，识者病焉。习在髫龄，即爱诵先生之诗，遍假抄录，觊图弥盈。及长而仕，偕以出入有年，犹每随访随录，卒莫致其全。兹官岭表，念齿已迈，爰命庠生颜恭文起会各本，录就请前翰林学士西蜀江君序诸首，重图锲梓以传。"又成化二十年（1484）夏六月既望古渝江朝宗《眉庵集序》云："先生所著《眉庵集》，有五七言古体、五七言律诗，及歌行、排律、绝句、词曲，总若干篇，教授郑钢编集，已板行矣，字多讹谬，先后失序，而缺略尤甚，识者惜焉。吴中张公企翱以名进士累官广东佥宪，素重先生之诗，每遇公暇辄研究之，补其缺略，次其先后履历之序，字之讹谬者悉考正之，厘为十二卷，绣梓以广其传，其用心亦厚矣哉。间以示予，俾为之序。"是此集初仅以抄本流传，因无序志，家异人殊。后至天顺间，郑钢板行于世，然讹谬甚多，且又缺略，识者病之。故成化二十一年（1485）吴中张习又重刻，补缺次序，改讹纠谬，编为12卷，并请前翰林学士江朝宗作序。张习之本今犹存，后之刊本亦皆本之。

杨基之诗，世人多以浓丽纤巧称之，不过其诗也有自然平朴佳作。《四库全书总目》评论说："其诗颇沿元季秾纤之习，都穆《南濠诗话》摘其佳句十二联，其所品题，得失参半。李东阳《怀麓堂诗话》谓孟载《春草》诗最传，然'绿迷歌扇，红衬舞裙'，已不能脱元诗气习，至'帘为看山尽卷西'，更过纤巧。'春来帘幕怕朝东'，直艳词耳。故徐泰《诗谈》谓其天机云锦，自然美丽，独时出纤巧，不及高启之冲雅。王世贞《艺苑卮言》谓其情至之语，风雅扫地。朱彝尊《静志居诗话》亦摘其诗语类词者至数十联，而独推重其五言古体。然近体之佳者，亦自清俊流逸，虽不能方驾青邱，要非余子所及也。"②馆臣所评颇为公允。杨基也工词，今集中存词1卷，凡71首，典雅缜密，饶有情致。

---

① （明）高启：《高青丘集》卷七，上海古籍出版社1985年徐澄宇、沈北宗校点本。
② （清）永瑢等：《四库全书总目》卷一六九《眉庵集》提要。

杨基虽不生于巴蜀、长于巴蜀，但集中怀念故乡之作却不少，如《长江万里图》《登峨眉亭》《白头母吟》等，都表现了思念蜀中的乡情，这也正是他与巴蜀文化割不断的联系。

是集今有明成化二十一年（1485）张习刻本、明万历三十七年（1609）汪汝淳刻《明初四家诗》本、《四库全书》本、《四部丛刊三编》本等。（李冬梅）

6.《王常宗集》4卷①，明王彝撰

王彝（？～1374），字常宗，自号妫蜼子，其先蜀人，本姓陈氏，后父教授昆山，彝遂留居于昆，又徙嘉定。少孤贫，读书天台山中，师事王袆，得兰溪金履祥之传。洪武初，以布衣召修《元史》，荐入翰林，以母老乞归。坐知府魏观事，与高启俱被诛，所著有《王常宗集》。事迹具《明史·文苑传·赵埙传》附。

是集今存凡4卷，卷一为碑铭、记，卷二为序，卷三为说、赞、杂著，卷四为杂诗，由都穆于弘治中编成。后又附《补遗》1卷，由浦杲、刘廷璋辑得。前有都穆《序》，后有浦杲、刘廷璋《跋》，初版由刘廷璋刻成于弘治十五年（1502）。

都穆《序》云：“洪武史臣嘉定王先生常宗有遗文一编，穆乡尝校定厘为四卷，藏之箧笥者二十年矣。刘君子珍世居嘉定，好古博雅，谓是集为里中故物，刻梓以传，而俾穆序之。”

弘治壬戌（十五年，1502）浦杲《跋》云：“尝得其诗文一编曰《三近斋稿》，……吾友刘君子珍过而见之，默然有契于中，乃曰：'君贮之箧笥，以私一人之观览，孰若镂板以传，庶斯文之不坠而先生之名亦得以垂不朽也！'遂许捐金以成厥美。其间多有陶阴亥豕等字，复求进士都公玄敬校雠点捡略无苟且，复为序文以弁首简。”

同年刘廷璋亦《跋》云：“余因采访其文集数卷，出资绣梓，以广其传。刻成，因缀数语于后，以见先生虽亡而所以不亡者自若也。”

另是集今传清抄本以及《四库全书》本又有《续补遗》1卷，不知何人所

---

① 是集又名《妫蜼子集》《三近斋稿》《三近斋文稿》《三近斋集》《王徵士集》等。《大清一统志》称王彝著有《三近斋集》6卷，而《四库全书总目》称王彝著有《王常宗集》4卷及《补遗》《续补遗》各1卷，实同书而异名，卷数亦同之，共为6卷。

辑，《四库全书总目》分析云："考其体格，与全集相类，似非赝作也。"①

王彝之学远有端委，其为文精严缜密，明畅英发，不为谀辞，以逐时好。时杨维桢以文章雄视东南，一时多尚之，而王彝独目为文妖，作文诋之。其诗亦不失风雅。故都穆《序》赞云："先生之文，精严缜密，明畅英发，不为谀辞浪语以逐世好。要之根据乎六经，出入乎诸子百氏，而其识见之卓，论议之妙，求之当时，已不多得，而况遗之百数十年之远，其可以弗传耶？"

是集今有明弘治十五年（1502）刘廷璋刻本、清初抄本、清抄本、《四库全书》本等。另清陆廷灿亦辑有《王徵士集》4卷、《附录》1卷，今存清康熙三十九年（1700）陆廷灿刻本。廷灿题识云："明初吾邑王常宗先生诗文四卷，刻于弘治壬戌岁，都公玄敬叙之行世，未几集板散失。启、祯时沈先生公路曾为编辑……客冬得公路先生抄本，快读卒业，因亟谋付梓，其原集未载者仅得数首，亦为增入。刻既成，得蒙大中丞宋公大序弁首。"可资参考。（李冬梅）

7.《北郭集》10卷，明徐贲撰

徐贲（1335～1380），字幼文，号北郭生，其先蜀人，后徙毗陵（今常州），再徙平江（今苏州）。张士诚曾辟为僚属，与张羽俱避于湖州。洪武七年（1374），以荐起家，授给事中，改监察御史，出按广东，改刑部主事，升广西参政，河南左布政使。会征洮岷，兵过其境，坐犒劳不时，下狱死，著有《北郭集》。事迹见明史《文苑传·高启传》附。

是集之名，盖徐贲之祖客吴时，尝居城北之望齐门，故名曰"北郭"。张习《北郭集后录》即云："谓之'北郭'者，由祖自毗陵来居吴城北望齐门外，故以名集。后虽屡迁，仍系旧名，乃首丘意也。"②

《北郭集》初为吴人张习编刊于明成化二十三年（1487），前有成化丙午（二十二年，1486）闵珪序，后有成化丁未（二十三）张习后录，凡10卷。闵珪《序》云："先生之诗，名《北郭集》，有乐府，五七言古体、近体、排律，五言、七言绝句，五言联句，共十卷。"张习《后录》亦云："先生平昔所作甚富，已成大家，所存殆不止此。此其散亡之余，习自幼借录以观，得之私淑者夥矣！兹已老，更加编校，图梓以传。"此本今存，收入《四部丛刊三

---

① （清）永瑢等：《四库全书总目》卷一六九《王常宗集》提要。
② （明）张习：《北郭集后录》，《北郭集》卷末，《四部丛刊三编》本。

编》中。

万历间陈邦瞻、汪汝淳又重新订校、刊刻，编为6卷，为乐府、五言古体、七言古体、五言律、五言排律、七言律、五言绝句。万历三十七年（1609）汪汝淳《合刻国初四先生全集后序》曰："国朝谈诗者则首高、杨、张、徐四先生云，而能举其集者，概难其人也。……会匡左陈先生秉宪于浙，特属淳物色，期年乃得报命。高季迪集，先生已得之洪给谏，张来仪、徐幼文二集寻得之吴兴张氏，独杨孟载集历吴越荆楚，遍访之词林诸宿，竟寥寥也。抵金陵，乃闻许石城家有藏本焉，昔为文徵仲所赠，百余年而归之淳。……淳于先生（陈邦瞻）悉夙昔之雅，敢任校雠之役。集既具，合而付之梓。"今《四库全书》所录《北郭集》为6卷，称为安徽巡抚采进本，"前后无序跋，题曰陈邦瞻校，盖万历间重刻之本，又非习所编之旧矣"①。

徐贲工诗，其诗颇具六朝乐府韵味，与高启、杨基、张羽齐名，称"吴中四杰"。张习《北郭集后录》称"先生之诗，清淳遒古，弗溷尘俗。五言古律似陶（潜）韦（应物），七言在高（适）岑（参）间，乐府则上可溯汉魏"。《四库全书总目》亦评曰："天性端谨，不踰规矩，故其诗才气不及高、杨、张，而法律谨严，字句熨帖，长篇短什，并首尾温丽，于三家别为一格。"②

是集今传版本有明成化二十三年（1487）张习刻本、明万历三十七年（1609）陈邦瞻及汪汝淳《合刻国初四先生全集》本、《四库全书》本、《四部丛刊三编》本等。（李冬梅）

8.《希澹园诗集》3卷，明虞堪撰

虞堪，生卒年不详，字克用，一字胜伯，虞集从孙，隶籍长洲（今属江苏）。元世隐居不仕。入明，洪武时起为云南府学教授，卒于官，著有《希澹园诗集》3卷。

虞堪虽流寓长洲，却以蜀人自称。《四库全书总目》曰："集中《岩居高士图歌》有'我亦本是青城人'句，《画山曲》有'家山万里隔，蜀道正难行'句，《朱仲叔山水引》有'西蜀书生'句，而《西蜀二绝句》《三峡谣》《旅怀诗》《忆锦官诗》《送张士皋归闽中诗》《次韵陆高士见寄诗》，皆于蜀有故乡之思，而《成都使君王季野席上诗》则并作于蜀。考《宋史》，虞允

---

① （清）永瑢等：《四库全书总目》卷一六九《北郭集》提要。
② （清）永瑢等：《四库全书总目》卷一六九《北郭集》提要。

文本蜀人，而虞集亦每自署西蜀。堪于允文为七世孙，于集为从孙，意其流寓长洲，而于蜀仍往来未绝欤？"①故以虞堪为蜀人，盖不诬也。

虞堪喜作诗，尤多题画之作，忧时感事之言。是集"希澹"用邵子语，名读书所也。集凡3卷，卷一为古体杂言，卷二为近体五言、绝句、六言，卷三为近体七言、绝句。前有金华桑以时《希澹园诗集序》，后有丁未岁虞堪《希澹园诗集跋》。其《跋》云："今年过海上，而从游襄阳丘晋氏乃衷拾予诗得三百三十三首，釐为三卷。"是集中共收诗凡333首。而集中之诗皆作于元，入明以后篇什概不复见。桑以时《希澹园诗集序》赞云："其诗数百篇，出语皆中节，动有三尺，澹若玄酒，音韵希古，感慨怀思，顺天乐性，寓意深远，而未尝肯蹈陈迹。"《四库全书总目》亦评其诗曰："古体气格颇高，近体亦音节谐婉。惟七言律诗，刻意欲效黄庭坚，而才力浅薄，终不相近。然大致婉约秀逸，颇饶情韵。无当时秾艳之习，亦可谓娟娟独立矣。"②

虞堪诗又有题名曰《鼓枻稿》者，今存有清抄本。"与此集互相检勘，其诗篇数多寡并同，惟前后编次稍异，或即堪之原本，或后人别题以行，均未可定。"③

是集今有清抄本、《四库全书》本、《四库全书珍本初集》本、《殷礼在斯堂丛书》本等。（李冬梅）

9.《熊南沙文集》8卷，明熊过撰

熊过生平，见《春秋明志录》。

是集明世曾有两次刊刻，初刻为明隆庆戊辰（二年，1568），系其门人严清所刻。凡8卷，收文170篇，前4卷为疏、序、记、书，后4卷为题跋、引、传、碑铭、祭文、杂著，前有严清《序》，后有熊敦朴《跋》。其《跋》云："家君集八卷，为文一百七十首。始家君居馆中，有《秘书稿》，为郎署，有《兵曹稿》《祠曹稿》，谪滇，有《南中稿》，再谪吴兴，有《镇静堂稿》，及先后家君集等，凡为诗若文者以若干首，皆散亡不可纪录。朴自丁巳（1557）迄今十二年，所遍加搜辑，得诗文千余篇，奈多脱误，虽家君不暇自厘正也。于是择其不甚讹舛者，类而举之。诗名'存稿'者，已有别刻，余为

---

① （清）永瑢等：《四库全书总目》卷一六九《希澹园诗》提要。
② （清）永瑢等：《四库全书总目》卷一六九《希澹园诗》提要。
③ （清）永瑢等：《四库全书总目》卷一六九《希澹园诗》提要。

外集,盖俟他访有得,并近稿通续其后为全集也。岁乙丑(1565),叔父南墩公以侍御按两河,携是编如大梁,将谋锓梓,会以病免归,不果。今年秋,中丞寅所先生严公移镇蜀,首加问讯,则以是编遗之,刻于成都,版归富顺,藏诸大业山堂。"是熊过集为其生前由子敦朴耗12年之时搜辑所得,类而编之。隆庆二年,严清镇蜀,乃刊刻于成都。蜀本今未见,盖已亡佚。

泰昌庚申(元年,1620),熊过曾孙熊胤衡又重梓,孙之益有《重刻南沙先生文集序》,后并附熊敦朴《南沙文集跋》。此本今有传世,且收入《四库全书存目丛书》中。

熊过工诗善文,为"嘉靖八才子"(陈束、王慎中、唐顺之、赵时春、熊过、任瀚、李开先、吕高)、"西蜀四大家"(杨慎、赵贞吉、熊过、任瀚)之一。不过今观此集,应酬之作居多,但善于议论,颇有思致。

是集今有明泰昌元年(1620)熊胤衡刻本、《四库全书存目丛书》本等。又明王振奇辑有《熊南沙先生文集》,不分卷,今存有明末刻本。(李冬梅)

10.《立斋遗文》5卷①,明邹智撰

邹智(1466~1491),字汝愚,别号立斋,一号秋囚,合州(今重庆合川)人。成化二十三年(1487)进士及第,选庶吉士。因上疏劾万安、刘吉、尹直等人奸状,被陷害下狱,几欲置死,幸赖彭韶、王恕力救,谪广东石城千户所吏目。后病卒,年仅26岁。著有《立斋遗文》。《明史》卷一七九有传。

《立斋遗文》明世即有多次刊刻,张吉《立斋遗文序》云:"弘治己酉(二年,1489),吉既蒙恩量移肇庆,亡友西川邹智汝愚适操石城军幕谪橄,至广邂逅一见,遂为莫逆之交。无何汝愚死矣,予哭诸寝门之外,三日不绝。时苍梧进士吴君献臣(廷举)方尹顺德,收其遗稿,得奏议及诸杂体文若干篇,古今诗若干首,萃为一帙,名曰《立斋遗文》。惧且湮没,亟寿诸梓以传,其所以为汝愚地者,固亦勤且博矣。今光禄寺少卿剑江杨君震见而善之,腾书献臣,以序见属。吉亦自念素善汝愚,而又惜其蚤世,义不敢辞。"②又陶鲁《寄吴献臣》云:"近得合州守宋君琢所寄汝愚遗文,连日读之不释手,因叹年兄与汝愚经纪其后事,可谓至矣,而又为刻其文,汝愚何以得此于年兄

---

① 是集有4卷、5卷、6卷之别,盖因版刻不同而编次略有不同。
② (明)张吉:《立斋遗文序》,《古城集》卷四,影印文渊阁《四库全书》本。

哉？年兄之风义如此，无愧古人矣。"①而集中《初到石城诗》第二首后，亦有"廷举志"字样，记述邹智自己改定当中四句事。是《立斋遗文》初为邹智之友、顺德知县吴廷举在其卒后编次刊刻而成，是集凡录奏议及诸杂体文若干篇、古今诗若干首，并请张吉作序。《明史·艺文志》《千顷堂书目》等并云"邹智《立斋遗文》四卷"，盖初次编为4卷。

此后，万历三十二年（1604）、天启五年（1625）巡按四川监察御史黔南李芳麓、什邡儒学训导李廷梁又相继各有重刻本，且皆有序。李廷梁为邹智乡人，其《立斋遗文序》曰："遗有奏议、书启、诗文若干，萃成一帙，昔已刊刻传世，观者靡不敬重爱慕，若见先生面目。奈岁久板缺，多所不全。复承按台李公芳麓重梓，又已损失。不佞幸生先生故里中，幼借馆先生祠堂肄业，朝夕觐庙貌……"是其又在李芳麓本基础上有所订补。此二本今俱存，而李廷梁重刊本又为《四库全书》底本，凡5卷，内奏疏1卷、杂文3卷、诗1卷，又附录1卷。

邹智一生忠耿，集中之文直气充盈，多忠言谠论，清劲平实，无空洞之言。因此《四库全书总目》评曰："智疏劾权奸，直声动天下，然于君国之间，缠绵笃挚，至死不忘，无一毫怨尤之意。……故诗文多发于至性，不假修饰之功。虽间伤朴遬，而真气流溢，其感人者固在文字外矣。"②可谓确当之评。

是集今有明万历刻本、明天启五年（1625）李廷梁刻本、《四库全书》本、《乾坤正气集》本等。（李冬梅）

11．《升庵集》81卷，明杨慎撰

杨慎生平，见《升庵经说》。

杨慎知识渊博，学通四部，著述最富，衡以今之学科，则遍及哲学、历史、地理、天文、金石、书画、文字、音韵、文学和文学批评等方面，著作达数百种，故《明史》本传称："明世记诵之博，著作之富，推慎为第一。诗文外，杂著至一百余种，并行于世。"

《升庵集》明代即有多次刊刻，初刻于蜀，复刻于秣陵，再刻于陈大科。万历十年（1582）宋仕《太史升庵文集序》云："余奉命按蜀，咨询耆旧文献，乃藩臬诸君咸称升庵遗文，宜为表率。唯种袠猥繁，今已多散落，恐久而

---

① （明）陶鲁：《寄吴献臣》，《立斋遗文》附录，影印文渊阁《四库全书》本。
② （清）永瑢等：《四库全书总目》卷一七一《立斋遗文》提要。

就湮没矣。于是谋之抚台濂滨张公（士佩），檄藩司求之先生令侄大行益所君，抄录若干卷。凡先生闳言眇词，彻于著述比兴者，亦略具是。爰属稍加厘订，删要归正，道而论之。自一卷至四十卷，为赋、序、记、论、书、志、铭、祭文、跋、赞、词、传与各体诗，皆取之文集，而以类编纂者。自四十一卷至八十一卷，皆训释整齐百家杂语，取诸《丹铅辑录》《谭苑醍醐》《卮言》等书，而以类编纂者，总名之曰《太史升庵文集》。……此外诸所校刻古文杂录，拾遗补艺，尚多有之，以非先生所著书，故集中不载。"①

又同年张士佩《订刻太史升庵文集序》云："余奉命抚蜀，谋之巡察可泉宋公（仕），以文献宜为表章，议克协矣，爰檄藩司往从，悉取其书。得之其家大行以义君藏辑者，有先生文集若干卷，赋、序、记、论、书、志、碑、赞、词、传，与各体诗，凡厥抒怀赠述者具焉，因就而抡次之。复得《丹铅辑录》《谭苑醍醐》《艺林伐山》《卮言》各种杂著，凡厥探赜索隐者具焉，因删而汇编之。刊削肤印，勒成一家之言，总之为八十一卷，如迁史所称，择其言尤雅者著乎篇，刻成而卒业焉。"②

蔡汝贤《太史升庵文集跋》亦云："岁辛巳（1581），余再入蜀，承抚台濂滨张公、侍御可泉宋公檄，购先生从子益所公（大行），得家本数种，与未梓者若干篇。不揣寡昧，删重复，萃菁英，稍加品列，肇壬午（1582）之春，历三时而竣于仲秋。卷分八十一，取阳数也；部总二十八，象列宿也；首《凤赋》而迄《太平》，非所以纪文明之盛事乎！"③

据此而知，杨慎集初刻于万历十年（1582），乃巡按四川监察御史宋仕，偕四川巡抚张士佩极力搜索，得之于杨慎之侄，而亲加厘订，分类排纂付梓。是集凡81卷，内有赋及杂文11卷，诗29卷，杂记41卷，分28类。大致是将其所著的《丹铅录》《谭苑醍醐》等书删去重复，分类编次于诗文之后而成。然他人所校刻古文杂录，拾遗补艺则不予收录。

再刻于万历二十九年（1601），萧如松、王藩臣又"爰取蜀本重校，付之剞劂，复索胠箧中先生手书遗草增入之"④，是为秣陵本。此本在蜀本基础上又有

---

① （明）宋仕：《太史升庵文集序》，《升庵著述序跋》中卷，王文才、张锡厚辑，云南人民出版社1985年版。
② （明）张士佩：《订刻太史升庵文集序》，《升庵著述序跋》中卷。
③ （明）蔡汝贤：《太史升庵文集跋》，《升庵著述序跋》中卷。
④ （明）王藩臣：《重刻杨升庵先生文集叙》，《升庵著述序跋》中卷。

增补。此后又有陈大科刻本。其《刻太史杨升庵全集序》述经过云:"先生杂著《丹铅辑录》《谭苑醍醐》诸书,亡虑数十种。我先司寇尝从滇蜀归,悉授余(大科)读,且谓将谋汇刻之,适与行会未遑也。久之,余从都下过先生从子侍御君(大行)所,得见先生全集焉,则韩城张公并汇诗文,刻诸蜀中矣。曾杀青几何时,而其字已刓且蚀矣,此其摹印之者众矣,谁谓鸡林纸贵之语诞也哉!顷以其暇,奉笥中所受诸遗书,参以蜀本,手雠校焉,而付之剞劂,成先志也。"①此三刻现今皆犹存,后之抄录、重刻本亦多源之或参校。

杨慎集除正集之外,又有《外集》100卷、《遗集》26卷。"《遗集》系万历时山左王大司马象晋巡抚四川,搜寻先生遗集,先生之孙尚宝卿金吾与其弟宗吾,编集遗文,在陈(大科)刻八十一卷外,另录二十六卷,以应王大司马之求,而布政使汤公日昭所刊刻者。《外集》则先生没后,焦太史弱侯(竑)将先生所撰杂著,删其重复,分门别类,依次排纂,付先生之侄名有仁,刊刻行世。"②

杨慎文学多能,诗赋词曲皆其擅长,而尤以诗词为胜。其诗涉及游山玩水、悼古伤今、友朋酬唱、思乡怀人等诸多方面,清新流丽,蕴藉情深,可谓"沈酣六朝,揽采初唐,创为渊雅博丽之词"③,于明前后七子之外独树一帜,雄视一代,即流风之远,及于清人。故王士禛云:"明诗至杨升庵,另辟一境,真以六朝之才,而兼有六朝之学者。"④其文题材广泛,形式多样,疏奏、记事、杂说、序跋、碑铭等,自然流畅,情感充沛,既善论理,又长叙事。《四库全书总目》总评其诗文曰:"慎以博洽冠一时。其诗含吐六朝,于明代独立门户。文虽不及其诗,然犹存古法,贤于何李诸家窒塞艰涩,不可句读者。"⑤不过,"至于论说考证,往往恃其强识,不及检核原书,致多疏舛。又恃气求胜,每说有窒碍,辄造古书以实之。遂为陈耀文等所诟病,致纠纷而不可解"⑥。

是集今传版本主要有明万历十年(1582)张士佩等刻本、明万历二十四年

---

① (明)陈大科:《刻太史杨升庵全集序》,《升庵著述序跋》中卷。
② (清)张奉书:《重刻杨升庵外集跋》,《升庵著述序跋》上卷。
③ (清)钱谦益:《列朝诗集》丙集,中华书局2007年版。
④ (清)王士禛:《香祖笔记》卷五,上海古籍出版社1982年湛之点校本。
⑤ (清)永瑢等:《四库全书总目》卷一七二《升庵集》提要。
⑥ (清)永瑢等:《四库全书总目》卷一七二《升庵集》提要。

（1596）庄诚刻本、明万历二十九年（1601）刻本、明万历陈大科刻本、明崇祯十二年（1639）陈宗器刻本、《四库全书》本等。又四川人民出版社1981年出版有王文才《杨慎诗选》，于杨慎近2300首诗中选注约140余首，颇为实用。王文才、万光治《杨升庵丛书》有整理本（天地出版社2002年版）。关于杨慎文版本可参王永波《〈升庵文集〉版本源流考》（《蜀学》2010年第5辑）（李冬梅）

12.《文肃集》23卷，明赵贞吉撰

赵贞吉（1508～1576），字孟静，号大洲，内江（今四川内江）人。嘉靖十四年（1535）进士，选庶吉士，授编修。嘉靖二十九年（1550），擢右春坊右允中，改国子司业。以力主抗击鞑靼，触怒严嵩，受廷杖，谪荔波典史。不久，迁徽州通判，进南京吏部主事。嘉靖四十年（1561），迁户部右侍郎。隆庆元年（1567），明穆宗嗣位，起礼部右侍郎，掌詹事府，并充日讲官，又迁南京礼部尚书。隆庆三年（1569），进文渊阁大学士，加太子太保。万历四年（1576）卒于家，谥文肃。著有《经筵进讲录》《文肃集》等。《明史》卷一九三有传。

是集又名《赵文肃公集》《赵文肃公文集》，凡23卷，内诗词6卷、文17卷，依次为赋、五言古、七言古、五言绝、五言排律、七言律、七言排律、五言绝、七言绝、六言、词、制策、奏疏、表、讲章、序、记、传、墓志铭、圹记、墓表、碑、祭文、书、启、铭、箴、杂著。

是集明世曾有多次刊刻，不过最初之编刊，因无序跋详载，故仅知有蜀本，但到底为何人编刊，则不详。至万历十三年（1585），赵德仲重刻于闽，题名《赵文肃公文集》，有万历十二年（1584）高启愚、万历十四年（1586）姜宝《序》。高《序》云："公集旧刻蜀藩，中丞赵公将重锓诸闽，以惠来学，属不佞为序。"姜《序》云："先是巴渝赵中丞刻此集于八闽，书来请序，后见其同郡高宗伯序首揭矣，欲已之，而中舍君景柱又再且请之于留曹，……故摘取公之微言著篇端，庶览者因公所仅传知所未尽传，于以窥公之博大，且知公人与文真皆不世出云。"此本今存，并收入《四库全书存目丛书》中。

万历二十九年（1601），王藩臣、萧如松又行重刻，王藩臣《重刊大洲先生赵文肃公文集序》云："公集一刻蜀、一刻闽，兹复刻于留都，而不佞以乡后进承乏台中，实执役焉，乐其传之益广也。"萧如松《大洲先生赵文肃公集跋》云："初不佞拟刻先生集于南中，与同台王介甫谋之，慨然助成其事，兹刻竣，传益广，先生之学益明。"此本今亦传。

除全集外，贞吉诗文明世亦有选集、评点本传世，如《赵太史诗钞》7卷、《文钞》10卷（今存明嘉靖文曲山堂刻本）、《李卓吾先生批选赵文肃公文集》2卷（今存明刻本）、李贽选评《赵文肃公集》4卷（今存明刻本）等，由此亦可观贞吉诗文之成就与特色。

赵贞吉博学才高，与杨慎、任瀚、熊过并称为明代"蜀中四大家"。其性刚强，好直谏，其文多充满刚直之气。故钱谦益说他为人"刚忠英伟，称其气貌，议论慷慨，有孔文举、苏子瞻之风"；"为诗竣发，突兀自放，一洗台阁婵媛铺陈之习。其文章尤为雄快，殆千古豪杰之士，读之犹想见其眉宇"。[①]诚谓的当之评。

是集今有明万历十三年（1585）赵德仲刻本，明万历二十九年（1601）王藩臣、萧如松刻本，《四库全书存目丛书》本等。又今人官长驰著有《赵贞吉诗文集注》（巴蜀书社1999年版），可为参考。（李冬梅）

13.《居来山房集》65卷，明张佳胤撰

张佳胤（1527~1588），字肖甫，初号庐山，后改号崌崃山人，铜梁（今重庆铜梁）人。嘉靖二十九年（1550）进士，知河南滑县，迁按察使。隆庆时，进右副都御史，巡抚保定。万历中，拜兵部尚书，寻兼右副都御史，总督蓟辽、保定军务，加太子太保。后病卒，赠少保，谥襄宪，著有《奏议》《居来山房集》等。《明史》卷二二二有传。

《居来山房集》，又名《崌崃集》《崌崃山集》《居来先生集》《张居来集》等，凡65卷，其中赋1卷、诗28卷、杂文35卷、附录传记资料1卷。是集最初刊刻于蜀，为明万历十五年（1587）张宗载所刻，前有万历十二年（1584）屠隆《张居来先生集序》。万历二十二年（1594），佳胤季子叔玺又有重刊，并有万历二十二年（1594）车大任《张居来先生集叙》以及万历二十五年（1597）李维桢《张居来先生集叙》，前又附屠隆《序》。车大任《序》曰："居来先生……自释褐迄归田，所著诗文六十余卷，一梓于蜀，传弗广。今年春，厥嗣墇信参军留都，再梓以传，谬属余叙。"李维桢《序》曰："公诗文六十有四卷，季子玺以授桢使序之。"据佳胤《行状》，其季子叔玺曾官南京

[①] （清）钱谦益：《列朝诗集小传》，上海古籍出版社2008年版。

左军都督府经历，他子无官留都者，故埠信当即叔玺。此二本今俱存，且万历二十二年本又收入《四库全书存目丛书补编》中。

佳胤能诗善文，为"嘉靖七子"之一。钱谦益《列朝诗集小传》说他"节镇之暇，轻裘缓带，宾礼寒素，鼓吹风雅，文士之坎壈失职者，皆援以为重。高才贵仕，兼而得之，近代所罕见也。肖甫诗三十余卷，才气纵横，而乏深雅之致"。沈德潜《明诗别裁集》也说："少保诗时露警拔。陈卧子重其庄雅，称为李王后劲。"又朱彝尊《静志居诗话》云肖甫："诗律精严，高视千古。""闳博纵肆，凌驾前人。"可见佳胤之诗多慨慷奋厉之气，世人评价颇高。其文亦才气纵横。

是集今有明万历十五年（1587）张宗载刻本、明万历二十二年（1594）张叔玺刻本、《四库全书存目丛书补编》影印张叔玺本、民国二十一年（1932）岁寒斋铅印本等。又明隆庆间无锡俞宪刻《盛明百家诗前编》收有《张居来集》1卷。（李冬梅）

14.《天问阁集》3卷，明李长祥撰

李长祥（1612～1679），字研斋，一字子发，号石井道人，达州（今四川达州）人。明崇祯十六年（1643）进士，选翰林院庶吉士，吏部荐备将帅之选。福王朱由崧立，改监察御史，巡浙盐。鲁王监国，加右佥都御史，督师西行。后又依平西伯蜀人朝先，晋兵部左侍郎。朝先死，为总督陈锦所获。未几逃去，由吴门奔河北，历宣府、大同，复南下百粤。晚岁，始还居毗陵，筑读易堂以终老。著有《天问阁集》行世。《明史》无传，《清史稿》卷五〇〇有传。

《天问阁集》，初名《天问阁明季杂稿》，分上、中、下3卷，又附录1卷，收文31篇，"皆丙戌（1646）以后之作也"，且后又有全祖望所作《行状》一篇。全氏评价其文集曰："侍郎于文不称作家，然而旧闻轶事，有足疏证史案者，此桑海诸公集所以可贵也。"[1]盖长祥之文主于纪实，颇具史料价值。特别是他"以文墨书生处军旅中凡十余载，间关万里，戎马倥偬，亦奇人也"[2]。

是集又有4卷之本，盖初刻于清康熙年间。然此本版心有刻"卷十八"者，

---

[1] （清）全祖望：《行状》，《天问阁集》卷末附录，中华书局1985年《丛书集成初编》本。
[2] （明）李长祥：《题记》，《天问阁集》卷首。

而卷五以下卷数又尚未刻出，疑当时仅刻4卷，后面待陆续付梓。嘉庆中，又刻于四川达州，亦为4卷本。至光绪间，刘行道据嘉庆本重新编录，增入《戛云亭记》《北岩钟鼓记》等，录文150余篇，仍为《天问阁集》4卷，民国间刻入《求恕斋丛书》。

是集有清康熙刻本、清嘉庆四川刻本、清光绪六年（1880）会稽赵氏刻本、《仰视千七百二十九鹤斋丛书第二集》本、《丛书集成初编》本、民国十一年（1922）吴兴刘氏刻《求恕斋丛书》本、《四库禁毁书丛刊》本、1981年文物出版社排印本等。（李冬梅）

15.《怀归草堂集》《守闲堂集》《课耕楼集》，明吕潜撰

吕潜，生卒年不详，字孔昭，又字石出，号半隐，又号耘叟，晚号石山农、石山居士，遂宁（今四川遂宁）人，大器之子，后流寓江左。崇祯十六年（1643）进士，官行人，授太常博士。明亡后不仕，常以诗书画自遣，人称"三绝奇才"。著有《怀归草堂集》《守闲堂集》《课耕楼集》等。《国朝耆献类征》卷四六六、嘉庆《四川通志》《遂宁县志》等有传。

《千顷堂书目》卷二七著录："吕潜《怀归草堂集》，又《守闲堂集》，又《课耕楼集》。"是吕潜诗凡三集，其题名"怀归草堂""守闲堂""课耕楼"者，盖以其先后寓所之名而命名也。三集共收吕潜现存之诗400余首，其中《怀归草堂集》收清顺治元年（1644）至康熙十二年（1673）吕潜客居吴兴（今浙江湖州）时所作诗歌170余首，《守闲堂集》收康熙十三年（1674）至二十四年（1685）吕潜客居江苏广陵（今江苏扬州）、海陵（今江苏泰州）时所作诗歌约160首，《课耕楼集》收康熙二十五年（1686）吕潜归遂宁后在蜀中所作诗歌约80首，全集诗不分体，也不分卷，以写作先后为序，可谓"五十年间时序之迁流、友朋之聚散、山川之阅历，展卷追忆，了然在目"①。

三集最初由吕潜之弟吕泌于清康熙年间任河南叶县知县时刊刻，其中《怀归草堂集》有扬州诗人陆廷抡序，吕泌跋；《课耕楼集》有遂宁人雷廷序，后版藏于遂宁课耕楼。光绪十五年（1889），遂宁人又重新校补，付之剞劂，题名为《明朝太常博士吕半隐之诗集》，有同治十二年（1873）射洪举人舒云逵、遂宁庠生欧阳绍《重刊吕半隐先生诗集序》。

吕潜能诗，又工书擅画，尤以山水、花卉见长。其诗内容丰富，格调冲

---

① （清）吕泌：《怀归草堂集跋》。

淡新颖，充满诗情画意，故陆廷抡《怀归草堂诗集序》称："语云'诗必穷而后工'，顾世人之穷，只在一身；若先生之穷，则在于世道变迁、君父死生存殁之大。故其穷有百倍于世人者，故其诗之工，亦百倍于世人。今读《怀归》《守闲》两集，一若少陵浣花之篇、摩诘辋川之什，杂陈于前而不能辨其孰优孰劣也。"欧阳绍《重刊吕半隐先生诗集序》亦云："国朝渔洋山人尝采其《江望》一首入《诗话》中，并胪之《感旧集》，其为时流倾倒若此。……工诗，兼善书画，一缣一素，得之珍逾琼璧。至今蛛丝煤尾之余，嗜古家犹饼金购之。……窃尝反复玩咏，觉性情学术之征，身世显晦之故，与夫乡关怅惘之思，时流溢于楮墨间。而格调未始不合，词华未始不赡，共诸长留天地奕祀而不刊，无疑也！而况气节之清峻，复与靖节先生相望于旷代之后者乎！"

今存版本主要有清康熙年间吕泌刻本、清光绪十五年（1889）欧阳绍重刻本、1935年成都沈氏刻本等。又今人胡传淮编选有《吕潜诗选》，亦可供参考。（李冬梅）

四、清代别集

1. 《燕峰诗钞》《燕峰文钞》，清费密撰

费密有《荒书》，前已著录。

费密工诗善文，时与成都邱履程、雅州傅光昭以诗文雄西南，人称"三子"。所著《燕峰诗钞》，嘉庆《四川通志》卷一八七、民国《新繁县志》卷三〇皆作20卷，今则仅存1卷，录诗57首，存世数量虽少，但佳作甚多。如《朝天峡》《栈中》《北征》等均为名篇。其诗"以深厚为本，以和平为调，以善寄托为妙。常戒雕巧快心之语"[1]。故李调元说："吾蜀诗人，自杨升庵（慎）、赵文肃（贞吉）、任少海（瀚）、熊南沙（过）四大家后，古学几凌递。费氏父子起而振之，其诗以汉魏为宗，遂为西蜀巨灵手。"[2]

费密以诗名世，而文亦佳。尝论"我著书皆身经历而后笔之，非敢妄言也"，强调作文"必本之人情事实，不徒高谈性命，为无用之学"。生平喜爱韩愈之文，深得其精髓，"故所为文，浩然如水之无涯，而未尝骋才矜气

---

[1] （清）张邦伸：《锦里新编》卷五，巴蜀书社1984年版。
[2] （清）李调元：《蜀雅》三。

也"①。原著有《燕峰文钞》20卷,然后来由于清初的禁书运动以及历遭火灾,著作大多散佚失传,《文钞》今亦仅存1卷。张邦伸论其文云:"蜀中著述之富,自杨升庵后,未有如密者。杨主综览旧闻,密则独摅己见,较杨更精。"②《四库全书总目》亦评其集云:"今观是集,不涉王李之摹拟,亦不涉袁钟之纤仄,奇矫自喜,颇有可观,然往往好持异论。"③

是集今传《怡兰堂丛书》本、《渭南严氏孝义家塾丛书》本,后又有几种传抄本,多出百余首,并附有《天下名家赠此度先生诗》。《四库全书总目》存目著录《燕峰文钞》江苏巡抚采进本,但今《四库全书存目丛书》却未收录。(李冬梅)

2.《蜀道集》《雍益集》,清王士禛撰

王士禛有《蜀道驿程记》,前已著录。

士禛巴蜀之作,既有杂著,亦有诗集。杂著如《蜀道驿程记》《秦蜀驿程后记》《陇蜀余闻》,诗集如《蜀道集》《雍益集》。其中《蜀道集》系士禛康熙十一年(1672)六月奉命典四川乡试时所作诗集,收其来往途中及蜀中之诗共350多篇。叶文敏评其诗云:"毋论大篇短章,每首具有二十分力量,所谓师子搏象兔皆用全力者也。"④是集今原刻本未见。《雍益集》为士禛康熙三十五年(1696)奉命祭告西岳、西镇及江渎时历经秦蜀所作诗集,凡1卷,有诗百余篇,其弟子盛符升《雍益集序》称士禛自言"再使秦蜀,往返万里,得诗百余篇,皆寥寥短章,无复当年蜀道南海豪放之格"。是集今有刻本传世,据康熙三十六年(1697)蒋仁锡《雍益集书后》云:"丙子(康熙三十五)春二月,吾师渔洋先生奉命祭告西岳江渎,……迨秋九月既竣事,先生复命于朝,仁锡亟请先生近诗授梓,……先生因出《雍益集》以示,……梓既成,因次前后答问之语,敬复于先生。"是《雍益集》初刻于清康熙三十五年。

士禛蜀中之诗,多以近体为主,吟诵对象为蜀中山水名胜,文字清新,意兴生动,正所谓"以清新俊逸之才,范水模山,批风抹月"⑤者,颇多佳篇佳

---

① (清)张邦伸:《锦里新编》卷五。
② (清)张邦伸:《锦里新编》卷五。
③ (清)永瑢等:《四库全书总目》卷一八一《燕峰文钞》提要。
④ (清)王士禛:《分甘余话》卷二,中华书局1997年张世林点校本。
⑤ (清)永瑢等:《四库全书总目》卷一七三《精华录》提要。

句,故四库馆臣有"国朝之有士禛,亦如宋有苏轼,元有虞集,明有高启"①之说。士禛两次入蜀,虽前后时间都不长,但其作品丰富,艺术性高,对于巴蜀文学的发展有一定贡献。

《雍益集》今有康熙三十五年(1696)刻本、康熙刻《王渔洋遗书》本。
(李冬梅)

3.《张文端公集》8卷,清张鹏翮撰

张鹏翮(1649~1725),字运青,号宽宇,自号信阳子,遂宁(今四川遂宁)人。康熙九年(1670)进士及第,选翰林院庶吉士,任刑部主事、苏州府知府、兖州府知府等职。康熙二十五年(1686)迁兵部督辅右理事,后历任大理寺少卿、浙江巡抚、刑部尚书、吏部尚书、河道总督等要职,被康熙皇帝誉为"当代名臣""士林楷模"。雍正元年(1723)拜文渊阁大学士,三年(1725)病逝,赠少保,谥文端,诏祀乡贤祠。著有《冰雪堂稿》《如意堂稿》《奉使俄罗斯行程纪略》《治河全书》《兖州府志》《遂宁县志》《张文端公集》等。《清史稿》卷二七九、《清史列传》卷一一一有传。

是集又名《遂宁张文端公全集》,为其弟张鹏翼六世孙张知铨所辑,刻于清光绪年间,凡8卷,首卷为治河论文,末卷为亲友记其生平事迹,正文实则6卷,收章奏杂文4卷,诗2卷,故诸家著录有6卷、7卷、8卷之别。此外,卷首又附有鹏翮传文、张知铨编《遂宁张文端公年谱》、李星根《序》,卷末附有张知铨《跋》以及康熙御旨等,多涉时政。

张鹏翮为政清谨,长于治河,其诗词文赋词简意明,章表陈奏切要周备,故圣谕常以"详悉""切要""周备""简当"等称之,《益州书画录》又赞其"善诗、工书,成都驷马桥碑记乃其遗墨,笔法苍古"。可见鹏翮不仅以非凡才干屡任要职,亦以文采书艺独占清初一席。尤其是鹏翮诗作,题材广泛,体裁多样,语言清新,格调刚健,历来多有赞誉。如李调元《蜀雅》云,"文端论诗,以性情为主",并称赞其《自叹》诗"恬退实从肺腑中流出,不愧曲江(唐代诗人张九龄)风度"。孙桐生《国朝全蜀诗钞》云:"文端平生居官以清节重,扬历中外,早著循声。""诗亦纯实简质,自是正声。"徐世昌《晚晴簃诗汇》亦云:"文端为治河名臣,行役之作,意境独超。"

是集今有清光绪三年(1877)张氏刻本、光绪七年(1881)刻本、光绪八

---

① (清)永瑢等:《四库全书总目》卷一七三《精华录》提要。

年（1882）刻本等。又胡传淮选编《张鹏翮诗选》，2006年香港银河出版社出版，此本据清光绪八年《张文端公全集》（诗2卷，凡600余首）为底本，选诗288首，附资料若干，有朱则杰《序》，颇为实用。（李冬梅）

4. 《掣鲸堂诗集》13卷①、《贯道堂文集》4卷，清费锡璜撰

费锡璜（1664～？），字滋衡，费密次子，新繁（今属成都市新都区）人。幼承父训，聪敏好学。康熙三十五年（1696），安徽观察张鲁庵由皖至秣陵，宾从皆一时诗人，锡璜随父同往，乘舟途中，鲁庵出唐书画鉴赏，令各赋诗，限七阳韵。锡璜不与，强为之，遂作七律一首，一座皆惊，诗名由是大振。康熙五十六年（1717），李天馥欲以鸿博荐之，辞去。后游燕、赵，入大梁，往来皖颍间，数十年无所遇，因侍父江东。尝登山东之罘山，投诗海中，痛哭而返，以悲其才之不遇。约雍正初，殁于河南祥符县公署。人称孝节先生。生平著述颇富，其《诗集自序》云"有诗五千，文二百"，有弟子汪文蓍辑《贯道堂文集》4卷，自编《掣鲸堂诗集》13卷。《国朝耆献类征》卷四二八有传。

锡璜承继家学，诗文皆擅，与其父费密、其兄费锡琮同活跃于文界学林，时称"三费"。所著《掣鲸堂诗集》，据其《诗集自序》，乃康熙五十二年（1713）锡璜自己编刊之诗集，因认为"吾诗他人知之，不若自知为明也；他人序之，不若自序为得也"，遂又作《诗集自序》以述其学诗经过。康熙刻本今存，然有15卷与13卷之别。13卷本凡乐府3卷、五古3卷、七古1卷、五律2卷、七律1卷、五绝1卷、五排律1卷、七绝1卷，今收入《四库禁毁书丛刊》。此后，道光间鹅溪孙氏刻《古棠书屋丛书》以及光绪九年（1883）叙州汗青簃刻本均题《掣鲸堂诗选》，仅9卷，而民国《新繁县志》卷三〇、《清诗汇》卷四〇则又题作《掣鲸堂诗集》9卷，盖依道光、光绪二本著录。除此之外，亦有题《掣鲸堂集》者，不分卷，有嘉庆六年（1801）刻本和光绪三十四年（1908）至宣统三年（1911）国学萃编社排印《晨风阁丛书》第一集本。

其诗"沉雄峻拔，高出前人乐府，直追汉魏"②，故沈德潜《清诗别裁》评曰：滋衡"熟古乐府，诗中苍苍莽莽，时有古音"。李调元《蜀雅》亦云："诗有至情，而根底亦极深厚。古乐府直接汉魏，五七律绝，亦在李颀、崔颢

---

① 是集又有15卷、9卷、1卷、5卷等之别。
② （清）张邦伸：《锦里新编》卷五。

之间。""本朝蜀诗,自此度后,滋衡当推为一大宗。"

其文不矜才负气,而闳中肆外,自然流畅,有浩荡苍莽之风。有《贯道堂文集》4卷,为康熙年间锡瑸弟子汪文菁辑刊,共收文129篇,主要为传状、序跋、读书札记、书牍、墓志铭等,有郭嗣龄、史照、汪文菁、闽奕佑、章学诚等为之序,甚称许。此本今国家图书馆、山西省图书馆、浙江省图书馆均有藏。又有同治间抄本,藏于四川省图书馆。(李冬梅)

5．《观树堂诗集》12卷①,清朱樟撰

朱樟,生卒年不详,字亦纯,一字鹿田,号慕樵,晚号灌畦叟,浙江钱塘(今杭州)人。康熙三十八年(1699)举人,曾入蜀为江油令,官至泽州府知府。年80卒。著有《观树堂诗集》。

朱樟每历一官,其诗各为一集。此集凡12卷,共收诗集7种②,分别为《问绢集》1卷、《叱驭集》1卷、《古厅集》4卷、《白舫集》1卷③、《剿曲集》1卷、《一半勾留集》2卷、《冬秀亭集》2卷④。其中有四集为其在蜀时所著,《问绢集》又名《鹿田成都诗》,收朱樟任江油令时至成都所作诗,前有侯官余甸康熙五十三年(1714)序。《叱驭集》又名《鹿田入栈集》,亦为入蜀时所作,有石为崧康熙五十五年(1716)序。《古厅集》又名《鹿田江油诗》,为任江油令时所作。《白舫集》又名《鹿田出峡诗》,为官蜀后期所作,有周京雍正四年(1726)序。四集共收朱樟诗数百首之多,为入蜀诗人中数量最多者。因其数量繁多,涉及巴蜀各地,故对巴蜀文化研究有一定史料和参考价值。而阮元《定香亭笔谈》亦谓其诗"并有少陵、昌黎、东坡、剑南之魄力神髓,鬼神呜呜泣纸上"。

是集今有清汇刻本、雍正刻本、乾隆刻本等。(李冬梅)

6．《白鹤堂文稿》不分卷,清彭端淑撰

彭端淑(1699~1779),字仪一,号乐斋,眉州丹棱(今四川丹棱)人。幼而颖异,10岁能文。雍正十一年(1733)与弟肇洙同榜进士,授吏部主事。乾隆十年(1745)擢吏部员外郎,不久再升吏部文选司郎中。十二年(1747)

---

① 是集卷数有12卷、14卷、15卷、16卷之别,盖因为合刻本,各集刊刻时间不同,故分卷编次亦有不同。
② 清乾隆刻本又收《郎潜集》1卷。
③ 清乾隆刻本为2卷。
④ 清乾隆刻本为4卷。

充顺天乡试同考官。二十年（1755）擢广东肇罗道署察使。二十六年（1761）告归还乡，次年应四川学使博卿额之聘，主锦江书院讲席，造士尤众。乾隆四十四年（1779），卒于锦城南之白鹤堂，年81岁。著有《白鹤堂晚年自订诗稿》《白鹤堂晚年诗续刻稿》《白鹤堂诗戊戌草》《白鹤堂文稿》《白鹤堂时文稿》等。《清史列传》卷七一、《国朝耆献类征》卷二一一、《国朝先正事略》卷四四等有传。

《白鹤堂文稿》，又名《白鹤堂文集》，系端淑自编文集，初刊于清乾隆三十六年（1771），为彭氏家刻本，有山阴胡天游、崇宁蔡时豫《序》。每篇文末有胡天游、蔡时田、蔡时豫、蔡寅斗、沈廷芳、窦光鼐诸家评语。此本今传，藏于湖南省图书馆。

端淑工诗，尤工时文及古文，其《白鹤堂晚年自订诗稿序》云："余一生精力尽于制艺，四十为古文，五载成集，近五十始为诗，今已二十五年矣。"由此可见，端淑文集所收古文盖始作于四十岁时，历时五载方成集，年近五十方作诗。其论文宗仰司马迁、韩愈，主张学、识、才并重，为文气势雄厚，笔力刚健，文字清奇，质实厚重，"几跨越一代，独步千古"，士林奉为圭臬。《清史列传》说他"诗学汉魏，文学《左》《史》，皆诣极精微"；又说："蜀诗自费密父子后，奉节傅作揖、铜梁王恕继之，皆能步武唐贤。古文则罕问津者，惟端淑为崛起。"徐世昌《晚晴簃诗汇》谓："晚始为诗，取法杜韩，涂辙甚正，盘空出硬语，不肯落当时窠臼，自是雅音。"

是集今传版本有清乾隆三十六年（1771）刻本、清嘉庆五年（1800）刻本、清同治六年（1867）刻本、清抄本等。又李朝正、徐敦忠《彭端淑诗文注》，1995年由巴蜀书社出版。（李冬梅）

7.《童山诗集》《童山文集》，清李调元撰

李调元生平，见前《易古文》。

调元一生勤奋好学，著述颇丰，文学之作即有《童山诗集》《童山文集》《蠢翁词》《童山自记》《雨村诗话》《雨村词话》《雨村剧话》《雨村曲话》《雨村赋话》等。

《童山诗集》42卷，为调元晚年自编的编年诗集，收录他15岁到69岁所写诗作，题材广泛，举凡经历、行踪、感受、交往等，都有所记载、抒发，其中也有不少反映民生疾苦之作。其诗学李白，豪放自然，不喜雕饰，袁枚评为

"才豪力猛"①，又称"醒园篇什随园句，兰臭同心更有谁"②。朝鲜使臣徐浩修亦认为其诗"超脱沿袭之陋，一任淳雅之真，非唐非宋，独成执事之言；而若其格致之苍健，音韵之高洁，无心山谷、放翁而自合于山谷、放翁，亦可谓欧阳子之善学太史公。三复之余，不胜敬叹"③。孙桐生说他："诗文敏捷，天才横逸，不假修饰，少作多可存，晚年有率易之病，识者宜分别观之。"④可谓信实之评。

《童山文集》20卷，"是集衰成于嘉庆四年（1799），为调元晚年手定。自谓才华既退，学问亦荒，譬如老牛谢犁，惟思卧啮枯草，终老天年，安能与少年骐骥，共争名于天壤间"⑤。集前有嘉庆四年调元《自序》，集内按类分卷编排，依次为赋、论、策、奏、序、记、传、书、说、考、跋、祭文、墓志铭、行述、四六文。其为文喜大苏（苏轼），浩荡壮阔，深藏意蕴，又"由其学有本原，故于序录群书，考录学术之际，于一名一物，悉能穷流溯源，洞究其所以然，谅非空疏不学者所易为。乾嘉中四川士夫之有文才而兼治朴学者，固未能或之先也"⑥。

除诗文外，调元又精于文学理论，著有《雨村诗话》《雨村词话》《雨村赋话》等理论著作。《雨村诗话》以时间为序，评述了从三代到明代杨慎时的主要诗人及其诗歌。全书有2卷、4卷、16卷之别，主要论述了诗学的基本问题与基本理论。袁枚评说调元"《诗话》精妙处，与老夫心心相印，定当传播士林，奉为矜式"⑦。《雨村词话》凡4卷，体例与《雨村诗话》相似，主要称引自李白遗词至清人毛先舒止历代词人的名篇名句，在词的渊源发生论、美学论、创作论等方面，不乏心得与创见。《雨村赋话》10卷，详细阐述历代赋的成就，系论写赋诸般手法和技巧的专著。

此外，调元亦是巴蜀最早从事戏曲研究和剧本创作者之一，著有《雨村曲话》2卷、《雨村剧话》2卷，创作了《春秋配》《花田错》等川剧剧本，对于

---

① （清）袁枚：《随园诗话·补遗》，人民文学出版社2006年版。
② （清）李调元：《雨村诗话》。
③ 转引自詹杭伦：《李调元学谱》，天地出版社1997年版。
④ （清）孙桐生：《国朝全蜀诗钞》，巴蜀书社1985年版。
⑤ 张舜徽：《清人文集别录》卷七。
⑥ 张舜徽：《清人文集别录》卷七。
⑦ （清）袁枚：《随园诗话·补遗》。

川剧的形成和发展都是极为有力的推动。

《童山诗集》今传版本主要有乾隆刻嘉庆十四年（1809）重校《函海》本、嘉庆元年（1796）万卷楼刻本、道光五年（1825）补刻《函海》本、道光罗江李氏万卷楼刻本、清刻本、《丛书集成初编》本等。另有今人罗焕章主编，陈红、杜莉注释的《李调元诗注》，巴蜀书社1993年出版。

《童山文集》今存《函海》本、嘉庆四年（1799）李氏万卷楼刻本、清刻《童山全集》本、《丛书集成初编》本等。

《诗话》《词话》《赋话》《曲话》今俱有《函海》本，《剧话》有民国两江陈氏铅印本、民国29年（1930）上海中华书局铅印本等。又詹杭伦有《雨村诗话校正》（巴蜀书社2006年版）以及《雨村赋话校证》（台湾新文丰出版公司1993年版），可资参考。（李冬梅）

8. 《香畬先生诗集》8卷，清李方谷撰

李方谷（1751～1810），字香畬，成都人。乾隆三十九年（1774）举人，主讲草堂、金华诸书院，旋官名山教谕。乾隆五十六年（1791）从戎幕府，随征廓尔喀。嘉庆二年（1797）选授湖南临武知县，后调绥宁，升永绥同知。著有《香畬先生诗集》8卷。《国朝耆献类征初编》卷二四七有传。

《香畬先生诗集》，凡8卷，收自乾隆三十二年（1767）迄嘉庆十年（1805）李方谷所作古今体诗共603首，不分体，依年编次，内容以西征军事为多。卷前有安化陶澍序，又有陶必铨、邓枝麟、陈遥及陶澍题词，卷末有广安淡春台跋。今传有清道光八年（1828）刻本，藏于中国科学院图书馆。（李冬梅）

9. 《师竹斋诗集》14卷①，清李鼎元撰

李鼎元（1751～1814），字味堂，又字和叔，号墨庄，绵州罗江（今四川罗江）人。李调元堂弟。幼颖异，好读书。乾隆四十三年（1778）举进士，选翰林院庶吉士。散馆，授检讨，改内阁中书。嘉庆四年（1799）奉命充册封琉球副使。回朝升宗人府主事，改兵部主事。后访友人于邗江，病卒，年64岁。著有《使琉球记》《师竹斋诗集》等。《清史列传》卷七二、《国朝耆献类征初编》卷一四七有传。

---

① 清嘉庆《四川通志》卷一八七载，李鼎元著有《师竹斋诗集》42卷、《师竹斋文集》16卷。今文集未见传本，42卷本诗集亦未见。

是集又名《师竹斋集》，凡14卷，为鼎元生前手订自刻，收诗1200余首，依写作年岁编排，有法式善、王昶、冯培序。

鼎元为调元堂弟，骥元胞兄，三人均有诗名，世称"绵州三李"。鼎元之诗沉挚警拔，善纪风俗杂事。如集中咏琉球草木诗24首，皆述耳目所见，显露雄健豪迈才气。《京都岁时诗》30首，记北京风俗崇尚，纯乎史家气质。故孙桐生《国朝全蜀诗钞》评曰："先生才笔谨严，风骨高俊，在群季中尤称白眉。久滞冷官，无所阿附，自甘穷约，尤为人所难能。奉使诸作，才气雄健豪迈，前无古人，即雨村诗老，亦当退舍，诚卓然为西蜀一大宗也。"徐世昌《晚晴簃诗汇》亦赞云："诗无所不仿，而于杜苏为近。尝奉使册至琉球，纪其山川人物，蹊径一变，壮丽诙诡，尤擅胜场。"所论诚然。

是集今有清嘉庆四年（1799）罗江李氏北京刻本、嘉庆七年（1802）刻本、道光二十五年（1845）刻本、江户抄本等。（李冬梅）

10．《李中允诗集》6卷，清李骥元撰

李骥元（1755～1799），字称其，号凫塘，又号云栈，鼎元胞弟，绵州罗江（今四川罗江）人。少敏悟，嗜书若迷。未冠，已有文名。乾隆四十九年（1784）进士及第，选翰林院庶吉士，散馆，授编修。乾隆六十年（1795），充山东副考官。未几，超升左春坊左中允，常被帝顾问，特旨入上书房行走。嘉庆四年（1799）病卒，年仅45岁。著有《李中允诗集》6卷。《清史列传》卷七二、《国朝耆献类征初编》卷一三二《补录》有传。

骥元既承家学，又师事彭端淑，以诗名于世。骥元作文简古，学韩、柳；尤工于诗，立意学大苏，有奇逸气。孙桐生《国朝全蜀诗钞》评价云："能自铸伟辞，未经人道，与墨庄可称'二难'。"徐世昌《晚晴簃诗汇》亦赞颂云："法梧门（式善）称凫塘苦吟，每构思摒弃一切，有薛道衡、陈后山（师道）之风，然其诗并无艰深语。五律最擅胜场。"

嘉庆《罗江县志》卷三〇、同治《直隶绵州志》卷五〇、民国《绵阳县志》卷九均载骥元有《凫塘诗集》24卷①，然今未见传本，盖已散佚。《李中允诗集》凡6卷，辑刻者不详，初刊于嘉庆十七年（1812），道光二十五年（1845）龙万育又有校刻本，卷首有法式善、杨芳灿、龙万育《序》，此二本今俱存。（李冬梅）

---

① 清嘉庆《四川通志》卷一八七作12卷，清嘉庆《直隶绵州志》卷四九未著录卷数。

11. 《船山诗草》20卷，《补遗》6卷，清张问陶撰

张问陶（1764~1814），字仲冶，号船山，又号老船、柳门、蜀山老猿，遂宁（今四川遂宁）人。幼有异禀，读书过目成诵。乾隆五十五年（1790）进士，选庶吉士。五十八年（1793），散馆，授检讨。后又历官江南道监察御史、会试同考官、吏部验封司郎中、莱州知府等职。嘉庆十九年（1814）卒于苏州寓所，年仅51岁。著有《船山诗草》20卷行世。《清史稿》卷四八五、《清史列传》卷七二等有传。

《船山诗草》，初系嘉庆十三年（1808）张问陶45岁时自编诗集。收其自15岁乾隆戊戌年（1778）始，至40岁嘉庆癸亥年（1803）止，共26年所作诗作，凡有诗3552首，删存1746首，分为15卷。问世后，传播宇内，"才隽之士，多则效之。……朝鲜使人求其诗，至比之鸡林纸价"。逝世次年，即嘉庆二十年（1815），挚友石韫玉于吴中又为之重新整理刊印《船山诗草》，所谓"茂陵遗稿叹丛残，手为删存次第刊"①。将其与司马相如相提并论。共得张问陶诗4000余首，选其2000余首辑成20卷，收录乾隆四十三年（1778）至嘉庆十八年（1813）之诗，分为《乐府十四章》《戊丁集》《戊巳集》《出山小草》《松筠集》《乞假还山集》《扁舟集》《羸车集》《京朝集》《奇零集》《乙庚集》《辛癸集》《依竹堂集》《出守东莱集》《药庵退守集》。其编次，除卷一的《乐府十四章》为嘉庆元年（1796）张问陶33岁时所作外，其余各卷皆按写作年代先后排列。卷二至卷一六，据张问陶嘉庆戊辰（1808）《自叙》，是其自15岁至40岁26年间的作品，卷一七至卷二〇是其40岁以后的作品，亦即石韫玉"手为删存"者。又卷首附遂宁灵泉寺僧道嵘乾隆壬子（1792）《船山诗草序》及张问陶嘉庆戊辰（1808）《自叙》，卷末附石韫玉嘉庆乙亥（1815）《刻船山诗草成书后》。其后，乡人陈葆森从张立轩处得其未刻遗稿，编为《船山诗草补遗》6卷，刊于道光二十九年（1849），且有顾翰《船山诗草补遗序》及陈葆森《船山诗草跋》。至是，张问陶所存诗作大略网罗殆尽。后之刊本，亦多本之石韫玉20卷本及陈葆森《补遗》本。

《诗草》及《补遗》凡录张问陶诗3000余首，数量之多，堪称全蜀之冠。故《清史稿》本传称："国朝二百年来，蜀中诗人以张问陶为最。"戴纶喆《四川儒林文苑传》亦赞张问陶"固李太白、苏东坡、虞伯生、杨升庵之后一人也，诚

---

① （清）石韫玉：《刻〈船山诗草〉题诗于后》，《张问陶资料汇编》，中华书局2016年版。

蜀中一大家矣"。可见其在蜀中文坛之地位。其诗内容丰富,题材广泛,如记游、酬赠、即事咏怀、咏物寄意、题画诗、怀古、怀人等,无不涉猎。其在诗歌创作艺术上,主要表现自我与性灵,故被推为性灵诗派的后起之秀与中坚力量。顾翰《船山诗草补遗序》评其诗云:"有以先生《宝鸡道中题壁》诗抄示者,余始骇然以惊。见其跋涉关河,崎岖戎马,欲歌欲泣,情见乎辞,以为太白、少陵复出也。……其诗空灵缥缈,感慨跌宕,脱尽古人窠臼,自成一家,如万斛泉源,随地涌出,洵乎天才亮特,非学力所能到也。"张维屏《听松庐诗话》亦谓其诗:"极空灵,亦极沉郁。能刻入,亦能清超。大含名理,细阐物情,或论古激昂,或言情婉曲,或声大如洪钟,或味爽如茋韭,几欲于从前诸名家外又辟一境。"可见,重视性情与性灵,乃张问陶诗歌一大特色也。

是集今有嘉庆十三年(1808)山西河东道署刻本、嘉庆二十年(1815)石韫玉刻本、嘉庆二十年刻道光五年(1825)补刻本、《续修四库全书》本等。又中华书局1986年有排印本《船山诗草》,收船山自订、石韫玉整理的诗集20卷,又收入《补遗》6卷,凡存诗2900多首,收诗最备,惜无笺注,颇为遗憾。而关于《船山诗草》的笺注,则有同治间蜀人李岑注、江海清增注的《船山诗注》20卷(今存同治九年席珍山馆刻本)以及今人赵云中的《张问陶诗选注》(四川文艺出版社1985年版)、周宇澂选注的《船山诗选》(书目文献出版社1986年版)、成镜深等注的《船山诗草全注》(巴蜀书社2009年版),可参考。(李冬梅)

12.《槐轩杂著》4卷,清刘沅撰

刘沅生平,见《十三经恒解》。

《槐轩杂著》实为刘沅文集,其《自叙》云:"愚暗陋虚名,读书实无一得,惟讲学多年,间有会悟,与门人言之,渠等遂集而灾梨,名曰《杂著》。"书凡四卷,卷一有《易》《书》《诗》《春秋》《仪礼》《四书》等序,及《道统理学论》《天德王道论》等文共37篇;卷二有《四川说》《四川考》《成都石犀考》《双流圣灯山记》《三节妇传》等文共37篇;卷三有《唐炳灵镌刻图章序》《与徐十樵书》《何公文轩墓志铭》等文共56篇;卷四为《书节妇刘贞如事》《募修簇锦桥叙》《汉昭烈庙从祀功臣记》《文昌关夫子考辨》《明良志略序》等文共38篇。这些零散文章汇为一书,看似芜杂,实与《槐轩全书》中的某些著作似"姊妹篇"。如《槐轩全书》中《诗经恒解》四卷、《史存》三十六卷等,这些著作的序文都可在《槐轩杂著》中找到,可互相参校阅读。另一方面,透过《槐轩杂著》中其他文章,亦可见出刘沅"大学之道,在明明德,在亲民,在止于至善"的人生追求。

需要特别指出的是,中国传统文人将学问分为"道"与"术"两级,"道"高而"术"低,机械制造向来被认为"雕虫小技","有机事者必有机心,机心存于中则纯白不全,神生不定,道之所不载也"。刘沅却不这么认为。在其《筒车》一文中,明确指出了"异哉庄生之言道也",并提出了自己关于"道"的理解,即"夫道以利于人者为大",认为"德慧术智,经国家,利人民,垂不朽"。进而从取材、形制、使用方法、使用效果等方面介绍了蜀西水利的重要发明创造——筒车,对其"虽数里可通,吾乡农人恃此以无弃地"的重要作用赞赏有加。张舜徽在谈到此篇时,称其"足以补农书也"①。但笔者以为,《筒车》一篇的可贵之处不止于此。在刘沅之前,苏轼、陆游等也在诗中写到了与筒车一类的水利工具——水车,但苏诗着重在于描写农民抗旱保苗的情景,陆诗则重在描写自然山水风光。②苏、陆同我国古代大多数传统文人一样,对机械的原理并未多加重视,而刘沅此文的目的主要是通过对筒车的介绍,表达自己不同于世俗的对"道"的理解。因此,从现代观点来看,刘沅在"格物致知"上其实走得更远、更为彻底。在逐渐走向衰落的清代中期,结合刘沅在当时的地位与声望,他的这种思想无疑具有重要的启迪性质。

《槐轩杂著》中亦有一些不足之处,如张舜徽就指出,刘沅的部分文章,如《太公考辨》《关夫子考辨》《魁星考》《财神辨》《药王说》《七夕说》等篇,本为大好题材,皆是可以细加考核的,而"沅言之皆不能尽,且狃于神怪之说,转堕恶道矣"。又指出其自叙示子一篇,"本为自述生平之作,亦复假托身遇异人,有所指授,从得延年之方,此则邻于荒诞"③。张氏所言极是。

是书收入《槐轩全书》,有清光绪致福楼重刊本、巴蜀书社2006年影印本。(李冬梅、邹艳)

13.《乐余静廉斋集》10卷,清顾复初撰

顾复初,生卒年不详,字幼耕,一作幼庚,又字乐余、子远,号道穆、

---

① 张舜徽:《清人文集别录》卷一一"槐轩杂著四卷"条。
② 苏轼《无锡道中赋水车》:"翻翻联联衔尾鸦,荦荦确确蜕骨蛇。分畴翠浪走云阵,刺水绿针插稻芽。洞庭五月欲飞沙,鼍鸣窟中如打衙。天工不见老翁泣,唤取阿香推雷车。"陆游《题柴言山水》:"阴阴山木合,幽处著柴荆。喧中有静意,水车终日鸣。"
③ 张舜徽:《清人文集别录》卷一一"槐轩杂著四卷"条。

听雷居士，别号罗曼山人，晚号潜叟，亦作静廉居，江苏元和（今江苏苏州）人。学士顾元熙之子，拔贡生，尝官光禄寺卿。咸丰末以州判仕蜀，入完颜崇实幕。同治间改官光禄寺署正，历为吴棠、丁宝桢、刘秉璋幕僚。通辞章、擅楹对、工书画，光绪中被推为蜀中第一书家，著有《乐余静廉斋集》等。

顾复初工诗善文，所撰楹联尤佳。如成都杜甫草堂、望江楼等均有他所撰的对联，草堂联"异代不同时，问如此江山，龙蜷虎卧几诗客？先生亦流寓，有长留天地，月白风清一草堂"；望江联"引袖拂寒星，古意苍茫，看四壁云山，青来剑外。停琴伫凉月，予怀浩渺，送一篙春水，绿到江南"，皆传诵于世。所著《乐余静廉斋集》凡10卷，含《文稿》1卷、《诗稿初集》1卷、《二集》1卷、《三集》2卷、《续集》1卷①、《影梅庵词》4卷，有同治六年（1867）成都刻本传世，今国家图书馆、四川省图书馆等有藏。另其文稿、诗稿亦有单行刻本，如同治六年成都刻本《乐余静廉斋文稿》1卷、光绪二年（1876）刻本《乐余静廉斋诗稿》2卷等。（李冬梅）

14.《成都顾先生诗集》10卷，清顾印愚撰

顾印愚，字印伯，又字蔗孙，号所持，又号塞向宧、塞向翁，别署双玉堪，斋名楚雨堂，华阳（今属成都双流）人。早年就读于尊经书院，学业特优，与绵竹杨锐并称"杨顾"。光绪五年（1879）中举人，官湖北汉阳知县，调任武昌知县，迁武昌府通判。二十四年（1898），慈禧太后发动戊戌政变，杨锐遇害，顾则拙于仕宦，久客张之洞幕府，常以诗酒自娱。辛亥后返川，奉母隐居，年58病卒于家。能诗文，喜集名家诗句为楹贴。善书法，饶有晋唐风范。画多小品，精雅过人，又能篆刻。为清末民初著名诗人、书画家。生平著有《成都顾先生诗集》《顾印伯先生遗墨》《安酒意斋尺牍》等。

顾印愚工诗，风格多类宋人语。然其性简默不愿表襮，所作不轻示人，故在武昌幕府十数年，同辈罕有知其诗者。卒后，及门弟子宁乡程康穷二十年之力裒集遗篇，编成《成都顾先生诗集》并《补遗》，于是"世乃知顾氏于书法之外，诗笔冠绝当时。其句律之精严，隶事之雅切，一时名辈无以易之。顾氏胸次高简，绝类晋人，尝自署所居曰双玉堪。双玉者，玉溪（李商隐）、玉局（苏轼）也。平生宗尚，略可想见"②。

---

① 清光绪二年（1876）刻本、清同治六年（1867）至清光绪四年（1878）刻本内《续集》为2卷。
② 汪辟疆：《近代诗派与地域》，《汪辟疆说近代诗》，上海古籍出版社2001年版。

《成都顾先生诗集》，凡10卷，又附《补遗》1卷，民国21年（1932）由程康在上海铅印。此本今存，国家图书馆、南京图书馆等有藏，白纸二册，天头红印校记，版心题"顾庐编校本"，陈宝琛题写书名，陈三立、程颂万序，程康题记。其中陈三立谓其诗"约旨敛气，洗汰常语，一归于新隽密栗"，顾氏之诗可谓如其为人，严谨简默，不事张扬。

除《成都顾先生诗集》外，印愚诗集尚有《安酒意斋诗草》不分卷，民国初年顾氏自钞稿本，凡五册，有罗持英、周癸叔、林思进朱墨笔校读，今四川省图书馆有藏。（李冬梅）

15．《杨叔峤诗集》2卷，《杨叔峤文集》1卷，清杨锐撰

杨锐（1857～1898），字叔峤，又字钝叔，绵竹人。少有大志，常以天下兴亡为己任，渴望为国出力。光绪元年（1875）入尊经书院，成就优异，列"尊经五少年"之首。十一年（1885），考中顺天举人，后入张之洞幕府，达十余年。十五年（1889），考取内阁中书，获章京记名，协编《大清会典》，书成后晋升内阁侍读。二十一年（1895），参与发起强学会，继创蜀学会，并办蜀学堂，又加入保国会。二十四年（1898），因湖南巡抚陈宝箴荐，与谭嗣同、刘光第、林旭同加四品卿衔，为军机章京，参与新政。戊戌政变时被捕遇害，为"戊戌六君子"之一。杨锐能诗文，著有《杨叔峤文集》1卷、《杨叔峤诗集》2卷。《清史稿》卷四六四有传。

杨锐一生勤于著述，曾著有《隋史补注》若干卷、《北征日记》1卷、《政学笔记》1卷，又辑注过《晋书》等。但因他属于"康党"，所遗文稿大多已被销毁，存世者无一部全书，只有若干诗文。其诗，初编为《说经堂诗草》1卷，今存，有清光绪宣统间刻本，后张元济辑入《戊戌六君子遗集》，民国6年（1917）由商务印书馆铅印。杨锐卒后，门人黄尚毅多方搜集，又编成《杨叔峤文集》1卷、《杨叔峤诗集》2卷，民国3年（1914），收入沈宗元编辑的《刘杨合刊》中，此本由成都昌福公司刊刻，后《续修四库全书》又据此影印。

《杨叔峤诗集》上下2卷，共收杨锐之诗250余首。其诗或借古喻今，如《前蜀杂事》；或感时论世，如《杂兴八首》；或借景抒情，如《红叶》《腊月十五夜月》等，大都贯串着忧国忧民的情怀。

除诗歌外，杨锐又善于作文，其文语言典丽，句式工整，现存《杨叔峤文集》1卷，凡收文29篇，主要有《致汪康年书》《与弟省严书》《拟关外大军收复伊犁贺表》《湖广总督南皮张公》《剑阁赋》《浣花草堂赋》《贾谊论》《拟

王子安益州夫子庙碑》《蜀问》等。其形式多为奏折、贺表、寿序、赋、论等，内容或是对国事安危的关切，或是对变法维新运动的支持，或是对故土的热恋，多气势雄浑、慷慨悲歌之作。而其中有关蜀事者如《剑阁赋》《浣花草堂赋》《拟王子安益州夫子庙碑》《蜀问》等，更是表现了他思乡怀土之情。

《杨叔峤诗集》《杨叔峤文集》，今存《刘杨合刊》本、《续修四库全书》影印本。（李冬梅）

16.《介白堂诗文集》4卷，清刘光第撰

刘光第（1859~1898），字裴村，富顺（今四川富顺）人。光绪九年（1883）进士，授刑部主事。二十年（1894），因居丧辞归，教授乡里，提倡实学。二十四年（1898），入康有为保国会，力倡维新变法。后以湖南巡抚陈宝箴疏荐，与谭嗣同等同授四品卿衔，为军机章京，参与新政。戊戌变法失败，与谭等同时遇害，为"戊戌六君子"之一。《清史稿》卷四六四有传。

刘光第博学多才，能诗文，善书法，著有《衷圣斋文集》2卷、《衷圣斋诗集》2卷①，卒后学人合之为《介白堂诗文集》②4卷。光第《诗文集》中所收诗多为五、七言，以吟咏自然风光和感慨时事者为多，沉郁顿挫，笔力雅健，艺术性与思想性兼具，常有愤激之音，胡先骕曾评价云："戊戌六君子皆号称能诗，……予独以为刘裴村之《介白堂诗》，不但为六家之冠，近世亦鲜有能过之者。"③狄保贤《平等阁诗话》亦云："其诗多奇气，亦恒有缒幽凿险之作，然静穆之致，终流露于行间。……清深健丽，直与明七子抗行。"其文学韩愈，敬司马迁，主张文贵真挚，尚质朴，笔锋犀利，说理透辟，常以质朴锐利之言，述其匡时之志。

是集今传有光绪三十年（1904）俪峰书屋刻本及光绪间宜宾刘氏黎光阁传抄本。民国3年（1914），沈宗元编辑《刘杨合刊》，其中收刘光第《衷圣斋文集》2卷、《诗集》2卷，包括文54篇、诗近260首，此本由成都昌福公司刊刻，后《续修四库全书》又据此影印。

此外，刘光第《诗集》《文集》又有单行别本传世，如光绪二十九年（1903）刊《诗集》2卷，录诗245首，后张元济又辑入《戊戌六君子遗集》，

---

① 是集又名《衷圣斋集》。
② 是集又名《介白堂诗集》。
③ 胡先骕：《评刘裴村介白堂诗集》，《清诗纪事》，江苏古籍出版社1989年版。

民国6年（1917）由商务印书馆铅印。《文集》2卷，亦有光绪二十年（1894）俪峰书屋刻本。至1986年，中华书局又出版排印本《刘光第集》，收文55篇、函63件、诗678首，为迄今最完整的刘光第集子。（李冬梅）

17.《清漪楼遗稿》2卷，清骆成骧撰

骆成骧（1865～1926），字公骕，资中（今四川资中）人。少时就读于成都锦江书院、尊经书院，成绩优异，为书院主讲王闿运所器重。光绪二十一年（1895），光绪帝钦点为状元，授翰林院修撰，掌修国史，是清代四川唯一的状元。二十四年（1898）春，与杨锐等同乡京员在北京创设"蜀学堂"，讲习新学。夏，任京师大学堂提调，支持维新变法。三十二年（1906）赴日本研习法政，三十四年（1908）回国，主持桂林法政学堂。宣统二、三年（1910～1911）任山西提学使。辛亥革命后，于1912年返川，历任四川省临时议会议长，国史馆纂修，四川高等学校、国学专门学校校长。1922年为筹办四川大学奔走，建议在四川高等学校的基础上改立四川大学，发动社会名流、各校校长、地方官绅等联名上书四川省长公署，要求"主持地方筹款""速建大学"，同时任教于四川法政学堂、成都高等师范学校。1923年，继廖平后执掌四川国学专门学校，筹办成都大学，力荐张澜任校长。1926年病逝于成都。一生不求高官厚禄，清廉自守，有"穷状元"之称。生平著述颇丰，有《左传五十凡例》《仪礼丧服会通浅释》《国文中坚集》《国文初法集》《清漪楼遗稿》等。

骆成骧才华横溢，一生喜好写作，著述等身，留下了大量诗、词、文作品。《清漪楼遗稿》即为骆成骧诗文合集，系其卒后由长子骆凤麟搜集编纂而成，并于民国37年（1948）排印。书前骆凤麟《述略》言其编纂经过云："《清漪遗稿》，生前随手散置，未及整理，中有甚要文献，竟遍觅不得，虽就管窥，勉力印出，其散佚在外，当非少数，倘有抄录惠寄，是所祷祀以求。"又书后附"正误表"记云："遗稿半数随手散书，或题目不具，其中重见歧出，错杂互见，不辩孰为初稿、后稿也。虽就一时意见选定，付印后又每觉未当，只有俟异日另作校异与补遗同印，特此预白。"

此本分上下卷，为2册，其中《清漪楼诗存》4卷，依年排序，收甲申（1884）至丙寅年（1926）诗470余首，《杂著》1卷，亦依年排序，收壬午（1882）至甲子年（1924）文31篇。卷首又有骆凤麟撰《述略》，叙述其父成骧生平事迹及诗文成就和特色。凤麟云："每读清漪遗著，于刚健挺拔中见游刃自如之概，盘纡顿折内含抽丝无断之情。如切玉昆刀，逢坚愈锐，如出山泉水，遇险生奇，又如鹏负青天，横九霄而四眄，鹤临华表，总千古而一窥。杂以冰雪风霜之凄厉，莺花烟景之迷离，琴瑟箫鼓之谐畅，崩山沸海之栗危。至其感切死生，任地老天荒而无悔，忧深寰宇，犯龙鳞虎尾而不疑。故以秦镜照心，温犀烛怪，便有霸迹之畏，呈形之愧，彼青蝇阵结，毒蜮沙吹，所不计也。"作为子嗣，凤嶙所评或许有溢美之词，但成骧之诗文自具特色，于此足见一斑也。

《清漪楼遗稿》今存民国37年（1948）铅字排印本，四川大学图书馆、复旦大学图书馆等有藏。又今人官长驰、官国雄有《骆状元诗文注》（中国文联出版社2004年版）。此书乃骆成骧诗文结集近60年来的第一个注释本，书中除将骆成骧诗文校正文字、标点注释外，并附录佚文6篇、《资中县志》所载骆成骧传略、骆凤嶙所作《述略》及注者所撰《骆成骧年谱》。考释恰当，资料丰富，乃研究骆成骧其人其诗其文必不可少的资料。（李冬梅）

18. 《哀怨集》1卷（附《城南词》1卷），清宋育仁撰

宋育仁有《孝经正义》，前已著录。

《哀怨集》是宋育仁的一部诗集，"哀怨"取自《毛诗序》中《关雎》"哀窈窕，思贤才"和《史记·屈原贾生列传》中"《小雅》怨诽而不乱"二语。诗集收录宋氏甲午（1894）、庚子（1900）两年的诗作，秦嵩年《哀怨集序》曰："盖吾国世变至甲午而巨，至庚子而极，丁斯会者，莫不俯仰嗟叹。凡夫忠臣烈士之所愤，骚人墨客之所悲，亦与世变而俱深，境所怅触使然也。"此正所谓"国家不幸诗家幸，赋到沧桑句便工"。诗集中寄托着作者家国兴亡的伤感，以及对清廷腐败无能的悲愤。如《甲午感事》之五："诏书迟不报，命下乃蹉跎。不卹军需急，宁输岁币多？"描写甲午战争中，朝廷大臣渎职拖延，贻误战机，慈禧挪用海军军费修颐和园，导致战败赔款，数额巨大，远远超过修颐和园的银两。又如《归国遇黄公度赋赠四首》中"果见神州飞海水，可容留命待桑田"两句，用"沧海桑田"的典故，表达了对国家前途命运的忧虑。"丝竹能陶君且听，新亭对景莫沾衣"两句，用"新亭对泣"的典故，表达了国难当头之际，誓死不做亡国奴的英雄气概，与黄遵宪共勉。《哀怨集》中的代表作是《悼绣姬（并序）》《感旧诗三十四首》。《悼绣姬（并序）》是哀悼爱妾绣姬的一首长诗。绣姬曾随宋氏出使欧洲，生有一女，回国途中，"以娩后涉风涛，劳瘁得疾"，光绪二十七年（1901）三月病逝。

《感旧诗三十四首》则是自传体组诗，回顾了宋氏与近代史上许多重要人物的交谊，如王闿运、李鸿章、翁同龢、恭亲王奕䜣、潘祖荫等，每首诗皆附有详注，提供了一些晚清重要的史料，堪称一部"诗史"。秦嵩年评《哀怨集》"缠绵悱恻，兼有少陵、玉溪之长。集中如《感旧》诸作，酝深俊微，百讽不厌，多当代掌故"，可谓知音。

《城南词》是作于庚子之际的一本词集。除《清商怨（庚子避乱西山作）》《醉花阴（金陵作）》等少数几首外，全部为光绪二十六年（1900）八月前后，宋氏与王鹏运、朱孝臧（即朱祖谋）、刘福姚三人的游戏唱和之作。王、朱是清末常州词派的代表人物，刘是光绪十八年（1892）状元，四家词风格相近，意趣相投。

是集有清宣统二年（1910）羊鸣山房铅印本，又收入民国4年（1915）富顺考隽堂铅印《问琴阁丛书五种》。2016年国家图书馆出版社出版的《宋育仁文集》中所收此集，亦据此本影印。（李晓宇）

19. 《革命军》，清邹容撰

邹容（1885~1905），原名绍陶，又名桂文，字蔚丹，一作威丹，后改名为邹容，重庆巴县人。少时即心向维新变革的新思潮，常"非尧舜，薄周孔，无所避"。1902年自费赴日本留学，又大量接触西方资产阶级民主思想与文化，革命倾向日趋显露，并结识了一些革命志士，积极参加留日学生的爱国活动，为公认的革命分子。1903年，以"革命军中马前卒"写成《革命军》。后章太炎因"苏报案"被捕，邹容奋起投狱，与章太炎共患难。1905年卒于上海狱中，年仅20岁。1912年，孙中山追赠邹容为"陆军大将军"荣衔，崇祀宗烈祠。

《革命军》是清末第一部系统阐述革命理论的巨著，为邹容初撰于留学日本时，最后定稿于1903年回到上海后，并于同年5月由上海大同书局正式出版单行本。书前有邹容自序，序末署名为"革命军中马前卒邹容记"，又章太炎为之作序，章士钊为它题签。书约两万字，前后共七章，依次为"绪论""革命之原因""革命之教育""革命必剖清人种""革命必先去奴隶之根性""革命独立之大义""结论"。其中以"绪论""革命之原因""革命独立之大义"为全书重点。

邹容以西方资产阶级革命时期提出的"天赋人权""自由、平等、博爱"为指导思想，阐述了反对封建专制、进行资产阶级民主革命的必要性，指出了"革命"乃对上下古今、宗教、道德、政治、学术，以及日常事物存善去恶、存美去丑、存良善而除腐败的过程，故赞美曰："巍巍哉！革命也。皇皇哉！革命也。"他还从清王朝官制的腐败、刑审、官吏的贪酷，对知识分子、对农民、对海外华工、对商人、对士兵的政策及对外的一系列政策，揭露了清政府对国人的压迫和屠戮，分析了革命爆发的必然性。明确宣布革命独立之大义在于："永脱满洲之羁绊，尽复所失之权利，而介于地球强国之间"，"全我天赋平等自由之位置"，"保我独立之大权"，即推翻清封建专制王朝，建立"中华共和国"，并在这部书的结尾满怀激情地高呼"中华共和国万岁""中华共和国4万万同胞的自由万岁"。

《革命军》一书虽然有很多排满的偏激言论，但其根本目的在于"扫除数千年种种之专制政体，脱去数千年种种之奴隶性质"，建立起一个民主的人民共和国。它这一喊，可谓喊出了中华民族谋求革命独立的呼声。因此，此书是中国第一部系统地、旗帜鲜明地鼓吹资产阶级民主革命、宣传资产阶级共和国的不朽之作，被誉为中国近代的《人权宣言》，章炳麟称之为"义师先声"，章士钊主笔的《苏报》誉之为"国民教育之第一教科书"。孙中山亦说《革命军》"为排满最激烈之言论"，"华侨极为欢迎，其开导华侨风气，为力甚大"。吴玉章亦题诗赞曰："少年壮志扫胡尘，叱咤风云《革命军》。号角一声惊睡梦，英雄四起挽沉沦。"保皇党端方则说："此书逆乱，从古所无，竟敢谤及列祖列宗，且敢直书庙讳，劝动天下造反，皆非臣子所忍闻。"《革命军》在特定的时代，犹如振聋发聩的霹雳，读之令人热血沸腾，所以问世之后风行海内外，"不及一月，数千册销行殆尽"，之后又先后翻印二十余版，各地为之纸贵，销售量达110万册，为当时第一大畅销书。而当时不少青年正是受了这本书的鼓舞，走上了革命道路。因此，《革命军》可谓为两千多年的封建专制制度敲响了丧钟，为资产阶级民主革命吹响了号角，成为一篇名副其实的反帝、反封建的战斗檄文，它的巨大作用和影响，正如鲁迅在《杂忆》一文中所评价的："便是悲壮淋漓的诗文，也不过是纸片上的东西，于后来的武昌起义怕没有什么大关系。倘说影响，则别的千言万语，大概都抵不过浅近直截的'革命军马前卒邹容'所做的《革命军》。"

是书除1903年上海大同书局单行本外，又曾与章太炎的名著——《驳康有为论革命书》合在一起刊行，有《章邹合刊》本。后周永林辑录为《邹容文集》（重庆出版社1983年版），乃现今比较通行的排印本。（李冬梅）

附：诗文评

1. 《唐诗纪事》81卷，宋计有功辑

计有功，生卒年不详，字敏夫，自号灌园居士，邛州临邛（今四川邛崃）人。徽宗宣和三年（1121）进士。高宗绍兴五年（1135），以右承议郎知简州，复提举两浙西路常平茶盐公事。七年（1137），张浚遣奏事，加直秘阁，任都督府书写机宜文字。十六年（1146），张浚极论时事，触怒秦桧，被贬出，有功亦见黜。此后作过石泉军太守赵元的幕客，又曾任唐安县令。二十八年（1158）知眉州，三十年（1160）为利州转运判官，三十一年（1161）移知嘉州，孝宗时卒。著有《晋鉴》《唐诗纪事》等。《四川通志》有传。

《唐诗纪事》为以诗系事的唐代诗人及作品评论汇集，凡81卷。有功自叙其编纂旨趣云："唐人以诗名家，姓氏著于后世，殆不满百，其余仅有闻焉，一时名辈，灭没失传，盖不可胜数！"可见其目的在于保存有唐一代的诗歌文献。书中共录1150位唐代诗人，内容相当丰富。据其《唐诗纪事序》云，他闲居寻访，凡唐代"三百年间文集、杂说、传记、遗史、碑志、石刻，下至一联一句，传诵口耳，悉搜采缮录；间捧宦牒，周游四方，名山胜地，残碣遗墨，未尝弃去"，故"取自唐初首尾，编次姓氏可纪，近一千一百五十家"。其编纂方法，是凡唐代诗人，即有名必录。对每位诗人的作品，或录篇名，或存全璧，或纪本事，兼采品评。凡其人可考者，则撮述其世系爵里及生平经历，使"读其诗，知其人"。正如郑振铎《劫中得诗续记》所言："因诗存人，因人存诗，甚有功于诗与史，论述唐代之诗史者，自当以此书为不祧之祖。"编排顺序除帝王、后妃在前，僧侣、妇女、佚名、方外、仙道诸类在后外，其他诗人大体按时代先后排列；每位诗人之下先引其诗，并在诗后附入其他有关资料。

《唐诗纪事》广收博引，拾遗补缺，收集了很多唐代诗人的资料，很多不传于世的作家和作品幸赖此书保存下来，这对研究唐代诗人的生平及其作品都很有价值。明人胡震亨评论云："计氏此书，虽诗与事迹评论并载，似乎诗话之流，然所重在录诗，故当是编辑家一巨撰。收采之博，考据之详，有功于唐诗不细。"① 《四库全书总目》亦云："是集乃留心风雅，采摭繁富，于

---

① （明）胡震亨：《唐音癸签》卷三一，上海古籍出版社1981年版。

唐一代诗人，或录名篇，或纪本事，兼详其世系爵里，凡一千一百五十家，唐人诗集不传于世者，多赖是书以存。其某篇为某集所取者，如《极玄集》《主客图》之类，亦一一详注。今姚合之书犹存，张为之书独藉此编以见梗概，犹可考其孰为主，孰为客，孰为及门，孰为升堂，孰为入室，则其辑录之功亦不可没也。"[①]足见此书资料翔实，保存了大量唐代诗歌文献，乃校勘唐诗和整理、研究唐诗文献不可或缺的资料渊薮。不过其中也有一些编次失序、误收失考、荒诞不经者，但瑕不掩瑜。

此外，是书为诗之"纪事体"的首创之作，可谓开创了后世"纪事"体例著述的先河。继此而后，历代几乎皆有纪事之作，如厉鹗编《宋诗纪事》、陈衍编《金诗纪事》、陈田编《明诗纪事》、邓之诚编《清诗纪事》。而其他文体亦有借鉴者，如陈鸿墀编《全唐文纪事》、张宗橚编《词林纪事》、王文才编《元曲纪事》等。

是书南宋宁宗嘉定十七年（1224）由王禧初刊于怀安郡斋，其《序》云："庆元辛酉（1201），禧从大谏傅公游于凌云，邂逅灌园季子，……因得是书，立命数十吏传录，其间不能无鲁鱼亥豕之误，翻阅累年，手自雠校，十是正其七八，余则传疑，不敢妄加损也。……世之君子欲观唐三百年文章、人物、风俗之污隆邪正，则是书不为无助，乃锓之怀安郡斋，与世共之。"至明嘉靖二十四年（1545）及万历二十二年（1594），洪楩和张子立又先后据王禧原刻本分别翻刻，洪本即今流传的清平山堂本，后《四部丛刊》据此影印；张本今不多见，有残卷存世。崇祯五年（1632），毛晋又有翻刻，即今流传的汲古阁本。清时，《四库全书》又予收录。

今传版本主要有南宋嘉定十七年（1224）王禧刻本、明崇祯五年（1632）毛晋汲古阁刻本、《四库全书》本、《四部丛刊》本、1965年中华书局排印本、2008年上海古籍出版社排印本等。

今人王仲镛有《唐诗纪事校笺》（中华书局2007年版），系目前《唐诗纪事》唯一的校订全注本。此书在中华书局1965年新校本的基础上尽可能依据唐人选集以及现存唐人别集、写本等，遍校诸善本，并依据唐宋可信文献订正原书中的大量错误，讹者正之，缺者补之。如改正计氏"搜采不当、抉择不精、编织不善"的情况，纠正原书抄写过程中发生的错讹，对王禧本校雠不当或不

---

① （清）永瑢等：《四库全书总目》卷一九五《唐诗纪事》提要。

尽之处进行再校，解决毛本、罗本等各家校本所造成的新错误等。用力甚勤，发明颇多，亦最为精善，最便使用。（李冬梅）

2.《碧鸡漫志》5卷，宋王灼撰

王灼生平，见《糖霜谱》。

绍兴十五年（1145）冬至十九年（1149），王灼客居成都碧鸡坊妙胜院，常至友人家饮宴听歌，归则"缘是日歌曲，出所闻见，仍考历世习俗，追思平时论说，信笔以记"。积累既多，于十九年编次成书，题为《碧鸡漫志》，与其后张炎《词源》、沈义父《乐府指迷》，俱为宋代三部最重要的词话。

是书凡5卷，卷一论乐，自歌曲产生至唐宋词兴，述历代声歌的递变；卷二论词，历评唐末五代至南渡初的词，评论北宋词多达60余家。卷三至卷五，则专论词调。王灼以简练明快的文字勾勒了北宋词作的发展轮廓，对一些著名词人，如王安石、晏殊、欧阳修、晏几道、苏轼、秦观、黄庭坚、贺铸、柳永、周邦彦、张先、朱敦儒等人所做的评价当属深刻，不少观点为后世研究者所信奉。此书始终贯穿着价值判断，褒贬分明，如对苏轼、欧阳修、贺铸、晏几道、张先、秦观诸家，评价颇高，而于柳永、万俟咏、晁端礼等家则有所贬损，但其持论也不失公允。

是书搜罗丰富，见解精辟，有其独到之妙。其最具价值者在论词与论调。其论词重在"本一"而不当"分异"，认为诗词当"本之性情"，皆极有见地；其论调重在考释曲名，包括曲调本事、作者与撰制年代；其探究音律包括所属宫调以及音乐特点；其阐述流变包括曲调衍作词调的经过，如对《霓裳羽衣曲》《凉州》《伊州》《甘州》等20余调逐一考察其名称之由来，以及其流变过程。

是书今传版本有1卷本及5卷本，1卷本有明毛氏汲古阁本、《四库全书》本及《说郛》本、《学海类编》本、《古今说部丛书》本等；5卷本有《知不足斋丛书》本、《增补曲苑全集》本等。唐圭璋《词话丛编》据《知不足斋丛书》本收入，并作了标点。岳珍《碧鸡漫志校正》用《知不足斋》本作底本，参校版本14种，由巴蜀书社于2000年7月出版，为《碧鸡漫志》提供了准确可靠的版本。（潘斌）

第三节　总集与丛书文献举要

一、总集文献

1．《又玄集》3卷，唐韦庄编

韦庄有《韦庄集》，前已著录。

诗歌的发展到了唐代，出现了前所未有的繁荣，不仅"妇女奴仆，无不知诗，远及外域，亦喜吟咏"①，而且也迎来了另一个盛况，那就是唐人自选唐诗选本的大量出现和蓬勃发展。陈尚君《唐代文学丛考》尝云："见于历代著录的唐人选唐诗，约有近五十种之多，有姓名传世的唐代选家，也有三四十人之众。"②这些数目庞大的唐人选唐诗选本，每一选本在编选上都体现着编选者的编辑思想。如孙季良《正声集》以初唐诗为选择对象，提出了"兴寄"的概念；高仲武《中兴间气集》以"体状风雅，理致清新"为选取标准，反映出至德、大历时期诗坛的大致面貌；殷璠《河岳英灵集》选录开元、天宝时诗歌，倡导"文质半取，风骚两挟"，反映了盛唐诗歌的面貌；韦縠《才调集》选录温庭筠、韦庄、杜牧、李商隐等人诗，以"韵高而桂魄争光，词丽而春色斗美"为选取标准。姚合《极玄集》编于元和、长庆年间，其在《极玄集》自序中认为："此皆诗家射雕手也。合于众集中更选其极玄者，庶免后来之非。凡念一人，共百首。"韦庄《又玄集》则是承袭姚合《极玄集》而作，其云："昔姚合撰《极玄集》一卷，传于当代，已尽精微。今更采其玄者，勒成《又玄集》三卷。记方流而目眩，阅丽水而神疲。鱼兔虽存，筌蹄是弃。所以金盘饮露，唯采沆瀣之精；花界食珍，但享醍醐之味。非独资于短见，亦可贻于后昆。采实去华，俟诸来者。"③可见韦庄喜欢姚合清淡恬丽的文学旨趣，故名其所选诗集为《又玄集》，同时也表达了他自己的审美追求和文学情趣。

《又玄集》作为晚唐文人韦庄编选的一部唐诗选集，关于它的具体编选标准，光化三年（900）韦庄《又玄集序》云："谢玄晖文集盈编，止诵'澄江'之句；曹子建诗名冠古，惟吟'清夜'之篇。是知美稼千箱，两歧蓁少；繁弦

---

① （清）贺贻孙：《诗筏》，郭绍虞编：《清诗话续编》，上海古籍出版社1983年版。
② 陈尚君：《唐代文学丛考》，中国社会科学出版社1997年版。
③ （唐）韦庄：《又玄集序》，《韦庄集笺注》韦庄遗文，上海古籍出版社2002年安福笺注本。

九变，大濩殊稀。入华林而珠树非多，阅众籁而紫箫惟一。所以撷芳林下，拾翠岩边。沙之汰之，始辨辟寒之宝；载雕载琢，方成瑚琏之珍。故知颔下采珠，难求十斛；管中窥豹，但取一斑。自国朝大手名人，以至今之作者，或百篇之内，时记一章；或全集之中，微征数首。但掇其清词丽句，录在西斋。莫穷其巨派洪澜，任归东海。总其记得者，才子一百五十人；诵得者，名诗三百首。"是韦庄系以"清词丽句"作为选取对象，对唐诗进行整理和编排。所谓"清丽"，就是提倡文学形式与内容的纯净高洁、文学情韵的风雅秀美、文学欣赏的公正客观和闲情逸兴。

是书编成于光化三年（900），共选"才子一百五十人""名诗三百首"，①分为上、中、下三卷。其所选诗篇，涵盖广泛，流派纷呈，风格各异，诗人众多，从时间上看，唐代初、盛、中、晚四个时期，每个时期都有代表诗人的代表作品；从诗派上看，既有盛唐时的边塞、山水、田园诗派，又有中唐时的大历十才子、元白、韩孟诗派；从诗风上看，既有李白的飘逸豪放，又有杜甫的沉郁顿挫、元白的轻俗流利；从诗体上看，既有近体律绝，又有古体乐府、歌行杂言；从诗人身份上看，既有文学才士、达官显宦，又有贫寒士子、僧道女子。而且，其尤为突出的是，在众唐人选唐诗选本中，首次选取杜甫的诗歌并置于首位，且将方外与女诗人作品合置一卷放于卷末，这无疑体现了韦庄尊崇杜甫、重视女性的意识。故有学者评论此书"非独品藻清丽闲逸之文学，抑亦展示文学崇杜之情结；非独赏爱才人巨子灵心善感之佳制，抑亦推崇女性呕心沥血之绝唱；韦庄《又玄集》之选诗旨趣，在今存'唐人选唐诗'中实有不拘一格、卓立特出之韵响"②。诚然，《又玄集》作为现存唐人选唐诗中最早一本较为全面反映有唐一代诗歌创作全貌的唐诗选本，其中体现的韦庄的编选标准的确别具慧眼，其文学思想在晚唐实有独树一帜的意义。

《又玄集》编成之后，颇受时人钟爱，常有续拟之作，明胡应麟《诗薮·杂编》中即记载五代时刘吉有《续又玄集》10卷，陈康图有《拟又玄集》10卷。然至宋代，除《宋史·艺文志》著录有"韦庄《又玄集》三卷"外，其他公私书目都未见有《又玄集》的完整记录，只在诸如计有功《唐诗纪事》、吴曾《能改斋漫录》、刘克庄《后村诗话》等笔记中有零星记载。根据这些

---

① 今存《又玄集》，实选诗人142人、诗篇297首。
② 莫立民：《韦庄〈又玄集〉文学旨趣略论》，载《漳州师院学报》1999年第3期。

记载，夏承焘认为日本享和三年（1803）江户昌平坂学问所刊刻的"官板本即宋代通行本"①，龚祖培推论"《又玄集》在宋亡以前是有完整的足本传世的"②，傅璇琮进一步推断为"南宋时《又玄集》尚完整存世"③，可见元代以前《又玄集》当有足本传世。元代以后，书目则罕有记载，明清时虽有高棅《唐诗品汇》有所引用，王士禛《十种唐诗选》尝根据当时流传之本删纂而成《又玄集》1卷，但经学者考证，这与元代以前完整存世的真本在诗题与内容上完全相同者寥寥无几，应该是明清时流传于世的赝本，《四库全书总目》就说："韦庄《又玄集》原书已佚，今所传者乃赝本，冯氏《才调集》凡例言之。"④夏承焘在《又玄集·后记》中也曾说道："二十年前，予为端己年谱，以王渔洋《唐人万首绝句》凡例云：'曾删《英灵》《国秀》《极玄》《又玄》诸集'，疑其书清初尚存，而不知王氏所见实是赝本。"可见《又玄集》在元代以后就逐渐散佚并失传了。

不过幸运的是，《又玄集》虽在国内早已失传，但在日本却仍存有享和三年（1803）江户昌平坂学问所刊刻的官板本《又玄集》。20世纪50年代，日本京都大学清水茂听闻杭州大学夏承焘有意此书，便将日本《又玄集》的版刻收藏情况函以告之。后应夏先生之请，清水茂将此官板本影印成胶片相赠。随后古典文学出版社据以影印，上海古籍出版社之《唐人选唐诗（十种）》即据此影印本断句排印，并于卷末附夏先生为此所撰之《后记》。该《后记》叙述了今本《又玄集》失而复得的经过，也对其中存在的一些问题做了简要的说明和考证，弥足珍贵。

是书今传版本有享和三年（1803）江户昌平坂学问所刊刻的官板本、1958年上海古典文学出版社影印本、1958年上海古籍出版社《唐人选唐诗（十种）》排印本、1996年陕西人民教育出版社《唐人选唐诗新编》本等。（李冬梅）

2．《花间集》10卷，五代后蜀赵崇祚辑

赵崇祚，生卒年不详，字弘基，里贯不详。事后蜀孟昶，为卫尉少卿，编选有《花间集》10卷。

---

① 夏承焘：《又玄集·后记》，傅璇琮主编：《唐人选唐诗新编》，陕西人民出版社1996年版。
② 龚祖培：《〈又玄集〉考述——兼及辨伪与〈全唐诗〉补遗》，载《文史》第38辑。
③ 傅璇琮主编：《唐人选唐诗新编》。
④ （清）永瑢等：《四库全书总目》卷一九四《十种唐诗选》提要。

蜀中之地，古来素称富饶，秦汉倚之以得天下。及文翁化蜀，"蜀学之盛比于齐鲁"，成都渐为人文荟萃之所。东汉以后，天下三分，蜀虽疲惫而犹得其一。降及隋唐，巴蜀与江南同富庶，中央财政依仰之若天府陆海。唐末中原离乱，战火纷飞，藩镇割据，王建镇蜀，颇称安辑。后梁代唐，王建亦称帝于成都，建立蜀国，史称"前蜀"。中因继嗣之君王衍怠于政事，为后唐所灭。后唐西川节度使孟知祥据有三川之地，再次建立蜀国，史称"后蜀"。自公元907年至965年的60年间，中原经历了梁、唐、晋、汉、周五朝更迭，国无宁日，生民涂炭；而蜀中却相对稳定，呈现出社会安宁、文化发达之势。加之唐末大乱之际，世家、宦族投奔蜀土，蜀主多加录用，有的甚至被任为宰相；而文人雅士、歌儿舞女，也怀才抱艺，荟萃于兹。于是声歌曼渺，管弦丝竹，锦江画舫，武担游春，一派升平气象。世事缥缈，以乐以舞；激情洋溢，为诗为词，好事者遂搜集访求，编而成集，《花间集》于是成焉。

《花间集》是我国第一部词录总集，它汇录了中唐以来产生的这种新型文学形式（"词"）的经典作品。集中词作者主要有晚唐五代的温庭筠、皇甫松、和凝、孙光宪、韦庄、牛峤、毛文锡、牛希济、尹鹗、魏承班、李珣、顾夐、鹿虔扆、阎选、毛熙震、欧阳炯、薛昭蕴、张泌等18家。凡此诸家所作之"诗客曲子词五百首"，皆予精选录入，"分为十卷"[①]。

集前有欧阳炯序，署大蜀广政三年（940）夏四月，是《花间集》为此年编成。此集所收作品，率皆歌舞之场的感性之作，创作形式多以温庭筠为范式，内容大都写上层享乐生活、女性体态和闺情离思，词风以浓艳香软为多，间有效法韦庄清俊流丽者。宋人晁谦之评之曰："《花间集》十卷，皆唐末才士长短句，情真而调逸，思深而言婉。"[②]其为宋词"婉约体"之鼻祖，不可忽也。

花间词辞藻华丽，音律婉媚，情景交融，优美动人，为我国最早的一部文人词总集，它不仅保存了唐五代珍贵的词学文献，而且在词的体制、风格上亦为后代婉约词派提供了样板，故被词家奉为正宗，在词的发展史上，具有一定的枢纽地位。欧阳炯《花间集序》赞扬赵氏收集编纂之功曰："拾翠洲边，自得羽毛之异；织绡泉底，独殊机杼之功。"《四库全书总目》亦评论曰："诗

---

① （后蜀）欧阳炯：《花间集序》，《花间集》卷首，人民文学出版社1958年李一氓校本。
② （宋）晁谦之：《花间集跋》。

余体变自唐,而盛行于五代。自宋以后,体制益繁,选录益众。而溯源星宿,当以此集为最古。唐末名家词曲,俱赖以仅存。"①

《花间集》所选18家词中,除温庭筠、和凝二家外,其余16家或出仕于蜀,或即为蜀中人士,皆与巴蜀有关。可以说,以成都为中心的蜀地,是"花间词派"的大本营,作为唐五代巴蜀词之总汇《花间集》产生于成都,由此也可见巴蜀文学的高度发展。著名词学大家唐圭璋评论唐宋两代蜀词曾说:"宋人黄叔旸选《唐宋诸贤绝妙词选》,以李白为'百代词曲之祖'。可知词之最初伟大创作家,即为蜀人。而《花间集》共选十八人,五百首词;编者为蜀人,作者亦多为蜀人,更可知唐、五代时西蜀词风之盛。论词以宋为极盛,然蜀人实导其先路。且宋代蜀人之为词者亦众。风流相扇,由来已久。"②在词学这个新兴的文学创作领域,由蜀人管领风骚,似乎是不争的事实。

关于《花间集》的刊刻,据诸家书目著录及现存资料记载,最早的刻本是所谓的"建康旧有本",然此本并未流传下来,现今流传下来的最早宋本是晁谦之用"建康旧有本"为底本校刻的南宋绍兴十八年(1148)建康刻本。此外,南宋还有两个刊本,一是淳熙间用鄂州公文纸背印刷的淳熙鄂州本(此本今存),一是陆游两跋本(此本已佚)。这三个宋本构成了《花间集》的三个版刻系统,后世《花间集》版本几乎都是由此演化而来。其中值得一提的是,明万历八年(1580)茅一祯刻本和万历三十年(1602)玄贤斋刻本。前者后附有《花间集补》,补选了李白等14人的71首词;后者将10卷割裂为12卷,又将欧阳炯序中"分为十卷"改为"分为十二卷",并附《补遗》2卷。

今传版本主要有:南宋绍兴十八年(1148)晁谦之跋本,有明正德辛巳(1521)陆元大覆刻本、清代徐氏丛书翻刻本、近代双照楼宋金元词影印本、1955年文学古籍刊行社影印本。南宋淳熙间鄂州本,有四印斋影刻本、《四部备要》本。此外,明汲古阁毛晋还刊有陆游跋的南宋开禧本,《四库全书》所收即为此本。明万历玄贤斋巾箱本,《四部丛刊》本据此影印,等等。

是书的整理本,则有华连圃《花间集注》(上海商务印书馆1934年版)、李一氓《花间集校》(人民文学出版社1958年版)、李冰若《花间集评注》(河北教育出版社1999年版),三本或汇录前人书中有关词人的本事及对每首

---

① (清)永瑢等:《四库全书总目》卷一九九《花间集》提要。
② 唐圭璋:《唐宋两代蜀词》,《词学研究论文集》,上海古籍出版社1988年版。

词的评语，或就本词中的字句加以注解，或用各种版本互相校订，对于《花间集》的研究都具有一定的参考价值。（李冬梅）

3. 《才调集》10卷，五代后蜀韦縠辑

韦縠，其生卒年、字号、里贯皆未详。少有文藻，相传其于梦中得软罗缅巾，由是才思益进。曾在后蜀任监察御史，迁尚书。尝辑唐人诗为《才调集》，盛行于当世。《十国春秋》卷五六有传。

是集又名《唐名贤才调诗集》《名贤才调集》，系韦縠所辑唐人诗之选集。每卷录诗100首，凡10卷，共1000首，作者180人，包括唐代各个时期，自初唐沈佺期至唐末五代的罗隐等，广涉僧人、妇女及无名氏。然全书编撰体例不严，选录诗人作品不按年代先后编排，随手成编，没有伦次。卷首有韦縠《自序》，述其编纂旨趣及体例曰："暇日因阅李杜集、元白诗，其间大海混茫，风流挺特，遂采摭奥妙，并诸贤达章句，不可备录，各有编次，或闲窗展卷，或月榭行吟，韵高而桂魄争光，词丽而春色斗美，但贵自乐所好，岂敢垂诸后昆。今纂诸家歌诗共一千首，每一百首成卷，分之为十，目曰《才调集》。"

《才调集》选诗崇尚晚唐温庭筠、李商隐一派，题材偏重别情闺怨。所选各时期诗作，以晚唐为主，中唐次之，盛唐较少，初唐寥寥。所选诗人，盛唐突出李白，中唐推崇白居易、元稹，晚唐尤以温庭筠、韦庄、杜牧、李商隐四家诗最多，见出编者旨趣之所在。其所取作品虽以秾丽蕴藉的闺情诗为多，但题材亦广，尚有宦游、边塞、咏史、怀古、砭时及忧民之作。故明胡震亨评曰："其所宗者虽李青莲及元、白，而晚唐人诗十居其七八。"①《四库全书总目》亦评之曰："縠生于五代文敝之际，故所选取法晚唐，以秾丽宏敞为宗，救粗疏浅弱之习，未为无见。"②不过其中颇有舛误，然于诸家遗篇，此书则独存其旧，亦足资考证也。

是集有影宋写本、明毛晋汲古阁刊本、《唐人选唐诗八种》本、《四库全书》本、《四部丛刊》本、《唐人选唐诗十种》本等。又清人吴惠叔有《才调集笺注》（今存抄本）、冯舒冯班有《二冯评点才调集》10卷（今存《四库全书存目丛书》影内府藏本）、宋邦绥有《才调集补注》10卷〔今存清光绪二十年（1894）江苏书局刊本〕，亦可资参考。（李冬梅）

---

① （明）胡震亨：《唐音癸签》卷三一。
② （清）永瑢等：《四库全书总目》卷一八六《才调集》提要。

4. 《三苏文粹》70卷，宋苏洵、苏轼、苏辙撰，宋无名氏选编

三苏生平，分别见《嘉祐集》《苏氏易传》《诗集传》。

苏洵、苏轼、苏辙父子，嘉祐年间，携文章自蜀至京，隐然一时"以文章动天下"，兼之气节高尚，风骨可人，故北宋自嘉祐以后，为士为文者，皆以"三苏"为典要，于是编辑"三苏"范文以行天下者比比焉。《宋史·艺文志》载有《三苏言行》5卷、《三苏文集》100卷、《三苏文类》68卷、《三苏翰墨》1卷，皆是此类。《三苏文粹》也是三苏文章之选本，凡70卷，前后无序跋，选编者不详，亦不见于宋人公私书目。凡选苏洵文11卷68篇，苏轼文32卷279篇，苏辙文27卷312篇，所录皆议论之文，盖以备场屋策论之用。

是书又名《三苏先生文粹》，虽选编者不详，但据今传宋本来看，《文粹》在宋时曾经多次刊刻。其一，宋婺州吴宅桂堂刊本，傅增湘《藏园群书经眼录》卷一八记："《三苏先生文粹》七十卷，宋苏洵、苏轼、苏辙撰。宋婺州吴宅桂堂刊本，版高五寸四分，半面阔三寸九分，是巾箱本。每半叶十四行，每行二十六字，白口，四周双阑。版心下鱼尾下记字数及刊工姓名，……避宋讳至'慎'字止。字体俊整，镌工精湛。目后有牌子，文曰：婺州义乌青口吴宅桂堂刊行。首叶冠以《御制苏文忠文集叙赞》，……卷首钤有'忠孝'白文葫芦印，甚古。"

其二，南宋光宗前刊本，傅氏《经眼录》著录云："《三苏先生文粹》残本，宋苏洵、苏轼、苏辙撰，存老泉先生十一卷。宋刊本，十四行二十六字，白口，四周双阑，写刻精湛，与袁寒云藏《南丰文粹》殆同时所刊也。"

其三，北宋刊本，陆心源《皕宋楼藏书志》载道："《三苏先生文粹》七十卷，宋蜀大字本，季沧苇旧藏。……按：此北宋蜀中刊本，每叶二十四行，每行十八字，版心有字数及刊工姓名，语涉宋帝皆空格，'桓'字以下讳不缺避，盖北宋刊本也。"不过傅氏则认为"其字画方严峻整，恐仍是浙本"，并推断"盖宁宗时刊本也"①。

今台湾"中央"图书馆藏有宋绍兴饶州董氏集古堂刊残本3卷，则《三苏文粹》即或没有北宋刊本，那么最迟于南宋高宗绍兴年间就已编刊完成。至明，又有多次翻刻，今世存明刊本多种。

《三苏文粹》虽为选本，但篇章、字句亦可校补三苏文集本。《铁琴铜剑楼

---

① 傅增湘：《藏园群书经眼录》卷一八，中华书局2009年版。

藏书目录》卷二三著录宋刊本《三苏文粹》时,瞿氏尝云:"老泉文有《洪范》三论及后序、《辨奸论》,为《嘉祐集》不载。东坡文有《迩英进读》、评史、评文选等篇,为七集本不载,当取诸大全集本。颖滨文有诸论,为四集本不载者,皆取诸《古史》。文中字句,多与集本不同,亦互有得失,可资参校。"

是集今传版本有宋刊本、明嘉靖十年(1531)金鳌刊本、明刊本、《四库全书存目丛书补编》本等。(李冬梅)

5.《成都文类》50卷,宋袁说友辑

关于《成都文类》的编者,诸家著录或题袁说友,或题程遇孙等。《四库全书总目》辨之云:"案《成都文类》诸家著录皆称宋袁说友编,……是编前有说友序,盖其庆元五年(1199)为四川安抚使时所作。然卷首别有题名一页,称'迪功郎、监永康军崇德庙扈仲荣,迪功郎、新差充利州州学教授杨汝明,从事郎、广安军军学教授费士威,从事郎、前成都府学教授何惪固,文林郎、山南西道节度掌书记宋德之,文林郎、前利州东路安抚司干办公事赵震,宣教郎、新奏辟知绵州魏城县、主管劝农公事徐景望,奉议郎、新云安军使兼知夔州云安县、主管劝农公事、借绯程遇孙编集'。而不列说友之名,说友序中亦但云'爰属僚士,撷诸方策,裒诸碑志',而无自为裁定之语。然则此集之编,出说友之意,此集之成,则出八人之手。当时旧本题识本明,后人以序出说友,遂并此书而归之,非其实也。"①是此集乃庆元间袁说友为四川安抚使时,嘱其僚属扈仲荣、杨汝明、费士威、何惪固、宋德之、赵震、徐景望、程遇孙所辑,目曰《成都文类》,深有表章文献之功。袁说友为主持人,程遇孙等八人为实际编撰者,故题名或属袁,或属程等。

袁说友(1140~1204),字起岩,号东塘居士,本建安人,后流寓湖州。隆兴元年(1163)进士,历官建康溧阳主簿、秘书丞兼权左司郎官、侍左郎中兼右司郎官、户部侍郎、四川制置使兼知成都府、吏部尚书兼侍读、参知政事等,卒赠太师魏国公。著有《东塘集》20卷,《宋史翼》有传。

程遇孙,生卒年不详,字叔达,隆州仁寿(今四川仁寿)人。宋孝宗淳熙间进士,累官太常寺丞、潼川路转运判官兼提举学士。《仁寿县志》有传。

《成都文类》书成于庆元五年(1199),书前有庆元五年二月袁说友所作之《成都文类序》,自述其编纂体例道:"爰属僚士,撷诸方策,裒诸碑识,

---

① (清)永瑢等:《四库全书总目》卷一八七《成都文类》提要。

流传之所脍炙，友士之所见闻，大篇雄章，英词绮语，折法度，极炫耀，其以益而文者，悉登载而汇辑焉。断自汉以下，迄于淳熙，其文篇凡一千有奇，类为十一目，厘为五十卷。益之文兹备矣。"所录凡赋1卷、诗14卷、文35卷，共50卷。所收作品，上起西汉，下迄宋孝宗淳熙年间，凡1000余篇，分为11门，各以文体相从，每类之中，又各有子目，故曰"文类"。

《文类》编成之后，盖于庆元年间即已付梓，此可据宋尤袤《遂初堂书目》著录而知。不过宋刻早已佚亡，今存唯以明椠为最早，后为两淮盐政采进，收入于《四库全书》。《增订四库简明目录标注》卷一九谓："《四库》著录系曝书亭藏刊本。"朱彝尊《书成都文类后》称"予从海盐陈氏得刊本，重装而藏之"①。所谓"刊本"，当即明椠。

《成都文类》系现存继《花间集》后又一部巴蜀诗文总集，它对于其后巴蜀地区综合性总集的编选，无疑具有开启之功。而且它又整理和总结了宋以前巴蜀地区的诗文作品，这对于巴蜀乡邦文献保存和流传亦有重大贡献。不过较之杨慎所编《全蜀艺文志》，则多有遗漏，但正如《四库全书总目》所云："创始者难工，踵事者易密，固不能一例视之。且使先无此书，则逸篇遗什，复俊（按：四库馆臣误署《全蜀艺文志》为周复俊所编，故有此语）必有不能尽考者，其搜辑之功，亦何可尽没乎？"②

是书今传版本有明刻残本、清初抄本、《四库全书》本等。（李冬梅）

6．《全蜀艺文志》64卷，明杨慎编

杨慎生平，见《升庵经说》。

《全蜀艺文志》是一部"博采汉魏以降诗文之有关于蜀者"的地方艺文总集，原系明嘉靖《四川总志》的一部分。嘉靖二十年（1541），时巡抚刘大谟聘请王元正、杨名及杨慎参与修《四川总志》，其中王元正负责《人物》，杨名负责《建置山川》，杨慎负责《艺文》及《序》。后《艺文》部分单独印行，称《全蜀艺文志》，且将杨慎所作《四川总志序》改题为《全蜀艺文志序》，并附之于卷首。由于是时周复俊为按察司副使，例为主编，故《四库全书》本等又题《全蜀艺文志》为周复俊编者，然其实乃杨慎独纂也。

据杨慎嘉靖辛丑（二十年，1541）《序》云："辛丑之春，值捧戎檄，暂

---

① （清）朱彝尊：《书成都文类后》，《曝书亭全集》卷四四。
② （清）永瑢等：《四库全书总目》卷一八七《成都文类》提要。

过故都。大中丞东阜刘公,礼聘旧史氏玉垒王君舜卿、方洲杨君实卿,编录全志,而谬以艺文一局委之慎。……开局于静居寺宋、方二公祠,始事以八月乙卯日,竣事以九月甲申,自角匦轸,廿八日以毕。"是《全蜀艺文志》于嘉靖二十年撰成,耗时不到一月,可见杨慎记事之博,成事之敏。《序》又述其编撰凡例曰:"捡故簏,探行箧,参之近志,复采诸家。择其菁华,汰其繁重,拾其遗逸,翦彼稂稗。支郡列邑,各以乘上……唐宋以下,遗文坠翰,骈出横陈,实繁有眙,乃博选而约载之,为卷尚盈七十。中间凡名宦游士篇咏关于蜀者载之,若蜀人作仅一篇传者,非关于蜀亦得载焉,用程篁墩《新安文献志》例也。诸家全集,如杜与苏,盛行于世者,祇载百一,从吕成公《文鉴》例也。同时年近诸大老之作,皆不敢录,以避去取之嫌,循海虞吴敏德《文章辨体》例也。"

全书凡64卷,上溯秦汉,下逮宋元,将巴蜀作家、作品搜集起来加以考订,并作简明评介,实属开创之举。其中赋2卷,诗22卷,诗余1卷,诏策、赦文、敕1卷,表、疏、状1卷,书笺1卷,书1卷,序3卷,记10卷,檄、难、牒1卷,箴、铭、赞1卷,颂1卷,碑文3卷,杂著3卷,碑目1卷,谱6卷,碑跋1卷,尺牍1卷,行纪3卷,行纪题名1卷。共计收录650余人、1800余篇作品。诗文按文体编排,篇次以作者时代先后为序。《四库全书》本卷首又有嘉靖壬寅(二十一年,1542)周复俊《序》。

《全蜀艺文志》自嘉靖时依附《四川总志》刊行后,世间流传极少,民间则多有抄本。到了清嘉庆年间,是书又有单行重刊本。据嘉庆元年(1796)俞廷举《全蜀艺文志序》云:"丙辰夏,余偶来成都,朱遐唐以重刊升庵《全蜀艺文志》问序于余。余读之,卷帙浩繁,各体具备,不啻《昭明文选》。康对山(海)《武功志》以少胜,升庵此志以多胜,各极其妙,皆名元名志,纸贵洛阳者也,何今日卒不多觏!遐唐曰:此书湮没已久,今所得皆系抄本,搜罗校正,越三寒暑始蒇事。"是为朱遐唐(云焕)补刊本,其于乾隆五十九年(1794)始拟刊行,至嘉庆元年(1796)蒇事。

又嘉庆十二年(1807)谭言蔼《重校全蜀艺文志跋》云:"江陵朱遐塘先生,由乡举令永宁,坐诖误去官,当事延为潜溪书院山长者十余年。博学嗜古,老而不厌,购得钞本,亟为校梓。此志之成也,于净居寺宋方二公祠。今宋以墓迁,故建专祠,辟书院,而别祠赵清献、方正学二贤于讲堂右。自嘉靖辛丑(1541)迄嘉庆丁巳(1797),阅二百五十七年,而《艺文志》重刊于此,毋亦有数存邪？先生之殁今四年，子亦没，诸孙幼，板遂庋置。绵竹唐张友、犍为张汝杰两明经，金堂陈一津、达纪两文学，方将仿毕升活字法，大辑娜嬛宛委，为艺林启伟观。而以《艺文志》传布未广，惧没先生之苦心也，先取其板，再雠而印行之，蔼亦与焉。"其辛未（嘉庆十六年，1811）又《跋》云："此书丁卯七月所校，粗得崖略，未及刊正印行。……今秋君伟张君信来，告其尊人履堂州司马讣，兼索志文，其家玉田孝廉希埛执讯及此，遂令门人就当日简端所记，仓猝钞付来信，未备者多，祈博雅君子正之。"是嘉庆十二年《全蜀艺文志》再经谭言蔼校雠，然未及刊正印行，直至嘉庆十六年才刊行，是为谭言蔼重刊本。嘉庆二十二年（1817），又行重镌，今有传本流传。

光绪三十一年（1905），邹兰生以朱遐唐嘉庆刻本"鲁鱼亥豕，不可卒读"，又"广征群集，求正原书，始克校论精详，用成升庵先生完书"[①]。是为光绪邹兰生刊本。

此外，万历四十七年（1619）续修《四川总志》时，杜应芳、胡承诏在杨慎《全蜀艺文志》基础上又重新编辑了《补续全蜀艺文志》56卷，其中赋2卷、风谣1卷、诗15卷、文38卷。此编将巴蜀诗文收录时代延伸到了明，其编排体例一如《全蜀艺文志》，诗文按文体编排，篇次以作者时代先后为序，可谓是杨慎本的延伸和补充，亦扩大了巴蜀艺文收录的范围和时限。是书今传版本有明万历刻本，现已收入到《续修四库全书》中。

《全蜀艺文志》以保存巴蜀作家、作品，反映蜀中文化故实为宗旨，无疑为研究巴蜀文化提供了重要的文献依据。故《四库全书总目》述其编撰经过并评价云："宋庆元中，四川安抚使袁说友，属知云安县程遇孙等八人，裒《成都文类》五十卷，中间尚有所未备。嘉靖中，复俊官四川按察司副使，复博采汉魏以降诗文之有关于蜀者，汇为此书。包括网罗，极为赅洽。所载如宋罗泌《姓氏谱》、元费著《古器谱》诸书，多不传于今。又如李商隐《重阳亭铭》，为《文苑英华》所不录，其本集亦失载。徐炯、徐树谷笺注《义山文集》，即据此书以补入。如斯之类，皆足以资考核。诸篇之后，复俊间附案语。如汉初平五年（194）《周公礼殿记》载洪适《隶释》，并载史子坚《隶格》，详略异同，彼此互见，亦颇有所辨证。其中若曹丕《告益州文》与魏人《檄蜀文》，伪词虚煽，颠倒是非，于理可以不录。然此志搜罗故实，例主全

[①] （清）邹兰生：《全蜀艺文志序》，《升庵著述序跋》上卷。

收，非同编录总集，有所去取，善恶并载，亦未足为复俊病。惟篇末不著驳正之词，以申公义，是则义例之疏耳。"①馆臣又有云："《四川通志》在明代凡四修，惟《艺文》出杨慎手，最为雅赡。"②评价可谓中允。

《全蜀艺文志》今传版本有明嘉靖刻本、明万历刻本、《四库全书》本、嘉庆二十二年（1817）重刻本、清光绪安岳邹兰生雨余山房刻本、民国铅印本等。又刘琳、王晓波点校本，北京线装书局2003年出版，颇为完备。（李冬梅）

7.《蜀藻幽胜录》4卷，明傅振商辑

傅振商（1573～1640），字君雨，河南汝南人。明万历三十五年（1607）进士，选庶吉士，改巡察御史。天启中，历官右副都御史，巡抚南赣，南京兵部右侍郎。崇祯时官至南京兵部尚书，卒谥庄毅。著有《古论玄著》8卷、《缉玉录》5卷、《蜀藻幽胜录》4卷、《四家诗选》4卷等。

万历间，傅振商曾为御史，巡按关陇，辑其所历山川名胜艺文，以为《缉玉集》《秦蜀幽胜录》，自跋谓"留滞秦川，披录旧简，秦蜀幽文，几无賸采"云云，《蜀藻幽胜录》即其一焉。是书又名《蜀藻幽胜集》，凡4卷，前有傅振商《题蜀藻幽胜录》，自述其编选目的云："予披沙搜宝，止存菁华，汇备饱腹，虽摩诃池上，供十二小吏余沫，未睹其绪，然绣襐自足一披玩，有若听蜀国之弦、江灵之瑟者，蜀之奇藻幽逸之概大观具是矣。"全书专选描写蜀中山川名胜、农桑军政、历史文化、风土民情、碑铭石刻、逸人逸事、神话传说等名家文章，上自汉朝，下迄元代，共200余篇。以体裁编排，依次为赋、策、诏、敕、表、书笺、序、记、檄、难、铭、赞、颂、箴、碑、论、杂著、诔、哀辞、祭文、传、谱、跋、尺牍、行纪题名，篇题下署作者及朝代。其中蜀人的作品占多数，而宋代蜀人又占多数。

然是书虽以"披沙搜宝，止存菁华"，务使"蜀之奇藻幽逸之概大观具是"，但与其前杨慎之《全蜀艺文志》相较，无论从规模还是从体制上来说，都逊色得多。故四库馆臣对此书评价不高，称："蜀虽僻处一隅，而自汉、晋以来，文章为盛。宋庆元中有程遇孙等《成都文类》，明嘉靖中又有周复俊《全蜀艺文志》。搜罗赅备，业已巨细兼登，菁华毕萃。振商此集，采掇

---

① （清）永瑢等：《四库全书总目》卷一八九《全蜀艺文志》提要。
② （清）永瑢等：《四库全书总目》卷六八《四川通志》提要。

十一，分为二十五类，去取颇无条理，盖当时书帕之本。"①遂将其列于《存目》而未收入《四库全书》中。

是书今存明刻本，1985年巴蜀书社据此影印，后又收入《四库全书存目丛书》。（李冬梅）

8．《四川集》5卷，明曹学佺辑

曹学佺有《蜀中广记》，前已著录。

据《明史·艺文志》著录，曹学佺选上古至明代诗歌，编有"《石仓十二代诗选》八百八十八卷"，其中"古诗十三卷，唐诗一百十卷，宋诗一百七卷，元诗五十卷，明诗一集八十六卷，二集一百四十卷，三集一百卷，四集一百三十二卷，五集五十卷，六集一百卷"。不过就《诗选》的现存版本来看，明诗除前六集外，还有续集51卷、再续集34卷、三续集13卷、四续集9卷、续五集4卷、五续集6卷、六续集2卷、《闺秀集》1卷、《社集》28卷，以及若干个主要以地域划分的诗集，已见知的有《南直集》35卷、《浙江集》50卷、《福建集》96卷、《楚集》19卷、《四川集》5卷、《江右集》5卷、《江西集》5卷、《陕西集》3卷、《河南集》1卷等，由此可见曹氏欲藉此以存明朝一代诗学文献。故《石仓十二代诗选》不愧为明代诗选中最宏伟之作。

《四川集》乃曹学佺《石仓十二代诗选》中一部以地域为范围的断代诗歌选集，凡5卷。其编纂旨趣意在最大限度地保存有明一代蜀中诗作，因此，从文献保存的角度出发，曹学佺在尽可能多地选录各家诗作之外，还将诗人别集原有的序跋转录入本书，可谓收罗宏富，资料详赡。不过由于有时过于追求录诗数量，集中对一些二、三流诗人之作也揽入其中，难免有择别不精、考订不确之失。故《四库全书总目》总论《石仓十二代诗选》云："所选虽卷帙浩博，不免伤于糅杂，然上下二千年间作者皆略存梗概。又学佺本自工诗，故所去取亦大都不乖风雅之旨，固犹胜贪多务得细大不捐者。"②所论诚然。其于《四川集》来说，此弊亦犹在。

《石仓十二代诗选》于崇祯年间刊刻，今存有清陶兰泉足本，后陶氏书售予日本东方文化研究学院。其他所藏均为崇祯残本，有891卷、506卷、463卷、420卷、401卷、313卷、251卷、250卷、115卷、193卷等。《四库全书》

---

① （清）永瑢等：《四库全书总目》卷一九三《蜀藻幽胜集》提要。
② （清）永瑢等：《四库全书总目》卷一八九《石仓历代诗选》提要。

亦录有此书，所收明诗仅至"次集"而止，"凡古诗十三卷，唐诗一百卷，拾遗十卷，宋诗一百七卷，金元诗五十卷，明诗初集八十六卷，次集一百四十卷"①。然而上述所列这些残本内《四川集》均未见，盖只存于日本所藏足本中。（李冬梅）

9.《蜀明诗》15卷，明费经虞辑

费经虞（1599~1671），原名经野，榜名经纬，字仲若，号鲜民，新繁（今四川成都市新都区）人。明崇祯十二年（1639）举人，官云南昆明令，有政绩，擢云南府同知，再选桂林知府，不到任。返里讲学著书，移居沔州，以授徒为生。最后流寓江南，终老泰州，门人私谥孝贞。生平著述颇多，今存有《剑阁芳华集》20卷、《雅论》26卷、《蜀明诗》15卷等。《四川通志》有传。

《蜀明诗》，又名《蜀诗》，为费经虞所辑录明代蜀人诗作的一部断代诗歌总集，时间限度始自洪武，迄于崇祯，计收蜀人264家，共15卷。这是收录明代蜀诗人作品的专辑，对于保存巴蜀先贤的诗作，具有非常重要的文献价值，亦开启了后人辑录蜀中诗作的先河。后之李调元，即以此为蓝本，辑录明后期以迄清乾隆初这一段时间的蜀人诗，缀以评语，定名为《蜀雅》，凡20卷。继之而起者，又有张邦伸辑《全蜀诗汇》，张沅辑《蜀诗》，彭端淑辑《蜀名家诗》，陶恒辑《四川人诗》，顾也樵辑《诗缘正编》，王增祺辑《诗缘正编续》、孙桐生辑《国朝全蜀诗钞》等，这些无疑都为蜀中诗作的保存和传播，做出了突出贡献。

《蜀明诗》初为费经虞辑，后费密、李调元有续辑，孙澍又有增辑并校订，刊本今存有清道光年间鹅溪孙氏刻《古棠书屋丛书》本。（李冬梅）

10.《全五代诗》100卷，清李调元辑

李调元生平，见《易古文》。

《全五代诗》系第一部五代十国的诗歌总集。据其《凡例》云："五代诗向无全本，今取昔人所附之唐末、宋初之间者，以成此书。"是凡唐人而入五代或五代而入宋者，此书均加采录，但司空图、吴融等忠于唐室者则不采入。全书编排以五代十国的朝代国别分卷，计梁8卷、唐2卷、晋2卷、汉2卷、周3卷、吴6卷、南唐16卷、前蜀17卷、后蜀4卷、南汉1卷、楚4卷、吴越9卷、闽13卷、荆南12卷、北汉1卷。朝代国别之下，按作者官爵、隐逸、道释等身份为

---

① （清）永瑢等：《四库全书总目》卷一八九《石仓历代诗选》提要。

序。同一作者之诗，按乐府、四言、五古、七古、五律、五排、七律、七排、五绝、六绝、七绝等诗体排列，录作家小传，并有少量笺注，史料多取自于《五代诗话》。书成于清乾隆四十年（1775）至四十三年（1778），收入调元编刊之《函海》中。乾隆《函海》本作90卷，后道光、光绪《函海》本递有增补，为100卷，增荆南齐己诗9卷、北汉诗1卷，又附《补遗》1卷，今《丛书集成初编》本即据此排印。

《全五代诗》是首次对五代诗歌进行整理和辑录的一部断代诗歌总集，该书"从三百余种书籍中广采资料，故颇为完备"①，"有断章摘句，靡不收入"②，王水照即认为《全五代诗》"为五代诗仅有的较好的辑本"③。特别是其中所辑蜀诗达21卷，于诸割据政权中为最多。据此，后人可概见五代十国（尤其巴蜀）诗界风貌，调元之功不可谓不大。此外，就作者简传后调元所加小注而论，亦可大拓见闻，足资谈助。不过该书收录的诗人中，亦有些属于唐人或宋人，则明显超出了"五代诗"的断限范畴，这可谓调元的疏忽与失察之处。

是书今有《函海》（乾隆、道光、光绪）本、《丛书集成初编》本，以及黄山书社1999年《全五代诗》线装本等。又今人何光清有《全五代诗》点校本，巴蜀书社1992年出版。（李冬梅）

11.《国朝全蜀诗钞》64卷，清孙桐生辑

孙桐生（1824～1908），字筱峰，一作小峰，号饮真外史、忏梦居士，绵州（今四川绵阳）人。咸丰二年（1852）进士，选翰林院庶吉士。次年散馆，授湖南安仁县知县。七年（1857）充湖南乡试同考官。历知酃县（今湖南炎陵）、安福、桃源等县，有政绩，升永州府知府。光绪六年（1880）改郴州，任满告归，主讲绵州治经书院。生平辑佚、著述之作颇多，今存有《未信编》2卷、《国朝全蜀贡举备考》9卷、《明臣奏议》12卷、《国朝全蜀诗钞》64卷等。《绵阳县志》有传。

《国朝全蜀诗钞》系孙桐生耗费40年之力广搜博采所辑佚的蜀中有清一代诗人之作。是书编纂之目的，据《国钞全蜀诗钞·叙》云，"二百余年，虽体裁递变，升降各殊，然要不可谓无诗，而迄今未有整齐荟萃勒成一书者"，岂

---

① 王水照：《全五代诗》，《中国大百科全书·中国文学（1）》，中国大百科全书出版社1998年版。
② （清）李调元：《全五代诗自序》，《全五代诗》卷首。
③ 王水照：《全五代诗》，《中国大百科全书·中国文学（1）》。

"可坐视其湮没而不为之所哉"？故《叙》中引清中叶学者李绂"拾人断句遗编，代为收存刊布者，其功等于哺遗婴、葬枯骨"之论，表达自己编选《国朝全蜀诗钞》的初衷。由此可见，孙桐生选编此书的目的和旨趣主要有两点，一是要驳诘清代无诗之谈，二是要付诸行动整理清代蜀诗，尽最大努力保存巴蜀文献。孙桐生四处走访，八方求索，正如自言"物色于残编蠹简，访求于故家书肆"，穷搜苦讨，终成此编。

全书凡64卷，卷首有孙桐生光绪元年（1875）《叙》及《凡例》，按照"有以人存诗者，亦有以诗存人者，采访所及，悉就佳者录之"[①]的编选标准，选蜀诗人362人，共录诗作5900余首。其中张问陶独占6卷，入选诗作近500首，次为王汝璧独占4卷，费锡璜、张怀涟、刘硕辅、孙缵各占2卷，再次为傅作楫、李调元、何人鹤、张怀溥、杨庚、李惺、李炳奎、李崧林、孙澈、章宝箴、李映棻、马士琪各占1卷，等等。荟萃各种风格流派，展示巴蜀清诗概貌。整体编排采用依科名序列，布衣则按时代先后排列。诗作分体编排，先古后今，先五言后七言。诗人小传不以叙述沿历官阶和生平为主，而是重在介绍各种诗话对作者的评价，述其在当时诗坛上的影响和地位。

此书收录之诗人多，诗作多，内容丰富，资料翔实，可谓了解和研究清代巴蜀文学的珍贵文献宝库，的确堪称"清代诗选中规模大，内容全面而丰富的一部全蜀诗歌总汇"[②]，故在地方诗选中具有举足轻重的作用。其后，新繁龙藏寺僧人释含彻与垫江李炳灵又编选《国朝全蜀诗续钞》，谓其为孙太史编选遗珠，孙选所遗，或辑诗有误，《国朝全蜀诗续钞》用8卷加以订正和补充，并于光绪二十三年（1897）付梓问世，可称作是《诗钞》的延伸和补充。

是书今存版本有清光绪五年（1879）长沙刻本、1985年巴蜀书社影印清光绪五年刻本等。（李冬梅）

二、丛书文献

1.《杨升庵丛书》6册，明杨慎撰，王文才、万光治主编

杨慎生平，见《升庵经说》。

杨慎以气节、学术、文章，冠冕一代，嘉靖初谪戍穷边依然撰述不辍，史

---

① （清）孙桐生：《国朝全蜀诗钞·凡例》，巴蜀书社1985年版。
② （清）孙桐生：《国朝全蜀诗钞·出版说明》。

称"著作之富，为明第一"。凡其著作，则卒时门人辑其已刻未刻之书93种；遗书自滇泸辇归故里，从子杨有仁理其著述，谓有400余种（《年谱》载120种）。万历十年（1582）《文集》刊于成都，又续刻考据杂著，并前旧刻共七十余种，而批选之书亦渐流传。秣陵焦竑平生服膺升庵，求其书数十年，编为《升庵著述目录》150余种，又类其杂著为《外集》百卷。乾嘉之世，李调元南北搜访，重编《升庵著书总目》达200种，部分刻入《函海》之中。

20世纪以来对杨慎文献的整理和研究，则有王幼安《词品》校点（人民文学出版社1960年版）；王文才《升庵学谱》（上海古籍出版社1988年版，对杨慎生平做全面细致梳理，全书分上、中、下三谱，分别为纪年录、著述录、评论录，并有升庵遗事、升庵遗墨、升庵遗像、交游诗钞四种别录）；《升庵著述序跋》（云南人民出版社1985年，汇录升庵现存著述诸书序跋、已逸之书遗序，凡三百首）；《杨慎诗选》（四川人民出版社1981年版，以万历初刊《升庵文集》《遗集》为底本，参校他本，仿照钱笺杜诗例，分体编）；《杨慎词曲集》（四川人民出版社1984年版）；《杨升庵夫妇散曲三种》（江苏广陵古籍刻印社1980年版）；王仲镛《升庵诗话笺证》（上海古籍出版社1987年版）；杨文生《杨慎诗话校笺》（四川人民出版社1990年版）；王大淳《丹铅总录笺证》（浙江古籍出版社2013年版）；王万洪《杨慎〈书品〉校注评译》（四川师范大学电子出版社2014年版）等。而对杨升庵作品进行最大规模的整理则以该《丛书》为极。

《杨升庵丛书》出版署名王文才、万光治，其缘起王文才在担任国务院古籍整理出版小组成员期间受组长李一氓的嘱托而启动。该项工作历数十年，最后编成《杨升庵丛书》。丛书凡分六册，共选升庵著作42种，皆升庵经史文学之优秀成果。第一册所收录为经学小学：《升庵经说》《檀弓丛训》《转注古音略》《古音略例》；第二册收录为史学杂记：《金石古文》《滇载记》《滇程记》《谭苑醍醐》《杨子卮言》《墨池琐绿》《书品》《画品》《异鱼图赞》《谢华启秀》；第三册收录升庵诗文集：《升庵文集》《升庵遗集》；第四册收录诗文补遗及词作：《升庵诗文补遗》《升庵玉堂集》《升庵南中集》《升庵长短句》《长短句续集》《陶情乐府》《陶情乐府续集》《历代史略词话》《赤牍清裁》；第五册收录升庵所选古诗文：《风雅逸篇》《古今风谣》《五言律祖》《绝句辩体》《唐绝增奇》《空同诗选》《雪山诗选》；第六册收录其诗文评及词选：《升庵诗话》《诗话补遗》《绝句衍义》《千里面谈》

《词品》《词品拾遗》《升庵批点草堂诗余》《词林万选》《百啡明珠》。末有附录两种：《升庵杨慎年谱》《翰林修撰升庵杨公墓志铭》。杨慎主要的学术成就及主要事迹，于此俱可得见其梗概。

是书有四川天地出版社2002年版。（舒星）

2.《函海》，清李调元辑

李调元生平，见《易古文》。

经过明末清初的长期战乱，蜀中文献典籍几乎荡然无存，李调元从青年时代起，就怀有振兴巴蜀文化的雄心壮志，故时常留意收集乡邦文献。而其在《函海·序》中所云"盖不特书之为海，而人之化于书亦视乎海也。夫人生也稚，沌沌尔，及渔经猎史，珠唾锦心，则蒙也而化为哲；里居而窭，漠漠尔，及鹄荐蛟腾，金章丹毂，则晦也而化为显"，亦正表达了他要编辑、整理、刊印《函海》的初衷和旨趣。

李调元官通永道时，恰值四库馆开，因得以借观内府藏书之附本，故每见善本，则雇人抄录。从乾隆四十六年（1781）始，至乾隆四十九年（1784）止，共辑录自汉迄明有关巴蜀的著述150余种，自行出资雕版汇刻之，名曰《函海》。凡30函，第一至十，皆刻自晋而下以至唐宋元明诸人未见书，自第十一至十六，专刻明代杨慎未见书，自十七至三十且刻己作。中间，由于遭遇横祸，又曾中断，但他在赎罪之后，仍然艰辛筹款把《函海》刻板运回蜀中，竭尽精力增补刊刻，其初版藏于"万卷楼"。嘉庆六年（1801），李调元又完成《函海》万卷楼藏版的补刊及《续函海》的编纂工作。至此，《函海》总计成40函、163种、852卷，一至十函为晋、六朝至唐宋元明诸人未见书，十一至十六函为杨慎不常见书，十七至二十四函为蜀中不常见之书，二十五至四十函为自己的著作。《续函海》多为己作，录入所著书约50余种。可见，《函海》乃李调元积平生心力，经过艰苦奋斗才编刻而成的一部巨著。

其后，嘉庆中，李调元堂弟李鼎元丁母忧，见其兄《函海》之刻，流传海内已20年，今"得尽读其归田后所著及续刻诸书，复二十函，亦颇有前刻之病。因合四十函，重加校正。讹者正之，脱者补之，残毁者足之，阙文者仍之。虽未敢定为善本，然亦可以告无罪于雨村矣"①，重校于嘉庆十四年（1809）完成。道光五年（1825），李调元之子李朝夔因"奈书板繁多残缺，

---

① （清）李鼎元：《重校函海序》，《函海》道光本。

得补者半，而待补者亦半，论者究多太璞不完之歉"，故"刻志搜求，因获初刊原板所印，全部急照残缺者逐篇抄录付梓补入。又以诸版字半模糊者亦改易其版，历三寒暑而工始竣"①。光绪六年（1880），广汉人钟登甲鉴于道光以后，四川"兵燹旋兴，板付灰烬。今考存书，实多残缺，难窥全豹。……文字之遭阨又垂数十年矣"②。故广为搜集"万卷楼"本，又重刊《函海》，版心版面字体均缩小，于八年（1882）付梓。且云："此三年间，朝考夕究，矻矻孜孜，至于不遑、不食、不安寝，尤恐稍萌怠志，沦于九轫之弃。今幸而告阕，此书复得广其传，先生之著述不朽。"③

《函海》所收各类著述，按其内容大致可以分为四类，一是李调元自己的著作，二是杨慎的著作，三是蜀人著作或是有关蜀中文史的著作，四是当时读书人应读而又比较罕见的书。其中，又以杨慎之作居多。内容博大精深，涵盖了历史、考古、地理、文学、语言、音韵、金石、农业、姓氏、民俗、诗词、书画、曲艺、戏剧、庖厨等方面。这部堪称"文化积累工程"的著作，对于光大蜀学，传扬乡邦文化，无疑具有重要意义，故颇为学人所重。如张舜徽赞曰："调元敬恭桑梓，广搜益州耆旧遗著，次第刊布。所辑《函海》一书，实总汇之，即杨慎一家，收至四十余种。……好古阐幽，信有功于乡邦文献。"④清代著名诗人袁枚晚年收到李调元寄赠的《函海》后亦寄诗称："访君恨乏葛陂龙，接得鸿书笑启封。正想其人如白玉，高吟大作似黄钟。《童山集》著山中业，《函海》书写海内宗。西蜀多才君第一，鸡林合有绣图供。"⑤颈联二句，对《函海》的编辑给予了极高的评价。因此学人评曰："《函海》作为集巴蜀文化之大成的学术总构和百科全书，涉猎文学、史学、民俗学、戏剧艺术、音韵训诂、书画金石、编辑学、农学等诸多方面，也是李调元穷其毕生、补《四库全书》遗珠之憾、倡蜀学为显学之浩帙巨著。"⑥可见李调元对于巴蜀文献的保存，功劳至大，而《函海》更是研究巴蜀文化所必不可少的参考书籍。

---

① （清）李朝夔：《补刻函海跋》，《函海》道光本。
② （清）钟登甲：《重刊函海序》，《函海》光绪乐道斋本。
③ （清）钟登甲：《重刊函海序》，《函海》光绪乐道斋本。
④ 张舜徽：《清人别集叙录》卷七。
⑤ （清）袁枚：《奉和李雨村观察见寄原韵二首》。
⑥ 郑家治、李咏梅：《明清巴蜀诗学研究》，巴蜀书社2008年版。

《函海》今有李调元乾隆间刻本、嘉庆十四年（1809）李鼎元重校道光五年（1825）李朝夔补刊本、光绪八年（1882）钟登甲乐道斋刊本、《丛书集成初编》本等。（李冬梅）

3.《槐轩全书》178卷，清刘沅撰

刘沅生平，见《十三经恒解》。

刘沅旧居，因其在双流和成都的书塾均有一株古槐，故世称刘沅为槐轩先生，其学为槐轩之学，《槐轩全书》亦以此名。其所著之书，据清国史馆《刘沅传》载，沅"所著书有《周易恒解》六卷、《诗经恒解》六卷、《书经恒解》六卷、《周官恒解》四卷、《仪礼恒解》四卷、《礼记恒解》十卷、《春秋恒解》八卷、《四书恒解》十卷、《大学古本质言》一卷、《孝经直解》一卷、《史存》十六卷、《槐轩文集》四卷、《诗集》二卷、《约言》一卷、《拾余四种》二卷。又有《蒙训》《豫诚堂家训》《保身立命要言》《下学梯航》《子问》《又问》《俗言》等篇"，凡25种。又据后世多次辑刻的《槐轩全书》，刘沅还著有《良明志略》1卷、《寻常语》1卷及《性命微言》《医理大概约说》4卷。此外，刘沅兼通佛道，还撰有不少道书，台湾学者萧天石考证说：刘氏所著"计凡二十八种，都一百七十八卷。此外，青城藏经楼书目中，不在其内者尚约有四五种，各书均为成都致福楼重刊本版本"①。又据学人考证，萧氏所列书目中，有8种为各版《槐轩全书》所无；而各版《槐轩全书》所收书目又有6种为萧氏所遗②。去重补缺，刘沅著作当在30种以上。这些著述，有的在其生时已经刊行，至其全集之刊印，则在刘沅卒后50年，亦即光绪三十一年（1905）《槐轩全书》的辑印。

《槐轩全书》是一部以儒学元典精神为根本，汇通儒、道、释三家学说，亦即融道入儒、会通禅佛而归本于儒，用以阐释儒、释、道三家学说精微，揭示为人真谛的学术巨著。其中光绪年辑刻之《槐轩全书》，凡178卷，收书25种，其一为"四书"《恒解》，包括《大学恒解》《中庸恒解》《论语恒解》《孟子恒解》，共计14卷。另有《大学古本》1卷，发明程朱改定《大学》经传之前的古义。其二为"七经"《恒解》，包括《诗经恒解》6卷、《书经恒解》6卷、《易经恒解》6卷、《礼记恒解》49卷、《春秋恒解》8卷、《周官恒解》

---

① 萧天石：《道海玄微：刘止唐与四川刘门道》，载于搜狐公众平台。
② 段渝：《一代大儒刘沅及其〈槐轩全书〉》，《槐轩全书》卷首，巴蜀书社2006年版。

6卷、《仪礼恒解》16卷。此外，还有《孝经直解》1卷。其三为理学著作，包括《正讹》8卷、《拾余四种》4卷、《槐轩约言》1卷、《子问》2卷、《又问》1卷、《俗言》1卷。其四为文史著作，包括《史存》30卷、《良明志略》1卷、《槐轩杂著》4卷、《埍篪集》10卷。其五为教育著作，包括《蒙训》1卷、《下学梯航》1卷。

关于《槐轩全书》的辑刻，凡有三次：第一次即光绪本，此版几乎收录了清国史馆《刘沅传》所列各书，只改《槐轩文集》《诗集》为《槐轩杂著》4卷、《埍篪集》10卷；而缺《保身性命要言》《豫诚堂家训》，另增《良明志略》1卷、《正讹》8卷二书，共25种。第二次在民国20年至23年（1931~1934），为西充鲜于氏特园藏本，收录24种，较前少《寻常语》1卷。第三次系巴蜀书社2006年影印本，其在鲜于氏本基础上，增加《性命微言》《医理大概约说》二书，共26种。考之诸本，光绪三十一年（1905）本最早，而以民国20年（1931）西充鲜于氏特园藏本最佳，此本系刘沅之孙、民国"天才学者"刘咸炘亲任校勘，内容精确，版刻精美，故巴蜀书社据以影印重版。（颜信）

4．《观象庐丛书》，清吕调阳撰

吕调阳有《古史释地》，前已著录。

此编丛书共收录吕调阳所著书凡27种87卷①，分别为《易一贯》6卷②、《六书十二声传》12卷、《古律吕考》1卷、《商周彝器释铭》6卷、《解字赘言》1卷、《志学编》8种［《大学节训》1卷、《中庸节训》1卷、《洪范原数》1卷③、《释天》1卷、《重订谈天正议》1卷、《三代纪年考》1卷、《周官司徒类考》1卷、《考工记考》1卷（附《考工图》1卷）］、《释地》3种（《群经释地》6卷、《古史释地》3卷、《诸子释地》1卷）、《五藏山经传》5卷、《汉地理志详释》4卷、《重订越南图说》6卷、《穆天子传》1卷、《曰

---

① 《中国丛书综录》著录《观象庐丛书》收录有《弧角拾遗》1卷、《下学庵勾股六术》1卷，然《续修四库全书总目提要》所附《观象庐丛书》目及原书均未见，今不予著录。又《中国丛书综录》云《观象庐丛书》有《舆地今古图考》22卷，然《续修四库全书总目提要》所附《观象庐丛书》目未见著录，今查阅原书，亦只见卷首目录著录，未见全书收录，不知何故？今亦不予著录。
② 今北京国家图书馆藏有清光绪年间刻1卷本。
③ 《续修四库全书总目提要》著录10卷。

若编》7卷、《史表号名通释》3卷、《齐民要术》10卷、《诗序义》4卷[①]、《逸经》1卷、《论孟疑义》1卷、《海内经附传》1卷。

调阳治学，工经史，善六书声韵，又长舆地之学。今观此丛书，其治《易》，有《易一贯》。是书卷首为《图说》，在《河》《洛》《先天》《太极》旧图外，自为《则图画卦》《则书定位》及《范围》《昼夜出入》《分至朔望》《生生》诸图。卷一至卷四，为上下《经》，卷五为《系辞传》以下。全书旨趣以明来知德象学为宗，因象知辞，审数定理之说。据其咸丰戊午（八年，1858）秋九月《自序》言，名曰"一贯"，"一"者，图之五十，卦之《恒》也，寂然不动也。"贯"者，图之三十八，卦之《泰》也，通也。其"一以贯之"之义，则图之十六，卦之《咸》也，感也。以《恒》《泰》《咸》三卦为《易》之本，会其说于周濂溪（敦颐）、张横渠（载）之理，来矣鲜（知德）之象，而要其归于《洛书》。是在吕氏看来，象乃读《易》入门之第一要务。而圣人示象，旨在一贯。贯者，通也。天下万物，皆始于通。若以一贯之，"凡经传所载，诸子所言，精辞妙理，举不难烛照而无遗矣"。

其治《书》，有《洪范原数》。此书系为《洪范》作新注，其中如谓《洪范》书数内外皆象坎，九畴象井田；又谓《洛书》自伏羲时有之，八卦五行二图皆禹所祖述，等等，多臆造无稽之谈。

其治《诗》，有《诗序义》。是书于《诗》或从毛说，或从朱说，或自创新说。然新说大多逞臆，但亦有考证详明、卓然有识者。

其治《礼》，有《周官司徒类考》《考工记考》。其中《考工记》通贯全经，但并不一一训释，盖就本人有所见者录出，所论多从江永之说。

其治"四书"，有《大学节训》《中庸节训》《论孟疑义》。如解《大学》，用古本，依节为之训释。章首统言《大学》之道，二章至六章申言知止之事，六章至十章申言知本之事。所解不从朱子三纲领、八条目之说，然解有自圆其说者，亦有殊嫌涵浑者。

其治六书声韵，有《六书十二声传》，以五音分类，以宫、商、角、徵、羽、变宫、变商、变角、变徵、变羽、少宫、少商各为1卷，分卷立说。然不立韵目，分合殊不可解。又《古律吕考》，旨在明古律吕度数，大抵辩驳九九为宫，三分损益之非古。

---

① 《续修四库全书总目提要》著录6卷。

其治史学，如《三代纪年考》，系改订夏、商、周三代之历年；《史表号名通释》，乃释《史记》之《高祖功臣侯表》《惠景间侯者表》《建元以来侯者表》《建元以来王子侯者表》四表，而《建元以来侯者表》《建元以来王子侯者表》皆有所补，大致是取所封之地与所封之人名相应者释之。

其治舆地，如《释地》三种之《群经释地》《古史释地》《诸子释地》，乃就《尚书》《诗》《周官职方》《礼记》《论语》《孟子》《尔雅》《春秋》《国语》《战国策》《竹书纪年》《逸周书》《穆天子传》《路史》以及诸子等书，择其地名，加以考释。其所考释，多为精审。

如此等等，足见吕氏治学之广。然吕氏天资虽高，却好为高论，以至于穿凿附会、妙想臆造之说比比皆是，故商鸿逵评价其书云："治学于经、史、六书、地理，靡不究心，为蜀中耆儒。惟立言不甚矜慎，稍失夸张。"①

是书扉页有"光绪戊子开雕"字样，书内云弟子叶长高镌，是此书为叶长高刊于清光绪十四年（1888）。此本今存，国家图书馆、四川大学图书馆、台湾"中央"研究院等均有藏。（李冬梅）

5．《六译馆丛书》，清廖平撰

廖平生平，见《周官考征凡例》。

廖平博通经史及诸子百家之书，凡先儒注疏，或从或驳，独抒己见，创一家之言。又学凡六变，著述等身，经学、医术、堪舆无不涉及。其女廖幼平著《六译先生已刻未刻各书目录表》曾言："先君六译先生著述极富，目录可考者殆数百种，除有目无书，及遗稿散佚，一时无法搜集外，现有未刻者二十一种，已刻者九十七种。刊刻年月先后不一，且非出自一人一地。二十年前经先君勒为《六译丛书》，书版并存存古书局，嗣由四川大学接管。未经收入《六译丛书》者，亦尚有数种。"②可见，廖平实无愧于清季著述丰富之一代大儒也。

《六译馆丛书》系廖平晚年亲手编订之书，自民国10年（1921）开始编目，至民国21年（1932）逝世时止，共录其作143种，凡百数十卷。各书以类从之，计为翻译类3种、论学类9种附1种、孝经类3种、春秋类20种附2种、礼类6种、书类12种、诗类10种附1种、乐类3种、易类8种、尊孔类10种、医家类21种附5种、文抄类9种、辑古类7种附8种。

---

① 《续修四库全书总目提要》"经部"《古律吕考》提要。
② 载于民国31年（1942）三月成都出版《图书集刊》创刊号。

民国10年（1921），四川存古书局曾据光绪间及民国间刻本汇印廖平《六译馆丛书》。此版版型、行款不一，牌记题"中华民国十年四川存古书局刊"。其中所收各类著述与廖平手订略微有所不同，盖因刊刻时间稍早，廖平手订未完之故。此次刊刻亦以类属之，为小学类、论学类、孝经类、春秋类、礼类、尚书类、诗经类、乐经类、易经类、尊孔类、医类、地理类、文钞类13类。但其所刻版式凌杂、错讹颇多，各书前后编排次序、类别归属亦有不妥之处。钟肇鹏即云："廖平的著述很多，总计凡一百几十种，《六译馆丛书》校刻不精，搜集也不完备。其中有些重要著作尚未刊印，有的曾经刊印过的也并未收入丛书，有的则有目无书或稿已遗失。《六译馆丛书》虽然所收大小著作一百种左右，但并非完善的本子。"①故民国21年（1932），廖平以垂暮之年，谋赴成都整理、刊行所著，不意竟病逝于途中。

此编丛书内容多考订经义，学经六变，每变益奇，而自立新说，莫不精邃。正如谢兴尧所云："（廖）氏疏解各经，均以整理旧说、发挥新义为主，抉隐探微，以经证经，虽间有妄诞，大皆宏博精深，诚清季通儒也。"②谢氏又评论此书云："先生全书之长，其说皆冥心独造，别树一帜，虽无一不新，实无一不旧，凡所标立纲目，莫不由苦思而得，然皆本旧说，不过精思所至，有非寻常循行数墨者所能望其肩背。"③所评诚是。

此丛书今传有民国10年（1921）四川存古书局汇印本，国家图书馆、四川大学图书馆等有藏。又有舒大刚、杨世文、郑伟等搜集整理，编为《廖平全集》，由上海古籍出版社于2015年出版。（李冬梅）

6.《寿栎庐丛书》，清吴之英撰

吴之英有《仪礼奭固》《仪礼礼事图》《仪礼礼器图》，前已著录。

吴氏生平博览群书，凡经史百家、天文历算、术数医卜、诗词歌赋，靡不精湛，而尤邃于礼，"洵清季蜀中通儒也"④。尊经书院山长王闿运即言："诸人欲测古，须交吴伯朅。之英通《公羊》，精三《礼》，群经子史，下

---

① 钟肇鹏：《廖平》，张立文、默明哲编：《中国近代著名哲学家评传》，齐鲁书社1982年版。
② 《续修四库全书总目提要》"经部"《四益易说》提要。
③ 《续修四库全书总目提要稿本》之《重订六译馆丛书》提要，齐鲁书社1996年版，第32册。
④ 《续修四库全书总目提要稿本》之《卮言和天》提要。

逮方书，无不赅贯。"①故为川督丁文诚（宝桢）、山长王闿运所赏重，称为特材。此编丛书乃吴之英卒后，经傅守中校勘，吴鉴、吴铣、吴铤、吴鋦、吴锬、王用宾、杨庆翔、殷树藩、胡运彬等分别再校，罗绍骥绘图，由其次子吴铣于民国9年（1920）刊成。共收吴之英著述凡10种69卷②，计为《仪礼奭固》17卷、《礼器图》17卷③、《周政三图》3卷④、《礼事图》17卷、《汉师传经表》1卷、《天文图考》4卷、《经脉分图》4卷、《文集》1卷、《诗集》1卷、《卮言和天》4卷⑤，其中以言《周礼》者最多最精。首有颜楷题签、杨永浚《伯竭先生遗像》，以及宋育仁、黄崇麟、谭创之《序》，傅守中《寿栎庐先生故事》。

吴氏尝言："五经皆以礼为断。"因此，治经以礼为首为重，所著《仪礼奭固》《礼事图》《礼器图》《周政三图》，覃思研精，30年乃成。足见吴氏于礼学用力甚深、著述甚勤。其中《仪礼奭固》主要采用随文解义的校注体方式对《仪礼》经文进行疏解，除了全录《仪礼》经、记、传之外，并未载录郑玄等前辈学者注疏。后人认为"辑古今经说而折衷之，或解释经义，或考究字说，颇多精意"，又说此书"创通大义、发疑正读，与二戴、高密，未知孰为后先，诚近世蜀中之通儒也"⑥。将吴氏礼学成就与大小戴、郑玄并比，可说是极高的评价。

《礼事图》《礼器图》与《仪礼奭固》互相表里，皆依《仪礼》十七篇之旧，为17卷。《礼事图》凡为图462幅，《礼器图》则先引经说，次为释义，末附以图，共520条，图亦如之。二书以图释礼之名物礼制，颇为形象直观，故谢兴尧评价吴氏《礼器图》云："是编虽取袭前人之图，而分门别类，条分缕

---

① 《简阳县志·官师篇·循良》，民国16年（1927）版。
② 《四川通史》云为15种，不知因何著录，其卷数又有70卷、73卷之别，系因或计《礼器图》首1卷，或计《卮言和天》4卷。
③ 是书《中国丛书综录》著录有"首一卷末三卷"，其中"末三卷"为《周政三图》。《续修四库全书》所收有"首一卷末一卷"，"末一卷"亦为《周政三图》，因分上、中、下，故有1卷或3卷之说。
④ 是书《中国丛书综录》未予著录，实附于《礼器图》末，故《丛书》或著录为9种，或著录为10种。
⑤ 又《续修四库全书总目提要稿本》之《卮言和天》提要著录为8卷，而《续修四库全书总目提要稿本》之《寿栎庐丛书》提要所附目录中，著录此书为1卷。是书仅有民国9年刊本，不知为何著录有此差别？
⑥ 《续修四库全书总目提要》"经部"《仪礼奭固》提要。

晰，颇称宏博，且能以《说文》、古史证明古制，发前人所未发，致力之深，洵足钦矣。"①刘师培也称《仪礼奭固》"简明雅洁"，《礼器图》优于张惠言《仪礼图》②。不过龚道耕则认为"名山吴之英之《仪礼奭固》，其意皆欲驾乎郑氏之上，然实无以相过也"；又说所绘图异于张氏（惠言），"局于篇幅，不便观览，传写辄至谬误"，且"吴氏好为异说，可从者少，且为其门人摹绘，间有与其所说不合者。《宫室》总图，不绘平面，尤谬"③。盖吴之英、廖平主批评郑学，而龚氏则表彰之，学术异趋，故不为苟同。

吴氏又据《周官》《小戴记》成《周政三图》，凡上、中、下三编，图说并重，故称"三图"。首考封建之制，中附公侯伯子男五等国图，详其宫室衣服，论其道里典制。次井田，先考王畿，次考井邑丘甸县都，及比闾族党州乡邻里等之官制户口，附以沟洫浍川等各图考，凡邦畿之制、山泽之赋，以至军旅，莫不详备。次学校，首王国学，次侯国学，凡古昔教养之方、五学之法，与三老五更之席，礼乐经典之度，三代之规，于此可见。故学者称"此书考上三政遗制，以经证经，洵为杰构"④。

除经学格致外，其文章词藻，亦典雅闳肆，力追汉魏，自成一家。他对当时"徒知标榜，空疏肤浅"的各种文派和"仅能摹仿，人足自立"的诸文体，都持否定态度，主张为文要有充实的内容、精密的组织和深厚的含蓄。其诗文往往"纵横漫衍，多所旁涉，甚至重叠反复，引申其喻，像深山的古树，挺立于悬崖峭壁之上，柯条交拂，藤蔓杂生，莽莽苍苍，使人辨不清枝叶和路数"，故廖平说他"实出淮南，但自讳之耳，故其文多纡徐漫衍，须多看数行，乃能知其意之所在"⑤。宋育仁亦论其诗文云："比于近代文家，有如胡稚威、王仲瞿，……其为文坚栗而光晔，以经术深湛之思，泽以楚艳韩笔，故肃穆而闳肆。"⑥

此外，吴氏辞官返乡后，又悉心研究岐黄之术和天文历算之学。曾通读

---

① 《续修四库全书总目提要》"经部"《礼器图》提要。
② 见刘师培为吴虞开列之小学、经学书目。参见万仕国：《刘师培年谱》卷三，广陵书社2003年版。
③ 龚道耕：《经学通论》，李冬梅编：《龚道耕儒学论集》，四川大学出版社2010年版。
④ 《续修四库全书总目提要》"经部"《周政三图》提要。
⑤ 黄崇麟：《寿栎庐丛书序》，《寿栎庐丛书》卷首。
⑥ （清）宋育仁：《寿栎庐丛书序》，《寿栎庐丛书》卷首。

《内经》《难经》等医书，写成《经脉分图》，分图次与论次，互相发明，讨论经脉医理。又曾以各史《天文志》为据，间及纬书经传，写成《天文图考》，亦以图论说，广征博考，考据颇详。

《寿栎庐丛书》今有民国9年（1920）名山吴氏刊本，国家图书馆、四川大学图书馆等有藏。其诗文类著作，今有吴洪武、吴洪泽、彭静中校注本《吴之英诗文集》（四川大学出版社2008年版）；其经学著作，则有潘斌编《吴之英儒学论集》（四川大学出版社2010年版）。（李冬梅）

7．《问琴阁丛书》，清宋育仁撰

宋育仁有《孝经正义》，前已著录。

宋育仁自幼聪颖，光绪元年（1875），张之洞督学四川，创办尊经书院，宋育仁首批被选入院深造，时与名山吴之英、井研廖平、绵竹杨锐并称"尊经书院四杰"，为书院山长王闿运所赏识。尊经书院讲学主张"微言大义""通经致用"，宋育仁深受影响，读书能贯通大义，平生博通六艺，泛览词林，尤邃于经史。且自许以"经术致用"，不愿仅以文章知名，曾言："《周礼》以建侯均田为经，兴学起徒为纬，经纬互用，以成政教，教莫隆于礼，礼莫大于五，祀莫先于宗庙。"故有《周礼十种》之作，其中《周官图谱》为复古改制提出蓝图，亦为康有为《新学伪经考》之导源。时人陈炽曾评曰：宋氏"谈新政最早，治经术最深，著作等身，名满天下"[1]，数语可以尽其生平事业。

宋氏著述颇多，然亡佚者亦多，门人范天杰、胡淦等汇集其经学、文学、史学等各书，编为《问琴阁丛书》，仅占其著作的十分之一。该丛书目前有两种版本，一为民国4年（1915）刻本，刻于富顺考隽堂。凡收书5种，为《问琴阁文录》2卷、《夏小正文法举例》1卷、《三唐诗品》3卷、《哀怨集》1卷附《城南词》1卷、《问琴阁诗录》1卷，卷首有乙卯（民国4）秋九月名山吴之英《问琴阁丛书五种叙》及《问琴阁诗文纪事》。据卷首所题"问琴阁丛书丁部之一"，以及《问琴阁诗文纪事》云"民国四年乙卯之夏，同门友谋印《问琴阁丛书》，先就原刻《文录》《诗录》《三唐诗品》《哀怨集》各述所闻分析志于书眉，俾阅者知作者意匠经营摘词旨要。……以先生近注《夏小正》，贯通中西文法，今释合为五种"。似此丛书由几部分组成。此本今存，四川大学图书馆有藏。

---

[1] 秦嵩年：《哀怨集序》，《哀怨集》卷首，民国4年（1915）刊《问琴阁丛书》本。

二为民国13年（1924）本，刻于成都。此本所收著述以宋育仁之作为主，兼及他人作品，其中共收宋育仁著述凡12种12卷，并附蒲渊、卢懋、龚道熙三人著述各1种1卷，计为《孝经正义》1卷、《急就篇》1卷、《管子弟子职说例》1卷、《许氏说文解字说例》1卷、《夏小正说例》1卷、《诗经说例》1卷、《大学修身章说例》1卷（附蒲渊《修身齐家章注》1卷）、《论语学而里仁说例》1卷（附卢懋《论语新注》1卷）、《礼记曲礼上下内则说例》1卷、《学记补注》1卷、《国语敬姜论劳逸说例》1卷、《孟子说例》1卷（附龚道熙《孟子许行毕战北宫锜问章注》1卷）。

两种《问琴阁丛书》所录宋氏著作，兼具思想性和文学性双重特征。其学术著作特别是经学著作，在经说经注、笺释考证中阐发其"经世致用"之旨，以宣扬其维新改良的思想。因此萧月高评价其著述云："主通经致用为济天下立伦教之本。征美繁博，转机持缕，发挥旁通，文理密察，自先汉诸黎献，暨晚近诸师臣经训说治术者，未之闻也。"①可见，经世致用乃宋育仁撰书立说之主要宗旨。

而《丛书》中所录宋氏文学作品，又体现了他在诗、文、词上的造诣。在维新变法年代，他的诗词无论是感怀赋事、酬唱应和、山川景色，都洋溢着一种忧国伤时的情感，一种"投笔请缨"的壮志。

该丛书有民国四年（1915）刊本、民国十三年（1924）刊本。（李冬梅）

8．《守中正斋丛书》，清姜国伊撰

姜国伊有《春秋传义》，前已著录。

国伊自幼聪颖，立志穷经，涉猎汉唐宋儒，笺注传训，尤专于《易》。其所注经传，系以经解经，一扫唐宋诸儒窠臼，兼综条贯，处处有新解，条条有卓见，于经学、医学、农学无所不包。历近30年，倾毕生之力，完成30余部著述，刻成《守中正斋丛书》。当时四川总督奎俊、学政张之洞将姜国伊著述呈给朝廷，并奏请奉官以资褒赏，光绪皇帝诏见大臣商议，结果谕旨特授五品奉服。

《守中正斋丛书》是一部规模较大、颇有学术价值的丛书。是书仅收国伊自撰著作，有《周易古本》12卷附2卷、《诗经思无邪序传》4卷、《春秋传义》12卷、《孔子家语正本补注》10卷、《孝经述》1卷、《孟子外篇》1卷、

---

① 萧月高：《宋芸子先生传》，周开庆编：《民国四川人物传记》，台湾商务印书馆1966年版。

《大学古本述注》1卷、《中庸古本述注》1卷、《蜀记》1卷、《蜀记补说》1卷、《颐说》1卷、《尺牍存》1卷、《癸甲乙记》1卷、《丙申丁酉续记》1卷、《尹人文存》2卷、《尹人诗存》附赋话对联不分卷、《制艺存》1卷、《神农本草经》3卷、《本经经释》1卷、《晋王叔和脉经》10卷首1卷、《伤寒方经解》1卷、《医学六种》7卷、《大戴礼记正本》1卷，凡23种，成28册，约120万字。

不过这并非国伊的全部著作，据其《蜀记》载，光绪二年（1876）夏，国伊渡黄河时归装甚多，船家疑为重货宝物，遂全部盗走，其实全为书稿，计有《易诗注解》《神农本经注释》《伤寒经解》《论方经解》及诗文、杂著若干种。可见若不遇盗，《丛书》当更为丰富，内容远不止28册，故国伊无限感慨说："关天下后世之民命，最可惜者也。"①这无疑也是巴蜀文献的损失。除此之外，还有《尚书考释》《仪礼考释》《论语翼注》《孟子翼注》《孟子述注》《颐说补》等书稿，可惜今亦已难觅踪影，盖早已散佚无存了。

其中，《周易古本》以孔子为宗，后儒诸说一概不取，内容包括《八图》《周易上下篇》《彖上下传》《象上下传》《系辞上下传》《文言传》《说卦传》《序卦传》《杂卦传》，末卷附《洪范说》，阐释注疏，语多精辟，乃国伊力作，为时人所看重。《诗经思无邪序传》肯定《诗经》言性情，促人伦，以温柔敦厚为教化，谓"诗三百情则诚而意则贞"，遂能成天下万世之业，故诗之所以为教化之本，归结起来不出"思无邪"；并说诗有四难，读诗有二法。这在一定程度上体现了国伊的诗论水平、鉴赏能力以及评诗标准。《大戴礼记正本》，全书收文40篇，且有《序》《后序》《例序》各1篇，置于《丛书》之末，可谓全书殿卷之作。

由上述可见，是书内容丰富，其中绝大多数是体现文人内在功底的对经书的注释、阐发、笺疏、考辨。不过国伊又精医理，善于诗赋，故《丛书》中于医学、农学、文学等方面亦都有展现，于此足见国伊的知识浩瀚、修养渊深，因此能彪炳于世，领袖一代学人。而《守中正斋丛书》的成书刊刻，也是巴蜀文化在清季的一种复苏现象，更是地方学术与文化繁荣发展的表现。国伊乡梓郫县，文化向来独领风骚，西汉之扬雄，隋代之何妥，宋代之张愈、杨天惠，清代之许儒龙、孙澍、孙鍷等，都堪称一代才彦。国伊承乡邦文化之润，研经

---

① （清）姜国伊：《蜀记序》，《蜀记》卷首，《守中正斋丛书》本。

著书，俨然成一大家。这在晚清的文化方阵中，无疑为巴蜀文化的焕然耀眼又增添了许多亮色。

是书刻于清同治、光绪年间，百余年来仅此一刻，版刻精善，然国内藏家却不多，仅上海图书馆、南京大学图书馆、湖北省图书馆、四川大学图书馆有此藏书。因此《守中正斋丛书》可谓特藏书籍、善本珍藏，弥足宝贵。（李冬梅）

第六章 民国以来巴蜀学术文献

第一节　民国以来巴蜀学术文献概述

著名学者李学勤曾言：晚清以后，中国传统学术发展的重心有两个，一个是湘学，一个是蜀学，湘学与蜀学是在晚清新形势下形成的人文研究的两大中心。诚然，近代蜀学确曾给中国学术带来新气象，引入新阶段，值得人们好好研究，仔细品味。在近代史上，引领和促成近代蜀学形成的中心机构，是当时的"两院一堂"（即锦江书院、尊经书院和存古学堂）以及在此基础上发展而成的四川大学。"两院一堂"分别代表了近代学校的三种类型，即为科举而设的锦江书院、为通经学古而设的尊经书院和以保存国粹为职志的存古学堂[①]。它们基本因应了当时社会变革和转型的需要，培养和聚集了大批杰出人才，创造和积累了丰富的蜀学文献。

其中如晚清创立的尊经书院，对于近代蜀学的复兴与新学的兴起实具有重要意义。它是四川近代高等学校的前身，也是四川大学源头之一，是振兴蜀学的基地，也是培养四川人才的摇篮，在蜀学发展史上具有很大的推动作用，在中国近代学术思想史、中国教育史上占有重要地位。清光绪元年（1875），四川学政张之洞以振兴蜀学为宗旨，在成都创办尊经书院，选拔优秀人才入院学习。光绪五年（1879），今文经学大师王闿运由湘入川主讲尊经书院。张之洞、王闿运倡导通经致用，成都学风为之一变。甲午战后，尊经书院成为四川宣传维新思想的重要基地，并增设天文、地舆、商务、中外交涉等新学课程，开始向新式学堂转化。此间，它培养了一批著名的川籍蜀学人才，如廖平（井研）、杨锐（绵竹）、吴之英（名山）、骆成骧（资州）、彭家珍（金堂）、罗纶（西充）、邵从恩（青神）、尹昌衡（彭州）、张澜（南充）、傅樵村（简州）、张森楷（合川）、宋育仁（富顺）、吴玉章（荣县）、吴虞（新繁）、徐炯（华阳）、萧龙友（三台）、刘光谟（射洪）、周翔（彭山）、胡

[①] 参舒大刚：《晚清蜀学的地位和影响》，载《社会科学研究》2007年第3期。

安澜（新津）等，这为巴蜀近代知识分子群的形成奠定了基础。尤其是以廖平和宋育仁为代表，在清末学术思想和社会活动中具有重要影响。廖平是我国今文经学的最后一位大师，在经学上主张"尊今抑古"，撰有《今古学考》《知圣篇》《古学考》（《辟刘篇》）等，康有为承其说，作《孔子改制考》《新学伪经考》，并以此作为维新变法的理论基础，在中国近代史上影响至深。宋育仁著有《采风录》《时务论》等，介绍西欧政治制度、社会经济、文教措施及社会风俗，主张维新变法，被誉为"新学巨子"。

同期其他书院培养的川籍蜀学著名人士，如锦江书院刘光第（富顺）、李榕（剑州）、骆成骧、张森楷、吴虞（后三人亦学于尊经书院），存古学堂郭沫若、蒙文通、李源澄、刘子华、向宗鲁、周太玄等，东川书院向楚（巴县），重庆经学书院邹容（巴县）、杨庶堪（巴县），成都芙蓉书院（吴虞亦学于此），重庆广益书院邓均吾（古蔺），嘉定九峰书院赵熙（荣县），江津聚奎书院吴芳吉（江津），自流井炳文书院谢奉琦（荣县）、雷铁崖（富顺），自流井三台书院李宗吾，贡井旭川书院吴玉章（荣县），富顺江阳书院谢持（富顺），江油登龙书院、龙安府匡山书院王右木（江油）等[①]，皆是各个领域的佼佼者，著述丰富，成就卓然，直接推动了近代蜀学的蓬勃发展。

其他还有一批蜀学人士，他们或出于县级"学校"（如成都龚道耕、庞石帚），或出自乡间"书塾"（如双流刘咸炘等），虽然门阀不高、出身不显，但在学术上的贡献却不小，也产生过重要影响，他们无疑也是近代蜀学的组成部分，有的甚至是不可或缺的重要组成部分。天才早慧、学贯四部、旁及道佛、著书235部的著名学者刘咸炘（1896～1932）；学识广博、精熟《仓》《雅》、雅意经史、著述达140余种的龚道耕（1876～1941）；精熟文献校勘、诗文书法俱佳的庞石帚（1895～1968）等，都出身于书塾或蒙馆，其学术造诣并不亚于"两院一堂"所造就的人物。

而在"两院一堂"基础上组合而成的四川大学，更是兼得传统与新学之精神，兼有义理、考据、辞章、科学四长，为近代蜀学培养了大批人才，这些人才创作了丰富的蜀学文献典籍。

与此同时，有许多学习过西方新学的人物，他们积极宣传欧美（或日本）的政治、经济、法律、文化观念，给四川学术界以西学的深刻影响。西方社会

---

① 参胡昭曦：《四川书院史》，四川大学出版社2006年版。

科学的一些学科门类及其理论、方法，随着新式学堂的建立也逐渐传入成都。传统蜀学中的文史哲等学科在继续发展的同时，逐渐引进西方社会科学理论和方法，迅速地向现代社会科学转变，从而使近代以来的巴蜀学术在哲学、宗教学、语言文字学、文学、史学、考古学、民族学等方面取得了丰硕成果。

近代中国是古今中西矛盾的交汇点，反映在哲学上，就是古今中西各种学说的碰撞与交融，以及哲学的不断变化。此期的巴蜀哲学，许多哲学家成为近代中国学术的巨星，在中国近代哲学史上占有重要的地位。如曾任四川存古学堂监督（校长）的谢无量，著有《中国哲学史》，这是中国近代第一部应用西方哲学分类方法研究中国哲学发展史的著作；随后他又撰《朱子学派》《王充哲学》《老子哲学》，实开诸子哲学研究新途径。

曾经就读锦江书院的吴虞，接受了西方社会的政治学说，他站在资产阶级民主派的立场上，将封建君主专制、家族制度及其理论代表儒家学说联系起来，在《新青年》杂志上发表《家族制度为专制主义之根据论》《吃人与礼教》等一系列文章，猛烈抨击封建旧文化、旧礼教，在当时产生了很大影响，被称为"只手打孔家店"的老英雄。

抗战之中，出生于成都的马一浮有感于人心不古、西学泛滥的现实，回到四川乐山开办复性书院，谢无量、熊十力、沈尹默、赵熙、贺昌群、钟泰、钱穆等国学大师受聘为书院主讲，学术上以"六艺该摄一切学术"、人才培养上以"养成儒家"为宗旨，造就了金景芳、张国铨、邓修、杜道生、张德钧等一批著名学者。

新心学的代表贺麟，撰有《文化与人生》，通过评述诸葛亮、王安石、陆九渊、王夫之等人的思想，肯定了中国传统文化的现代价值，并努力寻找西洋文化与中国文化的契合点，力图把二者有机地结合起来，对文化与现代化、文化与经济、文化与政治、中学与西学、继承与创新等问题做了深入的思考。新儒家第二代代表人物唐君毅在中国哲学研究领域著作等身，撰《中国哲学原论》等系列著作，将中国儒学的新发展推向新的高度，号称"思想巨人"。

平民教育家晏阳初，自幼兼受私塾和洋学堂之惠，毕生致力于乡村教育，提出"以文艺教育攻愚，以生计教育治穷，以卫生教育扶弱，以公民教育克私"，在民国时期影响及于全国，后竟成为国际性教育家，被誉为"世界平民教育之父"，曾被评为"对世界文明有较大贡献的十人"之一。

改革开放以来，巴蜀学人继承弘扬固有的儒学传统，逐渐推进儒学与经学研究。20世纪80年代初,四川省社科院院刊《社会科学研究》开辟"经学研究"专栏,邀请冯友兰、李耀仙、钟肇鹏等著名学者,展开对经学家廖平的研究,揭开"蜀学"复兴的序幕。继而李耀仙主编的《廖平选集》、蒙默整理《蒙文通文集》、贾顺先主编《四川思想家》及注译《退溪全书》相继出版,标志着儒学研究规模初具和体系初成。及至20世纪90年代后期以来,四川大学古籍整理研究所筹划《儒藏》编纂,并相继撰著出版《中国儒学通案》《儒学文献通论》《近百年儒学文献研究史》《中国孝经学史》,则将儒学研究推进到一个新的阶段。

另一方面,消沉已久的诸子研究在20世纪也重新兴起,主要代表作有向宗鲁《说苑校注》、张国铨《新序校注》、伍非百《中国古名家言》、吴毓江《墨子校注》、李源澄《诸子概论》、杨明照《抱朴子外篇校笺》《文心雕龙校注》及《拾遗》、王利器《新语校注》《盐铁论校注》《风俗通义校注》《颜氏家训集解》《文心雕龙新书》《文心雕龙校证》《文镜秘府论校注》等,将中国子学文献整理与研究带入新的高度。四川大学古籍整理研究所编《诸子集成》正编、补编、续编,汇集先秦到清末民初重要子学著作及其注本六百余种,构成当时最大的子学丛书。

在宗教学方面,王恩洋与蒙文通都曾从近代佛学大师欧阳竟无学习佛学,在中国禅学史、唯识学的现代研究方面,卓有成就。巴蜀以道教研究实力雄厚而成为中国道教研究的基地之一。20世纪巴蜀学人对道书和道教的研究,首推蒙文通。他汇辑《道藏》中各家《老子注》及敦煌卷子所引,首发成玄英《老子疏》之覆,发现并辑校唐李荣《道德经注》,使晋唐以来一直湮没的重要学派"重玄学"得以重见天日。他还探寻千数百年道教流变之迹,从若隐似现的佚书中,辑出许多重要的有关道家的著作,成《道书辑校十种》,成为数百年来道书最重要的辑校成果。继之而有大成就者则是卿希泰《中国道教史》,这是国内外学术界迄今为止最为全面和系统的第一部多卷本道教通史,填补了学术研究的一大空白,"代表了改革开放时期中国道教学术研究的辉煌成果和最高学术思想水平"。该书以及后来出版的《中国道教思想史》,对全面认识中国传统文化,尤其是全面反映中国学术史,提供了主要的依据。在宗教文献整理方面,巴蜀书社出版的《藏外道书》,龙显昭等校点《巴蜀道教碑文集成》《巴蜀佛教碑文集成》,不仅可与宗教文献集大成之作《道藏》《佛藏》互补,而且极大地充实了二《藏》所缺的巴蜀文献资料,为其他省区道教、佛教历史文献的集成和整理提供了范本。

在语言文字学方面，20世纪30年代以前，巴蜀地区的语言文字学研究基本上仍保持传统"小学"的治学方法。如由著名学者龚道耕和向楚等共同倡议，严式海辑刊的《音韵学丛书》，凡收有宋以来诸家音韵学著述32种123卷，可谓这个时期语言文字学方面的重要成果。30年代以后，语言学家们运用现代语言学的理论和方法，或编纂大型语言文字工具书，或对成都地区的方言和少数民族语言进行实地调查和整理归纳，使成都地区传统的"小学"研究有了新的突破。如徐中舒《汉语大字典》《甲骨文字典》、张永言等《简明古汉语字典》、张怡荪《藏汉大辞典》、马黑木呷《汉彝词典》，皆是这类文献的代表作。

在文学方面，辛亥革命以后，特别是20世纪前期掀起的文学革命，使四川文学进入全面繁荣时期，各体文学都达到前所未有的高峰境界，文学大家、文化巨星，辈出迭见，同时辉耀于时代天空：李劼人、郭沫若、吴芳吉、阳翰笙、缪钺、巴金、艾芜、沙汀、何其芳等，这一串串响亮的名字，不仅作为文学象征载入巴蜀文化史册，而且他们的作品也成为文化珍品收藏在中国文化的宝库之中[①]。此外，古典文学研究中，基础性研究成果突出，杨明照《文心雕龙校注》《文心雕龙校注拾遗》、王利器《文心雕龙校证》《文镜秘府论校注》等著作，均有重要影响。至于总集、丛书之编纂，傅增湘《明蜀中十二家诗钞》《宋代蜀文辑成》，杨析综、刘君惠《近代巴蜀诗钞》，为诗文总集；吴虞《蜀十五家词》、李谊《历代蜀词全辑》，为词总集；曾枣庄、刘琳主编《全宋文》，为宋文总集；舒大刚主编《宋集珍本丛刊》，为宋集优秀版本丛书；林孔翼《成都竹枝词》，又是辑录清代中期以来成都竹枝词之总集。俱为近时巴蜀文学及其文献整理研究的重要成果。

在史学方面，从辛亥革命后到二三十年代，刘咸炘、叶秉诚、祝屺怀、张森楷等，或在高校讲授历史，或著书修志，基本上遵循着传统史学的路径方法。最具有代表性的史学成果有张森楷的《二十四史校勘记》《史记新校注》、刘咸炘的《汉书知意》《太史公书知意》及《史学述林》。蒙文通《古史甄微》《周秦民族史研究》《古地甄微》《中国史学史》等。抗战爆发后，许多名校内迁川中，大批著名学者前来执教，川籍学者亦纷纷回川，一时，人才济济，成果丰硕。具有代表性的研究成果有蒙思明《元代社会阶级制度》

---

① 其详可参谭兴国：《蜀中文章冠天下——巴蜀文学史稿》，四川人民出版社2001年版。

《六朝士族形成的经过》、徐中舒《耒耜考》《井田制度探原》等。同时，鉴于当时四川古史研究的空白，徐中舒撰写了《四川古代之文化》等文章，并与顾颉刚等学者加以倡导，从而使四川古代史研究蔚然成风。新中国成立后，巴蜀史学取得重大进展，呈现繁荣景象。如吴天墀《西夏史稿》，填补了二十五史中缺乏西夏史的空白。蒙默、刘琳等《四川古代史稿》，隗瀛涛《四川近代史稿》，贾大泉等《四川通史》，推动了四川地方史研究的蓬勃发展。

在考古学方面，省市文物考古工作者开展了大规模的文物普查和田野考古，取得了相当丰富的成果。五代前蜀王建墓的发掘，这是国内首次用科学方法发掘帝王陵墓；广汉三星堆遗址的大规模发掘，使辉煌的古蜀文明再现于世；成都商业街战国船棺葬的发掘，第一次以规模宏大精美的实物展现了古蜀开明王朝迁都成都以后至秦灭蜀前的蜀文化面貌。重要的考古学术成果有冯汉骥《前蜀王建墓发掘报告》以及《三星堆祭祀坑》《成都商业街船棺葬》《四川汉代石阙》《四川彭州宋代金银器窖藏》《什邡城关战国秦汉墓地》《成都十二桥》等。较为全面地展示四川文物分布的工具书，则有《中国文物地图集·四川卷》。

在民族学方面，任乃强、李绍明等学者多次深入川内少数民族地区，对少数民族现状、社会历史、民族语言进行广泛调查，在少数民族资料整理、民族社会调查、民族学研究等方面，都取得了一批成果，如《藏族宗教史之实地研究》《四川省阿坝州藏族社会历史调查》《四川省凉山彝族社会历史调查》（综合报告）、《羌族社会历史调查》（综合报告）、《近代康区档案资料选编》《清季民国康区藏族文献辑要》《康区藏族社会历史调查资料辑要》以及冉光荣、李绍明、周锡银等《羌族史》，李绍明《民族学》等。

基于如上所述，近代以来的巴蜀学术文献，我们即大致依其研究内容，条举其要，以见其特色及成就。

第二节　思想史文献举要

一、经学与哲学文献

1.《经学通论》，龚道耕撰

龚道耕（1876～1941），字向农，又字君迪、悲庵，别署蛛隐、瘖翁。祖籍浙江绍兴，生于成都。1901年考中举人，无意为官，专事教育。历任四川省立第一师范学校、眉山县立中学、成都县立中学校长。1926年起先后任国立成都高等师范学校、国立成都师范大学代理校长。1931年国立成都师范大学与公立四川大学、国立成都大学合并成立国立四川大学，乃卸师大校长任，专任国立四川大学、华西协和大学两校教授，主讲经学。生平于学无所不窥，雅意经史，著有《经学通论》《三礼述要》《中国文学史略论》《孝经郑氏注》《字林考逸补遗》《字林考逸校误》等140余种。

是书卷首有林思进民国15年（1926）《序》，全书不分卷次，共设《群经名义》《群经篇目》《经学沿革略说》《群经学说》四个章节，比较全面地展现了经学问题的基本内容和主要方面。尤其是《经学沿革略说》一章，将中国经学史分为"经学始于孔子""晚周秦代经学""汉初至元成时经学""哀平至后汉经学""郑氏经学""魏晋经学""南北朝经学""隋及唐初经学""中唐以后至北宋经学""南宋元明经学""明末清初经学""清乾嘉经学""道咸以后经学"13时期，这较仅以朝代废兴为断者实更具特识。当然，龚氏分期固然也有按时代或朝代分者，有的也是约定俗成的，如"晚周秦代""魏晋经学""南北朝经学""清乾嘉经学"等，但他更多地则是将一个朝代分成前后两段，或将几个朝代合成一个时段，如"汉初至元成""哀平至后汉""隋及唐初""中唐以后至北宋""南宋元明经学""明末清初""道咸以后"等；有的甚至将一个人划分为一个时代，如"孔子""郑玄"等。这样划分看似零乱，时间长短也不一致，但却更能体现学术萌芽、转变和盛衰的真正面貌，也更能看出学术典范转换的轨迹。故其友人庞俊即评论说："明经学流变，秩如有条，视皮鹿门《经学历史》，有过之无不及也。"[1]而其他诸如名义训释、篇目考证、学说讨论等方面，亦有很多独创之见[2]。因此，是书颇受当时学界重视，一时成为成都各大中学校的通用教材。

是书有1927年成都刻本、1929年成都维新印刷局三版重印本、1947年成都薛崇礼堂刻本。又收入李冬梅编《龚道耕儒学论集》（四川大学出版社2010年版）。（舒大刚、李冬梅）

---

[1] 庞俊：《记龚向农先生》，载《志学》第6期；又载《国文月刊》第58期，开明书店1947年版；又载龚向农（道耕）编著：《旧唐书札迻》，四川大学出版社1990年版。
[2] 参舒大刚：《龚道耕学术成就刍议》，载《社会科学研究》2008年第2期。

2．《唐写残本尚书释文考证》1卷，龚道耕撰

卷首有民国26年（1937）龚道耕《自叙》，略述其撰著之由，云："唐写残本《尚书释文》，出于敦煌莫高窟。海盐张氏景印入《涵芬楼丛书》，钱塘吴翎斋（士鉴）侍读作《校语》二卷。曩读其书，病其疏漏已甚。复校以薛季宣《书古文训》本及山井鼎所称'足利本'，别为《考证》。"是此书乃道耕因病吴士鉴《校语》多有错漏，乃依据薛季宣《书古文训》本及山井鼎足利本《七经孟子考文》，重加校释考证。书中纠正了吴氏《校语》许多错讹，对于《尚书》版本校勘、文字订讹非常有功。正因其引录宏富，校勘精确，故顾颉刚、顾廷龙撰《尚书文字合编》时，特意寻求加以引录[①]。时至今日学人仍然认为："这是所有关于写卷《释文》校勘中最精审的一篇论文，至今尚无超越该文的论著出现。"[②]

是书《华西学报》第4期，第5期，第6、7期合刊本曾先后予以刊载，惜不是完本；又有1937年成都华西协合大学哈佛燕京学社的印行本，乃为全编。又收入李冬梅编《龚道耕儒学论集》（四川大学出版社2010年版）。（李冬梅）

3．《复性书院讲录》，马一浮撰

马一浮（1883～1967），幼名福田，字耕余，后更名浮，字一浮，又字一佛，号湛翁，以字行，晚年自号蠲戏老人，简称蠲叟，浙江绍兴上虞人，生于四川成都。马一浮幼习经史，16岁应县试名列榜首。1901年，与马君琥、谢无量在上海合办《二十世纪翻译世界》杂志，介绍西方文学。后赴美国、德国、西班牙、日本留学，精通多国语言。辛亥革命后回国，潜心研究学术，于古代哲学、文学、佛学，无不造诣精深，又精于书法，合章草、汉隶于一体，自成一家，丰子恺推崇其为"中国书法界之泰斗"。民国初，曾短期在北京民国政府教育部任职，不久辞归。蔡元培邀其为北京大学教授，以"吾闻来学，未闻往教"婉拒。抗战兵兴，乃应竺可桢之请，为浙江大学师生讲授"张子四句教"及"六艺统一切学术"之说，并随校迁转于江西、广西等地。1939年夏，应民国政府之邀，入川筹办复性书院，自任院长兼主讲。抗战胜利后回到杭州，任浙江文史馆馆长、中央文史馆员、全国政协委员会特邀代表。1967年，卒于杭州西湖，享年85岁。

---

① 唐振常：《忆舅父——记一代经学大师龚向农先生》，《半拙斋古今谈》，山西教育出版社1998年版。

② 许建平：《敦煌出土尚书写卷研究的过去与未来》，载《敦煌吐鲁番研究》第七卷，中华书局2004年版。

马先生是中国现代思想家、现代新儒家的早期代表人物之一。梁漱溟称他为"千年国粹，一代儒宗"，学人将其与梁漱溟、熊十力合称为儒家"现代三圣"。马先生一生著述宏富，有"儒释哲一代宗师"之称，主要有《泰和会语》《宜山会语》《复性书院讲录》《尔雅台答问》《尔雅台答问续编》《朱子读书法》《老子道德经注》《蠲戏斋佛学论著》《马一浮篆刻》《蠲戏斋诗集》等，后人辑为《马一浮集》《马一浮全集》。

《复性书院讲录》系马一浮于1939年复性书院正式成立后，以主讲名义在书院授学之全部讲稿。复性书院院址设在四川乐山乌尤山的乌尤寺，风景绝佳。马一浮认为，"学术、人心所以纷歧，皆由溺于习而失之，复其性则然矣"，是"复性"即复明仁义道德的"善"的本性，故将书院定名为复性书院。书院从1939年9月开始讲学，到1941年5月停止讲学，前后共一年零八个月，其以"讲明经术，注重义理，欲使学者知类通达，深造自得，养成刚大贞固之才"为主旨，之后，就专事刻书。书院讲学期间，马一浮受聘于此，总持讲学事宜，遂有《复性书院讲录》之作，以"复性"为教育宗旨，以儒学为教育内容。

是书凡六卷，卷一为全部讲录的总纲，有《开讲日示诸生》《学规》《读书法》《通治群经必读诸书举要》四篇，告诫学者为学之目的、内容、方法和途径。卷二至卷六对多部儒家经典进行了全面、深入、独到的阐释。其中卷二为《群经大义总说》和《论语大义》，首篇《群经大义总说》乃全书的绪论，马一浮认为："圣人言虽千举万变，其统类一也。统是总相，类是别相。总不离别，别不离总。举总以该别，由别以见总。知总别之不异者，乃可与言修理矣。"次篇《论语大义》，认为："六艺之旨，《孝经》总摄，《论语》散见。今当略举《论语》大义，无往而非六艺之要。若夫举一反三，是在善学。如闻诗而知礼，闻礼而知乐，是谓告往知来，闻一知二矣。"又前有1940年2月马一浮《题识》，述其著作大旨。卷三为《孝经大义》，马一浮认为："《孝经》始揭父子天性。在《诗》曰秉彝，在《书》曰降衷，在《易》曰各正性命，在《中庸》曰天命之谓性。孟子曰：'尽其心者，知其性也。知性则知天矣。'六艺之道，明乎自性而已矣。曷由而明之？求之《孝经》斯可明矣。"卷四为《诗教绪论》《礼教绪论》，在《诗教绪论》中，马一浮认为："六艺之教，莫先于诗。诗者，志之所之也。在心为志，发言为诗，故一切言教皆摄于诗。苟志于仁，无恶也。心之所之莫不仁，则其形于言者亦莫不仁。"在

《礼教绪论》中，又认为："六艺之教，莫急于礼。礼者，履也。在心为志，发言为诗。在心为德，行之为礼。故敦诗说礼，即是蹈德履仁。"卷五为《洪范约义》，马一浮认为："《尚书》内容，包括甚广，前人论说已多。惟《洪范》一篇精义，先儒隐而未发，故首讲此篇，以补先儒未尽之意。"并说："《洪范》九畴，亦可总摄六艺。夫舜禹之授受，箕武之问答，皆道其所证之性分内事而已。举而措之以为政，因而笃之以为教，皆不离乎是也，故曰'洪范'。"卷六为《观象卮言》，认为："天下之道，统于六艺而已。六艺之教，终于《易》而已。学《易》之要，观象而已。观象之要，求之《十翼》而已。"六卷提纲挈领，条理清晰，据此大致可以把握马一浮"六艺论"的文化哲学之要旨。

是书六卷曾分别梓行，其中卷一、卷二、卷三皆马一浮于1939年在书院所讲，1940年由复性书院刻书处刻版行世。卷四、卷五为1940年所讲，卷四当年由复性书院刻书处梓行，卷五次年梓行。卷六系1941年所讲，不过"因书院经费奇绌，即于是年夏末将刻工停止未能付刊。嗣由朱铎民、黄离明两先生自动捐助刻资，敦劝续刻，始于三十一年四月开雕，至十月刊成，全书计三万一千六百五十五字"①，是卷六于1942年由复性书院刻书处梓行。此后，是书全卷1964年台湾广文书局出版有影印本；1996年收入《马一浮集》由浙江古籍出版社、浙江教育出版社出版；1998年山东人民出版社辑印"现代中国思想论著选粹"丛书，收录宋志民整理本；2005年江苏教育出版社辑印"国学书库"，本书亦收录其中，并附《马一浮先生年表》，简洁明了，颇便了解马一浮一生行迹。另刘梦溪主编的《中国现代学术经典·马一浮卷》（河北教育出版社1996年版），亦收录有此书。（李冬梅）

4.《尔雅台答问》，马一浮撰

是书之命名，系因四川乐山乌尤寺北旧有尔雅台，传为汉犍为舍人注《尔雅》处，马一浮曾一度借住，学人常来此请益，故以为名。全书分为正编、续编、补编三部分，其中正编一卷，1941年由门人王培德、刘锡嘏所编，辑录马一浮在乌尤寺复性书院讲论之余裁答学生与四方士友之书札43通。卷前有1941年6月刘锡嘏、王培德《序》及《编例》，述其命名之由以及编纂经过和体例。其云："民国28年（1939），假寺屋设书院，会稽马先生来主讲事，憩

---

① 《刻观象卮言后记》，载《复性书院讲录》，江苏教育出版社2005年版。

止于此,(锡嘏)等从焉。山中学人稍集,时有谘决,四方士友以书来问者亦颇众。先生讲论之余,手自裁答,(锡嘏)等退而录之。积两年,书盈箧。私谓于学者有豁蒙导滞之益,因请于先生,汰存其要约者,次为一卷。"又云是书"所录答问诸书,以院内院外为次。二者,又以答之先后为次。惟年月从略";"凡答院内书,俱著其姓字。院外诸君与先生旧识者,亦出其姓字。余则但著姓氏,不题表德。姓氏同而非一人者,别出之。若系释子,则题某上座";"数书同答一人者,编次概令相属,仍以答之先后为序"。

续编六卷,门人王培德、张立民于1943年所编,内容兼及马一浮平时垂语与批答学人札记之言,计示语4卷,涉及28人,597则,答书1卷17通,附录1卷8通。卷前有1943年1月马一浮《弁言》和同年同月王培德、张立民《编例》。《弁言》自述其对所编《答问》态度,云:"书院诸子,刻予短书,每自恨其多口。然言之既出,如箭去弦,更无返势,故亦了不复省记。今诸子复就其掌录,续有《答问》之辑。不独存者未免瑕谪,其遗者亦多非肯綮,既病无益于当人,尤恐见讥于达者。以诸子请之甚力,吾未能止也。过而存之,亦不掩其陋。"以此尤见马一浮于学问之严谨,其不喜表曝、不求闻达之情溢于言表。《编例》除述及是编收录范围外,亦言其具体编纂规则。"垂示之言,题曰示语。其有录自书札者,以其义类相属,亦即编入此门,不另出书札。或疑此非答问,不知随机赴感,鲜有不请而说者,义应同为答问所摄。其有私记先生语者,亦因义类相属,间有附入。但在讲期始末告学人书,与此异例,今别次为附录一卷,仍存答书一门,以兼摄答院外来问者。""批答札记中语,或数语见义,或申言累牍,皆因其所记为之抉择,是以繁简殊施,今俱编入示语类。其有非出原问不明者,录去原问。但自辍讲以后,诸友多散处四方,今唯就当时同学转录所及,虽单词片语,涉于谈义者,皆存之。其有未及转录者,从阙。"复性书院刻本卷后又有复性书院刻书处《附记》一则,具体记其刊刻的资金来源和开支情况。

补编二卷,卷一为示语,涉及8人19则,卷二为答书,共5人7则。原收录于《濠上杂著》,系1947年至1948年刊刻于杭州。

《尔雅台答问》收录了马一浮在复性书院讲学期间答复院内、院外学者的书信,以及平时对学生的示语和批语,是其教育实践的重要组成部分。全书分三编论及书院教育的性质和特色,对儒学的研习和理解,以及治学方法,从中可窥见马一浮"因材施教,随机指点"的教育原则。学界认为"以书札论学者殆无过于朱熹、陆九渊。今日尚持此传统，而文字之美，内容之纯，先生之《尔雅台答问》可上比朱、陆诸大儒而毫无愧色者"。

是书正、续编曾分别于1941年、1943年由复性书院刻书处木刻，后又有1964年台湾广文书局影印本。斯二编1996年合"补编"收入《马一浮集》，由浙江古籍出版社、浙江教育出版社出版；2005年收入"国学书库"由江苏教育出版社出版。（李冬梅）

5.《濠上杂著》，马一浮撰

马一浮在四川乐山复性书院讲学期间，复性书院曾在乌尤山下一个名为麻濠的小溪旁边建筑精舍以供马一浮居住，马一浮将其称之为"濠上草堂"，是书之命名，即源于此也。

《濠上杂著》共有《初集》《二集》两集，其中《初集》包括《太极图说科判》《太极图说赘言》《童蒙箴》及《尔雅台答问补编》，《二集》为《寒江雁影录》。

马一浮治学，以儒学为主，尤重六艺之学，但他的佛学修养和对佛理的探究，却绝不在儒学之下。刘梦溪尝言，"他是晚清以来中国现代学者当中，佛学造诣最深湛的一位"[①]。诚然，马一浮的治学方法，是主张儒佛会通的。如是书《尔雅台答问补编》之《答吴希之》中即有一句名言："儒佛等是闲名，心性人所同具。"

梁漱溟在《勉仁斋读书录》中，有《重读马一浮先生〈濠上杂著〉》一文，曾摘取马一浮此书中一些条目，略加按语，以志敬佩。对于上述提及之言，梁氏就颇为赞同，其加按语说："此语真好！儒也，佛也，都是不相干的名词或称谓。但生而为人，如果想要明白人心人性是如何的，却不妨向古儒家古佛家去探讨探讨。假如资借古人而复有得乎己，那么，这些透悟便是自己之所有，更不须说儒说佛——当然说儒说佛亦自不妨耳。如我凤日所指出东西学术是分途的，近世西洋人站在人生立场向外察物，发展了利用厚生之学，而古东方人如中国如印度却反躬内省乎人类生命，分别成就得儒学和佛学，为后此学术发展之先导。质言之，他们都是人类未来文化之早熟品。他日学术风气转变发达，对于人类生命有深澈认识之时，古儒家古佛家所发明之学理及其应用，将逐一为世所公认且加发展，而儒佛之名却不须存矣。"

---

① 刘梦溪：《马一浮的文化典范意义》，载《中华读书报》2009年6月17日。

又为此条"古来达德,莫不始于知性,终于尽性;众庶则囿于气质,蔽于习俗,不能知性,故不能率性,谓之虚生浪死。唯知性而后能率性(原注:循理由道,不随习气),率性而后能践形(原注:极聪尽明,不存身见),践形而后能尽性(原注:察伦明物,不限时劫),如此则庶几矣"加按语说:"孔门之学无他,只是践形尽性而已。如我所了解,一切事物时时在发展变化中,人的心性形体举莫能外也。所不移不易者,则向上奋进是已。从乎社会文化之迁进,将来继儒学而兴者佛学也。"

如此等等,还有诸条,此不赘及。梁漱溟与马一浮平生都致力于中国传统文化尤其是儒学的解读弘扬与传承,交流虽不频繁,但却相互欣赏,于此足见一斑。

是书《太极图说科判》《太极图说赘言》《童蒙箴》《尔雅台答问补编》诸篇1947年至1948年曾刊刻于杭州,《寒江雁影录》为复性书院校刊。今经虞万里整理校点,收录于《马一浮集》,由浙江古籍出版社和浙江教育出版社于1996年联合出版。另刘梦溪主编的《中国现代学术经典·马一浮卷》(河北教育出版社1996年版),亦收录有此书。(李冬梅)

6.《中国哲学史》,谢无量撰

谢无量(1884~1964),原名蒙,字大澄,号希范;后改名沉,字无量,别署蔷庵,四川乐至人。幼年接受传统私塾教育,15岁,拜立宪人物汤寿潜为师,结交马一浮。18岁入南洋公学(上海交通大学前身)特班学习,时中文系主任为蔡元培,学侣有李叔同、邵力子、黄炎培等。后于1903年流亡日本一年,在东京补习日、英、德文。21岁由日归国,旋即为芜湖安徽公学聘为文科教授。27岁,为四川存古学堂监督,同时拜蜀学大师吴之英为师,并与经学大师廖平厚相友善,既做监督又做学生,传为一时美谈。31岁因时局动荡,入中华书局从事编书工作,后一发而不可收,在从事社会活动的同时,撰书介绍西学、整理旧学,成绩卓著,至35岁时,已编著教材及学术论著22种之多。此后,先后从事各种进步的政治、教育、文化等多项社会活动,曾任孙中山大本营秘书长、参议长、黄埔军校教官等职,并任国内多所大学教授。新中国成立后,历任川西博物馆馆长、中国人民大学教授、中央文史馆副馆长。一生著作等身,主要有《中国哲学史》《伦理学精义》《佛学大纲》《中国大文学史》《中国妇女文学史》《朱子学派》《老子哲学》《王充哲学》《诗学指南》《诗经研究》《中国古田制考》等;另在诗词、书法、文史研究、文物鉴赏等方面也卓有成就,出版有《谢无量自写诗卷》《谢无量书法》《青城杂咏》等。

《中国哲学史》是谢无量在中华书局工作期间的成果，出版于1916年10月，乃中国第一本以"中国哲学史"题名的著作，是传统旧学与西来新学交替背景下的产物。介绍西学，以"西"释"中"，是当时学界的主流趋势。谢无量自幼于传统学有根柢，但不喜"八股"，向往新式教育。在南洋公学学习之余，与马一浮创办翻译会社，并出版编辑《翻译世界》，又赴日学习一年，眼界大开，遂对于西学抱积极吸收态度。时恰逢中华书局致力于新式教材编写的契机，谢无量于是在《（新制）哲学大要》及其《参考》较系统地介绍西学之后，便尝试着以西方的"哲学"来解释中国自有之传统。

《中国哲学史》因为是第一部"中国哲学史"，所以面对的首要问题是"哲学""中国哲学""哲学史"及"中国哲学史"的学科定位问题。谢氏借用日本人对西人"philosophy"格义式翻译"哲学"一词，认为所谓"哲学"起于"宇宙之观察，尝先究何者为宇宙之本体，何者为宇宙发生之现象，是一切人事何者根本"，并将之提到"科学之原"的高度。其架构方法为"形而上学、认识论、伦理学"三种。"中国哲学"的范围为"吾国古有六艺，后有九流，大抵皆哲学范围所摄"。"哲学史"即"述自来哲学变迁之大势，因其世以论其人，掇学说之要删，考思想之同异，以史传之体裁，兼流略之义旨"。中国虽古有叙述学派源流之书，但多"门户之争"，其结果是"学者欲通观古今学术之变迁，实难得一适当之书"。因此，谢氏"兹编所录，起自上古，暨及近代，凡哲人巨子，树风声于当时，标新意于后来者，皆掇其学说之要，用今世哲学分类之法以述之，以其条纪贯串，便易观省也。约其精蕴，故无取繁词，求其会通，故并存异学"。

《中国哲学史》分为三编，即上古、中古、今世哲学史。其中"上古哲学史"上溯到"邃古哲学之起源"，接之以唐虞、夏商哲学，再至六艺哲学和儒家，再遍及诸子百家，止于秦代。"中古哲学史"分为两汉与魏晋六朝唐两大块。"今世哲学史"则分为宋元与明清两部分。全书对中国哲学发展的历程进行了初步分期，从而一部上下贯通、阶段明确的"哲学史"体系便粗具规模。在内容分叙和章节安排上，作者尽量采用西洋哲学之"形而上学、认识论、伦理学"等架构来阐释中国的哲学问题，介绍中国哲人的思想和特征，这就使纷繁复杂的中国哲学史料第一次得到条分缕析式的分析；也使在浩瀚书海面前常常望洋兴叹而不知所措的读者首次在这专题式的讲解下顺利得其门而入之。

但是，由于中西文化之不同、哲学观念和认识对象之有异，在具体构架和写作时又遇到不小困难，常常在具体诠释过程中，出现概念不清、前后复沓等现象。如对于老子思想的分析，以"宇宙论""修养论""实践道德论""人生观""政治论""人生论"等六方面去阐述；再如分孔子思想为"仁说""性说""德治论""忠恕""孝悌""五伦及五常"等。从中不难看出用西学框架解构中国传统学术时的窘迫。另外，由于时代的局限，作者对于古书记载未加严格甄别，往往有拣择失当之处，这是今天在阅读时所不得不留心的。

然而，正是谢氏对于"中国哲学史"筚路蓝缕的探索，开启了1919年胡适《中国哲学史大纲》的进一步努力，方才有20世纪30年代初冯友兰《中国哲学史》的完善。当然还有1929年钟泰《中国哲学史》以"中"释"中"之纠偏。在此意义上，谢氏《中国哲学史》的开创之功是不容忽视的。

是书最早版本有上海中华书局1916年版，后中华书局又多次重版。又收入中国人民大学出版社2011年版《谢无量著作集》。（李东峰）

7．《孟子大义》1卷，唐迪风撰

唐迪风（1886~1931），原名烺，又名倜风，字铁风，宜宾人，唐君毅之父。18岁中晚清末科秀才，后就学于成都叙属联中及法政专门学校。民国成立后，致力于乡邦教育，先后执教于四川及重庆多所中学、师范、专门学校及成都敬业学院、成都师范大学、四川大学、华西大学等。又曾举家赴南京，从欧阳竟无学禅学，深得佛旨。民国20年（1931）逝世，年仅46岁。迪风博学通识，少时治文字音韵学及先秦诸子，初好道家言。民国10年（1921）患目疾后，始专攻宋明诸儒书，深有所悟。及从欧阳竟无学后，"益以阐明孟子及象山之学为己任"。著有《广新方言》《诸子论释》《志学谀闻》《孟子大义》及文集、诗集若干种，今仅《孟子大义》一书传世。

是书卷首有唐迪风《自序》，后分5章，依次为《辨义利》《道性善》《息邪说》《政教》《守先待后》，其中每章又分为若干节。大旨以宋儒之说为本，间附己意，旁征博引，贯穿七篇，立论平稳，对《孟子》一书的主要论点，都进行了专题研究。林思进挽迪风诗有云："七篇仁义旨，强聒若为传。"其立言苦心，于此可见。特别是以其扎实的旧学功底，加之抽象的新学思维，培养出了一代大儒唐君毅，更是居功甚伟。

是书有四川敬业书院活字印本、民国20年（1931）北平影印本、台湾学生书局出版《唐君毅全集》本等。（李冬梅）

8.《经学导言》,蒙文通撰

蒙文通(1894~1968),字尔达,盐亭县人。5岁入私塾,1911年入当时国学最高学府四川存古学堂。从19世纪20年代起即执教于成都大学、成都师范大学、成都国学院、中央大学、河南大学、北京大学、河北女子师范学院,40年代即任四川省图书馆馆长兼华西大学、四川大学教授。新中国成立后,任华西大学、四川大学教授,兼任中国科学院历史研究所一所研究员、学术委员,任中国民主同盟成都市委和四川省委委员。早年受业于清末国学大师廖平、刘师培,研究传统经学,后又从近代佛学大师欧阳竟无,探讨佛学和古代学术思想,终成为博通经史、诸子,旁及佛道二藏、宋明清哲学的一代著名学者。主要著作有:《古史甄微》《儒学五论》《辑校李荣老子注》《辑校成玄英老子义疏》《周秦少数民族研究》《经学抉原》等,积稿200余万言,经其哲裔蒙默整理为《蒙文通文集》6卷行世,后在此基础上又重编成《蒙文通全集》,仍以6卷行也。

是书初撰于1922年,蒙文通时任重庆联中国文教员,为学生讲授宋明儒学。应杨效春《友声》征文,撰写了《近二十年来汉学之平议》,以连载形式发表于《友声》。但未登完,底稿却已散佚。后将旧稿重新写完,并改名《经学导言》,共二万余字,以白话文写就,凡九篇,分别为:《绪论》《今学》《古学》《鲁学》《齐学》《晋学》《王伯》《诸子》《结语》。

是书主要有以下几个特点:第一,从地域文化角度探讨学术的异同。一地之学术,必受其地之历史文化、人文环境的影响,所谓"水土风气不同,君上好恶不同,就形成国异政家殊俗的样子"(《齐学》)。齐学"本重百家言,孔学不过是在其间占了一小部分,诸子与六经混乱,这派孔学便不纯了。又加之燕齐海上之士好言方术,这派学说同时也和六经淆混,所以好言灾变,便成为齐学的特征"(《晋学》)。晋学与鲁学不同,"晋国的学问,根本是古史"(《晋学》),然而孔氏之学与古史根本又是不同的,因此晋学也不算纯粹。只有鲁学才是"六经的正宗,孔子的嫡派,是醇正谨守的"(《齐学》)。齐鲁之古文与晋之今文,正是"王"与"霸"之分。

第二,继承和发展了其师廖平以"礼制"分别今文经学和古文经学的方法。运用此方法,蒙文通区分出鲁、齐、晋三家学说可以"礼"划分为"王制"和"霸制",指出"晋学特殊的礼制便应是文襄的霸制"(《王伯》)。齐桓、晋文改制,使礼乐征伐不出自天子,而是出自诸侯,因此他们不能算作王制，得算入霸制。"孔子用的才是鲁国存留下来的周公之法"，周礼尽在鲁，因此鲁国为王制。"齐学、晋学虽是讲孔子的学问，却时时留着桓、文霸制的余迹，只有鲁学才是笃守王制的"（《王伯》）。如此解经，"比从前只守着两汉的今古学讲，真要了当直捷得多了"（《王伯》）。

第三，分析了先秦时期儒学与诸子百家的相互关系，各学术派别又在百家争鸣、攻击不已中逐步走向统一。至汉武帝罢黜百家，诸子学就从此衰落，而儒学渐渐取得"独尊"地位，也是由于西汉今文经学汲取了百家之长，同时又超越先秦各诸子，在中国文化和中国学术发展史上具有承前启后的重要意义。

是书采用白话文撰写，篇幅短小，文字简洁晓畅，极便于阅读。廖平览而题曰："蒙文通文如桶底脱，佩服，佩服！后来必成大家。"1930年，蒙先生主讲四川国学院，又撰《经学抉原》当讲义，主要观点和结构都以此编为据，其篇目计有《旧史》《焚书》《传记》《今学》《古学》《南学北学》《内学》《鲁学齐学》《晋学楚学》《文字》，附《议蜀学》，于前编加详加深，而亦更加系统，可互相参读。

是书1923年曾自印于重庆。后收入《蒙文通文集》第三卷《经史抉原》，巴蜀书社1995年出版。又有《蒙文通全集》本，巴蜀书社2015年版。（李冬梅、邹艳）

9.《儒学五论》，蒙文通撰

蒙文通经学思想总体上经历了四个时期，称为"四变"。第一时期承其师廖平之说，并加以一定的修正和改变，倡鲁、齐、晋之学，以地域分今、古，通过探明地域流传的儒学流派，来分辨孔孟正宗、孔学嫡传，以补汉代今古文经学"离失道本"之差，从而明经学之道，复归孔学正宗。第二时期是破弃今、古法而宗周秦儒学之旨。第三时期提出汉代经学乃融会百家、综其旨要的新儒学，并将西汉今文经学视为中国文化之核心。第四时期提出了西汉今文经学乃变质的儒学，一改前时对今文经学的推崇，而转为严厉的批评。①

《儒学五论》即成书于"四变"中的"第三变"时期，为蒙文通自编、自校、自跋的唯一的论文集，由《本论》五篇和《广论》四篇组成。《本论》五篇分别为：《儒家哲学思想之发展》《儒家政治思想之发展》《漆雕之儒考》《浮丘伯传》《论墨学源流与儒墨汇合》（附《儒家法夏法殷义》）。《广

---

① 蔡方鹿：《蒙文通经学四变论述》，载《四川大学学报》2004年第6期。

论》四篇分别为:《周代之商业》《秦代之社会》《汉代之经济政策》《宋明之社会设计》。蒙氏如此选辑、编排,大有深意。在《自序》中,他说道,"孔孟之道,三古所为训也。中国文明之准也。仁义之说,至杨墨而乱之",为使"推孔孟之说于至精,而诐邪之辞不得作",故将《儒家哲学思想发展》作第一篇。因"文武之道,历百世而常新",又述《儒家政治思想发展》为第二篇。"仁者必有勇,故儒分为八,有漆雕氏,殆儒而侠者也",为使世人知"儒之所谓大丈夫",故又以《漆雕之儒考》为第三篇。"儒之术,以鉴于周秦之败,兼采道、法、墨家之说而益精……斯儒学之精卓于秦汉,鲍丘其作者之俦乎",故述《浮丘伯传》为第四篇。为"正儒之取墨","儒以旧社会之崩溃而衰废,斯固然也。然其复乘新社会之完成而益显,独何欤"?因述《墨学源流及儒墨汇合》为第五篇。"又以究儒史相资之故,别附四篇,以明其变。于是,儒者之经济思想、社会思想,亦可考见。"因此又作有《广论》四篇。

从其自序可以看出,其《儒学五论》对儒学核心价值的诠释,是不同于熊十力、冯友兰等哲学家的。熊十力、冯友兰等注重以纯粹思辨的哲学角度来阐释儒学,蒙文通是史学家,因而在探讨儒学时,更偏重思想与制度、经学与历史之间的内在关联,将儒学自身的发展放在历史变迁中去审视,孔孟思想得自周代历史社会状况的启发,此为"儒资于史";而西汉经说则试图为汉代政治立"一王大法",则为"史资于儒"。所谓"世益降,史益变,而儒亦益变。儒史相资于无穷,为变不可极"。这样一种辩证关系既调校着历史的发展方向,使其既有根源,又具有系统性。以各时期儒学发展情况为点,以儒学发展历史为线,以社会历史制度、思想文化为面,通过儒学与诸子百家、儒学与历史发展的关系的论述,构筑起了他自己的儒学之"体","通过对经、史、义理学关系的重构而确立起的'儒学'观,在现代学术史上的特别贡献在于,他创造性地经由今文经学的路向,将逐渐脱离儒学义理价值立场的经学和史学重新纳入到一种以史学为知识统合手段的儒学系统当中。"①

《儒学五论》结集于1944年,由成都路明书店于是年11月出版。现在通行本为广西师范大学出版社2007年5月重版。前有《题辞》,后有蒙文通《自序》

---

① 张志强:《经、史、儒关系的重构与"批判儒学"之建立——以〈儒学五论〉为中心试论蒙文通"儒学"观念的特质》,载《中国哲学史》2009年第1期。

和《跋》，并附录《〈月令〉之渊源与其意义》。另有巴蜀书社2015年《蒙文通全集》本。（李冬梅、邹艳）

10.《国故论衡疏证》，章太炎撰，庞俊、郭诚永疏证

章太炎（1869~1936），名炳麟，初名学乘，字枚叔，一作梅叔，因慕顾炎武，改名绛。太炎，其号也。浙江余杭（今杭州市）人，清末民初著名思想家、学者，研究范围博涉小学、历史、哲学、政治等。早年师从俞樾，后参加革命活动，主编《民报》，曾任光复会、中华民国联合会会长。著有《国故论衡》《国学略说》《訄书》等多种，后人辑为《章太炎全集》。

庞俊（1895~1964），初字少洲，因慕白石道人歌词更字石帚，以字行。祖籍綦江，生于成都。1924年经向楚推荐，任成都高等师范学院（今四川大学前身）教授，此后一直在大学执教。中华人民共和国成立后，任四川大学中文系教授兼古典文学教研室主任。1964年12月，病逝于成都。博通经、史、诸子，工诗词。弟子中白敦仁、屈守元、王仲镛、王文才等，皆一代耆宿。著有《国故论衡疏证》（与郭诚永合著）、《养晴室笔记》等。

郭诚永（1913~1998），字君恕，四川成都人。1936年毕业于四川大学中文系，为庞石帚弟子，后任四川师范大学汉语言研究所教授，与其师合著有《国故论衡疏证》。

"国故"，本义为国家遭受凶、丧、战争等重大变故；晚清时有了新的含义，即朝掌（章）国故，专指典章制度。1910年，章太炎著《国故论衡》一书，明确地将语言（文字、音韵、训诂）、文学（文学界说、历代散文、诗赋）、诸子学等，都纳入了"国故"范畴，在"国学"意义之外，蕴含了"继绝存故"之意。此书是章太炎在东京国学讲学会若干讲义的结集。疏证，古书注解体例之一，意为疏通、考证。《国故论衡疏证》即对《国故论衡》一书的疏通、考证。

是书以1919年浙本《国故论衡》为底本，分上中下三卷，后两卷由庞石帚著，上卷为郭诚永著。《国故论衡》曾为庞氏执教中国文学批评课程时的教材。因原书文笔典雅古奥，较为难读，故庞氏十年磨一剑，为其撰写疏证，并呈送章太炎请益。1962年中华书局出版《疏证》前，请庞氏补足上卷，庞氏托请其学生胡芷藩作上卷疏证。然上卷完稿甫三篇，遇"文化大革命"，1968年胡氏逝世，文稿亦不知下落。后由郭诚永疏证上卷，于1984年完稿。

是书高屋建瓴，引证材料丰富，且于细微处下功夫。如中卷首篇《文学

总略》篇名下，引《论语》《墨子》《荀子》《韩非子》诸篇，证明"文学"名义至广，"盖拢有一切学术艺文之部"，指出今之所论"文学"，为一切文辞之法式，包括小学、哲学等，与周秦有别。又引《汉志》《说文》《吴都赋注》《检论》对"略"进行阐释，指明"此篇专论文学之界义"。仅"文学总略"四字，就做了如此详明的疏证，足见其功夫之深。又如中卷《原经》"今以仲尼天命为素王""庄子道玄圣素王""太史公为《素王妙论》"三处"素王"，引用了大量文献对其分别阐释，通过"三素王之辨"的疏证，指出"素王本为通名，其意有三，非孔子之所专，则受命制法之说踬矣"，其引证之精警严整，令人赞赏。

章氏为学，讲究古今中外融会贯通。《疏证》亦随章氏笔意，纵横捭阖，于经、史、子、集中寻根溯源、甄别是非，旁征博引，很好地阐释了章氏的学术观点，亦彰显出自家学问功底。

除庞、郭二先生《疏证》外，陈平原亦曾点校《国故论衡》，只是陈本所据底本为1910年日本秀光会社刊行的初版本之初印本，参校右文版和浙本。陈本于2003年由上海古籍出版社出版。较庞、郭《疏证》，少了《音理论》《二十三部音准》两篇，但收有《疏证》所没有的《古今音损益说》。2010年12月，商务印书馆又出版有张渭毅的《国故论衡》点校本，为"中华现代学术名著丛书"之一，张本吸取了陈校本和注疏本的成果，并有订正。在研读《国故论衡》一书时，三书可互为参考、使用。

《国故论衡疏证》由中华书局于2008年6月出版。（李冬梅、邹艳）

11.《左传疏证》10卷，徐仁甫撰

徐仁甫（1901～1988），名永孝，字仁甫，以字行，大竹人。1927年毕业于成都高师，师事于廖平、龚道耕等人，与姜亮夫同学。历任四川大学中文系教授、华西协合大学教授、东方文教学院教授。民国时期，曾主办《志学月刊》，发表不少优秀国学研究论文，如马一浮、龚道耕、蒙文通、姜亮夫等大家的作品，许多皆首先于《志学》刊载，尤其是龚道耕的作品，由于作者早卒，未及结集刊行，得《志学月刊》发表保存者不少。徐仁甫专长于汉语言文学，尤对汉语言虚词考释成绩突出。主要著作有《广释词》《左传疏证》《杜诗注解商榷》《史记辨正》《诸子辨正》《诗经楚辞及历代诗别解》等。

是书共10卷，每卷若干篇，其大旨是以为《左传》不是成书于先秦的解经之作，而是西汉末刘歆所作而托之左丘明的作品。不过作者虽伪，但刘歆寝馈秘府，校雠中书，其所著《左传》史实的可信性尚可有征。书名"疏证"，乃仿自阎若璩《尚书古文疏证》；书中立论，间采廖平、蒋伯潜等人之说，论证详密，可资参考。

是书有四川人民出版社1981年本。（李冬梅）

12.《近代唯心论简释》，贺麟撰

贺麟（1902~1992），字自昭，四川金堂人。著名哲学家、哲学史家、黑格尔哲学专家、教育家、翻译家，现代新儒家的代表人物之一。识者云，"贺麟的学术活动、著作和学说，以其内在的思想素质和成就，在他那个时代的哲学界中属于最出色之列"（张祥龙语）。早年就读于当地私塾和小学，1917年考入成都石室中学。1919~1926年，求学于清华学校（清华大学的前身），深受梁启超、吴宓等人的影响。1926~1931年，先后留学美国奥柏林大学、芝加哥大学、哈佛大学和德国柏林大学。回国后，历任北京大学、西南联合大学教授、中国社会科学院研究员[①]。一生著述宏富，著有《德国三大哲人处国难时之态度》《近代唯心论简释》《当代中国哲学》（后改名为《五十年来的中国哲学》）、《文化与人生》《现代西方哲学讲演集》《黑格尔哲学讲演集》《哲学与哲学史论文集》等，译有《黑格尔学述》《致知篇》（后改名为《知性改进论》）、《伦理学》《小逻辑》《哲学史讲演录》（与王太庆合译）、《精神现象学》（与王玖兴合译）等。近年来，上海人民出版社陆续推出《贺麟全集》，将为学术界提供一套研究贺麟思想和学术的最具权威性的定本。

《近代唯心论简释》，是贺麟的第一本学术论文集。该书与1947年出版的《当代中国哲学》《文化与人生》一起，确立了贺麟在当代中国哲学，特别是新儒家学术潮流中的重要地位，是贺麟"新心学"思想体系的三大代表作。

《近代唯心论简释》实际上是贺麟1934年发表的一篇论文，堪称贺麟"哲学思想的宣言"，"此后的许多文章，都是此文所阐述的基本思想的扩充与引

---

① 关于贺麟之生平与学术，可参看彭华以下诸文：（1）《贺麟年谱新编》，载《淮阴师范学院学报》2006年第1期。全文收入《现当代学人年谱与著述编年》，三联书店2007年版。（2）《贺麟先生学术年表》，附录于贺麟：《近代唯心论简释》，商务印书馆2011年版。（3）《贺麟的文化史观》，载《湖南科技学院学报》2006年第3期。（4）《贺麟与唐君毅——人生经历、社会交往与学术思想》，载《宜宾学院学报》2006年第8期。（5）《"同情的理解"略说——以陈寅恪、贺麟为考察中心》，初稿载《"中国传统学术的近代转型"国际学术研讨会论文集》，上海，2009年10月。修订稿载《儒藏论坛》第五辑，四川文艺出版社2010年版；《中国传统学术的近代转型》，上海人民出版社2011年版。

申"。《近代唯心论简释》的发表,标志着贺麟草创"新心学"的开端。贺麟重视此文、宝爱此文,故1942年6月重庆独立出版社出版其第一本论文集时,遂以此为书名。该书(《贺麟全集》本)收论文15篇,包括《近代唯心论简释》《文化的体与用》《五伦观念的新检讨》《宋儒的思想方法》《知行合一新论》《时空与超时空》《辩证法与辩证观》等重要论文。书末有三份附录:一是贺麟译作《最近五十年来的西洋哲学》(德国亨利·迈尔原著),二是《代序与本书自述》,三是胡绳、徐梵澄、谢幼伟、陈康关于该书的评论。

《近代唯心论简释》出版后,迅即引起强烈反响。徐梵澄说,"其努力融会贯通中西哲学,显而易见。无论有没有偏颇的地方,却处处能见其大,得到平正通达的理解"。胡绳说:"本书作者非常正确地把自己归于唯心论阵营中,不像有些扭扭捏捏装做什么物心综合论者那样叫人作呕。本书在同类著作中是算得比较有见解的,比较的能成一系统的。"

是书版本有重庆独立出版社1942年6月初版本,1944年7月再版本;上海书店1991年《民国丛书》影印本;上海人民出版社2009年8月《贺麟全集》本;北京商务印书馆《近代唯心论简释》"中华现代学术名著丛书"本。《贺麟全集》本《近代唯心论简释》以《民国丛书》影印的1944年再版本为底本,增加了"代序"与"自述",且个别文字有所修订,是为最善之本。(彭华)

13.《当代中国哲学》[①],贺麟撰

1945年,贺麟在《五十年来的中国哲学》一文的基础上,写成《当代中国哲学》一书。1947年1月,《当代中国哲学》由南京胜利出版公司出版,系潘公展、叶溯主编"当代中国学术"丛书之一。1989年,辽宁教育出版社印行新版,更名为《五十年来的中国哲学》(书前有任继愈"序"),"在不影响原书的体系及主要论点的前提下,作了适当的修改和补充"。2002年,商务印书馆再版《五十年来的中国哲学》。

《五十年来的中国哲学》分为上篇和下篇。上篇包括"中国哲学的调整与发扬""西方哲学的绍述与融会""时代思潮的演变与剖析"三章,附录"康德、黑格尔哲学在中国的传播——兼论我对康德、黑格尔哲学的回顾"。上篇从"新心学"的角度出发,总结了新中国成立之前约五十年时间中国接受西方哲学影响,以及西方哲学在中国的传播等内容。下篇论述了1894年至1945年

---

① 是书后改名为《五十年来的中国哲学》。

五十年间中国传统哲学思想的发展，对西洋哲学的介绍与研究，以及知行问题的探讨。全书先后评介了康有为、谭嗣同、梁启超、章太炎、欧阳竟无、梁漱溟、熊十力、马一浮、胡适、冯友兰、汤用彤、严复、王国维、张东荪、金岳霖、郑昕、陈康、沈有鼎、谢幼伟、施友忠、唐君毅、牟宗三、方东美、黄建中、黄方刚、赵紫宸、谢扶雅、宗白华、朱光潜、蔡元培、吴宓、孙中山、蒋介石等几十人的哲学思想、著述、译述。下篇包括"知行合一新论""《孙文学说》的哲学意义——引言""知行合一问题——由朱熹、王阳明、王船山、孙中山到《实践论》"，深入探讨了"知行"学说问题。

有人认为，"(《当代中国哲学》)这本书应与黄宗羲的《宋元学案》与《明儒学案》并立，是黄宗羲以后第一部历史上不朽的作品"（孙霄舫语）。

是书版本有南京胜利出版公司1947年1月初版本，辽宁教育出版社1989年3月新版，上海书店1991年《民国丛书》本，商务印书馆2002年再版本。（彭华）

14．《文化与人生》，贺麟撰

《文化与人生》，是贺麟继《近代唯心论简释》《当代中国哲学》之后，所推出的表述其"新心学"思想体系的另一部代表作，于1947年11月由上海商务印书馆出版。1988年，北京商务印书馆推出是书新版。1988年新版与1947年旧版相比，在内容上增加了一些文章，在编次上也有较大的调整。

新版除《新版序言》《序言》外，共收录文章42篇。所收录的论文，均写于抗战期间。所收录的重要论文，有《儒家思想的新开展》《法治的类型》《五伦观念的新检讨》《抗战建国与学术建国》《学术与政治》《战争与道德》《论英雄崇拜》《论人的使命》《信仰与生活》《理想与现实》《乐观与悲观》《自然与人生》《诸葛亮与道家》《宋儒的新评价》《杨墨的新评价》《功利主义的新评价》《陆象山与王安石》《王安石的哲学思想》《王船山的历史哲学》《文化、武化与工商化》等。

该书之内容，涉及人生观和对文化问题的见解，在同情、理解、发挥中国固有文化的优点的同时，也介绍西洋文化的意义、西洋人的近代精神和新人生观。是书之内容，侧重于文化与人生问题，其基本思想与《近代唯心论简释》一致。比如说，贺麟认为，"中国近百年来的危机，根本上是一个文化的危机。……儒家思想在中国文化生活上失掉了自主权，丧失了新生命，才是中华民族的最大危机"；贺麟提出，"民族复兴本质上应该是民族文化的复兴。民族文化的复兴，其主要的潮流、根本的成份就是儒家思想的复兴，儒家文化的复兴。……换言之，儒家思想的命运，是与民族的前途命运、盛衰消长同一而不可分的"；因此，"书中每一篇文字都是为中国当前迫切的文化问题、伦理问题和人生问题所引起，而根据个人读书思想体验所得去加以适当的解答"。

该书也是贺麟极其重视的作品之一。贺麟在《序言》中自陈，"这书似乎多少可以表现出三个特点，一、有我。书中绝少人云亦云地抄袭现成公式口号的地方。每一篇都是自己的思想见解和体验的自述，或自己读书有得有感的报告；二、有渊源。虽说有我，但并非狂妄自大，前无古人。我的思想都有其深远的来源，这就是中国传统的文化和儒家思想；三、吸收西洋思想。有渊源，发扬传统文化，却并不顽固守旧。在《新版序言》中，贺麟特意提到，"至于《文化与人生》一书，我的老朋友徐佛观先生，……他写信告诉我，《文化与人生》是他带在身边的书籍之一"，贺麟对于《文化与人生》之重视与宝爱，由此可见一斑。

是书之主要版本，有上海商务印书馆1947年初版本、台湾地平线出版社1973年新版本、商务印书馆1988年新版本、上海书店1990年《民国丛书》本（据1947年商务本影印）、2009年上海人民出版社《贺麟全集》本。《贺麟全集》本《文化与人生》，以商务印书馆1988年新版本为底本，参校初版及部分文章初次发表时的报刊，个别文字并据贺麟自用本标记校改，是为最善之本。（彭华）

15.《经学通论》12卷，李源澄撰

李源澄（1909～1958），字浚清，又作俊卿，犍为人。少时入荣县中学，后考入四川国学专门学校，继而又到南京支那内学院、苏州章氏国学讲习会进修经史之学，先后师从于蒙文通、廖平、欧阳竟无、章太炎诸大师，获益匪浅。源澄一生致力于教育事业，早年曾受聘于无锡国专、四川大学、蜀华中学、内迁的浙江大学及大理民族文化书院等。后又执教于西山书院、灵岩书院、云南大学、五华书院、勉仁文学院。新中国成立后，任西南师范学院副教务长兼历史系教授，1958年病逝，年仅50岁。生平著述甚富，主要有《经学通论》《诸子概论》《秦汉史》《李源澄学术论著初编》以及发表于《学术世界》《论学》《文史杂志》《东方杂志》《图书集刊》《灵岩学报》等学术刊物上的有关经、子、史学论文百余篇等。

按源澄治学，首入经学，次及子、史，尤精于秦汉魏晋南北朝史。前辈学者张孟劬称其学问"如开封铁塔，不假辅翼，直上干宵"，邵次公也说"李生年少，而其学如百尺之塔，仰之不见其际"。民国31年（1942），源澄在四川大学讲授经学时，遂有《经学通论》之作。

是书卷首有李源澄《自序》，述其撰著旨趣，云："经学为中国文化之源泉，说经之书至于不可胜计。汉宋今古之争，纷如聚讼，近世以来，群相率以为畏途，而莫肯究目录分类，至不立经学一门，前人所称为经常不易之道者，今后仅存史料之价值耳。故吾作此书，其旨趣有三：一则说明经学之性质，与后来经学之途径；二则提出整理过去经学之方法；三则对各时各派经学从其长处予以说明。"

书凡12卷，第一卷论经学的范围性质及治学途径。其内容主要包括不同时期不同学者对经学概念的释义和自己对经学的理解；经学所涉及的范围及其自己的见解；自己对经学性质的理解；如何在治学中去最好地传授经学等内容。第二卷论经文。其对各时期各经学著作的情况进行了系统的总结，并列出了各经学著作的具体篇目。通过总结各时期具体经学著作情况，十分详尽地反映出各时期经学发展情况。第三卷论经学流变。通过阐述各时期经学著作内容的情况变化，李源澄对经学产生的流变加以了说明和评述。第四卷论今古学。其内容主要包括对今古文、今古学和今古学者内容的阐释，从这三方面反映出今古学的内涵。

第五卷论唐修《五经正义》以前之经学。其内容主要记述了从隋朝设进士科到唐初修《五经正义》之前这段时间各学者对经学的看法及经学在这一时期发展的情况，并李源澄对这一时期经学情况加以阐释。第六卷论宋元明经学。其内容包括：对东汉古文学与宋代经学的不同进行比较，宋代各时期经学发展状况，北宋和南宋时期经学的不同，南宋及元明时期经学发展情况等内容。第七卷论清代经学。其内容包括：清代经学中注疏学与声音训诂学的发展情况；清学中启发时代、全盛时期和蜕变时期的三个时期情况；各学者对清代经学的评价及其看法等内容。

第八至第十二卷，为论读《易》、论读《尚书》、论读《诗》、论读"三礼"、论读"三传"。其内容记述和总结了各个时期学者对《易》《尚书》《诗经》、"三礼""三传"内容的不同理解和看法，其后并加以李源澄自己的理解和总结。

是书撰成于民国33年（1944）。今传本有1944年成都路明书店印行本，台北"中央"研究院2008年《李源澄著作集》整理本、四川大学出版社2017年

《李源澄集新编》本。（李冬梅、颜信）

16.《梅堂述儒》《梅堂述学》，李耀仙撰

李耀仙（1920～2005），四川合江人。1938年重庆南开中学高中毕业，考入昆明西南联合大学，先入历史系，后转哲学系。1942年起执教各校，前后达60余年。历成都齐鲁大学、光华大学、泸县中学、自贡蜀光中学、重庆教育学院、北碚勉仁文学院、西南农学院、重庆西南革命大学、北碚川东教育学院、重庆师范学院等单位。1953年至南充，任教于南充四川师范学院（后更名为南充师范学院、西华师范大学），自后定居并终老于此，经历南充师范学院、四川师范学院、西华师范大学等阶段，历任副教授、教授。主研中国思想史、文化史，时涉道家、佛家学术。著有《先秦儒学新论》《廖平与近代经学》《中国佛学讲议》等，主编《廖平学术论著选集》（一）（巴蜀书社1989年版）、《廖平选集》（上、下册）（巴蜀书社1998年版）。还有《爱吾庐诗话》（正）、《诗话》（续）等。其学术论文与文学创作辑为《梅堂述儒》《梅堂述学》二书。"梅堂"者，乃先生斋名，因其屋前有梅两株故也。

《梅堂述儒》为先生儒学自选集，收集其历年论述儒学的文章25篇，分三组排列：第一组11篇，主要讨论先秦儒学，涉及"六经"与孔子关系、孔子"天命"及"仁""礼"思想、思孟"五行"说、《大学》《中庸》同源异流、孟荀思想不同取向和《周易》等问题；第二组5篇，讨论周敦颐《太极图说》和《古文尚书》以及《廖平选集》整理及其与康有为关系等专题；第三组8篇，讨论现代新儒学，论及冯友兰、梁漱溟、熊十力、牟宗三、唐君毅诸大儒，以及儒学与现代化等问题，末一篇论《儒释道三家启发式教学》。《梅堂述学》由弟子金生杨编校，分经学、哲学、史学、文学四编。经学编收录《廖平与近代经学》，曾于1987年由四川人民出版社出版单行本，该书对廖平经学"六变"过程及其内涵进行了系统阐释，是当时大陆最早研究廖平学术的专著。哲学编收录先生关于儒、释、道、墨、名等家论文14篇，论及象数、性善、《齐物论》、"名家"得名、惠施、公孙龙、《语经》、墨学、伍非百、"三论宗"以及佛教判教及其教义与环境等话题。史学编收录史学论文8篇，涉及《三国志》、"二郎神"、杨锐、刘光第、章炳麟、刘师培以及川籍宰辅、南充名胜及历史人物等。文学编主要收录先生自作旧体诗词及诗话等项。

先生在西南联大求学阶段，师承冯友兰、熊十力、汤用彤诸先生，复与牟宗三、张岱年为友，切磋琢磨，练就了深厚国学功底，他兼治文史哲，沟通中

西，多得文献、考据、义理、辞章之胜。治学严谨，立论不苟，实事求是，无征不信，不激诡，亦不泥古。在疑古与泥古交锋激烈的近代学术史上，能够保持清醒头脑，坚持有一分证据说一分话，言必有据、理必有中。如《孔子与六经》文，既不一概肯定孔子作"六经"，也不绝然否定孔子与《六经》关系，而是有理有据地分析说："六经"是六种历史文献资料，其中的《诗》《书》《礼》《乐》是春秋时中原各国认同为西周文化的代表作品，而《易》（通过"易象"）和《春秋》是经晋大夫韩宣子誉为"周礼在鲁"的依据而引起鲁人重视的。孔子对这些资料进行搜集、选择、整理、解释，制成课艺，教授生徒，后儒称为"六艺"。后世儒生认为孔子拥有对"六艺"的专有解释权，应为儒家经典，遂称为"六经"。此如云云，既客观又合理。又如《子思孟子"五行"说考辨》，针对荀子辟子思孟子"按往旧造说，谓之五行"一语，唐杨倞注："五常：仁、义、礼、智、信。"近世疑古风行，章太炎、郭沫若、侯外庐诸人均谓杨注有误，说此处"五行"应是"金、木、水、火、土"。先生不迷信权威，亦不轻信古人，一一指出诸人立论之无据，进而从思孟"性命"学说寻求根据，指出思孟的"五行"，即《孟子·尽心下》中的"仁、义、礼、智、圣"。这一观点当时虽不被某权威认可，但是新近出土的郭店楚简《五行》中，正好有"仁、义、礼、智、圣"的组合，恰恰证实了先生此说。似此有论有据、平实正大的说法，在先生著述中处处可见，益见先生征实求是之学风。

《梅堂述儒》纳入"四川大学《儒藏》学术丛书"，由四川大学出版社2005年出版。《梅堂述学》由巴蜀书社2012年出版。（舒星）

17.《谶纬论略》，钟肇鹏撰

钟肇鹏（1925～2014），四川成都人。1948年毕业于四川大学中文系，初任中学教师；1956年考入中国科学院哲学研究所，任中国社会科学院哲学研究所中国哲学研究室副主任；1981年调至中国社会科学院世界宗教研究所，任学术委员、研究员。另兼任中国孔子基金会理事。主要研究领域为道教及儒学，论著有《孔子研究》《王充年谱》《谶纬论略》《桓谭评传》《管子简释》《中国道教史》（合作）、《春秋繁露校释》（主编），编著有《道藏提要》《新编道藏目录》《中国哲学范畴丛刊》等。

在儒家的经学文献中，除了经、传、注、疏外，还有谶纬类文献。谶纬之学，盛行于西汉中后期和东汉时期，当时称为"内学""秘学"，地位甚高，极受重视，与经相侔，诸儒解经多援引。历经南北朝，到隋炀帝下令禁纬学，后世各朝也从维护统治出发，禁止民间传习天文、图谶，谶纬之学遂衰，图籍散佚。但汉唐诸儒解经，多有引用。唐宋类书之中，也保存了一些纬书残余。宋学以为谶纬不经，欧阳修等倡议删除经传注疏中所引谶纬之说，其学几亡。明清以降，复有博学好古者，拾遗补阙，采辑佚文，谶纬文献之概始又略见。

谶纬文献内容博杂，举凡天文、地理、历法、数术、占卜、制度、训诂、神话无所不包，钟肇鹏指出："谶纬囊括自然、社会、人事各方面，其中不仅有解释六艺经典、文字训诂的，也有讲天文、历法、地理、古史、神话传说、典章制度等各方面的。把当时的自然科学和社会科学通通纳入依傍经义的神学系统——谶纬之中，构成一个包罗万象的神学体系……而其主导思想则是以阴阳五行为骨架的天人感应神学目的论。"[①]因此，谶纬文献既是研究古代神学、宗教的重要资料，也是研究古代科技史、思想史的宝贵文献。正确认识谶纬，揭其内涵与价值，就成了研究儒学史，甚至研究中国学术史必不可或缺的环节。钟肇鹏《谶纬论略》正是这样一本雅俗共赏、繁简适中的著作。

该书共分12章，前有《前言》论"经""纬"关系，正文依次为：谶纬的起源和形成、谶纬篇目及纬书解题、谶纬的实质和主要内容、谶纬中的孔子及其弟子、谶纬与汉代今文经学、谶纬与政治、谶纬中的哲学思想、谶纬与宗教、谶纬与历史及自然科学、谶纬的流变和影响、谶纬的辑佚和研究，共十一个专章。由此可见，此书涉及谶纬之学、谶纬之书、谶纬之史，内容全面，引诸家之言，断以己见，是一部很好的谶纬研究读本。末附《综合索引》，使用方便。

作者论谶纬之起源云：谶纬之学乃先民神道设教、政教合一的产物，是由于自然科学水平低下，人们还不能正确解释自然现象，从而对自然力的神秘反映；同时统治者利用神权以愚弄人民，又进一步神化了谶纬内容和作用。作者还揭示，谶纬的哲学核心，是董仲舒的"天人感应"说，是以阴阳五行为骨架来附会儒学的神学体系。汉代谶纬成熟后适应了当时政治需要，王莽、刘秀等人利用谶纬以夺权，其他的野心家为了个人目的也纷纷伪造和利用谶纬，使谶纬的内容越来越复杂，语言越来越怪诞。后来谶纬流入民间，又变而为扶乩与求签，成为后世农民起义、民间结社的精神武器。本书坚持历史唯物主义和

---

① 钟肇鹏：《谶纬论略》，辽宁出版社1991年版。

辩证法，认为谶纬虽内容荒诞、事涉迷信，但亦包含有古代历史制度和文化知识，只要善加利用，同样可以化腐朽为神奇，使谶纬文献成为文化史研究的有用史料。

是书由辽宁出版社1991年出版。（舒星）

18.《春秋繁露校释》，钟肇鹏主编

《春秋繁露》为西汉董仲舒所撰的《春秋》学著作，也是一部重要的哲学著作。由于其书至《隋书·经籍志》始见著录，故自宋以来不断有人怀疑其书，以为"辞意浅薄，间掇取董仲舒策语杂置其中，辄不相伦比"，以为"疑非董氏本书"[①]，致其文献散佚，断烂特甚，后世整理和研究者亦寥寥焉。清代号称"子学复兴"，凡古书之有价值者莫不有多种校勘和笺疏，但对《春秋繁露》却只有卢文弨校和凌曙注两家而已。及至宣统时期，才有苏舆作《春秋繁露义证》，有校有注，差可阅读，然多残缺。民国时期，蜀人曾宇康（四川大学教授）继之而作《春秋繁露义证补》，然并未出书，其成果只在四川大学集刊有部分发表，研究心得则在《中国哲学史资料选辑》的《春秋繁露》翻译中得到部分体现。继其志而有成就者，乃钟肇鹏主持完成的这部《春秋繁露校释》。

在钟氏《校释》之先，中华书局曾于20世纪60年代与曾宇康联系《春秋繁露补注》出版事宜。曾氏将书稿寄去后，中华书局并未立即出版，而是改做成《春秋繁露汇注长编》。《长编》将曾宇康《春秋繁露补注》与凌曙《春秋繁露注》、苏舆《春秋繁露义证》、刘师培《春秋繁露斠补》、杨树达《春秋繁露札记》，以及俞樾《诸子平议》、孙诒让《札迻》，分别剪贴，粘成一部。由于卷帙浩大，整理不易，中华书局亦未能及时出版。钟肇鹏为作《校释》，将《长编》寄出，又"到江浙各地调查搜访《繁露》版本及有关资料"（钟肇鹏《后记》），补校完中华书局《长编》本未校完的"宋本"余卷（钟肇鹏《校补后记》），然后再与周桂钿、于首奎、李曦等人分工合作，比勘折中，撰出初稿，最后经钟肇鹏统稿、加工和裁断。原中华书局《长编》系用清乾隆武英殿聚珍版本为底本，并校勘了几种版本，本书即以中华《长编》校正为基础，再汇校其他各本，书前列有"《春秋繁露》版本简称表"，计有宋江右计台本、《永乐大典》本、明钞本、无锡华氏兰雪堂活字本至谭献《董子》、张宗祥《董子改编》等19种。其集释则"采撷各家"，择善而从，书前"校注

[①]（元）马端临：《文献通考》卷一八二引宋程大昌《演繁露》。

《春秋繁露》各家简称表"计列：惠栋、纪昀、孔继涵、黄丕烈至曾宇康、张之纯等20家。每篇正文都是经过校正后的《春秋繁露》定本，各篇又分段进行集释，有校有释，亦考亦辨，内容繁富，态度矜慎。按其工作，本书应该是对《春秋繁露》的汇校和汇释，为了称名便捷，乃简称《春秋繁露校释》，这无疑是《春秋繁露》迄今为止最新也最优的校注本。于省吾审察样稿时即说："《校注》精密稳妥，为苏氏《义证》所不及。"

是书先收入《孔子文化大全》，由山东友谊出版社1992年出版，然多排版讹误；后经作者修订校补，又于2005年由河北人民出版社出版单行本。（舒星）

19. 《四川思想家》，贾顺先等撰

贾顺先（1926~2018），1956年毕业于四川师范学院，1958年8月奉国务院令调青海教师进修学院。1963年毕业于中国人民大学哲学系，分配至四川大学哲学系任教，讲授中国哲学史等课程，历任助教、讲师、副教授、教授。指导研究生、法国高级进修生、美国及日本博士留学生。曾任国际儒学联合会理事、四川省中国哲学史研究会会长、名誉会长。坚持辩证法，提出哲学家二重性和东西方文化交流、互补、融合、创新等问题，发表了60余万字的论文。著有《宋学新探》《宋明理学新探》《论语新编注译》《四川思想家》等书；还编写、注译了600多万字的《退溪全书今注今译》等著作。曾应邀赴美国、日本、韩国和中国香港、中国台湾等地参加国际学术会议，发表论文和演讲。

本书是第一部系统评述四川（包括今重庆市）思想家的专著。从1983年下半年组稿，至1988年出版。全书收录自西汉以降至民国时期四川籍思想家共计20位（严遵、扬雄、谯周、王玄览、宗密、赵蕤、陈抟、苏洵、苏轼、张栻、魏了翁、虞集、杨慎、来知德、费密、唐甄、刘沅、廖平、邹容、吴虞），分别为他们撰写评传。传文内容包括传主生平与著作、思想与学术、地位和评价等，初步反映了从两汉直到五四运动时期，四川学者在思想上的发展变化的动态历程。承担编写的作者，有学植深厚的先生宿儒，除主编贾顺先外，还有如钟肇鹏（中国社会科学院研究员）、龙显昭、李刚兴（俱四川师范学院教授）、朱森溥、刘蕴梅、余光贵（俱四川大学教授）；也有其时刚刚崭露头角而今已成为学术骨干的中青年学人，如蔡方鹿、黄开国（四川师范大学特聘教授）、李远国（四川省社科院研究员）、黄德昌（四川大学教授）等。入选文章资料充分、考辨翔实，多有学术功底。评传除对传主学术思想例行点评外，还对许多重要学术问题进行了辨析，如钟肇鹏之于严遵《老子指归》真伪的客观辨析及其于廖平学术的综合评价，龙显昭之于谯周著作的详尽考述、李刚兴之于刘沅思想的系统梳理，都超过了前人研究的高度，洵为一时定论。当然，也有评论者指出，该书所选人物过少，"如能增补四篇，探讨西汉教育家文翁的后裔文同、苏轼之弟苏辙、黑格尔专家贺麟、新儒家唐君毅，那就更加完备了"①。

是书由巴蜀书社1988年出版。（舒星）

20.《儒学与世界》，贾顺先撰

本书为贾顺先的学术自选集。收录作者从1979年至2006年4月间发表的主要文章和书籍序跋，从中可以反映其研究思想和思维方法的变化。全书共分五个部分：开篇《引言》，总结了他关于"儒学概要及其兼容治世思想"的思考。第一章《寒意心血文选》，下分二节，一为《关于人的认识方法研究和哲学家"二重性"问题》的组文，包含评论柳宗元、朱熹、王守仁、方以智、王夫之、吴虞等哲学家和讨论宋明理学问题的文章11篇；二为《关于不同学术思想的多元并存、相互汲取和东西方文化交流互补、融合创新问题》，包括他研究儒释道融合、宋明理学产生、理学对明清社会影响，以及儒学与现代化、儒学对欧洲启蒙思想影响、儒学与东亚经济、两岸文化交流、中西文化互补、孔子智慧与21世纪等问题的文章。此下各章系专题研究：第二章《流放终身的状元杨慎之贡献》，共四节，系统考述杨升庵生平著作、文学思想、求实哲学、才气与博学等；第三章《朝鲜李退溪思想的功德和价值》，对明代朝鲜理学家李退溪的思想及其对孔子思想的继承、对经典的研究与阐发，进行了全面研究；最后还逐篇摘录其为自己主持的《退溪全书今注今译》各册所写内容简介。第四章《"哲人萎乎"后的功过与是非》，包括其主编和自撰诸书（《论语新编注译》《宋明理学新探》《四川思想家》）的前言。该书收录了作者在中国哲学史和儒学史研究领域的主要创获，其主要特点系以人类和平发展为主题，通过对现代世界真实生活的研究，从若干古今中外代表性人物的著述言论和思想智慧，探索儒家文明的普世价值以及与世界文明接轨和融合的最佳结果和方案。这是作者20世纪80年代以来集中思考的主要问题，也是贯穿本书的一条主线。

---

① 王煜：《〈四川思想家〉一书点评》，载《四川大学学报》（哲学社会科学版）1989年第3期。

是书收入"四川大学《儒藏》学术丛书",四川大学出版社2006年出版。(舒星)

21.《儒学文献通论》,舒大刚主编

舒大刚,四川秀山(今属重庆)人,(1959)生于湖北襄阳。1982年本科毕业于南充师范学院(今西华师范大学),留校任教;1990年考入吉林大学研究生院,师从金景芳先生,1993年毕业,获历史学博士学位。同年分配到四川大学古籍整理研究所,历助理研究员、副研究员、研究员、博士生导师。现为四川大学中华文化研究院院长,兼国际儒学研究院院长、古籍整理研究所所长。主要从事历史文献学、中国儒学史、儒学文献及巴蜀文献研究,曾经完成国家社科基金项目"中国孝经学史"(已经完成同题成果)、教育部重点基地重大项目"儒家文献学研究"(最终成果为《儒学文献通论》)、国际儒学联合会2004年规划项目"历代学案"(已经完成《中国儒学通案》10种,人民出版社已出版3种21册)等课题。目前正从事中国孔子基金会重大项目"儒藏"编纂,任首席专家兼主编;国家社科基金重大项目、四川省重大文化工程"巴蜀全书",任首席专家兼总编纂。

本书系教育部重点基地重大项目的最终研究成果,全书共246万字,是目前第一部全面系统论述儒学文献的专著。全书共分"儒学文献的源与流""经学文献""儒论文献""儒史文献"等四编,分别对儒学文献的源流、概况以及经学、儒论、儒史各类文献之流变、内容、数量与分布,进行了考察研究,还对其中重要文献进行了专项述评。

第一编"儒学文献的源与流",对历代儒学文献总体面貌进行了概述。共分4章,第一章《先秦儒家及早期儒学文献》,考述儒家诞生及儒学文献的早期形态;第二章《儒学的发展与分期》,概述中国儒学发展的四种形态(子学、经学、理学、新学)和八个时期;第三、四两章《儒学文献的发展与流变》,对整个儒学文献进行了历时性考述,特别是对各个时期儒学新文献的产生进行了重点揭示。第五章《儒学文献的研究与分类》,回顾和论述了历代学人整理和研究儒学文献的状况,并提出了儒学文献新的分类设想。

第二编"经学文献",对儒家阐释研究经典的文献进行专题研究和评述。本编共分17章,第一章《"十三经"与"经部"文献》,追述了"经""传""说""记"等儒学文献的含义及其功能,厘清了从"六经"到"十三经"的形成过程,也讨论了日益丰富的经学文献之类型。其下各章按儒家"十三经"和"四书"等分类，专题介绍各经文献的发展和流变，依次为"《易》学文献""《尚书》文献""《诗经》文献""《周礼》文献""《仪礼》文献""《礼记》文献""《三礼》总类""《乐经》文献""《春秋》文献"（下分《春秋》《左传》《公羊》《穀梁》和《三传》总类）"《孝经》文献""'四书'文献""《尔雅》文献""谶纬文献""群经总义文献""儒家石经文献""出土儒学文献"等。对各经各类文献，皆考其渊源，明其流变，审其类型，计其多寡，揭其分布；每类还评其要籍，详其优劣。

第三编"儒论文献"，是关于儒家理论文献亦即子学著作的研究。本编共分7章，第一、二章考察了儒论文献的发生、发展及其类型与分布，以下各章按"儒家文献""性理文献""政论文献""礼教文献"以及"杂论文献"，分别概述。每类文献，都进行了寻源溯流式探讨，对其产生、衍变、流传、分布，进行较全面的探索。对各类文献，还择其精要者，进行个案研究，揭示其思想内容和学术价值。

第四编"儒史文献"，是关于儒学历史资料的研究。本编共分8章，首先在第一章追述了儒学史文献在历史上的发生和发展情况，然后分"孔孟史志""学案源流""教育科举""正史儒传""名儒年谱""儒林别传""礼乐制度"等章节，分别对各类文献的内容和结构、体系和价值，进行了深入细致的考察，也对其中特别重要的儒学史料，进行了系统评说和导读。

以上四编，互相配合，互相补充，共同完成对历史上儒学文献的系统调查、分类著录以及综合概述和个案研究，为儒学文献著录体系的建立、儒学资料的分类研究、儒家思想与学术的专题探讨，提供了有益参考，基本完成"儒学文献学""儒学目录学"与"儒学史料学"等三大任务。

本书由舒大刚主编，杨世文、李冬梅、王小红、张尚英副主编；参撰者尚有：彭华、金生杨、李梅、夏微、潘斌、李东峰、田君、詹勇、霞绍晖、刘平中、汪舒旋。

是书2010年列入国家出版基金资助项目，福建人民出版社2012年出版。（舒星、李冬梅）

22. 《宋代四川理学研究》，蔡方鹿撰

蔡方鹿（1951~　），四川眉山人。1968年入伍参加中国人民解放军铁道兵部队，1976年毕业于四川师范大学中文系。1980年考入四川省社会科学院，任中国哲学专业研究人员。1985年毕业于中国人民大学哲学系中国哲学史硕士课程教师进修班。尝任四川省社会科学院研究员、哲学研究所所长。2004年起，调至四川师范大学政教学院。现为四川师范大学首席教授、博士生导师。主要从事宋明理学、朱子学、中国学术思想史、中国哲学范畴、经学、传统文化与现代化等中国哲学与思想文化领域的研究。著有《一代学者宗师——张栻及其哲学》《魏了翁评传》《中华道统思想发展史》《朱熹与中国文化》《宋明理学心性论》《儒学——传统现代化》《程颐程颢与中国文化》《中国经学与宋明理学研究》等。

是书系四川省社会科学规划项目和四川省巴蜀文化研究中心研究项目。宋代理学思潮是中国文化发展史上的一个重要里程碑，对中国文化与中国社会的发展影响深巨。宋代四川地区的理学是宋代理学十分重要的组成部分，对促进宋代理学和巴蜀文化的发展产生了重要影响，在巴蜀文化和中国学术文化发展史上占有重要地位。本书即以宋代四川理学为考察对象，通过探讨其产生的时代背景和思想渊源以及论述周敦颐、程氏父子、范祖禹、程颐及在蜀后学（谯定、谢湜、尹焞、张浚、李石）、张栻、度正、魏了翁等的理学思想及学术活动，理学与三苏蜀学的相互关系等，继而归纳、总结出宋代四川理学的学术特征、历史地位和影响。指出宋代四川理学的学术特征是融会儒、佛、道三教，具有较强的哲学思辨性；超越旧说，勇于创新；重躬行践履、实事实功；吸取诸家之长，具有较强的开放性、包容性。这就充分体现了它的内在价值，促进了巴蜀文化的持续发展，丰富了宋代理学的内涵，是研究巴蜀文化和中国传统文化不可或缺的重要地域文化资源。

《宋代四川理学研究》是国内第一部以宋代四川区域文化——理学为研究主体的专著，作者将宋代四川理学放在当时社会环境中加以考察，并对其进行历史地辩证地论析，所据资料丰富，重视对第一手资料的广泛收集、系统研读、悉心考订，并以之作为立论的依据。该书对宋代四川理学首次进行了较为系统的全面研究，通过分析四川理学兴起的社会背景和对一些主要学者的学术师承、哲学思想的梳理，揭示出四川理学兴起发展的社会因素和基本线索；比较深入地分析论述了一些学者的主要学术思想及其理论价值，并对宋代四川理学的历史地位、学术特征和影响做了论述，堪称一部填补理学研究空白的创新之作[①]。

---

① 参尹波：《一部填补理学研究空白的创新之作——读〈宋代四川理学研究〉》，载《中华文化论坛》2004年第2期。

是书由线装书局于2003年出版。（李冬梅）

二、子学文献

1. 《说苑校证》20卷，向宗鲁撰

向宗鲁（1895～1941），原名永年，学名承周，字宗鲁，巴县（今属重庆市）人。自幼聪明好学，过目成诵，有"神童"之誉。1908年考入巴县中学堂，次年转入川东师范学堂，博闻强识，成绩突出，为龚春岩、文伯鲁、梅季雨等人称赏，一时号为"向书柜"，有"读史不如问宗鲁"之谚。1911年考入成都存古学堂，受业于廖平，深受器重。宗鲁治学，秉承汉学家风，发扬乾嘉学派方法，取精用宏、含英咀华，于经史诸子、词章杂学、小说短书，莫不淹贯。历任重庆大学、四川大学教授，尝任《巴县志》编纂，主编《疆域沿革》。向氏善论经史，尤以校注见长，对于《周易正义》《礼记·月令章句》《昭明文选》《史通》《管子》《春秋左传正义》《淮南鸿烈集解》《说苑》诸书，撰有校记、校正、疏证、疏校、评校或手批注释等，著有《月令章句疏证叙录》《周易疏校后记》《文选理学权舆续补》《校雠学》《挥弦斋杂文》等。

《说苑》是《汉书·艺文志》著录的"刘向所序六十七篇"中的一部分，是刘向校书时根据皇家所藏和民间流行的书册资料加以选择、整理的颇具故事性、多为对话体的杂著类编。《说苑》这一书名，汉室皇家"中书"早已有之，经刘向校录，曾名之曰《新苑》，后来仍称《说苑》。该书取材广博，兼儒墨，合名法，含街谈巷语、道听途说的杂家和小说家，上自周秦经子、下及汉人杂著，以类相从，条别篇目。《说苑》较集中地反映了要求当权者任贤纳谏、施德行仁、体恤民情的思想，在某种程度上具有"谏书"的性质，分类也较《新序》更为具体。是书语言风格质朴，描写生动，对后来《世说新语》产生了重要的影响，其所载内容，不少可以在现存典籍中探讨源流，相互参证，具有较高的文献价值。

《说苑》原书20卷，《隋书·经籍志》《旧唐书·经籍志》《新唐书·艺文志》皆有著录。至宋初，王尧臣等编纂《崇文总目》时，已无全帙，残存5卷。后曾巩从士大夫家发现15篇，与旧有的5篇正好凑成20篇完帙[①]，遂复为20

---

① 据晁公武《郡斋读书志》所载，曾巩所奏上的20篇，实是19篇，而将第19篇《修文》分为上下两篇，以足20篇之数。

卷。自宋代以来，《说苑》版本较多，而明代版本尤多①，虽然《说苑》在北宋时期得到过系统的整理，但比之唐代以前流传的《说苑》20卷，仍有近百章的脱漏。至清儒校理古籍，卢文弨《群书拾补》据宋本、元本、明楚府本及诸类书、古注所引参校，并辑得佚文25条，严可均《全汉文》卷三九亦有《说苑佚文》24条，而俞樾《读书余录》、孙诒让《札迻》也有校释若干条。此外，日本学者关嘉于1794年撰成《说苑纂注》一书。

《说苑校证》20卷、《佚文》1卷、《附录》1卷②，系向宗鲁1922年至1931年流寓武汉时所作。该书参校宋咸淳本、明楚府本、何良俊本、程荣本、杨镗本、天一阁本、世通行王谟本、崇文局本、新景印明钞本等而成，实集古今整理是书之大成。撰成后曾写清稿，以4卷一册，装为5册。渡江时一册（卷一七至二〇）坠入水中遗失。新中国成立后，此书经向氏弟子屈守元按原书体例，据向氏手批崇文书局《百子全书》本为之补完，屈氏偶有补正处，辄称名（爱艮）加按语以别之。

是书创作之由，屈守元《说苑校证·序言》云："首先《说苑》为先汉古典渊薮，整理古籍从它入手，不仅可以在浩瀚的典籍中奠定基础，开阔研究，而且可以取得是正文字，董理放纷的经验……向先生学问根基的牢靠，典籍知识的渊博，是与他少年著述从《说苑》入手这一卓有见地的选题规划分不开的；其次，还要看到向先生对于刘向整理古代典籍的功绩是评价很高的。……《说苑》便是刘向整理古籍的一项重大成就，所以他为《说苑》作校证，寄托了他对于刘向的敬仰。向先生很欣赏卢文弨'书并受益'的话，往往把作校注工作的人称为被校注的书及其作者的'功臣'，他校证《说苑》，其目的就是要使《说苑》'受益'，作刘向的'功臣'。"③

是书卷首载屈守元《序言》、向宗鲁《叙例》、曾巩《说苑序》、刘向

---

① 主要有宋廿二行本、宋咸淳本、元刊十三行本、元大德七年（1303）云谦刻本、元大德陈仁子刻本、明初十三行本、明初九行十九字大字本、明抄本、明覆刻咸淳本、明万历程荣刻《汉魏丛书》本、明吴勉学刻本、明建文四年（1402）钱古训刻本、明楚藩刻刘氏二书本、明嘉靖二十六年（1547）何良俊刻本、明嘉靖三十八年（1559）杨美益刻本、明天一阁《新序》《说苑》合刻本、明天启二年（1622）严翼刻本等。
② 向氏《说苑校证》之《附录》收集了一些有关《说苑》的资料，《校证》中时时提到。此《附录》在失去的遗稿第五册末，因为没有遗稿，屈守元在补辑此书时，未敢向壁虚造，故后来的《说苑校证》无《附录》。
③ 屈守元：《说苑校证序言》，《说苑校证》卷首，中华书局1987年版。

《说苑序奏》、目录，其后为正文和佚文辑补，缺《附录》。《叙例》考辨《说苑》书名、卷数、篇目，记述《校证》所据版本、所采诸家之说，并对日本学者关嘉之论点加以批驳。正文20卷，自《君道》《臣术》迄于《修文》《反质》，篇各一卷。该书作时，正值向氏壮盛之年，兼得武汉藏书家徐行可的支持，故此书参校各本、校勘完备、博采群书、疏证精审、裁断精确，对卢文弨、孙志祖、赵曦明、刘台拱、俞樾、孙诒让、日人关嘉、涩井孝德等诸家研究成果，悉皆采录，可谓一部"耽思傍讯""殚见洽闻"的整理古籍之典范。向氏宏观卓识、功底深厚，故此书事义兼释，远非寻行数墨者可比拟，于《说苑》的研究，无疑是一部极为重要的著作，具有极高的价值。

是书由中华书局于1987年出版，收入《中国古典文学基本丛书》中。（郑伟）

2.《新语校注》上下册，王利器撰

王利器（1911～1998），字藏用，号晓传，江津人。曾先后毕业于四川大学中文系和北京大学文科研究所①，其"出于川中名宿向宗鲁先生之门，学有本源，根柢深厚，平素勤勉刻苦，博闻强记……孜孜以求，手不释卷，所治遍及四部，尤长于笺注古籍"②。著述繁浩，程千帆称之为"多宝道人"，周扬称之为"国学大师"，海外学界惊呼他为"两千万字富翁"。尝任四川大学讲师，成华大学、北京大学、西北大学教授，文学古籍刊行社、人民文学出版社编辑，中国社会科学院宗教研究所特约研究员。曾应邀赴香港中文大学、日本京都大学和九洲大学讲学。著有《新语校注》《盐铁论校注》《风俗通义校注》《颜氏家训集解》《文心雕龙定本》《文心雕龙校证》《文镜秘府论校注》《历代笑话集》《元明清三代禁毁小说戏曲史料》《郑玄年谱》《李士桢李煦父子年谱》《吕氏春秋比义》等，有论文集《耐雪堂集》《晓传书斋文史论集》《王利器论学杂著》等。

《新语》为西汉最早的儒家类著作，由陆贾所著。《史记·陆贾传》云："陆生时时前说称《诗》《书》，高帝骂之曰：'乃公居马上而得之，安事《诗》《书》？'陆生曰：'居马上得之，宁可以马上治之乎？且汤武逆取而以顺守之，文武并用，长久之术也。昔者吴王夫差、智伯极武而亡，秦任刑法不

---

① 王利器1937年考入四川大学中文系，师从向宗鲁，毕业论文为《风俗通义校注》，向宗鲁称赞其"旁征博引，义据兼赅，是为仲远功臣"。1940年考取北京大学文科研究所研究生，师从傅斯年，毕业论文为《吕氏春秋比义》。

② 王贞一：《怀念父亲王利器》，载《红楼梦学刊》1999年第3辑。

变，卒灭赵氏。向使秦已并天下，行仁义，法先圣，陛下安得而有之？'高帝不怿而有惭色，乃谓陆生曰：'试为我著秦所以失天下，吾所以得之者何，及古成败之国。'陆生乃粗述存亡之征，凡著十二篇。每奏一篇，高帝未尝不称善，左右呼万岁，号其书曰《新语》。"①王充《论衡·案书》亦云："《新语》陆贾所造，盖董仲舒相被服焉，皆言君臣政治得失。"②

《新语》，《汉书·艺文志》未尝著录，而于"诸子略"儒家著录"《陆贾》二十三篇"，《新语》当包含其中。到了南朝萧梁阮孝绪《七录》，《新语》重新出现，标为"二卷"，此后《隋书·经籍志》《旧唐书·经籍志》《新唐书·艺文志》均有相同记载，不再以篇计。至宋代，《崇文总目》载《新语》2卷，移入杂家。南宋时，几部重要的书目，如《郡斋读书志》《直斋书录解题》都不载此书，尤袤《遂初堂书目》中有陆贾《新语》，但不记卷数。而黄震《黄氏日抄》卷五六录《新语》12篇，篇目与今本皆同③。《宋史·艺文志》载有《新语》2卷，归入杂家。马端临《文献通考》于《战国策》条下引高似孙《子略》时提到《新语》，杨维桢序《山居新语》时引到《新语》，说明其书当时尚在。明代，《新语》版本较多，有李延梧刻本、《子汇》本、《两京遗编》本、范大冲本等，但各本缺误不少，又多异文。清代严可均曾校此书，但未刊行。其后道光七年（1827）宋翔凤又曾校勘，有单行本，收入《浮溪精舍丛书》。

严可均《新语叙》曰："汉代子书，《新语》最纯最早，贵仁义，贱刑威，述《诗》《书》《春秋》《论语》。绍孟、荀而开贾、董，卓然儒者之言。"④可见《新语》一书，对于研究汉代儒学思想具有重要的价值。同时，陆贾之学，盖出于荀子，《盐铁论·毁学》云："昔李斯与包丘子俱事荀卿。"⑤包丘子即鲍丘，陆贾与鲍丘同时相善，闻风相悦，故得闻荀子之说为多，因此《新语》所载内容有不少可以印证《荀子》之说，史料价值较高。但此书历代乏人注疏，仅有清末唐晏《陆子新语校注》、李鼎芳《新语会校注》

---

① 《史记·陆贾传》，中华书局1982年版。
② 黄晖：《论衡校释》，中华书局1990年版。
③ 黄震怀疑"此书似非陆贾之本真"，而《四库全书总目》亦认为"殆后人依托，非贾原本"。
④ 王利器：《新语校注》之《附录三》，中华书局1986年版。
⑤ 王利器：《盐铁论校注·毁学》，中华书局1992年版。

等，因此亟待系统的整理和研究。

王氏《新语校注》以浮溪精舍刻宋翔凤校本为底本，参校明李廷梧刻本、《子汇》本、程荣刻《汉魏丛书》本、《两京遗编》本、天一阁刻本、清王谟刻《汉魏丛书》本及唐晏注本、傅增湘校本，兼采明人选刻之《诸子折衷》《诸子汇函》《诸子拔萃》《汉魏别解》《百子金丹》等本而成。

全书分上下两册，由前言、目录、正文和附录组成。前言对前人评论陆贾及其著作的引述极为详尽，对陆贾学说的流派和传承之论述清晰精当，展现了陆贾及其著作在历史上的地位和学术上的价值。正文分上、下卷，上卷自《道基》至《慎微》；下卷自《资质》至《思务》。附录载文4篇，依次为《新语佚文》《楚汉春秋佚文》《书录》（汇集《新语》各种序、跋及前人的相关评论）和《史记汉书陆贾传合注》。

王氏《校注》内容丰富，注文详审，旁征博引。既有解释题意、阐明章旨，亦有训释词义、标明字音、辨析修辞、诠释成语，还有叙事考史；校勘谨严，标明异文、纠改讹文、增补脱文、删除衍文、发明倒文。《新语》原文12篇，仅9900余字，而王氏《校注》（含《前言》和《附录》）达14万余字，足见博赡繁富，其用力之勤，远超前人，颇具乾嘉学术风格。执此一编，对于陆贾其人及《新语》其书，便可了如指掌。然而明代方疑编刻之《且且庵初笺十六子》，系最先校正《新语》中错简之本，以及四库本《新语》，王氏皆未尝参考引及，不免有所遗漏。

是书主要版本有1986年中华书局《新编诸子集成》本、1987年台湾明文书局本等。（郑伟）

3．《盐铁论校注》10卷，王利器撰

《盐铁论》为西汉桓宽所著。汉昭帝始元六年（前81），下诏召天下贤良文学至京师，询问民间疾苦。与会的贤良文学60余人，对盐铁、酒榷、均输持否定态度，而以桑弘羊为代表的一方，主张继续执行盐铁官营专卖政策，双方就此展开辩论，议题涉及对匈奴政策、治国方针、理论等重大问题，这就是著名的"盐铁之议"。汉宣帝时，庐江太守桓宽根据当时会议记录，"推衍盐铁之议，增广条目，极其论难，著数万言"①，而成是书，题为《盐铁论》。全书采用对话形式，生动地描述了辩论双方的论点。全书凡60篇，各标条目，前

---

① 《汉书·郑弘传》。

后连贯。贤良文学膺服儒家，桑弘羊信奉法家，桓宽虽倾向于贤良文学，但其记述较为客观，详细地保留了辩论双方的观点，此书是研究西汉中期历史的重要材料，在研究西汉政治、经济以及儒学思想等方面，具有很高的学术和史料价值。

《盐铁论》，《汉书·艺文志》著录为60篇，不分卷。《隋书·经籍志》作10卷60篇，《旧唐书·经籍志》《新唐书·艺文志》及《宋史·艺文志》所载均无变更。明代以前的《盐铁论》版本，虽见著录，但迄今未见原书。现存最早的《盐铁论》版本当是明初刻本，其后明弘治间涂祯翻宋嘉泰本、清嘉庆张敦仁刻本，允推善本。明清两代，《盐铁论》版本众多，然各家互有短长，颇多脱衍、讹误之处，亟待校释。宋代已有《盐铁论》校注，但今存最早注本则为明张之象注本12卷。有清一代，乾嘉之学大兴，《盐铁论》注家甚多，如卢文弨《拾补》、顾广圻华氏活字校注本、张敦仁的校注与考证，杨沂孙、洪颐煊、俞樾、孙诒让、姚范、王绍兰诸家皆有相关的评议和校注。晚近有王先谦《校勘小识》、林振翰《校补》、徐德培《集释》、黄侃《校记》、陈遵默《校录》、孙人和《校记》、杨树达《要释》、王佩诤《札记》等。《盐铁论》虽经各家校注，但存疑待正之处尚多①。

王氏《盐铁论校注》以清张敦仁覆刻涂本为底本，参校明涂祯本、攖宁斋钞本、倪邦彦本、九行本、张之象注本、沈延铨本、胡维新《两京遗编》本、太玄书室本、金蟠辑注本、清黄丕烈旧藏乾隆乙卯（1795）传录华氏活字本、卢文弨《群书拾补》所引《永乐大典》本等而成。同时，类书、古注所征引而又能解决今本疑难或可以帮助理解者，亦随文校录。

该书由前言、目录、正文和附录组成，分上下两册。前言所论盐铁会议之背景、人物、性质，桑弘羊之生年考辨，以及是书校勘所据版本、征引文献和相关编排。正文共10卷，凡60篇，附录7篇，依次为《佚文》《记事》《论人》《述书》《校本》《引书》和《纂注》。

是书在张之象、沈延铨和金蟠等版本基础上，做了分段整理，使论辩双方，一往一返，并将三个本子不尽妥当之处，做了必要的修改。该书旁征博引、集解成文，校勘精当、考证严密，广收前人、时贤的研究成果，"前人有关《盐铁论》著作，如明张之象《注》、金蟠《辑注》、清姚鼐《惜抱轩笔

---

① 参王达津、李竞能：《〈盐铁论〉疑义补释》，载《南开学报》1981年第3期。

记》、卢文弨《群书拾补》、顾广圻乾隆乙卯传录华氏活字本《简端记》、张敦仁《考证》、王绍兰《读书杂记》、洪颐煊《读书丛录》、杨沂孙涂本《简端记》、王履端《重论文斋笔录》、俞樾《盐铁论校》、孙诒让《札迻》、王先谦《校勘小识》，近人黄季刚《校记》、陈遵默《校录》、杨树达《读盐铁论札记》，以及当代郭沫若《盐铁论读本》、孙人和《校记》、王佩诤《盐铁论散不足篇札朴百一录》、陈直《盐铁解要》，都有所采获"①，积众善以成一家。当时郭沫若、杨树达、马非百、王佩诤诸人皆治《盐铁论》，王氏于诸家之中，独造胜境，创获特多，为他贤所不及。《盐铁论校注》成为目前最详确的校勘、注释本。

是书有1958年古典文学出版社本（郭沫若题签）、1982年台湾明文书局本、1983年天津古籍出版社修订本、1992年中华书局《新编诸子集成》本等。

（郑伟）

4.《新序校注》10卷，附佚文1卷，张国铨撰

张国铨，字白珩，崇庆人。抗战时曾居乐山，师从马一浮，肄业于复性书院，尝任教于成都石室中学、四川师范大学。著有《新序校注》《击筑余音注释》等。

《新序》是我国最早的略带类书性质的著作，亦可视之为最早的分类故事选集，为西汉刘向所撰，成书于公元前24年。据《晋书·陆喜传》所载："刘向省《新语》而作《新序》。"②《新序》原书，据《隋书·经籍志》子部儒家类，著录为30卷、录1卷，至北宋时，已残缺不全。曾巩见传本《新序》内容驳杂不纯，已非汉时刘向校雠之风，遂广搜博考，辑缀佚文，而为今传之10卷本，为《新序》传于后世奠定了基础。

刘向撰《新序》之目的，在于"正纪纲，迪教化，辨邪正，黜异端，以为汉规监者"，"所载皆战国、秦、汉间事。以今考之，春秋时事尤多，汉事不过数条。大抵采百家传记，以类相从"③，内容多为历史故事、寓言传说。不少故事脍炙人口，如赵氏孤儿、叶公好龙等，描写生动，语言隽永，初具小说雏形，对魏晋小说的发展产生了很大的影响。其中关于选拔人才、奉公守法、

---

① 王利器：《盐铁论校注·前言》。
② 《晋书·陆喜传》，中华书局1974年版。
③ （清）永瑢等：《四库全书总目》卷九一《新序》提要。

立节贵德和劝学尊贤等内容，颇具文学和史学价值。而《新序》又保存了很多久已失传的秦汉古籍中的片断资料，颇为难得。但其中经汉人改窜，与《春秋》三传、《战国策》《史记》《汉书》颇有出入，亟须从历史文献学的角度加以整理考辨。

历代对《新序》进行系统整理者鲜有其人。至明代，乃有嘉靖《汉魏丛书》本、万历二十年（1592）《广汉魏丛书》本①等对其稍作校订。清乾隆四十七年（1782）成书的《四库全书》，曾收录《新序》10卷（系曾巩校定本），卢文弨《群书拾补》则辑录了《新序》佚文49则，是一部较好的辑佚之作。此后光绪间，又有湖北崇文书局刊本和《铁华馆丛书》影印校宋本，这是目前公认的善本。此外，1822年，日人武井骥撰成《新序纂注》一书，系参校嘉靖本、朝鲜本和吴本而成。

《新序校注》撰著之由，张国铨于《自序》有云："刘向《新序》，《隋唐志》著录皆三十卷，《宋志》仅十卷，知已残缺。清儒于先汉古籍，多为校勘补注，独未及是书，学者憾焉。谭复堂（献）尝叹未见善本……日本人武井骥有《新序纂注》，求之累年不得，而陈左海《新序校记》，亦未见传本。世传卢抱经孙籀高所校，颇病其略。昔年读此，每就所见，录之简端，藏庋行箧者有年。癸未秋，客居省门，讲论之暇，辄复比辑旧闻，黉为校注，凡四阅月而蒇事。"是书初版于1944年，一年后乃有石光瑛《说苑校释》前四卷印行于广州中兴印书馆。

是书由序、目录、正文和佚文校辑组成。正文10卷，卷一至卷五为《杂事》，卷六为《刺奢》，卷七为《节士》，卷八为《义勇》，卷九至卷一〇为《善谋》。所附《佚文校辑》在卢文弨、严可均拾补的基础上，将前人为《新序》所有而误以为佚者、非《新序》之文而误录者、所据简略而失引详备者以及复重者，——删并，合为41条，并补辑10条，凡51条。

是书探赜索隐，研几极深，详稽载籍，考其所本，识其异同，施注其下。于旧注者择要迻录，于旁见侧出足资校订者并加收采，于疑则付阙。而卢文弨、严可均旧辑佚文，张氏亦并为之校录补苴，附诸简末，以省读者考索之劳。张氏所作校勘、辑佚、注释工作，成就显著，为《新序》的进一步研究奠定了坚实的文献基础。

---

① 参郝继东：《刘向〈新序〉版本述略》，载《古籍整理研究学刊》2006年第2期。

是书今有民国33年（1944）成都茹古书局排印本。（郑伟）

5.《中国古名家言》上下册，伍非百撰

伍非百（1890～1965），初名程骥，后改今名，人称"伍墨子"，蓬安人，近现代名辩学家，学术界享有盛誉的"蓬安三杰"之一①。幼聪颖，年13应科举，中秀才，人称"神童"。1910年，参加孙中山领导的中国同盟会。辛亥革命后，任第一届四川省议会议员。其后数年间，追随孙中山从事革命活动，为民主革命克尽辛劳，后不满军阀混战，国事日非，退出军伍。历任成都大学、中央大学、四川大学、华西大学教授。弃职退隐南充西山后，尝创办西山书院和川北文学院，后西山书院与川北文学院合并，任院长兼哲学系主任。新中国成立后，川北文学院与川北农工学院合为川北大学，任校务委员会副主任委员。1952年，四川省恢复建置，调任四川省人民政府委员兼省图书馆馆长。伍非百笃学深思、勤于著述，撰有《中国古名家言》《墨子大义述》《东维子文集校集》《铁崖古乐府校注》等。

名家是先秦的九流十家之一，司马谈《六家要旨》云："名家使人俭而善失真，然其正名实，不可不察也。""名家"称谓或始于此，其所指为先秦的"辩者""察士"。班固《汉书·艺文志》云："名家者流，盖出于礼官。古者名位不同，礼亦异数。孔子曰：'必也正名乎！名不正则言不顺，言不顺则事不成。'此其所长也。及謷者为之，则苟钩（𨥥）[鋠]析乱而已。"班固列名家者流凡7人，36篇。今存邓析、尹文、公孙龙三家之书，然《邓析子》《尹文子》疑系伪作，故实仅存《公孙龙子》5篇而已②。

先秦时代，名家之名辩之法，广为各家所用，先秦诸子几无不论及"名实"（或曰"形名"）问题者，故其他诸家虽各以其专学见称，不属名家，然其中一些人却精研名辩、深究名法。因此伍氏于《中国古名家言·总序》云："形名之为学，'以形察名，以名察形'，其术实通于百家。……综其要旨，可别为六：君操其名，臣效其形，形名参同，赏罚乃生，若韩非、申不害之所谓'术'者，这是一派。言者名也，事者形也，言与事合，名与形应，若商鞅之所谓'法'者，这是一派。名不正则言不顺，言不顺则事不成，正名顺言，使万物群伦各当其名，各守其分，不相惑乱，若尹文所谓'名分''名守'

---

① 另二杰为语言学家张煦、数学家魏时珍。
② 《迹府》为后人所辑，未计入。

者，这是一派。别殊类使不相害，序异端使不相乱，秩然有序，范然有型，名足以指实，辞足以见极，若墨翟、邹衍、荀卿之所谓'正名''析辞''立说''明辨'者，这是一派。游心于坚白异同之言，窜句于畸偶不仵之辞，上智之所难知，人事之所不用。耗精冥索，穷年于'心''物''力'之推求，若邓析、别墨、惠施、季真、公孙龙之相与辩者，这是一派。以不辩为大辩，以不言为至言，刻心于滑疑之耀，著语于是非之表，若慎到、庄周所谓'齐物'者，这是一派。以上六派，大别之，归于'政治''语言'，而总其极于'形名'。"因此，收集整理有关形名之学的文献，不仅仅是研究和恢复先秦名家学派面貌的任务，也是研究先秦诸子逻辑，全面展示先秦名家学术全景的需要。

伍氏《中国古名家言》着手于1914年，脱稿于1932年。非百素好诸子之学，尤喜墨家，读《墨经》上下而苦其艰深，故自1914年始，发奋钻研，欲为校释。阅五年，乃成《墨辩经解》（后改名《墨辩解故》），1922年由北京中国大学晨光社出版后，蜚声学林，为学界推崇。此后，伍氏遍及先秦名学遗著，陆续撰成《大小取章句》《尹文子略注》《公孙龙子发微》《荀子正名解》《齐物论新义》《形名杂篇》。1949年，南充益新书局将以上7篇汇集为《中国古名家言》出版，约30万字，初拟石印500部（分装7册），后因乏纸，减为百部。其作书之由，伍氏《中国古名家言·总序》有云："上述仅存之'古名家言'篇籍，大抵编简残缺，字句脱讹，文义艰深难懂，非经一番整理校释之功，不易研读。"①

1983年，中国社会科学出版社又出版重订本，由沈有鼎《序》、伍非百《总序》、名家书籍著录、总目录、正文和附录组成，分上下两册。《总序》论述名家的来源、名家与形名家之异同、名家何故托始于邓析、形名学之流衍、现存古名家言之篇籍、《中国古名家言》初稿出版和修正经过等；正文7篇，依次为《墨辩解故》（附《墨辩校勘记》）、《大小取章句》（附《大小篇校勘记》）、《尹文子略注》《公孙龙子发微》（附《公孙龙子考证》）、《齐物论新义》《荀子正名解》《形名杂篇》；附录为《邓析子辩伪》。

自清毕沅以下，注《墨子》者不下十数家，孙诒让《墨子闲诂》博洽严密，被誉为不朽之作，犹不免偏于文字校释之间。而伍氏治古名家言，取名家

---

① 伍非百：《中国古名家言·总序》，中国社会科学出版社1983年版。

典籍，进行校勘、训诂、诠释、编次、剖析、辨伪等一系列整理工作，熔多种治学手段于一炉，不仅对上述篇章一一作了详细的校勘、解诂，而且结合西方逻辑和印度因明学，疏解中国的古代名学，各立专著、博采诸家、融会贯通，将名家摆在先秦百家争鸣中进行全面考察，通过正、反、合的复杂关系，来探求古名家言之精髓，其所揭示的"名辩"精义，新颖独创，广度、深度多出前人之上，颇为当时学界所重。其开篇之《墨辩解故》，梁启超在《中国近三百年学术史》中云："伍非百著《墨辩解故》，从哲学科学上树一新观察点，将全部《墨经》为系统的组织……颇信其为斯学一大创作也。"①由此可见一斑。其《墨辩校勘记》《大小篇校勘记》《公孙龙子考证》《邓析子辨伪》等，虽系附录，然笃实谨严、考辨精审，用力之深，非浮光掠影、侈言义理者可比。

是书作为一部研究先秦逻辑史的专著，是"对古代中国逻辑史的巨大贡献"②，故1983年中国社会科学出版社重订本在《出版说明》中赞曰："（《中国古名家言》）可以说中国古名家之学，主要是名辩——逻辑之学大备于此了。前人没有这样做过。今人有系统研究名家的，但如此规模宏大的校勘、诠释工作也还没有人做过。伍先生不仅以逻辑学的观点说名家，而且说法家、墨家、道家、儒家，不限于以法说法，以墨说墨，以道说庄，以儒说荀，突破了历来的陋见，故能多有创见。这对于研究先秦逻辑思想以至整个先秦学术思想，都很有参考价值。"沈有鼎亦于《中国古名家言·序》评曰："作者以敏锐的眼光，紧紧抓住了逻辑学和其它学问所以不同的特点，因此能不囿于俗见，对古书时有独创的新解。古代中国的逻辑学说和有关逻辑的学说，所有不同的家数和歧异的方向，在书中都一一阐明，可供今日学者用马克思主义观点研究古代中国逻辑史时的参考。这里有些问题还没有提出，有些说法还不能得到学者们的一致赞同，这是不可避免的。将来在这样坚实的基础上大家共同协力，步步深入，必能对古代中国逻辑思想的发展和高潮以及其间产生的不同派别达到全面的、系统的科学认识。"

是书主要版本有1949年南充益新书局本、1983年中国社会科学出版社重订本、2009年四川大学出版社本。（郑伟）

---

① 梁启超：《中国近三百年学术史》，东方出版社1996年版。
② 伍非百：《中国古名家言·总序》。

6. 《管子集校》，郭沫若撰

郭沫若（1892～1978），原名郭开贞，字鼎堂，号尚武，乳名文豹，笔名有沫若、麦克昂、石沱、高汝鸿、羊易之等，四川乐山人。在小说、诗歌、戏剧、考古学、思想史、古文字学、历史学、书法等多个领域都有精深造诣。早年在乐山师从廖平弟子黄经华、帅建祥诸人，具有深厚的旧学功底。1914年赴日留学，毕业于日本九州帝国大学医科。1919年五四运动爆发，在日本福冈发起组织救国团体夏社，投身于新文化运动。1921年，与成仿吾、郁达夫等组织创造社，编辑《创造季刊》。1926年参加北伐，任国民革命军政治部副主任，大革命失败后，参加"八一"南昌起义。1928年因受通缉，再度旅居日本。1937年全面抗战爆发后回国，任军事委员会政治部第三厅厅长，后改任文化工作委员会主任，团结进步文化人士从事抗日救亡运动。1948年当选前"中央"研究院第一届院士，未任。历任中央人民政府委员、政务院副总理兼文化教育委员会主任、全国人民代表大会常务委员会副委员长、中国科学院院长、中国科学院哲学社会科学部主任、历史研究所第一所所长、中国科学技术大学校长、中国文联主席等要职；是中国共产党第九、十、十一届中央委员，第二、第三、第五届全国政协副主席。生平著述颇多，主要收入《郭沫若文集》（17卷）、《郭沫若全集》（38卷）。

管子，名仲，春秋时期齐国政治家、思想家。《管子》一书，《汉书·艺文志》等书著录其为齐相管夷吾撰，至宋代时，学者们对该书作者及撰写年代进行了考证，对传统的著录提出了质疑。如宋王应麟《汉艺文志考证》中就引用了傅玄、叶适、苏辙等言，认为《管子》并非管仲所作，而是战国诸家托管仲之名及其事迹附益而成。朱熹也明言"《管子》非管仲所著"，"著书者，是不见用之人也。其书《老》《庄》说话亦有之。想只是战国时人，收拾仲当时行事言语之类著之，并附以他书"（《朱子语类》卷一三七）。马端临《文献通考》中也引到叶适之言："《管子》非一人之笔，亦非一时之书，莫知谁所为。"（《文献通考》卷二一二）近现代以来，学者们对《管子》作者及成书的时代问题等仍各持己说、争鸣不已。一般认为，《管子》乃托名管仲，具体作者不详，成书约为战国晚期。《管子》八十六篇，亡者仅十篇，衰为巨帙，思想体系博大精深，涵盖哲学、政治学、经济学、法学、教育学、军事学等多个层面，并体现出"兼容并包，和而不同"的文化精神。尽管如此，但因《管子》一书讹误颇多，索解不易，夙称难读，在清代以前几乎不被人重视①。直到清代中晚期，《管子》才又活跃于学界，校释《管子》者不下百家，其中著名者有王念孙、王引之《读管子杂志》，丁世涵《管子注》《管子韵》《管子案》等，戴望《管子校正》，俞樾《管子平议》，孙诒让《札迻》等，这些著作长于校训，博洽精审，创获良多。清末以来，又有梁启超、刘师培、章太炎、蔡元培等，将近代西方学说与中国传统学说相融合，从不同视角展开了对《管子》的研究②。

《管子集校》一书，原为清华大学许维遹教授抗战时期于昆明执教时的旧稿，闻一多曾为之参校，但未为完善。1953年11月，郭沫若接受许、闻二先生初稿，耗时两年，终辑成此书。综观全书，《集校》有以下几个突出特点：

其一，搜罗《管子》版本甚广，所用宋明版本共计17种，又参考并采明抄本《册府元龟》所引《管子》，以及唐写本敦煌残卷，并精选其中宋杨忱本、刘绩《补注》本、朱东光《中都四子》本、十行无注古本及赵用贤《管韩合刻》本为底本，辅以他本进行校勘，并对各版本进行研究，指出刘本、无注本、朱本为一系统，杨、赵及其他明刻本，为另一系统。前者精审不足，个别字句上却较后者为优。这种系统寻绎《管子》版本传承和比较，是郭沫若与众不同之处。

其二，充分利用了前人校勘成果。其《引用校释书目提要》所列各家研究书目即达42种之多，所引古今中外学者之说，多达110余家，基本网罗了当时所见的《管子》相关研究资料。王欣夫在《文献学讲义》一书中专门谈到郭沫若《管子集校》，称其"全书一百三十万言，可称自有《管子》以来所未有的一次大整理"。

其三，综合运用了多种方法进行校勘。在校勘方法上，将校勘学上常用的对校、本校、他校、理校四种方法与文字学、音韵学、训诂学等知识相结合，尤其是利用了甲骨文、金文，这"非段玉裁、王念孙等所能梦见"。特别值得一提的是，在《集校》中，郭沫若还利用了现代经济学的理论来做推理校正。如《乘马》篇："百货贱，然后百利不得，百利不得，然后百事治。"孙

---

① 据郭沫若《管子集校·叙录》，《管子》书在汉初颇受重视，其后即遭闲却。明人大抵只嗜好《管子》文藻，于校释之业甚疏，清人则偏重校释，阐发特多。
② 可参阅王学斌：《晚清管子研究述论》，载《管子学刊》2009年第1期；王学斌：《论清代〈管子〉校勘中的学术传承——以王念孙、陈奂、丁世涵、戴望为系谱的考察》，载《管子学刊》2010年第1期。

星衍、王念孙、张佩纶均认为"百利不得"的"不"是衍文。《集校》却言："当作百利不得……此乃言商贾不能获得超额利润。百货言货物多，百利言利润多。货物贱则利润少，不能作超额剥削。剥削少则市场稳定，人民安居乐业。故曰百利不得则百事治。"①

诚然，《集校》一书也存在着一些遗憾之处。如《管子》的宋刻墨宝堂蔡潜本在清中叶时已失传，仅在陈奂校书抄本中保存；丁士涵所著《管子》诸书中，仅存《管子案》稿本，在《集校》出版前，郭沫若未及见到陈、丁二书，因此没有采入，对丁书的使用也仅限于戴望《管子校正》中所采，对此，郭氏自己也引以为憾。此外，《集校》中的部分按语仍然存在许多需要商榷之处，如《集校》在引各家注释时，对原文的改动太大，甚至改动错误②。又如《法法篇》中，对"明君不为亲戚危其社稷社稷先与亲戚"一句的解释，似嫌太过随意③。同时，我们也应客观认识到，《集校》虽然有不足之处，但它仍是历代《管子》注释的集大成者。作者在此书中订正文字讹误、脱漏、错简之失，所搜罗版本及诸家注释之详备，整理过程中之学术创见，都大大推动了《管子》研究的进程，为后来的研究工作奠定了坚实的基础。在此基础上，又有赵守正《管子注释》（广西人民出版社1982年版）、《管子通解》（北京经济学院出版社1989版）等，这些新作将《管子》学术研究工作继续向前推进。

是书于1956年3月由科学出版社出版。后收入由人民出版社、人民文学出版社、科学出版社联合出版的《郭沫若全集》。（李冬梅、邹艳）

7.《墨子校注》15卷，吴毓江撰

吴毓江（1898～1977），又名继纲，四川秀山（今属重庆）人。幼年就读于雅江私塾，相继毕业于省立涪陵中学、北京大学经济系，获学士学位。1934年至1936年，作为研究生留学日本东京帝国大学。尝任省立涪陵中学教员、黔军43军谢汝霖旅秘书、忠县县长、秀山县县长、国民革命军第10军王天培部教导师政治部主任、《四川日报》主笔、四川大学教授、刘文辉24军政治学校教员、成康公路路政局副局长兼雅安县县长、中法大学教授、宜宾专区教育科长、四川粮食储运局秘书、四川教育学院教授、西南师范学院教授，著有《公

---

① 王欣夫：《文献学讲义》，上海古籍出版社2005年版。
② 马非百：《论管子轻重下——对〈管子集校〉及所引各家注释中有关轻重诸篇若干问题之商榷》，见《管子轻重篇新诠》上册，中华书局1979年版。
③ 罗业恺：《从〈管子集校〉论郭沫若校勘方法》，载《乐山师范学院学报》2009年第6期。

孙龙子校释》《墨子校注》等。

墨家系先秦九流十家之一，班固《汉书·艺文志》云："墨家者流，盖出于清庙之守。茅屋采椽，是以贵俭；养三老五更，是以兼爱；选士大射，是以上贤；宗祀严父，是以右鬼；顺四时而行，是以非命；以孝视天下，是以上同；此其所长也。"以墨翟为代表的墨家，在战国时代曾是与儒家并立的两大学派，当时视为"显学"。《韩非子·显学》云："世之显学，儒墨也。儒之所至，孔丘也。墨之所至，墨翟也。"故孟子尝言："墨翟之言盈天下。"

《墨子》一书系先秦墨家著作汇编，是研究先秦墨家学派及其创始人墨翟思想的重要著作，其主要记载了墨翟的言论和政治活动，以及部分后期墨家著作。然自秦汉以降，墨学地位日渐式微，不仅同升为统治学派的儒家不可同日而语，即同老庄之学亦难以比肩。墨学既不为历代统治者提倡，士大夫和一般士人亦不加理会。自秦汉至清以前的2000多年来，研究、注释《墨子》者鲜有其人。校理《墨子》一书，始于刘向、刘歆父子，班固承《七略》而为《艺文志》，在《诸子略》"墨家"著录"《墨子》七十一篇"，至晋鲁胜《墨辨注》，梁庾仲容《子钞·墨子钞》，唐乐台《墨子注》①、魏徵《群书治要·墨子》，至此《墨子》一书乃有三个传本行世：最先流行的是《墨子》15卷71篇本，后有乐台节注《墨子》前13篇而为3卷本，之后又出现《墨子》"治术"选本，即唐魏徵《群书治要》之《墨子》节录。15卷71篇本传至唐代已出现残缺，至明正统间编《道藏》时仅有53篇，遂流传至今。自《道藏》本《墨子》53篇重出后，3卷本13篇因系节本，流传渐少，而《群书治要》之《墨子》节本，自《宋史·艺文志》载录后便不见流传②。有明一代，从正统间张宇初所编《道藏》之《墨子》，至崇祯十五年（1642）刊金堡、范方等评点《墨子》，276年间，关于《墨子》校勘、研究之作，凡28种③。然因《墨子》一书历代乏人注疏，后人因无前人旧注作为参照，故在抄刻流传过程中产生的错误难以得到纠正，而万历以来，明人刻书，动辄臆改，为书林一劫，《墨子》更难逃厄运。

清乾嘉以后，墨学大兴，《墨子》整理、注释之作达52种，不仅在数量

---

① 鲁胜、乐台均非通注《墨子》全书。
② 后因传入日本，遂得以保存下来，复传入国内，成为《墨子》选本系统的代表。
③ 据郑杰文：《中国墨学通史》附录《中国历代墨学书目及版本》，人民出版社2006年版。

上，而且在质量上超越前代。毕沅通注《墨子》，成为现存的第一个《墨子》全注本，开清人注墨之先。毕沅之后，一时名家如张惠言、高邮王氏父子、魏源、苏时学、俞樾、陈澧、吴汝纶等，从校勘、注释、音韵方面对《墨子》进行了卓有成效的研究，出现了诸多读书札记和校注之作，颇多成绩。至晚清，孙诒让覃思十年之功，考校文字，征引文献，兼采诸家之说，撰为《墨子闲诂》。俞樾《墨子闲诂·序》赞曰："自有墨子以来未有此书。"至此，《墨子》方成为可读、可解之作。

《墨子校注》是继孙氏之书后的又一部佳作。吴毓江《自叙》云："《墨子》在先秦古子中号称难读，今传注本以毕沅本为最早，以孙诒让本为最善。毕本刊于乾隆四十八年（1783），其注前无所承，措手倍难。中经王（念孙）、顾（广圻）、苏（时学）、俞（樾）诸家之补苴，百余年后，孙氏始集各家之说，断以己见，刊布其覃思十年之《墨子闲诂》，博洽矜慎，允推名作。俞樾《叙》谓'自有《墨子》以来未有此书'，非过誉也。然其书待后人补正之处亦复不少，或限于版本，或偶有疏失，自一二字至于数百字。……又旧注诸家删补移易或未允当，孙氏多踵失貤谬，杳无匡正。……惟是昔人校书，取譬扫叶。墨学奥博，董理尤艰。疏失挂漏，势所难免。订正补苴，责在后学。余不揣浅陋，窃志于斯，深思旁求，忽忽廿年。致力途径，有可言焉。"①

吴氏从大学时代开始，即着手对《墨子》进行研究，积20余年之功，才撰成《墨子校注》15卷。是书以毕沅校刻本为底本，参校卷子本、明正统《道藏》本、明正德俞弁钞本、明吴宽钞本、明嘉靖陆稳校芝城铜板活字本、明嘉靖唐尧臣刻本、明隆庆沈津刻《百家类纂》本、明万历潜庵《子汇》本、明万历茅坤校书坊刻本、日本宝历七年秋山仪校刻本、明万历《李卓吾丛书》本、明万历冯氏绵眇阁本、明郎氏堂策栏本、明陈仁锡选《诸子奇赏》本、清乾隆文津阁《四库全书》本等，间采明万历以后节本《墨子》异文而成。

是书由王兆荣《序》、自叙、例言、目录、正文和附录组成，分上下册。书首附《蔡子民先生致作者函》。正文15卷，通解《墨子》全篇。附录4篇，依次为《墨子旧本经眼录》《墨子各篇真伪考》《墨子姓氏生地年世考》《墨学之真谛》。

是书广集异本、博引诸家、寻求例证，删羡补脱、订讹移错，校勘谨严、

---

① 吴毓江：《墨子校注·自叙》，中华书局1993年版。

考辨精审。在校勘上，吴氏于古籍残缺之际，搜集访求各种版本至十余种，对于现存古刊本《墨子》，殆已网罗无遗，是正毕、孙二书之讹误达千余处，且有新的创获；在注释上，《墨子校注》比《墨子闲诂》晚出30多年，吸收了一些孙氏所不及见或未能见的清儒及近人的校勘成果，针对前人注解中的疏漏与错误，吴氏提出了不少新见。此外，吴氏的校记不仅记载异文，而且对字体的古今、正俗之分，甚至刻本文字笔画的残损情况，皆一一笔录。对今本文字讹误的由来，提供了一些形讹的线索，对了解版本渊源亦大有裨益。当然吴氏在校记中细大不捐地记录古书中常见的互用字，不免流于烦琐。附录《墨子各篇真伪考》《墨学之真谛》等文，论述了墨经6篇与墨子、公孙龙的关系，以及吴氏对于墨学要旨的洞见，其观点与当时张纯一、伍非百、谭戒甫等诸家均异，颇具参考价值。

该书保存了许多今天已不易获见或竟失传的《墨子》各种版本的异文，为整理《墨子》提供了迄今为止最为详尽的版本资料，吴氏自谓"搜集廿年，漫游万里，墨子刊本略备于斯"①，因而是书享誉甚高，颇受学界推崇。该书20世纪40年代获国家学术二等奖，被载入世界权威著作《简明不列颠百科全书》。故孙启治赞曰："以治全书（《墨子》）而论，则推吴毓江的《墨子校注》成就最大，也最重要。是继《墨子闲诂》后唯一可以与之媲美的近人注本。"②四川大学校长王兆荣评曰："此书问世，不唯读《墨子》者得一善本，即墨学真面亦可缘此而大白于天下。"③

是书主要版本有1955年重庆独立出版社本、1978年台湾广文书局本、1992年西南师范大学出版社本、1993年中华书局《新编诸子集成》本。（郑伟）

8.《诸子概论》8卷，李源澄撰

李源澄有《经学通论》，前已著录。

20世纪30年代中期，正值经学研究渐趋衰落，子学研究逐渐兴起之际。李源澄利用自己在无锡讲授诸子之学的契机，加强了对子学的研习，并在自己研究的基础之上，与子学研究同人钱穆、陈柱等人进行探讨，交换经验，从而归纳总结撰成《诸子概论》一书。

---

① 吴毓江：《墨子校注·墨子旧本经眼录》。
② 吴毓江：《墨子校注·点校说明》。
③ 吴毓江：《墨子校注·王序》。

是书凡8卷，卷首有序两篇。全书分别对孔子、孟子、荀子、老子、庄子、墨子、商鞅、韩非子八位先秦诸子的思想主张做出深度的分析。第一卷为孔子：阐述孔子的儒家思想理念及其对中国文化的贡献、孔子于旧教之新解、孔子前后德目之同异、本仁思想、依位思想、致中思想、政治思想、礼乐之意、学与教、孔子对于中国文化关系的地位和作用以及对孔子所著《论语》的内容进行探研。第二卷为孟子：分析孟子论性的观点、论政的思想、论政体、论士大夫之出处、论士大夫之修养以及对孟子所著《孟子》的内容进行探研。第三卷为荀子：有荀子儒家思想概述、荀子关于礼的思想、论政、论学、论心性以及探研荀子所著《荀子》的内容。第四卷为老子：概述老子所倡导的道家思想、老子关于道的观点、老子以人合道的理念、老子关于长久之道的看法、南面之术、老子非战的思想、老子去智的看法、老子尚俭思想以及对老子所著《道德经》内容的探研。第五卷为庄子：概述庄子所倡导的道家思想、庄子性命之情的思想、庄子平等之义的理念、庄子自由之义的理念、庄子养生之义的理念、庄子处世之义的理念、庄子崇尚的无为而治的思想理念以及对庄子所撰《庄子》内容的探研。第六卷为墨子：墨子关于墨家思想的概述、墨子的天志思想、墨子兼爱的思想理念、墨子尚同的思想理念、墨子尚贤的思想理念、墨子非攻的思想理念、墨子对明鬼的看法和认识、墨子非命的认识见解、墨子对节用的认识、墨子节葬的思想、墨子非乐的思想以及对墨子所撰《墨子》内容的探研。第七卷为《商君书》：《商君书》的概述、《商君书》中对农战的阐释、《商君书》中对修权的阐释、《商君书》对重刑的阐释、《商君书》对算地计民思想的阐释、《商君书》中来民的思想、《商君书》中对功敌的思想以及对商鞅所撰《商君书》内容的探析。第八卷为韩非子：韩非子所倡导的法家思想、韩非子关于法的思想认识、韩非子关于术的思想认识、韩非子关于耕战的思想认识以及对韩非子所著《韩非子》内容的探析。

李源澄在撰著《诸子概论》过程中，广读先秦经子著作，悉心研究，探究先秦儒家、道家、墨家、法家等诸家思想及其根源，并对《论语》《孟子》《荀子》《道德经》《庄子》《墨子》《商君书》《韩非子》等书的意义及价值进行了精辟的评述，深入浅出，故使得该书成为研究先秦诸子之学的重要参考书，被子学研究专家公认为"二十世纪关于诸子通论及考证等研究"的重要著作之一。

是书撰成于民国24年（1935），次年2月由上海开明书店出版发行。后又收录于《李源澄著作集》第一册，于2008年11月由台湾"中央"研究院文哲所出版发行。今又有《李源澄集新编》本，四川大学出版社2017年版。（颜信）

9．《抱朴子外篇校笺》50卷，杨明照撰

杨明照（1909~2003），字弢甫，四川大足（今属重庆）人。先后求学于四川大学、燕京大学，师从庞石帚、郭绍虞。曾任四川大学教授兼中文系主任、全国首批博士生导师。毕生致力于中国古代文论、古代文献研究。治学以严谨、精深享誉学界。对《文心雕龙》有卓越造诣，被学界誉为"龙学"泰斗。著有《文心雕龙校注》《文心雕龙校注拾遗》《〈文心雕龙校注拾遗〉补正》《刘子校注》《抱朴子外篇校笺》《学不已斋杂著》等。

《抱朴子》为东晋葛洪所著，总结了战国以来的神仙理论，建立了道教神仙理论体系，集早期道教思想之大成，是研究我国晋代以前道教史、思想史、科学技术史的宝贵材料，也是研究晋代儒学发展不可或缺的文献。《抱朴子》分《内》《外》两篇，据《外篇·自叙》记载，《内篇》20卷，《外篇》50卷。《内篇》言道，《外篇》说儒，《外篇·自叙》云："其《内篇》言神仙方药、鬼怪变化、养生延年、禳邪却祸之事，属道家；其外篇言人间得失，世事臧否，属儒家。"由于两篇性质各异，故《隋书·经籍志》以下的目录书，大多分别著录，《内篇》入道家、《外篇》入杂家①。宋尤袤《遂初堂书目》始将《内篇》《外篇》合二而一，归入道家类。清《四库全书总目》子部道家类，尤而效之，据明卢舜治本著录，题曰《抱朴子内外篇》8卷。自《抱朴子》问世之后，《内篇》因具有富赡的仙道资料，因此颇受道教中人的重视，梁陶弘景即有《抱朴子注》20卷（《华阳隐居本起录》），为目前所知最早的注本。而《外篇》却不受重视，缺乏系统的注疏，已有之成果亦多为校勘之作，如清陈其荣《抱朴子外篇校勘记》、孙诒让《札迻》、俞樾《读抱朴子》，近代孙人和《抱朴子校补》等。

杨明照对《抱朴子外篇》的研究发端较早，自1940年于燕京大学国文系任助教时，就开始从事《抱朴子外篇》校注的工作，曾于1944年《中国文化研究汇刊》第4卷发表《抱朴子外篇举正》一文，至1989年10月是书定稿，历时近半个世纪。

是书撰著之由，杨氏于《抱朴子外篇校笺·前言》云："《外篇》为葛洪

---

① 《宋史·艺文志》将《内篇》《外篇》归入杂家，《郡斋读书志》把《内篇》归入神仙。

'骋辞章'之作,行文多韵语和骈言,因而书中征事数典之处比比皆是。过去既无人注释,一般读者阅读时不无困难。为之疏通证明,确有必要。"是其为解决读者阅读困难,故而疏通证明之。全书校笺以《平津馆丛书》原刻本为底本,参校明正统《道藏》本、鲁藩承训书院本、吉藩崇德书院本、旧写本、慎懋官本、卢舜治本、清柏筠堂本、《四库全书》文溯阁本、王谟《汉魏丛书》本、崇文书局本以及徐济忠、顾广圻、陈澧、王国维、陈汉章等人的批校本而成。

是书由前言、正文、自叙、附录组成,分上下两册,约82万字。书首附清王广恕《抱朴子外篇注》(稿本)及杨氏《抱朴子外篇校笺》手稿之插图。前言述及西晋的政治概况、社会风貌,葛洪生平事迹、文学主张,《抱朴子》内外篇作书之目的、内外篇之异同、《内篇》之价值,《校注》写作年代、所据版本、所引文献等。正文49卷,凡51篇,分上下两册。上册卷一至卷二五,下册卷二六至卷四九,卷五〇为《自叙》,论及葛洪家世生平、为人行状、作书经过等。附录包括传记、著录、佚文、序跋、杂纂、葛洪家世和葛洪生卒年第。

1600多年来,《抱朴子外篇》乏人注疏,所用韵语、典故,文字之讹误,衍夺甚多,为达成参互考校、匡谬补缺之目的,杨氏广泛搜集各种版本、名人批校本以及前贤、近人著作中的相关论述,兼收并蓄、融会贯通,词求所祖、事探厥源,校文字、通句读、补阙遗,使原本艰涩难读的《抱朴子外篇》,晦而复明、怡然理顺。杨氏《校笺》历时之长、用心之专、用力之深,令人观叹,学界誉之"皇皇巨献,真可谓千秋大业,万世宏功"[1]!此外,杨氏以"依经立义"的方式所增加的论述相当丰富,如关于葛洪家世的部分,做得极为完备,这为系统、完整地研究葛洪及其著作提供了翔实可靠的资料,具有极高的价值。故台湾学者王更生评曰:"(这)等于替葛洪和他的《抱朴子外篇》做了一部完整的记录。"[2]

是书上册由中华书局于1991年出版(1996年再版),下册由中华书局于1997年出版,被列为《新编诸子集成》重点著作之一。(郑伟)

10.《风俗通义校注》10卷,王利器撰

王利器有《新语校注》,前已著录。

《风俗通义》,又名《风俗通》,东汉应劭撰。其命名之由,《风俗

---

[1] 王更生:《杨明照和他的〈抱朴子外篇校笺〉》,《岁久弥光》,巴蜀书社2001年版。
[2] 王更生:《杨明照和他的〈抱朴子外篇校笺〉》,《岁久弥光》,巴蜀书社2001年版。

通义·序》云："谓之《风俗通义》，言通于流俗之过谬，而事该之于义理也。"该书解释物类名号、辨正风俗，论考古代历史、风俗礼仪、时人流品、音律器乐、山河薮泽，同时记录了大量的神话异闻。《风俗通义》保留了秦汉典籍中大量文献，载录了很多历史文化信息，可与史书互证，以补史书记载之疏漏；保存了大量民间的风俗习惯、俗语俗说，是了解汉代社会民俗民情和民俗研究的重要文献，也是研究古代风俗和鬼神崇拜的重要资料，具有很高的学术史和史料价值。

现今传世的《风俗通义》有4卷本和10卷本两个系统①。关于《风俗通义》的卷数，应劭《序》中所记"凡一十卷"。《隋书·经籍志》著录《风俗通义》31卷，注云："录一卷。"《旧唐书·经籍志》《新唐书·艺文志》著录为30卷②。传至北宋时，散佚20卷，宋代官私著录，如《崇文总目》《郡斋读书志》《直斋书录解题》《文献通考》所载皆为10卷。现存《风俗通义》刻本，以元大德本为最古。明时，《风俗通义》刻本迭出，如胡维新《两京遗编》本、何允中《汉魏丛书》本等都是10卷本中具有代表性的刻本，而吴管《古今逸史》本则成为晚出4卷本的祖本。有清一代，清儒在《风俗通义》辑佚方面，取得了很大成就，如严可均辑有佚文6卷（《全后汉文》卷三六至四一）、钱大昕《风俗通义逸文》、张澍《补风俗通〈姓氏篇〉》、卢文弨《风俗通逸文》、朱筠《风俗通义校正》及《补逸》、顾櫰三《补辑风俗通义佚文》、孙诒让《札迻》等。

王氏《风俗通义校注》系作者于1937年入读四川大学中文系时所作之毕业论文，脱稿时约30万字。是文为校方所重，特推荐参加重庆政府举办的第一届大学生毕业论文会考，获得满分，王氏亦被公布为"荣誉学生"。1981年中华书局出版的《风俗通义校注》，即在是文基础上增订而成。

王氏有感于"诸家所辑，其沉而未钩者固多，其辑而非佚者亦夥……别有割裂未当，伦脊毫无，或一事而两属，或两事而不分，或当在甲而入乙，或既见前而重申，且有以汉以后之事而羼入者……比年以来，逸书颇出，多为前修所不见，其引应氏书，往往溢出旧辑之外"，遂对"凡此纰缪，悉为是正，并

---

① 除了明吴管《古今逸史》本和清汪士汉《秘书廿一种》本为4卷本外，其余皆为10卷本。
② 吴树平认为，《旧唐书·经籍志》《新唐书·艺文志》著录《风俗通义》为30卷，当没有把"录一卷"计算在内。

依苏氏（苏颂）所见篇目，略为类聚"①。

是书以《四部丛刊》影印元大德本为底本，参校宋本、朱藏元本、明仿元大德丁未刊本、吴管本、《两京遗编》本、何允中本、程荣本、胡文焕本、钟惺评本、郎壁金本、汪士汉本、王谟本、郑国勋本、《百家类纂》本、《百子类函》本、《诸子汇函》本、《诸子合雅》本、《古文奇赏》本、《诸子拔萃》本、《增订汉魏六朝别解》本，以及郎壁金校引之宋本、钱大昕所引之严于铁本而成。

是书由叙例（王利器）、自序（应劭）、目录、正文、佚文和附录组成，分上下册。《叙例》述《风俗通义》之缘起、书名、成书年代、卷数、篇目、作用，历代各家补遗，以及王氏《校注》之缘起、方法、所依之版本等。《自序》论《风俗通义》之缘起、卷数，并题解书名。正文10卷，凡10篇，佚文包括声音、祀典、四夷、古制、姓氏、讳篇、释忌、服妖、丧祭、宫室、市井、数纪、新秦、狱法、折当、恕度、情遇、辑事、阴教、辨惑、嘉号、徽称、心政及其他等。附录节录有关应劭、《风俗通义》之文及历代序跋，凡35种。

《风俗通义》自来号为难治，王氏在前人、时贤研究成果的基础上，广搜博考②、校勘精审、注释翔实，是迄今为止《风俗通义》最详备、最精当的注本，亦为今人整理古籍中质量极高的专著之一。而王氏所采互见、互证之法，亦为人所称道，"昔吕氏著书，始发互见之例，后儒继起，多沿其波，其述作之繁富者，往往称一事，陈一义，见于彼者，复具于此，出于甲者，又详于乙，观其会通，兼收并蓄，固无害也。今于本书说时王典制者，即取其《汉官仪》以相印证。又应氏《汉书集解》，可与本书相发明者，亦采获无遗；盖以应氏之说，证应氏之书，其为证尤切也"③。《风俗通义校注》（毕业论文），向宗鲁阅后赞曰："旁征博引，义据兼赅，是为仲远功臣。"该书一出，为海内外学者所推崇，多置案头。

是书主要版本有1981年中华书局本、1982年台湾明文书局本、2004年台湾

---

① 王利器：《风俗通义校注·叙例》，中华书局1981年版。
② 王利器：《风俗通义校注·叙例》云："应氏书，自卢氏《拾补》为之考文订事，筚路蓝缕，已导先路；其后钱氏大昕、臧氏镛堂、顾氏明、孙氏志祖、郝氏懿行、朱氏筠、刘氏师培，续有是正，而孙氏诒让《札迻》所发二十许事，尤微至。凡此，皆《校注》取精用宏之所资也。"王利器还广引"诸古注、类书及子杂等书引及《风俗通》者"。
③ 王利器：《风俗通义校注·叙例》。

汉京文化本等。（郑伟）

11.《颜氏家训集解》7卷，王利器撰

《颜氏家训》为北齐颜之推所著，是一部有关伦理道德、家庭文化的著作，内容宏富，旨在"整齐门内，提撕子孙"①，主要阐述教子治家、立身处世之道，体现了"述立身治家之法，辨正时俗之谬"的现世精神。该书质明详要，平而不诡，"兼论字画音训，并考正典故，品第文艺"②，对当时的社会生活状况有较真实的记述，为后儒所推重。《颜氏家训》直接开启了后世"家训"的先河，陈振孙《直斋书录解题》评曰，"古今家训，以此为祖"，是中国文化史、教育史上的一部重要典籍，其中所阐发的儒家人生观、伦理观和教育思想等，对后世产生了相当大的影响，书中所载内容对于文献学、音韵学、南北朝历史、文化的研究有着很高的学术价值。

《颜氏家训》，《隋书·经籍志》未尝著录，《新唐书·艺文志》《郡斋读书志》《宋史·艺文志》列入儒家，著录7卷，退之为杂家，《崇文总目》著录7卷，归入小说类《直斋书录解题》著录7卷。《颜氏家训》版本极多，著录最早的版本为五代和凝本，而今所见最早的当为宋本③，大多为7卷本，明代流传的版本以2卷本④为多。清代，7卷本和2卷本并行⑤。关于《颜氏家训》之校注，乾隆五十四年（1789）卢文弨《抱经堂丛书》本为人所称道，此本以清人赵曦明所注宋本为底本，卢文弨为之分章断句，加以增补。严树萼录，徐鲲补注。钱大昕撰《注补正》1卷，段玉裁正误定讹。因系当时名家所订，故校注质量甚佳。之后，又有曾景建为之补注。

王利器《颜氏家训集解》于20世纪40年代着手编撰，初就于1958年，然当

---

① （隋）颜之推：《颜氏家训》卷上《序致第一》。
② （清）永瑢等：《四库全书总目》卷一一七《颜氏家训》提要。
③ 宋代版本主要有蜀本、闽本、汪闽本藏本、淳熙七年（1180）台州公库本、王宾校宋本、《续家训》本；另有抄本3种：《续家训》3卷本、淳熙七年台州抄本、淳熙七年嘉兴沈揆抄本等。
④ 明代版本主要有中秘本、成化罗春本（2卷）、正德颜如瓌刻本（2卷）、嘉靖三年（1798）傅太平本（2卷）、嘉靖三年程伯祥刻本（2卷）、万历三年（1575）颜嗣慎刻本（2卷）、万历六年（1578）颜志邦刻本（2卷）、万历程荣刻《汉魏丛书》本（2卷）、万历二十年（1592）何允中刻《广汉魏丛书》本（2卷）、明7卷本（前有张璧序），另有正统颜氏家抄本。
⑤ 清代2卷本有康熙朱轼刻本、雍正二年（1724）黄叔琳刻《家训》节抄本、乾隆五十六年（1791）王谟刻《增订汉魏丛书》本、文津阁《四库全书》本；7卷本有乾隆五十四年（1789）卢文弨《抱经堂丛书》本、鲍氏校手抄本、鲍氏述古堂家刻本等。

时并未出版，此后修订工作持续不断，1978年重稿，1989年第三次增订。

《集解》以卢文弨《抱经堂丛书》本为底本（7卷本），参校宋本、董正功《续家训》本、罗春本、傅太平本、颜嗣慎本、程荣《汉魏丛书》本、胡文焕《格致丛书》本、何允中《汉魏丛书》本、朱轼《朱文端公藏书十三种》本、黄叔琳《颜氏家训节钞》本、文津阁《四库全书》本、鲍廷博《知不足斋丛书》本、屏山聂氏汗青簃刊本等而成。惟嘉庆丁丑廿二年（1817）《南省颜氏通谱》本以其所据为颜本，且间有新讹，王氏未取校雠，另有钱遵王《读书敏求记》所载之7卷本半宋刻半影钞本，王氏未尝得见。

是书由叙录、目录、正文和附录组成。叙录对《颜氏家训》题署之由、成书年代、时代背景有所考辨，详细论述了其对于南北朝诸史、《汉书》《文心雕龙》、音韵学等研究的价值。正文7卷，凡20篇。附录包括历代序跋、《颜之推传》《颜氏家训佚文》和《颜之推集辑佚》。

《颜氏家训》内容广博，人生修养、伦理道德、文学音韵、礼制艺事、风俗史事、佛教玄风等无所不包，治之似易实难。王氏悠游其中，在前人、时贤研究成果的基础上，博搜广考、精校详注，用力甚深。该书是研究《颜氏家训》最详审之注本。

是书有1980年上海古籍出版社本、1980年台湾明文书局本、1993年中华书局《新编诸子集成》增补本。（郑伟）

12. 《山海经校注》，袁珂撰

袁珂（1916~2001），四川新繁（今成都市新都区）人。本名袁圣时，笔名丙生、高标、袁展等。1937年考入四川大学中文系，1940年因故转入华西协合大学中文系，1941年毕业于该校。1946年就职于台湾省编译馆、台湾省教育厅。1949年回川，任西南人民艺术学院（今四川美术学院）讲师，1987年起任四川省社科院研究员，直至逝世。1950年，出版《中国神话传说》，这是我国第一部较系统的汉民族古代神话专著，由此奠定其学术声望。之后，还著有《古神话选释》《神话论文集》《袁珂神话论集》《中国神话百题》《中国民族神话词典》《中国神话传说词典》《神话故事新编》《中华文化集粹丛书·神异篇》《山海经校注》《巴蜀神话》（合著）、《中国神话通论》等20余部及800余万字论文。还为《简明不列颠百科全书》《中国大百科全书·中国文学》《世界神话辞典》等重要著作撰写多个有关神话的条目。其大多数著作在香港、台湾均多次翻印，在国外有俄、日、英、法、意、西班牙、捷克、韩、世界语等多种译本。其作品被中国、日本、美国、新加坡等国入选学校课本。袁氏把神话传说当成学问来研究，是建立中国神话学的主力学者，为中国神话的系统化和中国神话学理论体系的构建做出了巨大贡献。其对神话学资料的收集、整理、排比、分析做了长期研究，取得丰硕的成就，其中《中国古代神话》一书，改变了疑古派和言必称希腊者所谓的中国神话资料贫乏的误解和谬见；而《中国神话大词典》一书则是神话传说（包括对民间故事的提炼）资料集大成的巨著。他还提出并论证了广义神话的概念，扩展了神话学研究的视野和领域。

《山海经》是我国古籍中最为传奇瑰玮者之一，即可谓"神话之渊府"，又可谓"史地之权舆"；既可称为"语怪之鼻祖"，又可视为上古之百科。全书仅31000余字，却记载了550座山、300条水道、100多位历史人物、400多种神怪奇兽，包含了关于上古地理、历史、天文、历法、气象、动物、植物、矿产、医药、宗教、考古以及人类学、民族学、海洋学和科技史等方面的内容，是研究上古社会的重要文献。然而《山海经》文本文字充斥着各种各样的脱、讹、倒、衍、经文入注、注入经文、错简和他书阑入，很大程度上影响了对其理解和应用。袁氏花费二十余年努力，从神话角度将此书加以校勘、整理、注释，先于1963年整理完成《海经新释》，尤其着重对神话传说部分的注释，其"珂案""搜罗丰富，征引详博，颇有发明"①。后1978年又因上海古籍出版社建议，在短时间内撰成《山经柬释》，与《海经新释》合并刊行。全书按刘秀（歆）校订之序排列，后附"《山海经》叙录"（刘歆《上〈山海经〉表》、晋郭璞《注〈山海经〉叙》、旧本《山海经》目录和清郝懿行《山海经笺疏叙》）；又有"所据版本及诸家旧经书目"与"引用书目"，"《山海经》中篇名、人名、地名、山名、水名、神名、怪名、动植物名、矿产名索引"（张明华编）。全书附插图150幅，除凤皇用汪绂《山海经存》图，夸父追日、帝二女用日本文荣堂版《山海经》图，河伯、女娲补天、彈鸟解羽用萧云从画的《离骚》图外，余144幅均用吴任臣《山海经广注》图。

《山海经海经新释》部分，是在《海经》旧注基础上加以诠解，因其书"引类排比，创通其义者凡百余事；弃其糟粕，取其菁华，亦'温故而知新'之意云耳"，故谓之"新释"。至于文字校勘方面，"亦稍稍及之，仍采旧

---

① 袁珂：《山海经校注·出版说明》，上海古籍出版社1980年版。

说,并参己见"。其注文,"于旧录则郭氏全录,以其古而无多;郝(懿行)疏则存其强半,以其近而精当。其余诸家,间亦刺取一二,庶其毋流冗滥"。撰述体例严谨,于前贤文字多所匡补,"又诸家引书,每有举书名遗篇目或举篇目略书名者,亦均查明注入"①。《山海经山经柬释》乃新撰,用意较密,"并文字而柬释之……亦惟择取旧注,去其枝蔓,期以简明;间附己见,亦偏于神话,使与《海经》之释,互为照应。诸篇所载祀神典礼及祭物,旧注无释或注释含混者,亦略加梳理,稍为发明。而于山川考证,则除有关神话者,均一概从略,非惟藏拙,亦庶符作书之本旨也"②。该书特点有三:其一是校勘精良。采用仪征阮氏琅嬛仙馆刻郝懿行《山海经笺疏》为底本,先后校以宋淳熙七年(1180)池阳郡斋尤袤刻本、明正统《道藏》本、明成化吴宽抄本、明万历本、清代项絪群玉书堂刻本、清乾隆黄晟槐荫草堂刻本等,使之成为各种善本的结晶;还借鉴诸多前人校勘成果,如明王慎《山海经补注》、王崇庆《山海经释义》、清吴任臣《山海经广注》、汪绂《山海经存》、毕沅《山海经新校正》以及郝懿行《山海经笺疏》和吴承志《山海经地理今释》等;最后,还引用大量其他文献辅助校勘,可谓善兼美俱。其二是训诂妥当。该书最为突出的成就是作者以其深厚的神话研究功底,对《山海经》中的神话因素着力论证,解读深入独到。例如在《海外南经》中谈及羽民国之"帝",引用《山海经》诸处证明"帝"指"天帝",更结合《山经》进一步论证"天帝""非一",等等。全书不仅有解词、注音以及释义,对前人注释亦加以疏证式的解读,如《大荒东经》"少昊之国"条,郭注"水积则成渊也",袁氏不但纠正了这一误读,还揭示此误系错简之故,论证皆有理有据、甚为可信。其三是诸证并用。袁氏作注除引经据典外,还注重作品本身内证的发掘及与地下出土文物相结合。如《海外南经》"不死民"条,袁氏大量援引了《楚辞》《论衡》《抱朴子》以及其他类书的相关记载,采录王念孙、郝懿行等人的观点,不仅如此,还以梁武祠石刻画像来进一步说明不死民神话的来源悠久,从而将原本简短的神话故事推演得丰富多彩,淋漓酣畅。又如《海外西经》"刑天与帝争神"条,郭璞注仅短短11字,袁氏考证则洋洋洒洒两千余言,不仅清楚地阐释了中国这一上古神话的渊源,而且还使读者通过该故事更加清晰地了解到中国

---

① 袁珂:《山海经校注·序》。
② 袁珂:《山海经校注·序》。

传统的思想文化①。

该书一经刊布，便在海内外产生了广泛深远的影响，引起国内外学者的广泛关注和纷纷援引。不过正如袁氏自序所言："兹经之汪洋宏肆，有如海日；余之为是书也，亦填海逐日之伦乎？"其误差失察之处盖不可免。当然大多数学人称赞其精湛"珂案"的同时，也引起另一部分人的献疑和讨论，特别是袁氏对生僻字采用直音方式注音的方法，人们争议更多②。但瑕不掩瑜，学人普遍认为，"是书不仅是一部传统文化典籍的经典之作，而且也是了解中国四千年前地理资料、认识原始混沌时期文化、研究汇总上古图腾社会珍贵史料、领略古代神话传奇的必读著作"③。

是书有上海古籍出版社1980年版、巴蜀书社1993年4月修订版。此外，袁氏另有《山海经校译》（上海古籍出版社1985），着力于校勘和翻译，从错、脱、衍、倒、经文入注、注入经文、脱简和错简、他书窜入、篡改、其他等十个方面着手，首先整理出新校本，然后按郭璞注《山海经》18卷顺序作出全译，可与《校注》相辅而行。（舒星）

13.《淮南子集释》，何宁撰

何宁（？～1999），西南民族大学中文系教授，尝师从蜀中大儒杨明照、周虚白两先生，用心于"淮南"，著有《淮南子集释》。

《淮南子》，又名《淮南鸿烈》《刘安子》，刘向校书时名之《淮南》，《隋书·经籍志》始称之为《淮南子》，是西汉淮南王刘安及其门客李尚、苏飞、伍被、左吴、田由等八人，仿秦吕不韦著《吕氏春秋》例而集体撰写的一部著作。原书内篇21卷，外篇33卷，至今存世的只有内篇。其思想内容接近于道家，同时夹杂着先秦各家的学说，故《汉书·艺文志》将之列为杂家类。关于此书的研究整理，汉时即已开始，如马融、许慎、延笃、高诱四家注。"乾嘉以还，尽心思学力于此书者，颇不乏人，高邮王氏（王念孙），德清俞氏（俞樾），其尤可观者也。20世纪20年代初，刘文典教授甄综清代诸家之说，

---

① 参郭华：《〈山海经校注〉评介》，载《求索》2011年第2期。
② 可参读刘新春：《〈山海经校注〉拾误》，载《宜宾学院学报》2007年第11期；李无未、吕朋林：《〈山海经校注〉"珂案"音释献疑》，载《古籍整理研究学刊》1994年第2期；蒋礼鸿：《读〈山海经校注〉偶记》，载《文献》1990年第3期；王红旗：《读〈山海经校注〉札记》，载《社会科学研究》1984年第5期等文。
③ 郭华：《〈山海经校注〉评介》，载《求索》2011年第2期。

为《淮南鸿烈集解》,世推详核,其用功固亦勤矣。然其正讹析疑,犹有未尽。暨有刘家立《淮南集证》,其书多依王、俞说轻改原书,或不言所据,臆为窜易,不足为训。"①此后学者辈出,"如吴承仕、杨树达、向宗鲁、于省吾诸先生,或厝意于原文,或留心于训说,或书栞面世,或钞本流传,各有发明,咸多匡正,亦云盛矣"②。

何宁《淮南子集释》系何氏倾数十年心力而撰成的一部"上起乾嘉,下迄当代,架构恢宏,视野广阔,运思缜密,功力扎实的集释巨著。在文献的把握与运用上,既宽广丰富,又酌取有识,思辨精审。在材料的发掘、搜集、整理等方面更有不少创获,提出了许多精彩的见解,有很多是独到而系统的卓识高见,在学术界处于领先地位,是迄今为止最好的《淮南子》校释本"③。

是书凡上、中、下三册,约90万字,前有作者《自序》,述及撰著之由及经过,"一九四七、四八年间,余于四川大学从杨明照先生读《淮南》,喜其书博大而元本道德,其辞奇峭峻拔,沉博绝丽,昕夕讽诵,有怀研习。新中国成立后,运动频繁,无暇是及,十年动乱,斯文陵替,每念学业荒疏,而须眉渐白,殊耿耿也。党的十一届三中全会后,始复留意旧业,东隅虽失,桑榆未晚,为之犹贤于博弈"④。其下《凡例》六则,言其校释所用版本系以光绪二年(1876)浙江书局刻庄逵吉校刊本为底本,校以《道藏》本、《道藏辑要》本、中立四子本、茅一桂刻本、刘泖生景写宋本、唐写本《兵略》残卷暨唐、宋类书所引及诸书凡《淮南》所出及出自《淮南》者。所辑各家,以时代先后为序,然于其说仅标作者,不逐条列举书名,书名见诸书后附录《淮南子书目》。且每条前皆加"○"以为间隔,亦示异于原注。其著己见,以"宁案"二字别之。而于庄本正文及注,则一仍其旧。偶有明显错误径予改正,或注文脱落径予增补者,皆在案语中说明所据版本。若有脱误,文不成义者,标点暂略。另外,对于前人立说,其取义无当,或过于破碎支离者,多从删汰。另书后附有《淮南子书目》《淮南子佚文》《淮南子总评》《各本序跋》,颇便参考与研究。

---

① 何宁:《淮南子集释·自序》,中华书局1998年版。
② 何宁:《淮南子集释·自序》。
③ 曾明、梁银林:《架构恢宏运思缜密——何宁先生与〈淮南子集释〉》,载《西南民族学院学报》1999年第3期。
④ 何宁:《淮南子集释·自序》。

《淮南子集释》是何氏多年来研究《淮南子》内篇二十一卷的一次总结，可谓一部集大成的巨著。是书广采博收，全面综辑，既注意多方征引以立论，更注重立足本文原意而为说，故无论校勘订正，还是增补发微，都做到言必有据，论必合理，匡正了《淮南子》在二千年辗转抄传过程中出现的诸多谬误，为恢复其书原貌做了具有里程碑意义的工作。其学术成就和学术价值主要体现在以下三个方面[1]：

其一，集清代乾嘉以还诸家众说之大成，经过严肃认真的审辨和艰苦细致的比较，择其善者而辑之，为深入研究《淮南子》提供了一个相当完备而又精当的读本。

其二，索隐发微，拾遗补阙，订正了前人未及的诸多错误，解决了前代留存下来的不少问题，为《淮南子》书的正本复原、文字从顺做出了大的贡献。

其三，审慎考辨，认真剖析，匡正了前贤校释中的不少错误，在很大程度上廓清了《淮南子》一书因校勘而引起的诸多伪乱。

是书收入于《新编诸子集成》第一辑，由中华书局于1998年10月出版。

（李冬梅）

14.《厚黑学》正续编，李宗吾撰

李宗吾（1879~1943），原名世全，后改名世铨、世楷，字宗儒、宗吾[2]，别署独尊、蜀酋，富顺自流井（今属自贡）人。同盟会会员，自谓与儒教孔子、佛教释迦、道教老子并驾，号称"厚黑教主"。林语堂则称为"近代之新圣人"，柏杨称之为"盖世奇才"。自幼嗜书，手不释卷，凡古今中外书籍，从圣经贤传到民间唱本小说，无所不览，尤爱历史、传记，勤于思索，擅长知人论世。早年毕业于四川高等学堂，历任富顺县立中学校长、四川省立绵阳中学校长、省教育厅督学、省政闻编审委员、省官产清理处长、四川省府秘书、四川大学教授、省参议会参议员、省府委员、顾问等职。著有《厚黑学》

---

[1] 参曾明、梁银林：《架构恢宏运思缜密——何宁先生与〈淮南子集释〉》，载《西南民族学院学报》1999年第3期。

[2] 李宗吾年幼时，脾气蛮横，毫不依理，见者呼为"人王"，其父合"人王"二字，为"全"字，另加辈名"世"字，名曰世全。算命先生言宗吾命中少"金"，遂添加"金"旁，为世铨。后私塾先生言宗吾命中少"木"，而非少"金"，宗吾遂自改其名为世楷，字宗儒，取信从孔子之意。25岁时，其思想大变，于儒教多所不满，心念与其宗法孔子，不如宗法自己，遂改字宗吾。

《厚黑丛话》《我对圣人之怀疑》《心理与力学》《制宪与抗日》《社会问题之商榷》《政治经济之我见》《中国民族特性之研究》《考试制度之商榷》《中国学术之趋势》《迂老自述》《我的思想系统》等。

是书分《厚黑学》3卷、《厚黑学续编》两部分。《厚黑学》3卷酝酿于作者就读四川高等学堂之时,最初以文章连载形式,于1912年在成都《公论日报》刊载,一时读者哗然,宗吾遂博得"李厚黑"的徽号。初期的《厚黑学》,只是题为"厚黑学"的短篇,后来刊出单行本,并陆续补充了《厚黑经》和《厚黑传习录》等文。由于《厚黑学》深刻揭露了政治的黑暗以及官场中的种种恶行,受到当权者的忌恨①,致使《厚黑学》未能在《公论日报》全部连载,直到1934年,才以单行本形式刊行。《厚黑学》原本凡3篇:《厚黑学》《厚黑经》《厚黑传习录》,后来的版本在此基础上,陆续收录《厚黑丛话》《我对圣人的怀疑》《心理与力学》《厚黑教主传》等内容,书名仍冠以《厚黑学》。

是书宗旨,李宗吾在《厚黑丛话》中云:"用厚黑以图谋一人之私利,是发卑劣之行;用厚黑学以图谋众人之利,是至高无上的道德"。②该书把古往今来,建功立业、称王图霸的英雄豪杰、帝王将相皆视作面厚心黑之人,人物的大小强弱,取决于他的厚黑程度而定,对古圣先贤亦大胆抨击。

《厚黑学续编》由自序、正编、副编、奇编和附编组成,正编为《中国学术之趋势》;副编为《社会问题之商榷》(节选);奇编为《厚黑学》《厚黑经》《厚黑传习录》;附编为《中国学术之趋势读后记》(毓田)、《崇拜李宗吾消灭厚黑徒》(谈鼠客)、《李氏两怪杰》(寒爵等)、《林语堂评厚黑》和《柏杨论厚黑学》。

《厚黑学》正续编所载之文一出,誉之者捧上天,毁之者贬入地。是二编笔锋犀利辛辣、独具一格,于风趣幽默的文字背后,深含卓异见识。李氏所论之"厚黑学",分前后两期,前期是一种"破坏",是从暴露人类的罪恶方面立论,后期是一种"建设",是从鼓励人类的行为向善良方面发展立论,他把"厚"解释为"忍辱负重",把"黑"解释为"刚毅果断","凡事有破坏才有建设;《厚黑学》与《我对圣人之怀疑》,所谓破坏也;《心理与力学》所

---

① 《厚黑学》尝一度被蒋介石列为禁书,并下令通缉李宗吾,后经吴稚晖从中说情得免。
② 李宗吾:《厚黑学》,求实出版社1989年版。

谓建设也"①。作者以强烈的使命感和敏锐的洞察力，展示了阴鸷的权术与公开标榜的仁义道德之间的强烈反差，对封建社会的政治黑暗和官场腐败予以深刻揭露和严厉抨击，表现出了强烈的反权威意识，令愚惰的民心猛醒。其以关注国家民族命运、倾心社会民生疾苦、揭露官场丑态、剖析国民灵魂、医治国人痼疾为要旨，具有相当的现实意义，在全国产生了极大的影响。对彻底否定封建主义的"新文化运动"，作了某种舆论铺垫，其历史作用不容小觑。

然李氏亦有观点偏激之弊，其对孔孟之道、老庄哲学、周秦诸子、宋元明清人物、二十四史等，或以"厚黑"二字囊括之，或攻其一点，不及其余，以偏概全，有片面评价历史人物、全盘否定中华文化之嫌。另外，李氏认为西洋、印度之学各走极端，提出以老子来贯通中国之全部学说，以济二者之弊，亦有值得商榷之处。在理论构建上，不少地方难以自圆，其欲把儒、释、道、墨、法等诸子百家之说兼收杂糅，创立一个堪与儒、释、道比肩的"厚黑学"，然显得捉襟见肘、牵强附会。

《厚黑学》原载《宗吾臆谈》，《上海论语半月刊》曾经转载，后陆续刊为单行本。是书版本较多，收录内容、文章编排不尽相同。其版本主要有民国6年（1917）成都国民公报社本②、民国23年（1934）北平单行本③、民国25年（1936）成都本、1961年台湾革心出版社本、1980年台湾中华出版社本、1989年求实出版社整理本④、1994年台湾传文文化出版社本、2003年台湾玉树图书出版社本、2006年群言出版社本⑤、2008年线装书局本⑥、2009年台湾元麓书社本等。

《厚黑学续编》由团结出版社于1990年出版。（郑伟）

---

① 李宗吾：《厚黑学·自序一》，中共中央党校出版社2005年版。
② 民国6年（1917），成都国民公报社曾将《厚黑学》上卷刊行一小册，有唐倜风、谢绶青序跋。
③ 民国23年（1934），北平友人从《宗吾臆谈》中将《厚黑学》3卷抽出，刊为单行本。
④ 是本除收有《厚黑学》外，另外收有《厚黑丛话》《我对圣人的怀疑》《心理与力学》《厚黑教主传》等内容。
⑤ 是本前有柏杨、南怀瑾、林语堂、许倬云序，正文分为四个部分，依次为《厚黑学》《厚黑原理》《厚黑别论》，书后有附录及后记等。
⑥ 是本分为七个部分，依次为《厚黑学》《我对圣人之怀疑》《厚黑丛话》《厚黑原理》（心理与力学）、《社会问题之商榷》《中国学术之趋势》《李宗吾自述》等。除《李宗吾自述》外，各部分之前皆列有《自序》。

15. 《诸子集成》系列40册，四川大学古籍整理研究所编

诸子文献是中国古典文献中重要组成部分。其范围有广、狭二义，狭义如班固《汉书·艺文志》，其"诸子略"只著录儒家、道家、法家、名家、墨家、纵横家、农家、小说家的著作；广义如"四部"分类法，其子部除了《汉志》诸子略的著作外，还包括《汉志》中的兵书略、数术略、方技略的著作，甚至还将艺术、杂家、道释、类书等书籍也都收录其中。编纂子书汇编，在明代已经十分流行，当时按狭义概念编的子学丛书有：《诸子纂要》《诸子汇函》《子汇》《子书十二种》《十二子》《二十子》（《十九子全集》）以及《百子汇函》（《百家类纂》），清代编有《二十二子》，民国时期编有《诸子集成》等。按广义概念编的子学丛书，则有民国初年的《百子全书》和《百廿子》（只有零本传世）。这些子学丛书，在当时都一定程度上满足了当时读者的需要，其中尤以《诸子集成》（收录先秦至六朝子书28种）影响最大，故一再重印或再版。但是，相对于浩博的子部文献来说，其收录范围尚狭、数量尚少；同时，也为了为《儒藏》编纂积累经验、探索方法，20世纪90年代初四川大学古籍整理研究所编纂了"中华诸子宝藏"系列，该系列由三套中型丛书组成：第一为《诸子集成补编》共计10册，以《诸子集成》所收时限（先秦到六朝）为断，补录这一时期《诸子集成》未收的子学著作150余种，1997年由四川人民出版社出版；第二为《诸子集成续编》20册，续收六朝以下至于清末的子书约400种，用以反映子学文献在后世的传承和发展；第三为《诸子集成新编》10册，为弥补原世界书局《诸子集成》在排印中造成的错误，本编将其所据原始刻本加以影印。上述三编共收子书600种左右。丛书前有编纂凡例，每书前皆冠以提要，按儒、道、名、法、农、艺术、兵、医、历算、数术、释道（或宗教）、杂家、小说、礼教等类编排，从而构成了当时最大的子学丛书。据学人反映，该套丛书的编纂和出版，对后来国家社科基金重大委托项目《子海》编纂与研究的构想，具有一定启发作用。

本丛书全40册，李学勤、缪文远撰序，四川人民出版社1997~1998年出版。（舒星）

三、宗教文献

1. 《维摩精舍丛书》，袁焕仙述

袁焕仙（1887~1966），号世杰，盐亭人。毕业于四川法政学堂，历任越巂

县知事、二十军监督及军法处长等职。性好内典，栖志心宗，视功名利禄为浮云。民国15年（1926），有感于军阀割据，世局混乱，慨然弃官，潜心释典。云游诸方丛林，参访大德高僧，咨决心要，朝夕不替，虽衣食不继，仍锐志向道。民国32年（1943），与贾题韬、朱之洪、但懋辛、萧静轩、傅真吾诸居士共建"维摩精舍"。他感叹大道沉沦，四生迷途，乃以荷担如来家业、孔老薪传为己任，提持宗旨，敷演妙道，遂有《维摩精舍丛书》问世。

袁焕仙弘法教化，均为口授，由弟子南怀瑾、徐剑秋、林梅坡、邓岳高等轮流记录，然后整理成书。因袁氏说法教化的时间、地点、内容、当机者不同，故记录人亦不同。记录汇编成五个册子，合为一函称"丛书"。"都序"是五本书的总序，总括意义。"都序"后有门人潼南田肇圃于1944年关于"都序"及该丛书特点之揭示。肇圃曰："《维摩精舍丛书》初函既梓，（略）爰揭如左三事，指其窾窍。学者苟尝一脔，全鼎自知，所谓纲举而目张者也。一、不猎繁。一语亡言，当下知返，苟得是篇只字半偈，皆可发明大事，了澈心宗。古德曰：'穷诸玄辩，如一毫置于太虚；绝世枢机，似一滴投于巨壑。'繁云乎哉？二、不取简。孤陋寡闻，君子所戒。若有所取，即有所去，去取交违，寓曰俨然，益自远道，况简而无文，必非胜进。三、不舍信。一切种法，君子胜行，非信不寓，故曰：'一入信门，便登祖位。'苟于是籍，随手一章，随拾一言，朝斯夕斯，所作必办。"

此后，冯学成于成都文庙旧书摊发现《片香集》及《法鼓》，维摩精舍将此二书以及《维摩精舍丛书》未能收录的文本合编为《维摩精舍丛书（第二函）》。

是书自1994年梓行以后，曾在海内外少量影印出版。另有内蒙古人民出版社1998年版。（潘斌）

2.《道书辑校十种》，蒙文通撰

蒙文通生平，见《经学导言》。

论者谓其"治学由经入手，以史为归；淹贯经传，博综诸子；出入佛典，挹注西学；超迈古今、汉宋藩篱，融会考据、义理于一轨。其在众多学术领域皆有创获，而对南北道家的思想分疏和重玄道论的历史发掘更是独具慧眼，作出了别开生面的特殊贡献"[①]。他基于"古族三分""文化三系""古史三

[①] 朱哲、万翔：《蒙文通之道家、道教观评析》，载《哲学研究》2008年第2期。

说"的理路,将先秦诸子主流学派归结为三系:东方儒、墨(阴阳、名辩可统于墨),皆"法先王、道仁义、诵《诗》《书》","大同而小异",同出于邹鲁;西北法家(兵、农、纵横属之)乃出于三晋与秦;北方道家出于燕齐,南方道家则兴于荆楚。是书收录其辑录和研究道家文献的10种著述:

一是《老子》征文、二是严遵《道德指归论》佚文、三是晋唐《老子》古注四十家辑存、四是《老子》王弼本校记、五是辑校成玄英《道德经义疏》、六是辑校李荣《道德经注》、七是王介甫《老子注》佚文、八是校理陈景元《老子注》、九是重编陈景元《庄子注》、十是新校张清夜《阴符发秘》。

是书对道家的10部经典做了全面细致地辑校,使读者能对这10部经典有一个较为全面的理解。内容精审,具有较高的科学性、系统性、理论性及学术价值,对于研究道藏经典,探索道教思想的精髓具有极大的帮助。其主要贡献是对李荣、成玄英"重玄学"的发现,以为该学兴起于蜀中,传于中原。

是书收入于《蒙文通文集》第六卷,于2001年8月由巴蜀书社出版。(潘斌)

3.《二十唯识论疏》,王恩洋撰

王恩洋(1897~1964),字化中,南充人。南充中学毕业后,于1919年入北京大学哲学系旁听,得梁漱溟赏识,大量阅读法相唯识典籍。1923年,入南京支那内学院,依欧阳竟无研究佛学,深入经藏,尤于唯识学用功特勤。其时内学院与武昌佛学院有所谓"唯识论战",恩洋乃笔战中主将之一。1925年内学院成立法相大学特科,任主任兼教授。1930年后,应请在成都佛学社讲唯识。新中国成立后,被聘为四川省政协委员及文史馆员。1957年受聘为北京中国佛学院教授,1964年病逝,享年68岁。著述有《摄大乘论疏》《二十唯识论疏》《阿毗达摩杂集论疏》《唯识通论》《八识规矩颂释》《大乘佛说辨》《佛教概论》《佛学通论》《佛法真义》《解脱道论》《心经通释》《大菩提论》《佛教解行论》《佛说无垢称经释》《世间论》《人生学》《儒学大义》《论语疏义》《孟子新疏》《老子学案》《新理学评论》《大足石刻》《王国维先生之美学思想》等。

《二十唯识论》为古印度世亲撰,唐玄奘翻译,凡1卷。世亲叙述唯识之作有两部:一是《唯识三十颂》,二是《唯识二十论》。前者重在立自宗,是真能立;后者重在以成立唯识宗学说为宗,但是重在破他,是真能破。通过破斥异说,乃立自宗。早年发现本论之梵本,即题名《成唯识》,护法为之作注亦题名《成唯识宝生论》,于此可见是书的内容与性质之所在。全论共有五言偈颂21行,最后一行偈颂为结叹,非论宗义。恩洋是书系为《二十唯识论》所作疏解,全书共34000字。

是书有1929年、1933年、1938年上海佛学书局铅印本;《龟山丛书》卷三、1938年6月《海潮音》19卷4、5、6、7、8号有收录;1978年又收入《现代佛教学术丛刊》;1992年上海佛学书局重印。(潘斌)

4.《道藏提要》,任继愈主编、钟肇鹏副主编

任继愈(1916~2009),山东平原人。1938年毕业于北京大学哲学系。1939年至1941年师从汤用彤、贺麟,攻读中国哲学史和佛教史硕士学位,毕业后留校任教。1964年任中科院世界宗教研究所所长,1987年至2005年任中国国家图书馆馆长。一生简朴,酷爱藏书,尝先后主持《中华大藏经》(汉文部分)、《中华大典》、新修《二十四史》《国家图书馆馆藏敦煌遗书》等多项大规模文化工程,著有《汉唐佛教思想论集》《中国哲学史论》《老子新译》《竹影集》等,主编《中国哲学史》《中国哲学发展史》等。

钟肇鹏生平,见《谶纬略论》。

《道藏提要》是我国第一部以提要形式揭示道教典籍的大型工具书。其编纂之由,据任继愈《序》云,虽然众所周知"《道藏》这部道教典籍丛书是研究道教的主要资料库",但是"《道藏》卷帙浩繁,内容芜杂,有珠玉,也有泥沙。况且《道藏》有许多典籍撰者不明,时代不详,书上标明的撰者有真有假,难以分辨"。因此,根据国家建设需要,遂有《道藏提要》之编纂。

是书所据底本为明《正统道藏》及《续道藏》,乃1924~1926年上海涵芬楼影印北京白云观本。全书依正续《道藏》排序并标明序号,共1473种。所撰提要内容依次为书名、卷数、涵芬楼影印本册数、三洞四辅所属分类及千字文编序,后三项以括号加小字内容标明。提要正文仿《四库全书》提要体例,充分借鉴前人研究成果,简要介绍了书名、作者、主要内容,并有简短评价,间有考证。如第0446号《许真君仙传》,书内第一页称许逊(即许真君)为"九州都仙太史高明大使至道玄应神功妙济真君",据《净明忠孝全书》卷一,知此乃元代加封许真君之尊号,则知此传当出于元代。又如0441号《上清后圣道君列记》,据《三洞珠囊》《初学记》皆引本书,本书所用术语、文体与南北朝上清派相似,篇中所引书名皆系上清派经典,推断此书成书年代盖在刘宋萧梁间,乃上清派道流之作。又据《珠囊》《太平御览》等引文皆不见于今本中,知本书多有佚缺。这样的考证看似简单,但需要编撰者掌握大量的知识信息,如不同道书的思想特

点、文字术语特征，编撰者的文献学功底由此可见一斑。

是书除采用传统训诂、考订等研究方法外，提要作者还注意到佛道二教的相互渗透、相互影响。如第1421号《太上中道妙法莲华经》，提要作者即将其与佛经《妙法莲华经》对比，指出其仿佛祖现身说法二十八品之形式，述元始天尊于大罗天为诸真人说法十七品，普度众生。经中所见"七宝""轮回""众生"等语及传达出的因果报应思想，亦可见出其受佛教影响之甚。此外，是书还纠正了前人著录的错误之处，如第1421号《太上中道妙法莲华经》，白云霁《道藏目录详注》及李杰注作"八卷十五品"，误，当为"十卷十七品"。提要中的引文皆标明出处，体现了学术的严谨性。

是书后有附录五种，分别为：《编撰人简介》《新编道藏分类目录》《正续道藏经目录》《书名索引》及《编撰人索引》。其中《新编道藏分类目录》将道经按内容分为九大类：总类、道类、戒律科仪类、道论、修炼、符箓道法、记传、子书、诗文集；大类下又设有小类；跨类之书，采用"互著"之法，在书名前以△标示。这样的分类索引极大地方便了不同需求的读者。

是书由中国社会科学出版社于1991年7月出版。出版后，颇得学术界好评，故于1995年再版，2005年又第三次修订印刷。（李冬梅、邹艳）

5.《新编道藏目录》一函二册，钟肇鹏编著

钟肇鹏生平，见《谶纬略论》。

"道藏"之名，始于唐代，指道教文化典籍的总汇。魏晋以前的道经并不多见，东晋年间出现了道书的结集，《抱朴子·遐览篇》著录道经370卷，符箓500余卷，其余内容300余卷共1200卷左右。刘宋陆修静广为搜访，总括三洞，编有《三洞经书目录》，这是受皇帝敕令而编的第一部道书。北周玄都观道士编有《玄都经目》，号称6363卷（实则只有2040卷），增入了诸子书800余卷。唐开元年间辑有《开元道藏》，这是道书正式编"藏"之始。《开元道藏》亦按三洞分部，凡3744卷，后散失。宋真宗时编有《宝文统录》，又经张君房主持编修整理，按三洞、四辅分类，题名《大宋天宫宝藏》，张君房又摘其精要编为《云笈七签》122卷。宋徽宗时又刊有《万寿道藏》，这是道书全藏雕版印刷之始，今无幸存。金、元时期亦刊有道藏，亦已无存。现存明正统《道藏》凡5305卷，明万历《续道藏》180卷，经版已毁于八国联军战火。1923～1926年徐世昌、傅增湘等主持，以北京白云观所藏正统《道藏》、万历《续道藏》为底本，由上海商务印书馆影印线装缩印本，称为涵芬楼影印《道藏》，自此，神秘的道经总集终

于复现于世。但此本《道藏》仍存在搜罗不全、分类混乱、因同书异名而造成的书目重复等问题。台湾艺文书局、台湾新文丰出版公司、日本株式会社中文出版社又相继印有《道藏》。1988年，文物出版社、上海书店和天津古籍出版社影印《道藏》（钟肇鹏《目录》简称"三家本"），以原涵芬楼影印本为底本，并进行了补缺、纠误、描残等工作，是目前最好的版本。

《新编道藏目录》共一函两册，上册为目录，下册为索引。目录和索引均为表格式样。在上册目录中，因考虑到《道藏》中所含书籍包罗万象，涉及丛书、类书、经论戒律、《周易》类书、道史书、地记、宫观志、诸子、医药、炼丹、天文历象、艺术等多个门类，因此在《道藏》目录搜罗上，仅限于正、续《道藏》所收书，二书以外的概不收入。在目录编排上，一改传统《道藏》编目的三洞、四辅编类法，而是参照古籍四部分类，并结合道书特点，分为总类、经论、史地、诸子、道术、杂著六类，每类下设有小目：总类包括目录、丛辑；经论包括道经、道论、戒律、易数；史地包括传记、谱录、诏疏、地记、灵异图记；诸子包括子书、医药、炼养、天文历象、艺术；道术包括道法、符诀、威仪、斋醮、占卜数术、堪舆；杂著则录文集、诗词、赞颂等文学作品及笔记、杂录等。全书以列表形式著录《道藏》，表头部分分列种数、书名、卷（篇）数、撰（编）人、涵芬楼本册数、台湾缩印本册数、备注七项内容。对同书异名或书名简称情况，则先著录《道藏》书名，再于书名后加括号注明其异名或简称。如《黄帝阴符经夹颂解注》后，括号标明此经又名《黄帝阴符经注解》；又如《灵宝无量度人上品妙经》，括号标明此经其他名称还有《度人经》《灵宝度人经》《元始无量度人上品妙经》《太上洞玄灵宝无量度人目品妙经》。备注中是有关道经的一些说明，如《黄帝阴符经讲义图说》备注说明"即《黄帝阴符经讲义》第四卷"。下册有索引两种：《编撰人索引》和《目录索引》。《编撰人索引》可按姓氏拼音检字或姓氏笔画检字检索，《目录索引》按书名首字笔画数检索。正文前附有《涵芬楼影印本与三家本册数对照表》[1]，极方便读者对于两个版本的对照检索。

是书为16开本，由北京图书馆出版社于1999年11月出版。（李冬梅、邹艳）

---

[1] 据《凡例》，本目录编成于80年代初。当时北京文物出版社、上海书店、天津古籍出版社三家联合影印出版的精装本《道藏》36巨册尚未出版，1988年出版，简称"三家本"。为便于用这种版本的读者检索方便，故列涵芬楼影印本与"三家本"册数对照表于后，知道涵芬楼的册数，一查此表即知在"三家本"的册数。

6. 《道教论稿》，王家佑撰

王家佑（1926~2009），"佑"又作"祐"，祖籍广安，生于成都，抗日名将王克俊之子。1948年毕业于四川大学历史系，师从蒙文通先生。1953年于北京大学进修考古史学专业，1954年起任四川省博物馆研究员，中国道教文化研究所原副所长。曾拜青城山天师洞住持、第二届中国道教协会常务副会长易心莹为师，为全真龙门派第23代传人（属丹台碧洞宗），法号宗吉。平生致力于文物考古、民族史和道教史研究，多次参与《宗教词典》《道教大词典》的编撰审定工作。应邀出国讲学，海内外人士向他求经问道者不绝于路。著有《凉山船棺葬发掘报告》《凉山彝族奴隶社会》《四川石窟雕塑》《道教之原》等专著，论文辑为《道教论稿》。

王家佑注重实地考察，足迹遍及巴山蜀水，多次云游京、沪、杭，遍访寺庙道观，师从高僧名道，对道教有切身体悟。他对巴蜀文字印章的搜集、研讨具有开拓之功，对四川各少数民族（尤其是彝族）的民族源流、宗教信仰有很深造诣，还用《山海经》等古籍与考古资料、民族资料结合，对道教与西南各少数民族的关系进行了研究，见解独到，独树一帜，主要成就集中体现在《道教论稿》中。该书收录了王氏研究道教史和民族史的重要论文，如《张陵五斗米道与西南民族》《青城山道教仙源录》《青城山道藏记校录》《四川道教古印与神秘文字》《道教鸟母与昆仑山文化的探索》《昆仑山西王母与西域古族》《中国龙凤文化考古新发现》《夏禹与道学》。他的治学路径是从研究中国道教史、道教宫观及造像出发，进而推及于古代民族史、巴蜀史等领域的研究。例如：他通过深入发掘《道藏》的史料，发现魏晋时期的道士还认识巴蜀古文字，并将其纳入道教的图箓秘文中，因此道士的铜镜和玺印上的奇字，可能就是巴蜀古文字；而《道藏》中的《黄帝传》融会了许多上古传说，其中就有巴蜀古代史的影子。同时，他又指出《荀子》《说苑》引子夏"禹学于西王国"的话，这是禹向西王母之国学习，是早期巴蜀文化与昆仑山民族交往的证据。

是书1987年由巴蜀书社出版，1991年重印。（舒星）

7. 《中国道教史》4卷，卿希泰主编

卿希泰（1928~2017），三台县人。1951年本科毕业于四川大学法律系，1954年研究生毕业于中国人民大学哲学系。1959年负责创建四川大学哲学系，曾任该系总支书记兼副系主任，副教授。1980年负责创办四川大学宗教学研究所，曾任该所所长，教授。后为四川大学文科杰出教授，"985"工程"宗教、哲学与社会研究"创新基地首席专家，四川大学公共管理学院教授委员会主席，宗教所名誉所长、博士生导师。编著有《中国道教思想史纲》（3卷）、《中国道教史》（4卷）等15种著作，发表论文100余篇，获国家级、教育部和省政府社科成果一、二等奖多项。在学界享有极高声誉，堪称当代道教学研究第一人。

《中国道教史》是一部通史性的道教学术专著，是国家哲学社会科学规划"六五"至"八五"重点科研项目成果。由卿希泰任主编，四川大学宗教学研究所编写。全书的研究、编撰共历时12载，于1988年4月出版第一卷，此后各卷陆续出版，至1995年12月全部出齐。经过统一修订，于1996年12月出版了修订本。全书共4卷，分为14章，计210余万字。第一卷除《导言》之外，分为4章23节，40余万字，论述道教产生的历史条件和思想渊源，以及汉魏两晋南北朝时期道教的创建和改造；第二卷论述隋唐五代北宋道教的兴盛和发展，凡3章21节，60余万字；第三卷论述南宋金元到明代中叶道教内部的宗派纷起和继续发展与兴盛，凡3章19节，40余万字；第四卷论述明中叶以后至民国道教的逐步衰落及新中国成立后道教的新生，论及道教在港、澳、台地区的传播和发展，以及道教在世界各地的传播和影响，凡4章21节，50余万字，卷末附录《海外对道教的研究》。每卷都附有该卷的《大事记》《神仙、人名索引》《名词术语索引》和《引书索引》。

此书的学术贡献主要有四点：一是在研究方法上，"始终坚持以马克思主义的辩证唯物主义和历史唯物主义为指导原则，贯彻实事求是的精神"[①]。一般的道教研究多是孤立性的，对于道教与社会的关系关注甚少。是书对道教发生、发展和演变的考察，均与当时的社会历史条件和思想文化背景相联系，从而把玄之又玄的宗教问题还原为现实的社会问题。如是书关于道教为什么在东汉中后期产生和怎样产生，在魏晋南北朝为什么分化和怎样分化，以及在隋唐北宋为什么兴盛的原因的考察，均能联系当时的社会状况，以历史性的眼光进行说明和评论。此外，是书对于道教的一些派别的产生与分合，道教教义的变革，以及道教与儒、佛的相互关系等，均能按照它们的本来面目予以分析和评价。

二是在道教史的分期问题上，对前人的分期方式有崭新的突破。全书坚持以道教本身的历史发展为线索，同时认识到道教发展的历史是与整个社会的历

---

① 《结题鉴定组专家评审意见》，载《宗教学研究》1996年第2期。

史进程交织在一起的，因此既不能简单按朝代的更替来划分道教发展的历史，也不能完全脱离时代的政治经济环境来孤立、抽象地考察道教的历史。这样，才能客观地总结道教本身发生、发展和演变的历史规律，抓住各个时期道教的基本特点，从而开辟出道教研究中关于道教史分期的新范式。

三是引用资料丰富翔实，涉及道经、佛藏、史籍、文物、碑铭、民间传说，发掘利用许多新的文献资料、出土文献、文物遗迹、当代宗教信息。全书多使用原始文献资料，并且出处详明，鲜有二三手引文。对于这些资料，研究人员进行了考校、甄别和鉴定，做了大量去粗取精、去伪存真的工作。这不但为以后的道教研究在资料方面提供了方便，同时也为中国道教学研究树立了优良的学风。

四是本书是国内外学术界迄今为止最为全面和系统的一部多卷本道教通史，创造性地建立了中国道教史研究的学科体系。以任继愈先生为组长的项目结题鉴定组一致认为，本书"对具有1800多年历史的中国道教的产生、发展和演变作了全面勾勒，对道教发展史作了科学分期"，"不仅填补了国内学术研究的空白，且在国际道教学术研究界亦产生重大影响"。它正确地阐明了"道教在中国传统文化中应占的地位"，"并从理论上阐述了研究道教的意义"。①四川省社科规划办评介认为，本书"代表了改革开放时期中国道教学术研究的辉煌成果和最高学术思想水平"，"对国际上喧嚣一时的所谓'道教研究中心不在中国'的论调给予了强有力的驳斥"，"纠正了国外学者对道教的无限夸张或虚无主义观点"。②

是书由四川人民出版社于1996年出版，台湾中华大道出版社出有繁体字本。（潘斌）

8.《中国道教思想史》4卷，卿希泰主编、詹石窗副主编

卿希泰有《中国道教史》，前已著录。

詹石窗（1954~ ），福建厦门人。1982年获厦门大学哲学学士学位，1986年、1996年分别获四川大学宗教学研究所哲学硕士、博士学位。现任四川大学老子研究院院长、道教与宗教文化研究所教授、博士生导师。主要著作有

---

① 《结题鉴定组专家评审意见》，载《宗教学研究》1996年第2期。
② 四川省社会科学规划办公室：《道教研究的辉煌成果——〈中国道教史〉》，载《天府新论》2000年第3期。

《道教文学史》《易学与道教思想关系研究》等。

《中国道教思想史》系国家哲学社会科学"九五"至"十一五"规划重点研究项目成果、教育部人文社会科学重点研究基地重大项目成果、国家985工程重点研究基地重大项目成果，与卿希泰主编的国家哲学社会科学"六五"至"八五"重点项目《中国道教史》属于姊妹篇，二书的编写体例彼此一致，在内容安排上互相照应，但各有侧重，以避免不必要的重复。

是书共230多万字，历时12年完成，按照时代先后顺序，分为4卷6编38章，前有《凡例》《导论》，后有《主要参考文献》《附录：百年来道教研究的回顾与展望》以及《后记》。六编内容依次为"道教思想渊源""汉魏两晋南北朝的道教思想""隋唐至北宋的道教思想""南宋金元至明中叶的道教思想""明代末叶以来的道教思想""道教思想的历史影响与现代价值"。每编又下设引言及章节，对道教的思想渊源以及道教自东汉末年产生以后的思想发展轨迹和特点等进行了系统论述，并且结合当下，具体阐述了道教思想的历史影响和现代价值。

道教思想史是中国思想史研究的重要分支，它是以道的基本信仰为核心，以延年益寿和羽化登仙为理想目标而形成的关于自然、社会、人生的观念体系及其发展变迁、社会作用的历史。《中国道教思想史》就是从思想的特定角度，以人物、道派、经典为线索，采用通史的形式，对道教思想由源及流地进行全景式的稽考和分析，这是对以往的中国道教思想研究的突破和超越，是道教学术领域的重大成就。此书的特色主要有：

一、在研究方法上，中西结合。针对传统文化的自身特色，是书充分运用音韵、训诂学方法发掘道经所蕴含的思想内涵，同时又借鉴西方符号学、文化哲学的方法来全面把握道教思想的丰富性、多样性、复杂性，深入揭示历史上道教中人思想观念的发生机制、形态模式、辐射与转化的多样存在状态。

二、在资料的爬梳和取裁上，广搜博采，精鉴细别。是书非常重视文献史料的搜集，不仅引述了《正统道藏》《万历续道藏》《藏外道书》《道藏精华》《无求备斋老子集成》等各种道家道教的大型丛书，而且广泛涉猎了《四库全书》《四部丛刊》《四部备要》《诸子集成》等许多文献丛刊中的道教思想史史料或有关儒释道三教关系的资料，至于敦煌文书以及近30年来各地的考古资料，也得到《中国道教思想史》的重视与利用。与此同时，是书在广泛收集第一手资料的基础上，又对史料进行仔细甄别和分析，通过深入解读，发掘出蕴藏于道教经典中的生命思想奥秘，展示了道教思想的内在生命力。

三、在篇章架构上，布局合理，结构严整。是书在篇章架构上采取"导论""纵论""合论"的格式，布局非常合理。先是一般性讨论，而后依照历史顺序考察各个时期的道教思想面貌，最后再从横向的角度综合概括，从而使其基本论点得以有序展开。从具体论述上看，是书将"点"的微观审视与"面"的宏观把握紧密结合。既对具体的经典、道派、人物进行详细发掘与分析，提取它们的思想核心，概括时代主题，又将此类考察置于道教思想发展的历史过程中溯源及流，揭示道教思想的发展变化规律。①

总之，《中国道教思想史》是第一部全面系统论述道教思想发展历史的学术专著，具有填补道教思想通史研究空白的意义。该书的最大创新就是开拓了道教思想研究的新领域，深入追溯了道教的思想渊源，梳理了道教思想的形成过程和发展脉络，阐明了道教思想的历史影响，并从当代社会的视角审视道教思想的内涵和价值。

是书入选国家社科基金成果文库，由人民出版社于2009年出版。（李冬梅）

9.《中国道教考古》，张勋燎、白彬撰

张勋燎（1934～　），重庆江津人。1957年于四川大学历史系毕业后，随冯汉骥从事考古教学科研工作，历任四川大学历史文化学院教授、宗教所研究员、考古学博士生导师。先后参加长江上游万县至云阳段、广汉三星堆、邛崃、乐山崖墓遗址调查，以及巫山大溪新石器时代遗址、凉山昭觉石板墓的发掘等。

白彬（1966～　），四川江安人，1988年至2001年间，分获四川大学历史学学士、硕士、博士学位。1991年起留校任教，现为四川大学历史文化学院考古系教授、博士生导师。曾参与或主持四川成都明蜀昭王陵发掘、河南洛阳皂角树遗址发掘、三峡工程云阳县境内地下文物调查勘探及发掘、成都金沙遗址雍锦湾地点考古发掘、河南新乡大司马墓考古发掘等工作。

道教考古是中国宗教考古学的一个分支，是运用宗教学、考古学的方法，通过研究与古代道教活动有关的遗物和遗迹，来复原古代道教活动的历史。中国道教历史悠久，分布广泛，派别众多，不同时期、不同地点、不同教派活动

---

① 参郑长青、张丽娟：《道教学术研究领域的重大成就——〈中国道教思想史〉读后》，载《西南民族大学学报》（人文社会科学版）2010年第5期。

以及它们之间的关系，组成了中国道教的复杂体系。"道教考古"这一命题，是张勋燎教授在20世纪80年代率先提出，后又进一步提出了建立"道教考古学"新学科的目标。是书即为这一庞大系统工程的阶段性研究成果。

全书155万字，共6册，选取了道教考古的23个专题，分别为：（1）东汉墓葬出土解注器和天师道的起源；（2）河南偃师县南蔡庄乡东汉墓出土道人肥致碑及有关道教遗物研究；（3）中原和西北地区魏晋北朝墓葬的解注文研究；（4）北魏《中岳嵩高灵庙碑》《华岳庙碑》与寇谦之新天师道；（5）北朝道教造像的考古学研究；（6）重庆、甘肃和四川东汉墓出土的几种西王母天门图像材料与道教；（7）晋吴南朝买地券、名刺和衣物疏的道教考古研究；（8）江西、四川考古发现的九天玄女材料和有关文献记载的考察；（9）前蜀王建永陵发掘材料中的道教遗迹；（10）川渝黔地区考古发现的河洛图书与先天八卦图研究；（11）江西樟树北宋道士戴知在墓出土墓志与石刻画像考；（12）四川都江堰市青城山南宋建福宫藏殿遗址试掘材料的考察；（13）江西高安南宋淳熙六年（1180）徐永墓出土"酆都罗山拔苦超生镇鬼真形"石刻；（14）四川省自贡市邓井关罗浮洞南宋"太上断除伏连碑铭"石刻拓本考说；（15）四川平武明王玺家族墓出土部分道教文物的考察；（16）重庆云阳云安盐场明代玄天宫遗址和四川地区与盐业有关的道教遗迹；（17）江西、四川明墓出土的道教冥途路引之研究；（18）墓葬出土道教代人的"木人"和"石真"；（19）江苏、陕西、河南、川西南朝唐宋墓出土镇墓文石刻之研究；（20）隋唐五代宋元墓出土神怪俑与道教；（21）江苏明墓出土和传世古器物所见的道教五岳真形符与五岳真形图；（22）三件唐代道教石刻和唐代佛道之争；（23）"道教考古"与"道教考古学"。此23个专题按考古所在地范围又分为三卷，前5个专题为上卷，是以黄河流域为中心的北方地区；第6到17专题为中卷，以长江流域为中心的南方地区；第18至23专题为下卷，因为这几个专题内容同时涉及南方和北方，是南北方道教的综合研究。这些专题涉及了道教墓葬（包括买地券、画像石、药物、镇墓文等）、道教文物（解注陶容器、印章、铜镜、钱币、河图洛书等）和道教遗迹（包括道教造像、石塔、道观等），基本涵盖了道教考古的全部内容。其中多有创见，作者之一的白彬将这些新看法归纳为十个方面：如以东汉墓葬出土的陶容器文字等的研究，并将其与铜人、药物、印章等相联系，考察了当时宗教活动的理论思想、神仙谱系、科仪法术等，指出天师道于汉明帝永平年间在陕西、河南地区最早形成，其中的一支约在顺帝年间经由汉中传入四川，发展为著名的五斗米道；又如通过对川渝地区宋元明墓葬出土河图洛书符咒墓券的考察，揭示了道教和堪舆术相结合的新发展，也成为"河洛之学在蜀"一说的实证；等等①。

是书侧重于从道教考古角度，充分利用"二重证据法"，对中国古代道教进行研究，尤其是对两汉至唐宋的主要道教考古资料都有相当系统的论述，并配有五百余幅插图，在整合了各考古文献的道教考古资料的基础上，又对文字和图像资料进行考订和研究。是书是宗教学与考古学相结合的一次成功尝试。长期以来，我国的考古学中，道教考古常被忽视；而在宗教学中，对道教的研究又存在着脱节。是书将宗教学与考古学结合起来，弥补了学术界的这一缺憾，是迄今为止海内外第一部道教考古研究的专著。它的出版，也为以后的研究工作提供了知识结构的储备和比较成熟的考古研究的方法。

当然，也有读者指出了本书所存在的一些不足之处。比如，书末附有国内研究道教考古的文章和文献名称，对需要了解或研究道教考古的读者而言，本是起到了工具书的作用，但是没有将所引用的西文和日文著作列上则实在可惜。又如书中的专题研究的范围还可以继续拓宽。

是书由线装书局于2005年出版。（李冬梅、邹艳）

10.《巴蜀道教碑文集成》，龙显昭、黄海德主编

龙显昭（1935~2020），岳池人。四川师范学院（今西华师范大学）教授，曾任四川师范学院副院长。从事专业教学及科研工作40余年，学风谨严。发表有《论曹魏道教与西晋政局》《谯周》《三国文化历史走向》等重要论文。主编《张澜文集》《张澜纪念文集》《巴蜀佛教碑文集成》等论著50余种。

黄海德（1953~ ），成都人。历任四川省社会科学院研究员兼哲学所副所长、华侨大学人文社会科学系教授。研究方向为中国宗教文化与中国哲学史、中国文化与现代化，专攻道家哲学与道教文化研究。主编《道教研究》《道学文化丛书》等，著有《老子道德经经解》《中国文化与中国社会》《道家思想史纲》（合著）等。

巴蜀地区是中国道教的发祥地之一，两千年间，绵延不绝，对四川乃至整个中国文化都产生了重要影响。是书《前言》简明回顾了巴蜀道教发展史，指出："巴蜀道教在中国道教史上具有重要地位，值得人们去探索研究。这种

---

① 这十点创新之处，详见白彬：《〈中国道教考古〉简介》，载《考古与文物》2006年第3期。

地域性道教历史文化研究的不断深入，无疑会推动整体的道教历史文化和传统文化的深入研究。"《前言》还指出利用碑刻资料的价值和意义："积极开发地方文献资源，充分利用地方碑石文字材料，是开展研究工作的一个途径"，"如果各省区都能把本地是类碑石辑出，结集成书，不特对研究地方道教，而且对全国道教的研究也提供了便利"。

是书卷首9条《凡例》，说明所收道碑资料的来源、种类、时限："所收碑文，以关乎道教者为准。碑文时限，上起后汉，下迄清末；少数民国碑，亦考虑采录。"其地域范围，略以古巴蜀地区为范围；碑文排列，则以产生年代先后为编排次序。所录各碑的篇题，本书也有自己特定的命名原则。夷考其书，作者以时间先后为序，汇集了传世文献和考古发掘所见的古巴蜀地区有关道教的碑刻，"凡涉道教之碑记、象记、塔记、幢记、洞记、阁楼记、宫观记（铭）和墓志铭，不限文体，均予收录。少数文篇如钟铭等虽非碑石，然有资考证，亦酌量收入"。此外，"如碑石尚存，则实地查勘，访碑录文，使入选可据"，立志"广为搜讨，务求网罗较备"。

是书收录的最早两通碑文是东汉时期的《仙集留题》（佚名，顺帝汉安元年，142）和《米巫祭酒张普题字》（佚名，灵帝熹平二年，173），最迟的一通碑文是民国中期尹昌龄（1869~1943）所撰《玉清宫记刻石》。总共收集457通各类碑铭，时间前后跨度1800余年，总字数约50万。前文已说明是书所选录的每篇碑文，均经编者精心校勘，碑文之末，皆附编者所撰简要"题记"，说明本篇碑文的出处、撰人简历以及撰写年代（立碑年代）、碑址及重要宫观略历等。书末附有"笔画索引""撰者姓名索引"，篇幅达23页，便于研究者从两个角度方便地检索到所需文献，颇便学界。

本书资料不仅可与中国道教文献的集大成之作《道藏》互补，尤其是极大地充实了《道藏》中的巴蜀地区部分，为《道藏》其他省区道教历史文献集成的编撰提供了先行的范本；而且对于其他断代史文献，更有补充作用，如仅其中所收元代碑文，即可补元代道教文献之缺，增添《全元文》漏收者数篇。职是之故，著名道教学者王家佑在《序》中评价说："博采精校，编成《巴蜀道教碑文集成》，大可补文献之不足，为巴蜀历史之真传。"以为，道教文化之相关方面，"大备于兹，功德无量，道史咸真"。因此断言本书是"此继往开来之史料"，必将在海内外产生重要影响。

是书由四川大学出版社1997年12月出版。（王川）

11.《巴蜀佛教碑文集成》，龙显昭主编

是书系《巴蜀道教碑文集成》的姊妹篇。卷首长篇《前言》说明编撰缘起，说："我们在编纂《巴蜀道教碑文集成》（四川大学出版社1997年版）时，却发现佛教碑文数量较道教则不啻倍蓰。经多方搜讨，竟获佛碑达千余通。其时间跨度，从东晋至清末，垂千五百年。"因此，编者根据碑文整理，"综合考古和文献材料，旨在对巴蜀佛教的来龙去脉予以疏理，实事求是地勾勒出它的一个轮廓，以便把握佛教在巴蜀兴起、发展的具体史迹"。在《前言》中，编者联系巴蜀佛教产生、发展史上的一些重大问题，如佛教与地方政权的关系等，提出自己的见解。其中，对四川佛教特点的概括，以及中国历史上政教关系的认识，很有意义，也很重要。《凡例》则说明了本书佛碑收录来源、种类、时限（从东晋迄清末民国时期）、地限、以产生年代先后为编排次序先后，以及是书碑名确定原则等。

是书以时间先后为序，汇集了文献、考古所见的古巴蜀地区有关佛教的碑刻，尤其是收录了"近几十年来出土的碑文及造像题记等"（《后记》），包括寺记、塔记、幢记、楼阁记、殿堂记及墓塔记等类型。其时间范围最早从东晋《蒲江西凉嘉兴造像题名》开始，迄于清末，最迟为1940年遍能所撰《传度老和尚行状》，共计约1100余通碑文，总字数150万。

是书所选录的每篇碑文，均有校勘，碑文之末皆附编者所撰"题记"，简要说明本篇碑文的出处、撰人简历以及撰写年代等。书末还附有"寺院名""无寺院名碑题""作者姓名""无名碑题"等四种检索，篇幅达46页，便于研究者从四个角度方便地检索到所需文献，颇便学人。

是书乃编者竟八年搜讨之力，从浩瀚的文献及近世出土碑石中，经缜密考订筛选，集佛碑达千余通，约150余万字。从东晋迄清末民初，时间跨度1500余年。诚如《后记》所言，每一件碑文，都"是极珍贵的历史资料。因为每一时代的碑，就是该时代巴蜀佛教历史的真实记录；而每一地的碑，则又是佛教传播至该地的历史见证。这约百万字的碑文，是研究四川佛教的重要文献，它与典籍文献结合，对于研究区域佛史来说，实为极宝贵的文化资源，应当深入发掘并加以充分利用"。

历史上的巴蜀地区，既是西南最富庶的地区，曾经是北方丝绸之路与南方丝绸之路的交汇地，也是佛教传法的重要通道，在中国佛教传播发展史上是一个重要板块，撰写中国佛教全史也必然包括巴蜀佛教历史。故而巴蜀佛教在中国佛教史上具有重要地位,值得人们去探索研究。但是,汉文文献连同《大藏经》在内,记载巴蜀佛教的历史,相对来说是比较少的。所以,是书的出版,为研究巴蜀佛教历史提供最基本的文献与实物资料,同时,也是进一步研究佛教史的一项最基础的工作,这种地域性佛教历史文化研究的不断深入,无疑会推动整体的佛教历史文化和传统文化的深入研究,对于巴蜀文化、中国文化、区域历史等的研究也不无参考价值。因此,是书作为当今研究四川佛教历史的一部重要文献,不仅具有拓荒的意义,而且可补文献之不足,对中国佛教史的研究亦具极高的学术价值。是书出版后,已经在海内外产生了重要影响。

是书由巴蜀书社于2004年5月出版。(王川)

12.《藏外道书》,胡道静、陈耀庭、段文桂、林万清等主编

《藏外道书》为大型道教丛书,由胡道静、陈耀庭、段文桂、林万清等主编,凡36册。

是书的学术贡献和编纂特点主要有下列几点:第一,是书收录道教文献丰富。本丛书共收集《道藏》未收道教经籍和著述991种,荟萃了明代正统和万历年间编成的《道藏》和《续道藏》未收的道书,以及自明万历以后至1949年以前的各种道书。其文献来源主要有六:一是新发现的明代以前成书而《道藏》未收道书,如北京图书馆收藏的孤本《太清风露经》、马王堆考古发现的帛书《老子》甲乙本以及黄老道系的部分经典等;二是明代以后产生的道教经籍,如清代全真龙门派第十一代高道刘一明的《道书十二种》、清代闵小艮的《古书隐楼丛书》等;三是明代以后只在道教内部秘传的经籍,如明代龙虎山高道周思德编纂的《上清灵宝济度大成金书》;四是明清时期成书的大量道教宫观山志和道教文艺作品,如《龙虎山志》16卷、《茅山全志》14卷、《华岳志》8卷和《合皂山志》2卷等;五是明清时期曾经广泛流传的一些内丹养生典籍,如伍守阳的《天仙正理直讼》《仙佛合宗语录》和柳华阳的《金仙论证》以及《性命圭旨》;六是民国以后产生的道教书籍和重要的道家研究著作,如陈撄宁的许多文章以及部分经注和山志等。

第二,是书的分类方法和编排体例较传统有所突破。是书的编排体例,为了适应当代道教界和学术界的使用,不再沿用《正统道藏》和《续道藏》的三洞四辅十二类的编排方法,而是将所收书按内容区分为11类,即古佚道书类、经典类、教理教义类、摄养类、戒律善书类、仪范类、传记神仙类、宫观地志类、文艺类、目录类、其他。由于明清时期的某些道书是以丛书的形式刊印

的，这些丛书在收入本书时，仍然保持了丛书的面貌，不将其分拆。且书后还编有经籍子目的一字索引，非常方便读者检索使用。

第三，道教的《道藏》，历来由官方敕命，并由道士编修。然而该丛书却是由民间主办，依靠学术界、出版界、图书馆界和道教界的共同努力而完成的。它既为我国道教研究者们及时提供了大量明清时期的难以收集到的珍贵材料，也为在道教研究的国际竞争中争得了领先的地位。

该丛书由巴蜀书社先后于1992年和1994年编纂出版。（潘斌）

13.《巴蜀禅灯录》，四川省佛教协会、四川省宗教志办公室主持编纂

两汉之际，佛教传入中国，经魏晋隋唐而蓬勃发展，中国佛教大乘各宗派相继创立，如智𫖮创立的天台宗、玄奘和窥基创立的法相宗、道宣等创立的律宗、善导集大成的净土宗、法藏创立的华严宗，以及弘忍弟子神秀和惠能分别创立的禅宗等。在各宗派中，禅宗以其"不立文字，教外别传"为特点，逐步壮大，唐宋以来，一枝独秀，成为中国佛教最大的一个宗派。

灯录，一名传灯录，指记载禅宗历代传法机缘的著作，寓以法传人，如灯火相传，绵延不绝之意。灯录体萌芽于南北朝，定型于禅宗成立之后，至宋极盛，此后各代延用。禅宗语要，俱在各灯录之中，清丈雪通醉禅师所编《锦江禅灯》即为其一。

佛教传入巴蜀，肇自汉代。年代虽久远，但影响十分有限。直至唐宋时期，蜀地高僧辈出，如智炫、道一、宗密、知玄等，都在佛教发展史上占有重要的地位。禅宗初期的十大禅派，至少有五派与巴蜀有关，而在蜀中名僧道一、宣鉴二禅师的弟子们的努力下，晚唐、五代时期一花开五叶，陆续形成了沩仰、临济、曹洞、云门、法眼五派。五派之中，除法眼而外，其余四派在四川都代有传人。巴蜀成为全国禅宗最兴盛的地区之一，并且流传海外，尤以对日本的影响最为突出，以至佛学界有"言蜀不可不知禅，言禅不可不知蜀"之说。

在《巴蜀禅灯录》以前，清康熙年间，蜀中僧人丈雪通醉禅师纂有《锦江禅灯》一书，为第一部记录地方禅师言行的佛教典籍。但由于历史条件的局限，以及通醉禅师个人的一些偏见，使得《锦江禅灯》在客观反映巴蜀禅宗史方面存在着很大的阙遗和谬误，如缺漏了智诜无住禅系和聚云吹万禅系，对宋元之间大批禅宗史上的重要人物如痴绝道冲、无明慧信等未能收入，对宋元之间巴蜀禅师在中日文化交流中的主导和核心作用未能反映，大批著名禅师籍贯著录有误，等等。

针对《锦江禅灯》的不足，《巴蜀禅灯录》在《锦江禅灯》的基础上，进行了大量审核校订纠谬扩充。在资料来源上，查阅了几乎全部灯录、僧传和四川有关寺庙的史志；在收录空间范围上，以唐、宋、元、明、清五代四川的行政区域为准，而不仅限于今日的行政区域；在收录时间范围上，依照《五灯会元》世系，对近现代巴蜀禅宗代表人物袁焕仙、贾题韬、释本光、释离欲等做了适当介绍，亦选取了昭觉寺中几位禅师作为清代到近代过渡人物，共计收入634人，较《锦江禅灯》增加204人，在世系上亦从南岳下三十八世延伸至南岳下四十四世。至此，巴蜀禅宗世系得到完整呈现，为学者研究佛学、佛教史，尤其是地域性佛教史研究方面，提供了翔实的史料。之后《浙江禅灯录》等陆续出版，亦沿循《巴蜀禅灯录》规范，对当地佛教文献进行整理，于此体现出《巴蜀禅灯录》所具承前启后之功。

是书由成都出版社于1992年出版。（李冬梅、邹艳）

第三节　语言文字与辞书

一、语言学

1．《字林考逸补遗》1卷，龚道耕撰

龚道耕有《经学通论》，前已著录。

是书又名《字林补本》，作于清光绪二十三年（1897）。首有《部目》、陶方琦《原序》及道耕《自序》。《自序》述其撰著之由及梗概云："苏州局刻《字林考逸》后附陶编修方琦补本，其中兼存任氏兆麟、曾氏钊所补凡八十余事，而重复误羼几居其半，所署据书不详，篇目且多譌易，原文亦失传信之义。又《说郛》所载，鄙浅猥陋，决非吕书，既不辨而收之，乃仅取其二十之一，尤未喻其何故。诸大令可宝编附陶本，不为核正，其所自补十余事，仍不免于訑复。《考逸》校勘既竣，因取是编，刊落伪文，重加编次。复从《齐民要术》等书，采出诸家未引或虽引而有详略同异者，随条补入。益以钱大令保塘校本所引数事，都为一卷，排比钞录，三写而定。较之旧本，粗觉改观，用附刊之，备治小学家之甄采。至删去各条，有复见者，有误引他书为《字林》者，有滥及明以来展转稗贩之书浅俗叵信者，且有任、曾本不误而诸氏编录误之者。检之原书，乖违易见，必加击难，未免繁芜，故略论之，不复别为辨正焉。"是道耕以为陶方琦、诸可宝所补任大椿《字林考逸》，讹复脱漏者较多，故其校刻《字林考逸》后，因取补本，刊落伪文，重加编订。并从《大藏经音义》《续一切经音义》《玉烛宝典》《经典释文》《汉书音义》《三国志注》《晋书音义》《齐民要术》《文选注》《重修广韵》等书中，辑出多条，总为1卷。其中，凡道耕所采补，著"补"字。诸家采补，著"某补"，以别于陶辑。清晰明了，后出转精，诚为任氏《字林考逸》最佳补本。

是书有清光绪二十三年（1897）成都龚氏裛馨精舍刻本、渭南严氏刻本等。（李冬梅）

2.《广韵疏证》，赵少咸撰

赵少咸（1884~1966），名世忠，字少咸，以字行，祖籍安徽省休宁县，生于四川成都。曾任教于石室中学、成都高等师范、成都大学、四川大学、华西大学、中央大学等校，新中国成立后任四川大学中文系教授。其学师承戴震、段玉裁、王念孙父子，且与章太炎、黄侃等有交往，平生致力于汉语语音词义之学。主要论著有《广韵疏证》《经典释文集说附笺》《新校广韵》《古今切语表》《说文集注》《广韵谐声表》《斠段》《跋十三经音略》《史籀篇疏证辨》《谈反切》等。

《广韵》，全称为《大宋重修广韵》，凡5卷，是我国北宋时官修的一部韵书，系为增广《切韵》而作。宋真宗大中祥符元年（1008），由陈彭年、丘雍等奉旨编纂。它完整而详细地记录了中古的（从南北朝到宋）语音系统，是我国历史上完整保存至今并广为流传的最为重要的一部韵书。

《广韵疏证》，是赵少咸集几十年精力完成的一部音韵学著作，为当今《广韵》研究的集大成之作。关于其撰著过程，据学人考述，20世纪20年代，赵少咸曾以《古逸丛书》本《广韵》为底本，写成《新校广韵》5卷，交由商务印书馆出版，然因抗战爆发，书稿湮没。1934年9月，赵少咸途经南京，拜晤黄侃，与黄侃一起商定了《广韵疏证》的选题。抗战胜利后，赵氏见到故宫本王仁昫《刊谬补阙切韵》，认为是本错讹较多，于是开始撰写《广韵疏证》。至1956年，书稿完成。全书约280余万字，校正《广韵》讹误近4000条，分装成28册。书前有叙例，论及《广韵》的版本、韵目下的"同用"和"独用"、分韵、切语、引书、四等、段校《广韵》等问题。但可惜的是，"文化大革命"期间书稿被毁，仅剩8册余存。后经其学生余行达、易云秋重新整理，其子赵吕甫补证，由巴蜀书社于2010年出版①。赵氏《广韵疏证》遗著，历经数十年风雨，终于得以完整刊版面世。

不过由于书稿异体文字较多，天头、地脚处旁批斑斓，故巴蜀书社版《广韵疏证》系采用影印方式，按《广韵》原来顺序，分卷排列。全部书稿分为两种字体，三部分内容：一为赵少咸原著、余行达等抄写的毛笔小楷写本，共有8册，这是赵氏亲自撰稿的内容；二为赵氏原著以外的内容，为余行达、易云秋整理过录，由学生周俊勋用硬笔抄录，这是余行达等根据赵氏原意，重新汇释的内容；其三为版框周围空处文字，即赵少咸之子赵吕甫在书稿上所做的大量批签，这部分内容字数不多的由抄手径抄入正文，字数较多的，则在插入处编上圆圈形注号，作为注释排列于书页的翻口。是书凡6卷，分装10册，约350万字，第一卷上平声，第二卷下平声，第三卷上声，第四卷去声，第五卷入声，第六卷引用书目及谐声表。

是书旁征博引，功力深醇，其最大特点即在于集声音、训诂、文献、版本四者于一，互相发明，溯源辨流，旁搜博采，以勘误正疑。据介绍，全书共校订《广韵》的错讹漏落之处3830条；校订与《广韵》有关的典籍的漏误书籍68种1458条。历代学者立论有错误的，也予以辩驳匡正，包括书籍71种，共348条②。而且书中特别注意音证，对《广韵》所收录的音义尽量考订出它的来源。并对"反切、同用、独用、分等、分部"等，根据自己多年的研究心得，进行论述，提出新见。故程千帆盛赞《广韵疏证》："详校博考，辩以公心，盖自乾、嘉以来三百年中，为斯学既精且专者，先生一人而已。"③足见《广韵疏证》乃是研究汉语音韵学不可缺少的典籍，不愧为《广韵》研究的最大功臣。

是书有巴蜀书社2010年版。（李冬梅）

3.《音韵学丛书》，严式诲辑

严式诲（1899～1976），又名谷孙、谷声，祖籍陕西渭南，故有"渭南严氏"之称，著名藏书家、刻书家严雁峰养子。严氏家族几代以盐业为商，家境殷实，又乐于藏书、刻书。民国年间，雁峰、式诲父子尝买下成都景勋楼，根据皇家档案馆样式改建成"贲园书库"。此书库藏书和刻书在四川乃至中国都

---

① 载《书品》2011年第1期。
② 参余行达：《关于〈广韵〉的几个问题》，载《中国语文》1961年第9期。
③ 程千帆：《广韵疏证·序》，巴蜀书社2010年版。

占有一席之地，被专家称为"是成都地区目前唯一见到的专门的民间藏书建筑"，可与宁波"天一阁"比肩。雁峰逝世后，式诲子承父业，摒弃声色犬马，蛰居书库，一生致力于收藏和刊刻图书，最终使"贲园"藏书总数达30余万卷。1949年成都解放后，式诲将书库及全部藏书悉数捐献给国家，成为组建四川省图书馆的基础，被聘为川西行署特邀人民代表、四川省文史馆研究员。式诲及"贲园"为蜀中文化的发展可谓做出了重要贡献，这正如蜀中文人陶亮所称道的"贲园三十万卷书，枣梨精刻饫群儒"。

中国音韵学研究，自宋代吴棫始有专著言古韵，至明代陈第而有本音之说，逮及清世，作者10余家，学者苦不能尽览。式诲"贲园"富于藏书，而以中国音韵学著述尤为浩繁广博。民国时，经华阳林思进提议，成都龚道耕及巴县向楚编次、雠校，严氏遂聘请刻字高手汇刻《音韵学丛书》。是书辑有宋以来中国音韵学之作于一编，凡收诸家音韵学著述32种123卷，分装56册，依次为：

《切韵指掌图》2卷，宋司马光撰；附《检图之例》1卷，元邵光祖撰；《校记》1卷，严式诲撰。民国19年刊。

《韵补》5卷，宋吴棫撰，民国23年刊。

《毛诗古音考》4卷，附《读诗拙言》1卷、《附录》1卷，明陈第撰，民国22年刊。

《屈宋古音义》3卷，明陈第撰，民国22年刊。

《音学五书》38卷（《音论》3卷、《诗本音》10卷、《易音》3卷、《唐韵正》20卷、《古音表》2卷），清顾炎武撰，民国22年刊。

《韵补正》1卷，清顾炎武撰，民国23年刊。

《古今韵考》4卷，清李因笃撰，民国20年刊。

《古韵标准》4卷、《诗韵举例》1卷，清江永撰、清戴震参定，民国15年刊。

《音学辨微》1卷，清江永撰，民国12年刊。

《四声切韵表》1卷，清江永撰；附《校正》1卷，清夏燮撰。民国21年刊。

《声韵考》4卷，清戴震撰，民国12年刊。

《声类表》9卷、首1卷，清戴震撰，民国12年刊。

《六书音均表》5卷，清段玉裁撰，民国25年刊。

《诗声类》12卷、《诗声分例》1卷，清孔广森撰，民国13年刊。

《古韵谱》2卷，清王念孙撰，民国22年刊。

《诗音表》1卷，清钱坫撰，民国20年刊。

《江氏音学》十书（原缺三种），《诗经韵读》4卷、《群经韵读》1卷、《楚辞韵读》1卷附《宋赋韵读》1卷、《先秦韵读》2卷，民国23年刊；《廿一部谐声表》1卷、《入声表》1卷、《唐韵四声正》1卷附《等韵丛说》1卷，清江有诰撰，民国20年刊。

《诗经廿二部古音表集说》2卷，清夏炘撰，民国17年刊。

《说文声类》2卷《出入表》1卷，清严可均撰，民国13年刊。

《切韵考内篇》6卷《外篇》3卷，清陈澧撰，民国19年刊。

卷首有民国24年（1935）章炳麟《序》及本书《目录》，《目录》后附有严氏癸酉年（民国22年，1933）夏四月《序》，主要论述此编丛书的编纂缘起以及编排顺序的原则。

全书的编纂顺序，据严氏《自序》所云，可谓是有一定的考虑的。其言："首《切韵指掌图》，四库著录等韵书之最古者也。次吴才老、陈季立两家书，言古音者大辂之椎轮也。顾亭林出而音学大明，江慎修、戴东原、段懋堂、孔㢲轩、王石臞、江晋三继之，审音考古，益以精密，皆所谓悬诸日月不刊之书也。《音学五书》后，次以《古今韵考》，天生笃信亭林，且吾乡先哲也。《诗声类》后，次以《诗音表》，十兰虽不主于说韵，亦有裨于审音也。江氏书后，次以《诗古音表集说》，弢甫参取诸家之说以为表，简明便于寻览也。以声系《说文》成书者数家，而严铁桥《声类》最为简约。韵书莫古于陆氏《切韵》，其书久亡，陈兰甫据《广韵》求得其条理体例，而《外篇》尤足明反切之古法，故并刻之也。"可见，严氏是以音韵学的发展脉络以及各书在音韵学史上的地位和价值编排其序的。

此编由众名家校刻的丛书，乃中国音韵学的集大成之作，内容丰富，校勘精审，雕印清晰，可谓严氏辑刻古代典籍的得意之作，也是近代成都雕版印刷中的精品。学者手此一编，可博览中国音韵学著述之精华。据其自序，严氏尝以此编为初编，又拟别刊续编，并取诸名家集中单篇精论辑为丛钞，以殿于全编之末。只可惜续编未能成书，否则严氏所刊之音韵学著作则更为可观也。

据史料记载，这套丛书曾参加在德国莱比锡举行的万国博览会，受到一致好评。而严氏为了弘扬中华文化，又将这套丛书分别捐赠给剑桥大学、牛津大学、莫斯科大学以及列宁格勒图书馆。各方为了表示感谢，亦回赠有图书和感谢信。是此书在为中外文化的交流方面也做出了一定的贡献。

《音韵学丛书》的版本主要有民国间渭南严氏成都刊，1957年四川人民出版社汇印本、1966年台北广文书局用民国渭南严氏成都刻本影印本等。（李冬梅）

4．《广释词》10卷，徐仁甫撰

徐仁甫有《左传疏证》，前已著录。

是书系徐仁甫用6年时间以补《助字辨略》《经传释词》《经传释词补》《经传衍词》《词诠》《古书虚词集释》《诗词曲语辞汇释》等7书遗漏之作。其在虚词用例方面多有明见，其自叙增广前人之类有四：广词、广义、广例、广时。探求方法亦有四：据互文以求同义，据对文以求反义，据异文以求近义，据同文以求异义。总观全书，涉及虚词近千，广举诗例以证，可谓独辟蹊径，发前人所未见。尽管是书尚有一些不是，然而其用力之勤、搜罗之广以及对虚词理解之深、见解之精，亦常为学者所称道。

是书有四川人民出版社1981年出版的冉友侨校订本。（李冬梅）

5．《训诂学简论》，张永言撰

张永言（1927~2017），四川成都人。1947年就读于四川大学教育系，1951年任华西大学中国文化研究所助理员，1953年以后在四川大学任教。一生长期耕耘在汉语史及相关语言学学科的教学和研究领域，有着精深的造诣，在学术界素以目光敏锐、视野广博、态度谨严著称。不仅具有深厚的传统语言学功底，还能利用多种外文，对国内外的学术动态进行全面的最新的了解，因此其研究往往是史论结合，古今中外贯通。著有《词汇学简论》《训诂学简论》《语文学论集》以及《世说新语辞典》（合作）、《简明古汉语字典》（合作）等。

是书共分四章，第一章为概说，论述了什么是训诂，为什么需要训诂，什么是训诂学，为什么要学习训诂学，以及训诂学和语文学各学科的关系等。第二章为历代训诂述略，以时间顺序，论述了从先秦到清代的训诂及训诂学史。第三章是训诂著作举要，对《毛传》《郑笺》《尔雅》及"群雅"、《方言》《释名》《说文解字》《玉篇》《经典释文》《一切经音义》《经籍籑诂》《说文通训定声》《助字辨略》《经传释词》《古书疑义举例》《辞通》《联绵字典》等书进行了提纲挈领的介绍。第四章是训诂方式和训诂用语综述。最后附录作者论文两篇，分别为《论郝懿行〈尔雅义疏〉》《论张相〈诗词曲语辞汇释〉》，对这两本重要的训诂著作详加评述。

全书体例谨严，引证翔实，论述剀切，文意晓畅，在总结、继承传统训诂学的基础上，有所开拓、创新。如论述什么是训诂，作者指出："'训诂'的本义是'解释古语'或'古语的解释'。引申起来，解释方言也在训诂的范围之内。……推广开来，解释古语、方言以外的其他词语也属于训诂的领域。……后来其范围逐渐扩大，古书的各种注解（如'传''笺''章句''义疏'等）也都可以包括在内。这就是说，用任何方式对古书上任何语言事实加以解释说明，几乎都可以叫做'训诂'了。"再如论述什么是训诂学，指出："训诂学是中国传统语言学即所谓'小学'的一个部门。前人把'小学'分为训诂、文字、音韵三门，训诂是其中侧重字义、语义研究的一门。……按照近代科学系统来说，训诂学可以说是语文学（philology）的一个部门，是主要从语义的角度研究古代文献的一门学科。它跟语文学的各个部门（如文字学、校勘学）和语言学（linguistics）的各个分科（如词汇学、音韵学、语法学、修辞学）以及其他一些人文科学（如历史学、考古学、民族学）都有密切的联系；它需要综合运用这些学科的理论、方法和成果来达到自己的研究目的。"再如引用方言及民族语言材料，时或涉及比较语言学等探讨训诂学问题。是书为张永言语言文字学研究的著名之作，也是训诂学研究的基础之作。

是书由华中工学院出版社于1985年4月出版。并于2015年1月由复旦大学出版社出版增订本，由其学生汪维辉补充校订。（李冬梅）

二、辞书

1.《藏汉大辞典》3卷，张怡荪主编，祝维翰副主编

张怡荪（1893~1983），原名张煦，蓬安人。尝考入北京大学国学门学习，1922年就《老子》的成书年代问题，撰成数万言之学术论文，批评著名学者梁启超，梁启超却深为赞许，亲自题识，并于《晨报》上全文刊发，成为学界一段佳话。新中国成立前，曾先后在北京大学、北京女子师范大学、清华大学、山东大学执教，任讲师、教授、系主任。20世纪30年代，在成都创办西陲文化院。40年代任西康省通志馆总纂。50年代初，聘为四川大学中文系教授，兼文科研究所所长。编著有《公孙龙子注》《老子校注》《玉篇考定》《玉篇原帙卷数部第述说》《藏汉集论词汇》《藏汉语对勘》《藏文书牍轨范》《汉藏语汇》《藏汉译名大辞汇》《西康省分县地图集》《藏汉大辞典资料本》

《藏汉大辞典》等，译有《藏语文法》《宗轮晶鉴》等。

祝维翰（1911~1982），蓬安人。从事藏学、语言学研究，曾任《西藏日报》社藏文版校审室主任、《藏汉大辞典》副主编[①]。

《藏汉大辞典》是一部以语词为主、兼收百科的综合性藏汉双解辞书，是迄今为止内容最丰富、规模最大的藏汉大辞典。是书编纂之由，系张氏有感于此前《藏英字典》《藏英词典》等[②]皆出自外国人之手，而当时国内在这方面很少有人研究，故张氏内心深感不安，矢志改变这种状况，发愿编纂一部藏汉大辞典，用以沟通藏汉文化，奠定藏学研究之基础。

《藏汉大辞典》编纂，发轫较早，成书较迟，历经半个世纪的艰难历程。1945年张怡荪纂成《藏汉大辞典资料本》10册，成为日后《藏汉大辞典》的蓝本。新中国成立后，张怡荪受命继续主编《藏汉大辞典》。1958年，张怡荪率编纂组抵达西藏后，重新拟定计划，决定打破原有大辞典资料本的规模，扩大收词范围，强调从藏文原著中系统地收集资料；到民间去做实地调查采访，收集活语言；从清代噶厦、益仓的公文档案中，收集旧时的官厅术语。同时，为使更多的藏、汉族读者都能使用这部辞书，决定改动体例，变原藏汉对照为藏汉双解，使这部辞书成为综合性质的藏汉双解大辞典。1966年6月，《藏汉双解大辞典》完成初稿，但在"文化大革命"中"下马"。1978年在成都重新恢复编纂工作，1979年藏汉大辞典编写组刊印了《藏汉大辞典（征求意见稿）》（上中下三册），并于1983年由民族出版社发排付印。

该书由前言、序言、凡例、正文和后记组成，分上中下三册。书后附有《动词变化表》《干支次序表》《藏族历史年表》以及具有浓厚藏族风格的彩色图片百余幅。全书共收词目53000条，词条排列依藏文字母顺序，分部编排，各部词条的第一音节先列单语基，次列复语基，最后列带有前加字的语基。单、复语基的各词条分别按藏文元音顺序排列，词条第二音节之排列次序，依此类推。单词条依据十一类词性进行划分，复合词条和专科词条则不作分类。总条有分条者，除了释义外，于分条下注明与总条之关系。梵文对音，加单书

[①] 十年动乱中，《藏汉大辞典》的编纂工作停顿达12年之久，之后于1978年重新上马，此时主编张怡荪已届85岁高龄，辞典的编纂工作主要由副主编祝维翰主持。

[②] 匈牙利人亚历山大·乔玛·居鲁斯于1834年编著《藏字字典》，德国人耶司克于1881年编著《藏英词典》，印度人萨罗特·旃陀罗·达斯于1902年编著附有部分梵文对译的《藏英词典》。

名号，写在词目之后，先译词目，后说明梵音译作某某。

《藏汉大辞典》卷帙浩繁，汇集了藏族日常生活和科学文化知识等各方面的词语，是研究藏学以及解决实际问题使用的大型综合性工具书，具有较高的学术价值和实用价值。其历时之久，编纂者之多，内容之丰，发行量之大，社会影响力之广，前所未有，是我国现代少数民族辞书史上的一座丰碑。它集中反映了我国在藏语辞书编纂和藏学研究方面所达到的水平，在篇幅、选词、释义、引例各方面都超过了一直被国际上奉为权威辞书的达斯《藏英词典》，被誉为"藏族文化史上的壮举"①。它的出版，为国内外研究藏族历史、文化、档案、宗教和语言的人扫清了文献阅读上的障碍，对藏语文的整理、规范化以及研究绚丽多彩的藏族文化遗产，沟通民族间的文化交流，乃至促进国内外藏学研究的深入都起到了积极的作用。

该书1985年问世以来，好评不断，出版不到半年，书店就销售一空，民族出版社于1986年10月，又重印了10000部，像这样有近400万字的大型辞书，发行不久就重印，这在我国少数民族文字图书中是很少见的。是编于1986年获四川省第二次哲学社会科学优秀科研成果一等奖；1987年获"吴玉章奖"语言文学一等奖；1993年获国家图书奖提名奖；2006年，获首届藏学研究珠峰奖评审委员会颁发的"中国藏学研究珠峰特别成果奖"。

是书有1979年征求意见稿本、1985年民族出版社3卷本、1993年民族出版社缩印本（上下册）等。（郑伟）

2.《汉语大字典》8卷，徐中舒主编，李格非、赵振铎常务副主编

徐中舒（1898~1991），初名道威，安徽怀宁（今安庆市）人。1925年入清华大学国学研究院，师从王国维、梁启超等著名学者。曾在中央研究院等多所研究机构和高校工作。抗战爆发后，受聘于四川大学历史系，任教授、系主任，全国首批博士生导师。以先秦史与古文字学为主攻方向，另在明清史及四川地方史的研究上也有显著成就。著有《金文嘏辞释例》《史学论著辑存》等，另主编有大型工具书《汉语大字典》《甲骨文字典》等。

---

① 马俊杰：《吴玉章奖金获奖著作简介》，载《中国人民大学学报》1987年第6期。

李格非（1916~2003），湖北武汉人。武汉大学"五老八中"①之一。1942年毕业于武汉大学中文系，1945年肄业于武汉大学文科研究所。1956年，前往苏联莫斯科大学东方语言学院讲学，任客座副教授、教授。历任武汉大学中文系教授、系副主任、代主任、校务委员、《汉语大字典》常务副主编、《汉语大字典简编》主编等职。著有《元明清文言小说选注》（合编）、《先秦至明清文言小说选注》等。

赵振铎（1928~   ），笔名赵怿伯、天水、萧芸，四川成都人。祖父赵少咸，是著名语言文字学家，撰《广韵疏证》《经典释文疏证》等；父赵幼文，任四川省社科院研究员，撰《三国志校笺》。赵振铎1952年毕业于四川大学中文系，1953年秋至1955年夏，到北京大学中文系进修，师从高名凯。历任四川大学中文系教授、博士生导师、古籍整理研究所副所长、汉语言文学研究所所长、《汉语大字典》常务副主编等。在普通语言学、音韵学、训诂学、辞书学、语言学史等领域均有很深造诣，著有《训诂学纲要》《训诂学史略》《音韵学纲要》《辞书学纲要》《中国语言学史》《辞书学论文集》《集韵研究》等。

《汉语大字典》是一部以解释汉字的形、音、义为主要任务的大型语文工具书，是目前收录文字最多、释义最全的汉语字典。1975年由国家出版事业管理局在广州召开的全国词典编写出版规划会议上提出，经周恩来、邓小平批准组织编写，会议确定由湖北、四川两省出版部门组织有关专业学者300余人协作编写。历时十年，于1984年编成初稿，1985年开始分卷定稿，1990年全书出齐，前后十五载。

该书由前言、凡例、部首排检法说明、汉语大字典部首表、新旧字形对照举例、分卷检字表、正文和附录组成②，系汉字楷书单字的释音释义汇编③，共

---

① "五老八中"是指20世纪50年代武汉大学中文系的鼎盛期，因教师队伍阵容强大而居全国高校中文系之首，进而形成的一个享誉全国的学术群体的代称。"五老"为刘永济、刘赜、黄焯、席鲁思、陈登恪。"八中"为程千帆、刘绶松、胡国瑞、周大璞、李健章、李格非、缪琨、张永安。"五老八中"的具体成员前后略有变化，"五老"还有徐天闵，"八中"还有沈祖棻。

② 附录包括《主要引用书目表》《上古音字表》《中古音字表》《通假字表》《异体字表》《历代部分字书收字情况简表》《简化字总表》《汉语拼音方案》《现代汉语常用字表》《普通话异读词审音表》《国际音标表》《汉语大字典分卷部首表》《笔画检字表》和《后记》等。

③ 根据存字、存音、存源的原则，在单字下酌收少量复词。

计收列单字56000左右。在继承前人成果的基础上，注意汲取今人的新成果。注重形、音、义的密切配合，尽可能历时地、准确地反映汉字形、音、义的发展演变。在单字编排上，按部首编排，部首以传统的《康熙字典》214部为基础，酌情删并，共立200部。相同部首下按笔画多少顺序排列，同一笔画的部首按横、竖、撇、点、折五种笔形顺序排列。单字条目主要由字头、解形、注音、释义、引证组成。在通行的楷书繁体字条目下注音释义，并标注其简化字、异体字形体、通假字关系。在字形收列上，于楷书单字条目下收列能够反映形体演变关系的、有代表性的甲骨文、金文、小篆和隶书形体，并简要说明其结构的演变，释文和现代例证用简化字，其余用繁体字。在字音标注上，采用三段标注，分为现代音、中古音、上古音三段。现代音用汉语拼音标注；中古音以《广韵》《集韵》的反切为主要依据，并标明声、韵、调；上古音只标韵部，以近人考订的三十部为准，出现于近现代的字不标注中古音和上古音，出现于中古的字不标注上古音。在字义解释上，不仅注重收列常用字的常用义，而且注意考释常用字的生僻义和生僻字的义项，适当地收录了复音词的语素义。多义字一般按照本义、引申义、通假义的顺序排列。名词、动词、形容词不标明词性，数词、量词、代词、副词以及其他虚词标明词性。在举例引证上，要求从原著直接引用，注重例证在语言中的典范性、时段性和全面性。此外，对用文字难以描绘或较罕见的名物字，则附插图，直观准确，以助释义。

  是书对汉字进行了一次空前规模的大整理，系我国文化建设的一项历史性的工程，体例完整、规模宏大、释词严谨、举证科学，在汲取前人、时贤研究成果的基础上，踵事增华、开拓创新，产生了极为深远的影响，先后荣获国家图书奖、中国图书奖、国家辞书奖等奖项，被列入中华人民共和国常备书目。当然该书也还存在字形不统一，楷化字头不合演变规律，《笔画检字表》使用不便，释义有讹误，例证与释义不相配合，有个别错字，标点使用有差错等小的瑕疵，但瑕不掩瑜，《汉语大字典》作为我国文字学和字典学史上的一座里程碑，与《汉语大词典》一起被誉为汉语语文辞典的"双璧"，其所蕴含的学术价值及其发挥的社会效用更是无法估量。故日本汉学家森濑寿三教授给李格非教授的来信中说："这道事业，也可以说是和修建长城一样的艰巨和伟大。"

  是书的主要版本有8卷本、缩印本、3卷本、简编本、简编3卷本、袖珍本、

4卷本、普及本、9卷本等①。其中8卷本，系最早问世的版本，是正本、母本，内容上最为完整、齐备，2030万字，由四川辞书出版社和湖北辞书出版社于1986年出版，1990年出齐。缩印本和3卷本内容皆与8卷本同。

简编本，于1988年下半年着手编纂，由李格非教授担任主编，四川辞书出版社和湖北辞书出版社于1996年出版。原则为简缩篇幅、保持特色、订正讹误、突出实用。删去没有典籍用例的字头和义项，共收字头约21000个，全书篇幅约500万字。该本原装1册，2000年重版时改为3卷。

袖珍本，立足于普及和实用，删除字形及字源解说；删除了上古音及中古音，只保留了现代读音；简化了释义及例证②；所有释文及例证全部用简体字排版。字数压缩为350万字。但是袖珍本保留了《汉语大字典》"收字最全"这一特色，保留了大字典所有的字头及义项。1999年由湖北人民出版社和四川辞书出版社出版。

4卷本，由湖北辞书出版社和四川辞书出版社2000年出版。用原8卷本软片重印，但对明显错误做了订正。

普及本，由湖北辞书出版社于2003年出版。改编思想为简缩篇幅、便于查阅、经济实用、重在普及。将字头精简为2万个左右，删除了古文字形体、《说文》释义、中古反切及上古韵部，对每一个字头直接标以现代读音；删除只有音读、释义而没有例证的义项，以及不常见的义项，总字数压缩为160万字。

9卷本，2010年由四川出版集团四川辞书出版社、湖北长江出版集团崇文书局出版发行。保留原《汉语大字典》注重汉字形、音、义发展的特色，吸收语言文字学最新研究成果，全面贯彻国家语言文字规范，广采博纳、纠讹改错③；查缺补漏、增加字头④；取新弃旧、统一字形⑤；与时俱进，更新内容；增补附录、丰富信息⑥。同时，将第一版后《补遗》编入正文；改进和完善检索功能，查字更加方便快捷。（郑伟）

---

① 王重阳：《〈汉语大字典〉版本述略》，载《出版科学》2005年第1期。
② 一般一个义项只保留一个较简单明晰的例证，个别条目甚至没有例证。
③ 按：包括改正体例、部首、字头、解形、注音、释义、例句等方面存在的一些硬伤性错误。
④ 《汉语大字典》首版收字54678个，第二版予以适当增补，收字总数为60370个。
⑤ 全书字头统一采用新字形，只对个别使用新字形容易混淆的字适当保留旧字形，既遵守国家语言规范化标准，也从语言文字实际运用情况出发。
⑥ 第二版增加了《现代汉语通用字表》《中国历史纪年表》《三代世系表》《辛亥革命期间所用黄帝纪年对照表》和《韵目代日表》等。

3.《甲骨文字典》，徐中舒主编

徐中舒有《汉语大字典》，前已著录。

是书系徐中舒组织人力于1979年10月开始编纂，共耗时八年零三个月完稿，全书由序言、凡例、目录、检字、本书索引甲骨著录书目和正文六部分组成。其编纂缘起，徐中舒于《序言》云："为了便于更多的人开展汉语古文字以及相关学科的研究，有必要把已识或未识的全部甲古文字字形摹写展示出来，以便观摩辨认。孙海波在20世纪30年代编著、60年代修订的《甲骨文编》、金祥恒的《续甲骨文编》曾在这方面起过重要作用。在文字考释方面，李孝定的《甲骨文字集释》是解说甲骨文字的巨著，该书网罗众说，评论折衷，间有新解，是可供参考的。然而这两种书到今天便不能满足需要了[①]：《甲骨文编》（包括《续甲骨文编》）所汇字形重复、庞杂，或有摹写失误、识字不当之处，而字汇杂陈，未加分期归类，也是不便使用的；《甲骨文字集释》又因众说罗列，材料芜杂，有失精当，给阅读增加了麻烦。由于这两部书都是成书于20世纪60年代，还需要把近20余年学术界研究的新成果补充进来。"[②]

《甲骨文字典》借鉴《甲骨文编》《续甲骨文编》《甲骨文字集释》之长，采择近年古文字研究及考古发掘之新成果，独创先进的体例，编摩而成。是编对甲骨文字的解释，分为字形、解字、释义三部分。字形部分收录有代表性的甲骨文字形，解字部分解说甲骨文的本义及引申假借义，释义部分以解字所定之义训为据，参考卜辞实际用例，分列义项，举出卜辞辞例，加以隶定说解，三部分有机结合，互为表里。在字形搜集方面，在统览每一字全部字形基础上，精选有代表性的字形，按五期断代法予以分期，分列于各时期之下，各字均按《说文解字》分部别居，并冠《说文》篆文于每字之首，便于了解各个时期文字字形演变的脉络，以及各个时期不同的字形、书体风格，从而全面深入掌握字形，并对孙、李二书有所是正。在文字考释方面，博采众家之长，不囿一说，实事求是，虚心探讨，综合每一字及相关诸字的形、音、义，进行全面系联，从社会历史生活、生产实际、语言规律，深入考核论证，经过分析批

---

① 《甲骨文编》及《续甲骨文编》只罗列字形，并无说解，不便初学；《甲骨文集释》罗列众说，以释义为主，而字形简略，无法了解文字发展的脉络，且此二书均未对甲骨文字作时代上的整理。

② 徐中舒：《甲骨文字典·序言》，四川辞书出版社1989年版。

判，或择善而从，或参以己见修订补充，创获颇多，解决了许多长期以来未曾解决的学术问题。

是书在广泛继承前人的基础上，融入了编者数十年研究甲骨文之学术成果，体例精当，内容切实稳妥，表达明确精炼，是此前任何一部古文字工具书所无法比拟的，是文字研究者详考汉字本源必备的一本大型工具书，对开展汉语古文字以及相关各学科的研究具有重要参考价值。故是书饮誉中外，受到学术界的高度评价。

是书由四川辞书出版社于1989年出版。（郑伟）

4.《汉彝词典》，马黑木呷主编

马黑木呷（1934~   ），彝族，喜德县人。曾任中共四川省委统战部副部长、四川省民委民族语文工作办公室主任。主要从事彝文规范与应用问题的研究，做了许多调查研究的组织工作和集体编撰书稿的审定工作。主编《汉彝词典》《彝语大词典》等大中型双语文工具书。

是书系中国社会科学院"六五"期间国家重点科研项目之一"《彝文规范方案》应用研究"的主要项目。其编纂之由，是为了适应彝语文工作日益发展的需要，满足彝语文工作者特别是翻译、教学工作者和读者的迫切要求。该书在四川省民族事务委员会的组织和领导下[①]，集中了国内彝语文专家、教授、学者历时四年完成（从1982年冬至1986年秋）。全书由凡例、音节表、部首检字表、词典正文和附录组成。附录包括《彝文规范方案》《汉语拼音方案》《彝语注音符号和国际音标对照表》《我国各省、自治区、直辖市名称》《我国少数民族简表》《世界各国家和地区面积、人口、首都一览表》《中国历代纪元简表》《我国彝族分布情况》和《法定计量换算表》。

该书是一部融科学性、知识性和适用性为一体的综合性中型汉彝双语词典。全书共收入53000多个词条，约240多万字。汉语以现代普通话为依据，酌收文言和古书中常用的若干词语。书中汉语词条以商务印书馆1983年再版的《现代汉语词典》为蓝本，结合彝语的实际情况做了少量的增删，并酌收了少部分古彝语中的常用词语。释文部分以彝语为主，仅少量词义较为深奥或涉及

[①] 中国社会科学院、中央民族学院、西南民族学院、四川省民族事务委员会民族语文办公室、四川省民族研究所、凉山彝族自治州编译局、教育局及《凉山文艺》等单位参加了本书的编译工作。

典故的地方辅以汉文。译文以《彝文规范方案》规定的圣乍话为依据，以直译和意译相结合，译义力求准确，用语精练通俗。在条目安排上，该词典的条目排列顺序与《现代汉语词典》的顺序相同；查字方法，采用汉语音序检字法和部首检字法；词语编排，汉语在前，彝语在后，然后为例句或注释；《现代汉语词典》中汉字字形相同而读音不同的字分立条目；部分汉字的单字条和多字条因形同而音、义不同的分立条目。在注音上，该书汉语词条的注音与《现代汉语词典》相同；彝语释义词条，一律用彝语拼音符号注音。在释义上，汉彝两种语言的词条义项一般是相等的；对汉语条目，彝语一般用等值翻译；少数词条汉语仅以现代词义为准，但彝语译义古今兼收；部分词条，汉彝语的词义范围不同，汉语一个词相当于彝语几个词，此类词彝语在同一词项中一一列出，并用分号隔开。在举例上，汉彝语言对等的和易用的词条一般不举例，对少数难用的或易于用错的词条举例。例句一律汉彝对照，例句后的注释则只用彝语。

是书体例科学，用语精练。汉彝词语对照翻译，注意语言纯洁、标准[①]；注音恰当[②]，便于学习；多以夹注的方式限制词义，省去不必要的引例和举例，使词典简明而通俗；释义力求等价对应，不少格言成语，彝译时直译、意译兼施，除词汇意义外，还注意了某些派生词语构词形式的对应，照顾到了汉彝语词的民族特点。

由于新中国成立前，彝文没有词典，新中国成立后也只编写过《汉彝词汇》和彝文小字典，这部《汉彝词典》的编译出版，具有重大的历史和现实意义，它标志着彝语规范应用研究达到了新的水平，填补了彝族文化发展史上的一项空白，对彝族文化事业的发展起到巨大的推动作用，受到彝族人民、彝语文工作者和国内外有关专家、学者的称赞和欢迎，是汉彝双语翻译、教学、科研必备的工具书。该词典曾荣获四川省第四次哲学社会科学优秀研究成果一等奖。

是书由四川民族出版社于1989年出版。（郑伟）

5.《中国神话大词典》，袁珂撰

袁珂生平，见《山海经校注》条。

《中国神话大词典》系袁氏于"文化大革命"十年动乱期间开始编撰，

---

① 汉语用全国通行的普通话，彝语用以喜德语音为标准音、以圣乍话为基础方言的凉山标准语。
② 汉字用《汉语拼音方案注音》，规范彝文用彝语注音符号注音。

起初预计编纂一部《神话资料汇编》，以神话人物为中心，尽可能全备地搜集相关资料，不加删剪地依次收录，供研究者参考；后由于资料本身的琐碎杂冗及良莠不齐等原因，才改而尝试编写成神话词典。自谓"零星点滴地搜集材料，排比综合，孜孜矻矻，不管政治风云阴晴变幻，也不论生活道路崎岖曲折"①，实为难能可贵。1982年初，编写工作基本完成，累计编写词条共约3500条，字数达80多万，1985年由上海辞书出版社出版，题为《中国神话传说词典》，所选词目大致分为人、物、天地、书、事及其他类等六类。当时即发行50万册，香港、台湾纷纷翻印，日本也翻译出版，其流布影响之大可见一斑。但袁氏在该书脱稿不久即发现其一大"严重的缺陷"——尚不包含少数民族神话传说的内容，故"未能反映中国神话的全貌"②。于是，又在旧有的基础上进行增补修订，成此《中国神话大词典》。

新词典分"古籍记载"和"民族传闻"二编，后附"引用书目"。"古籍记载"是在《中国神话传说词典》3000余条正文词目的基础上，增补200余条新增词条和大量新增义项。词条的撰写采取了以直接引用古籍文献资料原文为主的方式，在引文和引文之间则以浅近且与引文风格相近的文言文做陈述或解说；其内容不仅包括汉族神话之见于古籍者，亦包含了古籍记载中的少数民族神话，故曰"古籍记载"。而"民族传闻"则主要取材毛星主编《中国少数民族文学》、谷德明编选《中国少数民族神话选》等，同时博采若干今人相关书籍，增补了有关少数民族神话传说的词目计530余条，加上汉族口传神话80余条词目共计618条。为与"古籍记载"部分保持风格一致，该部词条系以浅近文言缩写所选择的文学化、故事化的少数民族神话；其内容以少数民族神话为主，但亦包括今人记载中的汉民族神话。如此一来，新词典不仅风格统一，且相较之前不仅在旧有内容上更加充实丰满，还对中国56个民族（除俄罗斯族暂缺）的神话传均有所涉猎，内容不可谓不丰富全面。以"中国"及"大"冠之，的确名副其实。

其"引用书目"凡分两种："民族传闻"者，大都为今人记载，故其引用书目则标明书名及其编撰者；"古籍记载"者，除前述信息外，一并标明其时代，而有亡佚古书见于类书或文籍注疏之征引者，择其有辑本传世并其主要辑

---

① 袁珂：《中国神话大词典·自序》，四川辞书出版社1998年版。
② 袁珂：《中国神话大词典·自序》。

者列入书目,其余则省略不列。另外,该词典有400余幅插图,主要采自汉代画像石刻,明刊本《列仙全传》《三教搜神大全》《月旦堂仙佛奇踪》《三才图会》,明活字印本《古列女传》,明萧云从《离骚图》,清吴任臣《山海经广注》,清汪绂《山海经存》,清刊本《毓秀堂画传》《历代神仙通鉴》,清吴友如、王素木刻及当代王红旗、孙晓琴《新绘神异全图山海经》等典籍①。

袁珂对神话的认识正是在《中国神话传说词典》的编写过程中开始起了变化,逐渐从狭义领域走向广义领域,并提出"广义神话"理论。他在新词典的编撰过程中更是始终秉承了其"广义神话"的思想,其中心思想:"不仅最初发生神话的原始社会有神话,就是进入阶级社会以后的各个历史时期也有神话。旧有的神话在发展,在演变;新的神话也随着历史的进展在不断地产生。直到今天,旧的神话没有消失,新的神话还在产生。"②

《中国神话大词典》选目包括:一、神话;二、带神话意味之传说,如"孟姜女""沉香救母"等;三、神话变体之仙话,如"孙逊""吕洞宾""八仙过海"等;四、神话传说化之历史人物,如"姜太公""李冰""西施""文成公主"等;五、与神话传说相涉之山川都邑、寺庙祠坛、古迹名胜,如"飞来峰""夸父山""伏龙观"等;六、神话传说近于童话者,如"中山狼""十兄弟""吴洞金履"等;七、佛经神话传说而融入中国传说者,如"龙女""华光""哪吒""五百罗汉"等;八、有关法术及节日、习俗等,如"隐身术""分身法""七夕""重阳"等;九、含神话因素、已成口头习用语者,如"龙门阵""摇钱树""无底洞"等;十、保存神话资料较多之书或研究之书,如《山海经》《楚辞》《淮南子》《搜神记》《中国神话研究初探》《神话与诗》等。其选目的广度和解析的深度,不仅使其"广义神话"的思想得到了最好的体现,还十分有利于认识中国神话传说的历史演变和发展,萧兵先生盛赞该书"有助于我们建立起历史和比较观念"③。

萧兵还概括了该词典具有以下特点:第一,收录神话资料尽可能丰富详尽。中国神话蕴藏丰富,或散见群籍,或杂出民间,该词典收录条目不仅包括上古神话,后世仙话、传说等亦兼收并蓄。例如"孟姜女""八仙过海""梁

---

① 袁珂:《中国神话大词典·凡例》。
② 袁珂:《中国神话史·序》,上海文艺出版社1988年版。
③ 萧兵:《神话学就是要丰富多彩——谈袁珂〈中国神话大词典〉》,载《社会科学研究》1998年第6期。

山伯祝英台""白娘子""望娘滩"等。不仅包括华夏（汉族）神话，连兄弟民族重要神话传说也一并收入。例如藏族的"格萨尔王"、苗族的"狗取粮种"、白族的"大理龙母"等。此举尚属首创，不仅可以借其一览中国各民族神话传说的概貌，还可以窥见同一神话至后世的演变遗存。第二，词典体例编列严整实用。本书有若干索引——"古籍记载"部两种："词目笔画索引"和"词目分类索引"；"民族传闻"部两种："民族族类表"及"词目索引"。古籍部以笔画索引为主，分类索引为辅，查询词目十分便捷、手到擒来；民族部先以"族类表"尽列所涉及和收录民族目录，再按该目录顺序、亦大略依笔画顺序，将各民族下相关词目尽数罗列。如此，整部词典主要内容通过索引即可一目了然，翻查搜索亦十分方便，为读者所乐见。第三，条目引证谨严可靠。袁氏对于所引文献均一一查对核实原书，且校对比较精审，故所征引古籍不过长者均直接引用，并注明所引出处。凡查对原书引文，绝大多数一字不错，实教人佩服赞叹。第四，词条大多包含文字校勘或研究判断等内容，具有相当的学术价值。首先，在引用《山海经》《楚辞》及先秦汉初诸子等文献资料时多注意文字之校勘。例如"卫丘"词目后以括号内文字注明："'卫'，字原脱在上句'皆出卫于山'，非，从王念孙、郝懿行说订正"。其次，引文之间的叙述和解释往往含有袁氏自己或复述他人的研究判断，对于了解和掌握相关主题的研究状况亦有所助益。例如"义均"词目，指明"此义均亦商均，即叔均。义、叔、商一声之转"，其判断比王念孙、郝懿行怀疑三者为一进了一大步，"盖以传闻不同而见异说"。大词典又因《海内经》说"义均是始为巧倕"，再列第二参考条目"巧倕"。原来"倕乃舜子商均，即义均，亦即叔均，以传说演变无定，遂成歧出"，可谓一览无余而又启迪无穷。第五，词条采摘广泛、富有趣味。本词典决不是一本枯燥乏味的工具书，它不仅可为相关学科专家学者、文人作家等所用，亦可供普通读者闲来品读赏鉴、猎奇觅趣。这除了因为神话传说资料本身的丰富有趣之外，还很大得益于编裁者的裁剪得宜、叙述得当、文笔纯熟。

该词典由四川辞书出版社于1998年出版。（舒星）

6.《三国演义辞典》，沈伯俊、谭良啸编著

沈伯俊（1946~2018），原籍安徽庐江，生于四川重庆。1970年毕业于四川大学外文系。1980年考入四川省社会科学院文学研究所，从事古典文学研究。历任四川省社会科学院文学研究所副所长、哲学文化研究所所长、文学研

究所所长。又任四川大学文学与新闻学院教授、博士生导师。长期从事古典文学研究，主攻明清小说，尤以对《三国演义》的研究最负盛名，是学界公认的"权威的《三国》专家"，其整理本被誉为"《三国演义》版本史上的新里程碑"。著有《中国古典小说新论集》《三国演义辞典》《校理本三国演义》、毛本《三国演义》整理本、嘉靖元年（1522）本《三国志通俗演义》整理本、《李卓吾先生批评三国志》整理本、《三国漫谈》《三国演义》评点本、《三国演义》新校本、《罗贯中和〈三国演义〉》《三国漫话》《三国演义新探》《西游记》校注本等。

谭良啸（1944~ ），当代三国史研究专家。曾任成都武侯祠博物馆馆长，现为成都永陵博物馆研究员。著有《诸葛亮治蜀》《开国之君与亡国之主》《三国文化古今谈》等。

《三国演义》是我国小说史上一部成书较早、流传最广的历史小说，所载的故事几乎达到家喻户晓的程度。是书之编纂，即是为了适应海内外学者研究《三国演义》的需要以及满足广大读者从多方面认识《三国演义》和了解有关知识的愿望。本辞典共收词目4166条，分为七大部分，分别是渊源与内容、历史常识、改编与再创作、名胜古迹、传说故事、成语俗谚、研究情况。其中"渊源与内容"共1476条，包括三个部分：渊源，介绍与《三国演义》成书过程有关的内容；人物，介绍《三国演义》中的全部人物，分为曹魏集团、刘蜀集团、孙吴集团、其他四类，人物大致按音序排列；情节，介绍《三国演义》中的主要情节，对一些表现主要人物性格的细节，亦予介绍，各条均按在《三国演义》中出现的顺序编排。"历史常识"部分共1214条，介绍《三国演义》所涉及的历史知识，包括典故、职官、地名、天文、兵器、礼仪等，各条以类相从。"改编与再创作"部分共416条，介绍根据《三国演义》改编或受其影响而创作的各种文艺作品，包括戏曲、小说、曲艺、电影、电视剧、广播剧、美术等各种形式。"名胜古迹"部分共230条，介绍与《三国演义》有关的名胜古迹，其中有的系由《三国演义》附会而成；有的虽出自历史，却因《演义》的影响而面目全非；有的虽与史实基本相符，却或多或少渗入了《演义》的内容。"传说故事"部分共329条，介绍与《三国演义》有关的民间传说，基本上按传说故事的主人公分类编排。"成语俗谚"部分共337条，介绍源于三国史和《三国演义》的成语和俗语（包括歇后语），两部分分别按音序排列。"研究情况"部分共164条，介绍新中国成立以来《三国演义》研究的基本情况，包括重要研究课题、重要论著、学术会议、学术组织、学术刊物等方面。另又附《东汉末年地主武装割据形势图》《三国鼎峙形势图》，置于卷首；附《三国大事年表》《词目拼音索引》《词目笔画索引》，置于正文之后。缺漏部分以"补遗""续补"殿之于后。

是书系以《三国演义》为中心的综合性工具书，广采博收，雅俗共赏。不过其编纂体例与一般辞典的体例却不尽相同，但这则是适应了《三国演义》的创作与流传的特点，别开生面，别具一格。因此李希凡认为"这部辞典的出版，将给当代读者阅读《三国演义》带来丰富的知识，也将为深入理解作为历史小说的《三国演义》的创作特色，提供有益的启示"①。

是书由巴蜀书社于1989年出版，1993年有增订版。随后日本于1996年7月出版日文版，韩国泛友社于1999年12月出版韩文版。（李冬梅）

7.《诸子百家大辞典》，黄开国等撰

黄开国（1952～　），四川大英人。1976年毕业于四川大学哲学系，历任四川省社科院、成都市社科所研究员，浙江工业大学、杭州师范大学教授，现任四川师范大学特聘教授。主要从事中国哲学史、先秦两汉与近代经学、哲学等领域研究，著有《廖平评传》《扬雄思想初探》《经学辞典》（主编）、《吴虞思想研究》（合著）、《巴蜀学术史》（合著）等著作19部，在《中国社会科学》《哲学研究》等海内外70余家学术刊物发表论文、书评190余篇。

诸子之学兴起于春秋、战国时期，《庄子·天下》篇首先对百家学说进行评述，举出墨翟、禽滑厘、宋钘、尹文、田骈、慎到、关尹、老聃、庄周、惠施、公孙龙等，《荀子·非十二子》又对魏牟、陈仲、史鳅、墨翟、宋钘、慎到、田骈、惠施、邓析、子思、孟轲提出过批评。《吕氏春秋·不二》篇则对各家学术进行归纳，以为"老耽贵柔，孔子贵仁，墨翟贵廉（兼），关尹贵清，子列子贵虚，陈（田）骈贵齐，阳（杨）生贵己，孙膑贵势，王廖贵先，儿（倪）良贵后，此十人者，天下之豪士也。"司马谈《论六家要旨》在评说先秦诸子时，将其归纳为道德家、儒家、墨家、名家、法家、阴阳家。《汉书·艺文志》"诸子略"又增加纵横家、杂家、农家、小说家，共分九流十家著录其书，又在各类小序中对各家学说进行评述。"四部"分类法兴起，又有专门的"子部"著录和评论以上诸子及兵家、佛道、艺术、数术、方技、类书

---

① 李希凡：《三国演义辞典·前言》，《三国演义辞典》卷首，巴蜀书社1989年版。

等类文献。历代志艺文者，莫不承袭这一传统，专立子部，或著录书目，或提要内容，或序说源流，俨然成一大专门之学（"子学"或"诸子学"）。20世纪以来，学术研究蔚起，陈柱、蒋伯潜、李源澄、吕思勉等人，纷纷撰著《诸子概论》（或《诸子通论》《先秦诸子概论》）等类著作，子学研究遂从文献目录学转入学术史研究领域矣。然而综合子学各类资料，撰著成一百科全书式的工具书者，则以这本《诸子百家大辞典》为称首。

该书"诸子"取宽泛概念，全面介绍了儒、释、道与墨家、法家、名家、兵家、纵横家、阴阳家、杂家、小说家等诸子百家，举凡这些学派的人物、著作、术语、学派、事件、组织、典故，及佛教、道教的礼仪、神仙、菩萨、寺观等，不仅一一列举其名，还详加解释，总计条目凡七千余，文字达200余万字，分儒教、佛教、道教、诸子等四编，各类又按辞目字数和首字笔画排列。本书由四川大学哲学系、宗教所、古籍所和成都市社科所、巴蜀书社的专家合力完成，其中黄开国、黄小石（巴蜀书社）负责儒教部分，李刚负责道教部分，陈兵负责佛教部分，舒大刚（以上并四川大学）负责诸子部分。张岱年、萧萐夫为辞典撰序，赵朴初题写书名。

是书由四川人民出版社于1999年出版。（舒星）

第四节　文学文献举要

一、文学史论文献

1.《中国文学史略论》7卷，龚道耕撰

龚道耕有《经学通论》，前已著录。

是书凡7卷，卷首有道耕乙丑年（1925）十二月《自序》，自述其撰刻经过云："壬子之岁，承乏成都高等师范讲席，仪征刘君申叔，主任文科，以中国文学史相属，因与商榷条例，从事编纂，未半而辍。越七年再至斯校，乃卒成之。叅次旧闻，粗具梗概，比于僮笞，匪云撰述。而诸生集资为之印行，率识数语，以谂览者，无以近世所谓文学相格。若其引据之疏，评裁之谬，庶有达者，理而董之。"是此书初撰于壬子之岁，即民国元年（1912），时道耕担任四川高等师范学校讲席，而刘师培任文科主任，遂以撰写中国文学史相属，因与商榷条例，从事编纂，然未半而辍。至民国8年（1919），道耕再校《中国文学史略论》，乃卒成之。

道耕论述中国文学史，讲求通识，反对专以文论的狭隘文学史观。所撰《自序》论其撰述旨趣云："仲尼之门，考以四科，言氏习《礼》，卜子传经，文学之称，兹其蘁蓏。刘勰著书，备论《文心》，而上溯经纬，旁罗子史，下逮谐讔杂笔，明文学之域至恢廓已。近世言文学者，或以诗歌、戏曲、小说为干，而摈经、史、诸子，以为非类，原其惛趣，放据远西。窃疑殊域译言，胥由况拟，以吾所谓文学，迻译彼义，或不相中。亦犹身毒大秦拼音之书，中夏亦曰文字，非依类象形，孳乳相益之义也。"《中国文学史略论》共分上古三代、秦汉、后汉魏晋、南北朝、唐、宋元明附辽金、清7卷，每论某一时期的文学史，必先明其学术大势，再详其经学源流，再备列史学以及诸子之盛衰，然后才是文体的变化，诗词歌赋小说戏曲之创作，可谓经、史、子、集四部皆具，堪称一部完备的大文学史著作。

龚读簠《先王父向农府君学行述略》言道耕"为文规模八代，诗效温李，有《八代文钞》《严辑全文校补》《研六庼诗文初稿》《蛛隐庐文存》《丁未述征集》等"，然这些体现其文学成就的著作皆已散佚，今幸赖《中国文学史略论》得以管窥一斑。是书撰成后，因其内容丰富、文简意赅，故迅速成为各大中学校教材，历来刊刻至多。初有1925年成都薛崇礼堂刻本，后又有1929年成都镂梨斋刻本、1940年成都建国中学印本、1945年成都薛崇礼堂刻本等。

（李冬梅）

2.《中国大文学史》，谢无量撰

谢无量有《中国哲学史》，前已著录。

近代以来，西学东渐，各种西方现代思想、研究方法传入国内。其时一批学人开始借鉴西方研究方法，重新审视中国古代文学。既有深厚旧学修养、又有广博新学才识的谢无量，此时则独树一帜。他一方面传承中国古代文人的文化观念，另一方面又具有国际视野和现代思维，这使得他的研究既不拘泥于古人，更不偏颇于西方，而是立于新时代的辩证立场，对中国古代文学进行重新审视和评价。《中国大文学史》就是谢无量基于一种中西融通的文学观而创作的一部非常有影响的由上古至清代的系统文学史专著。

是书凡五编，第一编《绪论》为横向论述，第一章列举了中外学者关于文学的定义、文学研究法以及文学的分类，第二章论文字的起源与变迁，第三章论作者与时势的关系及从精神上观察文学趋势的方法，第四章论中国文学的特质，第五章谈历代文学史的著述。其中关于文学的分类，谢氏有精辟的论断："文学者，或分知之文、情之文二种，或用创作文学与评论文学对立，或以实用文学与美文学并举。顾文学之工，亦有主知而情深，利用而致美者。"并以此为基础，采用章太炎《国故论衡》分文学为"无句读文"与"有句读文"两大类之法，对文学分门别类。第二至五编分别为上古文学史、中古文学史、近古文学史及近世文学史，为纵向论述，实即一部详细的中国古代文学通史。其中上古部分八章，论述"邃古文学之渊源"至"秦文学"；中古部分二十二章，论述"汉高创业与楚声之文学"至"隋之统一及文学"；近古部分二十三章，论述"唐初文学与隋文学之余波"至"明之戏曲小说"；近世部分五章，论述"清初遗臣文学"至"道咸以后之文学及八股文之废"。又前有民国7年（1918）十月吴兴王文濡之《序》。全书大凡以朝代为序，以每一时段典型作家或常见流派为中心与重点展开论述。远溯中国文学之起始，述其流变，叙其盛衰。在具体内容上，侧重传统诗文，而于元明清之戏剧、小说，论述则极为简略。

是书将中国文学史分为上古、中古、近古、近世四期，由五帝至秦为上古，由汉至隋为中古，由唐至明为近古，清一代为近世。每期各分章节，先述其时势，次及文人出处、制作优劣，附载名篇，以资取法。不仅内容充实，而且分期合理。其于引证材料，亦丰赡翔实。谢氏分古代文学史的著述体例为流别、宗派、法律、纪事、杂评、叙传及总集七体，于此多引史传、笔记、文评、诗话等基本史料作为评价与立论的依据，探源溯流，简笔勾勒，初步建构中国历代文学发展的历史进程。故王文濡之《序》云："浏览全史，文苑儒林，代有其人；燕书郢说，人有其著。而文字之孳乳、体格之区别、宗派之流衍，虽散见于各家著述中，而独无一系统之书为之析其源流，明其体用，揭其分合沿革之前后因果。……安寿谢先生无量，精于四部之学，旁通画革之文。……以世界之眼光，大同之理想，奋笔为之，提纲挈领，举要治繁，品酌事例之条，明白头讫之序，核名实而树标准，薄补苴而重完全。百家于是退听，六艺因而大明，如日月之经天，如江湖之行地。而后有志于此者，不至有扣盘扪烛之讹，得一漏万之虑焉。其功顾不伟欤！"

是书取材范围广泛，举凡文学、经学、文字学、诸子哲学乃至史学和理学，均有所涉及。这正是谢无量大文学观、中西融通文学观的体现。谢氏的文学史观，既充分考虑了我国历史上的文学观念和文学创作的实际情况，又兼顾了西方纯文学的理念。其在文学史的具体写作过程中，以纯文学为主，杂文学为辅，把有关政治、哲学、史学方面的内容，作为文学发生发展的背景、前提阐发，着眼点是论述它们与文学的关系，而关于文字学、音韵学的内容，则将它们作为基本知识在绪论中做铺垫性介绍。这就既吸收了中国传统的文学理论，又借鉴了现代西方的文学认识，实具有开创意义。其后龚道耕撰《中国文学史略论》论述中国文学史，亦讲求通识，反对专以文论的狭隘文学史观。

是书1918年10月由上海中华书局初版，1919年以后又多次再版。2011年，中国人民大学出版社出版《谢无量文集》，将其收入第9卷中，于第五编后附有谢德晶《回忆我的祖父谢无量》一文。（李冬梅）

3.《中国妇女文学史》，谢无量撰

关于女性的作品集，早在近世已有问世，如明人钟伯敬《名媛诗归》和清人《然脂集》。但有鉴于其"罕能综其源流，会通其体格，故览者不足以观妇女文学之盛衰"，故谢无量撰成此编，其在《绪言》中声称，"兹编起自上古，暨于近世，考历代妇女文学之升降，以时系人，附其制作，合者固加以甄录，伪者亦附予辨析，固将会其源流，别为自来妇女文学之纲要"，总言其创作之由及梗概。

全书共30万字，分为上古、中古与近世三编。第一编为"上古妇女文学"，即先秦段。第二编为"中古妇女文学"，又分为上、中、下三部分，上段为两汉时期，中段为魏晋南北朝时期，下段为唐五代时期。第三编为"近世妇女文学"，包括上下两部分，分别为宋辽段和元明段。另外，清代的妇女文学问题，谢氏拟专书去考察，故是书仅止于明代。其值得注意者有三：其一，将妇女文学的源头追溯至伏羲女娲时代。其二，认为《诗经》是妇女文学之祖。其三，作者的文学与杂文学的划分。

源于西方的女权主义，及稍后的"女性主义"，东渐至中国，这在当下的学术界仍算是颇为时髦的话题。然是书出现于百年之前，我们惊叹之余，不得不佩服谢无量的远见卓识。谢氏敏锐地捕捉到了当时"男女平等"的时代意义，故于文学史中自觉予以贯彻。因此，从创作的初衷而言，是书基本上完成了谢无量所提出的写作目的，而仅从"妇女"与"文学通史"的问题意识而言，是书的开辟意义也无疑是值得称道的。

是书今传版本有1916年中华书局本、中州古籍出版社1992年本、中国人民大学出版社2011年版《谢无量文集》本。（李东峰）

4. 《学不已斋杂著》，杨明照撰

杨明照生平，见《抱朴子外篇校笺》。

杨明照尝谓"知无涯，学不已"，故以"学不已"为其书斋之名。是书之得名，即源于此。全书共收录杨明照40多年间陆续发表的学术杂著32篇，所论涉及《春秋左传》"君子曰"、《说文》"采通人说"、《太史公书》称《史记》《汉书》颜注、《史通》补释、"九鼎""五霸""夏禹治水"、《庄子》校勘、郭象《庄子注》《吕氏春秋》校证。而其精力主要荟萃了《文心雕龙》校注与研究，在《文心雕龙校注》《文心雕龙校注拾遗》专著外，也有多篇论文讨论《文心雕龙》的史实和理论问题，如《读〈梁书·刘勰传〉札记》《刘勰卒年初探》《刘勰灭惑论撰年考》《从文心雕龙原道序志两篇看刘勰的思想》《文心雕龙时序篇"皇齐"解》《文心雕龙隐秀篇补文质疑》等，这些论文证据精深，很有说服力，已被学术界广泛地接受。此外，杨先生《刘子新论》《抱朴子外篇》和《文选》李善注等经典著作，皆有精辟的考证，亦皆收录集中，充分展现了杨先生在古典文献研究上所取得的卓越成就。

是书所收录的这些论文绝大部分由杨明照的读书随笔或讲稿理董而成，曾先后在各个刊物上发表。是书在收录时，一一标明原载出处，颇便核查。全书由上海古籍出版社于1985年10月出版。（李冬梅）

5. 《耐雪堂集》，王利器撰

王利器生平，见《新语校注》。

是书系王利器研究施耐庵《水浒传》、曹雪芹《红楼梦》的学术论文汇编。编集、命名之由，王氏于书前《引子》云："建国以来，我开始研究小说遗产，尤其爱好《水浒传》《红楼梦》，每有所得，辄公之于众，以求就正于广大读者。迄今三十余年，率有积累，不欲敝帚自珍，爰就其可存者，汇辑为一集，并摘取施耐庵、曹雪芹之名，名之曰《耐雪堂集》。"

该论文集共收论文31篇，分上下两编，书前有《引子》，书后附《自传》。上编载文15篇，依次为《元明清三代统治阶级对待小说戏曲的态度（代序）》《〈水浒〉释名》《〈水浒全传〉是怎样纂修的》《施耐庵是怎样创造梁山泊的》《〈水浒〉是指导农民战争的兵书》《〈水浒〉是英雄的绰号》《〈水浒〉的真人真事》《〈水浒〉与忠义军》《〈水浒〉中所采用的话本资料》《试论〈水浒〉王庆田虎二传——王田二传与真人真事》《〈水浒全传〉田王二传是谁加的》《〈水浒〉李卓吾评本的真伪问题》《〈水浒〉留文索引》《关于〈水浒全传〉的版本及校订》；下编载文16篇，依次为《楼外寻梦记（代序）》《重新考虑曹雪芹的生平》《马氏遗腹子·曹天祐·曹沾》《大观园在哪里》《〈红楼梦〉是学习官话的教科书》《试谈〈红楼梦〉写茶》《曹寅与朱彝尊》《〈娲嬹词〉与〈虎口余生〉传奇》《试论〈王南石写悼红轩小像〉的真伪》《写在〈李士桢、李煦父子年谱〉的前面》《关于高鹗的一些材料》《关于高鹗的一些档案材料》《高鹗、程伟元与〈红楼梦〉后四十回》《禁毁〈红楼梦〉资料最录》《〈红楼梦新证〉证误》《〈红楼梦〉与舶来品》。

上编着重考释了《水浒传》命名的由来和意义，考察了《水浒传》纂修的版本系统，评述施耐庵对梁山泊的艺术创造，《水浒传》和农民革命的关系及其影响；下编考证曹雪芹的生平、论辩《红楼梦》后四十回的作者，正误周汝昌《红楼梦新证》、集辑《红楼梦》遭禁毁的史料。是书主要围绕《水浒传》和《红楼梦》展开，内容丰富，考证详密，体现了作者深厚的学术功底。

是书由中国社会科学出版社于1986年出版。（郑伟）

6.《晓传书斋文史论集》，王利器撰

是书系王利器继《耐雪堂集》之后的第二部论文集。其命名，取"书为晓者传"之义，并由饶宗颐题写其名。

该论文集共载文20篇，依次为《古书引经传、经说称为本经考》《〈经典释文〉考》《谶纬五论》《〈太史公书〉体裁探原》《〈太史公书〉与〈史记〉》《〈汉书〉材料来源考》《试论轪侯利苍的籍贯》《汉代的黄老思想》《〈后汉书〉有序例无叙传说》《试论诸葛亮的政治思想》《魏建安说》《〈吕氏春秋〉释名》《〈庄子〉郭象序的真伪问题》《再论〈庄子〉郭象序的真伪问题——兼答余敦康先生"商榷"》《"家""人"对文解》《文笔新解》《敦煌文学中的〈韩朋赋〉》《曾慥〈百家诗选〉钩沉》《罗贯中与〈三国志通俗演义〉》《〈水浒〉释名原本》。

是编收集了作者多年来所发表的部分有关文学、历史、哲学各方面的论文。其中所收论文，如论《经典释文叙录》之承受，论纬书以三字命名之故，论《太史公书》与《史记》之关系，论汉代黄老思想之盛于汉武衰于新莽，论诸葛亮为黄老之学等，皆独抒己见，发前人所未发。王氏能于十年动乱之余，取得如此成就，学界皆诧为奇迹。

是书由香港中文大学出版社于1989年出版。（郑伟）

7.《王利器论学杂著》，王利器撰

是书系王利器继《耐雪堂集》《晓传书斋文史论集》之后的第三部论文集。其作书之由，王氏《自序》云："今兹北京师范学院出版社以器所撰单篇论文散见于解放前后各种报刊者，颇为夥颐，谋为出版第三部文集，乃以今所搜得及尚未发表者，编为《王利器论学杂著》……或可省读者求索之劳也。"[1]其书命名之由，乃"惟是此集，出于随手最录，毫无友纪，既未分类，又非系年，故谓之杂著云尔"[2]。

该书共收录王利器各种论文、序跋等39篇，分别为《论注杜诗》《记杜甫有后于江津》《离合诗之研究》《巴蜀书社出版〈古今图书集成〉的意义和贡献》《斥〈古本水浒传〉》《小说戏曲在明代文学史上的地位》《笑话的形成和发展》《〈史纲评要〉是吴从先假李卓吾之名以行》《几种有目无书的章回小说》《中菲友好史上的一件大事》《校雠学方法论》《杜集校文释例》《宋本〈世说新语〉校勘记》《〈陆贾新语校注〉序》《〈盐铁论校注〉增订本序言》《道藏本〈道德真经指归〉提要》《跋〈月令章句疏证叙录〉》《〈郑康成年谱〉序》《〈风俗通义校注〉序》《跋〈世说新语〉》《〈文心雕龙校证〉序录》《〈颜氏家训集解〉叙录》《〈史记正义佚文辑校〉序》《跋敦煌写本〈国语贾逵注〉残卷》《跋〈毛诗述义（拟）〉》《敦煌唐写本〈二十五等人图〉跋》《跋敦煌写本〈十二时颂〉》《跋敦煌写本〈阴保山等牒〉》《〈文镜秘府论校注〉序》《〈九钥集〉序》《〈李士桢、李煦父子年谱〉序》《记〈聊斋诗余〉手稿》《〈元明清三代禁毁小说戏曲史料〉序》《〈日本国见在书目录〉提要》《与安居香山教授论〈纬书集成〉书》《访日讲学记》《晓传书斋读书杂志》《〈金瓶梅词话〉补入五回之探讨》《古书引经传经说称为本经考》。

该论文集内容丰富，文学评论、古籍校勘、经学题跋、佛教载籍、人物年谱等无所不包，较为全面地展现了王利器的治学方法、学术成就，具有重要的价值。

是书由北京师范学院出版社于1990年出版。（郑伟）

---

[1] 王利器：《王利器论学杂著·自序》，北京师范学院出版社1990年版。
[2] 王利器：《王利器论学杂著·自序》，北京师范学院出版社1990年版。

二、文学文献整理

1. 《文心雕龙校注》10卷，杨明照撰

杨明照有《抱朴子外篇校笺》，前已著录。

《文心雕龙》是我国现存最早的文学评论专著，成书于齐和帝中兴元、二年间（501~502）。其写作缘起，刘勰在《序志》篇中提到，由于梦见自己拿着丹漆礼器，追随孔子南行，因而感到非常高兴，心念"敷赞圣旨，莫若注经"，然"马（融）、郑（玄）诸儒，弘之已精，就有深解，未足立家"，好在"唯文章之用，实经典枝条，……详其本源，莫非经典"，遂搦笔和墨，选择论文一途。该书是先秦以来文学理论批评不断发展而出现的一部杰作，全书凡50篇，分上下两编，约37000字。上编论述文学的基本原则和各种文体的源流演变，下编为创作论、批评论和统摄全书的序。

《文心雕龙》自成书以后，代有流传，唐代尚存写本残卷，宋刻《太平御览》虽然收录不全，然也载录了《文心雕龙》约23篇的大部分或部分内容，成为后代校勘之依据，元代有至正本传世。而明代对《文心雕龙》的校勘注释取得了较大的成就，如杨慎《文心雕龙》批点本、梅庆生《文心雕龙音注》本、王惟俭《文心雕龙》训故本、朱燉校汪一元私淑轩刻本《文心雕龙》、冯云中《文心雕龙》活字本等。有清一代，从事《文心雕龙》校勘者甚多，然与明人从事《文心雕龙》校注者略有不同，清儒承乾嘉风气，熟谙小学，广涉四部，专精校勘、注释，学术根基深厚，古籍整理经验丰富。其中，最著名的当推黄叔琳《文心雕龙辑注》，其踵武明人，将"龙学"研究推向前进。此外，纪昀、何焯、郝懿行、卢文弨、冯舒、顾广圻、孙诒让等也都是一时名家，颇多成就。

20世纪，杨注《文心雕龙》之前，又有范文澜《文心雕龙注》曾独领风骚，成为一时权威之作。而杨明照认为："通行的《文心雕龙》，向来都认为黄叔琳的辑注较好。后经李详为之补注，征事数典，又有新的补充。但他们对于文字的是正，辞句的考察，还有一些未尽的地方。……研阅既久，觉黄、李两家注有补正的必要。……后得范文澜先生注本，叹其取精用弘，难以几及；无须强为操觚，再事追补。但既已多所用心，不愿中道而废，于是弃同存异，另写清本。以后如有增补，必先检范书然后载笔。"①

杨明照对《文心雕龙》的研究发轫较早，1932年考入重庆大学国文系本科后，即开始攻读《文心雕龙》。1936年夏，他将近四年来所获得的成果整理成《文心雕龙校注拾遗》，作为学士学位论文提交，获得指导老师庞石帚的称赞，庞氏给此篇论文打了满分。同年秋，杨明照以优异成绩考入燕京大学研究院国文部，师从文学批评史专家郭绍虞继续深入研究《文心雕龙》。1939年夏，《文心雕龙校注》杀青定稿，杨氏将其作为硕士学位论文提交答辩，后在答辩会上顺利通过，并议定由"引得校印所"作为《燕京学报专号》刊出，然因故未果。后是书由古典文学出版社于1958年出版，此后又历经增补，2000年由中华书局出版《增订本文心雕龙校注》。

是书出版后，在海内外引起了强烈反响，学界给予高度评价，日本著名汉学家户田浩晓认为《校注》中"有不少发前人所未发的见解"，堪称"自民国以来一直到战后《文心雕龙》研究的名著"②。台湾学者王更生赞曰："（《文心雕龙校注》）在《文心雕龙》的研究上，为后人树立了一个新的断代。"③是书1958年面世后很快脱销，除上海编辑所再版五次外，台北世界书局、河洛书局，香港龙门书局相继翻印或影印。

是书有1958年古典文学出版社本、1959年中华书局上海编辑所本、2000年中华书局增订本等。（郑伟）

2.《文心雕龙校注拾遗》10卷，杨明照撰

是书系杨明照在1958年古典文学出版社出版的《文心雕龙校注》基础之上，增补而成的又一部著作。其创作之由，杨氏于《文心雕龙校注拾遗·前言》云："（《文心雕龙校注》）因腹笥太俭，急就成章，疏漏纰缪，所在多有，久已不惬于心。十年动乱的后期，居多暇日，遂将长期积累的资料分别从事订补。"④

是书由前言、正文、附录和引用书目组成。前言论述刘勰之生平事迹、思想特征、《文心雕龙》之成书年代、创作动机、时代背景、篇章结构、特点成

---

① 杨明照：《文心雕龙校注·后记》，古典文学出版社1958年版。
② ［日］户田浩晓：《杨明照氏〈文心雕龙校注〉读后》，曹顺庆编：《文心同雕集》，成都出版社1990年版。
③ 王更生：《岁久弥光的"龙学"泰斗》，《岁久弥光》，巴蜀书社2001年版。
④ 杨明照：《文心雕龙校注拾遗·前言》，上海古籍出版社1982年版。

就等。正文10卷，凡50篇（卷一〇末附《梁书·刘勰传笺注》）。附录包括著录、品评、采摭、因习、引证、考订、序跋、版本和别著。

《文心雕龙校注拾遗》将《文心雕龙校注》所保留的黄叔琳辑注、李详补注尽皆删去，大致保留了《文心雕龙校注》的框架，而篇幅、内容均有很大增删。《文心雕龙》原文据养素堂本，依黄叔琳辑注、李详补注，参照敦煌唐人草书残卷本、元至正十五年（1355）嘉兴郡学本、明弘治十七年（1504）冯允中本及近现代《文心雕龙》校刻、注本凡60余种，对《文心雕龙注》10卷中有争议的字、词、句进行了认真的考订，于《文心雕龙》校勘方面辨析最为详备，所改之处均有依据。卷一〇末所附《梁书·刘勰传笺注》详细考证了刘勰之年里家世，其中所制"刘氏家谱世系表"颇有研究价值。

《文心雕龙校注拾遗》是研究《文心雕龙》版本、校勘、理论渊源以及作者身世的一部重要专著，该书资料丰富、引述完备，所下论断皆为持据之论。是书一出，立即引起了强烈反响，香港《大公报》专文介绍该书，认为这是杨明照继《文心雕龙校注》之后，积40余年功夫而成的硕果，解决了某些千古疑难，具有很高的学术价值。国内学者将此书誉为"研究《文心雕龙》的小百科全书"。

是书由上海古籍出版社于1982年出版。（郑伟）

3.《文心雕龙校证》10卷，王利器撰

王利器有《新语校注》，前已著录。

王利器关于《文心雕龙》的研究发轫较早，其在北京大学讲授《文心雕龙》时，即写成《文心雕龙新书》，谓如先秦古籍一经刘向校雠，遂称之为"新书"。《文心雕龙新书》在遴校版本、稽典考辨等方面，极具功力与特色，1950年法国巴黎大学北平汉学研究所将是书收入《通检丛刊》之十五出版，此系王氏问世的第一部著作，然此本国内罕见。后此书复经加工，改名为《文心雕龙校证》，于1977年定稿，1980年交由上海古籍出版社刊行。

王氏《序录》云："以本书主要贡献是搜罗《文心雕龙》的各种版本，比类其文字异同，终而定其是非，因而替本书命名为《文心雕龙校证》。"是书参校敦煌唐写本、嘉禾刊本、传校元本、冯云中刊本、汪一元刻本、畲诲本、张之象本、胡维新《两京遗编》本、何允中《汉魏丛书》本、日本尚古堂活字本、梅庆生校本、王惟俭《训诂》本、凌云五色套印本、梅庆生第六次校定本、达古堂刊伪归有光《诸子汇函》本、陈仁锡《奇赏汇编》本、金陵聚锦堂梓行钟惺评《合刻五家言文言》本、梁杰评本、谨轩蓝格旧抄本、日本享保辛亥（1731）冈白驹校正句读本、姚刻黄注养素堂原本、《四库全书》文津阁本、《四库全书》黄氏辑注文津阁本、金溪王氏刊《汉魏丛书》本、张松孙本、广东朱墨套印纪昀评本、《崇文丛书》本、《龙溪精舍丛书》本等而成①。

是书由目录、序录、正文和附录组成。书首附《文心雕龙》元至正十五年（1355）刊本插图两幅。《序录》对刘勰家世、著作、《文心雕龙》成书年代、时代背景有所考辨，对刘氏相关观点加以评论，对征用版本、所引旧说、分章断句、校勘态度、方法等皆一一说明。正文10卷，凡50篇，附录包括著录、序跋、杂纂和原校姓氏。

该书校雠诸本、博采群书、比类异同、定其是非、理证兼赅、义据精深，每定一字一义，"揆之本文而协，验之他卷而通"，力求契合刘勰原旨；综合运用对校、本校、他校、理校之法，误者正之、漏者补之、衍者删之；分章断句以范文澜注本为蓝本，稍有改定，可谓集各本校勘之大成。是书之成，足为刘勰之功臣、读者之益友。《人民日报》评曰："《校证》出版，《文心雕龙》才有可读之本。"②台湾、香港出版界闻风相悦，成文书局、宏业书局、明文书局、香港龙门书局争相翻印。

是书有1980年上海古籍出版社本、1982年台湾明文书局本等。另《文心雕龙新书》主要版本有1952年《通检丛刊》本、1982年台湾宏业书局本。（郑伟）

4.《文镜秘府论校注》6卷，王利器撰

《文镜秘府论》为唐代日本僧人空海所作。空海，法号遍照金刚，死后追封弘法大师，是日本平安朝著名的学者，于唐贞元二十年（804）来华留学，于元和元年（806）回国。回国后，著成《文镜秘府论》一书，大约成书于大同四年至弘仁七年（809～816）之间。《文镜秘府论·天卷·序》自述其编撰缘起，以为文章为济时之本，纪纲之要，而历代谈四声病犯之类诗文作法之书，溢箧满车，使乐道好学者望绝访写，取决无由。该书分天、地、东、南、西、北6卷，从音韵、体势、对偶、文意、文病、对属等六个方面，论述六朝至唐代的诗歌创作理论。书中保存了大量有关声律、对偶理论的早期资料，对考察

---

① 已知其书而未得征引以及前人征引《文心雕龙》诸书且为王氏所用者，王氏于《序录》中皆一一注明。
② 《人民日报》1980年12月26日第8版《文艺新书》。

古诗到律诗的演变过程,研究齐梁至初唐的文学理论,辑集六朝、唐代的散佚诗文,讨论声韵的演变,都具有重要的参考价值。书中所引中国学者的著作,在我国多已失传,故此书保存了不少有价值的材料。是书在我国向无传本,惟在日本有十余种本子,清光绪年间开始引起中国学者的注意,后曾多次整理刊行,而以王利器《文镜秘府论校注》最为详备精审。

《文镜秘府论校注》编撰之由,王利器于《前言》云:"天瀑山人据本书(《文镜秘府论》)及他书纂辑《全唐诗逸》,筚路蓝缕,程功已多。但有沉而未钩者……又有钩而未沉者……由于大师(弘法)所采获诸书,都是六朝、隋、唐旧本,因之今天据以拾遗补缺,更足以弥缝前修之未逮云。"[①]该书以日本京都藤井佐兵卫版行本为底本,参校日本东方文化学院影印宫内省图书寮所藏《古钞本》、日本古典保存会影印观智院所藏《地卷古钞本》《弘法大师全集》本《文笔眼心钞》、日本金刚峰寺密禅僧伽维宝编辑《文镜秘府论》18卷(《真言宗全书》本)、高野山三宝院本、京都梅尾高野寺无点本、京都梅尾高山寺长宽中写本、高野山正智院本、高野山宝龟院本等而成。

是书由目录、前言、正文和附录组成。书首附赵朴初所撰《颂辞》、弘法大师像、《聋瞽指归》手迹、《弘法大师行状画卷》之"渡海入唐图"、弘法大师携归日本之唐人墨迹《急就章》和唐西明寺图等插图。《前言》为王利器所撰,对中日交往,西明寺之兴建规模、碑刻题榜、寺藏典籍、历代名僧,弘法大师生平事迹、著述贡献以及《文镜秘府论校注》之缘起、所据版本、价值等内容有所论述。正文分天、地、东、南、西、北6卷,凡25篇,天卷为《序》《调四声谱》《调声》《诗章中用声法式》《八种韵》《四声论》;地卷为《十七势》《十四例》《十体》《六义》《八阶》《六志》《九意》;东卷为《论对》《二十九种对》《笔札七种言句例》;南卷为《论文章》《论体》《定位》《集论》;西卷为《论病》《文二十八种病》《文笔十病得失》;北卷为《论对属》《帝德录》。附录5篇,依次为《弘法大师诗文选》《弘法大师所著书目》《唐人赠诗》《日本有关声病讨论史料》和《补注》。

是书校注翔实精审,对原文所涉及之名物典故、历史人物等,皆考辨其本源出处,所引中国历代诗文、释教经典,亦多引中土典籍,以为参证。其中对有关文学理论之考述,尤为详尽。其集古今中日学人研究成果之大成,校勘精

---

① 王利器:《文镜秘府论校注·前言》,中国社会科学出版社1983年版。

审、义据赅博、考证精当,为海内外学者所重。

是书主要版本有1983年中国社会科学出版社本、1991年台湾贯雅文化公司订补本等。(郑伟)

5.《韩愈全集校注》,屈守元、常思春主编

屈守元(1913~2001),名爱艮,字守元,以字行,后取《说文》之训,号麐翁,四川成都人。1936年就读于国立四川大学中文系,先后任教于四川大学、济川大学、成都光华大学、成华大学、川北大学、四川师范学院(今四川师范大学),1990年退休。著有《中国历代文选》《麐翁自订年谱》《中国古典文献学》《韩诗外传笺疏》《刘禹锡研究》(合作)等。

常思春(1945~),四川阆中人,四川师范大学文学院教授,四川省杜甫学会理事。

韩愈诗文的整理,始于宋人,最早有柳开、刘烨、欧阳修的传本,三本之中,欧本为善。后苏溥有柳、欧、尹洙合刻本,南宋洪兴祖、樊汝霖、孙汝听等亦皆有校注,惜已失传。又魏仲举编有《五百家音注》,方崧卿有《韩集举正》,是考索韩集传刻和校理源流的珍贵文献。后又有朱熹校本。元代时刊有王伯大本,明初至万历间,仍通行此本。直至万历、天启间,吴中徐时泰翻宋廖莹中世彩堂本,世称东雅堂本,并取代王本而为通行本,至今通行[①]。

《韩愈全集校注》240余万言,据《凡例》,是书以通行廖氏世彩堂本《昌黎先生集》四十卷、《昌黎先生外集》十卷、《昌黎先生遗文》一卷为基础,并收廖本以外佚文。对唐宋以来历代先贤校勘和笺注韩愈诗文的成果,详加甄别,凡存疑及旧本误收者作为附录。辨析古人旧注,逐一重加考订,将原注臆度及附会者归于"疑年",展现了学术的客观性。所注释的内容虽援引诸家旧说,但重在广征博引,考证确当,在学术观点上亦不拘于前人,时有创新,如《柳州罗池庙碑》题注,针对《旧唐书》对罗池庙碑的贬抑展开辩驳,体现了学术的创新性。曾绍义在谈到该书的学术特点时,对其搜罗广泛、精审求是的学术严格和学术创新精神都有称赞[②]。

不过,由于书出众手,态度不一,是书仍存在部分学术争议问题,如多有

---

① 参阅常思春:《韩愈集传本及校理源流管窥》,载《成都大学学报》1997年第2期。
② 参阅曾绍义:《〈韩愈全集校注〉的学术特点》,载《社会科学研究》1997年第3期。

误释、赘注等，且有注语烦琐、补释不确等问题①。尽管如此，是书仍不失为迄今为止研究韩愈的理想读本之一，正如曾绍义所指出的那样，"其多方面的学术价值也必将为韩愈研究的深入进行起着推动作用"②。

是书由四川大学出版社于1996年出版。（李冬梅、邹艳）

6．《苏轼全集校注》，张志烈、马德富、周裕锴主编

张志烈（1937～　），四川温江人。1963年毕业于四川师范学院（今四川师范大学）中文系，1966年研究生毕业于四川大学古典文学专业，先后师从屈守元、庞石帚、杨明照等蜀中名宿。现任四川大学文学与新闻学院教授、博士生导师。对初唐四杰、杜甫、苏轼等文学家的研究，有其独到见解和成就，著有《初唐四杰年谱》等。

马德富（1944～　），四川成都人。1978年考入中国社会科学院文学研究所攻读硕士学位，1981年毕业后留院从事科研工作。1983年调入四川大学古籍整理研究所，现为文学与新闻学院教授、博士生导师。主要研究唐宋文学、唐宋文献学，著有《唐宋八大家书系·苏辙卷》《中国古典文学名著集成·宋文卷》，又校点苏辙《栾城集》（合作）。

周裕锴（1954～　），四川双流人。1982年本科毕业于四川大学中文系，获学士学位；1984年又于同系研究生毕业，获硕士学位；同年留校任教。1993年5月晋升教授，1994年2月在职攻读中国古典文献学专业博士学位，1997年6月获博士学位。现为四川大学文学与新闻学院教授、博士生导师、四川大学中国俗文化研究所副所长。主要从事中国古代文学、中国古代文学理论、古典文献学研究，著有《中国禅宗与诗歌》《宋代诗学通论》《文字禅与宋代诗学》《禅宗语言》《中国古代阐释学研究》等。

《苏轼全集校注》系全国高校古籍整理研究工作委员会资助项目、国家古籍整理出版资助项目、国家出版基金项目、国家社科基金重大项目《巴蜀全书》精品系列成果。苏轼上继陶（潜）、杜（甫），下启秦（观）、黄（庭坚），及其影响，达于千古，时有"苏文熟，吃羊肉"之谚，故自宋以来注释选编之者不知凡几，迄于清世已有"千家注杜，万家注苏"之说。然而能集古

---

① 参阅王东峰、赵蓓：《〈韩昌黎诗系年集释〉补释部分商榷——兼析〈韩愈全集校注〉相应部分的得失》，载《广东广播电视大学学报》2010年第1期。
② 参阅曾绍义：《〈韩愈全集校注〉的学术特点》，载《社会科学研究》1997年第3期。

今注苏之大成而为一新书者，当以此书为最。本书编纂之由，盖起于1976年全国出版工作座谈会制定的"中国古代大作家集"长远规划，该规划确定将组织全国力量出版大作家集十五种。1982年3月，国务院古籍整理出版规划小组制定古籍整理九年规划，《苏轼全集校注》正式名列其中。全书由二十余位学者历经二十多年精心编撰而成，书凡126卷，800余万字，精装20册，分诗集校注50卷、词集校注3卷、文集校注73卷，共三大部分。

是书以中华书局孔凡礼辑录校点《苏轼文集》《苏轼诗集》以及商务印书馆出版龙榆生《东坡乐府笺》为底本，对苏文、苏诗、苏词进行了"五通"工作：一、通收。在《苏轼诗集》《苏轼文集》和《东坡乐府笺》基础上，又辑佚辨伪，补充了一些前人未曾发现的苏轼作品，剔除或注明了一些误入苏集的作品，全书共收录苏诗2700多首、苏词340多首、苏文4800多篇，是迄今为止收录苏轼作品最多最全的苏集。二、通校。选用《苏轼诗集》《苏轼文集》和《东坡乐府笺》为底本，并广泛参考其他版本，择善而从，校必有据，校正了中华版和商务版的不少失校之处。三、通注。全书不作烦琐考证，注释解说简明精到，行文流畅。对于前人注释，去粗取精、去伪存真，并增加了一些新的注释，可谓继承中又有创新。四、通编。对苏轼绝大多数作品进行了编年，其中有相当多的作品属首次编年，成果颇丰。五、通评。在博览前人评析的基础上，对其中见识卓荦者予以采集，颇具参考价值。

在编纂体例上，是书于诗集、词集、文集之前，都附有"校注凡例"，对所用底本、作品系年、注释校勘、集评等项，做了简要说明。每篇作品都含校注、集评、附录等项，注、校合一，第一条注相当于题解，注明写作时间、地点和相关的背景，有的还援引文献资料加以考辨，给读者理解作品意旨和进一步的研究带来极大方便。在校注之后有集评和附录两部分，集评蒐集历代名家对苏轼该篇作品的评论资料，附录则附载该作品的背景资料和相关传闻。这两部分的资料对于读者理解作品的思想内容、把握其艺术特点大有裨益。

《苏轼全集校注》是迄今为止最全、最新的苏轼作品集，它除了对苏诗、苏词、苏文进行通收、通校、通注、通编、通评外，还在编年、校勘、注释、辨伪、辑佚、集评等方面均有重要创获。代表了当代苏轼诗词文集整理的最高水平，为苏轼研究提供了一个校勘精良、注释完善、编年准确、评论充分的上佳版本，为宋代文化研究呈献出一部资料翔实的百科全书式的著作。故自其出版以来，社会反响强烈，学界好评如潮，王水照评其为古今苏集校注的"集成性著作",张忠纲也说此书"是集几代学人之功而完成的整理研究苏轼著作的集大成之作",其"作为历史上第一部苏轼全集的校注本,必将彪炳史册"①。夏静则进一步说此书"不仅部头大,而且质量高,全书编次合理,体例完善,校勘精审,注释详明,在广泛吸收前人研究成果的基础上,又多有新的开拓和创获"②。它的出版,必将大大促进苏轼研究的发展与繁荣,并将对整个古典文学的研究产生深远影响。

是书由河北人民出版社于2010年6月出版。(李冬梅)

7.《王梵志诗校注》,项楚校注

项楚(1940~　),浙江永嘉人。1962年毕业于南开大学中文系,随即考取四川大学中国文学史专业研究生,师从庞石帚攻治六朝唐宋文学。1980年至今在四川大学任教,现为四川大学文学与新闻学院教授、博士生导师。其研究领域以敦煌学为核心,涵盖了语言学、文学、文献学和佛学等诸多方面。著有《敦煌文学丛考》《敦煌变文选注》《王梵志诗校注》《敦煌诗歌导论》《敦煌歌辞总编匡补》《寒山诗注》《唐代俗文学史》等。

王梵志是唐代通俗体诗人,生平不详,其家世、生平仅在文人笔记小说中略有提及,如冯翊《桂苑丛谈》载其为卫州黎阳人,范摅《云溪友议》又说其生于西域,但此二书皆言其"林木而生","生于林木之上",带有明显的神话色彩。后敦煌佛窟出土了一篇奠祭杨筠的祭文,祭文作者王道为杨筠朋友,文中作者自称"大唐开元二十七年,岁在癸丑二月,东朔方黎阳故通玄学士王梵下直下孙王道",据此可知王梵志确有其人,黎阳人士,约生活于高宗、武周时。王梵志的作品,在皎然《诗式》、范摅《云溪友议》、何光远《鉴戒录》、惠洪《林间录》《冷斋夜话》、阮阅《诗话总龟》、计有功《唐诗纪事》、陶宗仪《说郛》、杨慎《禅林钩玄》等,都有载录。日本平安朝时所编《日本国见在书目录》亦著录有《王梵志诗集》,可知王诗早在唐时便已东传至日本。明清时,王诗渐渐失传,康熙朝所编《全唐诗》不见王梵志诗踪影,直至20世纪初敦煌出土了20余种唐宋时期王梵志诗的写本残卷,王梵志诗才得以重见。《王梵志诗校注》即是项楚据敦煌写本原卷照片、影本及唐宋诗话笔

---

① 张忠纲:《苏轼著作整理研究的集大成之作——评〈苏轼全集校注〉》,载《河北学刊》2012年第1期。
② 夏静:《集成与创新:评〈苏轼全集校注〉》,载《四川大学学报》2010年第6期。

记、禅宗语录原文,加以校勘注释而成。

对王梵志诗的整理研究可以追溯到1925年,我国学者刘复刊布《敦煌掇琐》,收录有伯希和携至法国的王梵志诗三种,揭开了王诗整理研究的序幕。此后王重民《伯希和劫经录》、刘铭恕《斯坦因劫经录》中,都对王梵志诗写卷做了考辨,较为全面、客观地反映了法、英所藏王诗的写卷情况。赵和平、邓文宽《敦煌写本王梵志诗校注》,在刘复录文基础上参阅胶卷,对P.3418、P.3211两件文书进行了重新校录和简单注释。随后,张锡厚《王梵志诗校辑》,辑录了法、英及苏联所藏相关文书及唐宋诗话笔记中的王梵志诗共348首,并在《附编》中对王诗原卷情况等做了一定考述。这是学术界第一本较完备的王诗集录文和研究资料,然惜其校注欠精,失误较多。1987年,朱凤玉修改其博士论文,出版了《王梵志诗研究》之《校注篇》,在诸家研究基础上,复按原卷,精加校注,并增入法忍所抄72首王梵志诗,其"全"与"精"堪可称道。海外王梵志诗研究的代表有法国戴密微《王梵志诗附太公家教》,书中导论部分对王梵志及其作品做了全面探讨,将英法俄等国所藏25种王梵志诗写本进行辑录并译为法文,附有简单注释,校勘也较为精细。后有魏普贤撰文作出补录。

1991年,项楚《王梵志诗校注》出版,是书共分七卷,前五卷编次略同于法国戴密微《王梵志诗附太公家教》,以及张锡厚《王梵志诗校辑》,以便对照,不同之处在于个别诗篇经张锡厚《校辑》移动位置者,今按原卷次序排列。卷七为戴、张二书所未载,为根据最新资料增入。全书充分吸收了前人成果,对敦煌卷子中的相关材料进行了广泛搜集,甄别考订,广征博引,阐发要义,是目前为止王梵志诗校注方面的集大成之作①。

对敦煌文献的多年潜心研究,使项楚深刻感受到阅读敦煌俗文学有三大障碍,即佛教义理、俗字、俗语词。因此在《王梵志诗校注》中,项氏为扫除这三大"障碍"下了很深的功夫,纠正了过去研治王诗的学人最容易轻忽的俗字、俗语词等,是继蒋礼鸿《敦煌变文字义通释》之后,在敦煌俗字、俗语词考释方面的又一部高水平学术著作。在佛理方面,注重对佛教典实、义理的诠解,从而较好地消除了读者阅读的隔膜和误解。面临文字有讹、舛、衍、脱的问题时,

---

① 参阅李君伟:《敦煌文书中的王梵志诗研究述评》,载《中国社会科学院研究生院学报》2002年增刊。

综合运用了音韵、文字、训诂、校勘等方法，做出了合理且具有说服力的解释。更为难能可贵的是，在校注字词时，项氏同时也对王梵志诗中所提到的政治、经济、宗教、民俗以及典章制度等，也都有确切阐述。此外，在诗的注释之后，附有"楚按"的按语，往往具有画龙点睛的作用，如《吾家昔富有》诗："吾家昔富有，你身穷欲死。你今初有钱，与我昔相似。吾今乍无初，还同昔日你。可惜好靴牙，翻作破皮底。"其后"楚按"云："此首主旨在于表现破落户的不服气心理，亦即阿Q的名言：'我们先前——比你们阔的多啦！你算是什么东西！'寒山诗亦云：'东家一老婆，富来三五年。昔日贫于我，今笑我无钱。渠笑我在后，我笑渠在前。相笑倘不止，东边复西边。'"这样将王梵志、寒山、阿Q巧妙联系起来讲解，真让读者有豁然开朗之感。

是书初稿50余万字，最早刊于北京大学中国中古史研究中心编《敦煌吐鲁番文献研究论集》第四辑（北京大学出版社1987年版）。1991年10月由上海古籍出版社正式出版单行本，2010年6月该社又出版有增订本。（李冬梅、邹艳）

8.《寒山诗注（附拾得诗注）》，项楚校注

寒山是以王梵志诗为代表的唐代白话诗传统的直接继承者，生卒年代不详，事迹亦不可考，或言生于初唐，或言生于中唐，隐于天台山之翠屏山（又名寒岩、寒山）。其诗多说佛理，故后人称之为"诗僧"。其诗宋以后颇受诗人文士喜爱，其摹拟作品称"寒山体"。20世纪以来一直受到日本学者的推崇。"五四"时期，由于倡导白话文的需要，胡适在其《白话文学史》中，将寒山、王梵志、王绩三人并列为唐代的三位白话大诗人，寒山诗由此进入学人视野。

在项楚《寒山诗注（附拾得诗注）》出版前十余年中，国内关于寒山的研究主要集中在生平、创作、对海外寒山诗接受研究的研究三个方面。但由于寒山研究起步较晚，在唐代个人文学作品研究中，寒山诗研究在广度和深度上都存在着明显不足[①]。因而《寒山诗注（附拾得诗注）》作为项楚继《王梵志诗校注》后关于唐代白话诗歌校注的又一力作，它的出版，可以说大大推进了寒山诗的研究进程。

是书以《四部丛刊》景宋刻本《寒山子诗集》为底本，参校日本宫内省本、正中本、高丽本等海外传本，较全面地搜集了存世寒山诗各种版本，校勘完备，注释详明。尤其值得称道的是，本书通过对寒山诗中俚俗语、佛教语方

---

① 参阅耶磊：《近十年寒山研究综述》，载《商洛学院学报》2009年第5期。

面的校注考释，就寒山诗的思想内容、艺术风格、文化内蕴等展开论述，使得该书跳出了简单注释的框架，在文学、语言学、史学、宗教学等方面都卓有见识，借寒山诗为读者开拓出更广泛的阅读和研究空间，展现出扎实深厚的文献功底，也为寒山及寒山诗研究在其他领域的发掘做出了探索。此外，书末附录的寒山及寒山诗的有关研究资料，包括事迹、传记、序跋、叙录等，尤其是海外版本的资料，对大多数无缘目睹海外资料的读者来讲，非常珍贵。

是书由中华书局于2001年3月出版。（李冬梅、邹艳）

9.《敦煌变文选注》，项楚撰

19世纪末，敦煌莫高窟藏经洞发现了四万余卷古代遗书，遗书中的许多俗文学作品在此之前闻所未闻，令学界在惊叹之余，为之一震，并改变了人们对中国文学史的认识。遗书中大量的佛曲、演义、通俗小说、唱文等，在20世纪20年代末，郑振铎给予了它们一个统一的称呼，即"变文"，这个名称被中外学者普遍接受沿用至今。

1920年，王国维撰成《敦煌发见唐朝之通俗诗及通俗小说》一文，发表在《东方杂志》17卷第8号，开启了包括变文在内的敦煌俗文学的研究评介。此后，中外学者在搜集整理作品、钩稽文献史料、追源溯流、考证探讨等方面，都有相当大的发展。在围绕敦煌变文的各项研究中，汇辑整理与校勘研究工作是一大重点。在变文汇辑整理方面，代表性研究成果主要有：周绍良《敦煌变文汇录》（上海出版公司1954年版），向达、王重民等《敦煌变文集》（人民文学出版社1957年版），潘重规《敦煌变文集新书》（文津出版社1994年版），黄征、张涌泉《敦煌变文校注》（中华书局1997年版）等。其中，向达、王重民等《敦煌变文集》根据187个写本整理编成78种，出校记2144条，被当时学者公认为是所有变文辑本中最丰富的一种，但在校勘上还有不少错讹遗漏，因此在五六十年代先后有徐震堮《敦煌变文集校记补正》（《华东师大学报》1958年第1期）、蒋礼鸿《敦煌变文集校记录略》（《杭州大学学报》1962年第1期），而80年代至今，仍有学者对《敦煌变文集》进行补订，如刘坚、郭在贻、陈治文、项楚、袁宾等。潘重规《敦煌变文集新书》收录变文86种，出校记4905条，纠正前人之误228条，补充2814条，是对变文的第二次大型整理。黄征、张涌泉《敦煌变文校注》充分吸收前人成果，收录变文86种，出校注

10378条,被誉为是迄今录文最可靠、内容最丰实的变文全辑本[①]。

项楚《敦煌变文选注》收入变文共27篇,其中既有变文中思想和艺术水平较高的名篇,也兼顾了不同体裁和不同题材的各类作品。带有佛经故事的变文如《降魔变文》《大目乾连救母变文》;史料性质变文如《伍子胥变文》《王昭君变文》;民间传说题材变文如《舜子变》《孟姜女变文》《董永变文》。在注释中,既注重运用传统训诂学解释,又注重运用佛学佛理来阐释字句。龙晦在评介《敦煌变文注》时,就曾举出该处用"中阴"解释"投生",用梵文字母解释"会三点于真原",是洞见本源,于佛学上有根有据。又举《选注》中释"八十庄严之好相"时,注道:"佛经言佛的形体有八十种特殊美妙的形象,我为'八十种好',文繁不具录。"这样处理既显得简洁,避免了宗教的宣传,又说明了问题,深合注释的体例[②]。此外,在注释中适当加以考证,也是项氏注释文献的一贯传统。龙晦在评介时也提到了这一点。如《选注》解释"点尚字"时,就做了一番考证,认为这是当时计数的一种方法。这样的考证使得本书的内容更加丰富深厚,读者读来也饶有趣味。

项楚《敦煌变文选注》是敦煌变文校注研究著作中的高水平著作之一,但仍有还须弥补疏漏、辨正失误之处,如董希谦、马国强就曾指出《选注》中有人名、地名注释之误[③],类似问题都还有待学术界的进一步探讨、商榷。

是书由巴蜀书社于1990年2月出版,收入《四川大学古典文献研究丛刊》。2006年4月,中华书局又出版了增订本。(李冬梅、邹艳)

10.《司马相如资料汇编》,踪凡编

司马相如(约前169~前118)是西汉著名的文学家,也是中国伟大的赋作家。其与夫人卓文君的事迹和诗赋之作,历来都为后世颂之不倦,成为各种传奇演义的灵感之源。自汉以降,迄于近世,歌咏、研究和评论者不知凡几。首都师范大学文学院教授踪凡先生为撰写《汉赋研究史论》而搜集了大量汉赋资料,达数十万字之多,其中涉及司马相如者甚众。于是将其加以整理,并予以扩充、校核,交由中华书局列入"古典文学研究资料汇编"出版。

该书首有《前言》一篇,对司马相如的生平事功、文学作品及其成就进

[①] 参阅张淑乐:《敦煌变文研究综述》,载《黑龙江史志》2009年第16期;张鸿勋:《变文研究述评二题——敦煌变文研究回顾与思考之一》,载《敦煌研究》2000年第2期。
[②] 龙晦:《敦煌变文选注》,载《瞭望》1990年第44期。
[③] 董希谦、马国强:《〈敦煌变文选注〉人地名指误》,载《古汉语研究》1993年第2期。

行了全面概述，还对该书编纂体例和内容做了介绍。其书主要收录历代文人对司马相如的生平仕履、思想品格、文学创作等诸多方面的记载与评论。所收资料上起西汉，下迄民国，历时约两千余年，按作者时代先后排列。同时代的作者则按生年先后为据；生年不详者，参照其交流情况酌定。古人评司马相如之资料，一般只收最早的一种，后世相因袭者从略。唯于《赋话·旧话》《汉书艺文志拾遗》《汉书艺文志条理》等著作中的资料，虽然大多已经见于前，而编者"为表彰他们在辑录相如资料方面所作出的成绩，则不避重复，破例予以登选"。除辑录司马相如本人资料外，作者对卓文君资料以及关于相如文君爱情故事的歌咏、评论，亦择取其要附于书末。此外，书后还附有《司马相如研究论著索引》和《表现相如生平及其与卓文君爱情故事的文艺作品和相关论著》，极便于检索利用。该书采摭较为丰富，摘录古籍达400余种，多为散见文献，经此汇录，蔚为大观。

其书由中华书局2008年出版。（舒星）

11．《李白研究资料汇编》（唐宋之部），2册，金涛声、朱文彩编；《李白研究资料汇编》（金元明清之部），3册，裴斐、刘善良编

学术界有关李白的研究成果比较全面，也比较深入，涵盖了李白诗歌文章的研究、李白思想的研究、李白生平的研究，以及与李白相关的文化研究等。中华书局在编写《古典文学研究资料汇编》时，也专门收有《李白资料汇编》。

是书按年代顺序，分唐宋、金元明清两部，辑有唐至清代各时期有关李白研究的资料，包括生平事迹、诗文评论、诗文本事考证、文字典故诠释，以及唱和酬赠、吟咏凭吊等。综观是书，主要有以下四个特点：

第一，依年代编次，便于查找。是书分唐宋、金元明清两部。每一部中亦以年代先后为序，包括正文所收诸人资料，也是大体按照生卒年代先后之序。如唐五代部分，王昌龄、吴竞、高适、杜甫等大致与李白同时代人的相关资料居首，继而收有孟郊、韩愈、柳宗元、白居易、元稹等距李白年代较近之人。这样的编排，很大程度上方便了读者的检索。

第二，收集资料较全面。是书本着"唐宋部分求全，元明以后取精"的既定原则，凡是涉及李白或李杜并称的资料，都在收录范围之内。文集（总集、别集）、笔记小说、历史笔记、方志、诗话等，均为材料来源，其中不乏辑佚之处。如"唐宋之部""段安节"条："李白乐府有《远别离》，其言深哀而思切，吴迈、江文通之作，皆不及也。"此条注云出自《竹庄诗话》卷五引

《乐府录》，并有按语："段安节今存《乐府杂录》一卷，未见此条。"这样的辑佚工作使得资料汇编更为完备。

第三，收集材料采取了极为审慎的态度，材料存疑处皆予以注释。如"唐宋之部""张继"条，从《张继诗注》中引有《饮李十二宅》，此诗不能确定"李十二"是否即为李白，因此加有按语，言："岑仲勉《唐人行第录》考证云：'张继《饮李十二宅》，是（李）白否不敢下断。'姑录之备考。"

第四，对所涉材料的观点有值得商榷之处，编者提供了自己的看法。如"金元明清之部""朱谏"条，朱谏在《李诗选注》中指出，《自溧水道哭王炎二首》诗中，"李白哭王炎诗，情辞已至矣，入《选注》讫。此二诗者，辞意轻浅或涉突兀，必是同时之䩄章也，续为白诗之后，编辑者误收于集中耳。不然，何其玉石之若是也？"《汇编》编者在朱谏此论后有按语，曰："朱氏辨疑颇多武断，其所述李白生平每有错谬，如将白入宫时间误为天宝末，将白之孙女误为女。兹不一一，读者当分别观之。"读者可以根据所选古人的材料及编者的按语，拓宽思路，获得灵感，独立思考，从而避免了学术上的人云亦云。

需要指出的是，《汇编》作为工具书，所引资料虽然标明了出处，但研究者在引用《汇编》材料时，仍需采取谨慎求实的学术态度，将《汇编》所引与原文核对之后方可使用。

《汇编》"唐宋之部"与"金元明清之部"由中华书局分别于2007年7月和1994年7月出版。"金元明清之部"2004年6月又有再版。（李冬梅、邹艳）

12.《苏舜钦资料汇编》，周义敢、周雷编

苏舜钦（1008～1049）是北宋诗文革新运动的健将，与穆修、欧阳修、梅尧臣等为友，共同开创宋诗、宋文新局面，为结束"西昆体"做出了努力。同时苏舜钦又是推行"庆历新政"的当朝宰相杜衍的女婿，他身处文学与政治双重旋涡的中心，因而成为守旧势力阻碍新政的打击对象。关于苏舜钦的研究，不仅是文学史的话题，也是北宋政治史研究的重要议题。

编者多年从事苏舜钦研究，注意了解历代学人研究和评论苏舜钦的情况，广泛蒐辑有关他的资料，最终编成这部15万余字的资料汇编，由中华书局列入"古典文学研究资料汇编"出版。该书凡例显示，其内容系辑集北宋中叶至"五四"以前有关苏舜钦研究的资料，大致包括苏舜钦生平事迹、诗文评价、作品版本、文章典故诠释等。取材范围，包括诗文集、总集、诗话、笔记、史书、地志和类书。但是对研究苏舜钦的专著、年谱等，因其篇幅太大，且已出

书容易找到，故不再收。对文献中相同内容的重出，如果后出资料没有新意，一般只收最早或最完整的。苏舜钦与同时代人的唱酬作品，一般予以收录，以见其生平交游与同调。所收资料按作者时代先后排列，从其岳父"杜衍"，至"王智勇"（实为今人，而非"五四"以前）凡200人，所有这些人有关苏舜钦的论述，都辑录其中。

前有《前言》，介绍苏舜钦的生平和文学成就，颇具学术水平。如关于苏舜钦的籍贯，宋代即有梓州铜山（今四川中江）、开封、武功三说，经作者考证，武功系苏氏郡望，开封是舜钦降生地，而铜山乃其曾祖苏振为宦和舜钦科举时的寄籍之地，三处均不是舜钦真正籍贯。作者据《永乐大典》卷二四○一"苏舜钦"条引《潼川志》："苏易简，字太简，本绵之盐泉人。"并与苏协《祖司马碑》和舜钦《父祖家传》相映证，证明《潼川志》所记"绵州盐泉"（今绵阳游仙区）为实。又如，庆历四年（1044）苏舜钦因循例用鬻官署旧纸钱助赛神会宴饮而被告发，被黜为民，禁锢终生。到底是谁主使这一告发，历史上有贾昌朝、张方平、宋祁、王拱辰、吕夷简等说，作者根据当时各方形势考察，认为应以韩琦所言"贾昌朝阴主之"说为实，因为舜钦被废黜不久，其岳父杜衍为相方百余日即被罢免，而贾昌朝却连超两级顺利拜相，新政人物却被"一网尽之"。似此之类，皆可为阅读和利用本集资料，提供清晰的背景知识。书后有附录二种：《苏舜钦年谱》《宋史·苏舜钦传》，俱可为全面了解苏舜钦生平提供参考。

是书由中华书局于2008年出版。（舒星）

13. 《苏轼研究资料汇编》，四川大学中文系唐宋文学研究室编

是书编纂之经过，据其《前言》，从1959年起，四川大学中文系任中敏、张默生二先生就开始搜集历代有关苏轼的资料，按诗评、文评、词评分类编排，编成《苏轼诗文评述》。"文化大革命"中，书稿被搁置，并遗失了词评。1980年，四川大学中文系唐宋文学研究室在《苏轼诗文评述》基础上，引书近六百种，编成《苏轼资料汇编》。在资料的搜集上，《汇编》并没有将所见资料全部选入，而是有所取舍。宋金元求详，明清从严，清以后一般不收入。

全书共5册，分为上下两编，上编4册，按时间先后顺序，选辑了自宋至清的相关资料。据其《前言》，书中所涉关于苏轼的生平资料、逸闻逸事的，同一内容则只录最早或最完备的；苏轼与同时代人诗文唱和，只收涉及苏轼生平事迹和评论苏轼的部分；历代苏轼诗、词、文的注本，一般只收序跋，节录凡

例，不收注文本身；文集、笔记、诗话中比较分散的资料，凡有助于逸文之收集，异文之考校，本事、典故之诠释者，均予收录。下编1册，收录苏轼研究的专书，分年谱、诗话、词话三类。年谱类三种，均为宋人编撰，分别是：施宿《东坡先生年谱》、王宗稷《东坡先生年谱》和傅藻《东坡纪年录》；诗评三种，均为清人撰评，分别是：查慎行《初白菴诗评》、汪师韩《苏诗选评》和纪昀所评《苏文忠公诗集》；诗话一种，即清张道撰《苏亭诗话》。

综观全书，资料收集比较翔实，取舍亦比较得当。但因主客观条件的限制，难免有许多缺漏之处。四川省社科院谢桃坊曾专门就《汇编》作了拾补举例，主要有三个方面：其一，《汇编》完稿于八十年代之初，当时影印本《四库全书》尚未出版，故遗漏宋人别集有关之资料较多；其二，南宋学者朱熹的著述中关于苏轼之批评甚多，《汇编》虽引用了《朱文公集》《朱子全集》和《朱子语类》，但未细检全书，以致遗漏了大量资料；其三，宋人关于东坡词之词话与词评，其中很多对后世颇有影响者，《汇编》失收。此外，谢氏还指出了《汇编》所辑资料偶尔出现关于作者失考之误[①]。这些失误之处都影响了该书的学术价值。

是书于1994年4月由中华书局出版，2004年中华书局又有重印本。（李冬梅、邹艳）

14.《杨慎研究资料汇编》上、下册，林庆彰、贾顺先编

林庆彰（1948～ ），中国台湾台南人。1983年毕业于东吴大学，并获文学博士学位；1983年起历任东吴大学中国文学系副教授、"中央"研究院中国文哲研究所研究员、副所长，北京清华大学、台湾成功大学人文讲座教授，香港中文大学中国文化研究所古籍研究中心学术顾问。主要研究领域为经学、日本汉学、图书文献学。著有《明代考据学研究》（1986）、《清初的群经辨伪学》（1990）、《明代经学研究论集》（1994）、《学术论文写作指引》（1996）、《清代经学研究论集》（2002）等多种。

贾顺先生平，见《四川思想家》。

20世纪是杨慎研究的一个重要世纪，在文献整理、专题研究等方面，都有重要成果问世，充分占有这一时期的研究成果，对推动杨慎研究在更高水平上进行必然大有好处。雷磊《20世纪杨慎研究述评》（《求索》2003年第4期）、

[①] 谢桃坊：《〈苏轼资料汇编〉拾补举例》，载《文献》1998年第2期。

高小慧《杨慎研究综述》（《天中学刊》2006年第2期），对此有专门综述。但二文只有指引功能，而其原文仍然散于各处，不便查找。对此时期内杨慎研究资料进行全面整理和汇录者，当首数林、贾二氏的《杨慎研究资料汇编》一书。

是书由研究杨慎与明代学术史多年的林庆彰、贾顺先二位教授共同完成，将20世纪八九十年代以来研究杨慎的百余篇资料辑为上、下两编。这些资料除辑自各种学报外，也有地方性报纸、期刊、论文集和各种鉴赏辞典。上编分为生平事迹、文学成就、作品赏析、其他四类，属于普遍资料；下编分为生平与著作、学术思想、文学成就三类，属于学术资料。《汇编》的问世，无疑对研究杨慎学术和明代学术思想史将帮助颇多。

是书由"中央"研究院中国文哲研究所于1992年9月出版。（舒星）

第五节 史学文献举要

一、国史研究

1．《史记新校注》133卷，张森楷撰

张森楷（1858～1942）字元翰，号式卿，合川人。曾入成都尊经书院、锦江书院肄业，中光绪十九年（1893）举人。曾于合州、成都、雅州、邻水等地讲学，后任成都大学教授。专治史学和古籍校勘，民国初年主修《合川县志》，多有创见。有著述48部、1286卷（又8种无卷数），共约三千多万字。主要有《史记新校注》《通史人表》《二十四史校勘记》《华夏史要》《历代舆地沿革表》《形胜险要图》《四川历代地理沿革表》《四川历代职官沿革表》等著作。

司马迁《史记》一书，上起五帝，下迄汉武，上下三千年，纵横数万里，贯穿经史，综罗百氏，是中国第一部系统的纪传体通史著作，古今读者，比于经典；又加词旨详赡，文采焕然，因有"史家绝唱，无韵《离骚》"之誉，因而赢得史家和文士的青睐。自其产生以来，校勘注释者盖比比焉，迄于唐代已有著名的"三家注"（裴骃《集解》、司马贞《索隐》、张守节《正义》）。至于校刻流传者，更是不知凡几？然而时有古今，地分南北，校有精粗，且注有浅深，其于《史记》之校注亦复如是。注虽多家，仍有遗义待发；版有多本，而有错讹待刊。自清人以下，诸儒之治经史，多长于校勘、考据和补遗，一经而有数家笺疏和考证，诸史亦有多种校雠及补志。如《汉书》有王先谦《补注》、杨树达《窥管》，《后汉书》有王先谦《集解》，《三国志》有卢弼《集解》，"南北朝八书"和《南史》《北史》有李清《合注》，《新唐书》有唐景崇注、王先谦《补注》、杨家骆《长笺》，《五代史》有彭元瑞、刘凤诰注，《辽史》则有杨家骆《长笺》，《金史》有施国祁《详校》，《明史》也有包遵彭《汇证》等等。唯《史记》清代以来有王念孙、梁玉绳等人的考据札记，却无集大成的校注，近世有之，则自张氏此书始。

张森楷35岁入川东兵备道黎庶昌幕，黎嘱以校勘正史，写成《二十四史校勘记》，以与阮元《十三经注疏校勘记》相匹配，自是专治正史，尤以校勘功夫见长。据杨家骆《记史纂阁所藏张氏史记新校注稿二百六十六卷》载，张氏纂其校勘成果为书，初名《读史质疑》，后改《二十四史校字质疑》，最后改题《二十四史校勘记》。在历时二十二年写成《史记》至《五代史》诸史校勘记以后，不再续校以下各史，而将精力专注于《史记》，为之作《新校注》。

是书先校后注。据杨家骆考述，是书据以通校的《史记》版本共有44种、参校版本有17种；还广引别书校勘《史记》的纪、表、书，多达458种；如果说加上其校世家、列传，"所引书必在千种以上"。杨氏又说：该书"自校至注成，历时五十年，六易其稿，诚可谓太史公书之功臣矣"。张氏亦曾自序其体例，曰："《史记新校注》一百三十卷，篇第一依《太史公书》。旧行之《集解》《索隐》《正义》三家注，皆随文散著之。……其文字之踳驳，事迹之牴牾，义训之奥颐，为三家注所未及详，或即其注之乖违若鄙野者，悉句栉字比，为订定而疏通焉。"又述其资料来源说："太半采自经纬雅言，子集施训，自唐宋至清，诸儒先旧说，而参以臆见十二三，命曰《新校注》，所以别乎三家也。"真可谓《史记》版本的汇校，《史记》疑义的会释。全书后还附有司马贞《补三皇本纪》《三家注序例》及森楷自序等附录。

1928年，张氏欲补校未见版本，遂以70岁老年之躯，只身奔赴北京，投依罗振玉、傅增湘二氏，就校其家所藏善本，谁知甫一校毕，"未及清缮而客死于京"矣，书更未能及时刊布，留为遗稿。书稿在北京时有所散佚，后为杨家骆访获，幸得保存。1949年杨氏随国民政府迁台，曾组织学生整理此书，据说已成60余卷，然仍未能排印。历经钱穆、王叔岷、饶宗颐、方豪等人建议，杨家骆乃于1967年据张氏五稿、六稿影印于台北。其中所缺10余卷，则以泷川资言《会注考证》补葺。影印本前有杨家骆《景印张森楷先生史记新校注五稿六稿序》以及《景印史记新校注稿总目》《记史纂阁所藏张氏史记新校注稿二百六十六卷》《张森楷先生年谱》等，于张氏生平、是书缘起及该书评价，考证甚详。

张氏此书绝笔于1928年，是近代以来最早一部系统整理和校注《史记》的著作。其后6年，乃有日本汉学家泷川资言（1865～1946）《史记会注考证》，论者谓"《史记会注考证》是继三家注之后，对《史记》研究成果最重要的总结和梳理，集《史记》问世以来，两千年来注家、学者对其研究之大成"。然而据学者考证，无论其成书时间之远后于张氏，即其去取之精审亦有逊于张书者，杨家骆曰："后于张氏为《太史公书》作注者，又有日人泷川资言《史记会注考证》。其书以三家注为主，署曰会注。其在三家注以后诸家书，汇而载之，时下己意，谓之考证。窃观其说，颇嫌粗略；征引虽繁，亦伤芜杂；与张氏之取材博而有别择，考辨详而有心得者，实远难比论。惟张氏稿具而没，未及刊行，泷川书后成而先刊，遂使今言《太史公书》新注者，盛道泷川而不知有张氏，岂非有幸有不幸欤？"

是书有台北1967年中国学典馆影印本，精装十二册。（舒星）

2.《庚子交涉偶录》1卷，程德全撰

程德全（1860～1930），字纯如，号雪楼、本良，四川云阳（今属重庆）人。清廪贡生出身，光绪十六年（1890）入国子监肄业，十七年（1891）起为人幕僚。光绪二十六年（1900）沙俄入侵东北，受命赴前敌督队，积极筹战。后奉令与沙俄交涉，颇有胆识，赢得声誉。历任道员、齐齐哈尔副都统、黑龙江将军、黑龙江省巡抚。宣统二年（1910）调江苏巡抚，参与预备立宪。1911年，武昌起义爆发，宣布江苏独立，成立军政府，自任都督。1912年南京临时政府成立，任内务部总长，曾与章太炎等组织中华民国联合会、统一党、共和党等。1913年，宋教仁被刺，赴上海处理宋案。他反对二次革命，主张与革命党人调和，恢复秩序。后辞职退出政界，隐居上海，闭门诵经。1926年受戒于常州天宁寺，法名"寂照"。著有《赐福廎笔记》《程中丞奏稿》《庚子交涉偶录》等。

1900年，沙俄大举进犯东北。黑龙江将军寿山组织镇边新军抗战，程任黑龙江营务处总办。其时，瑷珲失陷，北路翼长凤翔于北大岭战役中阵亡，朝廷下诏议和。他奉令与俄国侵略军交涉，只身前往俄营，力主停战。寿山殉国后，程德全出任齐齐哈尔副都统，继续守疆卫土。是书正是此间作者与诸要人书信往来的汇集。

该书经李逊辑录编次，宣统年间印行。前有李逊按语，叙此书作之缘由。正文收录程德全与寿山等往返书信和致沙皇与俄兵部大臣书，并附录寿山各复函、黑龙江八旗协佐暨兵民商旅人等函呈二件，后录瑷珲失陷、寿山殉城等杂记三则。对沙俄入侵后，黑龙江人民惨遭杀戮、流离失所情形及与俄军交涉事均有真切反映。

中国自近代以来饱受侵凌，北方尤以沙俄之蚕食鲸吞最烈。是书出自作者亲历，又保存有大量原始书信，是研究中国近代北方边疆史的重要材料。正如谢绪璠在序中所说："然要藉此足令论世者见庚子东北边事之概略。"其价值可见一斑。

是书又名《程中丞庚子函牍抄略》，有宣统二年（1910）铅印本、1934年出版的《国学文库》铅印本。另有题为《程中丞庚子函牍抄略》的清末铅印本。（董涛）

3.《辛亥革命》，吴玉章撰

吴玉章（1878～1966），原名永珊，字树人，荣县（今属四川）人。自小忠厚笃诚，坚韧沉毅，喜读史书，学识渊博，有"金玉文章"之誉。1903年东渡日本，入东京成城学校，在此期间接受民主革命思想，1906年加入同盟会。民国初建，曾代表蜀军政府赴南京，出任参议院议员、大总统府秘书，助孙中山建政。袁世凯篡国，参加二次革命，失败后到法国，组建华法教育会，为国培养人才。1917年回国，在北京创办留法俭学预备学校，选送留法学生近两千人。1922年到1924年，任成都高等师范学校（四川大学前身）校长，传播新文化新思想。后参加南昌起义，任革命委员会委员兼秘书长。大革命失败，赴苏联东方大学等校学习、任教。1938年回国，参加民族抗战，任鲁迅艺术学院院长、延安大学校长，被尊为"延安五老"之一。1946年抗战胜利后，任中共四川省委书记。1948年任华北大学（今中国人民大学）校长。次年出席中国人民政治协商会议第一届全体会议，参与中华人民共和国的筹建，任中央人民政府委员，出席开国大典。是中共六届、七届、八届中央委员，当选为中华人民共和国第一、二、三届全国人民代表大会常务委员。兼任国务院文字改革委员会主任、全国教育工会主席、中国自然科学普及协会主席等职。著有《辛亥革命》《历史文集》《吴玉章回忆录》等书。

是书卷首摘录毛泽东语录，卷末有附录。正文分为两部分：第一部分"论辛亥革命",内容比较简练,分四个版块论述:(1)从民族工业的发展、爱国运动的发起、中国工人阶级的壮大、革命团体的出现等方面描述辛亥革命发生之前的形势。(2)论述清政府的改革加剧资产阶级内部的分裂。(3)论述同盟会纲领在当时所起的作用以及革命内部所隐藏的分裂状态。(4)论述辛亥革命各省宣布独立大体有五种形式。第二部分"从甲午战争前后到辛亥革命前后的回忆"。篇首有吴玉章为纪念辛亥革命50周年而作的一首诗。之后是孙中山、黄兴、邹容、喻云纪、龙鸣剑、王天杰等几位辛亥革命志士画像,同时还有《四川》杂志创刊纪念、《四川》杂志第二号封面和目录、武昌起义时秘密机关之一的珍贵史料照片。其正文由23个部分内容组成:(1)甲午战败,震动人心。(2)变法维新,昙花一现。(3)余栋臣起义,义和团运动。(4)浮槎东渡。(5)1903年的拒俄运动。(6)在成城学校。(7)1905年的反美运动。(8)同盟会的成立。(9)反对"取缔规则"的斗争。(10)革命派和改良派的斗争。(11)武装起义的失败。(12)办《四川》杂志。(13)暗杀活动的风行。(14)辛亥三月二十九日的广州起义。(15)铁路风潮。(16)荣县独立。(17)武昌起义。(18)内江起义。(19)重庆军政府的军事裁判会。(20)南京临时政府。(21)袁世凯窃国成功。(22)回川之行。(23)二次革命失败,继续追求真理。

是书末尾有跋语,记述了撰写此书的目的:"让年青的同志们知道他们的前辈曾经受过多少的苦难,而当时的志士仁人为着摆脱这种苦难,又经历多少的斗争,抛撒过多少的鲜血。我想当他们知道了过去的这些情形以后,必然会更加珍惜幸福的今天,努力创造光辉的明天。"对青年人寄予期望:"和年青的同志们一起,为着祖国建设成一个无限繁荣和无比强盛的社会主义国家,为实现人类最伟大、最美好的共产主义理想,而献出我仅有的一分微薄的力量。"

作者以辛亥革命元老和亲历者的身份撰著是书,记述了从甲午战争前后到辛亥革命前后的中国社会,以及在这种背景下所发生的事情,从此书中各事件的具体记述上,让人深切感受到当时的社会背景和时代脉搏,极具真实性和史料价值。整本书末附有甲午战争至辛亥革命的《大事记》,简要记录了从1894年6月至1912年3月中国所发生的大事。

是书最早由中国人民大学于1960年出版。一年后,又由人民出版社再版,附有插图。是书的《论辛亥革命》部分,在1972年曾由人民出版社出版。1979年,中国人民大学清史研究所编《中国近代史论文集》第2册,由中华书局出版，收录了《论辛亥革命》部分。2000年，由汪朝光主编的《中国近代史卷（历史学）——20世纪中华学术经典文库》（兰州大学出版社出版），亦全文收录了《论辛亥革命》部分。2001年，党德信主编《辛亥革命亲历记——亲历亲见亲闻》（中国文史出版社出版），全文收录了吴玉章的《辛亥革命前后的回忆》。（王雨巧）

4．《中国史学史》，蒙文通撰

蒙文通生平，见《经学导言》。

中国史学史，作为一种史学意识，最晚在东汉班彪、班固时即已经形成；作为一门学科，则相当年轻，仅有约八十年的时间。梁启超因其对中国史学史研究提出了初步的设想，被公认为中国史学史学科的奠基者，并在二十世纪三四十年代形成了第一个研究高潮，其代表著作有魏应麒《中国史学史》、王玉璋《中国史学史概论》和金毓黻《中国史学史》。三部书均以史官、史著、史家为撰述主体，与梁启超的史学史范畴一脉相承，可以说，以魏、王、金为代表的史学史研究，是当时的主流。但三书共同的不足之处就在于受目录学影响太大，史部目录学解题式气味太浓。蒙文通却独树一帜，跳出梁启超史学史框架，自开新局。据蒙默回忆其父撰《中国史学史》始末时，提到父亲"深恨往时为说，言无统宗，虽曰历史，而实不免清人考订獭祭之余习，以言搜讨史料或可，以言史学则相间犹云泥也。于是始撰《中国史学史》，取舍之际，大与世殊，以史学、史料二者诚不可混并于一途也"，其对史学的界定为"史者非徒识废兴、观成败之往迹，亦将以明古今之变易，稽发展之程序"。如此，"其诠史之义既异，其治史之法自殊，一则曰以治诸子之法治史，二则曰必须通观乃能看清历史脉络，三则曰事不孤起，必有其邻"①。此三法在《中国史学史》一书中都得到了充分的展现。

第一，"以治诸子之法治史"。与绝大多数研究者就某一书史、某一史家或某一史著体裁进行研究不同，蒙文通将历史学的发展，放在中国古代学术思想发展史这一广阔领域来进行考察。前者虽名曰史学史专著，实则流于史学目录学介绍。而蒙文通却将论述重点放在诸子思想研究（包括商鞅、韩非、韩愈、二程、苏轼、朱熹、萧颖、柳冕等），史学与经学、哲学、文学的关系等方面，这样的视角和研究方法是相当独到的。

---

① 蒙默：《中国史学史序》，《中国史学史》卷首，上海人民出版社2006年版。

第二,"必须通观,乃能看清历史脉络"。纵览中国史学史,蒙文通认为,"以中国史学之盛,有三时焉。曰晚周,曰六朝,曰两宋,皆思想廓落之会也","舍此三时,虽有纂述,才记注耳",因此在撰书时,则"以中国史学惟春秋、六朝、两宋极盛,余皆逊之。于此三段欲稍详,余则较略"①。如此详略得当,重点突出,更有助于读者了解中国史学史发展脉络。

第三,"事不孤起,必有其邻"。如是书两宋史学部分《南渡女婺史学源流与三派》一节中,蒙文通分析了北宋三派(新学、洛学、蜀学)对南宋女婺史学的影响,说道:"盖女婺之学,萃洛、蜀、新学三家于一途。吕氏尚性理,则本于程者为多;唐氏尚经制,则本于王者为多;陈氏先事功,则本于苏者为多。既合三而为一,复别一而为三,衡学术流别,斯又未可置而不论也。"但从整体来看,"女婺之学偏于史,可谓远接苏轼之风乎"②。既看到了女婺之学内部三派的差异以及造成此种差异的原因,又看到了史学发展的承启关系,高屋建瓴,深得"辨章学术,考镜源流"之三昧,这也是是书优于同时期其他史学史著作之处。

蒙文通以史家之"别识心裁",轻"记注"而重"撰述",以通观、明变、贵识的史学精神,显示了其开阔的学术视野和扎实的学术功底。是书以史学思想变化为依据,分为四章,第一章是晚周至汉,第二章是六朝至唐,第三章是中唐两宋,第四章是明清。然而全书缺略未尽,《杂家学说与司马迁》等多篇文章有目无文,第四章明清部分全缺,甚为可惜。

据先生哲裔蒙默说:是书系蒙先生20世纪30至50年代任教于各大学历史系讲授"中国史学史"课程的讲义,其基本部分完成于1938年,有"迥异于缀拾排比之类,篇篇皆为创作,篇篇皆有新意",故许多篇章曾在《重光月刊》(1938年4月)、《图书季刊》(1942年11月)、《华文月刊》(1942年10、11月,1943年7~9月)、《国论月刊》(1941年8月)等刊物作为论文发表。1972年,蒙默据1938年讲义为基础整理,收入《蒙文通文集》之二《经史抉原》,由巴蜀书社1995年出版;2006年又收入《世纪文库·世纪人文系列丛书》,由上海人民出版社出版,前有蒙默《序》,后附蒙文通《北宋变法之史料问题》等文共12篇。今又有《蒙文通全集》本,巴蜀书社2015年版。(李冬梅、邹艳)

---

① 蒙文通:《中国史学史》,《蒙文通文集》之二《经史抉原》,巴蜀书社1995年版。
② 蒙文通:《中国史学史》,《蒙文通文集》之二《经史抉原》。

5.《古史甄微》，蒙文通撰

据作者自序，是书之撰写，缘于其师廖平的启迪，廖平说："古言五帝疆域四至各殊，祖孙父子之间，数十百年之内，日辟日蹙，不应悬殊若是。盖纬说帝各为代，各传十数世，各数百千年。五行之运，以子承母，土则生金，故少昊为黄帝之子，详考论之，可破旧说一系相承之谬，以见华夏立国开化之远，迥非东西各民族所能及。凡我国人，皆足以自荣而自勉也。"蒙文通于是历十余年搜讨，终成此十二篇六万言，篇名依次是：《三皇五帝》《历年世系》《上古开化》《江汉民族》《河洛民族》《海岱民族》《上古文化》《虞夏禅让》《夏之兴替》《殷之兴替》《周之兴替》和《三代文化》。分而观之，十二篇中，每篇可各自独立；合而观之，则是一有机整体。从论证"三皇五帝"的形成和演变过程为切入点，指出此说起源于战国，所谓的"三皇五帝"其实是由上古各部落首领经过神化演变而来，并非真实历史。而中国上古民族可分为三系，即江汉民族、河洛民族、海岱民族，"其分布之地域不同，其生活与文化亦异"。三系之说，既是该书的论证主题，也是蒙文通古史学说的核心观点。此三个民族按传说中的炎帝、黄帝、泰帝（太昊伏羲氏）来称的话，又可称为炎族、黄族、泰族。三族在斗争和交融中形成了"华夏族"和"华夏新文化"。自夏起，三族归一。既而又将有确切记载的夏商周三代之兴衰更替、文化异同和渊源统绪各方面进行比较，使纷繁复杂的上古史终得拨云见日，对后世因地域不同而呈现出的不同文化形态也有了理解。从这个意义上讲，《古史甄微》开创了我国地域文化研究的先河。

蒙文通《古史甄微》撰写时，正处于中国传统学术的现代转型时期，史学界新旧学术思潮异彩纷呈，既有旧史学派，也有以顾颉刚为代表的"层累地造成的中国古史"说的"古史辨"派和以王国维为代表在二重证据法基础上的古史新证的学术实践。蒙文通则独辟蹊径，克服旧史学经史杂糅、泥古不化的弊端，突破传统经学"六经皆史"的樊篱，"运用大量经典以外的材料去揭开早已被儒家经典一元古史观所淹没的古史"，"打破了古来一系相承的旧说"[①]，"自树赤帜，发明古史三系之说，以推阐往事，不偏于新，不党于故，祛门户之成见，治今古学于一炉，博稽众籍，惟信是征，错综比较，以验

---

① 王汎森：《从经学向史学的过渡——廖平与蒙文通的例子》，载《历史研究》2005年第2期。

厥情"①，既使当时的史学界为之一震，矫正了晚清以来中国古代文化西来之说，亦对后世的史学研究开辟了新的视野和研究方法。

站在现代学术角度，对《古史甄微》再次审视，蒙文通的古史理论确有尚待完善和可商之处，随着考古学和民族学研究的深入以及田野考古的发展，对上古民族文化理论的建构，将会有更深刻更全面的新的研究成果。这也是我们今天从学术史研究角度重新审视蒙文通的学术成果、重新思考中国上古民族、文化研究的继承与发展的重要现实意义②。

《古史甄微》作于1927年，最初刊于柳诒徵、缪凤林《史学杂志》（1930年第1卷第4期）。1933年作为单行本，由商务印书馆出版。1999年收入《蒙文通文集》之五《古史甄微》（另附《先秦职官因革考》等12篇史学论文），由巴蜀书社出版。今亦有《蒙文通全集》本，巴蜀书社2015年版。（李冬梅、邹艳）

6. 《徐中舒历史论文选辑》，徐中舒撰

徐中舒有《汉语大字典》，前已著录。

是书为徐中舒有关历史研究的论文选编，分上下2册，共收有《耒耜考》《殷人服象及象之南迁》《古诗十九首考》《试论周代田制及其社会性质》等论文60篇，涉及考古学、历史学、文献学、文字学等多个方面的内容。

关于其学术价值，主要有如下几点：第一，在夏商史研究方面，由于史料缺乏，加上晚出史料固有的复杂性，真正意义上的夏商史研究工作，历时并不算太久。徐中舒对夏商史所做的大量有益的探索及独创的多重论证法，对于当时和现今的学界都具有重要的启迪意义。第二，文字学方面，徐中舒晚年写成的《怎样考释古文字》一文，系统地介绍了其数十年总结出来的科学考释方法，提出"考释古文字，一个字讲清楚了，还要联系一系列相关的字，考察其相互关系。同时还要深入了解古人的生产、生活情况，根据考研资料、民俗学、社会学及历史记载的原始民族的情况，和现在一些文化落后的民族的生活情况，来探索古代文字发生时期的社会生产力和生产关系。……这样考释古文字，才有根据，也才比较正确，而不是凭空悬想，望文生义"。这一考释方法，为古文字学的进展做出了不可磨灭的贡献，并日益为广大学者所接受，在古文字的研究考释上发挥着越来越重要的作用。第三，巴蜀文化研究方面，经

---

① 张鉴：《〈古史甄微〉质疑》，载《史学杂志》第2卷第3期，1930年。
② 周书灿：《论蒙文通上古民族文化理论建构》，载《人文杂志》2012年第2期。

过多年的田野考察和潜心研究,徐中舒通过有限的文献记载与新出土的考古资料、民族调查材料,以及从全国特别是华南的大范围内来考察巴蜀文化,全面讨论了巴蜀的经济、文化、历史、民族和文字,指出"四川是古代中国的一个经济文化区,但是它并不是孤立的"[①],"巴蜀虽然仅限于祖国一隅,但它与祖国其它部分仍然息息相关,就在远古时代亦不例外"[②]。其中许多真知灼见,因其理论与事实兼备而为学界所推崇。

1998年,为了纪念徐中舒诞辰100周年,是书由中华书局出版。(邹艳)

7.《李亚农史论集》上下册,李亚农撰

李亚农(1902～1962),江津人。1926年赴日本京都大学留学,回国后历任北平中法大学教授、新四军政治部敌工部副部长。新中国成立后曾任中国科学院华东办事处主任、文物管理委员会主任委员、中国科学院上海历史研究所所长。著作5种,收入《李亚农史论集》。

本书是李亚农在1950年至1961年间,陆续撰写的《中国的奴隶制与封建制》《周族的氏族制与拓跋族的前封建制》《殷代社会生活》《西周与东周》与《中国的封建领主和地主制》5部史著的合集,约67万余字。

十月革命一声炮响,给中国送来了马克思主义。为救亡图存而备受煎熬的知识界似乎看到了中国未来的前途与方向。在社会实践领域积极尝试探索苏俄社会主义道路与中国国情结合的可能性的同时,如何在理论上消化、吸收马克思主义,从而分析中国历史与社会,为中国的社会变革提供理论上的支持,同样是学界不得不思考的问题。其中在历史研究领域,关于中国古代社会性质问题的讨论即是这种努力的一部分。马克思的关于社会历史发展的五种社会制度的理论,能否有助于我们正确认识中国古代社会?在20世纪中叶,这些问题在学界引起了激烈的争论。李亚农的上述五种史学著作就是在对这一争论深入思考的基础上,自觉运用马克思主义,并依据中国古代历史文献,所做出的自己的解答。

《中国的奴隶制与封建制》完稿于1950年前后,于1953年秋出版发行。其讨论的话题是中国上古殷商与两周的社会性质问题。作者在结合文献与甲骨卜辞分析的基础上,驳斥了殷商为氏族制或为封建制的说法,认定殷商社会为奴

---

① 徐中舒:《巴蜀文化初论》,《徐中舒历史论文选辑》,中华书局1998年版。
② 徐中舒:《巴蜀文化续论》,《徐中舒历史论文选辑》,中华书局1998年版。

隶制。对于周代的社会性质，同样对于周代封建说，西汉封建说，东汉奴隶说，作者通过辨析周族生产力、生产关系，尤其是所谓的"黑劳士"问题，甚至殉葬制，先驳斥了周代"封建论"。又在考察周人对殷民统治，周族的社会组织，及生产关系的基础上，确定西周是奴隶制社会的事实。并进而认为，自周厉王时期，西周的奴隶制开始解体，经过了近二百年的发展，至春秋初的齐桓公时代则是奴隶制向封建制的转型期。接着，作者又在分析春秋战国时期生产力与生产关系及其二者之间的相互作用的基础上，认为周宣王以后，中国社会走进了典型的封建制社会，春秋战国的封建制社会在存在了五百余年后，秦始皇建立了专制主义的中央集权的封建制度。

《周族的氏族制与拓跋族的前封建制》完成于1954年春，作者写作的目的有二：其一，根据春秋、战国以及汉初的文献来尽可能明确叙述周族的氏族制到底是怎么一回事；其二，研究氏族制社会与封建社会接触时会发生怎样的影响。为达到上述两项目的，作者分别用两编内容来论述所提出的问题。前编为"周族的氏族制"，即是对第一个问题的回答。作者在确定氏族制的特点后，结合反映习俗的"周礼"，从婚姻制度、氏族组织、土地公有、复仇、战争与其他等四方面着手，来阐述周代社会状况。后编为"拓跋族的前封建制"，是为回答第二个问题。拓跋族直接由氏族制向封建制过渡，此过程为我们理解上古中国社会，尤其是周族从氏族制向封建制过渡，提供了较丰富、较具体的参照。其利用人类学、民族志，乃至少数民族的历史记录来解读复杂社会，这把钥匙极具方法论上的意义。

《殷代社会生活》完成于1955年春，作者不满足于笼统认为殷商时代为奴隶制的结论，而是通过考察殷商时代的奴隶制是处于低级或是高级阶段的问题，将对殷商社会性质的认识引向深入。作者从殷族婚姻制度、社会组织、经济情况、统治方式、文化艺术，乃至意识形态诸方面展示了殷代社会生活的方方面面，论证殷商处于奴隶制社会的高级阶段。并进一步指出用所谓"古代东方奴隶制"的理论来硬套中国古代社会是不恰当的。

《西周与东周》完成于1956年3月，主要内容仍是围绕两周的社会性质问题的讨论，实则是对《中国的奴隶制与封建制》一书的补充。既有难点分析，如作者所言的"什么叫'夏政''商政'，什么叫'周索''戎索'；周宣王'不籍千亩'和'料民于太原'的真正内涵是什么"等。又有内容进一步的充实和完善，如对周初有关民族问题，乃至中华民族的形成的阐述；对西周诸侯国内奴隶制的考察，乃至通过《费誓》对鲁国社会的认识；封建割据与封建领主；对农民、工商业者、知识分子等不同社会阶层的关注；对于春秋时期的封建思想的阐释。这些对"量"考虑和对细部分析，将两周社会性质问题的讨论引向深入。

《中国的封建领主制与地主制》是作者去世前约一年，即1961年3月才完稿。作者自言因为健康的恶化，"几与阎王老子见面者，不止一次"，正是在与病魔做斗争的极端困难中，靠坚韧意志最终完成了毕生最后一部著作。由此可以想见作者笔耕之辛勤、精神之卓绝。这是一部关于战国时代的社会经济状况研究的作品，与此前的四部作品一起，作者的"先秦社会史"研究粗具规模。第一章为"中国古代的公社制度"，作者意在说明，农村公社是奴隶制社会前一阶段的社会发展阶段，一旦出现了奴隶制，农村公社制就不可能继续存在。第二章为"铁制生产工具的使用、广泛使用和普遍使用时期"，这是通过记述铁制生产工具使用情况，对春秋末期和战国时期生产力发展不同阶段情况的说明。第三章为"西汉时代的社会经济情况"，作者意在说明西汉已进入封建时代，并非如有人所言为奴隶制社会。第四章为"中国古代的赋税制度和地主所有形态的关系及其变革"，作者通过对赋税制度的考察，试图解析两周时期的社会生产关系状况。第五章为"商鞅变法"，作者澄清了历来对于商鞅变法的误解，肯定商鞅变法的成效。第六章和最后一章主要阐述了战国时期的社会及其经济情况，意在指出战国与春秋的相异之处，同时指出战国和汉代的类似之处，从而说明春秋是封建领主制，而战国是封建地主制。

这本论著合集在1962年出版时定名为《欣然斋史论集》，1964年重印时改为现在的书名，并沿用至今。这部史论集资料详赡，论证严谨，理论性较强，极具原创性。在运用马克思主义来诠释中国古史时，与当时同类作品相比，较少机械的生搬硬套，常于批判地吸收前人观点中，阐发精辟之见。不过，时代的局限性也时见其间，对此我们不必苛责。

是书有上海人民出版社1962年初版、1978年重印本。（李东峰）

8．《贺昌群文集》，贺昌群撰

贺昌群（1903～1973），字藏云，四川省马边彝族自治县人。1921年毕业于成都联合中学，考取上海沪江大学，仅上一年便辍学，入职于商务印书馆编译所，与郑振铎、沈雁冰、叶圣陶、周建人等人交往。后历任北平图书馆编纂委员、《大公报·图书副刊》主编、浙江大学教授、中央大学教授及历史系主任。新中国成立后任南京图书馆馆长、中国科学院图书馆副馆长、原中国科学院哲学社会科学学部历史研究所研究员等。先后致力于中国古代哲学、文学、语言文字学、音乐戏曲史、中西交通史、汉唐史等的研究,主要著有《元曲概论》《魏晋清谈思想初论》《汉唐间封建土地所有制形式研究》等。

贺昌群学贯中西,兼治文史,著述甚丰,该《文集》即为其平生论著汇编,由其女贺龄华编辑。《文集》共分三卷,第一卷为"史学论丛",共收文章35篇;第二卷为"学术专著",共收著作5种,依次为《魏晋清谈思想初论》《魏晋南北朝史初稿》《古代西域交通与法显印度巡礼》《汉唐间封建土地所有制形式研究》《元曲概论》;第三卷为"文论及其他",共收文论18篇,政论5篇,书评、题辞、序跋45篇,随感、诗词56篇。又前有林甘泉《总序》,后有贺龄华《贺昌群(藏云)生平及著述年表》。

贺昌群一生兴趣广泛,涉猎多个领域。在史学研究上,认为"历史学为通儒之学,为古今合一之学,故往往言远而意近。世无纯粹客观之考证,亦无纯粹主观之议论,客观与主观,如高下之相倾,声音之相和,前后之相随"①。主张无论治政治史或文化史,都要重视探讨历史的因果关系,并力求从历代的治乱盛衰中总结出一些值得后人借鉴的经验教训。如《唐代女子服饰考》,发表于1935年,是贺昌群依据我国出土文物和日本法隆寺与正仓院所存的唐代文物,结合历史文献和唐代诗词的有关记载,研究唐代社会生活的代表作。文中对唐代妇女的发式、面部化妆和服饰做了详细生动的考证和描述,至今读起来仍有鲜活的魅力。其他如《两汉政治制度论》《魏晋清谈思想初论》《汉唐精神》等论著,史论结合,夹叙夹议,颇多新见。另外如《烽燧考》《唐代文化之东渐与日本文明的开发》《汉末大乱中原人民之流徙与文化之传播》《古代西域交通与法显的印度巡礼》《伟大的旅行家伟大的文化使者——论玄奘的西行在古代中国与西域诸国文化交流上的影响》等论著,通过对西域交通史的发展、迁变,从而考据历代文化交流情况以及与之对应的政治发展状况,而阐明文化融合的历史力量所在。而《汉唐间封建土地所有制形式研究》,则为贺昌群有关中国封建土地国有制研究的多篇论文结集。

在文学研究上,贺昌群比较重视唐代诗歌,尤其是杜诗的研究。如《读杜诗》,发表于1942年,采用"以史论诗,诗中觅史"的方法,引用杜甫的诸多

---

① 贺昌群:《魏晋清谈思想初论·序言》,《贺昌群文集》,商务印书馆2003年版。

诗句，勾画了其生平的经历和交往。又《诗中之史》，认为"史家记事，只载得一时事迹，而杜诗之妙，则在史笔所不到处。安史之乱前后所不详的史事，往往在杜诗中可以获得许多消息"，可谓贺氏研究杜诗的总结之作。

在戏曲研究上，受王国维的影响，著有《元曲概论》，这是贺昌群的第一部专著，完成于1928年。他对王国维的《宋元戏曲史》十分推崇，认为凡王国维"探讨所及，几无人能跳出其范围"，但他自信《元曲概论》从域外乐舞而探究宋元戏曲的渊源，"虽未能很满意，可还是王先生及现时多数研究宋元戏曲者所未尝道及的"。既充分尊重前辈学者的成就，又勇于填补前辈学者的不足。

同时，贺昌群又是一位现实世界的观察者。他的学术论文，往往能跳出学术狭隘的历史圈子，带有极为浓厚的批判色彩，始终和社会接触。如《论王霸义利之辨》，直接抨击蒋介石政府在全国范围内倒行逆施，用瞒和骗的政治手段，"只知道以义务责难人民，而不知道其义务所在及其义务于人民之政"，"亦终必至崩溃"。

总之，该《文集》广搜博采，将贺昌群论著汇为一编，不仅可以使我们比较全面地了解贺昌群的学术成就和贡献，而且其所收政论性文章也有助于我们认识他在近代中国社会变迁中的心路历程。又全书依类编排，文后书前均有原始出处，颇便学人阅读核查。

是书由北京商务印书馆于2003年出版。（李冬梅）

9．《蒙文通文集》6卷，蒙文通撰，蒙默校订

蒙文通有《经学导言》，前已著录。蒙默生平，见《四川古代史稿》。

蒙文通平生著述甚富，各类论著近百篇（部），文字230多万言。从20世纪80年代至21世纪初，其哲嗣蒙默花了近15年时间，悉心整理校订，编成《蒙文通文集》6卷。《文集》以类分卷，分别是《古学甄微》《古族甄微》《经史抉原》《古地甄微》《古史甄微》《道书辑校十种》及附录。

第一卷《古学甄微》，包括《周代学术发展略论》《论〈山海经〉的写作年代与产生地域》《理学札记》《中国禅学考》等文25篇。其中《理学札记》及《补遗》是作者晚年理学思想的结晶，它"殊非一般读书札记，乃深究宋明理学诸家，含英咀华而别具慧解之作"[①]。《论〈山海经〉的写作年代与产生地域》则是作者将《山海经》这一奇书"提到古史研究的适当的地位上"，考

---

① 蒙默：《蒙文通学记》，生活·读书·新知三联书店2006年版。

察其产生的"时代"和"地域",特别注意到该书"把古巴、蜀、荆楚之地都作为'天下之中'来看待",认为《山海经》"可能是巴、蜀地域所流传的代表巴蜀文化的典籍",其"有神话焉,不尽为神话也"的研究方法,对后人治学颇有启发。

第二卷《古族甄微》,包括《周秦少数民族研究》《东夷之盛衰与移徙》《越史丛考》等文10篇。作者从对犬戎、赤狄、白狄、东夷各族迁徙流动的考察中,发现其与先秦各学术流派之间有着不可分割的内在联系,认为"儒、法为周、秦新旧两民族代谢之思潮,楚以道家之说错其间,并峙而为三,一现实,一神秘,一适衷于二者之间,形成哲学上之三大系统"。从民族兴替之迹中,发现文化学术的变迁,这是对民族史研究的一大贡献,也是蒙文通治学的一大特点。在讨论巴蜀问题上,阐明了巴蜀之关系、巴黔中、巴蜀古民族、巴蜀经济变迁的问题,进而认为"蜀有自己的传统文化,未能笃信儒家的学说,仍然酷好文学","辞赋、黄老、律历、灾祥是巴蜀固有的文化",见解极为深刻。又《越史丛考》中,批驳了越南史家陶维英认为春秋战国以来,汉族占据黄河流域、越族占据扬子江以南整个地区这一谬论,通过对古史所载"百越"诸族的具体分析,指出他们各自不同的文化特征和变迁史迹,使南方民族史的研究进入一个新的阶段。《庄蹻王滇辨》更是指出了《史记》所载的多处错误,于此文亦可学习其考辨方法。

第三卷《经史抉原》包括《孔氏古文说》《经学导言》《经学抉原》《孔子和今文学》《中国史学史》等文23篇。从这些文章中,可以见出蒙文通的经史观。首先,经史有别。如《孔子和今文学》中,蒙文通认为经史有别、强调六艺经传是对诸子思想的发展,而不能当作史料看待,认为"六经虽是旧史,但经学家不可能丝毫不动地把旧史全盘接受下来,必然要删去旧史中和新的思想体系相矛盾扞格的部分,这样才能经传自相吻合"。儒家经师所传之六经,存有旧史成分,但并不完全为史。第二,六经以旧史为本。如《经学抉原》:"三古列国之书既存于世,则孔子之删定六经,实据旧史以为本","中国则所尚者儒学,儒以六经为依归,六经皆古史也"。又如《中国史学史》:"未定之六籍,亦犹齐、楚旧法世传之史耳,巫史优为之;删定之书,则大义微言,灿然明备,唯七十子之徒、邹鲁之士、搢绅先生能言之。子曰:'齐一变至于鲁,鲁一变至于道。'孔子固据鲁以述文,亦变鲁以协道,此孟子之所以赞孔子为贤于尧、舜,生民以来未有者也。"在旧史基础上删定的六经,成为儒家"道"之载体,而非旧史原貌,故经史之间既有联系又有区别。在《论经学遗稿三篇·丙篇》里提出"经学即是经学,本为一整体,自有其对象,非史、非哲、非文,集古代文化之大成、为后来文化之先导者也",批判了以西学分类法来衡量经学、人文,划分经、史、哲的做法。这一观点在当时儒家经学扫地、人们唯恐避之不及的时代背景下,对于承传接续、复兴弘扬儒家学说及其经典经说中的精华,具有重要的学术价值和时代意义①。

第四卷《古地甄微》,包括《中国古代北方气候考略》《古地甄微》《成都二江考》《再论昆仑为天下之中》等文12篇。这些文章为蒙文通因研究古史而进行的大量古地理考证,但重点不在于单纯考察地理沿革,而是落脚于探究古今地理演变之迹,开创了历史地理研究的新方向。如《中国古代北方气候考略》从地理沿革来研究气候,指出我国北方黄河流域气候优于现在的长江流域,提出文化之兴与物候变化不无关系。

第五卷《古史甄微》,包括《古史甄微》《先秦职官因革考》《中国历代农产量的扩大和赋役制度及学术思想的演变》《宋代变法论稿》等文13篇。其中《古史甄微》由学术文化入手考察中国上古民族(部族)及其文化,引入了区系文化的类型学原理。以地域分布将古民族分为"江汉民族""河洛民族""海岱民族"三系,又以传说中的炎帝、黄帝、泰帝(伏羲)之部称三系为"炎族""黄族""泰族"。三族渊源不同,习性各异,在上古时代更互为王,共建中国文化,指出"泰族者中国文明之泉源,炎、黄二族继起而增华之"。"三系"之说在当时有着多方面的意义:首先,强力反驳了晚清以来盛行的文明"西来"说,摒弃了此说隐藏的外域文化中心论和中国古文化后进论的观念。第二,打破古史架构,对华夏文化以中原为中心向周边扩展这一传统观点提出了质疑和挑战。第三,首次应用区系类型学的原理和方法研讨中国古史、古文化,强调上古部族、地域、文化三位一体的分布格局,对这一研究形式的建立有创始之功②。

第六卷《道书辑校十种》,包括《〈老子〉征文》《辑校成玄英〈道德经义疏〉》《晋唐〈老子〉古注四十家辑存》《辑校李荣〈道德经译注〉》等文

---

① 蔡方鹿:《蒙文通对六经皆史说的批评及其经史观的时代意义》,载《中国社会科学院研究生院学报》2006年第5期。
② 张富祥:《蒙文通与〈古史甄微〉》,载《光明日报》2008年3月3日。

10篇。这些辑佚是数百年来道书最重要的辑校成果。《辑校十种》之成玄英、李荣的辑校本，对近年道教"重玄学"的研究意义重大。又如，北宋注《老子》者众，而"最有精义"的王介甫之注却沉而不显，遂辑所见，使"一代宗匠"复明于世，补"学术流变"之缺①。

蒙文通研究所涉内容广博，经、史、子、集，儒、墨、释、道，经纬交织，融会贯通。又因其多以文言写作，文笔简练、常点到为止。其涵蕴待发之处，必得细心体悟、好学深思，方知其意，读者阅读时需切记。另外，蒙氏所著多有单行本行世，此次《文集》将这些零散行本集中起来，便于读者查阅，其中部分内容属于首次刊布，对推动海内外学术研究的进一步发展和交流具有深远意义。

《蒙文通文集》由巴蜀书社于1987～2001年间陆续出版。2015年，巴蜀书社又在《文集》基础上，重编《蒙文通全集》，增加了以前未收录的手稿、诗词杂著、佚文、学术年谱等近百万字，是目前最完善的蒙文通著作集。（邹艳）

10.《元代社会阶级制度》，蒙思明撰

蒙思明（1908～1974），原名尔麟，又名弘毅，盐亭人。年少时倾向于革命救国，屡受挫折后，有感于社会黑暗，时政之腐败，欲明未来之发展，遂改名为思明。为当时国史界兴起的社会史研究的潮流所吸引，遂于1929年入华西大学社会及历史系学习，后留校任教。1938年毕业于燕京大学研究院历史部，载誉史坛的《元代社会阶级制度》即为其毕业论文。1944年由华西大学赴美国留学，在哈佛大学选习德、法、日等国文字，并继续进修俄国史、美国史、日本史和中国近代史，以学术论文《总理各国事务衙门的组织和功能》而获得哈佛大学哲学博士学位。1950年回国，先后在华西大学、四川大学任教。

蒙思明除在元史、魏晋南北朝史等领域颇有建树外，尤重视史学理论的探讨。在当时史料考证盛行的环境下，针对旧日史坛盛行的"史料即史学"之风，强调史学理论和方法的重要，主张严格区分历史、史料和史学三个概念，强调历史学的科学性质。根据历史研究工作程序，他把史学研究方法分解为三个步骤：一是按照历史遗存与文字记载以重建史实，二是根据已知的真实往事以构成对于历史的理论体系，三是以最优最善的体裁形式写成史著。这种对史

---

① 参刘复生：《通观明变，百川竞发——读〈蒙文通文集〉兼论蒙文通先生的史学成就》，载《四川大学学报》2004年第6期。

学理论的自觉在当时实属难能可贵。其著作有《元代社会阶级制度》《总理各国事务衙门的组织与功能》《魏晋南北朝的社会》等。

《元代社会阶级制度》21万余字，是作者1935年至1938年在北京燕京大学研究院历史部攻读硕士学位期间的硕士论文。在当时中国社会史研究风潮中，作者有鉴于"本于政争之需要"而并非"由于真理之探索"的弊端，力图"根据一般之史学原则，不被欺于成说，不妄参以己见，依据正确之史料"对之予以纠正澄清。之所以选择元代社会史研究，用作者自己的话说，即是"预期在此不同文化复合之际，必能窥见若干社会演变之痕迹也；更限之于阶级制度问题，盖以其较为具体，必能有所获得也"。

全书分为正文与附录两大部分，其中正文又可分为五个单元。其一，"元前社会原有之阶级"。作者认为宋之阶级以经济为骨干；而金在经济之外，叠加一种族问题；元起而代之，宋金两朝之阶级大部均被破坏。其二，"元代法定之种族四级制"。作者力排众议，认为当时不仅确有"四级"之区分，且有法律与事实上的证据，"四级制"的目的即永保蒙古人之优越地位。其三，"两种阶级系统之冲突及其混合"。作者揭示了元代种族阶层与经济阶级二者并存及其相互间的矛盾，并认为经济势力对于种族阶级具有潜移默化的影响，其结果二者渐有混合之倾向。其四，"日趋混合而后元代社会阶级之实况"，这其实是经济与种族差别在社会生活领域的表现。作者将之分为三等，上层包括贵族、官僚、僧侣、地主和富商；中层拥有最多人数的各种计户；下层包括南北地区的佃户与奴隶。其五，"元代阶级制度之崩溃"。作者不同意一般认为元末的革命仅为民族革命，认为是"阶级斗争发其端"而"种族斗争终其局"。附录部分包括3篇文章，前两篇为是书1938年燕京大学版本的提要与作者的自序。最后一篇《中国古代史（元史）讲义》是作者运用马列主义研究元史的新成果，是作者自1962年以来授课的记录。

对于自己努力的成果，作者于1938年自评"其得有三"，简而言之，"蒙人对中土之百年统治，虽在制度、文物、刑法、习尚诸方面，不无若干之变革，而中国社会之结构、性质与发展，则决未被其更易与摧折，其欲以累次之外族统治解释中国社会停滞之迹者，虽不必因上列之证明而全失其依据，要不能再用元代史迹为其论证，则可断明矣"。通过马列主义有关史学理论的学习，作者对于元代社会阶级问题的认识有了进一步的发展，这在1962年作者为中华书局再版序言及此后有关元史的讲义中都有所反映。

是书"取材既较丰富，组织亦极完整，立论尤其审慎"，颇受当时史坛称赞。"尤其对于元代社会能从动的方面去看它的转变的经过，更觉可贵"①。日本学者铃木正推荐说，相信该著应该作为中国社会机构研究者的"必备必读之书"。《剑桥中国辽西夏金元史》更称是书为"蒙思明先生的里程碑式的著作，可以被视为近半个世纪来最重要的元代社会史佳作"。

是书初次出版于1938年4月《燕京大学》专号第十六期。1962年中华书局拟对之再版，在作者对个别字句订正并自撰序文，且全稿排定之际，因时势原因搁置起来。直至约18年后，方由中华书局出版。后上海世纪出版集团在中华书局1980年版的基础上增益作者1962年后的"元史讲义"，及燕京大学版的"提要"与"自序"，于2006年出版。另外，香港龙门书局则在1967年据燕大版予以重版，此为是书的海外版。（李东峰）

11．《魏晋南北朝的社会》，蒙思明撰

《魏晋南北朝的社会》近20万字，为蒙思明的遗稿，大致写于1940年至1943年间。作者手写定稿在交付出版社后丢失，至去世前一直未能对初稿进行重新修订并出版，后由其侄子蒙默依据所存初稿整理而成。全书分为正文与附录两部分，正文又分为六部分。"绪论"交代了作者解开魏晋南北朝历史的钥匙——"世族统治"。第一章为"六朝世族的形成过程"。作者将世族的产生追溯到西汉时期，接着简述了东汉时期世族势力的发展、途径、特征，最后举出著名世族形成的实例予以坐实。第二章为"世族支配下的政治"，基于世族势力的强大，通过论述其对于选举制度、对于中央和地方两级政权的影响甚至操控，概括指出了在世族支配下的政治的特征。第三章为"世族垄断下的经济"，这是世族势力发展的必然结果。世族垄断经济的手段有兼并土地、隐蔽人口、逃避赋役等，最终的结果是社会财富的高度集中。第四章为"世族影响下的风尚"，这是在政治与经济上居于支配地位的世族势力在社会生活领域中的反映。世族相互标榜门第、注重仪表、偏好虚饰，相反，对道德、学术、经世等却不讲求。第五章为"世族的崩溃与灭亡"，作者主要探讨了世族崩溃与灭亡的原因。其内因有政争激烈与自身的腐化，外因有中央政府在政治与经济上对于世族的打压与限制。最后作者指出世族命运的南北差异及结局。附录部分含两篇文章，《曹操的社会改革》和《北魏实施均田制与三长制的年代问

---

① 见西门评论，载《燕京大学学报》第23期，1938年6月。

题》，这与世族统治有一定的关联。

是书"精审详博"，颇受顾颉刚推重，甚至认为超过作者先前的成名作《元代社会阶级制度》。尤其值得一提的是，作者找到了解析魏晋南北朝这段历史的钥匙——世族统治。作者言"魏晋南北朝四百年的历史，实为一部世族兴衰史"，并进一步将考论"世族统治"上升到方法论的高度，"颇觉以世族问题为中心，则一切问题皆有迎刃而解之势"。正如整理者所言，"在六十年前，这些观点则可说是具有创见性的看法；而且像本书这样对魏晋南北朝的世族进行全面深入而集中的剖析，迄今也还可说是前所未有"。无疑是中肯之论。

是书由上海人民出版社于2007年出版。（李东峰）

12.《秦汉史》，李源澄撰

李源澄有《经学通论》，前已著录。

民国34年（1945），李源澄在灌县（今都江堰）灵岩山创办灵岩书院，为方便教学，乃利用自己多年研究所得撰著《秦汉史》。

是书共分23章，主要记述了秦汉时期的政治、官职、学术风气等内容。卷首有钱穆序和李源澄自序，书末有附录。其第一为始皇二世章：历叙秦时的行政区划、秦统一六国的过程、秦统一六国后对国家的管理等内容。第二为秦楚之际章：秦末的时局、刘邦项羽对秦的战争、秦楚之际的各地斗争等内容。第三为高祖章：汉初时局、汉承秦习、汉初高祖对官吏及封建领土的管理等内容。第四为孝惠吕后章：吕后简述、孝惠帝时期吕后对国家管理的操作、孝惠时期吕后垂法于后世之两事等内容。第五为文帝景帝章：文景之治下汉朝对内的治理、文景之治下汉朝的对外关系、文帝时期的对外政策、文帝时期的重农政策等内容。第六为武帝章：汉武帝时期汉朝的时局、武帝时期对各夷的管理及抗击匈奴侵袭、武帝时期对儒家和方术的推崇、汉武帝的经济政策等内容。第七为霍光章：霍光其人、霍光对昭帝崩后立王之建议、宣帝时期霍光在朝中的处境等内容。第八为昭帝宣帝：昭帝统治汉朝的情况、昭帝对内治理情况、昭帝时期与匈奴的关系、宣帝时期霍光对朝政的治理政策、宣帝时期与匈奴的关系等内容。第九为元成哀平章：元帝时期的朝政之风、元帝时期外戚对朝廷的威胁、元帝时期以儒生执政及儒家学说的衰微等内容。第十为王莽章：王莽其人、王莽篡权的诱因、王莽执政时的残暴统治、王莽末年的社会经济萧条及民众的反抗等内容。第十一、十二为光武章：光武其人、光武反王莽统治的战争、光武对各地盗贼的平定、光武夺天下、光武对国家的治理、光武仁政、光武执政时的不足等内容。第十三为明帝章帝章：明章两帝对东汉的治理、明帝和章帝时期执政中对儒学的运用、明帝和章帝时期的政治等内容。第十四为和殇安顺章：详述西汉到东汉时期道教不断兴起、儒学逐渐衰落的过程。第十五为冲质桓灵献章：顺帝其人、顺帝的专横统治、桓帝时期的时局及对内治理、桓灵的昏庸统治等内容，其后附录魏武帝之政治与汉代士风之关系。第十六为政治思想章：秦朝以法家思想执政、汉朝各时期以儒家思想执政及魏武帝时期以法家思想执政等内容。第十七为法吏与法律章：秦时对儒家的残害及对法家思想运用于治吏与修法中、汉时对儒家思想的推崇并运用于治吏与立法中。第十八为选举与学校章：秦朝时的选举和办学思想、汉朝各时的选举和办学思想。第十九为社会经济与国用章：秦时社会经济与国用情况、汉时的社会经济与国用情况。第二十为地方政治章：秦时推行郡县制对地方的治理、汉时对地方治理推行的郡县、刺史等制度。第二十一为社会风气章：秦汉时期诗书文学之风、秦汉时期的民风、秦汉时期朝廷官场之风等内容。第二十二为官制章：秦时中央和地方官制情况、汉时中央和地方官制情况、儒家思想对汉朝官制的影响等内容。第二十三学术思想章：周末百家争鸣对秦学术的影响、秦时对法家的尊崇、汉时对儒学的尊崇，同时在学术上有承前启后之功等内容。

  该书对秦汉历史既有纵的叙述，也有横向的专题研究，人事和制度并重。当时在北京大学任教的国学大师钱穆，讲授史学非常尊崇章学诚，他在为本书作序时，就以章学诚论史"圆而神"的最高境界来称赞李氏《秦汉史》。李源澄《秦汉史》是中国近代史上较早的一部秦汉专史，在撰著过程中，作者运用自己教学科研中对秦汉史的心得，潜心撰述，见解独到，语言生动，使本书极具阅读和收藏价值。学人普遍认为此书至今仍对研究秦汉时期社会史和思想史具有参考价值。

  是书撰成于民国34年（1945），1947年由商务印书馆出版发行。2008年11月，台湾"中央"研究院文哲所编辑出版《李源澄著作集》，《秦汉史》亦收入上册，颇便查找。另四川大学出版社2017年又出版《李源澄集新编》，更为完善。（颜信）

13.《李源澄学术论著初编》，李源澄撰

  是书撰成于民国时期，收录李源澄有关经学研究、史学研究的论文凡26篇，分别是《先秦诸子是非之准则及对历史文献之态度》《论儒学之统类》

《读〈吕氏春秋〉》《两汉思想之发展》《读〈论衡〉》《汉魏两晋之论师及其名论》《〈列子〉与张湛〈注〉》《〈春秋〉崩薨卒葬释例》《先配后祖申杜说并论庙见致女反马诸义》《春秋战国之转变》《汉官考》《汉代茂才、孝廉考》《汉代更赋考》《汉代法吏与法律》《魏武帝之政治与汉代士风之关系》《东晋南朝之学风》《两晋南北朝兵家及补兵》《元魏前期之制度及其旧俗》《南北朝之百工》《论元魏之大家庭》《元魏之统治诸夏与诸夷》《魏末北齐之清谈名理》《北朝商贾在政治上之地位》《北周职官考》《唐代贡奴考》《论宋初免除僭伪诸国无名杂税诏令》。其中多数文章在结集前已于20世纪三四十年代在国内报刊公开发表,故是书实为作者论文集。

是书收录的李氏有关史学研究方面的成果,主要集中于先秦、两汉、魏晋南北朝这一时段。其关于秦汉史的研究,可与作者所撰《秦汉史》一书互相参看。而关于三国、两晋、南北朝历史作者研究的论文,本书收录有10余篇,是现存作者在这方面的主要研究成果。另作者生前有撰《魏晋南北朝史》,1947年9月10日《东南日报》"文史"专栏第45期"文史消息"曾报道:"史学家李源澄氏……正埋头著作《魏晋南北朝史》,闻年内全书可望脱稿。"《吴宓日记续编》中也多次提及李氏此书,蒙默教授也多次言及此书稿。可惜此书一直未能出版,后竟散佚,不知所终。幸有本书所收各篇,尚可考知李氏在魏晋南北朝史研究方面的成就,这些论文也许就是作者《魏晋南北朝史》书稿的重要组成部分。

编撰是书时,李源澄正值壮年、学术上升之时,在收录相关论文的过程中,他广泛问学师友,研究古代经史之学,故使得是书成为研究中国经学、古代史的一部重要参考书,具有较高的学术价值。

是书作为"路明文史丛书"之一种,于1944年2月由成都路明书店出版。2008年11月,又收入《李源澄著作集》第二册,由台湾"中央"研究院文哲研究所经学研究室出版发行。2017年,四川大学出版社又出版《李源澄集新编》,亦有收录。(王川)

14.《李源澄著作集》,林庆彰、蒋秋华主编

林庆彰生平,见《杨慎研究资料汇编》。

蒋秋华(1956~　　),四川遂宁人。台湾大学中国文学研究所硕士、博士。现任台湾"中央"研究院中国文哲研究所研究员,台湾大学、淡江大学中国文学系兼任教授。专研经学。著有《宋人洪范学》《二程诗书义理求》《沈

括——中国科学史上的座标》等。主编有《明代经学国际研讨会论文集》（合编）、《乾嘉学者的治经方法》《啖助新春秋学派研究论集》（合编）等。

是书系"中央"研究院中国文哲研究所"民国以来经学研究计划"的研究成果。其编纂之由，《出版说明》有详细交代，"中央"研究院中国文哲研究所经学文献组在执行"民国以来经学研究计画"时，因民国时期的经学家，事迹湮没不彰，著作也欠缺整理，故研究时遭到很多困难。为突破研究的困境，乃有编辑、点校此一时段经学家著作之构想。《李源澄著作集》即为此批出版的著作集之一。

是书共分四册，收录李源澄专著四种及学术论文百余篇。为充分反映李氏治学之范畴与兼顾其原著之完整，其纲目大体别为十类：经学通论、秦汉史、诸子概论、李源澄学术论著初编（以上为专著），经学及经学史、哲学思想、政治及政治制度史、社会史、经济史、杂著（以上为发表于报刊之论文）。同时，为方便读者深入了解李氏之生平及其学术地位，凡志书、报刊所登载，及近人所撰有关李氏之传记、年谱、书评、学术研究及师友往来书札等资料，靡不加以搜采，编为附录。全书旁征博采，尽力收罗，可谓收录李氏著作最为完备的著作集。

此外，李氏之学术论著，大多散见于各种刊物。是书为方便读者考镜李氏学术研究之脉络，于各篇论文篇末，详细载明原发表之刊物名称、卷期、年月及页次，颇利读者核查。

是书收入"中央"研究院中国文哲研究所古籍整理丛刊第16辑，由中"央研究院"中国文哲研究所于2008年出版。后在此基础上，又有补充、修订，编成《李源澄集新编》，由四川大学出版社于2017年出版。（李冬梅）

15.《西夏史稿》，吴天墀撰

吴天墀（1913~2004），别名浦帆，万县（今重庆市万州区）人。1938年毕业于四川大学历史系。民国时，曾任西康省天全县县长。既而辞职，1947年辗转入四川大学历史系任教。新中国成立后，因历史问题去职，一度以拉车为生，后在徐中舒等的帮助下，于1956年重回四川大学工作，致力于西夏史研究。除《西夏史稿》外，还有论文集《吴天墀文史存稿》。

西夏是曾先后与宋辽、宋金鼎立约二百年之久的王朝，元人修史时，对于宋、辽、金三国皆有专史，唯独西夏只有"传"或"纪"，元代以降，不少学者对于西夏史相关的文献下过拾遗补缺的功夫，但对于散佚数百年西夏史的复原工作却一直不能令人满意。不仅多以文言文写成，而且史观不新，考证欠精详。这即是作者写作《西夏史稿》的学术背景。

关于《西夏史稿》，作者的写作初衷是"给高等学校学生作课外读物，给中等学校的教师做教学参考用书"。初稿写成于1955年，于1963年曾进行过修改，然15年后方出版面世。全书近32万字，分正文与附录两大部分，正文包括4章，第一章为"西夏王国的形成"，作者从西夏王国的民族主体"党项羌"起源处落笔，再写与中原政权交往中拓跋氏政权逐渐强大并建国。第二章为"与北宋、辽鼎立的前期西夏王国"，作者先介绍前期西夏王国的政治概况，接着描述西夏与北宋政权之间的关系，其中包括西夏建国初期对宋的战争，随后的宋夏议和，及再后来的夏宋战争再起，最后简介西夏对辽的关系。第三章为"与金、南宋鼎立的后期西夏王国"，结构的安排和第二章基本相同，也是先概括后期西夏王国的政治情况，再分别介绍西夏与金之间的关系，又在最后增加了西夏与蒙古政权的关系。第四章"西夏的社会形态"是对西夏王国的共时性的社会结构分析，包括西夏社会的性质、经济状况、政治军事制度、宗教和文化、风俗，并增加了西夏文字的创制、使用和流传的专论。附录包括四部分的内容，分别为"西夏拓跋氏世系表""西夏州名表""西夏大事年表""西夏史文献目录"及续补。另外两万余字的新论按页码行数被收入"再版后记"。

是书被徐中舒称赞为"一部文笔通畅、组织严密的新著，给荒芜寂寥的西夏史园地带来了春天的气息"。与吴天墀不曾谋面的邓广铭初阅该著后，便致信作者表示"特别致敬"："您的这部新著，我认为是近来出版物中少有的上乘之作，叙事之详尽，考证之精审，参考资料之广博，以至每条附注所体现的功力之深厚，均使我不胜佩服。所以，您这部著作之出版，不止是填补了西夏史研究的空白，而且在历史科学研究领域中增添了异彩。"1994年出版的《剑桥中国辽西夏金元史》称誉此书为20世纪70年代以来，"最有价值的党项史的综合论著"。

是书版本有四川人民出版社1983年版、广西师范大学出版社2006年版等。

（李东峰）

16.《吴天墀文史存稿》，吴天墀撰

《吴天墀文史存稿》为吴天墀的学术论文集，约42万字，共收录吴氏有关文史方面的论文31篇，大致可分为五个单元：其一，为宋史研究的10篇论文，约占全书内容的一半。如《烛影斧声传疑》对于太宗阴谋夺位考辨，不仅考证精详，且极具方法论的意义。《试论宋代道学家的思想特点》，分析透彻，颇能切中肯綮。其中有关巴蜀地方史的论文有6篇，包括北宋初期蜀地农民起义的讨论有3篇。另有庆历社会危机分析与王安石生活散记各1篇。其二，为西夏史及西北民族研究领域。这是吴氏的专长，共有8篇文章，可与《西夏史稿》相表里。其三，为其他史学研究。有论中国绘画的精神意趣，有考释明代的水利，有论蜀地的诗僧及其文集，有涉及近代史的，涉猎颇广。其四，为师友及蜀中学人事迹与学术的文章，其中颇值得注意者有对刘咸炘、蒙文通、徐中舒三人的学术及人生的论述。其五，为治学心得，并附录现存著作目录系年。

吴天墀是享誉海内外的史学家，从文集中我们可以看出，无论是早年作品，还是成名后的文章，均能折射出吴氏治学态度的认真、严谨与务实，这与他在《治学小议》文中提到的"脚踏实地、联系实际、实事求是"的治学要求是一贯的、一致的。

是书于1998年由四川大学出版社出版。（李东峰）

17.《川大史学·任乃强卷》，任新建主编

任乃强，见《华阳国志》条。

任新建（1939~ ），又名泽旺夺吉，任乃强之子。四川省社科院康藏研究中心研究员、常务副主任，中国民族史学会理事，四川藏学会副秘书长。著有《中国藏区黄金资源开发的历史地理研究》《川藏边历史资料汇编》，编纂《任乃强民族研究文集》《李安宅藏学文论选集》等书，有《朵甘思考略》《明正土司考》《论清代的瞻对问题》等论文。

历史学是四川大学的优势学科，也是川大历史上最早设立的10个系科之一。时值2006年四川大学建校110周年之际，为了庆祝这一盛事，总结一百多年来的办学与科研成就，推动学术的新发展，故川大决定出版《川大史学》丛书。本编丛书分为"大师卷"和"专业卷"两个序列，尽可能地收录在川大工作过的学者的论文，同时重新回顾川大历史学的发展历程。《川大史学·任乃强卷》即为其中"大师卷"之一种。

是书为任乃强学术论著的选辑，由其子任新建选编，所收论文涉及历史、民族、其他三大类，凡24篇。书前有任新建撰写的前言，简略介绍了任乃强的学术生涯、所取得的学术成就以及任乃强的治学精神。历史类论文有《康藏名称及境域之变迁》《西康江河异名考》《芦山新出汉石图考》《樊敏碑考略》《张献忠屠蜀辩》《庄蹻入滇考》《蜀枸酱入番禺考》《蜀布、邛竹杖入大夏

考》《我国黄金铸币的历史考察》《蚕丛考》《四川地名考释》《国亡后的蜀民》《说盐》《四川州县建置沿革考》等14篇。民族类论文有《泸定考察记》《文成公主下嫁考》《"藏三国"的初步介绍》《德格土司世谱》《释吐蕃》《达布人的族源问题》《羌族源流探索》等7篇。其他类有《易学源流综述》《试论〈山海经〉的成书年代与其资料来源》《周诗新诠》3篇。

由于任乃强的学术研究涉猎十分广泛，是书所收之文包括专著（节录）和论文，仅是其学术论集的一部分，没有全面收录任乃强的全部作品，但是入选作品仍然包括了作者从事大西南地区历史沿革、历史人文、历史经济地理以及相关问题研究的最佳成果，反映了任乃强学术研究的主要领域和特色。如《四川地名考释》《四川州县建置沿革考》《泸定考察记》等，考论四川地区的历史沿革。同时在《达布人的族源问题》《德格土司世系谱》等文中，通过个案考证，深入阐释了氐羌民族在西南地区的演变史。尤其是《芦山汉石图考》和《周诗新诠》，过去鲜为人知，十分珍贵，对于全面了解任乃强的学术研究颇有益处。

任乃强在历史地理方面造诣深厚，他认为必须依靠亲身的调查资料来予以补充和印证才能达到研究的深度，所以主张在历史研究中引入田野调查，使文献与田野调查互证，用实地考察与文献研究相结合的方法进行研究。任乃强还特别注重地理环境对民族、历史的作用。所以在此书中，也插入了其亲手绘制的图片，这形成了一种独特的学术风格，例如在《芦山新出汉石图考》对王晖墓的考证中插入了许多图片。是书所收之文都注明了其原载出处，便于学者查阅，具有十分重要的史料价值。

是书由四川大学出版社于2006年8月出版。（王雨巧）

18.《求是斋丛稿》二册，钟肇鹏撰

钟肇鹏生平，见《谶纬论略》。

本书是作者从事学术研究主要论文的合集，共分"目录学论丛""哲学史论丛""道教论丛""文史杂著"四部分。前三个部分大致体现了作者学术研究的转变历程：早年专治目录校雠，1957年后以中国哲学为方向，1980年后以道教为重心，从不同方面展现了作者的学术成就。"校雠目录学论丛"收录论文22篇，集中呈现了作者专治校雠目录阶段的成果。其中辩证《七略》无互著、别裁之法；批评章氏《校雠通义》以明道虚理、传艺实事分诸子、方技，是不明诸子与说经之别；指出《汉志》的学术分类，类中有类，为互著、别裁树立三准诸义。论《汉书·艺文志》，既能博采各家之说，尤能体悟刘、班之意,以思想驾驭考据来研治其书,而创获最为可观。对《汉志》的66条疑难,逐条疏释,考证精详,于前贤诸多疑误一扫尽释。"哲学史论丛"是全书分量最重的部分,共收入42篇论文,从先秦哲学到现代哲学皆多有创获,特别是汉代哲学史的研究最为可观。其论汉代哲学的黄老之学,不仅详细地说明了黄老之学的衍生过程,还厘清了黄老之学于汉武帝后一变为老学或老庄之学,至东汉则再变而指老子、道教而言的历史演变。此外,钟氏于《淮南子》、董仲舒、谶纬神学的专题研究也无不深有心得,从而亦得以会通西汉哲学。在钟先生看来,"不研究中国经学,就不能理解中国文化"(该书第340页)。故其在整个哲学史研究中尤其重视对经学的探索,因而作有多篇颇具分量的经学史论文。"道教论丛"部分收入论文20篇,其内容略可归为三端:一为道教人物、典籍、教派的研究,此中又以关于老子的研究,对早期道教人物与著述的研究为重点,皆多有独创的新论;二为对道教专题性的研究,涉及道教与医药养生、伦理思想、气功和精气神诸论题;三为关于道教史研究与编写的论著,多为建设道教学科的重要意见。"文史杂著"部分收入论文13篇。其《郭店楚简略说》,从古籍整理的角度,以郭店楚简《缁衣》与今本《缁衣》相比较,断定今本第一章当为上篇《表记》的末章,今本《缁衣》不如简本优越,而简本中的《五行》等可补《子思子》的佚文;同时,还从南北文化的交融角度,由郭店楚简证明其时南北文化的代表儒、道两家已经相互交融,说明儒道两家的互绌与互补、相反相成,从战国时就已存在了。论集反映出作者半个多世纪以来在学术道路上的不断精进和实事求是的精神。作者将文集取名《求是斋丛稿》,正是其数十年在学术探索中以求实精神不断求是的真实写照[①]。

是书由巴蜀书社于2001年出版。(舒星)

二、巴蜀文化研究

1.《筹蜀篇》,黄英撰

黄英(1867~1928),字叔权,四川荣县人。清光绪十四年(1888)举人,曾任荣县旭川书院山长。民国初,任兰山观察使。1914年回川,任江津、简阳等地县长。著有《筹蜀篇》《代数明捷草》《格物答问》《地球揽要》等。

近代以来,蜀学发展迎来了又一个高潮,尤以今文经学之盛并与维新思潮

---

① 参黄开国:《求实求是的硕果——读〈求是斋丛稿〉》,载《江西社会科学》2002年第3期。

相结合为特点。1898年戊戌变法之际，刘光第、杨锐、傅增湘等在四川会馆观善堂旧址成立"蜀学会"，同时创办"蜀学堂"，主张"讲新学，开风气，为近今自强之策"。又有宋育仁、吴之英、廖平、杨道南等创办《蜀学报》附刊《蜀学丛书》，介绍国内外政治经济形势，批评时局，宣传维新思想，提出社会改革方案。黄英《筹蜀篇》正是在这样一种时代背景下撰成。

全书分上下两卷，共26篇，分别为：水利、民智、边防、议院、矿物、农学、蒙学、女学、民教上、民教下、保教、水机、盐务；西文、东文、论策、风水、医药、西学、蚕桑、救旱、体操、新旧学、代数、中西学、中西文言。据《筹蜀篇·黄芝叙》，历史上蜀地曾有诸葛之筹笔驿，李德裕之筹边楼，"谋北伐之利钝，图南诏之夷险，情事虽不同，而讲求时事则一也"，因此，"筹蜀"是仿前人，"未敢侈谈天下事，吾蜀人请先筹蜀"，希望能通过对时事变革的讨论献策，"破陈见，悟新义，欣喜振奋，光气大开"。胡昭曦总结是书主要有两个特点：第一，在政治思想上突出的救国图存的激情和维新变法主张。呼吁救亡图存，力倡维新变法；主张学习西方，发展资本主义，是《筹蜀篇》的核心内容。第二，经世致用，务实筹划。以四川地区为重点，从政治、经济、文化教育等多方面提出了自己的改革设想，有的还提出了具体的实施方案①。何一立也指出是书的四个特点：第一，它以情感激起的文字，把民族危机展现在人们面前，揭露帝国主义对中国，尤其是对四川的侵略。爱国救亡是贯串《筹蜀篇》的鲜明特色。第二，呼吁救亡图存，力倡维新变法；主张学习西方，发展资本主义。这是《筹蜀篇》的核心内容和重要特点。第三，对封建顽固派进行猛烈抨击，为新思想传播鸣锣开道。第四，主张广开民智，设立新学，培养新式人才。这是黄英维新变法思想的落足点和又一特色②。胡、何两位的总结基本一致，均认为《筹蜀篇》内容丰富，包罗文理，涵盖中西，经世致用，切中时弊，为近代蜀学的重要著作之一。然而就笔者所见，是书目前为止仅胡昭曦、何一立有专文介绍，其相关的研究工作，还有待进一步开展。

是书刊于光绪辛丑夏（1901），扉页题有"荣县旭川书院校刊"。四川省图书馆、国家图书馆、上海图书馆、北京大学图书馆均有藏本。（李冬梅、邹艳）

---

① 胡昭曦：《近代蜀学学者黄英及其〈筹蜀篇〉》，载《盐文化研究论丛》第五辑，巴蜀书社2011年版。
② 何一立：《黄英〈筹蜀篇〉及其维新思想》，载《四川师范大学学报》1986年第5期。

2.《蜀海丛谈》3卷，周询撰

周询，字宜甫，贵州麻江人。清末，随父宦游入川，长而为官府幕僚多年，亦曾出任几任知县、知州。入民国，曾主持过成都、重庆两地的中国银行。幼敏而好学，从师又皆硕学，遂奠定了很好的学术基础。在为官为商之际，撰写多部著述，计有《蜀海丛谈》《五经玉屑》《读史闲评》《塔南读左》《成语原解》《逢庐诗存》《逢庐文存》《芙蓉话旧录》等十余种。

丛谈，或称"杂谈"，一般指性质相同或相近的文章合成的书，个人笔记杂记多取此名，如唐代冯翊《桂苑丛谈》、宋代蔡絛《铁围山丛谈》、清代徐釚《词苑丛谈》等，本书亦属此类。民国中期，周询对自己掌握的史料和秘闻经过几年的归纳总结，最终于1935年完成是书。书凡3卷，从内容上可以分为"制度"和"人物"两大类：前两卷"制度类"，是对清末官府设置、年改布防、财政赋税、土司边政、制度沿革的记述；第三卷"人物类"，记述了清末民初四川军政官员的趣事逸闻。各卷具体情况如下：

卷一"制度类上"共分18节，包括田赋、契税、肉厘、厘金、盐税、关税及烟酒糖油税、岁出岁入、满营、制营、防军、新军、驿站、取士、总督将军都统提督学政、布政按察提学三司、盐茶巡警劝业三道、五分巡道、各府直隶厅州、各厅州县。该卷不仅对清末的政治、财经、军事、文化教育、邮驿等在川的基本情况有所阐述，而且对其有清以来在川的沿革也进行了简要记述。

卷二"制度类下"共分19节，该卷结合有清之前历朝在川的有关制度沿革，着重记述了清末的情况。包括懋功五屯、边藏六台、佐贰杂职、各局所、候补人员、举劾奖罚、学官、武职、法庭、土司、仓谷、夫马局、三费局、学田、印信、川汉铁路、幕友、官文书、奏折。

卷三"人物类"共33节，分别对清末在川的30多位名人的逸事趣闻进行叙述。值得强调的是，作者对石达开在川失败、就擒及被行刑都有描述，且对其视死如归的凛然正气，给予了高度评价。

综而论之，作为近代文人笔记，是书为一部具有四川地方特色的历史掌故。全面记载了从清代末年至民国初年四川地区的政治、经济、军事、文化教育、驿站分布的基本情况和名人的逸事趣闻，内容翔实具体，文字简洁清新。

所记皆作者当年亲见亲闻，对四川地方史志有重要补充①。

是书有民国37年（1948）重庆《大公报》馆印行本。1985年，巴蜀书社根据重庆《大公报》馆印行本，参照周询手稿重加校勘，重新整理出版发行。台湾沈云龙（1910～1988）主编"近代中国史料丛刊"，亦在第一辑收录是书，由文海出版社于1966年10月出版。（王川）

3.《论巴蜀与中原的关系》，顾颉刚撰

顾颉刚（1893～1980），原名颂坤，字铭坚，江苏吴县人。现代古史辨学派的创始人。1920年北京大学哲学门本科毕业，先后在包括北京大学在内的国内多所高等学府任教，还创办或主编了包括《禹贡半月刊》等多种国内知名学术杂志。新中国成立后，主要在中国科学院（后分为中国社会科学院）历史所第一所任研究员。

古史研究和古籍辨伪是顾氏学术重心所在，他主张用历史进化的观念和大胆疑古的精神，并借鉴吸收近现代西方社会学、考古学等方法来研究古史。其主要贡献是提出了"层累的构成的古史观"。他认为时间愈后，传说的古史期也就愈长；易言之，越古的历史就越有可疑。由他领衔的"疑古思潮"是20世纪影响最大的史学思想。顾氏一生著述甚富，除所编《古史辨》之外，重要的学术著作尚有《汉代学术史略》《秦汉的方士与儒生》《尚书通检》《中国疆域沿革史》《史林杂识》等。

《论巴蜀与中原的关系》，书凡5万余字，是抗战爆发后顾氏居蜀期间所写的3篇文章的结集。第一篇《古代巴蜀与中原关系说及其批判》篇幅较长，约占全书近五分之四。文章题目即带有"疑古"的味道。此文历数了从传说中开辟时代至春秋获麟之间，史前的八九位传说人物及后来的夏商周三代与巴蜀相关信息。作者一一予以分析批判，并揭示诸传说形成背后的原委。顾氏认为，从人皇至黄帝间关于巴蜀的事迹系晋以后人的编造。此后至春秋前则多为战国秦汉间真正的传说，而巴蜀与中原交往的信史大概只有春秋末至战国的零星记载了。同时顾氏还提醒，甲骨文、《逸周书》中出现的"蜀"大致在商王畿内，《春秋》中则在山东泰安一带，并非皆指四川。《牧誓》中则指汉水流域，并非在岷江流域的蜀人。在此基础上，顾氏的结论是"古蜀国的文化究竟是独立

---

① 关于本书的研究，可参考张效民：《论周询〈蜀海丛谈〉的特点及其资政价值》，载《蜀学》2010年第5辑。

发展的，它的融合中原文化是战国以来的事"。

第二篇为《〈蜀王本纪〉与〈华阳国志〉所记蜀事》。对于扬雄《蜀王本纪》、常璩《华阳国志》所记蜀事的真实性进行了研究，通过审察，他对作为古典学家所记口传的不经之语、常璩作为地方掌故专家却书法雅驯，颇感惊奇。于是，比较了两书共22处记载蜀事的异同，并一一推究其产生的缘由。

第三篇为《秦汉时代的四川》。这大概是《古代巴蜀与中原关系说及其批判》一文的续篇，作者补充了战国至汉初巴蜀与中原间的交往，并从农、工、商三方面说明了巴蜀富庶状况。

联系到作者身在抗战的大后方四川，史料采摘非常丰富。尤其是在第一篇长文中表现尤为突出。是书可以看作是作者"层累的构成古史说"理论在巴蜀上古史研究中的运用，一时颇受关注。它延续了作者一贯所倡的"疑古"风格，对于巴蜀上古史基本持否定态度。作者声言"没有彻底的破坏，何来合理的建设"，故对黄帝之前的巴蜀事迹斥之为"编造"，对于凡史书所言"蜀"即指四川，予以驳正。

不过，其中也存在顾氏批评者所言的"疑古太甚"的倾向。如对《牧誓》所载蜀人助武王伐纣一事的怀疑，顾氏先指出，《牧誓》比《费誓》时间在前，却文从字顺。且《诗经》中上天护佑的信息不反映在《牧誓》中，即认为《牧誓》一篇不可靠。这个结论似乎过于牵强。其一，战前动员的语言风格，或受听众，统帅及其性格、素养，当时军情形势等因素制约。这与时代先后并无必然的联系。其二，《牧誓》是战前动员辞，《诗经》是战后颂扬，怎么能以后者规约前者？且《诗经》中"上帝临汝"并不一定是战前动员辞的内容。其三，《华阳国志》引刘邦称赞賨人善歌舞，言"此武王伐纣之歌也"。可资佐证。

是书有四川人民出版社1981年版。（李东峰）

4. 《巴蜀古史论述》，蒙文通撰

蒙文通生平，见《经学导言》。

《巴蜀古史论述》是蒙氏有关巴蜀历史的4篇文章的结集。第一篇《巴蜀史的问题》篇幅较长，约占全书篇幅的一半，大概相当于一部具体而微的巴蜀史。文章分为10个标题，其一，巴蜀的区域，旨在区分先秦、秦、汉初和汉武帝后，这四个历史时段内巴与蜀的地理与文化影响范围。其二，巴黔中，这是对上文巴蜀区域的补充说明，巴黔中，即汉时涪陵，以与楚黔中（武陵）相区别。其三，巴蜀分界，这是对巴蜀区域问题的深化，意在考察不同历史时期巴与蜀地理范围。其四，巴蜀境内的小诸侯，这里涉及的是巴蜀民族问题。经由作者统计，有35个之多。其五，蜀的古代，约相当于写蜀本纪的准备，考究历代诸王。其六，蜀的事迹，多为蜀与周边乃至中原政权的关系史。其七，蜀的经济，这是对蜀经济不同生产部门的历时考察。其八，经济中心的转移，是承上文对蜀经济空间分布的历时考察，这对蜀经济状况的认识引向深入。其九，蜀文化，作者铺陈了蜀文化发展的背景。早在文翁化蜀之前，中原移民及文字输入起到重要作用。其十，蜀文化的特点，即辞赋和黄老、天文、灾异之学，和楚文化关系密切。较之上节，这对文化理解进一步深化。

第二篇《庄蹻王滇辩》，蒙氏推翻了从《史记》到《华阳国志》中的相关记载。认为，"庄蹻"乃"庄豪"音转，"庄"非为姓，乃谥号。说史书中楚将庄蹻王滇的故事，是牂柯国的头领庄豪建国的误传。

第三篇《略论〈山海经〉的写作时代及其产生地域》，蒙氏通过比较《山海经》与《世本》所载相关文化英雄事迹异同，以及对《山海经》中方位的考察，认为《山海经》出自南方，或荆楚、巴蜀文化一系。并通过《山海经》与后世地理变迁的比较，认为《山海经》成书最晚在公元前四世纪以前。

最后一篇《成都二江考》，纠正了清以来将成都的卑、流二江分别误为沱水、前水的错误。

是书资料详赡，论证严谨，极具原创性。尤其是第一篇《巴蜀史问题》，为巴蜀史的写作既奠定了规模，又廓清了道路。其他诸篇，考辨精详，颇多独到之论。

是书于1981年由四川人民出版社出版，后又收入《蒙文通文集》第二卷《古族甄微》，由巴蜀书社于1993年出版。今亦有《蒙文通全集》本，巴蜀书社2015年版。（李东峰）

5.《周秦少数民族研究》，蒙文通撰

《周秦少数民族研究》系蒙文通根据我国古典文献，研究从西周末年至战国末年居住在陕甘地区的赤狄、白狄民族从山西北部沿河北、山西之间太行山一带南下向河南北部移动，再东向入山东境内；西戎沿渭水出潼关进入伊洛地区，越过嵩山，一支东向入淮，一支沿豫鄂西部南下入湘；以及引起其他少数民族频繁活动的史学名著。

全书依其所述民族之迁移，共分为七个部分，依次是"周民族之南移""西戎东侵""南方民族之移动""赤狄东侵""白狄东侵""东北貊族之移动""秦西诸戎之移徙"。诸文从空间上追溯民族迁徙流动之迹，从时间上洞悉前后同一族称掩蔽之下的不同族群，进而观其民族融合之势，提出了许多精辟的见解。

蒙文通尝言，民族史应以民族活动为中心，民族常常是移动迁徙的，不能局限在某一个地区。故其自1927年任教成都大学（四川大学前身）起，就开始主张从民族迁移的角度来探寻周秦时代西戎、赤狄、白狄诸民族先后迁徙之迹。20世纪30年代任教天津，在顾颉刚的催促下，陆续写成《犬戎东侵考》《秦为戎族考》《赤狄、白狄东侵考》《古代民族迁徙考》诸文，先后刊于《禹贡》杂志，遂引起国内外学界对周秦民族的关注和争论。后诸篇合为《周秦少数民族研究》，约十余万言，由上海龙门联合书局于1958年出版。不过在龙门联合书局出版的时候，蒙文通并未对新史料做过多的增补，在"夏""夷"等提法上，也未能用新的史学观点予以处理或提出讨论。关于这一问题，其子蒙默解释说，此书基本定稿是在1935年至1937年间，其时正值日本军国主义者侵略我国方殷之际，其父"痛国是之日非，悯沦亡之惨酷，遂乃发其愤激之情于戎狄，呵斥訾诋，几于满纸"，且改易旧日"民族移住"的篇名为"侵略"，严夷夏之防是《春秋》大义之一，结合当时局势，是一种拳拳爱国之心的表现，是完全可以理解的。及至新中国成立以后，接受了"中国自古以来就是一个统一的多民族国家"的观点，感到旧稿的一些提法"多有过当者"，从而萌生修改之意，但以其颇为"繁杂"，且年老神衰，未能如愿。故1958年据川大讲义交龙门联合书局出版《周秦少数民族研究》时，不得已而"姑仍其旧，幸读者鉴谅"，深表愧歉之意。

不过，此书所述民族迁徙之迹、民族关系之状、民族融合之势，及对其他问题之分析考论，犹多有为世之学者所少道及者。故在周秦少数民族研究问题上，此书可为史学界的进一步探研提供必要的参考，同时也是古史研究工作者及高等学校学生、中学教师等从事古史学习和研究不可缺少的参考书。蒙默也以为，周秦民族史实为华夏族发展壮大的一个重要时期，而为秦代统一的多民族国家的建立奠定了基础；于古义言之，这也是符合于"夷狄而中国则中国之"的另一《春秋》大义的。这才是周秦民族史的本质与生命，如此读去，此书当可另见出一番理趣。

是书初由上海龙门联合书局于1958年出版。后收入《蒙文通文集》之二《古族甄微》，由巴蜀书社1993年出版。今亦有《蒙文通全集》本，巴蜀书社

2015年版。(李冬梅)

6.《吴宓日记》10册,《吴宓日记续编》10册,吴宓著,吴学昭整理

吴宓(1894~1978),字雨僧、玉衡,笔名余生,陕西泾阳人。早年就读于三原宏道书院,受关学熏陶。1911年考入北京清华学校(今清华大学前身)留美预备班。1917年赴美国留学,先在弗吉尼亚州立大学获英语文学学士学位,次年转入哈佛大学研究生院,师从白璧德,研习比较文学、英国文学和哲学。与陈寅恪、汤用彤并称为"哈佛三杰"。1921年回国,任东南大学教授。1922年与梅光迪、柳诒徵一起主编《学衡》杂志,以"昌明国粹,融化新知"为宗旨,11年间共出版79期,于新旧文化取径独异,别成一派。1924年任东北大学教授,1925年任清华大学研究院主任,聘请梁启超、王国维、陈寅恪、赵元任等四大导师,培养了一大批优秀人才,成为20世纪中国学术的中坚力量,蔚为一时奇观。1930年,赴欧洲游历英国、法国、意大利、瑞士、德国等国。次年归国,任清华大学外文系教授兼系主任。1941年被教育部聘为首批部聘教授,1943~1944年代理西南联大外文系主任,1944年秋到成都燕京大学任教,1945年9月改任四川大学外文系教授,1946年到武汉大学任外文系主任,1949年4月到重庆任相辉学院教授,兼任梁漱溟主持的北碚勉仁学院文学教授,入蜀定居。1950年4月两院相继撤销,任四川教育学院教授,9月又随校并入西南师范学院历史系(后到中文系)。"文化大革命"中被迫害,双目失明,左腿骨折;1977年因病回陕西老家,次年病逝。著有《吴宓诗集》《文学与人生》《吴宓日记》等。

吴宓平生喜作日记,从1906年开始直写到"文化大革命"后期,几无虚日。本书收录者系其1910年至1948年所写的日记,是其数十年学术生涯、个人际遇,以及在学界活动与社会交往的实录,也是20世纪中国学术史、教育史和社会史的珍贵史料。令人扼腕的是1910年以前的部分业已丢失。作为中国现代文化史上的著名人物,吴宓的生平、所作所为、所思所感,都折射出一个时代的风貌特征。1949年以前,他所主编的《学衡》杂志被视为复古主义与反对新文化运动的代表,其间的构思、主旨、撰稿与编辑,以及他与人的过从、论战,甚至恩怨,点点滴滴,都无不反映,甚至影响到中国近代学术史和文化史。1949年后,吴宓作为一个曾经游学欧美、又深受旧文化影响的知识闻人,在新中国成立初期的历次政治运动和思想改造过程中,也不可避免地遭遇了种种思想的煎熬和肉体的折磨。《吴宓日记》——一个有思想的生命体对社会变

革、政治改造的敏锐观察和亲身感受，从而使我们得以逐渐清晰地窥探到一段真实、全面而生动的历史。作者以饱含深情甚至蕴藏血泪的笔墨记录下了那些看似琐碎的日常事务，为我们提供了一套真实可信的原始资料，将那段蒙尘的历史揭开冰山一角，使以作者的视角切入、从而深入认识那段历史成为可能。1998年由三联书店出版的《吴宓日记》（亦即前10册）向读者呈现的是在中国社会从半殖民地半封建社会走向自主独立过程中，中国知识分子的种种彷徨、思考、热情与探索的话，而2006年出版的后10册（即《吴宓日记》续编）则陈述的是一个不甘堕落的灵魂在当时的社会改造和"文化大革命"中，所遭遇的"改造"、挣扎、忧惧、无助与失望。《吴宓日记》（续编）的时间跨度为1949年至1974年（其中1949年和1950年日记在"文化大革命"中被一位代为保存的朋友焚毁），是他于新中国成立前两周西飞四川之后在重庆度过的20余年执教和接受改造生涯的生活长卷。正如20世纪后半叶中国政治风云的波诡云谲一样，他的人生际遇也跌宕起伏、前途莫测。从这些记录中可知，吴宓这一代知识分子既得到过当局的礼遇，也备受了历次运动的摧残；既得到过真情好友、知恩学生的爱戴，也遇到过负义小人、落石小丑的虐待，其中的人情冷暖、世态炎凉，无一不在日记中得到了忠实的记录。他对这些故事的记载一直持续到自己被折磨得双目失明、左腿折断、生活无助、生命垂危，却"宁肯杀头，也不批孔"，最终被打成"反革命"而含恨去世才告结束。

如1954年至1956年的日记，记录了中国大陆的快速发展，生活工作、思想风气的不断变化，还记载了作者所经历的全盘学习苏联、批判胡适资产阶级思想、肃清反革命、文字改革等运动。1959年至1960年日记，记录了思想改造、批判资产阶级个人主义、反右倾、教学改革、大跃进，一个接一个的政治运动应接不暇。1961年至1962年日记，记录中国进入三年"自然灾害"时期，社会、政治、经济和国内外形势等各方面因素对人们生活和工作的影响。1965年至1966年日记，"文化大革命"浪潮开始涌动，各种类型的学习、批判、揭发、声讨、认罪、检讨等名目的会议使作者心力交瘁、忧心如焚。1967年至1968年日记，"文化大革命"最残酷的年代里，大批判、武斗相继轰轰烈烈登场，记录作者再度成为批斗对象，被打入劳改队，迭遭批判斗争及欺辱殴打。1969年至1971年日记，记录作者遭受一生中最残酷的日子，除了作为"反动学术权威"关入牛棚、强迫劳动外，还以76岁垂暮之年被打成"现行反革命分子"，惨遭批斗、凌辱及殴打，被弄断左腿，终生残废，等等。

所有这些，作者都在极其艰难的环境下，以其诗人的敏感、文学的语言、简朴的笔触、哲学的思考，记载了这一桩桩、一件件往事，历历在目、深刻沉痛。每一篇日记都是极佳的散文，或白描淡雅，或点评透辟，简洁明了，并伴有种种言之不尽、诉之不完的意味，犹丝竹之声，余音绕梁，三日不绝。而在对这些痛苦的记录和思索中，又不乏智者的睿敏和达者的宽容。钱锺书在其《与吴学昭书》中说："其道人之善，省己之严，不才读中西文家日记不少，大率露才扬己，争名不让，虽于友好，亦嘲毁无顾藉；未见有纯笃敦厚如此者。于日记文学足以自开生面，不特一代文献之资而已。"即使今天读到这些文字，我们仍然能够感受到那个时代的大气候和大环境，和一代知识分子于如斯处境中的无奈与悲凉。当然从作者那雍容大度和深刻敏锐之中，亦不难感受到一种超然的品格和深邃的哲思。如1951年12月13日日记："讲'近世欧洲文学'之渊源，遂述所感，谓以古推今，则今中国解放后，中国旧有儒佛之文化全亡，而人民文学始兴。由野质粗俗而渐进于文明雅正深细，历数百年后，已进至一定程度，乃始悟古来中国文化之有价值，乃幡然寻求二十世纪中国所遗留之断简残编、零嫌碎纸，而费力研读，而惊叹称赏，惜其传统已绝，典型久杳，一往不复，徒生耽慕。如'文艺复兴'时代欧洲文士之寻求希腊、罗马古代文化者然。若今日者，正如西历四、五、六世纪，日耳曼蛮族正在纵横践踏、焚杀破坏之时，欲其勿太残酷，为古来文化留一线之生机，对当前典籍，酌予保护研究，岂可得哉！彼必怒而弗听，言者且遭祸矣！"抚今追昔，其验如响，犹若谶语。似此之类的思考充盈其间，可谓先知。

《吴宓日记》10册，收录吴宓1910年至1948年的日记（其中缺1913年、1916年、1932年、1934年、1935），1998年由生活·读书·新知三联书店出版；《吴宓日记》（续编）亦10册（缺1949年、1950年，1974年残），收录吴宓1949年至1974年的日记，由同一出版社于2006年出版。（舒星）

7.《中国科学技术史论文集》上下册，吕子方撰

吕子方（1895～1964），四川巴县兴隆乡（今重庆沙坪坝）人。童年就学于乡私塾，颖悟出众，长于计算。后被其父送往江津伯父家，师从不第秀才王新三。当时四川地区新政方兴，新思想、新风俗流行，而王新三对实事能言之中肯、切中时弊，吕子方受其影响而树立起"破旧正所以立新"的观念。1911年入重庆府中学（今重庆七中）就读，1913年考入上海大同学院，成为数学名家吴载渊的高足。1914年东渡日本，进入东京高等工业学校攻读数学、物理、

天文诸科。1916年回国，继续在大同学院深造。1918年考入英国里茨大学，仍旧以数学、物理、天文为业，有志于中西科技之合参。1923年归国后，从事教育工作，曾在厦门大学、广东大学、河南中州大学、成都大学、重庆大学、湖南大学、暨南大学、四川大学担任物理、数学教授，并参与筹建重庆大学，任该校董事会委员、教务长、训导长、理科主任等职。

在四川大学担任物理系主任期间，吕子方曾作《〈三统历〉历意及其数源》一文，当时颇有争议，于是在此基础上发奋致力于我国科技史及南方古代传述记载的研究探索，对我国天文历法的研究渐成系统。晚年在蜀专注于中国古代科技史的研究，有论文《战国时代制造玻璃的考证》《古代声学中的音频》《五天廷》《天数在蜀》《古代地震原因的解说》《道家的朴素唯物主义观点与浑天说》等数篇。

是书为吕子方有关中国古代科学技术史研究的论文集选编，由中国科学院成都分院自然辩证法研究室、吕子方遗著整理研究组整理，共收录吕子方论文20篇，计50余万字，分上下两册出版。上册10篇主要是有关中国古代历法史、天文史的论文，同时也包括天文思想史、天文历算家传记以及天文学文献考证等方面，如《〈三统历〉历意及其数源》《西汉至刘宋历法推算五星数源》《〈淮南子〉在天文学上的贡献》《道家朴素唯物主义观点与浑天说》等。下册所选10篇为《山海经》研究及其他学科史，诸如中国古代数学史、物理学史、化学史、地学史及气象史等研究的论文，包括《读〈山海经〉杂记三十九篇》《汉代海上占星术》《古代标志空间方位的符号——八卦》《从南北区域来看古代"亿"字进位之不同》《古代声学中的音频》《古代对风云雷雨的看法》等。

本论文集资料丰富，作者不仅从古代科学专著中寻找材料，而且对散见于经、史、子、集以及稗官野史、私人杂记中的相关资料也广为采集，甚至在佚文、夹注、诗词歌赋中的零星史料的价值也被他注意并加以运用，如《古代对风云雷雨的看法》，就多次引用屈原的辞赋。此外，作者在研究中还注重现代数学和自然科学方法的运用，古今中外结合起来分析研究古代科学技术，如在《古代声学中的音频》中，就运用近代物理学中的声学原理来研究古代音乐中的音频；在《古代标志空间方位的符号——八卦》中，则采用解析几何的方法，以笛卡尔"坐标法"对其进行分析。而《读〈山海经〉杂记》数篇对巴楚长江流域的文化系统进行考证，许多见解已为近年出土文物所证实。本论文集是吕子方毕生研究成果的代表，是中国科技史研究领域的重要著作。

是书由四川人民出版社于1983年3月、1984年4月分别出版。（钟雅琼）

8. 《巴蜀史迹探索》，邓少琴撰

邓少琴（1897~1990），原名作楷，字绍勤，中年后以字之谐音改作少琴，江津（今属重庆市）人。1910年毕业于江津聚奎书院，后因家贫赴上海任书局校对，自学不辍。1942年任四川大学版本整理委员会主任及历史系教授。新中国成立后，返渝参与今重庆博物馆的筹建与领导工作。治学重实践和实际考察，尤精于考古与文博。研究涉及以川渝为核心的西南地区地理、历史、民族及其文化等多个领域。著有《巴蜀史稿》《近代川江航运简史》等。

作为一部巴蜀上古史研究的力作，《巴蜀史迹探索》共10万余字，由四部分组成，分别是"巴史新探""巴史再探""巴史三探"和"蜀故新诠"，反映了作者对巴蜀史认识的拓展与深化，被学者誉为"治巴蜀史与巴蜀考古者案头必备的重要文献之一"。

"巴史新探"是一具体而微的巴人上古史。其以"船棺墓"的发掘为巴史研究提供的新史料为切入点，结合文献，先介绍巴族的称谓及杂居的其他部族，接着追述巴族的历史，然后简介巴族的生产、生活情况，及语言与文字等文化建设情况，最后介绍巴族与中原地区，即华夏族的关系。

"巴史再探"，主要是对巴族分布及历史变迁的研究。同样还是以考古发掘破题，先介绍早期巴族的分别情况，接着对巴族历史变迁做粗线条的勾勒。

"巴史三探"是对"再探"的补充，主要探讨巴族的起源问题。作者上溯到传说时代，认为巴国出于"太皞"，巴人出于氐羌。

全书最后一部分为"蜀故新诠"，基本是一部蜀人蜀国史。同样是立足于考古新发现之上，结合历史文献，分别介绍石器时代、传说时代至李冰治水期间，蜀人、蜀国的基本情况。

是书所谓"新探"与"新诠"，即在历史文献的基础之上，加上新的考古发现，对"巴"或"蜀"有不同以往的新认识。作者对于考古发现颇为重视，对于文献又能旁征博引，多有创获。当代知名巴蜀史研究专家林向评论说："邓老的巴史研究代表着一个里程碑，在当时代表学术研究的前沿，时到如今其中的真知灼见与严肃的科学论证依然启迪着我们这些后学者少走弯路。"

是书于1983年由四川人民出版社出版。（李东峰）

9. 《邓少琴西南民族史论集》上下册，邓少琴撰

邓少琴是我国知名的考古、文博、历史和民族学学者，发表有大量的研究

论文和考察报告，是书即为邓氏重要研究成果的汇编。由"邓少琴西南民族史论集"编委会（由王家佑、李复华、李绍明等发起并组成），从邓少琴的大量存稿中精选出论著57种，校订而成。全书分为四个专题："巴蜀古代史""考古与文物""民族史志"和"近现代史"，比较全面地收集和整理了邓少琴一生所撰的有关巴蜀历史与文物、西南民族历史与地理，以及巴蜀近现代社会等方面的代表性论著。这些论文从不同的角度对西南少数民族的历史和现状做了深入细致地考察、探讨，它既反映了邓少琴严谨朴质、锲而不舍的研治西南古史的历程，也可反映当代中华学人研究西南地方史、民族史研究的重要成就。

是书内容以民族史地的调查和研究为主，故以《西南民族史论集》名书。书中收录邓少琴有关西南民族史志的研究论著15种，其中关于古代濮越人的论述4篇，关于古么些人（纳西族为其后裔）的论述2篇，关于古党项羌人的论述3篇，关于古藏区与西康建省的论述2篇，关于白马藏人及其习俗的论述3篇，关于苗族民族志的论述1篇。涉及地区主要在西南的四川、云南、贵州、西藏、广西，部分涉及西北的甘肃、青海以及广东乃至国外一些地方，范围相当广阔；至于时间，亦上至史前下迄现代，涵盖面宽。3篇关于党项与木雅的论文（即《西夏前身乃陇右党项羌族》《党项故地考》和《西康木雅乡西吴王考》），是邓少琴关于古党项羌人及其后裔现状的重要论述。在这三篇论文中，邓氏不仅考证了党项羌人的故地（今川甘青毗邻地区）的历史地理沿革，而且考证了党项羌故地现今居民与党项羌人的关系。邓少琴对此有如下精辟之见："四川川东地区在巴人未迁入以前，其古老居民当为濮人。"对于康区木雅藏族的研究，邓少琴根据自己赴西康地区进行的实地调查，当地部分居民的语言特征，以及从当地居民口中听到的关于"西吴甲尔布"（即西吴王，"甲尔布"乃藏语"王"之意）的传说（说是西吴王曾为北方汉地之王，所居之地曰"木雅"，后来南迁此地建立新邦，遂亦称此地为木雅），并结合当地遗迹和历史文献相印证，认为西吴就是西夏的对音，西吴王（即西夏王）是西夏皇族亡国之后南来此地建立的一个边裔小政权，并将它与辽亡后耶律大石所缔造的西辽相提并论。自此以后，人们始知木雅人就是党项人的后裔。今木雅居民与古党项羌人所建之西夏有关的问题，也是邓少琴于1945年首次提出来的一个学术观点。此见解的提出，在当时乃至以后在学术界都有很大的影响。经过50余年众多学者的研究，均承认和充分肯定了邓氏的这一创见。

书中收录的邓少琴关于川康地理、巴蜀史研究的成果也引人注目。如他的论著"巴史三探"和《蜀故新诠》等力作,曾结集为《巴蜀史迹探索》,由四川人民出版社在1983年出版。是书还从遗稿中选收了《古代巴蜀与中原黄河流域彩陶南流有关的问题》《巴与濮、蜀》《巴蜀之先旧称人皇为氏族部落之君》《涪陵新出土的巴蜀铜器和错金编钟》《灵山与楚音》《伏羲与女娲》《〈山海经〉昆仑之丘应即青藏高原巴颜喀拉山》《梁李膺〈益州记〉辑存》等篇章,均为邓氏的重要研究成果,从前未曾公开发表,此次经整理者整理得以首次出版,其重要学术价值不言而喻。此外,本书还收录了著者在巴蜀考古与文物研究、金石,乃至近现代史研究方面的论文。这些论著,开拓了学人的思路,许多见解日渐为学术界认同,对于巴蜀民族史、文化史研究的深化,影响深远①。

邓少琴在多个治学领域都有卓越成绩,但是由于这些论著分散发表,历时滋久,一般学人很难完整地看到。是书对邓氏重要论著的收集和整理,选目精到,设计合理,便于查阅,无疑是一件嘉惠士林的盛举。

是书由巴蜀书社于2001年出版。(王川)

10.《论巴蜀文化》,徐中舒撰

徐中舒有《汉语大字典》,前已著录。

《论巴蜀文化》凡13余万字,为徐中舒避乱居蜀以来,致力于地方文化研究成果的结集。全书共收文7篇,其中后两篇为徐中舒与唐嘉弘合撰《夜郎史迹初探》《古代楚蜀的关系》。《巴蜀文化初论》发表于1959年,分别考察了早期蜀国与巴国的历史,以及与中原政权和周边国家之间的关系,还从考古文化遗存的角度对巴国历史做了进一步的补充。《巴蜀文化续论》则将关注的触角延伸到了巴蜀地区的族裔及部族的社会组织,于是早期巴蜀地区的政治文化研究雏形初具。接下的两篇文章是从史料学的角度,为研究巴蜀早期历史廓清道路。《蜀王本纪》成书年代被推后至三国,《交州外域记》部分史料得以辑佚与笺注,既为后学利用史料敲了警钟,也为深入研究奠定了基础。《试论岷山庄王和滇王庄𫏋的关系》揭示了楚国贵族移民西南地区开采黄金的详情。《夜郎史迹初探》则是对上文的补充,并澄清了史书上滇王与楚关系的认识。这两篇文章将楚国对巴蜀乃至西南地区影响具体化而得以落实。最后一篇《古代楚

---

① 详参李绍明:《邓少琴先生对西南民族史志研究的重大贡献》、林向:《邓少琴教授巴蜀古史研究的硕果永存》,载《中华文化论坛》2002年第3期。

蜀的关系》从更宏观的角度梳理古代的楚蜀关系。在秦之先，强大的楚国对早期巴蜀地区的影响无疑是最大的。

是书初步架构了巴蜀史研究的框架，即与周边地区，乃至中央政权的关系史和民族族裔问题两大部分。征引史料丰富而详赡，结论极具开创性，在早期巴蜀文化研究领域，尤其是多学科综合的研究策略上，为后学树立了典范。另外，是书运用文字学研究诸民族的分布情况给人印象尤为深刻。

是书于1982年由四川人民出版社出版。（李东峰）

11. 《四川植物志》，方文培主编

方文培（1899~1983），四川忠县（今属重庆）人。幼年家境贫苦，8岁入私塾，17岁入忠县中学，22岁考入南京东南大学生物系，师从秉志、钱崇澍、胡先骕、陈焕镛等学者。其时见《中国植物志》多为外国人所撰，于是立志编写中国人自己的植物志。东南大学毕业后曾在河南中州大学短期任教，1927年考入南京中国科学社生物研究所攻读研究生，1934年前往英国爱丁堡大学及爱丁堡皇家植物园学习槭树科与杜鹃花科分类，获得博士学位。1937年回国，应聘四川大学理学院生物系任教。1948年前往美国考察讲学，新中国成立后谢绝美方的挽留，回国参加建设，继续在四川大学生物系主持工作，参与新中国成立后四川和西康两省的植物调查工作，并为四川植物保护工作做出了重要贡献，同时也为中国植物学培养了众多人才。方文培被李约瑟誉为"中国最杰出的植物学家"，1950年英国皇家园艺学会曾授予他银质奖章，1990年世界名人传记中心（剑桥）授予金质奖章并为他立传，1991年美洲名人传记研究所颁发"突出贡献金质奖"，以表彰其学术成就。

四川地域辽阔，地形地貌复杂，气候多样，植物资源十分丰富。据初步统计，四川高等植物有1万种左右，仅次于云南而居全国第二位。为了查清四川植物种类及植物资源情况，经四川省科委批准，1977年由中国科学院成都生物研究所主持，邀请有关大专院校，科研、生产单位的植物科学工作者组成《四川植物志》编辑委员会，协作编写《四川植物志》，由方文培担任主编。

是书按苔藓植物、蕨类植物、裸子植物和被子植物四大类进行收录。苔藓植物以布罗氏（V.F.Brothers，1924~1925）的系统为基础，参考近年国内外有关系统安排。蕨类植物基本采用秦仁昌（1978）的系统。裸子植物采用郑万钧的系统。被子植物采用恩格勒（Engler）植物科志第12版（1964）的系统，分科编号，但各科并非按顺序出版。各类植物包含科、属、种、亚种、变种或变形的形态特征描写、检索表、分布、用途和问题讨论等。60%以上的种均附有图版，以便识别鉴定。各类群的中文正名基本上采用《中国植物志》的名称，但各个种也尽量附以四川地方名称。为便于查证，各个种、亚种、变种和变形的学名之后，引证了原始文献及少数重要的参考文献，并列举了必要的异名。凡采自四川的模式标本都做了说明。在研究和编写过程中发现的一些新类群、新组合、新等级也随有关各卷发表。

《四川植物志》的研究与编写，获得了多项重大科学研究成果奖和重要的科学发现，并命名了200多个新种、5个新属：筇竹属、巴山木竹属、日月竹属、仲彬草属、芒苞草属。其中，只分布在四川西部和西藏东南部狭小地区的芒苞草，是植物分类学中的重要发现，以它为基础建立的单种新科——芒苞草科，对研究单子叶植物系统演化和横断山与青藏高原有着重要意义。故以中科院院士洪德元为首的专家组认为，该成果对四川植物资源的合理开发利用、生物多样性的保护、生态环境的建设以及学术研究都有非常重要的价值。

是书于1978年开始编纂，1981年始由四川人民出版社陆续出版，目前已出版17卷。（钟雅琼）

12.《蜀风集》，文守仁撰

文守仁（1908~1987），字毅远，四川新津人。早年在成都青年英文学校及国立成都大学就读；1935年毕业于国立中央大学政治系。历仕于浙江审计处、财政部川康特区粮食专卖局、民国立法院财政委员会、预算委员会。1967年退休，兼任台湾省政府参议；参与创办《立法院公报》《四川文献》刊物，总编《立法院大事记》。文氏"擅长政事文章，公余以写作为乐。去台湾之前曾印发《财政学原理》一书。其为文，如柳子厚之卓厉风发，议论证据古今。虽酬赠流氓之作，多存至理。其为诗，上溯唐宋，而于杜少陵最为心锲"[1]。1960年，周开庆等成立同乡会，创办《四川文献》月刊，发表旅台四川、西康、重庆同乡回忆和研究巴蜀文献和文化的文章。文氏"以乡贤能诗者甚众，时移世易，恐湮没而无闻，因月选一人之作而系之以小传"，大多先在《四川文献》发表。后来年积月累，"累计达数十百人，编为《蜀风集》"[2]。文守仁逝世后，其继室邱玉娇将原稿汇为《文守仁集》一册，托人从台湾带回四川

---

[1]《文守仁事略》，《蜀风集》卷首。
[2]《文守仁事略》，《蜀风集》卷首。

老家，交与守仁之子丕衡保管。丕衡见"本集所载，多与四川历史文化及四川风俗有关。其中《蜀风集》所撰近代四川诗人小传，均为公（守仁）生前亲见、亲闻而事足信者。当年在台湾发表时，即引起国内学者注意，对其撰述多有引证"，以为将"本集之印行，或有助于国内学人对四川历史文化之研究及省市县修志之择采"[①]，遂略加整理，自费刊行。

本书总计约30万字，共分七个部分，一为"蜀风集"，收录林思进、刘咸荥、顾印愚、戴传贤、傅增清、傅增湘（另：傅增湘先生之集校群书）、尹昌衡、李思纯、庞俊、王光祈（又有：王光祈之生平及其著作、王光祈事略补述）、刘存厚、李稷勋、曾琦、任鸿隽、宋育仁、赵熙、吴芳吉、向楚、曾懿、曾彦、蒲殿俊、骆成骧、吴之英、曾学传等50余人小传，皆清末民国四川闻人。二为"人物志"，收录包华国、杨荩诚、向传义等11人传略或行状。三为"方志论"2篇，讨论《方志与史学》和《现存方志整理》问题。四是"考证类"，收录《四川省名与形成省区以前之探索》《诸葛亮南征考》《宋代四川交子考》《蜀石经考》《唐宋两代四川状元考》《李太白籍贯考》《李调元父子万卷藏书楼始末》《雷氏琴札记》等17篇蜀故考证文章。五是"序跋类"，亦皆关乎四川，如《四川历史序》《民国新修四川县志丛谈序》《华阳国志读后记》等。六是"杂记"，分"消夏杂记""退斋杂忆"两部分，有如《蜀石经残石》《广汉亦有七杀碑》《四川高等学堂之校歌》《廖季平之春联》《眉山宋代科举之盛》《张献忠屠杀川人之统计》等。七为"诗歌"，亦多感时怀人之作；附录"译文"5首，《民国初年之四川》《三峡纪程》《蜀栈风光》《峨眉山寺宇述略》《清末民初重庆流行之货币》等，俱可以入史家之杂俎。

是书经文丕衡整理、新津县政协文史资料委员会审定，成都新闻出版局内部准印300册，分送四川省政协、四川省志办、成都市政协、成都市志办及有关图书馆、县志办等。（舒星）

13.《四川古代文化史》，郑德坤撰

郑德坤（1907～2001），福建厦门人。1926年入燕京大学学习，师从顾颉刚、容庚等名师。1931年获硕士学位，并留任燕京学社研究员，致力于《山海经》《水经注》的校读与研究。1936年受哈佛燕京学社委派，赴四川华西协合大学任教，并主持大学博物馆工作。1938年至1941年于哈佛大学攻读考古学和博物

[①] 文丕衡：《编者说明》，《蜀风集》卷首。

馆管理，获博士学位。后返回四川，于华西协合大学任教并兼任博物馆馆长。从事巴蜀考古研究，被日本学者誉为"四川考古学之父"。在海外讲学一年后，于1948年计划回国未果，留剑桥大学任教23年。后又受聘香港中文大学，直至1985年第二次退休。著作有《四川史前考古》《中国考古学大系》等十多部。

《四川古代文化史》，是郑氏早年在华西协合大学（今四川大学前身之一）工作期间的科研成果之一，是近代以来巴蜀文化研究史上的第一部专著。作者将考古成果与文献记载相结合，历数了史前时代至汉代，巴蜀地区民族、文化诸方面及其遗存。全书17万字，共12章，第一章"史前文化"揭示了巴蜀地区距今约七八千年的文化。第二章"巴蜀始末"，介绍秦灭巴蜀之前史书所载的巴蜀史迹。第三、四章为"大石文化遗迹"和"广汉文化"，从考古上照应史书所载史迹。第五章"秦代之开发"与第六章"版岩葬文化"，一为史书所载，一为考古发现，两相印证勾勒出秦代巴蜀文化轮廓。第七、八、九、十章，简介了汉代巴蜀地区政治、经济、社会、民族状况及其与中原政权的关系。第十一、十二章"汉墓调查"与"汉墓文化"，从文化遗存角度对考古学提供了支持。

是书属"通论"性质的文化史，通过史料钩稽与遗存解读，两相印证，互为补充，从而勾勒出巴蜀文化史的轮廓，颇具匠心。郑氏将纸本记载与地下考古结合起来，从方法论角度对于巴蜀文化史构建做出了有益尝试，颇具学术价值。郑氏的这部《四川古代文化史》只写到汉代，完整的巴蜀史建构是郑氏留给后学的任务。

是书今有华西大学1946年版、巴蜀书社2004年版。另作者还有中英文版的《四川古代文化简史》，可为参看。（李东峰）

14.《神话论文集》，袁珂撰

袁珂生平，见《山海经校注》。

从世界研究范围来看，现代神话学的诞生可以追溯到17、18世纪甚至更早，维柯（1668~1744）的《新科学》可以作为神话学发轫时期的代表性著作。到19世纪末20世纪初，西方神话学发展到鼎盛时期，并开始了其"东渐"过程[①]。1903年，蒋观云在《新民丛报》上发表《神话历史养成之人物》一

---

① 关于神话学的"东渐"过程，可参阅叶舒宪：《神话学的兴趣及其东渐》，载《人文杂志》1996年第3期。

文，率先在中国学界引入"神话"概念，此文也成为中国现代神话学的开源之作。又经王国维、鲁迅、茅盾、顾颉刚、闻一多等人的努力，中国神话学研究蓬勃发展。袁珂即是神话学研究的重要代表人物之一，其研究以历史为线索，以材料为依据，精心"连缀"与"熔铸"，将古神话系统化，既有对中国上古神话"体系"的深层探讨，同时也促进了神话知识的广泛普及。《神话论文集》即是袁珂神话学论文的一次结集。

是书收有袁氏神话学论文13篇、附录3篇。前13篇文章涉及的题材有《山海经》、神话的起源及其与宗教关系、古代神话的发展及其流传演变、中国神话对于后世文学的影响、民间流传神话、嫦娥奔月、高唐神女、灶神和祭灶等，附录3篇分别为：《中西小说之比较》《〈红楼梦〉研究》《〈西游记〉研究》。与其另一专著《中国古代神话》相比较，《中国古代神话》偏重于叙事，是书则偏重于说理。以《山海经》为例，《中国古代神话》里主要用现代汉语讲《山海经》里的故事，娓娓道来，如同讲故事一般，读者读来，也如同阅读故事一般。《神话论文集》则不再是讲故事的笔风，而是严谨的学术探讨。是书有两篇文章，《〈山海经〉写作的时地及篇目考》和《略论〈山海经〉的神话》，集中论述《山海经》的问题，从《山海经》的语言、内容及与屈原作品相对比等方面，并参考了医药学、生理卫生学等大量文献资料，论证了《山海经》乃楚人所作，除《海内经》4篇成于汉初外，其余均成于战国时代，又以《大荒经》以下5篇成书最早，大约在战国中期以前。但是，神话记录的时代，并不等于神话产生的时代。《山海经》中所记录的许多神话片段，大部分应当是原始时代的产物。神话所折射出的是母系、父系氏族社会的历史演变以及原始社会至封建社会的经济政治。在论述神话与宗教关系时，袁氏指出了神话的起源虽与宗教、巫术有关，但神话又有其不同于宗教、巫术的地方，宗教、巫术是唯心的表现，而神话的基调却是唯物的，精卫填海、夸父追日、后羿射日等，"这些神人的行迹，差不多都是用艰苦卓绝的体力劳动去征服自然，战胜敌人，很少看见施用什么神通法术"，"神话虽说也带着浓厚的幻想和想象的色彩，但神话幻想和想象的翅膀所翱翔的地方，却每每成了科学上创造发明的先声"（《神话的起源及其与宗教的关系》）。此外，袁珂也指出，"奇伟瑰丽的中国古代神话，它本身就是我国古代独特的民间文学样式之一"，它对后世文学艺术有着非常深远的影响（《中国神话对于后世文学的影响》）。既从历史学角度阐释神话，也从文学等角度阐释神话，这样的研究思路矫正了长期以来人们片面认为神话是荒诞的、唯心的认识，体现出袁珂唯物辩证的研究思想。可以说，是书所收录的包括附录在内的16篇文章，每一篇都呈现出袁氏神话研究的真知灼见，每一篇都闪烁着思辨的火花。

高有鹏在《中国神话研究的世纪回眸》一文中指出，近年来，神话热表现在出版业，明显地体现出一些学者神话学知识的严重匮乏。有一些学者既缺乏对中国古代神话基本内容的全面了解，甚至根本没有读过有关的神话典籍，又缺乏基本的神话学理论，下笔千言，妄谈神话，表现出理论方面的贫乏与心态的浮躁，充斥着简单化处理的现象。①在这样的环境下，重读袁珂的神话学旧作，感悟"筚路蓝缕，以启山林"的学术精神，是相当有必要的，它对于我们反思当下学术问题和未来研究发展道路，是大有裨益的。

是书于1982年7月由上海古籍出版社出版。1996年四川大学出版社出版的《袁珂神话论集》与是书衔结成为姊妹篇，二书结合阅读，可较全面地了解50年来袁珂的神话学研究成果。（李冬梅、邹艳）

15.《宋代蜀人著作存佚录》，许肇鼎撰

许肇鼎（1922～1995），四川巴县（今属重庆）人，原四川大学图书馆古籍特藏部副主任、副研究馆员。擅长草书，有"蜀中三草"之称。

是书编纂之大旨，据编者《后记》云："宋代蜀学称盛一时，文人蔚起，著作繁富，而《宋史·艺文志》之著录多有缺遗，地方志之记载又复零散不备，至于作品之存佚，版本之品类，收存之所在，更无专书作详明介绍，致使检索为难。"故辑成此书，希望能为从事地方文献研究与整理者提供一臂之力。

《宋代蜀人著作存佚录》是一部以反映宋代蜀人著述状况的文献目录学工具书。全书共41万字，按地区分编，收录宋代四川省内有作者著述的州县74个，所收作者为宋代以及由五代入宋与由宋入元之蜀人。其中县籍明确者编为第一部分，县籍不明者编为第二部分，存疑者编为附录。收录两宋蜀人作者，计：有县籍者850人；县籍无考，只有省籍者106人；存疑作者75人，共计1031人。收录两宋蜀人著作计2519条，其出处以《宋史·艺文志》及《蜀中广记·著作记》的著录为基础，并以有关史书中之艺文志、经籍志、通志、通考、地方志、文集，以及多种公私藏书目录之记载作为补充。书后附有"引用书目""作者索引""著作索引"三个附录，极便于使用者查阅。

---

① 高有鹏：《中国神话研究的世纪回眸》，《中国文化研究》1998年冬之卷（总第22期）。

是书著录方式是按地区以作者名为条目之首，作者下略述生平，次载其著述。其中同一书而有数名者，取其一作为标题，并将异名注于下端。凡从其他总集中抽录又无适当书名者，均由编者自拟书名著录，并在书名下加"※"号明之。对于收录的每一著作，均著明存佚情况，个别情况难明者则付阙如。判定存佚，属于专著者，以参考《中国丛书综录》及国内几家藏书丰富之图书馆所编古籍目录之记载为主；属于零散诗词文章者，以检寻《宋诗纪事》《全宋词》《宋代蜀文辑存》为主，并参取多种文集及地方志之记载作为补充。

采用以地系人、以人系书的编纂方式，兼具实用性和研究性，既著录了宋代蜀人的现存著作、版本及馆藏，单篇诗文词的数量，又著录了存佚不明的非稿本著作，这就可使读者及研究者通过本书能把握宋代蜀籍作家的著述总量，略窥宋代四川各地文化水平的差异及文化发展的概貌。本书的编纂出版，在给研究者提供方便检索线索的同时，也为巴蜀文化研究以及四川各地重修地方志作了一项基础文学文献的统计工作，提供了一个较好的研究条件。

是书有巴蜀书社1986年版。后许孟青等又加修订，增加两宋蜀人著述1000余种，纳入《巴蜀全书》项目，由四川大学出版社于2015年出版。（李冬梅）

16.《成都城坊考》，王文才撰

王文才（1922～2008），崇庆人。1947年华西大学中文系毕业，留校任中国文化研究所助教。1950年四川大学文科研究所毕业，留所任助理研究员。1953年后调四川师范大学，历任中文系及古代文学研究所副教授、教授。1984年后兼李白研究学会会长、四川省社联副主席、省古籍整理小组委员等职务。原以研究唐宋文学为主，后兼治唐五代历史文献与敦煌学。出入文史，稽考阙疑，校辑古籍，辨证旧闻。主编有《杨升庵丛书》《李白研究论丛》，著作有《白朴戏曲集校注》《元曲纪事》《杨慎学谱》《升庵著述序跋》《杨慎诗选》《杨慎词曲集》《青城山志》《成都城坊考》《蜀梼杌校笺》等。

是书凡六篇，分别是《城廓》《宫苑》《城门》《江桥》《坊巷》《岁时》。开篇《城郭》即言成都建置历史，初名"成亭"，可见于战国漆器铭文。其为蜀中都会，始于开明九世，成都自此得名。继而探讨了秦汉至明初的城廓建设，尤以唐宋为重，"明清以下，具见省志及府志，不烦考释"，因而"断至唐宋，略近详远"。《城廓》后诸篇亦着重于唐宋，间有考证，如《城门》篇对"五门"的考证，指出"五门"即得贤门，"在锦官门南，江水之北，乃玉局化五凤楼门，非城门之名"，纠正了沿误已久的认为"五门"为前蜀之皇城正门的观点。又如《江桥》篇，对《史记》所载李冰"穿二江成都之中"之"二江"进行研究，对"二江"的原名、流域、变迁等，作了较为翔实的考证和精微的辨析，是研究成都城坊历史的重要参考资料。

《成都城坊考》全书文字简明凝练，语言风格偏于文言，部分考证内容相对简洁，如《坊巷》篇"国清寺街"条，仅引《茆亭客话》卷三"东市国清寺街"一句，因此若普通大众想要了解成都城坊历史，此书则稍显晦涩。若将此书与《成都城坊古迹考》（四川省文史研究馆著，成都时代出版社2006年修订版）结合起来阅读，则对成都城坊自古至近现代的历史有更为全面的了解。

《成都城坊考》初以论文形式，分上中下三篇，分别发表于《四川师院学报》1981年第1期、第4期和1982年第1期，1982年由巴蜀书社结集出版。（李冬梅、邹艳）

17.《四川近现代人物传》，任一民主编

任一民（1925～　），1943年入四川大学历史系学习，1946年到华北解放区投奔革命，新中国成立后到华北联大教书，后转中国人民大学教学。1950年到四川大学任教，从事中国革命史教学。后到中国社会科学院近代史所工作，不久返川，到四川省方志编纂委员会任研究员，对四川近现代史、近代人物、军阀史等，均有研究。编著有《辛亥革命时期的历史人物》《四川近现代人物传》等书。

是书作为"四川省地方志资料丛书"，共有6辑，分别为四川近现代人物立传，系由"四川省地方志编撰委员会省志人物志编辑组"在四川省地方志编撰委员会领导下完成。本书第1辑《前言》云，"凡曾推动或者阻碍社会进步，对四川省有过一定影响或者显著贡献的已故的各方面人物，均可入传"；"籍隶四川，有过一定影响或显著贡献的已故的各方面人物，客籍人物如对四川有重大影响，也在收录之列"。因此，1984年以来，经过五年多时间，编辑组广泛收集研究了1200多位历史人物，从中筛选出800余位，有计划地写进这部丛书中，已经出版的6辑共有428位人物传。

所谓近现代史，系指鸦片战争以来的国史。是书所收录历史人物，均来自这一时期的各个阶层，既有赵尔丰、吴玉章、杨闇公、张澜、赵世炎、喻培伦、刘文辉等政治人物，卢作孚、刘航琛等经济人士，也有廖平、吴之英等学术界名人，周太玄等科学界人士，还有王光祈、张善子等艺术界名流，以及格达活佛、诺那呼图克图、格桑泽仁、阿旺嘉措、岭邦正、安登榜、工布郎结、刘家驹等少数民族人物。根据史料，分别对传主的生平事迹、政治学术见地、历史地位与作用做了介绍。

其编撰体例，绝大多数是一人一传；在少数情况下，也有类传，如晚清时期的起义领袖廖观音、曾阿义、兰朝鼎、兰朝柱，以及刘继陶、刘象曦父子，黄锡滋、黄明安父子等，均是二人合传；此外，还有家族合传，如王三畏堂、吴景让堂、李四友堂；也有附传，如陈彦衡传附陈富年传，如此等等，皆灵活机动，合乎实际。

是书作者来自四川省社会科学界各单位，大多是相关研究领域有深湛造诣的专家学者，如主编任一民亲自撰写了刘文辉等人，四川省民族研究所周锡银撰写了刀登、格达活佛、诺那呼图克图等人，四川省民族研究所李绍明撰写了李安宅等人，四川大学谢放撰写了骆秉章、张治祥、樊孔周等人，四川大学何一民撰写了罗伦、余英等人，四川省社会科学院李有明撰写了蒙文通等人，皆专家之言，信而有征。

是书所收录的历史人物，政治人物约占一半，另一半人物来自工商界、学术界、科技界、教育界、文化艺术界、新闻界、体育界、少数民族和宗教界等，均为近现代四川省社会各界的代表人物。因此，是书被誉为"一个宏伟的'人物工程'"①。而各位作者所撰传记，语言简明扼要，选材颇为得当，极具可读性。再者由于是书所收录的人物对于四川近现代的历史发展均具有一定影响，因而这部多卷本的人物丛书其实也是一部纪传体的"四川近现代史"。对清史委员会《清代人物传稿》、中国社会科学院近代史研究所《民国人物传》，均具有重要补充。同时也促进了其他人物丛书问世，如四川省政协、四川省文史馆《四川近现代文化人物》（四川人民出版社1989年版）、《四川近现代文化人物续编》（四川人民出版社1989年版）、《四川近现代文化人物第三编》（四川人民出版社1995年版）等，即为一例。

是书凡6辑，第一、二辑由四川省社会科学院出版社于1985年、1986年出版；第四、五及六辑由四川大学出版社于1987年、1988、1990年出版；第三辑由四川人民出版社于1987年出版。（王川）

---

① 刘耀辉、方芳：《"人物工程"的硕果——记〈四川近现代人物传〉丛书》，载《文史杂志》1991年第4期。

18.《四川古代史稿》,蒙默、刘琳、唐光沛、胡昭曦、柯建中撰

蒙默(1926~2016),四川盐亭人。蒙文通之子。1951年毕业于四川大学。曾任中国科学院历史研究所实习研究员、四川大学教授,1992年退休。治学以西南民族史见长,著有民族史论文集《南方民族史论集》,合著有《四川古代史稿》《凉山彝族奴隶社会》。整理其父蒙文通遗稿《越史丛考》《蒙文通文集》,编辑出版《凉山地区古代民族资料汇编》《蒙文通学记》等书。

刘琳有《华阳国志校注》,前已著录。

唐光沛(1922~2007),眉山人。1943年至1947年求学于武汉大学、中山大学、南京中央大学,转益多师。1949年入四川大学文科研究所,师从徐中舒等名师。1951年毕业留校任教,历任讲师、副教授、研究生导师,主要从事水利史、宋史研究,1988年退休,受聘为四川省文史馆馆员。

胡昭曦(1933~2019),自贡人。1960年毕业于四川大学历史系,留校任教,历任古籍整理研究所副所长、学校研究生部主任、人文社会科学研究院院长、图书馆馆长、历史系教授、博士生导师。著有《宋蒙(元)关系史》《四川古史考察札记》《宋理宗·宋度宗》《宋代蜀学研究》《宋史论集》《巴蜀历史文化论集》《旭水斋存稿》等多种,还参与《中国大百科全书》等大型图书的编写。

柯建中(1933~　),1957年毕业于四川大学历史系,留校任教,历任讲师、副教授、教授、历史系主任,主要从事明清史研究和教学,现已退休。

《四川古代史稿》系由以上5位学者合作完成,全书39万余字。其写作体例沿袭通史著作的框架,以巴蜀地区历史上对应的王朝为阶段,按时间先后,分章论述。第一章,"先秦时期的四川",分为三节,分别是"古人类与石器时代文化""古史传说与青铜器文化"和"开明王朝'王巴蜀'",结合近现代考古发现与古史记载勾勒出秦统一以前巴蜀地区的历史轮廓。秦统一后至清代,共分为六个时期,一个时期为一章,分别为"秦汉时期的四川""三国两晋南北朝时期的四川""隋唐五代时期的四川""宋元时期的四川""明代的四川""清代的四川"。各章之内,分别从行政区划、政治、经济、民族、文化等五个方面进行叙述,将古代巴蜀地方史的完整体系呈现在读者面前。

是书借鉴成熟的通史架构模式来演绎巴蜀地方史,从结构与内容上看,系统性与完整性较强,眉目清楚,要言不烦,是第一部名副其实的巴蜀地方通史。出版后在史学界产生了一定的影响,曾荣获四川省人民政府颁发的全省第

四次哲学社会科学优秀科研成果二等奖。

是书由四川人民出版社于1988年出版。（李东峰）

19．《古巴蜀与〈山海经〉》，徐南洲撰

徐南洲（1929～1999），四川万县（今重庆市万州区）人。1947年入四川大学中文系学习。曾任四川省社会科学院历史研究所副所长、副研究员。主要从事巴蜀古史和《山海经》的研究。

《古巴蜀与〈山海经〉》是作者毕生学术成果的身后结集，27万余字。其中包括已发表的论文14篇和未发表甚至未完稿的文章7篇（未完成稿由其女整理）。另外尚有与主题无关但属于古代史研究范围的几篇文章及书信。是书主要内容涉及巴蜀古代史，尤以《山海经》中有关古巴蜀的记载为多。作者在"《山海经》为一部中国上古的科技史书"基本认识的基础上，考释了《山海经》中有关古巴蜀的相关记载，有传说人物、氏族和历史事件等方面的考证，有古代山川地理位置的考察，多有新见。

是书由四川人民出版社于2004年出版。（李东峰）

20．《四川近代史》，隗瀛涛、李有明、李润苍等主编

隗瀛涛（1930～2007），四川开县（今属重庆）人。1957年毕业于四川大学历史系，留校任教，先后担任讲师、副教授、教授、博士生导师、四川大学副校长等。从事中国近代史、地方史、城市史等领域的教学与研究，发表系列专著和论文。从改革开放之初起，作为"中国地方史"学科开拓者，对推动四川近代史、巴蜀文化史、地方志的编纂与研究做出了重要贡献。著作有《四川保路运动史》《近代重庆城市史》等多种。

李有明（1924～2009），四川苍溪人。早年毕业于四川大学法学院政治系，新中国成立前后曾任《啸报》《光明日报》等报刊总编及编辑记者。1973年始致力于四川地方史研究工作，先后曾任巴蜀史研究会副会长、《历史知识》编委会副主任。20世纪80年代被聘为四川省文史研究馆馆员、四川省社科院研究员。参与编写、校注《四川近代史史话》《刘光第集》及巴蜀文化研究系列丛书等。

李润苍（1929～1985），1959年毕业于四川大学历史系，留校任教，历讲师、副教授、教授。从事中国近代史研究和教学。著有《论章太炎》等文。

新时期以来，随着社会主义建设事业日渐步入正轨，在社会科学领域涌现出了一波研究区域文化的高潮。其中，在四川地方史研究领域，从远古至近

现代，一批新的研究成果纷纷问世，然而尚未有一部较为系统、能反映整个四川的历史全貌的著作出现，有鉴于此，《四川近代史》编写者们先从近代史着手，试图通过断代史写作，为"四川通史"撰写作"开路"的工作。《四川近代史》是四川大学历史系与四川省社会科学院从事地方史研究的学人集体合作的成果，也代表了当时四川近代史研究的最高水平。

全书60万字，将近代四川划为五个历史阶段：第一阶段，从鸦片战争到李永和、兰朝鼎起义和石达开部最终失败。这一阶段，四川在外国资本主义侵略的影响下，开始了半殖民地半封建化的历史过程，但当时的主要矛盾还是反封建压迫剥削的斗争。第二阶段，从太平军失败到甲午战争。这一阶段，随着外国势力由沿海向内地延伸，四川民众反抗斗争具有反侵略、反封建两方面的内容。较突出的反宗教侵略的"教案"频繁发生，以及抗粮抗捐为主要形式的反封建活动。第三阶段，从甲午战争到四川义和团起义。这一时期帝国主义与中华民族的矛盾上升为社会的主要矛盾，四川民众的反洋教斗争有了很大的发展。最终1902年以"灭清""剿洋""兴汉"相号召，四川出现了义和团起义的高潮。第四阶段，从四川义和团起义失败到辛亥革命。这是四川民众觉醒，资产阶级民主革命兴起与发展时期。这一时期，资产阶级政治代表的两翼——革命派和立宪派分别以重庆、成都为基地，政治上较为活跃。随着民主政治思想的传播，由资产阶级领导的反帝爱国的保路运动兴起，表明了民众的觉醒。第五阶段，从1913年辛亥革命失败到1919年五四运动前夕，四川革命志士为维护辛亥革命的成果进行了艰苦卓绝的斗争，四川的"二次革命""护国战争"在全国范围内都是值得称道的。另外，四川有识之士在总结辛亥革命经验与教训基础之上，以留法勤工俭学运动为契机，为救国救民开始了新探索。是书结构清晰，叙事颇有条理，填补我国历史科学研究在这方面的重要空白。

是书由四川省社会科学院出版社于1985年出版。（李东峰）

21．《巴蜀近代史论集》，隗瀛涛撰

隗瀛涛生平，见前《四川近代史》提要。

《巴蜀近代史论集》凡26万字，是作者近40年来研究巴蜀近代史的22篇文章的结集。文章的内容集中在两个领域：其一，四川保路运动和辛亥革命史；其二，中国近代城市史。是书内容范围较广，涉及近代四川政治、经济、宗教、文化等多个领域。尤其是作者对地方史与城市史的研究，在当时具有一定的开拓意义。

是书由四川人民出版社于2004年出版。（李东峰）

22.《蜀文化与巴文化》，宋治民撰

宋治民（1931～　），河南郑州人。1960年毕业于西北大学历史系，毕业后分配至四川大学历史系考古教研室任教，1993年被聘为特邀教授，从事巴蜀文化的研究。著有《宋治民考古文集》等。

《蜀文化与巴文化》是作者退休后，在以往研究的基础上写成的一本以考古资料与考古学研究为基础的新的古代巴、蜀文化史。全书22万字，分为4部分：绪论、蜀文化、巴文化以及巴蜀文化的消失。绪论是对研究前提的澄明，既有学理上的分判，又有技术策略上的说明。上编为蜀文化，分为七章，第一章"蜀文化的渊源"，确立了新石器时代四川盆地西部为一独立的文化区，其早期源流反映在从新津宝墩遗址到三星堆的一、二、三期考古文化之中，四川盆地以东的魏家梁遗址却不在此序列之内。第二、三章，分别介绍了代表蜀文化的早期和晚期的遗址与墓葬基本情况。第四章在此基础上，将蜀考古文化划以春秋时期为界限分为早晚两期。第五、六章，由考古文化来考察蜀文化的社会经济的方方面面，乃至由此体现出的文明水平。最后以"蜀文化与周围文化的关系"殿后，层次较为清晰。

中编为巴文化，在结构安排上，与蜀文化的考察相似。在规范了巴族和巴文化的概念后，作者将巴文化的源头定在湖北西部的新石器时代遗址，即季家湖类型。其源流大致体现在从宜都石板巷子遗址，到宜昌白庙遗址，再到香炉石遗址。巴文化也可分为两期，春秋及春秋以前为早期，战国至西汉初为晚期。此后一章专论巴、蜀在文化上的差异。结合考古遗存，作者也考察了巴文化的社会经济诸方面。而巴文明则突出了占卜与"巴蜀徽饰"，最后介绍了巴文化与周围文化的关系。

下编为"巴蜀文化的消失"，在分别考察了秦人移民、巴人和蜀人墓葬基本情况之后，作者认为，在"秦举巴蜀"后，巴蜀文化在与中原文化的融合中，其考古学特征至西汉基本消失。

是书基本依靠考古发现来解析人类的早期文明，这在一定程度上摆脱了考古学的"证经补史"的尴尬处境，这种对文化研究中考古学的独立地位的追求，无疑是可贵的尝试。是书资料翔实，逻辑严密，持论中肯，是继郑德坤《四川古代文化史》之后，探索巴蜀文化的又一力作。

是书由四川大学出版社于1998年出版。（李东峰）

23．《巴蜀考古论集》，林向撰

林向（1932～2021），上海人，祖籍浙江宁波。1959年本科毕业于四川大学历史系，1962年研究生毕业于同系考古专业，为著名考古学家冯汉骥的唯一一位研究生。留校任教，曾为四川大学考古学教授，并在海外多所大学讲学。研究方向为西南考古（主要为巴蜀考古）和应用考古（地震考古与酒文化研究）。著有《四川名塔》《巴蜀文化新探》《童心求真集》《清江深居集》《四川盆地的龙山时代》《考古学的应用研究》以及若干调查报告等。

《巴蜀考古论集》28万字，是作者1980年至2002年间关于巴蜀考古的19篇论文的结集。其中，1995年以前的14篇论文已收入《巴蜀文化新论》。是书主要运用地下发掘与文献证据相结合的方法，从物质文明的发展演变入手，着重对先秦时期巴蜀，尤其是古蜀国的历史与文化进行了广泛而深刻的研究，为巴蜀文化在中华古文明格局中争得了一席之地。

全书大致可分为三部分。其一，从《周原卜辞中的蜀》到《寻找三星堆文化的来龙去脉》等6篇，属于通论性的，主要讨论殷墟周原卜辞中的"蜀"与成都平原先秦考古文化的关系，以及巴蜀文化区的问题，蜀与夏的文化亲缘关系等。尤其值得注意的是《巴蜀文化的发现与研究——半个多世纪来的回顾与展望》一文，作者对20世纪30年代至80年代的古巴蜀文化研究进行综述，并对未来巴蜀文化研究从四个方面作了展望，极具参考价值。其二，从《蜀酒探源》至《三星堆假面考》等8篇文章，主要讨论了古蜀文明的特征。如"萨满式"文化、祭祀制度等。其三，从《从大石墓的族属问题》至《金沙江：中国西部龙》等5篇论文，主要讨论了巴蜀文化区的民族、古今交通变迁及文化交流等问题。

《巴蜀考古论集》虽名为"考古论集"，但实际却涵盖了巴蜀文化研究的多个方面。全书资料丰富，论证严谨，新见迭出，对于研究古巴蜀文化具有较高的参考价值。

是书由四川人民出版社于2004年出版。（李东峰）

24．《四川古代陶瓷》，陈丽琼撰

陈丽琼（1932～ ），四川自贡人。原重庆市博物馆文博副研究馆员、重庆市文史研究馆馆员。先后在四川大学、南京师范大学、西南师范大学和重庆师范大学任兼职教授；担任重庆师范大学文博专业硕士生导师。1954年开始从事文物考古工作，2004年、2005年分别应邀赴英国和美国考察中国古代外销陶瓷。著有《四川古代陶瓷》《古代陶瓷研究》《三峡与中国瓷器》等。

本书共分9篇，凡15万余字。第一篇简述中国古代陶瓷的渊源。第二篇综述四川古代陶瓷的特点及发展情况。第三篇根据作者对邛窑遗址六次调查所得的资料，提出了几点对于邛窑历史的新看法，包括它的创烧时代、繁荣时期和瓷系划分等。第四、五篇介绍了四川天目瓷及重庆宋代天目瓷的基本情况及与其他地区（或其他时代）天目瓷不同的工艺特点。第六篇为四川瓷器窑炉和装烧工艺发展的介绍。第七篇记录了四川彭县瓷峰窑的考察情况，并对彭县瓷峰窑出土的瓷器作了简要分析研究。第八篇记录了重庆长江南岸涂山黑釉瓷窑的发掘情况。最后一篇将邛崃固驿窑、双流牧马山窑、新津白云寺窑、灌县、郫县南朝至唐古窑群、成都金堂县金锁桥古窑址、乐山县关庙古窑址统一做了简明扼要的介绍。

本书是作者多年研究心得的集合，既反映了各古窑址发掘及出土文物的实际情况，也有作者的见解。

是书由重庆出版社于1987年出版。（钟雅琼）

25.《巴蜀民族史论集》，李绍明撰

李绍明（1933～2009），土家族，四川秀山（今属重庆）人。1950年入华西大学社会学系学习，1953年本科毕业于四川大学历史系，1954年研究生毕业于西南民族学院民族问题研究班。先后在阿坝州、全国人大民委（四川民族调查组）、中国科学院民族研究所（四川调查组和云南调查组）、四川省民委、四川省民族研究所工作，担任研究员和学术顾问。主要从事民族学、中国民族史、民族问题与民族政策研究。主要兼职有全国哲学社会科学基金评委、中国民族学学会副会长、四川省社会科学界联合会副主席、四川省历史学会会长等。独著《民族学》《李绍明民族学文选》《羌族历史问题》《巴蜀民族史论集》；合著《凉山彝族奴隶社会》《羌族史》《川东酉水土家》《彝族》《中国藏族人口与社会》《四川省志·文物志》《四川省志·民族志》；整理《彝族古代史》（1987）、《葛维汉民族学考古学论著》；主编《巴蜀历史民族考古文化》《三星堆与巴蜀文化》《中国各民族原始宗教资料集成·土家卷》《完善民族区域自治法问题研究》《中国民族建筑·四川篇》《夏禹文化研究》《20世纪四川全记录》《雅砻江下游考察报告》《雅砻江上游考察报告》等；总纂《凉山彝族奴隶社会》。

《巴蜀民族史论集》24万字，是作者有关巴蜀民族史研究的论文选集，共收录有代表性的论文22篇，作者有关民族学、民族志、民族问题等的理论与政策的文章不在此列。作者从民族学与民族史的视角，结合历史地理及考古发现,对古往今来的巴蜀境内的各民族及其文化源流做了精深的分析,阐述了巴蜀地区各民族经济、社会及文化发展的情况,从而揭示了巴蜀地区的文明及文化是各族共同缔造的这一历史事实。

全书所收录的文章大致包括五方面的内容。其一,巴蜀民族史概论,有《四川各民族的历史发展》《西南丝绸之路与民族走廊》及《古蜀人的来源与族属问题》等5篇论文。其二,为巴蜀地区的羌族研究,有《关于羌族古代史的几个问题》《成都周边有关羌族的两处遗迹考略》《唐代西山诸羌考略》等3篇文章。其三,为巴蜀地区的藏族研究,包括《论藏族的多元一体格局》《四川理县隋唐二石刻题记新证》等5篇论文。其四,为巴蜀地区的彝族研究,有《关于凉山彝族来源问题》《凉山彝族奴隶制与殷周奴隶制比较研究》等2篇文章。其五,巴蜀地区民族间关系研究,有关于巴人与土家族、汉族与羌族、羌族与藏族等3篇文章。最后,还有少数民族开发盐业、川滇边境的纳日人的族属问题、傣族入川及邹容的民族思想等4篇文章。

是书以巴蜀"民族史"为主题结集,涉及巴蜀地区民族研究的方方面面,结论颇为精审,不乏创获,尤其对于这一地区民族问题研究在发现与运用新材料上有一定的示范作用。

是书由四川人民出版社于2004年出版。(李东峰)

26.《羌族史》,冉光荣、李绍明、周锡银撰

冉光荣(1938~),重庆人。1962年四川大学历史系先秦史专业研究生毕业,获硕士学位,留系工作,任教授、博士生导师。1993年起兼任四川省人民政府参事,1998年起任省人大常委、教科文卫专门委员会委员,2000年任四川大学西部开发研究院学术委员。主要从事民族调查与研究工作,先后出版有《中国藏传佛教史》《羌族史》(合著)以及《自贡盐业史》(合著)、《巴县档案资料选编》(合著)以及《藏传佛教寺院资料汇编》《康区档案史料汇编》《岷江上游历史文化研究》等著作。

李绍明有《巴蜀民族史论集》,前已著录。

周锡银(1936~),四川成都人,四川省民族研究所研究员。主要从事民族历史文化研究,著有《羌族史》(合著)、《藏族原始宗教》(合著)及《中国少数民族的历史作用》《藏族英雄史诗与神歌》等。

《羌族史》,为羌民族的一本专史。是书约29万字,分上下两编,上编以5章内容论述了商周至隋唐时期羌人的历史;下编凡7章,前5章论述了宋元明清

至现代的羌族历史，后2章介绍了今天羌族的宗教信仰、风俗习惯和文艺科技。又正文前有徐中舒《序》及《概况》，正文后有《附录》，依次为《大事记》《羌族方言》《羌族人口分布》《明确羌族地区土司表》。

据是书《后记》，《羌族史》是在前期已有成果基础上，并配合国家民委民族问题五种丛书之《羌族简史》而撰写的。其云："羌族史的研究，向来为国内外学者所关注，作了不少调查、研究工作。1962年四川民族调查组编写出《羌族简史简志合编》（初稿）。在已有成果的基础上，1978年四川省民族事务委员会、四川省民族研究所组织笔者冉光荣（四川大学历史系）、李绍明（四川民族研究所）、周锡银（四川民族研究所）进行羌族史的编写。与此同时，国家民委民族问题五种丛书编委会也委托我们编写《羌族简史》，作为《中国少数民族简史丛书》之一出版。"

是书搜集了从4000多年前的夏代到新中国成立前夕的丰富史料，探寻了羌族历史的发展源流及其分支演变过程，是迄今为止关于羌族历史的著述中最为系统、详尽的一部专著。徐中舒《序》称赞："它使我们知道在农牧兼营的社会里出现了第一次原始的男女分工，形成了父系社会和母系社会，形成了家庭私有制。尤其是母系社会的存在，在我们过去的知识领域里还是一件不十分具体不甚清楚的事情。"

是书由四川民族出版社于1985年出版。（李冬梅）

27.《宋代蜀学研究》，胡昭曦、刘复生、粟品孝撰

胡昭曦有《四川古代史稿》，前已著录。

刘复生（1948～　），四川忠县（今属重庆）人。1977年入四川大学学习，1985年获硕士学位后留校任教，1990年获博士学位。长期从事宋史与西南民族史的研究与教学，著有《北宋中期的儒学复兴运动》《富强之路》，发表学术论文多篇，另有与人合著多部。

粟品孝（1969～　），四川大竹（今属重庆）人。1987年考入四川大学历史系，1991年师从胡昭曦攻治宋史，获硕士学位；1997年又获博士学位，留校任教，现为历史文化学院教授、中国古代史系主任。主要研究方向为宋史和巴蜀历史文化，著有《朱熹与宋代蜀学》《南宋军事史》等，主编有《宋代四川家族与学术论集》《中华文化》等。

《宋代蜀学研究》系"国家教委博士学科点专项基金项目"和"四川省哲学社会科学'八五'规划项目"。在20世纪八九十年代，对于学术史上居于重

要位置的"宋学"的研究存在着诸多不足。作者指出:"对于理学流派研究较多,对于非理学流派研究少;于理学的研究中,对于主流学派的研究较多,对于非主流学派研究少;对于理学主流学派予其他学派的影响研究较多,对其他学派予理学主流的影响研究少;在地区方面,于濂、洛、关、闽研究较多,对于其它地区的学派研究少。"加之,对于宋代四川学术研究,"历来有偏重文学、历史,于哲学思想方面甚为薄弱"。"宋代蜀学研究"的立项与研究,正好可以弥补这一不足。

全书30万字,分为两大部分:正文和附论(宋代四川的科学技术)。正文由12个部分组成,"绪论"对于"蜀学"概念内涵与外延做了交代,作者将宋代"蜀学"界定为宋代"四川的儒学"。

接下来第一章至第六章,将蜀学的发展演变分为五期,每期内容先概述历史背景及"蜀学"全貌,再按时间的先后以学人或派别一一介绍。宋初至仁宗嘉祐元年(1056)为"蜀学"的"萌芽与草创"期;仁宗嘉祐二年(1057)至徽宗建中靖国元年(1101)为"蜀学"的"形成与初盛"期,其中包括"三苏"的儒学;徽宗崇宁元年(1102)至高宗绍兴二十五年(1155)为"蜀学"的"低谷与转型"期,谯定及涪陵学派归于其中;高宗绍兴二十六年(1156)至理宗绍定六年(1233)为"蜀学"的"定型与鼎盛"期,分为上下两部分,上篇以张栻为代表,下篇以魏了翁为魁首;理宗端平元年(1234)至宋亡为"蜀学"的"转移与衰落"期,其中重点介绍了阳枋的学术。

从第七章至第九章以专题研究为特色,分别考察了"蜀学"与易学、史学,"蜀学"与家族之间的关系。第十章探求"蜀学"兴衰的原因。最后,以"宋代蜀学的特色、地位和影响"结尾。

附论部分主要介绍了宋代四川的科技成就,包括历数、天文、地学、数学等古代科学和医药、工程、工业、农业等技术。

是书由巴蜀书社于1997年出版。(李东峰)

28.《宋代蜀学论集》,胡昭曦撰

胡昭曦生平,见前《四川古代史稿》提要。

陈寅恪尝言,宋代是中国文化发展的高峰。宋学无疑是文化"巨人"之王冠,蜀学则是王冠上最耀眼的明珠。然而历来对蜀学的研究却相对薄弱,这即是《宋代蜀学论集》产生的背景。

《宋代蜀学论集》20万字,是作者从1985年至2002年间所发表的13篇论文的结集。这些论文主要从历史的角度，对宋代蜀学进行了学案式清理和学术史研究。13篇论文大致可分为三方面内容：其一，对于蜀学学人及学派的考订，如陈抟与蜀学、苏氏蜀学、成都范氏蜀学、谯定与涪陵学派、张栻与南轩学派、魏了翁与鹤山学派、铜梁阳氏等，是为学案式判定；其二，对于蜀学的学术史考察，勾勒出蜀学形成、发展乃至衰落的轨迹，并结合社会背景对之进行深入的分析；其三，评论蜀学中易学、蜀学与石刻间的关系等。是书资料丰富，分析精湛，视角独特，颇多创见，是研究宋代蜀学不可多得的参考材料。

是书由四川人民出版社于2004年出版。（李东峰）

29．《巴蜀历史考察研究》，胡昭曦撰

是书为作者研究巴蜀的自选论著集。其结集的目的，据作者序言，一则回顾自己的学术历程，二则为后学的研究提供借鉴。全书37万字，主要包括5个部分的内容：第一部分，"巴蜀古史考察札记"，是作者1975年至1983年间，在四川、重庆近50个市、县境内考察，对于有关古代历史问题的研究札记，共收录涉及30个市、县的131条考察记录。第二部分，"大足石刻研究"，收入作者2002年至2006年间有关大足石刻的7篇论文，既有文献考辨，又有实地考察。第三部分，对蜀中纸币的考察，收入1篇文章《宋代交子具体诞生地探考杂识》。第四部分，"蜀学研究"，收入4篇文章，第一篇是有关"蜀学"的学术定位，第二篇为近代四川书院与"蜀学"，另外两篇是对于蜀中学人蒙文通、缪钺的纪念文章。第五部分，"史志评论"，是作者阅读《犍为县志》与《重庆通史》的认识与建议。最后，以《我的科研工作回顾》作为自己学术历程的总结。

是书绝大部分内容是对巴蜀地区史迹、名物的实际调查与考辨。坚持史迹考察与传世文献相结合以研究地方史，是作者对于老一辈学者扎实严谨的治史传统的自觉继承和弘扬。本书相关考察资料不仅校核了文献记载，而且考订了重大历史事件的细节，甚至发现了碑刻等新材料，对于历史文献记载起到了补缺的作用。

是书由巴蜀书社于2007年出版。（李东峰）

30．《四川书院史》，胡昭曦撰

书院是中国历史上一种特殊的教育组织，其名称最早出现在唐代，但真正具有学术研究和教育功能的书院出现，则是五代赵宋以后的事情。元明清时期，书院及书院制度日趋完善。至清光绪末年，随着书院制度的废止，作为教育组织的书院基本上退出了历史舞台。对古代书院的研究，胡昭曦以独特的视角揭示了宋代以降人才培养及其制度，乃至学派学术活动的概貌。

全书近29万字，分为正文与附录两部分。正文部分，除简短的"引言"和"结语"外，可分为六章，将四川书院1000余年的历史依朝代分为四段，即宋及以前、元、明和清。于每一时期，介绍了书院的数量、分布、类型、活动、功能及其影响。第一章为"四川书院的兴起与形成制度"，列举了宋代320余年间四川的29所书院的基本情况，书院教育在宋代已经形成了由教学、藏书和供祀所构成的基本制度。第二章为"四川书院的衰落与缓慢恢复"，元代四川地区因受战争影响，社会经济、文化等受到了较大的破坏，元后期书院才稍有恢复。第三章为"四川书院的发展"，明代书院较之元代有所增多，数量超过了宋代，但在全国所占的份额下降较大。第四、五章为"四川书院的普遍发展与改制"，分为上下两部分，第四章简介清代四川书院的概况与发展特点，第五章则较详尽地介绍了清代四川书院的管理、教学、藏书、供祀及书院的改制情况。第六章"书院举略"是四川书院的个案研究，或颇具争议，如南宋鹤山书院；或影响较大，如清代锦江书院和尊经书院等。附录部分简要介绍了抗战期间的两大知名书院，分别是复性书院和勉仁书院，同时还有抗战结束不久李源澄创立的灵岩书院。

是书弥补了四川地区书院研究的阙失，2000年由巴蜀书社出版。此书修订版又列入"四川大学《儒藏》学术丛书"和《儒藏》"史部"，由四川大学出版社于2006年、2010年出版。修订时所据资料增加地方志65部；四川书院的数目，在原基础之上，于宋、明、清三代共增益55所。另外，补充了近代四川书院培养学术人才的概况、宋"鹤山书院"的考订等内容。（李东峰）

31.《古代的巴蜀》，童恩正撰

童恩正（1935～1997），祖籍湖南宁乡，出生于江西庐山。1961年毕业于四川大学历史系首届考古专门化班，1962年留校任教，任著名考古学家冯汉骥助手。1981年赴美，在哈佛大学人类学系作访问学者。1984年任四川大学博物馆馆长、历史系教授，四川省政协常委。1989年定居美国，在美国华盛顿大学等多所大学做访问教授，直至终老。一生勤于笔耕，著述颇丰，在考古学、人类学、历史学、文学创作（科普与影视）等广博领域颇有建树。著有《古代的巴蜀》《文化人类学》及学术论文60余篇，另有文学创作《古峡迷雾》《珊瑚岛上的死光》《西游新记》等十余部。后辑为《童恩正文集》七卷。

《古代的巴蜀》是"童恩正学术文集"系列之一，近24万字，由两部分内容组成：其一，为作者1979年完成的《古代的巴蜀》一书，本书的得名或许来源于此；其二，为作者此后所写的与巴蜀文化有关的8篇论文，及2篇有关蒙文通、冯汉骥的纪念文章。

　　第一部分，即作于1979年的《古代的巴蜀》，是童恩正在"文化大革命"后的首部学术著作，包括前言与12章的内容。前言部分，交代了作者自己的写作立场及研究方法。用作者的话说，即是写成"四川古代史中的一个片段——巴、蜀两国的兴衰史。在社会发展分期上，它相当于奴隶社会；在考古学的分期上，它相对于青铜时代"。对于研究方法，作者指出，"尽可能地利用了历史的记载、神话故事和民间传说，也参考了近年以来的考古新发现"。第一章，简介四川自然环境，及考古发现早期人类活动的情况。从第二章至第五章，主要内容是古代的巴国史，分为"巴族早期的历史""巴族奴隶制国家的形成与发展""巴的社会经济""巴国境内的各种民族"。从第六章至第九章，主要介绍蜀国史，内容的安排与巴国相近，所不同的是，在政治内容上，突出了"开明族在蜀国的统治"。从第十章至第十二章，分别介绍了"巴蜀的文化""秦灭巴蜀"及"秦汉时代巴蜀地区经济文化的繁荣"。

　　第二部分，主要从考古新发现的角度，对第一部分内容进行了补充。如瞿塘峡盔甲洞发掘、两件铜戈铭文、广汉发现的玉石器、岷江上游的石棺葬、川西南的大石墓等所反映的历史信息。另外还有两篇是有关古代四川的对外交流，尤其是与东南亚文明的关系。是书结构清晰，语言流畅，是一部简明的巴蜀上古史著。

　　是书曾于1978年由四川人民出版社出版，后纳入重庆出版社1998年"童恩正学术文集"时，增补了第二部分的论文。（李东峰）

　　32.《四川茶叶史》，贾大泉、陈一石撰

　　贾大泉（1935~2014），四川铜梁（今属重庆）人。1961年四川大学历史系本科毕业，1964年四川大学历史系宋史专业研究生毕业。曾在中国社会科学院历史研究所工作。1979年至今在四川省社会科学院历史研究所工作，曾任历史研究所所长、研究员。其研究以四川经济史领域为主，著有《宋代四川酒政》《宋代四川经济述论》《宋代四川农村商品生产》《宋代四川地区的茶业和茶政》，以及《汉藏茶马贸易》《历代茶法制度概述》《四川茶叶史》等，另主编有《四川通史》《四川历史辞典》。

陈一石（1934～1995），成都人。1961年毕业于四川大学历史系，后为四川省民族研究所副研究员。

是书全1册，共分8章：第一章"隋代以前的四川茶业"、第二章"唐和五代时期四川的茶业"、第三章"宋代四川的茶业"、第四章"宋代四川的茶马"、第五章"元明时期的四川茶业"、第六章"清代四川茶业的发展"、第七章"民国时期四川茶业的衰落"、第八章"解放前四川茶叶的生产与流通"。

是书在阐述"茶"字的由来、回顾茶业溯源时，指出"四川是饮茶种茶的发源地"，并对四川历史时期茶叶生产的产生、发展与衰落，巴蜀时期的茶事活动、茶叶商品经济以及茶叶贸易的发展变化，饮茶的传播、制茶饮茶方法、古人对饮茶的认识、茶叶专著的问世、茶法与"榷茶"制度的历史变迁，历史时期四川茶叶生产的产地分布、茶叶产量，清末印茶倾销西藏与川茶业的危机、清政府抵制印茶销藏与对川茶业的整顿，民国时期的茶法与川茶业的衰落等相关问题，进行了全景式的详细勾勒与分析阐述。

是书对于宋代四川的茶业生产与茶马贸易的研究，颇具特色。书中以两章的篇幅，分析了茶马贸易的起源、宋代四川茶业生产的发展与茶马贸易产生原因、茶马贸易制度（茶马贸易机构及茶马贸易的办法），指出了茶马贸易的意义。是书第八章"解放前四川茶叶的生产与流通"，重建了民国时期川茶的生产、烘制、流通史，阐述了川茶与文化的关系，这些都是本书引人入胜的地方。

是书由巴蜀书社于1989年出版。（王川）

33.《宋代四川纸币》，贾大泉撰

贾大泉有《四川茶叶史》，前已著录。

世界上最早的纸币产生于北宋时期的四川，并在南宋推向全国各地。纸币的产生，是人类货币发展史上的重要里程碑。它使原始的早期货币进入了成熟的阶段，大大地推动了整个社会经济和社会文明的发展。因此宋代的纸币，引起了学者们的特别关注。《宋代四川纸币》一书，即是贾大泉应四川省钱币学会约请而撰写的一部有关宋代四川纸币研究的著作。

是书共分四章，分别为"交子的产生""官交子""钱引和南宋四川纸币""宋代的纸币和钱币理论"，主要从经济、财政、政治、军事等诸多因素的角度，对宋代四川纸币的产生、演变、发展过程以及它们相互之间的关系和影响进行了探讨。欧珠朗杰《序》论及是书特色即云："《宋代四川纸币》一书的最大特点，就是把纸币纳入当时社会的政治、经济、军事、财政等整个社会大背景中,加以综合的分析和考察,为我们全面系统、深刻地展示了宋代四川纸币生产、发展、演变的全部运行历程,并对宋代纸币制度、纸币思想、纸币运行的历史经验教训作了有益的探讨。它不仅丰富和深化了宋代纸币及整个宋代纸币的研究。在货币史、经济史上也有一定的学术价值。"因此此书的出版,对推动四川货币史的研究以及四川历史的研究,都有积极的促进作用。

是书作为四川省钱币学会钱币研究丛书之一,由四川人民出版社于2001年出版。(李冬梅)

34.《宋代四川经济述论》,贾大泉撰

是书为作者分时期、分地区、分部门考察研究宋代四川经济的一部中国断代区域经济史著作。全书共分14个部分,分别从"宋代四川的经济地位""区域和人口""阶级关系""农业""纺织业""茶叶和茶政""酿酒和制糖""井盐和盐政""造纸印刷陶瓷和矿冶造船""商业交通""货币""赋税及其结构变化""少数民族地区的经济""南宋末年四川经济的残破"等方面,具体论述了整个宋代四川的经济。

关于宋代四川的经济地位,作者认为,一方面"就整体而言,四川在宋代仍然占有极其重要的经济地位",另一方面宋代四川经济"不但远胜前代,而且超过了后来的元代和明末清初"。这是颇有见地的论断,实事求是,堪称确论。

是书涉及的范围非常广泛,从地理环境到人口状况,从生产关系到生产力,从农业、手工业到商业、交通,从汉族地区到各少数民族地区,从北宋到南宋,样样俱全,应有尽有。尤其是对于手工业生产的各个部门论述得极其详尽,占了全书总篇幅的五分之二以上。其中如纺织业、酿酒业、造船业、陆路交通、少数民族地区经济等都是前人未曾涉及或者语焉不详的领域,故是书实具有填补空白的作用。至于书中提出的一些新论点,如关于宋代四川经济发展不平衡性的分析、对于赋税结构的考察,等等,都极具学术价值。[1]

是书由四川省社会科学院出版社于1985年出版。(李冬梅)

35.《巴蜀文化辩思集》,谭继和撰

谭继和(1940~　),四川开县(今属重庆)人。1959年入四川大学历史系学习,师从徐中舒,1965年先秦史专业研究生毕业,获副博士学位。曾在中国科学院近代史研究所工作,师从夏鼐、郭沫若等,参与范文澜《中国通史》

---

[1] 参张邦炜:《评〈宋代四川经济述论〉》,载《社会科学研究》1985年第6期。

的写作。现为四川省社科院研究员、四川省历史学会会长、四川省政协常委、省重点学科建设《巴蜀文化学》首席专家、四川大学博士生导师。著有《巴蜀文脉》《郭沫若研究辩思集》等,另主编有关巴蜀文化图书多种。

《巴蜀文化辩思集》36万余字,是作者20余年从事巴蜀文化研究的结集。所谓"辩思",作者自解为"持论力执其新,实事力求其是的一些心得"。其强调思辨是不言而喻的。全书分为五部分,以"巴蜀文化研究的现状与未来"为始,取《河南程氏粹言·论学篇》"学莫大于知本末终始"之意。继之以对"巴蜀文化的基本性质及其特征"的研究,可以看出作者从最初的观点"巴蜀文化是兼容南北文化的综合性的流通性文化",到后来发展成为"巴蜀文化的特征在于神奇的自然世界、神秘的文化世界和神妙的心灵世界"认识的转变。再次继之以"巴蜀文化始源及其发展史"和"巴蜀文宗与名人"两部分,重在从历史发展的角度,提出自己对于关键问题的新思考,并以实例证明"文宗自古出巴蜀"之理。最后以"巴蜀文化的现代化"作结,并附以自己的四份政协提案,强调学术研究与地方建设之间的关系。其研究巴蜀文化多从宏观角度着手,对于巴蜀文化模式的理论建构有所思考。

是书由四川人民出版社于2004年出版。(李东峰)

36.《四川通史》,陈世松、贾大泉主编

陈世松(1940~),绵阳人。1958年入四川大学历史系学习,1966年研究生毕业。四川省社会科学院研究员,著有《蒙古入蜀初探》《天下四川人》等。

贾大泉有《四川茶叶史》,前已著录。

《四川通史》是一部集体合作的著作,用时10年完成,全面系统地阐述了四川地区从古到1949年为止的历史发展过程及其规律。1993年初版全书共分7册,第一册为"先秦时期",由段渝撰稿;第二册为"秦汉三国时期",由罗开玉撰稿;第三册为"两晋南北朝隋唐时期",由李敬洵撰稿;第四册为"五代两宋时期",由贾大泉与周原孙撰稿;第五册为"元明清时期",由陈世松、柯建中与王纲撰稿;第六册为"近代(1840~1919)",由彭朝贵、曾绍敏、吴康零等撰稿;第七册为"现代(1919~1949)",由温贤美、马宣伟、刘子健等撰稿。

《四川通史》的编写坚持实事求是的原则,从四川历史实际出发,在遵循一般通史编撰规律的同时,揭示了四川历史本身的个性与特点。关于在"四川"概念的界定上,以当时行政区划为限。在内容安排上,则立足于今天的四川，对于今四川境内的历史叙述较详细，对于今四川境外的非主要事实则相对简略，以避免与其他省区地方史的重复。每册的内容包括政治、经济、民族与文化四个板块。全书按照统一体例分工撰写，写作风格不强求一致。

是书由四川大学出版社于1993年出版。（李东峰）

37．重修《四川通史》7卷，贾大泉、陈世松主编，吴康零副主编

贾大泉有《四川茶叶史》，陈世松有《四川通史》，前均已著录。

吴康零，四川省社科院编审。曾先后在四川省哲学社会科学研究所、四川省志编委会工作。长期从事近代史研究、地方志编撰、书刊编审和文献信息工作，编著有《四川历史人物故事》《新编四川概览》《巴蜀将帅传》等。

《四川通史》重修的缘由及目的，据主编贾大泉《重修〈四川通史〉导言》介绍，是其认为原《四川通史》于1993年由四川大学出版10多年后，四川历史研究又有了许多新的成果，出土了大量珍贵文物，发现了不少新的史料，随着时代的演进，对四川历史也有了一些新的认识和解读，因此，有必要在原《四川通史》的基础上，重修一部《四川通史》，以满足社会各界的需要。为此，提出重修建议，并于2004年列为四川省繁荣发展哲学社会科学重点课题，随即成立重修《四川通史》编委会，开始重修工作。

重修的《四川通史》仍为7卷，共400余万字，每卷内容依旧包括政治、经济、民族、文化四个板块，在起讫时间不变的基础上，即时间范围仍从远古至民国止，但对部分分册历史断限和编写人员作了调整。具体方案是：第1~4卷的时间断限和写作人员不变，其中卷一为先秦，段渝撰稿；卷二为秦汉三国，罗开玉撰稿；卷三为两晋南北朝隋唐，李敬珣撰稿；卷四为五代两宋，贾大泉（主编）、周原孙撰稿；卷五由原来的元、明至清鸦片战争前调整为元、明，陈世松（主编）、李映发撰稿；卷六由原来的近代（1840~1919）调整为清代，吴康零（主编）、张力、王纲、张学君、张莉红、王炎、胡越英撰稿；卷七由原来的现代（1919~1949）调整为民国，贾大泉（主编）、吴康零、张学君、张莉红、陈世松、张力、周琦撰稿。"这种调整，主要是淡化以阶级斗争暴力革命为主线，不把鸦片战争以后的四川近代历史当做革命史来研究，而是依据政权更替，用新的认识来研究清朝和民国时期的全部历史，更客观地反映这一时期的历史原貌。同时也使四川有一部完整的清代四川史和民国四川史的

学术专著。"①

重修的《四川通史》在空间范围上以1997年3月川渝分治前的四川行政区域作为研究对象。其内容在原来的基础上，增加了许多新的内容。各卷之前，根据谭其骧主编的《中国历史地图集》（四川部分）、任乃强编绘的《四川历史地图》与《四川州县建置沿革图说》，以及近年研究成果，相互参校，绘制了相关历史时期的政区地图。同时，每卷新增了彩图，并随文配图1000余幅。每卷内容除正文外，皆有《前言》《大事年表》和《后记》。书前又有陶武先《认识历史创造未来——〈四川通史〉（重修本）序》及贾大泉《重修〈四川通史〉导言》。

重修的《四川通史》，遵循"真实是史学生命"的原则，在历史唯物主义和科学发展观指导下，对四川地区从远古到民国时期的社会经济、政治、文化、民族、宗教、民俗等人文的和自然的内容做出了较为客观和系统的记述。从横向看，它是四川各个时期的断代史；从纵向看，它是四川多个领域的专题史。书中有四川发展的曲折历程之演化，有时代进步的辉煌暗淡之交替，有川人面对灾难自强不息之坚毅，有历代统治者治蜀镇疆之得失。因此，是书可谓迄今为止篇幅最大、内容最为完整的四川地方史著作。四川省政协主席陶武先在《序》中即指出，《四川通史》"依据史料，成就文章；详述史实，内容系统；经纬有序，逻辑严谨；表述通俗，图文并茂。可以说在客观、全面地述写四川历史方面是前所未有的"。故其重修面世，实乃四川史坛之盛事。主编贾大泉在《导言》中还对四川在中国历史上的地位，四川对人类文明的贡献，移民、战乱与曲折的发展历程，在川少数民族与汉族共创历史等问题作了阐述，以便于从整体上了解四川历史。所以重修《四川通史》较旧版《四川通史》在学术水平和实用价值上"有了飞跃性的提高"。在掌握省情、服务四川地方建设、丰富中国历史内涵、为社会主义精神文明建设服务等方面，是书具有重要意义。

是书由四川人民出版社于2010年3月出版。（李冬梅）

38.《中国川剧通史》，邓运佳撰

邓运佳（1941~　），四川合川（今属重庆）人。出身川剧之家，从小酷爱川剧，即为"玩友"。1966年毕业于四川大学中文系，毕业留校，历任教授、研究生部主任。先后主讲《戏剧基础知识》《川剧研究》《中国戏曲研

---

① 贾大泉：《重修〈四川通史〉导言》，《四川通史》卷首，四川人民出版社2010年版。

究》等戏剧课程。著有《川剧艺术概论》《中国川剧通史》等。

川剧，作为地方戏曲剧种，流行于四川东中部、重庆及贵州、云南部分地区，为首批列入"国家级非物质文化遗产名录"的剧种之一。清乾隆年间，在外来的昆曲、高腔、胡琴、弹戏与地方的灯戏等声腔相互融合的基础上，逐渐形成共同的风格，清末时统称"川戏"，后改称"川剧"。川剧除以变脸脸谱而著名的象旦行浣（花仙）派、丑行傅（三乾）派、曹（俊臣）派等外，主要流派有四：一是"川西派"，包括以成都为中心的温江地区各县，以胡琴为主，形成独特的"贝调"；二是"资阳河派"，包括自贡及内江地区的各县市，以高腔为主，艺术风格最为谨严；三是"川北派"，包括南充及绵阳的部分地区，以唱弹戏为主，受秦腔影响较多；四是"川东派"，包括以重庆为中心的川东一带，特点是戏路杂，声腔多样化。

作为民族的瑰宝，川剧从古至今在民众的社会生活中发挥了不可替代的功用。但在舞台实践外，对川剧相关的理论研究却相对较为薄弱，这成为弘扬这一传统艺术、丰富当下民众生活的瓶颈之一。作为戏曲爱好者，作者敏锐地发现了这一不足。于是在理论性著作《川剧艺术概论》中，揭示这种表演艺术形式在历史上发展演变规律，加深对川剧本身认识及其功用的发挥，这大概是本书撰写的宗旨。

本书中的"川剧"，乃广义上的概念，大概涵盖今四川地区（含重庆）历史上的以声、乐、舞等为内容的艺术表演形式。对这三者间相互影响在历史上展开，就构成了"川剧通史"。全书68万字，共分为17章，自第一章至第十一章，分别为"四川的原始戏剧""周秦的巴蜀歌舞""汉代四川的'巴渝戏'""六朝四川戏剧的危机""隋代四川戏剧的衰亡""唐代'蜀戏冠天下'""宋代的'川杂剧'""元代四川戏剧的再度衰亡""明代四川'川戏'的诞生""清代川剧的盛衰"，以上为古代部分。其余为近现代部分，即自第十二章至第十六章，分别为"辛亥革命后的川剧""川剧艺术的新生""川剧事业的发展""川剧艺术的'大跃进'""川剧艺术的厄运"，最后一章为"川剧的振兴与走向世界"。本书所述以朝代为序，自上古直至当世，作者钩稽出了四川地区戏剧的发展演变史。

是书资料丰富，语言流畅，李道森撰文称誉此书为"一部集学术性、史料性、趣味性于一身的好书"，是"戏曲理论研究的新贡献"。李致亦认为《中国川剧通史》"填补了川剧史的空白"。

是书由四川大学出版社于1993年出版。（李东峰）

39. 《巴蜀文化大典》，徐世群主编

徐世群（1940～　），梁平县（今重庆市梁平县）人。1960年加入中国共产党，1963年毕业于西南师范学院外语专业。曾任四川省副省长、四川省人大常委会副主任、党组副书记，中共十二、十三届中央候补委员，第六届全国人大代表。

《巴蜀文化大典》，为1994年四川省教委重点项目，始撰于1995年，完稿于1997年。全书由时任副省长的徐世群出任主编，由享誉海内外的著名作家、学者巴金、王朝闻、王利器、马识途为学术顾问，由西华师范大学（原南充师范学院）巴蜀文化研究所及巴蜀两地的专家学者百余人组成编撰工作委员会分头编撰。

是书分为上下两册，共15个分卷，分别为：历史卷，主编徐才安、黄鹏；地理卷，主编李传永；农业卷，主编聂元明、曹剑锋；工贸卷，主编李润、程瑞钊；语言卷，主编唐韵、查中林；文学卷，主编赵义山；艺术卷，主编雷家仲、傅宗洪；教育科技卷，主编刘玉平；旅游卷，主编何尊沛；宗教卷，主编杨超；饮食卷，主编周晓琳；民俗卷，主编李万斌；体育卫生卷，主编邓尚洁、徐德惠；新闻出版卷，主编易盛学；建筑卷，主编余卓群。全书辞目共计14445条，凡500万字，另有珍贵图片180幅。书前有王利器所作序，正文每卷有概述，有辞条，间有附录。书后附有《巴蜀文化文献资料汇目》。

王利器在序中谓"巴蜀文化以奇异著称"，并归纳其成就与特点为：一、物质文化特别发达；二、文化教育，成就卓著，才士俊彦，彬彬辈出；三、儒风偏薄，宗教气氛甚浓，反传统倾向明显；四、巴蜀民风淳厚，和善重义，善汲纳，而于暴力压迫亦最具反抗精神。这些巴蜀文化的基本精神特质，通过《巴蜀文化大典》所汇集的大量实例得到了体现。巴蜀文化既是中华文化的一部分，又带有鲜明的地域特质与文化传统。在漫长的历史过程中与其他地域文化互济互利，共同构成了今天的中华文化。所以，无论从川渝地方性文化的角度，还是从中华文化整体的角度，该书的问世都可谓意义重大。

是书由四川人民出版社于1998年出版。（董涛）

40. 《四川脊椎动物化石》，何信禄编撰

何信禄（1927～　），四川广安人。1950年毕业于重庆大学地质系，1951年工作于东北研究所，1952年至1958年任职于长春地质学院，1953年调成都地

质学院（今成都理工大学）工作，历任副教授、教授、古脊椎动物研究室主任、成都理工大学博物馆馆长。从事古脊椎生物研究，是合川马门溪龙最早的研究者之一。在20世纪70年代于四川自贡发现了盐都龙，学界因此将此种恐龙命名为"何信禄龙"。1993年荣获第六次国家自然科学奖二等奖。著有《四川脊椎动物化石》《古生物地史》等4部专著。

本书系统地整理了从1870年到1982年110多年来四川地区古脊椎动物化石的研究成果，并选用了20世纪60年代至80年代初研究和新发现的部分标本，收录了包括无颌类、盾皮鱼类、软骨鱼类、硬骨鱼类、爬行类和哺乳类等6纲、22目、52科、83属和99种古脊椎动物的文献资料。此外，大约有20余种未收入书中，这些属种或只有名称而无图无描述，或仅有简单的描述，甚至名称亦不确切，无充分材料。

本书资料翔实，描述细致，编排严谨，绝大部分物种有图版资料或依据标本绘制的图画资料。读者通过本书可了解四川古脊椎动物的梗概，对于相关工作者来说，本书亦有重要的参考价值。手稿于1982年完成，到1984年出版时，已有不少新的论文、论著及发现，正文未及收录，在序言中有简明介绍。这些新的成果主要集中在中生代门类。

是书由四川科学技术出版社于1984年出版。（钟雅琼、杨燕萍）

41．《四川内河航运史（古、近代部分）》，王绍荃主编

王绍荃（1928~　），四川成都人。曾任四川省交通运输厅交通史志总编室副总编辑。主要著述有《四川内河航运史（古近代部分）》（主编）、《四川内河航运史（现代部分）》（主编）、《四川省志·交通志（上册）》（副主编，主要负责内河航运篇）。

是书系《中国水运史丛书》之一，为四川历史上第一本航运专著。自1983年开始编写，历时6年，经多方搜集资料而成。其体例是以编年体为主，辅以纪事本末体，时经事纬，上起先秦，下讫1949年新中国成立，系统地记录了四川的内河航运基本情况，包括四川航运的起源、兴衰演变的历程、航运技术的进步等。此外对一些时间跨度较长、具有专题性意义的内容还开辟了专章进行论述，如川江木船、川江号子等。

全书共分8章，计30余万字。第一章以大禹治水为上限，追溯四川内河航运的起源，并诠释了都江堰水利工程的构造及原理。第二章至第四章分别叙述了秦朝至清朝中叶四川水运的发展状况、航道的改变、船舶业的进步等。第五、

六章则介绍了晚清至民国初列强入侵后外轮在川江的垄断行为，并分析由此对川江航运的种种影响，以及在此刺激下民国初年川江民营轮船运输业的兴起及其与外轮的斗争。第七章对开启了现代航运管理先河的战时航运管理做了系统的论述，其中着重介绍了重要的港口、航线以及航道整治工程。第八章为四川木船及川江号子的专题研究。全书资料丰富，叙事翔实，是四川内河航运及川江水道研究的重要成果。

是书由四川人民出版社于1989年出版。（钟雅琼）

42.《西南地区古生物图册》，西南地质科学研究所主编，国家地质总局书刊编辑室编辑

是书主要收录西南地区的古生物化石资料，主要编纂者为金淳泰、王树碑、李善姬。三人均为成都地质矿产研究所研究员，分别从事地层古生物研究、层孔虫目研究、四川寒武纪古生物研究。全书分为两册，第一册编入震旦纪至泥盆纪的古杯、层孔虫、珊瑚、腕足类、软舌螺、腹足类、鹦鹉螺、三叶虫、笔石、无颌类和鱼类化石，总计518属、1296种，其中有39新属（及新亚属）、590新种（及新亚种）。第二册编入石炭纪至中生代的有孔虫、层孔虫、床板珊瑚、皱纹珊瑚、腕足动物、瓣鳃类、腹足类、菊石、叶肢介、植物化石（包括少量新生代的属种）等，总计514属（及亚属）、1572种（及亚种），其中新属（及新亚属）34个、新种（及新亚种）586个。

图册中的化石资料主要选自四川省地质局各地质队、四川石油、煤炭、冶金、地震等部门所属地质队历年的所积成果。西南地质科学研究所及成都地质学院历年采自本省的标本，少数选自四川省地质局承担的1/20万区测图幅和1/100万昌都幅涉及的相邻省区的标本。

每一图册的前半部分为文字描述，后半部分为图版。化石的文字描述按各门类系统分类描述，并较一般手册略为详细，并对某些属种进行了必要的比较讨论或订正。同时编纂者还在图册前分别列出了各纪地层划分对比简表，并对若干地层问题的处理做了说明，以便读者了解四川省各时代地层划分对比的简况。

是书由地质出版社于1978年出版。（钟雅琼）

43.《四川中药志》，本书协作编写组集体编撰

四川是我国中草药生产的主要基地之一，药材品种达3000种以上，产量约占全国的三分之一。川产药材驰名全国，远销国外。为了充分反映四川中草药的丰富资源、群众宝贵的用药经验、中草药科研成果，体现现代中医学和中药

学的科学水平，1976年由四川省中药研究所、成都中医学院、四川省中药材公司、四川医学院、重庆医学院、南充师范学院、泸州医学院、重庆市中医研究所、重庆市第二中医院、成都市第一人民医院、四川农学院、峨眉中药学校、成都市药检所、成都市中药材站、重庆市财贸学校等单位组成《四川中药志》协作编写组，开始编写《四川中药志》。

本志共16册，其中文字介绍8册、彩色图集8册，收录了大约3000余种中草药，按药名笔画由少到多排列顺序，每种药分原植（动、矿）物、药材、成分、药理、炮制以及医疗用途六部分叙述。其中药名的选择以国家药典1975年版所收载的药名为首选；其次选用历代"本草"中应用已久并考证无误的名称；再次为地方标准有收载的名称；地方名不统一的，则采用植（动、矿）物名。每种药除正式名称之外还收录了使用地区较广、历史较久的别名。

对于每种药，书中记载了其性味、产地、采集部位、加工鉴别方法，并对其贮藏及使用地区等作了记录。在收载每种中草药的有效成分及一般成分的同时，对大部分中草药的药理作用、作用原理、体内过程和毒性都有简明的说明。此外部分中草药有炮制方法与经验的介绍，大部分的中草药有比较详细的医疗用途（如性味、功用、用量、禁忌和常用药方）的说明。

为了方便读者检索，每一册末还附录了全部中草药的中文名称索引以及拉丁文名索引。同时每味药的原植（动、矿）物和药材部分，全部用彩色图，图集单独成册。药材的鉴别项下另附显微组织或粉末的细胞图。

《四川中药志》总体来说所收种类较全，而且彩图绘制精美，汇集了当时的科研成果以及丰富的民间用药经验。该书第一卷曾获得1979年全国科学大会成果奖。

是书由四川人民出版社于1980年出版。（钟雅琼）

44．《僰国与泸夷——民族迁徙、冲突与融合》，刘复生撰

刘复生有《宋代蜀学研究》，前已著录。

张光直曾言："中国西南确是研究中国民族学、民族史的宝库……西南的民族在很大的程度上反映着中国古代多样性的民族情况。西南民族史在很大程度上反映着中国的民族史，同时西南民族文化的细节也常反映着中国古代文化的细节。"[①]有关古"僰人"或"僰国"的民族问题几乎牵动着西南民族史

---

① 童恩正：《中国西南民族考古论文集·序》，文物出版社1990年版。

上的一系列问题。古"僰国"位于西南地区川滇黔三省交会之地。秦汉之前，它处于蜀、巴、滇、夜郎和邛都等诸民族集团势力的中心地带。秦汉以降，"僰国"故地又是中原政权向西南地区扩展的前沿。宋明时期，包括"僰人"在内的土著居民与中原政权时战时和，前后发生过数十次激烈的冲突，最终于明万历年间被剿灭。作者力图通过就"僰人"及后来包括"僰人"在内的"泸夷"诸族活动的历史考察，对于西南地区两千年来民族的演变做出"平实的列叙"，并找出该地区复杂多变的民族关系的演变轨迹。

是书凡18万字，内容共分8章。第一章"'僰人'疑案"是对"僰人"种属之辨析。第二章为"'僰国'之地的早期开发"，历数了从秦汉至三国两晋南北朝时期，中原政权在"僰人"之地的经略情况。第三章"'僚人入蜀'与泸叙民族的演变"是对第二章内容的补充。在成汉王朝，"僚人入蜀"对于戎泸地区和四川古代民族演变带来了深远影响。作者在辨析这一历史事件的基础上，对"僚人"民俗和语言遗存进行分析，认为入蜀"僚人"具有使用铜鼓、葬行悬棺、崇祀竹王、凿齿等民俗特征，而且留下了大量壮侗语或接近壮侗语的语言遗存。其与当地土著融合倾向是明显的。第四章"隋唐宋的'开边'与羁縻州的置废"简介了隋、唐和宋对"僰国"之地的统治情况。第五章"宋代'泸夷'述论"是对第四章的深化，详细介绍了北宋时期处于"僰国"之地的"泸夷"的活动，"泸夷"不同部族及相互之间的关系，以及"泸夷"诸族的经济生活。第六章"元明土司制度与泸叙民族地区的开发"简介了元明朝廷对这一地区的管理及开发情况。第七章"明代'泸夷'述论"在简介"泸夷"诸族基本情况后，重点介绍了其中"都掌蛮"的基本情况、与明王朝的战争，以及战败的原因。最后一章为"一个消失民族的史诗：'僰人'民间传说"，大概是作者对已消失500余年的"僰人"的哀悼。

是书资料详赡，论证严谨，极具原创性，常于批判的吸收前人观点中阐发精辟之见。

是书由巴蜀书社于2000年出版。（李东峰）

45.《秦汉时代的中国西南》，罗二虎撰

罗二虎（1955～　），历史学博士，现为四川大学历史文化学院考古系教授、博士生导师。先后兼日本大阪大学文学部、日本京都大学东南亚研究所、日本龙谷大学佛教文化研究所、上海大学美术学院、上海大学文学院客座教授，上海大学博士生导师，中国三峡博物馆特聘研究员等。在科研方面以考古学为中心，并力图结合历史学、文化人类学、民族学、美术学、民俗学等方法进行研究。研究领域主要涉及历史考古、史前考古、中国西南考古、美术考古与古代艺术、古代文化与文明、文化与生态、中外文化比较等。主要著作有《中国新石器时代的分区与分期》《四川崖墓的初步研究》及《汉代画像石棺研究》等。

《秦汉时代的中国西南》是在德国考古学家魏沙彬的首倡，并与作者共同完成了本书提纲的草拟的情况下，由作者独立完成的。是书主要讨论了从公元前316年至公元220年，在秦汉王朝的统治下，中国西南地区多种社会及文化形态渐趋衰落或消亡，并最终与华夏文明融合的过程。全书22万字，共分为正文与附录（大事年表）两大部分，正文又分为8个单元。第一单元为"序章"，简述了中国西南地区地理概括，秦汉统治之前这一地区的民族、文化及其与中原地区的交往。第二单元"统治沿革与文化变迁"概述了在秦汉王朝的统治下，这一地区与中原文化的相互影响，渐趋融合的过程。第三单元为"道路与交通"，记述了西南地区与中原文化交流得以保障的基本条件，即秦汉政权主持的"官道"的开通、设施及制度、维护情况。第四单元为"移民"，简述秦汉时期"移民"的目的、来源与方式、管理与安置揭示了文化交流的主体及实现方式。第五单元"政治制度"介绍了秦汉王朝对西南地区的两种行政管理方式，即"郡县制"和"册封制"，此外还有官制、学制和兵制。第六、七单元介绍了秦汉王朝对于西南地区的社会经济的开发与促进。其中在"农业与牧业"章，简介了这一地区的水利建设与农田开垦及相关的制度，既有"铁农具与农业技术"等生产力方面的情况，还有牧业的发展情况。"手工业与商业"章在介绍了相关的管理体制外，还分门别类地简介了工矿业、制盐业、冶铁业、冶铜业及其他手工业。最后一单元为"结语"。

是书结构明晰合理，论证严谨，图文并茂，是以历史文献与考古发现相结合研究西南地区民族文化的力作。

是书于2000年由天地出版社出版。（李东峰）

46.《成汉史略》，杨伟立撰

杨伟立，四川省社会科学院历史所研究员。主要从事巴蜀文化研究，著有《前蜀后蜀史》《成汉史略》等。

"成汉"政权是由賨人李氏在成都先后所建，它是"五胡十六国"时期少数民族所建的第一个割据政权。其先由賨人李特于西晋惠帝太安二年（302）在成都创立，号为"大成国"，后李特侄子李寿于东晋咸康四年（338）改称"汉国"，成汉政权共历六世45年。其中李雄统治的30年是成汉的鼎盛时期，比起中原的战乱，政治、经济和文化获得了一定的发展，大成国称得上一片乐土。李班以后，由于李氏皇族的内乱，实力受到了较大的削弱，加之僚人的反抗，国力江河日下，至东晋穆帝永和三年（347），为东晋桓温所灭。

全书8万余字，共分为正文与附录两部分，其中正文包括七章。第一章"古老的賨人"追溯了賨人的民族变迁史，在纠正了《晋中兴书》中"賨者，廪君之苗裔"的说法后，推测"賨人"的称呼可能始于汉代，接着记述了其与中原政权的关系及其文化发展。第二章"流民入蜀及其同益州官吏的斗争"介绍了賨人李氏起事前的历史背景，即流民入蜀，流民与地方政府之间的关系，以及流民武装渐趋强大。第三章"李特领导流民起兵"介绍了在李特的率领下，流民起兵的过程及发展。第四章"大成政权的建立"简介了賨人李氏政权建立，以及巩固政权的斗争。第五章为"李雄统治时期大成国的发展"，这是大成国割据政权发展的全盛阶段。李雄称帝后，在政治上，建立了一套全盘汉化的封建政权机构；在军事上，疆域进一步扩展与巩固；在经济上，推行"宽和政役"，轻徭薄赋的政策，使农业生产有了一定的恢复；在文化上，李雄曾"兴学校，置史官"，常氏族人于经学颇有研究，其中常璩曾作《汉之书》10卷。第六章"汉国的衰落"介绍了李氏皇族的内讧，汉国的建立及覆灭。第七章为"成汉政权存在的历史条件"，这是对于成汉割据政权的进一步认识。作者历数了三大原因，即"八王之乱"为成汉政权割据存在的直接诱因，西晋及随后的东晋政局动荡，使中央朝廷无力顾及西南一隅的割据政权，而大成政权在李雄统治时期上下励精图治，实力不弱。加之易守难攻的天险保障，所以得以存在40多年。附录部分为"成汉大事记"，以晋王朝为编年之纲，历数从李特平赵廞至李势投降桓温，约47年的历史。

是书征引史料翔实，条理清楚，立论严谨，以雅俗共赏的语言为读者勾勒出成汉史的概貌，填补了"五胡十六国"史学研究的空白，也实现了作者自己在研究之初所提出的目标，即"为了总结历史经验，全面考察四川历史的发展规律与特点，或为这种总结与考察提供一点素材等"。

是书由重庆出版社于1983年出版。（李东峰）

47.《四川历史农业地理》，郭声波撰

郭声波（1959～　），四川泸州人。1982年毕业于西南师范大学历史系,获历史学学士学位;1984年、1989年相继毕业于陕西师范大学历史地理研究所,分获历史学硕士、博士学位。随后分配到四川大学古籍整理研究所工作。2003年9月,调入暨南大学文学院历史系。现为暨南大学历史系教授、博士生导师,历史地理研究中心主任。主要研究方向为历史农业地理、历史民族地理,著有《四川历史农业地理》《宋朝官方文化机构研究》《新旧五代史地名族名索引》《历代地理指掌图》(校点)、《大元混一方舆胜览》(校点)、《彝族历史地理研究》《中国行政区划通史·唐五代卷》等。

是书在其博士学位论文基础上,经过三年修改、补充而成,全书共分4篇19章,以"历代水利与农地的开发""五业的嬗替""各区农业生产水平的差异""余论"为题,从人与自然的关系角度,探讨了四川这一行政区域内农业地理的演变过程及其因果、特点、规律诸问题。

农业地理与农业文化和自然地理有密切关系。农业文化在民间有较长的稳定期,人们可以透过农业文化景观把握其脉搏;自然地理与农业文化的关系也可以通过实地考察得到更深入的了解。因此是书在注重进行传统农业与自然地理关系的考察之上,总结出四川历史农业地理发展演变的主体线索是:以粮代牧、精耕细作,向荒山荒原进军这一近现代四川农业地理发展趋势,是清代中叶开始出现,至近代加剧的新动向,它是人口增长完全失控和盲目经营的产物,对于符合四川地理环境的传统的多种经营型良性农业生产结构来说,无异于已走向畸形的叛离道路。

是书收集资料宏富,结构严密,层次分明,线索清楚,论述精当,结论正确,是一部在观点与方法上具有开拓性,且具有较强现实意义的区域农业历史地理著作,故学界评价甚高,指出其"从时间、部门、空间三个方面对四川省上自新石器时代,下迄民国,长达数千年的农业发展历史,划分为三个大的阶段,七个生产区域及若干个生产部门,多方位地进行了全面系统深刻具体的论述分析,阐明了四川地区历史时期农牧业生产区域的分布与变化,各生产区域之农业生产结构,主要农作物之由来与分布,各生产区域之农业生产水平之演变与差异以及农业生态环境之变化等。不仅填补了我国历史农业地理研究的一个空白,对深入进行区域性历史农业地理研究作了有益的探索,而且还提出了一些很有见地的见解与建议,对四川省如何认清与解决当前农业生产面临的一些重大问题，制订农业发展区划、规划，将能有所裨益。"①

是书由四川人民出版社于1993年出版。（李冬梅）

48.《西南历史文化地理》，蓝勇撰

蓝勇（1962~　），四川泸州人。1983年毕业于西南师范大学历史系，获历史学学士学位;1989年西南师范大学研究生毕业，获硕士学位，留校工作。现为西南大学教授、博士生导师，历史地理研究所所长、西南地方史研究所所长。主要从事中国历史地理学和地方史的教学和研究，著有《四川古代交通路线史》《西南历史文化地理》《古代交通生态研究与实地考察》《长江三峡历史地理》《南方丝绸之路》《中国历史地理学》《中国历史地理》《三峡经济开发的历史反思》《中国三峡文化》（合作）、《西南交通贸易与开发》（合作）、《唐僖宗》《巴渝历史沿革》《千古三峡》等。

是书系四川省哲学社会科学"八五"规划项目，主要对历史时期西南地区（云南、贵州和重庆直辖前四川）的精神文化和物质文化诸要素的时空发展规律做了可贵的探索,是一部内容丰富、颇具特色、甚有价值的区域历史文化地理专著。

长期以来，由于西南地区地形复杂，民族众多，历史发展又极不平衡，因此历史时期西南的文化在空间上变化太大，这就为研究西南历史文化地理带来了诸多不利的因素，故学术界对西南历史文化地理的研究一直较为薄弱。而且，以往的研究多集中在考古、教育、学术、信仰、艺文、方言等文化因素上，对这些因素在历史时期的空间变化上却着力不多；尤其是对大文化因素中的人种、饮食、服饰、居室、交通等空间变化研究就更是十分薄弱了。是书有意识在这些方面下足功夫，从人种、考古文化、移民、教育、学术、信仰、丧葬、艺文、服饰、饮食、居室、交通等方面,对我国西南地区这些分属精神文化和物质文化要素的时空演进轨迹做了全面而深入的分析。

全书共分十三章，分别为"历史人种和民族源流地理""考古学意义下的西南文化地理""历史时期西南汉族移民与文化氛围的嬗变""历史时期西南教育地理""历史时期西南学术文化地理""历史时期西南信仰地理""西南历史丧葬文化地理""历史时期西南艺文地理""西南历史饮食文化地

---

① 史念海：《四川历史农业地理·序》，载《四川历史农业地理》卷首，四川人民出版社1993年版。

理""西南历史服饰文化地理""西南历史民居文化地理""西南历史交通文化地理""历史时期西南综合文化区的划分",计80多万字,并绘有地图41幅、图示232幅、表147个,可谓迄今出版的区域历史文化地理著作中,分量较大、内容较为丰富的一部专著。

是书取材广泛,如书中参考了古代文献506种、现代文献206种,每种文献都有详明的版本注录,颇便学人参考。而且,书中还有不少作者亲身体验、实地考察的资料,弥足珍贵。在研究方式上,注重量化分析。如分析移民与文化时,对清代进入四川的不同籍贯移民分布采取移民会馆统计和提及顺序验证方式进行研究。又如研究西南区域居民特征时,对现代居民个性心理特征用心理学自陈量法进行统计研究,以发现古代居民个性心理特征与现代同地区居民心理特征的变异。这就突破了传统的实证研究方法,尽量避免流于空泛概念。同时,此书探讨的一些人们很少触及的文化地理要素,有可能引发人们的研究兴趣,为进一步探讨这些要素创造了条件。

是书由西南师范大学出版社于1997年出版。(李冬梅)

49.《古代交通生态研究与实地考察》,蓝勇撰

本书是一部关于古代中国西南地区交通生态的历史地理研究专著。历史地理学,作为一个专门的研究领域,在很长时间里都曾隶属于历史学。20世纪是中国历史地理学发展的一个重要时期,在这一时期里,历史地理学从隶属地位逐渐发展为一门独立的新兴学科。1936年,张其昀在《中国地理修学法》中,将历史地理学作为地理学的一门分支学科独立列出。不同于以往的这种沿革地理学,它是以人类历史时期地理环境的变化为研究对象,探讨人类活动对地理变化的影响,考证复原过去时代的地理环境,寻找其发展演变规律,并阐述其特点以及对后代地理环境的影响。20世纪80年代以来,生态平衡、环境变迁等问题日益得到重视,区域生态地理研究也成为学术热点。"近代以来,我国学界对西南地区的研究不乏重要的论著,但多着力于西南疆域政区的考订和民族问题的探讨。对西南地区自然生态、经济环境、民俗民情的研究不多。"[1]蓝勇《古代交通生态研究与实地考察》即为这方面专题论文的结集。

是书分上下两编,正文前有作者实地考察的部分照片。上编收录了《唐宋四川馆驿汇考》《隋唐开边县治辨误》等论文26篇,主要是对古代入川道路和

---

[1] 邹逸麟:《古代交通生态研究与实地考察·序》,四川人民出版社1999年版。

移民文化的研究；下编收录了《历史时期中国西南森林分布变迁研究》《历史时期长江上游航道萎缩与对策研究》等论文20篇，主要是对西南地区自然生态变迁的研究，以及自己对于历史地理学研究方法的观点。40余篇论文，内容涉及驿站、古栈道、关隘、索桥、动植物分布、水运航道、气候、贡品、农业、井盐、移民、区域文化等多个方面。作者涉足历史地理研究17年，秉承"读万卷书，行万里路"的地理研究传统，将文献研究与实地考察相结合。这些论文正是17年来的部分研究成果的汇集，并配有插图。虽然大部分已经发表于各刊物，但此次收录时又做了一些修改。如《隋唐开边县治考辨》《清代长江上游救生红船制研究》《历史时期西南森林分布变迁研究》等，是补入了新材料；《明清时期的皇木采办研究》是将之前未发表的论文内容补充全面；《四川古代栈道分布和特点研究》等则是做了较大的修改。《唐代四川馆驿汇考》一文，第一次对唐宋四川馆驿的情况做了系统地、明确地、将文献资料与实地考察相印证的考证；《隋唐开边县治辨误》纠正了《中国历史地图集》之《隋唐五代十国》的标注错误；《元代四川站赤汇考》对元代四川盆地及对外交通驿道做了初步考证，弥补史志记载之不明；《历史上的阴平正道与阴平斜道》，在争鸣的诸家论说中再发"一家之言"；《南方丝绸之路路线问题的探索》一改学者将主要精力集中于丝路沿途民族文化研究的角度，别辟蹊径，从历史地理学角度将历史文献与考古资料有机结合，将丝绸路线研究推进一步；等等，内容甚至包括索桥、溜索、背篓这些西南地区独有的自然人文景观。可以说，每一篇文章中都包含了作者立志于"究天人之际，通古今之变，成一家之言"的独到见解，其视角之独特、考察之审慎，在历史地理学研究中也堪为楷模。加之作者行文流畅，语言生动，从而大大增强了学术文章的趣味性和可读性。

是书由四川人民出版社于1999年出版。（李冬梅、邹艳）

50.《大足石刻铭文录》，重庆大足石刻艺术博物馆、重庆市社科院大足石刻艺术研究所编

大足位于重庆西北部，东邻铜梁，西连安岳，北接潼南，南界永川、荣昌。东周时属巴国，秦时属巴郡，汉、东晋时分别为益州郡垫江县和梁州巴郡垫江县，隋时属涪陵郡和资阳郡，唐初属山南西道合州和剑南道普州。唐肃宗乾元元年（758），以李鼎祚谏，析合州巴川县绥仁乡地与昌州同置，因"大足川"（今濑溪河）横贯县境东西，故得名大足，至今已有1200余年历史。南北朝时，随着佛教的传入和兴盛，北方地区石窟盛行，敦煌莫高窟、云冈石窟、

龙门石窟是为代表。相比于北方的兴盛，南方的石窟艺术却显得略为沉寂。现存大足石刻最早的为凿于唐永徽元年（650）的尖册子摩崖造像，然而其后两百余年，仅新开凿圣水寺摩崖造像一处，两处一共不过20龛。"安史之乱"后，北方佛教石窟逐渐式微，南方大足地区的石刻却迎来了它的辉煌时期。石刻以今之大足区、潼南区、铜梁区、璧山区为范围，历经晚唐五代至南宋250余年，达到鼎盛，建成北山、宝顶山两座大型石窟。明清时期，有所增修，今存石刻造像70多处，总计10万余尊，尤以北山、宝顶山、南山、石篆山、石门山五处最为著名。

如此规模宏大的石刻艺术群，却由于时代变迁，史失其载，仅《舆地纪胜》《蜀中广记》偶有提及，《四川通志》中却只字不提，元明清三朝鲜有人问津。至20世纪40年代，杨家骆、马衡、顾颉刚、傅振伦等发现了北山、宝顶山等处石刻，惊叹大足石刻可与云冈、龙门"鼎足而三"，大足石刻得以掀开其神秘面纱。杨家骆一行将考察结果撰为《大足石刻图片初编》，并作为《民国重修大足石刻》的首卷问世。后又经50年代、80年代三次文物普查，终于探得大足石刻的全貌。

50年代末60年代初，陈习删《大足石刻志略》《大足石刻概论》等文稿问世，是为近代学者对大足石刻展开学术研究的开端。80年代四川省社科院、大足县文物保管所和大足石刻研究学会共同编纂《大足石刻研究》《大足石刻内容总录》等书，多偏重于造像内容的介绍，对石刻铭文收录较少，是为一憾，而《大足石刻铭文录》一书则弥补了这项缺憾。

该书共收有57处石窟、古塔铭文，为五编：第一编含尖山子、圣水寺、北山三处石窟，集中体现了唐代各时期的石窟情况。第二编为南宋宝顶山石窟，包括龛刻经、偈、颂文以及密教石窟道场的造像内容。第三编为宝顶山之外的石窟27处，含南宋至民国镌记、碑刻、游记、诗词等，又分为四部分：（1）南山、舒成岩、佛儿岩、玉皇庙等石窟4处；（2）石篆山（含佛惠寺）、妙高山（含妙高寺）、佛安桥、佛尔塔、石壁寺等石窟5处；（3）石门山、峰山寺、老君庙、石佛寺、半边寺、三存岩等石窟6处；（4）三教寺、张家庙、兴隆庵、玉滩、灵岩寺、普圣庙、七拱桥、青山院、普和寺、佛耳岩、潮水寺、菩萨岩（高升镇）等石窟12处。这些石窟集中地展现了两宋以来"三教合一"的面貌。此编所收石窟还有五处失去铭文的石窟，分别是陈家岩、保家村、板昌沟、桂花庙、福兴寺。第四编为明清26处石窟，按明清分为两部分，其中明代

18处，分别是千佛岩、大石佛寺、七佛夺、九蹬桥等；清代8处，分别是双山寺、全佛岩、柿花村等。第五编是将南宋多宝塔、晚清文峰塔合成一编。其后为附录，乃宋代大钟寺遗址出土石刻镌记和4件墓志铭碑。

纵观本书，有如下几个特点：一、收录范围广，文献价值高。从空间上讲，凡公布为各级文物保护单位的石窟、古塔及其保护范围内的古建筑上的各类铭文；从时间上讲，上自初唐永徽（650），下迄民国末年（1949），均在收录之列，对那些已湮灭的重要铭文，则据有著载的历史文献中收录。五编及附录共收载铭文1009件，计106410字，多有历代藏经未收入的藏外佛教文献，如地狱变刻《大藏佛说护口经》以及柳本尊行化图刻柳氏苦行"十炼"题记、南宋祖觉禅师《唐柳本尊传》碑。《护口经》为历代藏经所无，而柳本尊图、题记、碑传则反映出了唐末两宋时期四川地区别具特色的密教发展情况，为密教史和佛教考古学的研究都提供了新的资料和新的命题。二、体例谨严，著录内容丰赡。在体例方面，采取以一个或多个石窟、古塔设编目。以地区划分为五编，按时序，分门别类，以一事一件为一目，统一序号，每一目下设名称、形制、铭文、附注四小目，部分碑名还配有拓片图，方便读者了解铭文原貌。三、铭文编录，基本采用简体横排书写，个别容易引起歧义的繁体字照录原文，铭文中的异体字、"自造字"等，能辨识者径直书写为《现代汉语词典》《汉语大字典》当中某字，并列对照辨识表附于书后，不能辨识者，则照原文字实录。如此，既可方便广泛的读者群阅读理解，亦可供读者对辨识内容进行查阅、考订。是书的出版，使得大足石刻这一珍贵的文化遗产得以更加有效的保存，填补了晚唐两宋石窟研究的学术资料空白，积极推动了晚唐以来四川乃至全国地区社会政治、经济、军事、文化、宗教等方面的研究工作。

是书由重庆出版社于1999年出版。（李冬梅、邹艳）

51．《巴蜀移民史》，谭红主编

谭红，1962年生，四川大学档案馆（校史办公室）副研究馆员。主要研究方向为地方史、民国史，主编有《巴蜀移民史》。

移民作为人类的迁徙现象，对人类生产力的发展和社会进步起到了重要的推动作用。自东汉末年以来，四川就有"天府之国"的美称，它以其优越的自然环境和地理位置，成为先民世世代代的劳动生息之地。外省移民入川是四川人口史的一大特点，从秦汉至明清的两千年间，有多次颇具规模的移民入川，其中尤以清代前期发生的"湖广填四川"规模最大、人数最多而影响最为深远。移民作为四川开发过程中不可缺少的组成部分，为四川地区的社会经济逐步恢复和繁荣做出了不可磨灭的贡献。因此，对移民入川的历史背景、移民的来源和动机，历代政府对移民的鼓励或限制的政策，以及迁徙的过程和移民的效果等方方面面的问题做深入的研究和探索无疑有着极为重要的历史意义。不过可惜的是，四川的移民历史却长久以来没有得到研究者们的足够重视。

谭红《巴蜀移民史》系受三峡移民工程启示，2001年由重庆市移民局立项的课题的结题成果，为第一部较为完整地论述四川地区移民历史的通史性质的著述。书凡十三章，60余万字，前有隗瀛涛《序》及陈联德《绪论》，其下依次为"四川的自然概况及史前的人类活动遗迹""巴蜀王国时期的人口迁徙""秦汉时期四川的移民活动""汉末至南北朝时期四川的移民活动""隋唐五代四川的移民活动""两宋时期四川的移民活动""蒙元时期四川的人口迁徙""明代四川的移民活动""明代四川的特殊移民群体""清代四川社会状况与移民政策""清代移民迁徙与人口增长""清代移民与四川社会和经济""清代移民与四川社会文化"。

是书以古代四川地区有史料记载的移民活动为研究主线，以明清两代移民活动为研究重点，贯串各个时期与移民迁徙活动相关的政治、经济、社会和风俗文化等方面的内容，其大旨在梳理出一个明晰的四川移民历史的线索。全书以历代大量的外省籍移民入川为主要研究内容，上自巴蜀王国时期，下迄清代中叶各个时期移民迁徙的原因、移民的地域来源、移民的迁徙路线、移民的分布以及移民的组织管理方式和相应移民政策的实施情况等做较为全面的叙述和分析，在此基础上着重论述移民入川对四川社会经济发展所起的推动作用和产生的深远影响。同时也探讨了移民对于四川少数民族地区发展的巨大作用,以及对明代卫所移民等方面的研究也提出了一些具有新意的见解。

《巴蜀移民史》是一部具有开创意义的四川古代移民史专著，专家评审即认为"具有填补研究空白的学术价值"。其在研究方法上，充分利用头手资料，特别是民国以前的地方志文献、时人文集、谱牒、出土文物、碑刻、官方档案，这为其立论奠定了坚实的基础。如第8章，作者搜集了1400余个移民家族的材料，其中确定为元代末期至明代迁徙到四川的有900多个移民家族。在翔实史料的基础上，考察了这一历史时期四川的移民活动，从移民史的角度对明代四川移民问题研究有所补充。同时，注重多学科的综合运用，结合了历史学、人口学、经济学、社会学、人类学、考古学、历史地理学等领域的理论，尽可能进行跨学科研究。如第13章对于宗教问题、民间信仰问题及移民社会形成问题的研究，则受到了人类学、社会学思路的启迪。这在一定程度上拓宽了研究的视野和范围。故陈瀛涛高度评价此法，指出其"对明朝以前传统文献资料和考古资料的详细利用，对明清以来档案、家谱等新材料的合理吸纳，对多学科新理念的运用，使本书成为跨学科、多层次研究巴蜀移民史之重要著作"①。

不过由于各种原因，是书还有诸多重要问题没有展开论述，以清代四川移民问题研究为例，如清代四川的租佃关系问题、土客纠纷问题、明末清初四川人外迁问题、移民入川对四川少数民族地区的影响问题、移民与生态环境问题，等等，还有待进一步的研究。

是书由巴蜀书社于2006年1月出版。（李冬梅）

三、巴蜀史料选辑

1．《民国川事纪要》，周开庆编撰

周开庆（1905～1987），四川江津（今属重庆）人。1921年考入江津中学，1925年考入国立北京师范大学，编辑出版半月刊《四川青年》，被军阀张作霖政权捕入狱，保释出狱后到汉口，任《中央日报》社编辑。此后历任《革命军日报》驻川特派员、汉口《民国日报》编辑部主任。1930年春，任国民党四川省党部宣传部秘书兼《四川晨报》社长、国民通讯社社长，开始致力于国民党的宣传和政工工作。全面抗战爆发后，积极参与抗战，任达县县长，发起"知识青年从军运动"。1949年到台湾，先后任"经济部"主任秘书、参事和顾问。1956年，改从事文化工作，1960年组建"四川文献研究社"，创办《四川文献》月刊，1970年又发起组织"中国地方文献研究会"和"川康渝文物馆"等。晚年，致力于巴蜀文化的研究，整理和保存了一批乡邦文献文物。编著有《民国川事纪要》《健庐忆语》《蜀事续谈》《四川与辛亥革命》《四川与抗日战争》《民国四川人物传记》《四川经济志》《民国新修四川县志丛谈》等。

根据《编辑例言》，是书所载四川史料的时间范围，从宣统三年重庆独立蜀军政府成立之日（1911年11月22日）开始，截至民国三十九年（1950）3月26日所谓"西昌失守，川康全面沦陷之时"，前后共约40年。并指出是书"以

---

① 陈瀛涛：《巴蜀移民史·序》，巴蜀书社2006年版。

年月日为经，各事分记月日之下，一日又数事者，依其重要性为次序"，同时"说明川人反抗专制暴政开创民国之精神"。

是书在每年月日之下，"有关文献，择要并载，以备查考。以根据报纸杂志书刊，不下千种，除重要者外，无法一一注明其出处。惟每一条目，均有来源"。职是之故，是书保存了一些现在不易见到的资料。如国民政府内迁重庆时期的内政措施、川康地方实力派的斗争、川军出川抗战、四川全省对于全国抗战的支持、四川大学史料等，都列入了一定的内容，做了比较充分的反映。同时，编著者声明："人事记载，以达到不溢美、不掩恶、力求真实为目的。"但是，编者难免带有时代烙印，其中存在一些反映当时台海政治背景的词语及观念，读者须有鉴别。不过总而言之，是书为研究民国时期四川经济社会发展史，以及研究近代巴蜀文化，提供了一个可供检索和参考的资料，有一定学术意义及史料价值。

是书有第一集、二集、三集、四集共4本，列入"四川文献研究社丛书"，由台北四川文献月刊社自1972年1月起陆续出版。（王川）

2. 《四川保路运动史料汇纂》，戴执礼编撰

戴执礼（1916～　），温江人。1941年至1943年在齐鲁大学国学研究所师从钱穆受业，1943年至1946年在四川大学、华西大学听钱穆讲课三年。先从钱穆研究先秦学术思想史及中国政治制度史，1950年后转为研究中国近代史，尤其注重四川保路运动史的研究，编有《四川保路运动史料汇纂》。

1911年四川发生保路运动，是中国旧民主主义革命时期的一次伟大群众运动，是辛亥革命时期四川最突出的事件。这场运动由反对帝国主义侵略中国铁路主权和清政府出卖铁路利权开端，发展成为全川范围的推翻清政府专制统治的武装起义。四川保路运动加速了全国革命形势的发展，作为武昌起义导火线的历史功绩彪炳于史册。孙中山曾说："若没有四川保路同志会的起义，武昌革命或者还要迟一年半载的。"诚如斯言，四川保路运动对于武昌起义有鼓舞人心、加速革命形势成熟的作用。过去有关四川保路运动的史料虽有不同版本出版，但随着晚出的资料日丰，需要适时地进行资料补充与汇编。戴执礼编撰的《四川保路运动史料汇纂》在当时就弥补了这一工作之不足。

是书分上、中、下三册，凡200万字，由戴执礼花40年心血收集整理而成。全书采用编年与纪事本末相结合的体裁，先按运动发展阶段分卷，再按每一个事件来分章分节，节中又有子目。这样的体例，既体现了史事纵的联系，又体

现了史事横的组合，使读者一目了然。除卷首录通纪、通论文献外，按时间上纵向分为五卷：第一卷，保路运动前期——1897年至1911年5月，列强强建自越南、缅甸和西藏至四川的铁路，以及攫掠川汉铁路的建造权、川人为了抵抗列强的侵略，集股自建川汉铁路。第二卷，保路运动初期——1910年2月至1911年6月16日，清政府屈服于英、法、德、美等国的压迫，借款卖路及四川君主立宪人士为保款而进行保路。第三卷，保路运动发展的第二期——1911年6月17日至同年9月6日，清政府公布出卖粤汉、川汉铁路建造权的借款合同，激起四川君宪人士成立保路同志会及四川同盟会革命党人参加领导人民群众进行保路破约，盛宣怀支使和收买君宪人士中的保款派夺路劫款。第四卷，保路运动发展的第三期——1911年9月7日至同年11月21日，四川同盟会领导川人起义及清政府镇压起义，直至清政府在四川的统治被川人所粉碎。第五卷，保路运动发展的末期——1911年11月22日至1912年，同盟会成立重庆蜀军政府及与成都四川军政府合并，并把革命政权让给拥袁分子。全书按运动发展阶段分卷，卷中再按史事内容分章分节，节中有必要的再列子条目，条理清晰，颇便查阅。

在资料来源方面，是书收录了许多未经编印出版的原始文件和稀有资料，如《四川保路同志会报告》《四川商会公报》《蜀醒日报》《启智画报》《绘图蜀路风潮记》（下册）、《西顾报》等，这些资料都是很难找到的孤本史料。此外，编者还于书末附《四川保路运动文集》，作为对正编史料的补充。编者日积月累搜集四川保路运动史料，其中包含许多之前所未能流传的资料，具有极高的学术价值，对于辛亥革命史和四川区域史的研究也都有极大裨益。

是书作为台湾"中央"研究院近代史研究所史料丛刊之一，由台北"中央"研究院近代史研究所于1994年6月出版。戴执礼秉持"让史料自己说话"的原则，将目录和内容介绍中带有价值判断或意识形态较浓的字眼，在未损及原编之风貌与史料之正确性的情况下，稍作调整，力求客观平实。（向娜依）

3.《四川保路风云录》，何盛明主编

何盛明（1929～　），笔名方来、方苏，重庆人。1950年四川大学法律系司法组毕业，曾在四川省总工会、省委统战部、省政协、省委党史研究室工作。主编《四川文史资料》《四川党史月刊》《土地革命战争时期四川的武装斗争》《四川保路风云录》《锦江怒涛》等书刊，著有《人物传记及研究》、长篇小说《卷柏吟》及随笔《夕拾集》。

四川保路运动是武昌起义的前奏，为辛亥革命的序幕。1981年，为了纪念辛亥革命70周年，四川省政协文史资料研究委员会和省文史馆，征集、选编有关辛亥革命的回忆录，合力编著了《四川保路风云录》这本回忆录专辑。

是书记述了四川保路运动的史实。1900年至1911年，四川连年遭遇自然灾害，然清政府对四川地方的盘剥却日益加重。因此，辛亥革命前夕四川各地就不断有反清义举。四川同盟会的成立，对革命的组织和宣传具有极大的推动作用。当时，以四川本地会党如"哥老会"为主所组成的四川保路同志军，是四川武装起义的急先锋，同志军的武装起义遍及全川，击溃了清军在四川的军事力量，造成四川独立的有利形势，以及在革命运动中，四川妇女及学校师生的表现，等等，书中都有叙述。对于在各地革命活动中起了关键作用的人物事迹，是书也都有收录。即使个别人物的活动不在四川，但属于四川籍，也收入此辑。

书中所录内容翔实，主要系回忆文章，多为在四川辛亥革命前后有亲身经历或体验的人所记述，亦有部分系当时革命活动参与人的口述，编者据此整理而成，这使我们联想到当今"口述史"的撰写方法，在历史研究中融入社会学、人类学的方法。很多亲身经历的人为我们提供了研究四川辛亥革命的第一手真切材料，这些是在其他文献中难以找到的，因此具有某种程度的唯一性。部分资料从其他编著如《四川文史资料》转载，或转译自当时的报纸、杂志，编者在文末都加以说明。每篇文末注明时间，又可以使读者准确了解到该篇回忆录成文的时间。

是书由四川人民出版社于1981年9月出版。（向娜依）

4.《四川辛亥革命史料》上下册，隗瀛涛、赵清主编

隗瀛涛有《近代四川史》，前已著录。

赵清（1930～2010），四川中江人。1954年毕业于四川大学，考入北京大学读研究生，后分配到复旦大学工作，旋调入四川大学任副教授。长期从事中国近代史和四川地方史研究，出版有专著《袍哥与土匪》。

是书编撰目的系为纪念辛亥革命70周年而编。其所辑资料，时间自1905年至1913年，亦有部分史料涉及护国之役。内容主要包括五部分：一、四川省咨议局。选录了四川咨议局在保路运动前活动的史料，其中有四川咨议局第一次议事录，四川咨议局机关报《蜀报》所载四川咨议局第二次年会纪略和提案，以及四川咨议局议长、议员和有关人士在《蜀报》《广益丛报》上发表的文章，是具体研究四川立宪派、咨议局和保路运动前夕四川社会情况的第一手资料。二、四川保路运动。选录了以《四川保路同志会报告》为主的有关保路运

动的著述，所录著述均系当时或有亲身经历的人所著的书籍，或当时报刊发表的文章，是十分珍贵的史料。三、四川各地起义。该部分资料有论著、亲历记、函电、公报，共计73件。其主要内容为四川同盟会的活动、各地起义的经过、军政的建立和政策措施，以及成都、重庆两军政府的统一，按事件的时间先后编排资料，条理清晰。四、四川地方志摘录。摘录了四川各府、州、县地方志共59部，其中大多数是辛亥革命后修纂的，少数为辛亥革命之前的，所载内容包括了从辛亥革命准备到"二次革命"这一历史时期四川各地政治、经济、军事、文化情况，以及四川革命党人、立宪派、民众、少数民族、会党的活动情况。五、人物传记，系四川辛亥革命时期革命党人、会党领袖、著名人士和地方官员共计200多人的传记，这部分资料主要引自地方志和《蜀中先烈备征录》。书末附录"日本学者研究四川辛亥革命史论著摘译"，主要摘译西川正夫有关四川辛亥革命的文章。

是书所选史料，均系原文抄录，少数因重复或与主题无关者略加删节，并对史料按内容进行分类编排，使得全书更有系统性、条理性，具有极大的参考价值。

是书分上、下两册，由四川人民出版社分别于1981年、1982年出版。（向娜依）

5.《大清历朝实录四川史料》，王纲编撰

王纲（1932～　），重庆石柱人。1960年毕业于南充四川师范学院（今四川师范大学）历史系，任职于四川省社会科学院历史研究所。长期从事中国农民战争史研究，著有《张献忠大西军史》《清代四川史》《明末农民战争名号考录》《大西军五次攻克重庆始末》，主编《张献忠与李自成》和发表相关论文数十篇。

《大清历朝实录四川史料》系辑录《大清历朝实录》（简称《清实录》）中四川史料而成。全书共辑录了《清实录》（包括《太祖高皇帝实录》到《德宗景皇帝实录》以及《宣统政纪》）中自天命六年（1621）至宣统三年（1911）共291年间有关四川的历史资料，因《满洲实录》中无四川史料，故未列目。所收录的四川史料严格按照《清实录》的编年体例，依年、月、日先后顺序编排，每条材料正文前分别冠以清代各朝年号和年、月、日，并用括号注明相应的公元年、月、日，清晰明辨。每条材料的末尾均注明所出各朝实录的名称、卷、页，以备查核。编者对所录史料还进行了点校，对明显的错字，在括号内予以更正。《清实录》中常有清朝统治者对少数民族的蔑称，如"猓"（彝族）、"猺"（瑶族）等，是书则一律做了修改。作为清代四川史料的系统汇编，该书无疑为各地方志编纂、巴蜀历史研究和教学，提供了极大的方便。

是书由电子科技大学出版社于1991年出版。（向娜依）

6.《宋末四川战争史料选编》，胡昭曦、唐唯目编撰

胡昭曦有《四川古代史稿》，前已著录。

唐唯目（1931~2009），四川合川（今属重庆）人。1960年毕业于四川大学历史系，分配回原籍工作，曾任合川政协委员、方志办研究员。主要从事宋史研究，对重庆地方史志，尤其是合川文史有精深研究，编有《钓鱼城志》《张森楷史学遗著辑略》等。

南宋与蒙古（元）之间的战争持续了近半个世纪，而"蒙古汗国攻南宋的兵锋首先指向四川地区，长期地以攻取这个地区为其战略重点。这几十年里，四川军民进行了长期的激烈抵抗，直至南宋灭亡后一年多，元朝才占领四川全境"[1]。因其突出的地位，故研究南宋末年四川地区的战争情况，有助于对宋、元之际整个历史的研究。而要进行这段历史的研究，首先是尽可能全面地掌握史料，《宋末四川战争史料选编》即是这样一本资料汇录。

是书收录的资料范围比较广泛，其以南宋末年四川战场为中心，兼及南宋和蒙古（元）双方的重要活动，并着重于反映南宋末年四川各地抗战据点的建置始末及重大事件。所汇资料依次为历史文献、历史文物和调查材料三个部分，并附考古资料（图片）和所引书刊目录索引。该书的编者力求所收资料全面系统，其中收录的历史文献资料以宋、元时期的史籍为主，总量有两百种之多，包括编年史、正史、纪事本末、野史、文集、笔记、类书、地理志、地方志、金石录、专著、论文等，同时并兼采明、清及近世中外有关书刊的记载。其编排体例系按史籍体裁分类排列，每一类中又大致以成书年代先后为序。

值得注意的是，对于地方志，是书给予了高度重视。在整个历史文献材料中，全书选取的地方志有近一百种，超过了所录史籍的一半。其中如正德《四川志》、嘉靖《四川总志》、万历《合州志》、天启《成都府志》等，都是成书较早而国内现存不多的地方志。这些地方志，不仅保留了前代人对南宋

---

[1] 胡昭曦、唐唯目：《宋末四川战争史料选编·序言》，四川人民出版社1984年版。

战事的具体记叙，而且还收录有当地曾经存留的宋、元时期的有关文字，如宋将张实的《筑平梁城题名记》《小宁城题名记》，徐宗武的《大宁监创天赐城记》，王之三的《彭夫人王氏墓志铭》，涪州三台山咸淳碑，元将王师能的《天城石壁碑记》，还有明、清以来的有关资料，如罗唯廷的《刘霖传》，丁映奎的《宋王将军（佐）墓记》等，都是十分可贵的史料。

是书所列文献资料均系原文摘抄，为保存其原貌，所摘文字（包括南宋对其他少数民族、蒙古对汉人的蔑称等），除个别明显脱误处，一般不做改动，只做了标点和一些必要的说明。摘录原文时，文中有省略处，则用省略号标明。文中原有注者，不做改动，用［ ］号标明，编者的说明则用（ ）号予以区分，层次清楚，新旧分明。

是书的编者曾多次进行过实地考察，收集了一些有关遗迹、遗址和历史文物的宝贵资料。如合川钓鱼城，曾是南宋末年一个著名的抗战据点，迄今仍可见到当时的城筑规模、险隘形势和城堞遗迹。是书将这些历史陈迹尽可能收录，并附录了部分图片，不仅丰富了资料内容，也可与文献资料相互印证，互为补充。作者在十分庞杂、分散的史实和史料中，为我们梳理汇集出这部内容不菲的宋蒙战争专题资料，实属难能可贵。随着考古发现的不断增多，特别是一批大型断代文献汇编的编成和出版，如果能对其进行增补和重版，必将使其焕发出更大的学术生命。

是书由四川人民出版社于1984年出版。（向娜依）

7. 《川湖陕白莲教起义资料辑录》，蒋维明编撰

蒋维明（1935~　），1960年毕业于四川大学历史系，后任成都川剧研究所研究员、成都市政协委员。长期从事川剧研究和文学创作，兼及地方文史研究，著有《移民入川与舞台人生》等。

清代中叶，在乾嘉盛世的局面之下，朝政日渐腐败，社会矛盾激化，最终演变为农民起义运动。爆发于嘉庆元年（1796）的白莲教起义，历时九年，以四川、湖北、陕西为中心，波及甘肃、河南、安徽、江西、贵州等地，范围之广，影响之大，使清廷为之震惊。虽然起义最终失败，但与之相关的政治、军事、社会问题值得深入研究，相关资料值得全面发掘，《川湖陕白莲教起义资料辑录》即是有关清代中叶白莲教起义的史料选编。

因白莲教起义军本身几乎没有直接保留下来文献，故是书所收资料主要来源于当时官书和私家著作，如《清仁宗实录》《东华续录·嘉庆》《圣武

记》《啸亭杂记》《三省边防备览》《戡靖教匪述编》《清史稿》等，另有如《内自讼斋文集》《庸闲斋笔记》《清稗类钞》等一些笔记和存有相关记载的方志。同时编者还注意辑录了近人和日本学者的著作，如萧一山的《清代通史》、印鸾章的《清鉴》，及日本学者佐藤楚材的《清朝史略》等，这些史料当中均有对白莲教起义的概述。书中所录资料均系原文摘抄，值得注意的是，是书对有关白莲教起义诗歌的辑录，不但丰富了史料的内容，也在一定程度上弥补了起义军本身没有直接留下文献的遗憾。

是书共分7个部分，分别为"乾嘉之际的社会状况""白莲教起义""双方营垒""义帜纵横川湖陕""'御制邪教说'与诸臣奏疏""白莲教起义的历史功绩与深远影响"，并附录了"有关白莲教起义之诗歌"。其时政治腐败，官吏贪虐，川、湖、陕三省交界地的"棚民"与"厂民"生活疾苦，迫于压力，铤而走险，揭竿起义，这些内容在书中都得到了充分反映。

是书虽只是资料辑录，但编者系统地反映了起义的背景、过程、影响，条理清晰，材料充分，详细地介绍了当时的社会状况、白莲教组织，以及双方军事对阵中的领导人物，并为每则材料加上标题，时附按语。因此，《川湖陕白莲教起义资料辑录》实为晚清白莲教起义历史的原始展现。不过，囿于条件所限，有的史籍编者无法找到，因此其资料汇集并不十分全面。随着目前更多相关资料的披露和收集，是书也有重新修订的必要。

是书由四川人民出版社于1980年出版。（向娜依）

8.《四川地震资料汇编》2卷，四川编辑组编

1976年唐山大地震后，中国社会科学院、中国科学院和国家地震局组织各地汇集编纂全国地震历史资料。1977年四川省社会科学院、四川省地震局即组织历史、地震方面学者开始着手编纂四川地区的地震史料，1979年底编成一、二卷。参与编纂的单位有四川省社会科学院、四川省地震局、四川省民委、四川大学、四川人民出版社等。

本资料汇编，凡2卷，约50万字，记载了四川省2000余年来811次地震，收录有1693份史料及调查材料、111张地震宏观考察照片、62幅地震破坏程度图和一份四川强震简目。其中第一卷于1980年6月出版，除了15、16世纪部分少数民族地区缺漏地震记载外，收录了自公元前26年起到1949年以前的四川大部地区的地震资料。资料的收集标准，元代以前以正史本纪、五行志为主，参考其他信史；明清两代以档案、实录、正史、地方志为主，并参考部分别史、诗文

集、笔记、报刊等；20世纪以来则以仪器记录、报纸、杂志、地方志、调查资料为主。第二卷于1981年2月出版，收集了1949年10月至1979年5月发生在四川境内的里氏4.7级以上及小于4.7级的有感地震资料，所载内容包括地震参数、原始资料摘要、主要文献、资料目录和等震线图，产生灾害而又无等震线图的中、小地震，则附有震害点分布图。此外第二卷还附有本资料汇编两卷的文献、资料目录、第一卷补遗、勘误以及一份《四川强震简目》。

本资料汇编不仅对地震所产生的地表破坏及引起的灾害有详细记录，还加入了地震地质背景、震前微观和宏观异常等材料，并使得一批过去被遗漏的大地震资料得以公之于世，因此出版伊始即受到赞许，曾获四川省科技二等奖。

是书由四川人民出版社分别于1980年、1981年出版。其后，四川省地震局在此基础上又编成第三卷，由成都地图出版社于2000年出版发行。（钟雅琼）

9.《四川军阀史料》（1～4辑），四川省文史研究馆编

晚清皇纲失御，地方坐大，特别是辛亥革命后，一些地方武装拥兵自重，割据称雄，造成旷日持久的战乱，中国近代政治、经济，甚至文化，都受其影响。地处西南盆地的四川地区，军阀混战尤为严重。研究和揭示该地区近代军阀史，是更好地认识四川、解析四川的重要途径。四川省文史馆在馆藏资料基础上，广泛收集各类信息，编成《四川军阀史料》。

所辑资料，从1911年辛亥革命起，至1930年四川军阀混战局面基本结束止，以战争资料为主，也收录部分政治、经济资料，按时间顺序排列，共分四辑陆续出版。

第一辑始于1911年，迄于1917年，共收入回忆录12件、文电函札175件、其他5件。主要包括清末民初川军沿革、民初的四川军政演变、癸丑讨袁之役、"刘（存厚）罗（佩金）""刘（佩金）戴（戡）"之战。本辑所收电文等档案资料，一些见于民国初年四川都督府、四川巡按使公署、四川省议会的公报和会议录，一些见于当时的报刊，一些为私家存稿。军阀对盐税、田赋的掠夺和对四川兵工厂的争夺，是研究四川军阀史的一个重要课题，故本辑之末收录有关盐税、田赋资料5件。

第二辑始于1917年9月，迄于1920年12月，主要为"护法"时期川、滇、黔军阀战争的相关资料。内容有孙中山对川事的处理，熊克武联合滇、黔军与刘存厚之战，熊克武与杨庶堪之间的斗争，唐继尧策动倒熊，熊克武联合刘存厚与滇、黔军之战，四川军阀防区制的形成，清末至军阀割据时期四川金融紊乱

情况等。所收资料回忆录和综述性资料15件、文电函札336件、其他3件。其中文电资料一部分录自广州《军政府公报》《四川政报》《戊午周报》《四川财政汇编》及其他报纸杂志，一部分录自《辛亥革命后四川十年大事记》，一部分为私家存稿。

第三辑始于1921年，迄于1925年。这时期是四川军阀混战最为频繁的时期，先后发生了驱逐刘存厚之战，援鄂之战，一、二军之战，一、三、边军与三、七、二十一等师之战，杨森"统一"之战等。本辑即以这几次混战为主要内容，除辑录了电文档案463件外，还对每次混战都收入了一篇回忆录或综述性资料。本辑的独特之处还在于收录了部分有关四川"自治"与"制宪"的文电资料，以及综合性论述，如吴玉章的《利用"自治"讲台做宣传工作》和陈独秀、胡适的论辩文章。

第四辑资料始于1926年，迄于1930年，主要为大革命时期四川军阀在政治、军事方面的有关资料。北伐战争前，有四川善后会议，刘湘、杨森联合驱逐袁祖铭之战。北伐战争中，川军被迫易帜，他们之间的内讧也仍在继续，如刘文辉吞并刘成勋之战、刘湘刘文辉之战。北伐战争胜利后，蒋介石背叛革命，四川军阀也对这时期发生的顺（庆）泸（州）起义、遂宁起义、固军起义、江津起义、广汉起义等进行镇压，并制造了重庆"三一三"、成都"二一六"惨案。本辑对上述事件均有记载，收录回忆录和综述性资料19件、文电函札339件、其他7件。第三、四辑部分资料系四川省档案馆提供，部分为文史研究馆所藏，部分录自当时报刊。

是书所收回忆录大多为亲身经历或亲自见闻的第一手资料，这些资料大多数过去没有发表，少数转载者，也于文末注明。所辑资料均系原文抄录，在此时期内的少数综述性资料未录入，所辑资料中个别与主题无关的部分，酌情删节，并于文内注明。且如遇所辑资料有缺字、漏字，照原文辑录，不轻易补阙。错字、别字、衍文及简单注释，均用［］注明，清晰明了。所辑资料均按回忆录或综述性材料、电文档案及其他有关材料依次排列，条理井然。另外，编者在每一辑都附有各军阀当时的照片，丰富了资料内容。

是书一至四辑由四川人民出版社分别于1981年、1983年、1985年、1987年出版。（向娜依）

10.《四川教案与义和拳档案》，四川省档案馆编

义和团运动是中国近代史上极其重要的事件之一，义和团原称"义和

拳"，主要在山东、河北一带活动，这些地区曾是"教案"的频发地，义和拳活动与教案有密不可分的联系，故其早期主要在山东、河北地区，后来乃向全国扩散。然而，以往对义和拳及教案的研究多集中在义和拳活动中心的华北地区，对全国其他地区义和拳活动、教会发展及教案发生的研究却相对薄弱。《四川教案与义和拳档案》这样一本资料汇编的出版，有助于改善这种状况，扩大研究的地域范围，有利于对教会和教案进行更加深入的研究。

是书共40余万字，大部分是档案原件，也有部分资料辑录。内容分为四部分：一、"外国教会势力"。由于1858年的《天津条约》和1860年的《北京条约》，外国传教士获得了进入内地传教置产的特权。四川是他们传教的重点地区，发展教徒的数量占全国第三位。这部分史料主要反映了天主教在四川的传播和发展，他们的经济势力和政治特权，以及教会的恶劣行径，同时反映了清政府由禁教到保教的转变，为深入研究教会在内地的活动提供了颇为集中的材料。二、"教案"。从鸦片战争之后到义和团运动，全国重大教案25起，四川就占了7起。是书收集了其中的酉阳、黔江、江北、重庆、成都教案的相关史料，其他地区受这些教案影响而发生的教案史料也分别收入其中。三、"余栋臣起义"。余栋臣起义是大足历年教案发展的结果，是书首次公布了川南宜宾地区教案档案，为研究余栋臣起义对该地区的影响提供了新史料。四、"义和拳"。从是书编者所搜集的资料中，还没发现有"义和团"名称，四川义和拳晚于北方地区，与北方义和团既有联系又有区别。该部分所收录史料，对义和拳活动的三方——官、民、教，都有记载。

是书史料汇录的一大特点是对天主教教会档案的重视，教会档案占了全书资料的四分之一。其中收录的教会统计表，如"四川洋务局关于外国传教士从教人数及教产统计表""天主教会在中国的发展（1889～1909）""川南教区基督教徒行政篇统计表（1860年1月24日～1910年12月31日）""天主教川南教区圣职人员名单"，清晰明了地反映了教会在四川的发展情况。另外，所收在川传教士书信材料，对研究教会、教案和义和拳都有重要的史料价值。所录教会档案均由专人翻译、校订，并注明档案出处。所辑档案，按具文时间的先后顺序排列；无具文时间以收文时间，加注说明；编者考订的时间也用*号说明。所收档案的标题均为编者所加，且少数资料和外馆所藏档案皆注明出处，便于读者查引。

是书由四川人民出版社于1985年出版。（向娜侬）

11.《自贡盐业契约档案选辑》，自贡市档案馆、北京经济学院、四川大学合编

自贡是闻名遐迩的盐都，市档案馆保存的有关盐业历史档案3万余卷，其中各类盐业契约档案（包括红契和白契原件、经官厅核实的抄件）约3000件。这些契约的形成时间，上自雍正十年（1732），下迄1949年。其类型复杂，计有凿井、买卖、租佃、借贷、合伙、分类等种类，真实地再现了社会经济活动各个环节的面貌。且延续性强，有的井、灶、笕长期形成数十件契约，反映了这时期自贡井盐全行业的生产经营各方面的特点，对于研究生产关系的演变，具有重要意义。编者从上述史料中辑出富于代表性的契约资料850件，其中契约785件、文书65件，编成了这部《自贡盐业契约档案选辑》。

是书第一部分叙述了四川盐业契约的各种形式和特点，并将川东、川北及川南的犍为、乐山、井研、仁寿各场所见有关史料，尽可能完整地再现，试图分析契约的"各种发展形式，探寻这些形式的内在联系"①，以便于了解这些契约由低级向高级发展的过程及其规律。第二部分收录的契约档案，按其形式分为"凿井类""日份、火圈买卖及合伙类""日份、火圈租佃类""置笕类""房产、车炉及借贷、分关类""井、灶、笕专约类"六大类别，按类排列材料。每一类中子目各件又按时间先后为序，同时为了便于书籍的排版，在契约文书原有格式上稍作改动。约尾中证、缔约人姓名之后的花押，如"十""实""一片忠心""正大光明"以及合同二约骑缝处所书"合同为据"一类文字，均予删除，但以不损契约内容为原则。合伙做井在四川其他盐产区也有流行，只不过办法和形式不同而已。是书收录了有关这方面的租佃合伙契约，同时还注意收录与此相关而在实际经济生活中曾经引起过纠纷诉讼的案件，再现了当时此类事件的生活场景，这也是本书的一大特色。

是书的编者还到川南、川东和川北一些历史上的重要盐产区进行了实地考察，广泛搜集和发掘有关盐业的文字资料及口碑材料，力求与历史文献记载相互佐证。把历史档案整理和实地历史调查结合起来，无疑是经济史研究值得提倡的方法之一。该盐业档案的编辑和出版，不但为自贡盐业史研究提供了丰富的参考资料，而且也有助于推动以自贡为代表的整个四川盐业史的深入研究。

是书由中国社会科学出版社于1985年出版。（向娜依）

---

① 《自贡盐业契约档案选辑·前言》，中国社会科学出版社1985年版。

12.《川军抗战亲历记》，四川省政协文史资料研究委员会、四川省人民政府参事室合编

该书系抗日战争胜利40周年，为纪念四川将士在抗日战争时期做出的英勇奋战和重大贡献而编辑的一本史料集。20世纪30年代，日本侵略军对我国的"九一八"事变、"一二八"事变、"七七"事变等侵略行为，激发了全国人民的反日怒潮，四川人民迅速组织抗日行动，成立各种抗日救亡组织，积极开展宣传行为，并同时举行声势浩大的请愿行为，要求川内各军停止之前各防区的争斗行为，尽快派兵出川抗战。在这种民族危急之际，以刘湘为首的四川各军结束长期的手足自残，纷纷请缨杀敌。川内各部编为第二路预备军，刘湘、邓锡侯分别任总司令与副总司令，于1937年分成、渝两路奔赴前线，参加国民党领导的正面抗战[①]。虽然战争中川军使用的武器极为简陋，但在艰苦条件下依然奋勇杀敌，伤亡64万余将士，付出了极其惨重的代价，为全面抗战的胜利做出了重大贡献。

新中国成立后一段时期，国内对抗日战争研究进展缓慢，对国民党领导的正面战场研究忽略或者流于片面。1978年之后，历史学学术界逐步摆脱以往"左"的指导思想的束缚，对正面战场及其举措的研讨逐步成为热点。《川军抗战亲历记》就是一本记录正面战场幸存者亲见亲闻的回忆文章的书籍，虽然因年代久远或者个人记忆的干扰等众多因素，可能会导致一定差异，但是该书的出版仍然在一定程度上弥补了史料的缺失，为研究中国抗日战争史提供了大量的可参考史料。

本书的编辑形式基本上是分别按照出川抗战前后，以及川军组成或参与的各个集团军的相关记录作为专题出现，分别有刘湘、二十二集团军、二十三集团军、二十七集团军、二十八集团军、二十九集团军、三十集团军、三十六集团军等的参战情况，各个集团军除了总体抗战概述，还有大量亲历者对战争具体事项的回忆或将士遗作，以及档案、新闻等文史资料。此外还有第八十八军、二十六师、独立第三十五旅等部队的参战经过和幸存者记述，以及抗日战争时期各集团军的编制及重要人物的更动情况。该书通过记录抗战全面爆发后四川将士组成的这七个集团军，以及其余一军、一师、一旅的抗战事迹，让读

---

① 参见四川省政协文史资料研究委员会、四川省人民政府参事室合编：《川军抗战亲历记·前言》，四川人民出版社1985年版。

者和历史工作者对这八年中四川所提供的近300万人前线部队的南征北战、奋勇挫敌的报国行为有了深刻的印象和进一步的认识。

《川军抗战亲历记》基本上为参加过抗战将士本人的回忆，在同类川军抗战书籍中有着特殊的史料价值，但是也有着一些缺陷：这些回忆者大多都是参战的高级将领或上层军官，记述的内容也多为战争情况，让读者无法了解当时军内上百万普通士兵在战争中的经历以及战事中士兵日常生活情况的全貌，这或许可以激励历史工作者进一步努力发掘，挽救即将逝去的史料。

是书由四川人民出版社于1985年出版。（向娜依）

13.《抗日战争时期四川大事记》，四川省人民政府参事室、四川省文史研究馆编撰

本书是以编年体形式，全面记述抗日战争时期四川省各派政治力量的重要活动、各行各业大事的著述。是书在"大事"选择上，"力求客观地、全面地反映这一时期历史的真实面貌。在取材上不完全受地区的局限。虽不属于四川范围，但与四川有重要关系或有重大影响的事件，也予列入。国民政府在内政外交方面的重大措施，中国共产党、中共中央南方局在抗日民族统一战线方面的主要活动，川军出川抗战等，都列入了较多的条目，做了比较充分的反映。为了说明历史背景，对世界反法西斯战争的一些特别重大的事件，也有简略的记载"[①]。

其编撰体例，是以年度为经，时间为序，从1937年抗日战争全面爆发，到1945年抗战胜利，每年单列，共九部分。每一年度之下，按照月、日编列全面抗战时期四川及相关的抗战资料，"只记其要，不述其详。日期或月份不明的，分别系于该月或该年之后。同一事件，经历时间较长的，则略予归并集中"。在资料来源上，"主要根据当时报刊记载、档案资料、公开发表的历史文献、有关专著和一些亲身经历者的回忆"[②]。

总而言之，是书所录大事，详略得当，言简意赅，为研究抗战时期四川政治、经济、社会状况，四川在全国抗战史上发挥的重要历史作用，提供了一个可供检索和参考的资料，有一定学术意义及史料价值。

是书18万字，由华夏出版社于1987年出版。（王川）

---

① 《抗日战争时期四川大事记·前言》，华夏出版社1987年版。
② 《抗日战争时期四川大事记·前言》。

14.《四川两千年洪灾史料汇编》，水利部长江水利委员会、重庆市文化局、重庆市博物馆编，龚廷万执笔

龚廷万，重庆市博物馆研究员，曾在20世纪六七十年代亲自参与国家水利部长江水利委员会进行的长江历史洪、枯水调查工作，并收集了许多相关资料。加上重庆市博物馆自六十年代起就着手收集的四川地区洪、枯水碑刻题记等资料，龚氏于此最终汇集成《四川两千年洪灾史料汇编》。

是书共搜集有关四川水利方面的文献史料近4000条，碑刻题记录文287条，并收录自新中国成立以来几次对川江所做的大规模历史洪水调查成果，包括自宋建炎元年（1127）以来的碑刻照片及拓片144幅。全部资料汇编成册，分为文献和碑刻两大类。文献汇编中，又按四川的主要河流水系分为长江上游干流（附有直接注入长江干流的12条小支流）、雅砻江流域、岷江流域、沱江流域、嘉陵江流域、乌江流域六个部分。湖北省的巴东、秭归、宜昌等地，虽然不属于四川管辖，但因其地处长江上游，亦属川江河段，是四川江河的总出水口，境内的有关史料能直接反映四川的洪水灾情，故也一并收入书中。

全书共分三大章，第一章总论，对四川的自然地理及江河湖水做了概要的阐述。第二章为四川历代洪灾文献，均辑自正史及历代通志、府志、州志、县志等。第三章为四川历代洪水碑刻，除详细注明题刻年代、地点、录文并附照片或拓片外，还加注了实测洪痕海拔高程。

全书按公元纪年的先后顺序编排史料，并注明年号、地点及史料来源。由于新中国成立后成立有专门的水文、气象等专门机构，对洪水资料进行收集、记录、整理和出版，因此本书对1949年以后的资料未进行收录，书中所使用的地名亦沿用1949年以前的名称。

本书资料翔实，编排亦合理，既保存了丰富的史料，又方便读者查阅。但是仍留有一些遗憾，如由于古今地名误解而造成某些史料中洪水发生地段误置、辗转传抄造成洪水发生年代错谬等。然总的来说，瑕不掩瑜，这本资料汇编仍然是目前最为详细的有关四川古代水文情况的资料，有相当的历史和科研价值。

是书由文物出版社于1993年出版。（钟雅琼）

15.《四川文献》，周开庆主办

周开庆生平，见《民国川事纪要》。

《四川文献》月刊，1960年由著名人士周开庆创办于台湾。周开庆，四川

江津人氏，1949年重庆解放前夕，迁居台湾。在台期间，除担任军政职务外，亦多从事文化工作。尤其是其退休之后，随着在台时间的增长，更加思念大陆，思念巴蜀，思念故乡江津以及家中的亲人，于是积极致力于乡亲的团结和凝聚、乡情的联络和慰藉、乡邦文献的研究和整理。如组建"四川文献研究社"，创办《四川文献》月刊；组织"中国地方文献研究会"和"川康渝文物馆"；创办台北市江津同乡会，出版会刊《江津》；创作《健庐忆语》《蜀事续谈》《四川与辛亥革命》《民国川事纪要》《四川与抗日战争》《民国四川人物传记》《四川经济志》《民国新修四川县志丛谈》著作，等等。这些组织、刊物、著作，对于团结和凝聚在台的川渝籍文人和其他人士、推动四川的文史工作，贡献至大。故台湾当代著名诗人丁宗裕在《乡长周开庆先生周年祭》一文中说："在巴蜀来台的人士中，有在朝为官者，有在'中央'各民意机构为民意代表者，有在工商学术界为领袖者，为数不少，但真正能为推扬巴蜀文化的，以周开庆、陈翰珍、李寰三位乡长为代表。"大陆著名诗人凌文远亦言其"一生忧患存文叔，半世乡情老少陵"。

《四川文献》杂志，大旨致力于四川文献的整理和乡邦文化的传播，其所搜集的内容虽只限于半世纪中之四川史料，但举凡政治、军事、经济、人物、典籍、风俗等，均有涉猎，史料非常丰富。如文献典籍方面，刊有对巴蜀地域典籍的研究文章，封思毅说："我国有关方志之类典籍，起源颇早，如《吴越春秋》《越绝书》，皆属之。而以'志'作为书名，首为吾乡前贤常璩之《华阳国志》。相沿历经唐、宋、元三代，虽续有方志出现，仅一城一址，偶或为之。直至明朝方渐普及，清时始告大盛。"故据《续修四库全书总目提要》作《蜀籍与续四库全书提要（方志之部）》，摘记蜀籍方志文献，以"为检寻吾乡往昔风土人物之宝笈"①。该文以略示书目、卷数、刊刻年代为主。又编纂各志，任其事者甚众，凡非蜀之人士，皆不具载。而各志内容平平者，对其评述，亦多从省。又云："明万历三十三年，孙能传、张萱等撰《内阁藏书目录》。溯其本源，自永乐间，取南京藏书送北京，又复四出购求，十九年，移贮文渊阁，正统之际编目，尚完整无缺，以《千字文》排次，凡得二十号，五十橱。时就《永乐大典》对勘，其所收之书，世无传本者，往往得见，可证

---

① 封思毅：《蜀籍与续四库全书提要（方志之部）》，载《四川文献》第17期，总第173期，1979年12月30日。

其储庋之富。经一百六十四年，重编此目，较正统时，已不及十分之一；而明代艺文，以《千顷堂书目》记载，最称详备，成书虽后，于此内阁之藏，颇有漏列者。"故据《内阁藏书目录》又作《蜀籍与内阁藏书目录》，"择取所搜蜀贤著作，以昔未录之书为主，习知者从略。惟东坡、升庵二先生著作甚富，刻本亦多，每病难全，故凡遇及，均予采入，以备补遗"①。这类文章，对于巴蜀文献典籍的整理与研究，颇为实用。

人物传记方面，该刊除刊有回忆性传记文字外，亦编有职名录、名人录等。如维明所辑《川康人士名录》，系根据1978年11月台湾中华书局编印的《中华民国当代名人录》摘录而来。该书选集各界名人传记简介3700余人，其中川康籍各界人士68人。维明认为，《中华民国当代名人录》对于川康人士，虽然征集显有未周，但各篇内容，均称平实，乡人履历，弥足珍视，故特依照原书次序，分载于《四川文献》，以供读者参考。

再如民风民俗方面，该刊也多有收录，如郭嗣汾《成都开春后的花会》、陆德枋《锦官十里话成都——放生会》、朱翔《故乡的新年》等文，将故乡的风土人情描摹得栩栩如生、淋漓尽致，这无疑增强了他们热爱家乡的情感。

其他政治、军事方面，如周开庆《四川与辛亥革命》、任卓宣《辛亥革命四川起义经过》、华生《辛亥革命四川各州县起义经过》、杨鸿鼎《单机夜航空投庐山》等文，保存了很多珍贵史料，具有重要的学术价值。

《四川文献》立足于乡邦文化，重视文献整理，虽其搜集仅限于半世纪中之四川史料，然执笔撰述多系当时四川军政界及学术界的耆宿，其中直接的头手资料，有不少可采之处，可谓弥足珍贵。不过由于历史原因，这些文章之中难免会有一些在当时历史条件下反映台海政治背景的词语以及观念，这是读者应该注意的。此外，此刊力主寻根问祖，共叙乡情，这也为在台的川籍人员互通信息、联络感情、互慰客心提供了平台。可惜1987年11月，周开庆以84岁高龄辞世，《四川文献》在出版180余期后，因失去灵魂人物，不得不陷入停刊状态。（李冬梅）

---

① 封思毅：《蜀籍与〈内阁藏书目录〉》，载《四川文献》第19期，总第175期，1980年6月30日。

16.《四川文史资料选辑》，中国人民政治协商会议四川省委员会文史资料研究委员会编

为响应周恩来总理"戊戌以来的中国社会变动的最大的时期，从那时到新中国成立的历史资料，要从各方面把它记载下来……使后人知道老根子和供历史研究的参考"①的号召，1960年中国人民政治协商会议四川省委员会和四川省省志编辑委员会，收集有关资料，整理编成《四川文史资料选辑》（以下简称《选辑》），于1961年10月由四川人民印刷厂印行。第1辑为《纪念辛亥革命五十周年专辑》，以后逐年都有出版，至1965年12月，已经印行了17辑（第17辑为《解放前美帝国主义在四川侵略罪行及四川人民反美斗争特辑》）。

这17期《选辑》，包括了从鸦片战争到新中国成立前夕的重要历史事件和各时期政治、经济、军事、文化、民族、艺术、社会风气、人民生活、群众思想等史料，所选资料大部分是作者亲身经历和亲自见闻，有一定史料价值。为了保存更原始的历史资料，《选辑》也选录了许多重要原始档案、遗作手稿，以及仅见孤本（包括报纸刊物）等，弥足珍贵。

《选辑》只作为内部出版物不定期发行，仅供研究历史和地方文献者参考。及至1979年，由于《选辑》前17辑经过"文化大革命"破坏，已少有传本。四川省政协文史资料研究委员会决定将第1辑至第17辑的《选辑》重新印行，由四川人民出版社翻印。同时，《选辑》的第18辑（《一九四九年的四川》）也一并印行。之后《选辑》的刊印更加制度化，出于保存积累现代史和革命史资料的目的，编辑们大胆选用了从戊戌以来至新中国成立时的各种政治、军事、经济、文化、教育、医疗、科技、民族、社会生活等史料和相关人物传记，且多是作者亲身经历。但是直至第22辑（有关四川"匪军"及国民党川军），仍然是内部发行。从第23辑（有关留法学生勤工俭学特辑）之后，《选辑》才开始对外发行。迄止2004年，共发行了47辑②，内容涉及近代社会各个方面。

《选辑》注意资料的原始性，整个47辑，除了少量系按照相关事件或时间组织的专辑，其他皆不拘内容，随成随编，各史料间也没有内容上的关联性。值得一提的是，《选辑》在遇到同事异述时，能够采取两存方式，以供后人研

---

① 中国人民政治协商会议四川省委员会、四川省省志编辑委员会编：《四川文史资料选辑·前言》，载《四川文史资料选辑》第1辑，1961年版。
② 第47辑由四川省政协文史资料和学习委员会编。

究时参照。（向娜依）

17.《成都文史资料选辑》，中国人民政治协商会议四川省成都市委员会文史资料研究委员会编

1978年全国政协五届一次会议通过章程，要求将"搜集、整理、编写中国现代史、中国革命史等资料"作为政协工作的重要任务。成都市政协积极响应，于是年开展了文史资料征集工作，决定将政治或知识老人亲身经历、亲自见闻的各类历史资料，收集起来，编为专辑，为历史工作者提供第一手史料[①]，也为编写现代史、地方史提供素材[②]。

本《选辑》最先于1981年8月由四川省人民出版社印行第1辑《纪念辛亥革命七十周年专辑》，之后渐成定制，迄止2009年，共编辑出版了34辑，计800多万字。目前这项工作仍在继续，由政协成都市委员会文史学习委员会负责，原则上每届出版2辑。

选辑内容涉及广泛，重点在反映成都的政治、经济、军事等重大历史事件，以及科教、文卫、宗教、民族各界的重要历史人物，同时记录了近代以来成都的社会生活、大众娱乐、饮食等，充分展示了成都近代以来的社会变迁。在编辑形式上，本选辑多以专辑出现，如第9辑至第12辑是《纪念抗日战争胜利四十周年专辑》系列，第14辑是《十二桥惨案专辑》，第16、17辑是《纪念七七抗战五十周年史料专辑》，第30辑是《成都少数民族专辑》等。

该《选辑》的前12辑是内部发行，第13辑（《纪念工农红军长征胜利五十周年、纪念人民解放军六十周年专辑》）原定1986年出版，但因故推迟到1987年7月，比是年5月出版的第16辑出版还晚。第19辑《成都文史资料选辑》改名为《成都文史资料》。

本刊，从第1辑至第25辑，皆以期刊杂志刊行，自1992年第26辑始，改为成都出版社出版。（向娜依）

[①] 中国人民政治协商会议四川省成都市委员会文史资料研究委员会编：《成都文史资料选辑·发刊词》，载《成都文史资料选辑》第1辑（纪念辛亥革命七十周年专辑），1981年版。

[②] 中国人民政治协商会议四川省成都市委员会文史资料研究委员会编：《成都文史资料选辑·征稿启事》，载《成都文史资料选辑》第6辑，1984年版。

18. 《重庆文史资料选辑》，中国人民政治协商会议四川省重庆市委员会文史资料研究委员会（今中国人民政治协商会议重庆市委员会文史资料研究委员会）编

重庆作为中国近代以来西部有着重要政治、经济、军事地位的城市，对其文史资料的整理有着重要的意义。重庆市政协从1978年恢复文史资料整理工作，1979年6月印行第1辑《重庆文史资料选辑》之后，陆续有所出版，迄止2009年，共出版了57辑。

本《选辑》内容广泛，包含重大历史事件、乡村轶事、社会问题、名人纪念、人物述林、文化战线运动、教育、学生运动、回忆录等。此外还有一些名人遗作，如第7辑《我与中共》就是来源于张治中的遗作《七十回忆》。

本《选辑》收录了大量历史材料和亲历、亲见、亲闻的回忆录及专题文章，为研究重庆近现代史，甚至中国近现代史提供了大量史料。编辑人员长期从事资料考证、史料收集和口述资料整理工作，他们精选的《重庆文史资料》成果显著，在创刊10年之际已跃居当时四川省各类文史资料的第一位[①]。《选辑》也重视收纳不同立场的史料，包括敌、我、友三方材料，亦予保存，以供对比研究，深得学界称赞。

在编辑方法上，本《选辑》注重系统性与专题性，注重与现实结合，适时推出配合历史纪念活动的专辑，如第4辑《杨森的一生》，第5、6辑记录周恩来在重庆的活动，第19辑《纪念吴玉章专辑》，第34辑《重庆戏曲专辑》，第43辑《纪念抗日战争50周年专辑》，第53辑《纪念抗战暨世界反法西斯胜利60周年》等，其他即或没有按专辑印行，但每辑主题也较为集中。同时也重视编读互动，观众可以致信在"补充、订正、质疑"栏目中发表意见。

第1辑至第15辑系内部发行，从1983年的第16辑开始，改为公开发行。从1987年6月印行第28辑开始，改由西南师范大学出版社出版。1991年1月印行第34辑时，更名《重庆文史资料》。从1979年复刊至重庆市直辖共印行44辑，约661万字；直辖后至今印行13辑，约599万字。（向娜依）

19. 《四川文史资料集萃》6卷，四川省政协文史资料委员会编

自1959年周恩来总理倡导开展政协文史资料工作以来，四川省各级政协组

---

① 参见隗瀛涛：《以爱国主义为旗帜以求实存真为宗旨——祝贺〈重庆文史资料〉创刊十周年》，载《重庆文史资料选辑》第30辑，西南师范大学出版社1989年版。

织征编出版了一大批文史资料。这些亲历、亲见、亲闻的丰富多彩、生动形象的史料，在印证、补充近现代史，教育人民，扩大统一战线，推进社会主义建设方面，起到了独特的作用，受到了社会各界的好评。不过由于发行量小或仅在内部发行，许多珍贵史料未能为更多的人所知。因此，为了适应社会需要，四川省政协文史资料委员会特编纂出版了《四川文史资料集萃》。

《四川文史资料集萃》是从四川省各级政协文史资料委员会30多年征集、编辑、出版（包括内部出版）的1.5亿多字的文史资料中，精选荟萃而成的大型史料丛书。全书共分5编6卷，分别为第一、二卷政治军事编，第三卷经济工商编，第四卷文化教育科学编，第五卷民族宗教华侨编，第六卷社会民情编及其他。其中政治军事编收文136篇，分"戊戌变法与'四川新政'"，"从保路运动到四川辛亥革命""护国讨袁与五四运动在四川""防区割据、军阀混战与人民的革命斗争""抗日战争中的四川""三年决战与四川的解放"六类；经济工商编收文67篇，分"工业""商业""邮电交通""财政金融"四类；文化教育科学编收文71篇，分"文学艺术""新闻出版""教育""社会科学与科学技术"四类；民族宗教华侨编收文82篇，分"政治""工商经济""文教卫生""宗教社会民情""华侨"五类；社会民情编及其他收文72篇，分"旧时社情""民俗""帮会""烟毒""匪患""灾情""其它"七类。总计收文428篇，凡360万字。

是书所收文章限于四川近现代文史资料，时间上起1898年戊戌变法，下迄中华人民共和国成立和四川解放。这些文章不仅从政治军事方面对四川50多年风云变幻的历程进行了勾画，而且广泛涉及经济工商、文化教育科学、民族宗教华侨、社会民情等各个方面，比较真切、集中地反映出四川从多灾多难的半殖民地半封建社会，经过旧民主主义革命和新民主主义革命而逐步进入社会主义的历程。特别是这些文章均由各个历史时期重大事件的当事人或见证人所撰写，所述大多是亲历、亲见或亲闻，只有少数文章是通过采访当事人和调查研究整理而成。因此，这些真实、具体、生动的史料，不仅可以使我们更深切地了解四川旧社会的黑暗腐朽、人民的深重苦难、众多仁人志士前仆后继的奋斗牺牲，而且对于"以史为鉴"和存史求真，进一步巩固和发展爱国统一战线，对于社会主义精神文明建设，都有积极作用。

同时，是书又极具鲜明的地方特色。如辛亥革命前后，侧重反映四川保路运动的兴起和发展；大革命时期，重点介绍四川军阀长期混战和人民的革命斗争；抗战时期，着重反映川军出川抗战和大后方的情况；决战时期，着重反映四川的解放，如此等等，不一而足。

不过，文史资料毕竟是史料，不是正史，它主要是从各个侧面补充和印证许多重要事件。同时，由于过去受"左"的影响或其他方面原因，有的史料难免有一定的片面性和局限性，这是读者应当注意的。

此套史料丛书由四川人民出版社于1996年出版。（李冬梅）

20．《20世纪四川全纪录》，李绍明、万本根、陈劳图、周志全主编

李绍明有《巴蜀民族史论集》，前已著录。

万本根（1944～2016），四川蒲江人。1967年四川大学中文系毕业，1978年起在四川省社会科学院工作。任四川省社科院副院长、《中华文化论坛》主编、编审等职。主编《巴蜀文化图典》《四川50年图集》和《20世纪四川全纪录》等多部大型图书，另有理论文章约80万字，刊载于包括《人民日报》《光明日报》《新华文摘》在内的多家报纸杂志。

陈劳图、周志全，为中国新闻社湛江分社成员。

《20世纪四川全纪录》原名《百年四川》，由中国新闻社湛江分社陈劳图、周志全发起并出资，由四川省新闻中心牵头实施，包括四川大学、四川省社会科学院在内的100余位专家学者和编辑人员撰稿、编辑而成。

全书340万字，共收录辞条总计约40000条，图片3000幅。是书综合运用了编年体、纪事本末体及现代新闻体的叙述手法，全面记录了20世纪四川所发生的标志性事件及代表性人物。所选事件与人物，除了突出四川地域特征外，还兼及发生在四川之外而影响至四川的事件与人物，和四川籍人物于四川外的重大活动。具体到操作层面，是书原则上以月为单位组织版面，每版由记事条目、图片、大事记三部分构成。记事条目主要记录重点的事件与人物，有的条目根据事件不同时期的发展，在不同阶段分条叙述；有的在背景中作跨月、跨年甚至跨时代的叙述；有的条目还酌情加入了全国性背景。图片的选配主要是事件发生时的记录，有的则是在某一时期或背景下与事件相关的记录。大事记则是简要记载当日或当月的要闻。

这本大型的典籍类图书对20世纪四川的历史文化资料进行了全面地梳理与精心的筛选，图文并茂，通过文字与图片，记录了1900年1月至2000年1月百年间四川（包括1997年3月川渝区划调整以前的重庆市）的历史变迁。以日系月，时经事纬，翔实地反映了20世纪四川政治、经济、军事、文化、科技、教育、

民族、宗教、民俗等领域标志性事件与代表性人物。作为我国第一部以省为范围的关于一个世纪全记录的大型典籍类图书，可以帮助我们更真实、更深刻地了解四川的省情。

是书由四川人民出版社于2004年出版。（李东峰）

21．《四川50年图集》，万本根主编

万本根有《20世纪四川全纪录》，前已著录。

《四川50年图集》是四川省向新中国成立50周年献礼的重点图书，由四川省社会科学院牵头，组织上百位专家学者和摄影工作者共同完成。全图集共870余幅图片，采用主题展览的方式排列，共分为前言与8个主题图集两部分。其中，前言与卷一"历程"构成整个图集的总纲，为四川50年发展政治方面的内容。卷二为"环境"，包括自然与人文两方面的内容。卷三为"产业"，历数新中国成立50年来四川农业、工业、交通、商贸、旅游等方面发展的成就。卷四为"科教"，介绍了50年来四川教育与科技发展水平。卷五为"文化"，介绍了四川50年来在文学、电影、戏剧、美术、音乐、舞蹈创造、体育及基层文艺活动等方面的繁荣景象。卷六为"生活"，介绍了民众生活、消费及民生诸方面所取得的成就。卷七为"民族"，展示了四川地区在实施民族区域自治后，民族地区在政治、经济及文化建设及社会生活的诸多方面发生的新变化。卷八为"开放"，展示了四川自20世纪80年代以来，与海外进行的全方位、多层级的合作与交流盛况。每个主题中，配以中文文字进行简要的解说，取得了图文并茂、相得益彰的宣传效果。

此图集装帧精美大方，主题设计合理，图片具有一定的鉴赏与收藏价值。全书由四川人民出版社于1999年出版。（李东峰）

22．《巴蜀文化图典》12卷，万本根、俞荣根主编

万本根有《四川50年图集》，前已著录。

俞荣根（1943～　），浙江诸暨人。1967年毕业于北京大学哲学系，1982年西南政法学院研究生毕业并获法学硕士学位。曾任西南政法大学副校长、重庆社会科学院院长等职。著有《儒家法思想通论》《艰难的开拓——毛泽东法思想与法实践》《道统与法统》等，另与人合著、合编有《羌人习惯法》等。

《巴蜀文化图典》是四川省、重庆市向新中国成立50周年献礼的重点图书。在两地政府的支持下，由四川省社会科学院、重庆市社会科学院牵头，组织川渝上百位专家学者及摄影工作者共同完成。一定程度上说，《巴蜀文化图

典》就是一本摄影画册，所不同的是图片组合背后所流露出的历史文化意蕴。全图集共收录了950幅图片，以12个主题，采用博物馆陈列的方式来铺陈四川古代文化的灿烂辉煌，这些主题分别为：卷一，"玉山金水·蕴宝含英"，介绍四川自然环境。卷二，"多族共居·风俗百态"，展示四川民族及其风俗。这两卷从自然与人文的维度，构成图集的总纲。接下来从卷三至卷一二，则依据历史的线索，以图文并茂的方式，揭示了四川从古至今的文化变迁。卷三，"先民初创·源远流长"，介绍四川的早期文明。卷四，"天府之国·陆海之乡"，介绍四川古代发达的农业及水利事业。卷五，"工艺之冠·万商之源"，展示古代四川工商业的发展水平。卷六，"科技发明·智慧之光"，介绍古代四川的科技发展。卷七，"天师创道·佛传胜迹"，说明古代四川道、佛文化的深厚底蕴。卷八，"学术传承·文苑风流"，揭示古代四川在经、史、文学方面的成就。卷九，"建筑百态·川食美味"，说明古代四川建筑、民生与民俗方面的特色。卷一〇，"旅游胜迹·文化名综"，从旅游的角度，介绍四川自然与人文景观。卷一一，"开放与交流·海纳百川"，介绍古代四川地区与外界交往。卷一二，"传承创新·再铸辉煌"，介绍近代以来四川的发展状况。每个主题中配有简短的中英文字说明，介绍其中的历史文化底蕴，如线贯珠，将一幅幅图片连接起来，图文并茂，于浑然一体中彰显主题。

此图集1999年由四川人民出版社出版。（李东峰）

四、巴蜀考古与文博资料举要

1. 《四川船棺葬发掘报告》，四川省博物馆编

本书是四川最早发现的古代船棺葬俗的考古发掘报告，书中介绍了20世纪50年代在昭化（今广元市元坝区昭化镇）宝轮院和巴县（今重庆市巴南区）冬笋坝发掘的70多座墓葬资料。宝轮院西距剑门关30余公里，东北距广元县城约25公里。1954年6月中旬至7月中旬，在当地人称为坪山的地方共清理了15座墓葬，另有修建宝成铁路工程中掘出的船棺两具及宝轮院街镇北首县联社房基下清理的木椁墓一座。

冬笋坝在重庆市以西60公里铜罐驿街镇西北2公里。1954年5月间，前西南博物院（1955年6月更名为重庆市博物馆，2000年9月成立重庆中国三峡博物馆）在收购古旧铜器时，发现其中有一般所谓的"巴蜀文化"的兵器，经多方了解，得知此类兵器出土于巴县铜罐驿上游的冬笋坝，是砖厂取土烧砖时发现的。此后

于1954年7月、1954年11月、1955年6月和1957年6月先后进行了四次小规模的发掘，共清理墓葬81座，其中的13座残墓因残破过甚未收入本报告之内。

《考古学报》1958年第2期发表了这批资料的简报《四川古代的船棺葬》（冯汉骥、杨有润、王家佑）。《考古通讯》1958年第1期发表过第二、三次墓葬清理的简报《四川巴县冬笋坝战国和汉墓清理简报》（前西南博物院、四川省文物管理委员会）。沈仲常、王家佑的《记四川巴县冬笋坝出土的古印及古货币》，发表于《考古通讯》1955年第6期。相比之下，本书的记载更加完整，内容更为充实。全书共分6章：

第一章介绍了墓葬的地理概况及发现和发掘概况。第二章为墓葬总说，将这70多座墓葬分为五种类型：一为船棺葬墓，两地共发掘30座；二为狭长坑墓，两处共18座，再加上残墓2座，共20座；三为长方坑墓，仅在冬笋坝有13座；四为方坑墓，在冬笋坝有18座；五为砖室墓，仅在冬笋坝有2座。每一类下，发掘者都对该类墓葬保留的墓坑、随葬品以及葬具、葬式等进行了介绍。第三章介绍了墓葬中出土的铜、铁器，共分铜质兵器、容器、杂器、印章、钱币和铁器6个小类进行叙述。第四章分析了陶器的陶质和烧造技术以及制陶技术，并介绍了船棺、狭长、长方坑和方坑墓出土陶器的特征。第五章介绍了墓葬出土的竹器、木器、漆器、琉璃器、玉石块、麻、丝织物。第六章为推论，报告编写者对墓葬时代、族属和墓葬表现出的物质文化演变问题进行了讨论。编写者分别讨论了这五类墓葬的年代，将它们的年代定在秦据巴蜀前后的公元前4世纪末至东汉初期。通过文献考证，报告编写者提出巴人江州虽不能确指，但冬笋坝一带是当时巴人的重要活动地区之一则是可以断言的，故认为冬笋坝一带的墓葬应与巴族有密切关系，或者为当时巴人的墓葬。同时认为宝轮院的船棺葬可能是为秦人戍守该地的巴人的墓葬。报告的编写者认为船棺墓、狭长坑墓、长方坑墓、方坑墓以至于砖室墓，在墓的形制上虽有改变，在出土的文物中虽有不同，但族属则应该始终是一个。即是此一地区的"巴人"由于与汉族文化的相互交流，从战国末年开始，到西汉末期时已完全与汉人一样了。

《四川船棺葬发掘报告》的出版，为巴蜀文化和船棺葬的研究提供了可靠的发掘资料，受到考古界和历史学界的重视。

是书由文物出版社于1960年出版。（于孟洲）

2.《前蜀王建墓发掘报告》，冯汉骥撰

冯汉骥（1898～1977），湖北宜昌人。从事现代考古学与民族学结合研究，也是四川大学考古学专业的奠基人。1923年毕业于武昌文华大学，1924年任厦门大学图书馆主任。1931年夏赴美，入哈佛大学研究院人类学系，1936年夏获得博士学位。次年春，应中央博物院筹备主任李济的邀请，回国准备参加博物院的工作；适值抗战全面爆发，转而应四川大学聘请，任史学系教授。期间除短暂地在华西协合大学社会学系、西南博物院、四川省博物馆等地任职外，终身任教于此。著有《前蜀王建墓发掘报告》，译有摩尔根《古代社会》，另有论文集《冯汉骥考古学论文集》。

前蜀永陵（王建墓）在成都市老西门外，1942年至1943年发掘。王建墓的发掘，是20世纪中国考古学史上的重大考古发现。由冯汉骥撰写的《前蜀王建墓发掘报告》是研究唐、五代时期历史、音乐、建筑、雕塑、工艺美术的必备考古专著。

全书共分13章，即壹《永陵的发现及发掘》、贰《地理环境》、叁《陵台的外形及建筑》、肆《墓室的建筑》、伍《木门》、陆《前室》、柒《中室》、捌《棺椁》、玖《棺中随葬器物》、拾《中室内其它出土物》、拾壹《后室》、拾贰《玉册》、后记。书中除对墓室的结构、雕刻和出土遗物等做了详细叙述外，还对墓室的某些细部结构做了适当的复原。同时，结合古代文献，对一部分雕刻和遗物做了考证和研究。

是书由文物出版社于1964年6月出版，2002年再版，再版共附彩版2幅，黑白版89页，并增补了大量原营造学社莫宗江、卢淳等现场测绘的墓葬结构图以及出土文物器形图和部分图片，规范了用字，并对开本和版式进行了调整。

（于孟洲）

3. 《四川汉代石阙》，重庆市文化局、重庆市博物馆编撰

汉代石阙，是秦、汉宫殿前木结构阙的模拟物，是我国现存于地面之上时代最早、保存最完整的古代建筑。四川汉代石阙，在我国汉阙研究中占有重要的地位。在我国现存的29处汉阙中，除了河南4处、山东4处、北京1处，其余20处均在四川。从建造时间上看，除尚有争论的四川梓潼李业阙（建于36）外，尽管四川汉阙从总体上讲比河南和山东诸阙稍晚，但从有确切纪年的渠县冯焕阙（建于121），到雅安高颐阙（建于209），建阙时间跨越近百年，其发展演变的时间之长，亦非其他地区可比。四川汉阙对于研究中国古代木结构建筑的早期形式无疑具有十分重要的意义。

《四川汉代石阙》是全面记录四川汉阙的大型图录，它将分散于四川境内

各处，研究者和一般读者很难观其全貌的20处汉阙集中展现于书中，并进行全面而详尽的记录。书中各阙的编排以四川北部、西部、南部和东部的地理位置为序，在每一区域内，又适当地将一些重要而完整的石阙放在前面。此书首先详细介绍四川境内20处汉阙的建筑形制、雕刻内容、著录情况和研究现状，进而又收入四川汉阙的全部实测图、每处阙的整体及局部照片（兼用拓本）。书中所收石阙，除了汉代原构的照片和拓本已收入图版部分，在其阙身上的后代铭刻、造像均收入全书后面的附录。全书附实测图28幅，图版261幅。

这些石阙都是当时祠庙或坟墓前的神道阙，大多数阙上还以正确的比例刻出当时木结构建筑中各种构件的外形。这就为研究和复原汉代木结构建筑提供了最可靠的依据。此书还运用考古学、历史学、古文字学的方法和众多研究者的成果，具体论述了全国和四川地区门阙发展的历史，剖析了四川汉阙产生的时代背景、阙的建筑形制和艺术特色等。

是书由文物出版社于1992年出版。（于孟洲）

4.《四川考古报告集》，四川省文物考古研究所编

本报告集共收入川渝地区新石器时代至唐宋时期的田野考古发掘与调查报告和简报16篇，均属未经正式发表过的文章，包括重庆地区的《巫山境内长江、大宁河流域古遗址调查简报》《丰都县三峡工程淹没区调查报告》《奉节县老关庙遗址第三次发掘》《涪陵市小田溪9号墓发掘简报》《云阳县明月坝遗址试掘简报》《重庆市荣昌县宋代窖藏瓷器》《重庆涂山窑小湾瓷窑发掘报告》等7篇，和四川地区的《通江县擂鼓寨遗址发掘报告》《三星堆遗址真武仓包包祭祀坑调查简报》《什邡市城关战国秦汉墓葬发掘报告》《广元市昭化宝轮院船棺葬发掘简报》《荥经县同心村巴蜀船棺葬发掘报告》《三台县郪江崖墓》《大邑县董场乡三国画像砖墓》《绵阳市出土宋代窖藏银器、钱币》《丹巴县中路乡罕额依遗址发掘简报》等9篇。书末附有彩版8页和黑白版16页。

本书包含的考古资料非常广泛。古遗址的调查和发掘曾是四川地区田野考古中的薄弱环节，从20世纪80年代以来随着一系列的考古调查和发掘工作的开展，这一情况逐渐有所改善，新的发现增加了我们对于四川地区不同时期历史文化面貌的认识，为四川地区考古学文化的区系类型研究提供了新的资料。由于之前川渝地区出版的考古报告极少，正式发表的简报亦不多，所以本报告集的出版对于四川盆地及川西高原的考古研究都有重要意义。

是书由文物出版社于1998年出版。（于孟洲）

5. 《三星堆祭祀坑》，四川省文物考古研究所编

三星堆祭祀坑是古蜀文明的重要遗存，其中出土了大量精美绝伦的青铜祭器，是距今四至五千年古蜀人民宗教信仰、审美观念和生产技术等方面的历史见证，本书即是对三星堆遗址两座祭祀坑及出土遗物的综合报道与研究。该遗址位于广汉市南兴镇（原名中兴乡、南兴乡）北面，东距广汉市政府驻地雒雁镇约8公里。遗址主要分布在南兴镇所辖三星、真武、回龙三个自然村和三星乡所辖的仁胜、大堰两个自然村境内的鸭子河和马牧河两岸的阶地上，分布面积约12平方公里。1931年（一说1929）遗址北部真武村农民燕道诚在修灌溉水沟时，在沟底发现一坑玉石器，据记述不下三四百件，由此揭开了探寻久违人世的古蜀文明之谜的历史。从1934年开始科学的考古发掘以来，四川省博物馆、四川省文物管理委员会、四川省文物考古研究所和四川大学历史系等单位已对三星堆遗址进行了多次发掘。

三星堆遗址一、二号祭祀坑均为当地砖厂取土过程中发现。其中，一号祭祀坑于1986年7月18日开始抢救性发掘，至8月14日结束；二号祭祀坑的发掘时间为1986年8月20日至9月17日。1987年，四川省人民政府将三星堆遗址公布为省级文物保护单位；1988年，国务院将该遗址公布为全国重点文物保护单位。这些发掘成果及其初步研究，曾在《文物》1987年第10期[①]、1989年第5期[②]刊发以上两篇简报的发表，在国内外引起了许多学者的关注和讨论，形成三星堆遗址研究热潮。

《三星堆祭祀坑》则是1986年、1987年对两座祭祀坑发掘成果的最终综合性报告。书前有北京大学邹衡序言，正文共七章，附有大量的线图和黑白照片。前三章叙述了以往对于三星堆遗址的工作情况、两座祭祀坑位置及其发现与发掘经过。四、五两章为全书的主体，在分别介绍了一号、二号祭祀坑的层位关系、祭祀坑形制和器物埋藏情况后，分门别类地详细介绍了两座祭祀坑内所出的各种物品。其中一号坑出土铜器（178件）、金器（4件）、玉器（129件）、琥珀及石器（70件）、陶器（共复原39件）等各类器物420件、骨器残片10片、象牙13根。另外还出土较完整的海贝62枚和约3立方米左右的烧骨碎渣。

---

① 四川省文物管理委员会、四川省文物考古研究所、四川省广汉县文化局：《广汉三星堆遗址一号祭祀坑发掘简报》。
② 四川省文物管理委员会、四川省文物考古研究所、四川省广汉县文化局：《广汉三星堆遗址二号祭祀坑发掘简报》。

二号坑出土遗物1300件（含残件和残片中可识别出的个体），包括青铜器735件、金器61件、玉器486件（包含珠325颗、管55颗）、绿松石3件、石器15件，以及象牙器残片4片、象牙珠120颗、虎牙3枚、象牙67根、海贝约4600枚。第六章，发掘者对两座祭祀坑的年代进行了推断，并对坑中发现的铜器和玉器进行了分期研究。发掘者推断一号坑器物埋藏的下限不会晚于殷墟二期，上限不会早于殷墟一期，应在殷墟一期之末与殷墟二期之间。推断二号坑器物埋藏的时间应在殷墟二期至三、四期之间，上限早到殷墟二期偏晚阶段，下限延续至殷墟三、四期。在第七章《结语》中，发掘者对于祭祀坑的相关问题进行了探讨。发掘者在分析各种遗存现象后指出，两个祭祀坑应该是蜀人的遗存，两个坑的器物是不同年代的两个宗庙内的用器。这两个宗庙的器物在长时间的使用过程中，不断增添新的品种，才形成如此丰富的成套成组的宗庙祭祀礼仪器物群。两个宗庙先后被毁之后，将庙里的重器分别埋藏在两个坑内。并认为这有可能是统治阶级内部权力的转移（即改朝换代）所造成。发掘者还对蜀人宗教礼仪制度和以三星堆遗址为代表的早期蜀文化的文化结构进行了分析。

另外，本书的主体内容后附有各类器物的统计表28份，铜器、玉器和动物骨骼鉴定报告4份，并附有108幅彩版。

三星堆的两座祭祀坑出土器物数量多，种类复杂，不仅有来自中原和周边地区的文化因素，亦在多类器物上表现出浓厚的本地文化特色。所以，《三星堆祭祀坑》的出版无疑会对四川盆地先秦时期的考古学研究起到很大的推动作用。

是书由文物出版社于1999年出版。（于孟洲）

6.《中国巴蜀汉代画像砖大全》，高文、王锦生编撰

高文，原四川省文物指导委员会副主任、四川省文化厅文物处长、中国汉画学会副会长。

王锦生，画像砖及拓片收藏爱好者、四川省收藏家协会会员、成都市政协委员。

巴蜀地区出土的汉代画像砖以内容丰富、题材多样、造型生动、制作精良而驰名中外，是中国汉代画像的一枝奇葩。巴蜀汉代画像砖是反映中国固有文化最详尽的形象材料，它直观地反映了汉代的政治制度、社会关系、生产能力、战争方式、道德观念、精神信仰以及艺术水平等各个方面，描绘了汉代社会的具体面貌。

是书主要收录了川渝地区出土的方砖和条形砖拓片图案945种，是迄今为止收录巴蜀地区汉代画像砖最多最全的一部专著。全书共分为五编，即画像砖（方砖）、文字砖与纪年砖、条形画像砖、钱币纹砖、条形图案砖。书前又有《论巴蜀汉代画像砖》一文，并附有该文的英文摘要。每张拓片都标明了尺寸和出土地，绝大多数都标明了现藏地，并附有作者对于画像内容的描述，以及对其含义的考证。该书极具学术性、知识性、艺术性，是一部集历史、美术、书法、工艺、考古等多方面内容的大型工具书。

是书由国际港澳出版社有限公司于2002年9月出版。（于孟洲）

7．《四川彭州宋代金银器窖藏》，成都市文物考古研究所、彭州市博物馆编撰

1993年11月，彭州市区西大街在施工过程中，发现一砖砌窖藏。此窖藏呈长方形，方向45°，开口距地表深约5.2米，东西长1.2米，南北宽0.8米，高0.9米，底铺青砖一层，四壁起单墙，上盖红砂石板三块，红砂石板长0.9～1米，宽0.35～0.45米，厚0.15～0.2米。窖藏内共出土金银器350多件，其中可辨器形的共343件。器形被按照大小叠放于砖窖内，大器皿如盆、执壶、温碗等放于下部，小器皿如杯、茶托、碗等叠放于大器皿内。每类器物相对集中放在一起，杯、茶托、盘等较多的器物多叠成一摞，其中杯分成数摞，并在外包裹一层纱布，再置于窖内。出土器物中银器居多，可辨器形共316件，多为容器。金器较少，共27件。

本书是该窖藏的考古报告，按照器物的质地和种类分别描述了每件器物的情况。从器物的铭记、形制、纹样以及工艺等几方面做了全面分析，并对宋代金银器的使用和制作进行了研究。

全书共分三章：壹《序言》，介绍了当地地理环境与历史沿革，叙述了窖藏的形制和发现经过；贰《出土器物》，对每类器物进行了细致描述；叁《窖藏及器物年代》。正文后有附表和附录各五份，附录分别记述了彭州金银器铭记分类、落款方式及位置，器物的形制与纹样研究，器物的工艺，宋代金银器的概况，彭州出土窖藏银器的锈蚀物分析和保护方法浅谈。书后附有彩色图版56幅、黑白图版23幅。叶知秋《〈四川彭州宋代金银器窖藏〉简介》于《考古》2003年第6期有简单介绍。

是书由科学出版社于2003年出版。（于孟洲）

8.《什邡城关战国秦汉墓地》，四川省文物考古研究院、德阳市文物考古研究所、什邡市博物馆编撰

什邡城关墓地位于什邡市城区西部的方亭和元石两镇的结合地带，分布面积约100万平方米，是四川省战国至秦汉考古的重大发现，集中发现的49座船棺墓群更是我国迄今为止于一地发现的数量最多、时代跨度最长、文化内涵最丰富、地方特色最浓厚的船棺葬群。1988年8月，什邡县人民政府在方亭镇修筑县城中心大街（现亭江西路）时首次发现船棺墓葬5座，并由省、县两级文物考古部门开展首次抢救性发掘。至2002年底，配合各项城市建设在方亭镇和元石镇境内先后进行了23次抢救性发掘，共清理墓葬98座。已发掘的98座墓葬大多分布在墓地东部，排列整齐，分布密集有序，极少存在打破关系。墓葬均为土坑竖穴墓，按葬具的有无及差异可分为船棺墓（49座）、木椁墓（3座）、木板墓（3座）和土坑墓（43座）四大类。四类墓葬相互渗透、杂处，但又各自拥有相对集中的分布区域。其中89座墓有随葬品，共计1096件，包括陶器571件、铜器424件、铁器16件、漆木器29件、玛瑙和料器9件、石饰件2件、钱币38枚、兽骨（牙）3件、果核4件。

《什邡城关战国秦汉墓地》共分六章，全面系统地介绍了墓葬发掘资料。第一章为《绪论》，介绍了当地的地理环境、历史沿革以及墓葬的发掘经过。第二章为《墓葬概述》，介绍了地层堆积情况以及墓葬的分布和形制分类。第三章《随葬品概述》，介绍了各类随葬品的概况，并对其中数量较多的陶器和铜器进行了型式划分。第四章《墓葬分述》为全书的主体章节，对每座墓葬分别进行叙述，包括墓葬结构、葬具、葬式、随葬品放置位置，并详细叙述每座墓葬所出随葬品的形制、图案及规格等项。第五章为《墓葬分期与年代》，作者将可进行分期研究的80座墓葬分为六期，其中的前四期又各分为前、后两段，并推断各期年代如下：一期前段为战国早期早段，上下可能到春秋战国之际，后段为战国早期晚段；二期前段为战国中期早段，后段为战国中期晚段；三期前段为战国晚期早段，后段为战国晚期中晚段；四期前段为战国末期，后段为秦代；五期年代为西汉早期；六期的M53属西汉中期偏晚阶段。在第六章《结语》中，作者分析了不同时代墓葬形制种类的变迁情况，由墓葬形制及随葬品的异同体现的族属差异以及贫富差别等问题，还就不同阶段体现出的文化因素异同进行了分析，最后推断49座船棺墓当属蜀人墓葬，是什邡土著居民，而与船棺墓同时共存的狭长方形土坑墓和长方形土坑墓则可能是非原住民、非

蜀族墓葬。正文中附有线图和拓片288幅，正文后附有墓葬登记表和墓地主要墓葬主要随葬品组合分期图标，并附有彩色图版290幅。

是书由文物出版社于2006年出版。（于孟洲）

9.《成都十二桥》，四川省文物考古研究院、成都文物考古研究所编撰

本书发表了1985年至1988年考古工作者在成都十二桥遗址的考古发掘成果。在成都平原和四川盆地先秦时期的考古学文化发展历程中，十二桥文化是一个重要阶段。十二桥遗址位于成都市区西部，北面越过十二桥街，延至成都中医药大学内，南倚市文化公园，西邻四川省干休所，东与新一村遗址相连，总面积达15000平方米以上。1985年12月，在基建过程中发现该遗址，此后一直至1988年，四川省和成都市的考古研究所对十二桥遗址进行了大面积的考古发掘。《文物》1987年第12期发表了《成都十二桥商代建筑遗址第一期发掘简报》。1992年，孙华在《试论广汉三星堆遗址的分期》一文中，提出了"十二桥文化"的命名，至今已在学界通用。

《成都十二桥》全面报告了十二桥遗址的考古发掘成果。全书共分六章：第一章介绍了地理位置、自然环境、历史沿革及十二桥遗址考古发掘工作的过程。第二章介绍了遗址Ⅰ、Ⅱ区的文化堆积。第三、四、五章分别叙述了遗址发现的商周、战国秦汉和隋唐时期的文化遗存，并在每章后都对出土遗存进行了分期和年代研究。第六章对遗址出土的动植物遗存进行了鉴定和分析，并据此探讨了当时的自然环境状况。全书附线图158幅、彩版20页、黑白图版77页。

十二桥遗址发现的木构建筑对了解成都平原商代的居住形态提供了宝贵资料，并且十二桥遗址的分期成果至今仍被许多学者作为一个分期的标尺。在时隔20余年后，十二桥遗址的发掘报告能够出版，其体现的深远意义已经远远超出了考古研究范围。

是书由文物出版社于2009年出版。（于孟洲）

10.《成都商业街船棺葬》，成都文物考古研究所编撰

本书是关于战国时期蜀王家族（或蜀王本人）墓地的发掘报告和研究专著。商业街大型船棺葬是在2000年7月29日深夜的基建过程中发现的，从同年8月1日至2001年1月28日进行了为期6个月的考古发掘。该处船棺葬被评为2000年"全国十大考古新发现"之一，于2001年7月被国务院批准公布为第五批全国重点文物保护单位之一。

商业街船棺葬是一座大型的多棺合葬的土坑竖穴墓，平面呈长方形，墓向

240°，东北—西南向。墓坑中发现船棺、匣形棺等木质葬具17具，所有葬具都由棺盖和棺身两部分组成，随葬器物基本都放置其中。墓葬曾遭到严重的盗掘和破坏，据推测整个墓葬原本葬具总量应超过32具。在墓坑周围还分布有一些具有一定分布形状和规律的基槽和木质构件，说明了当时在墓葬上还应有地面建筑。墓葬中随葬陶器106件，铜器20件，漆、竹木器163件，角器1件，料珠1件，葫芦芋2件，植物果核2件。

《文物》2002年第11期发表了《成都市商业街船棺、独木棺墓葬发掘简报》，《成都考古发现（2000）》收录了《成都市商业街船棺、独木棺墓葬发掘报告》。

《成都商业街船棺葬》正文前为俞伟超的序言，正文共分六章，详细介绍了该座墓葬的发现和发掘经过，及墓葬形制结构与随葬品。在第四章中，发掘者详细介绍了每一座墓葬的结构和出土物。第五章中，发掘者推断墓葬的年代应该在战国早期，并推测该墓葬很可能是一处极为罕见的古蜀国开明王朝王族甚或蜀王本人的家族墓。另外在第六章中，发掘者还探讨了船棺墓葬的族属、墓中出土漆器、开明时期成都城以及墓葬地面建筑与古代陵寝制度的起源等问题。正文后有附录10篇，是对墓葬出土人骨、兽骨、植物残体、青铜器、墓葬微生物等的鉴定、检测报告，另有对于棺木和枕木等检验和保护报告。全书附线图138幅、彩图23幅、彩版68页。

是书由文物出版社于2009年出版。（于孟洲）

11.《南方民族考古》，四川大学博物馆编

本丛刊是由童恩正创办并主编，以研究中国南方及东南亚地区民族学、考古学为主要目标的大型学术丛刊。自1987年创刊至1992年，先后出版了5辑，发表中国、美国、日本、澳大利亚以及香港地区学者撰写的学术论文64篇、考古调查和发掘报告31篇，是在海内外有相当知名度和影响力的重要学术丛刊。期间停顿数年后，为进一步推动中国南方以及整个亚洲地区古代文明的探索和研究，重振中国南方民族学、考古学研究发表阵地，在四川大学、成都文物考古研究所协同努力下，于2010年复刊，至2011年，已出版2辑，总计7辑。其中前5辑由四川大学博物馆、中国古代铜鼓研究学会编，童恩正任主编，四川科学技术出版社出版。第六辑、第七辑由四川大学博物馆、四川大学考古学系和成都文物考古研究所编，主编为霍巍和王毅，由科学出版社出版。

第一辑，1987年出版。除主编童恩正的发刊词外，发表有简报3篇、论文12

篇。3篇简报报道了广西柳州白莲洞石器时代洞穴遗址、成都指挥街周代遗址和四川理县佳山石棺葬的发掘和清理报告。论文包含的内容很广，对中国东南海岸考古与南岛语族起源问题、大溪文化玉器的渊源、我国新石器时代的双肩石器、虎食人卣、巴人起源、蜀酒、云南地区考古、泰国《瑶人文书》、白莲洞石器时代遗存以及"僰人悬棺"颅骨等问题进行了研究。

第二辑，1989年出版。发表有《成都指挥街唐宋遗址发掘报告》和《成都指挥街遗址孢粉分析研究》，其余论文对南中国与东南亚的中石器时代、铜鼓的相关问题、华南公元前1000纪复杂社会的进化、唐宋时期"东蛮"的族属、东亚早期冶金术、商周越式玉器、贵县罗泊湾汉墓墓主、广东出土青铜器、巴与蜀的考古学文化对象及三星堆遗址等诸多问题进行了探讨。

第三辑，1990年出版。书中除了雅安沙溪、邛崃固驿瓦窑山古瓷窑、成都罗城1、2号门址的发掘简报外，还有对印度尼西亚的金属时代、班清和泰国东北部青铜文化、铜鼓相关问题、西南夷印章、三星堆祭祀坑相关问题、青川战国墓、早期农业、大溪文化、百色地区旧石器、洞庭湖区澧水流域旧石器、藏南吉隆崖葬习俗、汉唐间蜀境民族移徙与户口升降、道教考古等多方面问题的研究。

第四辑，1991年出版。为西藏专辑，发表有多篇西藏各地的调查、清理和发掘简报，另有索朗旺堆《西藏考古新发现综述》、李永宪《吉隆罗垄沟等雅鲁藏布江中上游的石器遗存》、霍巍《西藏昂仁古墓葬的调查发掘与吐蕃时期丧葬习俗研究》、郭周虎《西藏玛尼石刻造像初论》、陈建彬《关于西藏摩崖造像的几个问题》等论文。

第五辑，1992年出版。发表有调查与发掘简报6篇，包括《石家河遗址调查报告》《四川广汉、什邡商周遗址调查报告》《广汉月亮湾遗址发掘追记》《成都市上汪家拐街遗址发掘报告》《西藏雅鲁藏布江中游曲松、加查两县古墓葬的调查与发掘》和《"西南丝绸之路"的考古调查》。研究论文有对东南亚早期国家的"可变等级制"及其历史根源、三星堆遗址的分期、三星堆祭祀坑出土青铜器、道教考古相关问题、成都方池街出土石器的微痕分析、碰砧法和锤击法的打片实验、如何确定出土日本野猪年龄、聚落占有时代的自然环境、"邛""筰"分布区域和卜辞"贞"字、《商周研究之批判》辨疑等问题的研究。

第六辑，2010年出版。目录前有霍巍和王毅的复刊词。发表的考古调查与发掘简报有《成都平原区域考古调查（2005～2007）》《四川马尔康县哈休遗址2006年的试掘》《四川昭觉县古文化遗存的调查和清理》《中印边境古寺热尼拉康与普日寺考古调查简报》和《2007年四川都江堰玉堂窑遗址17号窑包试掘简报》。研究论文有俞伟超2001年在四川大学考古系的讲演稿、傅罗文《专业化与生产——若干基本理论问题以及中坝制盐的讨论》、陈伯桢《世界体系理论观点下的巴楚关系》、孙华《四川成都商业街大墓的初步分析》、孟露夏《公元前5～前2世纪成都平原的社会认同与墓葬实践》、邓聪《云南树皮布民族学调查的启示》、安赋诗《边疆与边界：汉帝国的南部边陲》、查尔斯·海汉姆《东南亚青铜时代的断代：文化内涵的重要作用》、张勋燎《北朝道教造像再研究》、王仁湘《金沙太阳神鸟金箔制作研究》、刘弘《四川西昌马道出土的一株东汉摇钱树》、王苏琦《海外藏几件西王母题材汉代艺术品》、卢智基《东山文化研究的反思》以及崔剑锋等人《四川凉山州盐源县出土青铜器分析报告》和提莫西·郝思利《地球物理技术在成都平原考古工作中的应用》。

第七辑，2011年出版。发表的考古调查与发掘简报有《重庆云阳李家坝遗址1999年度发掘简报》《重庆云阳李家坝巴文化墓地1999年度发掘简报》《四川昭觉县城北乡谷都村汉代遗址和墓葬》《2009年德昌县董家坡遗址发掘简报》。研究论文有《川西马家窑类型彩陶产源分析与探讨》《东南亚青铜技术起源新论》《东山文化若干问题的再检讨》《三星堆启示录》《蜀文化研究的几个问题》《三星堆文化向十二桥文化变迁的相关问题》《中国西南游牧考古刍议》《关于岷江上游石棺墓的两个问题》《名相之辨：四川盆地青铜钺研究》《夜郎地理位置解析——以滇东黔西战国秦汉时期考古遗存为主》《六朝早期俑的地域特征和相关问题》《拂庐考辨：青海郭里木棺板画拂庐宴饮帐献疑》《四川地区宋代墓葬研究》《我国南方宋明墓葬出土墓券堪舆罗经图和有关方位文字考说——兼论堪舆与道教的关系》《成都市博物馆新址出土北宋权范及相关问题的探讨》及《评〈中国道教考古〉》书评1篇。

《南方民族考古》所刊内容以论文为主，兼有少量简报，作者包括中外学者。其出版后，在国内外学界产生了较大影响。（于孟洲）

12．《成都考古发现》（1999年卷、2000年卷、2001年卷、2002年卷、2003年卷、2004年卷、2005年卷、2006年卷、2007年卷、2008年卷、2009年卷）11卷，成都市文物考古研究所编撰

本书是成都市文物考古研究所编撰的年度考古报告集，主要为成都市文物

考古研究所在成都地区所做考古工作的报道，也包括少部分由成都市文物考古研究所参与工作的其他地区的考古发掘简报。从2001年至2011年共出版11卷：

《成都考古发现（1999）》，2001年由科学出版社出版，正文前有俞伟超序言。正文包括发掘简报19篇，另有1篇《永陵地宫石刻风化原因研究及治理初报》可归属科技考古范畴；

《成都考古发现（2000）》，2002年由科学出版社出版，包括发掘简报（报告）9篇和成都商业街船棺葬棺木和枕木保护方面的论文1篇；

《成都考古发现（2001）》，2003年由科学出版社出版，发表成都平原、大渡河流域、三峡库区和嘉陵江流域的调查和发掘简报21篇；

《成都考古发现（2002）》，2004年由科学出版社出版，发表调查和发掘简报14篇；

《成都考古发现（2003）》，2005年由科学出版社出版，发表有不同时代的调查和发掘简报22篇；

《成都考古发现（2004）》，2006年由科学出版社出版，除发表有成都地区的调查和发掘简报20篇外，还有报道茂县波西、沙乌都和西昌市大兴横栏山、咪咪啷等遗址的资料；

《成都考古发现（2005）》，2007年由科学出版社出版，发表调查和发掘简报26篇，其中包括岷江上游、大渡河上游和安宁河流域的简报8篇，此外还有成都十二桥遗址和商业街船棺葬出土的动物骨骼鉴定报告2篇；

《成都考古发现（2006）》，2008年由科学出版社出版，除了有金沙遗址人骨研究报告和马尔康哈休遗址动物骨骼鉴定报告各1篇外，还有岷江上游、大渡河上游、涪江上游、雅砻江流域、成都平原等地的调查和发掘简报18篇；

《成都考古发现（2007）》，2009年由科学出版社出版，包括调查和发掘简报22篇。

《成都考古发现（2008）》，2010年由科学出版社出版，收录有岷江上游茂县波西新石器时代文化遗址调查材料；成都郫县顺江小区宝墩文化遗址，新都褚家村宝墩文化和十二桥文化遗址，金沙遗址星河路西延线地点和龙嘴B延线地点十二桥文化和战国墓葬遗存，高新西区富通光缆通信有限公司地点、郫县蓝光绿色饮品一期地点、四川如阳实业发展有限公司商住楼地点十二桥文化遗址等发掘材料；会理新发乡战国至西汉青铜文化墓葬和明清冶铜遗址、汉川布瓦石棺墓调查材料；成都金沙村汉代廊桥遗址、大邑斜江学校汉代遗址、青白江大同镇汉墓发掘材料；成都市清安街宋、元至明清城墙、崇州公议镇唐代天福窑、郫县安德红专村唐宋遗址、龙泉驿十陵镇大梁村宋墓和成都凤凰山明蜀王妃墓发掘材料等。

《成都考古发现（2009）》，2011年由科学出版社出版，收录有宝墩遗址的最新调查材料，2009年宝墩遗址植物考古分析报告；成都市高新西区汇利包装厂、郫县广福村李家院子、彭州梅花泉、彭州米筛泉等十二桥文化遗址发掘材料；成都市下东大街战国遗址发掘材料；盐源近年新出土的青铜器及陶器材料；四川冕宁赵家湾遗址发掘材料；蒲江铁牛村冶铁遗址发掘材料；成都市博物馆新址商周至宋代古遗存发掘材料；以及大邑新场石虎村、邛崃羊安工业区、都江堰界牌村和大桥村等地唐宋时期墓葬发掘材料等。

成都市文物考古研究所是全国首家出版年度报告集的单位，虽然后来陆续有多家考古单位也出版了报告集，但似乎只有《成都考古发现》从始至今未曾间断。《成都考古发现》及时报道考古工作近况对于成都平原和四川地区的考古研究具有重要意义。（于孟洲）

13.《重庆库区考古报告集》（1997卷、1998卷、1999卷、2000卷、2001卷、2002卷）6卷，重庆市文物局、重庆市移民局编

本书是为配合三峡工程建设，由全国相关高校和文物机构从1997年开始实施的大规模文物抢救保护工作的成果汇编。从2001年至2010年已出版6卷，分别是：

1997卷，2001年由科学出版社出版，发表发掘简报和报告31篇。发表的资料包括丰都高家镇和曾被评为1996年"中国十大考古新发现"之一的烟墩堡旧石器时代遗址，对于研究三峡地区旧石器时代向新石器时代过渡具有重要意义的奉节鱼腹浦遗址，忠县哨棚嘴、巫山锁龙和万州涪溪口等遗址出土的新石器时代遗存，忠县哨棚嘴、万州中坝子、塘房坪、云阳李家坝、涪陵石沱、奉节新浦、巫山双堰塘、跳石等遗址出土的夏商周时期遗存，丰都汇南、万州安全、云阳李家坝、巫山麦沱、巫山古城等遗址出土的汉六朝时期遗存。另外也发表有唐宋明清时期遗存的资料。

1998卷，2003年由科学出版社出版，发表发掘简报和报告34篇。包括的遗址有丰都井水湾旧石器时代遗址，旧、新石器时代过渡时期的奉节横路遗址，出土有新石器时代遗存的忠县中坝、瓦渣地、崖脚、万州黄柏溪、巫山锁龙、跳石等遗址，出土有夏商周时期遗存的涪陵镇安、石沱、蔺市、忠县中坝、瓦渣地、万州中坝子、塘房坪、黄柏溪、麻柳沱、云阳李家坝、故陵、奉节新浦、巫山双堰

塘、蓝家寨等遗址，发现有汉晋时期遗存的忠县崖脚墓地、忠县中坝窑址、丰都汇南墓地、云阳旧县坪遗址、巫山麦沱墓地、巫山张家湾遗址等处。在玉溪、大地嘴、中坝、崖脚、麦沱、上关等遗址还发现了唐宋时期遗存。

1999卷，2006年由科学出版社出版，发表发掘简报和报告27篇。有丰都冉家口、井水湾等旧石器时代遗址，出土有新石器时代遗存的忠县哨棚嘴、万州苏和坪、涪溪口、大周溪、巫山大溪等遗址，发现有夏商周时期遗存的涪陵蔺市、镇安、丰都石地坝、忠县哨棚嘴、万州中坝子、麻柳沱、奉节新浦、巫山双堰塘、蓝家寨等遗址。在丰都杜家包、万州大地嘴、巫山张家湾、双堰塘等处发现有汉代遗址或墓地，万州的王家湾遗址发现了7座六朝时期的房址，另在丰都玉溪、万州大地嘴、巫山蓝家寨等处发现有唐宋时期遗存。

2000卷，2007年由科学出版社出版，全两册，发表发掘简报和报告51篇。其中旧石器时代的地点有丰都井水湾、枣子坪等七处。在忠县中坝、万州苏和坪、巫山大溪等遗址发现有丰富的新石器时代遗存。出土有夏商周时期遗存的有涪陵石沱、忠县中坝、老鸹冲、崖脚、万州苏和坪、云阳李家坝、开县余家坝、巫山江东嘴、下沱、双堰塘、蓝家寨、秀峰一中等遗址。2000年度在重庆库区发现的汉晋时期墓葬地点有30余处。奉节宝塔坪发现86座唐宋时期墓葬。另外，巫山县大昌古城遗址明代城址的勘探和发掘也具有重要意义。

2001卷，2008年由科学出版社出版，全三册，发表发掘简报和报告87篇。本年度在丰都井水湾、冉家路口等9个旧石器地点开展了工作。忠县杜家院子、万州巴豆林、关木溪等遗址都发现有新石器时代遗存。发现有商周时期遗存的有涪陵石沱、镇安、忠县哨棚嘴、万州巴豆林、塘房坪、云阳伍家湾、马粪沱、开县余家坝、奉节新浦、巫山林家码头、冬瓜包等遗址。另外还发现有多处汉唐时期墓地、冶炼业和盐业遗迹等。

2002卷，2010年由科学出版社出版，全三册，共收录三峡工程重庆库区田野考古发掘报告67篇。如《巫山耳石窝遗址》《奉节刘家院坝遗址发掘报告》《云阳旧县坪遗址发掘简报》《万州冯家河遗址发掘报告》《石柱中间包汉代至东晋墓群与明代窑址发掘简报》《忠县罗家桥遗址发掘报告》《丰都麻柳嘴遗址发掘简报》《涪陵横梁子墓群发掘报告》等。

每一本报告集的前面都有重庆库区当年整个年度考古工作情况的概述，其后正文为各单位开展相关遗址的发掘简报。正文后附有图版。包含的年代范围从旧石器时代至明清时期，地域范围从巫山至涪陵区间的整个重庆三峡库区，不仅有长江干流沿岸的遗址，还有长江支流沿岸的遗址。

重庆地区此前开展的文物考古工作不多，发表的资料亦少，从20世纪90年代至今，尤其是从三峡文物保护工作开展以来，持续开展了大规模的考古发掘和调查工作，并陆续出版了多部考古发掘报告和报告集，已引起较多学者的关注，也大大促进了重庆地区的考古学、历史学和民族学研究的深入开展。（于孟洲）

14.《中国文物地图集·四川分册》，国家文物局主编

为切实了解我国现存的不可移动文物状况，新中国成立以来曾进行了两次全国性的文物普查。第一次始于1956年，第二次始于1981年。为了对历次文物调查的成果进行系统整理和科学总结，国家文物局决定编辑出版一套中国文物地图集。《中国文物地图集·四川分册》即是根据国家文物局的统一部署，在四川省文物管理局的组织领导下，由四川省文物考古研究院负责编撰的大型文物工具书。

是书由概述、专题文物图、市县文物图、重点文物图、文物单位简介等部分组成，凡260万字，分为上、中、下三册。每册的封面均为乐山大佛，封底分别是三星堆出土的人面鸟身像、金沙遗址出土的太阳神鸟，以及罗家坝遗址出土的巴蜀文字印章。全书共收录四川省境内地上、地下不可移动文物点（词条）15231处（其中古遗址1540处，古墓葬4757处，古建筑4770处，石窟寺及石刻2317处，近现代重要史迹1082处，近现代代表性建筑395处，其他370处），文物图照623张，文物地图158幅。其中囊括了古建筑、古代遗址、墓葬、石刻和近现代重要史迹等，既收录了三星堆、金沙遗址、乐山大佛、朱德故居等广大市民熟知的历史文化遗迹，也介绍了康定跑马山、凉山火把节等民俗活动场所。

是书的资料来源，主要取材于四川省的第二次文物普查。1986年至1987年，四川省进行了全省第二次文物普查，参加普查人员达15000多人。这次文物普查为《中国文物地图集·四川分册》的编写提供了大量翔实的资料。在此基础上，是书还汇集了历次文物调查和考古发掘的成果。全书从收集资料到编辑出版历时20多年，直接参与编纂的有数十人，为其提供资料和图照的有260多人。

《中国文物地图集·四川分册》全面记录了四川从远古的旧石器时代开始至2006年的不可移动文物，这是四川省文物保护、管理和研究的一项重要基础工作，它凝聚了全省几代文物工作者的心血，是对四川省文物调查、考古发掘等所获科学资料的归纳总结；是全省文物考古工作者通力协作的科学研究成

果。因此，它的出版可谓完成了四川省文物考古界的一个具有里程碑意义的重大世纪工程。而作为文物考古工作重要的第一手材料，其对掌握、了解四川境内现存的文物概况，以及全省文物保护、考古发掘、文物考古的科学研究，合理利用文物旅游资源等都有着不可替代的重要作用。

是书由文物出版社于2009年出版。（李冬梅）

五、地理与民族文献举要

1.《民国新修合川县志》83卷，张森楷纂

张森楷生平，见《史记新校注》。

张森楷倾一生心力于史学，著作等身，其著述计有48部成书，1300余卷，逾千万言。他学识渊博，功底深厚，善用前人成果而又不抱门户之见，坚持"整齐故事，谨正文字"的方法。其《廿四史校勘记》堪称皇皇巨著，伍肇龄评价其"体大精深"[①]，罗振玉以为"是全史功臣"[②]。《通史人表》一改过去由于"人表之作，肇自扶风，其等有九，以别高下"而带来的"中多舛谬，世颇讥之"[③]的弊病，参用《史记》《汉书》时经事纬的体例，以人为主，各得其所，考证翔实，分类有据，李慈铭赞曰"体大思精，诚为读史者之权舆，古无此作，足称盛业"[④]。《史记新校注》荟萃众本，不仅详考国内所藏文献，还参以日本、朝鲜等地版本，爬梳甚精，折中至当，集毕生学问之大成。

《民国新修合川县志》是张森楷应当时的合川县知事郑贤书之请所修，前后历时三年（1917～1920）。全书共83卷，计有图经门4卷，包括形势（附官街、凡例、采访、测绘）、建置；谱门7卷，包括大事、官师、选举、民献（附寿民）、士族、邦媛；掌录门25卷，包括户口、土物、赋税、征权、仓储、农业、蚕业、工业、商业、矿业、政法、学务、团警、议会、公善、典礼、艺文、风俗、金石；传门27卷，包括名宦、乡贤、列女、方术、流寓、阙访、前志、序传、目录；余编5卷，包括星野、名胜、古迹、祥异、丛谈；文存门19卷，包括古体诗、近体诗、赋、牒文、论辩、解考、序跋、书说、记、碑志、传状、禩蕃、官文书、制艺。

---

① 张森楷：《民国新修合川县志》卷六二"序传上"，《中国地方志集成》本。
② 张森楷：《民国新修合川县志》卷七五"序跋上"，《中国地方志集成》本。
③ 张森楷：《民国新修合川县志》卷六二"序传上"，《中国地方志集成》本。
④ 张森楷：《民国新修合川县志》卷七七"书说"，《中国地方志集成》本。

是书以史法修志,承章学诚《方志立三书议》的修志理念,纵横贯通,经纬分明。在体例上取法《史记》《汉书》,而又有所创新突破,如"文存"一门,旧志多照录原文而不加评判,是书则在收录原诗原文之外还考镜源流,加注批语。在编纂上有原则而不拘泥,如谱门六类,"或系以年,或系以世,或系以事,不主一格,唯其适也"①。在内容上总前人之得失,并结合社会现状,详略轻重一目了然,如合川旧有桑蚕业,张森楷本人亦曾用意于此,故书中言此特详。梁启超《清代学者之整理旧学之总成绩》一文第七章《论方志学》云:"康熙以来,新修志之佳者数十种,其成于民国者,有缪小山主撰之《江阴县志》,张石亲独撰之《合川县志》。"

1922年是书初次刻成,1992年巴蜀书社据此本影印,收入《中国地方志集成》。(钟雅琼)

2.《四川郡县志》12卷,龚煦春撰

龚煦春(1863~1937),字熙台,号几山,四川井研人。清光绪年间廪生。祖父震生、父亲炳奎均为当地有名学者。煦春自幼得家学之传,曾在清末西学热潮之时东渡日本,专攻地理和国学,回国后又受业于新城(今河北高碑店)王树枏。博闻强识,精研史地,长于古文,擅于金石。先后在四川眉山、成都等地执教,与廖平、刘师培、谢无量等著名学者过从密切。清光绪年间曾主持修撰《井研县志》。民国初年宋育仁主持重修《四川通志》,特聘龚煦春为地理门编纂。清光绪《井研县志》载其早期著作有《洪范旧义》《陵阳水道考》《苏文定公年谱》《国朝四家文选》《古文辞汇约编》《几山文集》等。

是书乃龚煦春应宋育仁之邀编纂《四川通志》地理门之稿本。全书共12卷,卷一至卷十一为各朝代疆域沿革考,以《华阳国志》《太平寰宇记》《读史方舆纪要》以及正史地理志为主要依据,详考各朝各代巴蜀地区疆域范围、地名变革等;卷十二为历代疆域沿革表,以时间为经,空间为纬,以区、县为基本单位将政区名称、范围的沿革简明列出,条理明白,纵横朗然,颇有创见。

是书撰写之时,"鉴于前代之简陋,旧志之舛疏,爰甄采舆地专书,广缉职方掌故。兴废必详其终始,迁徙必溯其渊源。山水为地方标题,借资考据;年月为史家眼目,不惮精详……务期旧说有征,不比私心自造"②。前后三

---

① 张森楷:《民国新修合川县志》卷首"凡例"。
② 龚煦春:《四川郡县志·序》,成都古籍书店1983年影印。

年，四易其稿，广考博征，力求精准，有争议处即存疑而不妄断，故当时"同人等以此志精核翔实，为自来官修志书所未有，力劝抽梓，以广其传"①。

不过由于成书仓促，而又适逢乱世，既资料有限，又未能实地考察，加以刊刻失误，故书中错讹衍脱不少，考订亦较为粗糙，是为遗憾。但瑕不掩瑜，综观全书，至今仍是考论四川地理沿革之要籍。

是书本应由当时的四川通志局刊刻，然时局动荡，通志局竟无经费，龚煦春于是于民国24年（1935）将此书稿本交付成都古美堂，自费木刻刊行，谢无量题写书名。民国25年阴历二月十三日（阳历1936年3月6日）印行，由成都白丝街川香远发行，成都学道街志古堂、茹古书局分售。民国35年（1946），四川永宁铁夫李氏重为校勘印行。1982年，四川大学历史研究所四川地方史研究室为教学与科研需要，以古美堂木刻本为底本，精校细点，修订重印为今通行标点本《四川郡县志》，1983年由成都古籍书店影印。（钟雅琼）

3. 《蜀游闻见录》，徐心余撰

徐心余（1866~1934），名宜楸，江苏南通人。清末民初曾两次来川任职。清光绪十九年（1893），首次随父入川，其父为同治二年（1864）优贡生，历任营山、夹江知县等职。徐心余在其父任所供职，待其父殁，始扶柩回乡安葬。民国3年（1914），再次入川，曾任万县水警教练所所长、川江水警第二厅第二署署长等职。数年后还乡，被张謇延聘为家庭教师。后在南通学院任职，1934年病逝，时年68岁。

是书原名《蜀游随笔》，分上下二卷，撰成后由其子徐晓白整理重抄，改名为《蜀游闻见录》。卷首有前言、序、题后、题词，书末有跋。《前言》为其子徐晓白撰，言："先府君心余公，于清光绪、宣统中随先祖父考双公宦蜀，先后二十余载。足迹所经，闻见实多，惜未能随予笔录。鼎革后，任职故乡南通学院农科多年。待余稍长，每值夏夜纳凉之际，最爱闻先府君述川中旧事，惟以先府君忙于业务，无暇执笔。六十三岁退职家居，因得将其往事记述成《蜀游随笔》二卷。"并说明"其实均属忆笔，而非随笔，故遗漏自多，且仅凭记忆，亦难免讹误之处"。记述撰写原委，颇能实事求是、不为虚美。

《蜀游闻见录》乃作者在四川各地亲历、亲闻、亲见的忠实记录。作者两次来川，前后历20余年，其足迹遍及成都、新都、广汉、雅安、乐山、重庆、

---

① 龚煦春：《四川郡县志·序》，成都古籍书店1983年影印。

涪陵、万县、酉阳、秀山等数十县，经历复杂，见闻实多。举凡所到之处的山川、风俗、历史、建筑、人物、出产等，都一一笔记之。内容十分详细，诚如是书《出版说明》所云："涉及川中山川名胜、水路交通、物产矿苗、风俗民情、官场吏治等各个方面（其中少数条目亦涉及川湘、川鄂边境）。如川江大佛岩、叉鱼子、龚滩、新滩诸险滩，辣椒、虫草、贝母，以及锑矿、紫铜矿等物产，以及川中的汉、藏、回、苗各族人民的风俗和婚丧葬礼，皆饶有情趣；对官军之残暴、科举之弊端、社会之黑暗、人民之苦难及其反抗斗争，也有较具体的描绘。"其书虽为随笔，但"皆耳闻目击，身所亲历者，亦足供考风俗、谈形胜者之一助也"①。书中所记内容多达180条，各条篇幅短小精练，皆得之亲身经历，故亲切感人，印象深刻。加之笔墨简洁，记述生动，有些内容的描述十分引人入胜，让人读之趣味无穷。除此而外，作者还对一些事物进行了探究考证，史料价值不可忽视。

此书内容系出自作者晚年追忆，其中有少数条目存在程度不同的疏漏或与事实不符之处，但是瑕不掩瑜，该书仍对"研究四川近代地方史，了解地方社会情况，加强爱国主义教育，都有一定的社会参考价值"②。

是书于徐氏63岁时写成，但并未及时刊行。后经其子徐晓白整理重抄，改名《蜀游闻见录》。是书由四川人民出版社于1985年出版。（王雨巧）

4．《巴县志》23卷，向楚总纂

向楚（1878~1961），字仙樵，号觙公，巴县（今属重庆）人。少时就学于重庆川东书院，为清末举人。后加入中国同盟会，1911年武昌起义，蜀军政府成立，出任秘书院院长。1912年，成渝两军政府合并，改任秘书厅厅长。1927年，出任四川省政府委员兼教育厅厅长，不久于任，遂潜心问学，精研文字声韵，尤通晓巴蜀方言；乐育人才，先后任成都高等师范学校、成都大学、成都师范大学、四川大学等校教授，四川大学文学院院长。晚年任《巴县志》总纂。向楚曾受业于川南名儒赵熙之门，被誉为"赵门三杰"之首，孙中山亲书"蔚为儒宗"为赠。著有《巴县志》《诗集》等。

《巴县志》倡修于1913年，然而由于局势动荡，数次中断。1926年，时任县长的郑东琴"始开局，延分纂，置采访"，先后聘向楚、龚春岩为总纂，却

---

① 徐宣武：《蜀游闻见录·序三》，《蜀游闻见录》卷首，四川人民出版社1985年版。
② 徐心余：《蜀游闻见录·出版说明》，四川人民出版社1985年版。

又因"蜀局多故,中更俶扰",时久而未成。1933年,县长唐殿臣成立文献委员会,以完成县志为当务之急,多方筹措资金,复聘向楚为总纂,1937年始成稿,1939年刊讫。

是书体裁大体完备,有志、传、纪、图、表、录,每卷为大目,下设小目。卷一为疆域,分设沿革与幅员、山脉、水道。卷二为建置,多以表格来说明宋明以来巴县的城乡建置沿革、街道、城内水沟、桥梁、庙宇、扼塞等,是为巴县志书编纂中的创新。卷三为古迹,卷四为赋役,卷五为礼俗。卷六为职官,起于两汉,讫于民国。卷七为学校,并附图书馆、报馆、西部科学院等机构资料。卷八为选举,记录了进士、举人、五贡题名者及武进士与武举的题名者,此外还列出了国内外学校毕业生表,并附有宾兴贷费。卷九为官师列传,主要表彰自汉至民国各代官员的政绩武功以及明以来忠节人士,并立专目介绍书院院长、民国都督。卷十为人物列传,卷十一至十四分别为农桑、工业、商业、交通,其中工业卷亦属创新,介绍了巴县陶瓷、猪鬃、铁矿、玻璃、碱皂、火柴、罐头、酿酒、织布等行业的状况,惜史料上不充分,大多数都只是记录了当时的情况,而没有追溯至行业发生的源头;交通部分则特立了电报、电话、航空三个子目。卷十五为军警。卷十六为交涉,这是该志值得一提之处,此卷记载了当时的一些重要事件,如重庆通商案、重庆开埠案、王家沱日本租界案、南北两岸煤矿公司案、重庆上游内河航权案、打枪坝案等,这些历史事件虽然不全是发生在巴县地界,然而却由于影响巨大,都被记录了下来,这体现了修志者具有全局性的眼光。卷十七为自治,记录了巴县自民国以来的地方自治情况,包括县参议会、城镇乡会、红十字分会等。卷十八为市政,除传统的市政区域划分、坟茔迁徙、招领补偿等内容外,还加入了自来水、电力厂、公园等时新的项目。卷十九至二十一记录了巴县的物产、金石、事纪。卷二十二专门记载了蜀军革命始末,与卷十六交涉一样,将并不专属巴县一地但影响重大的事件编入志中,以全面地展现当时的社会环境。最后一卷为叙录和舆图,并附文征。

向楚所修的《巴县志》享誉颇高,《中国地方志辞典》"著名方志"就将其列入其中,并评价此志"平列类目,注意反映时代特征,对经济状况记载较详"。毛一波《方志新论》云:"就民国新修四川各县志言,《巴县志》应属首选。"何金文《四川方志考》也说:"此志乃本省县志中纂修得较好的一种,条目清楚,记事详切。"向楚本人除了统稿之外,还亲撰"事纪""蜀军革命始末""礼俗""叙录"诸篇,另有"疆域""古迹"二篇经他润色。其中"礼俗"卷中的《方言》篇,甚至被奉为学术名篇,《四川近现代人物传·向楚传》对此也有评论:"向楚尤通晓巴蜀方言,故《礼俗篇》中特撰《方言》一章,推寻巴郡方言之语根,辨析甚精,诚学术之名篇,不仅一县之志书而已。"当然,该书亦有其不足之处,如许多事件或无开端,或无沿革,如"神龙见首不见尾",同时在地理方面缺乏实际勘测数据等,而这在动荡的时代中和有限的条件下是无法避免的。

是书有民国28年(1939)刻本,为木刻线装,凡23卷,75万字。1986年巴县志办整理出版《巴县志选注》,节选60余万字,精装刊行。(钟雅琼)

5.《望江楼志》,彭举撰

彭举(1887~1966),字云生,又作芸生、芸荪、芸村,自号百衲小巢主,又号顽石子,崇庆县太平乡(今崇州市崇平镇)羊叉堰人。出生于书香世家,精于宋明理学,有"蜀中大儒"之称。从事教育事业数十年,1951年11月任四川省文史研究馆研究员。撰有《薛涛丛考》《薛涛诗笺》《杜诗版本考》《草堂文献汇编》等稿。

《望江楼志》系撷取于《薛涛丛考》。晚年,彭举无力为著述《薛涛丛考》完稿,门生王文才遵师嘱,待其身后将之改撰为《望江楼志》出版。是书卷首附有薛涛小像、薛涛制笺图、薛涛井、薛涛笺四幅图画。正文分为四部分,每卷后面附有当卷有关的题咏。

第一部分为薛涛小传考释。详细考释了薛涛的籍贯、身世以及与元稹、白居易、牛僧孺、裴度、杜牧、刘禹锡等20位唐代名士的唱和过程。并且考证薛涛其生,则当在贞元元年或二年(785年或786);其卒,应在大和六年(832)秋冬间,享年48岁左右。附录有元稹、白居易、王建、刘禹锡、裴庭裕、陈一津、刘楚英、刘梦愚、陈矩、樊增祥、谢无量、张爱题咏薛涛的诗作。

第二部分为望江楼建置考。考证指出,薛涛井为明代蜀王府仿制薛涛笺处。依据传世诗文,考察了从取薛涛故事而建的吟诗楼、濯锦楼、浣花笺、五云仙馆、清婉室,及其发展到如今望江楼公园规模的过程。附录王士性、曹学佺、王珙、杨一鹏、戴燡、卞玉京、董新策、李专、彭端淑、张斑等71人有关望江楼的题咏。

第三部分为薛涛笺考。作者指出,唐代薛涛制笺处原在城西的浣花溪畔的百花潭侧。薛涛笺的特色为:精巧、小幅;尚松花与深红。附录范元凯、羊士谔、鲍溶、崔道融、施肩吾、李商隐、郑谷、司空图、释齐已、韦庄、黄遵宪等45人有关薛涛笺的题咏。

第四部分为薛涛墓考。此部分据诗文指出，薛涛"本居浣花溪，又筑碧鸡坊，俱是在城西，似墓亦在溪坊近处"。望江楼公园内的薛涛墓只是明人用以点缀名胜而添造于此，并非实迹。附录郑谷、邓原岳、郑成基、董新策、李调元、王再咸等14人关于薛涛墓的题咏。

是书着重从历史角度，考察望江楼的沿革变迁和薛涛的生平事迹，引用资料比较丰富，博采各家说法，考证颇为翔实，内容十分精简，原原本本，字字珠玑，把望江楼与薛涛之间的联系阐明得清清楚楚，也使望江楼公园从创始、发展到今天规模的历史渊源得以清晰展现。此外，对有关于薛涛和望江楼的诗词、楹联的选录和考释，也是本书的一大特色，这些楹联和诗词，虽然多是应景唱酬之作，或对景抒怀，或临风凭吊，思想内容未必可取，但亦足以点缀古迹名胜，特别是经作者的一番考辨，让读者于析文数典、严谨考证中，领略诗赋，赏析美文，别有一番韵味。由于薛涛诗名满天下，文人墨客、达官贵人多与之唱和，所以是书所录所考，也是一本很珍贵的文学作品专题汇录。

是书由四川人民出版社于1980年出版。（王雨巧）

6.《峨眉游记》，张志和撰

张志和（1894~1975），原名张清平，四川邛崃人。幼年入鹤山寺官立小学读书。1908年考入四川陆军小学堂，接受民族革命和富国强兵的思想。1911年入西安陆军第二中学，1912年入北京陆军第一预备学校，1914年入保定陆军军官学校第二期，1916年毕业后，长期在川军中任职，历任连、营、团、旅、师长，刘文辉司令部参谋等职。1927年加入中国共产党，1928年任中共四川省委军委委员，1930年被开除党籍，1937年赴延安，1938年任第30集团军参谋长兼30集团军战地军官训练团副团长，后辞职回川。1941年加入中国民主政团同盟。1949年赴雅安，协助刘文辉起义。新中国成立后，历任政务院参事、民盟中央委员、第二届全国政协委员等职。1957年被错划为"右派"，1975年在北京因车祸逝世，享年81岁。1979年，右派问题被平反。著有《抗战必胜论》《现代战争论》《军事与政治》等。

1932年7月，张志和利用公务余暇，携随从登览峨眉山，就沿途见闻并所思所想，撰成游记散文14篇，附峨眉山简图1幅、山行即景照片26张，结集为《峨眉游记》。全书以游踪为线，从夹江车站出发，渡雅河登岸，自报国寺起登山，经大峨寺到洪椿坪，再到仙峰寺、钻天坡而及金顶。随行照片所摄，有虎溪、望乡台、峨山大溪、瀑布、解脱桥、报国寺、伏虎寺、大峨寺、双飞桥、牛心寺、白龙洞、灵官楼、大坪寺、洪椿坪、九老洞、洗象池、雷洞坪、祖师殿和金顶正殿风光。整个游历过程可分作三段，自夹江至报国寺前为第一段，沿途所见乡间生活，可增广见闻，了解当时川西的民俗风情，而当时国乱军兴，民不聊生，张志和游足所至虽然流连光景，每每不忘体恤民瘼。报国寺至洪椿坪前为第二段，其间山僧知客、饮食住宿的种种经历，无不见出当时社会风气的败坏，山寺、旅店监管的不力，正是峨眉山旅游史上极为萧条的时期。与此同时，海外旅游探险者正源源不断进入峨眉山，他们勇健的登山方式及理性的科考意图与国内善男信女匍匐告拜的身影形成鲜明对照，这往往激起张志和怜悯国人体弱、民智愚昧的感喟。洪椿坪以上至金顶为第三段，寺僧好利贪财的劣迹仍然不少，不过深山胜境已能让作者暂时忘却世俗的尘嚣，在与自然的对晤中寻得片刻灵魂的解脱，其文心诗意也多发于此。张志和最后写道："登高一望，胸襟为之开朗。斜著满天云霞，时时变换，不知其有若干种。真令人心旷神怡，欣然自乐，忘形世外。"书前有1933年1月程道所作序，称"这本游记的特点不在用照片、用文字来表现峨眉，而另有可称道的地方"，"除开现出了志和的文学能力外，还现出了他的思想的头脑及科学的理解以及他那关心大众幸福的热诚"。张志和接受现代民主思想和科学观念的洗礼，身为军事将领，值国家多事之秋，不免心怀刺世疾邪的愤慨和多难兴邦的志向。当此之际，《峨眉游记》的书写也就具有了史学和文学的双重意义。

是书有上海学艺出版社1933年初版、1934年再版和香港S.N.出版社1980年影印本。（唐新梅）

7.《西康图经》，任乃强撰

任乃强生平，见常璩《华阳国志》条。

任乃强于1929年赴西康考察，获得大量资料，相继撰成多篇短文，自1931年起陆续在《新亚细亚月刊》发表连载，而后略作修订，成书单行。著者1929年赴西康考察，获得大量资料，相继撰成多篇短文，自1931年起陆续在《新亚细亚月刊》上连载，而后略作修订成书单行。《境域篇》《民俗篇》《地文篇》3卷。

是书由3篇组成。第一篇《境域篇》，由说明、正文、卷末补记三部分组成。主要针对当时康藏界务纠纷及国内对西康有无建省的条件和必要的争论，阐明康藏境域的界分及其历史变迁和西康建省的理论依据和实践途径，并详细介绍了西康的历史沿革、疆域变化以及考正。该篇正文共8章，每章由6到16节组成。8章分别是"部分"（即历代西康地域构成）、"辨名"（名称之误译、藏族名称沿革以及戎氏羌、土伯特解、唐古特、西藏、西康、西炉的音义）、"疆域"（西康境土在不同历史时期的变迁）、"省会"（讨论西康省会设置于何地的问题）、"界务上编"（西康与川、藏、青的历史划界，其经过以及影响）、"界务中编"（晚清赵尔丰拟定之边藏界限、民国初年之康藏界线、"森姆拉会议"即西姆拉会议后中印地界、"民七"以来西康地界情形、最近之康青藏军警戒形势等）、"界务下编"（西康与印度、云南、川南的划界，桑昂杂瑜以及珞瑜的形势，金川划属西康议，西康北界等）、"县界问题"（理想之西康县区，西康主要县份建置始末等）。

第二篇《民俗篇》，详尽地记述了西康的民俗文化，对藏族文化做了比较客观、真实的描述。共分11章，分别由"人种"（西康民族、西藏民族、"西番"等西康之种族分野、户口等）、"职业"（记述西康人民所从事的畜牧、运输、商业、渔业、猎人等职业及其地位，西康的娼妓与乞丐、抢劫问题）、"居住"（居住习俗，如住房修造法、独木梯、叠石奇技、八碉楼、官寨、厕所、寝具、灯烛、牛毛账房、烧牛屎、皮火筒、天然砖瓦、野游之幕等）、"饮食"（青稞、水磨、茶、酒、糖，以及锅、瓢等餐具，糌粑袋、酥油制法与用途、酥油茶筒，负水奇技）、"衣服"（四季衣着、便溺异俗、裁缝、发辫、耳珰、戒指与手镯、领口与项链、告鸟、念珠二用、杂佩、叉子枪、帽式等）、"性格"（家庭教育与民族道德、美德、贞淫问题、送礼、婚礼与婚姻制度、生育与命名习俗、卫生与交际礼仪、对死亡的解释以及各种葬式）、"岁时"（历法、年节、歌舞、戏剧、跳神、"蛮三国"即格萨尔史诗、打骨牌、赛马、游戏、儿戏）、"语文"（语言与文字、藏文渊源与藏文书法、笔的种类与墨海、番纸与汉纸、藏文字典）、"同化问题"（民族文化的沟通、陕商之藏语教本、民族混居之效果、番人观光之效果、"扯格娃"即团结族）、"客民之来历"（居留西康之汉人、陕人入康小史、金川屯户为移民之佳例、军台与移民、名山木匠、河口船户、开矿与移民、垦民小史）、"客家小传"（居留西康汉人之著名者小传）、"移民问题"（移民与国防、移民与内乱、移民与开发实业、移民之稳健办法、客民生活之容易、赴康者宜具之艺能）、"倮倮"（即彝族）、"滇边诸族"（滇康藏交界处的纳西族"摩些木"人即摩梭人及其风俗、白族、傈僳族、怒族等）等。末有《民俗篇编后记》。

第三篇《地文篇》，首次运用现代地学知识，科学地记述了康藏高原的地质、地理、气象、水文，兼及历史文献、历史地理等多个领域。该篇共5章，分为"地形"（西康高原及其地形分类、峡谷、雪岭与山口、高原牧场、河源、绝壁、平原、海子、温泉、火龙石、地震、地质区带，以及西人对于西康之探险、谭寿田李庚扬之发现、"余对西康地质之认识"）、"山脉"（横断山脉、折多与海子山、大魏山、郭达山、木雅贡嘎、川康间之山脉、贡嘎岭与云岭、雀儿山、噶拉山脉、宁静山、当拉山脉与瓦合山、康藏弧形山脉、沙鲁里山考等）、"水道"（河流种类及其音义、江源考、西康经纬度、高度、气温、气候区带、季风、降水、雪线与雹灾、康定之气象记录等）、"正译"（标准译释三十六字、标准译名表、正译余话等）、"纠谬"（反驳国内外关于西康地理的一些错误认识，阐述"余之黑水考""打箭炉非古牦牛国"以及巴塘非古丁零羌与白狼国、西人谬说、昌都炉霍名义辨，并附录西康36县名义）。

是书为任乃强在西康考察研究的重要成果。作者餐风露宿，步行千里，"周历城乡，穷其究竟。无论政治、军事、经济、宗教、民俗、山川风物，以致委巷琐屑鄙俚之事，皆记录之"①。而为冲破民族隔阂和语言障碍，在这次考察中，任乃强与藏族女子罗哲情措结婚，在她的帮助下，自1932年起陆续撰成是书之《境域篇》《地文篇》《民俗篇》3卷。是书经过作者实地考察，并搜罗中外数十种著书供参考著作，深入研究而后精心完成，凝聚了作者大量劳动及智慧。书中附有作者手绘地图40余幅、照片40余张，引用材料不少为档案和现今已难见到的文献，为其他志书所无。内容精详，篇幅宏大，体例复杂而完备，结构设计合理，选材得当，资料珍贵，提纲挈领，对清末至民国时期西康之疆域变迁、境内族群状况、地形地貌等论述颇为翔实，是民国时期研究调查西康的重要成果。该书甫一出版，即引起各界强烈反响，受到广泛重视，时任"新亚细亚学会"会长的戴传贤特为之作序，赞誉是书为"边地最良之新志"，推动了全国学术研究，被誉"开康藏研究之先河"。两年后，西康建省委员会正式成立，书中论点成为建省的主要依据，著者也因此被任命为委员，对近代西康省区的建设也起到了积极促进作用。

就现今视角看来，是书以深厚的地理功底和实地考察研究，对西康的山

---

① 任乃强：《西康图经·自记》，西藏古籍出版社2000年版。

脉、河流走向、支分和古今中外异名做了系统地考证，纠驳了诸多谬说，澄清了不少讹传，并对汉藏地名的翻译规范进行了尝试，堪称民国时期西康地区的"百科全书"①。如《地文篇》所论在距今70年前国人对青藏高原地理还比较陌生之时，无异给人们展示了一片神奇清新的天地，令人神往。又如《民俗篇》系著者用一年时间，步行深入西康各县实地考察，收集大量第一手资料，并得到藏族夫人帮助，清除文化阻隔与语言障碍，进行思想交流后，对藏族民俗做了比较客观真实的描述。是篇所记述的西康民俗文化，特别具有历史价值，不但在当时能匡正视听，对纠正民族歧视偏见产生过较大影响，即使在今天仍然也是研究康藏民俗的十分宝贵的资料，具有极高的史料价值。

特别值得一提的是，是书改变了人们对于西康沿革变迁的模糊认识。其对康藏划界进行了有理有据的剖析，为当时讨论界务，掌握要领，进退有据，避免冲突，提供了重要借鉴；同时，本书以翔实的内容，为人们解开了关于西康的神秘"诡异"之谜，揭开了内地人士认识西康，进而开发西康、建设西康的热潮。本书对西康的客观记载和生动描述，对于汉藏之间感情的增进，民族团结与国家稳定，也有一定的促进作用及积极意义。

是书于民国二十二年（1933）修改完毕，从当年10月起，《境域篇》由南京"新亚细亚学会"作为"亚洲民族考古丛刊"出版，《地文篇》《民俗篇》则分别于1934年10月、1935年7月出版。2000年，西藏自治区社会科学院重新组织整理该书，列为"藏事·汉文文献丛书"，由西藏古籍出版社出版发行，整理者为罗润苍、任新建、陈文渊。（王川）

8.《四川州县建置沿革图说》，任乃强、任新建撰

任乃强、任新建父子生平，分别见《华阳国志》《川大史学·任乃强卷》。

我国行政区划的建置沿革大体经历了郡县制、州制、道路制、省制四个时代。就四川地区而言，自秦实行郡县制，原巴、蜀二国即改为巴、蜀二郡。唐贞观元年（627），唐太宗按山川地形分中国为10道，其中剑门关以南地区为剑南道，其东为山南道。开元二十一年（733），又分为15道，剑南道析为剑南东道、剑南西道，也称剑南两川，与山南道共称"剑南三川"。宋时，四川地区分为益州路、梓州路、利州路、夔州路，统称"川峡四路"，简称为"四川

---

① 邹立波：《民国时期康区的族群、社会与文化——以〈西康图经〉为视角》，载《康定民族师范高等专科学校学报》2007年第6期。

路"或"四川",是为四川得名之始。元代实行行省制,至元十七年(1280)四川正式建省,省治设于成都,对州县大加减并,基本形成了现在县的分布格局。明清时期,四川辖境已达川西高原和凉山地区。其中明代的辖区除现在的四川、重庆外,还包括今贵州省遵义和云南东北部及贵州西北部,在川西高原设立卫所,进行军屯。清初,分全国为18行省,并对川、滇、黔三省省界进行较大调整,基本确定了现在四川的南部省界。又在府、州、厅、县之上,增设五道,以道辖该地区的府、州、厅、县。在川西高原少数民族聚居地区,实行"改土归流",为后来民国时期及中华人民共和国成立之初的西康省打下了基础。1955年,西康省撤销,金沙江以东各县并入四川省,以西的昌都地区划归西藏自治区。

是书是第一部以地图形式记录四川州县建置变迁的专著。正文部分共29图并图说,分别为:四川今县和故县遗址的位置,四川州县建置的自然背景,秦、汉(前汉、后汉和蜀汉)、西晋(包括成汉)、东晋、刘宋、南齐、萧梁、后魏、北周、唐(初叶、中叶、末叶)、五代、两宋、元(包括明夏)、明、清、民国,以及新中国成立初的川康地区行政区划和1956年、1958年、1980年的各时期四川行政区划图及相关图说。呈现了两千多年来四川州县建置调整更替的历史过程,包括名称的更改、治所的迁移、行政区域的迁移、调整、置废年代、原因、条件,涉及政治、经济、人口、文化、地方特产、民族关系等诸多方面。其中,"今县和故县遗址位置"介绍了古今治所的变化情况;"州县建置的自然背景"介绍了四川自然地理条件和资源概况,反映了当时四川地区生产力发展水平与州县建置变化的关系。"历代行政区划"介绍了各朝代州县建置情况。图说部分与文字部分一一对应,一图一说,介绍了各朝代州县建置沿革的过程、原因和条件。其图以时间先后为序,以州县建置大小分幅,变动大者50年至60年一幅,变动小者200多年一幅,平均每幅图为100年左右。近现代每幅图所示另有附录三则,附录一运用图表详尽收录了历代州县建置名称、置废年代、现今地名;附录二《关于编绘四川州县建置沿革图表的说明》,针对部分州县名称、治所地变化频繁、分歧较大等情况,做了相应的研究考证。附录三为地名索引,方便读者查找。

是书作为第一部以地图形式记录四川州县建置变迁的专著,为广大地图爱好者和从事历史地理学、地名学等研究者提供了极有价值的参考,也为社会发展进步提供了一个方面的历史说明。

是书2002年由成都地图出版社和巴蜀书社联合出版。（邹艳）

9.《蜀道难》，罗常培撰

罗常培（1899～1958），原姓爱新觉罗，字莘田，号恬庵。毕业于北京大学，历任西北大学、厦门大学、中山大学、北京大学教授，历史语言研究所研究员，北京大学文科研究所所长。1937年抗战全面爆发，随北大内迁，翌年至云南，任职西南联合大学。此一时期考察了云南少数民族语言，使西南少数民族语言的研究正式进入中国语言学的视野。新中国成立后，筹建中国科学院语言研究所，并任第一任所长，中国文字改革委员会委员。毕生从事语言教学、少数民族语言研究，方言调查、音韵学研究。与赵元任、李方桂同称为早期中国语言学界的"三巨头"。著作主要有：《厦门音系》《切韵鱼虞之音值及其所据方音考》《知彻澄娘音值考》《唐五代西北方音》《中原音韵声类考》《蒙古字韵跋》《耶稣会士在音韵学上的贡献》《普通语音学纲要》（与王均合著）、《国音字母演进史》《语言与文化》《北京俗曲百种摘韵》《莲山摆夷语初探》（与邢庆兰合著）、《贡山俅语初探》《贡山怒语初探叙述》等。另有《蜀道难》《苍洱之间》等游记。

1940年，西南联大欲在四川叙永设立分校。次年，罗常培等人就此事到叙永考察，在四川的两三个月里，先后到了重庆、泸州、叙永、李庄、嘉定、峨眉、成都等处。由于战时交通不便，大部分时间耗在了等车候船、汽车抛锚、山洪冲断公路等事情上，于其他事务倒少有顾及了，罗氏一行人可谓饱尝"蜀道难"之滋味。《蜀道难》一书，即专门叙述这次在四川考察的情形。书前有冰心《序》及罗常培《自序》，共收入《缘起》《从昆明到重庆》《从重庆到泸州》《叙府的三日乡居》共17篇文章。作为社会科学学者的旅行散记，其涵盖内容则不同于一般游记了。

首先，是书记录了1941年6～8月间考察四川时的学人和学术活动：纳溪泸州的清华同学会；在叙永县文庙所做的"中国人与中国文"的讲演；参观石崖湾社会科学研究所、中央博物院和营造学社；评马学良《撒尼倮语语法》；评订任继愈《理学探源》；参观四川大学；在重庆探访傅斯年、冰心；等等。对这些学人、高校、学术机构的记录与介绍，反映了当时四川地区的学术状况，是弥足珍贵的第一手史料。

第二，将民间传说与学术研究结合起来，传递出严谨的治学态度和科学的治学方法，这也是这本学人游记的一大特色。如《关于"陈娘娘"的传说》一文，作者在记载了知课果慧所讲述的民间流传的与"陈娘娘"、万历皇室的有关传说及各种民俗活动之后，根据《明史》和各种碑文等材料，考证出"陈娘娘"等传说为俗僧辗转传讹、造就出来的神话，并非历史真实。

第三，作为游记，是书的文学性也很明显。如描写峨眉景色："在蔚然深秀的浓绿中间，不知什么时候几缕白云偷偷地从岩岫里溜出来，一会儿塞满了深壑，一会儿遮住了群峰，一会儿布满了平台，一会儿侵入了卧室；直闹得伸手不见掌，对面不见人，这时候才体会到古人所说'风云变幻'和'啸傲烟霞'的味道。"文字活泼生动，字里行间自有一番气韵。

此外，书中所展现的"蜀道难"，更多体现在战争年代出行的种种不便，如成都的"躲警报"、重庆的"疲劳轰炸"、汽车抛锚、山洪遇堵等。而对"舵把子""袍哥"等的描写也充满了浓郁的地方特色，且语言通俗明畅，对读者了解四川当时的情况也是很有帮助的。

是书最早由重庆独立出版社于1944年出版，1946年再版。山东教育出版社2008年出版《罗常培文集》，将其收入第十卷。（邹艳）

10.《蜀道散记》，梁乙真撰

梁乙真（1900~?），河北获鹿人。1925年前后，曾就读于上海南方大学。著有《中国文学史话》《中国民族文学史》《清代妇女文学史》《中国妇女文学史》和《元明散曲小史》。《元明散曲小史》1934年由商务印书馆出版，在曲学界颇有影响，有人称其为"曲史之先河"。

是书正文共收文16篇，卷首有《自序》。梁乙真在《自序》中记述："余此次赴蜀西北，视察国务，于五月初自渝出发，在蓉灌勾留半月，后沿西北大道经新都、广汉、罗江、绵阳、剑阁至广元，然后顺嘉陵江而下，过阆中、南充、遂宁、铜梁、返渝。历时三个月，行程4000余里。所至登山涉涧，探胜寻幽，摩挲碑碣，考镜今古；青城之丽，离碓之奇，剑门之险，嘉陵之秀，尽收眼底。"又说："余由陕入蜀，曾取道西北大路，古今之所经，除嘉陵江以下，若剑门，若青城，皆往日之旧游也。昔明胡世安曾三次游峨眉，而三次所得印象不同，以为'山灵富蕴，资取日新'，况以井络天彭、鱼凫筑业，自昔为诗人想象所寄托之乡，而蜀西北山川之雄浑秀丽，烟云变换，瞬息万状，又岂可以曾游而忽乎哉！"于是"归途无偶，每于野市茅店、橹声帆影之中，写为游草，凡得十六篇，颜曰《蜀道散记》"。

全书16篇正文，按时间、空间的转换顺序记述了整个旅程：第1篇为"渝蓉道上"，记录作者5月1日、2日的行程，包括离开重庆、夜宿内江、暮色苍茫中抵蓉等内容。第2篇为"成都览胜"，为5月13日至16日游记，记载游历成都各著名胜迹，如杜甫草堂、青羊宫、武侯祠、望江楼、文殊院等。第3篇为5月17至18日游览青城山，记录从成都出发至青城山，夜宿天师洞，青城山晨景等。第4篇"在灌县"，记录5月18日至20日，游历灌县城中古迹，如安澜索桥、都江堰、伏龙观，郫县望丛祠神话。第5篇"广汉之行"，记录5月21日至23日，途经新都、弥牟镇（今属青白江区）至广汉，沿途的名胜古迹，如新都宝光寺、升庵桂湖、弥牟镇八阵图、广汉公园存留的张献忠"七杀碑"。第6篇"德阳道上"，记录5月24日至27日北上德阳的见闻，包括三国庞统遇害的落凤坡、罗江县城等古迹。第7篇"罗江遇险"，记录5月28日至6月2日在罗江路段出车祸翻车受伤之事。第8篇"从三台到绵阳"，记录6月11日至12日由三台县驱车往绵阳路上的经历。第9篇从"绵阳至剑阁"，记录6月13日至18日沿途的风景名胜及路中见闻，如梓潼七曲山大庙、武连驿、剑阁县城。第10篇"到广元"，记录6月19日至20日去广元途中的关隘名胜及见闻，如剑门关、武则天皇泽寺、筹笔驿。第11篇为"嘉陵江上游"，记录6月20日至30日在嘉陵江上游的活动，如虎跳驿、竹滩老人谈话、夜宿新场店、苍溪夜月等。第12篇"阆中五日游"，记录7月1日至5日游览阆中名胜，如张飞桓侯祠、嘉陵江、巴巴寺等。第13篇由阆中至南充，记录7月6日至11日从阆中至南充沿途的见闻，以及当地的经济活动，如南部县的盐井、采金，南充的丝织业等。第14篇"遂宁之行"，记录7月12日至15日往遂宁途中的见闻。第15篇"铜梁道上"，记录7月16日至22日前往铜梁途中及在铜梁的见闻。第16篇为"归途"，记录7月23日至30日返渝路上的见闻，有茅店夜宿、茶塘寺温泉、北温泉夜月、尾声等部分。

本书为作者本人亲自游历的日记，记述了作者在当时四川、重庆地区所到之地的所见所闻，包括沿途各地名胜、社会状况、经济活动、民间传说等。文字简练，记述翔实。对研究当时四川地区社会状况具有较好的参考价值。惜其缺少在三台几日的日记，颇为遗憾。

是书撰成于民国30年（1941），后由商务印书馆印制发行，版本分别有民国32年（1943）五月重庆初版，民国34年（1945）十月重庆三版，民国35年（1946）三月上海初版。（颜信）

11.《嘉陵江志》，马以愚撰

马以愚（1900～1961），回族，又名马吉睿，教名穆罕默德，安徽省怀宁县（今属安庆市）人。出身于穆斯林学者世家，其父阿卜杜拉·马介泉长于中国文史，工书法。马以愚自幼聪颖好学，早年肄业于安徽政法学堂，历任安庆清真小学教员、校长，创办安庆依泽回民小学，后任上海伊斯兰师范教员。抗战期间曾在南迁桂林之北京成达师范学校与重庆各大学讲授伊斯兰教史。1947年兼上海诚明文学院教授，并任中国回教公会秘书长和怀宁回教协会理事长。马以愚长期从事古汉语、伊斯兰教史及回历研究，兼事文物考证。1954年起任安徽省文史馆馆员、安徽省民族事务委员会委员等职。晚年搜集整理清光绪年间杨子贞教长散落民间的遗著《完璞氏藏稿·附拜式记略》，使得流传于世。马以愚一生勤奋，长于史学，注重史实，持论公允，撰著有《中国回教史鉴》《回回历》《易学象数论抉微》《中国伊斯兰教寺墓考察》《历法考证》《嘉陵沿线各县清真寺及回教人物志》等多种著作，对于中国史学、哲学、地理学、天文学和中国伊斯兰教史等学术领域都有贡献。

本书以嘉陵江为记载对象。嘉陵江古称"阆水""渝水"，是长江上游支流，也是长江水系流域面积最大的一条支流，发源于陕西省宝鸡市凤县，因流经凤县东北嘉陵谷而得名。马氏仿郦道元《水经注》之例，记述了嘉陵江的源头、各段情况以及所流经区域诸县的情况。全书由卷首、正文、附表三大部分组成。

卷首有著者《自序》《例言》，以及宝鸡县图、凤县地图、两当县图、徽县地图。马以愚在《序》中表明了自己的写作初衷，因"郦善长所纪嘉陵江流与今世不合"，故决定溯江探源，正其讹误。由于当时社会动荡，交通不便，马氏亲友都反对他这一决定，但他却得到当时交通部嘉陵江运输处长袁炳南的支持，于是坚定了作者的信念，毅然踏上了探源溯流之路，在经历了千辛万苦后，最终取得了成功。著者引孟子言曰"无恒产而有恒心者，惟士为能"，正是一种对国家山川的热爱和为读者和历史负责的信念，促使了马以愚完成了这一艰巨任务。《例言》则介绍了本书的写作体例，也介绍了书中反映了某些前后地名不一致的情况，以及对于嘉陵江流经各县情况介绍时的资料处理情况。

正文分上下两编，上编以河流为中心，主要介绍嘉陵江的源流和变迁。马氏以嘉陵江为经，各处支流为纬，共分6章，分别讲述江之源流、辨名、滩险、航运、名胜和艺文。"源流章"介绍了纵贯秦、陇、蜀三省的嘉陵江原有东源和西源两个源头，两源在略阳境内汇合，形成嘉陵江的干流；同时还记载了沿江两边随时注入主流的各条支流。"辨名章"考证了嘉陵江名称的来历，云

"《水经注》谓汉水南入嘉陵道为嘉陵水,世俗名为阶陵水,阶陵,故成县,嘉陵道,汉隶武都郡,此嘉陵江名之所由也"。还对嘉陵江流经各县的名称以及注入嘉陵江各支流名称也进行了今古辨析,以明了古称与今称的区别,方便研究者辨识。"滩险章"细述嘉陵江的险滩、凸礁等危险地段,分段标注,共14段,分别予以详细记述,对后世直到现今的河流整治和水利建设仍不无参考价值。"航运章"记述了嘉陵江能通航的里程,由于各书依据不一,各书所指航运工具不一,所以在计算嘉陵江的通航里程时也每有差异,不过本书对于嘉陵江通航里程、通航季节、行船式样等的记载,还是比较准确的。"名胜章"记述了嘉陵江沿岸的名胜,诸如石龙峡(又名"夹龙江")、飞仙阁、黄泽寺、龙门寺等,涉及重要石碑、石刻、寺庙、山川计50余处。"文艺章"著录古今大量有关嘉陵江的诗赋、游记、图画等资料,如柳宗元《江运记》、杨三辰《江河纪略》、白居易《嘉陵夜有怀》诗和吴道子《嘉陵江山水图》等,都对今天的地方文化建设和旅游开发具有重要参考价值。

下编是嘉陵江流域的区域志。以嘉陵江流经的20个县市为经,每县1章,共20章,记述20个县市的概况,包括沿革、疆域、山川、物产、交通、胜迹、纪闻等7个方面,实际是一部以嘉陵江流域为主线的地方史。下编篇幅颇大,举凡各县的古今行政建制的沿革、所辖疆域大小四至、山丘河流湖泊、地利方物、水陆交通、名胜古迹、逸闻逸事等,都在搜罗之列。如"沿革"讲述了该县在历史上的行政区划情况,所属辖地,现在本县归属辖区。"疆域"又分境界、县城、乡镇三部分,各自讲明境界四至、范围大小,县城修建时间和本县城所辖乡镇数量。"山川"主要是县境内的大小山脉,不厌其烦,内容比较详细,小的山脉和河流一般都有提及。"物产"记载更有特色,作者不是简单罗列当地物产,而是特别突出各地特产,如嘉鱼、阆醋等。"交通"则对县境内的道路、桥梁、关隘等,事事关注。"胜迹"与"山川"又有所分工,本节主要记述人文景观,主要是寺庙、祠堂、道观、城楼等。"纪闻"则以人物传记为主要内容,包括本县、寓居或在此活动过的历史名人,如吕尚、诸葛亮、姜维、杜甫、颜真卿、周敦颐等。书末还附有民国34年(1945)《嘉陵江沿线各县户口教育表》。

值得一提的是,本书引证资料十分丰富,如为论证嘉陵江的源流和流经线路,广征博引文献达26种,计有嘉庆编《一统志》《陕西通志》《甘肃新通志》《四川通志》《水经注》《水道提纲》《云栈提纲》及秦、蜀二省的地方县志19部，如《凤县志》《略阳县志》《宁羌县志》《南充县志》《岳池县志》《江北厅志》《巴县旧志》《巴县新志》等。又如上编《名胜》，下编各章的《胜迹》，都记述了一些重要的石刻、石碑情况，如《郙阁志》（汉灵帝时刻）、《司马文正公忠清粹德碑颂》（宋哲宗御书），都是重要的石刻，十分珍贵，对于研究当时历史及巴蜀史，都有重要的价值。

自古以来嘉陵江流域由于地势险峻，人口较少，民居分散，历史上少有学人进行专题研究，更没有专书记录。马以愚是第一个以嘉陵江为专门研究对象的近代学人，他以一年时间亲自溯江探源，收集大量调查素材，然后回到重庆后又历经三年时间的研究和撰稿才完成这部旷世著作。由于本书系著者亲身探历而撰，故内容真实度较高，特别是对《水经注》及其他书中关于嘉陵江的错误内容进行了勘误和校正，更突显出本书的学术价值。在这一点上，实足与郦道元《水经注》、徐霞客《徐霞客游记》方驾媲美。

当然，是书亦存在某些不足和欠缺，如对沿江流域的民族、民俗风情的叙述，仍显较少。只是这并不影响是书作为嘉陵江重要志书的地位。此外，著者利用本次探访资料另外撰写成了《嘉陵江沿线各县清真寺及回教人物志》一书，在回教史的研究中有重要的地位。

是书初稿于民国35年（1946）成于重庆，11月由重庆商务印书馆出版，于右任题写书名。次年5月，上海商务印书馆再版，此版一直沿用到新中国成立后。1987年，汪荣春受四川省水利电力厅修志部门之托，以民国本为基础查缺补漏，形成新本，由四川省水利电力厅内部印行。（黄修明）

12.《青城山志》，王文才纂

王文才生平，见《成都城坊考》。

《青城山志》成书于1950年夏，卷首附元刻张道陵像、明刻《青城山图》，图题名为《江声随马入青城》，录自宋范成大诗句。保留彭洵《青城山记序》和罗元黼《青城山记补正序》及两书旧目，与卷末《诰封朝仪大夫彭君墓志铭》（樊增祥撰）、《崇庆罗云裳先生事略》（王文才撰）遥相呼应，以示不掩前人之功。全书总分上、下编，各含五目，上编为溯源、群山、宫观、古迹、物产，下编为纪事、书目（附画目）、金石、文录及诗录。"溯源"者，辑录上古以来有关青城山定名的文献。"群山"依山势主次先后解说主峰、侧峰的名称、方位，悉数本之前人的舆地记述，尤以《舆地纪胜》《方舆胜览》《古今图书集成·职方典》等书征引较多。"宫观"沿位置分布陈列奉祀所在，如上皇观、长生观、丈人观、上清宫、天师洞、飞仙观等，随附历代文士题咏宫观之诗作。"古迹"为传说及历史人物山中遗迹，如牡丹坪老人村、杜光庭读书台、张天师试剑石、鸡骨禅师漏米石之类，末附青城山108景之名，以资博览。"物产"记录青城山植物，有沙坪茶、红栀子、瑞圣花、金星草、紫花梨、桐花等。"纪事"本诸旧志中仙真隐逸传记，多采自野史杂记、稗官小说，王文才以为神仙家言本多荒诞，故仅以事存人而已。书画金石、诗文辑录摘自历代别集、总集及书目著录，如《大唐开元神武皇帝书》、杜光庭《青城山记》、徐太亨《青城山丈人祠庙碑》等传世名篇，均全文过录，极备参考征引之便。

鉴于彭洵《青城山记》草创舛漏，罗元黼《青城山记补正》窜改引文、体例驳杂的瑕疵，王文才旁征博引，重新整理了历代正史、笔记、诗文集、金石书画等类文献中关于青城山的史料，"详其地理艺文，而略其神奇怪异"，所录古人事迹"虽间涉玄怪，亦关乎故实，不以人存"。并严格遵循地志的修纂体例，命名上改"记"为"志"，力求"义归文献，以备稽考"，是目前传世的青城山地志中最为翔实可靠的一部。

王文才《青城山志》之后，又有王纯五新编的《青城山志》，其编写方针为："详今略古，补前志之缺；简明扼要，讲求实际；尊重史实，但不拘泥于前人的只言片语，着重实地考察。"该书追加青城山当代发展历程甚详，侧重于旅游宣传，于史事旧闻方面仍然尊重王文才的编纂成果。

王文才编《青城山志》有四川人民出版社1982年版。王纯五编《青城山志》有四川人民出版社1989年版、1994年修订第二版、1998年修订第三版、巴蜀书社2005年第四版。（唐新梅）

13．《四川方志考》，何金文撰

何金文（？～2005），20世纪60年代毕业于云南大学历史系，长期在四川省图书馆从事古籍整理工作。对方志情有独钟，历年读志书记下大量札记、笔记，著有《四川方志考》《西藏志书述略》，后又参撰《中国地方志总目提要》。

《四川方志考》全书分为三个部分，首先总述四川地方志的演变流传状况，然后对历史上四川地区的地理沿革进行了简要介绍，为接下来详细的考证明确了范围。

在第一部分"四川地方志概略"中，作者提出四川自汉代起即有类似通志、府县志一类的文献，但保存至今的只有晋人常璩的《华阳国志》。同时由于宋元以前四川地方志的修纂不多，体例、内容今已无书可考，因而四川地区较有系统的方志修撰当起于明朝。

据作者的研究，现存的四川地方志有从明代到民国时期的600余种，其中可分为省志（即全蜀总志、通志）、府志、州志、厅志、县志五类。在第三部分中，作者按照全蜀志（省志）、府州志、厅屯志和县志（包括分州、分厅志）的顺序，对四川地方志的编纂源流、修撰过程、修志人、志书体例、刊行情况、现存状况等一一进行了考证。其中在撰写篇幅最大的县志部分的考证时，作者依据的是撰写此书时的四川省行政区划。

该书对四川地方志的考证要而不烦，有清晰的线索，尤其对明代到民国时期四川地区的方志有比较全面的考证，是研究四川地方志的重要资料。

是书为吉林省地方志编纂委员会、吉林省图书馆学会组织编纂的《中国地方志详论丛书》之二十七、《吉林省图书馆学会丛书》之五十七，于1985年6月出版。（钟雅琼）

14.《中国地方志集成·四川府县志辑》

本丛书系四川省地方志集成。编者从保存至今的大量四川历代方志，特别是清代、民国所修的地方志书中，选择其体例完备、内容丰富、资料性强、版本较好的206种、3300余卷，影印精装成70册，是目前最大的区域性方志丛书，甚便使用。

《四川府县志辑》以覆盖面广、编印质量高、实用价值大为编纂原则，所收志书时间跨度从明天启至民国，其编纂下限为1949年。选收地方志主要选收记事涵盖时间较长的、收录资料较多的志书，在一地多志时，一般选取最后一次修的志书，比台湾影印出版的《中国地方志丛书》（仅收四川方志30种）中所收四川方志多出170余种。所收志书含府志、州志、厅志、县志，依四川现行行政区划编辑而成，共录10府、15州、8厅、147县。所录志书，按纂修年或记事所止之时间，在书名前冠以年号，增修本按增修时间冠其年号，凡有续修，或有校记、勘误、考证、补编等文字，都加以搜集，附印于原志之后。每种方志均加出版说明，介绍影印所据版本。尽量选用版本珍贵书品较好的底本，原书如有蠹损、残缺、漫漶不清处，原则上都予以换页、补页、修描，使全书清晰、齐整。

《四川府县志辑》所录志书以晚近时期修纂为主，涵盖时间长，记述方面广,内容广泛翔实,许多方面为史书所不载,无论是自然环境的变迁,社会状况的演化,各种制度的沿革,都对当时或后人有较大的考查价值,资料价值很高。同时,是书不仅按四川省境收录各地的各种方志,而且还注意到了体例、门类、内容、资料、版本、装订等方面,尽量为读者阅读和学者研究提供较为全面的文献资料,对于方志保护、流传、利用都具有重大意义。

是书收录有许多优秀志书,其实绩颇为可观,如明张世雍《成都府志》,清嘉庆张怀泗《汉州志》,咸丰何华元《资阳县志》、何东铭《邛㟙野录》,同治伍肇龄《直隶绵州志》,光绪方旭《蓬州志》、曾学传《温江县志》,民国张森楷《合川县志》、赵熙《荣县志》、向楚《巴县志》、林思进《华阳县志》、刘咸荥《双流县志》、王荃孙和任乃强《南充县志》、宋育仁和卢庆家《富顺县志》、钟正懋《渠县志》、龚熙春《井研县志》、罗骏声《灌县志》(附《灌志掌故》《灌志文征》)、陈绍钦《安县志》等,皆出自名家,刻印精良,文献价值和文物价值都很高。当然,由于《四川府县志辑》所录志书比较注重晚近所修,对此前一些价值极高的珍本方志,未能尽数收录,如清道光张澍《兴文县志》《大足县志》《屏山县志》,清乾隆段玉裁《富顺县志》,以及李调元《罗江县志》等未能收入,不无遗憾。另外,影印时由于采用了不少铅印本,受当时技术条件的限制,以致影印本文字模糊不清,难以辨读的现象,影响了本书的使用。

是书由巴蜀书社于1992年出版。(郑伟)

15.《川康边政资料辑要》,边政设计委员会编

在抗日战争时期,重庆国民政府军事委员会为了抗战建国,加强对川康边区的治理与开发,曾由委员长成都行辕组织力量,收集有关文献资料,调查川康边区各方面的情况,具体由贺国光主持其事。贺国光(1885~1969),字符璋,湖北蒲圻人。早年毕业于上海广方言馆、四川陆军速成学堂、陆军大学。是民国川军史上的著名人物,蒋介石控制四川的智囊,历任四川省府秘书长、宪兵司令。1946年改任西昌行辕主任,1949年接任西康省主席,1950年乘飞机前往海南,再转往台湾,任"总统府""国策顾问"。1969年病逝。著有《八十自述》。

民国29年(1940),贺国光整理编成《川康边政资料辑要》。所谓"川康边政",指四川、西康(1939年1月1日建省)二省的边地民族事务。当时,西康省由"雅属""康属""宁属"三部分组成。"雅属"为今雅安地区;"康

属"为今甘孜州康巴藏族地区;"宁属"为今西昌地区,这里在清及民初置宁远府,故名"宁属",在当时辖有西昌、冕宁、越巂、会理、宁南、昭觉、盐边、盐源等8县。

是书包括川康二省的边地29个县的基本情况,洋洋200多万字,可称为大部头文献汇编。全书包括总的《序言》《例言》及各县情况、地图等内容。《序言》系贺国光撰于1940年4月,其云:"蜀中古称天府,幅员之广为各省冠。而西、北、南边区各县邑,尤多边民聚居,习俗锢蔽,知识盲昧,矿产蕴而未辟,土地荒而未治,施政者亦以化外视之,积有年矣。国光任参谋团主任时,即注意川康边事之整理,思有以易其俗,齐其政,埤通浚发,俾侪于中土。第以交通梗阻,情况隔阂,欲明了其实情,非先从调查入手不可。而调查之始,尤必赖有详确之图籍参稽互证,庶免冥行暗索之诮。爰烦边政设计委员会就川康两省边邑之志乘图书,公私记载,以及各种刊物,凡有关边事,信而可证者,罔不甄综搜采。都凡二十九县,详其区域,条其风俗,推表山川,胪列土官,宜名之曰某某县资料辑要,发交各部分研讨。曾一度设调查团赴宁属八邑考察,颇有创获。二十八年春,奉命设行辕于成都……值此抗建并进之际,川康既拥有丰厚之资,则及时图维,尤不容有所徘徊矣。顾欲言开发,非具备相当人力财力不能进行。而规划初,仍必有资于图籍。前所辑资料一书,虽未足言详赡,但大体已具梗概,堪供讲求边区政治教育者及各地军政人员之探索寻绎。续往彼方视察者,得是书而览之,亦可获资借鉴。循是以往,由研究而进于实施,经营缔构,协力以赴,使边邑之发展得与内地相互提携,道一风同,民康物阜,完成建设新西南之使命,乘韦嚆矢之功,兹编有焉。因饬详加校勘,正其伪误,补其阙略,复加绘各图,命工排印,刊既成书,此以弁其端。"由此可知,是书策划于贺任参谋团主任之际,初稿成于边政设计委员会及其组织的宁属调查团,修订补充、完备刊印于贺任成都行辕主任之时。

《例言》则介绍了本书编纂缘起文献处理情况:"奉命从事边政设计,其范围为川、康、甘、青等一带边地,是诸边地情形,既与内地迥殊,亦复彼此互异,国人暌隔,素多瞢然。……曾呈准以搜集文献及实际考察为设计前之工作,对于搜集文献一层,经同人短期内旁求之结果……其有关各种官文书,私家著述,及报章杂志等,虽比较为多,但所得亦不过各一二十种而止……而边籍残缺特甚,亦可从知","有事涉两县,难于分别者,如越巂与冕宁,盐源与盐边,会理与宁南,西昌与昭觉,以夷请一项而论,其支派之分布,巢穴之联贯,多属横跨两县，当时调查人员之记载，即并从两县而笼统举之，今悉以列于一县，而于他一县本门之下，注明详见某县某门字样，以资识别而便检寻"。

是书按照川康边区各县的县别，分30门类，即疆域、沿革、山脉、河流、气候、建置、建设、种族、户口、官制、交通、民政、司法、行政、财政、教育、警团、储蓄、垦务、产业、物产、礼俗、生活情形、语文、宗教、名胜、古物、古迹、人物、大事记等，记述了各县的概况。资料多的县按20多个门类，少者按10余门类归纳叙述之。各县资料既分别成篇，又汇集在一起，总为一集。如最早编成的《宁属各县概况资料辑要》，是最完备的一组，记述以夷情、荒地为主，收录的关于种族、垦务、产业、山脉、河流、交通诸门的资料特别详尽。各县记述之末，各附有大幅折页地图。

是书是当时关于川康边区的规模最大、资料最全的文献整理与汇编，为当时川康边区的开发提供了重要参考。是书多采用民国时期的实地调查材料，涵盖面广，包括政治、经济、民族宗教、文化教育、涉外事宜、风土人情等，不仅内容确切真实，而且叙述通畅，条理分明，且注明来源出处，至今仍是研究川康边政、西南边疆史地、中外关系史、中国近代史的重要资料。结合当时抗战建国及资源短缺的时代背景，是书出版更属难能可贵。

是书于民国29年（1940）整理成书，在成都印刷，线装，共29种，成16册。2005年8月，张羽新主编《民国藏事史料汇编》（学苑出版社出版），全文收录该书。2009年4月，中国社科院边疆史地研究中心研究员马大正主编《民国边政史料汇编》（国家图书馆出版社出版），亦全文收录是书。（王川）

16.《藏族宗教史之实地研究》，李安宅撰

李安宅（1900～1985），河北迁西人。从事藏学、人类学研究。曾赴美国加州大学、耶鲁大学留学。抗战时深入甘南藏区和康区实地考察，运用社会学和人类学的理论和方法研究藏区，发表《西康德格之历史与人口》《藏族宗教史之实地研究》《礼记与中国亲属制度研究》等，推动了中国藏学的发展。参与创办拉卜楞小学、昌都小学及拉萨小学和西南民族学院，晚年执教于西南民族学院（今西南民族大学）、四川师范大学，为四川省民族教育、师范教育的发展贡献了力量。

李安宅作为中国社会学、民族学和藏学的开拓者之一，在盛年时期，对藏地做了多次实地考察，再结合历史文献，经过深入研究和考辨，精心撰著了这本藏学专书。1938年，李安宅接受陶孟和、顾颉刚建议，从沦陷于日寇的北

平，辗转到了大西北甘肃兰州，深入甘南的拉卜楞地区，对藏族进行了民族学（人类学）、社会学方法的调查，他与当地僧俗民众同吃同住达三年之久，调查研究藏族宗教，对当时西方流行的有关中国藏区的许多误说甚至谣传，进行了系统辨析。

是书原系中文系列论文，曾经先行发表于国内各大期刊，如《拉卜楞寺的僧官暨各级职员的类别》①《拉卜楞寺概况》②等。最后整合为一册，成书于1947年到1949年之间。李安宅于1947年至1948年赴美教书，1948年至1949年赴英考察，在美、英任教和从事研究工作期间，他将在国内已经发表的甘南藏区研究论文译成英文，并进行了修改、整合，勒为一书，即《藏族宗教史之实地研究》。他在《出版前言》中明确说："我于1947～1948年赴美教书，1948～1949年赴英考察，将在国内发表的文字编成英文，希望能出版，借以抵制外国的造谣。"可见本书写作不仅仅是为了作者个人爱好，而且还在于维护国家领土完整和民族团结。可惜，此书英文稿寄至美国耶鲁大学出版部后，李安宅就回国了，不久，中美断交，书的出版也就被搁置下来。1982年8月，在作者授权下，日本东京大学东洋文化研究所出版了英文的《拉卜楞寺——李安宅的调查报告》（Labrang, A Study in The Field by Lian-che）一书，内容仅是整个著作的第四编。

1985年3月4日，作者去世，王辅仁将是书中文全本进行整理、校订，1989年9月，在本书撰成近半个世纪后，才最终得以出版。

全书共分四编，15章，共约23万字，分别论述了藏传佛教的几个主要教派及对甘肃南部藏族地区格鲁派名寺拉卜楞寺的详细调研。第一编《绪论》，由《文化背景》《历史概况》二章构成，着重介绍了藏族文化背景与历史概况。第二编《佛教以前的信仰和早期佛教》，由《本教（黑教）——藏族原始信仰》《宁玛派（红教）——早期世藏族佛教》《萨迦派（花教）——半革新的佛教》《噶举派（白教）——另一半革新的佛教》等四章构成。在本编中，作者研究了本教及藏传佛教的宁玛派、萨迦派、噶举派（主要介绍了向巴噶举派、达伯噶举派），就各派的宗教教育、教义、主要学习地点、学术组织、学习程序与学位、仪式、教规、事务组织、公开大会等进行了研究。第三编《格

---

① 载《责善》半月刊第1卷第2期第1册，1940年。
② 载《边政公论》第1卷第2期，1941年9月。

鲁派（黄教）——革新或当权的佛教》，由《格鲁派大师和在西藏的寺院》《格鲁派大师和在西康及安多的寺院》二章构成，前一章主要介绍宗喀巴和甘丹寺、嘉错杰——首任继承宗喀巴的人、克主曲杰和以后历代班禅喇嘛、佳样曲接巴和哲邦寺、佳勤曲接和色拉寺、根顿主巴及以后历代达赖喇嘛和扎什伦布寺等六节；后一章主要介绍眉若藏和降巴灵寺、沃宰甲错和滚布寺、佳塞东坚巴和滚隆降巴灵寺、嘉样协巴和拉卜楞寺等四节。第四编《格鲁派寺院——拉卜楞寺》，由《拉卜楞和它的施主》《寺院组织》《主要神佛》《训练和课程》《公开聚会》《拉卜楞人民》《结束语》等七章构成，分别研究拉卜楞的地理位置、蒙古河南亲王、民众等施主对寺院的贡献，以及寺院中的学院（"扎仓"）、僧人的分类，神佛及分类（本尊类、护法类），学习佛学的课程及步骤，在不同月份、季节的宗教节日（如正月祈祷、二月祭、三月舞蹈、四月里的活动、七月举行的戏剧表演、九月神舞、十月纪念日、冬至和夏至的活动）等，最后予以了小结。书末附有《译名对照表》。

本书语言平实，态度严谨科学，是国内外公认的通过实地考察和现代专业的社会调查而撰写的有关藏族宗教史的第一部杰作，研究的地域涉及四川、甘肃等省的藏族地区，是我国对藏传佛教进行实地考察的一个开端，标志着当时中国民族学（人类学）、社会学研究的学术水平。因此，此书在建立和发展中国社会学、民族学和藏学学科方面，做出了卓越贡献，受到国内外学术界的瞩目和普遍赞誉。

1982年8月，日本东京大学东洋文化研究所出版的英文本《拉卜楞寺——李安宅的调查报告》，东洋文化研究所所长、民族学家中根千枝撰写了《导言》，称赞说："虽然这方面以前也知道一些，但在此之前，还没有看到过像这样详细而深入的调查报告。"1983年，邓锐龄撰文指出：《拉卜楞寺——李安宅的调查报告》"是世界上第一部关于这座著名喇嘛寺院的全面的调查报告，虽然写于三十余年前，对于今天我们研究藏族宗教文化仍然很有价值"①。

雷洁琼在为此书作《序》时也称赞："《藏族宗教史之实地研究》，这是国内外公认为通过实地考察和社会调查而撰写的有关藏族宗教史的第一部杰作。"曾受业于李安宅的著名学者李绍明在《评李安宅遗著〈藏族宗教史之

---

① 邓锐龄：《介绍李安宅著〈拉卜楞寺〉》，载《民族研究》1983年第3期。

实地研究〉》①一文，也高度评价本书的"三方面特点"：第一，"坚持实事求是的学风，维护祖国的统一和各民族的团结"；第二，"将宗教作为一种社会现象，置于一定历史条件下进行研究，既阐明其发展原因，又指出其局限性"；第三，"从宏观的角度，揭示宗教与种种社会现象的内在联系，并使研究方法提高到一个新的水平"。并认为此书"标志着那一时代的学术水平"，它的出版"必将对我国的民族学与藏学研究起着推动的作用"。

是书主要版本有：日本东京大学东洋文化研究所1982年8月英文本版，只有是书第四编《拉卜楞寺——李安宅的调查报告》；中国藏学出版社1989年版，为是书首次全文整理出版；上海人民出版社2005年版，为是书修订重印本，附有《校订后记》。（王川）

17.《赵尔丰川边奏牍》，吴丰培撰

吴丰培（1909～1996），字玉年，祖籍江苏吴江，生于北京。1930年入北京大学，师从朱希祖、孟森研习明史。1935年提交《明驭倭录校补》（16卷）论文，获研究生毕业证书。先后任北平研究院史学研究会编辑，中国大学、辅仁大学、北京大学、北京师范大学等校教师、研究员。新中国成立后，任中央民族学院研究员、图书馆员，从事文献资料整理和西藏史地研究，编辑整理《清实录》藏族史料。

本书是清末赵尔丰治理"川边"藏事时所上奏折的汇录。所谓"川边"，系清末的习称，指四川省西部邻近云南、西藏的地域，主要是藏族聚居区；到了民国时期，"川边"的提法逐渐为"西康"所代替。赵尔丰（1845～1911），字季和，祖籍襄平（今辽宁辽阳）。清汉军正蓝旗人，清末就任川滇边务大臣，在西康进行"改土归流"。1908年又升任驻藏大臣兼任川滇边务大臣。1909年，赵氏挫败进攻巴塘的西藏叛军，并乘胜进入西藏，收复江卡、贡觉等四个部落地区，更越过丹达山向西，一直到达江达宗。1911年出任四川总督，武昌起义后不久被杀。

是书卷首有龚伯勋提供的赵尔丰官服、巴塘川滇边务大臣衙门、赵尔丰奏折原稿的5张照片。"编辑说明"指出，赵尔丰川边奏牍有传抄本、刘赞廷整理本二种，刘赞廷乃赵氏属吏，早年追随拓土戍边，解甲归田后，曾在民国时期清史馆、蒙藏委员会以及新中国成立后的重庆文史馆从事康藏研究工作，编著

---

① 载《中国藏学》1990年第1期。

颇丰，号称清末民初"康藏边地一支史笔"。是书"以刘本为主，而以其它相核，汰其重复，补其未备"，同时，"除赵之奏牍文札、公告、办事章则均加收录外，并将其它来文复件及其属吏禀详之件，可说明原委者及傅嵩炑奏请设立西康省折，一并附录，用别体字，以资区别"。至于刘本"附注很多，择其有关西康地理、藏员职称、官吏经历及土司源流、施政情况者，均简要用小字附注，以供参考"。

赵尔丰川边奏牍的传世本"数稿均凌乱无次，年月多缺，又无标题，难于参用"，是书"为之拟题、分段、标点，分为十大类"，颇便于阅读。全书由10个部分组成，分别为《赵尔丰传》《赵尔丰川边七年大事记》《巴塘平乱》《川边经营》《出关及筹划藏政》《兼任驻藏大臣》《改土归流》《进军援藏》《引退》《西康建省》（附录《代理川滇边务大臣傅嵩炑奏请建设西康省折》）。每一部分所收的奏折，均系整理者严格考证各本后而成，凡原稿错字、误文、残缺等处，均详加考证，用功甚勤。

是书内容十分丰富，体裁多样，既有驻藏大臣兼川滇边务大臣赵尔丰以及清军将士亲身亲历撰写的公文，又有后来刘赞廷检钞并加以类辑诠释的赵尔丰等人留存的档案，共计40万字，是研究清末民初我国西康地区社会经济发展状况、民族史、中国外交关系史弥足珍贵的档案文献，所以自20世纪80年代问世以来，一直颇受各界重视，成为研究者倚重的珍贵史料。是书有吴丰培1981年1月撰写之《跋》，叙述清末川边情形和赵尔丰其人其事以及对其经营川边之功过的评价。

是书由四川民族出版社于1984年出版。（王川）

18.《四川省阿坝州藏族社会历史调查》，四川省编辑组编

本书为国家民委"民族问题五种丛书"之一。新中国成立后，中国共产党和人民政府高度重视民族问题和民族工作，少数民族地区的社会改革和社会主义建设得到逐步展开。为了摸清少数民族的社会历史状况，抢救行将消失的宝贵历史文化资料，1953年，全国人大民族委员会、中央民族事务委员会组织进行全国性的民族识别调查。1956年，全国人大民族委员会、中央民族事务委员会组织了若干调查组，对各少数民族的社会、语言和历史进行了大规模的调查研究。在几次大规模的系统调查基础上，中央民委从1958年开始组织编写"中国少数民族简史""中国少数民族语言简志""中国少数民族自治地方概况"三种丛书。"文化大革命"期间，中央民委机构撤销，此项工作被迫中断。

1978年国家恢复民族工作机构，中央民族事务委员会改为国家民族事务委员会。1979年，国家民委决定继续组织编写以上三种丛书，并增加编写"中国少数民族"和"中国少数民族社会历史调查资料丛刊"两种丛书，定名为"民族问题五种丛书"，将其编写出版列入了全国哲学社会科学"六五"规划的重点科研项目。这套丛书记录了中国56个民族从起源至21世纪初的历史发展进程，涵盖政治、经济、文化、社会等方方面面的内容，荟萃了大量原始的、鲜活的、极其珍贵的资料，是一部关于中国民族问题的大型综合性丛书，是中国民族问题研究的重大项目和重大出版工程。本书就是在这一背景下产生的。

本书由四川省编辑组编，所谓"四川省编辑组"，包括从事此项调查和编纂的众多人员，如具体调查材料由刘忠良、吴德让、马玉珍、刘才俊、苏执中、陈振东、欧潮泉、孟庆芬、徐铭、黄灏、谢忠梁等近30人完成，整理材料工作则由刘才俊、陈振东、苏执中、欧潮泉、谢忠梁等5人完成，负责最终编成者为徐铭。其所依据的资料则包括：中共阿坝州各县工作委员会的调查资料、1952年西南民族学院研究室人员随同"川西北访问团"前往阿坝藏区所调查的材料、"四川少数民族社会历史调查组"于1958年至1962年调查的材料。上述不同时间的调查材料，曾作为内部资料，分为多册油印、铅印过。本书正是编辑人员在这些资料基础上编纂而成的。因此，是书实为集体调查和集体劳动的结晶。

是书全1册，收录了1952年至1962年间广大民族研究工作者对四川省阿坝藏族地区社会历史调查所获得的主要成果。全书共收录《草地社会情况调查》《若尔盖牧区社会调查》《若尔盖农区社会情况调查》《若尔盖郎木格尔底寺调查》《阿坝县社会情况调查》《麦洼地区社会调查》《嘉绒藏族社会情况调查》《卓克基土司统治地区调查》《卓克基督部下四寨社会调查》《松岗土司制度调查（之一）》《松岗土司制度调查（之二）》《绰斯甲社会调查》《小金县结思乡社会调查》《理县社会调查》《理县下孟乡阶级情况调查》《理县兴隆乡调查》《理县甘堡屯社会情况调查》等17篇调查报告（其中《松岗土司制度调查》分为2篇）。

每篇社会历史调查报告大致由概况、当地经济情况、生产关系、社会生产力、农业生产情况、政治制度、宗教情况、文教、卫生、风俗习惯等部分组成，记录了阿坝藏族自治州地区游牧社会的经济形态及其部落组织，清乾隆年间"金川事件"后当地农区由封建农奴制向土屯制度的演变过程、对土司制度及藏传佛教等方面的问题做了详尽地考察，是研究藏族游牧经济、土司制度、藏传佛教历史与现状的重要资料。

是书作为国家民委"民族问题五种丛书"以及"中国少数民族社会历史调查资料丛刊"之一种，由四川省社会科学院出版社于1985年6月出版。后经过修订，又由民族出版社于2009年再版，新增了《序言》及《修订后记》。（王川）

19.《四川省凉山彝族社会历史调查》（综合报告），四川省编辑组编

本书为国家民委"民族问题五种丛书"之一，实际上是全国人民代表大会民族委员会"四川省少数民族社会历史调查组"1958年5月铅印稿《四川省凉山彝族自治州社会调查综合报告（初稿）》的整理本。根据是书卷首1958年5月所撰《说明》，可知当时参加彝族社会历史调查的干部（包括翻译人员）来自如下各个单位：中国科学院历史研究第一所、经济研究所、中国人民大学、中央民族学院等多个北京、成都的科研教学单位。参加人数，在第一阶段有46位，如马长寿、王宗维、玉文华、李绍明、陈永龄、程贤敏等；在第二阶段，整理报告初稿则是在组长夏康农主持下，玉文华、刘尧汉、李绍明、陈永龄等43位共同完成；是书正式出版本则是在伍精忠负责下，由20位同志共同完成整理、编辑工作。

是书全1册，收录了20世纪50年代全国人民代表大会民族委员会"四川省少数民族社会历史调查组"对四川省凉山彝族自治州社会调查所获得的主要成果。调查时间是1956年10月到1957年6月，调查地点是凉山州的6个县11个乡，调查重点是"社会生产力、等级和阶级关系、土地关系和家支制度等四个问题"及其他相关问题。因此是书也由这四个问题分析而成的四章组成，即《社会生产力》，包括主要生产部门——农业，作为副业生产的畜牧业、渔业、林业和其它，没有从农业分离出来的手工业，没有形成独立经济部门的商品交换，鸦片种植、销售及其对彝族社会生产力的影响等五节组成。《等级和等级关系》，包括等级构成、各等级占有生产资料及经济状况、等级关系、等级升降、阶级（等级）斗争及其形式、本章小结等六节。《土地关系》，包括土地占有关系、土地买卖与典当、土地经营的情况、租佃的其他情况等四节。《家支制度》，包括家支、冤家、家庭和婚姻等3节。卷首有《四川省凉山彝族社会历史调查地点分布图》，以及当时所拍摄的彝族社会照片8幅。

是书提纲挈领，比较详细地记录了凉山彝族自治州社会的经济形态及其组织、等级与阶级关系、土地关系、家支、家庭与婚姻制度，便于阅读，是了解

和研究凉山彝族经济、土司制度、宗教、历史与现状的重要参考资料。

是书作为国家民委"民族问题五种丛书"以及"中国少数民族社会历史调查资料丛刊"之一种,由四川省社会科学院出版社1985年10月出版。后来又经过凉山大学王晔、中国社会科学院李近春修订,"修订的内容主要针对原书的讹误、数字数据的计算错误等进行改正,同时依据最新的人口统计数据和地方行政隶属关系的变化对相关信息进行了补充注释。为了保留历史资料的原貌,大部分内容都不作改动",由民族出版社于2009年出版,新增了《序言》及《修订后记》。(王川)

20.《羌族社会历史调查》(综合报告),四川省编辑组编

本书为国家民委组织编写的"民族问题五种丛书"之一,实际是全国人民代表大会民族委员会"四川省少数民族社会历史调查组",于20世纪50年代对四川省羌族聚居区进行社会调查所得的主要成果。据是书《后记》所言,1958年,中国科学院民族研究所"四川省少数民族社会历史调查组"(简称"四川民族调查组")羌族小组为了配合《羌族简史》《简志》编写任务,先后用了5年(1958~1962)时间,对羌族社会历史状况进行了广泛的调查,积累了较为丰富的资料。调查组成员有李绍明、马明清、王庆林、廖永湘、刘敬远、严传瑜、吴廷才、邱明洲、欧潮泉、周莲仪、杨泽、林乃桑、陶朝阳、曾唯一、熊甫、顾菊英等人。1964年,将调查资料予以铅印、刻印内部出版,被民族研究工作者和民族工作者广泛引用。收入本书的6个调查报告,就是从原铅印、刻印稿中择其重要者加工整理而成。在出版时,由四川省民族研究所周锡银负责整理、编辑。参加调查者李绍明以及周锡银、冉光荣等,后来合著《羌族史》等重要著作,成为国内研究羌族历史文化的著名学者。《后记》说,在"基本上保留原稿的本来面目"的同时,"为使本书收集的资料更加系统和完整,我们将原茂县县委关于土门乡的调查和四川大学宗教研究所钱安靖同志关于羌族宗教习俗的调查一并收入"。因此,加上原来6篇,本书收录的报告共有8篇。

是书所收8篇报告,每篇报告之下又分为4到10个组成部分。即《羌族地区近代经济资料汇辑》,包括近代羌族地区城镇工业、近代羌族地区城镇商业、近代羌族地区农村经济、近代茂县[凤仪镇]工商业资料汇辑等4目。《汶川县雁门乡社会调查报告》,包括概况、社会生产力、经济结构和阶级关系、政治制度、生活习俗及文化艺术、红军长征过境及其影响、从解放到民族乡成立、土地改革和合作化、各项建设事业伟大成就等9目。《理县通化乡社会调查报

告》，包括概况、社会生产力、生产关系、政治情况、风俗习惯与宗教信仰等5目。《茂汶羌族自治县黑虎乡社会调查报告》，包括概况、解放前生产情况、经济结构和阶级关系、剥削方式、几户地主典型材料、几户农民典型材料、反动政治统治和农民反抗斗争、宗教信仰与风俗习惯、红军过境及其影响、从解放到土改、从土地改革到1958年情况等10目。《茂县土门乡社会调查报告》，包括概况、解放前政治经济情况、解放后政治经济情况变化、农业生产、互助合作、当前生产中问题和潜力量、农村商业工业畜牧业及副业生产、文教卫生等8目。《羌族宗教习俗调查资料》，包括汶川县绵池乡羌族端公由来及其经典简介、汶川县雁门乡羌族端公经典介绍、汶川县龙溪乡羌族端公经典简介、理县桃坪乡羌族端公经典简介、解放前汶川县龙溪乡羌族婚丧习俗、汶川县绵池乡簇头寨羌族婚礼、羌寨丧葬目击记、羌族祭山会等8目。《近代羌族民反帝反封建斗争资料汇辑》，包括反抗清王朝及土司斗争、反封建军阀官僚和国民党反动派斗争、农民反抗地主恶霸斗争、反抗帝国主义斗争等4目。《红军长征经过羌族地区及其影响》，包括红军经过羌区主要路线和战斗、红军在羌族地区进行革命工作、白色恐怖统治下羌民英勇斗争等3目。

是书对于四川省羌族地区在新中国成立前社会、政治、经济、宗教、文化、阶级等级与阶级斗争、反帝反封建斗争、红军长征经过羌族地区的过程及其影响，均进行了比较深入的调查与记述，部分涉及新中国成立后羌族地区的社会情况。全书提纲挈领，便于阅读，是了解和研究当时四川省羌族地区社会、经济、宗教、历史的重要参考资料。

是书作为国家民委"民族问题五种丛书"以及"中国少数民族社会历史调查资料丛刊"之一种，由四川省社会科学院出版社于1986年出版。又有四川民族出版社2009年最新修订本，且新增《修订后记》。（王川）

21.《清末川滇边务档案史料》，四川省民族研究所编

是书前有编辑组1984年10月所撰《前言》，以约1万字的篇幅说明了是书所收录档案产生的时代背景、此批档案史料的主要内容，以及档案所反映的历史事实。大致而言，1958年，中国科学院民族研究所"四川省少数民族社会历史"调查组，对四川省人民委员会档案处提供的清末"川滇边务大臣"衙门的部分档案史料，进行了辑录。李安宅、于式玉、李茂郁、陈福新、梁在农参加了整理工作。不久，因"文化大革命"而搁置。20世纪80年代，四川省民族研究所组织力量，重新进行了档案史料的搜集、整理，陈一石、李茂郁、刘俊才

等参与，李茂郁负责全书的定稿工作。因而，是书是一部从整理到出版逾时30年、聚集了多批学者劳动的智慧。编辑组的李安宅、于式玉、梁在农、李茂郁、陈一石等人，均是研究民族历史、文化的专家，大多曾深入藏区，如20世纪30年代李安宅、于式玉夫妇对于甘肃拉卜楞、四川德格的考察；梁在农（智慧法师、西南民族学院教授）随从能海上师入藏后对西藏社会的认识；李茂郁作为国民政府的驻藏官员，1944年随同沈宗濂、李有义等入藏后，对西藏社会的研究，均名重一时，他们撰写、出版了多部（篇）相关研究论著。如是书出版前夕，整理者之一的陈一石，曾根据这一档案发表了《从清末川滇边务档案看赵尔丰的治康政绩》[①]等多篇研究论文。这就保证了是书具有较高的质量和史料价值。

是书选编的档案史料，起自晚清光绪二十九年（1903），迄于宣统三年（1911），为了说明原委，也在"附件"中收录了少数时间较早的资料。所谓"川滇边务大臣"衙门，系由晚清赵尔丰于光绪三十二年（1906）掌任，1908年赵氏升任驻藏大臣，仍任川滇边务大臣，1911年武昌起义爆发不久，赵氏被杀。《编辑说明》说，"本书辑录的资料，有相当一部分一文一事，分类编排，不免顾此失彼，因而我们按年代次序编排资料，附以专题索引和地区索引，以便检索"。编辑组对收录的原始川滇边务大臣的奏折、片、咨、批、札、告示和数量更多的川边各设治区的往来文件，如禀、详，以及往来电文，均根据每条档案史料的内容，拟出了标题，以便查阅。

由于是书所收录档案在全书正式出版前，已经有多种抄本传世，彼此异文，转录致讹，都在所难免。如四川省民族研究所收藏有《川边历史资料汇编》手抄本、《西藏历史资料汇编》手抄本；民国时期赵尔丰属吏刘赞廷编录有《赵季和（赵尔丰）电稿》《西康建省记要》；新中国成立后，也编有此类历史资料多种，如四川省少数民族社会历史调查组编辑有《清末赵尔丰边务档案资料》手抄本等。面对此种情形，本书编者对每件档案均详加考证，注明出处，务求其准确无误，真实可靠。同时，是书的整理"还得到了中国第一历史档案馆给予便利，查阅了该馆有关的一些原档，校订了资料中传抄的脱误"。

全书计收录档案1122件，全部按照年代先后编辑而成，还对每件历史档案添加了统一编号，使用颇便。全书90余万字，共分上、中、下3册，上册收

---

① 载《近代史研究》1985年第2期。

录从光绪二十九年（1903）到光绪三十四年（1908）的262件档案；中册收录从宣统元年（1909）到宣统二年（1910）六月的394件档案；下册收录从宣统二年（1910）七月到宣统三年（1911）十二月的466件档案。又卷首有"川铸藏元""段牌""函件封面""封条"等图片。书末还有编辑组的三个"附件"，即对于原始档案中"台""堪布""土司""马塘"等相关历史名词的注释、《清末川滇边务大事记》，以及《索引》。

本书内容十分丰富，体裁多样，既有川滇边务大臣赵尔丰以及清军将士亲身亲历撰写的各类公文，又有当时各类情况的汇报文书档案，内容涉及我国清代藏族地区（特别是"川边"，即西康地区）的政治、经济、军事、文化、宗教、习俗情形，以及近百年来藏汉各族人民抵制帝国主义侵略、西方在川边的传教、中外交涉、中印划界等各方面，是研究清末民初我国西康地区社会经济发展状况、民族史、中国外交关系史弥足珍贵的第一手资料。所以，是书自20世纪80年代末问世以来，一直颇受各界重视，成为各界研究上述相关领域所珍视的史料。

是书由中华书局于1989年出版。（王川）

22.《近代康区档案资料选编》，四川省档案馆、四川民族研究所编

所谓"康区"，源于藏族古代地理称谓"康"（Khams），近代以来用指现今西藏自治区昌都市、青海省玉树藏族自治州、云南省迪庆藏族自治州、四川省甘孜藏族自治州、四川省阿坝藏族羌族自治州（部分）、四川省木里藏族自治县。是书所收录资料涉及上述各区域，但以四川省甘孜藏族自治州档案为主。

是书为档案资料选编，扉页注明："得到了四川省政府、省人大、省政协、省民委、省档案局有关同志的热情关怀和支持。"是此书系在四川省有关部门支持下，集体查阅四川省档案馆所藏近代康区档案完成的。根据《近代康区档案资料选编》"编辑说明"，参加者主要有冉光荣、刘君、周锡银、李绍明、曲珍、陈叔乾、陈新福、韩兴邦等多位。

书中所辑史料，包括四川省档案馆所藏民国时期北洋政府、南京国民政府、行政院、蒙藏委员会、达赖喇嘛、西藏驻京办事处、川康边防总指挥刘文辉、青海省西康政务委员会、西康民众团体、中央特派专员等在处理和交涉康藏事务中的来往文电，以及任乃强所编《西康通志稿》等未曾刊发的重要文献，资料原始，价值颇高。

全书内容繁多，共分为设治与政务、赋税征收、户口与乌拉差役、商业与

工交、寺院与土司、文教与社团、康藏关系7个专题，分类编排。每一专题中，按历史档案产生的时间先后顺序排列；个别时间不清者，按收文时间排列，并加注说明；无法判定产生时间者，则以特殊标志注明。每一件历史档案的标题，均为编者所加，"或一件一题，或一组一题"；而档案内容，亦由编者标点分段，并略加注释，颇便读者。

是书所收档案，是记录近代康区社会发展各方面的第一手资料，大部分为出版时第一次公布，弥足珍贵，因而对于研究近代西康社会，有着重要的参考价值。2000年出版的《康藏纠纷档案选编》（中国藏学出版社，2000年7月）反映20世纪30年代第三次康藏纠纷始末，即从本书中转录了数件档案，以资补充，由此可见其重要价值。稍显美中不足的是，是书对于多篇历史档案有所删节，希望再版时能够予以补齐。

是书由四川大学出版社于1990年出版。（王川）

23．《清季民国康区藏族文献辑要》，赵心愚、秦和平编

赵心愚（1953～　），重庆人。四川大学历史学博士，西南民族大学民族研究院研究员，主要从事西南民族史、藏族纳西族关系史、西南少数民族古籍整理及地方志研究，已发表学术论文50余篇，出版有《纳西族与藏族关系史》《纳西族历史文化研究》等著作多部。

秦和平（1952～　），成都人。西南民族大学民族研究院研究员，主要从事西南地区基督宗教传播史、民族史、边疆沿革史、毒品种禁史以及民族及宗教现状等的研究和教学。出版有《四川鸦片问题与禁烟运动》《基督宗教在西南民族地区传播史》《四川民族地区民主改革资料集》《基督宗教在四川传播史稿》《云南鸦片问题与禁烟运动》等学术著作多部，发表学术论文70余篇。

"康区"俗称"喀木"，包含今四川甘孜、云南迪庆、青海玉树、西藏昌都等4个地市州，是中国藏族聚居区之一。由于"康区"介于西藏与内地之间的枢纽地位，历代中央王朝均有"治藏先治康，稳藏先稳康"之说，特别是清雍、乾以来，先后设西宁办事大臣、中甸厅、打箭炉厅及汛塘、川滇边务大臣等以为治理，国民政府则设西康省，大量学者亦先后进入这里进行社会调查。由此，大量禀文、表册、调查记与调查报告等资料出现，一部分被辑为"川边资料"等文献，而大部却散在各处，渐有散佚之虞。针对这一情况，二位编者对这些资料进行了抢救性收集和整理，编成是书。

是书卷首有编者2002年10月所撰《前言》，阐述康区的地理位置、藏族社

会的特殊面相及重要性，概述康区藏族史料的辑录史、现状，着重讲述了是书编辑的工作情况，辑录文献的选择标准与原则、辑录工作的困难等。最后，编者归纳了"清代民国年间康区的统治特点及汉文文献的地位"，说明了康区文献的类别及利用状况，清晰地交代前人已从事的工作，正本清源，肯定前人已有工作，指出存在的某些不足，凸显出编辑是书的意义。

上册为第一编《清季民国康区藏族文献辑要》，实即《文献辑录》，由《清季康区藏族文献资料辑要》《民国康区藏族文献辑要》组成，分为财经、垦务与农业、交通、军事、教育文化、地理、宗教、风俗习惯、社会组织、调查及游记等细目，分门别类尤其细致。在各目下，辑录了清季民国时期涉及康区藏族的各类官私文献数十种。在正文前"清季民国康区藏族文献内容的说明"中，编者简明反映了所辑录各篇资料的梗概及特点。

下册为第二编《清季民国康区藏族文献目录》，实即《论著索引》，由《清季民国康区藏族文献（著作）目录》《清季民国康区藏族文献（期刊分类）目录》《清季民国康区藏族文献（三种期刊）目录》三部分组成。分为政治、经济、风土民俗、游记、地理、疆域、文化教育、调查报告、地方志书、地图、毕业论文、历史沿革、涉外关系等部分，尤其是整理了《边政》《戍声周报》《华西边疆研究学会杂志》三种重要民国报刊的目录，颇便学界研究使用。

此外，下册最后附录有"刊载康区资料的主要报纸杂志介绍"，简略地介绍民国年间刊载藏区资料的有关报刊情况，指出其历史地位，有利于读者鉴别和利用。

新中国成立以来，我国藏学研究有了很大发展，取得了丰硕成果。比较而言，藏学的研究成果多集中于卫藏地区，康区、安多的研究相对薄弱，这其中，基础文献的收集、整理、辑录工作更为薄弱。因此，辑录文献及编制索引的工作显得尤为重要。两位编者历十余载，广征博辑，而成是书。所录皆民国时期的历史资料，多为精品，是近代康区藏族社会的历史浓缩，足以反映当时康区的政治、经济、教育、宗教、风俗、社会组织、民族等方面的面貌，具有较高的史料价值。此外，是书还有方便查阅，利于检索的特点，嘉惠士林，便于使用，诚为治藏学、西南民族史研究者之必备参考书。

是书上下两册，由四川民族出版社于2003年出版。（王川）

24.《康区藏族社会历史调查资料辑要》，赵心愚、秦和平编

赵心愚、秦和平有《清季民国康区藏族文献辑要》，前已著录。

是书由前言、正文、附录三个部分组成。前言由编者撰于2003年8月，称："民国年间对民族地区广泛开展社会调查，撰写数量如此众多、内容如此详实的地方惟有康区的主体——甘孜藏区"，而且，现存资料类型多，有档案、刊载资料多种；调查者身份多样，有政府官员、外来学者，有汉族、藏族，还有外国人等，视角有别，反映不一。"如此涉及内容丰富、数量众多的调查材料是康区藏族社会历史文献的特别所在，不可替代"。因此，对于这些调查文献的收集、整理、研究，就具有重要的学术价值。同时，前言还说明了民国年间刊载康区社会调查资料的有关报刊情况，以及是书的整理方法等问题。

正文由46篇当时调查资料组成，范围涵盖四川甘孜、西藏昌都、青海玉树及云南德钦在内的整个康区。正文分为四川部分、云南部分、青海部分、西藏部分，分别收录了民国以来，中国各界学者在20世纪20～40年代对于康区社会历史调查资料中精华。四川康区部分收录了当时各界人士在康区考察后的社会历史调查文书41篇，现甘孜地区18个县，每县至少搜集1篇，个别县份3至4篇；康南诸县数量稍多，康北数量较少。其作者包括著名学者任乃强、朱刚夫等人的报告。云南部分、青海部分、西藏部分的康区社会历史调查资料相对少些，均各有两三篇，价值亦高，如民国时期国民政府蒙藏委员会驻藏办事处派遣到昌都特派员左仁极所撰写的《杂瑜区概况调查记》等。

与其他资料集、索引集不同的是，是书附录附有4篇特殊文字：1篇是当时的介绍性文章，另3篇是索引性质的目录。目录分别为《20世纪50～60年代中科院民研所、中央民族学院等单位关于康区社会调查资料目录》《20世纪50年代成都军区关于康区社会调查资料目录》《20世纪60年代邓子琴等康区社会调查目录》，方便检索。

是书所收录的46篇调查资料，均系几十年前实地调查的实录，为编者精选而成，反映当时康区社会政治、经济、交通、教育、宗教、社会组织、民族及风俗等面貌，记录了一个逐渐消失的"世界"，勾勒了半个世纪前康区社会面貌，是这一地区社会历史的浓缩画卷，其中某些提法、认识，直到当前也没有过时。因此，收集、整理这些社会调查资料，是一件嘉惠士林的好事，具有较大的学术意义及史料价值，为民族史、巴蜀地区史、藏学研究者所必备。

是书由四川民族出版社于2004年出版。（王川）

25.《康区藏族社会珍稀资料辑要》，赵心愚、秦和平、王川编

赵心愚、秦和平有《清季民国康区藏族文献辑要》，前已著录。

王川（1969~　），历史学博士，毕业于中山大学，历任四川师范大学历史文化学院院长、副校长，近现代中国区域经济与社会研究中心主任，出版《拉萨河畔的自然风光与人物景观》《西藏昌都近代社会研究》《西康地区近代社会研究》等论著。

作为全国少数民族古籍整理重点项目，是书系《清季民国康区藏族文献辑要》《康区藏族社会历史调查资料辑要》的姊妹篇，这三部书共5本，合称《康区藏族社会历史资料集》。本书名称"珍稀资料"，主要收录以稿本（6部）、抄本或市面上少见罕得的资料为主，共计13部，其中《西藏改流本末记》《道孚公牍》《治理康区意见书》《昌都历史述》《廿四军机要处有关康区交通档案》和《玉树地区调查记》均为原稿本的第一次刊行，约占二册资料集的一半。

是书分上下册，卷首有凡例、前言，说明了本书所收录的13部资料的基本情况。上册包含10部：吴光耀《西藏改流本末纪》（共8卷）、朱增鋆《川边政屑》（附录《道孚县风俗纪略》）、吕国璋《道孚公牍》（共4卷）、孙绍骞《平乡纪事》、尹昌衡《西征纪事》（包括《出师记》《援巴记》《防边记》《驭兵记》《告边藏番人文》《上中央救亡书》《再上中央救亡书》《上王总理书》《与恽公孚书》《与重庆张增爵书》《西征别川人书》等）、财政部印刷局《民国八年康区财政预算书》《国民革命军第二十四军川康边务宣传辑要》、佚名《治理康区意见书》、王廷选《昌都历史述》、佚名《廿四军机要处有关康区交通档案》等，其中有原稿，也有手抄本。下册包括：刘文辉《建设新西康十讲》、任乃强《西康通志撰修纲要》、徐兰生《玉树地区调查记》等3部。

是书所收录整理的13部资料，多为晚清或民国时期的手抄本、原稿本，资料珍稀，十分难得。除目前康区的档案文献外，本书以及《赵尔丰川边奏牍》《清末川滇边务档案史料》等可谓研究康区最为集中的原始资料，内容包括当时康区的社会、政治、经济、交通、教育、宗教、社会组织、民族及风俗等方面，具有较大的学术意义及史料价值，是民族史、历史文献、巴蜀地区史、藏学等领域研究必备的参考资料。

是书由巴蜀书社于2006年出版。（刘波）

26．《中国少数民族古籍集成》100卷，徐丽华主编

徐丽华（1957~　），亦名杰当·西饶江措，藏族，云南迪庆人。中央民族大学图书馆党支部书记、副馆长、研究馆员，中央民族大学民族图书信息研究所负责人，主要研究方向为民族图书信息，尤其是藏文图书文献。

本丛书是我省出版的全国第一套系统整理出版的少数民族汉文版古籍丛书，全编共收书二千余种，九千余册，五万余卷，均采取影印的方式，分100册精装出版。丛书涵盖了少数民族的文化、历史、政治、经济、军事、艺术、民俗、语言、天文、医学等各个方面，收录对象以单册的少数民族古籍为主，其中包括大量未经出版过的写本、抄本、稿本和刻本。

由于少数民族文献的复杂性，本丛书的分类标准比较多样化，分别从时代、地域、文献内容等多个角度划分，形成10大类。其中第1至17册为总类与综述性文献，有系统介绍边疆史地、人物、民俗、文学的专著，也有各正史及类书中有关这些方面的内容。第18至25册为晋至元民族王朝、辽金元史。第三、四部分为汉以后北方各民族古代、近代综述类文献，共4册，主要是有关内蒙古草原少数民族的史料。从第29册后半部分到第64册，为汉以后东北各民族古、近代的综述。第64册起至第66册为汉以后西北各民族古、近代综述，第67册至第76册前半部分是汉以后西北各民族近代分述类文献。第76册后半部分至第80册收集了汉以后中、东、南各民族的古籍。第81至第84册是汉以后西南各民族的综述类文献。接下来第85至99册分别对云南、贵州、四川、西藏四地的少数民族文献进行了专门的收集编排。第99册的后半部分以及第100册的前半部分则是密宗文献的集成。最后丛书还收录了藏族、苗族、满族等民族的版画、彩画、图谱等图画资料。

本丛书资料丰富，具有很高的收藏及研究价值，是研究中国少数民族文化必不可少的文献资料。由四川民族出版社于2002年出版。（钟雅琼）

第六节　综合性文集

1．《香宋诗钞》1卷，赵熙撰

赵熙（1867~1948），字尧生，别号香宋，又署雪王龛，荣县人。光绪十八年（1892）进士，授翰林院编修，转江西道监察御史，有政声。民国后，退居于家，除主修《荣县志》和讲学外，唯以读书吟咏为事，为川中"五老七贤"之一。工诗词，善书画，著有《香宋诗钞》1卷、《香宋词》3卷、《雪王龛尺牍》1卷等。事迹具向楚《赵尧生先生年谱》、王仲镛《赵熙年谱》等。

赵熙以诗名世，擅长古体与律、绝，尤精五律。其诗清俊秀丽，善写景物，"为诗载蜀山蜀水之青碧而出也"。门生周善培序其诗云："先生自清光绪辛卯领乡荐、壬辰成进士入翰林院，以迄辛亥，二十年之间，尝五至京师，五出入夔巫巴峡，一登嵩山，一游西湖。壬子还蜀，遂不复出，戊子大耄终于乡。爱峨眉笃，盖尝七八游，故咏峨眉及夔巫巴峡中景物诗独多，一景物每数咏之，以极其变。"①陈衍《赵尧生诗稿序》亦云："蜀中山水巉刻，而所生诗人若伯玉、太白、东坡，所为诗不甚似其山水。其似者转在寓公游客少陵、玉溪、山谷、剑南诸人，岂前数人者，生长于蜀，多宦游四方，故蜀中之诗少。后数人者，宦游其地，而诗多欤？然文与可、唐子西、韩子苍，皆蜀中诗人之著者，亦皆宦游四方，其诗则与后数人相近。今尧生古体极似与可、子苍，而有时恣肆过之。近体极似子西、与可，亦有似子苍者。而其甚肖蜀中山水，则余虽未至蜀，固可由少陵、玉溪、山谷、剑南之状蜀中山水者知之也。"周、陈之论，可谓得赵熙诗之大要。

然而，赵熙虽生平酷好作诗，平生诗作3000余首，但生前却未曾结集出版，仅以稿本传世。今其诗集所存稿本主要有二种：《香宋诗钞》1卷，民国间抄本，重庆图书馆藏②；《香宋诗稿》不分卷，稿本，一册，四川省图书馆藏。逮先生逝世后，"为酬海内求索之望"③，门人周善培、向楚、江庸与郭沫若、戴自牧等于1954年始集资编印，成《香宋诗前集》④。此本上下二册，所载赵熙诗1300余首，尚不到存诗之半，故有"前集"之称。周善培亦解释云："曰前集者，先生诗散在四方，集之不易尽，又局于资，仅能即已集者先印其十之六，权以为前集；余十之四或续有所集，能复得资，当更付印，则以为后集。"不过此本校雠不精，又不以年月先后为序，且每杂入古人及他家之作，多为学人诟病。

至20世纪90年代，王仲镛主编有《赵熙集》（巴蜀书社1996年版），乃赵熙诗、词、文之全集，也是现今最为完善的版本。（李冬梅）

2.《赵熙集》，赵熙撰

对赵熙的研究较早，始于赵熙成名之时。百年来，学术界对赵熙的研究大致分为三个阶段。第一个阶段是1949年以前，为繁荣阶段。1908年狄平子《平等阁诗画》评赵熙《峨眉山行杂诗》"旷逸雄沉，尤与戴叔伦、马虞臣诸家为

---

① 周善培：《香宋诗前集·叙》，《赵熙集·附录二》，巴蜀书社1996年版。
② 今有四川人民出版社1986年赵熙先生哲嗣赵元凯笺注本，录诗500首。
③ 周善培：《香宋诗前集·叙》。
④ 此书后又经文守仁校订，有台湾学生书局1976年本。

近",开启了百年赵熙研究的先河。民国时期,袁祖光《绿天香雪簃诗话》、汪佑南《山泾草堂诗话》等,对赵熙都有评点,但只限于片言只语。系统深入的论述有胡先骕《论香宋词》、汪辟疆《近代诗派与地域:西蜀派》等。王易《词曲史》、钱基博《现代中国文学史》中亦有专门论述。对赵熙作品、资料的汇集,也始于这一阶段。除赵熙生前自己付印有《香宋词》三卷外,陈衍《近代诗钞》《石遗室诗话》收录有部分诗作,叶恭绰《广箧中词》卷三收录有其词作,《全清词钞》有其词三首。对其戏剧、书画作品的研究则较少。第二阶段20世纪五六十年代,因特定的历史政治原因,赵熙研究总体处于一片低迷的状态。可资研究的资料大量散失,使得赵熙研究步履维艰。台湾学界的赵熙研究代表作有文守仁《赵熙传》,收入《民国四川人物传记》中,以及文守仁校订的《香宋诗前集》。《香宋诗前集》于1976年由学生书局出版。第三阶段,七十年代起,赵熙研究逐步复兴。在生平研究方面,有关志昌《赵熙(1867~1948)》、唐振常《赵尧生先生手札书后》、秦定涛《赵熙年谱、家庭、轶事》、赵念君《香宋先生年谱》等。其中《香宋先生年谱》是迄今为止最详细可信的生平资料。作品整理方面,有赵元凯、赵念君《香宋诗钞》,《赵尧生重庆诗抄》,以及王仲镛主编的这部《赵熙集》等。诗文研究方面的成果不及民国时期,书画和戏曲研究则较为活跃[①]。

《赵熙集》由王仲镛主编,王文才、赵元凯、赵念君亦参与编辑,包括《香宋诗集》《香宋词》《香宋文录》。据其卷首《前言》称:"此次编集,曾得家藏手稿,并由残存日记辑录,四方搜访,共得诗三千五百余首。经反复研读、校订,并按年编次,附载同时诗家唱酬之作。其中有关时、地、人、事,就其所知及可考者,疏为案语,勒成八卷。词于原刻三卷有所刊订外,又增辑三十九首,共编为四卷。附载戏曲《情探》一折,此虽一时戏笔,而深情绵邈,宛转凄丽,众口脍炙,至今犹为上演优秀剧目者。文则散佚颇多,共辑得一百零一篇,分体、按时序编为三卷。卷末附录新编《赵熙年谱》、序跋、有关诗文及评论选辑。"是此本收赵熙之诗凡8卷3500余首,按年编次,并附载同时诗家酬唱之作以及仲镛所考按语,搜采完备,编次得当,实乃赵氏诗集之善本。竖排繁体编排,有附录二:一为王仲镛撰《赵熙年谱》,此年谱较为简略,通过此《年谱》,可大致了解赵熙生平事迹及成就;二为序跋及有关诗

[①] 详参李树民、朱莉:《近百年赵熙研究述略》,载《成都大学学报》2009年第1期。

文评论选辑，收录或节选了陈衍、梁启超、杨增荦、周善培、林思进、向楚等人的序跋、评论及祭文等，为读者和研究者提供了多角度了解、研究赵熙的资料。《香宋诗集》八卷，收诗三千五百余首，改订了《香宋诗前集》存在的校雠不精、编次失序等疏误，并有增补。按年代编次，井然有序，还附有同时诗家唱酬之作，如诗人与翊云同游时作《天宁寺》五首，除录赵诗外，还附有江庸《上巳日集天宁寺晚饮小秀野草堂》诗。《香宋词》四卷，卷四为《补遗》，收词三十九首。《文录》共辑一百零一篇，按文体不同分为三卷：卷一为记、叙、杂文类；卷二为碑传墓志类；卷三为奏议、书札类。集中部分诗文配有按语，简要介绍诗文中所涉时、地、人、事，从按语中偶可窥见今昔变迁，如卷一《居宅记》案语："宅在荣县城北五里宋坝……宅右老椿一株，传为香宋父虹楼先生手植。"（现已没入双溪水库）根据这条案语，今人观双溪水库时，可观岁月之变迁，可抒怀古之幽情。《香宋词》后附有赵熙戏曲的代表作《情探》，这部戏也是赵熙戏剧研究的热点。卷首依次有赵熙先生像、香宋书诗条幅、香宋撰《宋横溪稿碑》手稿、香宋书《南浦》词、香宋与程伯葭书、香宋临赵孟𫖯书朱熹《感兴诗序》（一）（二）、香宋画山水小景。借此可管窥赵熙先生在书法绘画上的成就。

要之，《赵熙集》代表了迄今为止的赵熙文学作品整理的最高成就。在赵熙书法、戏曲方面研究相对活跃、文学研究有待加强的今时，是集的整理出版无疑具有重要价值，惜其印刷质量欠佳。

是书由巴蜀书社于1996年出版。（李冬梅、邹艳）

3.《清寂堂集》，林思进撰

林思进（1873~1953），字山腴，号清寂，别署清寂翁，室名清寂堂、三十六松馆等，四川华阳（今属成都）人。光绪举人，后即东渡日本，回国后授内阁中书。1912年四川图书馆成立，任馆长。历任成都府中学堂（今石室中学）监督、华阳中学校长，1919年后历任四川省高等师范学校、成都大学、华西协合大学、四川大学教授。新中国成立后任四川大学教授、四川省文史研究馆副馆长。林思进擅长诗词，致力于诗古文辞创作，成就颇大，蔚然成家。其诗与赵熙齐名，同为近代蜀中诗人领袖，并称"林赵"。与林纾、冒广生交往最密，亦与同光体著名诗家如陈三立、陈衍等多有交游，但论诗独有见地，不为同光体所囿，被刘师培誉为"诗国长城"。著有《中国文学概要》《华阳人物志》《清寂堂诗录》《清寂堂词》《清寂文乙录》《清寂堂联语辑录》《清寂堂集》《吴游集》等，并主编《华阳县志》。曾主持刘师培《左盦遗诗》（民国清寂堂刻本）印行。林思进善书，所书劲拔多逸气，蕴藉多姿致，所谓"刚健复婀娜"者，闻名于时。

本集为林思进学生刘君惠、王文才共同主编，全1册。卷首有刘君惠前言[①]，简要介绍了作者生平，指出林氏在"四川近代教育史上占有突出的地位"，并归纳其诗文创作的特点：在诗歌创造上，林思进"平生精力所聚，多在诗歌"，"在近代诗坛上时卓然成家"，"他以深厚的古典文学、历史和语言文字学的素养，博综融贯，一寓之于诗"；在治学上，"渊博精深而严于识断"，"论文以修辞立诚为准则，以经世致用为鹄的"，"他的辨章学术，考镜源流，从而准今酌古，详论其沿革得失，升降隆污之故，都充分体现了林思进学术之渊博，视野之广阔，识断之精审"。

是书选材精到，设计合理，提纲挈领，配置得当，收录了林思进最主要的论著、诗歌，汇为一编，方便查阅，嘉惠士林，也为后人编辑《林思进全集》奠定了基础。本书所录文学作品，除具有丰富艺术性外，还有"关于四川的文化教育、历史文物、乡邦文献、民生疾苦以及军阀割据下的惨痛兵祸"，"都有最具体、最深刻的反映，是四川的诗史"。是书涉及近现代四川及全国各界人物，尤其以文艺、教育界人士最多，如赵熙、谢无量、郑孝胥、冒广生、陈寅恪、李思纯、刘师培、王仲镛、刘君惠等，是了解诸人生平及其人格情态的宝贵资料。因此刘君惠《前言》又指出："他的文中有许多关于四川的人物、乡邦文献的记述，涉及政治、军事、经济、教育、文化、艺术各个方面，都有深刻见解。这些文章，为四川方志提供了极为重要的史料。"因此，是书是研究近现代诗歌的重要文献，也是研究近现代四川社会史、蜀学的重要史料。

是书由巴蜀书社于1989年出版。（王川）

4.《马一浮集》，马一浮撰

马一浮生平，见《复性书院讲录》。

《马一浮集》系对马一浮已刊及未刊遗著的首次整理结集。全书共分三大册，约220万字，第一册前有任继愈1995年元月《序》，归纳了马一浮学术著作的特点，并予以高度评价，认为马一浮"学术造诣深广，世人鲜能望其涯涘"，其"治学广大而又精深，能会通儒佛，兼容文史，是以为难得的通

---

① 《前言》又以《林思进先生和他的〈清寂堂集〉》为题，发表于《文史杂志》1989年第2期。

儒",故其"遗文得到学术界的广泛重视","体现了中华民族传统文化的优秀部分"①。

第一册所收主要为马一浮的学术著作,其中大部分为1939年至1949年复性书院已刊的答问讲录,少量为未刊遗稿。有1938年春避寇江西泰和时,应浙江大学校长竺可桢之请,为学生讲论国学之稿《泰和会语》;此后迁往广西宜山时为浙江大学学生讲学之稿《宜山会语》;1939年复性书院正式成立后,以主讲名义在书院授学之讲稿《复性书院讲录》;其门人辑录其在四川乐山乌尤寺复性书院讲论之余裁答学生与四方士友之书札,兼及平时垂语之《尔雅台答问》《尔雅台答问续编》;以及《濠上杂著》《蠲戏斋杂著》《法数钩玄》、丁敬涵辑《试卷评语》《批王准法书机语四则》。本册由虞万里整理。

第二册所收主要为马一浮遗文,共分为"序跋书启""记传铭赞""日记""书札""杂著·其他""译著"六个部分,这些多未曾公开发表。其中"序跋书启"部分,涉及面广,政治、哲学、艺术、医学、教育、历史、文学等无所不包,既有学术义理的阐述,又有抚今追昔的感情抒发,还有精密细致的学术考证,于此足见其知识之渊博。其他如"书札"部分,以致亲友、与学生晚辈、代笔及公函三类,展现了与友朋间的学术探讨以及对后学、学生的教导,其学术见解和"处己信,与人忠"、论学务明、诲人不倦等高贵品质跃然纸上。本册由丁敬涵整理校点。

第三册所收主要为马一浮的诗、词、曲、联对及附录二种,包括《蠲戏斋诗前集》《避寇集》《蠲戏斋诗编年集》《芳杜词賸》《芳杜词外》以及丁敬涵辑编《词辑佚》《散曲》《联对》,附录二种为王培德、刘锡嘏辑录,邬以风、丁敬涵编次《马一浮先生语录类编》和邬以风辑录《问学私记》。其中《蠲戏斋诗前集》为马一浮在1937年日寇侵占杭州前所作诗,原多已散佚,后由张立民、扬荫林在复性书院就同门所录缀辑而成,编入复性书院丛刊。《避寇集》收录马一浮1937年9月至1941年3月间所作诗,亦曾编入复性书院丛刊。《蠲戏斋诗编年集》收录马一浮1941年至1967年间所作诗,大体以年月先后编次,唯1941年、1942年两年做作,为缀辑同门弟子私录而成。其中1948年以前部分,曾编入复性书院丛刊,1949年以后部分,未曾刊刻,仅以抄本行世。《芳杜词賸》《芳杜词外》分别收录1917年至1947年和1949年至1966年间所作

---

① 任继愈:《序》,载《马一浮集》第一册,浙江古籍出版社、浙江教育出版社1996年版。

词，其中《芳杜词賸》曾编入复性书院丛刊，《芳杜词外》未曾刊刻。其余部分则为此次重新辑录，或据存世抄本整理而成。此册由马镜泉、楼达人、马仲嗣、丁敬涵、虞万里整理校点。

马一浮博古通今，学贯中西，思想博大精深，一生以弘扬中华民族优秀文化为己任，是我国现代思想文化史上一位卓有成就的大学者，以"国学大师""一代儒宗"为世所重。《马一浮集》作为对马一浮存世著作的首次整理结集，其资料收集广泛，校点严谨认真，可以说是马氏著作整理的极大功臣。尤其是书中收入的大量未刊文稿，为研究者提供了内容极为丰富的第一手资料，也向文史哲的读者献上了一份丰厚的学术、文化珍品。不过马氏遗稿散佚尚多，此书所收，并非全部，故后又有《马一浮全集》之议。《全集》作为浙江省文化研究工程重点项目，由吴光主编，分装十册，于2012年出版。

是书由浙江古籍出版社、浙江教育出版社于1996年联合出版。（李冬梅）

5．《谢无量文集》9卷，谢无量撰

谢无量生平，见《中国哲学史》。

近代以来的"西学东渐"，使得西方许多现代思潮涌入中国，同时中国传统文化却遭遇到前所未有的冲击。传统文化何去何从，成为当时知识分子所追问的话题，他们借鉴西方的研究方法，重新审视中国古代的哲学与文学，谢无量便是其中之一。其学囊括经、史、子、集，是书即为谢氏学术著作的结集，共9卷，分别为：

第一卷《孔子》《韩非》。《孔子》记述孔子生平，介绍孔学原理及其思想学说；《韩非》论述了韩非子的学术渊源及韩非子与老子、孔子、荀子、慎到、尹文的关系，揭示其法家思想对秦国兴盛的贡献，以及对后世国家法制建设的影响。

第二卷《中国哲学史》，分上古、中古、近世，纵跨黄帝至清末约五千年历史，是近代中国最早的一部《中国哲学史》，为以后的《中国哲学史》的撰写奠定了新的范式——西学范式。

第三卷《朱子学派》《阳明学派》《王充哲学》。《朱子学派》全面评价了朱熹学说和思想体系。《阳明学派》介绍了王阳明生平、其与陆象山学说的关系、王阳明哲学、伦理学观点及其对前人学术观点的评论。《王充哲学》简要介绍了王充的生平和学术渊源、著作旨趣，重点探讨了王充哲学思想中的形而上学、伦理学和评论哲学。

第四卷《佛学大纲》。全面、系统地介绍了佛教的渊源、传播和流派，是谢无量一生唯一的一本佛学著作，也是中国现代第一部系统介绍佛教理论的书籍，言简意赅，对佛教发展史做了较为深入的概括，多次再版，广陵书局2009年《近代佛学丛刊》亦收有此书。

第五卷《中国妇女文学史》，是中国第一部女性文学史，女性文学首次成为文学叙述的主角[①]。

第六卷《中国六大文豪》《罗贯中与马致远》。《中国六大文豪》收集屈原、司马相如、扬雄、李白、杜甫、韩愈六人的代表作并加以注释分析。《罗贯中与马致远》原名《平民文学之两大文豪》，后收入《万有文库》，改今名，详细介绍了罗、马两人的生平、思想及其代表著作。"六大文豪"属于"居庙堂之高者"，罗贯中与马致远属于"处江湖之远者"，《罗贯中与马致远》一书颇为鲁迅所称道。谢无量后期的文学创作如《鉴湖（秋瑾）女侠行》、川剧剧本《薛涛》《四姑娘》《卓文君》等，走的也正是"平民文学"道路。

第七卷《诗学指南》《词学指南》《骈文指南》《诗经研究》《楚词新论》。《诗学指南》介绍了诗之渊源和诗体、诗法论，并对古诗和律诗分别进行了论述，和《词学指南》《骈文指南》均为民国时期大学文科自修参考用书。《词学指南》介绍了词之渊源及体制、作词法、古今词家略评和词韵词牌等，论及了词与曲同后来戏剧之关系。《骈文指南》阐述了骈文的制作法则、体格变迁等。《诗经研究》对《诗经》的来历、义例、诗序、篇次以及历代文学大师的诠释和评论进行了研究，对《诗经》与当时社会历史关系和《诗经》的道德观、文学观提出了自己的看法。《楚词新论》列入民国"国学小丛书"，包括了屈原历史研究、楚词篇目研究，《离骚注》新释、屈原思想及其影响研究、楚词评论家之评论研究。作者将《楚词》作为古代南方文学的代表，将其放在南方学术文化的背景下，同代表北方文学的《诗经》进行了对比性研究，慧眼卓见，为前人所不及。谢无量也是最早反驳"屈原否定论"的学者之一，他从古书编集、流传角度和南方文化、南方文学发展的角度，对廖平、胡适以《史记·屈原贾生列传》不可靠为理由从而否定或怀疑屈原其人的

---

① 中国妇女文学史，可参阅陈飞：《二十世纪中国妇女文学史著述论》，载《文学评论》2002年第4期。

谬论进行了批驳，认为屈原确有其人，《史记》所载也确有其事。谢氏这一以文化为切入点进行研究的方法，对后来从楚文化角度研究屈原与楚辞之思潮及楚辞文化学的兴起，具有深刻启示和巨大的影响[①]。

第八卷《实用文章义法》《中国古田制考》《古代政治思想研究》。《实用文章义法》以古代名篇大作为例，从文章意、势到凝练字句、连缀成篇，皆有涉及，是民国时大学文科初年级必读之书，亦是高年级研究的参考书籍。这部书是我国最早一部以"实用文"命名的写作专门教材，其写作年代正处于新文化运动开端、五四运动前夕。这一时期，旧的写作教育规范面临崩溃解体，新的写作教育规范尚待建立，我国实用文写作处于由古典到现代的转型时期，写作教育思想开始从为"功名"转向"文章"、为"实用"。谢氏顺应当时重视实用文教学的大环境，以唐宋以后的古典实用文为范例，编成此书，以古鉴今，古为今用，是十分难得的写作文化转型期的实用文典范教材[②]。《中国古田制考》为"国学小丛书"之一，讲述了中国古代土地制度的起源、成立，土地制度与军赋制度关系等，对《周礼》中的土地制度也有辨析研究。《古代政治思想研究》亦为"国学小丛书"之一，其提出的南北分区论和区域政治思想，颇有创见。

第九卷《中国大文学史》，分上古、中古、近古、近世四个时期，是我国比较早的一部有影响的文学通史，也是一部内容由"宽而泛"向"纯而专"过渡的重要文学史[③]。

《谢无量文集》尽可能搜求了作者的著作再版，对原版原文作了重新点校。谢氏之学术虽兼有得失，但其筚路蓝缕、勇于开拓、破旧立新的精神，却是十分难能可贵的，其研究方法在今天仍颇多可资借鉴之处。

《谢无量文集》由冯其庸等整理，中国人民大学出版社于2011年出版。
（李冬梅、邹艳）

6.《晏阳初全集》3卷，晏阳初撰

晏阳初（1890～1990），原名兴复，又名遇春，字阳初，小名云霖，巴中人。中学肄业后曾任中学英语教师，19岁时赴香港圣梯芬孙书院深造，次年转

---

① 刘生良：《论谢无量先生的楚辞研究》，载《陕西师范大学继续教育学报》2004年第1期。
② 详参李翠翠：《谢无量〈实用文章义法〉概观》，载《广西师范学院学报》2011年第1期。
③ 详参王友胜：《谢无量〈中国大文学史〉得失论》，载《湖南第一师范学院学报》2010年第1期。

升圣保罗书院（香港大学前身）。又分别于美国耶鲁大学、普林斯顿大学获学士、硕士学位，并被美国锡拉丘兹等三大学授予荣誉博士学位。20世纪20年代以来长期致力于平民教育，曾任中华平民教育促进会总会总干事，1940年创办了中国乡村建设育才院（后名乡村建设学院）并任院长。50年代，先后协助菲律宾、泰国、危地马拉、哥伦比亚、加纳等国建立乡村改造促进会。60年代，在菲律宾创办国际乡村改造学院，任院长及该院理事会主席。被誉为"世界平民教育运动之父"，与陶行知并称"南陶北晏"。此外，晏阳初还曾在联合国教育、科学及文化组织担任顾问。主要论著有《平民教育概论》《农村运动的使命》《十年来的中国》等。

《晏阳初全集》书共3卷，第1、2卷分别收录作者1919～1937年和1938～1988年间的各项会议报告、讲话等，第3卷则收录1916～1984年间与薄克曼、陶行知、郑玉成、黄炎培、司徒雷登、孔祥熙等人的书信。这些报告、讲话和信件涉及平民教育的种类、组织、宗旨、最后使命及平民学校教材和国内外各时期推行过程等诸多问题，是研究作者平民教育思想和实践的第一手材料。

此外，在编撰体例上，是书采用编年与分类相结合的办法，一般论著及演讲等按年代排列（以写作时间或发表时间为序），其他内容则另收专卷。采用简注，每篇均有题注，说明写作时间、背景或文章出处。部分篇目因原件无题或原题不妥的，《全集》收录时另拟题目，并有题注说明。

是书由宋恩荣整理，收入"民国史档案资料丛书"，由湖南教育出版社于1992年出版。（邹艳）

7.《李劼人选集》5卷，李劼人撰

李劼人（1891～1962），原名李家祥，曾用笔名老懒、菱乐等，成都人。早年留学法国，归国后长期居于成都。创办有《川报》和"少年中国学会成都分会"的刊物《星期日》，为传播新思想、新文化做了不懈努力，影响了巴金、艾芜、沙汀、张秀熟、袁诗荛等一代四川青年。新中国成立后历任成都市副市长及四川省文联副主席、作协四川分会副主席等职。一生留有五六百万字的著作和译作，最著名的当属其"大河小说"系列，奠定其新文学长篇历史小说的开山祖师地位，被郭沫若誉为"中国的佐拉"。

《选集》共5卷，第1卷收长篇小说《死水微澜》《暴风雨前》，第2卷收长篇小说《大波》，此三部俗称"大河三部曲"。它们以成都及周围乡镇为背景，深刻反映了从甲午战争到辛亥革命十几年间成都及四川地区的社会风貌和历史变革，具有浓郁的时代气息和地方色彩，既写出了此一时期的政治风云，又刻画出了一时一地的人情世态，涉及三教九流、官绅粮户、商人市民、牧师教士、明妓暗娼等各个社会历史层面，生动再现了我国从封建专制迈向现代文明这一历史巨变的艰难过程。从细微处着笔，以成都方言俚语讲述成都故事，成都女人、成都茶馆、川剧清音、成都小吃等，无不给人留下深刻印象，开创了中国小说全景式描绘时代风云和社会生活的先河。第3卷收长篇小说《天魔舞》，它以抗日战争时期国统区的社会生活为题材，反映了"四大家族"的丑恶和小资产阶级知识分子及一般小市民的愤懑、彷徨和迷惘。第4卷收中篇小说《同情》和短篇小说22篇。《同情》为作者早期的一篇日记体小说，讲述20世纪20年代某年12月26日至次年2月16日"我"在巴黎小旅馆突患盲肠炎，受到朋友和法国嫂子无私照顾、最后康复出院的故事。第5卷收作者1919~1962年的散文、杂文、文论和书信计62篇。

值得一提的是，从1936年《死水微澜》初版到1981年间，关于李劼人的专题评论仅有1篇，即羊路由的《谈李劼人的〈死水微澜〉》[1]。大陆出版的文学史著作，甚至连李劼人的名字都未曾提及，大约是从1982年起才有文学史著作把李劼人写进去。如1988年由人民文学出版社出版的杨义《中国现代小说史》，其第2卷即为李劼人立了一节。1983年春，在成都召开首届"李劼人创作学术讨论会"[2]。作为一位重新被发现的作家，其小说的文学史地位已获世人承认，学界关于其小说的研究日益增多。一方面，文学上开始从更多的角度来探讨其创作；另一方面，从民俗学、历史学、语言学等着手进行研究。这些都是李劼人作品留给后人的宝贵精神财富。

是书由四川人民出版社于1980~1986年陆续出版。（邹艳）

8.《郭沫若全集》，郭沫若撰

郭沫若生平，见《管子集校》。

是书为郭沫若的著作总集，收入了作者生前出版过的文学、历史、考古三方面的全部著作，分为"文学编""历史编""考古编"，共38卷。所收内容基本按照时间顺序编排，在保留原有集名的基础上，适当地做了一些调整。

---

[1] 载《草地》1956年12月号。
[2] 秦弓：《李劼人历史小说与川味叙事的独创性》，载《西南师范大学学报》（人文社会科学版）2002年第1期。

"文学编"20卷，前5卷为《女神》《星空》《瓶》《前茅》《恢复》5部诗集。6～8卷为戏剧，收有《屈原》《王昭君》《武则天》《蔡文姬》《孔雀胆》等戏剧12部。9、10卷为小说和散文，收有作者写于1919～1947年的小说和散文若干篇。11～14卷为自传，分为《少年时代》《学生时代》《革命春秋》《洪波曲》。作者用20年的时间完成了这部总名为《沫若自传》的传记作品，上起19世纪末，下至抗日战争初期，时跨半个世纪。这部传记反映出了时代重大的社会变革，如清末四川保路运动、辛亥革命、五四运动、北伐战争、南昌起义等，都得到了真实生动的反映。在传记中，对保路同志军、码头工人、黄包车夫、擦皮鞋的孩子等鲜活的"小人物"进行了热情的讴歌；对当时社会丑恶现象，也进行了无情的披露。此外，这部传记对当时的社会生活风俗等都有细腻的刻画，如秧歌、船工号子、"棒客"、婚丧礼法等，城市和乡村的形形色色的世态人情尽皆展现。这一幅幅社会风俗画同当时重大的社会变革的描写融合在一起，生动而完整地反映出了半殖民地半封建的旧中国的社会风貌。正如作者所说，写这部传记的目的即在"通过自己看出一个时代"[①]。日本学者丸山升[②]也认为，郭沫若的自传和历史剧是他作品的"两根重要的支柱"，而他的自传"特别作为中国知识分子思想形成史的一个典型"，"更不能被忽略"，"对理解近代文学、思想提供了前提，可以说是宝贵的资料"[③]。15～17卷为文艺论著，18～20卷为杂文。

"历史编"8卷，收入作者历史学论著和古籍整理著述。

第一卷《中国古代社会研究》《青铜时代》。《中国古代社会研究》由四部分组成，分别是《周易》《诗》《书》、甲骨文和彝铭的个别研究。从文籍考订着手，打破历史文献的单一"国故"，利用出土文物进行研究，去伪存真，开创了"唯物史观的中国古代文化体系"（董作宾语）。文中考释多有精彩之处，如前人对八卦多有曲解，但郭沫若却从八卦中探寻生殖器和数学的双重内涵，从卦辞和爻辞中观察社会生活。《青铜时代》是作者关于先秦社会和学术思想的论文集，多有创见，如《驳〈说儒〉》根据甲骨文及史书的零星记载，为"昏君"商纣王"平反"，肯定了他经营东南的功劳。这一观点为翦伯

---

① 郭沫若：《少年时代·序》，《郭沫若全集·文学编》，人民文学出版社1992年版。
② 郭沫若自传日文版翻译者。
③ 秦川：《郭沫若评传》，重庆出版社2001年版。

赞等史学家沿用。

第二卷《十批判书》，纠正了自己以往在古史研究中的错误，肯定了殷代也是奴隶社会，"殷周革命"之说不能成立。肯定了西周的确有井田制，奴隶社会下限当移至秦汉之际。此外，对先秦诸子进行了批判，提出"人民本位"标准。还需特别指出的是，《十批判书》中提出的关于生产力、生产关系、社会性质、意识形态的研究方法，至今仍为思想史界沿用。

第三卷《奴隶制时代》《史学论集》。其中《奴隶制时代》为史学和考古学的论文集，集中文章多写于20世纪50年代上半期，围绕中国古史上奴隶社会和封建社会分期展开论述，认为分期应是在春秋与战国之交，资料翔实，论证严密，为后来学者对这一问题的研究奠定了基础。

第四卷《历史人物》《李白与杜甫》。《历史人物》中，作者对屈原、曹植、王安石、李自成、郁达夫、闻一多等不同时期的历史人物做了研究和评价，广征博引，突出反映了"人民本位"的文艺观。《李白与杜甫》是作者晚年的封笔之作，上篇讲李白，下篇讲杜甫，字里行间可触摸到作者卓越的考据功底和敏锐的诗人气质。该文虽40年来争议不断，但总体而言，仍具有一定学术价值。从文学角度而言，亦可为典范。

第五至八卷《管子集校》《〈盐铁论〉读本》。《管子集校》广集版本，充分利用前人研究成果和多种校勘方法相结合，在校勘学上较值得借鉴。《盐铁论》，西汉桓宽撰，记述了武帝时期的政治、经济、军事、外交、文化大辩论，保存了不少西汉中叶的经济史料和经济思想资料，是中国经济思想史的重要著作。20世纪50年代，作者校订全书，分段标点，加注注释，促进了《盐铁论》这一重要古籍的普及。不过所注内容仍有"难解和有讹误的地方"①，粗疏有失在所难免。

"考古编"10卷，收入作者考古方面的著作，调整了个别篇目，增补了校勘和注释，增补或更换了一些拓片、照片、摹本。

第一卷《甲骨文字研究》《殷契余论》《安阳新出土的牛胛骨及其刻辞》。作为甲骨文"四堂"②之一，作者为古文字学的研究开辟了新的道路。

---

① 郭沫若：《〈盐铁论〉读本·序》，《郭沫若全集·历史编》，人民出版社1985年版。
② "甲骨四堂"系指郭沫若（鼎堂）、董作宾（彦堂）、罗振玉（雪堂）、王国维（观堂）。四人字号均带有"堂"字，在早期的甲骨文研究中各自做出了卓越贡献。

第二卷《卜辞通纂》，相较于作者的其他甲骨文研究著作，《卜辞通纂》内容浅显，简洁分明，便于初学者入门。第三卷《殷墟粹编》，沿用王国维所创甲骨缀合之方法，加缀新片，在研究上多有收获。如《粹》113乃由三个小片缀合成，不仅佐证了王国维上甲至癸的世系，还解决了上甲至大庚的周祭顺序。第四卷《殷周青铜器铭文研究》《商周古文字类纂》。《商周古文字类纂》为作者编撰的一部古文字工具书。《殷周青铜器铭文研究》为作者研究金文最早的论集，作为其研究的初步成果，有不少新颖的见解和预见，如对戟的形制的设想已为后世考古发掘所证实。

第五、六卷《金文丛考》及《补录》。《金文丛考》为铜器铭文研究著作，通过对金文的研究，论证了周人传统思想、谥法起源、彝器人名字义与毛公鼎年代等。尤其《毛公鼎之年代》一文，堪为毛公鼎研究的集大成之作。第七、八卷《两周金文辞大系图录考释》，为《金文丛考》之"姊妹篇"，系统地整理了历代相传与新出土的铜器铭文，考其时代，辨其国别，对研究周代金文极具参考价值，是青铜器及铭文研究的划时代之作。第九卷《石鼓文研究》《诅楚文考释》。石鼓文是我国最早的石刻文字，世称"石刻之祖"，承秦国之书风，为小篆之先声。因其刻于十座花岗岩，石墩上，形似鼓，故得名。《诅楚文》，相传为秦石刻文字，战国后期秦王祈求天神保佑秦国获胜，诅咒楚国败亡，故得名。该卷二文即是对石鼓文和《诅楚文》的研究考释。其中《石鼓文研究》，作者根据石鼓文的最善拓本（即明代安国所藏"先锋""中权""后劲"三拓本），运用历史地理的研究方法，突破了当时流行的字形比较法，推论石鼓文年代为秦襄公八年（前770）。此说因其所依凭的拓本资料和新方法而多获遵从，影响极大。沈兼士评曰："历代讨论石鼓文者多矣，而以郭沫若君《石鼓文研究》能总集大成。其于作者之时代，拓本之比较，文字之考订，文意之注释，石次之排列，均存崭新独到之见解。"[①]第十卷《考古论集》收入作者散见于书刊和编入其他作品集的考古学文章，并增收郭沫若故居藏品中的有关题跋和近年发现的部分佚文。收文39篇，包括对考古学的创见、古文字和古文物三部分。第一部分按写作年代排序，二、三部分按文字、文物年代排序，脉络清晰。

---

① 沈兼士：《石鼓文研究三事质疑》，载《辅仁学志》1945年第1、2合辑，转引自倪晋波：《1923年以来的"石鼓文"研究述要》，载《宝鸡文理学院学报》2006年第4期。

《郭沫若全集》是迄今为止最齐全的郭沫若著作总汇，以作者20世纪50～70年代校阅订正的最后版本作为蓝本进行校勘，有利于展示作者在文学和学术上的成就，较为精当。但此举也有利有弊，缺点即在于正是由于底本为作者校阅订正，而五六十年代的学人出版文集、选集时，往往根据时代需要，对自己"不合时宜"的内容做了修改。以此时做了修改的思想认识和学术观点来订正20～40年代的文本，却并没有注明原刊本或初版本的相关文字，故而现行《全集》难以反映郭沫若一生中思想、文学、学术的动态真实发展过程，对郭沫若的研究也有一定的消极作用。其次，是书虽名为《全集》，但对郭沫若作品也并非搜罗无遗，正如编者所言，还将陆续编辑出版作者生前的各类著述。是时，《全集》当更加完善。

《全集》分别由人民文学出版社、人民出版社和科学出版社陆续出版。

（邹艳）

9.《李思纯文集》4卷，李思纯撰，陈廷湘、李德琬整理

李思纯（1893～1960），字哲生，成都人。自幼熟读诸子百家，民国元年以后始就新学，并拜著名诗人、书法家赵熙为师。1919年起赴法、德留学，同年加入"少年中国学会"，在《少年中国》发表《国语问题的我见》《信仰与宗教》《诗体革新之形式及我的意见》等论文，所著《元史学》《江村十论》等论著在学界享有盛誉。1923年初，自欧洲归来，先后执教于东南大学、四川大学等校，与陈寅恪、梁启超、王国维、吴宓等著名学者和文化名人交往密切，在史学、哲学、文学领域的研究，均有一定影响。

整理者陈廷湘，系四川大学历史文化学院教授，主要从事专门史、中国近现代史研究，曾出版《创建新中国的思考——早期中国共产党人对民主革命理论的探索》《中国新文化思想史纲》《天下世界国家：近代中国对外观念演变史论》等专著，以及《论中国共产党在大革命时期关于国民会议的主张》等论文。李德琬，系李思纯孙女。

是书分为"已刊著作卷""未刊著作卷""论文创作卷""诗词卷"4卷，卷首有总序、前言、凡例，卷末有附录。总序言是书出版目的，是"研究此间四川（民国）有代表性学者的学术渊源、学术成就与学术特点，以图较充分地展示晚清民国时期四川学术转型的历史形态"。前言简介了李思纯生平事迹、本书组成内容，指出李思纯虽然是四川籍学者，但是以学术影响论，其"实非地方性学者"。凡例8条，说明是书"收集了目前所能见的李思纯先生的作品，

然以条件所限，遗漏在所难免，故不以全集自命"。

第一卷为"已刊专著卷"，收录了李思纯已刊专著3种，即《元史学》《江村十论》《史学原论》。第二卷为"未刊专著卷"，收录了李思纯未刊专著3种，即《成都史迹考》《大慈寺考》《中国民兵史》。第三卷为"论文小说日记卷"，收录了李思纯所著论文、小说、日记三类文字，分别是论文13篇；小说50篇，均为中短篇小说，其中创作23篇，翻译27篇；日记2种，《康行日记》《金陵日记》。第四卷为"诗词卷"，收录了李思纯所撰《诗存》，共16卷，附录《集外诗》14首，总计古体诗1000多首，绝大多数为未刊稿；《词集》《译诗》，即《天河集》。

卷末附录，收录了李德琬撰写的4篇研究李思纯的文字，其中3篇已经发表，即《鱼藻轩中涕泪长——记李哲生一九二六年晋谒王国维先生》[①]《记陈寅恪遗墨》[②]《吴宓与李哲生》[③]。另有《李思纯哲生小传》一文，撰写于1998年至1999年，此次为首刊。这四篇论文，便于学界了解、研究李思纯其事及其同时代的学者。

本书是迄今最齐全的李思纯著作之结集，资料珍贵、便于查阅，诚为嘉惠士林、服务学术之盛举，具有较高学术价值与史料价值。

此前，陈廷湘和李德琬曾主编《川大史学：李思纯卷》（四川大学出版社2006年版），收录有李思纯《说殉葬》《唐代妇女习尚考》《说歹》《说站》《说民族发式》《灌口氏神考》《译经工序考》《说外族王号异译》《唱喏考》《〈史学原论〉译者弁言》《元史学》等学术论著13篇。又，据云李思纯还有《草堂考略》等遗作，具体情况待访。

是书作为四川大学国家"211工程"第二批项目重大课题"晚清民国的四川学术文化"丛书的一种，由巴蜀书社于2009年出版。（王川）

10.《养晴室遗集》6卷，庞俊撰，白敦仁编

庞俊生平，见《国故论衡疏证》。

白敦仁（1918~2004），字梅庵，室名水明楼，祖籍河北通州，四川成都人。曾就读于四川大学，毕业于华西大学，师事庞俊。历任成都县中、华西大

---

① 原载王元化主编：《学术集林》第11卷，远东出版社1997年版。
② 原载王元化主编：《学术集林》第13卷，1998年版，卷首插页为"陈寅恪手迹"。
③ 原载《新文学史料》2002年第2期。

学、波兰华沙大学教师，终于成都大学教授、系主任。主研宋代与晚清文学，精于校雠考据，擅长诗词，著有《水明楼诗词集》《陈与义年谱》《宋诗略论》，笺注有《陈与义集校笺》《巢经巢诗钞笺注》《彊村语丛笺注》。收集整理庞俊诗文，编为《养晴室遗集》《养晴室外集》。

庞俊自学成才，少年知名，民国期间，掌教成都各大学，声名夙成。然而庞俊生性恬静，为人谦退，耻于表白，方当章太炎声誉鹊起、国学之风涌动南北之时，俊为撰《国故论衡疏证》，功力醇厚，川大、华大纷纷油印作为讲义；其考订精到的《养晴室笔记》三卷亦仅传阅于朋辈，无意谋求出版。至于其诗文，虽然妙若天成、见称香宋（赵熙），但除少量发表于吴宓主编《学衡》外，余皆或藏于私箧，或流于朋辈之间。及至其遽捐馆舍，遗文遗著均未刊行，"遗稿流散，殆不可收拾"（白敦仁《后记》）。直到庞氏逝世11年后，其弟子白敦仁才据其批语辑为《简端记》一卷，又从其后人庞珏录得《养晴室笔记》三卷，又从《学衡》录得遗诗40余首，当时拟辑为《养晴室碎金》而未果。又过了20年，时当庞氏去世30年之际的1993年，庞氏弟子乃联袂访求遗佚，得遗诗584首，为四卷；词62首，为一卷；文81篇，为一卷；杂著12种，为三卷；笔记3种、附残稿1种，为五卷；简端记9种，为一卷，合编为15卷，题曰《养晴室遗集》，末附联语30余则。1994年15卷本《遗集》编成，又由于当时川内出版社普遍追求经济效益，众弟子又皆广文书生，无力承受出版补贴，白敦仁于是"仅先将诗、词、文共六卷，并为一集，先为印出"，仍名《养晴室遗集》；其《养晴室笔记》3卷，此前已有屈守元校点本，由四川文艺出版社出版；所余"杂著以下九卷皆学术论著，拟别一书，题曰《养晴室外集》，姑藏箧衍，容更图之"。（白敦仁《养晴室遗集·又记》）

庞氏卒时69岁，享年虽然无多，然时当新旧学交会之际，又值国事巨变之秋，诸大老聚讲之时，其间品题唱咏，函书往还，固可考见蜀学鼎盛之雅；而其慨叹悲鸣，评议批点，亦可见出时事艰危之况。白敦仁谓："其时成都龚向农（道耕）、华阳林山腴（思进）、巴县向仙樵（楚）、向宗鲁、垫江李培甫、成都赵少咸、华阳祝屺怀、井研萧仲仑、中江李炳英、崇庆彭芸生（举），亦先后执教诸大学，先生高揭其间，特以雅达广揽、文翰斐蔚，见推侪辈。"（白敦仁《养晴室遗集后记》）集中与上述诸公唱和颇多，俱可见一时人物节概。除与上述诸公外，集中致赵熙诗、柬尤多，从中可见赵氏作为一代大老奖掖后学的殷殷之情。又有《吊刘鉴泉（咸炘）》诗："才闻吟雨剑门秋，归傍灯窗笔未休。少日文章无复悔，衰时人物信难留。川方阅水悲连岁（谓迪风、碧柳。按即其故友唐迪风、吴芳吉），棺有弥天戬一丘。谁分淡交得深慨，知君恨晚十年游。"（卷二）表达出对刘咸炘、唐迪风、吴芳吉等天才学人英年早逝的悲痛。其与诸人论学书，或指点后生，或商榷先达，或发明国故，或评点西学，又可见一时师道之概，亦以见新旧交战之急。他在《上香宋（赵熙）书》（之十）谓："吴中学者有《学衡杂志》之作，立文述事，念在矫枉，斯可谓佼佼者。"（卷六）又有《与学衡杂志》柬："顷者世变日亟，异喙争鸣，文学之业，日就苦窳。诸君发声振铎，念在矫枉，毋令二三夸者，掩尽天下之目。"表示对旧学衰微、西学强横的担忧，他还将自己的旧体诗作寄呈《学衡》刊发，表达对《学衡》诸君的声援和支持。似此之类，曰诗曰雅，亦文亦史，俱可以作为研究近世学术史、文化史之助。

是书1995年由白敦仁编校，自费内部印行，幸得传世。2013年，经王大厚校理，纳入国家社科基金重大项目"巴蜀全书"，由巴蜀书社出版。（舒星）

11.《白屋吴生诗稿》《吴白屋先生遗书》《白屋诗选》，吴芳吉撰

吴芳吉（1896~1932），字碧柳，自号白屋吴生，世称白屋诗人，重庆江津人。自幼勤奋好学，以神童名闻乡里。宣统二年（1910）考入北京清华园留美预备学校，1912年因抗议美籍教师无理辱骂中国同学愤而离校返乡，曾任嘉州（今乐山）中学英文教师。1919年秋赴上海，任上海右文社《章氏丛书》校对、永宁（今叙永）中学教师、上海《新群》诗歌编辑。其后担任上海中国公学、长沙明德中学、西安西北大学、沈阳东北大学教师。1927年受聘为成都大学中文系教授兼系主任、四川大学教授。1929年到重庆筹办重庆大学，任文科预科主任。1931年受聘为江津中学校长。1932年，朗诵演讲抗日诗作《巴人歌》时慷慨激昂，晕倒在讲台，后因医治无效，卒于江津故居白屋，时年仅36岁。

吴芳吉才华横溢，是我国五四运动前后文坛上颇有影响的现代诗人。其诗充满了爱国主义与民族主义、民主主义和人道主义思想，内容切近现实，或叙军阀混战给人民和国家带来的灾难，或颂为共和国奋斗的义士，或写清贫自守的家风，或述自己坎坷不平的经历，或为登游、寄内之作，而且语言清新流畅，朗朗上口，形式自由活泼，长短不拘。可以说，吴芳吉之诗是在古诗词与民歌基础上的一种探索和创新，是现代诗歌史上独树一帜的丰碑。因此，他被称为我国诗词改革的先驱，是举世皆知、享誉华夏的爱国诗人。其代表作《婉

容词》更被诗界誉为"几可与《孔雀东南飞》媲美"的传世之作。吴宓亦言吴芳吉之诗"其情哀，其节壮，其词丽以则，其意深而远"，"于古人则近陆放翁"。将吴芳吉比作陆游，吴宓评价可谓极高。而李劼人在其追悼会上所说的"他虽是一个诗人，但却不是通常那吟风弄月，抛撒点闲恨闲愁的诗匠，而是具有杜甫悲天悯人的思想，白香山平易近人的观念，逐处想救国救民，逐处要想在民众悠悠的冤枉路上开一条直径，要想在森严黑暗中放一道明光，要想解除人民的烦恼，要想促进人类的幸福。这些惨淡经营的苦心，都一一表现在他的作品里"①，这可以说是对吴芳吉一生及其作品的准确概括。

吴芳吉现存诗作达600余首，著名者除《婉容词》《两父女》外，尚有《护国岩词》《巴人歌》等。其诗文集则有生前自编《白屋吴生诗稿》，卒后友人编《吴白屋先生遗书》以及1982年四川人民出版社出版的《白屋诗选》等。

《白屋吴生诗稿》2卷，据是书《编辑大意》云："江津聚奎小学，为某儿时肄业之地，山川之胜，甲于全蜀学校。某之诗趣，得此诱启最多。兹以母校二十五年纪念，作为聚奎小学丛刊之一。"又《自叙》云："西蜀少年欲观吾诗者众，语既难遍，钞则无时。因搜乡里所得之稿，凡若干篇，悉以付印，以就正于知好。"是《诗稿》系吴芳吉适值母校聚奎小学25年纪念时，为满足乡里少年观诗之望，乃搜得蜀中存诗若干篇，自编成集。诗稿凡前后2卷，分2册，共收诗130篇，合计510首。诗篇以时间为序，"断自二十岁始"，"编至民国十七年春为止"，"又仅限于蜀中搜得者也"。②其体例是新诗新排，旧诗旧排，新旧不分者，从其初稿所书。而诗中所用字体，取雅俗共通行者。句读悉从旧制，以一点一圈为限。

除诗稿外，是书卷前又有《通信》《编辑大意》《自叙》《自订年表》《彭士诗译》，卷后则有《杂录》《附注》《题词》。其中《杂录》为吴芳吉所作传记论文等类，亦不完全，凡5篇，计为《重九赋》《丁巳祀孔子记》《彭士列传》《曹君事略》《再论吾人眼中之新旧文学观》。《附注》系依全卷诗篇次序解释诗意，其方式则不同于每句之下加以注释的传统注解，而仿西洋诗例，悉以殿后，此举殊为新颖。

是书民国18年（1929）由成都美利印刷公司印制，版权署白沙聚奎学校校

---

① 李劼人：《悼念诗人吴芳吉》，《李劼人选集》卷五，四川人民出版社1980年版。
② 吴芳吉：《白屋吴生诗稿·编辑大意》，民国18年（1929）成都美利印刷公司印制本。

史馆，此本今四川大学图书馆有藏。

《吴白屋先生遗书》20卷，为吴芳吉逝世后，由挚友吴宓、门人周光午搜集其所遗诗文杂作而成。是书凡20卷，分装6册，共收吴芳吉诗稿12卷、歌剧1卷、书札4卷、杂稿2卷、附录1卷。其中诗篇亦按时间先后排序，且所收"自订诗稿"即为民国18年（1929）所刊《白屋吴生诗稿》，不过诗篇略微有所不同。又卷端有玉照、手泽各一幅，民国23年（1934）新宁刘永济序，长沙莫健立钧一撰《吴白屋先生传》，双流刘咸炘撰《吴碧柳别传》，湘潭刘朴撰《白屋先生墓表》，长沙莫石夫、醴陵刘鹏年、江南卢冀野《题辞》，卷末有弟子宁乡周光午心鹤跋，并由镇江柳诒徵题写书名。

是书牌记题"民国二十三年春月刊于长沙""湖南省福胜街段文益堂承刊印段远鉴季光写字""泾阳吴宓雨僧编订、弟子宁乡周光午心鹤参校"，是此书经吴宓编订、周光午参校，于民国23年（1934）由段文益堂刊于湖南长沙。其后，1970年台北成文出版社又出版有《吴白屋先生遗书补遗》3册，为"清末民初史料丛书"之一。是书开本较大，除画像、手泽外，又收录有跋1篇、年表1篇、诗33篇、杂稿6篇，以及《附录》《吴白屋先生遗书目录》等，以补前书之阙略。

《白屋诗选》，为江津师专中文科选注，1982年由四川人民出版社出版。是书不分卷次，依年编排诗篇，诗篇下附载注释之文。全书凡收1915～1932年吴芳吉诗作113篇，基本反映出白屋诗人在各时期诗歌创作活动的面貌和成就。又正文前有《前言》，后有《吴芳吉行年纪略》，介绍其诗歌内容、特色、成就及生平履历，简洁明了。

除上述三种诗集外，近年又有贺远明主编的《吴芳吉集》（巴蜀书社1994年版）、李坤栋的《吴芳吉诗歌选注》（中国广播电视出版社2005年版）等，亦为收录吴芳吉诗不错的版本。（李冬梅）

12.《推十书》，共231种①，1169篇，475卷，350册，刘咸炘撰

刘咸炘（1896～1932），字鉴泉，别号宥斋，双流人。家世业儒，誉流蜀中，曾祖刘汝钦、祖父刘沅、父刘梫文皆以学术称誉乡邦。咸炘天赋聪慧，除幼得父兄之教外，余皆全靠自学。尝习古文，读四史，继读章学诚《文史通义》，由是而知治学方法与著述体例，遂终身私淑章氏。1918年，从兄刘咸焌

---

① 《中国丛书综录》所录《推十书》的子目仅12种，不知据何本而言？

创办尚友书塾，咸炘以德业兼优被任为塾师。执教十余年，育才无数。后又与友人唐迪风、彭云生、蒙文通等创办敬业学院，任哲学系主任。继又被成都大学、四川大学聘为教授，乐群善诱，深受学生爱戴。1932年不幸咯血而逝，年仅36岁。生平遍览群书，博涉旧闻，著述颇多，有《推十书》行世。

《推十书》为刘咸炘的重要著作，是其所撰哲学纲旨、诸子学、史志学、文艺学、校雠目录学及其他杂著的总集。以"推十"名其书斋及其著作，盖有取于许慎《说文解字》"士"字为"推十合一"之意，亦藉以显示其一生笃学精思，明统知类，志在由博趋约、以合御分之微旨。全书凡231种，1169篇，475卷，按其自订类目，编为甲、乙、丙、丁、戊、己、庚、辛、壬、癸10类，其中：甲、纲旨，10部45卷；乙、知言，15部30卷；丙、论世，27部78卷；丁、校雠，20部36卷；戊、文学，70部143卷；己、授徒书，28部36卷；庚、祝史学，14部18卷；辛、杂作，11部20卷；壬、杂记杂钞，33部63卷；癸、其它，3部4卷。

观其内容，举凡经史子集，内圣外王，人心道心，世风学术，宏观微观，无所不包。以传统四部观之，经部有《易易论》《周官王制论》《儒行本义》《中庸述义》《礼运隐义》《春秋平论》诸篇，虽无专书，却语多警策。史部有《太史公书知意》《汉书知意》《后汉书知意》《三国志知意》等，或辨析史传，独下己意；或引录成说，间予按断。另有《史学述林》25篇，对于史题史目、合传分传，纪传编年之体例，记注实录之史源，条分缕析，各归于当。子部成篇者虽仅《诵老私记》《庄子释滞》《荀子正名篇诂释补正》《吕氏春秋发微》数篇，然皆极精微。而《子疏定本》高屋建瓴，阐述研治诸子应分为考校、专究、通论三步，指出明以前人疏于前二步，故流于粗疏；清以还只作考校，故失于局狭；清末民初始作专究，却误于尚异。简介旧说之后，又独出机杼，将先秦两汉数十家学说之源流传承做了精辟的评述。集部除自己诗文集外，尚有《骈文省钞》《风骨集评》《风骨续集评》数种。其《文学述林》22篇，可以补正、开拓文学史各领域的研究。

《推十书》涉猎面广，见解精当，于中国古代文学、历史、哲学、校雠、版本、目录、民俗、宗教、方志学、文字学、语言学、佛学、道学等研究均极有建树，刘咸炘不愧为20世纪中国卓立不苟的国学大师。故其学术备受学界推崇，如蒙文通赞其"精深宏卓，六通四辟，近世之言史学者，未有能过之者"；"其识已骎骎度骅骝前矣，是固一代之雄乎"；"数百年来一人而已"。梁漱溟称《推十书》"辨先人之微,析东西之异",并对人说:"余至成都,惟欲至诸葛武侯祠及鉴泉先生读书处。"萧萐父在其《刘鉴泉先生的学思成就及其时代意义》一文中亦指出:"刘鉴泉先生玄思独运,驰骋古今,所取得的学术成就最为突兀,堪称近世蜀学中的一朵奇葩。"庞朴在专论刘咸炘方法论的文章《一分为三论》中又指出:"其文知言论世,明统知类,于执两用中、秉要御变之方法论方面,尤有独特贡献,为中国近代思想史上不可多见的学术珍品,值得仔细玩味。"《推十书》包罗万象,无论宏观立场,或是微观考史,皆精核宏通,深造有得,许多真知灼见常与同世或后世学者不谋而合,由此足见刘咸炘的先知与睿智。

《推十书》为刘咸炘著作的总名,1926~1937年间曾先后刊行69种体现其主要学术观点的著作。至1996年,为使刘氏著述不湮没无闻,在刘咸炘诞生百岁之时,成都古籍书店又影印出版《推十书》65种,151卷,合装三帙。此次影印所据底本大部分采用刘氏家刻本,以及少数排印本、石印本。如原刊本影印条件太差,则重排印刷,如《道教征略》等。书前有刘咸炘遗照、遗稿手迹,及萧萐父《推十书影印本序》、吴天墀《刘咸炘先生学术述略》、蒙默《推十书序》。此本为现今比较通行的《推十书》版本。

2007年,黄曙辉编校《刘咸炘学术论集》,在广西师范大学出版社出版。全书选取刘氏最有代表性的著作,分为哲学、子学、史学、校雠学、文学讲义5编,分装9册,约230万言。此本精心断句,简体横排,颇便读者阅读。

除以上两种版本外,刘咸炘还有大量未刊稿200余万字,其中尚有不少精到力作。如《学史散篇》,蒙文通曾作书评:"其书首《唐学略》,次《宋学别述》,次《近世理学论》,次《明末二教考》,次《长洲彭氏家学考》。前二篇最宏大杰出,第三篇立论殆别有旨,末二篇备言近世宗教史之故,事亦最奇。"①此外尚有《翻史记》《蜀诵》《内景楼捡书记》《文式》等,皆为考察其学术全貌所必须。未刊稿经刘咸炘哲嗣刘伯毂等数年整理校勘,与前所刊《推十书》一并点校,汇为《推十书》(增补全本),由上海科学技术出版社于2009年出版发行,这是目前最全的刘氏著作整理丛书。(李冬梅)

13.《阳翰笙选集》5卷,阳翰笙撰

阳翰笙(1902~1993),原名欧阳本义,字继修,笔名阳翰生、华汉、寒

---

① 蒙文通:《评〈学史散篇〉》,《蒙文通全集》第三卷《史学甄微》,巴蜀书社2015年版。

生,高县人。1927年底参加创造社,与李一氓共同编辑《流沙》周刊和《日出》旬刊。1928年初起陆续发表小说,并撰写宣传马克思主义和革命文艺理论的文章。著有《十姑的悲愁》《最后一天》(短篇小说集)、《两个女性》《义勇军》(中篇小说)、《地泉》《大学生日记》(长篇小说)等小说,《铁板红泪录》《中国海的怒潮》《逃亡》和《生之哀歌》《生死同心》《夜奔》《万家灯火》《三毛流浪记》等电影,以及《前夜》《李秀成之死》《塞上风云》《天国春秋》《草莽英雄》等话剧。抗战期间曾任国民政府军事委员会政治部第三厅主任秘书、文化工作委员会副主任、中国电影制片厂编导委员会主任等职。1949年以后,任中国文联秘书长、副主席等职。

是书共5卷,第一卷收入《马林英》《两个女性》等短篇小说和中篇小说。第二卷为话剧,收有《前夜》《李秀成之死》《塞上风云》《天国春秋》《草莽英雄》《两面人》与《三人行》七部(1943年写的以朝鲜人民反抗日本帝国主义统治为题材的《槿花之歌》未收入)。第三卷为电影作品。第四卷为文艺评论。第五卷为革命回忆录。

阳翰笙小说作品,评论者普遍认为有着概念化、公式化倾向,但也有学者指出,"这种幼稚、粗糙是文学发展'否定之否定'过程中的一个必然环节,而不是这个过程中一个灾难性的过失和反动"[①]。电影作品则开始克服小说概念化、公式化的缺点,初步塑造出有血有肉的人物,《万家灯火》《三毛流浪记》等被视为作者电影艺术的最高成就,其"新现实主义"的表现手法,备受中外影界推崇。戏剧作品(包括历史剧)是作者创作成就最高的作品,被视为其创作"走向成熟"的标志,《天国春秋》等无论内容形式都属上乘。

是书由四川人民出版社于1982~1983年陆续出版。(邹艳)

14.《杜邻存稿》,黄稚荃撰

黄稚荃(1908~1993),又名黄先泽,以其故居邻近杜甫草堂,笔名杜邻,四川江安人。民国19年(1930)毕业于成都高等师范学校,次年进入北平师范大学。民国22年(1933)回川疗养,后在四川大学等校任教。曾任重庆国民政府国史馆筹委会编审、国史馆纂修。1949年后,又任重庆市政协委员、成都市政协常委、四川省政协常委等职,并任四川大学和西南师范学院等校教授、中华诗词学会顾问、四川省文史馆特约馆员、四川省书法家协会理事、

---

① 方浴晓:《〈地泉〉和革命的浪漫蒂克》,载《厦门大学学报》1980年第12期。

成都市书法家协会名誉主席、成都画院顾问等职。1993年病逝于成都，享年85岁。早年曾师从黄晦闻、赵熙、向楚、谢无量诸先生，精声律，工诗画，于诗、书、画、史号称"四绝"，为蜀中著名才女。著有《杜诗在中国诗史上的地位》《杜诗札记》《李清照著作十论》《楚辞考异》《杜邻诗存》等。晚年时将其毕生学术成果辑为一编，名《杜邻存稿》。

《存稿》收有《杜诗在中国诗史上的地位》《杜诗札记》《李清照著作十论》《蜀中前代女诗人作品平议》等文艺论文及《忆黄晦闻师》《悼赵香宋先生》《淮园》等文凡四十六篇二十万余字，呈现出作者深厚坚实的国学根柢和文学才华，尤其是以诗人独特的眼光，在古典文学研究中多有创见，这便超越了为学者不能为文、为文者不能为学的局限。如《存稿》中所收《李清照著作十论》中论及李清照《渔家傲·天接云涛连晓雾》一词，历来学者大都指出其"浪漫""健举"：如游国恩《中国文学史》认为这首词"表达了李清照要求摆脱现实的苦闷和对自由、美好生活的向往，充满了浪漫主义精神"；朱东润主编《中国历代文学作品选》释其"表现出一种健举的风格"，与其他婉约词相区别。但对该词深层次的挖掘却很少。黄氏作为诗人，深知创作经验、创作心理等因素对文风的影响，她坚信《渔家傲》之所以呈现出不同于婉约词风格是因为在现实中有"与此词情景相合之处"，并联系时代背景、《金石录后序》及李清照其他词作，指出此词作于追踪高宗南渡之时，是其历尽风涛之险的历程写照，主要目的则在于"'奔赴行朝'为澄清'玉壶颁金'之事"。然而李清照又有意回避事实经过，故用"记梦"二字为题。"仿佛梦魂归帝所，闻天语，殷勤问我归何处"是说高宗在海船上召见自己，全词其实是实事虚写。经过黄氏这样一解释，我们对于李清照的经历及词意，便有了新一层的领悟。又如《林逋"山园小梅"》一文中，对林逋的传世名句"疏影横斜水清浅，暗香浮动月黄昏"一句，历代评家多称赞此句，黄氏却指出此一联为剽窃五代江为诗句，全诗其他几句则"与此二句极不相类"，"如村学究语"，其人则以隐求仕，点出其"隐士孤山巧盗名"的实质。此论在诸家之外，自成一家之言。除诗歌之外，黄氏在《杜诗杂记》中对杜甫行踪、交游等的考证及《蜀中前代女诗人平议》对黄峨诗真伪的考证等。

是书于1990年由四川人民出版社出版。另有《杜邻诗存》，四川人民出版社1995年出版，距黄氏逝世已三年矣。（李冬梅、邹艳）

15.《缪钺全集》8卷，缪钺撰，景蜀慧、缪元朗编

缪钺（1904～1995），字彦威，江苏溧阳人。生于直隶迁安县（今河北省迁安市），后随家寓居保定。1924年肄业于北京大学，历任河南大学中文系、广州学海书院、浙江大学中文系、四川大学历史系教授。研究领域主要集中在中国古代史、中国古典文学、历史文献学等方面，治学原以先秦诸子及古典文学为主，20世纪40年代中期以后，转而钻研魏晋南北朝史；80年代以后，同时致力于词学研究。曾受张尔田教诲，亦深受王国维、陈寅恪治学影响，师法陈寅恪以史说文、以诗证史的文史互证方法，70年治学生涯，成果斐然，卓然一家。主编《唐诗精华》《中国野史集成》等书，著有《元遗山年谱汇纂》《杜牧年谱》《杜牧传》《灵溪词说》等书。除多篇学术论文和专著外，亦有旧体诗词集《冰茧庵诗词稿》等行世。

景蜀慧，祖籍山东。1978年2月考入四川大学历史系，相继获学士、硕士、博士学位。曾任教于四川广播电视大学、四川大学，现为中山大学历史系教授，博士生导师。多年师从文史专家缪钺研治魏晋南北朝历史与文学，并得到古典文学专家叶嘉莹指导，学术上继承业师文史并重风格，以陈寅恪所倡"文史互证"为基本路径方法，注重文、史、哲三者的结合，力求通过潜心读书，精核史实而深入探赜历史的本质和文化的真义。著有《魏晋诗人与政治》《中国魏晋南北朝文学史》《中国古代思想史·魏晋南北朝卷》等。

缪元朗，缪钺之孙，1982年毕业于四川大学历史系历史学专业，获学士学位，现为四川大学历史文化学院教授。主要从事中国文化史、中国古代史的研究，著有《烟瘾酒嗜茶趣》《中国文物鉴赏辞典》《中国现代绘画鉴赏及行情介绍》（均为合撰）等。

《缪钺全集》8卷，是对缪钺一生学术成果和诗词创作的系统总结。全书按专题分为8卷：第一卷分上下，为《冰茧庵读史存稿》，收有《论荀学》《清谈与魏晋政治》《王粲行年考》《元遗山年谱汇纂》等文若干篇，集中收录了缪钺对魏晋南北朝唐宋历史的研究论文，范围涉及政治、学术、文化、典章制度、民族关系等，颇多创见。如《清谈与魏晋政治》辩驳了传统的清谈误国的观点，对魏晋清谈的性质、特点、不同时期与政治之间的不同关系等问题，均做了深入的分析，指出清谈具有安内攘外之功用。又如《东魏北齐政治上汉人与鲜卑之冲突》一文，通过分析东魏北齐政治上的几次重大政争，深入细致考辨，揭示出政争背后隐藏的历史真相，北魏政权为北齐所代势所必然，民族冲

突即为原因之一，这便从侧面论证了民族关系融洽与社会发展的关系。因史家对北齐政治和民族研究较少，故此文于北齐政治、民族研究实有开辟之功。此外，本卷《颜之推年谱》等皆以考证精当闻名于学界。《元遗山年谱汇纂》则是综合了翁方纲、凌廷堪、施国祁、李光廷四家《元遗山年谱》，取长补短、拾遗订误重纂而成，对遗山著书论文之意旨和生平交游事迹等考论尤为着力。

第二卷为《冰茧庵古典文学论集》，收录作者除词学研究之外的中国古典文学研究文章，包括《曹植与五言诗体》《六朝五言诗之流变》等。此二篇论文纵论六朝五言诗发展线索，既有宏观把握，又有微观考察，从复杂的历史文化现象中梳理出文学发展的规律，对重要代表人物思想也做了细致的分析。

第三卷《冰茧庵词说》，收录作者创作于20世纪三四十年代的词学论文47篇、词学学术文章5篇及词作欣赏短文。

第四卷《〈三国志〉与陈寿研究》，收入《三国志》选文及作者关于《三国志》的注释文字，以及对《三国志》及其作者陈寿的研究评论等。缪钺对《三国志》的选文，不仅有政治、军事人物，还有对经济文化科技创造方面有重大贡献的人物，以及周边少数民族，体现了其认识三国历史的新观点和新视角。对选文的注释，在文字上简明通俗，在内容上也极为精当，兼具学术性和通俗性，故而颇受高校师生和普通读者欢迎。王而山评其为"深入浅出，雅俗共赏"，"给进一步研究《三国志》和研究三国时期的历史廓清了道路，创造了条件"[①]。

第五卷《杜牧研究》，收录作者关于唐代诗人杜牧的研究文章，包括《杜牧诗简论》《关于杜牧〈清明〉诗的两个问题》《杜牧评传》《略谈杜牧咏史诗》等。《杜牧诗简论》是针对20世纪50年代人们对杜牧诗文创作的评价主要着眼于思想内容，而相对忽视了艺术风格和成就上的探讨。缪钺此文提出："我们论诗时，必须记住所论的是'诗'，不是散文论著，尽管思想性在诗中是很重要的，但是仍然不能只阐发它的思想性，不能只说明作者思想与意图的价值，而必须结合它的艺术性，说明诗的意境、风格、意味，甚至于技巧方面的种种特点。"此观点矫正了这一时期杜牧文学研究之流弊。《杜牧年谱》《杜牧评传》更是杜牧研究者的必读之书。

---

① 王而山：《深入浅出，雅俗共赏——读〈三国志选注〉》，载《古籍整理出版简报》1985年第141期。

第六卷《中国文学史讲演录（唐以前）》和《中国史上之民族词人》，收录作者关于中国唐代之前文学史的讲演文本记录《周秦散文》《乐府歌辞》等，以及关于中国民族词人的研究文章。

第七、八合卷，收有作者古典文学文集《冰茧庵序跋随笔》《冰茧庵札记》和旧体诗词作品集《冰茧庵诗词稿》。

本次整理出版的8卷本《缪钺全集》，较之已出版的缪钺十数种专著，有如下几个特点：一、在编排体例上，按学科专题编辑，集中、系统地展示了缪钺在各专业领域的研究成果和创获。二、在搜集、整理、辑佚方面，增收了29篇未刊手稿和油印稿，增收了1部未刊专著手稿《中国文学史讲演录（唐以前）》；收录了53篇1949年新中国成立前发表的、现仍具有重要学术价值的论文，收录了1949年新中国成立前刊印的专著《中国史上之民族词人》，重新整理编校了《冰茧庵诗词稿》。这些论文和书稿，现在已经很难一见。三、对全集的内容均进行了仔细的审校工作，审读专家和责任编辑核定了大量的引文（原始资料），通过各卷之间的互校发现和解决了一些以往未曾注意而又比较重要的问题。对明显带有时代因素、政治因素而现在又不合时宜的观点、对那些当时限于条件得出的后来证明是错误的观点，在与作者进行充分交流与沟通后加以修订或删改，体现了学术著作的科学与严谨。《全集》搜罗宏富，既补研究者之缺，亦可惠及好学者。

《缪钺全集》由河北教育出版社于2004年出版。（邹艳）

16.《巴金全集》26卷，巴金撰

巴金（1904~2005），原名李尧棠，字芾甘，笔名佩竿、余一、王文慧、巴金等，四川成都人。1920年入成都外国语专门学校，1923年离家出走至上海，后就读于南京东南大学附中。1927年初赴法留学，首次用"巴金"为笔名发表长篇小说《灭亡》。1928年底回到上海，从事创作和翻译。抗日战争爆发后，辗转于上海、广州、桂林、重庆等地，致力于抗日救亡文化活动，参与编辑《呐喊》《救亡日报》等报刊。1950年后，历任上海市文联副主席、主席，政务院文化教育委员会委员，华东军政委员会文化教育委员会委员，中国文联副主席，上海市政协副主席，《文艺月报》《收获》《上海文学》主编，中华文学基金会会长、全国政协副主席等，1996至2001年任中国作协主席。2005年病逝于上海。一生创作和翻译了大量的文学作品，小说主要有"爱情三部曲"：《雾》《雨》《电》，"激流三部曲"：《家》《春》《秋》，《憩园》《寒夜》等。散文主要有《海上日出》等，收入《随想录》《忆念集》等散文集中。翻译作品主要有《前夜》《丹东之死》《草原故事》《快乐王子集》等外国名家作品。

《巴金全集》共26卷，收录巴金60余年来除译文之外的各类作品，分别为：第1~3卷依次为"激流三部曲"之《家》《春》《秋》，展现了封建家庭内部的罪恶，揭开其虚伪的面纱，揭露其"吃人"的本质，预言了它"木落黄叶"的穷途，同时着力表现了青年一代在"五四"新思潮影响下的觉醒和与封建家庭的斗争。对于20世纪三四十年代知识分子冲出家庭藩篱、走向革命的启蒙作用不可忽视。

第4卷《灭亡·新生·死去的太阳》，是巴金的早期作品。第5卷《海的梦·春天里的秋天·砂丁·雪》。第6卷《爱情三部曲》。第7卷《火》。第8卷《憩园·第四病室·寒夜》。作品写于40年代，《第四病室》是一部日记体小说，通过一个医院病人的"病中日记"，映射出当时社会金钱锈蚀心灵的残酷现实，正如巴金自己所说："一间容纳二十四张病床的外科病房，可以说是当时中国社会的缩影。在病室里人们怎样受苦、怎样死亡，在社会里人们也同样地受苦、同样的死亡。"①《憩园》《寒夜》与巴金以往的作品相比，叙事更加客观，语言更加成熟。在这两部作品中，巴金更深入地发掘反封建主题，并且加入了对伦理道德困境的思索，标志着巴金的创作进入成熟期。第9卷《复仇·光明·电椅·抹布》。第10卷《将军·沉默·沉落·神鬼人·长生塔》。第11卷《发的故事》等短篇小说集。第12卷《海行杂记·旅途随笔》等散文集。第13卷《短简·梦与醉·旅途通讯》等随笔集。第14卷《华沙城的节日·生活在英雄们的中间》等散文集。第15卷《友谊集·新声集》等散文集。

第16卷《随想录》，为巴金晚年从道德角度的自我反思与解剖，它直面"文化大革命"给民族带来的浩劫，直面自己曾经的人格扭曲。其忏悔意识、从人类范围反思"文化大革命"以及倡议建立"文化大革命"博物馆，是《随想录》在当代思想史上最为重要的三个贡献。

第17卷《序跋编》等散文集。巴金的散文抒情性很强，语言朴实无华、不饰雕琢，于平淡中见文采、于通脱处出意境、于自然中求平和。如散文《怀念萧珊》，这是他纪念亡妻的悼文。在平凡的叙述中，字里行间奔涌着令人震

---

① 巴金：《第四病室·内容说明》，《巴金全集》第八卷，人民文学出版社1989年版。

撼的悲痛，传达出对妻子的挚爱和对"文化大革命"的控诉，感人肺腑。第18～19卷《集外编》上下，收录1921～1991年的诗歌杂文等，并附有《为了子孙后代》《答香港董玉问》等文30余篇。第20卷《三同志·炸不断的桥·创作谈》。

第21卷《断头台上·俄罗斯十女杰·俄罗斯社会运动史话》。《断头台上》为报告文学集，集中反映了国际社会无政府主义先驱者们的卓越斗争和惨烈牺牲，笔墨悲壮。《俄罗斯十女杰》为纪实报告合集，包括苏菲亚、沙苏丽奇、妃格念尔、色婷娜、游珊、海富孟等十位俄国女革命家的传记，展现了她们浪漫而悲苦的殉道人生。《俄国革命史话》是为反抗沙皇暴政的十二月党人和农民起义领袖立传，在书中巴金充满激情地说："我自己早已在心灵中筑就了一个祭坛，供奉着一切为人们的缘故在断头台上牺牲了生命的殉道者，而且在这个祭坛前立下了一个誓愿：就是，只要我的生命存在一日，便要一面宣扬殉道者的伟大崇高的行为，一面继续着他们的壮志前进！"

第22～24卷《书信编》，收录巴金致亲友和社团的书信1900余件。第25～26卷《日记编》，所收日记共四部分：《赴朝日记》（1952.3.15～10.15）、《成都日记》（1960.10.9～1961.2.8）、《上海日记》（1962.11.1～1966.9.30）和《"文化大革命"后日记》（1977.5.23～1982.4.30）。

《巴金全集》收录了巴金创作的译文外的各类作品，故而对我们了解巴金的思想、创作风格、生平等提供了一个极好的平台。尤其是巴金书信的收集，由于巴金写信多，书信存世量大，此前也有多个书信集出版。《全集》将三联书店版《雪泥集》（1987）、四川文艺社版《巴金书简》（1987）及人民文学社版《巴金书信集》（1991）全部收入（作者已编入其著作集的除外），是迄今最全的巴金书信集。又所收书信绝大部分据手稿或影印件，少量据发表件抄录，故而错讹相对较少。虽如此，仍只是其书信之一部分，"在巴金研究中，书信研究是亟待拓展的领域之一"。（李存光言）目前，巴金书信的相关研究还很薄弱，多是零散篇目，故是书的出版无疑为巴金书信的专题研究工作奠定了更全面更扎实的文献基础。此外，巴金是"五四"以来的纪实文学写作大家，发表了大量的优秀作品。但我们的研究却仅限于他50年代写的《我们会见了彭德怀司令员》《生活在英雄们中间》和晚年的《随想录》等，很少去研究巴金曾经站在其他"主义"立场上为中国现当代纪实文学的开拓之功①。《全集》所收集的《断头台上》等长期为主流评判界忽略的巴金早期非虚构文学作品，对读者和研究者全面了解巴金的思想大有裨益。最后，《全集》各卷附有巴金不同时期的照片和手稿多幅，极为珍贵。

在本版《全集》基础上，2009年启动大规模的修订工作，这次修订主要围绕文本校勘、注释和编排体例展开。此外，征得巴金家人同意，还将陆续整理出巴金在"文化大革命"期间被迫写下的部分检讨和交代，编选进新版全集。此项修订工作计划5年完成。届时，我们对巴金的了解和研究将更加全面和深入，巴金的形象也必将更加鲜活和饱满。

《巴金全集》由人民文学出版社于1986～1994年间陆续出版。（邹艳）

17.《艾芜文集》10卷，艾芜撰

艾芜（1904～1992），原名汤道耕，新都人。因受胡适"人要爱大我，也要爱小我"的影响，遂取名"爱吾"，后慢慢演变为"艾芜"，"艾芜"一名遂伴其终生。1932年加入中国左翼作家联盟，开始发表小说。主要作品有短篇小说集《南国之夜》《南行记》《山中牧歌》《夜景》，长篇小说《丰饶的原野》《山野》《百炼成钢》，以及散文集《漂泊杂记》。其作品大都反映西南边疆和缅甸等地的下层人民生活和斗争，传奇的故事、特异的人物和绮丽的边陲风光，使其作品充满了抒情气息和浪漫情调。

该《文集》共10卷，收有艾芜的代表作《南行记》及其续篇、《我的幼年时代、童年时代、青年时代》《故乡》《山野》《丰饶的原野》等小说和《漂泊杂记》等散文。其中，《南行记》及其续篇（收入第一卷）是艾芜分别据其在20年代和60年代两次南行的所见所闻创作而成。《南行记》集里，《山峡中》的野猫子，《松岭上》的奇怪老人，《私烟贩子》的老陈，以及小偷、强盗、流浪汉、盐贩子、抬滑竿的……艾芜浓墨重彩地描绘出了他们刚健、坦荡、率真、粗野的性格，而这些人物的"生活的大道理"看似轻松，却恰恰反映出了西南边陲民众生活的困苦和无奈，"以原生态的'真'去反照因儒家文化而形成的习惯性的'假'，以内心深处的'善'去消解外在形式的'恶'，反映出'另类'群体在野性、蛮性包裹下的人情美、人性美"②。《南行记续

---

① 赵瑜：《寻找巴金的黛莉》二三《祭坛》，载《山西晚报》2010年1月13日《副刊》连载。
② 张建锋：《从他乡到故乡：艾芜的精神之旅》，载《西华大学学报》2008年第6期。

篇》旨在通过"解放前和解放后的对比",展现新中国"把地狱换成人间的伟大变化"①,被洪子诚批评为"在很大程度上失去对社会生活、对生命的发现"②。然而我们也需看到,《序言》中忆苦思甜的"主旨"只是"十七年"政治语境氛围使然,《南行记续篇》里萦绕的缠绵不尽的追忆语调恰恰透露出作者真正的心思。《芒景寨》佛爷与心爱女人的悲欢离合,《群山中》猎人与其恋人宁死也要相守的痴情绝恋,《澜沧江边》有情人的咫尺天涯,《野樱桃》里盗马贼与情人因情出逃、千里走单骑的生离死别……"显在层面自是表现对旧社会阻抑的爱情的悲悯;潜文本中却在不自觉间亦隐含了对新时代情爱禁忌的质疑与背离"③。

《我的幼年时代、童年时代、青年时代》(收入第二卷)是艾芜的自传体小说。小说所表现出川西坝子的自然风光、古朴民风以及生动的民间故事和说唱艺术等,在文学之外,也具有文化学、民俗学价值,值得珍视。

《丰饶的原野》(收入第六卷)是现代文学史上第一次较大规模地反映川西农民的作品,由三部长篇小说组成,分别为《春天》《落花时节》《山中历险记》,主要讲述的是刘老九、邵安娃、赵长生三个雇农的命运。用朴素而又生动的笔致,把四川岷江、沱江流域的景色和人物展现在读者眼前,读者在刘老九身上看出了坚决的反抗,在赵长生身上看出了反抗和服从的二重人格。

此外,《文集》还收有艾芜未曾发表过的文章,如《海滨随笔》。该文未见发表于何种报刊,在《艾芜研究专集》等资料中也都没有记载。此次收入《艾芜文集》,对广大文学爱好者和研究者来讲,都是一件有益的事。

是书由四川人民出版社和四川文艺出版社自1981~1989年陆续出版。(邹艳)

18.《沙汀文集》7卷,沙汀撰

沙汀(1904~1992),原名杨朝熙,一名杨子青,笔名沙汀、尹光,安县人。毕业于成都省立第一师范学校。1927年加入中国共产党,在四川从事革命活动。"二一六"惨案后流亡上海,与省一师同班同学艾芜相遇,共同走上文学道路。1932年出版第一部短篇小说集《法律外的航线》,始用笔名"沙

---

① 艾芜:《南行记续篇·序言》,《艾芜文集》第一卷,四川人民出版社1981年版。
② 洪子诚:《中国当代文学史》,北京大学出版社1999年版。
③ 张直心:《"原乡小说"的裂变与赓续——〈南行记续篇〉的意义》,载《文学评论》2009年第1期。

汀"。是年年底加入"左联"。1949年后，曾任西南文联主任，中国作协委员会副主任，四川省文联主席等。主要作品有长篇小说《困兽记》《还乡记》，短篇小说《在其香居茶馆里》《老邬》，中篇小说《木鱼山》等。

该《文集》共7卷，收录作者小说、散文、文艺理论等各种著述275篇。其中第一至五卷为小说集；第六卷为报告文学、散文集；第七卷为文艺杂谈集，是我们研究沙汀小说及其创作理论、文艺理论的好材料。

与艾芜笔下人物形象多是下层小人物相比，沙汀呈现给读者的却是国民党基层政权的各级官吏形象，如"瘦狗也要炼三斤油"的代理县长（《代理县长》），整天"吃茶打麻将"、被办公室一枚过期炸弹吓得几天不敢上班的防空主任愚生（《防空》），只知道糊糊涂涂盖公章、吃宴席只会拣腊菜回家的农会会长龚春官（《龚老法团》，以上三篇均收入第一卷），碰到老虎是绵羊、碰到绵羊就成老虎的联保主任万治国（《在其香居茶馆里》，收入第二卷）……国民党基层政权各级官吏的丑恶嘴脸被沙汀刻画得入木三分。在中国现代文学史上，沙汀是生动深入刻画国民党反动政权基层官吏的第一人。

相比于艾芜的小说背景多奇郁的边地风情，沙汀则倾向于以新中国成立前的四川农村社会为背景，这在他的短篇小说中表现得尤为明显。通过对四川小乡镇生活的真实、生动的描写，能够看到国民党反动派和地方军阀统治下农村生活的真实面貌，反映出一幕幕人间悲情剧。如《凶手》里被逼迫不得已开枪射杀亲兄弟的"断腿天兵"，《兽道》里没能保护媳妇免于散兵奸污而最终发疯的魏老婆子，还有《呼嚎》里声嘶力竭都要讨还男人的廖三嫂，等等。茶馆、酒店等最平常的地方，贫民、农户、乡丁、保长等最平常的人，争吵、交谈等最平常的生活琐屑，以及字里行间的地道川话，构成了沙汀幽默、风趣、辛辣的多重审美特征。

艾芜小说的弱点，在于对题材的开拓不够，挖掘不深。沙汀也有类似的缺点，如他自己所说："我所接触的并不局限于农村小市民以上的人物，但是我所写出来的一些东西，却全然以他们为对象，这就恰恰证明了我的疏忽的可怕"[①]；同时，他的小说创作手法也较为单一，"单用一些情节、一个故事来表现一种观念、一种题旨"[②]。

---

① 《向生活学习》，收入《沙汀文集》第7卷。
② 《近三年来我的创作活动》，收入《沙汀文集》第7卷。

该《文集》由上海文艺出版社于1986~1992年陆续出版。（邹艳）

19.《赵卫邦文存》上下册，赵卫邦撰

赵卫邦（1908~1986），字子凡，又名子防，河北深县（今深州）人。早年在保定、太原、北京等地辗转求学，后入北京大学外语系，1933年毕业后曾执教于北京、上海、浙江、山西等地多所中学，讲授外语和国文。1936年考入北平辅仁大学研究院史学部，师从陈垣、胡适、德国学者雷冕（R.Rahmann）等海内外知名学者，并在此期间系统接受历史考证学、文化人类学、民族学训练。1940年获硕士学位，毕业后留校担任助教、讲师。1949年受辅仁大学民族研究所特派，以研究员身份深入原西康省西昌、凉山地区（今属四川省）从事西南少数民族社会、文化演化的调查研究工作。1950年春，受聘为成都华西大学中文系教授、代理系主任和该校中国文化研究所研究员。1952年院系调整，调任四川大学历史系教授，1953年春兼任学校图书馆馆长。1964年兼任学校新成立的印度研究所（后易名南亚研究所）研究员，直至谢世。其间，于1980年曾到云南省西双版纳州、大理州做短期民族调查工作。此外，还兼任四川省历史学会常务理事、中国西南民族研究学会顾问、四川省民族研究会副理事长。

赵卫邦学识渊博，造诣深厚，学贯中西，主要学术领域包括亚洲古代史、印度社会史和民族学比较研究，尤其对我国西南地区少数民族、南亚民族的社会文化变迁等问题的研究独到精深，见解新颖，不随俗流，因此受到国内外学术界的高度评价，曾应邀为日本出版的《凉山彝族》一书作序。晚年发表的不少有关《红楼梦》的研究成果，亦引起红学界的广泛关注。主要学术著作今收入两卷本的《赵卫邦文存》。

《赵卫邦文存》系由四川大学南亚研究所搜集、整理而成，全书分为上下两册。上册共21篇文章，分为两类。第一类4篇，包括《赵卫邦同志追悼会悼词》《事迹简介》以及受业弟子的怀念文章、赵卫邦《自撰简历》各1篇。第二类17篇，均为赵卫邦论文，研究对象涉及中国古代史、民族史、英国侵藏史、印度社会研究，尤其是对于四川民族史的研究，有《西康会理的僰人》《凉山彝族奴隶制等级结构的形成》《川北甘南氐族考略》《平武"白马藏族"的族别问题》《略论我国西南少数民族的图腾制度》《中古时期四川的僚族》《〈大凉山夷族考察记〉日文译本序言》等7篇论文，分别研究了四川民族史上的"僰人""白马藏族""僚族"和凉山彝族、氐族及其社会制度，是研究四川文化的重要论文。

下册共20篇文章，除了《编后记》外，其余19篇论文分为两类文字。第一类9篇，由《古代印度贱民的产生》《印度古代社会分期的标志》《独立后印度民族问题的回顾》《印度竞选战线的回顾》等论文组成，是印度史研究的专题论文，从时段上涵盖了从古代、中世纪到近现代、当代，涉及印度种姓制度、村社制度、封建制度的特点，以及民族问题、古代社会分期问题。第二类论文共10篇，均为《红楼梦》的研究成果，如《〈红楼梦〉三个主要脂本的关系》《关于己卯本构成的探讨》《论己卯本的朱笔校改文字》等，研究了《红楼梦》版本源流及相互之间的关系、文字校勘、文本构成、版本差异及其原因等问题，其中某些论文如《苑召难忘立本羞》，引用了四川大学图书馆收藏的原为内府收藏的清代彩色精绘《四川全图》，以及其上民国中期的题记，考证该图绘制的主持人傅恒与《红楼梦》作者曹雪芹家族的关系，结论颇富启发性。

是书由四川大学出版社于1989年出版。（王川）

20．《唐君毅全集》30卷，唐君毅撰

唐君毅（1909～1978），四川宜宾人。自幼即对宇宙人生抱有无限悲情，以圣贤之道自勉。17岁入北京大学，翌年转中央大学哲学系，笃学明辨，慧解若从天降，前贤学者如欧阳竟无、熊十力、梁漱溟等均赏之。毕业后历任四川大学、华西大学、中央大学教授及江南大学教授兼教务长。课余勤于著述，为哲学界所推重。1949年，南下香港，与钱穆、张丕介等创办新亚书院。1964年，香港中文大学成立，新亚书院加入为成员书院之一，出任哲学系讲座教授。1974年，新亚研究所脱离香港中文大学独立，自大学退休，续任新亚研究所所长兼指导教授。第二年应台湾大学聘，为哲学系访问教授。1978年因病逝世，享年70岁。

唐君毅平生倾心于中西文化、哲学思想的反省，数十年来成书约近20种，分别由多家书局出版，60年后大部分归台湾学生书局印行，但未及辑入之论文、杂感、书信、日记仍多。其逝世后，各方对唐氏遗作需求甚殷，欲得全璧。后三年（1981），夫人谢廷光女士乃召门人组成编辑委员会，除对已出版的专书重加校订外，并搜罗佚文、书简、手稿、日记，穷数年之力，得新书达10卷之多，合编为全集。

是书参照唐氏晚年自顾其著述性质之意，分全集为五编，依次为：一、人生体验；二、文化理想；三、哲学研究；四、思想体系；五、书简、日记。另殿年谱、著述年表、先人著述及纪念文字于末，以助读者认识此一代学人。凡30卷，共1000万字。具体为：第1卷至第3卷为甲编人生体验，包括人生之体验、道德自我之建立、心物与人生、爱情之福音、青年与学问、人生之体验续编、智慧与道德、病里乾坤、人生随笔。第4卷至第10卷为乙编文化理想，包括中国文化之精神价值、中国文化与世界、人文精神之重建、中国人文精神之发展、中华人文与当今世界（上、下）、中华人文与当今世界补编（上、下）。第11卷至第19卷为丙编哲学研究，包括中西哲学思想之比较论文集、中国哲学原论导论篇、中国哲学原论原性篇、中国哲学原论原道篇（一、二、三）、中国哲学原论原教篇、哲学论集、英文论著汇编。第20卷至第24卷为丁编思想体系，包括文化意识与道德理性、哲学概论（上、下）、生命存在与心灵境界（上、下）。第25卷至第28卷为戊编书简·日记，包括致廷光书、书简、日记（上、下）。第29卷至第30卷为附编年谱·纪念集，包括年谱、著述年表、先人著述、纪念集、编后记。又正文前有《全集》总目、出版说明及牟宗三1984年8月序，并附作者不同时期照片若干。

是书所录每种著述之前，皆有编者按语，述及该书大体内容、版次源流以及《全集》编纂体例、所据版本等，颇便读者明其原委。又每卷之末均设索引，分人名索引、内容索引，另附外文人名中译对照表，以备读者查考。

唐氏治学，规模宏大，不简中外，而一本于仁心之博厚无私，以体察诸家思想之可并行而不相悖。发而为文，则纵横驰骋于人生、道德、文化、哲学之间，浩瀚无极，而皆能造其精微[1]。故牟宗三言其旨趣云："疏通中国文化生命之命脉，护持人道之尊严，保住价值之标准，乃是这个时代之重要课题。这不但是解决中国问题之关键，同时亦是护持人类自由之关键。唐先生一生念兹在兹，其心愿唯在此文化意识之唤醒。"[2] 言其著述，"涉及面亦广，疏通致远，调适上遂，可谓盛矣"，《唐君毅全集》"将是此劫难时代中智慧之光华、苦难之反映。人若随时披览，潜心悟入，则可知时代苦难之何所由，并知唐先生思想之切要"，故称其为"文化意识宇宙中之巨人"。[3] 唐君毅终生讲学，笔耕不辍，其著述卷帙浩繁，内容广博，涵今盖古，而其思想则汪洋恣肆，妙义重重，牟氏所论诚有由也。

是书由台湾学生书局于1991年出版。2016年，又经王康、何仁富、杨永明

---

[1] 参《唐君毅全集·出版说明》，台湾学生书局1991年版。
[2] 牟宗三：《唐君毅全集序》。
[3] 牟宗三：《唐君毅全集序》。

等整理，纳入国家社科基金重大项目《巴蜀全书》，由九洲出版社出版。（李冬梅）

21.《何其芳文集》6卷，何其芳撰

何其芳（1912~1977），原名何永芳，"其芳"为国文老师所改，四川万县（今重庆万州）人。毕业于北京大学，1938年到延安，任教于鲁迅艺术学院，同年加入中国共产党。历任中共四川省委委员、宣传部副部长、《新华日报》社副社长、中国文学艺术界联合会委员、中国作协理事和书记处书记、中国社会科学院文学研究所所长等职。著有诗《我们最伟大的节日》，诗集《预言》《夜歌和白天的歌》，散文集《画梦录》等；文艺论文集《关于现实主义》《论〈红楼梦〉》《关于写诗和读诗》《文学艺术的春天》等。

该《文集》共6卷，收录了何其芳的大部分创作和论著。第一卷收作者新诗和旧体诗若干；第二、三卷收散文、杂文；第四至六卷为文学评论。每卷内所收作品均以时间为序排列，据此能看出不同时期何其芳的创作风格和文论主张。概括而言，自1931年发表第一首诗《预言》至1938年前往延安，是作者创作的第一阶段，即前期阶段。此一时期的作品有诗集《预言》，散文集《画梦录》《还乡杂记》等，表达了美、思索和为了爱的牺牲，感情伤感而忧郁，在这种唯美的色彩背后，或多或少包含着对现实的逃避。1938年以后，由于生活环境和时事都发生了巨大变化，作者的文学道路也发生了重大转变，由唯美主义倾向走向了现实主义创作，这种风格一直延续至生命的最后历程。如诗集《夜歌》从思想内容到艺术表现，都和《预言》有了很大的不同，作者热情地礼赞光明、讴歌革命，并写道："我是迷失的儿子，我是你的失去了而又重新获得的儿子！"①于此可见作者"旧我"与"新我"的蜕变。从脍炙人口的《我为少男少女们歌唱》《生活是多么广阔》等作品中，也能明显看出后期创作一扫昔日的绮丽和雕琢，表现出朴素、明朗、自然的特征。周扬在《何其芳文集·序》里对此评价说："这是诗人发自内心深处最热情、最真挚的声音，是欢呼我国历史上一个崭新时代来临的声音。这个声音是震撼人心的，是激励我们前进的号角。"这一创作风格的转变同样也表现在他的散文和杂文创作中。如在散文《我歌唱延安》里，作者热情歌唱延安"自由的空气""宽大的

---

① 何其芳：《北中国在燃烧》断片（二），《何其芳文集》第二卷，人民文学出版社1982年版。

空气""快活的空气";杂文则雄健、尖锐,猛烈抨击了国民党、日军的虚伪和黑暗;而关于王震、贺龙等的人物报告及晚年关于毛泽东、朱德、周恩来等的回忆文章,在朴实、爽朗的文字中,蕴藏着深沉的情思。这些也都明显区别于早期作品《画梦录》中表现出来的孤独、郁结、颓丧的感情。

从20世纪40年代起,何其芳主要致力于文艺理论的研究,提倡现实主义文学创作、坚持辩证唯物主义文学观。在对待文学遗产上,既反对持历史虚无主义,抛弃文学遗产,割断传统,也反对不加选择、全盘照搬的复古主义;任何简单鲁莽的态度都是不正确的,而应该在批判吸收的基础上创造革新,对现代诗也做了许多有益的探索。此外,作者还提出了"典型共名"说,反对简单地把典型纳为共性和个性的统一,反对"典型的共性就是阶级性"的提法,认为文学典型不只是有他们隶属的阶级和阶层的共性,而且在他们性格上有异常鲜明突出的特点这样一种共性,而典型性常常指的就是性格上的共性。在今天来看,这是很普通的文艺理论;但在当时,人们大都把典型性等同于政治问题的时候,何其芳的这一理论无疑是创造性的贡献。

就文学创作而言,作者的黄金时期是在1940~1942年间,《夜歌》里的多数作品为这一时期所做。1942年以后,作者更多地是以理论家身份出现,而并非诗人,这一时期的文学创作极少。这种"思想进步,创作退步"的现象被刘再复等人称为"何其芳现象",且此现象在戴望舒、老舍、田间等作家身上也都有不同程度的表现,从而引发了研究者们关于"何其芳现象"的思考,这是一个值得关注的问题。

该《文集》由人民文学出版社于1982~1984年出版。(邹艳)

22.《龙晦文集》,龙晦撰

龙晦(1925~2011),原名显明,四川岳池人。1948年毕业于四川大学法学院经济系,后历任四川艺术专科学校(今四川音乐学院)、四川省教育学院(今成都师范学院)中文系教授。1989年退休,被聘为四川尼众佛学院教授、峨眉山佛学院教授。著有《太平经全译》《灵尘化境:佛教文学》《梵音花雨》等书,发表论文数十篇,辑为《龙晦文集》。

龙晦与其弟显昭俱为巴蜀当代学术名家,王家祐在序其弟显昭《巴蜀道教碑文集成》时说:"龙氏昆仲,宿学功深,早播名于中外,普学术于寰宇,通三教之定慧,为开示之真师。兄讳显明,为吾同窗师兄,于佛学、敦煌学、文字、音韵、训诂,靡不赅通。弟名显昭,精通文史,学问博洽。蜀中二龙,诚不愧中华英杰，龙之传人。"（《巴蜀道教碑文集成》序）龙晦从事中国历史、文学、文化教学和研究工作40余年，其平生治学严谨，语不苟发，文必心得，斯集乃其"从事学术近四十年所作论文之结集。"（《龙晦文集·后记》）该集共汇集龙晦"佛道综论"文章9篇、"巴蜀文化"文章18篇、"敦煌学散论"文章15篇、"语言学摭论"文章5篇、末又有附录2篇。谭继和《序》述其特色说："皆以文字、音韵、训诂为根柢，以三教之学和敦煌之学为基础，又重在实用。"集中所收之文多为龙晦精心之作，不仅功底醇厚，真力弥满，而且匠心独运，见解独到。如《说偈子》，通过考察一个"偈"字的音韵训诂，引出偈的体裁、用场、临终偈、诗偈与佛教禅宗的关系以及与公案机锋的关系，更引出重祖师禅不重如来禅之风的形成、以艳诗为禅的真谛、偈的句式与禅悦境界、宋偈的兴盛与明偈的蜕变等问题，无异一篇"佛偈文学史"。如其为译注《太平经》作序，脱却一般研究道教思想史的路数，而是研究其儒家思想及其在众多学术领域的影响为路径；以楚言、楚音、楚谚来论证《老子》乙种本卷前文字为古佚书《黄帝四经》；通过订正李约瑟《中国科技史》的部分史实、校勘、引证的谬误，指出仙家与黄老不可混为一谈。他在敦煌文献的研究和考释上，也颇多创见，如对卜天寿抄《论语》后的诗词杂录进行的研究和校释，能纠正郭沫若之误而充实任二北之缺。他讨论巴蜀文化也是新见迭出，如谓三星堆铜像为氐人，是"瞿"字的意化，杜鹃是氐族图腾，瞿上即杜鹃，朐忍即瞿人，广汉三星堆为瞿国，历史上曾被蔑称"鬼方"等。他对苏轼《易》学思想、廖平经学成就，以及薛焕、王闿运与尊经书院的关系之考述等，均有发学术之覆的意义。谭继和《序》称："本《文集》乃先生四十年力作的精编，案前展读，实学美文，如沐春风，实在为一种难得的享受。"虽为推许之词，却也恰如其分。

是书被列为四川省巴蜀文化研究中心重点课题，由巴蜀书社于2009年出版。（舒星）

23．《童恩正文集》6册，童恩正撰

童恩正有《古代的巴蜀》，前已著录。

是书共6册，包括"学术系列"：《古代的巴蜀》《南方文明》《人类与文化》，"文学系列"：《西游新记》《古峡迷雾》《来自新大陆的信息》。其中"学术系列"中，《古代的巴蜀》论述了巴、蜀族群的早期历史、社会经济、民族关系、历史变迁、巴蜀文化及相关论文若干。《南方文明》是作者对西南民族的考古研究论集,在这部论集中,作者提出了南方是中华民族古文明的重要孕育之地,中国西南地区极有可能是人类的发源地之一。另外,作者对中国西南的旧石器时代文化、南方与东南亚的中石器时代、南方农业的起源及特征等也有相关论述。作者在西南民族考古研究方面的重要贡献和对中国南方古代文明的认识,成为后来苏秉琦区系类型中国文明起源新理论的重要基石。《人类与文化》包括《文化人类学》及其他相关论文6篇。其中《文化人类学》共10章,包括人类文化与生态环境、生计经济发展、人类语言、婚姻家庭、宗教信仰、文化变迁与文化人类学的应用等内容,能见出作者深厚的学术功底和开阔的学术视野以及独立的学术体系,既有严谨的学术探讨,又体现出学者深远忧虑的人文关怀,是继1934年林惠祥《文化人类学》问世以来该领域的又一重大突破。

作为学者兼作家,童恩正的文学作品具有科学与文学的双重色彩。《文集》"文学系列"共3册,其中第一册《古峡迷雾》,便运用了"古代巴人失踪之谜"这一考古学课题作为素材。当同时代作品停留在儿童科普"故事"的时候,《古峡迷雾》正是中国第一部真正意义上的科幻"小说"。第二册《西游新记》也以其结构严谨、视野独特、文笔幽默,开中国现代奇幻小说之先河。第三册《来自新大陆的信息》是其散文作品集。

该《文集》由重庆出版社于1998年出版。(邹艳)

第七节 总集与丛书

1.《蜀十五家词》17卷,吴虞编

吴虞(1872~1949),原名姬传、永宽,字又陵,新都人。早年入成都尊经书院学习经学,戊戌变法后,转而学习西方社会政治学说,为"成都言新学之最先者"。1905年赴日本东京法政大学留学,1910年回国,先后在成都县中学、四川法政学堂任教。辛亥革命后任《西成报》总编辑、《公论日报》主笔、《四川政治公报》主编等职。1917年后任四川法政专门学校、外国语专门学校等校教师。"五四"新文化运动期间,他在《新青年》杂志上发表《家族制度为专制主义之根据论》《儒家主张阶级制度之害》《吃人与礼教》等文章,猛烈抨击封建旧文化、旧礼教,在当时产生了很大的影响,被称为"只手打孔家店"的老英雄,是新文化运动的代表人物之一。1921年起,先后受聘在北京大学、北京师范大学、成都大学、四川大学任教，1933年去职退隐。著有《吴虞文录》《秋水集》《吴虞日记》《吴虞文集》，编有《蜀十五家词》《国文撰录》《宋元学案粹语》等。

《蜀十五家词》系一部词总集，凡17卷，共收录唐五代宋元间蜀人词别集15种，计前唐词家1人，后蜀词家5人，宋词家8人，元词家1人。依其著录顺序，依次为：宋苏轼《东坡乐府》3卷、唐李白《李太白词》1卷、前蜀李珣《李德润词》1卷、后蜀毛熙震《毛秘书词》1卷、宋陈与义《无住词》1卷、宋李流谦《澹斋词》1卷、宋李石《方舟诗余》1卷、宋吴泳《鹤林词》1卷、宋王灼《颐堂词》1卷、元虞集《道园乐府》1卷、宋牟巘《陵阳词》1卷、后蜀欧阳炯《欧阳舍人词》1卷、前蜀尹鹗《尹参卿词》1卷、宋卢祖皋《蒲江词》1卷、后蜀阎选《阎处士词》1卷。其中每种词前有目录，每册书后有勘误表。

是书编排不以时代先后为序，看似杂乱无章，不过细究似又有一定寓意。首以《东坡乐府》，盖论词以宋为极盛，而东坡词冠绝宋代，沾溉后世，所谓"一洗绮罗香泽之态，摆脱绸缪宛转之度，使人登高望远，举首高歌，而逸怀浩气超然乎尘垢之外"①者。此本《东坡乐府》采用编年体例，共3卷，2册，收录苏轼词203调339首。又前有宣统二年（1910）金坛冯煦《序》以及《凡例》，冯《序》云："顾二家（苏、辛）专刻，世不恒有，坡词尤鲜，善本古微，前辈词家之南董也。酷嗜坡词，迺取世所传毛、王二刻订讹补阙，以年为经，而纬以词。"

次以《李太白词》，系以蜀人李白为词之导路先锋。对于词与蜀人的关系，唐圭璋有云："宋人黄叔旸选《唐宋诸贤绝妙词选》，以李白'为百代词曲之祖'，可知词之最初伟大创作家，即为蜀人。"此本《李太白词》共收李白词6调15首，为《连理枝》1首、《清平乐》5首、《菩萨蛮》3首、《清平调》3首、《忆秦娥》1首、《桂殿秋》2首。其中尤以《菩萨蛮》（平林漠漠）、《忆秦娥》（箫声咽）最为著名，羁旅怀古，风格雄浑。词后有吴虞小字按语，以"虞按"明之。

再次以前后蜀之重要词家，前后蜀存在的时间虽然不长，但是这一时期在词的创作上却是一派繁荣，成就显著。西蜀因而成为五代词坛的代表区域，世称"蜀为词乡"。前后蜀词人词风"花间范式"对后世影响极大，形成了词史

---

① （宋）胡寅：《向芗林酒边集后序》，《斐然集》卷一九，中华书局1993年容肇祖点校本。

上有名的"花间派"。后蜀赵崇祚所编《花间集》所选18家中,有15家与蜀有关,由此可知五代时西蜀词风之盛、地位之要。吴虞《蜀十五家词》即收录前后蜀词家5人,为前蜀李珣、尹鹗,后蜀毛熙震、欧阳炯、阎选,占全书比重三分之一。其他词家,则依次著录,似无义例可寻。

《蜀十五家词》所选诸家词,其词有的为吴虞新编之本,有的为既已行世之本。其中吴虞新编之本有6种,为《李太白词》《李德润词》《毛秘书词》《欧阳舍人词》《尹参卿词》《阎处士词》,文中有吴虞小字按语,书后题"成都吴虞校录"。

是书封面题"丁丑署",系民国26年(1937)排印本。(李冬梅)

2.《宋代蜀文辑存》100卷,傅增湘纂辑

傅增湘(1872~1950),字叔和,又字沅叔,号姜斋,江安人。光绪二十四年(1898)进士,改庶吉士,授内阁中书。三十二年(1906)主管清理库存档案,三十四年(1908)署直隶提学使,宣统三年(1911)电请解职。入民国历教育总长等职。傅氏收藏宋元旧本书籍甚富,精于版本校勘之学,所著有《藏园群书经眼录》《藏园群书题记》《藏园老人遗稿》,又编有《宋代蜀文辑存》《明蜀中十二家诗钞》等。生平事迹具《藏园居士六十自述》,载《辛亥人物碑传集》八。

是书卷首有傅氏自序,说他编纂此书旨在"扬蜀国之光华,即以彰一朝之文治"。刘子健在该书龙门书局版《重印小引》中也说:"傅先生的编纂,是极有系统,极详尽的整理。因为是在抗战中沦陷区出版的,不但流传不广,连知道有这部书的都不多。重印以后,一定对于今后从事研究宋代的学人,有很大方便。"其编法,略仿陈子龙《皇明经世文编》之例,地限巴蜀,时止宋代,以文存人,以人系传,大体按年代先后为序,不同于旧有蜀人总集如《成都文类》《全蜀艺文志》的按类编排,所谓"兹编主旨,凡为蜀人皆在所录,视诸书义例为宽,而画以时代,是为途转隘",因此难度颇大:一是考订蜀中人物乡贯事迹;二是考订蜀人世族源流;三是以一人之力穷搜四海文献;四是故籍沦亡,孤本难求;五是志乘金石,求购不易。萧方骏《读宋代蜀文辑存书后》称"若袛辑一代之文,而又限于一省者,则为途既隘而取材益艰,非公读书之勤,见闻之富,殆未易语此"。孙鸿猷序称:"两宋之世,吾蜀人才臻于极盛,殆自来所未有,……欲网罗吾全蜀之文,盖无逾于天水一朝矣。"兹编引书达300余种,网罗作者450余人,辑存宋代蜀人遗集不存者及别集外遗文

2600余篇。前有凡例、自序，及孙鸿猷、周玉柄两序，萧方骏一跋，并载总目及引用书目、作者考，每卷下注明作者存文篇数，篇题下注明文章出处，又将续辑文章附于卷末，全书编排谨严，校订精审，倾一己之力而成，足见傅先生对乡邦文献的挚爱。

全书钩辑佚文较全，如张浚文集，前人所辑《张魏公文集》仅存文25篇，《宋代蜀文辑存》则多达210篇，编为5卷，将散见诸书的佚文汇聚一编，对宋代文化及蜀学研究者，裨益良多，当代学人研究、征引是书，比比皆是，其重要性于此可见一斑。当然，限于人力及当时的条件，此编不收妇女及方外之人，所收文章或为节文而有全篇现存者。所收作家文章亦难免遗漏，如《全宋文》所辑张浚文即达351篇，经初步排查，张浚存文至少在410篇以上。然瑕不掩瑜。

是书始编于1928年，历时16年，至1944年初刻于日伪占领区的华北，故流传不广。1971年香港龙门书店影印，1974年台湾新文丰出版社再度影印，2005年北京图书馆出版社影印出版。近时又有吴洪泽进行校点，成《宋代蜀文辑存校补》，补充内容增加近一倍，纠谬订讹，成一善本，于2014年由重庆大学出版社出版。（吴洪泽）

3. 《明蜀中十二家诗钞》，傅增湘编

该书共钞录明代蜀中12家之诗608首，是傅氏抄本中颇具特色的善本书。书中12家诗依次为南充陈于陛《万卷楼集》1卷、嘉定王毓宗《玉磬山房稿》1卷、南充陈以勤《青居集》1卷、简州曾曰唯《江园蔓草》1卷、内江熊敦朴《谪居稿》1卷、邛州刘应聘《任庵诗》1卷、邛州刘铸《大冶诗》1卷、内江高世彦《自得轩稿》1卷、内江赵贞吉《大洲集》1卷、成都杨珩《龟城集》1卷、合州邹智《立斋遗稿》1卷、南充任瀚《忠斋诗》。其中陈于陛、王毓宗、陈以勤、曾曰唯、熊敦朴、高世彦、赵贞吉、杨珩、邹智九家诗从曹学佺《石仓十二代诗选》中钞出，刘应聘、刘铸、任瀚三家诗不著出处，故不详其所自。

从傅氏选录的12诗家中，我们可以大致看出其选诗标准。一是虽有专集行世，但却有独特风格的，如赵贞吉、任瀚、熊敦朴等，均予收录。二是凡诗作确有成就，而各明诗选本阙而不收的，如王毓宗、曾曰唯、杨珩、刘应聘、刘铸等，均为录入。三是凡诗作确有特色，明诗选有著录，但收录诗作甚少，不能展现诗人全貌的，就大量增选其诗作，如高世彦，《蜀诗》收1首，《诗钞》增至106首。又如陈以勤，《蜀诗》收1首，《诗钞》增至77首。如此等等，可见傅氏《诗钞》不仅具有辑佚之功,而且又有补略之效,的确是明代蜀诗的精选本。这就为后世研究明诗,特别是研究明代蜀诗的风格概貌及各种流派,提供了可贵的资料。

《明蜀中十二家诗钞》原系傅增湘藏园抄本,其行格款式仿宋刻本,疏朗有致,书法又秀润端丽,读来使人赏心悦目,可谓是难得的艺术佳品。1986年,巴蜀书社曾据此影印出版。(李冬梅)

4.《蜀诗总集》12卷,廖永祥编纂

廖永祥(1922~2003),原名廖玉祥,笔名谷莺、柳季,四川邻水(今属重庆)人。1944年毕业于复旦大学外文系,1946年起历任重庆《新华日报》、山西《晋绥日报》编辑、记者。1948年任新华社洛阳支社社长、《新洛阳报》采访部主任,后任新华社西南总分社采编部副主任,《人民日报》驻重庆和四川记者站站长,新华社重庆分社社长和四川分社正、副社长、常务副社长等职。1979年调到四川省社会科学院任副院长兼文学研究所所长。生平热衷于乡邦文化研究,曾编著有《历代三峡诗歌选注》《历代四川山水诗选注》《锦城诗粹》《蜀诗总集》等。另著有《柳季小说选》《新华日报纪事》《新华日报史》等。

是书乃廖氏穷十年之力,参阅430余种史料文献,精心编纂而成的一部比较完备的蜀诗选本。全书凡12卷,略据蜀中文学发展史而区分卷次:卷一为先秦至隋唐五代,卷二、卷三为宋元,卷四、卷五、卷六为明至清初(顺治朝),卷七至卷十二为清康乾至清末(辛亥前),共辑录从先秦到清末蜀中诗人2300余家、诗作近万首。

是书所录诗家,或为土生土长之蜀籍诗人,或为流寓外地之蜀籍诗人,然只要是咏蜀之作,必竭力搜罗;至于外籍诗家,其人流寓蜀中,或与蜀中有莫大关联,或其诗多为蜀中所作,或咏蜀之作甚为传诵,皆一一录之。另据廖氏自云,"其有科场、官场名称、职称者,固无论;即诸生、布衣乃至妇女、羽士等,只要其诗可珍,亦备录之",故"不限于有一定影响的一流诗家,更注目于江湖林薮二三流诗歌作者"。是不以大家为窠臼,而以诗作为准绳。书中所选诗作则"以状物写景,歌咏吾蜀山水、风物,反映生民疾苦、历史重大事件之作为主","只字必珍,微长必录,不徇爱憎之私,不持门户之见"。廖氏立足蜀中,苦心搜罗,以显微阐幽之意,汇总蜀诗人,精选蜀诗作,"俾历代菁华,咸网罗于一编之内"。

廖氏《蜀诗总集》编纂之前，已有《蜀诗》《全蜀诗汇》《国朝全蜀诗钞》等作，是书参阅前世之蜀诗专集、别集而综其大成，又旁采山经地志、稗史杂书以补辑散落，放眼全蜀，纵横数千年，其规模实远过于前此诗选之作，文献考订亦多有前人未到之处。而所载诗家二千余，自帝王名家，至布衣羽士，皆一一考其爵里生平，虽未详究本末，然搜罗爬梳，已属不易。每诗必标其出处，虽无卷次之详，然所据有本，诚为难得。故此书作为巴蜀乡邦文献的整理之作，其事甚巨，其功甚大，甚有功于学术，必将嘉惠士林，传于后世。

是书由天地出版社于2002年出版。（李冬梅）

5.《近代巴蜀诗钞》2册，《近代巴蜀诗钞》编委会编，杨析综、刘君惠主编

杨析综（1928~2007），四川大邑县人。四川大学肄业，1950年参加工作，历任广汉县县长、中共广汉县委书记、中共郫县县委书记、中共温江地委书记、中共四川省委副书记、四川省省长、中共河南省委书记、河南省第七届人大常委会主任等。是中共第十二、十三届中央委员，第六届全国人大代表。曾任四川省诗书画院院长、四川省诗词学会会长、四川省书法家协会顾问。兼擅诗书，诗词作品在《岷峨诗稿》多有发表。

刘君惠（1912~1999），名道龢，字君惠，号佩蘅，以字行，四川成都人。1937年毕业于四川大学中文系，毕生从事教育工作，曾先后在四川省立成都师范学校、四川大学、金陵大学、中国乡村建设学院、中国公学、南林文法学院、川北大学、四川师范学院（今四川师范大学）任教。曾从蜀中鸿儒赵熙问学，早年受章太炎学术思想影响甚巨，对哲学、文学、史学、语言学均有研究，著有《诸子学导论》《训诂学略例》《方言疏证续补》《庄子字义疏证》等。

近代巴蜀诗词，作为近代诗词的一个重要组成部分，除具有以爱国主义为主旋律的鲜明时代特色外，还具有其独特的地域特征。灵秀山川的滋润，前辈乡贤的激励，传统文化的熏陶，敏感心灵的颖悟，从总体上铸就了巴蜀诗歌博大昌明、清新自然、奇警峭拔、沉郁顿挫的风格。而争奇斗胜、自吐心声，又凸现出诗人们各自的面目。故论者咸以"唐神宋貌"目之，以为近代巴蜀诗词思深力厚，卓然自立于其时各诗派之外，是可谓风格特异，成就斐然。《近代巴蜀诗钞》即系以弘扬中华文化、保存巴蜀遗产为宗旨而收集、整理、编选、出版的一部近代巴蜀诗词选集。

是书凡上下两册，共收录近代巴蜀诗人203家、诗作5000首。其编纂体例是

以诗系人，诗人按生卒年先后排序，并附小传。生卒年无法考定者，依其生活大致年代，列于与之有关的亲属、朋友之侧。入选诗人，始于1840年鸦片战争后在世，止于2000年前去世之川籍（含重庆市）诗人（外省流寓者，以终老于蜀为限）。将时间下限定在2000年前去世，是因为编委会考虑到作者生卒年与历史时代划分不一定完全叠合，但入选之诗作所涉内容，则限定于1949年新中国成立前。入选诗词，要求符合编委会确定的思想性与艺术性统一，注意社会内容、兼顾风格多样，既不苛求前人、又重视正确的历史观和现代审美意识，不拘名气地位、以作品水平为根本标尺的四项编选原则。

其中入选诗人的作品，多者达到几十、上百首，少者仅几首。出现这样悬殊的差距，据是书《前言》称，有三方面的原因：一是作品质量、数量皆高，且诗集保存完整者，自然入选较多；二是现存诗作虽有一定数量，但质量参差不齐，然沙里淘金，亦有可观者，也适当择其佳作；三是生前诗名甚著，然身后诗稿无存，辗转从他处辑得一二者，因人存诗，较之湮没无闻，也算聊胜于无。

《近代巴蜀诗钞》始纂于1999年，历时6年完成，至2005年由巴蜀书社出版发行。（李冬梅）

6.《历代蜀词全辑》《历代蜀词全辑续编》，李谊辑校

李谊（1935～　），原名李根显，笔名晓里，重庆潼南人。1950年参加工作，1965年毕业于四川大学历史系。历任成都杜甫纪念馆负责人，四川省社会科学院文学研究所中国古典文学研究室主任，文学所副所长、所长和中国文学所支部书记等职。出版注释、集校中国古代诗词的著作多部，如《杜甫草堂诗注》《花间集注释》《韦庄集校注》《四川历代山水诗选注》《禅家寒山诗注》《历代蜀词全辑》《历代蜀词全辑续编》等。

蜀词在中国文学发展史上，历史悠久，源远流长，地位突出，影响巨大。李白被称为"百代词曲之祖"，第一部文人词总集《花间词》的作者多数为蜀人，苏轼更为宋词的发展开疆拓土，"指出了向上一路"。杨慎"陶情乎艳词，寄意乎声伎"，使隆、万以降文坛风气为之一变。如此等等，可知蜀中词人，代有其才，作品宏富，成就斐然，对词的产生及发展功不可没，在中国文学史上具有极其重要的地位。《历代蜀词全辑》即为力求把历代蜀籍词人作品全数辑录的一部词总集。

是书所录皆蜀籍词人作品，包括原籍为蜀而离蜀流寓者，祖籍为蜀而非生于蜀者，原非蜀籍而生于蜀者。其中亦有个别词人此书记载为蜀籍，而彼书

又谓其非蜀籍。全书近100万字，共收录上起唐代、下迄晚清蜀籍词人243家，并从500多种总集、全集、别集、类书、词话、词评、曲话、笔记、小说以及话本，及近代专家、学者有关词作专集或著作等文献资料中录载其词作5300多首。又正文前有历代名词藏书书影或拓本，还有马识途"写在前面"的序文、缪钺"《历代蜀词全辑》题记"以及《凡例》，列举是书所收录词作的标准和阅读方法。正文后有附录，为《词牌索引》及《引用书目》，以便读者查阅。

其编纂体例是按词人的出生先后次序排列，对不能确知其生年者，则参照登第、入官时间，以大体确定其先后。每位词人撰有简明扼要的小传，侧重介绍其生平事迹、作品特色、一生著述、今存词作等。对其作品除录原注外，不另做注释。所录词作的词牌，基本上以《钦定词谱》《词律》和词话、词史以及《词名索引》等书所载之词调为准。少数原作词牌有误，仍按原词录之，不做更改，只在词末注明。其中对于所录各词人的词作，词牌相同者，集中录出，第一首标明词牌，以下则用"其×"表示。作品断句基本上以韵为断，为求简便，除使用顿号、逗号和句号外，其他标点符号一律不用。

《历代蜀词全辑》收录了我国历代蜀词作品，按照朝代、作者的不同编辑成块，作者介绍在前，词作介绍在后，数量之多，前无有之，实为一部方便学人检索、查阅蜀词的工具书。对于其功用，正如作者所言编辑之目的，"是企图为古典文学研究工作者和广大读者提供一本较为完备的蜀籍词人总集，从而为研究工作带来一些方便和省却读者的翻检之劳"。故马识途、缪钺均对此书给予了较高的评价，如马氏称赞李谊"于浩如烟海的中国典籍中，精搜细求，钩沉辑佚，历时数载，编成《历代蜀词全辑》一书，此诚四川文学研究中一大劳作"。缪钺亦云"存乡邦之文献，供学者之研寻，甚盛事也"，"李君此书，搜集详赡，足供采获，其功亦良足纪也"。不过此书亦有美中不足之处，即对于收录的蜀人词作均未注明出处，这样就使读者在阅读中不便于追溯词作原始出典。

《历代蜀词全辑续编》，是李谊对《历代蜀词全辑》中未收蜀人或已收蜀人词作的补充。全书共辑录了180位蜀籍词人（内有53人的部分作品已在"全辑"中收录）的词作2950多首。其编纂方法是延续了《历代蜀词全辑》收录蜀人词作的准则，即体例、排列、校勘和作者小传等，皆与《历代蜀词全辑》相同。不过较《全辑》则增加了词作的原始出处，便于读者追本溯源。为了方便查找，书后仍附有《词牌索引》和《引用书目》，以供读者翻检。在《续编》前面，又有李谊《历代蜀词简论》一文作为《代前言》。

《历代蜀词全辑》于1992年由重庆出版社出版,至2007年再版。《续编》于1994年由重庆出版社出版,至2007年再版。(李冬梅)

7.《全宋文》360册,四川大学古籍整理研究所编,曾枣庄、刘琳主编

作为全国高校古籍整理研究工作委员会重点规划项目,《全宋文》由四川大学古籍整理研究所于1985年开始编纂,由所内曾枣庄、刘琳二位教授担任主编。曾枣庄(1937~),早年从事杜诗研究,著有《杜甫在四川》。后从事三苏及宋代文学研究,先后著有《苏洵评传》《苏轼评传》《苏辙评传》《苏辙年谱》《三苏传》《论西昆体》《宋文纪事》《苏诗汇评》《苏词汇评》《苏文汇评》《集部要籍概说》《苏轼研究史》《宋文通论》《文星璀璨:北宋嘉祐二年贡举考论》等。又主编《中国大百科全书·宋辽金文学部分》(修订版)、《中华大典·文学典·宋辽金元文学分典》。刘琳生平,见常璩《华阳国志》条。

《全宋文》是一部包含两宋320年间所有现存单篇散文、骈文、诗词以外的韵文的大型断代总集,更是迄今为止已经出版的规模最大的文学总集。全书分辞赋、诏令、奏议、公牍、书启、赠序、序跋、论说、杂记、箴铭、颂赞、传状、碑志、哀祭、祈谢、其它16个大类,共8345卷,收文17万余篇,分装360册,总字数逾1亿,涉及宋代作家9000多位。其内容遍及文学、艺术、历史、哲学、政治、宗教、经济、教育、科技、军事、法律制度等各个方面。卷前有缪钺《序》以及《前言》《编纂凡例》《总目》,卷后附录有曾枣庄《论〈全宋文〉的文体分类及其编序》以及《作家字号综合索引》。

《全宋文》的编纂大旨,是在于收罗某一历史阶段所有现存的单篇文章,按一定的体例加以整理编纂,从而为学术研究者和广大读者提供查找、阅读与研究的方便。其编纂体例,系以文从人,按作者生年或大约生年为次,不过首以宋太祖赵匡胤,以其为宋王朝开始的标志。正文先有作者小传,注明资料出处。作者之文,按分类体系编排而不标文体名称,同类作品按时间先后为叙次,各篇文章之末,皆注明见某书某卷,或再见数十见,亦备细注明,以待覆检。文字有脱误衍倒者,又以"校记"附于篇末。

《全宋文》所收的17万余篇文章,有不少资料是首次公开发表,有95%的作家在此以前未被编入过专集。它的编纂和出版,对于完善宋代的学术、文学文献、填补宋代文化的研究空白、推动传统文化的研究,都具有重大意义。其史学性、学术性、丰富性、全面性皆是空前的,堪称"是我国近几十年来在古代文化积累和古籍整理方面最重要的成果之一",是"当代古籍整理的重要里程碑"。

因此，学界给予极高评价。如邓广铭生前说："出版《全宋文》这件工作非常重要，但又非常艰巨，而意义非常之大。《全宋文》不但同中国文学史有关，同中国历史有关，而且对中国的精神文明建设关系非常巨大。"任继愈说："《全宋文》很有用处，这么大的书，不只为查阅，还为研究，此书对研究大有好处。"王水照题辞道："新宋学文献渊薮，天水朝词翰宝库。"朱瑞熙说："有史以来第一部大型宋人文献总集，有很高的文献价值，足资嘉惠后学。"

是书由巴蜀书社于1988～1994年陆续出版了前50册。至2006年，历经多年之后，《全宋文》才由上海辞书出版社和安徽教育出版社联合全部出版。这可以说是目前国内规模最大的古籍整理出版工程之一，也是《全宋文》最全的版本。（李冬梅）

8.《成都竹枝词》5卷，林孔翼辑录

林孔翼，成都人。当代学者，与著名古代文学专家任半塘、文献学专家沙铭璞等学人相熟。著有《益州名画录注》《成都竹枝词》《四川竹枝词》（与沙铭璞合编）等。

竹枝词是产生于四川东部的一种与音乐、舞蹈结合在一起的中国古典民歌，后得中唐诗人刘禹锡的倡导而大盛于世，流传到全国，千百年来，至今不衰。"竹枝"七言四句的形式，与其他格律严谨的诗体不同，它格调清新、语言通俗、节奏轻快，主要歌咏男女恋情、民俗风情、历史传说。特别是迁客流人参与创作后，题材更加广泛，格调更加多样，地方色彩也更加浓郁，成为生动反映社会面貌，甚至民间疾苦的重要文学形式。传世的竹枝词非常丰富，例如元代诗人杨维祯《西湖竹枝词》、嘉庆年间杨燮《锦城竹枝词》、定晋岩樵叟《成都竹枝词》等。

是书系辑录清代中期以来各界作者所撰成都竹枝词之总集，作为成都《龙门阵》杂志社的"龙门阵丛书"，由卷首文字、正文、附录三部分组成。卷首文字有《出版说明》、任半塘所撰之《序》《凡例》、任半塘《竹枝考》。据《出版说明》，是书收录了1938年前凡见于元、明、清以及近代专辑、诗文集、成都地方报刊之竹枝词。任半塘《序》《竹枝考》则简要指出了竹枝词源流变迁。《凡例》8条，说明了是书所辑的来源、版本以及编辑原则等。

正文共分为5卷，共收录1600首竹枝词，全部根据时代先后排列。卷一为清人专辑，收录有《锦城竹枝词百首》《成都竹枝词》《成都竹枝词九十五首》《成都年景竹枝词》。卷二为近人专辑，收录有《锦城竹枝词百咏》《成都青羊宫花市竹枝词三十首》《续青羊宫花市竹枝词七十首》《成都竹枝词》《成都竹枝词（补佚）》《新生活竹枝词》《新式美人竹枝词》《姑姑筵竹枝词（有序）》。卷三为散见于元、明、清及近人诗文集中的竹枝词，收录有《竹枝歌十首（录三首）》《竹枝词（录五首）》《锦江竹枝词》《锦城竹枝词四首》《蜀中新年竹枝词（有序）》《锦城新年竹枝词十四首》《药王庙竹枝词》《锦城元夜竹枝词》《花会竹枝词十二首》《下里词送杨使君之蜀（录十四首）》《乙卯（1915）端阳竹枝词》《丁巳（1917）成都纪乱竹枝词》《青羊宫花会竹枝词》《辛亥（1911）竹枝词》《记壬申年（1932）古历十月二十三日成都巷战竹枝词》《蜀游百绝句并序》等。卷四为散见于成都地方报刊之竹枝词，收录有《成都月市竹枝词二十四首》《成都花会竹枝词》《嘲新秀才竹枝词》《成都女闾竹枝词》《成都少城公园竹枝词》《社会怪象竹枝词》《春熙路竹枝词》《锦江花朝竹枝词四十首（附补佚）》《七夕竹枝词四首戊辰作（1928）》《双十节竹枝词》《成都竹枝词（辛未，1931）》《锦城近况竹枝词》《见剪发著旗袍裙者竹枝词》《新式结婚竹枝词四首》《放生会竹枝词二首》《成都少城公园竹枝词》《正月十六日游百病竹枝词》《城隍会竹枝词》《团阀黑幕竹枝词》《春游竹枝词》《新女界竹枝词》等。卷五为佚名作者专辑，收录有《成都竹枝新咏十首》《辛亥（1911）成都罢市竹枝词》《辛亥（1911）十月十八日成都遭变竹枝词》《戏园竹枝词》《蓉城竹枝十六首》《蓉城新竹枝词》《癸丑（1913）国庆竹枝词十二首》《锦城国庆竹枝词》《戊午（1918）花会竹枝词》《丁巳（1917）成都四月初八日放生会竹枝词》《庚申（1920）劝业会竹枝词》《花市竹枝词》《四月八日放生会竹枝词》《成都花会竹枝词》《壬戌（1922）花会竹枝词》《癸亥（1923）华阳难民竹枝词》《双流匪灾竹枝词（十首）》等。

卷末有五个附录、补佚及跋。五个附录系原文照录原来各竹枝词专辑的序言，如杨燮《锦城竹枝词百首》的序言，以及阅读竹枝词的《书后》。补佚篇则补充了四川师范大学杜道生补充的民国成都竹枝词1首。书末有何韫若跋，介绍了本书的辑录者和成书过程。

本书继承了中国总集"以人系诗""以诗存史"的传统，对所收作者都撰有小传（除卷五佚名外），说明其生平和事迹，便于读者知人论世。由于是书按时代排列所有作品，读者从中可以清晰地把握从唐宋元明以迄民国时期成都竹枝词的发展脉络，也可以从中了解成都生动的风俗文化的演变和发展。四川本是竹枝词的发祥地和主要流行区域，而成都地区的竹枝词更是独具一格，在歌咏民俗风情，以及诗歌的表现手法上，都显著区别于其他地区，它为世人留下了一幅幅民俗风情画卷，是成都文化的资料宝库，也是成都历史的见证。是书收录了1938年前凡见于元、明、清以及近代专辑、诗文集、成都地方报刊之竹枝词，1982年出版时被誉为当时"辑录最为详备的成都竹枝词总集"。因而为我们留下了了解和研究成都风土人情，特别是由元到近现代600年间成都的历史变迁、社会文化、风俗习惯和人文地理等的生动史料。尤其是书中收录了不少描述清代至抗战前夕皮影戏、川剧发展的作品，为研究皮影戏、川剧等特殊艺术提供了十分真实的珍贵史料。

是书由四川人民出版社于1982年出版，1986年出版增订本。（刘波）

9．《竹枝成都：本土文化的经典记忆》，谭继和主编

谭继和有《巴蜀文化辩思集》，前已著录。

是书共收录2071首竹枝词，其中所收资料，大部分辑自林孔翼《成都竹枝词》（增订本），亦有辑自雷梦水等主编《中华竹枝词》（北京古籍出版社1997年版）的资料，以及辑自地方志书和个人著作中的资料，如清人王培荀的《听雨楼随笔》，今人何韫若的《锦城旧事竹枝词》（中国三峡出版社2000年版）等。所涉时代，上推至唐代，下延到1949年，个别延到2000年，所涉地域为现今成都市所辖的各区、市、县。

在编排体例上，此书所收作品除按时代顺序分成几个大的时段外，还在同一时段中按事类分别系连各类作品，年经事纬，经纬交织，纂组成文，主题分明。与一般辑本不同，本书编纂重点在于分类导读。编者采取文化学分类解读方式，梳理文脉，连贯古今，解读语境，有城市文化的总叙，有竹枝词文化的定位解读，各类属之前或主要词作之后有导读赏析。这种体例有利于把握总体脉络，又不失亮点光彩。而且，此书保留原作者原注并新增注释共1700多条，4万余字，旨在讲清所涉人、事、物、境，以及方言俚语、生僻文字等。

是书由四川人民出版社于2008年出版。（李冬梅、刘波）

10．《宋代蜀诗辑存》，许吟雪、许孟青编撰

许吟雪、许孟青，四川成都人，分别为四川大学宗教所《宗教学研究》编辑、四川大学图书馆副研究馆员。姐妹二人以其父许肇鼎《宋代蜀人著作存佚录》为线索，仿傅增湘《宋代蜀文辑存》之例，辑成《宋代蜀诗辑存》。

《宋代蜀诗辑存》为宋代蜀人集外佚诗汇编之集，旨在保存宋代蜀人诗作。

全书凡1册，约48万字，共收作者636人，诗作3000余首。又书前有周裕锴《序》及本书《凡例》，述其编著大旨、体例。书后有《主要参考书目》及《人名笔画索引》，便于读者查阅及检索。其编著体例是以人属地，以诗系人。全书按作者籍贯分县排列，同县作者以生年、登第年为序，凡生卒年不可考者列于后。全书分县以成都市、新都县（新都区）、双流县（华阳）等居首，以涪陵区、丰都县、云阳县、彭水县居末；其籍贯不明者及存疑者，则附于篇后。

书中收录诗人自宋太祖时起，至宋末入元之蜀人及籍贯为蜀而在外做官之人，其中在蜀做官的外籍人不予收录。所收诗人，有史料可查者均列有小传，内容包括生卒年代、字号、科第、主要仕履、封赠、著述、交游及时人之评语等。收录诗作，为宋代蜀人集外之佚诗，例以古、近、杂体、民歌、谣谚，并标明出处。编排系先编全诗，后编零句，五言在前，七言在后。并对所收诗歌及序等断句、标点，对诗中涉及的地名、人名以及疑问、错讹等作注。

全书博采群籍，考订复核，将宋代蜀人集外佚诗汇此一编，内容丰富，资料翔实，颇便巴蜀文化及宋诗的研究。故周裕锴《序》略述其编著大旨并评价此书云："宋之蜀诗，虽已见于《全宋诗》，然其编排以时为序，难睹地域之貌，且搜罗未周，颇有缺失。""今有许孟青、许吟雪二女士，遵乃父之嘱托，效傅氏之遗意，焚膏继晷，费时累年，编成《宋代蜀诗辑存》一帙。其书检索各类文献资料数百种，尤以方志为详，且比勘多种版本，校订周详。凡收作者若干人，收诗若干首，虽吉光片羽，在所网罗；沧海遗珠，莫得隐遁。于蚊雷蛙鼓之中，庶几可辨秋鹤之唳、大雅之音，而知宋代西蜀文豪辈出，盖有自矣。今之治巴蜀文化及宋诗者，得此一编，当获益匪浅。"

《宋代蜀诗辑存》于2000年由四川大学出版社出版。（李冬梅）

11. 《宋集珍本丛刊》108册，舒大刚主编，吴洪泽、尹波、陈建华副主编

舒大刚有《儒学文献通论》，前已著录。

《宋集珍本丛刊》是一套以保存和流通"宋学"文献珍稀版本为宗旨的专题丛书，是迄今搜罗最全的断代文集善本丛刊，为四川大学古籍整理研究所从事《全宋文》《儒藏》编纂和研究的系列成果之一。

《丛刊》共选书405种，凡10000余卷，堪称"宋集万卷精华"。其选目原则是，以宋人别集为主，兼及部分总集；以善本为主，兼及名家批校；以稀见难得为主，凡已常见，原则上不再收录（如系同一版本而经名人收藏和批校者除外）；同种书首选宋刻、元刊，次及明版、清本；宋、元版从宽，明、清本

则从严；宋、元本只要是不同版别，一律予以收录，同一种书，不避重复；明、清版本，一般是在没有宋、元本情况下，才酌予收录；其或宋、元刊本有残缺，明、清本可以补足，亦予收录；或宋、元本与明、清本为不同系统者，亦同时收录；或有清人精校精刻，或经名家收藏题跋，可为研究者提供版本信息和著录数据者，《丛刊》亦酌予收录。

《丛刊》对入选珍本善本，从版本学、目录学的角度进行了必要的考订和研究，或历考载籍，广稽书目；或细审版式，辨析藏印，探讨其版本源流，估评其学术价值，其于入选珍本内容之善否，版本之长短，又据一二常见之本与之比对，以定其去取。所载每书皆撰有简明《提要》，以考作者之生平，述著作之要貌，寻编刻之轨迹，论众本之优劣。仿《四库全书》例，各书《提要》先随书冠于各集之首，使学人开卷即知该人该书之要貌，而得寻源溯流之指南，然后又将各书《提要》汇成一集，置于丛书之末，用以集中体现宋代文集善本珍本之全貌。

《丛刊》采用计算机技术，对入选各书进行保真处理。首先将入选善本用高保真扫描仪进行扫描，储入计算机。再采取脱色、去污、修描等方法，对扫描数据进行适当修描，以不失真、不出错为度。为了在有限的篇幅内给读者提供尽可能多的善本数据，《丛刊》又将原书尺寸进行了适当缩放，制定四拼一版式，统一排版制作。在16开页面上，以上下栏方式，包容了古书4个页面，既整齐美观，又经济实惠。

《丛刊》采用精装形式，每册800页左右，共分装107册。每册皆编制本册收书目录，注明书名、卷帙、作者及版本，让人一望而知文献版本及其出处。另有《珍本丛刊书目提要》和书目提要、书名、作者笔画索引，合装1册，编为第108册。《宋集珍本丛刊》将宋集原版进行整理、影印，不仅反映了宋代文集的原始面貌和成就，而且也为学术界提供了丰富宝贵文献资料，为学人从事专题研究提供了便利。

是书于2004年由北京线装书局出版。（李冬梅）

结　语

　　巴蜀文化，源远流长，它是古代长江文化的源头，与齐鲁文化、河洛文化、吴越文化、荆楚文化等区域文化同为祖国文化宝库中重要的组成部分之一；记载这些文化现象和学术成就的文献，自然也是中华文化宝库的重要内容。回顾巴蜀学术文化的历史，研究和整理巴蜀文化的载体——巴蜀文献，对全面地认识巴蜀、研究巴蜀，推动《巴蜀全书》编纂，甚至振兴当代巴蜀的文化，具有不可或缺的意义和价值。

　　四川是文化大省，也是文献富省，作为巴蜀文化的载体，历代学人为我们留下了汗牛充栋、丰富多彩的巴蜀文献。宋人晁公武《郡斋读书志》介绍图书24600卷，大半得之于巴蜀。明代曹学佺撰《蜀中著作记》10卷（又收入《蜀中广记》卷九一至一〇〇），对巴蜀文献首次进行了专门著录。清嘉庆修《四川通志》，亦设《经籍志》（卷一八三至一八八），按四部43类著录巴蜀文献2933种。晚清尊经书院生员吴福连《拟四川艺文志》，又按刘歆《七略》（班固《汉书·艺文志》）六分法，点评巴蜀文献1573部。近时许肇鼎《宋代蜀人著述存佚录》（考得宋代巴蜀文献2500余种，其修订本又增1000余种）、王晓波《清代蜀人著述总目》（考得清代巴蜀文献2400余部），二书对巴蜀文献两个鼎盛时期宋代和清代，进行了专门考述。在这些著录和研究基础上，我们对巴蜀文献再次进行深入调查，初步可以判定将比上述数据增加1/3，巴蜀历代文献总计大致在10000种左右。

　　综观巴蜀文献的发展演变史，我们可以得出以下几点印象：

　　一是学术与世运相浮沉，而文献又与学术共盛衰。世运昌则学术盛，学术昌盛则文献繁富。通过上述对巴蜀学术发展史的简要回顾，我们不难发现巴蜀历代学术呈现出曲折发展的过程：先秦萌芽、两汉初盛、魏晋南北朝中衰、隋唐复盛、两宋极盛、元代再衰、明代由盛而衰、清代复苏、近代复昌的状况。巴蜀文献和文献学的发展历程，也大致与这一情况相吻合。

如先秦时期，蜀学尚在孕育中，由于巴蜀古文字所记载的文献目前未能成批发现并成功解读，我们所谈的先秦巴蜀文献只能是用汉语记录的文献。此类文献的作者，或为迁入巴蜀的外籍人士（如苌弘、尸佼），或为迁入中原的巴蜀名贤（如大禹、涂山氏、尹吉甫）。真正由巴蜀人士写于巴蜀的，可能只有《山海经》（《海内经》等篇）、《臣君子》等，其体例和内容都还处于萌芽状态，它们作为一种文献或文体，还有待于后世的加工和提炼。如周公、召公继承"南音"而成《周南》《召南》，屈原继承"南音"而有《离骚》等篇章；汉人收集整理海内经、海外经、山经之类文献，然后形成了《山海经》一书。

秦并巴蜀后，巴蜀文化独立发展的进程被强行中断，巴蜀迅速融入祖国文化大家庭之中；秦朝（包括前期的秦国）和随后的汉朝大量流人迁客进入巴蜀，大大促进了巴蜀的华夏化（或"染秦化""汉化"）。大约在汉文帝前期，胡安已经在邛州"居白鹤山传经"[①]，司马相如就曾经从他学《易》[②]；景帝时期，司马相如以文章知名，为武骑常侍，又游梁国，得与东南诸侯游士交往，以文赋壮天下。这些都是文翁办石室以前的事情[③]，说明巴蜀"染秦化"和"汉化"较早，不过当时经学之传虽有其人，这些现象还属个别，并不普遍。及景帝末年文翁开办石室，传授儒家"七经"，促成了"蜀学"的正式诞生，用汉文写就的文献大量涌现出来。大概此时即有经学文献出现，如张

---

① 祝穆《方舆胜览》卷五六云："白鹤山在［邛州］城西八里。常璩曰：临邛名山曰四明，亦曰群羊，即今白鹤也。汉胡安尝于山中乘白鹤仙去，弟子即其处为白鹤台。"又引魏了翁《营造记》曰："州之西直冶城十里所，有山曰白鹤。……故为浮屠之宫。自隋唐迄今，庵院凡十四所。远有胡安先生授《易》之洞，近有常公谏议读书之庵。"
② 曹学佺《蜀中广记》卷一三引陈寿《益都耆旧传》曰："胡安，临邛人。聚徒于白鹤山，司马相如从之受经。"又卷七四"白鹤山"云："司马相如从胡安先生授《易》于此。"
③ 详参徐仁甫：《司马相如与文翁先后辨》，载《四川日报》1959年6月21日；蒙文通：《巴蜀史的问题》，《蒙文通文集》第二卷《古族甄微》，巴蜀书社1993年版。

宽撰《春秋章句》，这也许是汉人治《春秋》第一书①。至如严遵撰《老子指归》，扬雄撰《太玄》《法言》《方言》，杨终撰《哀牢夷传》（收入《后汉书》），皆成为传世之作。

自汉以来，巴蜀民智大开；迄于晋唐，"蜀学"不替。渊、云（王褒、扬雄）辞赋，陈、常（陈寿、常璩）史学，蜀才（范长生）《易传》，卫嵩《元包》，赵蕤《长短》，陈、李（陈子昂、李白）诗歌，皆驰名当代，为世师表，巴蜀文献之富，蔚为大观，蜀人的经学著作时载于史，巴蜀地理文献、史学文献、佛道文献、文学作品，也见称于时。

及乎五代、两宋，蜀中相对安定，蜀学再度复兴。"蜀石经"的刊刻，十三经、《文选》的雕印，以及北宋三苏（洵、轼、辙）的文学，南宋二李（心传、焘）的史学，皆居全国前列。这一时期产生了卷帙浩繁的"三苏文集"、《两苏经解》《建炎以来系年要录》《建炎以来朝野杂记》《续资治通鉴长编》等旷世文献。宋末以及明末清初的战乱，造成学术低迷，虽然也有虞集、杨慎、彭端淑、李调元、张问陶等人杰出其间，但"蜀学"在汉唐两宋领袖群雄的气象已经风光不再，文献特别是开创性的文献也相对稀少。经过清代260余年的积累，至晚清"蜀学"才又有所复苏，巴蜀文献也才进入第三个繁盛时期。

二是文献保存与科学技术成正比，技术特别是印刷技术的发明和改进，在文献普及流通的同时，无疑也有利于文献的产生和保存。两汉，作为"蜀学"的第一个高峰期，必然产生过大量文献典籍，可惜由于当时印刷无术，传播有限，又因时代久远，留存者鲜，故其具体实情已难详考矣。汉唐时期"蜀学"在诸多领域颇有创新，实居全国领先地位，但据嘉庆《四川通志》所录，仅有经学著作50种、史学著作47种、子学著作127种、集部文献35种，显然与当时"蜀学"繁盛的历史极不相称，这也是由于印刷未能广泛运用造成的。

印刷术的发明、改进和推广，大大推动了巴蜀文献的传播和保存。唐文宗太和九年（835），东川节度使冯宿奏："剑南两川及淮南道，皆以版印历日鬻

---

① 按，汉初《春秋》之传有左氏、公羊、穀梁、邹氏、夹氏（未有书），皆先秦旧传。汉人之著《春秋章句》，实自张宽（字叔文）始。《华阳国志》卷三云："武帝皆征之，（张）叔明天文灾异，始作《春秋章句》。"《汉书·艺文志》著录《春秋》章句，有《公羊章句》38篇，已佚，不知何人所作；《穀梁章句》33篇，沈钦韩《汉书疏证》引范宁《序》徐彦《疏》云："尹更始，则汉时始为章句者也。"已在宣帝以后。颇疑《汉书·艺文志》所列《公羊章句》即张宽所作。

于市。每岁司天台未奏颁下新历，其印历已满天下。"①奏书称"每岁"，知非一岁，亦非仅在近年；"印历满天下"，表明其时成都的印刷技术已经很成熟，印刷品传播很广了。据今所考，在此后的唐懿宗咸通九年（868）、唐僖宗中和二年（882）、中和三年（883），成都皆有与印刷有关的事情发生。雕版印刷术的发明和应用，无疑大大提高了图书的传播速度，也大大增加了图书的保存概率。史称"学者无笔札之劳，获睹古人全书"②；苏轼说："余犹及见老儒先生，自言其少时，欲求《史记》《汉书》而不可得，幸而得之，皆手自书，日夜诵读，惟恐不及。近岁市人转相摹刻诸子百家之书，日传万纸，学者之于书，多且易致如此。"③清儒钱大昕也说："唐以前图书皆出钞写，五代④始有印板，至宋而公私板本流布海内。自国子监、秘阁刊校外，则有浙本、蜀本、闽本、江西本，或学官详校，或书坊私刊，士大夫往往以插架相夸。"⑤因此进入宋代后，巴蜀文献就陡然增多起来，嘉庆《四川通志》载有宋一代即著录各类文献1005种，许肇鼎又增补了1500余种（其修订本又增1000余种），这既与蜀学再次复兴有关，也与印刷术在成都发明并广泛应用有关。由于印刷技术的改进，即或是在巴蜀学术并不十分出众的元、明和清初，也有不少巴蜀文献见诸著录，如《四川通志》著录元代85种、明代807种、清初601种，这些文献之见于录，都是由于印刷技术改进之故。

三是巴蜀文献种类繁多，内容丰富。巴蜀文献四部皆有，品类齐全，这就为我们研究巴蜀历史文化提供了非常广博的资料。根据《四库全书总目》所分的四部44类，在《四川通志》"经籍志"中都能见到巴蜀人士的撰述，这些都可为我们今天研究"蜀学"以及巴蜀历史文化采用。如我们要研究巴蜀的上古史，就有《山海经》《蜀王本纪》（辑）和《华阳国志》等文献；要研究巴蜀地区的地理、风俗、物产等，则有《蜀水经》《蜀水考》以及历代所撰四川《总志》《通志》和各府州县志，甚至还有多种山川志（如《峨眉山志》《青城山志》《嘉陵江志》等）和游记（如《入蜀记》《吴船录》《秦蜀驿程记》等）。要研究秦统一后的巴蜀历史文化，除了《华阳国志》外，还有《蜀梼

---

① （宋）王钦若等：《册府元龟》卷一六〇。
② 《宋史·艺文志》。
③ （宋）苏轼：《李氏山房藏书记》，《苏轼文集》卷一一。
④ 按，当为唐代。
⑤ （清）钱大昕：《补元史艺文志序》，《二十五史补编》第6册，中华书局1998年版。

杌》《蜀中广记》《蜀典》《蜀故》《蜀都碎事》等，其中特别是《蜀中广记》收集文献相当丰富，内容十分广博。

又如果我们要考察"蜀学"发展史，既有《蜀学编》《四川儒林文苑传》《拟四川艺文志》等综合性著述，又有各位蜀学大家所撰的学术专著：如"易学"有汉扬雄《太玄》，晋蜀才《易传》，北周卫元嵩《元包》，唐李鼎祚《周易集解》，宋苏洵苏轼《苏氏易传》、张俊《紫岩易传》、张栻《南轩易说》、魏了翁《周易集义》《周易要义》、房审权《周易义海》（今传《周易义海撮要》）、李心传《丙子学易编》，元黄泽《易学滥觞》、王申子《大易缉说》、赵采《周易程朱传义折衷》，明来知德《周易集注》、熊过《周易象旨决录》，清李调元《易古文》、刘沅《周易恒解》。宋人程颐赞"易学在蜀"，并非虚语。

"史学"则有晋陈寿《三国志》、常璩《华阳国志》、谯周《古史考》（辑本），宋苏辙《古史》、范祖禹《唐鉴》（并助司马光修《资治通鉴》）、李焘《续资治通鉴长编》、王称《东都事略》、李心传《建炎以来系年要录》《建炎以来朝野杂记》、杨仲良《续资治通鉴纪事本末》，故刘咸炘有曰"唐后史学莫隆于蜀"。

"文学"则如"汉赋三大家"（司马相如、王褒、扬雄）、唐诗二杰（陈子昂、李白）的诗赋，后蜀赵崇祚的《花间集》，宋"三苏"父子的文章，元邓文原、虞集、杨载的诗词，明杨慎《丹铅》诸录及文集，清彭端淑、李调元、张问陶与乎近世郭沫若、巴金、吴芳吉、李劼人等人的作品。

至于"子学"，则有严遵《道德指归》、扬雄《法言》、赵蕤《长短经》、苏辙《老子解》、唐甄《潜书》，以及近世伍非百、庞石帚、王利器、吴毓江、杨明照等人所撰诸子文献的校注；宗教则有张道陵《老子想尔注》、李荣《老子解》、彭晓《参同契注》、宗密《华严经疏》及《禅源诸诠集都序》、释绍叟《五家正宗赞》、释性统《续灯正统》、释通醉《锦江禅灯》；民族则有樊绰《蛮书》、来保《平定金川方略》、阿桂《平定两金川方略》、赵翼《平定两金川述略》、李心衡《金川琐记》。凡此等等，真是应有尽有，无不毕载毕书，它们无疑是巴蜀历史文化研究的资料渊海。

四是巴蜀文献开创性和总结性都很强，在种类繁多的文献中，有开历史先河，成一代典范者；有会古今成果，成一代总录者。如严遵《道德指归》首开以《易》释老、以儒阐道之先河；扬雄《太玄》《法言》，肇开拟圣仿经之先例；常璩《华阳国志》，以系统的体例、平实的笔调，树立了历史、地理、人物三结合方志典范；赵崇祚《花间集》、苏轼《东坡乐府》，则创立了宋词婉约、豪放二派的词格；昝殷《经效产宝》《食医心鉴》，王灼《糖霜谱》，唐慎微《证类本草》，各领妇科学、食疗学、制糖业、方剂学各门之先声。至于扬雄《方言》之开辟方言研究新领域，杜大珪《名臣碑传琬琰集》之开碑传新史体，魏了翁《九经要义》之开辟"经抄"新体裁等，皆蜀人树之风声、成其典范，然后再在全国得到推广和弘扬。

加强对这些文化成果的收集、整理、研究和出版，挖掘其中的思想内涵、科技发明、生产经验等，是保存文明成果、传承历史文化的需要，也是实现古为今用、重建当代文明的需要。而对巴蜀文献进行文献学、史料学方法的清理和认识，则是实现上述任务的基础性工作。因此，我们不厌其烦地将巴蜀文献的相关问题再次缕述如上，以供读者雅鉴。

其有未善，识者教焉。

后　记

　　《巴蜀文化通史·文献要览卷》是巴蜀文献源流和巴蜀史史料学的初步探索。全书由舒大刚拟订体例、提出选目和样稿，并经《巴蜀文化通史》学术委员会审查通过后，方始分工实施写作。其写作任务，主要由下列同志承担：

　　一、前言、第一章"概论"、第二至第五章各章"概述"及第二章第一至第九节各节"小序"、结语：舒大刚；

　　二、第二章第十节"小序"、第六章"概论"：李冬梅；

　　三、提要撰稿人（括注所撰条目数）：李冬梅（266）、潘斌（67）、邹艳（51）、舒大刚（38）、李东峰（35）、郑伟（27）、董涛（26）、舒星（23）、刘平中（17）、钟雅琼（14）、于孟洲（13）、向娜依（13）、李晓宇（8）、唐新梅（5）、张尚英（4）、彭华（3）、金生杨（3）、杨世文（2）、吴洪泽（1）、吴孟珍（1）、廖永林（1）、杨燕萍（1）（以上四川大学）王川（28）、颜信（13）、王雨巧（4）、刘波（3）、黄修明（2）（以上四川师范大学）。

　　本稿在撰写过程中，吸收并直接采纳了前辈和时贤的许多研究成果，我们在行文中尽量予以注明；但因本书兼有目录书和工具书双重性质，篇幅所限，对所引资料未能一一注明原始出处，识者谅焉。本稿的撰写得到学术委员会审稿专家的诸多帮助，他们对初稿提出了非常中肯的修改意见。为保证质量、统一体例，我们特别聘请刘琳、李文泽、邱进之三位教授对全稿进行了认真审读。李冬梅博士帮助我对全稿做了统改和修订，以其用功特多，贡献独大。本所科研助理刘慧敏、研究生尤潇潇逐一审核了全书引文及版本，匡正补阙不少。

对于以上诸位先生的帮助,一并在此致以衷心感谢!

舒大刚
2010年8月1日初稿
2012年10月15日修订
2016年7月定稿于贵阳孔学堂

图书在版编目（CIP数据）

巴蜀文化通史.文献要览卷：共二册/章玉钧,谭继和主编；舒大刚等著.--成都：四川人民出版社，2021.12

ISBN 978-7-220-10563-0

Ⅰ.①巴… Ⅱ.①章… ②谭… ③舒… Ⅲ.①文化史—四川 Ⅳ.①K297.1

中国版本图书馆CIP数据核字（2017）第280113号

BASHU WENHUA TONGSHI
WENXIAN YAOLAN JUAN

巴蜀文化通史 文献要览卷（共二册）

舒大刚　李冬梅等　著

出 品 人	黄立新
项目统筹	谢 雪　董 玲　谢 寒
责任编辑	章 涛　段瑞清
封面设计	张 科
装帧设计	经典记忆　戴雨虹
责任校对	吴 玥
责任印制	祝 健
出版发行	四川人民出版社（成都三色路238号）
网　　址	http://www.scpph.com
E-mail	scrmcbs@sina.com
新浪微博	@四川人民出版社
微信公众号	四川人民出版社
发行部业务电话	（028）86361653　86361656
防盗版举报电话	（028）86361653
制　　版	四川胜翔数码印务设计有限公司
印　　刷	成都东江印务有限公司
成品尺寸	180mm×260mm
插　　页	14
印　　张	58
字　　数	1033千
版　　次	2021年12月第1版
印　　次	2021年12月第1次印刷
书　　号	ISBN 978-7-220-10563-0
定　　价	248.00元（共二册）

■版权所有·侵权必究

本书若出现印装质量问题，请与我社发行部联系调换
电话：（028）86361656

巴蜀文化通史

百〇四歲叟 馬識途

《巴蜀文化通史》学术委员会

章玉钧　隗瀛涛　李绍明　林　向　胡昭曦　贾大泉
谭继和　万本根　陈玉屏　罗　鸣　沈伯俊　彭邦本

主　编
章玉钧　谭继和

副主编
罗　鸣　彭邦本

编辑部
主　任　侯水平　向宝云
副主任　万本根　李　庆

"十二五"国家重点图书出版规划项目
四川建设西部文化强省重点项目

章玉钧 谭继和 主编

巴蜀文化通史
文献要览 卷【一】

舒大刚 李冬梅等 著

四川人民出版社

编者的话

巴蜀文化通史

编者的话

《巴蜀文化通史》编撰工程是中共四川省委批准、省委宣传部直接组织和领导，由四川省繁荣发展哲学社会科学协调小组立项、四川省社会科学院牵头的四川省西部文化强省建设重点支持项目，也是"十二五"国家重点图书出版物出版专项规划及国家出版基金（2016年度）资助项目。一直关心四川文化传承创新的省老领导杨超、杨析综、何郝炬、冯元蔚、廖伯康、聂荣贵、李永寿等同志率先向省委、省政府倡议启动编撰工作。在编撰研究过程中，得到了陶武先、柯尊平、王少雄、甘霖等历届省领导的大力支持和亲切指导，我们谨致衷心的敬意和感谢。

本书编撰委员会于2006年设立，编撰工作由此启动，至2020年全面完稿，历时十五年。编撰委员会名誉主任陶武先，主任王少雄、柯尊平，副主任殷建中、贾松青、侯水平、隗瀛涛、李绍明；顾问蔡美彪、李学勤、张海鹏；编委会成员有章玉钧、林向、胡昭曦、贾大泉、谭继和、万本根、陈玉屏、罗鸣、沈伯俊、彭邦本、向宝云、王素、舒大刚、邓经武、赵振铎、龙晦、龙显昭、刘平斋、吴野、钱来忠、曹顺庆、陈德述、任新建、李明泉、张忠仁、王毅、王庭科、冉光荣、杜肯堂、李学明、孙锦泉、陈廷湘、刘复生、佘正松、李健、李刚、李诚、江玉祥、江章华、蒋维明、季富政、高大伦、段志洪、侯德础、谢元鲁、甘绍成、张明富、张凤琦等。编委中，有些作为学术委员会成员，自始至终参与本书研讨和审定；有的承担了分卷的撰著；有的在本书酝酿和编撰的相关会议上提供了不少宝贵意见；有的应邀对有关书稿审阅并提出有益的建议。总而言之，编委们都为本书编撰出版做出了各自的贡献。另还专门请宗性（中国佛学院）审读了《宗教文化卷》。

编撰工作具体依托四川省社会科学院进行，院历届领导贾松青、侯水平、李后强、向宝云、高中伟等都给予大力支持、督促和帮助，多次召开院党委或院办公会议，听取编辑部汇报，决定有关事项并检查落实。编辑部成员张彦、彭东焕、印国玲在具体组织协调、制订规范规则、联系作者、学术讨论记录（含录音）、编写简报等方面做了大量工作。

《巴蜀文化通史》是集思聚智的学术成果，撰著参与者及分工情况详见于各卷后记。以下谨按卷次列出主要撰著者名单，共同见证这部著作的出版：

《通论卷》	谭继和著
《农业与水利文化卷》	彭邦本编著
《工商文化卷》	张学君著
《城市文化卷》	何一民等著
《建筑文化卷》	庄裕光著
《交通文化卷》	蓝勇等著
《民族文化卷》	赵心愚、杨铭等著
《宗族与会社卷》	张力著
《移民文化卷》	陈世松著
《方言卷》	李国太、黄尚军、袁雪梅、曾为志著
《民俗文化卷》	徐学书、喇明英、况红玲等著
《哲学思想卷》	蔡方鹿、刘俊哲、金生杨著
《史学卷》	粟品孝、周鼎、李晓宇著
《宗教文化卷》	李远国、向世山等著
《教育卷》	徐辉、徐仲林等著
《文学卷》	邓经武著
《艺术卷》	苏宁、沈博、幸晓峰著
《科技文化卷》	查有梁、王迎川、周世祥等著

《传播文化卷》　　　　　　赵志立著
《文献要览卷》　　　　　　舒大刚、李冬梅等著
《巴蜀文化大事记》　　　　张彦、陈德言、王林、彭东焕编著
《巴蜀文化研究论著索引》　李敬洵编

  由于多领域的地域文化通史尚属首创，不同门类各有其文脉演变、内在逻辑与历史进程，故未对各卷涉及本领域涵盖的时间起止及个别体例做统一的要求。编著者虽务求如清人顾炎武所说"庶几采山之铜"，而力避"买旧钱""废铜以充铸"，但因见闻学识所限，书中疏漏不足之处，尚祈望读者正之。

  最后要说的是，全书从编撰到出版来之不易，还得益于四川人民出版社历任社长罗韵希、解伟、黄立新，副社长骆晓平，总编辑刘周远的关心和支持。特别是谢雪编审从中协调、统筹以及众多编辑"为他人作嫁衣裳"的辛勤付出。巴蜀文化界学术界的领军人物、尊敬的马识途先生在2018年一百零四岁时为本通史题写书名。在此，我们表示深深的谢意。

章玉钧　谭继和　罗鸣　彭邦本
2021年11月

总 序

◎ 章玉钧

呈献在读者面前的这部多卷本《巴蜀文化通史》，是国家重点图书出版物出版专项规划项目、国家出版基金资助项目和四川省西部文化强省建设重点支持项目的学术成果。这个项目由中共四川省委宣传部直接组织和领导，四川省社会科学院牵头，川渝合作，组织和邀约四川省、重庆市七十多位巴蜀文化研究专家参加，得到四川省委、重庆市委和国家有关部门的重视和支持，获得国家和省文化产业经费的资助。全书二十二卷二十八册，约一千六百万字。编撰出版工作历时十五年终告完成。参加本书编修的专家学者们团结协同、切磋琢磨、集思聚智、甘苦备尝，贡献了创造性的劳动。四川人民出版社和各卷责任编辑认真敬业，严谨审慎，做出了辛勤奉献。在此，谨就编撰《巴蜀文化通史》的缘起与旨归、定位与特色、架构与方法、集成与出新，作一概括的介绍，以助读者对全书先有个总体的了解。

缘起与旨归

　　编修《巴蜀文化通史》之议，酝酿已久。20世纪80年代至90年代，巴蜀文化和蜀学研究在四川逐步升温，在选编出版徐中舒、蒙文通、顾颉刚、任乃强、邓少琴、冯汉骥等大师关于巴蜀文化的论著①后，陆续编写出版了《巴蜀文化图典》②《巴蜀文化研究丛书》③《巴蜀文化系列丛书》④。大家既为"地域文化热"的兴起而振奋，又在同地域文化研究先行地区的比较中，看到我们的差距，深感传承、整合和弘扬巴蜀文化，要抓牵头的东西，抓具有基础性、全局性和带动性的项目。2001年，一直关注文化的四川省老领导杨超、杨析综率先提出编撰《巴蜀文化通史》的倡议，杨超还构想系统整理自古以来的巴蜀文献，编成《巴蜀全书》。他们登高一呼，高屋建瓴，对学界有很大的启发和鼓舞。经过反复酝酿，省里八位老同志⑤于2005年10月联名致信四川省委、省政府，建议启动《巴蜀文化通史》的编撰工程。在组织四川高校和研究机构数十位专家学者进行论证，并征得重庆市有关领导和专家学者的赞同后，省委批准立项，审定了全书的框架设计。2006年7月，《巴蜀文化通史》多卷本编撰工程正式开展。

大家渴望编撰《巴蜀文化通史》并积极付诸行动，是基于这样的共识：民族文化是一个民族的根、脉、魂，是民族精神的载体，是支撑民族生存和发展的脊梁。全球文明古国各具优长，唯有中华文明几千年来一脉贯通地连续发展至今，重要原因是有由甲骨文、金文发展而来的形、音、义相结合的汉字为重要载体和文化纽带，用其写成的文史典籍代代承传，从未间断，起到全民族凝心聚力的巨大作用，激励中华民族历经磨难而不衰，直至迎来民族走向伟大复兴的盛世。巴蜀文化是多源汇成一脉、多元聚为一体的中华文

---

① 徐中舒《论巴蜀文化》、蒙文通《巴蜀古史论述》、顾颉刚《论巴蜀与中原的关系》、任乃强《四川上古史新探》、邓少琴《巴蜀史迹探索》，均由四川巴蜀史研究会编辑，由四川人民出版社于20世纪80年代出版。此后还有《冯汉骥考古学论文集》1985年由文物出版社出版，另有《缪钺全集》2004年由河北教育出版社出版。
② 该图典由川渝合作编成，刘茂才、滕久明任编委会主任，万本根、俞荣根任主编，四川人民出版社1999年出版。
③ 该丛书由杨超、杨析综任编委会主任，首批六册。李绍明《巴蜀民族史论集》、隗瀛涛《巴蜀近代史论集》、林向《巴蜀考古论集》、胡昭曦《宋代蜀学论集》、谭继和《巴蜀文化辨思集》、徐南洲《古巴蜀与〈山海经〉》，均由四川人民出版社2004年出版。
④ 该丛书由杨超、杨析综任编委会主任，谭洛非、邓星盈、万本根任主编，共十册，四川人民出版社2001年出版。
⑤ 八位老同志是杨超、杨析综、何郝炬、冯元蔚、廖伯康、聂荣贵、李永寿、章玉钧。

化中一个重要的区域文化，是博大精深的中华文明的一枝奇葩，在中华民族文化谱系中占有独特的地位。她绚丽多彩、大器包容，在与兄弟地域文化交流互益、吞吐融会中发展繁荣，形成并展示出独特的神韵和魅力，使哺育她的中华文化更添灿烂辉光。对于川渝地区各族同胞而言，巴蜀文化就是我们世代生存之根、承传之脉、发展之魂。

巴蜀大地钟灵毓秀、文脉悠长，堪称多种人类遗产荟萃的聚宝盆。巴蜀文化有许多独具的特色和亮点，足以令我们为先辈的创造感恩并自豪。茂县营盘山、成都平原从宝墩到三星堆、金沙以及长江三峡、宣汉罗家坝等处文化遗址的多次惊世发现，结合古文献资料，无可辩驳地证实了巴蜀作为长江上游的上古文明中心，丰富了中华文明的基因，显示出古蜀古巴文化永恒的魅力。周秦以来，中华思想文化素以儒学、道学为主干；佛学西来后，更以儒释道交融互补为特色。蜀地仙道发源很早，成为天师道的创教地；儒学从西汉起就在此代代传承，文翁石室、周公礼殿、孟蜀石经彪炳千秋；在佛教中国化的进程中，巴蜀出了许多大德高僧，尤其是禅学大师，成为中国禅学中心之一。作为中国重要地域学术文化的蜀学，富有哲思传统和文史之长，"易学在蜀""史学莫隆于蜀""文宗自古出巴蜀""自古诗人例到蜀"等赞语，无不彰显历代巴蜀学术文化的璀璨夺目，成就非凡。巴蜀的音乐、舞蹈、碑刻、石窟、书法、绘画、诗词歌赋、戏剧、织锦、酿酒、制茶、肴馔等享有盛誉，非物质文化遗存丰赡多彩。巴蜀悠久的农耕文化与繁盛的工商文化相得益彰，并曾在水利开发、天然气开采、钻井术、天文、数学、医药等科技领域独占鳌头，纸币"交子"首发领先全球。巴蜀是中国历史上一个典型的移民区域，又长期是汉族和许多少数民族相聚和融合的地区，开拓了对外交往的条条蜀道，形成了连通中亚、南亚的南方丝绸之路和藏羌彝民族走廊。移民文化与原生文化、汉文化与少数民族文化、本土文化与外来文化在这里交融互动，使巴蜀文化具有很强的开放性、包容性、创新性和辐射性，这些特性被学者喻为"水库效应"。巴蜀儿女自古敢为天下先，尤其是百余年来向现代化转型时期，巴蜀文化哺育和造就了众多的杰出人物和文化精英，红色文化光耀史册，三线建设举国之重，"改革之乡"①闻名遐迩。在2008年"5·12"汶川特大地震等自然灾害的救援和重建过程中，四川人民表现出的英勇、睿智、大爱、感恩，也都凝聚着巴蜀文化浴火重生的精神。

当今中国正处于世界百年未有之大变局，建设社会主义文化强国，着力提升文化软实力，关系到"两个一百年"奋斗目标和中华民族伟大复兴中国梦的实现。身为当代学人，要在马克思主义指导下，树立高度的文化自觉和自信，十分珍视本土优秀的传统文化，处理好传统文化与现代化、本土文化与外来文化的关系，立大志愿，开大视野，用大手笔来发掘和系统梳理传统文化资源，传承、整合、弘扬巴蜀文化，致力于培根铸魂、固本延脉，使我们优秀的文化基因永续传承，与当代社会相协调，让富有恒久魅力、具有当代价值的巴蜀文化在提高全民精神素质，推进文化强省强国，铸牢中华民族共同体意识和助推构建人类命运共同体的进程中发挥应有的作用。

编撰多卷本的《巴蜀文化通史》，具有深远宏大的文化价值、学术价值和应用价值。一是对巴蜀文化几千年的发展轨迹及其创造、积累的宝贵文化财富，作出系统梳理和规律性总结，可以回应巴蜀民众了解"我是谁""我从哪里来"的文化寻根需求，丰富人们的精神世界，尤其是在道德规范和价值取向上得到涵养和化育。二是可以较全面地展示巴蜀文化的神韵和亮点，系统阐扬蜀史、蜀学、蜀文、蜀艺，构筑宽阔的学术研究平台，为巴蜀人文社会科学走向繁荣，促进传统文化的创造性转化和创新性发展，发挥立其大本、凝聚人心、导向助推的作用。三是同兄弟地域文化的研究成果相互呼应、相得益彰，有助于深入了解中华文化，传承中华文脉，为我们的母亲文化增光添彩，一起来展示她的独特魅力，进而与世界多元文化中不同民族文化平等交流互鉴，为建设新时代中国特色社会主义文化，增强我国的文化竞争力和软实力添砖垒瓦。四是更进一步促进川渝文化合作，可以为繁荣、丰富当代巴蜀先进文化建设，尤其是推进文化创意产业和康乐旅游产业，发掘深层次的文化内涵，提供坚实的学术依据，从而开启思路、激发灵感，以文塑旅，以旅彰文，把潜在文化资源（包括物质文化遗产和非物质文化遗产）

---

① 邓小平1982年对家乡四川的深情赞语。

转化为现实的生产力和文化软实力。五是有助于改变四川高校和研究机构在巴蜀文化和蜀学研究上各自为政、力量分散的状况，使之汇聚并形成有较高水平的老中青结合的研究队伍。与《巴蜀文化通史》珠联璧合的《巴蜀全书》，作为四川有史以来最大规模的古籍文献整理工程，经由四川大学古籍整理研究所提出并担纲，在四川省社会科学院和兄弟高等院校协力下，2012年以来，已出版阶段性成果两百余种，就是蜀学研究正在形成合力的又一明证。

定位与特色

为了实现前述宗旨，参与编撰的同仁都力求使《巴蜀文化通史》既是文化集成，又是学术创新，努力做到观点有一定创新性，知识含量丰富，资料翔实，文笔流畅，总体上进入巴蜀文化研究的学术前沿，在科学性、系统性、创新性、前瞻性、可读性等方面力争成为当代巴蜀学人可以"预流"——预于时代学术潮流的成果，成为在巴蜀文化研究上服务于现实并可继往开来的学术著作。但我们悬鹄虽高而未必力所能逮，故难免"取法乎上，仅得乎中"之憾。

这部书的研究对象是巴蜀文化，性质是通中寓专、通专结合的文化通史，角度是把地域史学与文化学及相关学科契合起来，贯穿全书的编撰理念是"三通"，即纵通、横通与会通。这里就分别说一说本书的"文化"本位、"巴蜀"立位和"三通"定位。

（一）"文化"本位

世界上对"文化"的定义已经有好几百种。我们以唯物史观为指导，本着天人合一、以人为本的中华人文精神[①]来解读文化。"惟天地万物父母，

---

① 天人合一、以人为本，打破天道与性命的隔阂，既避免把天人合一引向神学化，也避免陷入人类中心主义，而把敬畏、顺应自然与发挥人的主体能动性相统一，蕴含天人相依相待、互动互益的张力。

惟人万物之灵。"①人作为自然演化的产儿，受惠于天地万物，在群体劳动实践中成为地球上的万物灵长，既能创制工具，又能用语言交流，进而创制文字，由此有了文化及其积累、传承，于是便创造了"人化的自然界"。同时，在法天、法地、法万物的进程中，人也改变和提升着自身。汉字的"文"，原意是文身、文饰、纹理，以文来显示，以文来变化，讲规矩、礼貌，与禽兽区别开来。这是外在的，更是内在的。文的外化于行与内化于心，开物成务与锻塑成人，乃是人类与自然进行精神与物质相互变换中联袂互动的双重效应。自然力所为乃造化，人类心力所创是文化。文化从何而来？由人化文；文化落脚何方？以文化人。荀子讲"化性起伪"，"伪"就是人为的东西。要改变自身才能更好地改变世界。文化就是这样"人化"与"化人"（或曰"人为"与"为人"、人性的外化与内化）相统一，在双向建构中螺旋式上升，推动着人居世界的演进。人，既是创造文化的能动主体，又是文化所创造的价值主体。这与古语"人文化成"②的解读可以相通，也跟西方"文化"一词兼容"耕作、栽培"（外化）和"养育、教化"（内化）的语义相衔接。《中庸》讲至诚尽性，内外交修："惟天下至诚，为能尽其性。能尽其性，则能尽人之性；能尽人之性，则能尽物之性；能尽物之性，则可以赞天地之化育；可以赞天地之化育，则可以与天地参矣。"③这段话，恰可理解作为内化与外化相统一的文化的功能。

这样的广义文化，它对外与天地万物相成相济，内结构则包含着精神文化、语文符号、规范体系（行为习俗和法律）、社会制度和社会组织、物质产品等要素。④这些文化要素，大体可划分为相互联结、相互渗透的三个层面：外层是作为基础的物态文化，即经过人的劳动形成的"人化"自然或器物层面，体现人与自然的互动关系及其物质成果；中层是语文符号、制度文化和行为习俗文化等，可称为"交往文化"，体现出人与人的互动关系即社会关系，也是精神文化的外在表现；内层则是以价值观为核心的精神文化，

---

① 《尚书·周书·泰誓上》，《十三经注疏》上册，中华书局1979年影印本，第180页。
② 《易·贲卦·彖辞》："观乎天文以察时变，观乎人文以化成天下。"
③ 《礼记·中庸》，《十三经注疏》下册，中华书局1979年影印本，第1632页。
④ 《中国大百科全书·社会学卷》，中国大百科全书出版社1991年版，第409页。

体现出人的心灵世界在真、善、美、圣（科学、道德、艺术、哲学、宗教）诸多领域与境界的创造。清代龚自珍说过："圣人之道，本天人之际，胪幽明之序，始乎饮食，中乎制作，终乎闻性与天道。"①文化的上述三个层面，既如血脉相通，总体上联动互进，在变迁时序上又往往呈现有速有缓、或前或后的不平衡发展状态。这种总体性与异步性的统一，是在研究和描述文化史时需要仔细琢磨和体现的。

综上所述，文化是在天人相合相分、互动互益进程中人的生命存在及其取得的全部成果，或简单地说，文化就是人类独有的生存方式。人们总是生活在世代传承而又不断积累、不断丰富的文化之中。这文化如水，滋润万物；若风，吹拂人间；又好比血液，灌注循环于特定民族或地区人群的心灵深处，产生凝聚力和认同感，积淀、凝结为人们稳定的生存方式。因此，人类的文化既有共通性，又有民族性、地域性和时代性，是多元的、多样的，而不是单一的、无差别的。不同民族、不同地域、不同时代产生的文化模式，形成的文化精神各有不同。伴随着时代的风云变幻，当不同文化相遇、相会时，从价值观念、思维方式、生活样态到社会习俗，就会产生交流、交融、交锋，出现文化选择和互融，进而导致文化的转型。通观世界历史，文化转型曾有过各种不同的类式。中华文化的现代转型是守正创新，把马克思主义基本原理同中华优秀传统文化相结合的自主式；而不是聚合多种移民文化、喧宾夺主的复合式；更不是那种特定场合下原有文化解体，被另一文化取代的断崖式。

"文化"和"文明"是两个意义相近又有区别的概念。文化侧重于文的功能，文明侧重于文的成就。人猿揖别，就出现文化；到告别蒙昧、野蛮，才进入文明时代。文明是个褒义词，囊括人类创造的积极成果之总和，用以指称人类社会的进步程度和开化状态。②当今多以文化标示民族性差异和地域性特色，而以文明标示人类的普遍行为和多元成就。文明因交流而互鉴，因互鉴而发展。在经济和科技全球化进程中，许多物态文化和一部分行为习

---

① 《五经大义终始论》，《龚自珍全集》，上海人民出版社1975年版，第41页。
② 《易·乾·文言》："见龙在田，天下文明。"《尚书·舜典》："睿哲文明。"孔疏："经天纬地曰文，照临四方曰明。"

俗文化在逐步趋于同质化，而具有不同基因的制度文化、语言文字，特别是精神文化，则终会呈现和保持多样化。这一部地域文化通史，本着文化的多元性和相通性来立论，各卷都力图写出浓郁的地域文化味，体现出"人化"与"化人"的统一。

（二）"巴蜀"立位

广袤的中华大地因地壳碰撞形成了自西向东、由高到低三个落差很大的阶梯，巴蜀处于高阶到中阶的内陆腹地，连通祖国的南北西东。巴蜀西部为青藏高原东南缘及横断山区北段，东部为群山环抱的四川盆地，总体地势西高东低，地形地貌独特丰富，集雄、奇、险、秀于一体，自然禀赋得天独厚，是万物生灵的洞天福地。巴和蜀是上古以来巴人、蜀人及其他族群先民活动的地域，二者相连乃至交错，文化复合共生，自成一个地域文化区系。在中华文明满天星斗式的起源中，这里是相对独立肇兴的长江上游文明起源中心，有巫山人、资阳人为代表的文化根系，有万年以上的文明起步，上古巴蜀地域文明形成和发展中的不少谜团还有待地下发掘来破解。三千多年前巴蜀文明就与中原文明血脉交融，与吴越、荆楚等文明紧密互动，也与南亚、中亚文明交流互鉴。公元前316年，秦并巴蜀后则更紧密全面地融入中华文明共同体，成为它重要的组成部分之一，东汉时即享有"天府之国"的美誉。巴与蜀同源同囿，文化具有同质性和内聚力，而自然人文环境又同中有异，形成了刚柔相济的复合型文化共同体。蜀人慕文好乐，精敏健雄，浪漫诙谐；巴人质直尚勇，豁达豪爽，吃苦耐劳。所谓"巴出将、蜀入相"，大致道出了两者文化性格的差异。巴蜀的地域范围历代有涨有缩，行政区划迭有变迁（包括1997年以后川渝分治），而长期历史形成的巴蜀文化区虽没有截然划定的边界，却是相对稳定的整体，并未因行政区划变动而忽合忽分。巴蜀文化区的范围是涵盖今四川省和重庆市地域，兼及周边风俗略同地区的民族文化共同体。它以史源悠久、流传有绪的巴文化、蜀文化为主轴，既包括四川盆地以汉族为主体、辐射四周的文化，也包括盆地周边各以藏、彝、羌、苗和土家等世居少数民族为主体、各民族和谐共融的文化，是这一地区从古至今多民族地域文化的总汇。这部书论述的地域以今四川省和重庆市为主，对不同历史时期曾纳入巴蜀行政区划或与其文化关联密切的地域也有涉及。

巴蜀虽地处祖国内陆，不靠边、不濒海，却衔接南北，连通西东。在编撰这部书时，我们力求处理好巴蜀文化与其母文化——中华文化的关系，重视巴蜀文化与兄弟地域文化之间的交集和互动，着眼于巴蜀文化的特性、个性，寓共性于个性之中，寓统一性于多样性之中。我们也重视巴蜀文化与域外文化之间的交集和互动，注意巴蜀文化在中外文化交流中所起的作用。在巴蜀文化内部，我们力求处理好蜀文化与巴文化相互之间的关系，巴蜀汉民族文化与各世居少数民族文化的关系，尽可能都给以充分的关注，反映它们之间的共性与个性、互联与互动，力避顾此失彼，详略失当。为涵盖并展示少数民族文化多姿多彩的众多领域和方面，这部书除单独设置《民族文化卷》外，各有关专题卷都力图把相关领域的少数民族特色文化摆在重要位置进行阐述和概括。

（三）"三通"定位

"三通"是贯穿全书的重要编撰理念。史著价值在于信，通史灵气在于通。司马迁"究天人之际，通古今之变，成一家之言"[①]是我们心向往之、孜孜以求的目标。史学前辈范文澜等曾提出"三通"（"直通""旁通""会通"），我们根据编撰《巴蜀文化通史》的要求，把历时态的"纵通"、共时态的"横通"与跨文化、跨学科的"会通"，合在一起作一些新的阐释。世界是通的，大历史是通的，大文化是通的。文化史的发展，本来就涵盖着纵向的全过程、横向的多层面、跨文化的多领域。通向历史本真，揭示历史本体，是"三通"追求的目标。尤其是作为通中寓专、通专结合的多卷本地域文化通史，无论承担通论或专题卷的学者，都力求在"三通"上下功夫。

一曰纵通，指历时态全过程的贯通。"观水有术，必观其澜。"这部书贯穿古今，上溯于远古巴蜀先民之蒙昧初开，下迄21世纪初年川渝之文明新

[①] 《史记》卷一三〇《太史公自序》。

貌，原始察终，系统梳理这个既有内在连续性，又呈现不同时代阶段性的曲折过程中巴蜀文化层积而兴的脉络，由此分析其在各个历史时期的盛衰流变，此起彼伏的高峰低谷，展示巴蜀文化的特色和贡献，进而探究其发展的逻辑进程，尤其是传统巴蜀文化向现代化转型的路径，论证巴蜀文化的当代价值和意义，揭示巴蜀文化的发展趋势和前景，做到鉴古察今、述往知来。这是全书贯穿始终的主线。这条主线还可以从实践与认识的角度一分为二：一是巴蜀文化的实践史、发展史；二是在实践基础上对巴蜀文化的认识史、研究史。二者结合方能从实践与认识的循环往复中，深入把握"外化与内化相统一"的文化真髓。

二曰横通，指共时态全方位的互通。"事不孤起，必有其邻。"从全书立卷到各卷章节的设置，都力图以时间为经，以反映文化的不同层面及专题为纬，纵横交织，立体成像。历史运动是有结构的，它是过程与结构的统一，广义文化中各层面的共生、交叉、互动就体现着这种结构性。这部文化通史不仅要剖析巴蜀文化发展的过程，同时要展现巴蜀文化的层次与结构。本书多数专题卷，虽然在物态文化、交往文化、精神文化几个层面中各有其侧重点，但都是从有血有肉的文化肌体中抽出来的，不能孤立求索和描述。研究时不仅不能把经济基础与其上层建筑割裂开来，还要努力展示文化各层面的横通，展示各专题内部各个相关领域的横通。这样做是为了尽量体现地域文化生成的内在机理，使读者把握到神完气足、血肉丰满、生机勃勃的整个巴蜀文化。

三曰会通，着重指跨文化、跨学科的多元共融，全景式打通。《易·系辞上》说："圣人有以见天下之动，而观其会通。"[①]南宋郑樵《通志》特别强调"会通"。[②]要从天下事物阴阳变动不居的状况，观察领悟其会合变通的卯窍。人类文化从来是多元并存，在相互比较、碰撞、渗透、融合中发展的。研究地域文化，必须有开放式的大视野，具备跨文化、跨学科的眼界

---

① 李鼎祚《周易集解》注文中引用汉代干宝："观日月而要其会通，观文明而化成天下。"
② 郑樵《通志·总序》："百川异趋，必会于海，然后九州无浸淫之患。万国殊途，必通诸夏，然后八荒无壅滞之忧。会通之义，大矣哉！"又其《夹漈遗稿》卷三《上宰相书》："天下之理，不可以不会，古今之道，不可以不通，会通之义，大矣哉！"

和通识，能够在充分尊重和了解各种文化事象的前提下，不停留于对现象的描述，而要触类旁通、探赜索隐、择精合妙、汇聚通宜，真正实现圆融贯通。纵通为经，横通为纬，须擅会通，方呈现三维立体的全息图景，做到究始终、观全体、明是非得失之故。就是说，文化史研究要通过分析和综合，具备文化反思和阐释张力，会归通衢，由"方以智"进到"圆而神"，抵达藏往知来之境。

我们时时提醒自己：研究巴蜀文化不仅要钻得进去，还要跳得出来，站到更高处，具有开放的胸襟和跨文化比较的视野，把巴蜀文化放到多元一体的中华文化和全球多元文化的大背景下加以审视，察异观同，和合会通。巴蜀文化从来不是与世隔绝、孤立自足地成长起来的，而是在同周围的兄弟地域文化相互影响下发育繁衍，并在同远近的异质文化间接或直接的交流互动中汲取营养的。我们正处在不同文化交流空前深入、碰撞空前激烈的时代，为了追寻全球文化的多元和谐，助推构建人类命运共同体，一定要本着"各美其美，美人之美，美美与共，天下大同"的文化会通观，祛除近代以来因受西方强势文化轻视、压抑而形成的文化自卑和盲从心态，提高对中华文化地位、作用的认识，坚定文化自信，珍爱并拓展、弘扬本土文化的精华。要在马克思主义指导下，具备通识通才，对中外文化精神析同辨异，折冲樽俎，在会通中实现对优秀传统文化的继承和超越，对外来文化精华的吸纳和转化，促进新时代中国特色社会主义文化繁荣发展，不断开拓文化巴蜀、文化中国转型复兴之路。

架构与方法

20世纪初叶，随着新史学的兴起，文化史在历史学中的地位得到重视和加强。刘师培曾计划研究文化专门史，含十六种，以西方学术的科目，析先秦诸学学术思想之长短得失。①胡适设想，中国文化史要包括民族史、语言文字史、经济史、政治史、国际交通史、思想学术史、宗教史、文艺史、风俗史、制度史等科目。②梁启超专就文化史的做法讲课，认为需要对政教典章、社会生活、学术文化等方面，做分门别类的文化专史。最好是把人生的活动事项纵剖，依其性质，分类叙述。在狭义的文化专史中，他举出语言史、文字史、神话史、民俗史、宗教史、道术史（哲学史）、史学史、自然科学史、社会科学史、文学史、美术史等。③不过，20世纪30年代初问世的几部中国文化史（如杨东莼1931年、柳诒徵1932年、陈登原1935年），仍多系综合体裁，对各文化门类往往语焉不详。

在前辈学者探索的启发下，我们反复思量，决定突破所见的国内现有地域文化史侧重综合、纵通的体裁，而按"纵述史实，横排门类"的编撰原则，采用"通论+专题卷+大事记"这样一种体现纵通、横通、会通的创新结构，几经斟酌，全书共二十二卷，排序如下：置全书之首的《通论卷》，阐释了巴蜀文化的基本概念与学术体系，生态环境背景，巴蜀文化的研究史和认识史，由古及今的文化发展轨迹、基本性质及基本特征，在多元一体、博大精深的中华文化中的定位及其特殊贡献，薪火传承与现代化转型创新及前景趋势，力求起到提纲挈领、纲举目张的作用。其后大体按文化的不同层次，分别为巴蜀文化具有特色的领域、学科列专题卷。先是侧重物态文化并由此探及相关交往文化、精神文化层面的，有《农业与水利文化卷》《工商文化卷》《城市文化卷》《建筑文化卷》《交通文化卷》；接下来的《民族文化卷》从中华民族共同体的多民族视角强调综合性；《宗族与会社卷》《移民文化卷》《方言卷》《民俗文化卷》大体属于制度文化、语言文字、行为交往文化层面（鉴于政制、职官、法律等制度，全国大体统一，故不设专卷）。继后精神文化层面的部分，卷数较多，设有《哲学思想卷》《史学卷》《宗教文化卷》《教育卷》《文学卷》《艺术卷》《科技文化卷》《传

---

① 刘师培：《周末学术史序》，1905年作，《刘师培儒学论集》，四川大学出版社2010年版，第36～78页。
② 胡适：《〈国学季刊〉发刊宣言》，《胡适文存》二集，黄山书社1996年版。
③ 梁启超：《中国历史研究法（补编）》，《中国历史研究法》（外二种），河北教育出版社2000年版。

播文化卷》。为便于了解巴蜀历史文献,尤其是蜀学文献,特设有文献目录学专题《文献要览卷》。专题卷之后的《巴蜀文化大事记》,对先秦至当代巴蜀文化重大事件以编年方式扼要记载,便于读者对巴蜀文化全程有鸟瞰式、综合性的把握;《巴蜀文化研究论著索引》,则供研究者作为检索工具使用。以上就是全书的架构。

各专题卷均前置导言,末设结语。其篇章框架则因事制宜而有所不同。有的是以时期分章,大体按不同门类分节,在纵通中含横通(如《教育卷》);有的主要按专题并结合时序来分章节,在横通中含纵通(如《科技文化卷》);有的先理出历史线索,再突出一些重点专题,先纵后横,纵横结合(如《城市文化卷》);还有的卷内分两编,分述相关内容(如《农业与水利文化卷》)。

《巴蜀文化通史》作为多卷本的学术著作,主要供大专以上程度的读者阅读,以及文化馆、图书馆等购备。它既不是曲高和寡的"阳春白雪",也不是能够直接普惠民间的通俗普及读本。为了让巴蜀文化走进千家万户,还有待开发科普读物和图文,使之逐步大众化,在应用和传播上做创新文章。

编撰《巴蜀文化通史》,涉及学科门类甚广,涵盖时间很长,创新要求颇高,总字数超过千万。这样的文化工程,绝非率尔操觚、短促突击所能成功。近人刘承幹[①]《明史例案》提出过八条准则,就是"搜采欲博,考证欲精,职任欲分,义例欲一,秉笔欲直,持论欲平,岁月欲宽,卷帙欲简",我们在编撰过程中借作参照,同时根据在新时代撰写地域文化通史的新要求,不断从实践中探索,大体形成了以下一些做法:

(一)多学科的专家学者分工合作,协同攻关

梁启超主张,广义的文化专史,涉及面特别广,在专史中最为重要,也最为困难。这不单是史学家的责任,更是研究某种专门学问的人对于该种学问的责任,要尽量用内行的专门家去做。若能以终身力量做出一种文化专史

---

① 刘承幹(1881~1963):著名藏书家、刻书家、史学家。

来，于史学界便有不朽的价值。①本书的编撰设置了编撰委员会、学术委员会及编辑部，确定由正副主编主持编撰，编辑部依托省社科院开展编务工作。各专题卷的著者采取定向邀标办法聘请，多为对该学科领域研究有素的专门家，分别采取由个人承担，或二三人合著，或一人主撰、团队协力完成等方式进行。为保证学术质量，使全书有机统一，在实行主编负责制的同时，由资深专家组成学术委员会，全程参与从项目规划到成书的学术攻关和学术把关。

2006年以来，先后开了四次分卷著者会议，八十多次书稿审读会议。第一阶段，先由学术委员会同分卷著者反复讨论各卷著者拟出的由粗到细的提纲，并明确全书编纂理念②，统一规范体例，然后与分卷著者签订编撰合同，落实工作责任。第二阶段，学术委员会同分卷著者研讨各卷写出的一两章样稿，这是"摸着石头过河"的试错与磨合过程。有些卷的思路和写法曾有大的调整和改变。第三阶段，各卷著者潜心研究，奋力写作。初稿先后写出后，大都经过学术委员会仔细研读，写出审读意见，同著者一起讨论，从结构、体例到观点、材料都认真交换意见，对著者遇到的各种史料、概念及话语体系、文脉梳理、文化基因挖掘等问题，出点子，提思路。待著者修订后又进行讨论，有的书稿研讨了四个回合。当某一分卷初稿趋于成熟时，即请出版社责任编辑提前介入审编，参加讨论，以便撰写工作与第四阶段的编辑出版工作紧凑衔接，不出空当。因各卷皆分头撰写，结构和文字风格有所不同，对同一文化事象的见识裁断有别也在所难免。在统改书稿过程中，既充分尊重分卷著者的学术个性和创见，同时为了各卷在总体上规范统一，基本观点相互协调而不相抵牾，尊重主编的统改权，而在个案判断上各卷则有自由度。注意把握各卷边界，相互照应避让，以免大的重复，做到详略互见，各得其宜。

在这部文化通史编撰期间，本书学术委员会大多数成员在辛勤共事中度过了古稀以至耄耋之年。我至今还清楚地记得在每次研讨会、审稿会上专家

---

① 梁启超：《中国历史研究法（补编）》，《中国历史研究法》（外二种），河北教育出版社2000年版。
② 章玉钧：《关于编纂〈巴蜀文化通史〉的思考》，《中华文化论坛》2007年第4期，第5～10页。

们无私地贡献个人的真知灼见，自由发表不同见解乃至相反的主张，体现出的那种学术为公的争鸣探索精神。尤其令我们刻骨铭心的是：隗瀛涛、李绍明、贾大泉、沈伯俊、万本根、胡昭曦、林向七位先生为学术工作长期呕心沥血，先后因病辞世。对诸位先生的高见卓识、学者风范尤其是为编撰本书所做的贡献，我们将永志不忘。

（二）采取多重证据法和综合研究法，在搜集和鉴别史料上下大功夫

古人所称"文献"，原本指书面文字记载与贤人口头传闻[①]，徐中舒先生拓展他的老师王国维的古史二重证据法为多重证据法，注重传世文献、出土文物和现代民族学、民俗学的活态文献等结合互证，将区域文化史研究提高到崭新的学术境地。本书编撰中，继承和弘扬王、徐等前贤视野广阔的史料观，搜罗史料力求竭泽而渔，鉴别史料着意披沙拣金，通过综合比勘，相互参证，追根溯源，从而正误辨伪，务寻真史。各专题卷著者都是先汇辑基本史料并掌握学界已有研究状况，汲取前人取得的成果，才进入写作阶段。有好几卷的著者更是"读万卷书、行万里路"，带领研究生经年累月搞田野考察，获得不少真知灼见，从而在学术上有了新的拓展。

（三）坚持文化学的视角，采取多学科交叉和比较文化学的研究方法，力求写足文化味

文化既然是人的生存方式，归结为"人化"和"化人"，每卷文化史就要见物更见人，既写出"由人化文"的胜境，更揭示"以文化人"的妙谛。有关精神文化的各专题卷，既系统梳理巴蜀精神文化尤其是蜀学发展繁荣的脉络，突出展示巴风蜀韵孕育出的文宗巨子和文化精英的成就，也记载众多无名工匠、艺人等留下的民族民间文化、市井文化的瑰宝。侧重物质文化的各专题卷，不停留在物态层面的描绘，而尽力深入到制度层面、精神层面。如《农业与水利文化卷》《科技文化卷》等，对举世无双、造福人类

[①] 朱熹："文，典籍也；献，贤也。"引自《四书章句·论语集注》卷二《八佾第三》，中华书局2012年版，第63页。

二千二百七十多年的都江堰水利工程，就不仅从物质、科技、生态层面介绍其巧夺天工、可持续发展的奥秘，而且从制度文化层面总结其堰官、岁修、劳役、配水、轮灌、收费等管理制度，更深入精神文化层面阐释其"上善若水"的哲理和人文精华。

（四）掌握焦点，抓住重点，发挥特点，突破难点

饶宗颐先生在揭橥华学趋向时，曾提出"三条"："一是纵的时间方面，探讨历史上重要的突出事件，寻求它的产生、衔接的先后层次，加以疏通整理。二是横的空间方面，注意不同地区的文化单元，考察其交流、传播、互相挹注的历史事实。三是在事物的交叉错综方面，找寻出它们的条理——因果关系。"又说："我一向采用的史学方法，是重视'三点'，即掌握焦点，抓紧重点，发挥特点，尤其要特别用力于关联性一层。"[①]我们体会，"三通"的理念与上述"三条""三点"是一致的，而方法上特别重视关联性，就要纵通找焦点，横通抓重点，会通求特点。编撰中，我们注意咀嚼梁启超的卓见：文化的发展史，各个时代、各个领域是不平衡的，重要性是不一样的，要分主系、闰系和旁系。不要平讲直叙，分不出浓淡高低。须用鸟瞰的眼光，看出哪个时代最主要，发达到最高潮，便用全力赴之。[②]各书大都采用了这种大处着眼、抓住重点、突破难点、提炼观点、不平均使用力量的方法。

集成与出新

前面提到，编撰这部书时，我们力求做到既是文化集成，更是学术创新。无论文化发展、学术探索，都是慧命相续、推故致新的过程，需要不断传承积累，继往开来，久久为功。"譬如积薪，后来居上。"用冯友兰先生

---

① 饶宗颐：《〈华学〉发刊词》（1995年），《选堂序跋集》，中华书局2006年版。
② 梁启超：《中国历史研究法（补编）》，《中国历史研究法》（外二种），河北教育出版社2000年版。

的话,这是从"照着讲"到"接着讲"的进程。每门文化史的研究,都需要对已有的各种史料,广搜博采,集纳钩沉;对前贤成果循波讨源,含英咀华;只有在对文化遗产守正传承的基础上,才有可能站到前人肩膀上,回应新的时代需求,匠心独运,开拓新境;才有可能焕然出彩,奉献出在某些方面超越前贤的成果。朱熹诗云:"旧学商量加邃密,新知培养转深沉。"① 集成是出新必需的基础和前提,出新则是集成企求的目标和价值增值的成就。二者同体异面,缺一不可,是衡量学术成果质量相互关联的两个维度。

(一) 从集成的维度看

首先,《巴蜀文化通史》可以说是"巴蜀文化"概念提出八十多年来首次大的学术集成。"西蜀文化"(郭沫若1934年)、"巴蜀文化"(卫聚贤1941年)提出之初,主要是就巴蜀考古文化而言,后来渐次扩大到广义的巴蜀文化,有关论著已上千册,有关文章达数万篇(《巴蜀文化研究论著索引》多有著录),形成了分别以史学文献考据、文物考古、民族民俗田野调查为主的三种研究方向,近年又发展出综合诸家的会通型研究方向。各条路径的学者在不同领域、从不同角度艰辛探索,均取得了丰硕的成果。本书各卷编修中,都努力加以搜集、消化和吸取,并以借鉴、发挥这些观念、方法为前提,力求形成对巴蜀文化研究具总汇性的成果。如《通论卷》从总体上就巴蜀文化生态背景、内涵性质、发展历程及基本规律、特征等问题,会通诸说,取精用宏,做了言之成理的统体性总述,成为具有集成性的一家之说。《民族文化卷》不仅就民族理论的疑难问题深入研究,还在搜集分析历史文献材料、文物考古材料,特别是对国家组织的多次民族调查材料下了很大功夫,从而描绘出巴蜀世居各少数民族立体生动的文化图景。

其次,古往今来的巴蜀文化长河浩荡壮丽,魅力无穷。《巴蜀文化通史》对清点总结长时段、宽领域、多层面的巴蜀文化来讲也是一次学术集成。巴蜀的历史文化名人,如大禹、李冰、落下闳、文翁、司马相如、扬

---

① 《鹅湖寺和陆子寿》,(宋)朱熹著,郭齐、尹波点校:《朱熹集》卷一,四川教育出版社1996年版,第185页。

雄、诸葛亮、陈寿、常璩、陈子昂、武则天、李白、杜甫、薛涛、苏轼、格萨尔、张栻、秦九韶、杨慎、李调元等，都在相关卷帙中重点推介，娓娓道来；巴蜀历史上突出的物质文化成就和非物质文化成就，蜀学、蜀文、蜀艺、蜀籍的精华也都提要钩玄，荟萃于此。如《文献要览卷》就搜选论列了近五百种巴蜀文化重要典籍，可一览巴蜀文献精华，为学者指点津梁。又如智慧幽默的四川方言是巴蜀历史文化凝结的珠宝，《方言卷》挖掘、串起一颗颗珍珠，并生动剖析其蕴含的丰富文化信息，令人齿颊留香。

再者，不少专题卷的著者既具文化通识，又对该学术领域长期耕耘，研究有素，此次写作起到了阶段性总结的学术集成作用。例如：《城市文化卷》著者三十多年来由跟从名师到带领团队，一直深耕于近现代中国城市与城市文化研究领域；《移民文化卷》著者是国内知名的移民文化、客家文化研究专家；《交通文化卷》著者多年致力于西南历史地理尤其是交通文化的调研；《哲学思想卷》和《史学卷》著者长期潜心研究巴蜀哲学、巴蜀史学；《建筑文化卷》著者是卓有成就的古建筑研究专家、高级建筑师。他们都在各自领域完成了多项国家课题，此次承担专题卷，更是辛勤研讨，旁搜远绍，厚积薄发，突出亮点，倾力奉献了后出转精之作。

（二）从出新的维度看

本书围绕前述长时段、宽领域、多层次的巴蜀文化来创新体例结构，成为首部纵横贯通、覆盖面广、体量超大的巴蜀文化史，在全国已出的各种区域文化通史中，当属编撰体例新、时间跨度长、内容浩繁的一部。学术体系上的集成性，本身就是从文化观念、编撰理念到架构体例的出新，在地域文化通史领域作了开创性的探索。这是其一。

本书各卷着眼于发展新时代文化，明道求真，以史经世，着力写出巴蜀文化的特色和韵味，在内容上有较多突破和出新。过去关于农业与水利、工商、交通、建筑、城市等的论著，容易停留于物态层面，罕有从文化学角度和宏观视野对其全过程深入探讨之作；这次研究标明以"农业与水利文化""工商文化""交通文化""建筑文化""城市文化"为对象，注重深入文化层面进行阐释，且着意探讨长时段历史中这些物质文化变动与制度文化、精神文化演进的关系及产生的影响，这些往往是以前研究论著较少触及的。有关巴蜀学术文化的几卷，着力显示蜀学长于思辨、多元会通、创新超迈、沟通理欲、注重事功等特色，有助于发扬当今的时代精神。有关交往文化的几卷，注重聚焦于民间大众，关注各色人等的日常生活，运用了许多文化人类学、社会学、民族学的方法，见解新颖，地域文化味很浓。这是其二。

更值得珍视的是，各卷在编撰中深汲传统的源头活水，发现其烛照现实和未来的原创亮点，尤其是优越秀冠的巴蜀文化在传承创新中焕发异彩之所在。许多卷发掘出大量翔实的资料，匠心独运，以史鉴今，提炼出有创新性的学术观点，或举出有新颖性的论据，活用巴蜀首创的学术话语，采用别出心裁的叙事方式，力争获得创新、独见、卓识的学术成果。具体的创新点如同"诗眼""文眼"分布闪烁在卷帙之中，细心披阅，当会时有"山阴道上，应接不暇"之乐，这里无法一一细析。

鉴于多卷本地域文化通史尚属初创，不同文化门类各有其学理脉络、发展轨迹和演进特色，编撰难度往往超出预期，主编和各卷著者虽迎难而上，勉力为之，但仍难免有纰漏丛胜之处。尤其是古蜀文明还有不少千古待解之谜，我们受限于已获的资料和研究水平，多只能守阙存疑。对成稿后的许多惊世发现，巴蜀文化日新月异的面貌和新的研究成果亦未能更多纳入。当把多卷本《巴蜀文化通史》奉献到读者面前时，我们既同大家分享喜悦，又有颇为忐忑的心情。这部书，以至其中每一卷，究竟应获怎样的评价，最终还要接受时间的检验。衷心期望巴蜀文化研究慧命相续，薪火相传，探索和构建起自身完整的学科体系、学术体系和话语体系。但愿此番的初创能为后续俊彦们开拓新境起到抛砖引玉的作用。

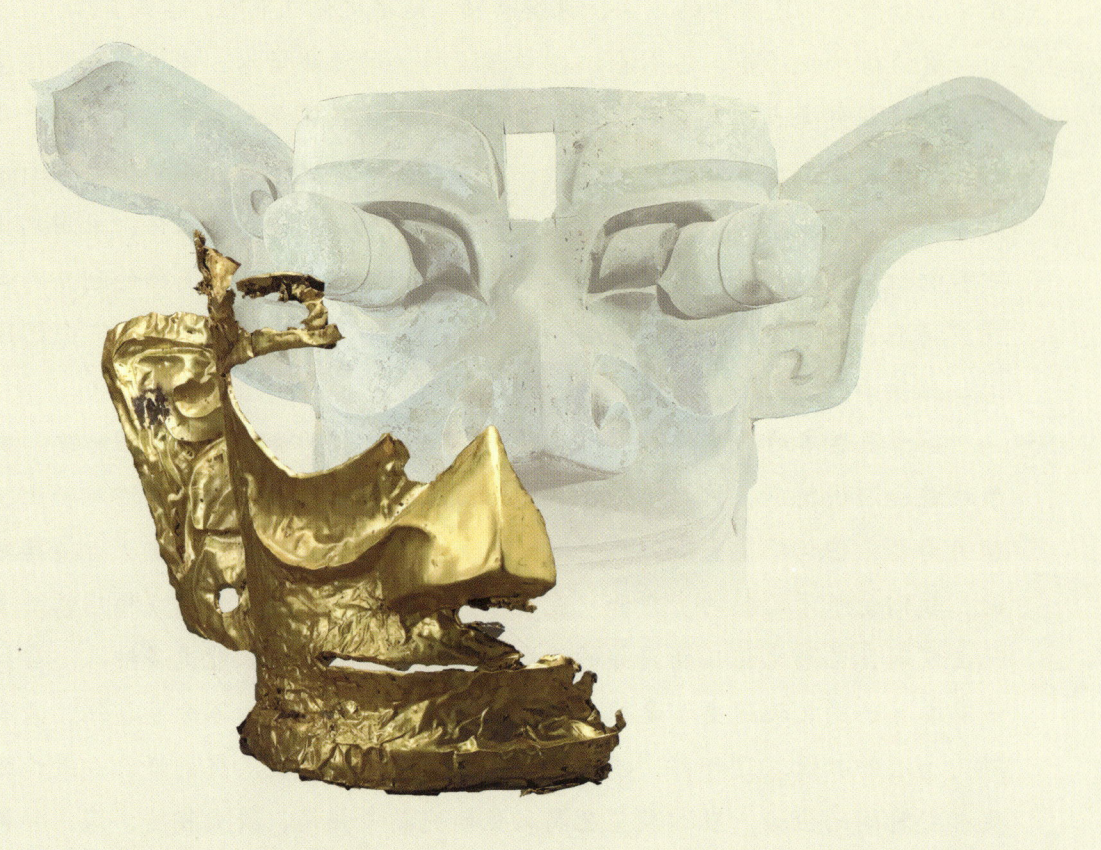

总目录

导　言 / 1

　　一、中华文献，文明奇观 / 1

　　二、巴蜀文献，源远流长 / 6

　　三、巴风蜀韵，萃兹一编 / 11

第一章　巴蜀文献概论 / 19

第一节　"巴蜀文献"的范围 / 21

第二节　巴蜀古文献的起源 / 22

　　一、关于蜀人"不晓文字"的问题 / 22

　　二、早期巴蜀的身影 / 25

第三节　两汉以下巴蜀的学术与文献 / 32

　　一、秦并巴蜀与"染秦化" / 32

　　二、西汉蜀学初成 / 34

　　三、东汉巴蜀人才辈出 / 35

　　四、魏晋南北朝蜀学的持续发展 / 37

　　五、隋唐五代蜀学异军突起 / 37

　　六、宋代是蜀学发展的第二大高潮 / 39

　　七、元代蜀学的异地发展 / 41

八、明代蜀学的短暂繁荣 / 43

九、清初蜀学由衰而盛 / 43

十、晚清民国蜀学的第三次高潮 / 44

第四节　巴蜀文献的收集与整理 / 45

一、汉唐时期巴蜀的藏书 / 45

二、宋代巴蜀的藏书与图书刊刻 / 47

三、元代的巴蜀藏书 / 52

四、明清时期的巴蜀藏书与文献整理 / 54

五、民国以来的巴蜀藏书家 / 55

第五节　巴蜀文献的统计与数量 / 56

一、古代学人的著录 / 56

二、近时学人的考述 / 61

第六节　巴蜀文献的整理和分类 / 61

一、巴蜀文献的整理 / 61

二、巴蜀文献的分类著录 / 64

三、巴蜀文献分类的新尝试 / 68

第二章　巴蜀经部文献 / 71

第一节　巴蜀经学及其文献 / 73

第二节　《易》学文献 / 77

一、巴蜀《易》学源流及其文献 / 77

二、《易》学文献举要 / 91

第三节　《书》学文献 / 118

一、巴蜀《书》学及其文献 / 118

二、《书》学文献举要 / 121

第四节　《诗》学文献 / 128

一、巴蜀《诗》学及其文献 / 128

二、《诗》学文献举要 / 130

第五节　《礼》学文献 / 136

一、巴蜀《礼》学及其文献 / 136

二、《礼》学文献举要 / 140
　　附：《乐》学文献 / 149

第六节　《春秋》学文献 / 149
　　一、巴蜀《春秋》学及其文献 / 149
　　二、《春秋》学文献举要 / 154

第七节　《孝经》学文献 / 174
　　一、巴蜀《孝经》学及其文献 / 174
　　二、《孝经》学文献举要 / 178

第八节　"四书"学文献 / 181
　　一、巴蜀"四书"学及其文献 / 181
　　二、"四书"学文献举要 / 184

第九节　"小学"文献 / 194
　　一、巴蜀"仓雅"之学及其文献 / 194
　　二、"小学"文献举要 / 198

第十节　石经、群经与丛书 / 210
　　一、巴蜀石经、群经与丛书文献概述 / 210
　　二、石经文献举要 / 216
　　三、群经总义文献举要 / 222
　　四、经学丛书文献举要 / 227

第三章　巴蜀史部文献 / 237

第一节　巴蜀史学及其文献 / 239
　　一、巴蜀史学源流 / 239
　　二、巴蜀史学文献分类 / 242

第二节　国史文献举要 / 243

第三节　巴蜀史文献 / 268

第四节　地理文献 / 306
　　一、山水类 / 306
　　二、游记类 / 311
　　三、方志类 / 313

第五节　民族文献 / 327

第四章　巴蜀子部文献 / 337

第一节　巴蜀"子学"及子部文献 / 339

第二节　诸子文献举要 / 350

第三节　科技文献举要 / 368

第四节　笔记小说举要 / 386

第五节　宗教文献举要 / 403

　一、佛教文献 / 403

　二、道教文献 / 412

第五章　巴蜀集部文献 / 423

第一节　巴蜀文学与集部文献 / 425

第二节　别集文献举要 / 429

　一、汉唐别集 / 429

　二、两宋别集 / 451

　三、元明别集 / 499

　四、清代别集 / 517

　附：诗文评 / 536

第三节　总集与丛书文献举要 / 539

　一、总集文献 / 539

　二、丛书文献 / 554

第六章　民国以来巴蜀学术文献 / 569

第一节　民国以来巴蜀学术文献概述 / 571

第二节　思想史文献举要 / 576

　一、经学与哲学文献 / 576

　二、子学文献 / 605

三、宗教文献 / 636
　第三节　语言文字与辞书 / 653
　　　一、语言学 / 653
　　　二、辞书 / 659
　第四节　文学文献举要 / 673
　　　一、文学史论文献 / 673
　　　二、文学文献整理 / 680
　第五节　史学文献举要 / 697
　　　一、国史研究 / 697
　　　二、巴蜀文化研究 / 723
　　　三、巴蜀史料选辑 / 778
　　　四、巴蜀考古与文博资料举要 / 801
　　　五、地理与民族文献举要 / 817
　第六节　综合性文集 / 854
　第七节　总集与丛书 / 892

结　语 / 906

后　记 / 912

目 录

导 言 / 1
  一、中华文献，文明奇观 / 1
  二、巴蜀文献，源远流长 / 6
  三、巴风蜀韵，萃兹一编 / 11

第一章 巴蜀文献概论 / 19

  第一节 "巴蜀文献"的范围 / 21
  第二节 巴蜀古文献的起源 / 22
    一、关于蜀人"不晓文字"的问题 / 22
    二、早期巴蜀的身影 / 25
  第三节 两汉以下巴蜀的学术与文献 / 32
    一、秦并巴蜀与"染秦化" / 32
    二、西汉蜀学初成 / 34
    三、东汉巴蜀人才辈出 / 35
    四、魏晋南北朝蜀学的持续发展 / 37
    五、隋唐五代蜀学异军突起 / 37
    六、宋代是蜀学发展的第二大高潮 / 39
    七、元代蜀学的异地发展 / 41
    八、明代蜀学的短暂繁荣 / 43
    九、清初蜀学由衰而盛 / 43
    十、晚清民国蜀学的第三次高潮 / 44

第四节 巴蜀文献的收集与整理 / 45
　　一、汉唐时期巴蜀的藏书 / 45
　　二、宋代巴蜀的藏书与图书刊刻 / 47
　　三、元代的巴蜀藏书 / 52
　　四、明清时期的巴蜀藏书与文献整理 / 54
　　五、民国以来的巴蜀藏书家 / 55
第五节 巴蜀文献的统计与数量 / 56
　　一、古代学人的著录 / 56
　　二、近时学人的考述 / 61
第六节 巴蜀文献的整理和分类 / 61
　　一、巴蜀文献的整理 / 61
　　二、巴蜀文献的分类著录 / 64
　　三、巴蜀文献分类的新尝试 / 68

第二章 巴蜀经部文献 / 71

第一节 巴蜀经学及其文献 / 73
第二节 《易》学文献 / 77
　　一、巴蜀《易》学源流及其文献 / 77
　　二、《易》学文献举要 / 91
第三节 《书》学文献 / 118
　　一、巴蜀《书》学及其文献 / 118
　　二、《书》学文献举要 / 121
第四节 《诗》学文献 / 128
　　一、巴蜀《诗》学及其文献 / 128
　　二、《诗》学文献举要 / 130
第五节 《礼》学文献 / 136
　　一、巴蜀《礼》学及其文献 / 136
　　二、《礼》学文献举要 / 140
　　附：《乐》学文献 / 149
第六节 《春秋》学文献 / 149

一、巴蜀《春秋》学及其文献 / 149

二、《春秋》学文献举要 / 154

第七节 《孝经》学文献 / 174

一、巴蜀《孝经》学及其文献 / 174

二、《孝经》学文献举要 / 178

第八节 "四书"学文献 / 181

一、巴蜀"四书"学及其文献 / 181

二、"四书"学文献举要 / 184

第九节 "小学"文献 / 194

一、巴蜀"仓雅"之学及其文献 / 194

二、"小学"文献举要 / 198

第十节 石经、群经与丛书 / 210

一、巴蜀石经、群经与丛书文献概述 / 210

二、石经文献举要 / 216

三、群经总义文献举要 / 222

四、经学丛书文献举要 / 227

第三章 巴蜀史部文献 / 237

第一节 巴蜀史学及其文献 / 239

一、巴蜀史学源流 / 239

二、巴蜀史学文献分类 / 242

第二节 国史文献举要 / 243

第三节 巴蜀史文献 / 268

第四节 地理文献 / 306

一、山水类 / 306

二、游记类 / 311

三、方志类 / 313

第五节 民族文献 / 327

第四章　巴蜀子部文献 / 337

　　第一节　巴蜀"子学"及子部文献 / 339
　　第二节　诸子文献举要 / 350
　　第三节　科技文献举要 / 368
　　第四节　笔记小说举要 / 386
　　第五节　宗教文献举要 / 403
　　　　一、佛教文献 / 403
　　　　二、道教文献 / 412

导　言

　　巴蜀所在的中国西南地区，是人类又一发祥地，也是中华文化的重要摇篮，这里有悠久的历史文化，也有丰富的学术和文献。经研究表明，巴蜀的学术文化在上古时期几乎与中原同步孕育、平行发展。与此进程相适应的是，巴蜀文献也产生甚早，而且数量不菲。据不完全统计，历史上曾经出现过的巴蜀文献至少在一万种以上，其中现存者约五千余种，而富有创造性、系统性，并且在历史上产生过重要影响和对学术研究有重要参考的著作，大约有六百种左右。本着"辨章学术，考镜源流"和"含英咀华，提要钩玄"的精神，本书将对历代巴蜀学术与文献的发生、发展和演变历程进行系统回顾，并对其中特别重要的典籍进行专项考述，力图揭示巴蜀文化源远流长的历史、丰富多彩的特征。反映出巴蜀学人积极进取、推陈出新的勇气；大度恢宏、集杂为醇的气度；学术精深、文采飞扬的风格；铁肩担道义、敢为天下先的精神。既为研究中国文化史提供方便的门径，也为建设当代文明提供可资借鉴的经验和智慧。

一、中华文献，文明奇观

　　历史文化研究是实证与抽象相结合的过程，它是在大量史料基础之上，对过去历史进行小心复原，并对反映在历史发展中的规律进行总结和提炼的过程。研究历史文化，首先必须拥有丰富可靠的资料和证据，这些资料和证据，孔子当年称之为"文献"。那么什么是文献呢？汉、宋注家解为"文章"和"贤才"，亦即文字资料和口传史料。

　　进入近代社会以后，历史资料又拓展出实物资料和民俗资料等类别。实物资料主要包括历史遗迹和遗物，在中国就有诸如以"少昊之墟""殷墟"和"古长城""宝墩古城""三星堆祭祀坑"等为代表的遗迹和以"商鼎周彝""秦砖汉瓦""三星堆青铜祭器"等为代表的文物。民俗资料主要是指保留在民间乃至少数民族之中的风俗资料，孔子说"礼失而求诸野"①，也就是到民间和民俗中去寻找历史文化资料。比较而言，在这些资料中，以"文献"资料最为集中，也最有系统。它是以往文明和文化（孔子称之为"礼"）的载体，也是酝酿和启迪未来新文化、新文明和新知识的源泉。

相传上古之世"结绳而治"，后世圣人乃"易之以书契"②，黄帝之史仓颉"始作文字"③，自此，中国便进入了有文字记录的"文明"时代。史称"古之王者，世有史官，君举必书，所以慎言行、昭法式也"④，于是就出现了"唯殷先人，有册有典"⑤；周史老聃，"主柱下方书"⑥等掌故。东周以降，世道陵夷，斯文沦丧，孔子因而有"文献不足"之叹。他广搜博采，振起废坠，"论次《诗》《书》，修起《礼》《乐》，赞《易》，修《春秋》"⑦，将记载"先王陈迹"⑧的"旧法世传之史"⑨，一点一滴地收集起来，经过整理、撰修，使之成为记载"德行道艺"的经典著作，从而使中国的历史研究和礼乐重构有信史可据，中国的文化教育和历史传承有经典可读，这就是孔子"修定六经"的伟大事业。

孔子进而又以《诗》《书》《礼》《乐》教，有弟子三千，高徒七十有二人，形成了"游文于六经之中，留意于仁义之际"⑩的气势宏大、影响深远的儒家学派。孔子殁后，弟子散游列国，友教士大夫，或为王者师。于是民智大开，诸子并兴，中国进入了"百家争鸣"的子学时代，形成了中国思想学术的

---

① 《汉书·艺文志》引，中华书局1962年标点本。下引同此，不再出注版本信息。
② 《周易·系辞下》，阮元校刻《十三经注疏》本，中华书局1980年影印本。下引同此，不再出注版本信息。
③ 《韩非子·五蠹》："古者苍颉之作书也"云云。
④ 《汉书·艺文志》。
⑤ 《尚书·多士》周公语，阮元校刻《十三经注疏》本。
⑥ 《史记·张苍传》，中华书局1959年标点本。下引同此，不再出注版本信息。
⑦ 略依《史记》。
⑧ 《庄子·天运》老子语，中华书局1961年郭庆藩集释本。下引同此，不再出注版本信息。
⑨ 《庄子·天下》。
⑩ 《汉书·艺文志》。

"轴心时期"，影响后世历史发展二千余年，这也是中国成为"文明古国"的文献基础和精神源泉。

有了这些文献和经典，前代的历史才得以记录，后世的智慧才被点燃，中华历史文化也才能一代一代地得到传承和弘扬。时至今日，在众多古国的文明都已经消失或中绝后，中华文化仍然得到延续和光大，虽历尽荣枯，却根深叶茂，老干新枝，生机盎然，这正是有经典文献为之记载、为之启迪的缘故。这就是由文字产生，从而实现文明记录和传承，从而诞生文献并促成文明进步和发展的鲜活实例。中国文化长盛不衰的历史，是人类文化发展、文明进步的一大奇观，其中如果没有文献的传承，如此辉煌的奇迹就无从谈起。

自孔子以降，历代有作为的君主，大都致力于文献的收藏和整理，实录、国史的修撰和保存。汉有刘向、刘歆父子之校理群书，隋唐有炀帝、玄宗之收藏"四部"文献，宋有《九经正义》之校刻和"四大类书"之纂修，明有《永乐大典》《四书五经大全》，清有《古今图书集成》《四库全书》，俱为文献收藏和文化传承的重大事件，对后世历史影响十分深远。

《隋书·经籍志·序》云："夫经籍也者，机神之妙旨，圣哲之能事，所以经天地，纬阴阳，正纪纲，弘道德，显仁足以利物，藏用足以独善。学之者将殖焉，不学者将落焉。大业崇之，则成钦明之德；匹夫克念，则有王公之重。其王者之所以树风声，流显号，美教化，移风俗，何莫由乎斯道！"真是至理名言。

纵观历代文化盛衰的演进历程，大致以文献是否得到有效收藏和整理为标志。各时期的文化是否繁荣每每以此为坐标，呈现出文献兴则文化兴、文献散则文化衰的态势，体现了《隋书·经籍志》"学之者将殖焉，不学者将落焉"的盛衰规律。

一国如此，一个地方也不例外。一方富庶，其文化必兴；而文化若兴，其文献必富。于是"故家乔木""文献旧邦"，就成为评价一个地方历史文化底蕴的专用名词，而"睹乔木以思故家，考文献而爱旧邦"（张元济语）也就成了历代文人雅士抒发故国之思、追求文化复兴热忱的重要途径。巴蜀及其所在的西南地区是中华古文明的重要摇篮。巴蜀水土肥沃，气候温润，物产丰富，号称"陆海""天府"，是人类繁衍生息的乐园，也是文化孕育发展的沃土。

《山海经》说："西南黑水之间，有都广之野，后稷葬焉。〔其城方三百里,盖天地之中,素女所出也。]①爰有膏菽、膏稻、膏黍、膏稷,百谷自生,冬夏播琴②,鸾鸟自歌,凤鸟自儛,灵寿实华,草木所聚。爰有百兽,相群爰处。此草也,冬夏不死。"③都广之野即广都之野,亦即以今天双流为中心的成都平原。那里原野广袤,河流纵横,有油润的大豆、水稻、高粱、粟米,百谷自然长成,民众冬夏弹琴娱乐。凤凰鸾鸟,自歌自舞;草木丛生,经冬不死;百兽群居其中,和平相处,不相伤害——真一派太平景象、幸福乐园!

岷峨毓秀,江汉炳灵。这里不仅自然条件优越,而且人文蔚然,美俗天成。常璩曾在《华阳国志》中满怀深情地叙说:"《夏书》曰:'岷山导江,东别为沱。'"④岷江灌溉成都平原的肥田沃土,是滋养巴蜀人民和孕育巴蜀文化的母亲河。它水源充沛,居"四渎"之首;下游又分为"九江",为众水之源。蜀地又是个聚宝盆,"璧玉、金、银、珠、碧、铜、铁、铅、锡、赭、垩、锦、绣、罽、牦、犀、象、毡、牻、丹、黄、空青、桑、漆、麻、纻"等,充盈其间;而且地近西南夷,拥有"滇、獠、賨、僰僮仆"等劳动力资源。从方位上讲,蜀国处于文王八卦方位的"坤维"(西南),坤卦爻辞有"黄裳元吉""含章可贞"之象,故蜀地人物天生就"多斑彩文章";从黄道运行轨道上看,蜀在十二辰正值未宫,未者味也,所以其地自然"崇尚滋味";从五德终始上讲,西南之德正在少昊,少昊者高莘氏也,莘者辛也,故此地之人生来就"好辛香";从星象分野上看,西南正应舆鬼之宿,鬼者聪明狡黠也,故蜀人性情,其君子"精敏",其小人却"鬼黠"。蜀地山林里、泽沼内、园囿中,"果瓜四节代熟,靡不有焉"。蜀地北与秦国相连,其风俗"故多悍勇"。此外,这里还是"南音"故土,周、召二公演为《周南》《召南》,象征"文王之化,自北而南",泽被整个江汉平原,故蜀风与"秦、豳

---

① [ ]内文字,原在郭璞注,袁珂《山海经校注》从王念孙、郝懿行校复。
② "冬夏播琴",毕沅释为"播种"。上文既云"百谷自生",何须如此辛苦?下文云"鸾鸟自歌,凤鸟自儛",是其人民重视音乐艺术的风俗反映,故谢无量释为"弹琴",是为得之。
③ (晋)郭璞:《山海经》卷一八《海内经》,上海古籍出版社1980年袁珂校注本。下引同此。其后例同,不再出注。
④ "岷山导江,东别为沱",《禹贡》语。汉唐人习焉不察,皆以为岷江乃大江源头。至明徐霞客,乃予以纠正。

同咏",文学作品多同雅正的"夏声"。①

根据现代考古发掘和历史研究,常璩以上描述基本上是准确的。这里不仅有距今204万年的"巫山猿人"、5万年前旧石器晚期的"资阳人",有大禹治水、蜀王蚕丛、柏灌、鱼凫、杜宇、开明和巴王廪君等优美动人的历史传说,而且还有长江三峡古文化遗址群和成都平原古文化遗址群等重大发现。商周时期,蜀兵巴师,前歌后舞,参与武王伐纣;秦汉而降,巴蜀的地利和物产,更是统一全国和周济天下名副其实的天然府库。

在祖国大一统的文化格局中,巴蜀以其丰富的自然资源和人文环境,哺育出一批又一批杰出人物和"蜀学"精英,既有司马相如、陈子昂、李白、苏轼、张问陶、巴金等文学家,扬雄、卫元嵩、李鼎祚、房审权、来知德等易学家,张栻、唐甄、吴虞等思想家,陈寿、常璩、李焘、李心传、刘咸炘、郭沫若、蒙文通等史学家,魏了翁、虞集、杨慎、李调元、谢无量等著名博学之士,杨锐、刘光第、廖平、宋育仁等改良派学者,严遵、郑子真、赵蕤等大德隐士,张道陵、张鲁、宗密、马祖道一、杜光庭、王恩洋等宗教学家,李阳冰、文同、杨朝英、王光祈、张善子、张大千等艺术家,马一浮、唐君毅、贺麟等现代新儒家;还有张澜、邹容、张培爵、朱之洪、杨沧北、熊克武、黄复生等辛亥首义人物,朱德、邓小平、吴玉章、聂荣臻、陈毅、刘伯承等革命家。他们皆卓然振起,以天下为己任,既创造了辉煌灿烂的思想文化,也推动了中国社会历史的巨大变革,真是杰才秀士,代有其人。

四川是文化大省,也是文献富省,历代学人为我们留下了汗牛充栋、丰富多彩的文献典籍。这些文献不仅数量庞大、内涵丰富,而且风格各异、形式多样。大而言之,遍及经史子集;细而言之,则有诗词歌赋、注疏撰录、正史逸闻,与乎书画碑帖,无不诸体皆备,各呈意态。举凡政治之兴替、经济之发展、文化之繁荣、军事之谋略、社会之变革,以及思想学术之精妙、高人韵士之风雅、地理民族之风貌、民风民俗之奇异,应有尽有,多彩多姿。它们既是巴蜀文化的载体,也是中华文明的重要组成部分。它们既是巴蜀文化的历史记录,也是巴蜀学人在各个文化领域进行研究、思索和创新过程及其成就的集中展示。这些或由巴蜀学人所著、或记录巴蜀文化的文献,我们概命之为"巴蜀

---

① (晋)常璩:《华阳国志·蜀志》,巴蜀书社1984年刘琳校注本。下引同此。其后例同,不再出注。

文献"。

　　巴蜀文献不仅记载了巴蜀固有的历史文化信息，而且也为更形象生动地展示这些信息创造了丰富多彩的著述形式，这些不断创造中的文献成果，本身也在不断丰富和发展着巴蜀文化的内容和形象。研究巴蜀文化，固当首先关注和研究巴蜀文献，从中梳理和摘取巴蜀文化研究的历史素材；同时，要全面地审视巴蜀文化，又不能不将丰富多彩的巴蜀文献纳入研究和探索的对象，因为巴蜀文献本身也是构成巴蜀文化的镜像。在这里，巴蜀文献实兼有文明载体和文化主体的双重含义。

　　研究巴蜀文化应当对巴蜀文献给予必要关注，这既是因为历史研究首先必须解决史料问题，文献就是史料最为集中的载体；同时巴蜀历代学人长于著述、富于藏书，这种历史现象又决定了文化研究必须将文献纳入专项考察之中，将巴蜀文献作为巴蜀文化的组成部分。本书实兼"史料学""文献学"二任，一方面来自"史料学"的任务，是为读者介绍更多的文化要籍，为学者从事专题研究提供更多的目录索引，这就要求尽可能多地揭示各书蕴含的历史文化资料，从而为读者提供读书门径和入门方便。另一方面又要体现"文献学"的价值，试图给读者清晰地展现出巴蜀文献发展和演变的历史轨迹，特别是各种书籍在编纂学上的继承与创新，揭示它们在承载与宣传历史文化方面所采用的编纂方法和独特创意，为读者提供游文与赏鉴的范本和学习与创新的典范。

二、巴蜀文献，源远流长

　　从历史的延续性和转折性上考察，巴蜀学术与文献的发展，大致呈现出六个大的阶段：从先秦时期学术萌芽、两汉时期蜀学初盛，经魏晋南北朝至隋唐五代是巴蜀学术持续发展的时期，两宋则是蜀学与文献的极盛时期；进入元明和清初巴蜀学术文献相对低迷，至于晚清及民国时期"蜀学"又迎来了昌明时代，巴蜀文献也数量激增，影响增大。

　　先秦的巴蜀学术和文献尚处于萌芽状态。考古发现的距今四五千年的成都古城遗址群、三星堆祭祀坑及青铜器、金沙玉器和金器，都显示出极高的建筑水平、艺术造诣和精神诉求，表明巴蜀地区很早就进入了文明状态；在巴蜀及其附近地区出土的春秋战国兵器所带刻符，表明巴蜀地区早在三千年前就已拥有自己的文字，可惜至今仍无法释读。文献记载"三皇五帝"曾与巴蜀先民发生过多种联系；而"生于石纽"（《孟子》佚文）、"兴于西羌"（《史记》）的大禹，曾得"《洪范》九畴"（《尚书·洪范》），继承"伏羲氏《河图》"演绎为《连山》之易（《山海经》佚文）。禹所娶涂山氏女（古江州——今重庆人）曾作"候人兮猗"的"南音"，周公、召公取法此音"以为《周南》《召南》"（《吕氏春秋·音初》）。西周"江阳（今泸州）人"尹吉甫善作诗，今《诗经》中"《大雅·崧高》《韩奕》《江汉》《烝民》四篇，尹吉甫作"（《蜀中广记》）等，虽在疑似之间，但至少说明巴蜀与中原在文化上互相影响、交往甚古。汉以来流传的《山海经》系"禹使益疏记"的说法，经今人考订证明：《海内经》四篇出自蜀人，《大荒经》五篇出自巴人，《五藏山经》和《海外经》四篇出自受巴蜀文化影响的楚人（蒙文通说），可视为巴蜀文献传世之最早者。至如周秦之"迁客"苌弘、尸佼等，亦有书籍留于蜀中，他们所擅长的"天数"与"杂家"之学也影响了巴蜀文化和学术的发展。

汉初崇尚"无为"而治，加之巴蜀特殊的地理气候和文化传统，使仙道修炼、黄老学说以及儒家经学都在巴蜀得到传播和演变。文帝时，修仙道之术的胡安在邛州"居白鹤山传经"，司马相如曾从之学《易》（《益部耆旧传》佚文）；景帝时，相如为武骑常侍，已凭借其铺张扬厉的大赋称雄当代。景帝末年文翁入蜀，在成都设立学校，遣张叔（宽）等十八人前往长安从博士学习"七经"，归来教授，推行儒化。蜀士欣欣向学，"学徒鳞比"，正式形成"蜀学"，史书有"蜀学比于齐鲁"（《三国志·蜀书·秦宓传》）之称。这一做法后来得到汉武帝的赞赏，遂"令天下郡国皆立学校官"（《汉书·循吏传》），加速了儒学向基层的传播。汉代"蜀学"初盛，而以经学、小学、文学见长。"汉赋四家"蜀据其三，相如、王褒、扬雄皆其巨擘，《汉书·地理志》有相如、王褒、严遵、扬雄"文章冠天下"的说法。蜀中"易学"（有胡安、赵宾、严遵、扬雄）、"天学"（有落下闳制《太初历》）、"训诂学"（有司马相如《凡将》、犍为文学《尔雅注》、林闾翁孺传"輶轩语"、扬雄《训纂》《方言》），都居全国首位，初步奠定"蜀儒文章冠天下""易学在蜀""天数在蜀""小学在蜀"的基础。这一传统一直持续到东汉，在全国率先涌现出一批文化世家、世代公卿、忠臣孝子和烈士贞女，在历史上形成了"蜀学"的第一个高潮。东汉末蜀郡太守高眹于石室旁建周公礼殿，形成全国首个"庙学合一"典制。

三国时期，天下三分，既而南北对峙，戎马生郊，民生维艰，但巴蜀在文物上却得到持续发展。江左盛行"玄学""骈文"，蜀中却延续其《易》学和史学传统，产生了谯周之博学，蜀才、卫元嵩之《易》道，陈寿之《三国志》《益部耆旧传》和常璩之《华阳国志》等蜀献重典。隋唐一统为学术文化平稳发展带来契机，诗文、佛教、道教以及印刷术，蜀人都有上佳表现。如陈子昂、李白诗成一代风范。李鼎祚汇集汉以来35部《易》著以成《集解》，与前此孔颖达奉敕修纂的《周易正义》，分别从"象数"（李书）、"义理"（孔书）两方面统一了汉晋以来纷争不已的《易》学。赵蕤融通三教、涵纳百家撰成《长短经》，堪称古今奇书。至于道士王玄览，高僧马祖道一、宗密，皆各著其书，发幽阐微，大倡宗风。晚唐、五代巴蜀的图书出版成绩卓著，后蜀宰相毋昭裔倡刻"石室十三经"，有经有注，碑越千数，堪称"石经"之最，儒家"十三经"体系于兹定型。毋氏还以雕版方法印行儒家经典、《文选》及类书，为五代、北宋"监本"树立了榜样。有别于中原的战争和离乱，在富乐的蜀中，墨客骚人得以自由抒发，吟咏性情，赋诗填词，促进了新文体——"词"的成熟，赵崇祚汇刊为《花间集》，成为宋词文献的先驱。

经隋唐五代长期积淀，至宋代蜀学进入第二次高潮。巴蜀雕版印刷十分发达，宋人有"雕印文字，唐以前无之，唐末益州始有墨板"（《猗觉寮杂记》《宋国史志》佚文）之说，杨慎亦谓"宋世书传，蜀本最善"，由政府主刻刊于成都的"开宝大藏经"达13万片，影响后世中华藏经编刻一千余年。宋代在巴蜀还诞生了一大批著名藏书家，成都经史阁、阆州蒲氏清风楼、眉山孙氏书楼、蒲江鹤山书院等，动辄藏书万卷，甚至10万卷（鹤山书院）；入蜀官员和文人雅士纷纷购置蜀版图书，以富其典藏（如井度、晁公武、陆游等）。

中唐以来兴起"古文运动"，代表人物"八大家"中有三家系蜀人（苏洵、苏轼、苏辙）。在经学上，陈抟、龙昌期、苏洵、苏轼、房审权、张栻、李心传、魏了翁等各撰《易》著，程颐称"《易》学在蜀"并非无据。巴蜀"史学"在宋代亦斐然成章，"三苏"史论，苏辙《古史》、范祖禹《唐鉴》（并助司马光修《资治通鉴》）、王称《东都事略》、李焘《续资治通鉴长编》、李心传《建炎以来系年要录》《建炎以来朝野杂记》、张从祖及李心传《总类国朝会要》等，成为当时史学之干城，刘咸炘因有"史学莫隆于蜀"之说。以"三苏"父子为代表的"蜀学"（著有学术著作《两苏经解》），与二程"洛学"（即理学）、王安石"新学"共同构成北宋学术三大主流。张栻、魏了翁都是南宋理学宗匠（魏有《九经要义》，张有《易说》《论语说》《孟子解》），张栻在传衍"蜀学"道脉、推动"湖湘学派"发展方面贡献独多；魏了翁与真德秀一道，解除学禁，促成"洛蜀会同""伪学（理学）解禁"，对朱子理学得到迅速传衍具有扭转乾坤的作用。

蜀中本多书画名家，自唐代中后期，内地战乱，玄宗、僖宗二帝入蜀，内地许多大画家（如孙佐、赵公祐、范琼等）随之入蜀避乱，与蜀中本土画师（如左全、黄荃等）一起，将中国绘画艺术推到一个新高峰，以成都为中心的巴蜀地区成为唐宋时期中国画艺的中心。他们在蜀中廨宇寺观壁上留下了大量名画手迹，其中尤以成都大圣慈寺成为名画荟萃的圣殿。哲宗时李之纯到成都，作《大圣慈寺堂记》云："举天下之言唐画者莫如成都之多，就成都较之莫如大慈寺之盛。"文中统计，寺塑以绘佛教人物达22000余，佛会经验变相158堵。可见大慈寺塑画之规模超过敦煌石窟（其详可参《益州名画录》等，李之纯文见《成都文类》卷四五）[①]。

在医药学领域，医界素有"川药""蜀医"之称，唐代蜀医昝殷撰《经效产宝》，成为人类历史上第一部妇产学专著；严龟《食法》、昝殷《食医心鉴》则是最早食医著作；梅彪《石药尔雅》仿《尔雅》之例解释中药性味；祖籍波斯、定居蜀中的李珣撰《海药本草》，是第一部海外药物学专著；孟蜀韩升《蜀本草》首创给药物配图的方法。至宋，唐慎微在前述诸书基础上撰《证类本草》，成为第一部将药物学与方剂学结合的医书；峨眉女医还发明了人工接种流痘预防天花（见《医宗金鉴》）技术。在科技上，王灼《糖霜谱》是世界上第一部记载甘蔗制糖工艺专著；秦九韶《数书九章》的代数运算法领先世界相同领域500年。

宋末元初，由于宋蒙（元）长期战争，川陕一带破坏尤烈，文物被毁，文翁石室长期关闭，直到元末才得以恢复，元代蜀学因以不振。当时知名的"蜀学"人物，大多是流寓外地的巴蜀学人后人，如祖籍资州（今资中）的"经学家"黄泽居江州（今江西九江）；与郝经、吴澄同称"三贤"的导江（今都江堰）人张䇓居金华；处"元诗四大家"之首的仁寿人虞集居崇仁（今属江西）；书法家、文学家绵州（今绵阳）人邓文原居杭州；苏轼九世孙苏伯衡居金华；与高启、张羽同为"吴中四杰"的嘉州（今乐山）人杨基亦久居吴中等。

---

① 参刘琳：《唐宋之际北人入蜀与四川文化的发展》，《中古泥鸿》，巴蜀书社1999年版。

明初除元遗民苏伯衡、杨基、徐贲等人稍有事迹可陈外，在当时具有影响的学术（如理学、元曲等）中，皆缺乏蜀人的身影。这一状况直到正德时新都人杨廷和为首辅（宰相）、其子杨慎高中状元后才有改观。蜀人熊过、任瀚跻身"嘉靖八才子"，还有"西蜀四大家"（杨慎、赵贞吉、熊过、任瀚）驰声学林。可惜不久即因"大礼议"牵连，杨廷和被罢相家居，杨慎被廷杖远放，"蜀学"于是旋兴旋萎。幸有杨慎撰书400余种（今存140余部），号称"著述之富明代第一"；来知德撰《周易集注》，以"错综"法振起《易》学；明代末年，又有达州唐甄撰《潜书》，大胆斥责专制君主，颇具民主意识，被章太炎誉为"上继孟荀、下启戴震"的思想家（《章氏丛书·文录·征信论上》）。

明末清初，四川连年战乱，城市丘墟，学术荒芜。康熙时于文翁石室遗址重建锦江书院，"蜀学"才稍有复苏。不过，我们虽然考得清初巴蜀文献有700种之多，然具全国影响者仅有彭（端淑）、张（问陶）、费氏（经虞、密、锡璜、锡琮）、李氏（化楠、调元、鼎元）诸家。彭端淑功名诗文俱佳；张问陶"诗书画三绝"；费氏祖孙三世传经；三李父子举皆博学，为文献故家。其中李调元尤拔乎其萃，所刻《函海》为当时巴蜀文献整理之冠。但在清儒擅长的辞章、义理、考据三大领域，蜀人"曾无一人达于国史，以列诸《儒林》《文苑》者"①，蜀学于兹疲软已极！光绪初尊经书院建立，才改变了这一状况。

张之洞在成都创尊经书院，以"绍先哲，起蜀学"为号召，王闿运以经学、辞章为其师，晚清"蜀学"于是绍汉继宋，进入第三个高度发达期。蜀学因应时势，摒弃"八股"时文，注重原典研习；提倡"通经致用"，推崇"中体西用"。沿着张之洞启示的"自小学而入经学""自经学而入史学""自经学史学而入辞章""自经学史学而兼经济"的道路前行，晚清巴蜀学人（如杨锐、刘光第、骆成骧、廖平、宋育仁、吴之英、张森楷等），在考据、义理、辞章、政事、德行诸方面，皆能卓然振起，焕然成章。近代"蜀学"严格区分"今文""古文"，顺应清儒"以复古求解放"潮流，在前辈学人复古的最高点——东汉"许郑之学"上，成功推进到西汉"今古文学"阶段；驯致脱却一切师法、家法，回溯至先秦"子学""古史"时代，最终实现学术研究的大解放。"蜀学"比肩"湘学"，推动晚清中国经学发展至新阶段。钱基博说：

---

① （清）戴纶喆：《四川儒林文苑传·引首》，四川大学《儒藏》史部《儒林史传》第79册，四川大学出版社2008年版。

"五十年来学风之变,其机发自湘之王闿运,由湘而蜀(廖平),由蜀而粤(康有为、梁启超),而皖(胡适、陈独秀),以汇合于蜀(吴虞)。"促成了传统经学向现代学术转型。冯友兰《中国哲学史》将蜀学代表人物廖平列为"经学时代"的殿军;李学勤又视"湘学""蜀学"为晚清学术的两大"重心"。这一传统在继起的张澜、吴玉章、郭沫若、蒙文通等学人身上体现得尤为突出。

三、巴风蜀韵,萃兹一编

本书从浩瀚的巴蜀文献中选录600余种重要典籍,予以分类介绍。在选择这些书目时,我们比较集中地考虑了以下三个要素:

首先是研究或记载巴蜀文化的著作。此类典籍无论是不是蜀人所作,都是巴蜀的历史记录和文化载体,也是今天研究巴蜀文化必不可少的资料。如《三国志》之《蜀书》,《华阳国志》之《巴志》《蜀志》《先主、后主志》《四李志》等,它们既是有关巴蜀历史的重要记录,也是出自巴蜀学人之手的经典著作,它们入选"巴蜀文献要籍"自然没有任何疑义;即如陆游之《入蜀记》、范成大之《吴船录》、曹学佺之《蜀中广记》、王士禛之《蜀道驿程记》《秦蜀驿程记》,它们的作者虽非蜀人,但它们的内容记载的则是地道的巴蜀文化,对于巴蜀历史文化的研究,自然也是不能缺少的,它们的入选是理所当然的。似此之类巴蜀文化的直接"载体",对于它们的清理和研究,正是巴蜀历史文化研究"史料学"的要求。

其二是能够反映巴蜀文化的发展状况,特别是反映巴蜀地区思想学术的演进历程,反映历代巴蜀学人的学术成就和历史贡献,也就是反映"蜀学"的历史。如扬雄之《太玄》、李鼎祚之《周易集解》、苏轼之《苏氏易传》、来知德之《周易集解》,这些书的内容虽然都不直接讲巴蜀历史问题,但是却是巴蜀学人研究《易》学的智慧结晶,是对程颐"易学在蜀"的最好诠释。又如,司马相如、扬雄之辞赋,陈子昂、李白之诗篇,"三苏"(洵、轼、辙)、二杨(廷和、升庵)之道德文章,其内容虽然不以巴蜀历史文化为主,但是它们的作者却是巴山蜀水、巴风蜀韵孕育出来的文化精英和文学巨擘,他们的文章作品入选本书,正可体现出巴蜀文化的无穷魅力和丰富内涵。至于苏辙之《古史》、范祖禹之《唐鉴》、王称之《东都事略》、李焘之《续资治通鉴长编》、李心传之《建炎以来系年要录》《建炎以来朝野杂记》，其主体内容也不在于记录巴蜀史事，但是这些书正好可以反映巴蜀学人的史学成就。又如扬雄之《方言》、唐慎微之《证类本草》、秦九韶之《数书九章》、王灼之《糖霜谱》，虽然也不是巴蜀文化的直接记录，但却具有当时世界第一、中国唯一的文化价值，实可展现"蜀学"绚丽多姿的风貌。此类文献实为蜀学的"主体"，对它们的关注和研究，也是研究蜀学发展史之"史料学"的任务！

其三是着意选录体例创新、影响较大的文献。巴蜀学人往往具有创新精神，敢为天下先，勇为天下创，许多文化成果具有倡始意义，本书对于此类文献也给予了充分关注。因为这些由巴蜀学人首创的文体和文献，本身就是巴蜀文化的重要内容和特别现象，是研究巴蜀文化决不容许忽略的。如司马相如首创"铺张扬厉""劝百讽一"的大赋，扬雄首拟《易经》《论语》而作《太玄》《法言》，首继"辂轩语"而著《方言》，常璩《华阳国志》首创系统的方志体，赵崇祚《花间集》首辑婉约词，苏轼《东坡乐府》首开豪放风，杜大珪《名臣碑传琬琰集》首辑"碑传体"，以及唐甄《潜书》首开"启蒙思潮"，李调元《函海》首辑巴蜀丛书，廖平《今古学考》首揭经今古学之秘，凡此种种，都是巴蜀文化史上的奇观，也是中华文化史上的瑰宝。在它们的启导和影响下，在全国又衍生出许许多多的同类文献，此类原创性文献理所当然地成了同类文献的原创性"典范"（或母体），引领着相关领域学术文化的发展方向。此类特殊文献，也是巴蜀文化的闪光体，对它们的关注和研究，应当成为巴蜀文化中"文章学""文献学"或"学术史"的研究内容，也应当成为"巴蜀文化"的重要组成部分。

总之，本书选录的文献，可以归结为以下三类：直接记录巴蜀文化的"载体"性文献，直接反映蜀学成就的"主体"性文献，直接表现巴蜀学人创新精神的原创性文献。我们希望通过对这三类文献的研究和介绍，基本完成巴蜀文化研究所寄予的"史料学""文献学"任务，也部分地实现其"文化学"的功能。

图书分类是"辨章学术，考镜源流"的工作，也是"即类求书，因书就学"的尝试。凡稍知学术渊源、稍具目录学知识者，无不希望通过目录编纂来循流以溯源、提纲以振目。故殷人有"册""典"之分（《尚书·多士》）、卜辞分编之法，周人亦有"国史"和"方志"（《周礼·小史》）之异。至于春秋之世，周人、晋人有《诗》《书》《礼》《乐》"四术"，楚人另增《春秋》《令》《语》《故志》《训典》（《国语·楚语》）数种。及乎孔氏，乃

"修六经""缵十二经"（《庄子·天下》《天运》），其实也就是将古代文献分成《诗》《书》《礼》《乐》《易》《春秋》六类，突出其主题意义，使之从旧史文献脱胎出来成为经典文献。

此外，《庄子·天下》篇之述"旧史""道术""诸子"之分，《荀子》之《非十二子》，太史公司马谈之述《六家要旨》，《淮南子》之述《要略》，司马迁之著《自序》，此皆考镜诸子之旨趣、辨章学术之源流。及于西汉成帝时，刘向、刘歆父子典校群籍，"每一书已，（刘）向辄条其篇目，撮其指意，录而奏之"①，是为《别录》，此即"辨章学术"之事。最后又由刘歆"领校群书"而类编之，以成《七略》。《七略》是中国历史上，也是人类历史上第一部以系统分类方式来著录古今图书的目录学著作，共有辑略、六艺略、诸子略、诗赋略、兵书略、术数略、方技略七部分，其中《辑略》为叙论，实分图书凡六类——此则"考镜源流"之业。《别录》《七略》既对每一种图书的作者、内容及其真伪、优劣进行了全面评介，又对每一种图书的门类、归属进行了系统的分门别类处理。通过《别录》《七略》，我们不仅可以根据书名提要见到每种图书个体的内容和作者的风貌，而且可以根据分类著录看出图书的整体阵容和各门学术的发展演变。这是一部检索书籍十分方便的目录书，也是了解学术演进源流的系统的学术史，其工具性和学术性都得到了很好的兼顾。因此清人说："不通《汉书·艺文志》，不可以读天下书。"（金榜语）

王俭《七志》、阮孝绪《七录》复倡"七分"，荀勖《中经新簿》和《隋书·经籍志》又创"四部"，类例更明，分门更细。其后公私书目，或从或违；类聚群分，或增或减，皆踵事增华，虽后出弥精，实渊源有自。

类例既明，学术爱兴。这种以分类著录、提要介绍的形式来记述图书的方法，既使中国古代图书得到系统著录和介绍，也使中华传统学术因之得到梳理和传承。

因此郑樵说："学之不专者为书之不明也，书之不明者为类例之不分也。有专门之书则有专门之学，有专门之学则有世守之能。"②可见，科学分类对于优秀目录来说是必不可少的，对于学术传承和发展来说更是至关重要。本着

---

① 《汉书·艺文志》。
② （宋）郑樵：《通志·校雠略一》，上海古籍出版社1990年《通志略》本。

这一精神,《巴蜀文献要览》秉承中国文献学的传统,运用目录学的方法,对所收录介绍的图书进行必要的分类。

首先我们将入选的巴蜀古文献,大类仍然采用经、史、子、集"四部"进行分类,其下再根据当前学术研究需要,进行新的组合。这是遵从传统文献分类方法,适应古代文献实际的需要,也是服务当代文化研究所做出的必要变通。

我们所说的"蜀学",无疑是以儒学为核心的蜀中学术,而儒学的主体无疑即是经学,所以《巴蜀文献要览》的经部诸书,实际上反映的正是"蜀学"的核心内容——儒学的研究及其成果。特别是其中的《易》类文献,更是"易学在蜀"命题的具体诠释。又如,自汉唐时期即有"蜀儒文章冠天下"之说,由大量别集(如《司马相如集》《扬子云集》《陈子昂集》《李白集》、苏洵《嘉祐集》、苏轼《东坡集》、苏辙《栾城集》、杨慎《升庵集》、李调元《童山集》等),和各种总集(如《花间集》《成都文类》《全蜀艺文志》等)构成的集部,正是巴蜀文章大雅的集中展示。至于所录史部诸书,则既是"史学莫隆于蜀"说的具体类聚,也是从浩如烟海的文献中寻觅巴蜀史料的目录索引。

在经、史、子、集四部之下,我们根据当代学术研究的需要,并结合历史文献的存佚情况,新拟了若干子目。其中经部、集部与古代目录分类区别不大,大致经部依经书而分,集部依别集、总集、诗文评而分。至于史部和子部,则根据具体需要在子目上做了新的分合。

如史部,我们将《山海经》《蜀王本纪》以下110余种史书分为"国史""巴蜀史""地理""民族"四类来著录:

"国史"类是全国性的,主要是反映历代巴蜀学人在治史方面,特别是在全国性史书编纂方面的成果,如《三国志》《续资治通鉴长编》《东都事略》《建炎以来系年要录》《建炎以来朝野杂记》等,虽然不以记载蜀事为主,却是蜀人在史学上的重要学术贡献。

"巴蜀史"类即是集中记录巴蜀历史和文化的史书,如《蜀王本纪》(辑本)、《益州记》(辑本)、《华阳国志》《蜀梼杌》《蜀鉴》《蜀中广记》《锦里新编》《蜀典》等,都是研究巴蜀历史必不可少的书籍。

"地理"类主要包括三种,一为记录蜀中山水的书籍,如《蜀水考》《蜀水经》、多种《峨眉山志》和《青城山志》等;二为游览巴蜀之作,如《入蜀记》《蜀道驿程记》等;三为地方志类,如精选部分有代表性的省志和县志。

"民族"类则是巴蜀及西南少数民族史料。

子部,我们共分"诸子""科技""笔记""宗教"四类:

"诸子"类即是传统意义上的子书及其研究著作,包括《老子指归》《长短经》《帝学》《道命录》《朱子语类》《学斋佔毕》《潜书》等。

"科技"类是反映古代巴蜀学人在方技和术数(犹今之科学、技术)方面成就的著作,如《糖霜谱》《数书九章》《蚕桑说》等;还包括部分"博物"类著作,如《续事始》《益部方物略记》等关于各类事物起源或趣事的考证和杂录之书;特别是"医药"类书籍,反映了巴蜀地区盛产优质中草药和自来医学发达、文献丰富的实际,如唐代《石药尔雅》《经效产宝》,五代《蜀本草》(辑本)、《玉函经》,宋代《苏沈良方》《证类本草》,以及清代《中西汇通医经精义》《四译馆医书二十四种》等。

"笔记"类略当于古之"小说家",而主要以名家笔记、逸人小品为主,如《东坡志林》《栾城遗言》《尾蔗丛谈》等。

"宗教"类则录宗教学著作,四川既是道教的创始之地,也是佛教南传与北传的汇聚点,唐宋以来中国化的禅学的中心,因此自古以来道教、佛教事业都十分发达,宗教文献也十分丰富。本类选录佛家《禅源诸诠集都序》、道家《老子想尔注》以下20来种著作。

通过以上分类,我们一则通过对巴蜀重要文献的有序著录,使之不至于漫无统纪,一盘散沙;二则通过对各类图书的介绍,展现巴蜀学人在各个领域的研究和创新成果,借以展示巴蜀文化的一个侧面。

为使读者对巴蜀文献的整体状况有全面的了解,对各类文献的学术源流有比较完整的认识,特别是对每种图书的内容结构有比较清晰的印象,我们仿照刘向、刘歆父子以来传统,特以"叙录"和"解题"(或"提要")的方式,在本书中设立概论、总叙以详巴蜀文献之总体发展,又设小序和提要等名目,以明巴蜀文献之个性特征。

本书共分六编,第一编是《巴蜀文献概论》,旨在说明巴蜀文献的整体概况,包括巴蜀文献的起源、流变和盛衰,巴蜀文献的数量、存佚和特色,历代对巴蜀文献的收藏和整理,以及本书所采取的分类方法等。

第二至六编依次是《巴蜀经部文献》《巴蜀史部文献》《巴蜀子部文献》《巴蜀集部文献》《民国以来巴蜀学术文献》。每一编都有总叙和小序,介绍该类学术的发展和演变,特别是该类文献的产生和积累,使读者在阅读该类图书之前，对该领域的学术史有一个大致了解。

对入选的每一种图书，我们都撰写了内容提要。这些提要的主体内容，大致包括以下几个方面：

一是作者之生平　"读其书者，可以想见其为人。"读者读一本书，首先想到的必然是希望了解该书的作者。因此，提要的第一项内容，便是关于作者的介绍。包括姓名、字号、籍贯、科第、师从、仕履、主要著述等，特别是大致勾勒其人的生平事业和著作成就，以为读者知人论世之助。

二是撰著之缘起　包括该书的创作背景及其撰著过程，特别是提供一些创作"本事"，可为读者了解和评价该书增加参考信息。

三是篇章之结构　揭示该书所采用或自创的体例，便于读者阅读时参考，从中体会其文献编纂学的价值。

四是内容之简介　揭示各书主要内容，特别是有关巴蜀文化的内容，以便学人选择利用。

五是学术之价值　包括该书在内容、观点方面的学术价值，在编纂学上的继承和创新，以及对后世的影响等。

六是版本之源流　探讨各书修成之后的刊刻与流传情况，并适当介绍各种版本的异同和优劣，为读者提供妥善选择底本的信息。

七是学术之渊源　在一些特殊文献的提要中，我们还适当补充了一些学术史特别是渊源流别等知识，以便读者通过该书提要对相关领域的知识有所了解，通过一组文献提要达到对整个领域历史和成就熟悉的目的。

八是悬疑之解释　对于一些存在争议和悬疑的书籍，提要也适当予以辨析，尽量为读者提供相对准确或比较全面的信息。

以上各项，力求其全，当然如果因文献不足征、史实已无考，一时无法妥善解决的问题，则姑存阙疑，以示谨慎。

郑樵曾经说过，好的图书分类可以达到"人守其学，学守其书，书守其类，人有存没而学不息，世有变故而书不亡"[①]的效果。这就是说如果类例明晰，部居清楚，图书分类，井井有条，图书的编次就不会搞错位置，也不会被遗失。学人就可以根据这个合理的分类和清晰的目录，来读书治学了。图书不亡，学术就不会中断，本书撰写时所做的种种努力也是受上述观点影响的。

---

① （宋）郑樵：《通志·校雠略一》。

本书既有《概论》介绍巴蜀文献的总体状况，有《总叙》和《小序》介绍各类文献的发展源流，又有《提要》介绍每一种图书的内容结构。这样就可以使读者对各种文献、各类图书，以及文献整体和学术流变，都有所了解和掌握。我们希望以这种"文献概论""类聚群分"与"专书提要"相结合的方式，起到"辨章学术，考镜源流"的学术史效果，实现"明体达变，触类旁通"的目录学功能，起到"即类求书，因书就学"等读书入门的作用，为学习和研究巴蜀文化提供些许帮助。

当然，对巴蜀古今文献进行全面的清理和研究，目前尚属首次；对巴蜀文献进行系统的分类和提要，更属初步尝试。其间或因经验不足，或因资料缺乏，特别是承担者学识不够、精力不足，在实现上述目标时必然存在重重阻碍。诸如对巴蜀要籍的选录是否得当，对巴蜀文献的分类是否合理，对各种图书的介绍是否准确，都有待读者来检验，也希望有识之士予以批评指正，以便在修订和重版时得以改进和提高。

第一章

巴蜀文献概论

要解决巴蜀文化研究中"史料学"的问题，首先必须具备一点"文献学"的知识。因为我们要想掌握巴蜀文化史料的分布情况，就必须首先知道巴蜀文献的整体面貌，必须先了解巴蜀文献的源流演变、数量存佚和内容特色。只有明白了巴蜀文献的总体概貌，才能选好巴蜀文献的要籍，也才能准确地进行分类和概述。源流明乃能观其变，总体清乃能识其要。鉴于此，本章首先将对巴蜀文献的发生、发展、演变，以及盛衰、存佚、收藏、整理等情况，特别是巴蜀文献的类别和特色，做一总体概述，以收到观其流变而识其会通、知其概貌而识其精要的效果。

第一节　"巴蜀文献"的范围

一般而言，"文献"一词，后世通常指文字记录的资料。但是稽之往籍，"文献"一词的内涵和外延却是非常广泛的。在古代汉语的用法中，"文献"一词实有广、狭二义：广义"文献"系指一切可资取证的资料，包括物质的和非物质的；狭义"文献"则专指用文字、图像记录的资料。

《论语·八佾》云："子曰：'夏礼吾能言之，杞不足征也；殷礼吾能言之，宋不足征也，文献不足故也。足，则吾能征之矣。'"郑玄注曰："献，犹贤也。我不以礼成之者，以此二国之君文章、贤才不足故也。"是郑玄以"文章"释"文"，以"贤才"释"献"。朱子《论语集注》又说："文，典籍也。献，贤也。"是朱子亦以"文"指文字资料，即物质资料；"献"指贤达之士的口传资料，即非物质资料。

我们要考察的巴蜀文献，是以文字、图像为记录手段的文献。由于巴蜀大地历史悠久，民族众多，讲巴蜀文献必然会涉及"少数民族文字文献"和"巴蜀古文字文献"的问题。关于少数民族文献，目前至少尚存藏文文献、彝文文献、纳西族文献、水族文献等种类，这当然是研究巴蜀文化特别是民族文化所不可或缺的重要史料，但是由于本书的分工（以汉语言文献为主），特别是承担者本人对民族文字的一无所知，所以这里只好暂时存而不论。至于在巴蜀地区是否存在古文字文献的问题，目前尚处于疑似之间，迄无定论。因此，我们讨论的巴蜀文献，必然是以汉语言为记录手段的文献。

至于巴蜀的范围，本书采用广义巴蜀说。《禹贡》有"华阳黑水为梁州"之分，华山之南，金沙江以北，为古梁州之地。上古时期，在这个区域内曾经活跃着数十个民族政权，其中最大的政权组织有二——巴和蜀。这两个政权（特别是蜀）历史悠久、势力强大，曾被视为"西辟之国，而戎狄之长"[①]，是西南地区少数民族（西南夷）政权的首领[②]，于是我们将这个区域都称为"巴蜀"。用今天的行政区域来划分，包括今天四川和重庆全境、陕西南部的汉中地区、甘肃南部地区、湖北西部地区、贵州西北部地区、云南北部地区。古代在这个区域产生的文献，或记载和研究这一区域的文献，我们都视之为"巴蜀文献"。

至于本书的取材时限，重点在于古代的巴蜀文献。为了叙事方便，我们将1911年辛亥革命以前的时段统称为"古代"，凡在这个时期内产生的巴蜀文献，都是我们关注和研究的重点。同时为给读者提供了解"巴蜀文化"研究成果和现状的方便，我们又酌情介绍辛亥以后学人汇录和研究古代巴蜀历史文化的文献，特别是民国以来在巴蜀地区从事考古发掘和学术研究所产生的文献，也是我们必须讨论的话题。

第二节　巴蜀古文献的起源

一、关于蜀人"不晓文字"的问题

最早言及巴蜀文献产生的是扬雄，相传他撰有《蜀王本纪》，其中有云：

> 蜀王之先，名蚕丛、柏濩、鱼凫、蒲泽、开明。是时人萌椎髻左言，不晓文字，未有礼乐。[③]

---

① 张仪语，见《战国策·秦策》，中华书局1990年何建章注释本。
② 参《史记·西南夷列传》。
③ （汉）扬雄：《蜀王本纪》，《璧经堂丛书》本。

这里说，蜀国的先王时期（从蚕丛至开明）都是"不晓文字""未有礼乐"的，实在令人不解。常璩《华阳国志·叙志》对此说就曾提出过辩驳，他举例说，在殷商时代，巴蜀就出了个彭祖，曾做殷人太史，"史"者"从右持中"，即操觚记录也，既做太史，就不能没有文化。周代巴蜀服事于秦，也有不少峨冠文冕之人，他们不可能不懂得礼乐，等等。

《蜀王本纪》所说蜀人不晓的"文字"到底是指什么文字呢？是巴蜀古文字，还是汉语言文字？扬雄这里所说的"左言""不晓文字""未有礼乐"，都是从中原文化（或华夏文化、礼乐文明）的角度看问题的，其是否识"字"知"礼"也应当是以华夏文明为标准的。因此有人就解释说：主谓语颠倒叫"左言"；独体为"文"、合体为"字"，扬雄所言"文字"正是汉字；"礼乐"作为一种制度或规范来强调，当然是儒家的专利，是以"仁义"为内涵的儒家文化。在颇重文化标志的上古社会，中原人士常常将不合乎华夏文化标准的人和事，谓之为"左"，为"不晓"，为"未有"。犹之乎楚之文化并不低，楚王熊渠仍然自称："我蛮夷也，不与中国之号谥。"①在地缘阻隔、信息罕通的上古社会，独居一隅的蜀人以及楚人，有自己的风俗习惯和文化体系，对华夏文明不太知晓，甚至排斥，也是情理之中的事情，是情有可原的。时至战国后期（前316），张仪还斥蜀为"西僻之国而戎狄之长"，其情其理皆可知矣。那么，扬雄说巴蜀古人"不晓文字""未有礼乐"也不能说完全不是事实。

不过，巴蜀既然有历史悠久的古文化，也有自成体系的古文明，那么它有没有自创一套与中原文字、礼乐不同的文字和文明体系呢？经过近些年的考古发现，特别是三星堆的青铜器和玉器、金沙的金器，已经证明巴蜀有自己高度发达的冶炼技术、铸造工艺、审美意识和宗教信仰，我们可称之为"巴蜀礼乐"（但并非儒家代表的"华夏礼乐"）、"巴蜀文明"（而非中原的三代文明）。因此，关于巴蜀是否有自己一套文明这一问题，我们的回答是肯定的。

至于巴蜀是否存在"古文字"，随着研究工作的深入，答案也逐渐明朗起来。近代以来，在巴蜀或靠近巴蜀的地区所出土的巴蜀青铜兵器、乐器、礼器、生活用器以及铜、石等印章和其他器物上，每每可见刻画或铸造在上面的各种并非纹饰和图案的符号。早在1942年卫聚贤就发表《巴蜀文化》一文，第

---

① 《史记·楚世家》。

一次提出"巴蜀文化"的概念，该文还认为这些符号是"巴蜀文字"。1960年以四川省博物馆集体名义发表的《四川船棺葬发掘报告》中也披露，在船棺葬上也存在两类"巴蜀文字"：一类是"与铜兵器上的铸文相同"的"符号"，另一类则是"似汉字而又非汉字"的文字。

数十年来，随着文物考古工作的进展，大批巴蜀古物出土，西起成都平原（郫县张家碾、郫县独柏树、战国新都马家大墓、广汉三星堆遗址和成都十二桥），东至重庆市涪陵（小田溪）、万县（新田），东南到湖南省常德（26号战国墓），在如此广大的地域内，都发现了与汉字类似却又不一样的巴蜀符号，其时代大致相当于春秋至战国末期。据学人初步统计，"巴蜀符号的单符已发现100余种，成组的复合符号已发现200余种"[①]。不过它们代表什么意思，其中反映多少巴蜀文化信息，目前尚不得而知。

寻找巴蜀古文字文献的工作，仍然是个任重而道远的课题，也是需要广大考古工作者和文献工作者继续探索的伟大事业[②]。如果这一难题得以攻克，无疑将从中发掘出不少古蜀文明的信息。不过，在教育还不普及的远古时代，巴蜀古文字即使存在，恐怕也只为少数人或神职人员（如羌族之巫师、水族之端公、彝族之毕摩）所掌握和使用，其所记载的内容也无非事鬼敬神之类，对民生和民俗、历史与文化到底有多少反映，可能也是有限的。因此我们研究巴蜀历史文化，目前仍然主要依靠汉文文献。本章所要讨论的，即主要还是用汉语言文字记录的巴蜀文献。

《战国策·秦策》载，秦惠文王后元九年（周慎靓王五年，前316）张仪说"今夫蜀，西辟之国而戎狄之长"；《汉书·地理志》亦述"武都地杂氐、

---

① 李复华、王家佑：《关于巴蜀图语的几点看法》，载《贵州民族研究》1984年第4期。
② 关于巴蜀古文字的信息，还可详参：李复华：《四川郫县红光公社出土战国铜器》，载《文物》1976年第10期；童恩正、龚廷万：《从四川两件铜戈上的铭文看秦灭巴蜀后统一文字的进步措施》，载《文物》1976年第7期；刘瑛：《巴蜀兵器及其纹饰符号》，载《文物资料丛刊》1983年第7期；又《四川郫县发现战国船棺葬》，载《考古》1980年第6期；杨桦：《湖南常德德山楚墓发掘报告》，载《考古》1963年第9期；魏学峰：《古蜀地存在过拼音文字质疑——兼论巴蜀文字的性质》，载《四川文物》1989年第6期；冯广宏：《巴蜀古文字的破译途径》，载《文史杂志》2000年第2期；又《巴蜀文字的期待（一）》，载《文史杂志》2004年第1期；又《巴蜀文字探究和释读》，载《成都理工大学学报》2004年第3期；董其祥：《巴蜀文字的探讨》，载《西南师范大学学报》1989年第3期；刘道军：《巴蜀文字研究的回顾和展望》，载《黑龙江民族丛刊》2007年第6期；等等。

羌，及犍为、牂柯、越巂，皆西南外夷，武帝初开置，民俗略与巴蜀同"。据此来看，巴蜀有自己的发展序列，其风俗同于西南夷，而与中原或关中颇异。即或如此，我们也不能排除巴蜀地区曾经局部地接触华夏（或汉）文化，产生汉语文献的可能；更不排除巴蜀文化影响中原或关中地区，使巴蜀的历史文化在汉语言文献中得到记载并得以保存的可能。

二、早期巴蜀的身影

《世本》佚文与《蜀王本纪》皆说"蜀之先肇于人皇之际"，是"天皇、地皇、人皇"的后裔。又说："蜀无姓，相承云黄帝后。"可见蜀与黄帝也有联系。《史记·五帝本纪》说黄帝娶西陵氏之女嫘祖，生二子，"青阳降居江水"，"昌意降居若水"。《大戴礼记·帝系姓》说：黄帝之子"昌意取于蜀山氏"。汉唐人注：江水即岷江，若水即大渡河。西陵氏和蜀山氏，都在岷江上游地区。说明古蜀人与黄帝族是互婚的联姻集团。

《吴越春秋》说，"鲧娶于有莘氏之女，名曰女嬉。年壮未孳，嬉于砥山，得薏苡而吞之，……剖胁而产高密，家于西羌，地曰石纽。石纽在蜀西川也"。《世本》说"禹娶于涂山氏"，涂山在江州，即今重庆，重庆为古巴国首都。《竹书纪年》也说："桀伐岷山，得女二人，曰琬曰琰。"周原、殷卜，俱有"蜀人"。武王伐纣，蜀作为"西土八国"之一，会师于商郊牧野。看来，从"五帝"到"三王"时期，巴蜀之人都与中原华夏有联系，甚至有联姻。

后来"周失纲纪，蜀先称王"①；秦厉公二年，"蜀人来赂"②等，是春秋战国时期蜀人与中原发生联系的记录。

《山海经·海内南经》说："夏后启之臣曰孟涂，是司神于巴。"从夏朝开始，中原王朝已在巴国设官僚以佐其治理。武王伐纣，巴人亦参加牧野之战，史称"巴师勇锐，前歌后舞"；武王既得天下，"〔封〕其宗姬于巴"③，巴地亦接受了中原文化。春秋之世，巴人与楚人时时战争，接触更多。在这许多与中原的接触或征战中，巴蜀文化不能不受中原影响，巴蜀文化也不可能不影响中原，巴蜀的早期历史文化也就有可能在汉语言文献中有所反

---

① （晋）常璩：《华阳国志》卷三《蜀志》。
② 《史记·秦本纪》。
③ （晋）常璩：《华阳国志》卷一《巴志》。

映。因此本节将对早期汉语言的巴蜀文献作一蠡测管窥。

关于巴蜀汉文文献的起源，前贤吴福连曾说："昔大禹有'同天'之谟，吉甫有'清风'之诵；风人采《诗》于江沱，瞿上受经于洙泗。蜀之艺文，由来尚矣！"①将巴蜀文献追溯到大禹、《诗经》和孔门时代。其中《大禹谟》系伪《古文尚书》，举此为证不妥；商瞿受《易》于孔子虽真，但他是否为蜀人还有争议。其他吉甫之诵、江沱之诗，都似乎可以信据。

谢无量《蜀学原始论》②甚至提出"蜀有学，先于中国"之说。"中国"即中原和关中地区。大意谓，"禹受《洛书》乃制《洪范》"，而"《洪范》于儒家众说，范围而不过，实自禹起"；又说"《连山》禹制之"，而《连山》又居"三易"之首。可见儒家所推尊的《尚书》和《易经》（特别是其中蕴含的"五行""阴阳"观念）都始自大禹。

又说，"《道藏》数千卷，首著《度人经》"，《度人经》相传就是"峨眉天真皇人"传授给黄帝的最早道教文献。天真皇人是道教之祖，《度人经》列为道教最早经典，以"清净修身为本"，《道德经》不过是它的绪余流裔。是道家经典也始于蜀中，为后来道教在蜀中的创立打下了基础。

又说，《山海经》载"广都之野，其民播琴"，广都③，即今四川双流，是古蜀三都（成都、广都、新都）之一。"琴"，清人毕沅解释为"种"，无据；谢无量解释为琴瑟之"琴"，"播"即表演，义合上下文。如此则是爱好音乐乃巴蜀传统，所以后来汉、晋乐歌都推崇《巴渝》之曲。

又说，大禹娶于涂山（在今重庆），涂山氏因思念治水在外的大禹，于是制作"南音"，这是诗歌的开始。后来屈原（生于秭归，古属巫山）即据"南音"造作《骚》体文学。

又说，尹吉甫为周卿士，创作多首颂诗，今天还保存在《诗经·国风》中，尹吉甫相传是江阳人，江阳即今泸州。由此可证，中国上古音乐、骚赋、诗歌等文学艺术都源出巴蜀。

谢先生这么说，有没有道理，有没有依据呢？考之文献，除了《度人经》

---

① 吴福连：《拟四川艺文志序》，《尊经书院初集》卷九，光绪成都刻本；又收入赵所生、薛正兴主编：《中国历代书院志》第16册，江苏教育出版社1995年版。
② 谢无量：《蜀学原始论》，载四川国学院《国学杂志》第6号，1913年2月；又转载于中央文史研究馆编：《崇文集——中央文史研究馆馆员文选》，中华书局1999年版。
③ 原文作"都广"，校者以为系"广都"在流传中的误倒。

本出于唐代以后，说它是黄帝时作品事属渺茫，难于征实；此外其他诸事皆确有理据，并非无稽之谈。孟子称："禹生石纽，西夷人也。"①《史记·六国年表序》亦曰"禹兴于西羌"，谯周《蜀本纪》亦谓"禹本汶山广柔县人也，生于石纽，其地名刳儿坪"。石纽、刳儿坪在今汶川和北川都有遗迹。禹既是蜀人，禹之事即蜀之事也。上古文献，莫早于《易》卦阴阳，莫奇于《洪范》五行。《易·系辞》述《易》之起源时说："河出图，洛出书，圣人则之。"圣人是谁呢？相传即伏羲、大禹是也。汉人说："伏羲氏继天而王，受《河图》，则而画之，八卦是也；禹治洪水，赐《洛书》，法而陈之，《洪范》是也。"②张衡《东京赋》也说："龙图授羲，龟书畀姒。"羲即伏羲，姒即禹姓。都说上古之世，黄河出"龙图"，洛水出"龟书"，伏羲根据龙图造成了八卦，是即《易》的起源；禹根据龟书造成了《洪范》，后来箕子向武王所陈《洪范》，即来源于大禹。《尚书·洪范》序载箕子之言说："天乃锡禹《洪范》九畴，彝伦攸叙。"洪者大也，范者法也，用今天的话说，《洪范》即是大经大法，是治国的"大宪章"。禹得到了"天锡"《洪范》九畴，才使民间日常伦叙得到规范和条理。根据箕子所陈，"九畴"即是九类治世理民的大原则："初一曰五行，次二曰敬用五事，次三曰农用八政，次四曰协用五纪，次五曰建用皇极，次六曰乂用三德，次七曰明用稽疑，次八曰念用庶征，次九曰向用五福、威用六极。"

五行是讲水、火、土、金、木五种物质的特性和功能，五事是讲人的五种感觉和思维，八政是讲政治的八个要务，五纪是讲五种天象历法，皇极是讲为君之道，三德是讲三种美德，稽疑是讲处理疑难问题的方法，庶征是讲预示吉凶的气象，五福是讲人有善德将获五种福祉，六极是讲人有恶行将受六种灾殃，"九畴"涉及面相当广泛。每一种下面还有许多具体的说明，也都是先民的经验总结和政治智慧的结晶，如果这真出禹之所传，那禹肯定是具有极高智慧的。所以当武王听完箕子所陈后，非常高兴，立即"封箕子于朝鲜，而不臣也"③——不把他当成普通臣子对待。

关于《连山》，首载于先秦文献《周礼》：太卜"掌三易之法，一曰

---

① 今《孟子》无此语，此为《史记·六国年表》注引皇甫谧所言"孟子称：'禹生石纽，西夷人也。'"之语。
② 《汉书·五行志》引刘歆说。
③ 《史记·宋微子世家》。

《连山》，二曰《归藏》，三曰《周易》。其经卦皆八，其别皆六十有四"。（《春官》太卜）又："筮人掌三《易》以辨九筮之名：一曰《连山》，二曰《归藏》，三曰《周易》。"（《春官》筮人）可见《连山》与《周易》是同一类型的书，一样都是由经卦、别卦组成的"易书"，而且是用来占筮的。汉人注说，《连山》是夏易，《归藏》为殷易，《周易》为周人的易。①《连山》首艮，艮为山，山下山上，象山之相连无绝，一说"似山出内气，连天地也"②，故称"连山"。《归藏》首坤，坤为地，万物莫不归藏于其中，故称"归藏"。《周易》首乾，乾者健也，健行不已，周还复始，故曰"周易"。《山海经》说："伏羲氏得《河图》，夏后氏因之曰《连山》；黄帝氏得《河图》，殷人因之曰《归藏》；列山氏得《河图》，周人因之曰《周易》。"③《连山》居"三易"之首，影响及于《归藏》和《周易》。

　　《周易》今天还在流传，义例彰彰。《连山》《归藏》今已亡佚，谜团多多。据说二易汉代还有流传，桓谭《新论》就说："《连山》八万言，《归藏》四千三百言。《连山》藏于兰台，《归藏》藏于太卜。"北魏郦道元作《水经注》还有称引，如《淮水注》引《连山易》："有崇伯鲧，伏于羽山之野。"④晋皇甫谧《帝王世纪》亦引《连山易》："禹娶涂山之子，名曰攸女，生余（余即启或均）。"⑤可见《连山》实有其书，而且其中还有夏代故实，应当与禹有联系，可惜后世竟然失传了⑥。

　　至于"南音"问题，也是有依据的。《吕氏春秋·音初》讲乐歌起源时

---

① 见孔颖达《周礼·太卜》正义引郑玄《易赞》。
② 《三国志·魏书·高贵乡公传》淳于俊语。
③ 引文今本《山海经》不载，盖佚。王应麟《汉艺文志考证》卷一引。又罗泌《路史》卷三二"论三易"注、朱震《汉上易传》卷上"卦图"皆引此文。又皇甫谧《帝王世纪》谓："炎帝得《河图》，夏人因之曰《连山》。"姚信又曰："连山氏得《河图》，夏人因之曰《连山》。"诸人言得《河图》者各别，而制《连山》者则皆禹也。
④ （北魏）郦道元：《水经注》卷三〇"淮水""又东至广陵淮浦县入于海"注引，北京：中国科学出版社1955年影印杨守敬疏本。
⑤ （宋）王应麟：《汉艺文志考证》卷一引，《玉海》卷三五引同，影印文渊阁《四库全书》本。
⑥ 关于《连山》，梁元帝和隋儒刘炫俱有补作，北宋《三坟易》亦有其言，俱不可信。近时，又有报道说，贵州独山县有人向贵州省民族图书馆捐赠了一本家族中流传七代的水族奇书《连山易》，精神可嘉。但据其所示《连山易图》，实乃《阴阳鱼太极图》，此图清人已经明辨其最早为北宋（或元代）的产物，故其是否为夏易之《连山》，还有待进一步研究。

说："禹行功见涂山之女，禹未之遇而巡省南土，涂山氏之女乃令其妾待禹于涂山之阳，女乃作歌。歌曰'候人兮猗！'实始作为'南音'。周公及召公取风焉，以为《周南》《召南》。"韦昭注："南音"，"南方国风之音"。"候人兮猗"四字，是见于信史最早的乐歌。当年周公、召公据其格调而整理成《周南》和《召南》，这类诗篇今天还见于《诗经》之中。涂山氏在何处？唐苏鹗《苏氏演义》说："涂山有四：一者会稽，二者渝州……三者濠州……四者……今宣州当涂县也。"依次为今天浙江绍兴、重庆、安徽寿春和当涂。也许禹治四渎，四海为家，涂山氏前往居住，四地皆有可能。但是结合"南音"，特别是《周南》《召南》所涉及物候和地理特征看，其在江汉一带（即今重庆、鄂西、汉中）可知。故晋常璩《华阳国志·巴志》明确说："禹娶于涂山，辛壬癸甲而去，生子启，呱呱啼，不及视，三过其门而不入室，务在救时。今江州涂山是也，帝禹之庙铭存焉。"江州即渝州，亦即今重庆市。可见涂山氏创作的"南音"始于巴地，是信而有征的。

关于尹吉甫所作之颂，亦见于《诗经》。曹学佺《蜀中著作记》也著录："《大雅·崧高》《韩奕》《江汉》《烝民》四篇，尹吉甫作也。吉甫，周宣王时人，以太师为大将。薄伐玁狁，有功，诗人美之。曰：'文武吉甫，万邦为宪。'宣王入淮，吉甫以卿士兼内史，掌策命；寻复文武之境土，会诸侯于东都。中兴之功，吉甫为盛。《蜀纪》《华阳国志》皆称'吉甫，江阳人'。"江阳即今泸州。"文武吉甫，万邦为宪"之句见于《诗经·六月》，说的是周宣王即位之年（前827），猃狁侵边，王命尹吉甫率师伐之，有功而归，诗人于是作歌以颂之。相传吉甫不仅有武功，而且还会作诗，《诗经》中也屡有提及，《崧高》说："吉甫作诵，其诗孔硕，其风肆好，以赠申伯。"《烝民》说："吉甫作诵，穆如清风。"此外，据《诗序》，《韩奕》《江汉》皆吉甫所作。至于说吉甫为江阳人，曹学佺说见于《蜀纪》和《华阳国志》，《蜀纪》即《蜀王本纪》，今佚，《华阳国志》今本不载，疑为佚篇。北宋祝穆《方舆胜览》卷六二"泸州"云："尹吉甫，江阳人，有祠在城南。又报恩观建清穆堂以祠之。"《明一统志》卷六〇引四川《泸州志》卷七二小传，皆有相同记载。还说吉甫有子伯奇，性至孝，由于后母之谮而被逐，伯奇"编芰荷为衣，采楟花而食。清朝履霜自伤，援琴鼓之，作《履霜操》"。可见伯奇既是个孝子，也是个擅长诗乐的人。嘉庆《四川通志·艺文志》也说："粤自猗南寄咏，江渚兴歌，蜀之艺文所由肇也。"

这里我们需要补充的是，除了谢先生所举夏禹时文献外，还有数事可证：一是《禹贡》，二是《山海经》，三是《夏小正》。

《禹贡序》说："禹敷土，随山刊木，奠高山大川。"《禹贡》即是禹治水成功后，根据各地土壤等级，撰写的贡赋方案。《禹贡》是中国地理学著作鼻祖，开中国地理文献之先河。可是，在怀疑一切的时代里，它却备受非议，以为它不过是战国以后，甚至秦汉时代的赝品，不值一顾；甚至连禹是否治过水，禹是否有其人，也都成了问题。事实证明这一怀疑是没有必要的。因为禹的事迹不仅广泛见载于《左传》《诗经》《论语》等典籍，而且在2002年北京保利博物馆收的西周中期《遂公盨》铭文中，也有明确记载："天命禹敷土，随山浚川。"与《尚书·禹贡序》一模一样。这就为解释禹和《禹贡》的种种疑难提供了强有力的佐证。曹学佺《蜀中著作记》将《夏书禹贡》著于"尚书"文献之首，曰："记禹敷土奠川及九州之田赋，与贡道所经，凡千百九十余言。"又引伏生《尚书大传》："《禹贡》可以观事。""事"者，王者治国理民之事也。又引《荀子注》曰："大禹生于西羌，学于西王国。"并注曰："西王国者，西羌之贤人也。"说明《禹贡》的产生不仅与巴蜀古人（禹）有关，而且还接受了西蜀羌人文化熏陶，是巴蜀文化孕育的硕果。

关于《山海经》，自汉以来相传是"禹与伯益所作"的说法，在疑古时代也是备受非议。蒙文通据书中涉及的地理概念（以巴、蜀为"天下之中"，又特别详于岷江中上游）、历史人物的关系（以帝俊、颛顼为主，与中原传说以黄帝为中心者异）、器物发明（舟车琴瑟等发明者，俱与《世本》所载异）、分黄帝轩辕为二（中原文献则以为一人）、计数方式（以十万为亿，与中原以万万为亿异）、方位顺序（以南西北东为序，与中原以东南西北为序异），都与中原文献如《世本》《竹书纪年》《大戴礼记·帝系姓》《韩非子》、"六经"等不同，而与《楚辞》《庄子》相同，说明《山海经》不是中原文化的产物，而是南方文化的代表："《山海经》就可能是巴蜀地域所流传的代表巴蜀文化的典籍。"并具体分析说：《海内经》四篇可能是古蜀国的作品，《大荒经》以下五篇可能是巴国的作品，《五藏山经》和《海外经》四篇可能是接受了巴蜀文化以后的楚国的作品[①]。如果结合汉人《山海经》系"大禹、伯益

---

① 蒙文通：《略论〈山海经〉的写作时代及其产生地域》，载《中华文史论丛》第1辑，1962年。

作"的传说来考察，《山海经》作为巴蜀早期文献之一，是完全可能的。有人甚至推论《山海经》之所以记事奇怪，有可能原本就是用"巴蜀图语"写成，后来才转换翻译成华文版的①。如果说《禹贡》所载是大禹入主中原后的全国性文献的话，那么《山海经》则是以巴蜀地区为中心的文献，是真正的"巴蜀文献"。

关于《夏小正》，相传亦禹所传，这是中国最早的授时历书，今载于《大戴礼记》。

此外，《汉书·艺文志》杂家著录"《大禹》三十七篇"，班固注："传言禹所作，其文似后世语。"《史记·大宛列传》又载："太史公曰：《禹本纪》言'河出昆仑'……至《禹本纪》《山海经》所有怪物，余不敢言之也。"这些文献也许为后人假托，也许是在经过长期口传后，到晚期才写定，因此难免带上后世特征（这是许多上古文献成书之通例，也是人类文化衍进之共性），正式成文可能稍晚（如战国时期），甚至增加了神话志怪传说，这里姑存其目，只将它们作为探讨巴蜀早期文献时的参考。

又有"禹碑"，传说为大禹治水时所刻，碑原在南岳衡山祝融峰上，因衡山又称岣嵝山，故此碑亦称"岣嵝碑""祝融碑"。后世怀疑其为伪碑，但其名称却始见于东汉罗含《湘中记》、赵晔《吴越春秋》，后来郦道元《水经注》、徐灵期《南岳记》、王象之《舆地纪胜》均有记述，韩愈、刘禹锡也曾为之赋诗。南宋嘉定五年（1212），何致游南岳摹拓全文，复刻于长沙岳麓山，总77字，像缪篆，又像符篆，字迹难辨，明杨慎释文为大禹治水事②。后来，昆明、成都、绍兴、南京栖霞山和西安碑林等处皆有摹刻。

以上所举，是巴蜀历史文化在汉语言文献中的反映。至于中原人士影响巴蜀文献的产生肯定也是有的，则如《汉书·艺文志》著录《尸子》《臣君子》《苌弘》诸书，实皆产生于蜀。

---

① 唐世贵《〈山海经〉成书时地及作者新探》（载《辽宁师范大学学报》2006年第4期）云："《山海经》巴蜀图语本成书于西周前期，战国初中期，华文本《山海经》由定居蜀地的楚国贵族后裔综合图语本、口头流传，再加入楚地神话以及中原、海外历史地理知识编写而成。"又，王应麟《玉海》卷一四《咸平山海经图》引朱子说："《山海》诸篇记异物飞走之类，多云东向，或曰东首，皆为一定不易之形，疑本依图画而为之。"可参证。
② 或以为道士符咒。叶昌炽《语石》云："三代鼎彝，名山大川往往间出，刻石之文传世盖少。《祝融峰铭》实道家之秘文。"

《汉书·艺文志》诸子略道家类载有《臣君子》，自注："蜀人。"列在被韩非称道的"六国人"《郑长者》书之前。清张澍说"臣"是姓，"君子"是尊号。蒙文通考证说："六国时蜀人臣君子远在韩子之前已有著述，并传于汉代，书在道家，这可能是严君平学术的来源。"①

又杂家著录"《尸子》二十篇"，注："名佼，鲁人。秦相商君师之，鞅死，佼逃入蜀。"《史记·孟荀列传》"楚有尸子"裴骃《集解》引刘向《别录》："楚有尸子，疑谓其在蜀。今按，《尸子》书，晋人也，名佼，秦相卫鞅客也。卫鞅商君谋事画计，立法理民，未尝不与佼规之也。商君被刑，佼恐并诛，乃亡逃入蜀，自为造此二十篇书，凡六万余言。卒，因葬蜀。"可见《尸子》一书即写于蜀中。蒙文通曰："裴骃、刘向都是第一流学者，所称述的这件事当然可信。"②

又阴阳家著录："《苌弘》十五篇。"注："周史。"《庄子·外物》有"苌弘死于蜀，藏其血，三年化为碧"的话，可见苌弘虽是周史，后来也死葬于蜀，其学亦应传于蜀。蒙文通说："这可说是落下闳一派学术的来源。"③

以上这些，就是目前依稀可考的先秦时期在巴蜀的古文献。

第三节 两汉以下巴蜀的学术与文献

一、秦并巴蜀与"染秦化"

巴蜀作为"西辟之国而戎狄之长"，本有自己的文化传统，但在与中原文化的接触和交流中，也呈现出向中原文明靠拢的趋势，上面所举的巴蜀早期汉文文献就是证明。不过在整个先秦时期，巴蜀学术和文献都处于萌芽状态，巴蜀文献的大量产生是秦汉以后的事情，这与巴蜀地区大量地接受中原文化、形成自己的学术特征（史称"蜀学"）有莫大关系。特别是在秦惠文王派司马错灭蜀和秦始皇统一六国后，这种趋向更为明显。秦惠文王在巴蜀设郡县，秦始皇令天下"车同轨、书同文"，无疑加速了巴蜀华夏化进程。特别是秦国常常

---

① 蒙文通：《巴蜀史的问题》，《蒙文通文集》之《古族甄微》，巴蜀书社1993年版。
② 蒙文通：《巴蜀史的问题》，《蒙文通文集》之《古族甄微》。
③ 蒙文通：《巴蜀史的问题》，《蒙文通文集》之《古族甄微》。

将犯人流放到巴蜀，这就改变了巴蜀的文化结构，使原有民风民俗、社会风尚也随之改变。

有项羽"亚父"之称的范增说："巴蜀道险，秦之迁人皆居蜀。"① "迁人"，即被流放者。秦得巴蜀后，不仅把富饶的巴蜀当成统一六国的天然府库，而且还把这里当成了流放犯人（其中也不乏秦所灭六国的贵族）的地方。秦国自商鞅变法以来就形成的奖励耕战、崇尚功利的传统，也随这些"迁人"带到了巴蜀，促使原本纯朴的蜀中民风向重商、豪奢方面转变，常璩称之为"染秦化"。《华阳国志》说："秦惠文、始皇克定六国，辄徙其豪侠于蜀，资我丰土，家有盐铜之利，户专山川之材，居给人足，以富相尚。故工商致结驷连骑，豪族服王侯美衣，娶嫁设太牢之厨膳，归女有百两之（徒）（从）车，送葬必高坟瓦椁，祭奠而羊豕夕（牺）牲，赠襚兼加，赗赙过礼，此其所失。原其由来，染秦化故也。"②

在秦国"迁人"中，不乏有知识、有文化的人，他们或因主子犯法，在秦国待不下去而避难入蜀，如尸佼；或因主子被诛，株连幕客而流徙于蜀，如吕不韦诛，"诸嫪毐舍人皆没其家而迁之蜀"③，多达千余家。这些人来到蜀中，也将秦国的文化、法令和功利主义一起带了来。这一风气，直到西汉初年还是如此。《汉书》说："景武间文翁为蜀守，教民读书法令，未能笃信道德，反以好文刺讥，贵慕权势。"④也就是说，蜀人虽然学了法令，但是却丢掉了道德，正孔子所谓"道之以政，齐之以刑，民免而无耻"⑤也。当时蜀中虽有文士却无君子，会写文章却不讲仁义，他们互相攻驳，擅兴笔墨官司⑥，与贾谊所说"汉承秦之败俗，废礼义，捐廉耻，今其甚者杀父兄，盗者取庙器"⑦的情形十分相似。这也与孔子所提倡的先讲"孝悌""仁爱"、后学文学技能的教育理念大相径庭⑧。

---

① 《史记·项羽本纪》。
② （晋）常璩：《华阳国志》卷三《蜀志》。
③ 《史记·吕不韦列传》。
④ 《汉书·地理志》。
⑤ 《论语·为政》，阮元校刻《十三经注疏》本。
⑥ 即"好文刺讥"，《华阳国志·蜀志》也说：巴蜀"承秦之后，学校陵夷，俗好文刻"。
⑦ 《汉书·礼乐志》。
⑧ 《论语·学而》载："子曰：弟子入则孝，出则弟，谨而信，泛爱众，而亲仁，行有余力，则以学文。"

二、西汉蜀学初成

景帝末年文翁入蜀，针对这一形势，在蜀中设立学校，派张叔（宽）等18人前往长安从博士学习"七经"①，学成后回来居学官教授，在成都大力推行儒家教化。于是巴蜀才士欣欣向学，史称"蜀地学于京师者比齐鲁焉"（《汉书·循吏·文翁传》）、"巴汉亦化之"（《华阳国志》卷一〇上《先贤士女总赞》），从此蜀地"学徒鳞比"，民智大开，人才济济，文章大雅，不亚中原，涌现出一批全国一流的学者和文学家，形成影响深远的"蜀学"。

文翁首开地方政府办学的历史，这不仅促进了蜀地迅速儒化，而且还促使儒学在全国范围内得到传播。汉武帝将文翁办学经验向全国推广，"令天下郡国皆立学校官"②，加速了儒学向地方基层传播的速度。汉代蜀学最有代表性的成果是"汉赋四家"中，蜀人占据三席，司马相如、王褒、扬雄既是当时全国著名的辞赋家，也是术业有专精的学者。《汉书·地理志》说："司马相如游宦京师、诸侯，以文辞显于世。乡党慕循其迹，后有王褒、严遵、扬雄之徒，文章冠天下，由文翁倡其教、相如为之师。"此外，汉代蜀中"易学"（如胡安、赵宾、严遵、扬雄）、"道学"（如严遵）、"天学"（如落下闳制《太初历》）、"训诂学"（如司马相如《凡将》、犍为文学《尔雅注》、林闾翁孺传"輶轩语"、扬雄《训纂》《方言》），也都是全国一流甚至全国首创，业已奠定"蜀儒文章冠天下""易学在蜀""天数在蜀""小学在蜀"之基础。宋田况也说："蜀自西汉教化流而文雅盛，相如追肩屈、宋，扬雄参驾孟、荀，其辞其道，皆为天下之所宗式。故学者相继，谓与齐鲁同俗。"③

---

① "七经"，古来异辞，有"六经"加《论语》说：《后汉书·张纯传》："乃案《七经谶》《明堂图》。"李贤注："七经，谓《诗》《书》《礼》《乐》《易》《春秋》及《论语》也。"（中华书局1965年版，第1196页）张纯是光武时人，当时谶纬盛行，纬书中有《乐纬》不假，李贤注"七经谶"有《乐》家是对的；但是作为经书，《乐经》在西汉已无传授，遑论东汉呢？有"五经"加《论语》《孝经》说：见杭士骏《经解》（《皇清文颖》卷一二，影印文渊阁《四库全书》本，第19~20页）。既然《乐经》在汉代不以教学，文翁石室当然也不例外，故"六经"加《论语》说为无征。考之《汉书·平帝纪》："征天下通知逸经……及以'五经'、《论语》《孝经》《尔雅》教授者。"已将《论语》《孝经》与"五经"并列；晋傅咸作《七经诗》，其中也有《论语》《孝经》，可见"五经"加《论语》《孝经》之说为可信。
② 《汉书·文翁传》。
③ （宋）田况：《进士题名记》，《成都文类》卷三〇，中华书局2011年赵晓兰整理本。

常璩指出，由于开办学官，巴蜀人士文化程度大大提高；且又推行儒家教化（"宣德立教"），使秦之颓俗得到根本扭转，"风雅英伟之士，命世挺生"，巴蜀俊彦成为汉家征召的主要对象，于是朝廷向巴蜀征召人才的"玺书"时时"交驰于斜谷之南"；礼敬贤德的"玉帛"，也"戈戈乎梁益之乡"。当初这些身处僻远、不为人知的"西秀彦盛"，此时或步入政坛，参预机谋；或隐居乡间，砥砺德行；连做皇帝近习的蜀人，如杨壮、何显、杨得意等人，也具有忠诚悫确之心、荐贤举德之行。《华阳国志》用"华岷之灵标、江汉之精华"来称赞他们①。汉宣帝时，益州刺史王襄目睹蜀地济济多士，令王褒作《中和颂》，叫何武等贵胄子弟以《鹿鸣》声调歌于朝堂之上，宣帝高兴之下，将何武等歌者一起"拜为郎"，成为一时征贤盛事。西汉可以说是古代"蜀学"的第一个高峰时期。

三、东汉巴蜀人才辈出

这一风气一直影响到东汉。文翁石室仍然是蜀中的最高学府，依然坚持儒家的经典教育，即使遇到兵荒马乱也没有废弃，而且制度非常健全，规模也不小。东汉树于文翁石室周公礼殿的《学师宋恩等题名碑》，其中题名"其称师者二十人、史二人，孝义掾、业掾各一人。《易》掾二人、《易》师三人，《尚书》掾、《尚书》师各三人，《诗》掾四人，《春秋》掾、议掾、文学、《孝》掾、文学掾各一人，文学师四人。从掾位及集曹、法曹、贼曹、辞曹史，又三十二人。其漫灭不可辨者十三人"②。掾是经师属官，为行政管理人员；师是经师，专司经典讲授；曹是分科办事机构，为后勤保障人员。当时题名的员数多达66人，足见其规模之大，制度设施之全。

史载中原地区当"东汉之季，四海板荡，兵火相仍，灾及校舍，弦诵寂绝，儒俗不振"③，而于汉献帝兴平中（194～195）镇守成都的陈留人高朕却在成都大兴礼乐教化，他于石室旁边兴建周公礼殿，"模制闳伟"④，"图画圣

---

① 以上引文，据见（晋）常璩：《华阳国志》卷三《蜀志》。
② （宋）洪适：《隶释》卷一四，中华书局1985年影印本。
③ （宋）吕陶：《府学经史阁落成记》，《静德集》卷一四，中华书局1985年《丛书集成初编》本。
④ （宋）吕陶：《府学经史阁落成记》，《静德集》卷一四。

贤古人像及礼器瑞物"①，将周公以下历代圣贤特别是巴蜀乡贤绘像其中，月祭岁祀。至此，石室不仅是传道授业解惑的教育场所，更是蜀人缅怀先贤、追慕典型的精神家园。礼殿制度，后来在全国各地推广，逐渐形成"庙学合一"的体制。值此之故，巴蜀地区在整个东汉时期，从光武帝到灵帝、献帝时"文化弥纯，道德弥臻"②，巴蜀才士更是济济昌昌，比肩联袂而出。

在《后汉书·儒林传》所列的42名儒者中，巴蜀籍就有6人，如绵竹任安、繁县任末、梓潼景鸾、武阳杜抚、阆中杨仁、资中董均，都是当时著名的儒者。另外蜀人之位至公卿者亦比比皆是，如《华阳国志》载赵戒累迁至"三公九卿"的尊位（"三迁台衡"），他的孙子赵谦、赵温也相继做过宰辅（"相继元辅"），司空张皓使皇帝的权威得到发扬光大（"宣融皇极"），太常赵典号称"天下材英"，广陵太守张纲号称能使"天下整理"，武陵太守杜伯持"能决天下所疑"，王涣则"震名华夏"，常洽又"流芳京尹"。接下来，还有张俊、秦宓，英才雄辩，博物通达；董扶、杨厚，深明天道，究知历象。一代名师杨厚"授门徒三千人"③，其弟子任安"以儒学教，号侔洙泗"④。

此外，还有孝悌之人，如姜诗、禽坚、隗通、吴顺等；忠贞之人，如王皓、朱遵、王累、张任等；淑媛贤女，如元常、靡常、程珙，及吴几、先络、郫县二姚（妣、饶）、殷氏两女、赵谦夫人等。这些贤士名媛，层出不穷，就像鳞类朝龙、羽类附凤一样，"比肩而进，世载其美"。文人雅士，撰文吟诗，"无不仰其高风，范其仪则"，巴蜀的"忠臣孝子、烈士贞女，不胜咏述"，巴士蜀女"擅名八区，为世师表矣"。难怪常璩感慨说：纵然是鲁国歌咏"洙泗"之儒生，齐国礼敬"稷下"的学士，也不过如此啊⑤。

确实，在两汉时期，巴蜀大地真是一个经济繁荣、人才辈出的地方。汉朝在成都设立"锦官城""车官城"，专门负责中央"衣""行"的织造。在人才方面，汉朝曾经征召"八士"，蜀中就推荐了四位；汉朝曾经选举"四义"，蜀中也占据了两名，皆居天下之半！

在经济、荐举之外，巴蜀在两汉时期的宗教事业也非常发达，首先是张道

---

① （晋）任豫：《益州记》，《艺文类聚》卷三八引，上海古籍出版社1982年汪绍楹校本。
② （晋）常璩：《华阳国志》卷三《蜀志》。
③ （晋）常璩：《华阳国志》卷一〇中《广汉士女》。
④ （晋）常璩：《华阳国志》卷三《蜀志》。
⑤ （晋）常璩：《华阳国志》卷三《蜀志》。

陵入蜀修道，在巴蜀正式创立了五斗米道，宣告道教的诞生。这么多的儒雅名流、高人逸士，必然创作出丰富多彩的精神文化产品。

四、魏晋南北朝蜀学的持续发展

东汉以后，天下三分，蜀汉以《禹贡》"九州"之一的梁州（即今汉中、四川、重庆、云南、贵州一部）之地，东敌吴，北抗魏，苦苦维持45年的鼎立局面，蜀中物资和人才的功能可谓发挥到了极致。

两晋南北朝，由于天下分裂、南北对抗，蜀中常常处于战争状态，多年的内忧外患使从前富庶之区，竟成战乱之场。不过在文化方面，中原（或江左）盛行的"玄学""骈文"对蜀地影响却不大，蜀中继续发扬其儒学、易学和史学之特长，如谯周之博学，蜀才（范长生）、卫元嵩之易学，陈寿《三国志》《耆旧传》和常璩《华阳国志》，皆称名于时，影响中国易学及正史、方志之修撰甚远。

五、隋唐五代蜀学异军突起

隋唐时期，国家政治上的大一统为巴蜀文化发展带来了新的契机，在诗文、佛教、道教方面，以及印刷术领域，巴蜀都有极佳表现。在唐代科举考试中，膺其首选者，则有陈子昂、范崇凯、尹枢、尹极、于环、李远、李余、张曙八人；而开大唐雄健奇伟诗风者，实以陈子昂、李白为其称首。唐人魏颢《李翰林（白）集序》有云："蜀之人，无闻则已，闻则杰出。是生相如、君平、王褒、扬雄，降有陈子昂、李白，皆五百年矣。"（《李太白集注》卷三一）

此外还有，李鼎祚汇集汉易35家成果，著《周易集解》，兼包象数义理，集汉易之大成；融合三教、颇有纵横气的赵蕤，撰《长短经》，堪称古今奇书；道士王玄览，高僧马祖道一、宗密，发幽阐微，大昌宗风，皆称誉于学林与宗教界。

在图书出版方面，成都在中晚唐时期已经发明了雕版印刷术，为图书文献的传播和流通开辟了更加广阔的道路。南宋朱翌《猗觉寮杂记》卷下："雕印文字，唐以前无之，唐末益州始有墨板。"宋《国史艺文志》也说："唐末，益州始有墨板，多术数、字学小书。"[①]墨板即为雕版印刷的书籍，唐以前没

---

① （宋）王应麟：《困学纪闻》卷八引，上海古籍出版社2015年校点本。

有，在唐代后期才出现于成都。唐太和九年（835），日本僧人宗睿从中国带去"西川印子（即在成都雕印的书籍）《唐韵》一部五卷，同印子《玉篇》一部三十卷"①。唐柳玭《家训序》："中和三年（883）癸卯夏，銮舆在蜀之三年也。余为中书舍人，旬休，阅书于重城之东南。其书多阴阳杂说、占梦相宅、九宫五纬之流，又有字书小学，率雕板，印纸浸染，不可尽晓。"②据载是年有印本"剑南西川成都府樊赏家历"，今尚藏于伦敦③。及至20世纪40年代（1944），还在四川大学校区的一座唐墓中"发掘出一张印本《陀罗尼经咒》，上有'成都府成都县龙池坊卞家印卖咒本'的题记"④，这是目前国内现存的最早且有明确作坊的雕版印刷品。这些不仅是地道的"蜀刻本"，而且说明雕版印刷术已成为蜀版专称（"西川印子"）。在这些技术条件基础上，孟蜀宰相毋昭裔乃发起雕刻印行儒家经典，此举为五代、北宋校刻之"监本"

---

① 张秀民：《中国印刷术的发明及其影响》，上海人民出版社2009年版，第27页。又：1900年在敦煌石室发现"一卷木版雕刻印刷《金刚经》"，卷尾准确载有刊刻时间，云"咸通九年四月十五日王玠为二亲敬造普施"。咸通九年，即868年。1966年10月13日，韩国庆州佛国寺"发现了装在舍利盒内的古代印本《无垢净光大陀罗尼咒经》"，经过考证，"经卷是公元704年到751年之间的雕版印刷之作"。韩国学者遂就此为依据向世界宣称，印刷术起源于韩国。印刷史研究专家潘吉星仔细研究《无垢净光大陀罗尼咒经》的副本，发现这幅经卷之中使用了四个武则天创造的制字——证、授、地、初，一共出现了九次，因此证明这幅经卷是从中国流传到韩国去的。同样是在咸通九年，新罗人崔志远进入大唐东都洛阳国子监学习，那年他14岁；874年，崔志远参加唐朝科举考试，登进士第，在唐朝为官，专掌书记；十年以后（884），崔志远回新罗，把大唐文化传播到韩国，被誉为"东国文学之父""新罗文化的圣人""韩国儒学第一圣人"。诸如《无垢净光大陀罗尼咒经》这样的唐刻经卷，就可能是崔志远等带回去的。824年12月，白居易在杭州做刺史，收到元稹一封书信，说他为白居易编的《白氏长庆集》已经编成，并撰序言，有"扬越间多作书模勒乐天及余杂诗卖于市肆之中也"语。"模勒"即刻石拓印（勒即"勒名燕然"之勒），已经离雕版印刷不远了。又，1983年，美国纽约克里斯蒂拍卖行《中国书画目录》第363号《敦煌隋木刻加彩佛像》，描绘了南无最胜佛和两名侍从。采用雕版木刻线条，之后又用画笔添加彩色的做法，叫木刻加彩佛像。此幅佛像底部有八行汉字："大业三年四月大庄严寺沙门智果敬为敦煌守御令孤押衙敬画二百佛普劝众生供养受持。"大业是隋炀帝年号，三年就是607年。这幅画片有填墨的痕迹，可能是由于当时雕版印刷尚处于萌芽时期，印刷质量不好造成的，这可能是中国最早的雕版印刷作品，但只是单幅，未装订成册。
② （宋）叶寘：《爱日斋丛钞》卷一引，中华书局2010年孔凡礼点校本。
③ [美] L.Carriton Goodrich：《中国印刷术的发明和它的西传》第八章注⑭，吴泽炎译，商务印书馆1957年版。
④ 详参冯汉骥：《记唐印本陀罗尼经咒的发现》，载《文物参考资料》1957年第5期；吴天墀：《宋代四川藏书考述》，《吴天墀文史存稿》，四川大学出版社1998年版。

所效法，使儒学文献在更大范围内以更加精确的方式得到传播。

与此同时，毋氏还在石室学宫倡刻"石室十三经"，有经有注，碑越千数，规模最宏，最终形成了儒家"十三经"的经典体系。"石室十三经"与文翁石室、周公礼殿，同为影响天下学术的"蜀学三宝"，吕陶曾热情地称赞说："蜀学之盛，冠天下而垂无穷者，其具有三：一曰文翁之石室，二曰周公之礼殿，三曰石壁之九经。"①席益也说："蜀儒文章冠天下，其学校之盛，汉称石室、礼殿，近世则石九经，今皆存焉。"②这是蜀学的荣耀，也是蜀学对于中华文化的伟大贡献。

汉唐时期也是巴蜀文献最有特色的时期，据不完全统计，此期有巴蜀著述400余种，许多著作具有全国影响，如司马相如、扬雄、陈子昂、李白之辞章，陈寿、常璩之史学，严君平、扬雄、卫元嵩、李鼎祚之易学，张道陵、马祖道一、宗密之道教、佛学，莫不如是。

六、宋代是蜀学发展的第二大高潮

宋代蜀中教育得到继续发展。北宋庆历年间，常州人蒋堂"知益州，汉文翁石室在孔子庙中，堂因广其舍为学宫，选属官与乡老之贤者，以教诸生，士人翕然称之"③。南宋虽有战火，蜀学不废，李石由太学博士黜居成都，主石室讲授，"就学者其合如云，至闽越之士，万里而来，刻石题诸生名几千人。蜀学之盛，古今鲜俪也"④。

由于汉以来的长期积淀，特别是唐五代前后蜀的积累，蜀学于宋代出现了第二次高潮。在文学上，由于隋唐以来实行科举考试，"朝廷以声律取士"，至宋代，天下"学者犹袭五代文弊"，巴蜀人士却"通经学古，以西汉文词为宗师"⑤，于是文章法古、学以明道，与中唐以来韩愈等人提倡的"古文运动"正相合拍，于是在"唐宋八大家"中，蜀人就占据了三位（苏洵、苏轼、苏辙）。杨升庵又说："宋之制策，虚第一等以待伊、吕之流。其入等者，惟苏氏轼、辙兄弟，吴育、范百禄、李垕，终宋世仅五人，而蜀居其四，盖二

---

① （宋）吕陶：《府学经史阁落成记》，《净德集》卷一四。
② （宋）席益：《府学石经堂图籍记》，《成都文类》卷三〇。
③ （宋）王称：《东都事略》卷六〇，文海出版社1979年影印本。
④ （宋）邓椿：《画继》卷三，人民美术出版社1963年黄苗子点校本。
⑤ （宋）苏轼：《眉山远景楼记》，《苏轼文集》卷一一，中华书局1986年孔凡礼点校本。

苏、范、李皆蜀人也。"①在政治领域，南宋时期巴蜀出了五位具有影响的宰相，谢枋得所作《毋制机墓铭》云："渡江后贤相如张公德远（浚）、虞公仲信（允文）、赵公景温（雄，一作叔温）、游公景仁（似）、谢公德方（方叔），皆蜀人也。"②在经学上，巴蜀《易》学仍然特别发达，陈抟、龙昌期、苏洵、苏轼，以及南宋房审权、张栻、李心传、魏了翁等，皆各撰《易》著，程颐"《易》学在蜀"之誉，非虚语也。

"三苏"父子，既是文学家，又是思想家，以他们为代表的北宋"蜀学"，与二程"洛学"（即理学）、王安石"新学"鼎足而三，共同构成了北宋学术的三大主流。张栻、魏了翁是南宋理学宗匠，张栻不仅传衍"蜀学"道脉，而且创立"湖湘学派"之典范；魏了翁则使朱子之学在南宋后期得到正常传播。巴蜀长于"史学"传统，在宋代也是斐然成章，苏辙《古史》，范祖禹《唐鉴》（并助司马光修《通鉴》），李焘《续资治通鉴长编》，王称《东都事略》，李攸《宋朝事实》，张从祖、李心传《总类国朝会要》，李心传《建炎以来系年要录》《建炎以来朝野杂记》等，构成了宋代史学的主流，故刘咸炘有"史学莫隆于蜀"之说。

在科技领域，唐慎微《证类本草》是世界上第一部将药物学、方剂学结合的医学著作，也是第一部大型植物学著作；王灼《糖霜谱》是世界历史上第一部专门记载甘蔗制糖工艺的专书；秦九韶《数学九章》，则将中国古代数学推向当时世界科学的顶峰，他的代数学运算方法领先西方世界500余年。

至于巴蜀地区的家族文化、乡村建设，也是硕果累累，佳话多多。苏轼说："吾州之俗，有近古者三：其士大夫贵经术而重氏族，其民尊吏而畏法，其农夫合耦以相助。盖有三代、汉、唐之遗风，而他郡之所莫及也。"③"贵经术而重氏族""合耦以相助"，正是接受儒家教化的结果。这种风气自汉已然，前举东汉赵戒、赵温、赵谦祖孙三人，积德累功，皆位至三公、宰辅。宋代这一现象更为普遍，或兄弟联袂，花萼齐芳，如苏轼、辙，苏舜钦、舜元，李心传、性传、道传等人是也。或父子祖孙，世代书香，奕世载美，如北宋阆中陈省华及其子尧佐、尧叟、尧咨等，创造了"一门二相，四世六公，昆季双

---

① （明）杨慎：《制策入等》，《升庵集》卷六八，影印文渊阁《四库全书》本。
② （宋）谢枋得：《平山先生毋制机墓铭》，《谢叠山全集校注》卷四，华东师范大学出版社1994年版。
③ （宋）苏轼：《眉州远景楼记》，《苏轼文集》卷一一。

魁多士，仲伯继率百僚"①的奇迹；眉山苏洵、苏轼、苏辙及子孙辈苏过、苏籀，并善属文，号称"五苏"；华阳以范镇、范百禄、范祖禹、范冲为代表的范氏家族，绵延百祀，"世显以儒"，一门有27位进士、4位翰林②；蒲江魏了翁、魏文翁、高定子、高斯得等，兄弟子侄"九进士、三公卿"③；梓州苏易简及其孙苏舜卿、舜元，俱善诗文，号称"铜山三苏"，与"眉山三苏"齐名；井研李舜臣及其子心传、道传、性传，俱善史法道学，号称"四李"；丹棱李焘与儿子壁、垕三人，俱善史学、文学，人称"前有三苏，后有三李"。如此等等，不一而足，皆唯斯为盛，他方所无。这一环境必然有利于蜀学发展，据许肇鼎《宋代蜀人著作存佚录》统计，有宋一代巴蜀文献达2500种以上，是此前历代巴蜀文献总和的两倍多；蜀学在文学、经学、史学、科技和医学等领域都取得了杰出成果。

七、元代蜀学的异地发展

南宋末年，宋蒙（元）长期战争，川陕一带由于处在战争最前线，故所遭破坏最为惨烈，人口剧减，城邑被毁，由汉至宋延续了1300余年④的文翁石室也毁于战火；元既得四川，对曾经殊死抵抗的地区（包括四川、江南等地）实行民族歧视政策，进行野蛮高压统治，自然蜀学不振。当时虞集就说："吾蜀文学之盛，自先汉至于唐宋，备载简册，家传人诵，不可泯灭。宋南渡以来，蜀在斗绝一隅之地，然而文武忠孝之君子，冠盖相望；礼乐文物之懿、德行学问之成，立功立言，卓荦亨畅；下至才艺器物之类，其见诸文辞者，亦沛然非它州之所能及矣。丧乱以还，废轶殆尽！集虽尝从父师闻一二于千百，盖亦以微矣！"⑤吴天墀揭示说："由于蒙古贵族势力兴起，灭金侵宋，在战祸深重的四十多年的日子里，四川人口锐减，城邑村镇化为丘墟，随着南宋政权的崩

---

① 霍松林：《陈尧佐诗辑佚注析序》，《陈尧佐诗辑佚注析》卷首，巴蜀书社1991年版。
② 胡昭曦：《宋代"世显以儒"的成都范氏家族》，收入《胡昭曦宋史论集》，西南师范大学出版社1998年版。
③ 胡昭曦：《诗书持家，理学名门——宋代蒲江魏氏家族研究》，收入《胡昭曦宋史论集》。
④ 吕陶《府学经史阁落成记》云："蜀学之盈，冠天下而垂无穷者，其具有三：一曰文翁之石室，二曰周公之礼殿，三曰石壁之九经。……始汉景末距今凡十六代、千二百四十余年，崩离变革，理势不常，而三事之盛莫易其故。"（《净德集》卷一四）说明文翁石室从汉至宋，一直在发挥其教育作用。
⑤ （元）虞集：《葛生新采蜀诗序》，《道园学古录》卷三一，《四部丛刊》本。

溃，一度繁荣的经济和文化，濒于萎谢，四川的面影就显得暗淡起来了。"①

至于世称"冠绝天下"的蜀中学校，直到元朝后期才有所恢复。至正五年（1345），太原人王守诚为四川廉访使，"儒学提举谢晋贤请复文翁石室为书院"，守诚乃"采以上闻，成之，风采耸动天下，论功居诸道最"②。史称守诚"气宇和粹，性好学，从邓文原、虞集游，文辞日进"③，他之所以重视文翁石室的恢复，也许还与邓、虞两位乡贤的影响有关，不过其时上距元朝立国已75年，而下距其灭亡亦仅20余年矣。在这样长的时间里，号称"天下第一学府"的文翁石室都一直处于废弃状态，岂不可叹？

故此，元代人才既少，文献亦寡，留下的巴蜀文献也就十分有限。至如赵采（潼川人，撰《周易程朱传义折衷》33卷）、任士林（居绵竹，奉化人，一作四明人，著《松乡文集》10卷）、王申子（邛州人，撰《大易缉说》10卷）诸人，虽颇有著述，但仍未进入元文化之主流（如"元曲"）。不过，就整体而言，元代四川本土虽然蜀学不振，但是祖籍巴蜀而后迁居他地的人士却有不少仍然在外地继续传承"蜀学"精神，蔚为文化大家。如元代教育家、易学家黄泽（字楚望），祖籍资州（今资中），以善于说经著称，史称"近代覃思之学，推泽为第一。吴澄尝观其书，以为'平生所见明经士，未有能及之者'"④；可是黄泽早年已经迁于江州路（今江西九江），久已不是巴蜀士矣。精于朱子之学的张𬘡，与郝经、吴澄同称"三贤"，"其在维扬，来学者尤众，远近翕然，尊为硕师"⑤。其先乃蜀中导江（今都江堰）人，值蒙古攻下四川后，其父则"侨寓江左金华"。虞集为虞允文五世孙，居"元诗四大家"⑥之首，与姚枢、吴澄相往还，祖籍仁寿，宋亡后，其父虞汲移居临川崇仁（今属江西）。书法家、诗人邓文原（字善之），绵州（今绵阳）人，其父亦早年避兵入杭，故史书或称文原为杭州人。元末明初古文家苏伯衡（字平仲），博洽群籍，为古文有声，是苏轼九世孙、苏友龙第三子，然自南宋

---

① 吴天墀：《宋代四川藏书考述》，载《四川文物》1984年第3期。又收入《吴天墀文史存稿》，四川大学出版社1998年版。
② （明）宋濂：《元史·王守诚传》，中华书局1976年标点本。
③ 《元史·王守诚传》。
④ 《元史·黄泽传》。
⑤ 《元史·张𬘡传》。
⑥ 其余三家为杨载、范梈、揭傒斯。

初年苏迟、苏籍、苏籀等人移居金华，已为浙江金华人。与高启、张羽齐名的"吴中四杰"诗人杨基（字孟载，号眉庵），原籍嘉州（今乐山），但也是生长于吴中；徐贲（字幼文，号北郭生），其先蜀人，徙常州，再徙平江（今苏州），二人俱为江苏苏州人。因编选元曲《阳春白雪》《太平乐府》成名的"青城杨朝英"（人称"杨二选"），由于《录鬼簿》正续编皆无载，事迹不明，籍贯莫考，到底是四川青城，抑或山东青城，则未可知。不过，受雕版印刷术普及之赐，元代巴蜀著作仍有80余种见称于各类文献。

八、明代蜀学的短暂繁荣

及乎明世，专制更甚，对思想文化领域的钳制亦复如此。明代从初年开始，即以程朱理学钳制人心，以八股制艺扼杀才情，巴蜀士人亦受害殊深。巴蜀学术在明代前期，除了由元入明且在川外长成的苏伯衡、杨基、徐贲稍有事迹可陈外，在明代具有代表性的文学流派中，蜀人皆身影寥寥；直到正德以后，这一学术不振的状况才稍有转机，蜀人杨廷和为正德首辅（宰相）、其子杨慎高中状元，熊过、任瀚成为"嘉靖八才子"之一，还涌现出"西蜀四大家"（杨慎、赵贞吉、熊过、任瀚）等学术人物。可是旋因"大礼议"忤旨，杨廷和遭罢相家居，杨慎遭廷杖而远贬他乡，蜀学初兴即转消萎。

在儒学领域，无论是明代前期传衍的程朱理学中，还是后期盛行的阳明心学里，川人都是隐迹遁名、乏善可陈。网罗有明一代儒学人物而成的《明儒学案》，竟无一个以四川人为首的学案。明代四川学术之衰，亦已极矣！幸有杨慎撰书400余种（今存140余种），反理学而倡博洽，著述之富，推为明代第一。易学家来知德隐德潜修，撰《周易集注》，发明"错综""反复"之义，尤有心得。思想家唐甄撰《潜书》以斥专制君主，章太炎誉之为"上继孟荀、下启戴震"。蜀学得此三人，稍有振兴气象。据初步考查，明代有巴蜀文献800余种，数量可谓不少，但明代"蜀学"较之汉、唐、宋时领先全国的盛况，已自风光不再。整个元明时期的巴蜀文化，经不及汉，诗不及于唐，文不逮于宋，久已不见汉唐两宋时的"巴风蜀韵"。

九、清初蜀学由衰而盛

明末清初，四川连年战乱，"争地以战，杀人盈野，争城以战，杀人盈城"的惨况，重现于巴蜀大地，其中又以省城所在地成都受害最深，不仅学校成为樵牧之所，连城市也是虎咒之场。四川学术再次陷入低谷。有清二百六十余年，号称"文教昌明，超越古初"，清儒在辞章、义理、考据三大学术领域，皆有超越前代的作为，唯四川"曾无一人达于国史，以列诸《儒林》《文苑》者"！不仅国史无载，而且江藩《汉学师承记》《宋学渊源记》的主传也没有四川人。学人因而感慨："岂其江汉炳灵，顾至今寂寂也欤？良以蜀当献贼之乱，孑遗无几，文献已荡如矣"；"嗣复吴藩煽逆，科举较迟。"[①]前有张献忠之乱，再有吴三桂之叛，明末清初的战乱，是造成四川学术不振的重要原因。

这一状况持续了六十余年，至康熙四十三年（1704），锦江书院才在文翁石室的废墟上得以重建，石室教泽才可望得到延续和传承。可是，紧接着又有清廷对西南少数民族的用兵，以及道咸年间的社会动荡，"乾嘉以降，士气非不振兴，而又以金川、西藏日搆兵戎，教匪盐枭，相继稔乱"，致使教育不兴，学术颓败，文献和史学当然就更不会被重视。于是"尘编蠹简，几解收藏，郡县志乘，率多简略"，以致"纵揭德振华之士挺起一时，未几而风微顿歇，姓字模糊"，甚至于"在子孙且有不知其祖父之为何如人者"！[②]这样一种文化氛围，哪里还谈得上复兴"蜀学"呢？

相对于全国而言，清初直至道咸，四川学术几于不振。唯因清代距今为近，学术文献尚易保存，故书籍著录为多，学人也略有事迹可述。论其著者，则有彭（端淑）、张（问陶）、费氏（经虞、密、锡璜、锡琮）、李氏（化楠、调元、鼎元）。彭端淑自八比而文学，功名、辞章俱优为之。张问陶以"诗书画三绝"鸣于乾嘉之际，与吴梅村诸人相颉颃。费氏父子祖孙，三世传经，教泽施于蜀中，锦江书院之作育人才而有得，端赖于此。三李父子，俱尚博学，文献故家，诗词盟主，调元尤拔乎其萃。

十、晚清民国蜀学的第三次高潮

晚清尊经书院组建，蜀学不振的局面才出现根本转折。尊经书院建立后，张之洞为之倡、王闿运为之师，促成了"蜀学"的近代复兴和转型，蜀中学术绍汉继宋，得到第三期的蓬勃发展。其重要特征是摒弃陈腐"八股"时文，注重儒家原典传习和研究。在动荡多变的时局中，"通经致用""中体西用"成

---

① （清）戴纶喆：《四川儒林文苑传·引首》。
② （清）戴纶喆：《四川儒林文苑传·引首》。

为"蜀学"的突出表现。晚清"蜀学"曾以出思想、出人才著称全国，即以尊经书院一校论，就培养和聚集了许多时代精英：为维新变法英勇献身的"戊戌六君子"之中的杨锐、刘光第；出任英法领事馆参赞、力主新学的四川维新派核心人物宋育仁；博综古今、学凡"六变"的经学大师廖平；才思敏捷、遐迩闻名的蜀学大师吴之英；海内的书法名家顾印愚；清代四川仅有的状元骆成骧；领导群众发动保路运动的蒲殿俊、罗纶；有"川北孔子"之称的一代大儒张澜；为建立民国舍身杀敌的同盟会会员彭家珍；"一辈子做好事"的老革命家吴玉章；宣传新文化、号称"思想界清道夫"的吴虞。此外，还有岳森、刘子雄、胡从简、刘洙源、杜翰藩、方鹤斋、黄芝、林思进、傅增湘、刘咸荥、徐炯、夏之扬、尹昌衡、张森楷、颜楷、邵从恩等一大批四川知识界和文化界的名流人物[①]。清代巴蜀所拥有的3000余种文献，主要就是清末民初产生的。

清末民初，在成都还建有存古学堂（又称国学院、国学学校、国学专门学校，后并入四川大学），也是出人才、出思想的重要阵地，曾经聚集或培养出谢无量、刘师培、郭沫若、蒙文通、向宗鲁、周太玄、王光祈、李源澄等学术大家。此外，还有其他乡塾、书院培养的赵熙、龚道耕、庞俊、向楚、刘咸炘等人，经史辞章，俱有可观。四川近代史上，真是英才荟萃，群星灿烂！学人将晚清"蜀学"誉为中国传统学术的又一重心，诚非虚誉。

"蜀学"是巴蜀学术的代名词，更是巴蜀文化的灵魂。巴蜀士人多积极进取，推陈出新；大度恢宏，集杂为醇；学术精深，文采飞扬；铁肩担道义，敢为天下先！代表了"自强不息，厚德载物"的中华正气，是近代中国革命史、文化史，当代中国建设史和改革史上的重要力量。

第四节 巴蜀文献的收集与整理

一、汉唐时期巴蜀的藏书

对于文献的收藏和著录，在古代巴蜀也是人人优为之。相传大禹治水时，登宛委之山，得"金简玉字"，从而知晓"水泉之脉"；治水功成，后乃珍藏金书于所生之地广柔石纽，于是其地有"禹穴"。又故老相传，嬴秦焚书，

---

① 参隗瀛涛主编：《四川近代史稿》，四川人民出版社1990年版。

秦之儒生负笈担簦，藏书于武陵山区的酉水之阳，于是有"二酉藏书"之典故①。是二者，为巴蜀地区藏书之最古者，然事属幽远，不可征实。

史志载，蜀汉大将向朗"年逾八十，犹手自校书，刊定谬误，积聚篇卷，于时最多"。他不仅藏书校书，还开馆纳宾，接纳天下读书人阅书其中，赢得人们的敬重："开门接宾，诱纳后进，但讲论古义，不干时事，以是见称，上自执政，下及童冠，皆敬重焉。"②西晋史家陈寿富于藏书，相传他曾于南充果山之麓建"万卷楼"③以储图书，历代传为一方胜景。

降及隋唐，公私之家，都乐于藏书，隋炀、唐玄两朝所藏图书，规模皆盛极一时。至于私家藏书，亦大有其人，韩愈有"邺侯家多书，插架三万轴。一一悬牙签，新若手未触"④的诗句；杜兼聚书万卷，每题其后云："清俸写来手自校，汝曹读之知圣道，坠之鬻之为不孝。"⑤皆千古美谈。唐人喜书藏书之风亦颇影响蜀中，如赵蕤之撰《长短经》，遍引诸子百氏；李鼎祚之作《周易集解》，广录两汉六朝易书35家，若非其家素来富于藏书，是不可能写成的。

中唐时期，蜀中发明雕版印刷术，大大促进了文献的流通和收藏。五代时期，前蜀王建永平元年（911），在成都作新宫，"集四部书，选名儒专掌其事"⑥；其相王锴"以（王）建起自成伍，而据全蜀，未能兴用文教，乃作《奏记》"一篇，备述伏羲"画卦"至唐玄宗"四库"，历代君主右文崇儒、兴学聚书之事迹，劝其"兴用文教"。王锴自己也是"家藏异书数千本，多手自丹黄；又亲写释藏经若干卷。每趋朝，于白藤担子内钞书，书法绝工"⑦。

后蜀主孟昶亦颇重文，组织编撰《蜀本草》《书林韵会》等书，是集成性质的专门学术著述。博极群书的杨慎说："宋世书传蜀本最善，以此。五代僭伪诸君，惟吴、蜀二主有文学，然李昇不过作小词、工画竹而已，孟昶乃表章

---

① 《太平御览》卷四九"小酉山"引盛弘之《荆州记》云："小酉上石穴中，有书千卷，相传秦人于此讲学，因留之。故梁湘东王云'访酉阳之逸典'是也。"段成式《酉阳杂俎》，亦取"大小二酉山多藏奇书"典故。
② 《三国志·蜀书·向朗传》。
③ 曹学佺《蜀中广记》卷二七"顺庆府"果山引"志云：'陈寿有万卷楼，在山之麓。'"
④ （唐）韩愈：《送诸葛觉往随州读书》，《韩愈全集·诗集》卷一二，上海古籍出版社1997年钱仲联、马茂元校点本。
⑤ （明）杨慎：《升庵集》卷六八。
⑥ （前蜀）王锴：《奏记王建兴用文教》，《成都文类》卷一九。
⑦ （清）吴任臣：《十国春秋》卷四一，中华书局1983年徐每霞等点校本。

《五经》，纂集《本草》，有功于经学矣。今之《戒石铭》，亦昶之所作。又作《书林韵会》，宋儒黄公绍《韵会举要》实祖之，然博洽不及也，故以《举要》为名。"①其相毋昭裔，则发起校刻规模宏大的"石室十三经"，并进而捐资，雕版印刷《文选》《初学记》《白氏六帖》以及儒家"九经"、诸史等书籍；"其子毋冕，藏书最富"②。上有所好，下必甚焉。当时民间也出现以收藏图书为乐的人士。如"五代蜀程贲隐居西蜀，自号丘园子……喜藏书，简册铅椠，未尝离手"。（马永易《宾实录》卷二）陵州（贵平）孙光宪即"致书及数万卷"。（周羽翀《三楚新录》卷三）前、后蜀在图书事业上的善举，促进了蜀中的教育和学术事业，也为宋、元的学术繁荣奠定了基础。特别是五代两蜀的四库之书，在北宋灭蜀后，与蜀宫的金银财宝、后宫佳丽，源源不断地运往开封，历时数年，对充实北宋的秘阁藏书，具有举足轻重的作用。李攸《宋朝事实》说："自建隆初，三馆有书万二千余卷，乾德元年后平诸国，尽收其图书以实三馆。"③江少虞《宋朝事实类苑》也说："初平蜀得书一万三千卷；平江左又得二万余卷。参以旧书，为八万卷。"④北宋从蜀中所得书可能比宋朝中央所藏书还要多。

二、宋代巴蜀的藏书与图书刊刻

进入宋代以后，蜀中藏书大盛于前。熙宁中，知府吴中度重修文翁石室，建经史阁，基势崇大，栋宇雄奥，"聚书万卷，宝藏其间"⑤，成为蜀中官府藏书的中心。阆中蒲氏、眉山陈氏，俱以藏书之富，而得苏轼、范祖禹、魏了翁为之赋诗撰文，盛极一时。

靖康之乱，中原沦陷，图书亡缺；而"四川五十余州，皆不被兵，书颇有在者"⑥。绍兴十四年（1144），井度为四川转运使，以俸入之半，购买蜀中图书，还修复刊刻不少文献；其属官晁公武出自书香门第，也颇有图书雅好，助其校刻，收藏甚富。后来井度离任，因子孙幼弱，难于自立，将50箧图书赠

---

① （明）杨慎：《丹铅总录》卷一五"王锴藏书"条，浙江古籍出版社2013年王大淳笺证本。
② （明）杨慎：《丹铅总录》卷一〇，"南宋五贤相"条。
③ （宋）李攸：《宋朝事实》卷九，中华书局1955年排印本。
④ （宋）江少虞：《宋朝事实类苑》卷二，上海古籍出版社1981年点校本。
⑤ （宋）吕陶：《府学经史阁落成记》，《净德集》卷一四。
⑥ （宋）晁公武：《郡斋读书志》卷五，上海古籍出版社1990年孙猛校证本。

与晁公武；后来晁氏任官荣州，将两家藏书编成第一部私家提要目录，即《郡斋读书志》20卷，著录24500余卷。南宋陆游入蜀为官，也大量收购蜀中印本，及其任满"出峡，不载一物，尽买蜀书以归，其编目日益巨"①。陆家当时号称会稽三大藏书家，其"书巢"藏书之富，蜀刻与有力焉。

南宋时，蜀人自己的藏书动辄也以万卷计。魏了翁在所办鹤山书院中收藏图书，"公私所板行者凡得十万卷"②，比北宋国家三馆秘阁所藏8万余卷③还要多；《宋史·艺文志》是元人汇录南北两宋历朝书目而成，也仅著录119972卷，四川的一个鹤山书院藏书竟然与两宋国家所藏的总和相差无几！蜀中文献之盛，于此可见一斑矣。

据吴天墀《宋代四川藏书考述》所引资料为线索，现将宋世蜀人藏书事迹列表如下（其中对吴文有所补充修正）：

表1-1 宋代蜀人藏书事迹表

序	籍贯	姓名	藏书	逸事	出处
1	华阳	句中正	喜藏书，家无余财		《宋史》卷四四一《句中正传》
2	华阳	彭乘	聚书万余卷	皆手自刊校，蜀中所传，皆出于乘	《宋史》卷二九八《彭乘传》
3	成都	郭友直	善藏书，多至万余卷	誊写校对，尽为佳本；朝廷求书，上千余卷，皆秘阁所阙者	文同《丹渊集》卷三九《龙州助教郭君墓志铭》；费著《氏族谱》
4	成都	郭大亨	熙宁七年献书3779卷，秘阁所无者503卷		《文献通考》卷一一四《经籍考》
5	成都	杨汇	藏书万签，金石刻本多于欧阳修《集古录》所录	与苏轼善。对朝廷故实、士大夫谱牒，皆能通晓	《邵氏闻见后录》卷三二
6	外籍	沈立	宦游入蜀，"用公粟买书，积卷至于数万"		《宋史》卷三三三《沈立传》

---

① （宋）施宿等：《会稽志》卷一六"藏书"，中华书局1990年版。
② （宋）魏了翁：《书鹤山书院始末》，《重校鹤山先生大全文集》卷四一，《四部丛刊初编》本。
③ 此从江少虞《宋朝事实类苑》卷二语，《宋史·艺文志》作73877余卷。

续表一

序	籍贯	姓名	藏书	逸事	出处
7	外籍	吴中复	熙宁中为成都知府，建经史阁，"聚书万卷"		吕陶《府学经史阁落成记》，《净德集》卷一四
8	眉山	孙长孺 孙降衷 孙辟 孙抃	孙抃祖长孺唐时建"书楼"，僖宗题匾；五代毁于火，宋初孙降衷"购书万卷藏之"	抃兄孙辟复于东山构屋三百楹，号"山学"，延成都何维翰为掌教，以聚四方学者，有公养之法。范镇、石扬休、蒲师孟皆曾执经其中	魏了翁《眉山孙氏书楼记》，《鹤山集》卷四一
9	丹棱	史子永	建"五经楼"，"藏书万卷"		家彬《史子永墓志铭》，《丹棱县志》卷二
10	丹棱	史南寿	性嗜书籍，多所收藏		唐庚《史南寿墓铭》，《眉山文集》卷四
11	郫县	李定	多藏书	天禧中，诏访天下书，定先投牒，监中群书，多出其家	《蜀中广记》卷九八
12	犍为	王氏	"云是前人藏书处，磊落万卷今生尘"；"惟余旧书一百车，方舟载入荆江曲"		苏轼《犍为王氏书楼》《王齐万秀才》
13	简州	刘讽	疏草焚来应见史，囊金散尽只留书		司马光《续诗话》
14	荣州	杨处士	裒辑古今书史万卷		文同《杨处士墓志铭》，《丹渊集》卷三八
15	资州	魏润博	知资州，建聚书楼	南宋时，宇文绍奕知州，重新购置，较前多数千卷	李石《聚书楼记》，《蜀中广记》卷八引
16	阆州新井（今南部县）	蒲宗孟	作清风阁藏书，教子孙极严厉；蒲氏固蜀望……族氏散居蜀土，宋季有列朝著、登虞庠、掇高科者，皆醇谨、富辞藻，诗书流泽，其来盖有自		范祖禹《题蒲氏清风阁》，《范太史集》卷二；邓文原《送蒲廷瑞北游序》，《巴西集》卷上
17	阆州	会经楼	保宁城内，宋元祐建会经楼；置经史子集一万余卷	东坡题额，蒲宗孟为记，范百禄皆有诗	彭遵泗《蜀故》卷七（按，《蜀中广记》卷二四作"三万余卷"）
18	彭水	万卷堂	黄庭坚建，聚书于此		彭遵泗《蜀故》卷七

续表二

序	籍贯	姓名	藏书	逸事	出处
19	外籍	晁公武	天资好书，自知兴元府领四川转运使，常以俸之半传录	历十余年，所有甚富。临卒付书50箧予公武，公武撰《读书志》，著录24500余卷	晁公武《郡斋读书志自序》
20	华阳	郭绛	喜爱书籍	丹铅点勘不去手，自经史百氏、浮屠黄老、阴阳医卜之术，皆究其妙	《四川通志》卷一四四
21	广都	郭叔谊	筑室藏万卷书，皆手所校雠		魏了翁《知巴州郭君叔谊墓志铭》，《鹤山集》卷八三
22	眉山	成叔阳	眉山多藏书	编《唐三百家文粹》四百卷	彭遵泗《蜀故》卷一八
23	丹棱	孙道夫	仕宦三十年，俸给多置书籍		《宋史》卷三八二《孙道夫传》
24	丹棱	李焘	家藏书积数万卷	所至求奥篇隐帙，传录雠校，虽阴阳小说，亦无遗者	周必大《李文简公神道碑》，《全蜀艺文志》卷四七
25	普州	刘仪凤	任国史院编修、权秘书少监，俸入半以储书，几万余卷，誊录国史无遗	被斥归。蜀人关者孙赠诗：十年成底事，赢得载书归	《宋史》卷三八九《刘仪凤传》，《宋诗纪事》卷四六，《老学庵笔记》卷二
26	资州	赵逵	读书数行俱下，尤好聚古书	考历代兴衰治乱之迹，与当代名人巨公出处大节，根穷底究，尚友其人	《宋史》卷三八一《赵逵传》
27	资州	李石	主石室，拓石经	我集四库书，琬琰藏洛河。此外有石经，参酌正舛讹	《蜀中广记》卷九九
28	彭州	穆深之	其书万卷，学问广博		李石《穆承奉墓志铭》，《方舟集》卷一六
29	青神	杨泰之	家故藏书数万卷	手自校雠	魏了翁《杨公墓志铭》，《鹤山集》卷八一
30	遂宁	苏振文	落落不偶，聚书数万卷，圣经贤传、山经地志、私乘野史，以至虞初稗官、旁行数落之书，靡不搜罗		魏了翁《苏伯起振文墓志铭》，《鹤山集》卷八四
31	蒲江	魏了翁	家故有书，某又得秘书之富而传录焉，与访寻公私所板行者，凡得十余万卷		魏了翁《书鹤山书院始末》，《鹤山集》卷四一

除了吴先生所列外，我们还可以补充以下诸例：

一是中江牟焕："隐居读书，躬耕而食"，"凿石龛藏书，铭之曰：'龛虚其中，惟书之容。……书传世久，永亲以寿。'至今名其地曰'牟谷'。"①这是民间隐者凿窟以藏书，并且希望自己与所藏之书一起永传并寿。

二是熙宁初，蜀民献书：王安国《花蕊夫人诗序》："熙宁五年，臣安国奉诏定蜀民所献书可入三馆者，得花蕊夫人诗。"释文莹《续湘山野录》载此事："王平甫安国奉诏定蜀民、楚民、秦民三家所献书可入三馆者，令令史李希颜料理之。"熙宁五年（1072）曾有蜀民与楚民、秦民一道，向朝廷献书，《花蕊夫人宫词》即在此次缴进之中。

三是成都宇文绍奕：其所撰《博雅堂记》云："凡二十年聚书，上自孔氏，下至历代诸史、稗官小说，与夫国典名公之文，合万余卷，手所校录者几半之。"②

四是新繁勾友于：李石《勾氏盘溪记》："楼以藏书，堂以教子，亭以赋诗，榭以置酒。"③盘溪在新繁县，其主人勾友于在其中构楼以藏书。

五是荣州助教张颐："进所藏书二百二十一卷，秘书官言：'此皆阙遗之书，乞加褒赏。'诏赐进士出身。"④一个小小的县学教谕，其所献之书竟有220余卷为朝廷所无，可见巴蜀藏书风气之盛。

六是绍兴二十四年（1154），夔州沈知州重修州学，使"横经有堂，肄业有舍，藏书有阁，膳羞有所"⑤。

以上所举只是一麟片爪，并非全面，不过从上引资料已经可见，宋代四川藏书区域十分广泛，从成都、华阳、眉山、丹棱、彭州等中心城市，到川北重镇遂宁、阆中，东隅的彭水，南鄙的泸州，皆有藏书。当时的四川人，无论是本籍人士，还是客居宦旅，都有爱书之人、藏书之家。其藏书单位，则既有个人，也有政府学府（如成都府学的经史阁），还有地方书楼，如阆中会经楼、蒲江鹤山书院等，无异于今天的公立图书馆。宋代四川藏书如此普遍，当然与

---

① （明）曹学佺：《蜀中广记》卷三〇"中江县"，影印文渊阁《四库全书》本。
② （明）曹学佺：《蜀中广记》卷八。
③ （宋）李石：《勾氏盘溪记》，《全蜀艺文志》卷三九，线装书局2003年刘琳、王晓波点校本，又《蜀中广记》卷一引。
④ 雍正《四川通志》卷三八之一。
⑤ （宋）徐粹中：《重建州学记》，《全蜀艺文志》卷三六。

当时蜀中图书业发达、崇尚文雅不无关系。

当时四川藏书既有一定规模，也有相当的质量，有的甚至是两宋国家图书馆所无。如成都郭氏，其先郭友直所献的1000余卷书俱宋室秘阁所阙，后其子郭大亨所献3000余卷中，又有500多种为秘阁所无。荣县助教张颐所献书，也有200多卷为国家"阙遗之书"。郫县李定，投牒献书，竟致宋时国家"监中群书，多出其家"①。据记载，北宋时期蜀中藏书，是充实国家库藏的三个主要来源之一；南宋时期，蜀版又与杭版、建版，同称天下三大版刻系统②。

三、元代的巴蜀藏书

历经宋末元初战乱，城毁人亡，世间藏书在山崩地裂、栋摧梁折之际，又岂能完好？如临川故家饶氏，被吴澄称为"有邹鲁之质行，学术雅正，守醇谨而不变"③者，虞集记其"好史学，家藏书万卷"，可是"内附初"，亦即蒙元统一江南之际，"散轶无存者"④；临川艾氏自宋以来也是诗书传家，至元已历八九世矣，其"东偏楼藏书万卷，内附后多遗失"⑤。虞集的姻家临川陈氏，"旧多藏书，更代之后，散轶罕存者"⑥。凡此之类，举不胜举。

东南尚且如此，作为抗蒙第一线的巴蜀地区，必然罹祸更盛。世乱如此，遑论文化的传承？这一时期文献毁损极其严重，立于成都文翁石室"石越千数"的"石室十三经"就是在这时化为乌有的。其他公私藏书之毁损，更是不计其数。

宋末，蜀中许多世家大族为躲避战乱，纷纷逃往东南，希求苟存。但是随着蒙古铁骑的继续南下、大宋江山的分崩瓦解，他们大都过着艰难的生活，家资、图书又何得有保全希望？谢枋得《平山先生毋制机墓铭》说："公，仁人也，少年见蜀人死于乱离，如痛入肌髓，收遗骸露骼，藏之丛冢者以万计。流亡苦寒饥，赖衣食以更生者，又几万人。帑不留钱，廪不留粟，悉倾倒施舍，

---

① （明）曹学佺：《蜀中广记》卷四二。
② 叶梦得《石林燕语》卷八云："今天下印书，以杭州为上，蜀本次之，福建最下。"
③ （元）虞集：《送饶则明序》，《道园学古录》卷三一引。
④ （元）虞集：《送饶则明序》，《道园学古录》卷三一。
⑤ （元）虞集：《跋艾圣传三绝碑后》，《道园学古录》卷四〇。
⑥ （元）虞集：《题苏文忠公诸帖》，《道园学古录》卷四〇。

以活民命，家以此屡空。"①毋氏系五代后蜀毋昭裔的后人，自然是文献故家，然而为救济流离失所的蜀中乡亲，自家也是落得一贫如洗。

虞集的父亲虞汲，宋时为黄冈尉，宋亡后侨居临川崇仁，与吴澄为友，澄称其文"清而醇"。汲曾经两次到京师，"赎族人被俘者十余口以归，由是家益贫"，晚年乃起家为诸生教授；后得孛术鲁翀、欧阳玄推荐，乃以翰林院编修官致仕，得以善终。②

邓文原也说："蜀人自罹兵祸，转徙东南，所至如羁臣逐客，呻吟无聊。"他们中间幸而"仕且贵"者，也仅能糊口，"往往无由以周其家"，只不过"以禄代耕"而已；其"不得仕则营他业"者，温饱也不能解决（"鲜克自给"）；至于"以礼法自绳者"，连生计都成问题（"拙生事"）。自从邓家迁居杭州后"余八十年，计耳目所睹闻类若此"！③可见外迁蜀人生活之窘迫和无奈！

生计如此，他们的财产特别是图书，更是没有任何保障。周密在叙述宋元之际图书毁损状况时说：当时藏书最富的东南士人要数直斋陈振孙家了，他传录多家而成的《直斋书录解题》著录图书达"五万一千一百八十余卷"，"近亦散失"。周家自己的藏书经"三世积累"，其父"尤酷嗜，至鬻负郭之田以供笔札之用，冥搜极讨，不惮劳费。凡有书四万二千余卷，及三代以来金石之刻一千五百余种"，都收藏在"书种""志雅"二堂之中。可是到了周密这一代，却"遭时多故，不善保藏，善和之书一旦扫地"，令人痛心疾首。同时，周密还叙述了外迁蜀人图书的存佚情况："至如秀岩、东窗、凤山、三李、高氏、牟氏，皆蜀人，号为史家，所藏僻书尤多，今亦已无余矣。"④秀岩即李心传，与兄道传、弟性传号"三李"；东窗即高斯得，蒲江人，魏了翁兄子；凤山即牟子才。三人俱有史才，李心传著有《建炎以来系年要录》《建炎以来朝野杂记》二书；高、牟二人，是李心传绍定四年（1231）在成都修《宋朝会要》时所辟助手（"检阅文字"），二人后来身居高职，都兼史职。南宋末期，李、高、牟三家迁居湖州（今浙江吴兴），三家的藏书也随世运萧条而灰飞烟灭矣。

元代，蜀中藏书亦时有其人，但不多见。如南充有果山书院，在城北五

---

① （宋）谢枋得：《平山先生毋制机墓铭》，《谢叠山全集校注》卷四。毋氏"讳廷瑞，字仁叔"，毋昭裔后人，华东师范大学出版社1994年熊飞等校注本。
② 参《元史·虞集传》。
③ （元）邓文原：《送蒲廷瑞北游序》，《巴西集》卷上，影印文渊阁《四库全书》本。
④ （宋）周密：《齐东野语》卷一二，中华书局1983年版。

里，相传为蜀汉谯周建，其后郡人边速达以秘书监致仕，归隐于此。元至正八年（1348）碑刻云，藏书四千二百七十一册①。客居外省已久的苏伯衡，在为王祎后人王举直"藏书之堂"（勤有堂）作记时，曾自述："余家故多藏书。"②说明文献故家仍然重视图书收藏，传统依旧。

明人陆深说："元至正初，史馆遣属官驰驿求书东南，异书颇出。时有蜀帅纽邻之孙，尽出其家赀，遍游江南，四五年间，得书三十万卷，溯峡归蜀。可谓富矣！"③蜀帅纽邻又作纽磷，《元史》有传，随元宪宗取蜀，升都元帅。其孙倾一家之财力，从江南收得三十万卷，数量如此之大，虽然令人怀疑④，然即便以十分之一的可信度计算，也在三万卷上下，数量也不可谓不富；特别是他倾其家资，经历四五年来搜访图书，亦云勤矣！

四、明清时期的巴蜀藏书与文献整理

明清时期，由于雕版印刷技术更趋完密，图书的流通与收藏也更为方便，民间藏书万卷者，时见其人。特别是一些具有爱书藏书雅好的士大夫，即使身处迁客流人之境，也不忘多聚图书，寄心涵咏于其间，杨慎在滇南的生活场景即是如此。雍正《四川通志》卷四五载："豫章简西峃绍芳，弱冠客游滇南，题诗山寺。杨升庵先生一见异之，使人物色，遂为忘年交。凡先生出入，必引与俱。先生藏书甚多，简一览辄记。每清夜剧谈，他人不能答，简一一应如响。在滇南倡和，及订较文艺，惟简为多。"升庵在滇南徼外能著书四百余种，端赖其自家的文献收藏。

清代，随着朝廷大规模的收书、编书工程开展，大大推动了巴蜀文献的收集和整理。如乾隆时期，罗江李调元，家有"万卷楼"，藏书之富，号称"川西第一家"。时值四库馆开，调元利用身为翰林之便，每得善本，辄遣胥录之，因辑自汉迄明蜀人著述罕传秘籍，汇刊为《函海》。前后历刻数十年，总

---

① （明）曹学佺：《蜀中广记》卷二七"顺庆府"。
② （明）苏伯衡：《题勤有堂卷》，《苏平仲集》卷一〇，中华书局1985年《丛书集成初编》本。
③ （明）陆深：《豫章漫抄四》，《俨山外集》卷二一，影印文渊阁《四库全书》本。
④ 胡应麟《少室山房笔丛》正集卷一云："隋文父子以天下之力收书，仅三十七万，遂冠古今。元边帅子罄一家之产，骤得三十万卷，亦宇宙奇事。然但欲其多，而不计重复，则在今甚不难，顾正本不知几何耳？……况元时板本尚希，又非文明之世，纽氏子三十万卷，芟其重复，政恐不能三万耳。"中华书局1983年版。

计成四十函、一百六十余种、一千卷,其书第一至十函为魏晋六朝至唐宋元明诸人未见书,十一至十六函为杨慎所著不常见之书,十七至二十四函为蜀中不常见之书,二十五至四十函为李调元自己的著作,《函海》实为当时四川具体而微的"巴蜀全书"。

不过明清时期,四川并没有出现过像江南"四大藏书家"那样有规模和影响的藏家,乾隆皇帝所修《四库全书》七个副本,也只收储于沈阳、北京、镇江、扬州、杭州等地,整个中国的中部和西部都无缘一见,这与四川在唐代"扬一益二"的经济地位,和宋代"诸学在蜀"的文化地位形成强烈反差,此亦经济文化重心南移之时势使然,非人力所能及也。

五、民国以来的巴蜀藏书家

降及近代,四川文化事业又得到复苏,特别是晚清尊经书院成立后,张之洞在四川以纪阮"两文达之学"相号召,四川的考据学、文献学得到空前发展,涌现出傅增湘、严谷孙等文献学家和图书收藏家、出版家,还建立了四川省图书馆、重庆图书馆、四川大学图书馆等大型藏书机构,在文献收集和整理方面做出了前所未有的业绩。

宣统元年(1909),四川省图书馆开始筹建,民国元年(1912)正式开馆服务,1952年正式命名为四川省图书馆。作为中国最早建立的公共图书馆之一,经过百余年发展建设,四川省图书馆目前已经成为国际图联成员馆和世界银行资料存放馆,在全国具有重要地位,在西部具有带动和示范作用。著名学者林思进、蒙文通、伍非百、穆济波等先后出任馆长。现有馆藏文献四百八十万册,其中四川地方志书、历代文学诗词集、中国古医药图书、抗战版文献、民国时期期刊、"文化大革命"资料、国外原版大型图书最有特色,该馆还藏有隋唐手写经卷、近代文化名人手稿等珍稀文献,计约七十余万册。

重庆图书馆创建于1947年,经过七十余年风雨历程,现已拥有馆藏三百余万册,并形成了在国内外颇具影响的三大特色馆藏:民国时期出版物、古籍线装书、联合国资料。该馆是收集中国抗战时期出版物最全的图书馆,也是我国西南地区古籍线装书收藏数量最多、质量最好的图书馆,与四川省图书馆成为我国两个最早的联合国文献寄存馆之一。

四川大学图书馆始建于1896年,是我国西南地区藏书规模最大的大学图书馆,现有馆藏纸质文献五百九十一万余册,并拥有丰富的电子文献资源。其中文理分馆的收藏以社会科学类和自然科学类为主，其中国古代史、中国古代文学、中国古文字学、汉语史、宗教学、四川地方文献等文献具有收藏优势；珍藏线装古籍三十万册，包括宋、元刻本及唐代以来的各种稿本和抄本；还收藏有大量抗日战争时期出版的图书和新中国成立前刊发的报刊。该馆还建有"巴蜀文化特色数据库"，独具巴蜀地域及其历史人文特色，覆盖巴蜀（四川和重庆）的地方历史、文化相关的文献资源。

在近代学术转型的大背景下，四川学人仍然坚守文献学、考据学研究阵地，取得了令人瞩目的成绩。近百年来，四川学人取得了一大批饮誉全国的重要成果，如：廖平《穀梁春秋经传古义疏》《今古学考》，张森楷《二十四史校勘记》《史记新校注》，向宗鲁《说苑校注》，傅增湘《藏园群书经眼录》《宋代蜀文辑存》，伍非百《中国古名家言》，吴毓江《墨子校注》，赵少咸《广韵疏证》，张国铨《新序校注》，杨明照《文心雕龙校注》《文心雕龙校注拾遗》《抱朴子外篇校注》，王利器《新语校注》《盐铁论校注》《风俗通义校注》《颜氏家训集解》《文心雕龙校证》《文镜秘府论校注》等古典文献的校注和训诂名著；由徐中舒、赵振铎等人主编，联合川鄂两省学人共同完成的大型汉语言文字工具书——《汉语大字典》；以及一批集成性质的大型总集和丛书，如《全宋文》《中国地方志集成》（四川府县志辑）、《中国野史集成》《藏外道书》《中国少数民族古籍集成（汉文版）》《中华族谱集成》《宋集珍本丛刊》《儒藏》等。此外，以四川大学为依托，巴蜀地区还同时拥有"中国古典文献学""历史文献学"两个全国重点学科，是全国培养古文献专业硕士、博士学位人才的又一重镇。巴蜀学人的这些努力，既为古代文献的保存、流通和研究做出了贡献，也为巴蜀地区文献学事业的继承和发展做出了努力，其意义不仅仅是一时一世和一地的，而是事关千秋万代，事关全民族，甚至全人类。

第五节 巴蜀文献的统计与数量

一、古代学人的著录

关于历代巴蜀著述，《汉书·艺文志》《隋书·经籍志》等正史艺文（经籍）志时见著录；宋晁公武《郡斋读书志》、陈振孙《直斋书录解题》，以及清代《四库全书总目》、民国《续修四库全书总目提要》等公私书目亦多有评价,但是以上诸书都属于全国性书目,且所著录之巴蜀文献,皆杂厕于书中各目之下,未能得到集中、系统地著录。

至明代曹学佺撰《蜀中著作记》十卷,巴蜀文献才始有专述,自先秦至宋元的蜀人著作约七百余种,都得到了原原本本的著录和考述。然而明清以下,尚未有人续编。嘉靖修《四川总志》,其艺文部分委当时才子杨慎编纂,杨氏爱好文学、热心蜀故,所编艺文志六十四卷,广泛选录古今学人有关蜀事的诗赋文章,因成《全蜀艺文志》一书。但是该书录文章有余,而纪书目却不足,史志"艺文"一体为之改变。雍正《四川通志》亦仅录文艺辞章,相承未改,至嘉庆重修《四川通志》,乃恢复"汉志""隋志"传统,自卷一八三至卷一八八,俱为巴蜀经籍的"四部"目录,自先秦迄于清初的全蜀著述,略备于兹矣。及乎晚清,尊经书院开办,"蜀学"再兴,师生肄业,亦颇有人关注蜀学的发展历程和蜀人的著述成果,于是有《蜀学编》[①]和《四川艺文志》[②]的草拟。《蜀学编》以人物为中心,考述历代蜀学的传承与流变;《艺文志》则是以书为中心,总览巴蜀著作之分类目录。巴蜀古代学术及其成就,于此得到初步梳理和总结。

近时学人,又根据巴蜀历代府县方志,专题考察了宋人和清人的著述成果,分别编成《宋代蜀人著述存佚录》(许肇鼎)、《清代蜀人著述总目》(王晓波),宋代和清代蜀人之著作文章信息,乃毕聚于兹。

随着《巴蜀全书》工程的进行,我们又开展了"巴蜀文献通考""巴蜀文献版本目录""巴蜀全书总目提要"等子项目,计划对历史上曾有的巴蜀文献和现存的巴蜀文献,进行全面考述。据目前掌握的信息,其数量较上述各书所录增益达约三分之一。然而限于时日,以上三个子项目还未取得最终成果,故兹仍然据嘉庆《四川通志》所录,胪列巴蜀文献数量及分布情况如下:

表1-2 嘉庆《四川通志·经籍志》统计表

部类		汉唐	宋	元	明	清	类计
经部	易	13	63	12	17	18	123
	书	3	23		4	2	32
	诗	4	22		6	3	35

---

① 《蜀学编》,高赓恩、伍肇龄同编,系据尊经诸生方守道等"课艺"成果编成。
② 吴福连:《拟四川艺文志》。

续表一

部类			汉唐	宋	元	明	清	类计
经部	礼	周礼		6	1		3	10
		仪礼		2			1	3
		礼记	3	3	3	3	2	14
		通礼	1	5	3	7	1	17
	乐		1	9		1		11
	春秋		10	55	14	9	6	94
	孝经		4	4	1	1	1	11
	五经		2	20	7	10	3	42
	四书	论语	1	21	1		1	24
		大学		1		2	1	4
		中庸		6		2	2	10
		孟子		13		1	1	15
		四书总		3	1	14	17	35
	小学		8	5		36	9	58
	经部合计		50	261	43	113	71	538
史部	正史		1	2				3
	编年			11			1	12
	纪事本末			4			1	5
	别史			16		1	1	18
	杂史		7	34	1	8	12	62
	诏令奏议		3	5	1	30		39
	传记		9	25	1	13	7	55
	史钞		4	14		6	5	29
	载记		8	5		2		15
	时令			1		2		3
	地理		8	57	5	36	45	151
	职官		1	14		1		16
	政书		4	43	1	19	2	69
	目录		1	1		2	2	6
	史评		1	20	1	6	5	33
	史部合计		47	252	10	126	81	516

续表二

部类		汉唐	宋	元	明	清	类计
子部	儒家	7	18	1	23	24	73
	兵家	3	7				10
	法家				3		3
	农家		1		1	1	3
	医家	13	14		5	13	45
	天文算法	7	5			1	13
	数术	13	16		5	9	43
	艺术	7	6	1	7	2	23
	谱录	3	6	1	2	7	19
	杂家	4	28		53	24	109
	类书	6	10	1	11	1	29
	小说家	5	16		13	1	35
	释家	11	10		23	9	53
	道家	48	23		15	1	87
	子部合计	127	160	4	161	93	545
集部	别集	30	192	19	272	274	787
	总集	3	17		39	25	84
	诗文评	1	5		8	6	20
	词曲	1	6	2	12	7	28
	集部合计	35	220	21	331	312	919
四部总计		259	893	78	731	557	2518
别录：寓蜀文献	经部	14	10				24
	史部	66	69	2	51	27	215
	子部	49	5	4	4	2	64
	集部	47	28	1	21	15	112
	别录合计	176	112	7	76	44	415
各类总计		435	1005	85	807	601	2933

以上巴蜀四部文献凡2933种，时间上起先秦，下迄清乾隆年间；作者则分两类，一类是蜀人自撰著作，约2518种；一类是外籍寓蜀者所著和所编著作，共计415种。总体来说，嘉庆《四川通志》分类比较合理，统计也较为完备，各类所反映出来的巴蜀文献数量变化也与蜀学的起伏和特征相统一。

晚清时期，尊经院生吴福连《拟四川艺文志》（下称《艺文志》）著录先秦至晚清"大凡书六略三十四种、千八十四家、千五百七十三部"。因其书重在以书明蜀学源流和特征，故每个时代只大致著录重要的有特色的著作，而不在于网罗无遗，因此连他频频引用的《四川通志》材料也未能尽录，其所著录的巴蜀文献仅及《四川通志》的一半（1573∶2933）稍强。

表1-3 《蜀中著作记》《拟四川艺文志》著录文献一览表

部类		《蜀中著作记》	《拟四川艺文志》
经部	易	27	73
	书	6	21
	诗	6	25
	礼	11	40
	春秋	21	67（另含史266）
	孝经		7
	五经		29
	论语	9	
	乐	6	13
	小学	1	91
	谶纬	6	
	经部合计	93	366
史部	国史	76	
	蜀史	29	
	地理	128	
	史部合计	233	266（合于春秋）
子部	儒家	14	86
	兵家	9	25
	法家		13
	农家	2	10
	名家		11
	医家	8	68
	阴阳家		8
	数术	9	53
	艺术	3	
	墨家		23
	谱录	3	
	纵横家		7
	杂家	12	96
	小说家	14	67

续表

部类		《蜀中著作记》	《拟四川艺文志》
子部	内典	43	
	道家	39	24
	子部合计	156	491
集部	别集	142	
	总集	5	
	集部合计	147	439
四部总计		629	1562
别录：寓蜀文献		64	
总　计		693	1562

二、近时学人的考述

许肇鼎撰《宋代蜀人著述存佚录》（巴蜀书社，1986）收载宋代巴蜀学人所著文献2500余种（四川大学出版社2015年出版其后人校补本，又补充1000余条），多出《四川通志》所录同期资料2500余种，这还不包括同时代外籍人士所著以巴蜀为内容的著作。

王晓波等人撰《清代蜀人著述总目》，在广泛普查清代、民国四川各县县志的基础上，对清代巴蜀文献做出了前所未有的全面著录和统计。总计各类文献约3000余种，在嘉庆《四川通志》所录清初文献基础上增多2400余种。

如果将嘉庆《四川通志》著录的先秦至明代文献2933种，加上"许目"多出的2500余种、"王目"多出的2400余种，已知巴蜀古代文献总数将达7800余种。如果再加上《巴蜀全书》普查时增多的1/3新目，历代巴蜀文献应当在10000种以上。

第六节　巴蜀文献的整理和分类

一、巴蜀文献的整理

对巴蜀文献进行调查研究，一直是历代四川学人的梦想。在历史上，许多学人曾经对巴蜀文献的整理和出版付出过热情和心血，曾经将巴蜀文献编录入各类全国性文献之中，也曾经编纂有各类巴蜀文献的总集、全集和丛书。若溯其远源，春秋时孔子在"论次《诗》《书》、修起《礼》《乐》"之时，就曾经将《禹贡》编入《尚书》，将尹吉甫所作诸颂选入《诗经》，这就将巴蜀文献编录进全国性的文献之中了，巴蜀文献因此得到最早的整理。及至汉代，向、歆父子校录《山海经》，这是将巴蜀文献作为主体进行的整理。

班固《汉书·艺文志》于《诸子略·儒家类》著录："扬雄所序三十八篇：《太玄》十九、《法言》十三、《乐》四、《箴》二。"于《诸子略·道家类》著录："臣君子二篇。"于《诸子略·阴阳家类》著录："苌弘十五篇。"于《诗赋略》著录："司马相如赋二十九篇""王褒赋十六篇""扬雄赋十二篇"。《汉书·艺文志》所录诸书，除班固后来所补扬雄等篇外，皆经向、歆父子整理，可见臣君子、苌弘、司马相如、王褒等人著作，皆在西汉经过整理之后获得著录。特别是《扬雄所序》乃是一套丛书规模，这是正史所载的巴蜀学者个人著述的首次汇集。

晋唐以后，这种整理和编录，更为常见。陈寿曾收集整理《诸葛亮集》。六朝时，又有后人取司马相如《上林赋》《难蜀父老文》及《封禅颂》诸作，与其赋合辑成集，《隋书·经籍志》著录"《汉文园令司马相如集》一卷"①。《隋书》所录汉巴蜀人文集，还有"《汉谏议大夫王褒集》五卷，《汉太中大夫扬雄集》五卷"，这些集子也是后人所编。例如《扬雄集》，《郡斋读书后志》有著录，说："古无雄集，皇朝谭愈好雄文，患其散在诸篇

---

① 按，唐刘知几《史通·杂说上·诸汉史》："马卿为《自叙传》，具在其集中。子长因录斯篇，即为列传；班氏仍旧，更无改作。固于马、扬传末，皆云迁、雄之自叙如此，至于相如篇下，独无此言，盖止凭太史之书，未见《文园》之集。"以为司马相如曾经作《自叙》一篇，收在自己集子中，被司马迁采用来做成《司马相如列传》。王应麟《困学纪闻》卷一二也说："《史通》云司马相如始以自叙为传，然其所叙但记自少及长立身行事而已。今考之本传，未见其为《自叙》。又云相如自叙记其客游临邛，以《春秋》所讳，特为美谈，恐未必然。意者《相如集》载本传，如贾谊《新书》末篇，故以为《自叙》欤？"似乎相如自己已将文章汇编成集，而且还仿时人（贾谊）故事，在卷末撰《自叙》一篇以殿之。然而考诸《史记》实无其事，《司马相如列传》说："而相如已死，家无书，问其妻，对曰：'长卿固未尝有书也，时时著书，人又取去，即空居。长卿未死时，为一卷书，曰：有使者来求书，奏之。无他书。'其遗札书言封禅事。"《汉书·艺文志》只著录《司马相如赋》29篇，说明西汉刘向校书时也只汇集其赋，他的其他作品多分散流传。其全集著录始见《隋书·经籍志》，后来旧、新《唐书》的"经籍""艺文志"都有著录，不久亦佚，今唯传明人辑本。据金德建考证，隋唐人所见所谓司马相如《自叙》，实为后人改《史》《汉》本传为之，非相如自撰（金德建：《司马迁见过〈司马相如集〉吗？》，载《人文杂志》1986年第1期）。

籍，离而不属，因缀辑之，得四十余篇。"陈振孙《直斋书录解题》也说："盖古本多已不存，好事者于史传类书中钞录，以备一家之作，充藏书之数而已。"而《汉王谏议集》五卷的编纂情形，亦当如是。说明西汉时巴蜀学人的文集，在六朝时期曾经得到整理和编录。

唐代整理个人文集自属多见，如李阳冰就曾受李白委托，整理过他的《草堂集》。而汇集一地文献以成总集者，在唐代也出现了。王象之《舆地碑目记》卷四载有《嘉定诗》，注云："岑参为嘉州时编。"五代前蜀时，在成都也产生过一部汇录地方文献总集《蜀国文英》，凡八卷，为前蜀嘉州司马刘赞纂集（见《宋史·艺文志》）。吴任臣《十国春秋》卷四二有《刘赞传》，说他"幼文思迟钝，日祷天乞文才，忽梦吞小金龟一枚，文章大进。乾德时官嘉州司马。后主荒淫无节，日与近臣潘在迎辈宴饮亵慢。赞献陈后主《三阁图》，并作歌以讽，后主虽不之罪，而亦不能用也。未几迁学士，有《玉堂集》若干卷，又编《蜀国文英》八卷。一日吐金龟投水中，无何卒"。其生平颇具传奇色彩，但其为人还算正直，"文英"云者，文章之英华也，下启宋人《文苑英华》，乃选录蜀中有补政教之文章以供君主镜鉴。

后蜀赵崇祚又编纂以巴蜀词人作品为主体的《花间集》，是天下词作第一总集；《崇文总目》卷一一又著录，北宋章粲编《成都古今诗集》六卷。至于私家著述之编成集子得以流传者，如"东坡七集"（苏轼）、"栾城四集"（苏辙）、"鹤山全集"（魏了翁）等个人全集和《三苏文粹》（无名氏）、《三苏文类》等总集，更是更仆难数。南宋时，井度、晁公武在巴蜀收录各类图书，后由晁公武依据这些收藏，撰成第一部私家目录书《郡斋读书志》，其中类多巴蜀文献的提要。王象之《舆地碑记目》还载费士戣《固陵集》，曹学佺《蜀中著作记》说是"宋广都（今双流）费士戣达可著。嘉定中为夔守，编集管内山川建置碑文记颂为二十卷，多半夔门之书，在旁县者十之二三"①。至南宋庆元中，制置使建安袁说友编《成都文类》50卷，至今仍传，保留了许多优秀的巴蜀诗文，其中有很多诗文为其他书所无。

及明嘉靖中，至万历间。杨慎博极群书，为配合当时《四川总志》的修纂

---

① 杨慎曾在《全蜀艺文志序》中提到他编《全蜀艺文志》的主要资料来源之一是"李光所编《固陵文类》"。四川师范大学王文才教授认为《固陵文类》就是《固陵集》（王文才：《杨慎学谱》，上海古籍出版社1988年版）。此说甚是，此书很可能是费士戣领衔，而实际编纂者为李光。但李光其人生平不详。

而撰成的《全蜀艺文志》（又署周复俊）64卷，在《成都文类》《固陵文类》等书的基础上，"博采汉魏以降［至元］诗文之有关于蜀者，汇为此书，包括网罗，极为赅洽"①；万历续修《四川总志》时，杜应芳、胡承诏又在杨书基础上重辑《补续全蜀艺文志》56卷，将巴蜀诗文收录时代延伸到了明代，于是巴蜀历代艺文乃得集大成式的整理和收录。至万历间，曹学佺入蜀为右参政、按察使，曾编著《蜀中广记》180卷，将蜀中故实艺文分十二类（名胜、边防、通释、人物、方物、仙、释、游宦、风俗、著作、诗话、画苑），分别予以著录，"蒐采宏富，颇不愧《广记》之名"②，堪称巴蜀文化资料大全。

清代李调元搜罗巴蜀稀见文献，校勘辑刻成大型丛书《函海》，多达160余种，为卷1000余，是编纂"巴蜀全书"的首次尝试。晚清民国以来，又编有各类"蜀诗""蜀词""蜀文"和"川戏"等选集，都为巴蜀文献的编纂、出版做出了重要尝试。

不过，前人对巴蜀这些别集、总集或丛书的整理和编录，还局限于个人或家族性质，其稍具区域性者，也多限于单篇文章或稀见文献的汇刊，远未能对整个巴蜀古文献进行收集和整理，这对丰富多彩、卷帙浩繁的巴蜀文献来说，只是沧海一粟、冰山一角而已。20世纪初，宋育仁、谢无量等人在北京、上海先后发起组织蜀学会，以振兴"蜀学"为号召。谢无量更提出编纂《蜀藏》设想，宣称"本会拟渐次刊行蜀乡先辈遗书，名曰《蜀藏》，并广征蜀中私家著述，为之表章"③，立意宏阔，可惜因社会动荡而未果。

二、巴蜀文献的分类著录

关于巴蜀文献的分类，自汉至宋元都没有专门的巴蜀经籍志（或艺文志），巴蜀文献同其他地方文献一道，散见于各种全国性书目的子目之下。即使是南宋晁公武主要依据蜀中文献著成的《郡斋读书志》也是如此，因为他所著录的对象虽然是以井度和晁氏自己在蜀中收集的文献为主，但其内容并不完全是我们所指的"巴蜀文献"（亦即巴蜀籍学人所著，或外乡人记录巴蜀的文献），尽管其中也包括了部分"巴蜀文献"在内，但并未专门针对"巴蜀文

---

① （清）永瑢等：《四库全书总目》卷一八九本书提要，中华书局1965年版。
② （清）永瑢等：《四库全书总目》卷七〇本书提要。
③ 谢无量：《蜀学会叙·叙礼第三》。

献"制订出一个著录体系。明代有《全蜀艺文志》一书，但也不是著录巴蜀经籍的书目，而是选录巴蜀的文章诗词，虽有分类，仅是依据《文选》体例按文体对文章进行的编录，而不是对书籍的类聚群分。

历史上对巴蜀文献进行分类著录尝试的主要有以下几家：

1. 曹学佺《蜀中著作记》

第一个对巴蜀文献进行专项系统分类著录的是曹学佺《蜀中著作记》（以下简称"曹记"）。凡10卷，明代曾有单行本，黄虞稷《千顷堂书目》卷一〇有著录；又收入《蜀中广记》，分别为卷九一至卷一〇〇，也是10卷。

曹记卷一为"经部"，著录孟蜀所刻"石本九经"以及各经注疏93种（以下按《易》《书》《诗》《春秋》《礼》《乐》《论语》《孟子》、谶纬、《尔雅》排列）。

卷二、卷三为"史部"，史部又分国史和蜀史两部分：卷二国史著录谯周《古史考》、陈寿《三国志》、苏辙《古史》、范祖禹《唐鉴》，以及李心传《建炎以来系年要录》《建炎以来朝野杂记》、李焘《续资治通鉴长编》等著作，都是全国性史书，属于蜀人史学成就的范围。卷三是蜀史类，著录吴昌裔、郭允蹈《蜀鉴》，以及安丙《靖蜀编》、李心传《西陲泰定录》、李琪《丁卯实编》（皆记平吴曦事）等以蜀中故实为主体的著作，属于研究巴蜀史必须依据的文献。

卷四为"子部"，著录严遵《老子指归》等156种，按道、儒、方术、小说（含小学）、历数、兵、医方、谱录、农等排列。卷五专录佛教、道教文献，特设"内典"（佛）、"玄书"（道）二类。卷六"地理志部"，著录《山海经》、水经、山志，以及记蜀（如《本蜀记》《华阳国志》《益部耆旧传》等）、咏蜀（《蜀都赋》等）、游蜀（《入蜀记》等）和地方志文献。

卷七、卷八、卷九、卷一〇为"集部"，前3卷包括《蜀国文英》《成都古今诗集》《成都文类》《全蜀艺文志》等总集，以及《司马相如集》等别集147种，皆蜀人所作；最后一卷（即卷一〇）则著录"宦游于蜀，及蜀中所辑刻者"，我们姑以"别录"称之，如陈寿所编《诸葛亮集》24篇（蜀人所编宦蜀人士文集）、眉山成叔阳编《唐三百家文粹》400卷（在姚铉《唐文粹》100卷基础上，增益至300家，为400卷）。

如果将曹记的经目提炼出来，则有"经部""史部"（国史、蜀史）、"子部""内典、玄书"（即佛、道）、"地理""集部"六类。其最具特色的是，将"国史"与"巴蜀史"分开，将"地理"从"史部"独立（郑樵已如此），将佛、道（"内典""玄书"）从"子部"独立，又将"宦蜀"者文献和"蜀中辑刻"之文献独立出来，以与蜀人文献相区别，这些都是很好的创意，为后人编书提供了借鉴。

但该书明显的不足之处在于，"子部"仍然太过笼统，将研究子书的文献与巴蜀学人自著子书混杂在一起，特别是科技文献、医学文献也杂糅在子部之中，不仅不能体现巴蜀科技史和医学史发展的水平，而且也不利于突出学术继承性和学术创新性二者之间的联系和区别。

2. 嘉庆《四川通志·经籍志》

清嘉庆重修《四川通志》卷一八三至一八八《经籍志》（以下简称"通志"），是迄今为止对相应时期内的巴蜀文献著录最为完整的目录。此目全盘继承了《四库全书总目》的分类法，按四部43类来著录2933种文献（各类文献数量详见表1-2）。

"经部"仍按经典来分类，比曹目多"孝经类""小学类"（曹目"小学"入子部"小说家"）。"史部"分正史、编年、纪事本末、别史、杂史、诏令奏议、传记、史钞、载记、时令、地理、职官、政书、目录、史评。"子部"分儒家、兵家、法家、农家、医家、天文算法、数术、艺术、谱录、杂家、类书、小说家、释家、道家。"集部"除缺少"楚辞类"外，别集、总集、词曲、诗文评四类俱全。其中第一八八卷为别录，乃是将"凡宦游于蜀及蜀中所辑刻者类为一编"，也就是将外籍人士写蜀或入蜀所编刊的文献作为"别录"处理。

这样划分的优点是与国家书目统一起来了，但也随之产生了两个问题：第一个问题是四川一省要想兼备诸体并非易事，如"史部"中正史、时令俱各只3种，本末类5种、目录6种，而地理类却有151种，显然有失均衡。"子部"法家、农家俱各3种，也与儒家73种、杂家109种不伦。

第二个问题，作为地方性文献目录，"通志"没能突出地方文献的地位和价值，将有关巴蜀的文献与其他文献掺杂在一起（特别是史部，这种现象尤其严重），从目录上不易看出哪是巴蜀学人的学术文献，哪是研究巴蜀必须阅读和利用的文献，这当然起不到指明读书门径和研究指南的作用，也无以实现其目录学、史料学的功能。

3. 吴福连《拟四川艺文志》的分类法

晚清吴福连《拟四川艺文志》（以下简称"吴志"），又摒弃"四部"

分类法，而回复到刘歆的《七略》六分法，将1562部文献分入"六略三十四种"。其中，易73部、书21部、诗25部、礼40部、乐13部、春秋（含史籍266部）333部、孝经7部（附群经总义29部）、小学91部，凡六艺632部；儒家86部、道家24部、阴阳家8部、法家13部、名家11部、墨家23部、纵横家7部、杂家96部、农家10部、小说家67部，凡诸子345部；凡诗赋439部；兵权谋7部、兵形势6部、兵阴阳4部、兵技巧8部，凡兵家25部；天文8部、历谱8部、五行8部、蓍龟13部、杂占6部、刑法10部，凡数术53家；医经10部、经方27部、房中18部、神仙13部，凡方技68部。

不过，六分法是西汉时代的旧法，甚至是刘向、任宏、尹咸、李柱国等人校书时的大致分工，这也大致适合当时的学术实际和文献状况。但是中国学术已经过2000余年的发展变化，学术内容、文献形式都与汉代大不相同，这时候再用此法，比之四部分类法反而是倒退。如诸子之书在经过汉武帝"罢黜百家"之后，除儒家、杂家著作大量出现外，其他诸家已经渐次衰微，溃不成"家"。如吴氏所录儒家有86部、杂家有96部，而阴阳家和纵横家各自的总数分别仅有8部和7部。再者，《四库全书总目》已经将墨、名、纵横合于杂家之中了，"吴志"却不思更改，一仍旧贯，这样做的结果便是各子目下所录之书，少者过少，多者过多，极不相称。又如巴蜀兵家文献一共才25部，"吴志"却分成"兵权谋、兵形势、兵阴阳、兵技巧"4类，每类平均仅6部。数术一共才53部，"吴志"又分成"天文、历谱、五行、蓍龟、杂占、刑法"6类，每类平均不到9部。似此之类，都过于细碎，徒具虚目，大大削弱了其实用价值。

另一方面，有些类的文献在后世又有了很大发展，"吴志"却仍然将其牢笼在旧有的目录框架内，可谓削足适履。如其目著录巴蜀史部文献已达266部，早已不是从前"六艺略"之"春秋类"的附庸地位所可容纳的了，吴志却仍然将其归入"春秋"一类，结果史书远远多过《春秋》经学著作，枝大于干，末隆乎本！又史书归入"春秋类"，除按时代略分先后外，吴氏未作任何类别划分，遂使国史与方志同列、历史与地理混淆、传记与政书杂厕，若欲即类求书、因书就学，依据该目，则无从措手。

又如文集，在后世已经发展成为一个独立体系，且有诗集、文集、诗文合集、词曲、别集、总集、诗文评等类型，吴福连《拟四川艺文志》仍然将其囿于"诗赋略"中，而又未按《汉书·艺文志》的"屈赋、陆贾赋、荀卿赋、杂赋、歌诗"等五类来加以区别，只将439种集类文献汇总著录于"诗赋略"中，显得太过臃肿，亦无区分。况且，在后世的文集中，赋已经不是主要的文学形式，再以"诗赋"为名，也有些名不副实。

三、巴蜀文献分类的新尝试

经过对三种目录的分析，不难发现，嘉庆《四川通志》反映的是"四部之学在四川"，换句话说，就是用"四部"学的眼光来观察四川文献，看看在"四部"学领域中四川都产生过一些什么样的文献。吴氏《拟四川艺文志》反映的则是"七略之学在四川"，亦即用"七略"的六分法来看看四川古今到底有多少六略类文献。二者都是用旧有的框架来看后世发展了的巴蜀文献，或用后世之尺度来绳故有之历史。为了满足这一要求，有时就不免削足适履，将发展后的汪洋般文献，强行纳入旧有的框架之中，而对于无法纳入的内容，则视若无睹而弃若敝屣。如大量的川剧资料和民间文学，全都被排斥在"四部"与"六略"之外。这既未能真实反映巴蜀文献的历史实情，也未能给研究巴蜀文化提供登堂入室的方便门径，因此这些分类法都是不可取的。

我们认为正确的图书分类方法，必须合乎历史实际，同时又要为现实服务。图书分类首先必然是已有图书的量身定做和具体分类，而不是预设或固有类别的生搬硬套。相比之下，曹学佺《蜀中著作记》不囿于"六略""四部"的做法则具有灵活性和现实性，他的某些分类（如"巴蜀史""内典""玄书""地理"）对突出地方性文献特征来说还具有参考价值。同时，作为基础性、工具性都很强的文献目录学，又必须考虑现实学术研究的需要，为当代的学术研究提供可资借鉴的工具和途径。

结合巴蜀文献的客观实际和历史存在，特别是适应当代学术研究的具体要求，我们认为应将巴蜀古代文献分为经学文献（含《周易》《尚书》《诗经》、"三礼"、《春秋》《孝经》、"四书"、小学、群经总义）、史学文献（含国史、巴蜀史、地理、民族）、子学文献（含诸子、科技、笔记、宗教）、集部文献（含别集、总集）等四部共19类。至于"丛书"，因数量不多，依其内容，分别入于"群经总义"与"总集"。

蜀学历史悠久，比于齐鲁，自汉而唐，由宋而清，以迄民国，儒家经学在巴蜀地区的传承，代代相续，绵延不绝，故特设"经学文献"一类。蜀儒治经，或主博通，或守专经，于是形成以专经研究为特色的文献体系，故本书于

《易》《书》《诗》《礼》（附乐）、《春秋》《孝经》、"四书"皆设专题而陈述之。读经始于识字，经学基于小学。文字音韵训诂类著作，自古皆隶于经部（或六艺略），巴蜀自司马相如撰《凡将》，犍为文学注《尔雅》，严遵、林闾之传"辐轩语"，扬雄之撰《方言》《训纂》以来，巴蜀小学著作，世不绝编，或研究广义之汉语，或记叙固有之方言，皆卓然挺秀，衰然成编，故本书经部有"小学文献"。

史学在蜀，蔚为大观，《三国志》之后，歧为二途：一以研究全国之史，是谓国史；一以记录本地文化，是谓蜀史。因此史部文献首先应分为"国史""巴蜀史"二类，斯乃符合巴蜀史学著作之实际，也才成为地方文献目录之特色。古代巴蜀，地理自成单元，民族混然杂处，故观巴蜀之历史文化，必自地理、民族入手。巴蜀介于华阳黑水之间，东阻峡江，北踞剑阁，西接高原，南临滇黔，是一个地理环境独特的区域，自古以来产生了大量"地理"文献，因此在史部亦有此设置。蜀僻处西南，旧为戎狄之长，今为西部龙头。其西、南两面，皆为少数民族聚居之地，民族之间的交往与互市、斗争与融合，皆载于史乘，传于人口，构成了巴蜀文化不可或缺的组成部分，故本书应有"民族文献"之子目。

六家源于六艺，诸子师法儒家，道术斯降，百家爱兴。有儒学之蜀学，必有诸子之蜀学、百家之蜀学，此一定不变之规律，亦应有而有之格局，故有"子学文献"。诸子之学，百变其态，由道而术，由术而数，由数而技，每变愈精，亦每变愈下。道也者，道德、六艺、礼乐、仁义之谓也。术也者，墨、法、兵、农、名家之谓也。数也者，天文历法、算术九章是也。技也者，观象制器、医药种树之类也。故有"诸子文献"。史称"天数在蜀""本草在蜀"，勤劳聪慧的巴蜀儿女，自古就创造了各门学科的辉煌成就。比于中原，实可方驾，放诸四海，其或领先，故有"科技文献"。道教初创于巴蜀，佛教亦在巴蜀得到发展，至于其他民族宗教、世俗信仰，也无不在这块神秘的土地上生根萌芽，文献积淀十分丰厚，故曹学佺爱述"内典""玄书"，以相统纪，是即今之"宗教文献"。巴蜀自古多隐者君子、逸人高士，或口吐莲花，或妙笔珠玑，信手涂鸦，皆成文章，故有"笔记文献"。

史称"蜀儒文章冠天下"，司马王扬，超逸今古；子昂太白，影响千祀。自兹而后，蜀人类皆好文，不同凡品。或集个人作品以为"别集"，或总通代以成"总集"，是皆性情之瑰宝、著作之渊薮，故应有"别集文献"和"总集文献"

以反映之。至于"诗文评类""词曲类",数量不多,暂入"别集"类中。

以上四部19类,大致可以概括巴蜀历代文献的实有面貌和现存状况,也可以为研究"蜀学"的发展历程、巴蜀文化的源流演变,提供相对集中的史料。如"经学、国史、诸子、科技、笔记、宗教"等类文献,大致可以反映出历代"蜀学"在各个领域的发展及成就;而诸如"巴蜀史、地理、民族、别集、总集"等类,则是研究巴蜀本地的历史、经济、风俗、文化,以及社会其他各方面必须参考和引证的史料。若能在上述专书收集整理基础上,再将散在各处的文章和资料,加以"类纂",编成各类专题文献,则庶无遗珠之憾,而终得贯鱼之乐矣。

至于近代以来部分,则依现代学术分类做出适当调整,其新貌新姿详见第六章,兹不赘述。

第二章 巴蜀经部文献

第一节 巴蜀经学及其文献

"经部文献"即对儒家经典进行研究和阐释的著作,此类著作在巴蜀地区历史非常悠久,积淀也最为丰富。如前所述,夏后氏因《河图》以撰《连山》,《连山》居"三易"之首,是易学始于夏;禹治洪水,还总结发明了"《洪范》九畴",并得《洛书》以制《洪范》;洪水既平,复任土作贡,后世传为《禹贡》,是《尚书·洪范》《尚书·禹贡》皆与禹有关系。西周时期江阳人尹吉甫作《崧高》《韩奕》《江汉》《烝民》四篇,孔子皆选在《大雅》,是《诗经》中亦有蜀人作品,蜀学渊源,可谓悠远!

汉初,临邛人胡安"聚徒于白鹤山,司马相如从之受经"。(《益都耆旧传》,见《蜀中广记》卷一三引)司马相如《上林赋》曰"游乎'六艺'之囿,骛乎'仁义'之途,览观《春秋》之林,射《狸首》,兼《驺虞》,弋玄鹤,建干戚,载云罕,揜群《雅》,悲《伐檀》,乐《乐》胥,修容乎《礼》园,翱翔乎《书》圃,述《易》道,放怪兽"云云,此处《狸首》《驺虞》"群雅"皆《诗》篇名;"玄鹤""干戚"《乐》胥,皆《乐》舞名;其余《春秋》《礼》《乐》《书》《易》皆"六艺"之伦。可见司马相如已熟知"六艺"经传,并总结出"仁义"的宗旨。而其"游乎'六艺'之囿,骛乎'仁义'之途"的表述与句式,又为刘歆、班固等人所承袭(《汉书·艺文志》述儒家曰"游文于'六经'之中,留意于'仁义'之际"),说明司马相如精通"六经",熟悉儒道。儒家经典在蜀渊源有自。

及文翁兴化,遣张宽等十八人诣京师,从博士受读经典,《汉书》有"蜀地学于京师者比齐鲁焉"(《循吏传》)的记载;文翁还起学校于成都市中,建"学宫玉室",学成归来的蜀中士子,以"七经"教授吏民。"七经",即《易》《书》《诗》《礼》《春秋》《孝经》《论语》。巴、汉化之,亦颇立学校,民风为之丕变,礼俗随之整齐。从此儒经传播遍及巴蜀大地,儒化影响也泽润千秋万代。在齐鲁之外,又一个儒学传播和研究中心在巴蜀正式形成，史称"蜀学比于齐鲁"①。可考的"蜀学"人士，西汉时期有胡安、司马相如、赵宾、何武、严遵、扬雄之传《易》，文翁、张宽、胥君安之传《春秋》，司马相如、郭舍人、严遵、林闾翁孺、扬雄之传"小学"，皆史书之有征者；至于礼学，司马相如亦有专长，史称汉武帝欲举封禅，而在朝诸儒公孙弘、董仲舒之徒不知其礼，卒得相如所草《封禅书》而后遂事②。至于长卿（司马相如）、子渊（王褒）、子云（扬雄）之辞章，名列"汉赋四大家"之林；严遵、郑璞兼综儒道，敦励风俗，而归本儒术；李弘、扬雄，博通五经，而不喜章句，都名留青史，为世景仰。

西汉末公孙述据有陇蜀，不废蜀学。光武继起，儒学更盛，《后汉书·儒林传》著录东汉师儒四十二人，蜀人有六位名列其中，占全国总数七分之一。蜀中俊彦不仅游学东京，问业博士，还家传经学，世守儒业，形成许多"经学世家"。吴福连《拟四川艺文志》谓："谯玄世以《易》传，杨统世以《书》传，翟酺世以《诗》传，张霸世以《春秋》传。"是其卓者。

谯玄字君黄，汉巴郡阆中人。少好学，能说《易》《春秋》。成帝时举"敦朴逊让有行义者"，玄对策高等，为议郎。平帝时为中散大夫，元始四年（4），朝廷选"明达政事、能班化风俗"者八人，以为绣衣使者，谯玄为"八使"之一，持节与太仆任恽等分行天下，观览风俗。玄所至专行诛赏，会王莽居摄，玄遂归隐。公孙述时，不应辟召，"独训诸子勤习经书"，谯氏遂世传《易》学。子瑛以"善说《易》"，为东汉明帝师，官尚书北宫卫士令。《后汉书》入《独行传》；《华阳国志》以"高清""洁白"来称赞其父子。

杨统字仲通，汉广汉郡新都人。自其曾祖仲续，"代修儒学，以《夏侯尚书》相传"③。父春卿，"善图谶学"，为公孙述将。统继父学，从同郡郑伯山受《河图》《洛书》及天文推步之术，撰《家法章句》及《内谶二卷解说》，位至光禄大夫，为国三老，名高行洁。《华阳国志》誉为"道德三老"。子厚，少学其父杨统的学术，术业精进，曾入侍中备顾问；后归家隐居，复修黄老之学，教授门生，名籍所录者三千余人。

翟酺字子超，东汉广汉郡雒（今四川广汉）人。四世传《诗》。酺好《老

---

① 见《三国志·蜀书》《华阳国志·蜀志》。
② 《三国志·蜀书·秦宓传》："仲舒之徒不达封禅，相如制其礼。"中华书局1959年标点本。
③ 《后汉书·杨厚传》注引《益部耆旧传》，中华书局1965年标点本。

子》,尤善图纬、天文、历算之学。征拜议郎,迁侍中,补尚书。东汉末年,太学颓废,后沦为园采刍牧之处,醋上书建议"宜更修缮,诱进后学"。顺帝从之。醋因事免官后,朝廷仍起太学,更开拓生员房室,学者为醋立碑铭于学。(《后汉书·儒林列传·翟醋传》)

张霸字伯饶,东汉蜀郡成都人。年方数岁而知孝让,虽出入饮食,自然合礼,乡人号为"张曾子"。七岁通《春秋》,复从樊儵受《严氏公羊春秋》,遂博览"五经"。永元中(89~105),为会稽太守。霸以樊儵删《严氏春秋》尤多繁辞,乃减定为二十万言,更名"张氏学"。《后汉书》与郑兴、郑众、范升、陈元、贾逵同传。霸子楷,字公超,通《严氏春秋》《古文尚书》,门徒常百人,宾客慕之,甚至他的父党和当时宿儒皆造门请益。史称"车马填街",来访随从太多,旅馆都住不下("徒从无所止"),有人就做起了这些来访者的生意,"黄门及贵戚之家,皆起舍巷次,以候过客往来之利"(《后汉书·儒林列传·张楷传》)。蜀郡乡里司隶举楷茂才,除长陵令,不至官;隐居华阴山下,从者成市,世人谓之"公超市"。当时的太傅、太尉、司徒、司空、大将军"五府交辟",楷皆不至。楷子陵,官至尚书;陵弟玄,沉深有才略,以时乱不仕,颇有父风。

可见吴氏所述诸事,信而有征。至于董钧(资中人)之习《庆氏礼》,李业(梓潼人)之习《鲁诗》,杜抚(资中人)、杨仁(阆中人)之习《韩诗》,杨终(成都人)、何英(郫县人)、张皓(武阳,今彭山人)之习《春秋》,任末(繁县人)之习《齐诗》,杜真(绵竹人)兼善《易》与《春秋》,景鸾(梓潼人)善治《齐诗》《施易》,任安(绵竹人)博通《施易》及五经。以及李尤(雒县,今广汉人)之善辞章,撰著高文;李固(南郑人)之博览群籍,尤善历数;董扶(绵竹人)之发辞抗论,号称"谈止"。史书所录,汉代巴蜀经师真是炳炳麟麟,不胜枚举。

魏晋以降,蜀学稍衰,然程元敏《三国蜀经学》[①]仍考得蜀地之明于经学者53家,其中蜀地本地人士即有36人。延及两晋南北朝,蜀人以学知名者犹不乏大家名师。有如:秦宓,绵竹人,通《春秋》,为谯周所师。杜琼,成都人,撰《韩诗章句》。谯周,西充国(治今阆中西南)人,通五经,著《法训》《五经论》《论语注》等多种。李譔,涪县(今绵阳)人,撰注古文诸经

---

① 程元敏:《三国蜀经学》,台湾学生书局1997年版。

及《太玄》等书指归。李密，武阳（今彭山）人，有孝道，与陈寿同师谯周，有孔门子游、子夏之比，学通五经，尤精《左氏》，撰《陈情表》。陈寿，安汉（今南充）人，通《春秋三传》《尚书》及《史》《汉》，撰《三国志》。范长生，号蜀才，涪陵丹兴（今黔江）人，有《周易注》。常璩，江原（今属崇州）人，博学，撰《华阳国志》。卫元嵩，成都人，撰《元苞经》。何妥，郫县人，撰《周易》《孝经》《庄子》等义疏。以上学者皆一时大家，称名国史，赓续蜀学之脉络。

隋唐时期的巴蜀文化，重在文学与宗教，然而古之士人，"推十合一"，博览诸方，其于儒家经学亦无不通贯。历仕隋唐两朝的成都人袁天纲，习阴阳五行之学，精天文、相术，亦依《易》理撰《易镜元要》；"文归雅正"的陈子昂（射洪人）被推崇为唐诗"古体之祖"[①]"近体之祖"，也是"经史百家，无不该览"，"雅有相如、子云之风骨"[②]；以"术数"著称的赵蕤撰《长短经》，也长于经术，潜心《易》理，有《注关子明易传》。被杜甫赞为"笔落惊风雨，诗成泣鬼神"[③]的诗仙李白（江油人），亦是"五岁诵六甲，十岁观百家。轩辕以来，颇得闻矣。常横经籍书，制作不倦"[④]，自叙则云："我志在删述，垂辉映千春。希圣如有立，绝笔于获麟。"[⑤]亦以圣贤事业自期。至于李鼎祚（资中人）之纂集《周易集解》，汇综35家易说；孟蜀之石刻"十三经"，形成儒家的经典体系，更是此期经学文献之代表作品。

宋代蜀学复振，为当时中国学术之冠冕。吕陶有"蜀学之盈，冠天下而垂无穷"[⑥]之说；席益亦有"蜀儒文章冠天下"[⑦]之评。李石则曰："暨我皇宋，蜀学之盛当绍汉。"[⑧]汉代"蜀学比于齐鲁"的盛况复见于宋矣。释道璨又说："自蜀学盛行于天下，蜀士之明秀肤敏者，袂属而南。"[⑨]蜀人具有

---

① （元）方回：《瀛奎律髓》卷一，上海古籍出版社2005年李庆甲汇评本。
② （唐）卢藏用：《陈氏别传》，见《陈子昂集》附录，中华书局1960年徐鹏校本。
③ （唐）杜甫：《寄李十二白二十韵》，《李太白全集》卷三二，中华书局1977年版。
④ （唐）李白：《上安州裴长史书》，《李太白全集》卷二六。
⑤ （唐）李白：《古风五十九首》之一，《李太白全集》卷一。
⑥ （宋）吕陶：《府学经史阁落成记》，《净德集》卷一四。
⑦ （宋）席益：《府学石经堂图籍记》，《成都文类》卷三〇。
⑧ （宋）李石：《左右生图记》，《成都文类》卷四五。
⑨ （宋）释道璨：《送源虚叟归蜀序》，《道璨全集校注》无文印卷第八，巴蜀书社2014年黄锦君校注本。

领袖天下学人的气势。如"铜山三苏""眉山三苏""华阳二范""阆中四陈""井研四李""丹棱三李""鹤山魏、高",皆世传家学,固无论矣。在经学文献上,较大的成绩则是《两苏经解》(苏轼、苏辙)及魏了翁《九经要义》。两苏"推明上古之绝学",终成宋代"蜀学"之根柢;魏书摘录《九经正义》精要之语,标以目次,简便易读,颇得诸经之要义。

自兹以降,学官教授、家学传承,方驾并行,同臻化境。加之印刷昌行,图书易求,经学钻研可由自学而成,不必如前人须待师传授受乃能。由宋而元、由明而清,以迄民国,巴蜀地区的儒学传授,历代相续,绵绵不绝。其间虽然有隆有替,有盛有衰,通儒大雅,并世间出;他们或专书研究,或群经通诘,渐成系统,名著巨构,时时杰出于其间。如明杨慎有关诸经的札记,实开汉学考据之源;来知德《周易集注》,极古今卦变学说之最;清李调元"古经"诸书之作,亦有复古求新之趣;刘沅《十三经恒解》,树立会通三教、以理解经风范;近代廖平《穀梁春秋经传古义疏》,多发古今不悟之秘。

兹约依专经线索,分述各经文献梗概如下。

第二节 《易》学文献

一、巴蜀《易》学源流及其文献

历考巴蜀《易》学,西汉已见治《易》事迹及其《易》说,至于文献则不详明。东汉蜀《易》具有家法,也出现了《易》学著作。六朝承之,《易》著稍有,然文献废缺,《易》说不可详考。及至唐宋而后,蜀《易》文献多存于世,巴蜀《易》学成就颇得详说。

自孔子传《易》于弟子商瞿(又作商瞿上,后世相传为双流瞿上乡人)[①],商瞿五传至田何,而遇秦朝焚书,《易》以卜筮之书不焚,故传者不绝。汉初,田何传《易》于王同、周王孙、丁宽、服生,诸人"皆著《易传》数篇"[②]。王同传《易》于杨何,杨何于元光元年(前134)征为中大夫,武帝

---

① 杨慎《升庵集》卷四八"蜀志遗事"条云:"孔子弟子商瞿,《世本》作商瞿上,文翁石室图亦作商瞿上。宋景文公(祁)作《成都先贤赞》,以商瞿上为蜀人。考之《路史》及《舆地纪》,瞿上城在双流。"
② 《汉书·儒林传》。

立"五经博士",《易》学博士即杨何,史称"《易》杨",司马迁父亲太史谈曾"受《易》于杨何"①,即此人也。丁宽著《易传》三万言,"训诂举大义而已",又称《小章句》。宽传《易》于施雠、孟喜、梁丘贺,施、孟、梁丘之学在宣帝时立为博士,皆各撰《章句》二篇。同时又有京氏,自称出于孟喜,亦立为博士,有《孟氏京房》十一篇、《灾异孟氏京房》六十六篇等书。以上皆西汉今文《易》学。当时民间又有费氏、高氏,未立于学,独以"十翼"解说上下经,是为古文《易》学②。

从《易》学渊源上考察,蜀中《易》学传授不一定迟于中原,只是《易》学文献不及中原之富。商瞿之为瞿上人,尚在疑似之间,固无论矣,这里只以两汉《易》学有文献可征者言之③。西汉有临邛人胡安,居临邛白鹤山聚徒传经,司马相如曾从之受《易》④。相如(前179~前117)在文帝时亦已知名,他从胡安受《易》,必在文帝末年(前157)以前。汉初田何传《易》,至惠帝时尚存,《高士传》谓"惠帝亲幸其庐以受业",则胡安当与田何同时。是时田何在关中传《易》,胡安亦在蜀中传《易》,二人即或稍有前后,亦相距不远。司马相如的时代应与《易》学博士杨何相当,其《上林赋》有"修容乎《礼》园,翱翔乎《书》圃,述《易》道"云云,说明他也是关注"《易》道"的。

稍晚的蜀《易》传人有赵宾,曾为孟喜师。《汉书·儒林传》称:"蜀人赵宾好小数书,后为《易》,饰《易》文,以为'箕子明夷,阴阳气亡箕子。箕子者,万物方荄兹也。'宾持论巧慧,《易》家不能难,皆曰非古法也。云受(谢无量读为"授")孟喜,喜为名(称扬)之。后宾死,莫能持其说,喜因不肯仞(承认),以此不见信。……博士缺,众人荐喜。上闻喜改师法,遂不用喜。"赵宾既然曾经传术于孟喜,他生活的时代就应当与丁宽相同,当在景帝时。其说《易》,当是著有书或文,但后来除了留下以"荄兹"说《易》之"箕子"外,别无可考。

稍晚有严遵,"卜筮于成都市,以为卜筮者贱业,而可以惠众。人有邪恶非正之问,则依蓍龟为言利害。与人子言依于孝,与人弟言依于顺,与人

---

① 《史记·太史公自序》。
② 以上所引,并见《汉书·艺文志》。
③ 关于汉唐巴蜀《易》学,可参看金生杨:《汉唐巴蜀易学研究》,巴蜀书社2007年版。
④ 见(明)曹学佺:《蜀中广记》卷一三引《益部耆旧传》,又见《方舆胜览》卷五六。

臣言依于忠。各因势导之以善，从吾言者，已过半矣"①。《华阳国志》又说他"雅性澹泊，学业加妙，专精《大易》，耽于《老》《庄》"②。郑樵《通志·艺文略》"五行家"之"易占类"著录《周易骨髓诀》1卷，注曰"严遵撰"；《宋史·艺文志》"筮龟类"有《严遵卦法》1卷。二书不见于汉唐之间著录，疑后世依托，但是颇得其易学特征。扬雄少时曾从君平游学，亦精《易》术，仿《易经》而撰《太玄》。

西汉博士《易》学（亦即官方《易》学）有施、孟、梁丘、京氏，皆今文《易》学；民间又有费、高二氏，则为古文《易》学。蜀中《易》学流派，赵宾曾经传授孟喜，对今文《易》"孟京"派曾有影响。比他早一点的有胡安，据《蜀中广记》卷一三引常璩云："临邛名山曰四明，亦曰群羊，即今白鹤也。汉胡安尝于山中乘白鹤仙去，弟子即其处建白鹤台。"魏了翁《邛州白鹤山营造记》说："临邛虞侯叔平以书抵靖，曰：'州之西直治城十里所，有山曰白鹤。……远有胡安先生授《易》之洞。'"③胡安居洞授《易》，临台升仙，知其为修道成仙之人，所传《易》学当为仙道《易》。赵宾以术数"饰《易》文"，传孟喜，喜为之改师法，讲阴阳灾变，以传京房，遂有"孟京之学"，赵宾之《易》必为数术《易》。严遵专精《大易》，耽于《老》《庄》，而且卖卜成都市，以卜筮劝善，是其《易》学兼道家《易》、数术《易》二术。扬雄从严遵游学，当然是严学传人；而他所撰《太玄》，张行成说他"义取于《连山》"④。《连山》为夏《易》，传为禹所造，汉代兰台有藏，据闻今西南少数民族（如羌族、彝族、水族）犹有传之者。是扬雄又传夏易《连山》。

四库馆臣述《易》学变迁说："《易》本卜筮之书"，"《左传》所记诸占，盖犹太卜之遗法。汉儒言象数，去古未远也。一变而为京、焦，入于机祥；再变而为陈、邵，务穷造化。《易》遂不切于民用。"⑤胡安、严遵《易》学，居汉之世，所传尚近于《左传》，得《易》之本义。赵宾之法，则

---

① 《汉书·王贡两龚鲍传》。
② （晋）常璩：《华阳国志》卷一〇上。
③ （宋）魏了翁：《邛州白鹤山营造记》，《重校鹤山先生大全文集》卷五〇。
④ 张行成《易通变》卷四〇"四易本原"云："西汉扬子云作《太玄》，义取于《连山》；后周卫元嵩作《元包》，义取于《归藏》。于是二易，世亦有书。"
⑤ （清）永瑢等：《四库全书总目》卷一。

远启孟、京,为机祥《易》学鼻祖。前人又分汉代《易》学为四派:"训诂举大义,周、服是也";"阴阳灾变,孟、京是也";"章句师法,施、孟、梁丘、京,博士之学是也";"彖、象释经,费、高是也"。①放之蜀中,严遵《易》《老》兼治,颇近周、服;扬雄《太玄》仿古,则似费、高;赵宾数术,实启孟、京。至于讲究"章句师法"的博士《易》,本为蜀人所不喜不为(如李弘、扬雄),但是西汉蜀士之学于京师者比比,必有受其传者。如宣帝时郫人何武与成都人杨覆众等歌王褒《中和颂》于宣室,得宣帝嘉奖,"武诣博士受业治《易》,以射策甲科为郎"②,所传无疑就是博士《易》学,可见汉代朝野所传易学流派,在巴蜀皆有传授。此外,相传扬雄《太玄》乃得《连山》之法,其师法更是远有端绪。

东汉太学仍守西京施、孟、梁丘、京氏之传,蜀人受学,师法也非常明确。《后汉书·谯玄传》载谯玄、谯瑛世代传《易》,玄始于西汉哀、平之时,瑛为东汉章帝师傅,易学是其家传。又《杨由传》说:"杨由字哀侯,蜀郡成都人。少习《易》,并七政元气、风云占候,为郡文学掾。"又《段翳传》说:"段翳字元章,广汉新都人。习《易经》,明风角,时有就其学者,虽未至,必豫知其姓名。"《华阳国志》又载郪(三台)人冯颢,少师成都杨班、张公超及东平人虞叔雅,"作《易章句》及《刺奢说》,修黄老,恬然终日"③。杨、段习《易》而尚占,冯颢则通《易》崇黄老,自然是严遵一路,为蜀中本有之《易》学。

至于《后汉书》之载任安受《孟氏易》,折象通《京氏易》,景鸾治《施氏易》,作《易》说④;《华阳国志》又载成都人任熙通《京易》⑤,皆师法家

---

① (清)吴翊寅:《易汉学考》,《续修四库全书》影印清刻本。
② 《汉书·何武传》。
③ (晋)常璩:《华阳国志》卷一〇中。
④ 景氏书,《经义考》《通志》《拟四川艺文志》皆作《易说》,不确。其书又作《交集》《奥集》。《北堂书钞》卷九六引《益部耆旧传》云:"景鸾字汉伯,少随师学,经七州之地,能理《齐诗》《施氏易》,兼受《河》《洛》图纬,作《易》说及《诗》解,文句兼取《河》《洛》,以类相从,名为《交集》。又撰《礼》内外记,号曰《礼略》。"《后汉书》本传同。曹学佺《蜀中广记》卷九一引《益部耆旧传》作《奥集》。朱彝尊《经义考》卷八两存之。盖"奥"字古文作"夶",与"交"形近,遂误。《奥集》兼《易》与《诗》而言,"易说"乃概称,非正式书名。
⑤ (晋)常璩:《华阳国志》卷一一。

法明晰，体系不紊。说明东汉巴蜀《易》学传授，仍然是本土传统与中原官学博士系统方驾并驰，日月同辉。当时产生《易》学著作，有如景鸾"易说"、冯颢《易章句》、李譔《古文易指归》①等，这些可以说是巴蜀《易》学的第一代著述。

东汉时，古文经学仍在民间传授，但经郑众、贾逵、马融、许慎等努力，已经取得很多成就，具有很大势力；及末年郑玄囊括大典，兼治今古，遍注群经，已经开创了经学史上的"郑学"时代。这些学术形势，对蜀中似乎没有太大影响。及至三国，刘表立荆州学宫，表彰古学，经师司马徽、宋衷，文士王粲、王凯等，皆活跃于其间，颇与郑学立异。涪（今绵阳）人尹默、李仁因"益部多贵今文，而不崇章句"，"知其不博"，二人"乃远游荆州，从司马德操（名徽）、宋仲子（名衷）等受古学，皆通诸经史"②，古文经学才正式传入蜀中。李仁有子李譔，具传其父之业，又从尹默"讲论义理，五经诸子无不该览"，为蜀汉后主太子之师傅。李譔"著古文《易》《尚书》《毛诗》、"三礼"、《左氏传》《太玄指归》"③，是蜀中第一批古文经学著作。史称譔书"皆依准贾、马，异于郑玄"，是比较纯正的古文经学。又说他"与王氏（肃）殊隔，初不见其所述，而意归多同"④。因为王肃也师宋衷，他们都是荆州学派的传人，都以贾、马古文学来反对融合今古的"郑学"，自然"意归多同"了。

巴蜀《易》学者多隐居，他们研究《易经》主于应用、卜筮，不在著述，更不在自炫。宋人青阳梦炎说："蜀在天一方，士当盛时，安于山林，唯穷经是务，皓首不辍。故其著述往往深得经意，然不轻于自炫，而人莫之知。书之

---

① 李氏书，《经义考》《通志》《拟四川艺文志》皆作《古文易》，不确。《三国志》本传云："著古文《易》《尚书》《毛诗》'三礼'《左氏传》《太玄》指归，皆依准贾、马，异于郑玄。""古文""指归"具兼包《易》《书》《诗》《礼》《太玄》而言。又按《华阳国志》卷一〇下《李譔传》作："著古文《周易》《尚书》《毛诗》《三礼》《左氏》注解、《太玄指归》"，有"注解"二字是，"指归"仅指《太玄指归》，则李氏注《易》之书名当作《易注》。存此备考。
② 《三国志·蜀书·尹默传》，又《李仁传》。
③ （晋）常璩：《华阳国志》卷一〇下。
④ 《三国志·蜀书·李譔传》。

藏于家者，又以狄难而毁，良可慨叹！"①他说的虽然是指南宋的情况，但是考诸整个巴蜀历史也未尝不是这样。

自是之后，巴蜀《易》学代有传人，《易》学文献也时有其书。不过，巴蜀《易》学的隐者特征和应用目的，仍然未改。西晋末年，青城天师道首领范长生撰《周易注》10卷，文句与王弼本颇有不同②。流行于南朝，由于其书不具真名，只署"蜀才"，"江南学士遂不知是何人"，王俭《四部目录》也不言姓名，只题"王弼后人"。谢炅、夏侯该号称"读数千卷书"，也都怀疑是谯周所作。幸赖颜之推据陈寿《李蜀书》（一名《汉之书》）所载"姓范名长生，自称蜀才"，才将作者考证清楚③。崔鸿《十六国春秋》载"西山范长生岩居穴处，求遵养之志。（李）雄欲迎立为君而臣之，长生固辞"。后来李雄称帝，长生乃为其丞相，尊曰"范贤"。"长生善天文，有术数，民奉之如神。"④其隐者身份和善筮特长，都与严遵相同。

至于西晋王长文、北周蜀郡人卫元嵩，又远袭扬雄故智以造经。王长文字德隽，广汉郪（今三台）人。"治五经，博综群籍"。他仿《论语》作《无名子》12篇，仿《周易》作《通玄经》4篇，有《文言》《卦象》可用以卜筮，时人比之于《太玄》。⑤卫元嵩，成都人。⑥"好言将来事"，"天和中（566~571），遂著诗预论周、隋废兴及皇家（唐）受命，并有征验"⑦，亦仿扬雄《太玄》著《元包》十卷，颇多奇字奥义，张行成谓其"取义于《归

---

① （宋）青阳梦炎：《春秋经筌序》，载（宋）赵鹏飞：《春秋经筌》卷首，《通志堂经解》第九册，江苏广陵古籍刻印社1993年影印本。
② 朱彝尊《经义考》卷一一云："按《释文》引《蜀才注》：'大车以载'，作'大舆'；'官有渝'，'官'作'馆'；'君子以明庶政'，'明'作'命'；'大耋'作'咥'；'羸其角'，'羸'作'累'；'箕子之明夷'，'箕'作'其'；'二簋'作'轨'；'惩忿窒欲'，'惩'作'澄'；'壮于頄'，作'仇'；'莧陆夬夬'，'陆'作'睦'；'系于金柅'，作'尼'；'孚乃利用禴'，作'跃'；'在天成象'，'成'作'盛'；'知崇礼卑'，'礼'作'体'；'研几'作'擘几'；'参天两地而倚数'，作'奇数'。"证明蜀才传《易》，经本文字不与博士《易》同。
③ （隋）颜之推：《颜氏家训·书证》，中华书局2007年檀作文译注本。
④ 《太平御览》卷一二三引崔鸿《十六国春秋·蜀录》。
⑤ （晋）常璩：《华阳国志》卷一一；《晋书》卷八二《王长文传》。
⑥ （宋）杨楫《元包序》，参见（清）朱彝尊：《经义考》卷二七〇，上海古籍出版社2010年新校本。
⑦ 《北史·艺术传》，中华书局1974年标点本。

藏》"。蜀人仿经、善筮的特点，在二人身上仍然得到保留。蜀学的这一传统甚至还影响到入蜀人士，如有"河汾孔子"之称的王通，隋末曾入蜀为蜀王侍读、蜀司户参军，也曾仿蜀儒故智，遍拟群经及《论语》，作有《续六经》及《中说》①。

《蜀才易》今已亡佚，不过其遗说在陆德明《经典释文》和李鼎祚《周易集解》中多有引录，清人张澍、马国翰、孙堂、张惠言、黄奭并有辑本。王长文书已佚而无考，卫氏书则原书俱在。此外，陆德明《经典释文》卷一著录《周易》"费元珪注九卷"，原注云："蜀人，齐安西参军。"惜书佚人亡，不可得而详。

隋唐时期，巴蜀《易》学著作颇有存者，佚文遗说多有可考。隋何妥（郫县人）通《易》学，官国子博士、祭酒，撰《周易讲疏》13卷②，借《易》象以阐《易》理。袁天纲（成都人）撰《易镜元要》1卷，赵蕤（盐亭人）撰《注关子明易传》1卷，又以数术讲明《易》道。至于阴颢、阴弘道（又作洪道）父子以及李鼎祚诸人，又发凡起例，汇辑汉魏诸家注解，以成新著，是为"集解派"。

阴弘道，唐初益州人③。阴氏书久佚，据《崇文总目》载："《周易新论疏》十卷，唐阴弘道撰。弘道仕为临涣令。世其父颢之学，杂采子夏、孟喜等一十八家之说，参订其长，合七十二篇，于《易》家有助云。"然其书久佚，南宋人已说"《中兴［书目］》、井氏（晁公武《读书志》）皆无之，岂轶于

---

① 杜淹《文中子世家》说，文中子忧"道之不行"，"退志其道"，"乃续《诗》《书》，正《礼》《乐》，修《元经》，赞《易》道，九年而'六经'大就。……隋季，文中子之教兴于河汾，雍雍如也。大业十年，尚书召署蜀郡司户，不就。十一年，以著作郎、国子博士征，并不至。十三年，江都难作"云云，似乎王通"续'六经'"在大业九年（613），而署蜀职乃在十年（614）。薛收《文中子墓碣》载："十八举本州秀才，射策高第。十九除蜀州司户，辞不就列。大业伊始，君子道消，……时年二十二矣。以为卷怀不可以垂训，……乃续《诗》《书》，正《礼》《乐》，修《元经》，赞《易》象"云云，是其"续'六经'"在署蜀之后。大业初，王通22岁，其生当开皇四年（584），19岁署为蜀王府职，在仁寿二年（602）。其大业九年"续'六经'"，实在署蜀之后。又，两处说他"不就"蜀职，似乎并未到蜀。实则如刘焯，亦曾"诏令事蜀王，非其好也，久之不至，王闻而大怒，遣人枷送于蜀"（《隋书·刘焯传》）。皇家命令，个人容或初有推辞，最终仍然扭不过，不得不赴尔。《中说·天地》"或问扬雄、张衡，子曰：古之振齐人也。其思苦，其言艰"。见其于扬雄 有同情之了解。四库馆臣于《中说》提要谓："摹拟圣人之语言，自扬雄始"；"摹拟圣人之事迹，则自通始"。亦将王通与扬雄相提并论。
② 是书已佚，马国翰有辑本1卷。
③ 《旧唐书·傅仁均传》，中华书局1975年标点本。

兵间邪"①?

李鼎祚，资州人。《周易集解》原17卷，今存10卷。共录子夏、孟喜以迄何妥、孔颖达35家《易》说，"刊辅嗣之野文，辅康成之逸象"②，于王弼玄学《易》外，保存汉《易》资料尤夥。《隋书·经籍志》共著录汉魏南北朝《易》类文献69部；南北宋之际晁公武《郡斋读书志》著录这一时期《易》书才有5部而已，其中关朗《易注》不载于《隋书·经籍志》，《乾凿度》又是纬书，焦赣《易林》也属卜筮，子夏《传》或云"张弧伪为"。这样一来，《隋书·经籍志》所录诸书，除王弼《注》之外，都已散佚了，幸有鼎祚《集解》，诸家之学乃可考知一二，其保存文献的功劳是非常巨大的。

入宋，巴蜀《易》学著作陡增于前，嘉庆《四川通志》经部易类著录宋代巴蜀《易》著63部，而同书所录汉唐巴蜀《易》著才13部③，宋代300年巴蜀《易》学成果，是汉唐之间1100余年成果之合的4倍还多！《四库全书》著录宋代《易》学著作55种，出于巴蜀者8种，约占1/7。理学大家程颐就曾感慨说："易学在蜀。"当代学人又博征载籍，考得宋代巴蜀《易》学论著69家、92部，今存者16部④。如果以此计算，更是汉唐时期的7倍有奇⑤。

历观宋代巴蜀《易》学，有以下几个特点：

首先，蜀中治《易》者众，遍及各个阶层。《宋史·谯定传》云：谯定"少喜学佛，析其理归于儒。后学《易》于郭曩氏，自'见乃谓之象'一语以入。郭曩氏者，世家南平，始祖在汉为严君平之师，世传《易》学，盖象数之学也"。南平，在今重庆南川地，宋时为少数民族所居。又云："初程颐之父珦尝守广汉，颐与兄颢皆随侍。游成都，见治篾箍桶者挟册，就视之，则《易》也。欲拟议致诘，而篾者先曰：'若尝学此乎？'因指'未济男之穷'以发问，二程逊而问之，则曰：'三阳皆失位。'兄弟涣然有所省。翌日再过

---

① （宋）冯椅：《厚斋易学》附录一引，影印文渊阁《四库全书》本；又（元）马端临：《文献通考》卷一七五引，中华书局2011年版。
② （清）永瑢等：《四库全书总目》卷一《周易集解》提要。
③ 金生杨：《汉唐巴蜀易学研究》附《汉唐巴蜀易学人物著述表》，著录汉唐巴蜀《易》学著作29种。
④ 胡昭曦：《析"易学在蜀"》，《宋史研究论文集》，河北大学出版社1993年版；又收入《胡昭曦宋史论集》，西南师范大学出版社1998年版。
⑤ 关于宋代的巴蜀《易》学，可参看金生杨：《宋代巴蜀易学研究》，四川大学博士学位论文2008年。

之，则去矣。其后袁滋入洛，问《易》于颐，颐曰：'《易》学在蜀耳，盍往求之。'滋入蜀访问，久无所遇。已而见卖酱薛翁于眉、邛间，与语大有所得。"既而《宋史》又补充说："郭曩氏及箧叟、酱翁，皆蜀之隐君子也。"说郭曩氏"世居南平"，疑其不仅是隐者，民族成分也可能是少数民族。宋代巴蜀《易》家，从成都箧翁、眉邛酱翁，到川东地区的少数民族，都有其人，分布十分广泛。

其次，巴蜀《易》学不仅数量繁多，而且内涵丰富。《系辞》说："《易》有圣人之道四焉：以言者尚其辞，以动者尚其变，以制器者尚其象，以卜筮者尚其占。"尚辞即义理学，尚变即卦变学，尚象即象数学，尚占即卜筮之术。这四者，巴蜀皆有，而以宋代最为充分。苏轼《苏氏易传》"多切人事"，鲜于侁《周易圣断》专引圣人传文以解经，张浚《紫岩易传》"发挥义理，颇为醇正"，张栻《南轩易说》补续《程传》，皆尚辞之学。陈希亮《制器尚象论》，不满于韩康伯《十三象》"徒释名义，莫得尚象之制"，故著论专极象数原理；渝州人冯时行《易传》言"《易》之象在画，《易》之道在用"，学传于李舜臣；李舜臣《易本传》以为"易本于画，舍画则无以见易"，故其书"因画论心，中爻为用"，盖主于借卦位爻象以明义者，胡一桂谓其"优于明象者也"，是皆尚象之家。陈抟撰《易龙图》，传先天、后天、河图、洛书，以极造化之原；张行成《周易通变》"取邵子十四图，敷演解释，以通其变"，"蔓引旁推，万事万物，一一归之于数"，是皆尚变之说。至于史通之撰《易筮》，青城山人之著《揲蓍法》，顾名思义，自当为尚占之书。近时学人归纳巴蜀《易》学派为："宗古易的象数派""宗王弼、刘牧的义理派""宗易本言与蕴言的数理派""宗邵雍、程颐、朱熹的纯理学派""专尚图书学派""易卦互体派"等①，虽然在易学分派上稍存疑义，然而说巴蜀易学流派众多则是事实。

其三，巴蜀《易》学类多杂驳，兼容三教，涉及方外。陈抟（字图南，自称"西蜀崇龛人"）《易龙图》，黄宗炎揭露说："图南本黄冠师，此图不过仙家养生之所寓，故牵节候以配合，毫无义理"②；苏轼《苏氏易传》，

---

① 李朝正：《巴蜀〈易〉学源流考述》，载《社会科学研究》1990年第5期。"互体"是汉人说《易》方法，在六十四别卦的上下卦（即贞卦、悔卦）之外，又将每卦中的二至四爻、三至五爻，分别成卦，用来解释卦爻辞。

② （清）朱彝尊：《经义考》卷一六引。

"杂以禅学",朱熹撰《杂学辨》以是书居首。特别是陵州(今仁寿)人龙昌期,更具代表性:他"博贯诸经"①,"尝注《易》《诗》《书》《论语》《孝经》《阴符经》《老子》",儒道兼治,无疑是一位博学的学者。文彦博早年见他"藏器于身,不交世务,闭关却扫,开卷自得";"著书数万言,穷经二十载。浮英华而沉道德,先周孔而后黄老。杨墨塞路,辞而辟之。名动士林,高视两蜀"。②其所注《易》,范仲淹称赞"深达微奥";曾应邀赴福州讲《易》,深受欢迎,得十万钱酬金。范雍将书推荐于朝,"遂行于时"③。昌期亦曾累上公车,"久而不报"。因韩琦、文彦博等人推荐,得补国子四门助教、成都府学教授、秘书省校书郎,以殿中丞致仕。晚年"又注《礼论》、注《政书》《帝王心鉴》《八卦图精义》《入神绝笔书》《河图照心宝鉴》《春秋复道》《三教圆通》《天保正名》等论"④,总共"著书百余卷"⑤,不为不够。但史载"昌期该洽过人,著撰虽多,然所学杂驳";"其说诡诞穿凿,至诋斥周公",因此欧阳修斥其"异端害道,不当推奖"⑥,罢归而卒。特别是《三教圆通论》,主张儒、佛、道三教可以圆通互补,虽是当时三教相通潮流的反映⑦,也是其为学驳杂的表现。

其四,创为"图书之学",几乎为整个宋学派《易》家所宗,影响了宋以后中国《易》学史。由五代入宋的普州崇龛(属今安岳)人陈抟《易龙图》首标先天图、后天图、河图、洛书,用黑白点子解释《易》卦起源,以为龙马所负之图,种放、穆修、李之才、邵雍、范谔昌、刘牧、黄晞,直到南宋朱熹等人,皆传其业。晁说之述宋《易》传授说:"至有宋,华山希夷先生陈抟图南,以《易》授终南种征君放明逸,明逸授汝阳穆参军修伯长,而武功苏舜

---

① (宋)晏殊:《答枢密范给事书》,《宋文鉴》卷一一二,中华书局1992年版。
② (宋)文彦博:《送龙昌期先生归蜀序》,《文潞公集》卷一一,山西人民出版社2008年郝继文标点本。
③ (宋)范仲淹:《范公(雍)墓志铭》,《范文正集》卷一四,《范仲淹全集》,四川大学出版社2002年李勇先、王蓉贵校点本。
④ (宋)王辟之:《渑水燕谈录》卷六"文儒",中华书局1981年《唐宋史料笔记丛刊》本。
⑤ 《宋史·胡则传》附。
⑥ 《宋史·胡则传》。
⑦ 蔡州开元寺有僧人所建"三教圆通堂",祖无择《题三教圆通堂》云:"师本佛之徒,潜心老与儒。一堂何所像,三教此焉俱。"(《洛阳九老祖龙学文集》卷三,《宋集珍本丛刊》第七册,线装书局2004年影印清钞本。)

钦子美亦尝从伯长学。伯长授青州李之才挺之，挺之授河南邵康节先生雍尧夫。……有庐江范谔昌者，亦尝受《易》于种征君。谔昌授彭城刘牧，而聱隅先生黄晞及陈纯臣之徒，皆由范氏知名者也。"①南宋《中兴书目》引邵博语云："抟好读《易》，以数学授穆修伯长，伯长授李之才挺之，挺之授尧夫；以象学授种放，放授许坚，坚授范谔昌。"②朱熹说："伏羲四图，其说皆出邵氏。盖邵氏得之李之才挺之，挺之得之穆修伯长，伯长得之华山希夷先生陈抟图南者，所谓'先天之学'也。"③吴澄说："《河图》《洛书》，邵所传原于穆，刘所传原于种，皆得自希夷者也。"④黄宗炎曰："周茂叔之《太极图》，邵尧夫之《先后天图》，同出于陈图南。……再三传而尧夫受之，指为'性天窟宅'，千古不发之精蕴尽在此图。《本义》崇而奉焉，证是羲皇心传，置夫《大易》之首。"⑤如此等等，都说明宋以后之"图书学"俱是陈抟发其首端。

其五，好为"集成"。也许是蜀学的博大精神和巴蜀藏书丰富的原因，巴蜀人士治经多兼容并包，常常作集解、集成性质的著作。唐代有阴弘道、李鼎祚，已如前述；宋代则有房审权、魏了翁。房审权，成都人。熙宁间，审权"谓自汉至今，专门学不啻千百家，或泥阴阳，或拘象数，或推之于互体，或失之于虚无"，于是"于千百家内，斥去杂学异说，摘取专明人事、羽翼吾道者，仅百家，编为一集。仍以《正义》冠之端首，厘为百卷，目之曰《周易义海》。或诸家说有同异，理相疑惑者，复援父师之训、朋友之论，辄加评议，附之篇末"⑥。百家具体人选即"郑玄至王安石"。可见这是集义理派《易》学之大成，正好可与李鼎祚书互补。四库馆臣述《易》学转变曰："王弼尽黜象数，说以老庄；一变而胡瑗、程子，始阐明儒理。"⑦其实房氏此书摘取"专明人事、羽翼吾道"者，已开胡、程之端。绍兴间江都人李衡即据此书作

---

① （宋）晁说之：《传易堂记》，《景迂生集》卷一六，影印文渊阁《四库全书》本。
② （宋）冯椅：《厚斋易学》附录二引《中兴书目》，影印文渊阁《四库全书》本。又（宋）王称：《东都事略·穆修传》同。
③ （宋）朱熹：《周易本义》卷首"周易本义图目"，中华书局2009年廖名春点校本。
④ （元）吴澄：《易纂言外翼》卷七，影印文渊阁《四库全书》本。
⑤ （清）黄宗炎：《周易寻门余论》卷上，影印文渊阁《四库全书》本。
⑥ （宋）李衡：《周易义海撮要序》，《通志堂经解》第一册，江苏广陵古籍刻印社1993年影印本。
⑦ （清）永瑢等：《四库全书总目》卷一。

《周易义海撮要》（增苏轼、程颐、朱震三家）。房书佚，李书今传于世，犹可考见房书规模。魏了翁，蒲江人，有《周易要义》，盖据孔颖达《周易正义》删节而成；又撰《周易集义》64卷，集周敦颐至吕祖谦17家，皆濂、洛、关、闽之理学《易》①。魏氏前书提炼汉学，后书则集成宋易，汉宋兼宗，旨趣显然。

其六，地方特色依然明显，自觉构建蜀《易》传承体系。陈师道引杨绘说："庄遵以《易》传扬雄，雄传侯芭。自芭而下，世不绝传，至沛周郯。郯传乐安任奉古，奉古传广凯，凯传绘，所著《索蕴》，乃其学也。"②杨绘字元素，汉州绵竹人，《宋史》卷三二二有传。元祐三年（1088）卒，享年62岁。范祖禹为撰《墓志铭》，谓其"专治经术，工古文，尤长于《易》《春秋》"③；皇祐五年（1053）进士第二人，终天章阁待制。著有《群经索蕴》30卷、《无为编》30卷，及文集数十卷。《经义考》著录杨绘《易索蕴》，当在《群经索蕴》之中。又程迥《周易章句外编》载："谯定字天授，涪州人。尝授（受）《易》于羌夷中郭载，载告以'见乃谓之象'与'拟议以成变化'之义。郭本蜀人，其学传自严君平。"④又谯定曾经从程颐学《易》，与杨绘同时，二人传严遵《易》学之说，必然有据。南宋蜀人李焘为郭元亨《太玄经疏》作跋说："元亨自谓得师于蜀，而不著其师之名氏。蜀人盖多《玄》学，疑严、扬所传，固自不绝，但潜伏退避，非遇其人，则鲜有显者耳。"⑤《玄》学如此，图书学也是这样。南宋有"二张"，张行成精于图书之学，张缜精于《玄》学，也是极有渊源的学问。

据说陈抟传图学于邵雍等人，邵氏后人伯温等定居蜀中，图学便又回到巴蜀，当时有"河洛遗学在蜀汉间"的说法。朱熹的朋友蔡元定（字季通）入峡为官，朱熹特委托他在蜀中寻找《易》图，蔡氏居然找到了三图（河图、洛

---

① （元）胡一桂：《周易启蒙翼传》中篇，影印文渊阁《四库全书》本。
② （宋）陈师道：《谈丛一》，《后山先生集》卷二一，《宋集珍本丛刊》第二十九册，线装书局2004年影印明弘治十二年刻本。
③ （宋）范祖禹：《天章阁待制杨公墓志铭》，《太史范公文集》卷三九，《宋集珍本丛刊》第二十四册，线装书局2004年影印清钞本。
④ （宋）程迥：《周易章句外编》，影印文渊阁《四库全书》本。
⑤ （宋）李焘：《太玄经疏跋》，马端临《文献通考》卷二〇八引巽岩李氏曰。

书、先天图），献给了朱子①，朱子将其著在《本义》《启蒙》之首；据说他自己还秘藏了一图，只传给了元定孙蔡抗，蔡抗秘不示人，直到元末明初才得公开②，就是现在看到的"阴阳鱼太极图"。这也许未必可信，但说"图学正宗"在蜀，则有可能。

元、明、清时期，蜀中《易》学著作在数量上也还不少。嘉庆《四川通志》载元代四川《易》学著作12种、明代17种、清初18种；《清代巴蜀著述总目》著录全清四川《易》学著作48种。其中有数种可以称说。如：元资州人黄泽《易学滥觞》1卷，"其说《易》以明象为本，其明象则以《序卦》为本，其占法则以《左传》为主。大旨谓王弼之废象数，流于玄虚，汉儒之用象数，亦失于繁碎，故折中以酌其平"③，又摆脱宋儒图书《易》、王弼玄学《易》、汉儒象数《易》而上之，恢复到《左传》与孔子时代了，已开《易》学复古之风。潼川（今三台）人赵采《周易程朱传义折衷》33卷，"节录程子《易传》、朱子《本义》之说，益以《语录》诸书列之于前；而各以己说附于后，所谓'折衷'也"④。应当说对朱熹《本义》进行附录衍说并不始于赵采，如胡一桂就撰有《易本义附录纂疏》15卷，但其书只"以朱子《本义》为宗"，所取诸儒议论标准是"合于《本义》"者，"其去取别裁，惟以朱子为宗"⑤。他的书只是一个朱子的忠臣，而不是《易》学的公论。赵氏则不然，他"以为《易》中先儒旧说皆不可废"，只是邵雍、程颐和朱子对汉儒的互体、飞伏、纳甲之类"未及致思耳"。认为"今时学者之读《易》，当由邵、程、朱三先生之说溯而上之"，因而其书先将程、朱两家《易》说列出，又

---

① 袁桷《（谢仲直）易三图序》云："袁（溉）乃以（《易》）授永嘉薛季宣士龙。始薛授（受）袁时，尝言'河洛遗学多在蜀汉间'，故士大夫闻是说者，争阴购之。后有二张，曰行成，精象数；曰缜，通于《玄》。最后朱文公属其友蔡季通如荆州，复入峡，始得其三图焉。"（袁桷：《清容居士集》卷二一，商务印书馆缩印元刊本。）
② 明初赵撝谦《六书本义》云："天地自然之图，虑戏氏龙马负图出于荥河，八卦所由以画也。《易》曰'河出图，圣人则之'；《书》曰'河图在东序'是也。此图世传蔡元定得于蜀之隐者，秘而不传，虽朱子亦莫之见，今得之陈伯敷氏。尝熟玩之，有太极函阴阳、阴阳函八卦之妙。"撝谦字古则，余姚人，宋宗室，别号老古先生。《名山藏》作赵谦，云洪武初聘修《正韵》（见胡渭：《易图明辨》卷三引，中华书局2008年郑万耕点校本）。知其为元末明初人。
③ （清）永瑢等：《四库全书总目》卷四《易学滥觞》提要。
④ （清）永瑢等：《四库全书总目》卷四《周易程朱传义折衷》提要。
⑤ （清）永瑢等：《四库全书总目》卷四《易本义附录纂疏》提要。

"兼及于象数、变互"之说，用以"折衷"评断程朱，虽然"以宋学为宗"，却也"尚存古义"，非竟暖暖姝姝守一先生之言，表现出极大的包容性。

不唯不专主"宋学"（赵采）、突破"宋学"（黄泽），邛州（今邛崃）人王申子还敢于批评"宋学"。他撰《大易缉说》10卷，先2卷以图解《易》，"以《河图》配先天卦，以《洛书》配后天卦，而于陈抟、邵子、程子、朱子之说，一概辨其有误"；3卷后解《易》，"仍以词、变、象、占，比、应、乘、承为说，绝不生义于图书。其言转平正切实，多有发明"①。以图说《易》是宋学，申子却敢于批评；以词变象占、比应乘承解《易》则是汉学，申子又予以发挥。是其人也是超越宋学而力图恢复古法者。

"嘉靖八才子"之一的熊过，富顺人，撰《周易象旨决录》7卷，义必考古，远溯汉学，颇能补时人蔡清《周易蒙引》"陈义而不及象"之缺，杨慎赞其书"引伸触类"，"继绝表微"，"条贯叶入"，可谓"择精语矣"②！

明清时期巴蜀《易》学最高成就是来知德《周易集注》，他在解《易》论《易》上有突破性进展。来氏解《易》重视卦象，认为"《易》以象为主"，而深疾王弼之"扫象言《易》"和宋儒之"得意忘象"，认为"舍象不可言《易》"。其论《易》象说："圣人立象，有卦情之象，有卦画之象，有大象之象，有中爻之象，有错卦之象，有综卦之象，有爻变之象，有占中之象。"至纤至晰、极精极微。其中又以"错卦""综卦""中爻""爻变"四条最为重要。错综、中爻、爻变，诸法并用，借以解六十四卦之生成演变，丝丝入扣，穷极卦变、爻变，后之言斯法者，无以出其右矣。

清代井研人胡世安，撰《大易则通》15卷，"是书专主阐明图学，汇萃诸家之图，各为之说。虽亦及于辞变象占，而总以数为主"③。可见也是一部极有特色的著作。刘沅《周易恒解》又不言象数，深非"历代言《易》之家，大半皆偏于术数"，而盛赞"王弼始专以理言，厥功甚伟"。其解经专重乎说理，一卦一爻，皆在理上用功夫，每卦每章末还以"附解"总论之，论者谓其"理多可取"④。

合嘉庆《四川通志》与《清代蜀人著述总目》而统计之，历代巴蜀《易》

---

① （清）永瑢等：《四库全书总目》卷四《大易缉说》提要。
② （明）杨慎：《易象旨序》，《升庵遗集》卷二二，天地出版社2002年《杨升庵丛书》本。
③ （清）永瑢等：《四库全书总目》卷九《大易则通》提要。
④ 潘雨廷：《读易提要》卷九，上海古籍出版社2003年版。

学著作约有153种；而就其特色言之，则尚辞之义理易（《苏氏易传》）、尚象尚变之象数易（李鼎祚《集解》、来知德《集注》）、尚占之卜筮易（严遵等人），诸种俱全，而尤以卜筮易源远而流长，颇有特色。至于易老兼治（严遵、扬雄），图书说易（陈抟、胡世安），佛陀解易（苏轼、龙昌期），以及仿圣拟经（扬雄、王长文、卫元嵩），则又巴蜀易学者所优为者也。刘咸炘曰："《易》学在蜀（伊川语），如诗之有唐矣。"①诚非虚语。

二、《易》学文献举要

1. 《太玄》，汉扬雄撰

扬雄（公元前53~公元18），字子云，西汉蜀郡成都人。少时师事严遵，得其易学之传。后入京师，由杨庄推荐给成帝，任黄门郎，待诏承明之庭。王莽时，官大夫，校书天禄阁，因事牵连，投阁几死，后以病免，又召为大夫。年71卒。《汉书》卷八七有传。

扬雄早年以辞赋见称，与司马相如、王褒并称，世称"扬马"或"渊云"，《汉书·艺文志》于"诗赋略"著录"扬雄赋十二篇"。中年后以辞赋为"雕虫篆刻"，转而研究哲学。以为经莫大于《易》，拟《易》而作《太玄》。又以为传莫大于《论语》，仿其书而著《法言》。《汉书·艺文志》于"诸子略·儒家"著录"扬雄所序三十八篇"。此外，还著有语言文字学著作《方言》《训纂》，古史著作《蜀王本纪》等。

《太玄》和《法言》是中国儒家早期的拟经之作。《太玄》依据汉代浑天说的理论以及《太初历》的成就，仿《周易》卦、爻、辞、象、变、占等原理而作。全书原本包括《玄经》《玄说》《章句》三部分，今本《章句》已佚，仅存经、传两部分。在数理方面，与《周易》"倍偶法"（即"太极生两仪，两仪生四象，四象生八卦"，八卦演为六十四卦）相对应的是，《太玄》则蕴含了"一分为三""以三统众"的原理。其经文部分，以一二三为三方，四重之以为八十一首，形成一玄统三方，三方生九州，九州生二十七家，九九乘之以成八十一首的太玄学体系。其八十一首的次序，就首的符号而言，是按照三进位制排列的；就首的名义而言，则是按照汉易卦气值日的次序排列的。

传文部分，共有《玄首》《玄冲》《玄错》《玄测》《玄摛》《玄莹》

---

① 刘咸炘：《蜀学论》，《推十书》，成都古籍书店1996年版。

《玄数》《玄文》《玄掜》《玄图》《玄告》11篇，拟《易传》"十翼"以解经。其中《文》拟《文言》，《摘》《莹》《掜》《图》《告》拟《系辞》，《数》拟《说卦》，《冲》拟《序卦》，《错》拟《杂卦》。

在哲学观念上，此书以"玄"为最高范畴，笼括天、地、人，建立起一个思辨性极高的思想体系，对后世产生了较大影响。张衡、王充就对其推许备至，张衡谓崔瑗曰："吾观《太玄》，方知子云妙极道数，乃与'五经'相拟。"① 王充亦曰："扬子云作《太玄经》，造于眇思，极窅冥之深，非庶几之才不能成也。"②

不过，此书虽模拟《周易》相当完美，几乎无与伦比，但其变化性却没有《周易》丰富。此外，它又引入五行、律吕、天文、历法等学术，内容十分庞杂，用字十分古涩，故学人亦有所批判。当时即有人"嘲雄'以《玄》尚白'"③，以为玄学未为精到；刘歆亦谓雄曰："空自苦！今学者有禄利，然尚不能明《易》，又如《玄》何？吾恐后人用覆酱瓿也。"④ 然而雄终不为所动。

就思想而言，《太玄》融会《易》、老，建立起以"玄"为最高本体的哲学思想体系，而要点在于"贵将进，贱始退"，颇用心于义理之学，对魏晋玄学的兴起有先导作用。清李光地称："扬雄作《玄》拟《易》，虽袭京、焦之绪，而颇推道德性命之指。"⑤

时值王莽篡汉，雄尝与莽同时为郎，却不为其势利所动，唯学问是务，清贫自守。史称雄"家素贫，耆（嗜）酒，人希（稀）至其门。时有好事者，载酒肴从游学。而巨鹿侯芭常从雄居，受其《太玄》《法言》焉"。扬雄死时，大司空王邑、纳言严尤谓桓谭曰："子常称扬雄书，岂能传于后世乎？"谭曰："必传。顾君与谭不及见也。"又说："扬子之书，文义至深，而论不诡于圣人。若使遭遇时君，更阅贤知，为所称善，则必度越诸子矣！"⑥ 其所

---

① 《后汉书·张衡列传》。
② （汉）王充：《论衡》卷一三《超奇篇》，中华书局2006年黄晖校释本。
③ 《汉书·扬雄传下》。
④ 《汉书·扬雄传下》。
⑤ （清）李光地：《周易通论》卷一《易教》，《榕村全书》第一册，福建人民出版社2013年陈祖武点校本。
⑥ 上引诸语，俱见《汉书·扬雄传下》。

撰诸书，东汉渐为人所研习；特别是在蜀中一直不断被后人传衍，号称"太玄经"。三国以后，历代注释《太玄》者尤众。朱彝尊《经义考》卷二六九著录自宋衷、王肃、陆绩、虞翻、范望以下至于清初，即有各类注《太玄》著作60余种，俨然形成一种"太玄学"。其重要者有晋范望《太玄经注》（有《四部丛刊》本）、宋司马光《太玄集注》（有中华书局1998年标点本）。有别于一般学人只将《太玄》视为"拟易"或"拟圣"之作，甚至认为《太玄》是"以艰深文其浅易"的看法不同的是，司马光非常推崇《太玄》，他说："《玄》者，以赞《易》也，非别为书，以与《易》角逐也。"又说："然《易》天也，《玄》者所以为之阶也。"（司马光《说〈玄〉》，《传家集》卷六七）他自云是在反复研读《太玄》数十遍之后才明白的，他说《太玄》主旨是"合天地人之道以为一"，称赞"扬子云真大儒者邪！孔子既没，知圣人之道者非子云而谁？"他不仅为《太玄》作注，而且还依仿扬雄的做法，也作了一部"易学"著作《潜虚》。真可谓读其书，知其人，而又善继其志者。当初在众人怀疑《太玄》之时，扬雄不为所动，以为"大味必淡，大音必希"，坚信"竢知音者之在后也"。历史在演进了一千年之后，《太玄》学才真正遇到知音，得司马光而后弘扬光大。

今人著述，则有郑万耕《太玄校释》（北京师范大学出版社1989年版）、刘韶军《太玄校注》（华中师范大学出版社1996年版）等，俱可参读。（舒大刚、李冬梅）

2.《元包经传》5卷，北周卫元嵩述，唐苏源明传，唐李江注

卫元嵩，生卒年不详，蜀郡成都人。少不事家产，潜心于道，明阴阳历算。梁末出家野安寺，为亡名弟子，佯狂浪宕。周氏平蜀，卫氏因此入关。天和二年（567），献策北周，要求废除佛法事，并自此还俗。其后复为道士，周武帝赐爵持节蜀郡公，并加太保。事迹见余嘉锡《卫元嵩事迹考》一文。

卫元嵩著有《元包》1卷，唐苏源明为之作传，李江为之作注，宋韦汉卿复为之注音。宋张行成补撰有《元包数总义》2卷。今传本《元包经传》凡5卷，共为10篇，分别是《太阴》《太阳》《少阴》《少阳》《仲阴》《仲阳》《孟阴》《孟阳》《运蓍》《说源》。前8篇以2篇为1卷，共成4卷，而每篇载8卦，共64卦，只有卦画、卦辞，无爻题、爻辞。后2篇合为1卷，《运蓍》专讲揲蓍之法，《说源》则推寻作《元包》的真实用意及其根源。又卷首有序文一篇，阐述"包"义与为书之义，云："包之为书也，广大含弘，三才悉备。言乎天道，有

日月焉，有雷雨焉；言乎地道，有山泽焉，有水火焉；言乎人道，有君臣焉，有父子焉。……包者，藏也，言善恶、是非、吉凶、得失，皆藏其书也。"

《元包》卦辞依据内外卦卦象，以描述式的语言来暗示卦名义及其内涵，语句凝练，但多有古僻之字，难以卒读。其体例近《太玄》，六十四卦次序则主要依据京房以坤、乾、兑、艮、离、坎、巽、震居首，分六十四卦为八宫的次序排列；首坤次乾，用以模拟《归藏》。在思想上，则主张文质互变，反文归质，崇尚质朴，有明显的现实政治用意①。卫元嵩《元包》模拟《周易》上下经及《系辞传》，而苏源明所作传文则进一步模拟《易传》。其中苏氏六十四卦传文主要模拟《象传》和《大象传》，多有"昔王"或"呜呼"之语。

是书今传版本有《范氏奇书》本、《汉魏逸书钞》本、《津逮秘书》本、《学津讨原》本、《四库全书》本，上海图书馆藏有宋绍兴三十一年（1161）蜀张洸刻本，另有明刻本、明天启六年（1626）吕茂良刻本等。（金生杨、李冬梅）

3.《周易集解》17卷，唐李鼎祚撰

李鼎祚，生卒年不详，资州盘石（今四川资中）人。两《唐书》及蜀中志乘皆无传。据清刘毓崧考证，鼎祚为唐开元时人，安史之乱玄宗入蜀，鼎祚献《平胡论》，后召为左拾遗。肃宗乾元元年（758），上书以山川辽远，请割泸、普、渝、合、资、荣六州地，置昌州，从之。后充内供奉，曾辑梁元帝及陈乐产、唐吕才书，以推演六壬五行，名《连珠集》（又名《连珠明镜式经》）10卷，上之于朝。其撰《周易集解》，于代宗朝上之②。另著有《易髓》《兵钤手历》等。

唐代初年，经学处于统一时期，孔颖达撰《周易正义》，以王弼注为"本注"，为之疏证，重在阐发义理玄言。然而《易》有"圣人之道四焉：辞、象、变、占"（《系辞》），汉易重象数，"四道"得其三；王弼主义理，舍"象、变、占"而独言其"辞"。南北朝时期，郑玄《易》与王弼《易》并行，象数与义理同行于易学界；至孔颖达独取王《注》而舍弃郑玄，于是"王氏《易》兴而汉《易》遂亡"。《周易正义》之统一经说，只有去取而无兼

---

① 金生杨：《汉唐巴蜀易学研究》第三章第三节"卫元嵩及其《元包经》"，巴蜀书社2007年版。
② （清）刘毓崧：《周易集解跋》，《通义堂文集》卷一，南林刘氏求恕斋木刻本；又余嘉锡：《四库提要辨证》卷一引，中华书局1980年版。

容，大量汉学师说被抛弃在外，并未实现融合式的真正的经说统一，是以不能尽服汉学家之心。于是，在《周易正义》撰成百余年后，李鼎祚再撰专辑汉学成果的《周易集解》。

是书撰著大旨，鼎祚《自序》云："臣少慕玄风，游心坟籍，历观炎汉，迄今巨唐，采群贤之遗言，议三圣之幽赜，集虞翻、荀爽三十余家，刊辅嗣之野文，补康成之逸象，各列名义，共契玄宗。先儒有所未详，然后辄加添削，每至章句，金例发挥，俾童蒙之流一览而悟，达观之士得意忘言。当仁既不让于师，论道岂惭于前哲。"可见鼎祚撰作此书的目的乃是为了要将王弼《易注》中的"鄙野之文"亦即老庄玄言加以删削，而将郑玄所代表的象数之学则予以增补。然其书为"集解"体，修书之旨在于辑录，故只有在先儒"未详"处，乃有自己的"添削"和"发挥"。

关于其书所引"三十余家"名氏，晁氏《读书志》举："所集有子夏、孟喜、京房、马融、荀爽、郑康成、刘表、何晏、宋衷、虞翻、陆绩、干宝、王肃、王辅嗣、姚信、王廙、张璠、向秀、王凯冲、侯果、蜀才、翟玄、韩康伯、刘瓛、何妥、崔憬、沈麟士、卢氏（卢景裕）、崔觐、孔颖达三十余家。又引《九家易》《乾凿度》义。"①宋《中兴书目》在京房前载有"焦赣"，明朱睦㮮又考出伏曼容、焦赣（《中兴书目》已有），清朱彝尊复多得姚规、朱仰之、蔡景君三位。综合诸家所考，《集解》引汉《易》之说共35家。其中又以虞翻《易》说引录最多，几近全书之半。

这些作者的原书，几乎全部亡佚，其遗说遗言，幸赖此书得以保留。陈振孙曰："隋唐以前《易》家，诸书逸不传者，赖此犹见其一二。而所取于荀、虞者尤多。"②信然。《中兴·艺文志》又说："李鼎祚《易》宗郑康成，排王弼。"今核其书，实亦不废王弼之说。《自序》谓："其王氏《略例》，得失相参，采荈采菲，无以下体。仍附经末，式广未闻。"即其明证。他又将《序卦传》散置各卦之首，并解及"十翼"传文。

论者以为：自子夏之后，传疏百家，唯王弼、郑玄之传颇行于时，然郑则多参天象，王乃全释人事，独鼎祚所集诸家之说，汉魏南北朝易学，于此可见其大旨。所以说，孔颖达从义理《易》角度统一《易》学经说，李鼎祚则从

---

① （宋）晁公武：《郡斋读书志》卷一上。
② （宋）陈振孙：《直斋书录解题》卷一，上海古籍出版社1987年版。

象数《易》角度保留《易》说。若说唐代的《易》学统一,必合观孔氏《正义》、李氏《集解》二者,乃为全面。若缺其一,皆不足以言统一。

是书正文实本10卷,别有《索隐》6卷专论重玄之意,另附王弼《略例》1卷,共为17卷。在流传过程中,所附《索隐》佚失,《略例》亦不复载,故著录有10卷之说。后毛晋汲古阁本又析10卷为17卷,加《略例》1卷,而成18卷。今有《津逮秘书》本、《四库全书》本、《学津讨原》本以及1991年巴蜀书社出版的整理本等。此外,清人多有补充与疏解,如孙星衍《周易集解》、李富孙《易解剩义》、李道平《周易集解纂疏》、曹元弼《周易集解补释》等,亦可参考。(舒大刚、李冬梅)

4.《苏氏易传》9卷,宋苏轼撰

苏轼(1037~1101),字子瞻,又字和仲,号东坡居士,谥文忠,眉州眉山(今四川眉山)人。嘉祐二年(1057)进士,仕至中书舍人、翰林学士。北宋著名文学家、书画家、散文家和诗人,宋词豪放派代表人物,北宋"蜀学"的代表人物和领袖。与其父苏洵(1009~1066)、弟苏辙(1039~1112)皆以文学名世,世称"三苏"。著有《易传》《书传》《论语说》《东坡志林》《仇池笔记》及《东坡七集》《东坡乐府》等。后人将其经学著作与苏辙《春秋集解》《诗集传》《老子解》等合编为《两苏经解》;又将其诗文与苏洵、苏辙作品合编为《三苏文粹》和《三苏大全集》等。《宋史》卷三三八有传。

《苏氏易传》是现今保存的宋代最早的义理派易学著作之一,时代与程颐的《程氏易传》相当。本书作者虽署名苏轼,但其实是由"三苏"父子合力完成,凝聚了"三苏"父子的智慧和心血。其父苏洵27岁始发愤读书,继而因科举失利,"益闭户读书,绝笔不为文辞者五六年,乃大究六经、百家之说"①,对六经进行了深入研究,写成《六经论》,其中就有《易论》一篇。《易论》比较全面地论述了《周易》的性质、作用等问题,初步奠定了苏洵的《周易》观。苏洵晚年还立志撰写一部系统的《易传》。欧阳修《苏君墓志铭》说他:"晚而好《易》,曰:'《易》之道深矣,汩而不明者,诸儒以附会之说乱之也。去之,则圣人之旨见矣。'"②他自己则说:嘉祐五年

---

① (宋)欧阳修:《故霸州文安县主簿苏君墓志铭并序》,《欧阳文忠公文集》卷三四,《四部丛刊初编》本。
② (宋)欧阳修:《故霸州文安县主簿苏君墓志铭并序》,《欧阳文忠公文集》卷三四。

（1060），"始复读《易》，作《易传》百余篇"①，凡"十卷"②，为构建苏氏易学体系做出了奠基性工作，他曾自负地认为，此项工作乃"拨雾见日"，重现易道，"此书若成，则自有《易》以来，未始有也"③。只惜《易传》未成身先死。在弥留之际，苏洵将《易传》的续写工作留给苏轼、苏辙兄弟。苏辙《亡兄子瞻端明墓志铭》载：苏洵"作《易传》未完，疾革，命公（苏轼）述其志，公泣受命，卒以成书"④。苏籀《栾城遗言》则谓："先曾祖（苏洵）晚岁读《易》，……作《易传》未完，疾革，命二公述其志。东坡受命，卒以成书。初二公少年皆读《易》，为之解说。各仕他邦，既而东坡独得文王、伏羲超然之旨，公（辙）乃送所解予坡，今《蒙卦》犹是公解。"可见，《苏氏易传》实为苏洵、苏轼、苏辙三父子共同写成的，故《四库全书总目》说"此书实苏氏父子兄弟合力为之"是有依据的。书名或称《苏氏易传》更合乎实际，但更多是称《东坡易传》题"苏轼撰"，因苏轼总其成也。

《苏氏易传》作为较早的义理派易学著作，其解经方法继承了王弼《周易注》扫除象数、放言义理的传统。《四库全书总目》称："（苏）籀（《栾城遗言》）又称（苏）洵晚岁读《易》，玩其爻象，因得其刚柔、远近、喜怒、逆顺之情，故朱子谓其惟发明爱恶相攻，情伪相感之义，而议其粗疏。胡一桂记晁说之之言，谓轼作《易传》，自恨不知数学，而其学又杂以禅，故朱子作《杂学辨》，以轼是书为首。"⑤说《苏氏易传》探讨了《周易》中的"刚柔、远近、喜怒、逆顺之情"，这其实就是易学的阴阳互动、矛盾对立原理；又说苏轼"自恨不知数"，是说苏轼对当时盛行的邵雍等人的图书易数不感兴趣。又说"其学又杂以禅"，是说《苏氏易传》走的是儒释道"三教合一"的路子，这也是北宋学术时代特征的体现。《四库全书总目》又称："今观其书，如解《乾卦·象传》性命之理诸条，诚不免杳冥恍惚，沦于异学，至其他推阐理势，言简意明，往往足以达难显之情，而深得曲譬之旨。盖大体近于王弼，

---

① （宋）苏洵：《上韩丞相书》，《嘉祐集》卷一三，上海古籍出版社1993年曾枣庄、金成礼笺注本。
② （宋）张方平：《文安先生墓表》，《乐全集》卷三九，《宋集珍本丛刊》第六册，线装书局2004年影印清钞本。
③ （宋）苏洵：《上韩丞相书》，《嘉祐集》卷一三。
④ （宋）苏辙：《亡兄子瞻端明墓志铭》，《栾城后集》卷二二，上海古籍出版社1987年曾枣庄、马德富校点《栾城集》本。
⑤ （清）永瑢等：《四库全书总目》卷二。

而弼之说惟畅玄风，轼之说多切人事；其文词博辨，足资启发，又乌可一概屏斥耶？"说明《苏氏易传》虽继承了王弼义理之学的方法，但在具体内容上又与王氏有别。王氏引老庄入《易》，但只推崇玄远，不切人事；苏轼则以"文辞博辨""多切人事"为特征，是用《易》学来讨论人生哲理的专门著作。

《苏氏易传》的卷数诸书所记不一，据其《上文潞公书》〔作于元丰五年（1082）〕说："到黄州……作《易传》九卷。"可见其书本为"九卷"。可是宋代目录书多作"十卷"（陈振孙《直斋书录解题》卷一）、"十一卷"（王应麟《玉海》卷三六），盖已加入王弼《周易略例》在内。明代以后，刻书家对其篇卷时有分合，故又有"八卷本"和"九卷本"两种。

苏轼撰成《易传》后，当时并未刊刻，轼在去世之前，曾将《易传》托于钱济明保存。由于政局日非，党禁益严，苏轼死后，苏学遭到朝廷禁止，苏辙在晚年便命其子辈将自己和亡兄的学术著作抄录以便保存。不过，到北宋晚期，《苏氏易传》已有刊本出现了。陆游《跋〈苏氏易传〉》云："此本，先君宣和中（1119~1125）入蜀时所得也。方禁苏氏学，故谓之'毗陵先生'云。"①当时四川为全国著名的刻书中心，所刻之书号称"蜀本"，蜀本《苏氏易传》巧妙地避开时讳，以苏轼仙逝地毗陵为称，改题《毗陵易传》行世。袁本《郡斋读书志》卷一著录"《毗陵易传》十一卷"，正是《苏氏易传》刊刻的这一历史隐情的真实记录。南宋末冯椅说："《读书志》云《毗陵易传》，当是蜀本。"②是有依据的。

今存最古的《苏氏易传》版本是明代陈所蕴冰玉堂刻本、吴之鲸万历二十四年（1596）刻本（俱8卷），又有万历二十五年（1597）焦竑序毕氏刻《两苏经解》本、万历三十九年（1611）焦竑序顾氏刻《两苏经解》本、闵齐伋刻朱墨套印本（8卷）、毛晋汲古阁刻《津逮秘书》本、崇祯九年（1636）顾宸刻《大易疏解》本（10卷）、《四库全书》本、张海鹏《学津讨原》本（俱9卷）等。此外，现存还有明代抄本数种。

2002年，北京语文出版社出版校点本《苏氏易传》（收入《三苏全书》）。该本以张海鹏所刻《学津讨原》本作底本，主要参校冰玉堂本、《两

---

① （宋）陆游：《跋〈苏氏易传〉》，《渭南文集校注》卷二八，浙江教育出版社2011年钱仲联、马亚中《陆游全集校注》本。
② （宋）冯椅：《厚斋易学》附录一《先儒著述上》。

苏经解》本及文渊阁《四库全书》本等。2017年四川大学出版社出版的《三苏经解集校》，收录有《苏氏易传》的校点本，为现今整理最完备本。（舒大刚、李冬梅）

5. 《紫岩易传》10卷，宋张浚撰

张浚（1097~1164），字德远，自号紫岩居士，汉州绵竹（今四川绵竹）人。宋徽宗政和八年（1118）进士，调山南府士曹参军。钦宗靖康元年（1126），累官太常寺主簿。高宗建炎元年（1127），除枢密院编修官，迁侍御史，进御营使司参赞军事。建炎三年（1129），联络韩世忠等，力主抗金，并建议经营川陕，任川陕京西诸路宣抚处置使。绍兴五年（1135），除尚书右仆射、同中书门下平章事兼知枢密院事。秦桧执政后，被排挤在外近20年。后被起用，封魏国公，诏复原官，兼任枢密使，旋又被排挤去职。卒赠太师，谥忠献。《宋史》卷三六一有传。浚虽戎马一生，然犹不废治学，著有《诗书礼解》《春秋解》《论语解》《禄秩新书》《禄秩敕令格》《绍兴奏议》《隆兴奏议》等，然今皆佚。现存《紫岩易传》《中兴备览》等，另今人辑刻有《张魏公集》10卷。

张氏家族具有深厚的家学渊源。张浚之父张咸登元丰进士，卒官成都节度判官。咸于六经、子史、历代文集，无不赅贯，著有《张君说文集》20卷。浚四岁而孤，母氏教以乃父忠君敢言之实。浚亦少得蜀中学术之传，"年十六入郡学，讲诵不间蚤夜"。教授苏元老（苏轼侄孙）赞道："张氏盛德，乃有是子。吾观其文无虚浮语，致远未可量也。"①经过元老所传，浚颇得"蜀学"之梗概。后入太学，又得到蜀中老儒严赓易学："蓬州老儒有严赓者，时亦游太学……赓尝学《易》有得，遂以《乾》《坤》之说授公。"②此外，浚还受到北宋蜀学易家杨绘影响，并记录其言论入《读易杂记》之中。据说"张初不喜伊洛之学"③，但在京师期间，浚又不免与洛学中人交往，而受程门弟子又同是蜀人的谯定影响最深。文献记载："张魏公在京师……时渊圣皇帝召涪陵处士谯定至京师……公往见至再三……定告公但当熟读《论语》，公自是益潜

---

① （宋）朱熹：《朱熹集》卷九五《少师保信军节度使魏国公致仕赠太保张公行状》，四川教育出版社1996年版。
② （宋）朱熹：《朱熹集》卷九五《少师保信军节度使魏国公致仕赠太保张公行状》。
③ （宋）黎靖德：《朱子语类》卷一〇一，中华书局1986年王星贤点校本。

心于圣人之微言。"①谯定既是程颐得意弟子，又是蜀中郭曩氏易学传人，谯氏之学实兼"洛学""蜀学"二学，张浚则在他的基础上有所推进。

张浚继承三苏文章"有为而作"、二程"经所以载道"的创作理论，提出了"圣人作《易》，将以载道"的观点，故其易学重视对义理、人事的阐发，而且把义理建立在象数基础上，以服务于世道人心。在这一点上，张氏《紫岩易传》与同时代朱震《汉上易》相似；而兼谈象数、义理，则又与苏氏《易传》相同。言理而兼象、论道而及人事，这体现了理学思潮崛起的时代特征，也保留了"蜀学"易的传统。是书凡《易解》9卷，附以《读易杂说》，合为10卷。其说《易》，不重训诂、名物，唯多阐发义理。说解经文亦醇正精微，并非泛泛之谈。如第10卷《读易杂记》，大半言河洛先后天之数，尚承刘牧、朱震之习，以九为河图，十为洛书，皆平稳有据依。故《四库全书总目》评论云："其书立言醇粹，凡说阴阳动静皆适于义理之正。"②总观此书，能因象明理，切于人事，乃宋《易》中之佼佼者，盖学《易》者不可不读也。

张浚曾孙献之跋云："忠献公潜心于《易》，尝为之传，前后两著稿，亲题第二稿云：'此本改正处极多，绍兴戊寅四月六日，某书始为定本矣。'献之顷尝缮录之，附以《读易杂说》，通为十卷，藏之于家。"戊寅为绍兴二十八年（1158），是本书改定之时，稿本仅传于家。其后曾孙张献之乃刻于宁宗嘉定十三年（1220）。今存版本主要有《四库全书》本、《通志堂经解》本、清乾隆五十年（1785）内府刊本、清同治十二年（1873）粤东书局重刊本等。（舒大刚、李冬梅）

6.《南轩易说》3卷，宋张栻撰

张栻（1133~1180），字敬夫（一作钦夫），又字乐斋，号南轩，谥曰宣。张浚之子，徙居衡阳（今属湖南）。孝宗隆兴元年（1163），以父荫补官，辟宣抚司都督府书写机宜文字，除直秘阁。乾道五年（1169）知严州，次年召为吏部侍郎。寻兼侍讲，除左司员外郎。后因与丞相虞允文议事不合，出知袁州。未几，退而家居累年，穷经究道，著书讲学。于潭州（今湖南长沙市）创办城南书院，时号"湖湘洙泗"，学者称"南轩先生"。淳熙七年

---

① （宋）赵善璙：《自警编》卷一，中华书局1985年《丛书集成初编》据《历代小史》影印本。

② （清）永瑢等：《四库全书总目》卷二《紫岩易传》提要。

（1180），诏以右文殿修撰提举武夷山冲祐观。未及拜命，病卒，终年47岁。

张栻少承过庭之训，浸润于蜀学之中。后又师承胡宏，学宗二程，会通洛蜀。他博学慎思，悉通诸经，为"湖湘学派"开创者之一。张栻去世后，他的弟子回到蜀中，进行著述和讲学活动，将胡宏、张栻以及朱子的理学传入蜀中，扩大了理学在巴蜀的影响。张栻生平著述甚富，有《南轩易说》《癸巳论语解》《癸巳孟子说》《伊川粹言》《南轩先生文集》《诸葛武侯传》等，今人杨世文、王蓉贵辑为《张栻全集》①。《宋史》卷四二九有传。

张栻《易》学著作有《南轩易说》《系辞说》《太极图解》三种。其《系辞说》《太极图解》皆见于《南轩集》及当时诸家记录，《南轩易说》则始见于宋末元初学人所载。

据张栻《答陈平甫》书，由于程颐《易传》仅及六十四卦，未及《系辞》以下，陈氏遂致书张栻："欲请足下以己精思，探三圣人之用心，又会以河南、龟山、汉上之说，续成《上下系》《说卦》《序卦》《杂卦》解五篇，传之同志，以贻后代。"张答曰："某近衰集伊川、横渠、杨龟山《系辞》说未毕，亦欲年岁，间记鄙见于下。如汉上之说，杂而不知要，无足取也。"②张栻还致书朱熹："近来读《系辞》，益觉向者用意过当，失却圣人意脉。如横渠，亦时未免有此耳。"③又致吴晦叔信："《系辞说》亦已衰集。"④于此可见，张栻有《系辞说》之书，乃衰集程颐、杨时、张载之说并下己意而成。朱熹称："钦夫说《易》，谓只依孔子《系辞》说便了。"⑤胡一桂《周易启蒙翼传·传授》亦说："南轩先生张栻敬夫著《系辞说卦序卦杂卦解》。"⑥盖即谓此。

《太极图解》又称《太极解义》，1卷，朱熹称："（张栻）平生所著书……如《书》《诗》《孟子》《太极图说》《经世编年》之属。"⑦南宋尤袤《遂初堂书目》亦录《南轩太极图解》，赵希弁《郡斋读书附志》卷五下：

---

① 杨世文、王蓉贵辑：《张栻全集》，长春出版社1999年版。
② （宋）张栻：《答陈平甫》，《南轩集》卷三〇，《张栻全集》本。
③ （宋）张栻：《与朱元晦书》，《南轩集》卷二一，《张栻全集》本。
④ （宋）张栻：《与吴晦叔》，《南轩集》卷二八，《张栻全集》本。
⑤ （宋）黎靖德：《朱子语类》卷六七。
⑥ （元）胡一桂：《周易启蒙翼传》中篇。
⑦ （宋）朱熹：《右文殿修撰张公神道碑》，《朱熹集》卷八九。

"张子《太极解义》一卷。右张宣公解周元公《太极》之义也。"并其明证。是书主要阐发周敦颐《太极图说》，惜原书已佚，部分观点还保存在宋刊本《元公周先生濂溪集》、南轩《太极图解序》及《后序》中；《南轩集》卷二〇《答朱元晦秘书》第四书关于《太极图》的讨论，于此略可考见大致风貌。

《南轩易说》不见于《南轩集》，也不见于同时人所撰碑传。南宋冯椅《厚斋易学》"张侍讲易说"首载："《易说》十一卷，题'南轩先生张侍讲'。侍讲名栻，字敬夫，广汉人，南轩其自号也。其学出于五峰胡仁仲（宏），以周（敦颐）、程（颐）为宗。"[1]宋末元初人俞琰亦载"南轩先生张栻敬夫撰《易说》"[2]。元胡一桂《周易启蒙翼传·中篇》："张南轩先生栻《易说》十一卷，学出五峰，以周、程为宗。"董真卿除记载以上三氏的相同信息外，还特别注明："张氏栻……《易说》十一卷，《乾》《坤》阙"云云[3]。可见，张栻著有《南轩易说》11卷，而且与《系辞说》显然二书，明白无疑。

及至明代，二书仍然有本传世。杨士奇《文渊阁书目》："《南轩易说》一部四册，残阙。《南轩易说》一部三册阙。《南轩系辞说》一部四册阙。"[4]钱溥《秘阁书目》："《南轩易说》，四。《南轩系辞说》，四。"叶盛《菉竹堂书目》："《南轩易说》四册。《南轩系辞说》四册。"三家皆是《易说》与《系辞说》并举，更说明二者各为一书。

今存南轩易学诸书，除此3卷本《南轩易说》外，别无所见；而《四库全书》所录，仅存《系辞传》"天一地二"以下及《说卦》《序卦》《杂卦》之解，殊无六十四卦的内容。四库馆臣谓："此本乃嘉兴曹溶从至元壬辰赣州路儒学学正胡顺父刊本传写，并六十四卦皆佚之，仅始于《系辞》'天一地二'一章，较（董）真卿所见，弥为残缺，然卷端题曰'《系辞》上卷下'云云。"[5]知现今所传仅为《南轩易说》之一部分[6]。

---

[1] （宋）冯椅：《厚斋易学》附录二。
[2] （宋）俞琰：《读易举要》卷四，影印文渊阁《四库全书》本。
[3] （元）董真卿：《周易会通》卷首《姓氏》，影印文渊阁《四库全书》本。
[4] （明）杨士奇：《文渊阁书目》卷二，冯惠民、李万健等选编：《明代书目题跋丛刊》，书目文献出版社1994年版。以下明代书目俱此本。
[5] （清）永瑢等：《四库全书总目》卷三《南轩易说》提要。
[6] 有学人怀疑《南轩易说》即《系辞说》，似不确。《系辞说》乃"裒集伊川、横渠、杨龟山《系辞》说，间记己见于下"。今本《易说》唯有张氏己说，而无三氏之言，显非一书。

张栻幼承庭训，长师胡宏，曾经接受过严格的教育培养，其学说也纯粹系统，义理精深。当时即与朱熹、吕祖谦齐名，有"东南三贤"之誉。张栻之"湖湘学"、朱熹之"闽学"和吕祖谦之"婺学"亦相鼎足，为当时三大学术重镇。周密明确指出："伊洛之学行于世，至乾道、淳熙间盛矣。其能发明先贤旨意，遡流徂源，论著讲解卓然自为一家者，惟广汉张氏敬夫、东莱吕氏伯恭、新安朱氏元晦而已。"①方回更称："衣冠南渡，得其传而尤亲切者，吾晦庵与南轩尔。"②全祖望也说："南轩似明道，晦翁似伊川。向使南轩得永其年，所造更不知如何也。"③说朱熹、张栻各传程颢、程颐之学，惜张氏早卒，未尽其学。

在易学上，《南轩易学》也继承乃父之道，以义理解《易》，提出"《易》之书所以载道"的思想，认为《易》书所载之道即天、地、人之道。其基本架构是以太极为宇宙本体，太极涵天、地、人三才之理为一。太极生两仪，两仪体现为立天之道曰阴与阳，立地之道曰柔与刚，立人之道曰仁与义。天之阴阳、地之柔刚、人之仁义分别是两仪的体现。其中阴阳作为天之道，乃形而上者，非形而下者。这与程朱等理学家把阴阳视为形下之气的观点迥然相异，体现了张栻的易学特色。此外，书中又提出"象以尽意"的思想，认为象是用来表达《易》之义的，将象作为解《易》的工具。还认为《周易》卦辞是"言乎象者也"，所以他又很重视卦辞，并亦推重数，对天地之数尤为崇尚。

作为宋易学家，张浚、张栻父子也不废汉易之法，相信"互体"之说。《紫岩易传》多论互体，张栻亦以为互体不可废。陈振孙曰："新安王炎晦叔尝问南轩曰：'伊川（程颐）令学者先看王辅嗣（弼）、胡翼之（瑗）、王介甫（安石）三家《易》，何也？'南轩曰：'三家不论互体，故云尔。然"杂物撰德，具于中爻"，互体未可废也。'"④

由于张氏"学出于五峰胡仁仲（宏），以周（敦颐）、程（颐）为宗"（冯椅《厚斋易学》附录二）；其《易说》也继承了程颐、张载、杨时等人传统，实为理学《易》的正宗嫡传。故元人取张书后半以配《程传》行世。胡顺

---

① （宋）周密：《齐东野语》卷一一《道学》。
② （元）方回：《南轩集钞》，《新安文献志》卷三五，黄山书社2004年何庆善、于石点校本。
③ （清）黄宗羲、全祖望：《宋元学案》卷五〇《南轩学案》，中华书局1986年版。
④ （宋）陈振孙：《直斋书录解题》卷一《周易口义》解题。

父《南轩易传序》云："至元壬辰（二十九年，1292），鲁人东泉王公分司廉访章贡等路，公余讲论，因言……尝诵伊川《易传》，特阙《系辞》。留心访求，遂得南轩解说《易系》，缮写家藏，好玩如宝。……倘合以并传，斯为完书。乃出示知事吴将仕及路学宿儒议，若命工刊之学宫，以补遗阙，使与《周易程氏传》大字旧本并行于世，可乎？……顺父承命校正，敬录以付匠氏。"《四库全书》所收即曹溶据胡顺父此本传录者也。但也正因为如此，张氏之书反佚其六十四卦解。

今本又缺《系辞上传》之上卷，仅存"天一地二"以下及《说卦》《序卦》《杂卦》3篇，殊为遗憾。此本又有作5卷者，乃将《说卦》《序卦》《杂卦》3篇各自独立为卷，内容与3卷本无二。今《南轩易说》传本主要有《四库全书》本、《枕碧楼丛书》本、明抄本及杨世文等整理《张栻全集》本。（舒大刚、李冬梅）

7.《丙子学易编》15卷，宋李心传撰

李心传（1166～1243），字微之，又字伯微，号秀岩，隆州井研（今井研县）人。宋宁宗庆元元年（1195）荐于乡，以应试落第，遂绝意科举，立志闭门著书。理宗宝庆二年（1226），因崔与之、许奕、魏了翁等前后23人之荐，召为史馆校勘。绍定四年（1231），赐进士出身，专修《中兴四朝帝纪》。后添差通判成都府，寻迁著作佐郎兼四川制置司参议官，诏许辟官置局，修《十三朝会要》。端平三年（1236），擢工部侍郎。嘉熙二年（1238），迁秘书少监、国史馆修撰。次年因所修《宁宗纪》末卷遭丞相史嵩擅改，愤然辞官。淳祐三年（1243），卒于吴兴寓所。心传幼承家学，博通经史，著有《丙子学易编》《建炎以来系年要录》《建炎以来朝野杂记》《旧闻证误》《道命录》等。《宋史》卷四三八有传。

是书成于嘉定九年（1216），是年干支丙子，因名《丙子学易编》。心传《序》云，读《易》"首求诸王氏（弼）书，多所未喻。次考张子（载）书，乃粗窥其梗概。最后读程子（颐）书，则昭若揭蒙矣"。看来他是推崇洛学的。他又说："程子之书，义理之会也，然其言犹若不专为爻画而出，于是以先君子（李舜臣）《本传》暨晦庵先生（朱熹）《本义》参焉，而后圣人画卦命爻之情无复余蕴矣。顾诸先生之言，尚有不能尽同者，因复颇为参释，随日书之，以备遗忘。间有鄙见，可以推明诸先生之说者，亦附著之。"可见他又不以《程传》为满足，于是参考其父亲舜臣《易本传》及朱子《易本义》，另撰新书。他在《后序》又云："然是编之作，特取王氏、张子、程子与朱文公四家之传，而间以周子（敦颐）、邵子（雍）及先君子（李舜臣）之说补之，自唐以上诸儒字义之异者亦附见焉，其有得于心思可助诸先生之说者十一二也。"纳兰成德也说："微之（心传字）本父书，并采王弼、张载、程颐、邵雍、朱熹诸家，而成是编。"① 可见其书内容，大抵继承家学，取王弼、张载、程颐、朱熹等诸家之说，再以其父李舜臣《易本传》之说证之，同时亦间附以己意，用功可谓不苟。

心传之父李舜臣（约1137～1181），字子思，学者称隆山先生②。舜臣学易于冯时行，程迥尝言："蜀人冯时行，字当可。尝言《易》之象在画，《易》之道在用。号缙云先生，其学传之李舜臣。"③ 董真卿亦同是说④。冯时行之学又源于蜀人谯定（见《宋史·谯定传》），故《宋元学案》列冯时行为谯氏门人。谯定之易学又得于蜀人郭载及河洛人程颐。然则李氏父子易学，亦兼得"蜀学易"与"理学易"二家之传，也是蜀洛会通的重要成果。

蜀人治易多不废象数，苏氏《易》学兼象数与人事而治之；冯时行亦谓"《易》之象在画，《易》之道在用"。李舜臣也继承这一传统，《宋史》本传说：舜臣"尤邃于《易》，尝曰：'《易》起于画，理事象数，皆因画以见，舍画而论，非《易》也……'著《本传》三十三篇，朱熹晚岁每为学者称之。"⑤

心传少承庭训，亦同父学。其书不满足于王弼以虚玄说易，大旨以象数解《易》，并且多援汉唐诸儒字义异说，原原本本，具有根据，故多可取之处。纳兰成德评曰："阅其序目，大抵以象占为主，尽扫虚无穿凿之谬，盖有功于易道者。"⑥

是书原本为15卷，由门人高斯得于理宗淳祐八年（1248）守桐江时刊之，原刊早已散佚，今存乃元初俞琰所节录的简本，仅为1卷。后有俞琰跋："此书

---

① （清）纳兰成德：《丙子学易编节本序》，《通志堂经解》卷一。
② 李舜臣生平，可参看《宋史》本传；及来可泓：《〈宋史·李舜臣传〉考补》，《宋史研究论文集》1987年年会编刊，河北教育出版社1989年版。
③ （宋）程迥：《周易章句外编》；又见（清）朱彝尊：《经义考》卷二五引。
④ （元）董真卿：《周易会通》卷首《姓氏》。
⑤ 《宋史·李舜臣传》。
⑥ （清）纳兰成德：《丙子学易编节本序》。

系借闻德坊周家书肆所鬻者。天寒日短，老眼昏花，并日而抄其可取者。"俞琰精于《易》学，所抄十中存一，但大旨精华多在其中，可睹原书之概略。

是书现存版本主要有《通志堂经解》本、《四库全书》本、《摛藻堂四库全书荟要》本等。（舒大刚、李冬梅）

8．《周易集义》64卷，宋魏了翁撰

魏了翁（1178～1237），字华父，号鹤山，邛州蒲江（今蒲江县）人，世称"鹤山先生"。庆元五年（1199）进士，授签书剑南西川节度判官厅公事。开禧元年（1205），除秘书省正字。明年，迁校书郎，出知嘉定府，以养亲归里，筑室白鹤山下，授徒讲学。嘉定初，知汉州。历知眉州、泸州、潼川府。理宗初政，被劾欺世盗名，谪居靖州，湖湘江浙之士多从之学，有"南方共宗鹤山老"之说。绍定四年（1231）复职。五年，进宝章阁待制，为潼川路安抚使、知泸州。史弥远卒，召为权礼部尚书兼直学士院。端平二年（1235），同签书枢密院事、督视京湖军马兼江淮督府。官终知福州、福建安抚使。嘉熙元年（1237）卒，终年60岁，谥文靖。事迹具《宋史》卷四三七本传。

魏了翁诗文造诣很深，时值"南宋之衰，学派变为门户，诗派变为江湖，了翁容与其间，独以穷经学古"①，推崇朱熹理学，亦不废陆九渊之论，提出"心者人之太极，而人心又为天地之太极"②，强调心的作用，自成鹤山一派。其学术思想兼收并蓄，独具特色，为宋代蜀学之集大成者。著有《鹤山集》《九经要义》《古今考》《正朔考》《经外杂钞》《师友雅言》等。

《周易集义》，又名《易集义》或《大易集义》。方回《周易集义跋》曰："签书枢密院事魏文靖公鹤山先生了翁华父，前乙酉岁（1225）以权工部侍郎，坐言事忤时相，谪靖州，取诸经注疏，摘为《要义》，又取濂、洛以来诸大儒《易》说，为《周易集义》六十四卷。"③按乙酉岁即理宗宝庆元年，知此书作于了翁谪居靖州期间，与《周易要义》实为两种不同之书。《要义》为删取唐人《周易注疏》而成，《集义》乃汇集宋代易说而成。朱彝尊《经义考》于"群经类"载《九经要义》263卷，注曰"分见各经"，当在各经皆有《要义》，但是"易类"却仅据《宋史·艺文志》载了翁《周易集义》64卷，不载《周易要

---

① （清）永瑢等：《四库全书总目》卷一六二《鹤山全集》提要。
② （宋）魏了翁：《乙酉上殿札子三·论人主之心义理所安是之谓天》，《重校鹤山先生大全文集》卷一六。
③ （清）朱彝尊：《经义考》卷三三。

义》，似乎即以《集义》为《要义》，四库馆臣已明其误。但《四库全书》又收录《周易要义》而无《集义》，亦不知二书之所以为异也。其实，《要义》是就孔颖达《周易正义》而作，是摘取《正义》中的要事、精义而成；《集义》则是汇集诸家之"义"而为一书，二书的体例也是不一样的。

此书体例，方回谓"取濂洛以来诸大儒《易》说"而成，亦"集解"之流。蜀人好为"集解"之书，在唐有李鼎祚《周易集解》，乃汉易象数学之集成，以补孔颖达《正义》专宗王弼之不足。北宋熙宁间，又有蜀人房审权以为谈《易》诸家或泥阴阳，或拘象数，乃摘取"专明人事"者百家，上起郑玄，下迄王安石，编为《周易义海》100卷（后来李衡据其书补以程颐、苏轼、朱震三家，而成《周易义海撮要》12卷）。及至南宋，又有魏了翁《周易集义》，即此书。

元儒胡一桂具体指出所集有周敦颐、邵雍、程颢、程颐、张载、吕大临、谢良佐、杨时、尹焞、胡宏、游酢、朱震、刘子翚、朱熹、张栻、吕祖谦等17家；"内一家少李隆山（舜臣）子秀岩心传，他《易》不预，如郭氏父子（郭忠孝、郭雍）以背程门出之。"①所集皆濂、洛、关、闽一派的"理学《易》"说，"先列邵、周、程、张之说，附以诸大儒语录、解义，每一卦为一卷"②。可见，继李鼎祚《集解》、房审权《义海》之后，此书乃又一部颇有特色的《易》学"集解"。

宋代"理学《易》"，邵雍言数而拙于理，程颐言理而不言数，朱熹言理言数而又归于卜筮。魏氏此书乃欲"合程、邵《易》为一"，以弥缝朱氏之不足，方回谓"濂流、洛派凡十六家合为一，观之而易道备矣"③。可是由于撰书时魏了翁尚处废黜谪居靖州期间，文献稀缺，无人商榷，因此，虽然该书对诸家之说初有汇录，但是却缺少熔铸。方回说：魏氏"尝与参知政事西山真先生德秀希元、文公门人辅广汉卿，相讲磨渠阳山中，苦于书不备，友难得，是书犹欲有所裨益，乃未为序引者此也"④。是还未成完书，所以连序引都没有。

元吴师道对《集义》颇为推崇："《集义》自周、程诸门人下及朱、吕，

---

① （元）胡一桂：《周易启蒙翼传》中篇。
② （清）强汝询：《周易要义跋》，《求益斋文集》卷六，《续修四库全书》本。
③ （清）朱彝尊：《经义考》卷三三。
④ （元）方回：《周易集义跋》，《周易启蒙翼传》中篇；又（清）朱彝尊：《经义考》卷三三引。

渊源所自，可以参观。"不过又云："但其取汉上朱氏以备象数一家，未免芜杂。"①董真卿也称："其说有补于读《易》者。"②

《周易集义》初由了翁次子克愚知徽州时刊于紫阳书院，后至元戊子（二十五年，1288）又有补刊。明代《文渊阁书目》卷二著录："《大易宋诸儒集义》一部六册阙。《大易宋诸儒集义》一部十六册阙。"当即《周易集义》。《永乐大典》残卷亦引"魏了翁《集义》"。至万历间张萱《内阁藏书目录》只收《要义》而无《集义》。清初，其书已经难觅，徐乾学将其写入有待访求的逸书之列③。朱彝尊《经义考》已将《集义》《要义》混淆。强汝询说："康熙中，其书尚存，既进入大内，及乾隆时修四库书目，竟无《集义》。"④莫友芝《郘亭知见书目》甚至称"《集义》今佚"。

所幸的是，现今仍有《集义》宋本传世，如宋刻本（卷六至一〇、二四至二六配清抄本，共64卷）此其一；宋淳祐刻本（今缺卷二至四、八、二九、三〇、三二至三四，及卷一页1至33，共8卷半，约存55卷；又卷一一至一七系旧钞配本，字体纸色皆与原本同，是宋椠存者仅44卷），此其二。又有明刻本（存36卷，卷一〇至二八、三一、三六至五〇、六四）等。

魏了翁除《要义》和《集义》外，还著有《易举隅》，见《宋史·魏了翁传》；《观物经世说》，见魏文彝《鹤山雅言序》⑤。二书均佚，内容无可考。（舒大刚、李冬梅）

9.《周易要义》10卷，宋魏了翁撰

是书系魏了翁《九经要义》之一种，是反映魏氏哲学思想的重要著作。了翁哲学思想以"三才一本，道器一致"为特点，主张道器不相离、体用不相分，反映在治《易》上即是"象数"与"义理"统一。他认为："六经、《语》《孟》发多少义理，不曾有'体用'二字"，"先儒不以人废言，取之以明理"，体用之说最为"精密高明"。他反对有体而无用的玄虚之论，主张理论也要经世致用，这就发展了朱熹重视实学的一面。同时，魏了翁也强调即

---

① （元）吴师道：《读易杂记后题》，《吴师道集》卷一七，浙江古籍出版社2012年邱居里、邢新欣点校本。
② （元）董真卿：《周易会通》卷首《姓氏》。
③ （清）王士禛：《池北偶谈》卷四《访遗书》，中华书局1982年勒斯仁点校本。
④ （清）强汝询：《周易要义跋》，《求益斋文集》卷六。
⑤ （明）杨慎：《全蜀艺文志》卷三一。

用见体，在《易》学上不废"象数"之学。他说朱熹的《周易本义》兼讲象数，故"精密"；程颐的《伊川易传》不讲象数，难免有"脱略"之患。因此，他认为象数与义理是"体用"关系，"因理而有数，因数而有象；既形之后，因象以推数，因数以推理"。这就反映了魏氏兼重象数、义理的《易》学思想，亦即他所说的"易学则义理、象数俱当留意"，甚至主张"合程、邵而贯之，乃为尽善"①。

《周易要义》将《周易》大义、要例各为条目，然后摘录孔颖达《周易正义》中材料予以分条说明。其取材对象以孔氏《正义》为主，兼及王弼、韩康伯《周易注》、王弼《周易略例》、陆德明《经典释文》，每卦还注以八宫世数。大旨主于以象数求义理，折衷于汉学、宋学之间。《四库全书总目》对其评价很高，云："是编所录，虽主于《注疏》《释文》，而采掇谨严，别裁精审，可谓剪除支蔓，独撷英华。"②其书将易学问题提纲挈领地加以归纳申说，有以简驭繁、条理清楚之效，无疑是读书入门的桥梁，治《易》者的良师。但是自明以来相传魏氏《要义》将注疏中谶纬之说都删完了，则未必都是事实。王祎《杂说》："孔颖达作《九经正义》，往往援引纬书之说，欧阳公常欲删而去之，其言不果行。迨鹤山魏氏作《要义》，始加黜削，而其言绝焉。"③今考其文，谶纬之说尚处处可见，如卷首《纲领》"易一名含三义"条、"重卦有四说当从王氏以伏羲为正"条、"上下二篇文王所定"条，俱引《易纬·乾凿度》；"王氏七日来复即易纬六日七分之成数""连山归藏代号周易亦取岐阳名"，都明显引用纬书，谈何尽删谶纬呢？《周易要义》之价值固不在删除纬谶，而在于对《周易》义例诸物事进行提要钩玄。

是书初由其次子魏克愚于淳祐十二年（1252）在新安郡斋刻成，原版刻工精良，印刷技术较高，一般学者都把它作为家刻经书的代表，《四部丛刊续编》即据此本影印，然缺卷三、四、五、六。其他现存的版本还有《四库全书》本、《五经要义》本、山东友谊书社1991年影印本等。（李冬梅）

10.《易学滥觞》1卷，元黄泽撰

黄泽（1259～1346），字楚望，四川资州人。大德年间，江西行省相臣闻

---

① （宋）魏了翁：《答杨次房少张》，《重校鹤山先生大全文集》卷三六。
② （清）永瑢等：《四库全书总目》卷三《周易要义》提要。
③ （清）永瑢等：《四库全书总目》卷三《周易要义》提要引。

其名，授江州景星书院山长，使食其禄以施教。后又为东湖书院山长，受学者益众。黄泽"以为去圣久远，经籍残阙，传注家率多傅会，近世儒者，又各以才识求之，故议论虽多，而经旨愈晦；必积诚研精，有所悟入，然后可以窥见圣人之本真"，于是"揭六经中疑义千有余条，以示学者，既乃尽悟失传之旨"。①平生覃思苦研，在元代推为第一。他认为"学者必悟经旨废失之由，然后圣人本意可见，若《易》象与《春秋》书法废失大略相似，苟通其一，则可触机而悟矣"，故于《易》《春秋》尤所用心，而著名学者赵汸实得其传。其"于《易》以明象为先，以因孔子之言，上求文王、周公之意为主，而其机栝则尽在《十翼》，作《十翼举要》……《忘象辩》……《象略》……《辩同论》"②，又"惧学者得于创闻，不复致思，故所著多引而不发，乃作《易学滥觞》《春秋指要》，示人以求端用力之方"③。

　　《易学滥觞》凡1卷，卷首有吴澄序文一篇，作于仁宗延祐七年（1320），述其作之大旨与全注未成之由，云："楚望夫子之注经，其志可谓善矣。《易》欲明象，《春秋》欲明书法，盖将前无古后无今。特出其所得之大概示人，而全注未易成也。每以家贫年迈弗果，速成其注为嗟。世亦有仁义之人，能俾遂其志者乎？予所不能必也，道之行与命也，爱莫助之，永叹而已。"卷末又有黄泽自识，亦作于仁宗延祐七年（1320），阐述自己撰著此书的缘由及经过，其云《易》"有象则有数，故说易者只专从事于象数焉，二者之中，数为最难，若总而言之，则声音难于数，数难于象。……而于所谓象学，自虞周至两汉，汉至今，寥寥千七百年，诸儒非不精思力索，而竟未有得其彷佛者，故象学遂废。……泽自早岁读而病焉，磨励积思凡数十年，年五十始默有所悟，若神明阴有以启之者，又积思十年，大抵十通五六。……凡象学可以心悟，而不可以言传，今指其大义，含蓄颇深，比类与象学相迩，且补注所未有者为一卷，名曰《易学滥觞》"。

　　黄泽深究乎易象，积六十余年之思而成其学。自称："所贵于象学者，可以辩诸家之得失。凡纷纭杂错之论，至明象而后定。象学不明，则如制器无尺度，作乐无律吕，舟车无指南，自然差错。"黄泽明象以《序卦》为本，于

---

① 《元史·黄泽传》。
② （元）赵汸：《黄楚望先生行状》，《全元文》卷一六六三，凤凰出版社2004年版。
③ 《元史·黄泽传》。

占法则以《左传》为主，而对诸儒是非得失多有评论，而不苟从于程《传》、朱《义》。他认为汉儒之用象数失于琐碎，而王弼之废象数又遁于玄虚，故不取王弼之玄虚，也不取汉儒之附会，唯折中以酌其平。书中陈述易学不能复古者，一曰《易》之名义，一曰重卦之义，一曰逆顺之义，一曰卦名之义，一曰卦变之义，一曰卦名，一曰《易》数之原，一曰《易》之辞义，一曰《易》之占辞，一曰蓍法，一曰占法，一曰《序卦》，一曰脱误疑字，凡十三事，颇能发明古义，持论皆有根据，体例也颇为分明。故《四库全书总目》言其"因其说而推演之，亦足为说易之圭臬也"①。

是书今传版本有《武英殿聚珍版丛书》本、《四库全书》本、《经苑》本、《涉梓旧闻》本等。（金生杨、李冬梅）

11．《周易集注》16卷，明来知德撰

来知德（1525~1604），字矣鲜，号瞿塘，梁山（今重庆梁平）人。幼有至行，以"孝童"称举，嘉靖三十一年（1552）以《礼经》中乡试第五名，闻名于川内。不乐仕进，退处万县求溪之上，研易盖29年，乃成《周易集注》16卷。《自序》略谓始学《易》釜山中，六年无所得；入求溪深山中，数年悟《易》象；又数年悟文王《序卦》、孔子《杂卦》；又数年，始悟"卦变"之非。万历三十年（1602），四川总督王象乾、贵州巡抚郭子章闻其贤，联名举荐，特授翰林待诏。知德力辞不受，诏以所授官致仕，有司月给米三石终其身。《明史》卷二八三《儒林列传二》有传。知德平生醉心学问，不求闻达，其学"以致知为本、尽伦为要"②，尤明于《易经》。所著有《省觉录》《省事录》《理学辨疑》《心学晦明解》诸书，而《周易集注》一书，用功尤笃。

据其《自序》云，自孔子没而《易》亡二千余年，儒者笃信后儒诸家传注，而不参证孔子"十翼"之言，故《易》道隐晦如长夜。于是来知德专从《系辞》中总结出解《易经》的原理和方法，以为"辞、变、象、占"同等重要，而又尤以"象"为所当先明。其解《易》非常重视卦象，认为"《易》以象为主"，而深疾王弼之"扫象言《易》"和宋儒之"得意忘象"之说，以为"舍象不可言《易》"。其论《易》象至纤至晰、极精极微，说"圣人立象，有卦情之象，有卦画之象，有大象之象，有中爻之象，有错卦之象，有综卦之

---

① （清）永瑢等：《四库全书总目》卷四《易学滥觞》提要。
② 《明史·来知德传》，中华书局1974年标点本。

象，有爻变之象，有占中之象"。卦情之象即据卦德卦义而立的卦象，卦画之象即以卦画来象征物情物理，大象之象即以上下经卦组合来表达物象，中爻之象即由二三四五爻组合的互卦，错卦和综卦之象是指六十四卦之间的对应关系，爻变之象指一卦中阴阳爻位的变化消长，占中之象指占卜时所得卦爻的吉凶。其中又以"错卦""综卦""中爻""爻变"四条最为重要，故来氏在卷首《易经字义》中专门予以讨论。

来氏据《系辞》"参伍以变，错综其数"语，纵横探讨六十四卦衍生互环原理。"错者，阴与阳相对也。"即两卦之间阴阳爻的正反关系，如乾与坤、艮与兑、坎与离，同位各爻皆阴阳相反。"综"则"或上或下，颠之倒之者也"，亦即两别卦之间上卦下卦互相颠倒的关系。如姤综夬（姤乾上巽下，夬兑上乾下）、遯综大壮（遯乾上艮下，大壮震上乾下）、节综涣（节坎上兑下，涣巽上坎下）、屯综蒙（屯坎上震下，蒙艮上坎下），卦象都打个颠倒。这是他根据《序卦》将错综之卦对举排列、《杂卦》突出卦与卦错综关系等现象，推衍总结出来的。就其方位而言，正好表现出"错者，阴阳横相对也；综者，阴阳上下相颠倒也"（是书卷首"中爻"）的情况，这大致与孔颖达所谓"六十四卦，非覆即反"之说相似。

来氏以"错综说"讲明六十四卦之间的关系，又以"中爻说"来说明上下卦之间的组合状况："中爻者，二三四五所合之卦也。"（是书卷首"中爻"）亦即汉儒"互卦"，即《系辞》"杂物撰德，备乎中爻"所指。来氏又说，卦之相生又有"变"焉，所谓"变者，阳变阴，阴变阳也"。如乾卦初变即为姤。

来知德不但解释了卦象的现象关系，还探究了"错综""中爻"和"变"的内在理数，说"卦错"反映了宇宙中"独阴独阳不能生成，故有刚必有柔，有男必有女"的阴阳对待之理；"卦综"反映了宇宙中阴阳"流行不常，原非死物胶固一定者，故颠之倒之，可上可下"的阴阳流行之理；"中爻"表达的是"阴阳内外相连属"之关系；"变"反应的是乾卦和坤卦因其阴阳爻变化而产生另一新卦的原理。

来氏正是基于《周易》"假象以寓理"的认识，以为舍象而止言其理，并非圣人作《易》"以前民用""化成天下"之本意，故其解《周易》，皆先释象义、字义及错综义，然后乃训释本卦本爻之意，并引而申，以明其用，兼得辞、象、言、意四长者也。

《周易集注》卷首有《圆图》至《天下混沌图》36幅，是来注另一特色。特别是其中《圆图》更具创意，自谓"注既成，乃借于伏羲、文王《圆图》之前新画一图，以见圣人作《易》之原"，即改造《阴阳鱼太极图》，自创《圆图》，以为"理气、象数、阴阳、老少、往来、进退、常变、吉凶，皆尚乎其中"（是书卷首上《圆图》按语）。

来氏易学兼包汉、宋，融会贯通象数、义理，涵化、扬榷诸家之说而独发己见，参互旁通，自成一说，在明代盛极一时，当时推为"绝学"。但因其在《自序》中唯我独尊，故后人对是书褒贬不一。就其时代学风及其深思力索的治学风格与其书的深刻内涵而言，来氏的成就值得充分肯定。清胡煦即称："来矣鲜生诸儒之后，独能上追虞（翻）、荀（爽），广搜博览，益其未备，订其舛讹，务使理由象出，亦可谓好学深思，不为理障者矣。第于本源有所未探，则顾小而遗大，拘末而弃本者，犹不免焉。"① 后世研究和改易其书者亦不少，如清张祖武《来易增删》8卷，删除其中烦冗处，补充程颐《伊川易传》、朱熹《周易本义》相关内容。张恩霨《删订来氏易注数图说》2卷，改正后人篡乱之图，删存为2卷，上卷明易之本源，下卷明读易之法。近人郑灿又据其书加以校订，不仅厘正卷首原混乱了的36图，而且还于卷末附录自《马图》至《皇极经世先天数图》104幅，更是来注之图解功臣。

是书现存版本较多，内容也不完全一致，有明万历张之厚刻本、万历三十八年（1610）张惟任刻本、崇祯史应选辑刻本，清康熙十六年（1677）朝爽堂刻本、二十七年（1688）崔华刊本、嘉庆十四年（1809）符永培宁远堂刊本、《四库全书》本等。今较流行的有上海书店1988年影印的宝廉堂《易经集注》本、巴蜀书社1989年影印的郑灿校订《易经来注图解》本。（舒大刚、李冬梅）

12. 《易古文》3卷，清李调元撰

李调元（1734~1803），字羹堂、赞庵、鹤洲，号雨村，又号童山等，四川罗江人。乾隆二十八年（1763）进士，曾官文选司、考工司主事，由广东学政改任直隶通永道。以劾永平知府弓养正获罪，发遣伊犁，后以母老赎归，隐居乡里20余年。嘉庆《四川通志》、嘉庆《华阳县志》《清史列传》等有传。

---

① （清）胡煦：《周易函书自序》，《周易函书附卜法详考等四种》第一册，中华书局2008年程林点校本。

李调元自幼好学不倦，自经史百家以及稗官野乘，靡不博览，群经小学，皆有撰述。肄业四川省城锦江书院，才情出众，考课屡居案首，人称"锦江六杰"之魁。游学江南，先后师从浙学名师俞经、李祖惠、查虞昌、钱陈群，并与邵晋涵、沈初等同学交好，深得浙学之要。李调元素以诗文著称于世，在清代文学史上占有重要地位。所著《童山诗集》《童山文集》被袁枚视作"名山之业"，与彭端淑、张问陶时称"蜀中三才子"。李调元宗祖郑学，主张由文字训诂入手以明经义，通经明道。其《易古文》《郑氏古文尚书证讹》《周礼摘笺》《仪礼今古考》《十三经注疏锦字》等，都以考校前人误谬、遗漏，以恢复"汉学"为旨归，具有明显的考据实学风格。李调元家建有万卷楼，藏书多达10万卷，时称"西川藏书第一家"，对恢复四川典籍文献传统贡献很大。所刻《函海》，搜罗历代蜀中耆旧文献，累至收书160余种，1000余卷，被称为"海内宗"，为历代四川文献的存传做出了重要贡献。

乾隆四十八年（1783），李调元获罪赎归，寓居通州潞河书院，以课教生徒、抚育子弟为乐。在"从讲《易》之余，多集古本，互相考质，其有文字异同之处，随时笔记"，撰成《易古文》。是书凡上、中、下3卷①，从《乾卦》至《离卦》为上卷，从《咸卦》至《未济卦》为中卷，《系辞》《说卦》《序卦》《杂卦》以及所附《逸语》为下卷。卷首有李调元《序》，自述撰著缘由及经过，其云："东京荀（爽）、刘（表）、马（融）、郑（玄）皆传费氏《易》学，王弼最后出，亦祖费氏。乃欧公（修）见王氏《易》学，遂谓孔子古经已亡。试思刘向以中古文《易经》校施、孟、梁邱经，或脱'无咎悔亡'四字。惟费氏经与中古文同，然则古经何尝亡哉！按唐郭京撰《周易举正》，称京家藏王弼手抄《周易》本及石经，校正一百三十五处，二百七十三字。如《涣》之繇'利涉大川'以下有'利贞'字，而《象》词无之，则增入；《渐》之繇'如女贞吉'下无'也'字，《象》词有之，遂削去。""彼盖以繇与《象》相证，有缺漏处，可推而知，故托言如此耳，实非别有确证也。余从讲《易》之余，多集古本，互相考质，其有文字异同之处，随时笔记。久且裒然，因刊之以与博古君子共焉。"②是李调元认为，费氏《易》学与古文《易经》相同，费氏《易》学在递相流传的过程中虽有不少缺略脱落的地方，

---

① 是书《童山自记》《清史列传》卷七二《李调元本传》均著录为2卷。
② （清）李调元：《易古文序》，《易古文》卷首，《丛书集成初编》本。

但是大体不误，他不信郭京本，主张"多集古本，互相考质"，辨别其文字异同，是可以达到恢复古经的目的的。可见《易古文》是一部汇集《易经》不同时代文字异同的著作。

该书主于校勘文字异同，共考《易经》异者450余条，所采主要来自于陆德明《经典释文》与日本山井鼎《七经孟子考文》二书。其中源于陆氏《经典释文》者约350余条，源于《七经孟子考文》及《补遗》者约80余条。此外，《左传》《礼记》《史记》《汉书》《尔雅》《说文》等经史诸书者，尚采有约10余条。

在校勘考据方法上，李调元主要采用"对校法"和"他校法"，对历代《易经》文字异文或脱略做了比较全面的梳理辨订，颇见功底。如卷上《乾卦》"或跃在渊"条，引"《考文考异》本"，指出"或"有作"惑"者。又如卷上《坤卦》"天地变化，草木蕃"条，引"《考文补遗》本"，指出"蕃"下缺"茂"字。李调元对《易经》文字异同所作校理，对恢复《易经》古文原貌具有一定的参考价值。但是，由于该书"一见异文，即见采录"，"且其援引《释文》，全不注明出处"，有"未悉甄录，取舍任意"的毛病①，把所见异文都当作《易》古文，显然有失允当。

是书收录于《函海》中，今常见者主要有调元乾隆间刻本、嘉庆李鼎元重校道光五年（1825）李朝夔补刊本、光绪八年（1882）钟登甲乐道斋刊本等。

（刘平中）

13．《易经音训》不分卷，清杨国桢撰

杨国桢（1782～1849），字海梁，四川崇庆（今崇州）人（一说湖北崇阳人，误），陕甘总督一等昭勇侯杨遇春之子。嘉庆九年（1804）举人，十五年（1810）入资捐郎中，分发户部。后历官安徽颍州府知府，云南盐法道按察使，河南布政使、巡抚，山西巡抚，闽浙总督，所官皆有政声。年68卒。生平邃于经学，于群经并有著作，总名为《十一经音训》。《清史稿》卷三四七、《崇庆县志》有传。

《易经音训》为杨国桢《十一经音训》之一。是书不分卷，首有《辑说》《义例》《朱子易本义序》，其下依次为《周易上经》《周易下经》《系辞上传》《系辞下传》《说卦传》《序卦传》《杂卦传》。其体例是白文之下注反

---

① 《续修四库全书总目提要》"经部"《易古文》提要。

切，又择《本义》之解注于旁，以便童蒙课读。卷首《辑说》主要阐述《易经》的源流及其传授，汉各家派别，王弼、陆德明、吕祖谦、程子、朱子所阐明的《周易》大义。此为学《易》者所必知，故详尽于卷首，以便初学者通览其概。只是国桢所集之说及旁引经注，皆倾向义理，偏于宋《易》。而对于圣人观象系辞，以及消息卦、纳甲诸事，《辑说》中则无一语及之。盖其服膺程子"有理而后有象，有象而后有数，得其义则象数在其中，必欲穷究象数，乃寻流逐末，管辂、郭璞之学"（程颐《答张闳中书》）之说，一概排斥象数。因此，尚秉和认为杨氏《易经音训》舍象言理未得正宗，"学《易》者只即是本求之，可断言其无益也"，因为"《易》辞皆圣人观象而系，今舍象而求其辞，义如何得"？[①]学者于《易》，或重象数，或重义理，指导思想互有不同，故所论所评不能一致。

是书今传版本有《十一经音训》本。（李冬梅）

14.《医易通说》2卷，清唐宗海撰

唐宗海（1846~1897），字容川，四川彭县（今彭州）人。著名医学大家。进士，精于经学，名闻三蜀，居家筑室教授，列门下者数十人。晚年致力于医易研究，认为《易》是医学之源，医为易学之绪，于是"为医学探源，为易学引绪"，作《医易通说》2卷。

是书共2卷，上卷概述医易关系，有缘起、考辨、总纲、太极、两仪、四象、先天八卦、天干、地支、花甲等篇；下卷对医易关系作进一步详细的阐述，有后天八卦、八卦方位、八卦取象、人身八卦、重卦、六子、辟卦、月候、交易、变易、不易、互卦、爻位、序卦、杂卦、引伸等篇。全书用了相当大的篇幅谈论《易经》理论，而多运用易学象数，并联系中医的病理、病症，将医学与易学在实践中结合在一起。

唐宗海常引《易》义以谈医，认为人身本于天地阴阳，而发明天地阴阳者备于《易》。同时他又认为西学之理，一一皆具于《易》中，故其说《易》每与西学相参。唐宗海将中医理论的阴阳学说与《周易》中的太极、阴阳生成说加以紧密结合，并以人身生成转化为证，确立了《内经》阴阳理论与《周易》阴阳理论的互通。同时，他运用医学实践探求易理，又运用易理来阐发医学原理，认为《易》是医学之源，医为易学之流，主张会通医易，对于进一步研究

[①] 《续修四库全书总目提要》"经部"《易经音训》提要。

中医理论，具有一定的启发意义。

《医易通说》一书今传版本有光绪二十七年（1901）刻本、光绪三十年（1904）刻本、宣统元年（1909）成都文伦书局铅印本。1917年上海千顷堂书局石印本，书名上卷题为《医易通论》，下卷题为《医易详解》。另有唐氏《中西汇通医书六种》《六经方证通解》等合编丛书本。今有1987年安徽中医学院顾植山校注本、1989年中医古籍出版社校注本、1999年中国中医药出版社《唐容川医学全书》点校本等。（金生杨）

15.《易经本意》6卷，清何志高撰

何志高，四川万县（今属重庆）人，子贞斡，孙佩融，裔孙绍先，诸人皆称其为"西夏先生"，则西夏或是其号。志高生卒年不详，据魏元烺、张鳞、刘伯蕴、黄琮、黄云鹄、高赓恩等作《易经本意》之《序》《跋》，知其为嘉庆、道光间隐君子。一生皓首穷经，足不履市，闭户著书达数十年。所著有《易经本意》《释书》《释诗》《释礼》《春秋大传补说》，合刊为《西夏经义》。

《易经本意》4卷，另有首1卷、末1卷。是书卷首载志高《易经图说》，凡图10篇：《伏羲氏易象本图》《命象表》《大衍数》《筮策象数》《十二经卦应辰》《八卦居方》《周易序卦》《河图》《洛书》。其图虽前有所依，但表现形式却有不同，如《易象本图》说是伏羲氏《易》象之本，其方法是画7个圈，层层包裹，内1圈象太极（象"易有太极"）；其余6圈，分左右阴阳（象"太极生两仪"），再由2而4（象"两仪生四象"），由4而8（象"四象生八卦"）；又进而生出16、32、64，此乃据邵雍"六十四卦次序横图"，不过将原来的横图画成圆圈而已。又如《命象表》，将两仪、四象均画作圈形，《大衍数》以49点围作1圈，置虚一于中央。《十二经卦应辰》就是汉人的所谓"十二辟卦"。《八卦居方》也是宋人的"后天方位"。"序卦"及《河》《洛》二图，则是依据朱子《启蒙》，无所变更。

图之后各系以文字说明，也是10篇。依次为：《立象说》，讲明伏羲《易》之本象；《命象说》，讲明八卦的取象；《爻例说》，讲明爻位的义例；《占筮说》，讲明筮策之数；《十二经卦应辰说》，讲明"十二辟卦"与十二辰各个相应；《八卦居方说》，讲明八卦所居的方位；《序卦说》，讲明六十四卦排列的道理；《河图说》，讲明十为《河图》；《洛书说》，讲明九为《洛书》；《易义说》，讲明《周易》之大义。整卷图文并茂，前后相辅相成，简明形象，甚便于学者阅读和理解。

是书篇第继承了宋以来分别经传的传统，不以《彖》《象》传附经，故经文分为两卷，卷一上经，卷二下经。传文亦分为两卷，卷三上下《彖》《象》及《文言》《易传序》，卷四上、下《系辞》，并《说卦》《序卦》《杂卦》。因此，志高《易经本意》正文共为4卷，究其大意，抑或是想恢复古《周易》篇第，沿着宋人区分"四圣之易"的路子，揭示由经到传的发展过程，达到反传求经、直探《周易》本意之目的。然而何氏未明古代文献演变之历史，在恢复古《周易》时未能真正复古，功亏一篑。《续修四库全书总目提要》说："古《易》十二篇，经两而传十篇，则《彖传》与《象传》各分篇，别上下。今以《彖》《象》上为一篇，《彖》《象》下为一篇，且参杂而行，使'十翼'仅有八篇，则复古而不尽，失所据矣！"

何氏注释经传之辞，大抵推阐义理，而证之以史事。尚秉和论其"说理尚为平实，援引亦多切当，盖宗法程《传》《本义》，而益之以李光、杨万里之说者"①，大体准确。是书今传有道光十八年（1838）、光绪十四年（1888）《西夏经义》本。（李冬梅）

第三节 《书》学文献

一、巴蜀《书》学及其文献

《庄子·天下》篇曰："《诗》以道志，《书》以道事，《礼》以道行，《乐》以道和，《易》以道阴阳，《春秋》以道名分。"《书》者，先王之政典，而治世之金鉴也。禹治洪水，得《洛书》以演《洪范》九畴，任土作贡，画天下以为九州，于是《洪范》《禹贡》皆载在帝典，是"虞夏《书》"之一。汉以来，《尚书》在巴蜀地区传授不绝，据嘉庆《四川通志》和《清代蜀人著述总目》统计，约有专门著作61种。其时代分布大致是，汉代1种、唐五代2种、宋代23种、明代4种、清代31种。考其学术特征，汉代不出"今古文"窠臼，唐五代不出《正义》范围，宋代不脱"宋学"习气，清代则多"考据"之作。

《尚书》其书虽古，成学则晚，汉代迟至文帝时，乃得济南伏生，传

---

① 《续修四库全书总目提要》"经部"《周易本意》提要。

《书》29篇，又有《大传》41篇传世（今残）。伏生传济南张生、千乘欧阳生；欧阳授倪宽，宽授欧阳生之子，世世相传，至其曾孙欧阳高，始形成系统《尚书》学体系，号称"欧阳氏学"。张生传夏侯都尉，都尉授族子始昌，始昌授族子胜，于是形成《尚书》"大夏侯氏学"；胜传从兄子建，形成"小夏侯氏学"。《尚书》欧阳、大小夏侯三家之学，今文也，后皆立于学官，各以家法教授，亦各撰《尚书章句》若干篇。武帝末年，鲁恭王坏孔子宅，而得《古文尚书》，孔安国为之《传》，是为古文之学，未立学官。

司马相如《上林赋》已称"翱翔乎《书》圃"，其《封禅书》又云："《书》曰：'元首明哉，股肱良哉。'因斯以谈，君莫盛于唐尧，臣莫贤于后稷。"①所引后见于《益稷》。文翁遣张叔等入京从博士受"七经"，还教吏民，《尚书》即在其中，此时的《尚书》之学皆今文。

东汉以降，巴蜀治《尚书》学有名的人物有三位：张楷、杨统、何随。

据《后汉书》载，成都人张楷，为汉和帝时张霸中子，"通《严氏春秋》《古文尚书》"。《严氏春秋》为《公羊》学，自是今文；《尚书》却是古文学，《后汉书》说他父亲张霸"从樊鯈受《严氏公羊春秋》，遂博览'五经'"，是公超之学亦得于家传。桓帝时曾"坐系廷尉诏狱，积二年，恒讽诵经籍，作《尚书注》"。公超所作《古文尚书注》是巴蜀可考第一部《书》学著作，考其时代，略迟于马融，稍早于郑玄，在中国《古文尚书》学史上应有一席之地。

东汉杨统家居新都，五世皆传《夏侯尚书》（见前引《益部耆旧传》）。何随字季业，蜀郡郫人，汉司空何武之后，"治《韩诗》《欧阳尚书》"。蜀汉时历官安汉令入晋不仕，"居贫固俭，衣弊蔬食，昼躬耕耨，夕修讲讽"，"目不视色，口不语利。著《谭言》十篇，论道德仁让"。太康中拜江阳太守②。杨、何两家皆今文学。特别是何随，其祖武乃为汉宣帝唱王褒《中和诵》、留从博士习《易》者，自西汉中期至魏晋时期垂三百年，家学不衰，亦可谓能世其家学矣！此外，吴福连《拟四川艺文志》又考得"汉又有王涣、李譔、谯𪩘，晋又有常宽、常勖、陈寿，皆通《尚书》"，则《尚书》之学，不替其传矣！

---

① 《史记·司马相如列传》。
② （晋）常璩：《华阳国志》卷一一。

《尚书》佶屈聱牙，自孔颖达撰为《正义》，颁行天下，以为科举程序。武则天时，有王玄感撰《尚书纠谬》《春秋振滞》《礼记绳愆》略持异议，除此以外的200余年间，学者遵行，并无异词。至《宋史·艺文志》乃著录："冯继先《尚书广疏》十八卷，又《尚书小疏》十三卷。"《崇文总目》说二书是"伪蜀冯继先撰，以孔颖达《正义》为本，小加己意"。可见其书在《孔疏》之外尚加以己意，其突破程式、补充前贤之用意十分明了。

入宋，《尚书》之学大兴，文献陡增，然多散佚。其有佚说可寻者，则有范镇之《正书》，王应麟《困学纪闻》卷二引其一条云："舜之五刑：流也，官也，教也，赎也，贼也。'流宥五刑'者，舜制五流，以宥三苗之劓、刵、荆、宫、大辟也。"胡宏《皇王大纪》、谢伯采《密斋笔记》皆采此说，朱彝尊赞为"精确之论"。

又有绵竹杨绘，以为"《诗》《书》《春秋》同出于史，而仲尼或删或修，莫不有笔法焉。《诗》《春秋》先儒皆言之，《书》独无其法耶"①？于是作《书九意》，推断仲尼选编和表彰《尧典》《虞书》《夏书》、禅让、稽古、《商书》《周书》《费誓》《秦誓》之用意，总共9篇，合为1卷。杨氏因《诗》《书》《春秋》都是孔子取自"旧法世传之史"加以修订而成；《诗》有《诗》例，《春秋》有笔法，唯独《尚书》之例无人揭示。杨氏乃起而补之，力揭孔子选编之用意，这一做法，颇有新意，亦可补《书》学之缺。

至于苏洵之撰《洪范图论》，范祖禹之撰《说命讲义》《无逸讲义》，张栻之撰《酒诰解》，或"援经以（系）〔击〕传"（苏），或引申以议政（范），或别儒释之分（张），皆得"《书》以道事"之本。而对于《尚书》经传进行解释有成就者，在宋代则以苏轼《东坡书传》为最早。其书有感于熙宁以后专用王安石《书经新义》穿凿之言进退多士，于是传中以驳正新说为多；又以《胤征》为羿篡位时、《康王之诰》为失礼，还调整了《禹贡》等篇错简文字，发前人所未发，同时也开后人怀疑《尚书》之端。特别是此书作于贬官岭南之时，而作者忠君爱民之心不泯，"于治乱兴亡，披抉明畅"，犹存经学致用之风。因此，朱熹等人因为程颐与苏轼矛盾的缘故，虽然对苏氏诸经解痛加驳难，唯于此书推崇引用为多，良有由矣。

南宋时期，巴蜀《书》学著作出现了一繁一简的奇观：魏了翁取孔颖达

---

① （明）曹学佺：《蜀中广记》卷九一《著作记第一》。

《尚书注疏》，删繁去冗，标目摘要，令读者有以简驭繁之快。而《宋史·艺文志》著录眉州成申之《四百家尚书集解》58卷，搜集《尚书》文献达400家之多，亦云勤矣！惜其不传。

明清《尚书》之学，成就主要在于辨《古文》及《孔传》之伪，蜀人虽无杰出者，然亦有人焉。自《古文尚书孔传》经梅赜献于东晋，唐人取以为《正义》；至宋，吴棫、朱熹诸人始以语气不古而疑之。明梅鷟撰《尚书考异》专书力辨《古文》之伪，清阎若璩《古文尚书疏证》则尽发其作伪之覆，古文孔传之伪遂成定谳。然毛奇龄著《古文尚书冤词》，针对阎氏之失，力挺《古文》为真。后有惠栋《古文尚书考》、王鸣盛《尚书后案》出，乃又针对毛书而攻之，借以巩固阎氏阵营，古文真伪之辨几乎定矣。然而巴蜀学人犹有未能心服者，于是有王劼者出，撰《尚书后案驳正》2卷，又对王鸣盛之书发起反击，而不随风从众。

二、《书》学文献举要

1.《东坡书传》20卷，宋苏轼撰

苏轼有《苏氏易传》，前已著录。

苏轼、苏辙在青年时期即对《尚书》有所研究，《栾城应诏集·进论五首》分别对《礼》《易》《书》《诗》《春秋》五经进行了论述[①]。之后随着学力增益，苏轼又对《尚书》中一些重要议题撰有专论，如"乃言厎可绩""堲谗说殄行"（俱《舜典》）、"视远惟明，听德惟聪""始终惟一，时乃日新"（俱《太甲上》）、"王省惟岁"（《洪范》）、"作周恭先，作周孚先"（《洛诰》）、"惟圣罔念作狂，惟克念作圣"（《多方》）、"庶言同则绎"（《君陈》）、"道有升降，政由俗革"（《毕命》）等[②]，都反映了他的《书》学思想。

苏轼有《易传》《书传》《论语说》三部经学著作，为撰此三书，他耗费了半生心血，大致说来，经始于黄州，重订于惠州，最后完成于海南。苏轼初

---

① 五论又收入《三苏文粹》苏轼名下，后收入《苏轼文集》卷二，孔凡礼点校，中华书局1986年版。

② 以上并见（宋）苏轼：《苏轼文集》卷六。

到黄州有"欲了却《论语》《书》《易》"计划①,但从《黄州上文潞公书》②和苏辙撰《亡兄子瞻端明墓志铭》③看,苏轼在黄州只完成了《易传》和《论语说》两部。后来贬官岭南,再迁海南,才又"草得《书传》十三卷"④。苏轼《与李之仪》云:"海南了得《易》《书》《论语》传数十卷"⑤。又在海南《题所作书易传论语说》说:"吾作《易》《书》《论语说》,亦粗备矣。"⑥表明其三经解最终完成于海南。

《东坡书传》是现存唐宋《尚书》全解中较早的一部,被认为"在今天见到的宋人解《书》之作中,这是较早的解说得较有见地的一部"⑦。晁公武《郡斋读书志》称,熙宁以后专用王安石《三经新义》选拔人才,"此书驳异其说为多";《四库全书总目》本书提要亦云:"但就其书而论,则(苏)轼究心经世之学,明于事势,又长于议论,于治乱兴亡披抉明畅,较他经独为擅长。"可见其书颇有因经以议政的特色。

《东坡书传》在解经方面,对文义审察深刻,对制度考述详明,对错简校勘、句读审定等方面也有诸多贡献。《郡斋读书志》称赞其"以《胤征》为羿篡位时,《康王之诰》为失礼,引《左氏》为证,与诸儒之说不同"。《直斋书录解题》也称其"于《胤征》以为羲和贰于羿而忠于夏,于《康王之诰》以释衰服为非礼……又言昭王南征不复,穆王初无愤耻之意"。《朱子语类》卷九七又称其解《吕刑》篇,以"王享国百年耄"作一句,"荒度作刑"作一句,甚合于理。这些创新之处,多为后来《书》家所采,特别是南宋理学家蔡沈秉承朱熹意旨撰著的《书集传》引录本书之说尤多。《四库全书总目》曾说:"洛闽诸儒,以程子之故,与苏氏如水火,惟于此书有取焉,则其书可知矣。"⑧苏轼对自己的三部经学著作也很珍视,其《答苏伯固》中说:"抚视《易》《书》《论语》三书,即觉此生不虚过。"⑨苏辙《亡兄子瞻端明墓志

---

① (宋)苏轼:《与滕达道书》,《苏轼文集》卷七七。
② (宋)苏轼:《黄州上文潞公书》,《苏轼文集》卷四八。
③ (宋)苏辙:《亡兄子瞻端明墓志铭》,《栾城后集》卷二二。
④ (宋)苏轼:《与郑靖老书》,《苏轼文集》卷五六。
⑤ (宋)苏轼:《与李之仪》,《苏轼文集》卷七八。
⑥ (宋)苏轼:《题所作书易传论语说》,《苏轼文集》卷六六。
⑦ 刘起釪:《尚书学史》,中华书局1989年版。
⑧ (清)永瑢等:《四库全书总目》卷一一《东坡书传》提要。
⑨ (宋)苏轼:《答苏伯固》,《苏轼文集》卷五七。

铭》也说："最后居海南，作《书传》，推明上古之绝学，多先儒所未达。既成三书，抚之叹曰：'今世要未能信，后有君子，当知我矣！'"①

《东坡书传》的卷数历代著录有异。晁公武《郡斋读书志》作"《东坡书传》十三卷"，《宋史·艺文志》同。但后来所传多作20卷，万历《两苏经解》本、明末朱墨套印本都是如此。据苏轼《与郑靖老（三）》"草得《书传》十三卷"云云，则13卷乃是原书面貌，20卷本乃流传过程中有所分合，内容并无增减。

苏轼《书传》等三部经解著作，在其有生之年曾"携以自随"，又曾托付给钱济明保存，都是抄本，没有刊刻。南宋和元代是否有刻本，亦不可考。明嘉靖年间胡直《书苏子瞻书传后》："昔唐荆川先生（顺之）语予曰：'曾见苏子瞻《书传》乎？'曰：'未也。''盍求之？'岁之甲子（嘉靖四十三年，1564），予行部至眉，求诸乡大夫张中丞，得其写本读之。"②万历丁酉（1596）毕侍郎又据此"写本"刻入《两苏经解》，此乃迄今可见《东坡书传》的最早刻本。

今存《东坡书传》的重要版本如下：一是《两苏经解》本（简称"经解本"），今藏于中国国家图书馆、北京大学图书馆等处。二是明朱墨套印本，题名《东坡书传》20卷，凌蒙初刻（简称"凌本"）。三是清《四库全书》抄本（简称"四库本"），20卷。四是《学津讨源》本（简称"学津本"）。此外，尚有清顺治刊本20卷和名目繁多的明清写本。历考诸本，"经解本"诸篇大题皆在小题之下，尚存古式；"四库本"则校录精审，但二本内容都有脱落，尤其是《多士》一篇，脱误之处几不可读。"凌本""学津本"内容较为齐全。

2002年，北京语文出版社出版《三苏全书》本，系依"学津本"为底本，而以"经解本""四库本""凌本"详加校勘。2017年四川大学出版社出版的《三苏经解集校》本，则是现今比较完善的整理本。（舒大刚）

2.《尚书要义》20卷，宋魏了翁撰

魏了翁有《周易集义》，前已著录。

---

① （宋）苏辙：《亡兄子瞻端明墓志铭》，《栾城后集》卷二二。
② （明）胡直：《书苏子瞻书传后》，《衡庐精舍藏稿》卷一八，《阳明后学文献丛书·胡直集》上，上海古籍出版社2015年版。

此书为魏了翁《九经要义》第二种。《尚书》经文向称佶屈聱牙，晦奥难懂，而其注疏之文又浩瀚芜杂，不便阅读。了翁有感于此，乃摘录注疏中精要之语、标以目次而成此书。是书摘录主要以孔颖达《尚书正义》为主，并兼及汉唐其他注疏。即将所谓的《尚书孔传》之说列于每题正文之首，其后节录孔颖达《尚书正义》之说，而对《正义》所引其他汉儒书说精华亦一并节录，并在标题中鲜明标出各说之异同。然如果遇到汉儒解经与二孔传疏不同时，了翁则往往采用二孔之说。

是书笃守注疏之说，很少自作新解，对注疏中自郑玄以来迄孔颖达芜杂之说却尽行删除。这不仅净化了学者对《尚书》文义的解释，也凸显了经文的原始意义，使学者免去了许多方士之说的干扰，加强对《尚书》本文的理解。在本书中，了翁特别注重将义理与训诂相结合，于《尚书》名物典制考证粲然，使《尚书》中蕴含的政治伦理学说不言自明。故此书不愧为学者阅读《尚书》注疏之简要读本。《四库全书总目》评论云："然《尚书》文既聱牙，注疏又复浩汗，学者卒业为艰。了翁汰其冗文，使后人不病于芜杂，而一切考证之实学已精华毕撷，是亦读注疏者之津梁矣。"

由于流传既久，内容每有错讹，如收入《四库全书》的《尚书要义》，系据祁彪佳藏本抄入，目录虽然列为20卷，实际上有6卷有目无书（提要谓止阙卷七至卷九，实阙卷一二至一四），卷首有《序说》1卷；收入《宛委别藏》中的《尚书要义》则存卷七至卷九，与《四库全书》正好可以互补（阮元《四库未收书提要》）；以收入《五经要义》丛书中的《尚书要义》最为齐全。（李冬梅）

3.《郑氏古文尚书证讹》11卷①，清李调元撰

李调元有《易古文》，前已著录。

郑玄是东汉经学大师，所注《五经》汉晋间均立于学官。然到唐代贞观年间孔颖达作《五经正义》，因《易》取王弼注，《古文尚书》取孔安国注，郑玄所注《易》和《古文尚书》遂逐渐散佚。李调元认为，郑玄作为汉代会通今古的经学大师，去古未远，注经讲究章句家法，于文字典章、名物制度等只言片语，必穷原竟委，不肯苟作，故其章句注疏可信。"故宋浚仪王应麟裒集群籍，为《郑氏易》一卷、《古文尚书》十一卷，以补其缺。……而所集《古文尚书》则只有写本，讹误颇多，不为之校而行之，则《五经正义》终缺而不

---

① 一作10卷。

全。"为了表彰汉代郑氏旧注,李调元对宋代王应麟所辑郑玄《古文尚书》"复广加厘证,以王应麟所集《郑氏注》列于前,而以鄙见所订",以补正王著的谬误与漏略,恢复郑注《古文尚书》原貌①。

《郑氏古文尚书证讹》是李调元获罪赎归,寓居通州潞河书院时所作。该书卷帙篇目,仍照王应麟原本式样编排,以存王氏之旧例;他自己的考证,则"另以校字小书单行列于每条后,总曰'证讹'"。卷一至卷三为《虞夏书》,卷四为《商书》,卷五至卷一〇为《周书》,卷一一为《书序》。每卷首先顶格列《尚书》原文,其次低一格列王应麟所辑录的郑玄注,以单行小字标明郑注出处,或作音训,列于每条之下,再次又低一格列李调元的按语,说明原文、郑注、王应麟辑录的错谬、脱漏、衍误等情况。如卷一《尧典》,先顶格列原文云:"流共工于幽州,放驩兜于崇山,杀三苗于三危,殛鲧于羽山。"再低一格列王应麟所辑录郑玄注文云:"舜不刑此四人者,以为尧臣,不忍刑之。"最后列李调元按语云:"'舜不刑此'十五字,《书正义》无此文。惟引郑云'禹治水毕,乃流四凶'。又原本作'郑氏其引',《尚书正义》作'具引',宜从改。"②考证翔实,颇便引用,具有较高的学术参考价值。

李调元尊崇郑氏注,综合运用音韵学、训诂学、校勘学等考据方法,对郑玄《古文尚书注》做了全面的校正,"误者改之,脱者补之,遗者增之"③。为该书的复原做出了重要贡献。首先,订正王应麟之误。如《郑氏古文尚书》卷七《周书·金縢》条,"西土(人)亦不静,越滋蠢"下,列王应麟所辑郑注云:"周民亦不定,其心骚动,言以兵应之。"④此句本是孔颖达驳斥郑玄之语,王应麟以为是郑氏所注,误采入郑氏注中,李调元据《尚书正义》删除是语。其次,增补王应麟辑录之缺文脱简。如《郑氏古文尚书》卷一"乃命羲和"条下,王应麟辑录郑氏注云:"……贤者,掌旧职。"⑤李调元据《周礼疏·序》记载,增补原本所脱"使"字,为"贤者,使掌旧职"。清楚地表达了郑注的原意。第三,坚持校勘必有依据的原则。如《郑氏古文尚书》卷一

---

① (清)李调元:《郑氏古文尚书序》,《童山文集》卷三,《丛书集成初编》本。
② (清)李调元:《郑氏古文尚书证讹》卷一《虞夏书·尧典第一》,嘉庆十四年(1809)李鼎元版《函海》本。
③ (清)李调元:《古文尚书证讹跋》,《童山文集》卷一三。
④ (清)李调元:《郑氏古文尚书证讹》卷七《周书·金縢》。
⑤ (清)李调元:《郑氏古文尚书证讹》卷一《虞夏书·尧典第一》。

"咨汝二十有二人"句，王应麟辑录郑氏注脱"殳斨、伯与"①二人，李调元据《尚书正义》记载予以增补，不言王氏之误说。

为此，《续修四库全书总目提要》评价云："不但郑氏元注黎然不紊，即王氏原本，亦较前完善矣！固不仅郑氏之功臣，又王氏之益友也。"②李调元对王应麟所辑郑氏注本的订正，治理《尚书》的思路，对王鸣盛、孙星衍等都产生了一定的影响。《续修四库全书提要》评价云："调元以前，未见他传本。王鸣盛、孙星衍皆依据此本。"③

是书收录于《函海》，今有调元乾隆间刻本，嘉庆李鼎元重校、道光五年（1825）李朝夔补刊本，光绪八年（1882）钟登甲乐道斋刊本等。其中，乾隆本、嘉庆本《函海》均作10卷，光绪本《函海》作11卷。（刘平中）

4.《尚书后案驳正》2卷，清王劼撰

王劼（1808～1893），原名驹，又名晖吉，字子任，又字海楼，巴县（今重庆市）人。少孤，事母以孝闻；抚幼弟駉，教之成才。工书能画，何绍基督学见而称之。嘉庆十八年（1813）举人，由咸安宫教习以知县发浙江，历官金华、西安、石门、分水等县知县十余年，后改官江西，有古循吏之声。道光二十八年（1848）致仕归，主讲字水书院，造就多士。年85卒。劼力学，博访通人，尝置馆于肃宁苗夔家，与包世臣同年交好，以学问相勖勉。遂兼通诸经，擅长诗文，于《诗》《书》《周礼》皆有著述，有《毛诗》诸解及《尚书后案驳正》《周礼存真》《矩斋经文》《晚晴楼诗草》等行世。

是书乃劼为驳清儒王鸣盛《尚书后案》而作，分上下两卷。《尚书》之传其来远矣，其纠葛也最多。汉初伏生所传《尚书》29篇（一说28篇）乃汉朝官方所定、博士所传，是为今文《尚书》。及武帝末，鲁恭王坏孔子宅，于壁中得古文经书，其中《尚书》45篇，比今文多得16篇，号《古文尚书》。东汉杜林、马融、郑玄皆治古文，但也仅注与今文相同之29篇，其余古文皆成遗简。及至东晋，豫章太守梅赜献《古文尚书》并孔安国《传》58篇，取代郑玄《尚书注》而行于国学。唐修《五经正义》，其《尚书正义》即用孔传《古文尚书》为本。宋吴棫、朱熹以《古文尚书》语言反比今文为顺而疑之。明人梅

---

① （清）李调元：《郑氏古文尚书证讹》卷一《虞夏书·尧典第二》
② 《续修四库全书总目提要》"经部"《古文尚书证讹》提要。
③ 《续修四库全书总目提要》"经部"《郑氏古文尚书》提要。

鹜著《尚书考异》力辨《古文尚书》之伪。至清阎若璩《古文尚书疏证》出，而古文、《孔传》之为伪书遂成定论。但是犹有反复，毛奇龄著《古文尚书冤词》，力辨《古文》非伪，然毛氏之书多逞意气，臆断主观，没有多少说服力。后来续辨其伪者，尚有惠栋《古文尚书考》及王鸣盛《尚书后案》，而以王氏之书为殿军，论者以为自王氏之书出而古文真伪之讼可以息矣。清代注《古文尚书》有成就者四家，江声、王鸣盛、段玉裁、孙星衍是也，四家皆以为梅氏所献书只有其中与今文相同者才是真古文，其他各篇皆伪而不可信。四家之中，江氏《尚书集注音疏》12卷，乃以篆写经文，多据《说文》改字，而所辑汉人诸说多不全备；段氏《古文尚书撰异》，仅依据文献引录，分别《尚书》今文、古文之异同；孙氏《尚书今古文注疏》网罗放佚旧说，至为纤晰，然而不主一家，无所依归。王氏《尚书后案》竭30年精力，于真古文29篇中，专以发挥郑康成一家之说，援据古书，疏通其旨；其伪书25篇，别为《后辨》附焉。方东树《汉学商兑》谓："马、郑之注存于他书者，王氏所辑《后案》具有成书。以愚观之，岂必能得二帝三王之意乎？第以为存古书可也。"

王劼相信东晋所传《古文尚书孔传》为真，故于清人辨伪之说皆有所不满，对王鸣盛之书意尤耿耿，故特撰此书驳以正之。其书上卷谓王氏《尚书后案》播弄篇卷之外，还有四谬：一疑传记所引有不合者为失真。以为"引经者取证义类，不必校对，字句岂必符合"？二诬传记所引之有合者为缀辑。以为"引经者本经立说，若谓经所从来，何解于引《诗》、引《易》、引《礼》"？三是删改史传以就己说。以为"精严之语无枝叶，极辨之词有曲折，则原文岂可割裂"？四是舞文骋辩以乱群书。批评其书"专斥者或畸轻畸重，泛论者或见偏见全"，皆危言耸听，不可仿效。又批评《尚书后案》以文献所引《逸书》为真古文，也是主观臆断，真伪由己。

下卷辩驳顾炎武、阎若璩、惠栋等怀疑古文为伪之说，以为朱熹实相信古文；又指出清代注解《尚书》之作，除王鸣盛《尚书后案》、江声《尚书集注音疏》之外，以孙星衍《尚书今古文注疏》为尤劣。

总观此书，批驳《尚书后案》极苛，意气过盛，用语过激，不免毛奇龄逞臆斥说之习。然而自出机杼，不为当时疑古风气所囿，亦不人云亦云，而能力反众议坚持己见，是亦有可贵者。与其苛而废之，毋宁过而存之。

是书今有清咸丰六年（1856）序刊本、咸丰十一年（1861）巴县王氏晚晴楼刊本、《尚书类聚初集》本（1984年台北新文丰出版公司据咸丰六年序刊本

影印）、《四库未收书辑刊》本（1997年北京出版社据咸丰十一年本影印）等。（舒大刚、李冬梅）

第四节 《诗》学文献

一、巴蜀《诗》学及其文献

《舜典》说："诗言志，歌永言。"故《诗》可以兴、可以观、可以群、可以怨，于儒家六经之中，最为暴君污吏所不喜，因此秦皇焚书对于《诗》说《书》传焚禁最为彻底。《诗经》之所以经秦火而得传者，盖由讽诵在人口，不独以竹帛得而传。汉朝开始，鲁申公为《诗》作训诂，齐辕固生、燕韩生亦为《诗》作传，于是《诗》有鲁、齐、韩氏之学，皆立于学官，是为今文《诗》学。又有毛公之学，自称传于子夏，河间献王好之，不得立于学官，是为古文《毛诗》之学。

西汉时期，司马相如《上林赋》遍举《貍首》《驺虞》"群雅"《伐檀》，是其长于《诗》者。又其《美人赋》，有所谓"途出郑卫，道由桑中，朝发溱洧，暮宿上宫"①之句，此乃暗用《诗经》之词语：郑、卫即《诗经》十五《国风》之一，《桑中》《溱洧》又为鄘、郑之诗，"上宫"乃《桑中》诗男女相约之地。一篇《美人赋》，俨然在进行《诗经》郑、卫之旅！自非熟于《诗》者固不能为是说。文翁石室所授"七经"之中即有《诗经》。

东汉至于魏晋，四家《诗》并传于时。据吴福连《拟四川艺文志》考证：当时蜀中"习《鲁诗》者李业，习《齐诗》者任末、景鸾，习《韩诗》者杜抚、杨仁、杜琼、何随。三家之学，不绝于蜀矣"！然而这只是博士《诗》学的情况，与中原一样，民间学人之专攻，则以《毛诗》为盛。故吴氏又说："而其时习《毛诗》者，倍多于三家，故《毛诗》最显于后世。若文立、司马胜之、常勖、王化、李譔、任熙、常骞、常宽，皆常璩所称治《毛诗》者也。"

巴蜀专著性质的《诗》学文献，到了东汉才见于史。《后汉书·景鸾传》载：鸾"能理《齐诗》"，"作……《诗》解"，"名为《交集》"。又《杜

---

① 《古文苑》卷三，上海书店1989年《四部丛刊初编》本，据常熟瞿氏铁琴铜剑楼藏宋刊本影印。

抚传》说抚是犍为武阳（今彭山）人，受业于薛汉，定《韩诗章句》。后归乡里，教授弟子千余人。"所作《诗题约义通》，学者传之，曰'杜君法'。"《三国志·蜀书》载，传任安之术的"（杜）琼，年八十余，延熙十三年（250）卒，著《韩诗章句》十余万言"。《华阳国志》卷一〇下又载，李譔传其父仁、师尹默所得荆州贾马古学，"著古文……《毛诗》……指归"，与《郑笺》立异。据以上所引，蜀中《诗》学文献，景鸾作有《齐诗交集》一书；杜抚曾定《韩诗章句》，撰《诗题约义通》一书；杜琼著《韩诗章句》10余万言；李譔曾撰《毛诗注》一书，文献可考者仅此5种而已，今并不传。自东汉末年郑玄据《毛诗》作《笺》，三家《诗》遂废，经学进入"郑学"时代。而蜀人杜琼犹在蜀汉时为《韩诗》作10余万字的《章句》；李譔又以贾马之学以驳郑，是皆不屑作人云亦云、随风而靡之学者。

自后《齐诗》亡于三国曹魏，《鲁诗》西晋已亡，《韩诗》虽存而无传之者，于是《毛诗》独盛。及唐撰《毛诗正义》，《诗》学不仅成为《毛诗》之一统天下，而且也成了《正义》的一统天下。

入宋，巴蜀有《诗》学文献20余种，数量远胜于前，质量亦领先于后。如华阳范百禄之撰《诗传补注》20卷，元祐四年（1089）进献于朝，深得哲宗赞赏，褒奖诏书有云："卿博识洽闻，留心经术，讨论之外，尤深于《诗》。揽商周之盛衰，考毛郑之得失，补注其略。绌次成书。真得作者之微，颇助学官之阙。"① 《毛传》《郑笺》是《诗》古文学最权威的注本，唐孔颖达修《正义》即以之为本。在唐代已随《正义》颁于学官，遵行达200余年矣，"传曰""笺云""孔疏"或"正义"，已经成为人们引证《诗》训的固定格式。其间虽有人对《正义》提出过不满，然却未有人敢公开指斥《毛传》《郑笺》，通窥其不是而撰书为之补葺者，实自范百禄始，可惜其书今已不存矣。

又如苏辙《诗集传》，亦20卷，他认为《诗经》小序"反覆烦重，类非一人之词"，遂疑为"毛氏之学而卫宏之所集录"，不是子夏原文，更不是孔子的本意。他作《诗集传》只保留"发端一言"，余文悉从删汰。较之范百禄，他不仅怀疑毛郑，更怀疑《诗序》了。他的这个发现，被后来许多证据所证实，四库馆臣即举《礼记》："《驺虞》者，乐官备也。《狸首》者，乐会

---

① （宋）苏颂：《赐尚书吏部侍郎范百禄进撰成诗传补注二十卷奖谕诏》，《苏魏公文集》卷二二，中华书局1988年王同策等点校本。

时也。《采蘋》者，乐循法也。"证明"古人言诗，率以一语括其旨。小序之体，实肇于斯"。王应麟《诗考》所载："《关雎》，刺诗也"；"《芣苢》，伤夫有恶疾也"；"《汉广》，悦人也"；"《汝坟》，辞家也"；"《蝃蝀》，刺奔女也"；"《黍离》，伯封作也"；"《宾之初筵》，卫武公饮酒悔过也"。如此等等，皆证明三家《诗》也是这一风格。因此后来王得臣、程大昌等都沿用苏辙的做法，只取小序首句言《诗》。这无异是在《序》《传》《笺》《疏》这个固定的汉学模式上，打开了一个缺口，最终导致《诗》汉学体系崩溃，因此朱熹等注《诗》，甚至连首句也不要了，为自创新《诗》阐释体系开辟了广阔空间。

明代巴蜀有《诗》著6种，以杨慎、章调鼎为其魁。杨慎撰《四诗表传》1卷，取齐、鲁、韩、毛四家《诗》文及其经说，列表以示，并施以传，已经突破宋儒空言说经之弊。至于富顺人章调鼎，因朱子《诗集传》排斥《毛传》《郑笺》，遂取钟惺未定之稿，补撰成《诗经备考》24卷，专以批评朱子为能事，这在朱学独尊的时代里，确乎是需要胆识的。

至于清代，巴蜀亦有《诗》学著作18种，独李调元《童山诗音说》深审《诗》之音切与叶韵；王劼《毛诗读》又以为子夏序《诗》，毛公作《传》，皆责备贤才，明臣道，与《春秋》相表里；张慎仪《诗经异文补释》16卷，以阮元校刻本为主，而将各家异文罗列其下，予以审定。凡此诸先达，尚可以备一家之学。

二、《诗》学文献举要

1. 《诗集传》19卷，宋苏辙撰

苏辙（1039～1112），字子由，眉州眉山（今四川眉山）人，晚年自号颍滨遗老，谥文定。苏轼之弟，人称"小苏"。嘉祐二年（1057）进士，转历地方，仕至黄门侍郎。苏辙是散文家，为文以策论见长，自成一家。他在散文上的成就，如苏轼所说，"汪洋澹泊，有一唱三叹之声，而其秀杰之气终不可没"[①]。著有《春秋集解》《诗集传》《老子解》《古史》《龙川略志》《龙川别志》及《栾城集》（四种）。与其父苏洵、兄苏轼合称"三苏"，名列"唐宋八大家"之林。《宋史》卷三三九有传。

---

① （宋）苏轼：《答张文潜县丞书》，《苏轼文集》卷四九。

关于《诗集传》的撰著，其孙苏籀《栾城遗言》称，苏辙"年二十，作《诗传》"，时当宋仁宗嘉祐三年（1058）。孙汝听《颍滨年表》又言："及归颍昌，时方诏天下焚灭元祐学术，辙敕诸子录所为《诗》《春秋》传、《古史》，子瞻《易》《书》传、《论语说》，以待后之君子。"苏辙还归颍昌是在宋徽宗崇宁三年（1104）。据上述记载推算，苏辙自撰写伊始，至完稿杀青，其间50年可能都有修改。

《诗集传》的体例，是每篇先录《诗序》首句，然后下列诗文，再加以简注。此书最突出的特点是怀疑《诗序》，仅采首句，废《序》言《诗》。苏辙不相信子夏作《序》之说，他说："今《毛诗》之叙何其详之甚也！世传以为出于子夏，予窃疑之。子夏尝言《诗》于仲尼，仲尼称之，故后世之为《诗》者附之。"①由此，苏辙认为《诗序》乃毛公之学，卫宏之所集录。又因《诗序》用语时有反复繁重，类非一人之词者，故唯存其首一言，以下余文，悉从删汰。这一辨析《诗序》内涵及废去余文之举，可谓《诗》学史上的一次革命性做法。自苏辙以后，从者继踵，郑樵力斥《诗序》之非，朱熹、王质尽废《诗序》以言《诗》，这就逐渐形成了宋代《诗经》学反传统的发展脉络，将《诗经》研究推向了一个新的发展阶段。而苏辙《诗集传》的开创、启导之功，不可磨灭。

此书经文说解多采自《毛传》《郑笺》。毛、郑有未安处，乃以己意说之。朱熹曾赞扬"子由《诗解》好处多"②。《四库全书总目》亦评之曰："辙于毛氏之学，亦不激不随，务持其平者。"③然周中孚却认为："其所为集解，亦不过融洽旧说，以就简约，未见有出入意表者。"④各家出发点不尽相同，故褒贬亦稍有差异也。

苏辙《诗集传》在宋代目录书中被称为《诗解》，北宋时即有刻本传世，《郡斋读书志》卷二已有著录，称"《苏氏诗解》二十卷"。《直斋书录解题》卷二则署作"《诗解集传》二十卷"。其后诸目录书或称"传"，或称"集传"不一。历代刊本卷帙亦有差异。宋刊本原为20卷。至明代中叶，编为19卷。后之刊本大多即以19卷为定数。明万历二十五年（1597）毕氏刊《两苏经解》，后又于万历三十九年（1611）重刻《两苏经解》，所收《颍滨先生诗

---

① （宋）苏辙：《诗集传》卷一，《两苏经解》本。
② （宋）黎靖德：《朱子语类》卷八〇。
③ （清）永瑢等：《四库全书总目》卷一五。
④ （清）周中孚：《郑堂读书记》卷八，上海书店出版社2009年版。

集传》均为19卷。清乾隆间编《四库全书》所收亦19卷（《四库全书总目》卷一五署作"二十卷"，与本书实际卷帙不符）。

《诗集传》现存版本主要有宋淳熙七年（1180）苏诩筠州公使库刻本、《两苏经解》本、《四库全书》本、明刻本等。2002年，北京语文出版社出版的《三苏全书》整理本，以《两苏经解》本为底本，以淳熙本、万历重刻本、《四库全书》本参校。2017年四川大学出版的《三苏解集校》，收录有校点本，颇为完善。（李冬梅）

2. 《毛诗要义》20卷，宋魏了翁撰

魏了翁有《周易集义》，前已著录。

此书为魏了翁《九经要义》第三种。《毛诗要义》的体例与诸经要义相同，取孔颖达《毛诗正义》之文，提纲挈领，去繁举要，据事分类而录之，于《毛传》《郑笺》则间取之。每节之首冠以标题，以概括本节内容，亦有一条中不能截分者，则以纲领书于眉间。综观其列目主题，"大抵意取故实，不主说经，故不求详备，第录之以备遗忘。足征宋儒亦不忽汉、唐实事求是之学也"[1]。又魏氏所据《正义》系当时善本，保留孔疏原貌较多，甚至有可补正阮元本之处。《续修四库全书总目提要》云："孔颖达《五经正义》以《诗疏》为最详赡，而辞繁义当，不易得其要领。了翁此编不独去取精审，可为读注疏者之津梁，且诸经注疏自宋时至今，脱文讹字，不知凡几，了翁所据，犹系宋时善本，足资纠订，故其书宜为世重焉。"

《毛诗要义》今传主要有《五经要义》本、《续修四库全书》本等。（李冬梅）

3. 《童山诗音说》4卷，清李调元撰

李调元有《易古文》，前已著录。

李调元游学江南，师从查虞昌、钱陈群等浙学诗文名家，深得声韵要旨。所著《童山诗音说》，综合运用声韵、训诂之法，在辨析《诗经》音读得失方面取得不俗成就。

是书凡4卷，卷首有《自序》一篇，阐释其撰著缘由及大要，云："《诗》之音韵，自汉许氏《说文》而外，魏晋以来有之。陆氏《释文》，穷经者所不能外也。其于诸传注之外，博采前人音义，殆无遗剩。……尝读《诗》，音切及叶韵有心不安者，未敢附会，辄不揣固陋，摘其音读之误，每篇略举数端；

---

[1] （清）瞿镛：《铁琴铜剑楼藏书目录》，中华书局1990年版。

至于俗字相沿，经史互异，亦概及焉。曰《诗音说》，以其要于《诗》之音韵为多也。"[1]盖因古今音变迁，《诗经》音读后世已经不能协韵，学者又不能本着"多闻阙疑，慎言其余"之义，强作解人，注释中每有误读误音，调元乃取《说文》及《释文》等音韵资料加以考订而成是书。

李调元博采诸书记载，运用同书互证、同音通假等声韵考辨方法，对《诗经》中的音读之误逐一做了辨析，特别是对《诗经》音切及叶韵等问题做了深入探讨，用功甚勤，颇多创建。如卷一《关雎》："'钟鼓乐之'，《释文》谓'乐'字协韵，宜五教反。窃意作力告反为是。《大雅·韩奕》'莫如韩乐'，今音注：乐，力告反，与上文'靡国不利'叶，是也。方俗之音，亦有传授，今北人呼'喜乐'字，未有不为力告反者。况同在一经中，可以叶《韩奕》，独不可叶《关雎》，无是理也。"其运用同书互证和方言佐证的方法，对《释文》注《关雎》"钟鼓乐之"之"乐"字，依照协韵读作"五教反"的结论进行辨析，持论有据，不作空谈，确有见地。他从一定角度对一味强调叶韵之法、忽略其字义的音读方法做了批评，在《诗经》音读研究中极具意义。此外，他还对因"俗字相沿，经史互异"等问题做了相应的考订，为《诗经》研究者提供了参考。《童山诗音说》对《诗经》音读、形义的考辨，在清代《诗经》学史上占有一定的地位。

是书收录于《函海》，然嘉庆李鼎元重校道光五年（1825）李朝夔补刊本《函海》失收，所以流传不广。光绪八年（1882）钟登甲乐道斋重刊《函海》再次收录印行。（刘平中）

4.《诗经音训》不分卷，清杨国桢撰

杨国桢有《易经音训》，前已著录。

《诗经音训》为国桢《十一经音训》之一。是书不分卷，首为《诗经辑说》，录陆德明、孔颖达、郑樵、范处义、马端临、王应麟诸家论《诗》之语。次《诗大序》《诗小序》，而以朱子《诗集传》殿之。

是书大旨以朱子为尊，纯以其《诗集传》为主，每篇每句，皆节录《诗集传》于其旁。凡改《序》、从《序》者，悉缀于篇末，又眉端载有论说，体例殊为不善。是书意在便于蒙学，故音训简明，于初学颇为有助。

今传有《十一经音训》本，四川大学图书馆等有藏。（李冬梅）

---

[1] （清）李调元：《童山诗音说序》，《童山诗音说》卷首，清光绪乐道斋版《函海》本。

5.《毛诗读》30卷，清王劼撰

王劼有《尚书后案驳正》，前已著录。

王劼兼通数经，而治《毛诗》尤深，著述亦富。初撰《毛诗述闻》20卷、《毛诗篇名解》2卷、《毛诗经传考异》1卷，道光二十八年（1848）自江西归，舟泊滕王阁下，遇盗贼而失其原稿。晚复成《毛诗读》《毛诗序传定本》，传于世。

此编大意，以为子夏序《诗》，毛公作《故训传》，皆责备贤才，明臣道，与《春秋》相表里。道州何绍基督蜀学时，曾见此书，并称之："由二千年后，通源溯本，为不朽之作。《三百篇》之旨在明臣道，进贤退不肖，塙（确）然无疑。"书中证明章句名物者，长洲陈奂《毛诗传疏》多采之。不过"以研究《诗经》知名"的近代学人江瀚在为其诸书作提要时，却举《二南》中诸篇之例，指出劼说实语多支离。如于《鹊巢》云："《鹊巢》自为夫人作。经借为诸侯之喻，《序》以明垂教列爵，惟女为王配偶，当有其德，即《葛覃》之所谓本也。《葛覃》为宰辅，《鹊巢》为诸侯，宰辅近王，则以后妃言之，诸侯立其国，故于夫人见之，此《周南》《召南》之别也。"其下复云："《采蘩》亦犹《关雎》以进贤言荇菜也。又以见夫人寓言国君，犹淑女寓言王臣也。《草虫》之大夫妻，寓言大夫可相因见义矣。"又于《摽有梅》云："此诗为将仕者托词。《序》推观之，以为未仕之贤才，得以及时登进。又推言文王化被，盖《召南》皆遐不作人令事也。《风》《雅》一贯，《小雅》之《天保》以上治内，《采薇》以下治外，《大雅》之《既醉》太平，《凫鹥》守成，莫非本于《关雎》和挚而有别、《鹊巢》德如尸鸠，平均如一，以为岂弟作人者。故《周南》变文王而言后妃，《召南》变文王而言夫人，终必借证文王，明道化必待其人。况贤才得以及时，尤非文王之遐不作人，不及此，此为《诗》教所最重。《大雅》所以借文王立臣道之极也。"如此等等，江氏皆认为"此真创解，前此未闻"，故其"书虽刊行，恐终供人覆瓿尔"。①盖《诗》教有兴观群怨，借彼言此；读者能因《诗》寄寓，纵然断章之取，又何病焉？江氏之苛责不已甚乎？

是书有清咸丰四年（1854）成都熊氏即心斋刊本、咸丰九年（1859）校正本、《四库未收书辑刊》本等。（李冬梅）

---

① 《续修四库全书总目提要》"经部"《毛诗读》提要。

6. 《毛诗序传定本》30卷，清王劼撰

此书盖就所著《毛诗读》删订，易其名为《毛诗序传定本》。改正音注，使毛氏传义无或混淆，以便乡塾。其《凡例》谓《毛传》厕于经时，《郑笺》即掺杂其间，本易混淆，又传写不免讹脱。孔颖达《正义》虽载陆德明《释文》，而往往与各本不合，阮元《校勘记》亦不能尽得其是。故特据《诗序》《毛传》义例，详加审订，《毛传》脱入《郑笺》者，复之；《郑笺》滥入《毛传》者，退之。然而王劼仅凭义例而缺乏版本依据，难免不有武断臆说之处，故江瀚认为其"进退《序》《传》，但凭臆决，辄诩为定本，毋乃自信太过与"①。

是书有清同治三年（1864）四川巴县晚晴楼王氏刻本。（李冬梅）

7. 《诗经异文补释》16卷，清张慎仪撰

张慎仪（1846~1921），字淑威，号芋圃，又号籑园，成都人，原籍江苏阳湖。长于小学，著有《诗经异文补释》《广释亲》《续方言新校补》《蜀方言》《方言别录》等书，今收入《籑园丛书》。

自汉朝开始，《诗》有四家之传，齐、鲁、韩、毛是也。不仅经说有师法、家法之异，而且经文也有文字音读之别。两汉之世，博士执经，各以家法教授，诸家异同之故明文具在。及郑玄据《毛诗》作笺，三家《诗》遂废。《齐诗》亡于三国曹魏，《鲁诗》西晋已亡，《韩诗》虽存，无有传者，于是三家《诗》所以异同之故不清。王应麟撰《诗考》，遍检诸书所引，集以成帙，以存三家逸文隐义；又旁搜广讨，列为《诗异字异义》、曰《逸诗》，以附缀其后，于是三家《诗》面目粗具。至清，范家相再撰《三家诗拾遗》10卷，陈寿祺撰、陈乔枞述《三家诗遗说考》19卷；李富孙《七经异文释》50卷，亦及于三家。晚清，冯登府有《三家诗异文疏》、王先谦有《诗三家义集疏》，于是三家《诗》辑佚研究之学大盛。诸家之书各有胜处，然而互有优劣参差不齐，又限于三家而未兼综《毛诗》，仅有补于考史而无助于读经，犹未尽善。

张氏此书，乃承李富孙、冯登府等人研究成果，并参稽博引清中叶以来诸家之说而综合考证《诗经》异文。《自序》述撰作大旨："读经必先考异，经字异同之辨明，而后解说之是非定。不然通假不知，谬误不问，但据今本望文生训，则是鹔䴀已翔于寥廓，罗者犹视乎薮泽矣。深宁（王应麟）更有《诗考》之作，惜老艸成编，未为善本。继之者，王衡阳（夫之）、范会稽（家

---

① 《续修四库全书总目提要》"经部"《毛诗序传定本》提要。

相)、冯嘉兴(登府)、陈侯官(陈寿祺、陈乔枞)为最善,虽各有胜处,而体例仍未悉。当予客居之暇,重温《三百篇》,乃荟诸书,钩考审定,以资讽诵,亦困勉为之也。"

《又记》又开立"六凡"以明此书体例,为"一、书初名《诗考异》,后读李富孙《诗经异文释》,体例与吾书相似,因重编次,易以今名;二、每条所标经文,悉以阮刻注疏本为准,余与阮本异者,采次于下;三、征引群籍异文,李书有者仍之,误者正之,阙者补之。按语则一主简括,不尚博辩,不袭李按;四、异文所引之书如《艺文类聚》《太平御览》之类,卷帙繁者,均注卷数,取便覆检,余不琐赘;五、经文有经历朝人避讳省改之字,间亦释之;六、卫湜《礼记集说·后序》云:'他人著唯恐不出于己,予则唯恐不出于人。'今此编即师其意识者,谅无讥焉"。观此六凡,盖以其六为最有代表性,异文的考录当尽力求详备,以为解析移易与变迁的根据。此书另有富顺宋育仁、井研廖平之《序》,可资以见当时风气相尚与学术论题。

此书除了对勘诸书征引异文假借外,又注意到古代方俗语言,这种重视语文诠解基础,借以通读古语古书的主张,与乾嘉学者倡论以小学通经学义理的观点和方法有异曲同工之妙。廖平评论此书云:"芊圊精于名家言,疏论具有条理,不似李书专以繁富见长,曲园(俞樾)之于高邮(王念孙),以外貌观,似不及其闳肆,去渣滓而渑清光,不能不谓后来居上。"

据张氏自跋云,是书始于光绪二十七年(1901),迄于宣统乙卯(实民国4年,1915),刊于丙辰年(1916),时作者年已70余。今收入作者《篯园丛书》中。(舒大刚、李冬梅)

第五节 《礼》学文献

一、巴蜀《礼》学及其文献

《易》曰:"礼者履也。"《庄子》曰:"礼以道行。"举凡人类一切约定俗成之规范皆为"礼仪"之属。然儒家为此,不仅重视整齐规范繁文缛节之仪,更注重节文背后之精神义理,故孔子曰:"礼云礼云,玉帛云乎哉?乐云乐云，钟鼓云乎哉！"① 又曰："义以为质，礼以行之。"② "质胜文则野，文胜质则史，文质彬彬，然后君子。"③ 至狂者为之，倡为性天礼伪之说，越名教而任自然，以为"礼法岂为吾辈设"？殊不知，无义则乱，无礼则野，欲做文明之君子，驯致秩序之社会，无礼与仪，又何以成之？无礼无义，岂不复归禽兽也！居仁由礼，是为据乱、升平以至太平之路；毁礼蔑义，无非丧家败国甚而灭身之途。问道君子，能无慎乎？

儒家《礼》学文献，包括《周礼》《仪礼》《礼记》及其衍生之文献，兼及将礼乐精神融入制度建设之礼制文献。《礼记》曰："经礼三百，曲礼三千。"经礼者，治国理民之大经大法，汉儒以为《周官》（即《周礼》）是也。曲礼者，家族、社会、生活、交游之行为规范，汉儒以为《士礼》（即《仪礼》）是也。《礼记》则是关于《仪礼》各节所含义理的说明。故《仪礼》主于仪节，《礼记》主于义理，而《周礼》则主于官守，"三礼"相须而行，不可偏废。

"三礼"之作，或托始周公，或主于仲尼，即以《礼记》而论，亦成书于二千多年前的战国秦汉社会，是皆先王之陈迹，往圣之制作。时移世易，俗变境迁，不可照搬以行于今日。然而"礼以义起"、仪因时革，时势虽变，其"区别、和谐，文明、秩序"之礼义精神，又何可抛弃呢？于是有后贤起，纷纷援礼意而作新礼，上自天子宗庙、封禅、朝觐之制，下至庶人家祭、洒扫、应对之仪，无不应有尽有，务使生民言中规，行中伦，男女别于途，夫妇和于家，君臣理于上，百姓睦于下，中华"礼仪之邦"美名于焉形成。

蜀人之治《礼》，亦始汉初，司马相如《上林赋》有"修容乎《礼》园"之说。其后蜀之礼学，不主文献纂述，而在于日用常行。《蜀王本纪》说蜀人"未有礼乐"，非实录也。考诸嘉庆《四川通志》和《清代蜀人著述总目》，巴蜀古今《礼》学文献，汉有3种，唐1种，宋16种，元7种，明10种，清代30余种，总计50余种。数量虽然不多，而特色却很鲜明。吴福连《拟四川艺文志》考证说："蜀之制《封禅书》者，前有相如，后有杨终，典礼莫重于此也。《范史》称，犍为董钧习《庆氏礼》，永平中（东汉明帝年号，58~75）草创礼制，多用其议，其《礼》学之名家与!《华阳国志》说李譔、常宽、文立、司

---

① 《论语·阳货》。
② 《论语·卫灵公》。
③ 《论语·雍也》。

马胜之、王化、常骞,皆治'三礼',而《礼》之传益广矣!"这是汉晋之间蜀人《礼》学传授的情况,可谓代有其人,世继其美。

礼仪的最高等级当然是祭天,而祭天最隆重之举则是封禅。汉武帝文治武功既成,欲告天祭地,以炫百世无有之功烈,而董仲舒诸儒不知其仪,得司马相如临死所草《封禅书》而成其事,其书至今犹保存在《史记》之中。蜀人《礼》学论著,应以此为最早。其后则有:东汉景鸾撰《礼略》,三国王长文撰《约礼》,晋杜龚撰《丧纪礼式》,虽然今已不传,但顾名思义,都是"镕铸礼经,自成一家言"①。甚至唐代峨眉人仲子陵撰《五服图》10卷,取丧礼所服缌麻、大功、期、齐衰、斩衰五种服制,绘成图解,贞元九年(793)上于朝。其实质仍然是主于实用的。

入宋,《礼》学著作渐多,内容和类型也大胜于前。其主于治经者,则有魏了翁《仪礼要义》50卷、《礼记要义》33卷、《周礼要义》30卷、《周礼折中》2卷,高斯得《仪礼合抄》②,史通《礼记义》1卷、《详说》4卷,游桂《礼记经学》12卷,许奕《周官讲义》6卷,高崇《周官解》12卷,史守道《周礼略》10卷,李心传《丁丑三礼辨》23卷。其主于说理者,则有苏轼父子之《礼说》《礼论》,龙昌期《礼论》。其主于单篇研究者,则有范祖禹《中庸解》1卷、张浚《中庸解》1卷、吴之巽《中庸口义》3卷、魏文翁《中庸大学讲义》2卷。其主于专题研究者,则有樊建绍兴(1131~1162)中作《古今服饰仪》1卷、魏了翁作《周礼井田图说》1卷。其主于实用者,则有苏洵《太常因革礼》③、范祖禹《范氏家祭仪》1卷、张栻《四家礼范》5卷、李昺《公侯守宰士庶通礼》30卷等。

其中魏了翁三礼《要义》皆取唐人注疏加以删节,以归简约;苏洵《太常因革礼》则是北宋一代礼制汇编,当时即享盛名;李心传《丁丑三礼辨》20余万言,撰于丁丑年(1217),凡二百日而成书④,其书专就郑玄三礼注(附《大戴礼》)而辩之,共923条,《中兴书目》说"皆有据",必有可观,惜已不传。至于李昺之书,马端临云:"臣庶祖庙之制……近代,司马温公及伊川、横渠各

---

① 吴福连:《拟四川艺文志》。
② 此书当是《仪礼》与《礼记》合抄,亦犹朱子之为。
③ 此书系苏洵与欧阳修、姚辟合作。
④ 高斯得《耻堂存稿》卷五《跋李秀岩先生〈学易编〉〈诵诗训〉》云:"又其天质强敏绝人,《三礼辨》二十余万言,二百日而成。"

有《礼书》，朱文公作《家礼》，又参取三家之说，酌古今之制而损益之，可以通行。嘉定间，李秘监又著《公侯守宰士庶通礼》一书，于祭礼特详。俱有专书，文繁不果悉录。"①《文渊阁书目》有"宋《士庶通礼》一部十二册"，疑即此书。《明集礼》卷二四《士庶冠礼》总序："汉晋以来，士礼废而不讲；至于唐宋，乃有《士庶通礼》，虽采《士冠》仪文，然失之太繁。"知其为摘引经传、斟酌古今、参以时制而撰成的各阶层通行之行为通则。此外，近时成都考古队在江安发掘出宋墓石刻雕像，手捧《礼记全》一册，该书未见于古今著录，疑是主人生前得意之作，其亦蜀人《礼记》学成果欤？

元代，张翼有《丧服总类》《冕弁冠服考》《释奠仪注》三书，黄泽有《二礼祭祀述略》《礼经复古正言》，赵汸撰《黄楚望先生行状》言黄泽"祭祀之法，则兼《戴记》而考之"，并引其"辩王肃混郊丘、废五天帝，并昆仑神州为一祭之说"②大段文字，略可考见其说精要。

明代，陈一经（成都人，成化进士，巡盐监察御史、布政使）《大学大全纂》1卷、谢东山（射洪人，嘉靖进士、布政使）《中庸集说启蒙》1卷、来知德《大学古本释》1卷，俱为"四书"学之流。唯宿进（夹江人）《礼经章段》，胡相（富顺人，成化举人）《家礼仪制》，母恩（蓬州人、弘治进士）《家礼考》，阴秉衡（内江人，隐士）《慎终录》《婚礼节要》，杨慎《檀弓丛训》2卷、《夏小正解》1卷、《家礼仪节》8卷，熊过《读曾子问、文王世子》2篇，李实（巴州人，弘治进士）《礼记疏解》等书，各得《礼》学之一体。

清朝三《礼》之学特盛，然蜀学之士却长期没有表现。唯费密撰《四礼补录》10卷，李调元撰《仪礼古今考》2卷、《礼记补注》4卷、《周礼摘笺》5卷，于古学有补。至于费密《大学中庸古文》《大学中庸驳论》，沈复瑛《大学铭》，曾懋《中庸解》之伦，亦"四书"之范围，非复《礼》学名家。及于晚清，廖平、吴之英、宋育仁等人出，蜀中《礼》学复兴。廖平之"长于《春秋》、善说礼制"（刘师培语），则又据礼制以区别汉代今古文学，撰《今古学考》，被俞樾推为"不刊之书"；廖氏以《周礼》主古学，《仪礼》主今学，则又凿破鸿蒙，发千古未悟之秘，实乃石破天惊。此晚清蜀中《礼》学之概貌也。吴之英亦明于《公羊》，"尤邃三《礼》"，著有《寿栎庐丛书》，论者谓其

---

① （元）马端临：《文献通考》卷一〇五。
② （元）赵汸：《春秋师说》附录下，江苏广陵古籍刊印社1993年影印《通志堂经解》本。

"言《周礼》者最多最精"（谢兴尧语），其《仪礼奭固》《仪礼礼器图》《仪礼礼事图》三书，尤称精绝。宋育仁擅长文学，亦善经学，撰《问琴阁丛书》，有《周礼十种》，主张"复古改制"，宣传维新变法，为改革号角。

二、《礼》学文献举要

1. 《仪礼要义》50卷，宋魏了翁撰

魏了翁有《周易集义》，前已著录。

此书为魏了翁《九经要义》之一。该书以《仪礼》17篇各为条目，而截取注疏录于下方，体例同于其他诸经《要义》。《四库全书总目》论其功绩曰："《仪礼》一经，最为难读，诸儒训诂亦稀。其著录于史者，自《丧服》诸传外，《隋书·经籍志》仅四家，《旧唐·经籍志》亦仅四家，《新唐·艺文志》仅三家。今惟郑玄《注》、贾公彦《疏》存耳。郑《注》古奥，既或猝不易通。贾《疏》文繁句复，虽详赡而伤于芜蔓，端绪亦不易明。《朱子语录》谓其不甚分明，盖亦有故。了翁取而删翦之，分胪纲目，条理秩然，使品节度数之辨，展卷即知，不复以词义缪戾为病。其梳爬剔抉，于学者最为有功。虽所采不及他家，而《仪礼》之训诂备于郑、贾之所说，郑、贾之精华备于此书之所取。后来诠解虽多，大抵以《注疏》为蓝本，则此书亦可云提其要矣。"可见了翁《仪礼要义》不仅解决了郑《注》古奥、孔《疏》繁芜之病，而且亦保存了郑、贾《仪礼》训诂之精华，可谓后世研究《仪礼》注疏者之津梁。

《仪礼要义》今存主要有《四库全书》本（阙卷三〇、三一）、《五经要义》本、《宛委别藏》本和台湾故宫博物馆影印宋刻本（全本）等。（李冬梅）

2. 《礼记要义》33卷，宋魏了翁撰

本书是魏氏《九经要义》之一。全书以孔颖达《礼记正义》为主，据事列类，删繁就简，摘为要义。每段之前，各有标目，以便读者省览。可谓"纲提件析，条理分明，为治经家不可少之书"①。阮元《四库未收书目提要》云："《礼记》孔疏，文繁义富，未易得其崖略，了翁删汰过半，颇为精允，可以为研经者之津逮。"②了翁《要义》删汰《注疏》大半篇幅，存其简当，颇为

---

① （清）丁日昌：《持静斋书目》，上海古籍出版社2008年版。
② （清）阮元：《四库未收书目提要》，傅以礼重编，商务印书馆1955年版。

精允，便于初学。对此，清人胡玉缙却有不同意见，他认为："《要义》为谪居靖州时所作，盖读经自课，摘要以便检阅，并无删订之心。故每篇各为条目，经文注文皆阙略不完，又不甚依经次第。……未下己意，何云订定？略载经注，注姑弗论，经岂有冗蔓精华之别？倘谓经注因订《正义》而及，则有但引经注而不及《正义》者，将何以说？甚矣，读书心细者之难也！"①不过，胡氏还是肯定了《礼记要义》的版本价值，以为具有校勘作用，指出："诸经注疏，自宋递传至今，脱文讹字不可胜举，了翁所据犹宋时善本，足资纠订。"②仍不失为通达之论。

《礼记要义》今存主要有《宛委别藏》本、《四部丛刊续编》本、《续修四库全书》本等；其收入《五经要义》者，缺卷一至卷二2卷。（李冬梅）

3.《周礼摘笺》5卷，清李调元撰

李调元有《易古文》，前已著录。

李调元幼随其父李化楠研习三《礼》，谙熟经文，后游学江南及省城锦江书院，得名师指教，于三《礼》之学造诣益深，所撰《周礼摘笺》《仪礼古今考》《礼记补注》《夏小正笺》《月令气候图说》等书，或补前人之缺失，或考诸家传注之异同，或以己意辨是非，在三《礼》研究上成就不俗，张舜徽称其"研绎三《礼》尤精"③，评价允当。

《周礼摘笺》凡5卷，《童山自记》著录为《周礼辑录》5卷，实乃此书之别名。书前有调元《自序》一篇，大致以为：《周礼》一书晚出，至刘歆著于《录》《略》，马融作《周官传注》，郑玄网罗众家之说为之详注后，才开始盛行。但郑玄作注时，对经文中"互异之字未之兼注"，这为后世理解《周礼》经文本意带来了麻烦。故调元欲撰著简明易懂的《周礼注》本，然未及完成，"因先摘取注中经文互异之字而笺之"④，而成本书。是书原计划分为10卷，不仅辨订《周礼》经文的互异问题，而且使其文"归于简明详核，以便诵读"，"《周官》之制，纲目皆备"。后因故只完成了郑氏注中经文互异的问题，名曰《周礼摘笺》。

该书天官、地官、春官、冬官各一卷，夏官、秋官合为一卷，共5卷。每卷

---

① 《续修四库全书总目提要》"经部"《礼记要义》提要。
② 《续修四库全书总目提要》"经部"《礼记要义》提要。
③ 张舜徽：《清人文集别录》卷七，华中师范大学出版社2004年版。
④ （清）李调元：《周礼摘笺序》，《童山文集》卷三。

先列出郑注异文或他本异文，然后或引经史传注成说，或自行断识，或辨订旧误，"以折中于一"，其为郑注经文正字之意非常明显。

李调元小学功底深厚，所作笺注中不乏学术价值者。如卷一《天官·大宰》"嫔贡"条下注云："故书'嫔'作'宾'。按：以奉宾客也，筐篚玄黄之类，宜从'宾'。"①李调元"以义解字"，辨析"嫔贡"之"嫔"当作"宾"，言简意赅。故《续修四库全书总目提要》评价说："其书以简明之笔，释奥赜之文，虽非颛门，颇便初学云。"②但此书不足在于，引文大多未注明出处，存在穿凿附会、臆谈无根之弊。

是书收于《函海》中，今常见者主要有调元乾隆间刻本、嘉庆间李鼎元重校道光五年（1825）李朝夔补刊本、光绪八年（1882）钟登甲乐道斋刊本等。（刘平中）

4.《仪礼古今考》2卷，清李调元撰

《仪礼》成书较早，人称"古礼经"，其文字古奥，礼制琐细纠结，以繁缛难懂、枯燥乏味著称。然而汉儒传经，改从隶体，致失原貌。李调元时称"通儒"，推崇汉儒之学，对郑玄三《礼》经注研治注力颇多。曾自谓："余以为《仪礼》，古礼经。……朱子曰：'《仪礼》，礼之根本；《礼记》乃枝叶。'……此百世之定论。"肯定了《仪礼》在三《礼》研究中的根本地位，从而特别突出古文的重要性。

卷首调元《自序》，云："《仪礼》，周公所著，盖以为周公仪法之大备也。……余以为《仪礼》，古礼经，当从古文，不当从今文。盖今文出于传，而古文出于篆。传者口授或讹，而篆者古本犹存也。……但古、今文所不同，未及详加笺校。"指出应当返回古文而超越今文。于是他"特博采群书，摘古今之参互者悉心考订，折衷于古，以补注疏之缺，以释从今之非。庶乎读《礼经》者一目了然，不致开卷而叹文公之苦也"③，可见此书之目的是试图从文字复古而探明原意。

调元在博采群书充分占有资料的前提下，辨析了郑玄注中被混淆的古今文字，以恢复古文原貌，以释今文之非，并补正后世诸家注疏中的衍脱误略，

---

① （清）李调元：《周礼摘笺》卷一"天官·大宰"，《丛书集成初编》本。
② 《续修四库全书总目提要》"经部"《周礼摘笺》提要。
③ （清）李调元：《仪礼古今考序》，《童山文集》卷三。

这对恢复郑玄古注原貌也具有参考价值。是书共分上、下两卷，在篇目安排上仍依郑氏注原本编次，上卷自《士冠礼》至《大射仪》；下卷自《聘礼》至《少牢馈食礼》。其注解采用郑氏注随文释例方式，先按郑氏注篇次居中单列《仪礼》篇目，再隔行摘录郑氏注经文顶格书写，经文之后紧接着罗列经传、史志、字书、韵书中与此经文有关的记载，以复古文之旧，而订从今之非。如《仪礼古今考》卷上《士冠礼》"旅占"条，顶格书写经文"旅占"二字，紧接经文后云："古文'旅'作'臚'。考《韵会》，'臚'音'臂'，与'旅'同，陈也。《论语》：'季氏旅于泰山。'师古曰：'旅，陈也。''臚''旅'声相近，其义一耳。"① 通过考察《韵会》关于"旅"字训释和颜师古关于《论语》中'旅'的注解，阐明"旅"与"臚"声近义同，仅形体有异，指出古文的"旅"当作"臚"。

是书收于《函海》，有调元乾隆间刻本、嘉庆间李鼎元重校道光五年（1825）李朝夔补刊本、光绪八年（1882）钟登甲乐道斋刊本等。（刘平中）

5.《周礼古学考》11卷，清李滋然撰

李滋然（1836~1911），字命三，号树斋，别号采薇僧，四川长寿（今属重庆）人。光绪五年（1879），为四川学使张之洞所识拔，调成都尊经书院肄业。十四年（1888），举乡试第六；十五年，连捷进士及第。签分广东，任电白、文昌、曲江、揭阳、顺德、普宁、东莞等县知县。光绪末年，因力主办新学，废科举，语刺督抚，被弹劾去官，后随出使日本大臣李家驹为学务专员。宣统三年（1911），充师保主任，旋病卒于任。著有《周礼古学考》《群经纲纪考》《尔雅旧注考证》《明夷待访录纠谬》《四库全书书目考》《采薇僧诗集》等行世。

《周礼》本名《周官》，乃周人设官分职制度之典，西汉河间献王始得之。西汉末年刘歆声称"发得《周礼》，以明因鉴"，遂改称《周礼》，与《仪礼》《礼记》同号"三礼"，从而成为儒家礼书之重要经典。然而《周礼》一书先秦无说，西汉无传，其制度又与《孟子》《王制》等书异趣，故自其面世以来，学人疑信参半，或以为"周公致太平之书，迹俱在是"；或以为不可信，如汉武帝不喜其书，以为"末世渎乱不验之书"，故藏之秘府而不立

---

① （清）李调元：《仪礼古今考》卷上《士冠礼》第一，清嘉庆六年（1801）李调元自订版《函海》本。

于学；东汉临孝存、何休等又以为"六国阴谋家言"。然而《周礼》规模宏大，制度严密，历代改革之家为出新意，又多据以为蓝图。如王莽变法、北周改革、王安石新政，俱是如此。降及近代，《周礼》之学再次与政治结缘，康有为初欲仿《周礼》撰《教学通典》而未成；同时的四川尊经书院诸学子也就《周礼》展开了学术的和政治的争鸣。廖平撰《今古学考》，因《王制》大地封疆五千里，于制为小；《周礼》土圭三万里，于制为大，遂认为《周礼》为古文家制度所系，乃孔子早年从周之学；《王制》为今文家制度所在，为孔子晚年改制之说，此即廖氏学术之"初变"也。及其"二变"，又认为二者不可调和，凡《周礼》与《王制》制度不同处，廖平皆指为刘歆伪纂，故作《周礼删刘》。后来廖氏读《大戴礼记》《管子》诸书，见《周礼》制度皆能符证，尽斥为伪，于心不安，于是又以为《周礼》乃大统，为治天下之学；《王制》为小统，乃治中国之学，此其学术之"三变"也。同时又有廖氏同门学友宋育仁，亦研究《周礼》之学，撰成《周礼十种》，其中《周礼图谱》提出"复古改制"之说，也是将《周礼》当成政治之书来理解。当此之时，《周礼》之学既是经学，亦是政治学。

李滋然与廖、宋皆同学，其治《周礼》也是当时书院一时学风之所促成。是书卷首有胡惟德《叙》、李家驹《后序》以及李滋然《叙》和《例言》《目录》，全书分为《田畮考》《封建考》《赋税考》《征役考》《出军考》《礼制考》《职官考》七考。滋然认为："古今殊途，学分二派，源流家法，师受不同。"是以今古文经学自有不同主张，合并其说，必然多见违忤难通；分别观之，则各得其所。因此主张分辨今古文之歧异，乃治经之要务。是书大旨即区分《周礼》今学、古学，以今学为原文，古学为刘歆窜改，与廖平为同调。

胡惟德《叙》大赞其志云："长寿李命三同年，比以所著《周礼古学考》见示，篇中剌取刘氏伪窜者如干事，定为古学，其与《王制》《孟子》合者，将别为《今学考》，俾各还其本，而莫之错午。媺哉斯志，远无惭郑（玄）、贾（公彦）之功臣，近足当沈（重）、王（安石）之争友，令定海（黄以周）、瑞安（孙诒让）当日获见是书，或能斟酌咨度，援为他山之助，而益光大其业。"然其所谓今学者，就末卷《周礼职官同于今学考》核之，大都以见诸经及《孟子》《国语》群书者为真，而以不见者为窜改，此未免过于臆断，所论多有可疑。不过，考查李氏之言，其《周礼》学思想颇与廖平"二变"时期的说法相近，虽同归于不经，然而亦一时风会所激，非无因也。

是书成于清光绪三十四年（1908），今有清宣统元年（1909）排印本、1934年铅印本等。（舒大刚、李冬梅）

6.《周官考征凡例》1卷，清廖平撰

廖平（1852～1932），字季平，号四益，又号四译、六译，盖自述其学术思想之变迁也，又称六易。原名登廷，字旭陔，又字勖斋。四川井研县人。光绪五年（1879）举于乡，十五年（1889）成进士，朝考三甲，以知县用，以父母春秋高，不欲远出省外，呈请改教职，授龙安府教授。历署射洪训导、绥定府教授，又襄校尊经书院，主讲嘉定九峰、资州艺风、安岳凤山诸书院，从游者极众，门人弟子遍全蜀，诰授奉政大夫。廖氏生平邃于经术，以经学名家，治经主今文学。凡六经诸子，皆研究极深，尤精《公羊》学。综其学术经说，虽好标奇立异，时人多斥其妄诞。而以经证经，皆有依据，融会贯通，实多精义，发前儒所未发。学者惊其新奇，而无以难之，实清季之博学通儒，世称"廖经师"，洵无愧色。尝受业于湘潭王闿运，然其为学实与王氏异。平生著述极富，凡百余种，有《六译馆丛书》数百卷行于世。事迹具廖宗泽《六译先生年谱》及各种传记。

廖平学有根柢，见识独到，能成一家之言。蒙文通著《经学抉原》序有曰："文通于壬子、癸丑间（1912～1913），学经于国学院，时廖（平）、刘（师培）两师及名山吴师（之英）并在讲席，或崇今，或尊古，或会而通之。持各有故，言各成理。朝夕所闻，无非矛盾。……然依礼数以判家法，此两师之所同。"是廖平治经重礼教也。

其撰《周官考征凡例》主要内容有五点：一是认为《曲礼》之六大、五官、六府、六工，当为《周官》旧题，宜于经末附《曲礼旧题统属各官》一表，以不没其实。二是认为《周官》官名职事，本有缺佚，宜将先秦以前诸书官名职事，悉为采辑，然后就本经考其异同，如系名异实同，则取以作注；如为本经所无，则当汇补于各卷末。三是认为诸侯官职与王臣名目职事全同，特品秩有异，因考订王臣后，即由王臣以推诸侯，立《大国》《次国》《小国》三职表。四是认为军制将佐，本即公卿，用兵之时，随而命之，非常职，皆为摄官，因立《摄官》一门，使不与正官相消。五是认为五等封地，专指五长而言，《王制》之地三等则为本封，二者相合，乃为全璧。至所称公侯伯子男，皆为五长，郑玄误以九命小国说之，因别为《五长名号封禄器物仪节表》以明之。这五点虽与前儒所见不尽相合，但也有特识于其中，不容忽视。

是书有清光绪二十三年（1897）刻本、民国十二年（1923）四川存古书局重印本、《新订六译馆丛书》本、《廖平全集》整理本等。（李冬梅）

7.《分撰两戴记章句凡例》1卷，清廖平撰

《礼记》有大戴、小戴之分，而大戴、小戴之中，又有今文和古文之别。廖平欲以今古为统宗，两戴全录，各以类从，不依旧第，进而注明篇目所出。然而大、小戴《礼记》文繁事杂，以一人之力断然难成此事。故廖平遂先撰此《凡例》，意欲以数人分篇治之，合力而成。

此《凡例》共分宗派、篇章、义例三类。其中宗派类分15门，为今学、古孝经、古小学、古周礼、古诗、古左传、古国语、古礼、古丧服、古乐、古史学、古学礼、阴阳、经学、儒家附论语；篇章类立24事为纲，为合篇、分篇、篇章重出、仪节相同、经传注淆乱、注记、杂篇、简册失序、辨经传、脱误、章节、句读、虚字、多立篇目、草仪注、溯原、表四代、表五等、补亡、取证、求异、求同、附文、科分；义例类凡28例，为今古杂例、互见例、文字异同例、列国不同例、润色例、参差例、传习例、缘经立说例、阴阳五行例、史子纬例、沿革例、宜俗例、意起例、行事私论例、因事改易例、先后例、同实异名例、同名异实例、译改例、隐见例、删润例、异解例、寓言例、附会例、残剩例、传闻例、迟早例、坠佚例。纲明目晰，有条有理。对于廖平这种分门别类，黄寿祺亦评论云："考其所立诸例，如论篇章之分合重出，颇不免勇于臆断之嫌。其他各条，大体固甚美善，足资研讨，亦治《礼》者所宜留意者也。"①可见廖氏所分，不失为治《礼》者之门径。

是书今有光绪十二年（1886）《四益馆经学丛书》本、《新订六译馆丛书》本、巴蜀书社1998年版《廖平选集》标点本、上海古籍出版社2015年版《廖平全集》整理本等。（李冬梅）

8.《仪礼奭固》17卷、《仪礼礼事图》17卷、《仪礼礼器图》17卷，清吴之英撰

吴之英（1857~1918），字伯朅，自号寿栎庐，晚年自称西蒙愚者、渔父、老渔（愚），四川名山人。世以儒学名，以雅安府学第一名举茂才，肄业成都尊经书院。光绪八年（1882），入京朝考，名列二等。回川后，任资州艺风、简州通材两书院讲席。他以治小学、通经术、习辞章启迪后进，对学子

---

① 《续修四库全书总目提要》"经部"《分撰两戴记章句凡例》提要。

循循善诱，提倡文德并重。十八年（1892），就职灌县训导，政绩卓著。后历成都尊经、锦江两书院讲席，请业者常数百人，其中不乏知名者。二十四年（1898），蜀中人士发起组织"蜀学会"，吴任主讲；并同宋育仁等以学会名义创办《蜀学报》，又任主笔，开全省风气，推动变法维新。维新运动失败后，以天下事无可为，遂不复仕进，署其庐曰"寿栎"，息心闭门著述。生平著述颇多，有《仪礼奭固》《礼器图》《礼事图》《汉师传经表》《天文图考》《经脉分图》《寿栎庐文集》《诗集》《卮言和天》等，合刊为《寿栎庐丛书》行世。另有手稿《诸子通侳》《中国通史》《公羊释例》《小学》《以意录》《信取录》《蒙山诗钞》《北征记概》等，今已散佚。事迹具文守仁《吴之英传略》《名山县志》。

《礼》学是吴之英经学研究的核心，吴氏曾自言："五经皆以礼为断。"所撰《仪礼奭固》《仪礼礼事图》《仪礼礼器图》三书，耗时30年而成，是其研究《礼》学的集成之作。故欲识吴之英经学成就，首先必须以他的《礼》学为切入点。据初步考察，三书的《礼》学成就至少体现在以下三个方面：

第一，注释精简，一反前人注《礼》繁芜之风。郑玄《仪礼注》17卷，是现存第一部训释《仪礼》的专著。郑《注》抛开门户之见，兼采今古文，博综众家，择优从之；同时以文字精审、要而不繁著称。但是郑《注》好引谶纬之说，多有迂怪之谈；加之年代相去久远，古今字词隔膜遂生。对于非专门从事《礼》学研究的人来说，要读懂郑《注》，殊非易事。后人欲通郑《注》之奥，对郑《注》进行疏解，于是又生繁芜之弊，贾公彦《仪礼疏》即是如此。与郑、贾注疏不同的是，吴之英《仪礼奭固》取校注体，集古今经说而折衷之，或解释经义，或考究字说，故文字精简，语言平实，容易读懂。如《仪礼·冠礼》："主人玄冠，朝服，缁带，素韠，即位于门东，西面。"吴注："主人，冠者父。黑赤为玄，吉服名冠，尊首服。朝服，玄帛衣、白布裳，目朝服，别玄端。缁，黑色。带，大带。韠，佩革带以遮前，治皮为之，一名韨。赤者谓之韎韐，白致缯为素，通作白地。凡服，衣同冠色，韠同裳色。门东西面乡，筮为位。"吴注此处仅83字，其中不仅有名物的训释，同时还有礼经凡例的介绍。从文字上看，平正易懂。而贾疏于此所作疏，文字竟多达1400有余，其繁芜令人不知所从。《仪礼奭固》全引《仪礼》经文，然后作简注，繁简适中。

第二，不株守前人之说，自成一家之言。《仪礼》自郑玄作注后，魏晋南北朝时期，郑氏独尊，唐贾公彦《仪礼疏》以疏不驳注的原则疏解郑《注》，郑《注》有误的地方，贾氏也曲为回护。唐以后，《仪礼》研究已不再株守郑《注》，宋代刘敞、元代敖继公、明代郝敬以及清代姚际恒、方苞、胡培翚等，均能补郑、贾之疏漏。吴之英在训释《仪礼》时，继承了宋以来经学家们治《仪礼》不株守成说的传统，他说："汉郑玄《注》存，漏瘝屡出。"①故其注《仪礼》敢于与郑立异。如《仪礼·既夕礼》："荐马，缨三就，入门，北面，交辔，圉人夹牵之。"郑注："圉人，养马者。在左右曰夹。"吴氏《仪礼礼器图》"荐马"一图的注释云："交辔，故夹牵，本马夹人。郑玄谓在左右曰夹，为人夹马，则无解于交辔，不若两马一圉人之适事也。"郑玄认为圉人两人夹一马。吴之英不同意郑说，认为由于有交辔，所以有夹牵，应为两马夹一人。揆之情理，吴说为得，足成一家之说。在吴氏《仪礼》三书中，这样点名批评郑玄的地方不在少数。这并非刻意与郑为异，而是出于对经文的不同理解，对于廓清郑《注》之非，正确理解《仪礼》经文当有一定意义。

第三，吴之英所撰的《礼事图》和《礼器图》，将复杂难明的名物礼制变得形象和直观。《仪礼》一书中名物礼器繁多，行礼的方位又很不一样，所以要读懂《仪礼》，光靠文字记载是很困难的，还必须制图作为辅助。于是一些《仪礼》的研究者就将《仪礼》中的名物、礼器、宫室以及行礼的方位绘成图，以便于人们读懂《仪礼》。从目录书的著录情况来看，三国时期就有人开始为《仪礼》绘图。历代为《仪礼》所作图谱中，最为有价值的当属宋代杨复的《仪礼图》《仪礼旁通图》，以及清代张惠言的《仪礼图》。吴之英在前人的基础上，作《仪礼礼事图》和《仪礼礼器图》。其《礼事图》依《仪礼》十七篇之序，为图462，较张惠言《仪礼图》更为详细周遍。鉴于张氏《仪礼图》主要绘制仪节，而少礼器，为此，吴之英又作《礼器图》，绘制了《仪礼》各篇所涉及的礼器之图。谢兴尧评价吴氏《礼器图》云："是编虽取袭前人之图，而分门别类，条分缕析，颇称宏博，且能以《说文》、古史证明古制，发前人所未发，致力之深，洵足钦矣。"②经学家刘师培亦认为吴之英"《图》亦较张（惠言）为优"③。

---

① （清）吴之英：《仪礼奭固叙》，《仪礼奭固》卷首，《寿栎庐丛书》本。
② 《续修四库全书总目提要》"经部"《礼器图》提要。
③ 吴虞：《吴虞日记》上，四川人民出版社1984年版。

吴氏三书今有《寿栎庐丛书》本。此外，潘斌选编的《吴之英儒学论集》收录有《仪礼奭固》《仪礼礼事图》，2010年5月由四川大学出版社出版。（潘斌、李冬梅）

附：《乐》学文献

儒者以为"礼主分，乐主和"，而"礼之用，和为贵"，讲礼学不可以不言乐。司马相如《上林赋》遍举"射《貍首》，兼《驺虞》，弋玄鹤，建干戚，载云罕，揜群《雅》，悲《伐檀》，乐《乐》胥，修容乎《礼》园"云云，可见其稔熟于礼乐之事矣，蜀人之于"乐"事固不陌生也。其后吴福连《拟四川艺文志》于《礼》学文献之后，复撰乐类文献，今录其序言，以备观览："巴歌渝舞，渐近雅声，而王充《论衡》言'阳城作《乐》，极窅冥之深'，亦蜀之知乐者也。自是以后，扬雄著《琴清英》，杨统与司律鲁恭定音律，又皆于乐有助。何妥考定钟律，作《乐要》，隋开皇中制乐，专用其说，黄钟之音，绝而复续。夫古律沦亡，议者不一，魏汉津以三指为法，异于汉儒之用累黍；房庶父子持'以律生尺'之说，用汉法也（庶撰《补亡乐书总要》3卷，审权撰《大晟乐书》）。范镇取旧章乐书，去其抵牾，各为之论（撰《元祐新定乐法》1卷、《乐书》1卷、《乐议》1卷），其所上之乐法，则犹依准房庶也。"

第六节 《春秋》学文献

一、巴蜀《春秋》学及其文献

《春秋》源于鲁史而又超越鲁史，孟子曰："晋之《乘》，楚之《梼杌》，鲁之《春秋》，一也。"孔子曰："其事则齐桓晋文，其文则史，其义则丘窃取之矣。"[①]孔子因鲁史记（即"不修春秋"）而加"王心"，即用仁义标准进行褒善贬恶，对原文进行笔削，寄寓其社会政治理想，使之经典化。《春秋》之事迹无非历史陈迹，《春秋》之精神则是孔子新思维、新观点。因此孔子说："吾志在《春秋》，行在《孝经》。"（《孝经纬》）《庄子》

---

① 《孟子·离娄下》。

说："《春秋》以道名分。"(《天下》)司马迁说："《春秋》推见至隐，《易》本隐以之显。"①这都表明《春秋》不仅仅是历史著作，而且是理论著作、政治著作。所以研究《春秋》不仅是历史学需要，而且是政治学的使命。历代志士仁人，欲谈政治理想，没有不究心于《春秋》经的。

《春秋》文成数万，其指数千，措辞考究，用语隐晦。为阐发揭示《春秋》之微言大义，自战国初年即已形成解经传说，有所谓"五传"文献：《左传》主于事，《公羊》主于义，《穀梁》主于例；又有邹氏、夹氏，然"邹氏无师，夹氏有录无书"，后世唯传三传。《春秋》非三传无以明其义例与事实，三传非《春秋》则无以发挥和演绎其思想，故《春秋》经传相须而行，相得益彰。

汉人之传《春秋》，初期唯有《公羊》学，齐胡毋子都、公孙弘，赵董仲舒，皆传《公羊》学。后来衍为颜氏、严氏，俱立于学官，是为《春秋》今文学。宣帝时，以其祖故戾太子喜《穀梁》，于是议立《穀梁》博士。至成帝时，刘歆于整理群书时发现古文《左氏春秋》，以为事富而辞艳，请立《左传》于学官，今文诸博士不肯置对，歆撰《移太常博士书》，从而引发《春秋》今古文之争。

蜀中传《春秋》大致与中原同步，司马相如《上林赋》已称"览观《春秋》之林"。史称庐江人文翁"少好学，通《春秋》"，"景帝末为蜀郡守，仁爱好教化"②，是汉时蜀郡长官已经通于《春秋》。翁起学校成都市中，遣张叔等东受"七经"，还教吏民，《春秋》必在其中，这也许是《春秋》传入巴蜀的官方记录。《华阳国志》说，张叔从博士受经，撰《春秋章句》，此乃蜀人有《春秋》学著作之始。常璩还说："《春秋穀梁传》首叙曰：'成帝时议立三传博士，巴郡胥君安独驳《左传》不祖圣人。'"③这是迄今可考的巴蜀学人最早讨论《春秋》三传今古文之事者。

《后汉书·张霸传》说："霸以樊鯈删《严氏春秋》犹多繁辞，乃减定为二十万言，更名'张氏学'。"两《汉书》凡言"某氏学"者，皆学派师法也，张霸是史书明确记载蜀人在《春秋》学上形成自家学派的第一人。

---

① 《汉书·司马相如传》。
② 《汉书·循吏传·文翁传》。
③ (晋)常璩：《华阳国志》卷一〇下。

汉晋时期蜀中治《春秋》者，据吴福连《拟四川艺文志》考述："而治《公羊》者，又有张楷、刘宠、张裔、王化；李譔著《左氏指归》，黄容著《左传抄》，又有尹默、李宓，皆治《左传》；而寿良、王长文，则'三传'并治。此汉晋之最有名者也。"从《春秋》文献上看，除上述所举者外，还有杨终《春秋外传》12篇（《后汉书·杨终传》）、王长文《春秋三传》13篇（《华阳国志》卷一一）、黄容《左传抄》数十篇（《华阳国志》卷一一）。及唐，则有阴弘道《春秋左氏传序》1卷（《新唐书·艺文志》）。五代，又有孟蜀"冯继先《春秋名号归一图》，又《春秋名字同异录》五卷"（《宋史·艺文志》）。皆《左传》之属。汉晋巴蜀《春秋》学也许还推动了当时巴蜀史学之发达。

以上诸家书皆亡，唯冯氏《归一图》存。冯书因左丘明为《春秋》作传时，称举列国君臣名字，各处不一，或名或字，或用别称，其称名有异者多至四五个，"始学者盖病其纷错难记"[1]。继先核其异称，使归于一，以便初学。是书尚存宋代刻本，弥足珍贵。

宋代是一个外患频仍的朝代，《春秋》因其所提倡的"尊王攘夷""大一统"和"君君、臣臣、父父、子子"的观念，切合宋儒经世致用的思想，故而《春秋》之学大兴。巴蜀的《春秋》学著作，亦从汉唐时期的10余种陡然增多至55种。其存者有苏辙《春秋集解》12卷，王当（眉山人）《春秋列国诸臣传》51卷，崔子方（涪陵人）《春秋本例》20卷、《春秋例要》1卷、《春秋经解》12卷，李石（仁寿人）《左氏君子例》1卷，程公说（眉山人）《春秋分记》90卷，赵鹏飞《春秋经筌》16卷，魏了翁《春秋左传要义》31卷，家铉翁（眉山人）《春秋详说》30卷、《序例》1卷等。

唐人有"《春秋》三传束高阁，独抱遗经究始终"之说。北宋前期，孙复《春秋尊王发微》废传言经，后之解《春秋》者，为自出新意，多废三传；及王安石改革贡举法，讥《春秋》为"断烂朝报"，不以取士，《春秋》于是经传皆废。苏辙有感于此，遂作《春秋集解》以矫时弊。其说以《左氏》为主，而辅以《公》《穀》及唐啖助、赵匡诸说，尽扫经传滞碍。涪陵人崔子方，于绍圣年间曾经三上其疏，乞置《春秋》博士，不报。乃隐居杜门，著书30余年，成《经解》《本例》《例要》三书。其《经解自序》谓"圣人欲以绳当世

---

[1] （明）曹学佺：《蜀中广记》卷九一《著作记第一》"春秋名号归一图"条引李焘语。

之是非，著来世之惩劝，故辞之难明者，著例以见之；例不可尽，故有日月之例，有变例。慎思精考，若网在纲"。所谓"例"即书法、体例，用以寄寓褒贬。日月例，即考察书不书月或日来判断其褒贬。又《后序》自谓"大抵推本经义，于三传多所纠正"。《本例》一书以为"圣人之书，编年以为体，举时以为名，著日月以为例；而日月之例又其本，故曰《本例》"。强调义例，重视日月，乃《公羊》本色。四库馆臣说"子方著是书时，王安石之说方盛行，故不能表见于世。至南渡以后，其书始显"①。可见其书既反对王氏"新学"，又不苟同于孙复、苏辙之论，实有真知灼见。

同时又有王当，又以治史编类书方法治经，他改变《春秋左传》编年体例，类聚《左传》人物资料191人，各为传记，并附论赞于后。陈振孙《直斋书录解题》称其"论议纯正，文辞简古，于经传亦多所发明"。南宋赵鹏飞《春秋经筌》，则又"主于弃传从经"，虽于史实时有讹误，然"持论平允"，故青阳梦炎说他"独抱遗经，穷探冥索"，"有功于圣经甚大"②，清编《四库全书》亦予收录。魏了翁书今存，乃取唐人《左传注疏》，删繁节要，以便学者。家铉翁书则谓《春秋》"主乎垂法，不主乎说事。其或详或略，或书或不书，大率皆予夺抑扬之所系"，是深味乎经史之言。四库馆臣又谓"其论平正通达，非孙复、胡安国诸人务为刻酷者所能及"③，皆有以纠时弊也。

犹之乎程颐谓"易学在蜀"，青阳梦炎又有"麟经在蜀"之说。他的《春秋经筌序》说："麟经在蜀，尤有传授。盖濂溪先生仕于合，伊川先生谪于涪，金堂谢持正先生亲受教于伊川，以发明笔削之旨。老师宿儒，持其平素之所讨论，传诸其徒。虽前有'断烂朝报'之毁，后有'伪学'之禁，而守之不变，故薰陶浸渍所被者广。""麟经"即《春秋》经，相传孔子遇西狩获麟而作《春秋》，故称。青阳梦炎谓巴蜀《春秋》之学始于周敦颐，未必可信；但是他说《春秋》之学在蜀"尤有传授"则是事实。

征诸嘉庆《四川通志》及《清代蜀人著述总目》，蜀人《春秋》学著作，元有14种，明有9种，清则有74种。其中杰出者，元代黄泽，明代熊过，清代则有廖平。赵汸撰《黄楚望先生行状》载泽说《春秋》之书，有《元年春王正月

---

① （清）永瑢等：《四库全书总目》卷二七《春秋经解》提要。
② （宋）青阳梦炎：《春秋经筌序》，（宋）赵鹏飞《春秋经筌》卷首。
③ （清）永瑢等：《四库全书总目》卷二七《春秋详说》提要。

辨》《笔削本旨》《诸侯取女立子通考》《鲁隐不书即位义》《殷周诸侯禘祫考》《周庙太庙单祭合食说》《作丘甲辨》《春秋指要》。朱彝尊《经义考》又载其《三传义例考》,可谓繁乎著述,惜今皆不传。泽又将《春秋》传于赵汸,为有元一代《春秋》学大家。汸著《春秋师说》尚存,可考黄泽为学之宗旨。汸《左传补注序》又说:"黄先生论《春秋》学,以左丘明、杜元凯为主。"则为《左传》学可知。

明人熊过曾撰《周易象指决录》,不以先儒旧说为遵;其撰《春秋明志录》,亦多自出新意。四库馆臣谓其书驳正前人,并及三传:"于《公羊》《穀梁》及胡安国《传》,俱有所纠正;而攻《左传》者尤甚。"是亦勇于自创而羞于承袭。馆臣又说其书虽有"弃传"之失,但也有"微中"之长:"断制分明,纰缪者极其纰缪,平允者亦极其平允。卓尔康《春秋辨义》谓其'颇出新裁,时多微中,亦《春秋》之警策者',语固不诬。"①

廖平学凡六变,"长于《春秋》,善说礼制"(刘师培语),撰《春秋》学著作10余种,主于尊经,而遍治三传。其代表作有《穀梁春秋经传古义疏》《何氏公羊解诂三十论》《春秋左氏古经说疏证》《三传折中》等。《穀梁春秋经传古义疏》成于廖氏"初变""二变"时期,凡十易其稿而后成。此书大旨在发明范宁《穀梁集解》以前之古谊,推原礼制以证本经。《叙例》自称:首明古义,说本先师,推原礼制,参之《王制》;次厘全经大义,属辞比事,条而贯之,并缀以表图;旁及三传异同,辩驳何、郑,纠范释范,靡不加详;而终以诸国地邑山水图。清人于十二经皆有新疏,唯《穀梁》缺如,得平此书而后形成《清人十三经新疏》。《疏》后附《释范》《起起穀梁废疾》各1卷,系廖平针对范宁、何休、郑玄之说的纠弹之作。蒙文通评曰:"《穀梁》解经最密,先生用力于《穀梁》最深,著《穀梁古义疏》《释范》《起起废疾》,依经之例,以决范、何、郑氏之违失,而杜后来无穷之辩。植基坚厚,旋复移之以治《公羊》《左氏》,皆迎刃自解。"②

《何氏公羊解诂三十论》,主要针对何休(也有针对董仲舒)而发,大旨持续其以礼制区别"今古学"之方法,用以判定何氏之义是否合理,对董、何《公羊》理论有所修正和补充。《春秋左氏古经说疏证》,提出:"二《传》

---

① (清)永瑢等:《四库全书总目》卷二八《春秋明志录》提要。
② 蒙文通:《廖季平先生传》,廖幼平编:《廖季平年谱》,巴蜀书社1985年版。

今学，《左传》古学；二《传》经学，《左传》史学；二《传》质家，《左传》文家；二《传》受业，《左传》不受业；二《传》主孔子，《左传》主周公；二《传》主《王制》，《左传》主《周礼》；二《传》主纬候，《左传》主史册；二《传》鲁齐人，《左传》燕赵人。"纲目明细，有启后学。其以《公羊》《穀梁》为今学，《左传》为古学，纠正前人颇以《穀梁》为古学的误会，为晚清今文学派普遍接受。

二、《春秋》学文献举要

1. 《春秋名号归一图》2卷，五代后蜀冯继先撰

冯继先，生平事迹不详，五代后蜀时人。著有《尚书广疏》18卷、《春秋名号归一图》2卷等。

是书凡二卷，取《春秋》经传所载人名，核其异称，使归于一，盖左氏学也。《春秋》与《左传》中，列国君臣的名字颇不统一，或称其名，或称其字，或称其姓，或称其官职，或经传姓名又有不同，纷繁难记。冯继先将诸多异称，加以整理，系之以主名，各归其所属之国（周、鲁、齐、晋、楚、郑、卫、秦、宋、陈、蔡、曹、吴、邾、杞、莒、滕、薛、许、杂小国），标其出处，其类似今人名索引，极便检索。

是书之著录形式，据《崇文总目》载，系"以《春秋》官谥、名字衰附初名之左"。赵希弁《郡斋读书后志》亦言："左氏所书人，不但称其名，或字，或号，或爵谥，多互见，学者苦之。继先皆取，以系之名下云。"陈振孙《直斋书录解题》也说："凡《左传》所载君臣名氏、字谥，互见错出，故为此图以一之，周一，鲁二，齐三，晋四，楚五，郑六，卫七，秦八，宋九，陈十，蔡十一，曹十二，吴十三，邾十四，杞十五，莒十六，滕十七，薛十八，许十九，杂小国二十。"又李焘云："昔丘明传《春秋》，于列国君臣之名字不一其称，多者或至四五，始学者盖病其纷错难记。继先集其同者，为一百六十篇，音同者附焉，于左氏抑亦微有所助云。"[①]据此可知此书旧本本为旁行斜上，如表谱之体，故以图为名，而分至一百六十篇。

不过今传此书之著录形式，则为分行而刻，已不是表谱形式。岳珂《九经三传沿革例》云："《春秋名号归一图》二卷，冯继先撰，刊本多讹错，尝合

---

① （元）马端临：《文献通考》卷一八二引。

京杭建蜀本参校，有氏名略同实非一人而合为一者，有名字若殊本非二人而析为二者，有自某国适他国而前后互见者，有称某公与某年而经传不合者，或以传为经，或以注为传，或偏旁疑似而有亥豕之差，或行数牵连而无甲乙之别，若此类非一，今皆订之经传，刊其讹谬，且为分行，以见别书。若杂出于经传与注而止称经，或传注散见于前后数年间而止称某公某年，盖据始见而书之。廖本无《年表归一图》，今既刊公、谷，并补二书以附经传之后。"是今传本当乃宋岳珂雕印相台九经时改刻，非复李焘以前之旧本。

《春秋名号归一图》常附刻于他书（最常见的为杜预《春秋经传集解》、胡安国《春秋胡氏传》）之后。附刻于《春秋经传集解》的有宋龙山书院刻本、元相台岳氏荆溪家塾刻本、明万历八年（1580）金陵亲仁堂刻本、明万历十五年（1587）刘怀恕刻《春秋战国评苑》本、明万历十六年（1588）世德堂刻本等；后附刻于胡安国《春秋胡氏传》的有14行元刻本、15行元刻本、明永乐四年（1406）广勤书堂刻本、明怀德堂刻本等。单行本有清毛扆校宋刻本、清康熙五十八年（1719）汪由敦抄本、清影抄元岳氏荆溪家塾刻本、《通志堂经解》本、《四库全书》本、武英殿仿岳本等。（李冬梅、张尚英）

2．《春秋集解》12卷，宋苏辙撰

苏辙有《诗集传》，前已著录。

北宋元丰二年（1079）七月，言者弹劾苏轼《湖州谢上表》中有讥刺时事之语，轼因此下御史狱。苏辙上表营救，也受牵连，次年被贬为筠州监盐酒税，职闲无事，遂着手撰写本书。在《春秋集解引》中，苏辙自称时人尊崇孙复的《春秋》之学，以孙氏之学为标准，而尽弃三《传》；王安石当政后，又讥《春秋》为"断烂朝报"，学者不复以《春秋》为意。他以为"孔子之遗言而凌灭至此"，深感痛心，为重振古学，遂"览诸家之说而裁之以义"，撰成此书。自熙宁、元丰时代始，其后近20年间，苏辙对该书的修改从未间断。至绍圣初，作为元祐旧党之重要人物，苏辙再次被贬，谪居广南，后三易其地，卜居龙川（今广东龙川），杜门无事，笔翰自随，暇则改之，书成于元符二年（1099）。用功甚勤，自谓书成而可以"无憾矣"。

宋代目录书中最早著录此书的是晁公武《郡斋读书志》，该书卷三《春秋》类著录"《颍滨春秋集传》十二卷"，但未注明版本。其后陈振孙《直斋书录解题》卷三、《文献通考》卷一八三、《宋史·艺文志》均有著录。宋元目录书均称为"集传"。宋、元两代此书的版本、刊刻情况已不可考。明代此书有两种名称并行:《文渊阁书目》卷二称"《春秋苏颍滨集解》一部三册";《秘阁书目》《春秋》类著录"《苏颍滨集解》三"(按:应为"三册")。两书所录当为同一版本,以"集解"称。《内阁书目》《万卷堂书目》《徐氏家藏书目》均著录为"《苏颍滨春秋集传》十二卷",此三种目录书又以"集传"称。

苏辙《春秋集解》依据《左传》,以史事为基础,而参以《公羊》《穀梁》、啖助、赵匡、陆淳诸家之说,在"舍传求经"的学术风气中独树一帜。在注解《春秋》上,苏辙以例解经,简洁平实,主以"人情",以礼为断,尤得《春秋》之旨,对后来的《春秋》学产生了积极影响。然信《左》太过,而斥《公》《穀》过严,又不无小疵。朱彝尊《经义考》载陈宏绪《跋》曰:"《左氏》纪事,粲然具备,而亦间有悖于道者。……《公》《穀》虽以臆度解《经》,然亦得失互见。如'戎伐凡伯于楚丘',《穀梁》以戎为卫。'齐仲孙来',《公》《穀》皆以为鲁庆父。'鲁灭项',又皆以为齐实灭之。显然与《经》谬戾,其失固不待言。至如隐四年秋'翚帅师会宋公、陈侯、蔡人、卫人伐郑',桓十有四年秋八月壬申'御廪灾',乙亥'尝',庄二十有四年夏'公如齐逆女',诸如此类,似《公》《穀》之说妙合圣人精微,而颍滨一概以深文诋之,可谓因噎废食。读者舍其短而取其长焉,可也。"是为笃论。后之叶梦得即以孙复《春秋尊王发微》主于废《传》以从《经》,而苏辙此书又主于从《左氏》而废《公羊》《穀梁》,皆不免有弊,故著《春秋传》20卷,论者谓其"参考三《传》以求《经》,不得于事则考于义,不得于义则考于事,更相发明,颇为精核"①。

现存《春秋集解》的明代刻本有:万历二十五年(1597)毕氏刻焦竑序刻《两苏经解》本及万历三十九年(1611)重刻《两苏经解》本。清代此书也有多种写本和刻本。《四库全书》收录此书,署为"《苏氏春秋集解》,十二卷"。嘉庆年间尝有刊本。后又有钱仪吉辑、道光咸丰间大梁书院刊、同治七年(1868)王儒行印行《经苑丛书》本。

2002年,北京语文出版社出版的《三苏全书》整理本,以明万历二十五年(1597)毕氏刻《两苏经解》本《颍滨先生春秋集解》为底本,以文渊阁《四库全书》本、《经苑丛书》本参校,颇为实用。2017年,四川大学出版社出版

---

① (清)永瑢等:《四库全书总目》卷二七《春秋传》提要。

《三苏经解集校》，在《三苏全书》本基础上更加完善。（舒大刚、李冬梅）

3.《春秋经解》12卷，宋崔子方撰

崔子方（？~约1125），字彦直，又字伯直，号西畴居士，涪州涪陵（今属重庆）人。宋哲宗绍圣间，乞置《春秋》博士，三上疏不报。乃隐居真州六合县（今属江苏），杜门著书30余年而卒。尝与苏轼、黄庭坚游，黄称其为"六合佳士"。其学精于《春秋》，著有《春秋经解》《春秋本例》《春秋例要》等。

朱震有是书《进书札子》，云："故东川布衣崔子方，当熙宁间，宰相王安石用事，不喜《春秋》之学，正经三传不列学官。是时颍阴处士常秩号知《春秋》，尽讳其学，追逐时好，况不知者乎？逮于元丰，习已成俗，莫敢议其非者。而子方独抱遗经，闭门研究，著《春秋经解》《本例》《例要》三书，相为表里，自成一家之言，以遗子孙。人虽云亡，其书尚存，欲望朝廷下平江府于崔若家缮写投进。"①

由此可见，子方《经解》乃作于王安石不立《春秋》之时，因缘当时世风而不传。不过至建炎南渡后，由于宋高宗推尊《春秋》之学，故朱震等建议下湖州缮写投进，藏于秘书监。此书宋元诸家书目均有著录，明修《永乐大典》亦收录之，然至清修《四库全书》时却已不见传本。今本系四库馆臣从《永乐大典》中辑出，其中对《永乐大典》所缺的僖公十四年（前646）秋至三十二年（前628）、襄公十六年（前557）夏至三十一年（前542）的内容，取黄震《黄氏日抄》所引崔氏《春秋本例》补之，其他《本例》所释，有引申此书所未发或与此书小有异同者，并截取附录。

是书卷首有子方《自序》及《朱震札子二通》，末又有子方《后序》。

自序谓"始余读《左氏》，爱其文辞"，"其后益读《公羊》《穀梁》，爱其论说"，几有"不知有《春秋》也"。"然考其事，则于情有不合；稽其意，则于理有不通"。于是怀疑"传之妄而求之过"，"乃取《春秋》之经治之，伏读三年，然后知所书之事与所以书之之意，是非成败褒贬劝戒之说，具在夫万有八千言之间"。以为《春秋》一经文辞虽简，而事理具邑，是非对错不必以传来制定，唯撰诸"情理"即可得之。"古今虽异时，然情之归则一也；圣贤虽异用，然理之致则一也。合情与理，举而错诸天下之事无难矣！"故其解经一准于

---

① （宋）崔子方：《春秋经解·朱震札子二通》，影印文渊阁《四库全书》本。

"情与理"以作判断。然其书中经文多从《左传》,间从《公羊》《穀梁》。疏解大抵依据宋儒之"情理",推本经义,对三传多所纠正,多前人未发之论。虽不免过于拘泥日月之例,不无偏颇,但全书所解实足以成一家之说。

是书有《四库全书》本、《四库全书珍本初集》本。(李冬梅)

4.《春秋本例》20卷,宋崔子方撰

是书凡20卷,前有序文一篇,言《春秋》日月之例,其云:"日月之例所从生也,著日以为详,著时以为略,又以详略之中而著月焉,此例之常也。然而事固有轻重矣,安可不详所重而略所轻乎。其概所重者日,其次者月,又其次者时,此亦易明尔。然而以事之轻重错于大小、尊卑、疏戚之间,又有变例以为言者,此日月之例至于参差不齐,而后世之论所以不能合也。今考之《春秋》之法,权事之轻重,而著为之例,分其类而条次之,可以具见而不疑。若夫事有疑于其例者,则备论焉。且尝论圣人之书,编年以为体,举时以为名,著日月以为例。《春秋》固有例也,而日月之例盖其本也,故号《本例》。呜呼!学者苟通乎此,则于《春秋》之义斯过半矣。"可见,此书最大的特点就是以日月例为《春秋》之本,把《春秋》中各类事项按照日、月、时分别进行归纳。

全书20卷共分为16门,分别为王门、王后门、王臣门、凡王事门、公门、子门、夫人门、内女门、内大夫门、宗庙郊祭门、内戎事门、凡内事门、凡外事门、外域门、内灾异门、外灾异门。每一门俱分为例日、例月、例时,以下又分为若干项。比如宗庙郊祭门:例日有立宫、作主、郊、禘、大事、烝、尝、有事、绎、从祀、纳鼎;例月有考宫献羽、卜郊、用牲于社、不告月犹朝于庙、大室屋坏;例时则有丹楹、刻桷。每一项下集录《春秋》文句,然后说明有多少"著例",多少"变例"。全书眉目清晰,层次清楚,将整个《春秋》都纳入了日月时例的范围。

宋代大部分学者都主张以例治《春秋》,但完全以"日月时例"说《春秋》却不多见,崔氏可谓独树一帜。但专以日月为例则太过极端,难免曲说弥缝,正如南宋目录学家陈振孙所说:"专以日月为例,则正蹈其失而不悟也。"①四库馆臣亦赞成陈氏之论,不过也说:"依据旧传,虽嫌墨守,要犹愈于放言高论、逞私臆而乱圣经。说《春秋》者,古来有此一家,今亦未能遽

---

① (宋)陈振孙:《直斋书录解题》卷三。

废焉。"①所论谦和平允。

《春秋本例》今传版本主要有《通志堂经解》本、《四库全书》本、《摘藻堂四库全书荟要》本、宋刻本、明抄本等。（张尚英、李冬梅）

5.《春秋列国诸臣传》30卷，宋王当撰

王当，生卒年不详，字子思，眉州眉山（今四川眉山）人。幼好学，博览古今，所取唯王佐大略。尝举进士不中，遂退居故里，埋头著述。哲宗元祐中，苏辙（或云苏轼）以"贤良方正"推荐。廷对慷慨，不避权贵，策入四等，调龙游县尉。蔡京知成都，举为学官，不就。及徽宗崇宁元年（1102），蔡京拜右仆射，乃不复仕。平生熟谙经史，尤通《易》与《春秋》，皆为传注，得圣人之旨居多。著有《春秋列国诸臣传》《经旨》《王氏春秋》《史论》《兵书》《备边要略》等。

是书乃王当未仕时仿效司马迁《史记》之作，所传凡191人，大抵采之《左传》所载列国诸臣事迹而成为一编，有见于他书者则附其末，每传之后，系之以赞，然亦有无赞者。

陈振孙《直斋书录解题》称"诸赞论议纯正，文辞简古，于经传亦多所发明"。陈造又云："此书成于贤良王当，不惟该备无遗，而复引《史记》《国语》等书补苴弥缝之，而终之以赞，多出新见。学者与经传参赞，既足以见当时人才出处，语默之大节，抑于著述体制所得将不赘也。"②《四库全书总目》亦谓其"编次时世，前后证引《国语》《史记》等书，补《左传》阙略，该备无遗，于经传则实有补"。故书成之后，人竞传之，明杨慎认为王当所论"有史迁之风"。由于司马迁志在通古今之变，上起五帝，下迄西汉，两千余年历史汇于一编，故于春秋人物叙之无多，王当此书则专详春秋，实可补《史记》之不足。

是书卷数旧有50卷、51卷、63卷之说，今实存30卷，传本主要有《通志堂经解》《四库全书》本等。（李冬梅）

---

① （清）永瑢等：《四库全书总目》卷二七《春秋本例》提要。
② （清）朱彝尊：《经义考》卷一八一引。

6.《春秋会义》26卷①，宋杜谔撰

杜谔，生卒年不详，字献可，江阳（今四川泸州）人，一说眉州（今四川眉山）人。宋仁宗、哲宗间乡贡进士，著有《春秋会义》26卷。

《春秋会义》系集解性的《春秋》学著作。书凡26卷，前有杜谔自叙，述其体例曰："今以经之逐条，附之以三传，复系之以众义，总集其要，辄以师友所传而会明之。"②是此书乃先列经文，次列三传，再列诸家之说，最后断以己意。据晁公武《郡斋读书志》载，是书所采诸家有杜预《释例》、董仲舒《繁露》、刘炫《规过》、何休《膏肓》、李铉《先儒同异篇》、李瑾《指掌碎玉》《指掌议》、陈岳《折衷》、陆淳《纂例》《辨疑》《微旨》、卢仝《摘微》、陆希声《通例》、胡旦《春秋论》、王沿《笺义》、孙复《总论》《尊王发微》、何涉《本旨》、杨绘《辨要》、齐贤良《旨要》、李尧俞《集议》、朱定或陈洙《索隐》③、宋堂《新义》、孙觉《经社》30余家。

是书撰成后便命工刊行，在当时产生了很大的影响，以至宋高宗绍兴二年（1132）右司谏刘棐请付之学官，诏从之④。之后，流传甚广，至明编《永乐大典》将其全书录入，以致原书不传。清代修《四库全书》时，四库馆臣杨昌霖将其从《永乐大典》中辑出，但不知何故没有收入《四库全书》，后经孙葆田、孔继涵、方功惠等刊刻、传抄，得以再传于世。观今传本，"自《左氏传》以次祇三十二种，又刘向、刘歆、郑康成、颖子严、欧阳氏、苏氏诸

---

① 《春秋会义》的卷次，除郑樵《通志》著录为30卷外，杜谔自序与宋、元、明书目均为26卷。今传本为四库馆臣杨昌霖从《永乐大典》中辑出，初为40卷，后孙葆田据邹道沂藏本刻为26卷以符杜氏旧第，而孔继涵从杨昌霖借抄时，将其编为12卷，方功惠依此抄校本刻入《碧琳琅馆丛书》。今依杜氏之旧题其卷次。

② （宋）杜谔：《春秋会义序》，载《春秋会义》卷首，《孙氏山渊阁丛刊》本。

③ 吕南公《灌园集》卷八《陈殿院集序》、吴曾《能改斋漫录》卷一四"陈师道《春秋索隐》"条、陈襄《古灵集》卷二〇《殿中御史陈君墓志铭》均载陈洙著《春秋索隐》，而《宋史·艺文志》则载朱定序（疑为朱定）《春秋索隐》5卷、陈洙《春秋索隐》5卷，程端学《春秋本义》卷首《春秋传名氏》中朱定与陈洙均有《春秋索隐》，并在朱定处注"授于师道先生"，赵汸《春秋集传》卷一三亦引有朱定之说。由此，可能是朱定先撰成《春秋索隐》一书，传于陈洙，洙在此基础上修改完善，但朱氏之书没有因此而废，两书在当时并行不悖，故均有著录，而杜氏所引为何则不得而知。

④ （宋）李心传：《建炎以来系年要录》卷五九，中华书局1985年《丛书集成初编》本。《宋会要辑稿》崇儒四之二二，中华书局1957年影印本。

家"①，当得其原书大体。

是书征引诸家，虽颇为博洽，但不免失之繁芜，而且考证、论断少，所论断亦未必正确，让读者面对众说，无所适从。不过其所征引之书，如刘炫《规过》、陈岳《折衷》等，多已亡佚，今藉之得以观其大概，因此是书具有重要的辑佚价值和文献价值。正如晁公武所说："其说不皆得圣人之旨，然使后人博观古今异同之说，则于圣人之旨或有得焉。"②再者，身为蜀人的杜谔非常重视采用乡贤的著作，如何涉、杨绘、李尧俞、宋堂等人均为蜀人，故是书对研究宋代巴蜀《春秋》学亦不可或缺。

《春秋会义》今传主要版本有《碧琳琅馆丛书》本、孔继涵抄校本、《孙氏山渊阁丛刊》本、《芋园丛书》本等。（张尚英）

7.《春秋经筌》16卷，宋赵鹏飞撰

赵鹏飞，生卒年不详，字企明，号木讷，绵州（今四川绵阳）人。宋徽宗宣和间进士，仕履不详。著有《春秋经筌》《诗故》等。

是书盖舍传言经，而多宗尚议论。其《自序》云："学者当以无传明《春秋》，不可以有传求《春秋》。谓《春秋》无传之前，其旨安在？当默与心会矣。"鹏飞之意，以为说《春秋》者多拘泥于三传，各护师说，时乖圣人之本旨，故著为此书，主张依经解经，以求圣人之心。推本溯源，此说大抵本之孙复舍传言经之意。

书中不述训诂，不载事实，仅据经文书法，反复推寻其意义。《四库全书总目》评论云："夫三传去古未远，学有所受，其间经师衍说、渐失本意者固亦有之，然必一举而刊除，则《春秋》所书之人，无以核其事；所书之事，无以核其人。即以开卷一两事论之，元年春王正月，不书即位，其失在夫妇嫡庶之间。苟无传文，虽有穷理格物之儒，殚毕生之力，据经文而沉思之，不能知声子、仲子事也。郑伯克段于鄢，不言段为何人，其失在母子兄弟之际，苟无传文，虽有穷理格物之儒，殚毕生之力，据经文而沉思之，亦不能知为武姜子、庄公弟也。然则舍传言经，谈何容易！"③可谓深中其弊。但赵氏自序又

---

① 傅增湘：《藏园群书题记》卷一《四库馆写本〈春秋会义〉跋》，上海古籍出版社1989年版。
② （宋）晁公武著、孙猛校证：《郡斋读书志校证》卷三。
③ （清）永瑢等：《四库全书总目》卷二七《春秋经筌》提要。

云:"三传固无足据,然公吾心而评之,亦时有得圣意者。"①是其书又承认三传或有可取之处,不似孙复好为苛论,其平允处又不可废。

是书今传版本主要有《通志堂经解》本、《四库全书》本、《摛藻堂四库全书荟要》本等。(李冬梅)

8.《春秋分纪》90卷,宋程公说撰

程公说(1171~1207),字伯刚,号克斋,眉州丹棱(今四川丹棱)人,后徙居宣化(今宜宾)。宋宁宗庆元元年(1195)进士,授广都县主簿。未几,调邛州教授。开禧二年(1206),避吴曦之乱,弃官匿居安固山中,修撰《春秋》经解诸书。甫成而卒,年仅37岁。平生于《春秋》一书,究之反复不厌。著有《春秋分纪》《左氏始终》《左氏通例》《春秋比事》《程氏大宗谱》《士训》等。事迹具刘光祖《程伯刚墓志铭》。

是书卷首有宁宗开禧二年程氏《自序》,述其撰著大旨及内容云:"《左氏》传经,纪载博备,兼列国诸史之体,使后之沿事以求经,不为无取,然或谓艳而富,其失也诬。《公》《穀》二传解经多而叙事略,亦蔽于短、俗。学者高则束传而谈经,下则徇文而违理,尝窃病之,辄推《春秋》旨义,即《左氏传》分而记焉。事虽因于《左氏》,而义皆本诸圣经,又旁采《公》《穀》及诸子之说精且要者,附正其下。冠以周,尊王也;次以鲁,内鲁也。自晋以下,为《世本》者十有二;次国、小国,各自著录;又为《年表》《世谱》,书总九十卷,目曰《春秋分记》。"是此书将春秋时史事按《年表》《世谱》《名谱》《书》《周天王事》《鲁事》《大国世本》《次国》《小国》《附录》十部分,予以分类抄录。书中内容大多取自《左传》史实,同时也兼采《公》《穀》,旁及诸子,以史家表志之例分编。而且每于篇前有序论,篇中也有一些论辩,涉及经义之处,多取程颐、胡安国二氏之说,亦有以己意作新注的地方。

四库馆臣谓其:"条理分明,叙述典赡,所采诸儒之说与公说所附序论,亦皆醇正,诚读《春秋》者之总汇也。"又称赞说:"宋自孙复以后,人人以臆见说《春秋》。恶旧说之害己也,则举三传义例而废之;又恶《左氏》所载证据分明,不能纵横颠倒惟所欲言也,则并举《左传》事迹而废之。譬诸治狱,务毁案牍之文,灭佐证之口,而是非曲直乃可惟所断而莫之争也。公说当异说坌兴之日,独能考核旧文,使本末源流,犁然具见,以杜虚辨之口舌,于

---

① 赵鹏飞:《春秋经筌序》,《春秋经筌》卷首。

《春秋》可谓有功矣。"①这不仅肯定了程氏本经依传、实事求是的功绩，批评宋学弃传言经、信口雌黄之弊，取譬生动恰当，论断也大体公允。

是书由其弟公许于理宗淳祐三年（1243）刊成，今传版本主要有《四库全书》本、《四库全书珍本初集》本、阳湖孙氏平津馆抄本等。（李冬梅）

9.《春秋左传要义》60卷，宋魏了翁撰

魏了翁有《周易集义》，前已著录。

是书又名《左氏要义》，系了翁《九经要义》之一，原本60卷，然明代以前即有散佚，清朱彝尊《经义考》注曰"未见"，今仅存31卷，至襄公四年（前571）而止。

其编纂体例与诸经《要义》体例相同，节录孔颖达《正义》之文，每条之前各为标题，而系以先后次第。凡疏中日月名氏之曲说烦冗、杂乱琐屑者，多被其刊除不录；而名物度数之间，则削繁举要，务使其本灿然明备。《四库全书总目》评价说："了翁所辑，可谓得其要领矣。"了翁曾为李明复《春秋集义》作《序》云："余尝览诸儒之传，至本朝先正，谓此为经世之大法、传心之要典，余惧益深。乃裒萃以附于《经》，尚虑观书未广，择理未精，故未敢轻出。李君乃先得我心而为是书。"是了翁亦尝裒辑众说以注《春秋》，可惜其书未就。不过今天有《春秋左传要义》一书，通过考察他对《注》《疏》的去取标准，也可看出他的《春秋》学精神。魏氏解释经义，不仅仅局限孔氏原疏，而是多作训诂以考订本义，如释"餬口"，就引及《说文》和昭七年传正考父鼎铭，以证孔疏之确等，这与当时空言释经的学风颇异。

是书主要有《四库全书》本、《四库全书珍本初集》本。（李冬梅）

10.《春秋集传详说》30卷，宋家铉翁撰

家铉翁（1213~约1297），号则堂，眉州眉山（今四川眉山）人。宋理宗时以荫补官，赐进士出身，累知常州，政誉翕然。寻除浙东路提点刑狱，入为大理少卿，迁枢密都丞旨。复知建宁府兼福建转运副使，迁知临安府，任浙西安抚使，所至皆有政声。后召为户部侍郎，拜端明殿学士、签书枢密院事。宋亡后，元欲尊官之，坚辞不仕，馆居河间（今属河北），以《春秋》教授弟子。元成宗即位，赐号"处士"，数年后卒于家。铉翁学问赅博，尤邃于《春秋》，著有《春秋集传详说》《春秋叙例》《说易》《孝经解义》《则堂集》等。

---

① （清）永瑢等：《四库全书总目》卷二七《春秋分纪》提要。

是书乃铉翁集一生研究心得，于"北迁时居河间所作，因答问以述己意"①者。卷首为《自序》及《纲领》，《纲领》分6条10篇，依次为原《春秋》托始上下、原夏正上中下、明五始、评三传上下、明霸、明凡例，此系全书精义之所在，卷末附有龚璛跋。

其说大体以《春秋》主乎垂法而不主乎记事，《春秋》中或详或略，或书或不书，都是抑扬予夺所系，故主张探得圣人心法所寓，然后参稽众说以求其是。论说通达，论者以为尚在胡安国、孙复诸人之上，足备一家之言。不过其据《论语》"行夏之时"而言《春秋》用夏正，如解隐公元年"春王正月"，谓正月为建寅月；又解隐公六年"七月"，谓无事书时，以见孔子行夏时之意，此则并无实据，非通达之论。

是书成于元代至元二十一年（1284），今传版本主要有《通志堂经解》本、《四库全书》本、《摛藻堂四库全书荟要》本、明抄本（存卷一三至卷一八，卷二三至卷三〇）等。（李冬梅）

11．《春秋师说》3卷，元赵汸撰

赵汸（1319～1369），字子常，安徽休宁人。师事资州人黄泽，专攻《春秋》《易》象之学。后复从临川虞集游，获闻吴澄之学。主张"澄心默坐，涵养本源，以为致思之地"，而后"凡所得于师之指及文字奥义有未通者，必用向上功夫以求之"。②赵汸生于乱世，淡泊名利，隐居著述，作"东山精舍"以奉母，学者称东山先生。邑人建商山书院，聘赵汸、朱升为书院山长。洪武二年（1369）召修《元史》，完成初稿159卷。半年后，乞还东山。未几，以病卒。著有《周易文诠》《春秋师说》《左氏补注》《春秋集传》《春秋属辞》《葬书问对》《东山存稿》等。

《春秋师说》是赵汸记录、整理其师黄泽《春秋》学说而成之书。黄泽（四川内江人）是以善于说经而著称的蜀中名人，也是元代最有成就的《春秋》学者之一。据赵汸《黄楚望先生行状》载："其于《春秋》，以事实为先，以通书法为主。其大要则在考核《三传》，以求向上之工，而其脉络则尽在《左传》，作《三传义例考》。以为《春秋》有鲁史书法，有圣人书法，而近代乃有夏时冠周月之说，是史法与圣法俱失也，作《元年春王正月辩》。又

---

① （明）黄虞稷：《千顷堂书目》卷二，上海古籍出版社2001年瞿凤起、潘景郑整理本。
② （元）赵汸：《东山存稿》附录《东山赵先生汸行状》，影印文渊阁《四库全书》本。

以为说《春秋》有实义，有虚辞。不舍史以论事，不离传以求经，不纯以褒贬泥圣人，酌时宜以取中，此实义也。贵王贱霸、尊君卑臣、内夏外夷，皆古今通义。然人自为学，家自为书，而《春秋》迄无定论，故一切断以虚辞，作《笔削本旨》。又作《诸侯取女立子通考》《鲁隐公不书即位义》《殷周诸侯禘祫考》《周庙太庙单祭合食说》《丘作甲辩》，凡如是者十余通，以明古今礼俗不同，见虚辞说经之无益。"盖其学有原本，而其论则持以和平，多深得圣人之旨。赵汸本之师意，著为《师说》。

是书凡上、中、下三卷，共有11篇论文，依次为《论春秋述作本旨》《论鲁史策书遗法》《论三传得失》《论古注得失》《论汉唐宋诸儒得失》《论学春秋之要》《经旨举略》《王正月辩》《鲁隐公元年不书即位义》《诸侯娶女立子通考》《春秋指要》，盖系黄泽关于《春秋》经传之总论。赵汸作《左传补注序》尝言，黄泽论《春秋》学以左丘明、杜元凯为主。又作《行状》述泽之言曰："说《春秋》须先识圣人气象，识得圣人气象，则一切刻削烦碎之说自然退听矣。其但以为实录而已者，则《春秋》乃一直史可修，亦未为知圣人也。"可见黄泽之于《春秋》，强调的是先得如丘明、元凯，然后可求向上之功。

黄泽《春秋》学著述虽然不少，不过可惜均已亡佚，其说幸赖赵汸《春秋师说》得以传世，正如读孙觉之书得见胡瑗之义者矣。是书今传版本主要有《通志堂经解》本、《四库全书》本、《复性书院丛刊》本、元至正二十四年（1364）休宁商山义塾刻本、明弘治六年（1493）高忠重修本、《中华再造善本》本等。（李冬梅）

12.《春秋明志录》12卷，明熊过撰

熊过，字叔仁，号南沙（或南沙子），四川富顺人。嘉靖八年（1529）进士、翰林院庶吉士，累官礼部祠祭司郎中，坐事贬秩，复除名为民。熊过学识渊博，治学严谨，与陈束、王慎中、唐顺之、赵时春、任瀚、李开先、吕高并称"嘉靖八才子"，又与赵贞吉、杨慎、任瀚一起被列为"西蜀四大家"。熊氏不仅以文章名世，而且擅长于研思经训，著有《周易象旨决录》《春秋明志录》《南沙集》等。

是书凡12卷，隐公、桓公、庄公、闵公、僖公、文公、宣公、成公、襄公、昭公、定公、哀公十二公各为一卷。其大旨是承宋元自出新意解经之风，驳正《春秋》诸传之失。以攻《左传》为主，对《公羊》《穀梁》、胡安国《春秋胡氏传》也有所纠正。不过其对诸传的批评亦有凿空臆断之处，如谓城楚丘为鲁备戎而城，非桓公城以封卫；以郭公为鸟名，谓如螟蜮之类，书以纪异；以梁亡为鲁大夫会盟所闻，归而言之，不由赴告，故不著其亡之由等，都有主观臆断之嫌。故四库馆臣评价说："大抵务黜三传如程端学，端学不过疑传，过乃至意造事迹，其弊更甚于端学。然端学多缴绕拘牵，格格然不能自达。过则断制分明，纰缪者极其纰缪，平允者亦极其平允。"①不过张尚瑗《左传折诸》则论其"援据该博"②，卓尔康《春秋辩义》亦谓其"颇出新裁"③，语固不诬。宜纠其废传之失，以彰炯戒，而仍不没其所长焉。

是书今传版本主要有《四库全书》本、《四库全书珍本初集》本、清抄本等。（张尚英、李冬梅）

13.《春秋左传会要》4卷，清李调元撰

李调元有《易古文》，前已著录。

李调元幼承家学，自经史百家，群经小学，靡不毕治，而于《春秋》经传著力尤多，著有《春秋左传会要》《左传官名考》《春秋事纬》《春秋三传比》等，生平常以"研究左氏传自负"。

是书为《春秋》三传类书。卷首有调元《自序》，大致以为：历代治《春秋左传》者，大多"不过句梳而字栉之"，而于书中之宏富意蕴"则不能无遗焉"。于是在"习熟《左传》既久"的基础上，将全传有关名物事类汇集一处，共计79条，仿照清顺治进士马骕《春秋事纬》义例，分为4卷④。卷一，为天文历法类，收有"天文分野""日食三十六""经用周正，传参夏时"等条目；卷二为姓氏类，收有"晋卿十一族""春秋同姓名人"等条目；卷三为引书、引诗类，收有"《左传》引《尚书》""春秋赋诗断章""逸诗""葬歌""谣言""隐语"等条目；卷四为杂纂志异类，收有"勇力人""善射人""美妇人""衣饰"等条目。

有别于一般类书汇而不议之体，是书既条贯全传史事，复分条考据评论，融会贯通，思虑缜密，识见颇高，在清代《左传》学史上占有显著地位。如卷一有关周历、周室封建、天子诸侯建都、列国城郭井里、宫室苑池；卷二之姓

---

① （清）永瑢等：《四库全书总目》卷二八《春秋明志录》提要。
② （清）张尚瑗：《左传折诸》卷首上《先正评说》，影印文渊阁《四库全书》本。
③ （明）卓尔康：《春秋辩义》卷首三《传义》，影印文渊阁《四库全书》本。
④ （清）李调元：《春秋左传会要序》，《春秋左传会要》卷首，清光绪八年（1882）钟登甲乐道斋刊《函海》本。

氏、谥法、晋卿十一族、刑名等诸条，所论考皆极精辟。现代学者称此书"举《左传》之要，阐幽发微，所论皆前人所未道"，"且特具史识，实自来言《春秋左传》者之未有创发，亦究古史者之杰著"，"诚足驾前贤而启后学矣"，①此论实非虚妄。

是书收于《函海》。后调元由京返里，是书版片损毁，故嘉庆间李鼎元重校道光五年（1825）李朝夔补刊本《函海》未收，光绪八年（1882）钟登甲乐道斋重刊《函海》再次收录。（刘平中）

14.《春秋左传音训》不分卷，清杨国桢撰

杨国桢有《易经音训》，前已著录。

《春秋左传音训》为国桢《十一经音训》之一。是书不分卷，以春秋十二公分册，凡8册，其中第一册为隐公、桓公，第二册为庄公、闵公、僖公，第三册为文公、宣公，第四册为成公、襄公，第五册为襄公，第六册为襄公、昭公，第七册为昭公，第八册为定公、哀公。卷首又有《辑说》若干条及《春秋列国图说》《春秋提要》，总论《左传》家传授渊源及诸家通论全经之语。

全书体例略仿前人旁注，以训诂注于经传之旁，音释注于字下，凡例冠于眉目。大体以杜预《春秋左传集解》训诂、音释为主，而参以胡安国、林尧叟二家之说及陆德明《经典释文》，并注明《公羊传》《穀梁传》异文，间亦考订杜预讹误。此书乃为童蒙初学而作，虽简略有当，但颇抄袭陈言，疏于考证，故学界评价不高。张寿林谓此书："虽连篇累牍，皆抄袭陈言，而不标所出，又往往疏于考证。然音释简明，计日可诵，为初学者计，亦未尝无俾，特课读之本，终不足以言经义耳。"②

是书有《十一经音训》本。（李冬梅）

15.《春秋公羊传音训》不分卷，清杨国桢撰

《春秋公羊传音训》亦为国桢《十一经音训》之一。是书不分卷，以春秋十二公分册，凡上下2册，其中上册为隐公至文公，下册为宣公至哀公。又录史志所载《公羊》家传授渊源及诸家通论全经之语，为《辑说》7则于卷首。其辑采简当，足便初学，颇可称道。

全书体例略同于国桢《春秋左传音训》，于经传音训，仿旁注之式，以训

---

① 《续修四库全书总目提要》"经部"《春秋左传会要》提要。
② 《续修四库全书总目提要》"经部"《春秋左传音训》提要。

诂注于经传之旁，以音释附之字下。大抵训诂本于何休《春秋公羊传解诂》，音训本于陆德明《经典释文》，亦为童蒙课读之用。但未能阐明经传之旨，也未能规正何休之误，张寿林评云："今考其书，虽辞旨简约，颇便童蒙，然注释多者不过十余字，少则仅二三字而已，往往于经传之旨，未能阐明，恍惚迷离，使童蒙读之，益茫然而不得其解。且其书全据何氏《解诂》抄撮而成，凡何氏之说，有未惬经旨者，亦不加辨正。以视《左传音训》于杜氏之阙讹尚略有订正者，抑又下焉。总之，其书不过为童蒙，固不足语于经义也。"①

是书有《十一经音训》本。（李冬梅）

16.《春秋穀梁传音训》不分卷，清杨国桢撰

《春秋穀梁传音训》为国桢《十一经音训》之一。是书不分卷，以春秋十二公分册，凡上下2册，其中上册为隐公至文公，下册为宣公至哀公。卷首又采录史志所载《穀梁》家传授渊源及王接、荀崧、啖助、欧阳修、刘世安、胡安国、朱熹、郝经、吴澄诸家所论三传得失之语，为《辑说》17则，其意盖使学者于诵习经传本文之先，通览其大要，便于学习掌握。

全书体例与国桢《春秋左传音训》及《春秋公羊传音训》二书全同，仿旁注之式，训解注于经传之旁，音释附于本字之下。大抵训解以范宁《春秋穀梁传解诂》为主，惟稍稍削其繁芜。音释则本之陆德明《经典释文》，以直音、反切之法，注其音读。亦为童蒙课读而作，但求意达辞明，不以考证训诂为务。然因过于简约，反而失其本义。张寿林评云："虽辞旨简核，颇便于童蒙之诵习，然过求简约，往往割裂语气，失《注疏》之本义，使幼学读之，转滋疑惑。且全书几全袭范氏《解诂》，了无新意，盖纯然抄撮之学，无所考证，乡塾课读之本，诚不足语于著作之林也。"②但还具有普及经学的价值。

是书今传版本有《十一经音训》本。（李冬梅）

17.《春秋大传补说》4卷，清何志高撰

何志高有《易经本意》，前已著录。

《春秋大传补说》，书凡4卷。共分6篇，卷一《春秋序》《春秋释例》，卷二《春秋说义》，卷三《春秋前编补说》，卷四《春秋中篇补说》《春秋后编补说》。再于各篇之下，间或再列子目。大致来说，第一、二两卷，皆论全

---

① 《续修四库全书总目提要》"经部"《春秋公羊传音训》提要。
② 《续修四库全书总目提要》"经部"《春秋穀梁传音训》提要。

经义例，第三、四两卷，则据经文原秩，为之诠释。

何氏训解《春秋》，近于《公羊》学说，大意是说《春秋》是经学著作，而非史学著作："夫子因鲁史之旧，变史文，寓褒贬，辞微旨奥，非仅纪事之书。"在儒家六经之中，《春秋》处于特别的地位，亦即统帅地位，是"夫子制以配经"①的，孔子的理想都寄托在《春秋》之中了。为了说明这个命意，何氏不得不祭起"《春秋》义例"的老调，但是在处理"书法义例"时，又多依违于《公》《穀》二传附会之说，参以宋儒臆说和自家私见，诸如"日月""名字""人爵"等褒贬义例，真正发明并不多见。

又师法何休"公羊三世说"，将《春秋》十二公分为前、中、后三编，隐公至僖公为前编，文、宣二公为中编，成公至哀公为后编。但在具体分段上，又不同于《公羊传》的三世各四公之说。本书重点在于讲明《春秋》"文以时易"，也是《公羊传》"所见异辞、所闻异辞、所传闻异辞"的翻版。张寿林认为志高"不辞割裂破碎，殊为不根"，进而总论全书："其书所论，皆略于考证，详于议论，且大抵均以意揣量，据理断制，而不信《左氏》事实。又往往不考典制，不近情理，以此说经而自谓能得夫子笔削之旨，恐未必然也。"②

是书今有道光十八年（1838）、光绪十四年（1888）刊《西夏经义》本。
（李冬梅）

18.《重订穀梁春秋经传古义疏》11卷，附《释范》1卷、《起起废疾》1卷，清廖平撰

廖平有《周官考征凡例》，前已著录。

受湘潭王闿运影响，廖平治经喜治今文学，专求大义。不过王氏重《公羊》，廖平则重《穀梁》，入手各别。《穀梁》自汉宣帝立为学官以来，代有传人，师有其说。见于《汉书·艺文志》者即有《穀梁外传》20篇、《穀梁章句》33篇。东汉《穀梁》无学官，与古文诸经同传于民间，汉章帝乃"令群儒选高才生，受学《左氏》《穀梁春秋》《古文尚书》《毛诗》，以扶微学，广异义焉"③。何休传《公羊》，撰《公羊墨守》《左氏膏肓》《穀梁废疾》，

---

① 《续修四库全书总目提要》"经部"《春秋大传补说》提要。
② 《续修四库全书总目提要》"经部"《春秋大传补说》提要。
③ 《后汉书·章帝纪第三》。

《穀梁》与《左传》同遭公羊家攻击。郑玄修古学，乃《发墨守》《针膏肓》《起废疾》，《穀梁》之义得到保护。三国吴时有丹阳唐固者，"修身积学，称为儒者，著《国语》《公羊》《穀梁传》注，讲授常数十人"①。东晋亦以《穀梁》"肤浅，不足立博士"②，故无学官传授。至范宁撰《春秋穀梁传集解》，乃振起斯学于衰颓之余，故为历代尊用。

范氏遍习"三传"，不宥一家，指出："《左氏》艳而富，其失也巫；《穀梁》清而婉，其失也短；《公羊》辩而裁，其失也俗。"③其解《穀梁》，主张"凡《传》以通《经》为主，《经》以必当为理"④，对各家经注"择善而从"，郑玄、何休、服虔、许慎、杜预等诸家，凡有可取，必兼收并蓄；甚至兼用"三传"，于是又有混同"三传"、不别今古之病。廖氏撰《释范》以纠范宁《集解》之误，又撰《起起穀梁废疾》以订郑玄之讹。而其《古义疏》，则在于超越范氏而直探《穀梁》古义古训之原貌。

《重订穀梁春秋经传古义疏》作于廖平经学"初变""二变"时期，是其《穀梁》学的重要代表作，凡经十余次易稿而后成。廖氏对此书自视甚高，寄意甚严，用心亦勤，尝于山西巡抚张之洞宴上称："若《古义疏》成，不羡山西巡抚矣！"

是书《叙例》称：首明古义，说本先师，推原礼制，参之《王制》；次厘全经大义，属辞比事，条而贯之，并缀以表图；旁及三传异同，辩驳何、郑，纠范释范，靡不加详；终以诸国地邑山水图。可见此书大旨乃以发明范宁《集解》以前古谊，推原礼制以证本经。

疏中引用实事，以《史记》为主，间亦用《左传》。董仲舒治《公羊》，礼制与《穀梁》实同，凡微文孤证，《穀梁》先师无说，今悉取之。杜预《公子谱》本于刘向《世本》，是《穀梁》师说，今亦用之。先师说相关之处，多引《孝经》《易》《诗》《书》《礼》《乐》为说，今仍其义，以明六经相通之实。何休《解诂》引用《京易》《韩诗》，博士之学，本同一家，今仿其例，凡《穀梁》佚义，取博士说补之。以此足见廖平搜讨《穀梁》古义之勤，实有益于《穀梁》汉学师说之恢复。从而完成了自乾嘉以来清儒遍疏群经之业。

---

① 《三国志·吴书·阚泽传》。
② 《宋书·礼志一》，中华书局1974年校点本。
③ 范宁：《春秋穀梁传序》，《春秋穀梁传注疏》卷首，阮元校刻《十三经注疏》本。
④ 范宁：《春秋穀梁传序》。

《疏》后附《释范》《起起穀梁废疾》各1卷，系廖平针对范宁、何休、郑玄之说的纠弹之作。《释范》以范宁《集解》不守旧训，于是以《王制》为《春秋》旧传，故参以先师旧说而加以训释。《起起穀梁废疾》乃针对郑玄《起穀梁废疾》而作，自序云："其名《起起废疾》者，郑（玄）释间有误药，恐为疾忧，故正其针砭，以期眠眩，非云医疾，聊取用心尔。"是书既反对何休据《公羊》以驳《穀梁》，又反对郑玄据《左》《穀》、今古义以攻何休而自乱家法。

蒙文通评论廖平《穀梁》学成就："湘绮（王闿运）言《春秋》以《公羊》，而先生（廖平）治《穀梁》专谨，与湘绮稍异。其能自辟蹊径，不入于常州之流者，殆亦在是。《穀梁》释经最密，先生用力于《穀梁》最深，著《穀梁古义疏》《释范》《起起废疾》，依经之例，以决范、何、郑氏之违失，而杜后来无穷之辩。植基坚厚，旋复移之以治《公羊》《左氏》，皆迎刃自解。"① 由此可见，廖平《穀梁》学研究在其学术体系中实占有重要地位，他发现《穀梁》中所言礼制与《礼记·王制》所载礼制相符，以此为基础，提出以礼制平分今古的主张，成为其学术"六变"前三期的理论依据；而且还据此以研究其他经传，尤其是为研究《公羊》《左传》创造了条件。

是书有廖宗泽所作补疏，今传本有光绪二十六年（1900）日新书局刊本、《渭南严氏孝义家塾丛书》本、《续修四库全书》本。另上海古籍出版社2015年出版有《廖平全集》整理本，四川大学出版社2014年亦出版有郑伟校点本。

（舒大刚、李冬梅）

19.《何氏公羊解诂三十论》3卷，清廖平撰

廖氏自述此书创作目的云："国朝通材代出，信古能劳，钩沉继绝，学乃大明。刘（逢禄）、陈（立）同道，曲阜（孔广森）异途，从违虽殊，门户犹昔。平寝馈既深，匙钥倏启。亲见症瘕，用新壁垒。窃以《解诂》顿兵坚城，老师糜饷，攻城无术，用违其方，聋瞽有忧，膏肓谁解。"廖平有感于刘逢禄、陈立等人的《公羊》学研究虽均有造诣，然存在门户之见，而且何休《解诂》亦有很多问题，致使《公羊》真义不能大明。

又云："昔刘申受（逢禄）作《何氏解诂笺》，已多补正，特其所言多小

---

① 蒙文通：《廖季平先生传》，廖幼平编：《廖季平年谱》，四川大学古籍整理研究所编《儒藏》本。

节,间或据别传以易何义。今之所言,多主大例,特以明此事亦有所仿,不自今始耳。"说刘逢禄所著《公羊春秋何氏解诂笺》,所言多小节,又间或据别传以易何休之义,未明大义。于是他仿效洪亮吉《春秋十论》体例,先撰《公羊何氏解诂十论》,后一续再续,至于《三十论》,总评何氏《公羊》之义。

是书的论点主要是针对何休而发,也有针对董仲舒说的,对董、何的《公羊》理论做修正和补充,大旨仍是持续他的"今古学"派分标准,来判定董、何之义是否合理。杨锺羲认为廖平与何休标准不一,"无可讨论",但还是指出其《三世论》《重事论》《衍说论》等,立说精核。杨氏分析云:"《三世论》谓《穀梁传》引孔子曰:'立乎定、哀,以指隐、桓,则隐、桓之世远矣!'此《穀梁》三世之例,《公羊》真义,实亦如此,语亦了当。《重事论》谓传中言事,如晋取虞、虢,鄢陵战,通滥、战鞌之类,凡数十见,必先明事而后言义也。《春秋》褒贬,有如谳狱,事明而后义审,本事未明,经义何附?此足破说《春秋》者重义而不重事之蔽。《衍说论》谓何《注》凡所难通,皆归于王鲁、三世等例,迷离恍惚,使人入其中而不能自主,深中其病。"①此外,其书又能正确分辨《春秋》谶纬,努力剔除《公羊》上附着的神怪成分,尤具学术价值。

是书今传版本有光绪十二年(1886)《四益馆经学丛书》本、《新订六译馆丛书》本、巴蜀书社1998年版《廖平选集》标点本、上海古籍出版社2015年版《廖平全集》整理本等。(李冬梅)

20.《春秋左传古义凡例》1卷,清廖平撰

廖平治《春秋》三传,是以"今学古学"的思路来看问题的。他对三传特征、优劣的判定,也是由此申发开来的。此书乃其为作《左传》别解,先发凡起例,并总论三传。他说:"二《传》今学,《左传》古学;二《传》经学,《左传》史学;二《传》质家,《左传》文家;二《传》受业,《左传》不受业;二《传》主孔子,《左传》主周公;二《传》主《王制》,《左传》主《周礼》;二《传》主纬候,《左传》主史策;二《传》齐鲁人,《左传》燕赵人。"②寥寥数语,可尽三传之异同。

廖平以《公羊》《穀梁》二《传》为今学,《左传》为古学,这是在其今

---

① 《续修四库全书总目提要》"经部"《何氏公羊解诂三十论》提要。
② 《续修四库全书总目提要》"经部"《左传古义凡例》提要。

古学说视域下，以平分今古为立论支点，特地为分别《春秋》传学异同所立的系统，这一点颇为晚清今文派学者所接受。

是书今传版本有光绪十二年（1886）《四益馆经学丛书》本、《新订六译馆丛书》本、巴蜀书社1998年版《廖平选集》标点本、上海古籍出版社2015年版《廖平全集》整理本等。（李冬梅）

21．《春秋传义》12卷，清姜国伊撰

姜国伊，生卒年不详，字尹人，四川郫县人。光绪十二年（1886）举人。王闿运主讲尊经书院时，国伊曾条举"四书"疑义数十以问，闿运极称之。生平既工诗赋，又穷究经术，对医理也有研究，著有《周易古本》《诗经思无邪序传》《大戴礼记正本》《春秋传义》《大学古本述注》《中庸古本述注》《孟子外书》《孝经述》《孔子家语》《经说》等20余种，多收入《守中正斋丛书》中镌版行世。奎俊督蜀，将其著述进呈，诏奖五品章服，后卒于家。国伊博学多能，论者谓其经学优于诗赋，诗赋优于文章，医学则在经学、诗赋之间。

是书卷首有国伊光绪十一年（1885）《自序》及《春秋义说》，其后以十二公各为一卷，末附之以《春秋补义》。全书大旨以为孔子秉周礼而作《春秋》，又礼以义起，故《春秋》取义，唯在惩劝，虽因鲁史旧文，必有劝惩而后书，盖圣人以褒贬行天子之赏罚。所以说，国伊此书是意在玩味经文，以推阐其义。大体而言，经文多从左氏，至于传义，则折中于四传之间，略偏于《公羊》，而主于以礼说经。

张寿林析评云："按清顺、康间，万斯大为学根柢于'三礼'，撰《春秋随笔》十卷，多以《礼经》说《春秋》，虽较宋、元诸儒空谈书法者略胜，犹不免失之于牵合。是编持论与万氏略同，而疏于考证，详于议论，凡所诠释，皆不如斯大之密。且书中虽于四传之失多所攻驳，然其持论仍不出诸家深刻严酷之习。谓《春秋》取义惟在惩劝，于是深文周纳，凭私率断，拘于日月、名字、人爵及一字褒贬之义。如此说经，又何异于老吏断狱耶？"①

是书有《守中正斋丛书》本、清光绪十一年（1885）刊本等。（李冬梅）

22．《春秋公法比义发微》6卷，清蓝光策撰

蓝光策（？～1917），字子彦，资阳人，光绪十四年（1888）举人。民国

---

① 《续修四库全书总目提要》"经部"《春秋传义》提要。

成立后,代理江苏桃源县知事,署理铜山、沭阳等县,任知事,获嘉禾奖章。民国后历泗阳、靖江、昆山等县知事。为学主张通经致用,著有《春秋公法比义发微》等。

是书卷首有张百熙《序》、樊增祥覆书以及《凡例》,卷末附《自序》。全书凡6卷,分为上中下3篇,每篇分为2纲,每纲又分为若干目。依次为《上篇名义》12目、《上篇律意》14目、《中篇交谊》14目、《中篇外权》16目、《下篇战利》23目、《下篇缔和》16目,共计6纲95目。其大旨主于尊君权而固民志,推求经义,归之立宪。各条皆首述经义,次录泰西公法,然后著录以推阐其义,条举件系,诠释殊详。

统观全书,蓝氏此书乃明显受到了晚清时局的影响,以其现实感受诠释经典。他以春秋时代比拟其时国际局势,以《春秋》比拟万国公法,力求达到通经致用的研究目的。这种做法虽然在一定程度上反映了晚清时期经学发展的现实,但是其在经典阐释上却也存在局限。因此,张寿林批评说:"多穿凿附会,于《春秋》本旨未能尽惬,又时时好为议论,而略于考证。"不过张氏也承认,"自有清末叶,西学东渐,学者治经,辄喜牵引新学。光策是书,其病亦在牵引公法,以害经义,盖一时风气使然,亦不必独责是编也"①。

今传清光绪二十七年(1901)尊经书局刻本、清宣统三年(1911)南洋印书官厂铅印本等。(李冬梅)

第七节 《孝经》学文献

一、巴蜀《孝经》学及其文献

《孝经》曰:"夫孝,天之经也,地之义也,民之行也。"孔子曰:"吾志在《春秋》,行在《孝经》。"郑玄《六艺论》曰:"孔子以'六艺'题目不同,指意殊别,恐道离散,后世莫知根源,故作《孝经》以总会之。"②《孝经》者,盖日用常行之规,为子为臣之行也。孝为百善之首务,经乃群书之总会。孔子曰:"教民亲爱,莫善于孝;教民礼顺,莫善于悌;移风易俗,

---

① 《续修四库全书总目提要》"经部"《春秋公法比义发微》提要。
② 郑玄:《六艺论》,邢昺《孝经注疏》玄宗《孝经序》疏引,阮元校刻《十三经注疏》本。

莫善于乐；安上治民，莫善于礼。"①孝、悌、礼、乐，实乃治民安邦、移风易俗的至德要道与大经大法。因此，文翁立学化蜀，引进"七经"，自然就有《孝经》其书了。

《孝经》一书，孔门后学及战国诸儒皆有传授，《吕氏春秋》两引《孝经》，其《孝行览》文字与出土战国文献《儒家者言》残简相同，被视为乐正子春一系的经解文献；战国初魏文侯作《孝经传》，见于蔡邕《明堂论》所引。及至汉代"以孝治天下"，《孝经》传授更盛。《孝经》在汉代形成今文古文两种版本，今文为颜芝所藏、颜贞所献，共分18章，1798字，行于博士之间。古文与《古文尚书》《古文论语》同出孔壁，分22章，1872字，为孔安国所传。两本文字相差无几，故汉代并没有多大争议，刘向以二本参校，而以18章为定。郑玄等人为《孝经》作注，都采用今文经为底本，唯马融、许慎为古文传，然不立学官，《古文孝经》一直处于隐伏状态。《后汉书》记载广汉翟酺著《援神契》《钩命诀》解诂，《援神契》和《钩命诀》都是《孝经》纬书的篇名，纬书是属于今文经范围的，这表明汉代蜀人治《孝经》似以今文为主。

南北朝时期，由于出现《古文孝经孔传》，王肃等人以为汉孔安国所作，南朝曾一度立于学官，不久即亡于梁末。隋时，王劭、刘炫等又发现一种《古文孝经孔传》，由于目录文献无录，文字不类西京，"儒者喧喧，皆云炫自作之，非孔旧本"（《隋书·经籍志》）。至唐玄宗时，产生了今文古文、郑注孔传孰优孰劣的剧烈争议；及唐玄宗用作御注，以今文《孝经》18章为本，于是今文盛行而古文转衰，终致失传（清代从日本传来一本孔传，学人判为伪托，兹不赘议）。隋蜀人何妥撰有《孝经义疏》，《隋书·经籍志》不载，而见于本传，此亦今文之注。

在孔传《古文孝经》失传的同时，唐代又出土了一种新的《古文孝经》，此本后来一直由蜀人传承，并影响整个宋代的《孝经》学研究。李士训《记异》云："大历初（766），予带经鉏瓜于灞水之上，得石函，中有绢素《古文孝经》一部，二十二章，壹仟捌伯柒拾贰言。初传与李太白，白授当涂令李阳冰。阳冰尽通其法，上皇太子焉。"②这是在"孔壁本"以外的另一次新发现。

李士训说他"大历初"在灞上发现一个石函，其中有一部用古文字写在绢

---

① 《孝经·广要道章》。
② （宋）郭忠恕：《汗简》卷七《目录略叙》引，中华书局1983年影印本。

素上的《孝经》。他先将这部《古文孝经》交给李白，李白又传给李阳冰，李阳冰将《古文孝经》全部研究清楚了，又献给了皇太子（即后来的唐德宗）。史志所录"李阳冰《古文孝经》"即是此本。

另一方面，李阳冰又将《古文孝经》传与其子服之。贞元中（785～805），服之又传给了韩愈等人。韩愈《科斗书后记》有云："贞元中，愈事董丞相幕府于汴州，识开封令服之者，阳冰子，授余以其家科斗《孝经》、汉卫宏《官书》，两部合一卷。愈宝蓄之而不暇学。后来京师，为四门博士，识归公（登）。归公好古书，能通之。……因进其所有书属归氏。元和末，……因从归公乞观二部书，得之，留月余。张籍令进士贺拔恕写以留，愈盖得其十四五，而归其书归氏。"①可见，李阳冰又将《古文孝经》作为家传之宝留给了儿子服之，服之传给了韩愈，愈又传给归登；后来又传给了张籍、贺拔恕等人。

五代两宋时期，《古文孝经》吸引了越来越多的士人。句中正，华阳（今双流）人，曾为孟蜀宰相毋昭裔的门生，自孟蜀归宋后，与徐铉等"重修许慎《说文》"，曾作《三字孝经》，系据22章"旧传《古文孝经》"与其他篆、隶"相配而成"。此本科斗《古文孝经》在五代、北宋有传授，郭忠恕将其字形编入《汗简》，可考者凡7例；蜀人李建中，亦是毋昭裔门生，亦"尝得《古文孝经》，研玩临学，遂尽其势"②。北宋古文字学者夏竦说："周之宗正丞郭忠恕首编《汗简》，究古文之根本；文馆学士句中正刻《孝经》，字体精博；西台李建中总贯此学，颇为该洽。"③

夏竦《古文四声韵》亦引录《古孝经》字形，今可考者尚得404字，与桓谭说《古孝经》字形"与今（《今孝经》）异者四百余字"的说法相符；其叙录《古文孝经》的情形也与李士训所记相仿。仁宗时，司马光从秘府发现科斗文《古文孝经》，并据之作《古文孝经指解》；范祖禹复作《古文孝经说》，并手书其文，至今仍保存在重庆大足北山石刻之中。《崇文总目》著录《古文孝经》曰："今孔注不存，而隶古文与章数存焉。"朱熹作《孝经刊误》，就是用的这个本子。

---

① （唐）韩愈：《昌黎文钞》，（明）茅坤编：《唐宋八大家文钞》卷八，三秦出版社1998年高海夫主编校注集评本。
② （清）万经：《分隶偶存》卷下，影印文渊阁《四库全书》本。
③ （宋）夏竦：《古文四声韵序》，《古文四声韵》卷首，影印文渊阁《四库全书》本。

这部"灞上本"《古文孝经》，经由李士训发现，初传李白（蜀人），后又经历李阳冰（蜀人）、李服之（蜀人）、韩愈、归登、张籍、贺拔恕、李建中（蜀人）、句中正（蜀人）、郭忠恕、夏竦、司马光（生于郫县）、范祖禹（蜀人）等人的先后传承。其文本与西汉"孔壁本"相比，在分章起讫、文字异同等方面，都有一定差别，与隋朝才出现的《孔传》本古文，更是相去甚远①。该本对宋代《孝经》学影响很大，整个宋代《古文孝经》研究都是依据此本进行的。不过遗憾的是，宋以后所传《古文孝经》都经过改篡，只有留刻于大足石刻中的范祖禹书《古文孝经》还保留了原貌，弥足珍贵。

至于巴蜀研究《孝经》的文献，据嘉庆《四川通志》及《清代蜀人著述总目》的考录，汉唐有4种，宋有4种，元明各有1种，清代有18种。北宋范祖禹据"灞上本"《古文孝经》所作的《古文孝经说》，说理明白，曾经进讲于皇帝之前，其书至今尚存；南宋史绳祖又"集先正名贤《孝经》注解"，以朱熹《孝经刊误》为本，"汇次成编"②，成一部《孝经》集解著作，惜其不传。

晚清，廖平对研究《孝经》提出了很好的设想，他在《群经凡例》中提出编写《孝经丛书》计划，拟撰写17种《孝经》学著作：《今文孝经注疏》《古文孝经注疏》《孝经释文》《孝经旧传》《孝经两汉先师佚说考》《孝经纬注》《孝经仪节》《孝经广义》《孝传》《问孝》《曾子十八篇注》《孝经通礼》《孝经通论》《孝经附篇》（《弟子职》《内仪》并传胎教）、《古孝子传》3卷（上卷孝、中卷疑似者、下卷不孝）。这是一个全面整理和研究孝悌文化和《孝经》学史的庞大计划，可惜并未撰成③。

民国时期，龚道耕《孝经郑注》辑校，在严可均等人辑佚成果的基础上，进行了更为充分的校理，是在敦煌写本《孝经郑注》发现之前，对《郑注孝经》进行的最好辑佚。

---

① 参舒大刚：《今传〈古文孝经指解〉并非司马光原本考》（载《中华文化论坛》2002年第2期）、《司马光指解本〈古文孝经〉的源流与演变》（载《烟台师范学院学报》2003年第1期）、《试论大足石刻范祖禹书〈古文孝经〉的重要价值》（载《四川大学学报》2003年第1期）。
② （宋）魏了翁：《题史绳祖孝经》，《重校鹤山先生大全文集》卷六五。
③ 据廖宗泽《六译先生年谱》卷四云：廖平"又命侄师政为《孝经广义》二卷，门人曾上游为《孝经一贯解》一卷、《孝经决事》《孝经大义》四卷、《孝经传记解》四卷。除以上数种外，均未成，并不详其目。其既成者，今惟任峄《孝子传》一册"。（舒大刚、梁国典主编：《儒藏》史部第99册，四川大学出版社2008年版。）

二、《孝经》学文献举要

1. 《古文孝经说》1卷，宋范祖禹撰

范祖禹（1041~1098），字淳甫，又字梦得，成都华阳（今属双流）人。年20中进士甲科。时英宗命司马光精选馆阁英才，修编《资治通鉴》，祖禹与刘恕、刘攽并膺其选，为光副手，祖禹爬梳唐五代三百余年史籍，纂成长编。神宗元丰七年（1084）书成，光荐祖禹为秘书省正字。后历官右正言、著作佐郎、右议谏大夫、翰林学士等。绍圣五年（1098）病卒，年58岁。祖禹博学多才，著述宏富，除助修《资治通鉴》外，还独著有《神宗实录》《唐鉴》《帝学》《仁皇政典》《史院问目》《古文尚书说》《论语说》《孟子节解》《诗解》《中庸篇》《古文孝经说》《范太史集》等。其中《唐鉴》"深明唐三百年治乱，学者尊之，目为'唐鉴公'"①。《宋史》卷三三七有传。

是书撰著之由，祖禹《进古文孝经说札子》《古文孝经说序》均有论说。其云："窃以圣人之行莫先于孝，书莫先于《孝经》。《孝经》有古文，有今文。今文即唐明皇所注十八章，古文凡二十二章，由汉以来，惟孔安国、马融为之《传》，自余诸儒多疑之，故学者罕习。仁宗朝，司马光在馆阁，为《古文指解》一卷表上之。臣窃考二书，虽不同者无几，然古文实得其正。故尝妄以所见，又为之《说》，非敢好异尚同，庶因圣言，少关省览。伏惟陛下方以孝治天下，此乃群经之首、万行之宗，傥留圣心，则天下幸甚。"②

又云："《古文孝经》二十二章，与《尚书》《论语》同出于孔氏壁中。历世诸儒，疑眩莫能明，故不列于学官。今文十八章，自唐明皇为之注，遂行于世。二书虽大同而小异，然得其真者，古文也。臣今窃以古为据，而申之以训说。虽不足以明先王之道，庶几有万一之补焉。"③由此可见，因《孝经》原有今文（十八章）、古文（二十二章）二本，世所行者多为今文；古文则"学者罕习"，传注更少，宋朝有司马光《指解》，有复古求新之功。范氏乃师其意，撰著《古文孝经说》1卷上进于朝，充作新君进德修业的教科书。

此书以司马光《指解》本为底本，体例略同，重在说理，讲明孝道。但

---

① 《宋史·范镇列传》附。
② （宋）范祖禹：《进古文孝经说札子》，《太史范公文集》卷一四。
③ （宋）范祖禹：《古文孝经说序》，《太史范公文集》卷三六。

也有不同之处,《指解》是逐句申说,范《说》则是通章串讲,使一章大义贯通无碍。由于其论皆切近人事,不尚义理玄谈,故不为理学家所喜,杨简《家记》(十)谓:"及考范公《古文孝经说》,尤为蔽塞。"①

是书原本1卷,独自为书,今传本则与玄宗御注、司马光《指解》合为一编,已经非原始面貌②。现传本有《通志堂经解》本、《四库全书》本等。范祖禹又手书《古文孝经》,刻石于大足北山石窟之中③,尚保留古文原貌,可资校勘④,惜多泐灭。(舒大刚、李冬梅)

2.《孝经音训》不分卷,清杨国桢撰

杨国桢有《易经音训》,前已著录。

《孝经音训》为国桢《十一经音训》之一。是书卷首为《孝经辑说》,引陆德明以下五家之说,明《孝经》传授源流及诸家论《孝》之语,以备学子参考之用。体例与其他诸经《音训》无异,仿旁注之式,训解注于经传之旁,音释附于本字之下。大体以清世祖顺治帝《御注孝经》为主,而参以陆德明《经典释文》。力求简便,无事繁杂,与专门从事训诂考证和经义研究著作有所不同。

是书有《十一经音训》本。(李冬梅)

3.《孝经述》1卷,清姜国伊撰

姜国伊有《春秋传义》,前已著录。

是书卷首有国伊《自序》,以为《孝经》乃夫子自著。其论说根据是以《论语》门人所记称"子",《家语》子孙所记称"孔子"为例,认为此经首称"仲尼",仲尼者,夫子字,是为自著之证。此据虽然并不充分,但是肯定《孝经》与孔子有关,这却是非常正确的。

又以为古书有篇无章,凡分章者,汉儒也。旧本《开宗明义章》第一,宜去"章"字。其第二篇明孝终始,以为当名《五孝》第二。其下《三才》第

---

① (宋)杨简:《慈湖遗书》卷一六《家记十》,影印文渊阁《四库全书》本。
② 舒大刚:《今传〈古文孝经指解〉并非司马光原本考》,载《中华文化论坛》2002年第2期;舒大刚:《司马光指解本〈古文孝经〉的源流与演变》,载《烟台师范学院学报》2003年第1期。
③ 马衡:《大足石刻古文孝经考》,民国重修《大足县志》卷首,民国35年铅印本;又《宋范祖禹书古文孝经石刻校释》,载《历史语言研究所集刊》第20辑,1948年;又《凡将斋金石丛稿》卷六,中华书局1977年版。
④ 舒大刚:《试论大足石刻范祖禹书〈古文孝经〉的重要价值》,载《四川大学学报》2003年第1期。

三，以为自此以下，旧本凡四章，皆无"子曰"字，盖孔氏原本必上承《天子篇》而为一，其天子、诸侯、卿、大夫，言孝而不言父言母者，以既为天子、诸侯、卿、大夫时言之也，其为世子也，则孔子尝论《士冠礼》曰："天子之元子犹士。"故其未为天子、诸侯、卿、大夫也，则皆士礼也。诸如此论等等，伦明认为"俱言之成理"①。不过国伊对于庶人之孝不引《诗》，以为诗者，乐也，乐所以行礼，礼不下庶人，故不引《诗》。伦明则指出此"乃牵强之说"②。至于诠释字句，国伊能详他人之所略，切而不冗，亦不失为此书之优点。

是书今传版本主要有《守中正斋丛书》本、清光绪十五年（1889）刊本等。（李冬梅）

4.《孝经正义》1卷，清宋育仁撰

宋育仁（1857~1931），字芸子，又字芸岩，号问琴阁主，晚号道复。四川富顺人。早年入成都尊经书院肄业，师从王闿运，与杨锐齐名，并称为"扬（雄）宋（玉）"。光绪五年（1879）举人，光绪十二年（1886）进士，授翰林院检讨。十七年（1891）任广西乡试副考官。二十年（1894）出使英、法、意、比，充驻英二等参赞。甲午战争时，在英国密谋借款购买舰队，偷袭日本。密谋失败后，二十一年（1895）辞差回京，进呈《采风记》，被誉为"四川睁眼看世界的第一人"。回国后，参加"强学会"。二十二年（1896）奉旨回川办理商务，在重庆创办四川地区第一张报纸《渝报》，被称"四川报业鼻祖"。二十三年（1897）兼任成都尊经书院山长，创立"蜀学会"，创办《蜀学报》，印行《蜀学丛书》，是四川地区维新运动的主要组织者和推动者。光绪二十六年（1900）庚子事变后，由京从海道趋赴行在，分发湖北试用道。辛亥革命后，1914年受聘为国史馆纂修。1915年，因反对袁世凯称帝，主张还政于清，被递解回原籍，编管于成都。1916年以后，任四川国学院（即后来的"四川国学专门学校"）院长，创办《国学月刊》，兼四川通志局总纂，编撰《四川通志》。1931年病逝于成都东山草堂（今成都三圣乡），享年74岁，私谥"文康"。著述颇多，计有《孝经正义》《说文解字部首笺正》《经术公理学》《经世财政学》《时务论》《采风记》《问琴阁丛书》等经史、政论、诗

---

① 《续修四库全书总目提要》"经部"《孝经述》提要。
② 《续修四库全书总目提要》"经部"《孝经述》提要。

文数十种。事迹具佚名《宋育仁轶事》、宋维彝《宋芸子先生行状》、萧月高《宋芸子先生传》、易公度《宋育仁先生传略》《补遗》、刘海声《宋育仁先生年谱》等。

《孝经正义》以通行本今文《孝经》为底本，逐章串讲，阐发大义，虽与唐玄宗注、邢昺疏《孝经正义》同名，却不依照注疏体例，反而与口义、讲章相似，似乎是根据光绪二十四年（1898）"蜀学会"会讲之讲义修饰而成。戊戌变法时期，宋育仁掌教尊经书院，总理"蜀学会"、《蜀学报》事务，主张"兴蜀学以伦理为主，故每届专讲《孝经》"（《蜀学报》第十三册《七月朔讲义》）。《孝经正义》通过对《孝经》的阐释，探究儒家"内圣外王"之道。虽然篇幅不大，却内容博杂，集儒、佛、道、理学、西学各种思想于一炉。如释"开宗明义"，曰："佛经译文标宗，译家即取此义。今西学名词之宗教，是否取此不可知，其必缘佛典之宗义而成。西书名词如'悲观''乐观''原因''效果''平等''差别''品分'等词，不胜枚举。"（《开宗明义章第一》）释"同胞"曰："其实今人所称'同胞'，乃从耶教西方学者演传而转输于浅学。"（《孝治章第八》）释"凶德"曰："异学说人中以小孩为最大，某陋生驳民之秉彝不在懿德，《天演论》驳恕非人情，其心所存察者，皆凶德也。"（《圣治章第九》）如此等等，不一而足。究其宗旨，乃维新时期的"中体西用"之说，试图站在中国文化本位的立场上应对西方文化，"以中学包罗西学，不能以西学凌驾中学"（孙家鼐语）。

此书收入民国十三年（1924）版《问琴阁丛书》。今国家图书馆出版社2016年出版的《宋育仁文集》亦收录之。（李晓宇）

第八节　"四书"学文献

一、巴蜀"四书"学及其文献

宋儒以《论语》与《大学》《中庸》《孟子》相配而成"四书"，用以取代汉唐以《孝经》《论语》与"五经"为代表的经典体系。然汉唐而上，唯传《论语》，《孟子》虽在汉文帝时置有博士，但时间不长，所以研究文献无多。《大学》《中庸》乃《礼记》之篇章，虽有研究，然终究是"礼学"内容之一。故兹重点叙述《论语》文献源流如下。

《论语》是孔子及其弟子言行资料的精选，成于孔子弟子或再传弟子之手。汉代《论语》与《孝经》是博士弟子必读之书，因此甚为普及。其传授之本，则有《齐论》《鲁论》《古论》以及《张侯论》。《齐论》为齐人所传，别有《问王》《知道》二篇。《鲁论》为鲁人所传，《古论》则出于孔宅坏壁，与《鲁论》同系一地传本，故内容不异，《尧曰》分为二篇，有两《子张》。《张侯论》即张禹据《鲁论》，兼采齐说，校定而成。及至东汉郑玄，复以《张侯论》为本，校以《古论》，为之注解，于是形成今天传授的文本。

　　蜀中之传《论语》，其有明文可考者，当始于文翁石室之"七经"教育。前人解"七经"为"六经"（即《诗》《书》《礼》《乐》《易》《春秋》）加《论语》，然西汉之时，无论是文帝的一经博士，还是武帝的五经博士，都没有《乐经》博士，《乐经》之为书失传已久，中原尚无《乐》，何得蜀中处僻远之地，而独传《乐》乎？因此蜀中"七经"当是"五经"（无《乐经》）加《论语》《孝经》。无论"七经"作何解释，其中有《论语》盖无疑义，然则《论语》之流传入蜀者亦已久矣！

　　不过，汉代《论语》的这些版本和师法的区别，对蜀学似乎都没有太大影响。蜀人治经，重大体而略细故，精义理而厌章句，蜀人《论语》之学，亦不斤斤于版本、章句之间，做雕虫篆刻之事，而是措意于整体把握其体系和学习其精神。故首批蜀人《论语》学文献，不是《论语》的章句和训诂，而是《论语》的模仿和再造。史称扬雄"以为经莫大于《易》，故作《太玄》；传莫大于《论语》，作《法言》"①，《法言》可说是蜀人最早的《论语》学文献。

　　谯周有一部真正意义上的《论语注》，原书已佚，佚说在《后汉书·礼仪志》的刘昭注中，陆德明《经典释文》尚有引用，《后汉书·礼仪志》"先腊一日大傩"，注引谯氏注云："傩，却之也，以苇矢射之。"陆氏《经典释文·论语音义》"不亦乐乎"，引谯氏注云"悦深而乐浅"，悦的程度深一些，乐的程度浅一点。这种解释为程、朱所采纳。

　　及至晋代，《华阳国志》又载郪（今三台）人王长文"著《无名子》十二篇，依则《论语》；又著《通经》四篇②，亦有卦名，拟《易》《玄》"③，

―――――――――
① 《汉书·扬雄传下》。
② 《通经》，《晋书》作《通玄经》。
③ （晋）常璩：《华阳国志》卷一一。

可见王氏也是一位拟经高手！斯二人，才是真正的精通《论语》而又善学《论语》的大儒。

此后，据嘉庆《四川通志》和《清代蜀人著述总目》著录，宋代蜀人有《论语》文献21种，元1种，清15种，而以宋代最有特色。苏轼贬官黄州期间，曾撰《论语说》一部，苏辙称此书"时发孔氏之秘"①，评价可谓不低。苏辙又自述说："予少年为《论语略解》。子瞻谪居黄州，为《论语说》，尽取以往，今见于其书者十二三也。"②可见《论语说》中还容纳了他自己的心得。但他并不以此为满足，后来又撰《论语拾遗》来匡正之，还"恨不得一质之子瞻也"③。

范祖禹也撰有《论语说》20卷，其书虽佚，但据《郡斋读书志》著录说，其书"数称引刘敞、程颐之说"；朱彝尊《经义考》也说："其所著《论语说》《唐鉴》，议论亦多资于程氏。"

张浚、张栻父子亦皆有《论语说》。魏了翁序张浚书曰：浚为人醇实，"既从北方学者讲诵遗言，又与南渡诸贤更历事变，自事亲而事君，治己而治人，反复参验，无一不合。故其为是书也，非苟知之，凡皆精察力践之余，先儒所谓笃其实而艺者书之也。"可见，张浚之书主于实用常行。张栻《论语说自序》则曰："辄因河南（二程）余论，推以己见，辑《论语说》，为同志者切磋之资。"可见他的《论语说》已经不同于乃父之说，而朝着理学化方向发展了。至于他所称的"与同志切磋"，即指与朱熹商定。以上数例，俱可见"蜀学"无党，唯善是从！

至于对《孟子》《大学》《中庸》的研究，蜀学亦有其人，但不与朱子亦步亦趋。即父子兄弟，乡党门生，亦各抒己见，不为苟同。北宋时期，王安石尊孟，立《孟子》入明经考试之典，而司马光、苏轼等人乃宣言疑孟。苏洵乃以孟子再世自居，而为之评（虽疑伪托，必有依据）；苏辙又撰《孟子解》1卷，又倡言尊孟，也与其兄苏轼异。及乎南宋，遂衍为"尊孟"与"疑孟"之争，迄于清末而无已。

范祖禹有《中庸解》1卷，苏轼有《中庸论》1篇，此皆与司马光相呼应。

---

① （宋）苏辙：《亡兄子瞻端明墓志铭》，《栾城后集》卷二二。
② （宋）苏辙：《论语拾遗引》，《栾城第三集》卷七。
③ （宋）苏辙：《论语拾遗引》，《栾城第三集》卷七。

至于南宋，"四书"典范既成，蜀学诸儒作解者渐多，如张浚、张栻、魏文翁、李舜臣等，俱从程朱者也。及乎明世，来知德撰《大学古本释》1卷，清初费密又作《大学中庸古文》1卷；迄于道、咸，刘沅亦著《大学古本质言》1卷，晚清姜国伊并有《大学古本述注》《中庸古本述注》各1卷。所谓"古本""古文"者，程、朱改定前之文本也——此又不从程、朱改定之本，而从古来相传原本直解其义，与朱子立异，则与杨简、王阳明合矣。

非特此也，晚清李滋然又撰《四书朱子集注古义笺》6卷，用汉唐相传"古义"以驳辩朱子之《章句》《集注》，是又明确与朱子为敌矣！

二、"四书"学文献举要

1. 《论语说》5卷，宋苏轼撰

苏轼有《苏氏易传》，前已著录。

苏轼《论语说》成于贬官黄州期间。据苏轼《与滕达道书》《黄州上文潞公书》和苏辙《亡兄子瞻端明墓志铭》，苏轼在黄州即完成了《易传》和《论语说》两部。其《上文潞公书》说："到黄州……因先子之学，作《易传》九卷，又自以意作《论语说》五卷。穷苦多难，寿命不可期，恐此书一旦复沦没不传。意欲写数本留人间。念新以文字得罪，人必以为凶衰不祥之书，莫肯收藏，又自非一代伟人，不足托以必传者，莫若献之明公。而《易传》文多，未有力装写，独致《论语说》五卷。"①他在黄州不仅完成"《论语说》五卷"写作，还抄正一本送与文彦博。另据苏辙《论语拾遗引》所言，苏辙少年时也曾作《论语略解》，苏轼贬官赴黄州时，"尽取以往"，《略解》许多观点即被苏轼采纳，"今见于其书者十二三也"②。可见，《论语说》也包含了苏辙的观点。绍圣继述，苏轼贬惠州，再迁儋州，期间苏轼还对《易传》《论语说》有所修改，《论语说》最后定稿应在海南。其《答李端叔（三）》云："所喜者，海南了得《易》《书》《论语》传数十卷。"③即指此而言。建中靖国元年（1101），苏轼渡海北归，"所撰《易》《书》《论语》皆以自随，世未有别本"④，将至虔州，修书《答苏伯固》说："《论语说》，得暇当录

---

① （宋）苏轼：《黄州上文潞公书》，《苏轼文集》卷四八。
② （宋）苏辙：《论语拾遗引》，《栾城第三集》卷七。
③ （宋）苏轼：《答李端叔（三）》，《苏轼文集》卷五二。
④ （宋）苏轼：《书合浦舟行》，《苏轼文集》卷七一。

呈。"①后辗转至常州,一病不起,苏轼把三书托付好友钱济明:"某前在海外了得《易》《书》《论语》三书,今尽以付子。"②

苏轼对包括《论语说》在内的三部学术著作很珍视,有"抚视《易》《书》《论语》三书,即觉此生不虚过"③之说。苏辙《亡兄子瞻端明墓志铭》也说他"复作《论语说》,时发孔氏之秘……既成三书,抚之叹曰:'今世要未能信,后有君子,当知我矣。'"从朱熹至金元诸儒,后人对《论语说》的引用和称道,更是史不绝书。

是书卷数,晁公武《郡斋读书志》卷一上、马端临《文献通考·经籍考》均作"《东坡论语解》十卷"。陈振孙《直斋书录解题》卷三亦作"十卷",书名作《东坡论语传》;尤袤《遂初堂书目》作《苏文忠论语传》,不载卷数;《宋史·艺文志》、朱彝尊《经义考》卷二一三作《论语解》"四卷";明人曹学佺《蜀中广记》卷九一作"五卷";《国史经籍志》亦作"十卷"。但是,据苏轼《上文潞公书》:"又自以意作《论语说》五卷。"则书名当以《论语说》为正,卷数当以"五卷"为准。其作"十卷",或为南宋以来流传版本分卷不同;而"四卷"之本,当为后来有所残缺。

明朝前期修《文渊阁书目》著录"《论语东坡解》一部二册",傅维鳞《明书·经籍志》亦有著录,作"二册"。《文渊阁书目》,杨士奇编于正统六年(1441),是清点当时明皇室内阁藏书的记录,其时苏轼《论语说》尚存。同时的叶盛《菉竹堂书目》卷一著录:"《论语东坡解》二册。"反映的都是明朝前期情况。后此156年当万历丁酉(1597),焦竑刻《两苏经解》时,已不见有《论语说》,焦氏《两苏经解序》称:"子瞻《论语解》卒轶不传。"

清初钱曾《述古堂藏书目》卷一载有"《东坡论语拾遗》一卷,抄"。按《论语》注称《拾遗》者乃苏辙所著,《文渊阁书目》等书目都在苏轼《论语说》外,著录苏辙《论语拾遗》1册(或1卷)。钱曾书目只有《东坡论语拾遗》,而无苏辙《论语拾遗》。与他同时的钱谦益《绛云楼藏书志》等又只有《苏子由论语拾遗》1卷,而无题名为《东坡论语拾遗》的书。因此我们怀疑钱

---

① (宋)苏轼:《答苏伯固(四)》,《苏轼文集》卷五七。
② (宋)何薳:《春渚纪闻》卷六,中华书局1983年张明华点校本。
③ (宋)苏轼:《答苏伯固(三)》,《苏轼文集》卷五七。

曾著录的《东坡论语拾遗》乃苏辙《论语拾遗》之误，大概是因为苏辙《论语拾遗》所拾的乃是东坡《论语说》之"遗"。继后，朱彝尊著《经义考》已称《苏氏论语解》"未见"，表明明末清初学人已经看不到苏轼《论语说》了。

清末张佩纶《涧于日记》丁亥卷载："东坡先生说《论语》已佚，今从《栾城集·论语拾遗》辑三条，《朱子集注》辑九条，宋余允文《尊孟续辨》中有辨坡《论语说》八条（自注：王若虚《滹南遗老集》有《孟子辨惑》1卷，云：'苏氏解《论语》与《孟子》辨者八，其论差胜，亦皆失其本旨。'即余所辨之八条也），益以文集所载，如《刚说》《思堂记》之类，略见一斑矣。"可见张氏曾有《论语说》辑本，但这个辑本不见于诸家书目，也许并未流传下来。

四川大学卿三祥、马德富两位先生分别对苏轼《论语说》有辑佚补苴工作，卿氏《苏轼〈论语说〉钩沉》辑得87条，载于《孔子研究》1992年第2期。马氏《苏轼〈论语说〉钩沉》辑得50条，载于《四川大学学报》同年第4期。两种辑本是目前可见苏轼《论语说》佚文最集中的辑录。

2002年，北京语文出版社出版《三苏全书》时，整理者在卿、马二氏辑本基础上，复广稽宋金文献，得苏轼《论语》之说40余条，加卿、马二氏所辑，已达130余条，每条或注明"卿辑"，或注明"马有"或"马辑"，编者舒大刚新得遗说则注明"舒补"，以示区别。同时，为了给研究者提供参考资料，又广辑北宋以至清人称引论说之语，作为"附录"，列于相关各条之下。近有青年学人谷建据《历代名贤确论》辑得轼《论语说》10余则，撰《苏轼〈论语说〉辑佚补正》发表于《孔子研究》2008年第3期。许家星又有《苏轼〈论语说〉拾遗》，载于《兰台世界》2012年5月。2017年，四川大学出版社又出版《三苏经解集校》，吸收众家之成果，可谓最为完备。（舒大刚）

2. 《论语拾遗》1卷，宋苏辙撰

苏辙有《诗集传》，前已著录。

是书前有引言，略述苏辙撰著此书之经过及大旨。其云："予少年为《论语略解》，子瞻谪居黄州，为《论语说》，尽取以往，今见于其书者十二三也。大观丁亥（1107），闲居颍川，为孙籀、简、筠讲《论语》，子瞻之说意有所未安，时为籀等言之。凡二十有七章，谓之《论语拾遗》，恨不得一质之子瞻也。"是《论语拾遗》苏辙少年时即创作有雏形，至晚年为孙辈讲解以及与兄苏轼之作相互订正，才成此卷。

此书所补凡27章，其中驳兄轼说者凡3条：请讨陈恒1章，轼以为能克田氏则三桓自服，孔子欲借此以张公室；辙则以为虽知其无益，而欲明君臣之义。子见南子及齐归女乐2章，轼以为灵公未受命者故可，季桓子已受命者故不可；辙则以为诸侯之如卫灵公者多，不可尽去，齐间孔子，鲁君大夫已受其饵，孔子不去则坐受其祸。泰伯至德1章，轼以为泰伯不居其名，故乱不作，鲁隐、宋宣取其名，是以皆受其祸；辙则以为鲁之祸始于摄，宋之祸成于好战，皆非让之过也。其说皆较轼为长。

此外，书中训解亦有颇涉禅学之处，如以"思无邪"为无思，以"从心不逾矩"为无心等，盖苏辙受到当时世风影响，也援引佛老之说以解经。不过，苏辙能从一个独特的视角阐释孔子之学，确有发明，可资参考。

今传主要版本有明万历刻本、《两苏经解》本、《四库全书》本等，又收入《栾城集》第三集第七卷、《三苏经解集校》。（李冬梅）

3.《孟子解》1卷，宋苏辙撰

是书题下自注云："予少作此《解》，后失其本，近得之，故录于此。"是《孟子解》乃苏辙早年作品。

全书凡24章，立义大多醇正不支。书中不仅阐明了《孟子》一书的许多重要思想，而且有的地方还直接反驳《孟子》的观点。如《窃负而逃》："《孟子》曰：'舜为天子，皋陶为士。瞽瞍杀人，皋陶则执之，舜则窃负而逃于海滨。'吾以为野人之言，非君子之论也。舜之事亲，'烝烝乂，不格奸'，何至于杀人而负之以逃哉？且天子之亲，有罪议之，孰谓天子之父杀人而不免于死乎？"《孟子》是儒家经典，苏辙却斥《孟子》的这则记载为"野人之言，非君子之论"。首先他根据《尚书·尧典》对舜的记载，认为不可能出现这样的事情；接着又根据《周礼》的八辟，认为即使"瞽瞍杀人"，舜也没有必要"窃负而逃"。如此训释，自有所见。不过书中亦未免没有驳杂之处，如谓学圣不如学道、以孔子之论性难孟子之论性、以贞而不亮难君子不亮等。因此，《四库全书总目》评论此书曰："盖瑕瑜互见之书也。然较其晚年著述纯入佛老者，则谨严多矣。"①

《孟子解》今传主要版本有《两苏经解》本、《四库全书》本、《指海》本、明刻本、《三苏经解集校》本等。（李冬梅）

---

① （清）永瑢等：《四库全书总目》卷三五《孟子解》提要。

4.《癸巳孟子说》7卷，宋张栻撰

张栻生平，见《南轩易说》。

是书又称《张南轩孟子说》《孟子张宣公解》，凡7卷①，卷首有乾道九年（1173）张栻自序，述其撰著经过，云："岁在戊子（1168），栻与二三学者讲诵于长沙之家塾，辄不自揆，缀所见为《孟子说》。明年冬，会有严陵之命，未及终篇。辛卯岁（1171），自都司罢归，秋冬行大江舟中，读旧说多不满意，从而删正之，其存者盖鲜矣。还抵故庐，又二载，始克缮写。抚卷而叹曰：嗟乎！夫子之道至矣。……今七篇之书，广大包含，至深至远，而循求有序，充扩有方，在学者笃信力行何如尔。虽然，予之于此，盖将终身焉，岂敢以为成说以传之人哉，特将以为同志者讲论切磋之资而已。题曰《癸巳孟子说》云者，盖将断此而有考于异日也。"是此书最初撰著于乾道四年（1168），几经修订，至乾道九年（1173）方才成书。

张栻是南宋著名的理学家、哲学家和教育家，湖湘学派的主要代表和集大成者，与朱熹、吕祖谦被时人誉为"东南三贤"，在经学研究上成就卓著。是书比较全面地反映了张栻的理学思想，是张栻理学著作中的代表作。作者重点对孟子王霸之辨、义利之辨、仁说和人性论进行探讨，尤其以王霸、义利之辨最为精当，剖析最明。他说："学者潜心孔孟，必得其门而入。愚以为莫先于义利之辨。"②认为这是明"道"的入门、为"学"的第一要义。从明"道"、为"学"方面进一步强调明义利之辨的重要性，这是张栻对宋代理学思想的创造性发挥，也是其理学思想的重要特点。该书在对《孟子》义理进行串讲时，特别注重发挥自己的见解和观点，反映了宋儒治经的基本特点。在阐释义理时，作者还对书中的个别文字做了训诂，对读者理解《孟子》原义，研究其思想，均有较大的参考价值。

是书今传版本主要有《通志堂经解》本、《四库全书》本以及杨世文、王蓉贵《张栻全集》校点本等。（李冬梅、刘平中）

5.《逸孟子》1卷，清李调元撰

李调元有《易古文》，前已著录。

《孟子》一书在东汉尚有《外书》四篇，赵岐以为"其义不能宏深"，

---

① 马端临《文献通考》著录为"《张南轩孟子说》十七卷"，"十七"盖"七"之误。
② （宋）张栻：《孟子讲义序》，《张南轩集》卷三，杨世文、王蓉贵校点《张栻全集》本。

疑非孟子语，故斥去不注。后来学人为追求孟子资料完整性，或续或补，出现多种赓续之作。如唐有刘轲《翼孟子》3卷（《唐文粹》卷八八刘轲《上座主书》），林慎思《续孟子》2卷；明代则出现《孟子外篇》4卷，李调元该书即是明清人《孟子》补续作品中的一种。

《逸孟子》1卷，卷首有调元《自序》，云："《孟子》之书，久夷于诸子；汉孝文帝时，始与《孝经》《尔雅》同置博士……至赵宋设科，《语》《孟》并列，注疏之家互相表里。虽司马光之疑，晁说之之诋，冯休之删，郑厚叔之斥，究不能为之轩轾也。……窃闲考《孟子》之遗文坠绪，见于诸子百家者尚复不少，实秦火之后所逸也。因不揣愚昧，为采集成编，述曰《逸孟子》，庶几可以存一二于千百乎。……所愿与翼孟、续孟、尊孟者共商之也。"①《孟子》本11篇，后汉赵岐作注时，以《外书》4篇"似非孟子本真"，因此没有为之作注。此后，《外书》4篇逐渐散佚，但"遗文坠绪，见于诸子百家者尚复不少"。李调元从秦汉诸子之书内辑出逸文，"采集成编"，对恢复11篇旧貌具有一定的参考价值。

该书辑录今本《孟子》未有的逸文26条，并于每条之下皆注出处，便于阅读者核查鉴别。对原书引用与他书记载相似或不同者，还以按语的形式做了进一步的说明。如"滕文公卒，葬有日矣"条下，李调元按："《战国策》作魏惠王卒云云，不谓孟子。"②以与《艺文类聚》所载相别，具有一定的学术参考价值。所录与今本《孟子》文句有异者共36条，李调元对引文中的文字异同，逐一标明以示区别。如《意林》"伊尹不以一芥与人，亦不取一芥于人"条下，李调元按："今本'芥'亦作'介'。"③

文后附李调元《孟母传》。李调元从《列女传》《韩诗外传》《列子》等书中采集材料，考辨《阙里志》等书关于孟子所生时的神异记载，判定其不可信。《逸孟子》坚持言必有据的辑佚原则，不附会他说，考证翔实，具有较高的史料价值和学术价值，故《续修四库全书总目提要》评云："调元独具卓识，辑其散佚，其昌明经学之功，故不在诸人下矣！"④

---

① （清）李调元：《逸孟子序》，《童山文集》卷三。
② （清）李调元：《逸孟子》卷一，嘉庆十四年（1809）李鼎元重校道光五年（1825）李朝夔补刊《函海》本。
③ （清）李调元：《逸孟子》卷一。
④ 《续修四库全书总目提要》"经部"《逸孟子》提要。

是书收于《函海》中，今传有调元乾隆间刻本、嘉庆间李鼎元重校道光五年（1825）李朝夔补刊本、光绪八年（1882）钟登甲乐道斋刊本等。（刘平中）

6.《四书朱子集注古义笺》6卷，清李滋然撰

李滋然有《周礼古学考》，前已著录。

按朱熹尝荟萃诸家之说、推敲注释文字而作《四书章句集注》（即《大学章句》《中庸章句》《论语集注》《孟子集注》），后世作为儒者研习和政府考试的标准注本，于是"四书"乃取代"五经"之教成为中国经学之正统；朱子的《章句集注》也取代唐人《九经正义》而与圣人经典同尊。朱子之撰《章句》《集注》，态度至谨，功夫至深，初则集古今诸家《论》《孟》之说以为《论语集义》《孟子集义》（二书又名《精义》），《中庸》则据石㪽《中庸集解》删为《辑略》，《大学》其先已有程氏为之说；然后在以上集解的基础上，折中去取，断以己意，以成《章句》《集注》；最后，又将其折中去取之意撰为《四书或问》，以明其所以然。于此可见，朱子之书非苟且率尔而能成者。

然而智者千虑未必无失，体大之作也难免有疏。即如朱子此书，因搜讨范围太广，时限过长，自汉儒经注以至子史古义，兼综并采，咸加熔铸。然而称引之际不无缺陷，于所引诸家之说，有标其名者，也有不标名者。其标名者固因朱注盛行而流芳百世，其不标名者则因姓字无称而寂寞九泉。正是由于这种出处标明不一，为例不纯，以致引起学者的诸多质疑。昔者唐玄宗之注《孝经》，也是范围"百家"，折中"十室"，以成新注；为不掩其美，又令元行冲撰《御注孝经疏》，将御注袭用旧说之处，一一标其名氏，予以指明。集美而不掠美，新注丕显，旧注益彰，于是新旧之间并行不悖，艺林传为美谈。而元人明人之作《纂义》与《大全》，其意唯在引录众说以证朱义，而于朱注发覆索隐功夫，殊甚欠缺。于是滋然乃作此书。

是书撰著大旨，即在于区别朱注与古注，而笺以己意明之。首有滋然《自序》及《凡例》，正文中对于朱注与古注相同者，先列经文，次列朱注，再列古注，最后以己意断之，是为笺证。今观其所列，朱子之注有直用古注者，有用其义而变其文者，有参引异说者，有融会众说而成者。滋然皆为之笺出，非唯朱子之功臣，亦古注之知音也。

是书印行于滋然随李家驹出使日本时，今传版本主要有清光绪间铅印本、

清宣统间铅印本、民国间铅印本等。(舒大刚、李冬梅)

7.《大学古本述注》1卷,清姜国伊撰

姜国伊有《春秋传义》,前已著录。

《大学》本《礼记》之一篇,宋儒以为曾子所作而重其传。司马光首先取出《大学》,作《广义》1卷;二程继作,以为《大学》为孔氏遗书,乃"儒者入德之门",且将其与《中庸》《论语》《孟子》并列;至朱熹作《章句》《集注》,统称"四书"。朱熹说:"学问须以《大学》为先,次《论语》,次《孟子》,次《中庸》。"①又说:"某要人先读《大学》,以定其规模;次读《论语》,以立其根本;次读《孟子》,以观其发越;次读《中庸》,以求古人之微妙处。《大学》一篇有等级次第,总作一处,易晓,宜先看。"②自此以后,师儒执教,朝廷考试,皆以"四书"为本,中国经学遂进入"四书"时代。

然而二程又认为《礼记·大学》原有错简,于是移易章次,以成《大学定本》。而二人所移又不尽皆一致。程颢以"《康诰》曰"以后释"明"字"新"字"止"字者联于首章"明德、新民、止至善"三语之下;然后及"古之欲明明德"一章;又然后以所谓"诚其意"以后,节节释之。程颐则移"古之欲明明德"一章于前,然后及"《康诰》曰"一章,等等。朱熹撰《大学章句》章次大致从程颐而又有所区别,复于《大学》分别"经""传",以为一文之中,自相衍伸。于是,《大学》文献不复原貌矣。对这些移易经文之举,后儒多致诟病,以为非孔子"信以传信,疑以传疑"之道。王阳明亦重视《大学》,但否定《大学》有错简与脱简,而"以旧本为正",说:"《大学》古本乃孔门相传旧本耳。朱子疑其有所脱误,而改正补缉之。在某则谓其本无脱误,悉从其旧而已矣。"③

姜氏此书说本朱子,而经由旧章,盖欲以补朱子之不足而避后儒之诟病。其《自序》述此用意甚明:"朱文公倡明绝学,而《大学》用程氏改本,以致继起大儒及海内有识之士往往疑之,而旁门邪说转得窃古本《大学》以疵诋吾道。今欲使文公之注不违孔、曾之旧,乃次《大学》六篇,仍用朱注,叠附己

---

① (宋)黎靖德:《朱子语类》卷一四。
② (宋)黎靖德:《朱子语类》卷一四。
③ (明)王守仁:《王阳明全集》卷二《语录二》,上海古籍出版社1992年版。

说，明其述文公以合乎孔子。"

是书以古本《大学》为本，注用朱熹之注，并附有己说。其中于朱子之注用大字写，凡国伊补说皆小字写，每节标明其旨，每章亦然。总观全篇，论说析理甚精，于朱注之疏谬亦多有纠正，实可谓朱子之功臣也。

是书今传版本主要有《守中正斋丛书》本、清光绪八年（1882）刊本等。（舒大刚、李冬梅）

8.《中庸古本述注》1卷，清姜国伊撰

《中庸》为子思所作，自汉已重其书，著有专篇解说（《汉书·艺文志》著录《中庸说》2篇），小戴收入《礼记》之中。自晋宋而下，代有述作，而以梁武帝《中庸讲疏》《制旨中庸义》，唐李翱《中庸说》，颇为人所称道。至宋而尤夥，胡瑗、陈襄、司马光、张方平、范祖禹、苏轼以及程门弟子，并皆有作。至于朱子《四书章句集注》成，而兹学大盛。

朱熹《章句》将《中庸》分为33章，无所凭依，自我作古。郑明选即批评说："子思作《中庸》，朱子定为三十[三]章。按《孔丛子》云：子思撰《中庸》之书四十九篇，不当作三十[三]章。"①姜氏亦从此说，以复《中庸》之古本。

是书有《自序》《序例》，谓依《孔子家语》"子思名伋，伋常遭困于宋，作《中庸》之书四十七篇，以述圣祖之业"之言，易《中庸》之章为篇，共为47篇。以为首篇，挈其纲也；述孔子言10篇，谓中庸至也；明道费隐11篇：前5篇人事，次3篇鬼神，次2篇国政也；博学1篇，极言择善固执之诚，辟中人以下学圣之道，《中庸》所以作也；自诚明以后12篇，皆言诚也；大哉圣人之道以后8篇，皆崇礼也；仲尼祖述篇，时中之至也；至圣篇，致中和位育之极功也；至诚篇，终率性修道立教之旨也；末篇反复戒慎不睹，恐惧不闻，隐微慎独之学也。

此书体例与国伊《大学古本述注》全同，以古本《中庸》为本，注仍采用朱熹之注，且朱注用大字写，国伊补说用小字写。只是此书补说不如《大学古本述注》之多，且不甚关于要旨。不过伦明却指出其20、21两篇，因各有"子曰"字，以为古书篇幅繁重，每分上下篇，问政分两篇，亦此例，则"系其特

---

① （清）朱彝尊：《经义考》卷一五二引。

见"①。如此等等，皆表明国伊是书亦不失为朱熹之注的一个补充。

是书今有《守中正斋丛书》本、清光绪十三年（1887）刊本等。（舒大刚、李冬梅）

9. 《中庸大义》1卷，清宋育仁撰

宋育仁有《孝经正义》，前已著录。

此书依朱子章句次序，分章串讲《中庸》文义，名为《中庸大义》，实为《中庸讲义》。书中多处据许郑之说驳程朱之言。书首有引言发明宗旨，略谓："《中庸》属《礼记》之一篇，宋儒始取此篇与《大学》合以《论语》《孟子》为'四书'。按《大学》《中庸》两篇，在《礼记》中固属发明道理之精蕴，而主旨亦各有不同。……'中庸'二字，组合为名，不见他经。乃孔子特制名词，以发明设教造士，依于中行，而诏以日用行习之程次。'庸者，用也。'谓中行之应用。《周礼》'民功曰庸'，即庸字之本义，亦即后起之文加偏旁作'傭工'之傭。以语录家言、通俗文解之，即是'工夫'二字之诂，谓学为中行之工夫。……宋学有先入者为主，因见首章与终章从微而致著，又从著而致微，遂看成通篇一片，视线既差，处处皆六经注我。朱子叙言老、佛弥近理而大乱真，不知自己已入老、佛夹里。老、佛主重教出世，其言固应如是，意各有主、词各有指，并不乱真。乃由宋学家不明六经旨要，误认孔门宗旨，自乱其例也。是以先须求诂，始能订讹。"

所谓"求诂""订讹"，即求许郑之诂，订程朱之讹。又如"素隐行怪"章，谓："程朱推重此与《大学》为经，颇有特识，惟说此经辄阑入外道，蹴语中行，适得其反，岂不可异？然细究所原，亦无足异。程子自言得绝学于遗经，朱子宗程，自以先入为主。首卒两章反覆于大道之源委究竟，绝学崛兴，既无章句训诂之家法师承，又未贯通'三礼'，只作文论观。则演绎归于所谓始言一理，散为万事，末复合为一理。襄城之野，七圣俱迷，宋学之宗，由斯而立。"作者复引郑注驳朱注，曰"可处、可出、可隐、可进，是为中庸"。凡此种种，皆为宗郑贬朱之明证。

此书与康有为《中庸说》、王树枬《中庸郑朱异同说》撰述于同一时期，具有相同的思想背景，他们都主汉学，反对以宋儒性命之说阐释《中庸》，《中庸大义》虽多从训诂入手阐发汉儒义理，但也涉及春秋礼制。如《唯天

---

① 《续修四库全书总目提要》"经部"《中庸古本述注》提要。

下至诚》章曰:"'大经',郑注谓六艺而指《春秋》也。'大本'谓《孝经》。六艺之汇宗,主于《孝经》,而其指归化成世界、文致太平,终于《春秋》,《春秋》之义难知,以浅略譬喻明之,如制一小型模,绘一地球缩本图说,文成数万,其旨教千,举例断案,以为标本。又譬如诸葛君云'我心如秤,安能为人作轻重',一是皆有法定之权衡,而以元系天端,为法定之公例,所谓法应如是故。"

是书单行,有民国十三年(1924)刻本。据宋氏后人家藏本封面题字分析,此书原拟收入《问琴阁丛书》。(李晓宇)

第九节 "小学"文献

一、巴蜀"仓雅"之学及其文献

文献乃王政之本,文字为文献之始。《易·系辞下》说:"上古结绳而治,后世圣人易之以书契,百官以治,万民以察,盖取诸《夬》。"《易经》曰:"夬,扬于王庭。"意即文字记录乃王者之事,为王政内容之一。儒家者流,"助人君,顺阴阳、明教化者",故征文考献、识字善书,是其本业,因之孔门施教,"礼、乐、射、御、书、数"六艺皆备;向、歆序书,《仓颉》《尔雅》诸小学书籍,亦归"六艺"之略。后世因之,凡文字、音韵、训诂小学之书,皆归于经部。

传说"黄帝之史仓颉始作文字",周室保氏"掌教六书",六书者,象形、指事、会意、形声、转注、假借也。时有古今,地有南北,音有异声,体有异形,士人习文,必兼通"六体""别字"。六体者,古文、奇字、篆书、隶书、缪书、虫书也;别字者,方言是也。识文考音,辨形析义,于是而有《史籀》《仓颉》《尔雅》《说文解字》《方言》以及《广韵》等书。《史籀》者,"周时史官教学童书也"①;《仓颉》者,秦丞相李斯所作(此外,赵高作《爰历》,胡毋敬作《博学》,汉人合为《仓颉》3篇),皆单字组成而有韵语的识字课本。至于《尔雅》《说文》《方言》,皆析文考义、辨方别语之书;《广韵》则释音之书。因此,小学诸书,粗可分成启蒙识字系列、说文解字系列、方

---

① 《汉书·艺文志》。

言别语系列、音韵训诂系列等。在上述四大系列中，蜀人皆有不俗表现。

据班固《汉书·艺文志》所载，西汉时期识字之书有六：一是秦代所传《仓颉》3篇，有文字3300字；二是武帝时司马相如《凡将》；三是元帝时史游《急就》；四是成帝时李长《元尚》。《急就》和《元尚》二书文字不出《仓颉》篇，只有司马相如《凡将》有超过，而且没有重复字。五是扬雄《训纂》，这是《仓颉》3篇的续篇，其文字来源是：平帝时曾"征天下通小学者以百数，各令记字于庭中"①，扬雄再从他们所记的文字中"取其有用者"，编录而成。六是扬雄《仓颉训纂》，系扬雄对原《仓颉》中重复之字进行抽换，并加训释而编成，东汉时班固有再续《仓颉训纂》之作。至此，六经群书的文字盖无遗漏了。汉代最早的小学著作是司马相如《凡将》，收字最多的小学著作亦是司马相如《凡将》，以及扬雄《训纂》《仓颉训纂》。吴福连赞曰："《凡将》《训纂》，蜀儒小学，冠冕海内。"②

扬雄不仅有识字韵语《训纂》及训释性《仓颉训纂》，还有汇释各地习语的著作——《方言》，而这些又是他从林闾翁孺、严遵两位先辈那里继承来的，渊源有自。扬雄说："先代轩之使奏籍之书，皆藏于周秦之室。及其破也，遗弃无见之者，独蜀人有严君平、临邛林闾翁孺者，深好训诂，犹见轩之使所奏言。翁孺与雄外家牵连之亲，又君平过误，有以私遇，少而与雄也。君平财有千言耳。"③他于是依据严氏、林闾所藏底本，增补而成第一部方言辞典《方言》，开辟了中国区域语言研究之先河。其《仓颉训纂》的字典体例，对许慎《说文解字》不无启发。

《尔雅》是汇集"五经"训诂资料的书，在中国训诂学史上影响甚巨，地位比于经典。张揖《进广雅表》称：周公"著《尔雅》一篇"，"今俗所传三篇，或言仲尼所增，或言子夏所益，或言叔孙通所补，或言沛郡梁文所考。"④其源起是非常悠远的。《隋书·经籍志》引《七录》著录犍为文学有《尔雅注》三卷；陆德明《经典释文·叙录》亦著录："犍为文学《注》三卷。"并自注："一云犍为郡文学卒史臣舍人，汉武帝时待诏。阙中卷。"陆说犍为文学是汉武帝时人，他作的注就是《尔雅》的最早注本。汉代蜀人在识

---

① 《汉书·艺文志》。
② 吴福连：《拟四川艺文志》。
③ （汉）扬雄：《方言》卷一三，《扬雄集校注》，上海古籍出版社1993年张震泽校注本。
④ （魏）张揖：《广雅》卷首，江苏古籍出版社2000年版。

字、方言、训诂三个系统，都有著述，而且都具有开创性。吴福连说："蜀之小学，最著于汉矣。"①实不虚美。

东汉许慎撰《说文解字》，用六书原理解析文字，文求本义，字详转注，是东汉古文经学的重大成果。但是接下来魏晋南北朝时期，这却是一个文字使用十分混乱的时代，人们对传写"六籍旧文"，"多求便俗"，虽然为学术普及提供了方便，但在文字学上却使古书文字"渐失本原"。有的连《尔雅》中所载"艸木鱼鸟之名"，也胆敢"肆意增益"，终致原典面目全非。对经书作传释的诸儒，"亦非精究小学之徒"，对这些讹误也"莫能矫正"。《说文解字》在流传过程中也未能"幸免于难"。传写中这种"多求便俗"的做法，造成文字和篆体的极大讹误。这一情形，直到唐代蜀人李阳冰校定后，才有所好转。

宋代文字学家徐铉等说："唐大历中，李阳冰篆迹殊绝，独冠古今，自云：'斯翁之后，直至小生，此言为不妄矣。'于是刊定《说文》，修正笔法，学者师慕，篆籀中兴。……今之为字学者，亦多从阳冰之新义。"②他的侄儿李腾，又取其刊定过的《说文目录》刻石于滑州，"以为世法"③。

五代时，孟蜀王朝聚集了一批精通小学、擅长书法的儒生，孟蜀宰相毋昭裔主刻石经、雕版印刷古籍文献，颇得力于这些善书人士。《十国春秋》载，《孟蜀石经》乃由秘书郎张绍文写《毛诗》《仪礼》《礼记》，秘书省校书郎孙朋古写《周礼》，国子博士孙逢吉写《周易》，秘书省校书郎周德政写《尚书》，简州平泉令张德钊写《尔雅》，"字皆精谨"④。毋昭裔"又令门人句中正、孙逢吉书《文选》《初学记》《白氏六帖》，刻板行之"⑤，这是中国首批雕版印刷的书籍。北宋初，毋昭裔之子毋守素将这些书法、刻印俱美的文献"赍至中朝，诸书遂大彰于世"⑥。毋昭裔撰有"《尔雅音略》三卷"⑦，可见他也是一个小学家。

此外，句中正、李建中、林罕等人研究古文字，也非常知名。句中正曾据

---

① 吴福连：《拟四川艺文志》。
② （宋）徐铉：《重修说文序》，（宋）吕祖谦编：《宋文鉴》卷八五。
③ （宋）王尧臣等：《崇文总目》卷二。
④ （清）吴任臣：《十国春秋》卷四九，中华书局2010年徐敏霞、周莹点校本。
⑤ （清）吴任臣：《十国春秋》卷五二。
⑥ （清）吴任臣：《十国春秋》卷五二。
⑦ （清）吴任臣：《十国春秋》卷五二。

《古文孝经》撰《三字孝经》，献给宋太宗，获嘉奖；又撰《雍熙广韵》100卷、《序例》1卷，"集韵学之大成"①；中正又与徐铉、王惟恭等共同校定《说文解字》14篇、并《序目》1篇，改定"凡六百余字"。

李建中亦善古文，后周郭忠恕撰《汗简》而世不知，得李建中写进并题辞方始显于世。建中先仕于蜀，后入宋。太宗朝，"苏易简方被恩顾，多得对，尝言蜀中文士，因及建中。太宗亦素知之，命直昭文馆……改集贤院"，由是仕进。"建中善书札，行笔尤工，多构新体，草、隶、篆、籀，八分亦妙，人多摹习，争取以为楷法。尝手写郭忠恕《汗简集》以献，皆科斗文字，有诏嘉奖。好古勤学，多藏古器名画，有集三十卷。"②夏竦说他"总贯此学（古文字学），颇为该洽"③云云。

《宋史·句中正传》附传："蜀人又有……林罕……亦善文字之学，尝著《说文》二十篇，目曰《林氏小说》，刻石蜀中。"《十国春秋》说林罕"博通经史"，初为温江主簿，后迁蜀国太子洗马，"尤善六书之学，尝注《说文》二十篇，目曰《林氏小说》，刻石蜀中。"④《宋史·艺文志》著录"林罕《字源偏傍小说》三卷、《金华苑》二十卷"。《郡斋读书志》亦著录《林氏小说》三卷。为注解《说文》的书。其书久佚，其字形则多为《汗简》和《古文四声韵》所引用。

宋代小学之书蜀人所作5种，除上述诸家外，南宋李焘《说文解字五音韵谱》10卷也颇有特色，他将《说文》"始一终亥"的排列顺序，改为《集韵》的"自东至甲"，颇便检阅，但是破坏了许书原有次第，只具有索引功能，学术价值甚微。至于文谷《备忘小钞》10卷，陈鄂《四库韵对》98卷、《十经韵对》20卷，杨九龄《名苑》50卷，郭微《属文宝海》100卷，苏易简《文选菁华》24卷、《文选钞》12卷、《文选双字类要》3卷，范镇《国史对韵》12卷，邓至《群书故事》15卷、《故事类要》30卷等，或是类聚掌故，或是精选文章，以供博闻习词者所用，盖亦类书、语料之流。

明代蜀人小学之书特盛，共达36种，其中又以杨慎为多，一人撰有32种。杨氏之书，著录于《四库》者有：《奇字韵》5卷（异体字典：标字体之稍异

---

① 吴福连：《拟四川艺文志》。
② 《宋史·李建中传》。
③ （宋）夏竦：《古文四声韵序》，《古文四声韵》卷首。
④ （清）吴任臣：《十国春秋》卷四三。

者，类以四声）、《古音骈字》1卷（通假字典：取古字通用者，以韵分之）、《古音丛目》5卷、《古音猎要》5卷、《古音余》5卷、《古音附录》1卷（古今音对照字典：皆仿吴棫《韵补》之例，以今韵分部，而以古音之相协者分隶之）、《古音略例》1卷（上古音字典：取《易》《诗》《礼记》《楚辞》《老》《庄》《荀》《管》诸子有韵之词，标为《略例》）、《转注古音略》5卷（叶韵字典：前有《自序》，大旨谓《毛诗》《楚辞》有叶韵，其实不越保氏转注之义）、《墨池琐录》4卷（书法札记：中间或采旧文，或抒己意，往往皆心得之言）。此外，还有《韵藻》4卷、《古文韵语》2卷、《六书索隐》5卷、《六书练证》5卷、《韵林原训》5卷、《古音复字》5卷等。吴福连说："杨慎最精小学，其《音略》诸书，尤为近世言音韵者所本。"[①]另李实撰《蜀语》《吴语》各1卷，重续扬雄《方言》之绪。

入清，李调元撰《童山诗音说》4卷、《奇字名》10卷、《古音合》3卷、《六书分毫》1卷、《方言藻》2卷、《通诂》2卷，一定程度上延续了方言研究的余脉。晚清，张之洞创建尊经书院，革"八股"之陋习，畅"实学"之伟论，以"两文达"之学相号召：两文达者，纪文达昀，主目录之学；阮文达元，主考据之学。自是蜀中仓雅、许郑之学复起，而文字、音韵、训诂之学再兴。张慎仪长于小学，著《广释亲》《续方言新校补》《蜀方言》《方言别录》等书，尤为讲语言学所不可少之作。民国时，经林思进提议，龚道耕、向楚编校，严式诲刊刻了《音韵学丛书》，辑有宋以来中国音韵之作，并详加校定，汇于一编，起宋司马光《切韵指掌图》2卷、吴棫《韵补》5卷，迄清陈澧《切韵考内篇》6卷、《外篇》3卷，凡32种、123卷，其收罗之富、校刻之精，实为音韵文献出版之大观。

至于近时《汉语大字典》《汉藏大辞典》《彝汉词典》等编撰，则又极古今辞书之冠矣！其规模和价值已分见各条，兹不复赘。

二、"小学"文献举要

1.《方言》13卷，汉扬雄撰

扬雄有《太玄》，前已著录。

是书旧本题为《𰣼轩使者绝代语释别国方言》，为简便计，诸家援引及史

---

① 吴福连：《拟四川艺文志》。

志著录乃省文谓之《方言》。此书之作，据应劭《风俗通义原序》云："周、秦常以岁八月遣輶轩之使，求异代方言，还奏籍之，藏于秘室。及嬴氏之亡，遗脱漏弃，无见之者。蜀人严君平有千余言，林闾翁孺才有梗概之法。扬雄好之，天下孝廉卫卒交会，周章质问，以次注续。二十七年，尔乃治正，凡九千字。其所发明，犹未若《尔雅》之闳丽也。张竦以为悬诸日月不刊之书。"① 是雄以27年之功，集古籍所载与当时调查所获，仿照《尔雅》体例，乃撰成《方言》一书，故有学者推为"悬诸日月不刊之书"。然劭《序》称《方言》9000字，而今本实有11900余字，恐其后在流传过程中，后儒或有所附益。

《方言》是我国最早的一部方言著作，在语言学史上具有里程碑式的意义。其体例仿《尔雅》，所收词汇虽不标门类，但基本上是按内容分类编排的。释词一般是先列举一些不同方言的同义词，然后用一个通行的词来加以解释，以下大都还要说明某词属于某地方言。也有时先提出一个通名，然后说明在不同方言中的不同名称。所记方言地域广阔，东起齐东海岱，西至秦陇凉州，北起燕赵，南至沅湘九嶷，另外还涉及了朝鲜半岛北部的一些方言。书中收集并保存了相当多的汉代口语词汇，这为我们了解汉代"普通话"的词汇提供了重要依据，也为我们研究古今语音语义的变化规律提供了很好的资料。因此，郭璞赞其"考九服之逸言，摽六代之绝语"②。

此书世有刊本，然文字古奥，训义深隐，校雠者猝不易详，故断烂讹脱，几不可读。清修《四库全书》，即据《永乐大典》所收，多有厘正。"参互考订，凡改正二百八十一字，删衍文十七字，补脱文二十七字。……并逐条援引诸书，一一疏通证明，具列案语。"③今传本除《四库全书》本外，尚有《四部丛刊》本、《汉魏丛书》本、《景印元明善本丛书十种》本等。而历史上为《方言》作注的亦有很多，亦不失为较好的《方言》版本选择。

《方言》最早的注本是晋代郭璞的《方言注》，常常将晋代的方言和汉代的方言做比较，以通古今。清代研究《方言》的也有多家，其中成就较高的是戴震的《方言疏证》和钱绎的《方言笺疏》，都对《方言》做了很好的整理和阐发。《方言疏证》对《方言》一书作了细致的文字校正，并逐条作了疏证，

---

① （汉）应劭：《风俗通义原序》，《风俗通义》卷首，中华书局1981年王利器校注本。
② （晋）郭璞：《方言注自序》，《方言》卷首，中华书局1985年《丛书集成初编》本。
③ （清）永瑢等：《四库全书总目》卷四〇《方言》提要。

是研究《方言》的重要参考书。《方言笺疏》广征博引，材料比较丰富，而且能从声音上去解释词义，成就较高。

中华书局2006年出版的华学诚的《扬雄方言校释汇证》，以上海涵芬楼《四部丛刊》影宋本为底本，所有校勘内容统一在文后按条列举，原则上只对《方言》原文和郭《注》中的被释词进行注释，是能够反映今天学术水平的新的校证本。（李冬梅）

2.《蜀语》1卷，明李实撰

李实（1598~1676），字如石，别号镜庵，自署"西蜀进士"，明末四川遂宁人。崇祯十六年（1643）进士，选长洲令。后去官，寄居吴门30年之久。虽因其子仙根历仕推恩，诏赠朝议大夫，然李实淡泊守素，不交当世显达，以著述自娱。著有《春秋解》《礼记疏解》《六书偏旁》《蜀语》《吴语》《四书晚解》《佛老家乘》等书。不过除《蜀语》外，他书存佚待访。

蜀中的方言学著作，导源于西汉末年扬雄的《方言》。然而其后在相当长的时期内，方言学的研究却承嗣乏人。直至明代中晚期，蜀中学者杨慎、李实才有所改变，致力于俗语、方言的研究，分别撰有《俗言》《蜀语》，成为蜀学中异军突起的一支力量。其中李实的《蜀语》是记载四川方言词语的一部专著，也是我国现存最早的一部"断域为书"的方言词汇著作。书凡1卷，前有李实识语，云："《方言》采于𬨎轩，《离骚》多用楚语。学士家竞避俗摭雅，故贱今而贵古，人越而话燕；遂至混掇名品，倒易方代。以仆观之，字无俗雅，一也。'夥颐''沈沈'，奚殊典诰；'笑言哑哑'，何异里谈乎？实生长蜀田间，习闻蜀谚，眩于点画不暇考；留滞长洲，闲得以考之。虽佁儗臧甬，骤疑方音𠴲哗，而皆有典据如此，君子其可忽诸？然将知而耄及，千百曾不得一，俟博闻者补焉。传曰：'乐操土音，不忘本也。'西蜀进士李实识。"是李实居住长洲时，凭借早年习得的蜀谚，又多方搜罗，质诸文献记载，撰成《蜀语》一书。而自署曰"西蜀进士"，盖寓明遗民之意也。

是书所录四川方言词语，采用条目罗列的方式，共计563条。其内容大致包括人物称名、一般称谓、动作行为、形容状貌等。其体例是一般先说明词义，然后再注字音，词语用字比较常见的，只作解释，不再注音。在李实看来，词语无论古今、雅俗，其功用地位都是相同的，"避俗摭雅，贱今贵古"，是非常不妥当的，可见其方言观念实具有朴素的科学性。

是书所记录的蜀方言词语，大多出自于作者亲闻，因此比较真实可靠，是研究明代巴蜀方言最翔实的语料，故自来研究汉语史以及蜀方言的学者颇为重视。此外，书中的一些条目还记述了当时巴蜀地域的一些文化风俗，为人们展示了各类鲜活的明代社会生活图景。

《蜀语》今收录于李调元《函海》及《丛书集成初编》中，另有光绪间刻本，巴蜀书社1990年版黄仁寿、刘家和等《校注》本。（李冬梅）

3.《十三经注疏锦字》4卷，清李调元撰

李调元有《易古文》，前已著录。

李调元以蜀中前贤扬雄多识奇字，明杨慎亦有《奇字韵》之纂辑，于是博稽儒家经典载籍之"凡奇字而名不经见者"，辑录成《十三经注疏锦字》，以追前贤懿轨。是书凡4卷，前有李调元《自序》，云："训诂之文，非词章之学也。而深于训诂者，词章奇字，亦不外是焉。汉唐儒者一生精力悉耗之注疏中，……学者病其繁重，……不知其诠释名物，研芳撷艳，洵屈、扬、班、马无以过哉，岂专讲经而已乎？余故摘其标新领异之语，别为四卷，名曰《注疏锦字》。"①

全书按首《周易》，次《尚书》《毛诗》《礼记》《周礼》《仪礼》《左传》《公羊传》《穀梁传》《孝经》《尔雅》《论语》《孟子》次序，从中摘录"标新领异"的字词、典故和句子分类编排。每条先列"标目"之语，再将《注疏》原文以双行小字夹注于下。如卷首《周易》"浑沌"条，其下注云："《疏》：《易·乾凿度》：'太易者，未见气也；太初者，气之始……；气形质具而未相离谓之浑沌。'"②该书体例虽为类书词典，但作者能"于词章之中，兼明训诂"，既可供研究古经语言文字者参考，也为诗文创作者提供了丰富的语言和典故素材。故张舜徽评价此书时说："其寝馈注疏之功，亦已勤矣。"③此书不仅驳斥了所谓"训诂之文不宜与词章作料"的浅见，而且书中采摘数量较多的古代谚语，为我们了解古代社会习俗提供了必要参考，因此《续修四库全书总目提要》评价此书说："足与杨升庵氏之《稀姓录》《奇字韵》诸书后先媲美矣。"④该书的学术价值，由此可见一斑。

---

① （清）李调元：《十三经注疏锦字序》，《童山文集》卷三。
② （清）李调元：《十三经注疏锦字》卷首"易·乾凿度"，嘉庆十四年（1809）李鼎元重校道光五年（1825）李朝夔补刊《函海》本。
③ 张舜徽：《清人文集别录》卷七，中华书局1963年版。
④ 《续修四库全书总目提要》"经部"《十三经注疏锦字》提要。

是书收于《函海》中，今常见者主要有调元乾隆间刻本、嘉庆间李鼎元重校道光五年（1825）李朝夔补刊本、光绪八年（1882）钟登甲乐道斋刊本等。（刘平中）

4. 《通诂》2卷，清李调元撰

李调元世称通才，在小学方面亦有极高造诣，《通诂》即是其训诂学代表作。是书凡2卷，卷首有李调元《自序》，云："书何以《通诂》名？诂史通所难通之语也。'史'以括纪传，'通'以包编年。例仿《尔雅》，义取《释名》。……篇分二十，卷厘上下。虽小学，要必归于适用；汇大成，正不在乎冗繁。摘之正史之中，几于散钱无串；广之别乘之外，实已毫发无余。易晓者略焉，原非挂一漏万；艰涩者尽矣，何妨举一反三。"

李调元摘采经史中少见、难懂之语，仿照《尔雅》体例，《释名》释义方式，分类条列，考其出处，名其意义，既是词典，也是考据，是一部研治小学与古文词的重要参考书。该书上下卷各分10门。上卷分投鲵、庄馗、同产、涓人、折裂等10门，下卷分琨蔽、隽永、诸子、虎落等10门。每门用一类有代表性的名词标目，连类而及，对那些艰涩难懂的名词做出了简明扼要的解释，具有较高的学术参考价值。《续修四库全书总目提要》评曰："按李氏于六书之学，研讨极精。……此篇又本《尔雅》《释名》之遗，缀拾成帙，可谓集锦者矣。又是书非通经史、小学者不能读，亦可见其艰深。"但对选取资料未能注明出处，是其不足。

是书《自序》采用四六文形式写成，语多自负，可见该书当成于罢官之前。今收于《函海》中，有调元乾隆间刻本、嘉庆间李鼎元重校道光五年（1825）李朝夔补刊本、光绪八年（1882）钟登甲乐道斋刊本等。（刘平中）

5. 《六书分毫》3卷，清李调元撰

是书为李调元乾隆三十五年（1770）丁父忧期间所作。卷首有《自序》，述其撰著缘起云："六书之中，象形居其一。……自字变而为楷，古体已失，而钟、王等以善楷名家者各逞笔资，任意增减，沿习既久，笔画多讹，遂至弄麋伏猎，贻笑士林，未必非俗书阶厉也。唐颜元孙作《干禄字书》，令其侄真卿书之，勒石吴兴，为世所宝。……惜其文不广，中多挂漏。……余庚寅（1770）间以丧家居，家之弟子咸来问字，余教以欲作文必先识字，摘其舛误，为之辨正，遂推类以及其余，作《六书分毫》一册。"①盖其书专辨疑似文字。

是书凡3卷，卷上所列，为"字有形似同音而义各有别"，以乙、丁、几、匕之类相属，详细辨析字体点画之间的细微区别。卷中所列，为"字有音似同形义各别者"，以尤九、凶兇、扎札、冲沖之类相属，这些字形近音同而意义不同，容易混淆。卷下为"字有形似异而音义相同者"，以乃迺、从從、丐匄、仇逑之类相属，相当于一部异体字汇编字典。此书最初虽然仅作为蒙童字书，但对辨析形近字、同音字、异体字也有相当的参考价值。

是书成书于乾隆三十五年（1770），然直到嘉庆版《函海》刊行时才予以收录，此后光绪版《函海》亦有该书。（刘平中）

6. 《古音合》2卷，清李调元撰

李调元在文字音韵方面也有相当造诣，《古音合》即其音韵学代表作。是书凡2卷，卷首有李调元《自序》，云："记有之：字，孳也。……形立而声随之，故六书之本在象形，而其用在谐声。自假借之法行，而音韵相声，其道乃弥出而不匮矣。……字一也，音则随所用而为之变，若执此字以读彼音，则音义俱失，甚且误以押韵而不觉者，虽在通人不免焉。余暇日辄取韵书之一字，而音韵相借者合而录之，名《古音合》。非止供拈吟之用，亦使初学者知所考焉。"②汉字在演变过程中，往往有一字多义的现象。由字义引申而产生出现的新词，约占汉字的一半。由字音假借转变而生成的字，也约占一半。因此，通过审读汉字声韵以求字义，是把握汉字意义的重要方法。

是书上卷所列，为一字二音、三音诸字。下卷所列，为一字四音、五音、六音、七音诸字。每字有多少读音，悉数依照意义不同罗列。如上卷"一字三音"载："鲜，音仙，腥鱼，又色艳曰鲜，又鲜于，复姓；又音铣，稀少，少也；又音献，《月令》'鲜羔开冰'。"以说明某字有若干读音，则有若干字义，以此达到因音以别义的目的。而且，所选音例大多浅显明了，易于初学者掌握。因此《续修四库全书总目提要》评价此书时说："声音训诂，彼此构通之处，颇可从此触类旁通。"③可见该书在效用上实非"止供拈吟之用"的字书所比。该书对于某些读音多于七种读音的字，则没有收入，应是其主要不足。

---

① （清）李调元：《六书分毫序》，《六书分毫》卷首，嘉庆十四年（1809）李鼎元重校道光五年（1825）李朝夔补刊《函海》本。
② （清）李调元：《古音合序》，《古音合》卷首。
③ 《续修四库全书总目提要》"经部"《古音合》提要。

是书有嘉庆版、光绪版《函海》本。（刘平中）

7.《续方言新校补》2卷，清张慎仪撰

张慎仪有《诗经异文补释》，前已著录。

清代第一部续补扬雄《方言》的著作是杭世骏《续方言》，杭书摘录《十三经注疏》《说文解字》《释名》等十多种古籍中方言词汇500多条，分为上下两卷。上卷包括言辞、称谓、计量、衣着等各类词语300多条，下卷包括天文、地理、树木、虫鱼等各类词语220多条，内容分类和次序编排大体依照《尔雅》。所引材料一般写明出处，有的还加反切注音或作校勘说明，引文用大字，出处、注音和校勘用小字写在原文后面。此书汇编的古代方言词语，为考释古词古义提供了有用的资料，但其所列条文也有讹误阙脱者，故程际盛首先起来为之校补，撰《续方言补正》。张慎仪又在程书基础上，先后撰成《续方言拾遗》《续方言校勘记》，继而又将二书合并为一书，即此《续方言新校补》。

《续方言新校补》卷首有光绪三十一年（1905）赵藩《序》及《略例》，末附李子荣《跋》、王树柟《续方言拾遗原序》及《四库全书》本《续方言》的提要。卷中依杭世骏《续方言》原次，先录杭氏校辑，次录程氏《补正》，又次录张氏自己所补。仿照程氏《补正》体例，将见于他书而与本条文字有异者，系之本条之下。其杭氏原辑所引各书于原书文字有讹脱者，悉据原引各书原文备录于下，随条予以校正。一编之中，校、补兼详，颇足以补其所遗，正其所误。其合杭氏、程氏所辑与自己所补为一，尤便于征考。

是书成于清光绪二十八年（1902），今有《箧园丛书》本、清光绪三十一年（1905）铅印本、四川人民出版社1987年张永言点校本等。（李冬梅）

8.《蜀方言》2卷，清张慎仪撰

是书卷首无序，只是冠以《凡例》四则，述其撰著大旨。卷中所辑方言，仅以蜀地为限，前后序次，盖以《尔雅》19篇篇次为序。以蜀地为限撰辑方言著作者，当以明代李实《蜀语》为代表。然李氏《蜀语》虽然被自来研究者推为椎轮大辂，在所必资，但是其中挂漏者实不在少数。

慎仪此书即是补续《蜀语》之作。核其所辑，博采旁搜，视李氏《蜀语》原辑，增益几乎数倍。其各条之下，广引群经，考其来历，并注明"俗作某某"，使读者开卷即识其出处，辨其雅俗。这比李氏之书仅条举其言而无所考证者，体例更为完备。故冯汝玠评论此书说："考蜀之方言者，有此一编，李氏《蜀语》可以束之高阁矣。"①

是书今有《箓园丛书》本、民国中刊本、四川人民出版社1987年张永言点校本等。巴蜀书社2007年又出版纪国泰《〈蜀方言〉疏证补》，又对慎仪《蜀方言》做了系统评介，并对《蜀方言》所录词条从形、音、义等方面做了考证，将《蜀方言》中误收词条一一摘出，对其讹误一一做了考辨。如果说张氏《蜀方言》系李氏《蜀语》之诤友，纪氏此书则又张氏之功臣也。（李冬梅）

9.《广释亲》1卷，清张慎仪撰

《释亲》是《尔雅》中的一篇，是关于我国亲属称谓最早的专著，所收古代亲属间称谓语200有余，分宗族、母党、妻党、婚姻四小目罗列，眉目清楚。从这些亲属称谓，可以看出古代丰富而准确的社会组织信息，诸如婚姻制度、家庭形式，甚至社会关系等，都在《释亲》中有所反映。如其中"妻党"子目，集中反映了带有明显母系氏族社会特征的婚姻关系，这对研究古代婚姻制度具有重要价值。又如其中关于直系亲属的称谓，也反映出古代大家庭聚族而居、多代同堂的历史现象。总之《释亲》乃研究古代中国婚姻、家庭、家族乃至社会组织的重要史料，故成为研究社会史、语言史必不可少的资料，历代广之补之者亦不乏其人。孙殿起《贩书偶记》卷三著录："吴卓信《释亲广义》二十五卷，传抄本。"《续编》卷三亦录："邵伟《广释亲》一卷，乾隆己酉（1789）刊本。"晚清"钱唐梁氏"亦撰《广释亲》，然属稿未竟。

张慎仪此书，系就梁氏残稿补辑而成。梁氏名今阙，慎仪也未尝言及，据此书卷首行所题，仅知其所据稿出于"钱唐梁氏"。书末附有慎仪弟张骧所作《附录》1卷，乃其采辑世俗之称谓，甄综排比而成。

其体例是张氏补辑与梁氏原辑合而为一，依《尔雅》所分宗族、母党、妻党、婚姻章次，顺序条列。对于梁辑则注以"原"字，对于自家辑补，则注"补"字，以示区别。同时代又有吴卓信撰《释亲广义》，然并未刊行，故张氏未及参考，留下遗憾。冯汝玠指出："虽于《尔雅》各章多所增益，但视吴卓信之《释亲广义》，于《尔雅》四章之外，更增以方言、夷语、俗呼、假号四类，并于各类之内，区分若干门者，征引则逊其赅备，区分亦逊其清晰。虽同以'广'为名，殊与吴氏之作未足并驾齐驱。至卷末所附'僧称曾祖曰曾师''僧师兄弟曰同学法眷'等条，以方外之称附诸亲属之列，亦嫌不

---

① 《续修四库全书总目提要》"经部"《蜀方言》提要。

伦。"①不过冯氏也承认："吴氏之作，尚无刊本，不能人人尽得而读之，得据是编所辑，以考亲属之种种名称，于治《雅》学，亦不无裨益也。"②

是书今传版本主要有《簑园丛书》本、民国中刊本等。（舒大刚、李冬梅）

10.《六书旧义》1卷，清廖平撰

廖平有《周官考征凡例》，前已著录。

是书前有廖氏《自识》，首总论六书名义，次分《象形》《象事》《象意》《象声》《转注》《假借》6篇。各篇中，《象形》内又分10例，《象事》内又分8例，《转注》内又分10例，《假借》内又分16例，末以《转注假借对峙表》殿后。

此书创作大旨，盖以六书之名，班固、郑玄、许慎三家不同，而班固《汉书·艺文志》源出刘歆《七略》，为最古，故以班说为主，遂以"旧义"名其书。统观全书，说解多有混淆不清之处。冯汝玠该书《提要》云：大抵"名虽以班为主，实则藉班推翻许氏，逞其臆说"，"核其所述，一无可取"③。盖廖氏本不以小学见长，而又强欲自立体系，其书不免存在枘凿、含混之处。而冯氏对廖氏该书全盘否定，亦已太过。

是书今有光绪十二年（1886）《四益馆经学丛书》本、《新订六译馆丛书》本、巴蜀书社1998年版《廖平选集》标点本、上海古籍出版社2015年版《廖平全集》整理本等。（李冬梅）

11.《转注本义考》不分卷，清王金城撰

王金城，生卒年不详，字子固，四川巴县（今属重庆）人。先世籍安居，父伯庭以武职官重庆，始迁来为县人。金城少有才名，为文章，操纸笔疾书，亟成若宿构，及成则又甚工，侪辈皆叹异。尝数试春闱不第，以大挑得教职，未选官。张之洞督学四川，以经史、训诂、考据之学激励多士，金城应试，入之洞门，习闻其说。晚年究心天算，尝召工督制经纬仪，所制测绘铜尺，刻画精审。历主字水及南川专经书院，著有《转注本义考》《说文答问》等。

作书之由，王金城于《转注本义考·上篇》云："转注之义自汉以后无知之者，国朝曹习庵（仁虎）《转注古义考》辨之详矣。然曹氏取卫氏恒、徐

---

① 《续修四库全书总目提要》"经部"《广释亲》提要。
② 《续修四库全书总目提要》"经部"《广释亲》提要。
③ 《续修四库全书总目提要》"经部"《六书旧义》提要。

氏锴之说，虽较诸家为近理，考之《说文》全书，仍与许君转注本义抵牾。曹氏驳正诸家处，尽多切中其弊，及其自为说也，仍蹈其弊而不觉。欲去诸家之弊，莫若恪守许君本义……今特细考全书，合乎本义者收之，异乎本义者汰之。其有与转注本义吻合无间，毫无出入者，共得十二字。由其义推而广之，虽若小异，实则大同者，又得六十二字，《说文》转注之字亦略备于是矣。"

是书前有光绪二十年（1894）王氏自叙，末有光绪二十一年（1895）王氏跋。卷中分上、下两篇。上篇根据《说文自叙》所举转注之例，述许氏之本义，及与"诸书"分界，并将转注各字一一胪列，以为标准。王氏于许氏"建类一首，同意相受"之说，字字求其真解，详加考释；于许氏转注本义，可谓直探其脑际，得其本真；其论转注与其他五书之界限，亦是泾渭分明。下篇据曹仁虎《转注古义考》，对曹氏所驳诸家转注之说未尽未当者，逐条申辩，并于曹氏之说论其得失。更附以辨正江声、郑知同两家之说于末，以正转注之误解。

转注之说，久为各家臆说所蔽，本义不明，是书据许氏原说，考其本义，认理既真，措辞显豁，破众说而不盲从，足成一家之言。故《续修四库全书总目》赞曰："是编根据许氏说解，证以全书，采其本义，切指其字。洵为有清三百年来研考转注唯一精确之作"；"衡以各家转注之说，终当推是编为首屈一指也。"①

是书有清光绪二十一年（1895）刊本。（李冬梅、郑伟）

12．《六书释义》2卷，清李天根撰

李天根，生卒年不详，字澄波，四川双流人。著有《六书释义》《中国文字来源及变迁》《说文部首略注》《说文部首韵语》等。

是书分为上下两卷，前后无序跋，有《总论》《分论》《结论》三节。首《总论》述六书名称次第及诸家之论六书，暨转声通假。次《分论》述指事、象形、会意、形声、转注、假借六书。末以《结论》殿之。每节悉博引古今诸家之说，而附以己意。如《总论》中述六书次第，变更许慎原次，移会意于形声之前。《分论》中于指事，分独体、合体。于象形，分纯体、合体、变体。于会意，分纯体、变体。于形声，分纯形声、变形声。于转注，以属于造字之法，通此则格彼，不若属于用字之法，庶几左宜右有，不致发生窒碍。

---

① 《续修四库全书总目提要》"经部"《转注本义考》提要。

于假借，以为当从本无其字着想，不知者以为近于引申，谓引申因文生义，义在文后，假借则本应有此义，而无其字，乃托于他字以为之，义在文先。《结论》中谓幸勿舍显易而故为艰深，致使明白浅近之工夫，学者疑若登天。如此等等，虽有剖解未详、分界不清、论说不确之处，但其旁征博引、史料翔实，于学者研究六书实有帮助。故而冯汝玠云："核其全书，虽发挥未能透辟，论断未尽精核，而斟酌诸家之说，不妄逞私臆，务为坚僻，不惟远胜廖平之《六书旧义》，即饶炯之《六书例假》亦未足与是编相较。至其罗列众说，征引详备，于古今诸家所论六书之同异，可据以知其概略，尤于学者有所裨益也。"①

是书有民国十四年（1925）双流李氏念劬堂刊本。（李冬梅）

13.《尔雅今释》7卷，清宋育仁撰

宋育仁有《孝经正义》，已著录。

宋维镇《尔雅今释跋》称，此书为宋育仁"京师大学讲授之作"，即成于宣统二年（1910）前后兼任京师大学堂经、文两科教习之时。全书名为7卷，实可视为七讲。卷一阐明《尔雅》主旨，认为《尔雅》为古小学教科书，"《尔雅》在六艺之科，为群经之汇。凡小学、史篇皆附此科，据此可推《尔雅》属古小学教科书。"并举《释诂》50条为例，总结《尔雅》前三篇训词的特点。卷二为《读雅条例》，论《尔雅》兼有字书"据形""释义""分韵"三种体例。卷三讲《释亲》，作者认为："《释亲》'九族''三党'为古来之普通教科书所必要，此乃伦理名教之统系根源"，"《释亲》一篇学者最当注意，此即中国国教伦理，首在正名以定血统。"卷四讲《释宫》，借建筑说明礼制风俗。卷五讲《释器》《释乐》《释天》。卷六讲《释地》《释丘》《释水》，以《内九州外五服影射图》《禹贡五服图》《职方九服图》《尔雅邹伯奇周礼九畿方率图》为图释，强调"释地九州，最关经制"，是"建国之纲要"。卷七附录《释草、木、虫、鱼、鸟、兽通义》，概括事物命名之法有五："以性得名""以形得名""以类得名""以色得名""以声得名"。

从书中多处论述《尔雅》为普通教科书推测，此书的撰写与清末大量译介西方新式教科书而引发的新旧之争有关。书中有多处引用西方的理论，进行中西比较，如，卷一谓："中外文字原理规则皆同，深通文字即通名学，其理法亦同，然而中外亘古未尝相通者，由于中文一字一音，西文合数音为一字，

---

① 《续修四库全书总目提要》"经部"《六书释义》提要。

原点既异，故难通也。"卷四谓："西人谓西文名词皆有区别，中文名词无区别者，由于译学未明我国之治，译者未能通训诂小学，但解普通认字，普通属文，无从知古先名学，因而翻译西文不能区其词界。"朱祖延《尔雅诂林叙录》评价曰："该书有别于一般的注疏，它不注重逐词为释，而着重晓明《尔雅》一经之主旨，《尔雅》各篇之义例和价值。……通观全书，凡讲义例，多富启发；关涉实用，率多陈腐。"

从宋氏后人家藏本封面题字分析，此书原拟收入《问琴阁丛书》甲部（即经部），今有民国十五年（1926）成都刻单行本。朱祖延主编《尔雅诂林叙录》（湖北教育出版社1998年版）"研究专著辑录"部分收入《尔雅今释》，为排印点校本。另国家图书馆出版社2016年出版的《宋育仁文集》亦收录有影印本。（李晓宇）

14.《说文解字部首笺正》2卷，清宋育仁撰

此书撰写过程见作者自序，略谓："昔年二十讲授资中，为学者解说《说文》部首，成《部首笺正》初稿，稍益整齐之，易名《部首详注》。后加理董，易稿为定本，更名《订读》。朱肯夫詹事督学蜀，见其书而称之，欲与王氏《句读》同刊，寻病，终未果。既通籍，潘郑盦尚书索观所著，亟相称伟，为作序，欲趣刊行。庚子避乱西山，失去后定本，并潘序失之。宣统末充京师大学经、文专科，乃以初本付印，为《说文》《尔雅》授课本。后定本已不可复得，比来还山，旧及门诸子为组国学函授讲习社，先付排印，以代传钞，易名《笺正》。"由此可知，是书初稿成于光绪十年（1884）前后，其时作者在资州（今资中县）任艺风书院主讲。此书曾先后得到四川学政朱逌然、兵部尚书潘祖荫的称赏，与《尔雅今释》皆为宣统二年（1910）前后宋氏兼任京师大学堂经、文两科教习时所用的课本。宋氏递解回川后，得门人资助，由国学函授讲习社排印。

此书与《尔雅今释》互为表里，是近代语言系统转型背景下的产物。宋氏此书的宗旨是"辨言"，自序中引孔子告哀公之语"学于《尔雅》，可以辨言矣"，曰："斯言何谓也哉？其旨甚微而难索解，观今群言淆乱，由辨之不早辨也，则可以悟矣。"宋氏所谓的"辨言"，是要证明汉字比拼音文字更优越。宋氏《同文解字序》曰："昔年随使英伦，交日本留学书记生望月小太郎，介识牛津大学博士麻公，年七十矣，素有大学重名，因与讨论文字，相与甚欢。为言'主音之字，百里而音差；主形之文，五洲可共识。拼音以附语言，百年而一

变;据形以范音义,终古而不移'。博士深韪其言,且曰:'五洲同文,乃学界必至知期。'"《采风记》卷二附有《与英国麻博士议修各国通行字典说例》,可参阅。我们研究"五四"以来的"汉字革命",应当将宋育仁以汉字取代拼音文字的观点,与以拼音文字取代汉字的思潮联系起来考察。

是书今传有民国十三年(1924)刻单行本。从宋氏后人家藏本封面题字分析,此书原拟收入《问琴阁丛书》。董莲池主编《说文解字研究文献集成·现当代卷》(作家出版社2006年版)第九册收入《说文解字部首笺正》,为影印本。另国家图书馆出版社2016年出版的《宋育仁文集》亦收录有影印本。(李晓宇)

第十节 石经、群经与丛书

一、巴蜀石经、群经与丛书文献概述

石经即刻在石头上的经书。作为一种刊刻经典的方式,在雕版印刷术发明以前,曾对经书的传播及其文字的统一化和标准化,产生过重要影响。方汉灵帝之时,"诸博士试甲乙科,争第高下,更相告言;至有行赂定兰台漆书经字,以合其私文者",及至蔡邕等刊成《石经》,"自后'五经'一定,争者用息"①。《后汉书·蔡邕传》描述当时盛况说:"于是后儒晚学,咸取正焉。及碑始立,其观视及摹写者,车乘日千余两,填塞街陌。"故《隋书·经籍志》云:"后汉镌刻'七经'……相承以为'七经'正字。"②足见石经为保证经典传播的相对完整和文字的相对统一做出了重要贡献。

石经之刻始于上述蔡邕《石经》,时当东汉灵帝熹平年间。《后汉书·蔡邕传》载:"(蔡)邕以经籍去圣久远,文字多谬,俗儒穿凿,疑误后学。熹平四年(175),乃与五官中郎将堂溪典、光禄大夫杨赐、谏议大夫马日磾、议郎张驯、韩说、太史令单飏等,奏求正定'六经'文字,灵帝许之。邕乃自书

---

① 《后汉书·吕强传》。
② 《隋书·经籍志》"经部·小学类序"。

册于碑，使工镌刻，立于太学门外。"此即历史上可以信据的最早石经①，由著名书法家蔡邕手书，字体是当时最典雅的篆隶合体"八分书"，经数凡七：《周易》《尚书》《毛诗》《仪礼》《左传》《公羊传》《论语》，史称《熹平石经》，或《一字石经》。

后世继刻者，如《正始石经》：刻于三国曹魏齐王芳正始（240~249）年间，由虞松等儒生考正"五经"，邯郸淳②、钟会等以古文、小篆、八分三体书之，刻石于鸿都学宫，共成《尚书》《春秋》二种，又称《三体石经》。其次是《开成石经》：唐文宗太和七年（833）诏郑覃等人"于国子监讲论堂两廊创立《石壁九经》，并《孝经》《论语》《尔雅》"③，历时四年，至开成二年（837）竣工，称《开成石经》或《石壁九经》④，凡刻《周易》《尚书》《毛诗》《周礼》《仪礼》《礼记》《左传》《公羊》《穀梁》《孝经》《论语》《尔雅》十二经，"都计六十五万二百五十二字"⑤。其三即《蜀石经》：创刻于孟蜀广政初年，由蜀相毋昭裔创议并主持。

《蜀石经》以唐《开成石经》为蓝本，在对经文加以精心订正后，聘用著名书法家书丹，精湛刊刻工人刊石。计有《孝经》《论语》《尔雅》《毛诗》《礼记》《仪礼》《周易》《尚书》《周礼》及《左传》十经。北宋又补刻《公羊》《穀梁》《孟子》三经。至此，儒家"十三经"便皆刻于四川成都府学（即汉代

---

① 自王应麟以下至顾炎武、冯登府等人皆主是说。然又有石经始于王莽、始于汉灵帝光和六年（183）二说。题名江藩《经解入门》卷二《历代石经源流》引明末徐世溥《榆墩集》云："孝平元始元年，王莽命甄丰摹古文《易》《诗》《左传》于石，此石经初刻也。章帝命杜操增摹《公羊》《论语》古文，而释以章草，此石经再刻也。灵帝光和六年，命胡毋敬、崔琼、张昶、师宜官以古文八分刻《易》《书》《鲁诗》《仪礼》《左传》于太学讲堂，此石经三刻也。"以下才是熹平四年（175）云云。赵崡《石墨镌华》亦谓："汉灵帝光和六年刻石'五经'文于太学讲堂，此初刻也。蔡邕以熹平四年……此再刻也。"又将初刻定为光和六年。今按，胡毋敬非东汉人；又熹平在前，光和在后。《水经注》卷一六谷水，于《熹平石经》曰："东汉灵帝光和六年，刻石镂碑，载'五经'立于太学讲堂前，悉在东侧。蔡邕以熹平四年，与五官中郎将堂溪典……求正定'六经'文字，灵帝许之……今碑上悉铭刻蔡邕等名。"是则光和石经为《熹平石经》刻成之后，《水经注》后文乃追叙前事。二氏不知，反以光和在前熹平在后，其说显然不足为据。
② 顾炎武《石经考》据卫恒《书势》，以为《三字石经》非邯郸淳所书。
③ （宋）王溥：《唐会要》卷六六"国子监"条，中华书局1990年版。
④ 《旧唐书》卷一七下《文宗纪》，又卷一七三《郑覃传》。
⑤ （清）顾炎武：《金石文字记》卷五，《顾炎武全集》第5册，上海古籍出版社2011年校点本。

的文翁石室，原址即今成都石室中学），后世通称为《石室十三经》。

其四为北宋嘉祐年间刻于开封的《嘉祐石经》，篆、楷二体，凡《易》《书》《诗》《周礼》《礼记》《春秋》《论语》《孝经》八种。

其五为南宋高宗御书《石经》刻于杭州，其中《周易》《诗经》《尚书》《春秋左氏传》《礼记》为真书，《孝经》《论语》《孟子》为行书。

其六为清乾隆时所刻《十三经》，由蒋衡手书，立于北京国子监。合前《熹平石经》，历代大规模的石经刊刻凡历七次。然总体而言，宋以下石经都是在雕版印刷术之后进行的，故其文字统一和经典流通的意义，不及前四次石刻重要。在前四刻中，就体制和规模而言，又以经注皆备、碑越千数的《蜀石经》为最。

随着时代变迁以及雕版印刷的推广，石经这种刊刻经典的方式亦逐渐消失，后来原物存世者仅《开成石经》和《乾隆石经》两种而已，其他石经的历史面貌，包括经数、形制、文字、质量和影响，都不甚清楚了，于是从南宋开始即有人关注起石经的考订和研究。如晁公武《蜀石经考异》、曾宏父《石刻铺叙》、王应麟《困学纪闻·经说》等，这些都是石经研究的早期成果。

至明清之际，顾炎武撰成《石经考》，从而正式开启了石经的专题研究。其后万斯同、孙星衍、阮元、严可均、丁晏、吴骞、瞿中溶、桂馥、翁方纲、杭世骏、刘传莹等，以及近世王国维、张国淦等，皆尝致力于此，于是形成了成果丰硕、规模浩大的"石经学"。这些著作，或重在考察石经源流，或重在校勘石经文字，各有特色，也各有千秋。其优秀者，前者如顾氏《石经考》、万氏《石经考》、杭氏《石经考异》、桂氏《历代石经略》、瞿氏《汉石经考异补证》、刘氏《汉魏石经考》等，后者如顾氏《唐国子学石经》、翁氏《汉石经残字考》、孙氏《魏三字石经残字考》、严氏《唐石经校文》、王昶《后蜀毛诗石经残字考》、吴骞《蜀石经毛诗考异》、冯登府《石经考异》、王国维《魏正始石经残石考》等。而蜀人冯世瀛的《石经考辨》，则既通考源流，又罗列异文，实乃诸家石经著作中较为优秀的一种。其他如西充白坚辑《汉熹平石经残字集》，为近世出土汉石经之精品。

群经总义文献是综合论说或解释诸经的文献，相对于专经文献而言，群经总义文献往往在同一书中涉及两经以上直至十三经的内容，其论说方式包括通论、通释、通考，或杂论、杂考、札记等。它的产生与发展是与研经之人对群经综合认识和全面总结不断加深的结果，而由于其研究要关涉群经，自非身通六艺、兼熟诸经者所不能，故相对于专经文献而言，群经总义文献产生较晚、数量也较少。大致而言，先秦时期仅有片段语言论及"六经"，至西汉始有专篇文章讨论"六经"，迄乎东汉乃有专著评说"六经"。六朝以下，群经总义文献在形式和内容上都逐渐增多，两宋时期群经总义文献的各种形式基本定型，至于明清，群经总义文献乃达于极盛。

巴蜀之群经总义文献，据嘉庆《四川通志》和吴福连《拟四川艺文志》载，分别有42种和29种之多。其中如三国蜀汉谯周《五经然否论》，主于驳正诸儒，杜佑《通典》和朱彝尊《经义考》均载有其就事论辩之词：其一，《大戴礼记》说文王年十三而生伯邑考。《荀子》说："天子、诸侯十九而冠。"《左传》又说："冠而后生子，礼也。"照此说来，如果文王未冠即生伯邑考，则是非礼之行，这对于"宪章文武"的儒家来说，是难以理解的，于是惹得诸儒纷纷为之解释。谯周《五经然否论》云："《古文尚书》说'武王崩，成王年十三'。推武王以庚辰岁崩，周公以壬午岁出居东，癸未岁反。礼公冠记：周公冠成王，命史作祝辞告，是除丧冠也。周公未反，成王冠弁，开金滕之书，时十六矣。是成王十五，周公冠之而后出也。许慎《五经异义》云'武王崩后，管、蔡作乱，周公出居东，是岁大风，王与大夫冠弁，开金滕之书，成王年十四，是丧冠也'者，恐失矣。案礼传，天子之年，近则十二，远则十五必冠矣。"是谯周引证《尚书》周公冠成王故事，证明天子年龄近则12岁、远则15岁，皆可以举行冠礼，可以成婚生子。其二，东汉明帝时，修明三代养老之礼，于太学置"三老""五更"，皇帝亲自拜见。群臣欲令"三老"答天子之拜，当时城门校尉董钧驳曰："养三老，所以教事父之道也。若答拜，是使天下答子拜也。"皇帝居然同意了董钧之议。对此，谯周《五经然否论》驳正说："礼：尸服上服，犹以非亲之故，答子拜。士见异国君，亦答拜。是皆不得视犹子也。"依据礼仪，祭祀时要设尸，用生人代表祖先享受祭奠。孝子行礼时，尸是要答拜的；异国臣子觐见君主，君主也有答拜的。因为他们并非有父子和君臣关系，所以要答拜。以谯周的意思，"三老"虽然是老，但是他与皇帝没有血缘关系，只是礼仪行为，所以是需要答天子的。以上是可考的谯周《五经然否论》佚文，内容是关于古代礼制的考证。

至宋，儒者治经，善于宏观思考、总体把握，故巴蜀群经总义文献在此时也甚为发达。如其新释经义者，则有杨绘《群经索蕴》33卷、范祖禹《三经要语》、唐彦通《四经彻旨》30卷、李舜臣《群经义》7卷、毛璞《六经解》、高定子《经说》5卷、黄敏求《九经余义》100卷；其授课讲义者，则有高定子《绍熙讲义》、史尧辅《诸经讲义》50卷、吴之巽《诸经讲义》5卷、程公许《金华讲义》、牟子才《经筵讲义》5卷；其讲明音义者，则有许奕《九经直音》9卷、《九经正讹》1卷、《诸经正典》10卷及牟巘《六经音考》。

此外，蜀人受以图谱解经方法的启发，也编撰了一些群经图谱类著述。如李焘《五经传授图》1卷、杨甲《六经图》6卷。以图解经，形象生动，此类文献在历史上萌芽甚早，然最终成熟于宋。如汉有严彭祖《春秋图》、郑玄《三礼图》，魏有卫协《诗图》、阮谌《三礼图》，唐有沈熊《易谱》、宋璟《无逸图》、杨嗣复等《毛诗草木虫鱼图》，宋有邓名世《春秋谱》、刘牧及朱震《易图》、叶仲堪《六经图》、俞言《六经图说》、赵元辅《六经图》，如此等等，皆其著者，可惜皆轶而不存，今幸有蜀人杨甲《六经图》存世，得以窥六经图解之貌。

金元时期，群经总义文献沿袭宋人体例，继续有所创获。如张翬《经说》《四经归极》，黄泽《六经补注》《翼经罪言》《经旨举要》《稽古管见》等，皆能发明经旨，表一家之言。

明清时期，是中国儒学文献最为繁盛的时期，此时巴蜀群经总义文献也数量陡增，种类最繁。如明有周洪谟《群经辨疑录》3卷、郑明郁《五经注》、赵贞吉《经义进讲录》2卷、马升阶《经旨举要》1卷、刘启周《五经蠡测》、余玮《五经实解》、刘文琦《五经讲义》以及杨慎《经说丛钞》6卷、《升庵经说》8卷、《经书指要》1卷等。其中杨慎之作或专门讨论经书"本义"，或侧重考据经典疑义，江瀚谓其说"极为正大"，"好诋朱熹"，"为明人经说之翘楚"。① 而晚清经学大师廖平为区别汉代今文、古文经典和学派而作《今古学考》，则发前人所未发，为经学史中的今古文学之争提供了一个绝佳的解决方案，被俞樾推许为"不刊之作"。至于总结群经条例和治学方法者，如廖平《群经凡例》16卷、李滋然《群经纲纪考》16卷，也为学人治经指出了门径。

经学丛书文献，明、清诸艺文志多列入"群经类"，它是指在一个总书名之下，将多种本来独立成书的经学著作汇为一书。丛书内的各书均可独立存在，除了拥有共同的丛书名之外，各书都有其独立的书名。

中国丛书的编纂，一般认为始自宋代。南宋嘉泰二年（1202），俞鼎孙、

---

① 《续修四库全书总目提要》"经部"《升庵经说》提要。

俞经编《儒学警悟》，将6人的6种著作汇为一书出版；70年后，左圭辑成《百川学海》，收书100多种，两书被视为中国丛书之祖。缪荃孙《校刻〈儒学警悟七集〉序》云："唐以来有类书，宋以来有丛书。朱氏《绀珠》、曾氏《类说》，已汇数十种而刻之，然皆删节不全。至取各书之全者，并序跋不遗，前人以左圭《百川学海》为丛书之祖，顾《学海》刻于咸淳癸酉（1273），先七十余年已有《儒学警悟》一书，俞鼎孙、俞经编，计七集四十卷。"①所考甚是。至于明清，丛书的编纂颇为繁盛，数量多，卷帙大，门类齐全，校勘精良，它们对于古代文献的收集、保存和传播起了巨大的作用。

巴蜀的经学丛书文献，导源甚早。《汉书·艺文志》有"《扬雄所序》三十八篇：《太玄》十九、《法言》十三、《乐》四、《箴》二"。实为巴蜀文献中最早的丛书。南宋魏了翁之《九经要义》，对唐修《周易》《尚书》《诗经》《仪礼》《礼记》《周礼》《春秋》诸经"正义"以及宋修《论语》《孟子》"注疏"进行了整理和摘录，这是以宋代理学家的观点来重新审视汉学，使经传注疏中所蕴含的典制和义理资料，得到了进一步的阐发和突出。全书采掇谨严，别裁精审，精华毕撷，实为读注疏者之津梁，于学者最为有功。

明万历年间，焦竑又千方百计收集苏轼、苏辙二兄弟著述，得苏轼《东坡先生易传》9卷、《东坡先生书传》20卷，苏辙《颍滨先生诗集传》19卷、《颍滨先生春秋集解》12卷、《论语拾遗》1卷、《孟子解》1卷、《颍滨先生道德经解》2卷。焦氏将收集所得汇为《两苏经解》，并撰序给予极高评价。万历二十五年（1597），毕氏将书稿刊刻于世，人们始见二苏经学成就之原貌。后14年，顾氏又据其本再次翻刻，二苏的经学著作始大行于时，为学人所重。

至清，又有刘沅《十三经恒解》、何志高《西夏经义》、杨国桢《十一经音训》、廖平《四益馆经学丛书》、吴之英《寿栎庐丛书》、宋育仁《问琴阁丛书》等等，皆以经学为主。其中刘氏《恒解》遍注《周易》《尚书》《诗经》《周礼》《仪礼》《礼记》《春秋左传》等九经，涵泳百家，容纳释道，熔铸而成"槐轩经学"体系。及其后人，又将刘氏其他著作汇为一编，成为影响较大的《槐轩全书》。

《四益馆经学丛书》收录廖平经学著作5种：《何氏公羊解诂三十论》《春秋左传古义凡例》《今古学考》《六书旧义》《分撰两戴记章句凡例》，这些

---

① （清）永瑢等：《四库全书总目》卷一二三《类说》提要。

著作正是廖平经学初变时期以礼制平分今古的成果，是廖平经学成就中最为人称道的精华部分。民国时期，廖氏又将自己所有著作编为一大丛书《六译馆丛书》，卷帙更为浩大。

以上种种，即为石经、群经总义、经学丛书文献之大概，现择其要籍，略述其内容如下。

二、石经文献举要

1. 《蜀石经》99卷，五代后蜀毋昭裔组织刊刻，民国刘体乾藏宋拓本

毋昭裔，本五代后唐龙门（今山西河津）人，博学多才。投靠后唐庄宗李存勖的姐夫孟知祥部。同光三年（925），孟知祥灭前蜀，为成都尹、剑南西川节度副大使，昭裔为其掌书记。934年，孟知祥建立后蜀政权，改号明德，昭裔为御史中丞。同年7月，知祥死，子昶即位。次年4月，昭裔任中书侍郎同平章事，位居宰相。广政三年（940），昭裔兼判盐铁。广政十四年（951），以年老致仕。昭裔一生为政稳重，以惠民为本。其主要贡献在于发展雕版印刷业，自出私钱百万，营建学校，雕刻书籍；特别是命张德钊等书写儒家经典，刻成石经，置于成都学宫，此即著名的《蜀石经》。又命门人句中正、孙逢吉书写《文选》《初学记》《白氏六帖》，刻版印行；王明清《挥麈后录》还记载毋昭裔雕印儒家经典，广为流传。清刘体乾所藏宋拓本《蜀石经》即为昭裔倡刻石经拓本之残卷。

刘体乾，字健之，安徽庐江人，著名收藏家。清光绪年间四川总督刘秉璋长子。民国初年，刘体乾曾任四川宣慰使，后即潜心学术，与弟刘体仁、刘体智、刘声木，均为著名金石、史学学者兼收藏家。1918年，刘体乾因得宋拓本《蜀石经》七册，矜为至宝，颜其堂额为"蜀石经阁"（或称"蜀石经斋"），为记其盛，礼请陈师曾绘图、陈三立题识，以为纪念，今有1920年陈三立题款的《蜀石经阁图》传世。

《蜀石经》又称《广政石经》《孟蜀石经》《石室十三经》，创刻于五代后蜀广政初年，由蜀相毋昭裔创议并主持，为儒家"十三经"经注最早的完整辑刻。昭裔以唐《开成石经》为蓝本，通过对经文的精心订正，然后聘用著名书法家书写、精湛刻工刊石。广政七年（944）刻成《孝经》《论语》《尔雅》，由简州平泉令张德钊书写。广政十四年（951）又刻成《毛诗》《礼记》《仪礼》《周易》《尚书》《周礼》及《左传》前17卷。其中《毛诗》

《礼记》《仪礼》由秘书郎张绍文书写，《周易》由国子博士孙逢吉书写，《尚书》由校书郎周德正书写，《周礼》由校书郎孙朋吉书写，而《左传》前17卷则未著书写人名姓。曹学佺《蜀中广记》卷一引宋赵抃《成都记》径直称"刻……《左传》凡十经于石"。然则孟蜀所刻仅止于此十经。至北宋又继《孟蜀石经》后补刻三经：北宋仁宗皇祐元年（1049）蜀帅田况将《左传》续刻完毕，又增刻《公羊》《穀梁》二传；徽宗宣和五年（1123），蜀守席贡又补刻《孟子》。至此，儒家"十三经"便皆刻于四川成都府学，后世通称为《石室十三经》。曾宏父《石刻铺叙》、赵希弁《郡斋读书附志》著录《蜀石经》拓本并称："以上《石室十三经》，盖孟昶时所镌"①云云。这是儒家"十三经"的首次结集，也是儒家经典体系第一次获得"十三经"之称，意义重大。

据王明清《挥麈录·余话》云："毋丘俭（按，当作母昭裔）贫贱时，尝借《文选》于交游间，其人有难色。发愤异日若贵，当板以镂之遗学者。后仕王（按，当作孟）蜀为宰，遂践其言刊之。印行书籍，创见于此。事载陶岳《五代史补》。后唐平蜀，明宗命太学博士李锷书'五经'，仿其制作，刊板于国子监，监中印书之始。今则盛行于天下，蜀中为最。明清家有锷书印本'五经'存焉，后题长兴二年（931）也。"②除了刻印书籍外，母昭裔还大力发展教育。当时孟蜀政局初定，府库并不充裕，刻经工程浩大，经费拮据，他于是慨然捐出自己的俸禄，以襄其事。司马光说："自唐末以来，所在学校废绝，蜀母昭裔出私财百万，营学馆，且请刻板印'九经'③。蜀主从之。由是

---

① （宋）曾宏父：《石刻铺叙》，《知不足斋丛书》本；（宋）赵希弁：《读书附志》卷上，《郡斋读书志校证》本。
② （宋）王明清：《挥麈录·余话》卷二，上海书店出版社2001年版。按：王明清此处所述有误，李锷刻经在长兴二年（931），毋昭裔刻经乃在广政，第一批成于广政七年（944），是李锷刻书在前。但从王明清之记述可见唐末以来蜀中雕版印书之盛。
③ 关于《孟蜀石经》所刻经数，如前所列，孟蜀时刻有10种，赵宋时刻有3种，然此处引吴任臣文及后引杨慎、吕陶文却均言九经。对于这一问题，有学者认为："'九经'一词多是泛称，相当于'群经'的意思。"（参舒大刚：《试论"蜀石经"的镌刻与十三经的结集》，载《宋代文化研究》第15辑，四川大学出版社2008年版）亦有学者认为："是没有把《尔雅》计算在内，因为它只是一种训诂方法的工具书。"（参李均惠：《孟蜀石经与蜀文化》，载《文史杂志》1998年第6期）均可为参考。

蜀中文学复盛。"①毋氏以私财办学、刻书、刻石经，公诸于世，令人观习，对蜀中学术文化的发展起到了很大推动作用。宋人有言："'蜀学'之盈，冠天下而垂无穷者，其具有三：一曰文翁之石室，二曰周公之礼殿，三曰石壁之九经！"②"石壁九经"即昭裔创刻的《蜀石经》，可见其影响之巨。

《蜀石经》虽然依仿唐代的《开成石经》，但在刊刻经典文献的正文外，还于各经句下以双行小字刊列注文，这不仅有利于民间校对经注文字，还为人们正确理解经文意义提供了注本，大大促进了儒学在蜀中的普及。又由于《蜀石经》的书法与刊刻都出于当时名家高手，书法优美，刊刻精整，故学者称赞它"端方精谨""谨严遒峻"，"较《开成石经》尤为优美"！③杨慎《丹铅录》评论说："孟蜀石刻九经，最为精确。"《蜀石经》所用石料，系成都附近灌县（今都江堰）的青石，经琢磨后双面刊刻。经石呈长方形，其厚度约为3厘米。每块经石都在其侧面刻有序列编号，各经篇目章次，一目了然。

《蜀石经》从广政初年（938）始刻，至宣和五年（1123）完成，前前后后断断续续经历了200年。《蜀石经》经注文数达1414585字，"其石千数"④，是中国历代石经中字数最多、刊时最长、体例最备、资料价值最高的一种，也是规模最大的一种⑤。刻成后立于成都府学，可谓洋洋大观。为了保护这些规模庞大的石刻经典，宋神宗时蜀守胡宗愈作廊庑"石经堂"以贮之。《蜀石经》与五代所行"监本"一道，是宋人校勘经书的重要版本。南宋初年，晁公武即据《蜀石经》与"监本"校勘，发现不少异同，撰成《蜀石经考异》，于是与《古文尚书》并刻立于《蜀石经》之末。

《蜀石经》当时曾经以拓本形式流传于世。绍兴二十九年（1159），资州盘石人李石出任成都府学官，有《府学十咏·石经堂》云："登登阁阁隐金槌，耳聒散空垂雹雨。蜡熏煤染连作卷，玉轴锦装如束杵。岂无一物媚权豪，几纸才堪博圭组。"说当时人捶拓石经来献媚"权豪"。又说当时"诸

---

① （宋）司马光：《资治通鉴》卷二九一后周广顺三年六月。（清）吴任臣：《十国春秋》载同。
② （宋）吕陶：《府学经史阁落成记》，《净德集》卷一四。
③ 周萼生：《近代出土的蜀石经残石》，载《文物》1963年第7期。
④ （宋）范成大：《石经始末记》，《全蜀艺文志》卷三六。
⑤ 《开成石经》立石114通228面，共65万余字；《乾隆石经》立石190通380面，共68万余字。

生"唯守印本经书,却对石经来历不甚了解,"诸生读经半白头,问以始终箝不语","后生不复事丹铅,抵死唯知守藤楮。"①孝宗乾道末(1173)、淳熙初(1174),陆游宦游蜀中,也曾听到石室学宫搥拓石经的声音,"衣冠严汉殿,草木拱秦城";"出门还悦恍,列屋打碑声。"(自注:"墙东即石经堂。")②这都给我们展现了石经拓本大受欢迎的情景。

然而可惜的是,《蜀石经》至宋末元初已大多毁亡,其形制至今已经不能详考,后世所传唯有残石和拓片而已。《蜀石经》原石残块,乾隆四十年(1775)福康安修筑成都城时曾得数十块,后为什邡令任思任运归贵州,不知所终。抗日战争期间,为疏散城中民众,避免日机轰炸,曾经炸毁成都南门城墙,又从中发现石经十枚,其中《仪礼·特牲馈食礼》残石即藏于中国历史博物馆。今四川省博物馆藏有《蜀石经》残石六块,为《毛诗·周颂》与《毛诗·鲁颂》《周易·中孚》《周易·履卦》与《周易·否卦》《尚书·禹贡》《尚书·说命中》《尚书·君奭》,《古文尚书·禹贡》与《古文尚书·多士》,各有残缺,字数不等。《蜀石经》的拓片全本,宋时内府有拓本96册,明代《文渊阁书目》《国史经籍志》尚有完整著录,至清则唯有残卷矣。

刘体乾所藏宋拓本《蜀石经》,是现存最佳的《蜀石经》拓本,现由国家图书馆收藏,为宋拓本之残本合璧。考其渊源,则相继由宋内府、刘体乾、陈澄中等递藏。此本共9册、99卷,含墨拓本《左传》2册(36卷)、《穀梁传》2册(23卷)、《周礼》2册(38卷)、《公羊传》1册(2卷),清道光间木刻印本《蜀石经》1册、《题跋姓名目录》1册。其中《左传》册页上钤有"东宫书府"印,为宋代内府官印,可知此本系宋拓无疑。又有清及近代以来名家题跋及题签、题首、观款达百余条,还有何维朴、金蓉镜、林纾、吴昌硕等十数人的绘图,拓本藏印累累,递藏有绪。尤其是乾嘉以来著名学者如翁方纲、段玉裁、钱大昕、瞿中溶、梁章钜、何绍基、祁寯藻、潘祖荫、王懿荣、缪荃孙、杨守敬、王闿运、沈曾植等数十人的题跋,为《蜀石经》的研究提供了宝贵的资料。这是今存内容最多的蜀石经拓片,也是现存最早的宋拓本。民国时期曾有影印本传世,分装八册。1956年,在周恩来总理的关怀下,原拓从香港买回,藏于北京图书馆(今国家图书馆),2008年3月入选国务院公布的首批《国

---

① (宋)李石:《府学十咏·石经堂》,《方舟集》卷二;又见《成都文类》卷四。
② (宋)陆游:《访杨先辈不遇因至石室》,《剑南诗稿校注》卷八。

家珍贵古籍名录》（编号为00391）。

此外，又有《宋拓本蜀石经·毛诗》残卷，现藏上海市图书馆。另据消息说，上海崇源艺术品拍卖有限公司2003年春季艺术品拍卖会，拍卖品中有民国十五年（1926）印本"刘体乾《宋拓蜀石经残本》线装八册"，具体内容同上，亦即国家图书馆藏本的复制。另传北京泰和嘉成拍卖公司在2009年春季艺术品拍卖会上，曾经拍出"《孟蜀石经残石拓本》（七张）"，系江友樵（名江渔、别号督翁，渝州人）收藏。有徐无闻题署，称江氏"曾得蜀石经九块，遂名其楼曰'孟蜀石经楼'，此拓片为其从原石拓出。后经'文化大革命'石佚无踪，空余此遗蜕存世"云云。看来，《蜀石经》拓本可能还有藏在民间者，如果细心访求，兴许有望大致恢复原貌。（舒大刚）

2.《蜀石经毛诗考异》（上、下），清吴骞撰

吴骞（1733～1813），字槎客，又字葵里，号兔床、愚谷，晚年别署齐云采药翁，浙江海宁人。诸生，笃嗜典籍，遇善本不惜倾囊购之，或借读手抄校勘。所得不下5万卷，筑拜经楼藏之。多宋元珍本，自题其居曰"千元十驾"，学林传为佳话。所辑《拜经楼丛书》以校勘精审而著称，另有诗文集多种行世。

此书系对蜀石经残拓中《毛诗》的考校。对于蜀石经文字的研究，最早为南宋时人晁公武，编有《石经考异》，稍后的张奥编有《石经注文考异》40卷。此两书在清代均已不传。随着蜀石经残毁殆尽及拓片难得，于是蜀石经学几成"绝学"。清代蜀石经拓片残卷发现，为蜀石经研究带来了转机。这大概为是书产生的背景。

是书所依据的拓本残卷为吴门黄氏手抄《十三经校勘记》所据武林广仁义塾印本，约为今《毛诗》卷一与卷二的部分内容。吴氏依据的校本为明虞山毛氏汲古阁刊本，兼及唐石经、《七经孟子考文》，所校内容包括经文、毛《传》、郑《笺》的内容。共校异文约810余处。

在此书之前，对于蜀石经《毛诗》遗文的考据，还有王昶《后蜀毛诗石经残本》，王昶依据的校本为北监本。北监本为内府藏本，流传颇稀，相反，后起的毛氏汲古阁本系对官本辗转传刊，虽文字多误，但流布较广。显然，对于后者的勘正无疑更为急迫，因而社会价值更大。为广大读者提供方便，以蜀石经考订毛本，大概为是书最大的优点。

是书有道光二年（1822）拜经楼刊本，又有民国十一年（1922）上海博古

斋影印《愚谷丛书》本，今收入贾贵荣编《历代石经研究资料辑刊》第八册，北京图书馆出版社2005年出版。（李东峰）

3.《蜀石经残字》1卷，清陈宗彝撰

陈宗彝，生卒年不详，原名秋涛，字雪峰，号嗜古，江宁（南京）人。诸生。不屑制举业，酷嗜金石，手拓遍经荒崖丛莽，毡椎从无虚日。其校勘古籍亦甚富，其中有关金石著述有《蜀石经残字》《钟鼎古器录》《古砖文录》《续古篆》《重编金石文跋》《重编访碑录》。校勘古籍有《景泰本尔雅郭注》《章草急就篇》《华严音义》等。另有诗文作品《读礼识疑》等10种，皆亡佚。

是书为蜀石经拓本残卷，含《毛诗》《左传》两种。前有陈宗彝之父所写序文，除介绍了蜀石经残卷的来龙去脉外，还简要指出其与通行本互异之处。正文为残卷文字内容，其中《毛诗》残本存卷一之后半部分和卷二，抄自吴门黄氏手抄本，系《十三经校勘记》所据武林广仁义塾印本。经文起自《鹊巢》"之子于归，百两御之"，讫于《二子乘舟》"愿言思子，不瑕不害"；注文（毛《传》郑《笺》）起自"爵位，故以兴焉"，讫于"有何不可而不去乎"。合计经文有4808字，注文有11446字。《左传》残字为昭公二年《左传》第二十卷的部分内容。传文起自昭公二年传"子也，君子有信其有以知之矣"，讫于"女罪之不恤而"。注文起自"夫子韩起"，讫于"褚师市官"。合计传文395字，注文267字。

是书有清道光六年（1826）三山陈氏重刻本，今收入贾贵荣编《历代石经研究资料辑刊》第八册，北京图书馆出版社2005年出版。（李东峰）

4.《石经考辨》2卷，清冯世瀛撰

冯世瀛（1792～1885），字壶川，别号雪樵，又自称味无味斋主人，四川酉阳（今属重庆）人。世代书香，自幼好学，博览群籍，经史百家，了然于胸。道光十一年（1831）举人，官金堂训导。著有《雪樵经解》《耕余琐录》《石经考辨》《候虫吟草》诸书。

是书卷首略述撰辑缘起，末附以同治六年（1867）《自识》。书中于历代所刻石经，分汉魏、晋、北魏、唐、后蜀、北宋之国子监、南宋之临安太学及金、元、明丰坊之伪石经、清太学之十三经，凡11类。其体例是先胪列各家论说之异同，然后再作考辨。其书于汉魏石经之后，别列各家考辨，残碑数目，石经遗文。于唐石经后，别列异文。蜀石经后，别列字数。于丰坊伪石经后，别列历朝刻数。以北魏以前石经属上卷，以唐以后属下卷。

是书内容考辨详赡、条理清晰、论断有识，足可与诸家石经考辨之作相参核。冯汝玠评论此书云："按考历代石经之作，前于是编者，有顾亭林（炎武）《石经考》、杭大宗（世骏）《石经考异》、桂未谷（馥）《历代石经考略》；后于是编者，有近人张国淦《石经考》。以各家撰著与是编比较，是编考辨较顾《考》为详，条理较杭《考》为晰。其于历代各家之覆刻，及唐明皇以后各种各地所刻之《孝经》，皆所未及，则征引略于桂《考》。于各家考证，逐代逐条加以考辨，去取有识，则论断同于张《考》。至以一字属汉，主朱彝尊推衍张演之说，谓以三体参校其文，而书丹止用隶体，其说颠扑不破。不误以三字为熹平之刻，一字为正始之刻，亦与诸家同出一辙。置之各家撰著之中，其所考辨，殊可与各家所考互相参校。"①又如明赵崡《石墨镌华》卷二说："汉灵帝光和六年（183）刻石'五经'文于太学讲堂，此初刻也。蔡邕以熹平四年（175）与五官中郎将堂溪典，议郎张训、韩说，太史令单扬，求正定'六经'文字，帝许之，邕乃书丹刻石，立于太学门外，此再刻也。"以为石经初刻于灵帝光和六年，而以《熹平石经》为再刻，时次颠倒，冯氏批评说："此说未的，汉石经诏立于熹平四年，中历九年至光和六年告成也。"诚为确论。

晚清王秉恩曾辑《石经汇函》10种，由四川尊经书院刊于光绪十六年（1890），中无冯书；近时北京图书馆再辑馆藏历代石经资料54种，编成《历代石经研究资料辑刊》，由北京图书馆出版社出版，据同治六年（1867）序刻本将冯书收入第一册第二种。唯是《辑刊》未详考作者，仅题"清雪樵辑"，以为姓雪名樵，又不能确考其时代，而紊乱其次第，为不足尔。（舒大刚、李冬梅）

三、群经总义文献举要

1．《升庵经说》14卷，明杨慎撰

杨慎（1488~1559），字用修，号升庵，四川新都人。正德六年（1511）殿试第一，授翰林院修撰。嘉靖三年（1524），因议大礼违背世宗意愿受廷杖，几死复生，谪成云南永昌卫，居三十余载，终老于此。杨慎知识渊博，著

---

① 《续修四库全书总目提要》"经部"《石经考辨》提要。

述最富，有哲学、历史、地理、天文、金石、书画、文字、音韵、文学和文学批评等方面的著作达400余种，故《明史》本传称："明世记诵之博，著作之富，推慎为第一。诗文外，杂著至一百余种，并行于世。"

《升庵经说》凡14卷，为杨氏诠释十三经的经学著作。有《周易》2卷、《尚书》1卷、《毛诗》3卷、《春秋左传》附《公》《榖》2卷、《礼记》1卷、《大学》《中庸》1卷、《周礼》《仪礼》2卷、《论语》1卷、《孟子》1卷。按是书《千顷堂书目》卷三著录："杨慎《升庵经说》八卷。"注又云："一作《经说丛抄》六卷。"《授经图义例》卷二〇亦载："《升庵经说》八卷。"而李调元《函海》则据焦竑14卷本刊本重刻。盖14卷本为完书，8卷、6卷为残本或不足本，诚如李调元所说："盖皆后人抄逸，而此（14卷本）独完善，洵足本也。"①

是书诸经分列，不录经文，依条注释。慎雄才博雅，精于考证，他强调治经必先通古文字学，而又必须通过读准字音来理解字义，故《升庵经说》主要从正诂和审音两方面入手，对诸经各条进行诠释。其注解不仅有批评宋儒解经之误处，同时也注意辨正汉儒注经之误，不过所论则得失皆有，正如江瀚所云："披沙拣金，亦往往见宝。"对清代训诂考证学和音韵学的发展实有重要影响，故《续修四库全书总目提要》推为"明人经学之翘楚"。

是书今有《函海》本、《杨升庵丛书》本、《丛书集成初编》本、明抄本、清光绪七年（1881）广汉钟登甲乐道斋刊本等。（李冬梅）

2．《雪樵经解》33卷，清冯世瀛撰

冯世瀛有《石经考辨》，前已著录。

是书系冯世瀛所论群经之作。初，世瀛先撰成《五经集解》15卷，继而增为20卷，后又成续集20卷、附录3卷，最后乃定为33卷。

卷首有世瀛《自序》，其书凡解《易经》5卷、解《书经》6卷、解《诗经》7卷、解《春秋》6卷、解《礼记》6卷、《附录》3卷。其书大致略当经学通论，所解大都为经中通义，或揭其要题，广征众解，别其同异，但仍以前人成说居多，不甚表现己意。

末有《附录》3卷，于经义之外，别证他说。如《易》兼《连山》《归

---

① （清）李调元：《升庵经说序》，《杨升庵丛书》第一册《升庵经说》附录，天地出版社2002年版。

藏》,《传》兼《公羊》《穀梁》之类。其撰著大旨,虽然是为便于士子临场答问,用于科举考试,但"沿流溯源,辨疑析异,考索甚深,搜罗甚备,移作初学治经之阶梯,固无不可"[①]。

是书今传版本甚多,主要有清光绪八年(1882)刻本、清光绪十一年(1885)耕余楼刻本、清光绪十一年冯氏辨斋铅印本、清光绪十二年(1886)上海点石斋石印本、清光绪十六年(1890)上海广百宋斋铅印本、《四库未收书辑刊》本等。(李冬梅)

3.《群经纲纪考》16卷,清李滋然撰

李滋然有《周礼古学考》,前已著录。

是书作于宣统二年(1910),首载清德宗光绪帝《整饬学务明伦读经谕旨》,次录张之洞创立存古学堂奏疏。盖名义上是考经,实际上则是回应西学冲击、国学式微而作,以便于保存国粹。

书中列有君臣、父子、兄弟、夫妇四伦,而无朋友一伦,不知何意。又其大旨是以君臣之伦为最重,强调等级秩序。江瀚即指出:"特重君臣,不第于汤武革命、文王称王、周公摄位曲为之辨,乃于拜跪小节亦不惮烦言之。"[②]未得国粹之要。

是书有清宣统二年(1910)铅印本、江户排印本等。(李冬梅)

4.《今古学考》2卷,清廖平撰

廖平有《周官考征凡例》,前已著录。

此书为廖平的成名之作,专为区别汉代今文、古文经典和学派而作。上卷为表,下卷为说明。在上卷中,共列《汉艺文志》今古学经传师法表、《五经异义》今古学名目表、《五经异义》今与今同古与古同表、郑君以前今古诸书各自为家不相杂乱表、今古学统宗表、今古学宗旨不同表、今学损益古学礼制表、今学因仍古学礼制表、今古学流派表、《两戴记》今古分篇目表、今古学专门书目表、今古兼用杂同经史子集书目表、《公羊》改今从古《左传》改古从今表、今古各经礼制有无表、今古各经礼制同名异实表、今古各经礼制同实异名表、今古学鲁齐古三家经传表、郑君以后今古学废绝表、今学盛于西汉古学盛于东汉表、今古学经传存佚表,共20表,提纲挈领,旁行斜上,形象直观

---

① 《续修四库全书总目提要》"经部"《雪樵经解》提要。
② 《续修四库全书总目提要》"经部"《群经纲纪考》提要。

地对汉代今古文经学的区别和系统做了展示。

下卷中共列100余则"经话",对上卷诸表的依据和原理进行了详尽论述。书中提出《周礼》是古文家的礼制纲领,《王制》则是今文家的礼制依据。《周礼》为周公所著,《王制》为孔子手定,故今文经学祖孔子,古文经学主周公。孔子早年从周,晚年改制;"从周"故主旧有的《周礼》,"改制"故新著成《王制》。古文家传习的是孔子早年旧说,今文经传习的是孔子晚年新说。廖平认为,由于西汉后期的今古文之争,刘歆为了给古文经取胜地位,已经将古文经传窜改了,使其历史面貌荡然无存。今天要判明经学中的今古文学问题,就应当以礼制为准绳,用礼制来区别今古文。礼制是廖平用来平分今古文的准绳和法宝,他认为用礼制来解决今古文问题,犹如庖丁解牛、犀角分水,莫不判然有别,怡然理顺。

廖平此论实发千古之覆,为前人所未悟,故俞樾推许《今古学考》为"不刊之作"。此书于光绪十二年(1886)著成后,学人乃稍知今古文门径,如言今文经学的皮锡瑞、康有为,言古文经学的刘师培、章太炎等,都依廖平之例而为说。

是书今传版本主要有光绪十二年(1886)《四益馆经学丛书》本、《新订六译馆丛书》本、巴蜀书社1998年版《廖平选集》黄海德校点本、上海古籍出版社2015年版《廖平全集》整理本等。(李冬梅)

5.《古学考》1卷,清廖平撰

是书乃廖平继《今古学考》之后,其经学"二变"的代表之作。原名《辟刘篇》,撰于光绪十四年(1888),后经改定,更名为《古学考》。

书前有光绪二十年甲午(1894)四月廖平自记,述其撰著经过及缘由,云:"丙戌(1886)刊《学考》,求正师友。当时谨守汉法,中分二派。八年以来,历经通人指摘,不能自坚前说。谨次所闻,录为此册。以古学为目者,既明古学之伪,则今学大同,无待详说。敬录师友,以不没教谕苦心。倘能再有深造,尚将改订。海内通人,不吝金玉,是为切望。"次为经话数十则,末附《周礼删刘》。

是书大旨,主要在于攻击刘歆伪作伪造古文经,其目的在于"尊今抑古"。书中指出从先秦到西汉哀、平年间,道一风同,经学皆守《王制》,祖孔子,绝无古文经学一说。古文经学起于刘歆作伪,刘歆作伪是为迎合王莽篡汉,故古文经多王莽所欲为者。并云刘歆作伪的手法主要有两种:一是引周公敌孔子，降孔子大圣为先师；一是攻五经不全，为其伪造古文经制造根据。自刘歆作伪后，才有所谓的古文经学。因廖氏此言，康有为遂有《新学伪经考》之作。

《古学考》撰成后，曾以传抄本行世（顾颉刚曾见康有为家有此书抄本），正式刊本则在光绪二十三年（1897），由成都尊经书局初刊。1921年，四川存古书局再刻，收入《新订六译馆丛书》中。此后，又有北京景山书社1931年版《辨伪丛刊》张西堂标点本、巴蜀书社1998年版《廖平选集》赵载光标点本、上海古籍出版社2015年版《廖平全集》整理本等。（李冬梅）

6.《知圣篇》2卷，清廖平撰

此书亦为廖平经学"二变"时期的代表之作。书凡正编、续编2卷，每编录经话数十则，正续编前皆各有《自序》一篇。

是书主要阐述廖平推尊今文经学的思想。在"二变"时期，廖平的经学思想已从"平分今古"转为"尊今抑古"，其转变的标志即是《古学考》《知圣篇》二书。廖平经学"二变"，以其"抑古之意"者著为《辟刘篇》，后以《古学考》行世；以其"尊今之意"，著为《知圣篇》。如果说《古学考》的目的在抑黜古学，非毁刘歆的话，那么《知圣篇》则主要是宗崇今文，推尊孔子。是书认为："孔子受命制作，为生知，为素王，此经学微言，传授大义。帝王见诸事实，孔子徒托空言，六经即其典章制度，与今六部则例相同。'素王'一义，为六经之根株纲领，此义一立，则群经皆有统宗。"廖平以为，今文经各经，典礼俱备，皆为孔子为后世"改制"而作，其中"微言大义"，可以传于后世，致政太平。这就为康有为的《孔子改制考》提供了思想源泉。在《续编》中，又有反映廖平"小大之学"的"三变"思想及"四变"以后之"天人学说"，由此可考见廖氏经学"二变"以后的学术发展过程。

《知圣篇》正编成于光绪十四年（1888），光绪三十年（1904）由绥定府中学堂刻成。《续编》成于光绪二十七年（1901），并赓即付刻，与正编合编为《知圣篇》上下卷，收入《四益馆经学丛书》和《六译馆丛书》。宣统辛亥年（1911），张钧又将《知圣篇》收入《适园丛书》，由上海国学扶轮社印行。此外，是书亦有巴蜀书社1998年版《廖平选集》舒大刚标点本、上海古籍出版社2015年版《廖平全集》整理本等。（李冬梅）

四、经学丛书文献举要

1．《两苏经解》凡7种、64卷，宋苏轼、苏辙撰，明焦竑辑

苏轼有《苏氏易传》，苏辙有《诗集传》，前已著录。

焦竑（1540~1620），字弱侯，号漪园，又号澹园，祖籍山东日照，祖上寓居南京。万历十七年（1589）会试中状元，授翰林院修撰、皇长子侍读等职。焦氏博览群书，尤精于文史，是明代晚期著名思想家、藏书家、音韵学家、文献考据学家。平生著述甚丰，自撰、评点、编纂书籍80部900余卷，主要有《澹园集》49卷，《澹园续集》27卷，《国史经籍志》5卷、附录1卷，《焦氏笔乘》29卷，《国朝献征录》120卷等。平生收藏校刻文献无数，《两苏经解》即其所校勘的大型文献之一。

苏轼、苏辙兄弟作为北宋"蜀学"的领袖人物，不仅撰写了大量文章诗词，还著有卷帙浩繁、价值不菲的经学著作，反映了他们丰富的经学和哲学思想。二苏进行系统的经学研究，大致分两个时期：一是元丰年间（1079~1082），二是绍圣年间（1095~1098）。神宗元丰二年（1079），苏轼因"乌台诗案"贬官黄州，为团练副使；苏辙亦受牵连，被贬筠州，监盐酒税。轼在黄州《与滕达道（二一）》说："某闲废无所用心，专治经书。一二年间，欲了却《论语》《书》《易》，舍弟已了却《春秋》《诗》。虽拙学，然自谓颇正古今之误，粗有益于世，瞑目无憾也。"①这里所提诸书，即是后来完成的《易传》《书传》《春秋集解》《诗集传》和《论语说》五部经解。苏轼《黄州上文潞公书》也说："到黄州，无所用心，辄复覃思于《易》《论语》，端居深念，若有所得，遂因先子之学，作《易传》九卷。又自以意作《论语说》五卷。"②又《与王定国（一一）》说："某自谪居以来，可了得《易传》九卷，《论语说》五卷。今又下手作《书传》。……子由亦了却《诗传》，又成《春秋集传》。"③这都表明在此期间，苏轼、苏辙兄弟已初步完成了《易传》《春秋集解》《诗集传》和《论语说》的写作，并且苏轼已经着手《书传》的写作了。

---

① （宋）苏轼：《与滕达道（二一）》，《苏轼文集》卷五一。
② （宋）苏轼：《黄州上文潞公书》，《苏轼文集》卷四八。
③ （宋）苏轼：《与王定国（一一）》，《苏轼文集》卷五二。

哲宗元祐间，轼、辙回朝任职，无暇顾及学术。及绍圣元年（1094），苏轼又以"讥斥先朝"罪，贬官岭南，惠州安置。四年（1097），又被责授琼州别驾，移昌化军（今属海南）安置。苏辙也再贬筠州，继迁雷州。在此期间，苏氏兄弟又迎来了学术的全盛期，苏辙撰《老子解》，苏轼则奋力写成《书传》，并对已成的《易传》《论语说》做了修订和补充，其《答李端叔（三）》："所喜者，海南了得《易》《书》《论语》传数十卷。"①即是明证。

苏轼、苏辙的上述著作写成后，由于朝廷"党禁"和打击"元祐学术"，故上述著作未能全部刊行。据目录书著录，在北宋只有《诗集传》刻本，在南宋也只有《易传》刻本，其他各种均以抄本形式流行于学者和藏家之间，讹脱多有。《论语说》后竟失传。直至明万历年间，焦竑收集二苏著述，仅得苏轼《东坡先生易传》9卷、《东坡先生书传》20卷，苏辙《颍滨先生诗集传》19卷、《颍滨先生春秋集解》12卷、《论语拾遗》1卷、《孟子解》1卷、《颍滨先生道德经解》2卷；而苏轼所撰《论语说》一书，已无可觅！焦氏将收集所得汇为《两苏经解》，并撰序给予极高评价。万历二十五年（1597），毕氏将书稿刊刻于世，人们始见二苏经学成就之原貌。后14年，顾氏又据其本再次翻刻，二苏的经学著作始大行于时，为学人所重。

关于两苏各部经解的结构和内容，已经见于前编各书解题。其版本，目前则主要有明万历二十五年（1597）毕氏刻本、万历三十九年（1611）顾氏刻本。此外还有日本《京都大学汉籍善本丛书》本，系日本京都同朋舍于昭和五十五年（1980）据万历二十五年刊本影印。（李冬梅）

2.《九经要义》263卷（残），宋魏了翁撰

魏了翁有《周易集义》，前已著录。

《九经要义》是魏了翁对唐人所撰各经义疏的删节摘要。唐代孔颖达等作《五经正义》，贾公彦撰《周礼注疏》《仪礼注疏》，徐彦撰《穀梁注疏》，杨世勋撰《公羊注疏》，形成《九经正义》。宋初，邢昺等又撰《论语注疏》《孝经注疏》《尔雅注疏》，南宋又有托名孙奭撰的《孟子正义》，于是儒家"十三经注疏"最后形成。诸经义疏对以往的经书训释进行了总结，这是汉学达到高峰的重要标志。然而由于转相传抄，五代"监本"又校勘不精，以致内容讹误颇多，北宋太宗时期，曾经以政府的力量，组织学人对唐修诸疏进行校

---

① （宋）苏轼：《答李端叔（三）》，《苏轼文集》卷五二。

勘刻印，颁行天下学宫，对宋代经学的繁盛不无促进。但是，唐人所撰诸经义疏，坚持"疏不破注""惟古注是从"的原则，在发明经义方面往往不惬人意。又兼"以《纬》证《经》"，以孔子所不言的"怪力乱神"资料以解经，引得后世学人不满。加之疏文广引诸家，不厌其烦，训释文字浩繁芜杂，极不便于读者观览。故后之学者每有重修注疏之议，如北宋欧阳修曾打算对《九经正义》进行删削，剔除谶纬资料①；南宋苏籀也提议削其繁芜，增加北宋研究成果，而别撰新疏，惜皆未果。南宋理宗宝庆元年（1225），魏了翁遭朱端常弹劾，诏降三官，谪居靖州（今湖南靖县）。在此期间，他办学授徒，潜心向学，对诸经义疏重加辑比，删繁挈要，谓之《要义》。他多次提到："山中静坐，教子读书，取诸经、三《礼》自义疏以来，重加辑比"，"山中自课以圣贤之书，日有程限，诸经义疏，重与疏剔一遍。"②《四库全书总目》亦云："了翁以说经者但知诵习成言，不能求之详博，因取诸经注疏之文，据事别类而录之，谓之《九经要义》。"③

《九经要义》是魏了翁对唐修《周易》《尚书》《诗经》《仪礼》《礼记》《周礼》《春秋》诸经"正义"以及宋修《论语》《孟子》"注疏"进行的整理和摘录。《要义》的显著特点，是以宋代理学的眼光来重新审视汉学，使经传注疏中所蕴含的典制与义理资料得到进一步阐发和突出。魏氏作为南宋理学的重要人物，也反对"束书不观，游谈无根"，着力矫正盲目迷信朱学、不求创新的时弊，提出"一字一义不放过"④，形成"倡读古注"的实学风格，对其中的事事物物、正确讹误，都要寻根溯源，类集区分。元虞集《鹤山书院记》云："于是传注之所存者，其舛讹牴牾之相承，既无以明辨其非是，而名物度数之幸在者，又不察其本原，诚使有为于世，何以征圣人制作之意，而为因革损益之器哉！魏氏又有忧于此也，故其致知之日，加意于《仪礼》《周官》、大小《戴》之记，及取正经注疏正义之文，据事别类而录之，谓之

---

① （宋）欧阳修：《论删去九经正义中谶纬札子》，《欧阳修全集》卷一一二，中华书局2001年李逸安点校本。
② （宋）魏了翁：《答范殿撰（子长）》《答许介之解元（玠）》，《重校鹤山先生大全文集》卷三四。
③ （清）永瑢等：《四库全书总目》卷三《周易要义》提要。
④ （宋）魏了翁：《答巴州郭通判（黄中）》，《重校鹤山先生大全文集》卷三六。

《九经要义》。其志将以见夫道器之不离,而有以正其臆说聚讼之惑世。"①因此,《九经要义》以采掇谨严,别裁精审,精华毕撷,实为读注疏者之津梁,于学者最为有功。

《九经要义》所含各经《要义》分别为:《周易要义》10卷、《尚书要义》20卷、《毛诗要义》20卷、《仪礼要义》50卷、《礼记要义》33卷、《周礼要义》30卷、《春秋左传要义》60卷、《论语要义》10卷、《孟子要义》14卷。其中每书均节录注疏之文,每条之前各为标题,而系以先后次第,实为"九经"制度、名物与乎体例、义理的纲领性概括。不过,由于《九经要义》乃"取诸经注疏正义之文,据事别类而录之"②,多不附魏氏己见,故有的学者对其评价不高。然从魏氏辟谬说、削繁文的角度而言,《九经要义》实启后人读经之新途径。如莫伯骥《五十万卷楼群书跋文》即评论曰:"谶纬之书,《唐志》犹存九部四十八卷,孔氏作《正义》,往往引之。宋欧阳修尝欲删而去之,以绝伪妄,使学者不为其所惑。言不果行。迨魏氏作《九经要义》,始加黜削,而其言始微。此前人之说也。嘉兴钱氏泰吉谓:唐人义疏,读者每病其繁,魏氏《九经要义》以删谶纬为主,然于繁文未能尽节。武进臧氏琳欲仿《史通》削繁之法裁剪义疏,别为《九经小疏》。……此可证魏氏著书之主见,又为后人启读经之新途径矣。"③今按其书,虽然谶纬文献未能尽除,然奇谈怪说、不切实际者亦已遁迹。而且"鹤山诸经《要义》,皆举当时善本,纲提件析,条理分明,为治经家不可少之书"④。

《九经要义》编成后,由了翁次子魏克愚刻于淳祐年间,其版本至明已有散佚。明张萱《内阁藏书志》只著录7种:"《九经要义》,魏了翁著。考究九经中义理制度也。今内阁见存《仪礼》七册、《礼记》三册、《周易》二册、《尚书》一册、《春秋》二册、《论语》二册、《孟子》二册。又于前书各段分类,为类目六卷,以便简阅。尚存。"需要指出的是,《毛诗要义》当时并未散佚,不知张氏为何不予著录?

进入清代后,又佚《论》《孟》二书要义,九经仅存六种,即《周易要

---

① (元)虞集:《鹤山书院记》,《道园学古录》卷七。
② (清)朱彝尊:《经义考》卷二四四。
③ 莫伯骥:《五十万卷楼群书跋文》,民国30年(1941)排印本。
④ (清)丁日昌:《持静斋书目》,《中国历代书目题跋丛刊》第三辑,上海古籍出版社2008年版。

义》《尚书要义》《毛诗要义》《仪礼要义》《礼记要义》和《春秋左传要义》（有残缺）；佚者三种：《周礼要义》《论语要义》《孟子要义》。

清光绪年间，江苏书局将《要义》存世的五种合编为《五经要义》，这五种《要义》分别是：《周易要义》10卷、首1卷，光绪十二年（1886）刊；《尚书要义》20卷，光绪十年（1884）刊；《毛诗要义》20卷，光绪十二年刊；《仪礼要义》50卷，光绪十年刊；《礼记要义》33卷（原缺卷一至卷二），光绪十二年刊。不过，当时《春秋左传要义》仍然存世，不知辑者为何没有收入，而仅传其《五经要义》？现存魏氏所撰的《要义》六书，《四库全书》收录有《周易要义》《尚书要义》《仪礼要义》《春秋左传要义》，《续修四库全书》收录有《毛诗要义》《仪礼要义》。（李冬梅）

3.《十三经恒解》，清刘沅撰

刘沅（1768~1855），字止唐，一字讷如，号清阳居士，四川双流人。后居成都纯化街讲学授道，因居处有百年老槐，浓荫蓊然，故号所居曰"槐轩"。乾隆五十年（1785）中双流县庠生第一名，五十七年（1792）由拔贡中试举人。后曾三赴京师参加会试，均不售。乃绝念仕途，回家奉母。道光六年（1826），选授湖北天门县知县，"安贫乐道，不愿外任，改国子监典簿，寻乞假归，遂隐居教授"①。咸丰五年（1855）卒，享年88岁。一生著述甚丰，后人辑刻为《槐轩全书》。沅于乾隆五十四年（1789）始馆于双流，后迁至成都纯化街，讲学四十年，"著弟子籍者前后以千数，成进士登贤书者百余人，明经贡士三百余人，薰沐善良得为孝子悌弟，贤名播乡闾者，指不胜屈"②。弟子、再传弟子及家学传人遍布西南，著名者如李思栋、刘恒典、孙海山、樊道恒、郑寿全、刘咸焌、刘咸荥、刘咸燡、刘咸炘等，世称"槐轩学派"，刘沅也被誉为"塾师之雄""川西夫子"，蒙文通更赞其为"一代之雄，数百年来一人而已"。

双流刘氏，从清初的刘嘉珍起即世研《易经》、潜心理学，是四川著名的学术世家。道咸时期则有刘沅，学综儒释道，博极经史子，自创"刘门道"，是为一方宗师。民国时期又有刘咸荥、刘咸炘兄弟，诗书学问俱佳。特别是刘咸炘撰书230余种，蔚为学术伟人。刘沅则是这个家族承上启下的关键人物。

---

① （清）国史馆：《刘沅传》，《槐轩全书》卷首，巴蜀书社2006年版。
② （清）国史馆：《刘沅传》。

刘沅自称曾经邂逅"野云老人",授以心性之学,衷心服膺,研习终生,会通儒、释、道三家学术,崇尚内丹道。组成"刘门道",圆融儒释道,实践内丹学。其思想以"新心学"为特征,兼有"今文经学"特色。对"四书六经"或"五经四书"皆有"恒解",如《大学》《中庸》《论语》《孟子》《诗经》《书经》《礼记》《周官》《仪礼》《周易》《春秋》等十一部;另有《孝经直解》《大学古本质言》二种,凡十三部,学人总冠《十三经恒解》之名。

据学人考察,"恒解"一词在刘沅的思维范式里有着很深的哲学含义:一说"恒"者常也,遍也,为人心之公理,"名曰恒解,亦以人心之公理,而非有所穿凿矫勉为云"[1];二说"恒"指"天地之常经,圣人之轨则","以孔子为宗"[2];三说以"恒"作解,要引领阅读元典精要,直达堂奥[3];四说"恒"者即坚也,"坚其为善之心,不徇世俗之好,日日知非,日日迁善。""凡事无恒,断断不成。"[4]五说"恒"就应回到孔子的文本,理清儒学正源。[5]合此五义,即是"要求接受教育的对象要以恒定的心性、恒久的常态,以一定指向的恒常话语权,破道流欺世的迷妄,解门户之见的疑惑,身体实践,力行其道,树立'心性之学'的坚定长久的信仰"[6]。在《十三经恒解》中反映了刘沅的理论体系,"就是以'人为天地之心'为内核,以'穷理尽性'和'实践人伦'为两翼,会通天、地、人对儒经加以恒解的体系。'人为天地之心',指的是宇宙自然法则与人心社会法则的统一……刘沅把'天地'分为三层:'天地之心''天地之道''天地之理'。这三层皆指'大块'自然界,但因其不同层次而与'人'和'圣人'的'心''性''道'三个层次发生对应的关系。"[7]《十三经恒解》在诠释、编辑体例上也有别开生面的创新,他会通易、儒、释、道,批判地继承其合理思想,用以构建自家独特思想;同时在经典解析时,刘沅除逐章逐句解释经典文本外,还从"凡例""贯解"和"附解"三个层次,分别用以揭示经典概貌、串讲经典章义和

---

[1] (清)刘沅:《诗经恒解·序》,《槐轩全书》本,巴蜀书社2006年版。
[2] (清)刘沅:《易经恒解·序》,《槐轩全书》本。
[3] (清)刘沅:《子问》,《槐轩全书》本。
[4] (清)刘沅:《子问》,《槐轩全书》本。
[5] (清)刘沅:《尚书恒解·序》,《槐轩全书》本。
[6] 谭继和:《十三经恒解笺解本总叙》,巴蜀书社2015年版。
[7] 谭继和:《十三经恒解笺解本总叙》。

疏解经典注文。他还十分注意运用文献学知识，从各经版本入手，析经传之源流，破传统传疏之迷惘，从而将其学术观点建立在坚实的文献基础之上。

刘沅诸经恒解俱收入《槐轩全书》，其版本以西充鲜于氏特园藏本为优，巴蜀书社2006年曾据以影印出版。鉴于该书特殊的学术价值，谭继和等人对其中《十三经恒解》进行了点校和笺解，由巴蜀书社于2015年出版。（舒星）

4．《西夏经义》凡5种13卷，清何志高撰

何志高，生平见《易经本意》。所著《西夏经义》收书共5种，凡13卷，其中《易经本意》《春秋大传补说》各书内容见前各类提要，今略述《释书》《释诗》《释礼》大要如下：

《释书》1卷。卷首有《序》，全书分成虞、夏、商、周四部分，每篇或释大义，或释一字一句。其所释多自出胸臆，不引他家之说。可是伦明对他评价并不高："意多肤浅，无甚阐发。"①不过，伦明也没有全盘否定，对其解《益稷篇》说："五帝官天下，三王家天下，非也。古帝王皆世及，尧、舜之子不肖，而朝有圣德，故传贤耳。禹戒舜曰：'无若丹朱傲，惟慢游是好，傲虐是作，罔昼夜頟頟，罔水行舟，朋淫于家，用殄厥世。'盖以不世为为恶之罚。"伦明认为"此论甚新"，并举《孟子》说为之补证："证诸《孟子》，舜避尧之子，禹避舜之子，岂闻有旧官已出缺，新官不接事，而汲汲避旧官之子者？则德衰于禹之说，又不待辨而知其谬已。"②

《释诗》1卷。首为《诗序》，后依次为《诗说》《删诗论》和《国风》《雅》《颂》的经解。其中《大雅》《小雅》训释较详，间有精到之语，视《释书》为胜。志高释《诗》，颇能自出新意。如论"淫诗"，引唐代世子李弘受《左氏春秋》，当读到"世子商臣弑君"时，叹曰："经籍圣人垂训，何书此耶？"讲书的郭瑜对曰："《春秋》义存褒贬，以善恶为劝戒，故商臣千载而恶名不灭。"李弘说："非惟口不可道，故亦耳不忍闻，愿受他书"云云。伦明认为此论"义深"，并进而分析说："此论世之著淫书者，何尝不托意惩戒，而阅之者偏不在惩戒，而在其事，故为风俗人心计，淫书不可不禁也。然则存'淫诗'以示戒之说，不可为训。而诋《春秋》为'断烂朝报'

---

① 《续修四库全书总目提要》"经部"《释书》提要。
② 《续修四库全书总目提要》"经部"《释书》提要。

者，亦不为无见矣！自来驳朱子'淫诗'诸家，未有道及此者。"①由此可见志高于"淫诗"之态度，亦可备一家之说。

《释礼》1卷，分三部分论述，依次为《礼记》《周官》《礼论》，其中《礼论》又分6篇，为隆礼、古礼、应五辰、五礼解、说礼、贵礼，训解较详。何氏释礼，如认为《礼记》有四类，分属于常礼杂仪、大礼、王制、礼论等，颇有新意。

《西夏经义》有道光十八年（1838）、光绪十四年（1888）两种刊本。

（李冬梅）

5.《十一经音训》，清杨国桢撰

杨国桢有《易经音训》，前已著录。

国桢抚河南七年，悯寒士得书难，又病群经注疏卷帙浩繁，初学之士难以卒读，遂命开封知府存业，知县袁俊、汪杰、李亲贤、王治泰，书院山长刘师陆等人，取诸家音训，删繁就简，勘校十三经读本，并纂辑成书，以为童蒙课读之本，总名《十一经音训》。其只刊十一经者，系以《论语》《孟子》家有其书，人人习读，故去之，以此方便初学者。

是书凡录诸经音训11种，依次为《易经音训》《尚书音训》《诗经音训》《周礼音训》《仪礼音训》《礼记音训》《春秋左传音训》《春秋公羊传音训》《春秋穀梁传音训》《孝经音训》《尔雅音训》。其首有国桢《自序》及林则徐、麟庆、黎学锦、张坦、存业诸《序》，又有刘师陆撰《例言》，盖仿甘肃兰山书院所刻《经训约编》。其体例是仿《五经旁训》之体，以训诂注于经传之旁，音释注于字下。又其所采诸经均为足本，而各经旁注，悉本诸家原文，不妄增改一字，大字附载音切，句旁只著圈点。大旨以辨反切，训字义为主。其中《易》《书》《诗》《礼记》，遵功令，用宋儒传注；《春秋》则以《左传》为宗，而参以《公羊传》《穀梁传》；《周官》则以连斗山《周官精义》为主；《仪礼》则以吴廷华《仪礼章句》为主，参用张尔岐《仪礼郑注句读》、马驌《仪礼易读》诸说；《尔雅》以邢昺《疏》为主，间取姜兆锡《尔雅注疏参义》、邵晋涵《尔雅正义》之说；《孝经》用清世祖《御注》，具见斟酌不苟。诸经之首，又别有《辑说》，总论各经传授源流及诸家所评之语，颇为简当，有益后学。

---

① 《续修四库全书总目提要》"经部"《释诗》提要。

不过由于《十一经音训》因系童蒙课读之本，故其内容并不繁复，而是简略易读，然此却颇便于初学者之用。伦明即论其"虽未足以语博综，然简而易通，士子各手一编，亦可免荒经之陋矣"①！

是书今传版本有清道光十年（1830）大梁书院刊本、清光绪三年（1877）湖北崇文书局刊本。（李冬梅）

6.《四益馆经学丛书》凡5种8卷，清廖平撰

廖平生平，见《周官考征凡例》。

廖平一生治学甚勤，学凡六变，著作等身。自"平分今古"，而"尊今抑古"，而"小大之学"，而"人天之学"，而"孔经哲学"，每变益奇，不一而足。光绪初年，廖平以井研县学优等生，被张之洞调入新成立的尊经书院学习。当时，张之洞以"两文达之学"②相号召，廖平"从事训诂文字学，用功甚勤，博览考据诸书"，打下了"小学"基础。光绪五年（1879），湖湘大儒王闿运入蜀掌教尊经书院，以《公羊》家今文义理之学相劝勉，廖平自是转而研求经书大义微言，聪明文思至此一变。是时，王闿运以礼制治《公羊》，颇多胜义；廖平则以礼制治《穀梁》，撰成《穀梁春秋经传古义疏》《何氏公羊解诂三十论》《今古学考》等系列著作，形成其"长于《春秋》，善说礼制"（刘师培语）的学术特色。

光绪十二年（1886），王闿运携眷离开四川，结束了在蜀中管领风骚的7年。廖平也学成离院，主讲于井研来凤书院。也正是在这一年，廖平将所撰五种经学著作在成都集中刊刻，是为《四益馆经学丛书》。廖平以礼制区分经今古文学，认为古文学是孔子早年"从周"之学，今文学是孔子晚年"改制"之学，善于区别今古文，"魏晋以来，未之有也"（刘师培语），标志着廖平"经学一变"的完成。此前，廖平以《王制》为纲，专门发明汉人古义，撰《穀梁春秋经传古义疏》11卷，千载坠绪得以光大，足以取代范宁《春秋穀梁传集解》而独行。在此基础上，廖平又撰《十八经注疏凡例》，欲邀约同好共同撰写严格区分今文、古文的《十八经注疏》，建立"蜀学"体系。《四益馆经学丛书》所收廖平的经学5书，都是这一时期的作品。

本丛书包括：《何氏公羊解诂三十论》3卷、《春秋左传古义凡例》1卷、

---

① 《续修四库全书总目提要》"经部"《十一经音训》提要。
② 即纪文达昀《四库全书总目》、阮文达元《皇清经解》。

《今古学考》2卷、《六书旧义》1卷、《分撰两戴记章句凡例》1卷。正是廖平经学初变时期以礼制平分今古、沿今古学疏证《春秋》古义的成果。鉴于廖平学术后来越变越奇，越变越恢怪，《四益馆经学丛书》所收录5种著作，也是廖平经学成就中最为精华的部分，其具体内容分见各条。

该丛书有清光绪十二年（1886）成都刊本，后又收入《六译馆丛书》中。今上海古籍出版社2015年出版的《廖平全集》亦收有诸书。（李冬梅）

第三章 巴蜀史部文献

第一节　巴蜀史学及其文献

古之王者，世有史官，有大史、小史、内史、外史、左史、右史，凡司文字之役者，莫不为史；而凡记言记动之文，无不可以为史料。又"史"者"从又持中"，持也者，操觚著述之谓；中也者，直书不倚之谓，盖"史"之一字已兼有史学方法和治史态度之义。史可以知往，亦可以鉴今；既可以言学，又可以资政，古之史职盖亦重矣！中国史官文化发达，亦云久矣！

一、巴蜀史学源流

蜀之史学，起源甚早，虽彭祖为殷太史，事属邈远，不可得而详，但汉魏以下，蜀之史学，却代有其人。巴蜀史学，似乎是始肇于对乡邦历史的关怀："司马相如、严君平、扬子云、阳成子玄、郑伯邑（廑）、尹彭城（贡）、谯常侍（周）、任给事（熙）等，各集传记，以作《本纪》，略举其隅。"（《华阳国志·序志》）其中《本纪》，即前汉扬雄之撰《蜀纪》1卷，尚有遗文，余皆不可考。《华阳国志·陈寿传》又谓郑伯邑与赵彦信、陈申伯、祝元灵、王文表"皆博学洽闻，作《巴蜀耆旧传》"。

后汉李尤（雒人，今广汉）与刘珍同修《东观汉记》143卷，何英（郫县人）撰《汉德春秋》15卷，杨终撰《哀牢夷传》，以救史官之急，皆有明文足征。自兹以后，巴蜀史学绵延不绝，蔚为大观。据嘉庆《四川通志》统计，巴蜀有史学著作516种，其中汉唐47种、宋代252种、元代10种、明代126种、清初81种。夷考其迹，又以蜀汉两晋、南北宋两段最为鼎盛，而五代两蜀亦有嘉迹可述焉。

吴福连《拟四川艺文志》著录蜀汉两晋史著17种。其中，全国性著作如陈寿《三国志》65卷、杨戏《季汉辅臣赞》；史考性文献如谯周《古史考》25卷、陈寿《古国志》50卷；地方性史籍，如谯周《三巴记》1卷，陈寿《益部耆旧传》10篇及《杂传记》2卷，王崇《蜀书》，常宽《蜀志》1卷、《后贤传》

《益州篇》，杜袭《蜀后志》，常璩《华阳国志》12卷附录1卷、《南中志》1卷、《汉之书》10卷、《蜀李书》9卷，等等。特别是《古史考》专引经传以订正《史记》之误，开中国史考类著作之先河。《华阳国志》超越《吴越春秋》，使方志体更加完善，有学者将其并列入"前五史"之中。在中国现存汉晋10余部史书中，《三国志》《华阳国志》是最为耀眼的两颗明珠。

南朝李膺撰《益州记》2卷，唐代樊绰撰《蛮书》10卷，俱为一代名著。五代十国，中原混乱，而蜀中安定，学者入蜀，史学亦盛。吴福连《拟四川艺文志》说："十国攘攘，蜀独尚文，载记特备。"并著录前后蜀史书17种，其中有以治史方法治经者，如冯继先《春秋名号归一图》2卷（存）、《春秋名字同异录》5卷（佚）；有以治经方法治史者，如杨九龄《河洛春秋》2卷、《历代善恶春秋》20卷、《经史目录》7卷。特别是关于前后蜀历史的记录，更属珍贵，如李昊《前蜀书》40卷、《后蜀孟先主实录》30卷、《后蜀孟后主实录》80卷（俱佚），句延庆《锦里耆旧传》8卷（存）等。只惜佚散者多，保存者少。

宋代有"西蜀史学"之称。宋代是巴蜀史学发展的高峰时期，史学文献数量众多（达250余种），史家辈出。其研究前代古史者，则有苏辙《古史》60卷（重修《史记》），范祖禹《唐鉴》24卷，范并助司马光修《资治通鉴》（负责唐代），郑少波《唐史发挥》12卷，梁成《晋鉴》10卷；考证前史的，则有史照（眉山人）《通鉴释文》，吴缜（成都人）《新唐书纠谬》《五代史记纂误》。类聚人物传记以成新著者，则有王当《春秋列国诸臣传》51卷，费枢《廉吏传》10卷，杜大珪《名臣碑传琬琰集》107卷；研究当朝史而有正史规模者，则有王称《东都事略》，为卷130，俨然北宋九朝之史事全编。其讲制度者，则有李攸《宋朝事实》30卷、《通今集》20卷，张崇祖、李心传《总类国朝会要》等；其汇聚史料者，则有杨泰之《三国志类》《东汉名物类》《南北史类》《唐五代史类》《历代通鉴类》《本朝长编类》等。

还有李心传，亦撰《孝宗要略初草》23卷、《建炎以来系年要录》200卷、《建炎以来朝野杂记》40卷、《读史考》12卷、《西陲泰定录》90卷、《旧闻证误》15卷等，多鸿篇巨制，卓然国史气象。

宋代蜀人修史的另一个特点，是十分注重乡土历史特别是蜀中大事的研究和记录，如张唐英《蜀梼杌》之补记前后蜀历史。此外，记载成都古今大事，则有孙汝听《成都古今前后记》60卷。记载宋军灭后蜀，则有康延泽《平蜀实录》1卷、张逵《蜀寇乱小录》1卷及《平蜀录》1卷。记载安丙平定吴曦之乱，则有丙自著《靖蜀篇》4卷、李心传《西陲泰定录》90卷、李珙《丁卯实编》1卷、李好古《李好义诛曦本末》1卷、《复四川本末》1卷、张革之《平吴录》1卷及郭士宁《平叛录》1卷等10余种。

同时，宋人继承常璩《华阳国志》传统，修纂了大批巴蜀地方志和山水志。如郭友直《剑南广记》40卷、宋如愚《剑南须知》10卷、吕昌朋《嘉州志》2卷、张开《峨眉志》3卷、宇文昭奕《临邛志》20卷及句台符《青城山方物志》5卷，以及有关华阳、潼川、沈黎、隆山、涪州、夔州、永康、旭川、龙门、江乡、江阳、清化、资中、垫江、长宁、梁山、安康、富顺、江州、宕渠、忠州、果州、南平、大宁、益州、梓州、成都等地方志，多达60余种，是研究巴蜀文化及史学的丰富资料。可惜率多亡佚，无由考详。

巴蜀史学多大家，如李焘著史33部，包含纪传体（《四朝史稿》50卷、《四朝国史》350卷）、编年体（《续资治通鉴长编》980卷、《举要》68卷、《续宋编年资治通鉴》18卷）、个人传记（《陶潜新传》3卷、《赵普别传》1卷）、世谱（《晋司马本支》1卷、《王谢世表》1卷）、谱录（《唐宰相谱》1卷）、专题年表（《历代宰相年表》33卷、《五代三衙将帅年表》1卷、《江左方镇年表》16卷、《天禧以来谏官、御史年表》《续宋百官公卿表》112卷）、纪事本末（《宋政录》12卷、《宋异录》1卷、《思陵大事记》36卷、《阜陵大事记》2卷、《建隆遗事辨》1卷、《谕西南夷事》1卷、《科场沿革》1卷、《本朝事始》2卷）、帝王实录（《重修徽宗实录》200卷）等等，堪为名家。

由上可知，宋代巴蜀史学十分发达，大家辈出，史书体裁完备，内容丰富，多所创新，价值很高。刘咸炘即称赞说："盖唐后史学，莫隆于蜀。"①

元代费著《岁华纪丽谱》，记述宋代成都民情风俗、游乐景观，以时间顺序为秩，从正月元日至岁末冬至，逐一记载各个节庆日内成都官民的游乐活动，形象生动，足可与孟元老《东京梦华录》媲美。明代杨慎以天纵之才，驰骋乎著述，遍及四部，于史学亦有《春秋地名考》1卷、《希姓录》5卷、《全蜀艺文志》64卷、《滇载记》1卷、《蜀志补罅》4卷、《水经补注》1卷、《云南山川志》1卷等，稍补明代蜀中史学之缺。清代巴蜀史学的主要成就在方志修纂，举凡200余县，几乎县县有志、州州有史，有的甚至一修再修，多至四五。这些文献的产生，自然多由于清政府"盛世修志"、粉饰太平之私心，但也反

---

① 刘咸炘：《蜀学论》。

映出巴蜀学人治史成绩和修志成就，或多或少地保留了巴蜀历史文化之史料，不可忽略。

二、巴蜀史学文献分类

《周官》载："内史掌书王命，遂贰之"，"掌王之八枋之灋，以诏王治"。此即朝政、国史系列。又说："外史掌书外令，掌四方之志。"此即诸侯政令、地方之史系列。虞夏、商、周之《书》，以及《三坟》（三皇之书）、《五典》（五帝之书）、《周之春秋》，即内史所掌；而《九丘》（九州之志）、《鲁之春秋》《燕之春秋》《宋之春秋》《晋乘》《楚梼杌》，以及秦穆之《誓》，皆外史所职。由于秦氏焚书，诸侯之史略尽，故汉代史类文献，微乎其微，《七略》《汉书·艺文志》所录仅有《世本》《战国策》至《汉大年纪》9种而已，以其依本《春秋》，体例亦依仿《春秋》，故附在"六艺略"《春秋》类。

晋荀勖撰《中经新簿》，以甲、乙、丙、丁四部类聚群书，始为史书设立专类——"丙部"，以记"史记""旧事""皇览簿"（类书）、杂事等书籍。南朝阮孝绪制《七录》，大的部类主于7分，但仍有"记传录"专类来记录历史书籍，并将史书分成12目予以著录：国史、注历、旧事、职官、仪典、法制、伪史、杂传、鬼神、土地、谱状、簿录。《隋书·经籍志》采用四分法，以"史部"易"丙部"之称，而将序次移至第二，"史部"之下再分13目：正史、古史、杂史、霸史、起居注、旧事、职官、仪注、刑法、杂传、地理、谱系、簿录。从此奠定了中国目录书"史部"的基本框架，后世目录遂以《隋书·经籍志》为基础来增删损益。如《四库全书总目》"史部"即分15目："正史，大纲也。次曰编年、曰别史、曰杂史、曰诏令奏议、曰传记、曰史钞、曰载记，皆参考纪传者也。曰时令、曰地理、曰职官、曰政书、曰目录，皆参考诸志者也。曰史评，参考论赞者也。"将数千种图书，按这个体例编纂成一套具有系统联系的大著作，真正体现了"类例明而学术兴"的真理。

不过，这一分类法比较适合于全国性史部文献，然对于一省或同一区域的史部文献来说，却未必适合了。因为一省或一区域之作，未必与全国同例，有的类目多，有的类目少，如果生搬硬套，必有削足适履之弊。嘉庆《四川通志》志艺文采用《四库全书》史部分类法，就暴露了这一缺陷。如堂堂"正史"一目仅有3种，"编年"一目仅有12种，"纪事本末"类亦只有5种；与62

种的"杂史"、55种的"传记"、196种的"地理"、69种的"政书"相比，显得严重失衡！这种分类既不能将巴蜀文献进行合理的类聚群分，也不能突出巴蜀文献的特色和价值，因为大量的本土资料，特别是巴蜀史地资料、民族资料、风俗资料，统统都被淹没在臃肿的"杂史""地理"等名目之下了。

明代学者曹学佺有见于此，其《蜀中著作记》将巴蜀史部文献，先按全国性和地方性分出两个大类，各类之下再以史书体裁予以著录；另外又有"地理"类以录地理书和地方志。我们以为这种分类比较合理，合乎巴蜀文献的具体实际：一类是全国性的，我们可以称之为"国史"；一类是巴蜀区域性的，我们可称之为"巴蜀史"。一全体，一局部；一全国，一地方，二者相须而行，互为补充。由于巴蜀是一个变动的概念，其地域范围屡经变易，因此"巴蜀史"文献不仅数量庞大，而且内容也十分复杂，有记录古老巴蜀政权迭代的文献，有记载巴蜀文化影响范围内各民族的文献，有记载巴蜀特殊地理、地貌的文献，有记载今四川、重庆辖区内各个基层县市社会面貌的文献，有记载巴蜀地区山川河流、名胜古迹的文献，如此等等。结合巴蜀地区历史悠久、地理特殊、民族杂居等特点，我们在"巴蜀史"下还可以另外分出"地理"文献和"民族"文献两个分支。

这样一来，巴蜀的史部文献就大致可以分成"国史""巴蜀史""地理""民族"四个子目。其中"国史"部分主要体现巴蜀学人的史学成就；"巴蜀史"部分主要介绍传统意义上巴蜀的历史文化资料；"地理""民族"两部分则专门突出巴蜀独特的地理风貌和多民族共存的文化特征。

第二节　国史文献举要

1. 《古史考》1卷，三国蜀汉谯周撰

谯周（199[①]～270），字允南，三国蜀汉巴西西充国（今四川阆中西南）人。据《三国志》载，谯周之父谯岍，治《尚书》学，兼通诸经及图纬。州郡辟请，皆不应，为隐者终身。谯周耽古笃学，研精六经，颇晓天文，尤善书札。建兴中，丞相诸葛亮领益州牧，命谯周为劝学从事，后徙典学从事，总州之学者；后主立太子，以谯周为太子仆，转太子家令，徙中散大夫，迁光禄大

[①] 又有云谯周生于201年。

夫，位亚九卿。谯周虽不与政事，以儒行见礼，时访大议，辄据经以对，后生多咨问焉，《三国志》作者陈寿即出其门下。景耀六年（263）冬，魏大将军邓艾入阴平、克江油，百姓扰扰；群臣无计，谯周力主降魏，后主从之。魏相国司马昭以谯周有保全蜀国免于战火之功，封阳城亭侯。西晋泰始三年（267），谯周应征至洛阳，累拜骑都尉、散骑常侍，六年（270）冬卒。①《三国志·蜀书》卷一二有传。

周勤于著述，其所撰著达百余篇。《隋书·经籍志》载有《论语注》10卷、《三巴记》1卷、《谯子法训》8卷、《古史考》25卷和《五经然否论》5卷五书。其中《论语注》《三巴记》均佚，《谯子法训》有明陶宗仪、清严可均辑本，《古史考》有清章宗源辑本。

是书卷数，据《隋书·经籍志》《旧唐书·经籍志》及《新唐书·艺文志》为25卷，《隋书·经籍志》入正史类，两《唐书》经籍、艺文志入杂史类。《宋史》已无著录，约亡于五代时期，今有辑佚本1卷。

其创作之由，《晋书·司马彪传》载："初，谯周以司马迁《史记》书周秦以上，或采俗语百家之言，不专据正经，周于是作《古史考》二十五篇，皆凭旧典，以纠迁之谬误。"刘知几《史通·古今正史》亦云："巴西谯周，以迁书周秦已上，或采家人诸子，不专据正经，于是作《古史考》二十五篇，皆凭旧典，以纠其谬，今则与《史记》并行于代焉。"为《史记》纠谬补缺之作。今辑本尚涉及《史记》之《五帝本纪》《夏本纪》《殷本纪》《周本纪》《秦本纪》《吴太伯世家》《齐太公世家》《鲁周公世家》《燕召公世家》《陈杞世家》《卫康叔世家》《宋微子世家》《晋世家》《楚世家》《赵世家》《魏世家》《田敬仲完世家》《仲尼弟子列传》《苏秦张仪列传》《平原君虞卿列传》等篇，或纠其谬，或补其缺，用功至勤。如《殷本纪》说殷人祖先契是帝喾次妃简狄所生，但是据《五帝本纪》帝喾是尧的父亲，而契是在舜的时代才有活动，故谯周说："契生尧代，舜始举之，必非喾子。以其父微，故不著名。"又如《周本纪》说周人祖先弃也是帝喾元妃姜原所生，谯周于是考证说："弃帝喾之胄，其父亦不著。"《周本纪》又说后稷死"子不窋

---

① 关于谯周的综合研究，可参看龙显昭：《谯周评传》，贾顺先、戴大禄主编：《四川思想家》，巴蜀书社1987年版；又黄怀信：《谯周与〈古史考〉》，载《古籍整理研究学刊》2001年第5期。

立"，以不窋为后稷子，世代也不合。谯周考："按《国语》云'世后稷以服事虞夏'，言世稷官，是失其代数也。若以不窋为弃之子，至文王千余岁，唯十四代，实不合事情。"等等。又《秦本纪》载徐偃王作乱，造父御周穆王长驱归周，一日千里以救乱，《古史考》云："徐偃王与楚文王同时，去周穆王远矣，且王者行有周卫，岂闻乱而独长驱日行千里乎？"分别从时代和制度上指出了《史记》的记事之误。除纠弹之外，是书对《史记》记事亦有补充，如《太平御览》卷七二八引《古史考》："庖羲作卦，始有筮。"又卷八二七："神农作市。高阳氏衰，市官不修，祝融修市。"《北堂书钞》卷一七亦引："庖牺作易，弘开大道。"都补充了《史记》之外的重要史料，可供后世研究者参考。北宋苏辙撰《古史》，清人梁玉绳撰《史记志疑》，对谯周此书皆多引据。然周书初成时，司马彪又以其"未尽善"，于是据《汲冢纪年》纠驳其"不当"之处122条，可惜彪书今亦不传。

是书清乾隆后续有辑本，先是章宗源辑1卷，收入《平津馆丛书》《训纂堂丛书》《龙溪精舍丛书》等编；今人徐宗元再检群书，重为考证、补正，成《古史考辑存》一稿。但徐氏辑本仅有稿本，朱墨双色，字迹工整，尚待整理出版。（潘斌、舒大刚）

2．《三国志》65卷，晋陈寿撰

陈寿（233～297），字承祚，巴西安汉（今四川南充）人。自幼好学，师事同郡谯周。蜀汉时曾任卫将军主簿、东观秘书郎、观阁令史、散骑黄门侍郎等职。入晋以后，历任著作郎、平阳侯相、治书侍御史等职。公元280年，晋灭东吴，结束三国分裂，时年48岁的陈寿开始撰写《三国志》。是书成后，陈寿备受赞誉，但也因为秉笔直书而得罪了不少当世权贵，晚年屡次被贬，在仕途中郁郁不得志。公元297年，65岁的陈寿病死于洛阳。另著有《益部耆旧传》10篇、《古国志》50篇，整理编辑《诸葛亮集》。

是书为纪传体国别史，其中《魏书》30卷、《蜀书》15卷、《吴书》20卷，共65卷。记载了从魏文帝黄初元年（220）到晋武帝太康元年（280）60年的历史。《三国志》属私人修史，陈寿死后，该书即引起时人注意。尚书郎范頵上表说："陈寿作《三国志》，辞多劝诫，明乎得失，有益风化，虽文艳不若相如，而质直过之，愿垂采录。"南朝刘勰《文心雕龙·史传》中亦云："魏代三雄，记传互出，《阳秋》《魏略》之属，《江表》《吴录》之类，或激抗难征，或疏阔寡要。唯陈寿《三志》，文质辨洽，荀、张比之于迁、固，非妄誉也。"

陈寿身为晋臣，以晋承魏统，所以《三国志》尊魏为正统。《魏书》中曹操有本纪，而《蜀书》和《吴书》则只有传而没有纪。其记刘备则为《先主传》，记孙权则为《吴主传》。虽然如此，是书仍以魏、蜀、吴三国各自成书，较为真实地记录了三国鼎立期间的大事。此写法也表明陈寿以三国各自为政，互不统属，三国在地位上是相同的。从记事方法来说，《先主传》和《吴主传》均是以年为经，以事为纬，与本纪完全相同。是书叙事简略，魏、蜀、吴三国历史事件很少重复，在材料的取舍上也十分严谨，为历代史学家所重视。蜀亡时陈寿才31岁，其所修《三国志》在当时属于当代史，很多历史事件他都曾亲身经历过；但是也由于时代较近，所以有不少史料尚未披露，同时由于各家恩怨尚存，褒贬难定，材料的选择因此也有一定的困难。从魏、蜀、吴三书比较来看，《魏书》30卷，《蜀书》15卷，《吴书》20卷，《蜀书》较魏、吴两书为简。其原因是魏、吴两国史料较多。陈寿写《三国志》时，魏国已有王沈的《魏书》和鱼豢的《魏略》，吴国也有韦昭的《吴书》，这为陈寿的写作提供了极大的方便。而蜀汉既没有史官，也没有现成的史书可以参考，因此史料的搜集非常困难，故《蜀书》中关于蜀汉的许多重要人物的记载都十分简略。《三国志》成书之后，由于叙事过于简要，到了南朝宋文帝时，史学家裴松之便为其作注，又增补了大量史料。

是书也有不足之处，房玄龄《晋书·陈寿传》虽称赞陈寿"善叙事，有良史之才"，但他在叙事时对曹魏和司马氏集团多有回护、溢美之词，因此受到了历代史学家的批评。此外，《三国志》只有纪、传而无志、表，使三国时期许多重要史料，如经济、典制、文献等未获存留，也是该书之一大缺失。

是书现存版本甚多，主要有《二十一史》《十七史》《四库全书》《摛藻堂四库全书荟要》《二十四史》《百衲本二十四史》《二十五史》《四部备要》等版本。中华书局标点本，1959年版。赵幼文《三国志校笺》，校勘功力极深，改正误文，考订异文甚明，2001年巴蜀书社出版。杨耀坤《三国志注》，广采众长，通注全书，2011年巴蜀书社出版。（潘斌）

3.《古史》60卷，宋苏辙撰

苏辙有《诗集传》，前已著录。

是书创作之由，在辙《古史序》中有详尽说明："太史公始易编年之法为本纪、世家、列传，记五帝三王以来，后世莫能易之。然其为人浅近而不学，疏略而轻信……故其记尧舜三代之事，皆不得圣人之意。战国之际，诸子辩士各自著书，或增损古事以自信，一时之说，迁一切信之，甚者或采世俗相传之语以易古文旧说。及秦焚书，战国之史不传于民间……幸而野史一二存者，迁亦未暇详也，故其记战国，有数年不书一事者。余窃悲之，故因迁之旧，上观《诗》《书》，下考《春秋》及秦汉杂录，记伏羲、神农，讫秦始皇帝，为七本纪、十六世家、三十七列传，谓之《古史》。追录圣贤之遗意，以明示来世，至于得失成败之际，亦备论其故。"可见，苏辙之发愿重撰《古史》，乃是出于对司马迁《史记》的不满意，他认为司马迁"浅近而不学，疏略而轻信"，《史记》所记尧舜、三代之事，"皆不得圣人之意"；对于战国时期的历史，司马迁依据"诸子辩士"各家著述，殊不知诸子之书多"增损古事以自信"，并非真实的历史记录，可是司马迁"一切信之"，甚至"或采世俗相传之语以易古文旧说"，在史料上也缺乏甄别。为了体现"圣人之意"、建立信史体系，"明示来世"，反映古今"得失成败之际"，苏辙很早便立志要改写《史记》了。直到中年，乃成是书，可见他对此书倾注了大量心血，也寄托了深切的用心。

  《古史》由7本纪、16世家、37列传组成，每一本纪、世家、列传各为1卷，凡60卷。7本纪为《三皇本纪》《五帝本纪》《夏本纪》《商本纪》《周本纪》《秦本纪》《秦始皇本纪》；16世家为《吴大伯世家》《齐太公世家》《鲁周公世家》《燕召公世家》《蔡叔曹叔世家》《陈杞世家》《卫康叔世家》《宋微子世家》《晋唐叔世家》《楚世家》《郑世家》《越王勾践世家》《赵世家》《魏世家》《韩世家》《田敬仲完世家》；37列传为《伯夷列传》《管晏列传》《柳下惠列传》《曹子臧吴季札列传》《晋范文子列传》《晋叔向列传》《郑子产列传》《孔子列传》《孔子弟子列传》《老子列传》《孟子荀卿列传》《伍员列传》《孙吴列传》《范蠡列传》《叶公列传》《商君列传》《苏秦列传》《张仪列传》《樗里子甘茂列传》《穰侯列传》《白起王翦列传》《孟尝君列传》《平原君列传》《魏公子列传》《春申君列传》《范雎蔡泽列传》《乐毅列传》《廉颇蔺相如列传》《田单列传》《屈原列传》《虞卿鲁仲连列传》《吕不韦列传》《李斯列传》《蒙恬列传》《扁鹊列传》《刺客列传》《滑稽列传》。

  《古史》对《史记》做了全面的增补和考订工作，首先是增加了三皇本纪及柳下惠、曹子臧、季札、范文子、叔向、子产、范蠡、叶公、田单等列传。其次是增加了许多《史记》没有的史料，所依据的主要材料多来自《左传》《尚书》《战国策》，内容较《史记》更为丰富。第三，纠正了《史记》存在的某些疏略和讹舛，多见于其子苏逊的附注。元人盛如梓说："《史记》初看，窃怪语多重复，事多夸诞，及看子由《古史》，删除简当，固为奇特。"[1]清人王士禛在谈到治史时也说："史事自十七史外，如《史记》外则有苏氏《古史》，前、后《汉书》外有荀悦、袁宏两《汉纪》……凡此诸书，皆当兼收并采，不可以其不列学官而偏废之。"[2]

此外，《古史》还反映了宋代的学风，一是体现了宋儒疑古和好发议论的治史特点，二是推崇以道证史的治史旨趣，体现了义理化史学初兴时期的特征，这些在《古史》给每位人物或纪传所写的史论（苏子曰）中有充分体现。朱熹对《古史》的评价甚高，如他对《古史序》所云古之圣人"其必为善，如火之必热，水之必寒；不为不善，如驺虞之不杀，窃脂之不谷"数语赞不绝口，认为"于义理大纲领处见得极分明、提得极亲切。虽其下文未能尽善，然只此数句已非近世诸儒所能及矣"[3]，"窃以为于此有以识之，则其达于圣贤不远矣"[4]。如果说朱熹在其理学思想的指导下陶熔诸家，将义理化史学推向极致的话，那么，苏辙《古史》在其中无疑有着十分重要的影响。由此言之，无论是探索两宋义理化史学的发展，还是研究两宋史学思想的演变，《古史》均有其不可忽视的价值，值得我们重视。[5]

是书收入于《四库全书》史部别史类。北京图书馆出版社2003年出版《中华再造善本》有《古史》（2函16册），所据为明万历三十九年（1611）南京国子监刻本；台北故宫博物院收藏有南宋浙刻本，近时亦有影印（2函8册）。另四川大学出版社2016年出版有校点本，颇便使用。（潘斌、舒大刚）

4.《唐鉴》12卷，宋范祖禹撰

范祖禹有《古文孝经说》，前已著录。

是书撰作之由，与宋人极重唐史之风有关。北宋中期，社会出现一系列

---

[1] （元）盛如梓：《庶斋老学丛谈》卷上，中华书局1985年《丛书集成初编》本。
[2] （清）王士禛：《分甘余话》卷一，中华书局1997年版。
[3] （宋）朱熹：《晦庵先生朱文公文集》卷五四《答赵几道》，《朱子全书》第二十三册，上海古籍出版社、安徽教育出版社2002年版。
[4] （宋）朱熹：《晦庵先生朱文公文集》卷七二《古史余论》，《朱子全书》第二十四册。
[5] 参张伟：《苏辙与〈古史〉》，载《史学史研究》2003年第3期。

问题，儒家知识分子有着强烈的忧患意识，他们力求政治革新，在历史中寻找经验教训。而唐距宋尤近，治乱兴衰之迹清晰，可资鉴之处最多，他们"以唐为鉴""以唐为镜"，欲从唐史中寻找出治国之良方，达到安邦济世的经世目的。范祖禹撰修《唐鉴》亦出于此。他在《〈唐鉴〉序》中说："夫唐事已如彼，祖宗之成效如此，然则今当何监，不在唐乎？今当何法，不在祖宗乎？夫惟取监于唐，取法于祖宗，则永世保民之道也。"范祖禹作为司马光编修《资治通鉴》三大协修者之一，主要负责唐史及五代史丛目长编工作，他对唐代历史至为熟悉，这为他全面评价唐代政治得失提供了良好条件。当然，或许是因为《资治通鉴》的体例所限，或是自己与司马光在对待唐代具体的历史事件和人物评价上存在着某种差异，故在协助撰成《通鉴》之后，范祖禹又另撰《唐鉴》，通过总结唐朝兴衰的经验教训，用以阐发自己的史学思想。其《范太史集》有《进〈唐鉴〉表》，作于哲宗元祐元年（1086）二月廿八日，有云："臣昔在先朝，承乏书局，典司载籍，实董有唐，尝于绌次之余，稽其成败之迹，折以义理，辑成一书。……其《唐鉴》十二卷，缮写成六册，谨随表上进以闻。"所谓"承乏书局，典司载籍，实董有唐"，就是指范祖禹参加司马光编《通鉴》而言。又其《〈唐鉴〉序》云："臣祖禹受诏与臣光修《资治通鉴》，臣祖禹分职唐史，得以考其兴废治乱之所由。……臣谨采唐得失之迹，善恶之效，上起高祖，下终昭宣，凡三百六篇，为十二卷，名曰《唐鉴》。"《通鉴》撰于治平三年（1066）至元丰七年（1084）之间，是书之撰当亦与之同时。元丰八年（1085）六月，范祖禹上《论丧服俭葬疏》："臣尝采唐事，为《唐鉴》数百篇，欲献之先帝，属先帝不豫，未及上。"可见《唐鉴》亦于神宗元丰七年（1084）已经写成。

是书共12卷，306篇，除序言外，全书分为正文与史论两大部分，内容以帝王在位时间先后为序，涉及唐代20帝、290余年历史。其体例系采用编年体，先述一史事，再以"臣祖禹曰"的方式评论，阐述自己的见解。是书重点在太宗、玄宗、德宗三朝，共7卷，占全书近三分之二的篇幅，分别展示了盛唐之盛、盛极而衰和拨乱中兴的历史及其教训。书成以后，《唐鉴》即为时人所重，孙觌《读唐鉴》云："日诵数百言，无婴鳞犯雷霆之怒，而有陈善闭邪之裒矣。"①程颐对《唐鉴》也是称赞有加，元祐中有客见他"几案间无他书，

---

① （宋）孙觌：《鸿庆居士集》卷三二《读唐鉴》，影印文渊阁《四库全书》本。

惟印行《唐鉴》一部",他说:"近方见此书,三代以后,无此议论。"①南宋高宗对侍讲云:"读《资治通鉴》,知司马光有宰相度量;读《唐鉴》,知范祖禹有台谏手段。"②故元人修《宋史·范祖禹传》云:"《唐鉴》深明唐三百年治乱,学者尊之,目为'唐鉴公'云。"是书对后世影响亦颇深远,清人李慈铭《越缦堂读书记》记清仁宗之语:"范祖禹所著《唐鉴》一书,胪叙一代事迹,考镜得失,其立论颇有裨于治道。"并令馆臣仿其体例,辑成《明鉴》。

现存版本主要有三种:一是上海图书馆藏宋刻本12卷,有范祖禹自序;二是吕祖谦注本24卷,有明弘治刻本,内容与宋刻多有出入;三是中国国家图书馆藏的宋刻元修本。与上图宋刻本相比,分卷不同,文字亦有出入。(潘斌)

5.《廉吏传》2卷,宋费枢撰

费枢,字伯枢,成都人。辛次膺《廉吏传序》,称其以艺学中高第。然其仕履始末无考。

《周礼·小宰》已有关于吏治以廉为本的论述,如廉善、廉能、廉敬、廉正、廉法、廉辨。后世史书,自《史记》始就有记廉吏的传统。《史记》中的廉吏都收录在《循吏列传》中,循吏即"本法循理之吏"。这一传统后为《汉书》《后汉书》等正史所承继。然专为廉吏作传,则此书为第一部。

是书据其《自序》所题宣和乙巳(七年,1125),盖作于北宋徽宗宣和年间(1119~1125)。陈振孙《直斋书录解题》作10卷,记载"自春秋至唐凡百十有四人"。凡周列国9人、西汉10人、东汉16人、三国7人、两晋13人、南史13人、北史5人、隋6人、唐34人,大致周至隋各自为卷,唐分2卷,故为10卷。今传本只有2卷,但入录人物也是114名,盖卷帙有异,内容并无多寡。原书各卷皆有小序,以述一代士风时情之概,今各卷合并,序文淹于传记之中,不易分别矣。

是书所录最早一位廉吏为春秋时期鲁国的季孙行父,最后一位廉吏是唐代的卢钧。《四库全书总目》揭其宗旨,大致在风厉廉隅,故其选人标准即以是否廉洁为主,所撰传记也重在表彰其廉隅事迹方面,其他事迹则有所节略。每传除备述廉洁事迹外,还各系以论断,加以特别表彰。如首篇季文子传载,鲁

---

① (宋)晁说之:《晁氏客语》,岳麓书社2004年版。
② (宋)张端义:《贵耳集》卷上,中华书局1958年版。

文公卒，莒太子仆以其宝玉来奔，献给鲁宣公。宣公命与之邑，季文子却令鲁国司寇将莒太子驱逐出境。宣公问其故，季文子说：'其人就是盗贼，其器就是赃物。我们保护盗贼，利其赃物，就是窝藏奸盗。以此来教训人民，就是昏乱，所以我把他驱逐了。'又记载季文子身为上卿，连相二君，生活却十分节俭，"无衣帛之妾，无食粟之马"。有人对此表示不赞成，文子回答说："吾观国人，其父兄之食粗而衣恶者犹多矣，吾不敢以人之父兄食粗衣恶，而我美妾与马。"于是作者发议论说："文王犹卑服，后妃亦澣衣，盖薄于自奉，将以厚民，且示后世之恭俭也。季文子可谓无忝矣。妾不衣帛，马不食粟，乃念及国人之父兄食粗而衣恶，盖廉者政之本，俭者廉之本。文子之为政，其知本欤！"又如三国华歆传，载其辞别孙权赴曹操之召，宾客故人送之者千余人，赠遗数百金。歆皆无所拒，密各题识，临去，悉聚诸物，谢宾客而还之。作者议论说："歆辞孙权就曹公，岂有不义哉？宾客故人赆遗，受其意而却其金，视战国之士朝纵暮横，以片舌盗人之国而取富贵者，固有间矣。"又说："观其所举管宁，所友邴原，并一时清修高蹈之士。歆居二子之间，世谓'三友成龙'，岂碌碌者哉！"夸赞其交友有道，善类相激。凡此之类，非特表彰先贤，亦对后世有所教益。

继费枢《廉吏传》后，明黄汝亨为之补辑，增加了五代以前的清官廉吏33人，并据《宋史》《元史》续载64名廉吏，是为正编；在正编之外，又增《廉蠹》一编并加评语。

是书今有《四库全书》本、《四库全书珍本初集》本。（潘斌、舒大刚）

6.《宋朝事实》20卷，宋李攸撰

李攸，字好德，泸州（今属四川）人。官至承议郎。北宋政和初朝廷编纂《西山图经》《九域志》泸南安抚使孙羲叟招之使参与编纂，书成转一官。绍兴中官至右承议郎。另著有《通今集》20卷（见《宋史·艺文志》，已佚）。

据《郡斋读书志》《直斋书录解题》，本书原名《本朝事实》，今称《宋朝事实》，盖《永乐大典》所改。今本卷末录宋人所著《江阳谱》记述本书编纂之始末云：此书成于绍兴中，凡六十卷，起建隆，迄宣和。其三十卷先闻于时，有旨命进呈，太常少卿何麟请命以宫观，居家终其书［按，据《建炎以来系年要录》，何麟为太常少卿在绍兴十二年（1142）九月至十三年（1143）六月之间］。后以其余三十卷上之，并有书启与丞相秦桧。启中有"居宠思危"等语，触怒秦桧，寝其书不报，故《郡斋读书志》《直斋书录解题》所载均只有30卷（《宋史·艺文志》作35卷，盖分卷不同），盖后30卷已佚。

此书原本久已散佚，仅有部分内容散见于《永乐大典》各韵之下。清乾隆中，四库馆臣据之加以辑佚。据赵希弁《读书附志》称："祖宗世次、登极纪元诏书、圣学、御制、郊庙、道释、玉牒、公主、官职、爵邑、勋臣配享、宰执拜罢、科目仪注、兵刑律历、籍田财用、削平僭伪、升降州县、经略幽燕之类，具载本末。"四库馆臣以为此即本书之门目，遂据以编辑佚文，而成今本之20卷。书中时有宣和（1119~1125）以后史事，盖后人所附益。

是书虽然只有残简，但对于考证宋代历史却仍有重大参考价值。《四库全书总目》已经指出：作者李攸对掌故颇为熟悉，在靖康之乱后，经过积极搜辑旧闻，使一代典章，粲然具备，可见其用力颇多。是书所载内容，往往可以补其他史书所未备，如历朝登极、南郊、大赦诏令，太宗亲制《赵普碑铭》《西京崇福宫记》《景灵西宫记》《大晟乐记》，往往为《宋文鉴》《名臣碑传琬琰集》《播芳大全》诸书所未收。他如宗室换官之制，不见于《宋史·职官志》。郊祀勘箭之仪，不详于《礼志》。太庙、崇宁庙图，紫宸殿、集英殿上寿、赐宴再坐、立班、起居诸图，宫架鼓吹十二按图，尤为记宋代掌故者所未备。至其事迹之异同、年月之先后、记载之详略等，多可与《东都事略》《续资治通鉴长编》《宋史》等互相参订。

是书辑本今收入《四库全书》《武英殿聚珍版书》《墨海金壶》《丛书集成初编》。（潘斌）

7.《续资治通鉴长编》520卷[①]，宋李焘撰

李焘（1115~1184），字仁甫，一字子真，号巽岩，眉州丹棱（今四川丹棱）人。年甫冠，愤金仇未报，著《反正议》14篇。绍兴八年（1138）擢进士第，调华阳簿，再调雅州推官。宋孝宗八年（1170）出任泸州知州。当时理学盛行，焘独博极古籍，慨然以史纂自任。累官礼部侍郎，进敷文阁学士兼侍读，同修国史。屡章告老，除敷文阁学士致仕。卒谥文简。焘长于经史，著述颇多，著有《易学》5卷、《春秋学》10卷；于本朝典故，尤悉力研究，仿司马光《资治通鉴》撰《续资治通鉴长编》，又有《四朝史稿》50卷、《通论》10

[①] 顾吉辰《〈续资治通鉴长编〉版本沿革及其史料价值》（载《西北师范大学学报》1983年第3期）对李焘《续资治通鉴长编》做了较为翔实的考察，本提要撰写过程中充分参考了顾文的研究成果。

卷、《南北攻守录》30卷、《六朝通鉴博议》10卷、《说文解字五音韵谱》10卷及文集120卷。

是书为中国古代私家著述中卷帙最大的断代编年史。原本980卷，后经散佚，清人从《永乐大典》辑录，编为520卷。义例、总目、举要均仿司马光《资治通鉴》。记事起自宋太祖赵匡胤建隆，迄于宋钦宗赵桓靖康，记北宋9朝168年史事。李心传谓："其书仿司马氏《通鉴》踵为之，然文简谦不敢名《续通鉴》，故但谓之《续长编》。"①

作者于正史、实录、政书之外，凡家录、野记等均广征博采，校其同异，订其疑误，考证详慎，多有依据。本着"宁失于繁，无失于略"的原则，该书对记载不同者，则两存其说，时附己见，以注文标出，与《通鉴考异》相类。搜集材料时，"作木厨十枚，每厨作抽替匣二十枚，每替以甲子志之。凡本年之事，有所闻必归此匣，分月日先后次第之，井然有条"②。是书自宋孝宗隆兴元年（1163）至淳熙四年（1177），分四次上进。淳熙十年（1183），重编定为980卷，并上《举要》68卷、《修换事总目》10卷、《总目》5卷，总计1063卷，前后历时40年。

是书记述史事，主要取材于北宋实录、国史，并参考各类经史子集、笔记小说等，所引书名就有约400种。因而保留了大量原始材料，史料价值极高。如《宋会要》《政要》、历朝《实录》《时政记》、王禹偁《建隆遗事》、蔡襄《直笔》、王拱辰《别录》、司马光《温公日记》、王安石《荆公日记》、刘挚《日记》、吕大防《政目》、吕公著《掌记》、曾布《日录》、林希《野史》、王岩叟《朝论》、欧阳靖《圣宋掇遗》、邵氏《辨证》诸书，及诸家传碑铭，皆无一存者；又如《东斋记事》《涑水记闻》《东轩笔录》《湘山野录》《玉壶清话》《邵氏闻见录》《笔谈》《挥麈录》之类，今虽尚存，但往往传写讹脱，此书所引，亦足据以是正。南宋陈傅良曰："本朝国书，有日历，有实录，有正史，有会要，有勅令，有御集，又有百司专行指挥典故之类；三朝以上，又有宝训；而百家小说、私史，与士大夫行状志铭之类，不可胜纪。自李焘作《续通鉴》，起建隆元年，尽靖康元年，而一代之书萃

---

① （宋）李心传：《建炎以来朝野杂记》甲集卷四《续资治通鉴长编》，中华书局2000年徐规点校本。
② （宋）周密：《癸辛杂识后集》之《修史法》，中华书局1988年版。

见于此，可谓备矣！"①清人谭钟麟也认为此书"上据国典，下采私记，参考异同，折衷一是，使北宋一代事实粲然明备，实为《通鉴》后不可不读之书"②。

《长编》还继承和发展了司马光《通鉴考异》的优良传统，颇有"决嫌疑，明是非"之功。《通鉴考异》排列不同材料，说明取舍的原因，《长编》也采用了这一方法："若旧本有误处，及有合添处，即当明著其误削去，合添处仍具述所据何书，考按无违，乃听修换，仍录出为考异；不然则从旧，更勿增改。"③《长编》注文多达12000余条，70多万字。足见其用功之深，考辨之密。

关于北宋历史，当时南宋已有多种同类著作，但都不及焘书富赡。李心传尝曰："又有知台州熊克上所著《九朝通略》，诏迁一官……其书视《长编》才十一，颇诎舛。"④又说："又有知龙州王称亦献《东都事略》百三十卷于朝……然其书特掇取五朝史传及四朝实录附传，而微以野史附益之，尤疏驳。"⑤因此焘书独以内容丰富，在当时备受重视。乾道初，《长编》未就，孝宗即召李焘为史官，命有司给笔札；四年（1168）四月，焘以五朝事上之，孝宗谓辅臣曰："自建隆至治平百余岁事迹，备于此矣。"⑥淳熙十年（1183）李焘为遂宁守时，始写完全书，自建隆至靖康凡168卷，《举要》68卷，孝宗甚重之，"以其书付秘书省"⑦，作为皇家图书永久收藏。可惜此书因卷帙浩繁，撰成时未有刻本，只有抄本传世，历元至明，后渐失传，幸明人将其收入《永乐大典》之中。今传本即四库馆臣从《永乐大典》辑出之本，多有缺略，如宋英宗治平四年（1067）四月至宋神宗熙宁三年（1070）三月、宋哲宗元祐八年（1093）七月至绍圣四年（1097）三月、元符三年（1100）二月至十二月以及宋徽宗、宋钦宗两朝记事，都付阙如。

1979年中华书局开始分册出版《续资治通鉴长编》点校本，以流行的清光

---

① （宋）陈傅良：《嘉邸进读艺祖通鉴节略序》，《止斋集》卷四〇。
② （宋）李焘：《续资治通鉴长编·谭钟麟序》，清光绪浙江书局刻本。
③ （宋）高斯得：《耻堂存稿》卷二《经筵故事》。
④ （宋）李心传：《建炎以来朝野杂记》甲集卷四《续资治通鉴长编》。
⑤ （宋）李心传：《建炎以来朝野杂记》甲集卷四《续资治通鉴长编》。
⑥ （宋）李心传：《建炎以来朝野杂记》甲集卷四《续资治通鉴长编》。
⑦ （宋）李心传：《建炎以来朝野杂记》甲集卷四《续资治通鉴长编》。

绪浙江书局刻本为底本，用辽宁省图书馆、北京图书馆藏本和文津阁本对校，改正了不少错讹。2004年，《续资治通鉴长编》由中华书局全套整体出版，凡20册。

另外，南宋杨仲良取是书改编为"纪事本末"体，撰成《续通鉴长编纪事本末》150卷。清人秦缃业、黄以周等即利用杨书还原为编年体，以补李书《四库》辑本之佚文，纂成《续资治通鉴长编拾补》60卷。其中杨书缺略者旁采他书加注于下，其余典籍所引《长编》原文或注语，亦均加采辑，均可为是书之参考。（潘斌、舒大刚）

8. 《续通鉴长编纪事本末》150卷，宋杨仲良编

杨仲良，字明叔，号柳溪。南宋眉州眉山（今四川眉山）人。约生活于宁宗、理宗（1195~1264）之世。其事迹仕履亦无考。

是书原名《皇宋通鉴长编纪事本末》，不题著者名氏，卷端宝祐五年（1257）欧阳守道序，亦不言作者姓名。端平初（1234）陈均撰成《九朝编年备要》，其引用书目有："《长编纪事本末》，杨公仲良。"故知此书出自杨仲良之手。王应麟《玉海》卷三七遂于李焘《长编》下谓："杨仲良为《长编纪事本末》一百五十卷"云云。

杨氏按本末体改编李氏《长编》，以成是书。计太祖7卷、太宗7卷、真宗14卷、仁宗24卷、英宗4卷、神宗34卷、哲宗26卷、徽宗28卷、钦宗6卷，共计150卷。每朝因其史事，各立题目；如果事涉多端，每目中又有子目，眉目条理，甚为清晰。阮元谓："汴京百七十年礼、乐、兵、刑之沿革制度、政令之举废，粲然具备，可以案目寻求。李焘而后，陈均之前，烦简得中，洵可并传。"特别是本书编撰较早，摘录大量李氏《长编》内容，后来李书失传，清人从《永乐大典》辑佚之本又缺北宋末期内容，徽、钦两朝历史，多借此书得以考见。清人黄以周等纂集《续资治通鉴长编拾补》，其资料来源即主要依靠此书。经研究者将本书与明人所撰《宋史纪事本末》（明冯琦撰，陈邦瞻增订）比较，发现在北宋部分该书"比《宋史纪事本末》详细得多，条目分得也更细"（李之亮整理本序），洵为研究北宋史之不可或缺者。

据理宗宝祐中欧阳守道所作序，此书理宗时已有蜀中刻本（"蜀大字本"），宝祐元年（1253）谢克家重刻于庐陵郡斋，未成离任；宝祐五年（1257），贡士徐琥重为校刻。然而却不见于《宋史·艺文志》、赵希弁《郡斋读书附志》、陈振孙《直斋书录解题》、马端临《文献通考》诸家著录。

清代藏书家，也只有季振宜、徐乾学两家有之。徐氏称："阙一百十四卷至一百十九卷。"后来阮元得一旧钞本，"亦阙此六卷，又阙六、七两卷，而五、八两卷亦非完帙"（阮元《四库未收书提要》），影写编入《宛委别藏》之中。今有李之亮校点本，黑龙江人民出版社2006年出版。（舒星）

9.《东都事略》130卷①，宋王称撰

王称又作王偁，字季平，南宋眉州眉山（今四川眉山）人。生卒年不详，据李心传所言，王称略与李焘（1115~1184）、熊克（约1111~1189）、洪迈（1123~1202）等同时，于"庆元（1195~1200）中，终吏部郎中"②，可推知其大致生活于高、孝、光、宁四朝（1127~1200）。王称父王赏，字望之，宋徽宗崇宁二年（1103）登进士第，南宋时历官户部侍郎、礼部侍郎，兼侍读、实录院修撰、权直学士院。可知王赏也是深通史学的学者型官员，故四库馆臣谓："称承其家学，旁搜九朝事迹，采辑成编。"

是书于孝宗淳熙十三年（1186）由王称在知龙州任上进呈朝廷，共130卷，计40册，目录1册。是时，王称撰《东都事略》，龚敦颐亦撰《列传谱述》100卷，翰林学士兼侍讲兼修国史洪迈主修《四朝国史》，多得二人之力，洪氏书成受赏，不忘所因，于是推荐二人，并进其书。洪氏奏荐剳子曰："称之父赏，在绍兴中亦为实录修撰，称承其绪余，刻意史学，断自太祖，至于钦宗，上下九朝，为《东都事略》一百三十卷，其非国史所载，而得之于旁搜者居十之一，皆信而有证，可以据依。臣之成书，实于二者有赖。……欲望圣慈鉴二人铅椠之勤，特加甄录，以为学士大夫之劝。"③明年春，遂授王称直秘阁、承议郎，差遣如故。

南宋当代史多为编年体，如《续资治通鉴长编》《三朝北盟会编》《建炎以来系年要录》等。而此书乃南宋私家著述中唯一一部以纪传体体例记述北宋一代史事的著作。全书包括本纪12卷、世家5卷、外传105卷、附录8卷，间作赞论，无

---

① 蔡崇榜《宋代四川史学家王称与〈东都事略〉》［载《成都大学学报》（社会科学版）1985年第4期］、何忠礼《王称和他的〈东都事略〉——献给先师90诞辰》［载《暨南学报》（哲学社会科学版）1992年第3期］、王长奇《论〈东都事略〉的价值》（载《河北职业技术学院学报》2001年第1期）等论文均对王称的《东都事略》做了探究，本提要的撰写充分参考了诸文的研究成果。

② （宋）李心传：《建炎以来朝野杂记》甲集卷四《续资治通鉴长编》。

③ （宋）洪迈：《奏荐龚敦颐王称剳子》，《东都事略》卷首；又见《宋会要辑稿》崇儒五之四一。

志表。清人张宗泰认为"王称修史时，亦欲仿《汉书》作诸志，而未及就"。世家所载俱为皇后、皇子事。附录所载为辽、金、西夏、吐蕃、交趾诸国。

此书有陈寿《三国志》笔法，以简洁著称，故当时论者颇病其简。李心传《建炎以来朝野杂记》说："其书特掇取五朝史传及四朝实录附传，而微以野史附益之，尤疏驳。"①陈振孙也嫌"其书纪、传、附录略具体，但无志耳。附录用五代史例也。……其所纪太简略，未得为全书"②。但是，由于称书成书较早，得见后世难见资料，故虽简洁，却不固陋。如其本纪部分载录了大量诏令，足以补史志之缺。据何忠礼统计，是书仅《太祖纪》中就录入诏令27道，其中有14道在《宋史·太祖纪》中只字未见。即使李焘《长编》以征引之博见称，但在今本太祖一朝的17卷里，后人据《东都事略》而补其缺略者也有11道之多。以这11道诏令和今本《宋大诏令集》对勘，有6道有目无文或完全失收，可以据补，它们分别为：建隆三年（962）三月丁亥诏、开宝二年（969）十月丁亥诏、三年正月辛酉诏、四年三月丁巳诏、八年五月辛丑诏、九年十一月丁卯诏。若从全书看，可补今本《长编》《宋史》及《宋诏令集》的诏令就更多了。③这些诏令涉及地理、礼、职官、刑法、食货等方面，很多记载比《宋史》更为详尽。这在一定程度上弥补了是书无志的缺陷。此外，是书还保留了不少《长编》《宋史》等史籍所不载的资料，对宋史研究有重要价值。如《列传》部分70人中，赵承宗、赵承煦、冯守信、钱昆、计用章、赵彦若、吕希绩、冯熙载、刘季孙、王光祖、王令等人为《宋史》所未载，赵承煦等人于《长编》中也无记载，因此是书可与《宋史》《长编》互补者实为不少。

此外，是书还可以订正《宋史》《长编》中明显错误的地方。《四库全书总目》举例云："如符彦卿二女为周室后，而《宋史》缺其一；刘美本姓龚，冒附于外戚，《事略》直书其事，《宋史》采其家传，转为之讳；赵普先阅章奏，田锡极论其非，而《宋史》误以为群臣章奏必先白锡；杨守一以涓人补右班殿直，迁翰林副使，而《宋史》误作翰林学士；新法初行，坐仓籴米，吴申等言其不便，《宋史》误以为司马光之言。至地名、谥法，《宋史》尤多舛谬。"近年来由中华书局陆续出版的校点本《长编》的校勘记中，以是书所记

---

① （宋）李心传：《建炎以来朝野杂记》甲集卷四《续资治通鉴长编》。
② （元）马端临：《文献通考·经籍考二十四》引。
③ 何忠礼：《王称和他的〈东都事略〉》，载《暨南学报》1992年第3期。

为根据者甚多。可见是书在校勘方面有着重要意义。

《四库全书》《宋辽金元别史》收录是书。缪荃孙撰有《东都事略校记》1卷，钱绮亦撰有《东都事略校勘记》，收入《适园丛书》第五集。（潘斌）

10.《建炎以来系年要录》200卷①，宋李心传撰

李心传有《丙子学易编》，前已著录。

是书为李心传的代表作，凡200卷，上承《续资治通鉴长编》，使南宋初年史事与北宋一以贯之地承接起来，与《长编》堪称姊妹篇，为历代史家所推崇。心传于1196年科场失意以后开始动笔写作此书，至1208年方才完成，前后历时12年。然他在青年时代即有写作此书之动机，《建炎以来朝野杂记》甲集自序云："心传年十四五时，侍先君子（舜臣）官行都，颇得窃窥玉牒所藏金匮石室之副，退而过庭，则获剽闻名卿才大夫之议论。每念渡江以来，纪载未备，使明君、良臣、名儒、猛将之行事犹郁而未彰，至于七十年间兵戎财赋之源流、礼乐制度之因革，有司之传，往往失坠，甚可惜也。"31岁以前，心传的主要精力在于攻读经书，致力于科举，直到31岁科场失利，决意不复应举以后，才从事史书的撰述。嘉定五年（1212）五月，许奕上宁宗的奏状云："臣伏见隆州乡贡进士李心传……尝谓中兴以来明君良臣丰功盛烈，虽已见之《实录》等书，而南渡之初，一时私家记录，往往传闻失实，私意乱真，垂之方来，何所考信？于是纂辑科条，编年纪载……名曰《建炎以来系年要录》。"②可见心传撰《要录》之直接目的在于辨正记载讹误，特别是宋室南渡以来私家记载的讹误，以存信史。

是书为编年体，承司马光《资治通鉴》的撰写体例，以年月日为经，以事迹为纬。由于是书撰于李焘《长编》之后，因此也吸取了《长编》详于史事的优点，收录材料丰富而详赡，并多在注文中或说明材料出处，或辨析材料真伪，或储材待考。《要录》在每条材料之下先概括当时发生的事件，然后用"初""先是"等倒叙手法或引出事因、经过，或引用奏议，或加以评论。因此所叙事件眉目清楚，内容详赡，虽不及《资治通鉴》之简明通畅，但视李氏《长编》之富赡实有过之。四库馆臣本书提要云："大抵李焘学司马光而或不

---

① 来可泓《建炎以来系年要录》（载《杭州师范学院学报》1986年第3期）一文对李心传之《建炎以来系年要录》做了比较翔实的考察，本提要是在参考来文的基础上撰成。

② （宋）许奕：《进呈系年要录奏状》，《付出高宗皇帝系年要录指挥》引，《建炎以来朝野杂记》卷首，商务印书馆《国学基本丛书》本。

及光，心传学李焘而无不及焘。"

是书所据材料以高宗朝的国史为主，并参考大量私家著述。四库馆臣说："其书以国史、日历为主，而参之以稗官野记、家乘、志状、案牍、奏议、百司题名，无不胪采异同，以待后来论定。"组成《要录》的材料非常广泛，且经过心传的精审考订。是书引书达200余种之多，据学人统计，第一卷引用的国史、日历、实录、专著、奏状、墓志、诏旨等达63种之多，第二卷达39种之多（包括与第一卷重复在内），在所引书中，如《金太祖实录》、苗耀《神麓记》、钟邦直《旧帐行程录》、陶悦《奉使录》、许采《陷燕记》、傅雱《建炎通问录》、赵子砥《燕云录》、丁特起《孤臣泣血录》等书早佚，幸有《要录》保存其一鳞半爪，尚可探知其书之大略。

从《要录》记载材料看，是书所涉内容也极其广泛。《要录》是一部以帝纪为中心，有益于治道的编年体政治通史，重点虽只记叙高宗一朝的政治，但诸如经济、军事、外交、兵变、农民起义、少数民族情况以及各种典章制度均有详细记载，[①]不仅内容丰富，而且记载精审，态度端正，可作信史。《四库全书总目》表彰说："宋自南渡后，史学盛行，纪述之书，最称该备，迄今存者固多，而踳驳亦复不少。独心传是编，……文虽繁而不病其冗，且其于一切是非得失之迹，皆据实诠叙，绝无轩轾缘饰于其间，尤为史家所仅见。"只有出以公心、据实而书的史笔，才会产生出内容可靠的信史。馆臣举例说："即如宋人议论，多右张浚，心传独能直书不讳，并朱子《行状》而亦不敢尽从，未尝以蜀人稍为掩覆。"张浚是绵竹人，与心传同为蜀人；张栻又是一代名儒，与朱熹相善，朱子为张浚撰《行状》，犹多回护，而心传却不尽采其说。馆臣对《宋史》本传谓心传"重川蜀而薄东南之士"的说法，深表怀疑，认为"实有不尽然者"。李慈铭又举出《要录》在处理李忠良诛宋齐愈、虞允文采石之战诸史事时，都能参稽众家，不为偏袒，多所辨析，以还其真[②]。因此馆臣总结说："综而论之，其书虽取法李焘，而精审较胜。"与当时撰南宋史的诸家，如熊克"淹习宋朝典故"，著《九朝通略》；陈均撰《宋长编纲目》；赵甡撰《中兴遗史》等相比，"相去殆悬绝矣"！

---

① 来可泓：《〈建炎以来系年要录〉述评》，载《杭州师范学院学报》（社会科学版）1986年第3期。
② （清）李慈铭：《越缦堂读书记》三"历史"，中华书局2006年版。

所以《要录》书成之时，即引起朝野上下普遍重视，李心传也因此获得极大声誉。曾瞻等在奏请宁宗宣取该书时，一再请求"仍乞付国史院，以备参照编修正史"。许奕在他的奏状里也说《要录》"纲目详备，词义严整，足以备史官采择。……伏乞睿慈赐以乙夜之览，仍宣付史馆……其于一朝大典，实非小补"①。如此等等，足见其是一部编纂国史的重要参考资料。此外，是书也记录了金太宗、熙宗、海陵王完颜亮三代史事，因此也是研究金史的基本史籍之一。可与徐梦莘《三朝北盟会编》互补，前者有较为全面的叙述，后者则保存了较多的原始记述。

是书进呈时，多次提到"凡一百卷，缮成五十册"，但原书已佚，今本《要录》系清四库馆臣从《永乐大典》中辑出，分为200卷。《四库全书总目》云："《永乐大典》别载贾似道跋，称宝祐初曾刻之扬州。而元代修宋、辽、金三史时，广购逸书，其目具见袁桷、苏天爵二集，并无此名，是当时流传已绝，故修史诸臣均未之见。至明初，始得其遗本，亦惟《文渊阁书目》载有一部二十册，诸家书目则均不著录，今明代秘府之本又已散亡，其存于世者，惟《永乐大典》所载之本而已。"大概南宋覆亡，兵荒马乱，该书刻本或许损于兵火，或许有人藏录，但不够完整。明成祖修《永乐大典》时将其收入，幸而得以保存，辑编后传至今日。

是书有《四库全书》本、光绪五年（1879）仁寿萧氏和光绪八年（1882）广雅书局二刻本，1936年商务印书馆排印本（1992年上海古籍出版社重印），中华书局2013年胡坤点校本、上海古籍出版社2018年辛庚儒点校本等。（潘斌、舒大刚）

11.《建炎以来朝野杂记》40卷，宋李心传撰

是书为宋代史学名著，分甲、乙两集，每集各20卷，合40卷。宋宁宗嘉泰二年（1202）心传撰成《朝野杂记》甲集，序言云："每念渡江以来，记载未备，使明君、良臣、名儒、猛将之行事，犹郁而未彰；至于七十年间兵戎财赋之源流，礼乐制度之因革，有司之传，往往失坠，甚可惜也。乃辑建炎至今朝野所闻之事，凡有涉一时之利害与诸人之得失者，专门著录，起丁未（建炎元年，1127），迄壬戌（嘉泰二年，1202），以类相从，凡六百有五事。"嘉定

---

① （清）陆心源：《皕宋楼藏书志·续志》卷二一"建炎以来系年要录"条，中华书局1990年版。

九年（1216）撰成《朝野杂记》乙集，乙集仍按甲集体例续记朝野诸事，其中有补甲集之缺，也有记嘉泰二年以后之史事。

《要录》为南宋初年的编年史，是书则为南宋史事类编。其书将南宋初年以来史事分门别类地予以编录，如甲集分上德、郊庙、典礼、制作、朝事、时事、杂事、故事、官制、取士、财赋、兵马、边防13门，乙集为12门，少郊庙一门。作者虽以"杂记"为名，但其体例实同"会要"，是南宋制度文物的资料汇编，实可与《系年要录》互为经纬，互相补充。心传生活的时代理学盛行，他推崇理学，因此是书载有《道学兴废》以及理学集大成者朱熹的事迹。同时，由于身为四川人，因此其记四川的史事尤为翔实，是研究宋代四川历史不可缺少的资料书。

是书有清孙星华校勘记。原书与校勘记同被收录入《武英殿聚珍版丛书》和《丛书集成初编》。清陆心源撰《朝野杂记校》1卷，民国张钧衡辑逸文1卷，与原书一同刊入《适园丛书》第五集。（潘斌）

12.《名臣碑传琬琰集》107卷，宋杜大珪编

杜大珪，南宋眉州（今眉山）人，生卒年和事迹皆未详。四库馆臣据其《名臣碑传琬琰集》"自署称进士"，而《自序》又"作于绍熙甲寅（五年，1194）"，推定为"光宗时人"。

《名臣碑传琬琰集》是历史上第一部收集人物碑传、别传文字的资料汇编。墓碑文最盛于东汉，至魏晋又产生了"别传"，都是历史研究的重要依据。此类碑文，多出故旧、时人、后学或门生，也有出自名家、贤达之手者，虽然不免因"为尊者讳，为死者讳"，而有谀美增虚之辞，但是对一些基本史实，如姓、字、名、号、生卒、迁转岁月等，记载还是各类传记文字中较为准确的。加之碑传往往镌刻上石，埋入地下，虽陵谷变迁、山河变道，亦贞石如故，记载无讹，是皆可以补正史之阙或订正史之讹。至于"别传"，盖取其有别于国史列传之意，名人逸事、风雅逸兴、秘闻隐迹，皆可行于笔端，融入记录，其撰述体例也不立科范，行文活泼，可读可诵，其间的逸闻趣事，往往可补正史所无。由唐及宋，碑传、别传撰述日益繁盛，单从名称上看，碑传有行状（或行述）、墓碑、墓碣、墓表、墓志铭、神道碑等称，别传也有家传、外传、别传、逸事之名，异称种种，不一而足。历来讲史之家，常常引据碑志、别传，以为考证之资。如张晏注《史记》，就是依据墓碑才知道伏生名胜；司马贞作《史记索隐》，也是依据班固《泗上亭长碑》，知道昭灵夫人原来姓

温；裴松之注《三国志》，更是多多引录《别传》以丰富史实。及宋人撰著史书，更是常常采录碑传、别传，如李焘之作《续资治通鉴长编》、李心传之作《建炎以来系年要录》，都大量引录碑传、别传，订正和补充了不少史事。至大珪，乃汇集宋人各类碑传文字以及别传逸闻以成一书，更有利于此类资料的保存和利用，堪称独创。

是书共3集，107卷。上集凡27卷，中集凡55卷，下集凡25卷。上起建隆，下讫绍兴，共收录碑传文字254篇，涉及传主221人。从内容上看，是书史料随得随编，不甚拘时代先后之限制。上集为神道碑，中集为志铭、行状，下集别传为多。多从诸家别集中采集资料，而亦间及于实录、国史，取材十分丰富和广博。《名臣碑传琬琰集》对于所收碑传均是原文照录，无增删去取，为后世保存了大量原始资料，十分珍贵。由于碑传所载均为时人文字，这对后世学者研究宋代当时人对某人某事的看法也提供了极好的材料。

是书为碑传体类史籍传记代表作，开创了"碑传体"史籍先河，在中国古代史学史上占有一席之地。杜大珪后，元代苏天爵编《元朝名臣事略》、明代焦竑编《国史献征录》、清代钱仪吉编《碑传集》、缪荃孙编《续碑传集》等书，均是继承杜大珪"碑传体"方法编辑而成的名著。

是书今有天一阁藏宋刻元明递修本，另亦收入《四库全书》"史部·传记类"。（潘斌、舒大刚）

13.《制义科琐记》4卷、《续记》1卷，清李调元撰

李调元有《易古文》，前已著录。

蜀中史学有深厚的渊源和传承，"重史"是蜀学的主要特征之一。作为清代蜀学的代表人物，李调元在史学上也有不小成就，著有《罗江县志》《制艺科琐记》《淡墨录》《井蛙杂记》《南越笔记》等9部史学类著作。乾隆四十三年（1778），李调元出任广东学政，闲暇"随见摘抄自明洪武开科以至于今"的科举程式、逸闻，以成是编。是书凡4卷，续集1卷，卷首有李调元《自序》，云："三代之造士也，党、庠、术、序，其法备详于《周官》《礼记》。汉魏之取士也，乡举里选，其事散见于纪传律令。……至唐而科目之多为最……戴其贤书于首，称曰《千佛名经》……王保定作《摭言》二十卷，刺取其事……足以考镜三唐人物之盛，文章之丽，制科之尽善也哉。我朝承前明之法，八股选士，盖其盛又前古所未有者……。自明以迄于今，几五百年，储材养士之厚，率旧作新之制，其杂载于高文典策，稗官野史之内者，更仆未易

悉数。予于诵读之余，随见摘抄，自明洪武开科以至于今，共得百十条，杂集成册，为制科雅话，以鸣盛事。"①我国自开科取士以来，有关科举人才选拔的程式制度，其间的雅闻遗事颇多，但大多散见于"高文典策，稗官野史"之中。李调元则博采典籍史乘，摘录自明洪武八股取士以来有关制科"雅话"，编成这部记载八股取士历史制度、程式以及逸闻遗事的笔记。

是书卷一"制义开科之始""初设科举条格记""罢会试""颁行科举成式""封条""春秋二试"诸条，以及卷四"一邑甲科盛""补乡试""誊卷""题名碑""正副考试官""八股"等条，详细记载八股科举制度相关内容，为研究八股科举、教育考试制度提供了必不可少的资料。卷二"都北平""三元""火""千里如飞"等条，卷三"十二金""尚如少年""洪庙神梦"等条，也为后人了解八股取士中的逸闻趣事提供了鲜活的事例。融学术性与趣味性为一体，颇具可读性。

是书成书于乾隆四十三年（1778），收于《函海》中，有乾隆间刻本、道光五年（1825）刊本、光绪八年（1882）刊本等。《续集》1卷，仅收入于乾隆本《函海》。（刘平中）

14．《古史释地》3卷，清吕调阳撰

吕调阳（1832~1892），又作"吕吴调阳"，字晴笠，号竹庐，彭县（今彭州）人。同治三年（1864）举人。性甘淡泊，绝意仕途。光绪年间，主讲九峰书院、凤楼书院。晚年居住县城外北惜字宫，讲授经世致用之学，兼及历史、舆地、训诂、考证等学科，一时才俊皆出其门。光绪四年（1878），彭县志重修，调阳撰《山川》《田功》两志。十八年（1892）春，预修成都、华阳两县志，测绘伊始，即因病返乡，卒于寓所，年61岁。调阳讷于言而敏于文，平生以治学为业，著述颇多，合曰《观象庐丛书》。《彭县志》有传。

调阳精通舆地之学，所著有《群经释地》《古史释地》《诸子释地》《舆地今古图考》《越南图说》《汉地理志详释》《五藏山经传》等。其中《古史释地》乃"释地三种"之一，系就《国语》《战国策》《竹书纪年》《逸周书》《穆天子传》《路史》择其地名，加以考释之作。凡3卷，卷一为《国语》《战国策》，卷二为《竹书纪年》《逸周书》《穆天子传》，卷三为《路

---

① （清）李调元：《制义科琐记序》，《制义科琐记》卷首，嘉庆十四年（1809）李鼎元重校道光五年（1825）李朝夔补刊《函海》本。

史》，前后无序跋。

是书著录体例颇善。如所考地名有既见于此书，又见于彼书者，调阳于后见条下注云"见某条"。如遇有似是之处，其考释则加一"疑"字。如遇有未知者，则付阙如。如此等等，颇见吕氏考释谨慎之处。不过对于所援引之书，多只著录"说见某书"，不录原文，此则不便于读者追本溯源。

书中考释，例多精审。班书阁《提要》举例并评价云："释《战国策》中之蒲坂、平阳、上梁、新城云：'蒲坂在垣曲，平阳在酸枣东，相去五百里。上梁即南梁，在汝州，与新城相去百里，《策》文互误也。'又云：'秦自蒲坂，一夜水行五百里，袭魏之平阳。安邑近蒲坂而不知，况自宜阳袭新城，止数十里，上梁去新城百里，去宜阳百数十里，岂能知邪？故当以新城为主郡，始能围秦。'似此考释，不惟可知古史地名之所在，且证古史之失，较诸寻常释地之书，第云古某地为今某地者，相去何啻霄壤。"①

是书今有光绪间刻本、《观象庐丛书》本、台北《丛书集成续编》本。
（李冬梅）

15.《汉地理志详释》4卷，清吕调阳撰

《汉书·地理志》是东汉学者班固撰写的我国第一部以"地理"命名的地理学著作，成书于公元54～92年间，为《汉书》十志之一。它对汉代郡县封国的建置，以及各地的山川、户口、物产、风俗和文化等都作了综述，保存了汉代及其以前的许多珍贵地理资料，是历代正史地理志中最早的一部，也是最为重要的一部。汉以后的正史地理志和各种地理总志，基本上都是以此为典范编纂的。因此，历代治舆地的学者对其极为重视，或为注，或为疏，或为释，层出不穷。有清一代，治《汉书·地理志》者号逾百家，吕调阳《汉地理志详释》即为其一。

是书凡4卷，卷一自京兆尹至魏郡，卷二自巨鹿郡至泗水国，卷三自临淮郡至安定郡，卷四自北地郡至日南郡，凡103郡（国）及所辖的1587县（道、邑、侯国），前后无序跋。其体例是以郡、国为条，不录原文，单举地名，引证诸书，加以考释。然所载郡国次序，不尽依原书。原书郡在前，国在后。此即郡与国参列，亦不尽依原《志》注文诸州分别，间与《续汉书·郡国志》诸州所编相同。

---

① 《续修四库全书总目提要稿本》之《古史释地》提要，齐鲁书社1996年版，第9册。

其所注释，大多精确，如谓河东郡之杨，考订在今沁源东北阳城村之类。故吴廷燮评论云："原《志》清代为注者，为疏证者，为解释者，及其它著作颇多，而是书新义迭出，每在旧说之外，虽不尽可引为确证，而决非抄袭雷同者所能比拟……而边郡则大致详尽。"①然其各郡下所辖今某地者，所释亦时有舛漏，是为可惜。吴廷燮举例评论云："详核此书，有同治十年（1871）平金积堡之文，则已在奉天设新民等厅之后，而不见引，而以交趾为南宁府诸说，则与《元和郡县志》诸书相戾，近似于武断。"②又云："所引越南地名，则仍用《方舆纪要》太原、宣化诸府之名，似未知越南之中北南三圻已改省者。可谓于越南省府县之志，尚未考究。"③等。但就是书全体而论，发明者甚多，实为《汉书·艺文志》一大功臣。

是书刊于清光绪年间，后收入《观象庐丛书》，二本俱存。1989年，台北新文丰出版公司又据《观象庐丛书》排印，收入《丛书集成续编》中。（李冬梅）

16.《皇朝琐屑录》44卷，清钟琦撰

钟琦，清嘉定府（今乐山）人，生平事迹不详。

《皇朝琐屑录》原书手稿共80卷，后散佚不全，付梓只得正集44卷。全书内容系根据清代邸抄、《清通志》《清文献通考》等有关政治、经济、文化、军事等史料汇辑而成。分掌故、轶事、学校、科第、兵制、武功、忠义、刚直、征粮、榷税、漕运、河防、盐政、钱法、仓储、国计、法例、边陲、驿站、风俗、祥异、物产、外蕃、异域等24类，共计1900余条。书中记与经济相关者，如征粮、榷税、漕运、盐政、钱法、仓储等尤为详备。

所记史料丰富，对研究清史有一定价值。又有若干内容涉及太平天国之事，如卷一一轶事《田玉梅内应》，卷一六轶事《绍兴后后诗》《汪海洋》，卷二一兵制《湘淮军制》，卷二四武功《论湘淮军》《石达开入蜀》《洋将戈登》，卷二五忠义《张继庚》《包立身》等，可备参考。

是书有光绪二十三年（1897）单刻本，共12册。牌记题光绪二十三年丁酉孟春开雕，书前序及凡例、目录为朱印。书前为作者自序并何亮清序。1970年

---

① 《续修四库全书总目提要稿本》之《汉地理志详释》提要，齐鲁书社1996年版，第23册。
② 《续修四库全书总目提要稿本》之《汉地理志详释》提要，第23册。
③ 《续修四库全书总目提要稿本》之《汉地理志详释》提要，第23册。

台北文海出版社将其影印出版，共三册，收入《近代中国史料丛刊》之中。另《中国野史集成续编》亦据此影印出版。（董涛）

17. 《庚子传信录》，清李超琼撰

李超琼（1846～1909），字紫璈，后更字惕夫，四川合江人。性仁孝慷爽，博学强记。同治十二年（1873）优贡，光绪五年（1879）中举。曾历官江苏溧阳、元和、江阴、吴县、南汇、上海等多处县令，有吏干。《清稗类钞》记其于元和筑"李公堤"造福一方之事，士民刻石竖碑，传其令名。宣统元年（1909）卒于上海县署。善书法，纵横洒落，别有意趣。著有《石船居剩稿》25卷、《海上墨林》等。《合江县志》有传。

光绪二十六年（1900）庚子，恰逢中国北方义和团运动最为高涨之际，时李超琼正好由江苏入京，故将沿途所见所闻逐日记载，编成此书。是书为日志体，记事起于庚子年（1900）春，止于同年闰八月西太后西逃太原。其中尤详于记五月至七月间事。

是书站在士大夫的立场，对义和拳民由山东发展到直隶，入京津，以及围攻使馆、西什库教堂等重大事件进行了记载，为研究义和团运动提供了颇有价值的材料与视角。

是书又名《上京困敦传信录》，原为稿本，今有中国社会科学院出版社1982年出版的《近代史资料专刊·义和团史料》本。（董涛）

18. 《采风记》5卷（附《纪程感事诗》《时务论》1卷），清宋育仁撰

宋育仁有《孝经正义》，前已著录。

《采风记》又名《泰西各国采风记》。光绪二十年（1894），38岁的宋育仁随公使龚照瑗出使英、法、义、比四国，充驻英二等参赞，驻节伦敦。出使期间，宋氏留心考察欧洲各国政治经济、风土人情，写成《采风记》，分"政术""学校""礼俗""教门""公法"5卷。回国后，进呈光绪皇帝。民国学界的老辈中，像宋育仁这样有旅欧经历的人并不多。早期的旅欧经历对宋育仁的思想产生了深刻的影响。由于当时国人对西方思想、文化、制度了解不够，因此，对西学的诠释往往与中国旧有的学术思想相配合，大体相当于古代"格义"的方式。宋育仁就是采用这种"格义"方式解读西方的典型。皮锡瑞《经学通论·三礼》谓："今人作《泰西采风记》《周礼政要》，谓西法与《周礼》暗合。"指的就是宋育仁和孙诒让，而宋育仁的《采风记》尚比孙诒让的《周礼政要》要早好几年。《采风记》是宋氏早期改良主义思想的代表作

之一，他在此书中坚称"西国之政，多近《周礼》"，例如，他论西方议院制曰："综论大要：政府主律例，下院主事理，上院调停于事理、律例之间，故政得持平而庶务理。《周礼》询群臣、询群吏、询万民，制不同而意有合，比而拟之，世爵则群臣也，政府则群吏也，下议绅则民所举也。"凡此种种，不胜枚举。关于《采风记》一书的评介，可参阅钟叔河《离奇的逻辑——宋育仁〈泰西各国采风记〉》、龙晦《宋育仁与其〈泰西各国采风记〉》（《蜀学》2010年第5辑）。

今见较早的版本有清光绪二十二年（1896）五月袖海山房石印本，署"驻英二等参赞翰林院检讨宋育仁编"，共4册。前三册为《采风记》，附《纪程感事诗》，第四册为《时务论》。此后，有光绪二十三年（1897）成都刻本，以五门为5卷，附《纪程感事诗》，后附《时务论》1卷。又有《小方壶斋舆地丛钞三补编》第十一帙收入《采风记》1卷，无附录，也无《时务论》。还有王立诚编校《郭嵩焘等使西记六种》（三联书店1998年版）有《采风记》节选。2016年国家图书馆出版社出版的《宋育仁文集》收录有清光绪二十三年刻本的影印本。另外，《（四川）国学月刊》有署"唐守潜记"的《采风记拾遗》，分四期连载，记录宋育仁旅欧见闻的回忆片断，是对《采风记》的重要增补。（李晓宇）

19.《借筹记》，清宋育仁撰

光绪二十年（1894）宋育仁随公使龚照瑗出使英、法、义、比四国，四月乘轮船到达巴黎，五月移驻伦敦，充驻英二等参赞。七月甲午战争爆发，十月平壤陆军溃败，黄海海战失利。宋育仁时代公使职，与使馆参议杨宜治、翻译王丰镐等密谋，拟购英国原卖与智利和阿根廷的兵舰五艘、鱼雷快艇十艘，招募澳大利亚水兵二千人，组成水师一旅，托名澳大利亚商团，以保护商队为名，自菲律宾北上进攻日本长崎。谋既定，即与美国退役海军少将夹甫士、英国康敌克特银行经理格林密尔等商定，由康敌克特银行借船款二百万英镑、战款一百万英镑，买定兵船快艇共十艘、运输船两艘，募得水兵一旅，由原北洋水师提督琅威里率领。正当"炮械毕集，整装待发"之际，慈禧和李鸿章等投降派坚主和议，订船募兵之事一概作罢。光绪二十一年（1895）三月，中日和议成，"潜师之谋废"。宋育仁"抚膺私泣，望洋而叹"，乃于八月回国，在途中写成《借筹记》，记述"潜师之谋"始末，并揭露清廷各系官僚误国的内幕。

宋育仁"潜师之谋"颇似三国蜀汉将魏延建议从子午谷直捣长安的"悬危之计",所不同的是宋氏的冒险行为背后有儒家经典的依据,而非恣意妄为之举。吴之英《问琴阁丛书五种叙》指出了"潜师之谋"的公羊学依据:"日本犯台湾,廷臣会谋,无敢执事咎,战事闻海外,君以《春秋》之义,'大夫出竟,有遂事',潜谋购英师水队,乘悬军捣日都虚,约必胜,许以千五百万金犒来舰,电传往复,私费六百余金,书始上,留中久之。和议决,乃答复罢所约。"《公羊传》认为,大夫受命出使不应该另外生出事端,但是万一遇到有利于国家社稷的事,独自处理也是可以的。所以,《汉书·终军传》曰:"《春秋》之义,大夫出疆,有可以安社稷,存万民,颛之可也。"宋氏以经学作为指导自己政治行为的准则,凡事必于经学中寻找依据而后行动,这是宋育仁言行的一大特点。

是书今以钞本传世,另有清光绪二十年(1894)铅印本,2016年国家图书馆出版社出版的《宋育仁文集》即据此影印。据传还有民国间铅印本,未见。宋氏后人回忆,"九一八"事变爆发后,宋育仁曾自费印《借筹记》若干册分赠亲友,或即此本。(李晓宇)

第三节 巴蜀史文献

1.《山海经》,相传为大禹、伯益所撰

《山海经》之名,始见于《史记·大宛列传》。司马迁云:"至《禹本纪》《山海经》所有怪物,余不敢言之也。"刘歆《上〈山海经〉表》:"《山海经》者,出于唐虞之际……禹别九州,任土作贡,而益等类物善恶,著《山海经》。"王充《论衡·别通篇》曰:"禹主治水,益主记异物。海外山表,无远不至。以所闻见,作《山海经》。"赵煜《吴越春秋》云:"禹南巡,登南岳,得金简玉字,通水之理。遂行四渎,所至使益疏而记之,名《山海经》。"《隋书·经籍志》云:"萧何得秦图书,故知天下要害,后又得《山海经》,相传以为夏禹所记。"所说亦同。

对于上述作者,宋以来质疑较多,今多认为其书非一人一时之作。如蒙文通认为,《大荒经》以下5篇的写作时代最早,大约在西周前期;《海内经》4篇稍迟,但也在西周中叶;《五藏山经》和《海外经》4篇最迟,是春秋战国之交的作品。至于产生地域,则《海内经》4篇可能是古蜀国的作品,《大荒经》

以下5篇可能是巴国的作品，《五藏山经》和《海外经》4篇可能是接受了巴蜀文化以后的楚国的作品。

《山海经》一书由刘向、刘歆父子编写并正式命名。在这以前，可能已有雏形流传，但较为散乱且版本各异。刘氏父子组织专人对其进行了整理和编订，包括厘定篇目、校对篇章、考证文字、考察作者与成书背景以及真伪等。刘氏父子于哀帝建平元年（公元前6）将编订完毕的《山海经》进呈皇帝，共13卷。当时还未收录《大荒经》4篇与《海内经》1篇在内，后由晋人郭璞补入，形成了今天的规模。

今存《山海经》分为18卷39篇，共31000余字。其中《五藏山经》共5卷26篇，分别是《南山经》3篇、《西山经》4篇、《北山经》3篇、《东山经》4篇和《中山经》12篇。其余各卷均是1卷1篇：《海外经》4卷，分别为《海外南经》《海外西经》《海外北经》和《海外东经》；《海内经》4卷，分别为《海内南经》《海内北经》《海内西经》《海内东经》；《大荒经》4卷，分别为《大荒东经》《大荒南经》《大荒西经》《大荒北经》；另《海内经》1卷。所记述的内容相当丰富，举凡地理方位、道里路途、民族种群、动物植物，以及历史传说、风俗习惯，甚至奇闻怪谈、传说志怪等等，无不应有尽有。王充《论衡》评价是书"极天之广，穷地之长，辨四海之外，竟四山之表，三十五国之地，鸟兽草木、金石水土，莫不毕载"①。

从是书的内容来看，神怪灵异占了很大的比例，故自古很多学者都将该书列入"语怪"一类，同时也有很多学者意识到了该书中其实隐藏了大量有价值的史料。日本学者认为："《山海经》一书远比一向被认为金科玉律之地理书《禹贡》为可靠，其于中国历史及地理之研究为唯一重要之典籍。"②虽然其去彼取此，态度并不可取，然而说《山海经》具有大量史料确是事实。吕子方依据明代朱长春"《山经》简而《穆志》怪于恒，上古之文也"的说法，进一步阐释说，《山海经》中"后人所增添的是比较系统、完整，比较致密、文雅的东西。而书中那些比较粗陋艰懂和闳诞奇怪的东西，正是保留下来的原始社会的记录，正是精华所在，并非后人窜入"③。随着近年来考古学和人类学研

---

① （汉）王充：《论衡》卷一一《谈天篇》。
② ［日］小川琢治：《〈山海经〉的考证及补遗》，载《支那历史地理研究》，1928年。
③ 吕子方：《读〈山海经〉杂记》，载吕子方：《中国科学技术史论文集》，四川人民出版社1984年版。

究的突破,《山海经》中关于古代中国先民的记述有很多已经得到了印证,而《山海经》的成书与内容和南方诸族的关系尤为密切,这其中也包括了古代巴蜀人。甚至正如蒙文通所认为的那样,古代巴蜀人很可能就是书中一部分内容的直接作者。

巴蜀历史悠久,古代先民创造了灿烂的文明,然而遗憾的是关于古代巴蜀文明的文字资料流传下来的非常稀少,一些记录散见于《逸周书》《春秋》经传以及甲骨材料中。后人研究古代巴蜀历史的重要史籍如《蜀王本纪》《三巴记》《华阳国志》等,皆是汉晋时人所著,距离秦灭巴蜀已有数百年之久,许多重要史迹已湮没无考。较之《蜀王本纪》等,《山海经》不仅成书更早,而且保留了大量未经后代删改的原始材料,这对研究古代巴蜀文明而言意义尤其重大。

历代关于《山海经》的注本,主要有以下几种:晋代郭璞撰《山海经传》18卷,后世各本皆出自此本;明代王崇庆撰《山海经释义》18卷,图1卷;明代杨慎撰《山海经补注》1卷,收入《百子全书》;清代吴任臣撰《山海经广注》18卷,图5卷;清代汪绂撰《山海经存》9卷(附图);清代毕沅撰《山海经新校正》1卷,《古今篇目考》1卷;清代郝懿行撰《山海经笺疏》18卷,《图赞》1卷、《订伪》1卷。清代吴承志撰《山海经地理今释》6卷等。今人作品则以袁珂《山海经校注》(上海古籍出版社1980年版)影响较大。(董涛)

2.《蜀王本纪》1卷,相传汉扬雄撰

扬雄有《太玄》,前已著录。

《蜀王本纪》又题《蜀本纪》《蜀记》。《华阳国志》有"司马相如、严君平(遵)、扬子云(雄)、阳成子玄(衡)、郑伯邑(廑)、尹彭城(贡)、谯常侍(周)、任给事(熙)等,各集传记,以作《本纪》,略举其隅"[1]之语,故《隋书》、新旧《唐书》经籍、艺文志对此书皆有著录。亦有学者认为《蜀王本纪》并非扬雄所撰,待考。

是书主要以古蜀国历代君王蚕丛、柏濩、鱼凫、杜宇、鳖灵、卢保等为线索,讲述关于他们的神话传说和故事。比较著名的篇章有"望帝啼鹃""鳖灵决玉山""五丁开山""李冰斗江神""蜀王娶山精""老子与青羊观"等,这些故事想象丰富、情节奇特,充满了志怪的色彩,其中很多都成为典故而影

---

[1] (晋)常璩:《华阳国志》卷一二《序志》。

响至今。作者的巴蜀立场非常明确，书中充满了其对巴蜀文化地位的肯定和赞美之情。例如将大禹定为蜀人，古蜀王国国君们的生活年代不仅比代表中原文明的尧舜等更早，而且"皆百岁"，神化不死，等等。

《蜀王本纪》文字优美，故事凄美诡谲、婉转动人，文学价值很高，对后世影响非常大。"望帝春心""杜鹃啼血""李冰治水"等，都成为日后文章诗词中常见的典故。如常璩《华阳国志》所著"五丁开山"之事，应劭《风俗通义》写"李冰斗江神"，李商隐《锦瑟》诗谓"望帝春心托杜鹃"等，究其源头，皆出自《蜀王本纪》。

同时，是书的文献价值也不可低估。虽然书中故事本身更多的是体现了传说和文学的色彩，很多绮丽的幻想难以作为信史采用，却仍然为我们提供了重要的历史研究材料。古蜀文明曾经灿烂而奇特，这已被近年来三星堆、金沙等遗址的考古发掘所印证。但是关于古蜀文明的文字记载却十分稀少，《山海经》成书虽保留了部分上古传说和地理资料，但灵异交杂、模糊难解。今人能知秦以前蜀国历代国王传承之大概，全凭《蜀王本纪》。后人所编写的古蜀历史，如常璩的《华阳国志》，大都沿袭《本纪》之说。此外，该书还是研究成都建城史、古代巴蜀神话系统与古蜀语言等问题的重要史料：至迟在秦代的典籍中，已经出现了"成都"的名称，而根据《蜀王本纪》，则可以把成都的建城史和命名史上推至更早的古蜀时代；书中关于古代巴蜀的神话描写，比如鳖灵复生、李冰斗江神等故事，虽属虚构，却可以为研究古代巴蜀的神话传说提供重要的材料；书中所谓"蜀左言，无文字"的记录，说明古代巴蜀文明另有一套不同于中原文明的语言系统，这与三星堆等一系列考古成果中发现的神秘符号相互印证。同时，《蜀王本纪》还是研究汉代四川历史的重要文献。比如书中关于宣帝时期开掘盐井的记载，是关于四川盐业生产现存最早的文字记录。除了关于古蜀文明，书中的一些内容，也是解读该书成书时代历史文化的重要材料。比如秦襄王时宕渠县身高25丈6尺巨人为祥瑞的故事，实际上可以看作是汉代盛极一时的谶纬学说思想的反映。

原书至少在宋时就已亡佚，现存的是篇幅不多的辑佚本。其辑佚本主要有以下几种：一是郑朴辑本，收录在《壁经堂丛书》；二是王谟辑本，收录在《汉唐地理书抄》；三是洪颐煊辑本，收录在《经典集林》；四是严可均辑本，收录在《全汉文》；五是王仁俊辑本，收录在《玉函山房辑佚书补编》。今人王文才、王炎《蜀志类纂考释》，又在前人基础上进行辑校，资料更为丰

富。(董涛)

3.《华阳国志》12卷,晋常璩撰

常璩(约291~361),字道将,东晋蜀郡江原(今四川崇州)人。少年时代遍读先世遗书,颇负才名。李氏成汉时,曾任散骑常侍、掌著作,获读宫中图籍档案,接触了大量的文献资料,曾撰《罗汉书》(后改称《蜀李书》,又名《汉之书》《汉志书》)及《华阳国志》等多种。东晋永和三年(347),桓温伐蜀,兵临成都城下,常璩等劝李氏归降,故桓温灭成汉后,任常璩为参军,随至东晋首都建康(今江苏南京)。无奈江左重用中原故族,轻视蜀人,当时常璩已老,不得重用,遂不复仕进,发愤改写旧作,为《华阳国志》12卷。是书从东晋永和四年(348)开始编写,到永和十年(354)完成,历时6年。

"华阳",语出《尚书·禹贡》"华阳黑水惟梁州",即位于西岳华山以南之地,"山南为阳",在晋代为梁、益、宁三州,其地域包括现今四川、重庆全域以及毗邻川渝的云南、贵州、陕西、甘肃、湖北的部分地区,本书记载了这些地区上古至晋的历史,故以"华阳"为名。

是书又名《华阳国记》,11万余字。所记内容,始于人皇、五帝,终于东晋永和三年(347),这一时期的山川地理、历史沿革、风俗人物等皆有记载。卷次分别为:第一卷《巴志》,第二卷《汉中志》,第三卷《蜀志》,第四卷《南中志》,第五卷《公孙述、刘二牧志》,第六卷《刘先主志》,第七卷《刘后主志》,第八卷《大同(西晋时)志》,第九卷《李特雄寿势志》,第十卷《先贤士女总赞》,第十一卷《后贤志》,第十二卷《序志》。

是书内容,包括三部分:第一部分,卷一至卷四,记述历史地理,举凡地理之沿革、历史之变迁、风俗之兴替、郡县之置废、治所之因革、山川之陵夷、交通之通塞、地方之物产、民族之活动,乃至名宦政绩、地方大姓及治乱成败等,皆予记载。第二部分,卷五至卷九,以编年体的形式记叙公孙述、刘焉刘璋父子、蜀汉、成汉割据政权,以及西晋的历史,略似正史中的本纪。第三部分,卷一〇至卷一一,记载自西汉迄东晋初年的"贤士贞女",相当正史中的列传。卷一二叙传,述本书的撰著动机和篇章结构。编纂得法,内容充实,议论诚笃,结构严谨,历来为人们所推崇。宋代吕大防赞叹"蜀记之可观,未有过于此者"[①];清代廖寅则谓"后有修滇、蜀方志者,据以为典

---

① (宋)吕大防:《华阳国志后序》,《全蜀艺文志》卷三〇。

则"①。刘琳概括这种写法为,"从内容来说,是历史、地理、人物三结合;从体裁来说,是地理志、编年史、人物传三结合"②。晋代以前的方志多是历史、地理、人物相分离,各执其一,而《华阳国志》则将三者相结合,创造了一种更加完备、全新的方志体裁,这对于后世地方志从唐宋时期的《元和郡县志》《太平寰宇记》,至元明清时期的《一统志》和各地方各类方志,都有直接或间接的影响。故《四库全书》将其收入史部载记类,历代史学家多认定其为地方史志之佳作,誉为"我国现存最早、保存最完整的地方志之一"。

是书为研究我国古代西南历史地理最早、最重要的文献。它详细记载了今四川、重庆全境,云南、贵州、陕西部分地区的地理历史沿革、风土人情,为研究我国古代西南边疆地理、政治、经济、民族、文化等,提供了宝贵的史料,有着补充正史的重要作用,如书中《先贤士女总赞》和《后贤志》两卷,记载了自汉至晋不少文学家的事迹,可与正史互证。在民族史方面,记载了西南30多个少数民族和部落的历史,尤其是对西南少数民族同汉族、中央政府的关系所作的记载,比《史记》《汉书》等书更加详尽,从而弥补正史所缺。

对于巴蜀史事的记述较其他史书更加详细,为是书一大特点。如诸葛亮平定南中,《三国志·蜀志》仅寥寥数语,而《华阳国志》却有长篇论述。范晔撰《后汉书》,对西南地区历史多取材于本书。此外,它还保存有大量民间作品和丰富的文学史料,如《蜀志》中记载蜀地开发及其并于秦的经过,包括蚕丛、鱼凫、杜宇及五丁开山等神话传说,想象丰富,情节奇特,成为后世诗歌称引的典故。而《巴志》中载有西汉末至东汉的一些民谣,其中像桓帝时讽刺郡守李盛的"狗吠何喧喧"一歌,即是一首很好的五言诗。

对于巴蜀地区与中原关系史的记述,为是书又一大特点。如它记述了古代巴蜀从远古到夏、商、周、秦汉时期与中原政权之间关系的历史,这是研究巴蜀地区的历史及其与中原关系的重要材料,反映了巴蜀与中原文化渐次接触到不断融合的完整过程,这一点,也为近年来考古新发现所证实。故是书为学界研究巴蜀与中原的关系,提供了有益的借鉴。

是书在流传过程中已有缺佚,北宋神宗元丰三年(1080),吕大防在成都做官时,曾有刊刻,李㙦曾取两《汉书》及陈寿《三国志·蜀书》《益部耆旧

---

① (清)廖寅:《华阳国志序》,载嘉庆甲戌(1814)南京本《华阳国志》。
② 刘琳:《第一版前言》,载《华阳国志新校注》卷首,四川大学出版社2015年版。

传》补正。吕氏刻本现已不存，唯李垕序尚在。南宋宁宗嘉泰四年（1204）又刻此书于四川丹棱县，通常称为嘉泰本，明清以来均以此本为祖本刊刻，惜其流传不广。至明代，钱榖曾抄写过南宋嘉泰本，《四部丛刊》亦曾影印流传。清代顺治年间，由冯舒再次抄录，后来为校勘学家顾广圻所得，并加以雠校，此后在孙星衍的倡议下，由蜀人廖寅撰补、刻印，成12卷，《补遗》1卷，线装4册。此即嘉庆十九年（1814）的廖氏题襟馆本，为旧刻《华阳国志》最善之本，《四部备要》就是以此本排印。此外，是书还有清乾隆四十六年（1781）等刻本。民国八年（1919），成都志古堂又曾据题襟馆本影刻，为纸本，线装6册，附录有清顾观光撰《校勘记》。

进入20世纪后，随着新史学特别是方志学的兴起，《华阳国志》更加受到重视，被奉为正规文献鼻祖，并出现多种新版本，其中以任乃强《校补图注》本（上海古籍出版社1987年版）、刘琳《校注》本（巴蜀书社1984年版，四川大学出版社2015年再版）最为方便适用。

任乃强（1894～1989），字筱庄，南充人。1920年毕业于北京农业高等学堂，曾参加五四运动。历任重庆大学、华西协合大学、四川大学、西南民族学院教授，1957年错划为"右派"，1982年平反，任四川省社会科学院特约研究员、地方史专业硕士生导师。一生涉猎广泛，著作甚多。有《四川史地》《西康图经》《西康史地大纲》《中国农业史》《川康藏农业区别》《四川州县沿革图说》《四川历史地图》《羌族源流探索》《四川上古民族史》《山海经新探》《川藏边历史资料选编》以及多部历史小说等20余部，论文数百篇。

《华阳国志校补图注》积任先生40余年研究心得，全书150万余字，15倍于原书，系统考证和论述了《华阳国志》中所涉及的大西南地区上古至东晋时期的历史、地理，兼及这些地区的社会、政治、经济、文化、交通面貌，实际是一部以《华阳国志》为线索的大西南地方史。书中运用多个版本，对原文进行了大量校正和补阙，是目前文字最为完整的一个版本；书中还汇录了作者长期从事西南民族研究的成果，探讨了多个民族源流和互相联系，驳正了前人许多误说。本书有图有文，注释详尽，还对西南地区的许多制度文物做了专题研究，提出了大量新见解；既是一部阅读《华阳国志》的优秀注本，也是研究西南民族史、地方史的重要力作。自1987年上海古籍出版社出版以来，受到海内外学界的高度重视，荣获国家、省部多种奖项。

刘琳（1939～　　），贵州丹寨人，四川大学教授、古籍整理研究所原副所长，大型断代文章总集《全宋文》第二主编。撰有《华阳国志校注》《中古泥鸿》《古籍整理学》等著作。刘琳早年师从缪钺，从事魏晋南北朝史研究，取得多项重要成果，同时又从事古籍整理研究，具有深厚的学术素养和严谨朴质的学术品格。其所著《华阳国志校注》是20世纪后半期正式出版的第一本《华阳国志》注本。举凡字词之讹夺，文句之衍倒，均一一予以厘正；至于事件之原委、地名之变迁、人物之生平，凡有不清不明者，也一一予以注释。简明凝练，断语精到，行文雅洁，不枝不蔓，是阅读和利用《华阳国志》的方便实用之作。

此外，还有刘重来《〈华阳国志〉研究》（巴蜀书社2008年版），对本书进行了专题研究，对常璩生平、《华国国志》成书及流传过程、内容、体例、史学价值、版本源流等，进行了深入探讨。汪启明、赵静、吴迪等人还出版了《华阳国志》的校订本和翻译本，亦便学人使用。台湾地区，则有世界书局1979年10月据明钱榖钞校影印本出版。（黄修明）

4.《益州记》3卷，南朝梁李膺撰

李膺，字公胤，广汉人。生卒年不详，大概生于刘宋末期，卒于梁武帝时期。李膺在齐永元元年（499）出任过涪令，又任过益州主簿、别驾等职。史书中关于李膺的记述不多，只在《南史·邓元起传》中有简短的附传，其他事迹则散见于《梁书·刘季连传》和《魏书·李苗传》《北史·李苗传》等。后代有些书中误因李膺任过涪令而认定他为涪人，或与梁太仆卿梓潼李膺相混。

书名又有《蜀记》《成都记》《治水记》《李膺记》《李膺志》等称。据王文才、王炎考证，历史上曾有多家《益州志》，题其名者有王褒、谯周、任豫、李膺、李充、陈述、刘欣期等，其中"唯任（豫）、李（膺）二家书，佚文尚存，其余或因误题，或出臆测，皆无此书"。（《蜀志类纂考释》）《南史》李膺本传载"（膺）为益州别驾，著《益州记》三卷，行于世"。《新唐书·艺文志》中有李充《益州记》3卷，清章宗源《隋书经籍志考证》以为"充"乃"膺"之误。关于此书撰著之由，乃因梁武帝欲以益州为别驾之所，李膺于是撰写此书，以言益州地理。而此书的成书年代，应该不晚于梁武帝天监七年（508）。原书至迟在宋元已经亡佚，但作为引文，尚有相当数量的条目存于六朝以后正史的地理志、类书和《太平寰宇记》《舆地纪胜》等地理类书中。

是书体例系按常璩《华阳国志》的巴蜀四志，以当时州郡区划，分叙各州建置、沿革、大事、山川、名迹。梁朝时巴蜀之地分为二十一州：益州（治成都）、江州（治僰为，今彭山北）、东益州（治九陇，今彭州）、绳州（治茂州）、邛州（治依政，今邛崃东南）、巂州（治邛都，今西昌）、青州（治齐通，今眉山北）、嘉州（治平羌，今乐山北）、戎州（治僰道，今宜宾）、楚州（治垫江，今重庆）、信州（治鱼腹，今奉节东）、潼州（治涪县，今绵阳）、新州（治北五城，今三台）、北巴州（治阆中）、安州（治南安，今剑阁）、黎州（治晋安，今广元市昭化区）等，由此可推知《益州记》原著的大致体例。

就文献价值和影响而言，在古代巴蜀的地方志中，除了常璩的《华阳国志》，就应该属李膺的《益州记》。《四库全书总目》做过这样的评价："其书虽不尽传，而大要亦多杂载事迹，取备掌故。……则掇拾搜罗，正考订者所不废。"（《益部谈资》提要）《华阳国志》是由地方史、地方志和人物传三部分组成，其地方志部分较为简略。是书则详于州郡建置迁徙、水道名山胜迹，正好可以补充常书之不足。同时也给唐宋时编撰地志留下了丰富的资料。另一方面，此书还有不可替代的考辨价值，据此可以辨别明清以来地理书中的错误。但是需要指出的是，李膺作此书时，参照的是梁时的郡县名称，但后世辑引的《益州记》中却有以唐宋以后郡县名，此系后人妄补，读者必须留心。

是书原本早佚，现存本由邓少琴、沙铭璞等辑，凡103条，收录于2001年巴蜀书社《西南民族史地论集》（下册）。此外，1997年北京图书馆出版社出版的《汉唐方志辑佚》一书中收录有刘纬毅所辑的54条，其中与邓文相同者有44条。王文才、王炎《蜀志类钞》又有补辑考订，内容更富。（董涛）

5.《锦里耆旧传》4卷，宋勾延庆撰

勾延庆，字昌裔，生卒年不详。陈振孙《直斋书录解题》载"平阳勾延庆"，《四库全书总目》考证"平阳"为"华阳"之误，是勾延庆实为成都华阳（今双流）人。根据《锦里耆旧传》中的内容，其曾当过荣州应灵县令，宋太祖开宝年间仍在世。

是书又名《成都理乱记》，原本8卷，起唐咸通九年（868），迄于宋乾德四年（966）之春，主要记载了五代前蜀王氏和后蜀孟氏的情况。今前4卷已佚，仅存后4卷，记中和五年（885）以后事。

《锦里耆旧传》虽然以"耆旧传"为名，但其编撰体例并非是以人物传记为线索，而是更接近于编年体。是书在简略记载两蜀政权兴废大事的同时，记录了大量详细的诏、敕、章、表、书、檄之文。其结构大概如下：第一卷起中和五年（885）正月至前蜀武成元年（908）；第二卷起武成三年（910）至后唐同光四年（926）春；第三卷起后唐天成二年（927）至后蜀广政二十五年（962）；第四卷起后蜀广政二十八年（965）冬至宋乾德四年（966）春。书中多故国之思，对后蜀主评价颇高。

是书所记载诏、敕、章、表、书、檄等，内容涉及了军政、经济、礼制和社会生活等诸多方面，又列有多次赏赐、进贡物品的明细，皆是研究前后蜀历史的重要材料。在历史事件的记述方面，也有独到之处。如宋太祖曾赐给后蜀主孟昶的诏书，是书中记载的同题诏书内容与《宋史》中的多有不同，足与正史相参考。该书对五代十国时期四川地区历史地理情况的记录，亦颇有价值。比如第一卷开篇所记的唐僖宗中和五年（885）正月的地震、四月发生在维州（今理县）的山崩等。类似这样关于灾害、饥馑等的记载还有多处。又书中还记录了前后蜀政权对成都的建设情况，比如前蜀后主王衍于乾德三年（921）春三月"筑子城西北夹寨堤，引水入大内御沟，水出，东流仁政楼"，此类记载不见于他书，是研究成都建城史的重要材料。该书在体例上也有值得借鉴的地方，对后世亦有所启发，北宋张绪曾仿本书体例，撰有《续锦里耆旧传》，续书在时间上紧接《锦里耆旧传》，在简略记录从北宋乾德三年（965）到大中祥符二年（1009）蜀地发生的重大事件和政治因革的同时，保留了大量朝廷敕令、官吏任免名单等原始材料，对李顺、王均等起义之事也略有记载。

是书有清抄本、嘉庆四年（1799）桐川顾氏刻本、《丛书集成初编》本、2003年巴蜀书社《中国野史集成》影印本等。（董涛）

6.《蜀梼杌》2卷，宋张唐英撰

张唐英（1029~1071），字次功，自号黄松子，北宋蜀州新津人，丞相商英之兄。少时勤奋力学，有文名，庆历时进士及第。初调渝州决曹掾，再调归州狱掾，移襄州谷城县令。英宗朝，为太常博士。神宗即位，以荐擢殿中侍御史。熙宁三年（1070）丁父忧。次年六月感疾卒，年43岁。著有《仁宗政要》《宋名臣传》《蜀梼杌》等书。

是书又名《外史梼杌》《蜀春秋》，为编年体史书。原本10卷，后经散佚，今仅存2卷。书前张唐英《自序》述其撰著之由："王、孟父子四世凡八十年，比之公孙述辈最为久远，其间善恶之迹亦可为世之鉴戒。……予家旧藏《前蜀开国记》《后蜀实录》凡一百三十卷，尝欲焚弃而不忍。"然而前此记载前后蜀史事的许多史书，如《耆旧传》《鉴戒录》《野人闲语》等，内容皆本末颠倒、鄙俗无取；《九国志》的前后蜀世家、列传，又繁简失当、尚多疏略。于是他检阅家藏《前蜀开国记》《后蜀实录》等书，削去烦冗，编年叙事，以成《蜀梼杌》。又自序其名书之由说："今因检阅始终，削去烦冗，编年叙事，分为十卷……凡《五代史》及《皇朝日历》所载者，皆略而不书，名曰《蜀梼杌》，盖取楚史之名，以为记恶之戒。""梼杌"一词见于《孟子》："晋之《乘》，楚之《梼杌》，鲁之《春秋》，一也。"（《孟子·离娄下》）赵岐注说："此三大国史记之异名。""梼杌者，嚚凶之类，兴于记恶之戒，因以为名。"

是书具有很高史料价值。唐英为北宋蜀人，所记蜀事又据蜀地之书，故其书虽为断简残篇，然亦弥足珍贵。以今日眼光视之，除了所记前后蜀王政废兴外，还有以下诸端引人瞩目：

一是地震、洪水、旱灾资料。四川地区在后蜀时期屡发地震，《蜀梼杌》即载有广政元年（938）十月，二年（939）六月，三年（940）五月、十月，五年（942）正月、十月，十五年（952）十一月，十六年（953）三月四川地震的情况，这些资料几乎不见他书记载（《十国春秋》所载为转录此书）。此书还记载前蜀乾德四年（922）"自五月不雨，至九月林木皆枯，赤地千里"，后蜀广政十五年（952）成都"大水漂城"，"深丈余，溺数千家"等，是研究四川水利史、气候学的珍贵资料。

二是城市建置沿革。该书记载王建称帝后，建都成都，大、少城及罗城诸门以及堂宇厅馆等均予改名。书中详细地罗列了一大串旧名与今名。五代承唐启宋，这为唐、五代、宋时期成都的城市建置沿革等情况的研究提供了翔实可靠的珍稀资料，这些亦不见于他书。

三是城市景观掌故、游乐怡悦风俗。此书记孟昶于城上遍植芙蓉，"九月间盛开，望之皆如锦绣"。孟昶对左右说："自古以蜀为锦城，今日观之，真锦城也。"这正是今日称成都为"芙蓉城"的最早出处之一。又此书有后蜀军人盗发前蜀王建墓的线索（孟知祥"命修王建墓，禁樵采"）。如此之类的记载，或较他书详备，或为他书所阙。正如《四库全书总目》评云："欧阳修二蜀世家，删削太略，得此可补其所遗。今世官署戒石所刻'尔俸尔禄，民膏民脂，下民易虐，上苍难欺'四语，自宋代以黄庭坚书颁行州县者，实摘录孟昶广政四年（941）所制官箴中语，其文全载于此书。凡此之类，皆足以资考证。"道出了《蜀梼杌》的史料价值。

馆臣提及的《官箴》见于该书卷下："（广政）四年五月，昶著《官箴》颁于郡国。曰：'朕念赤子，旰食宵衣。托之令长，抚养安绥。政在三异，道在七丝。驱鸡为理，留犊为规。宽猛得所，风俗可移。无令侵削，毋使疮痍。下民易虐，上天难欺。赋与是切，军国是资。朕之爵赏，固不逾时。尔俸尔禄，民膏民脂。为人父母，罔不仁慈。持为尔戒，体朕深思。'"接着又说："昶好学，凡为文，皆本于理，常谓李昊、徐光溥曰：'王衍浮薄，而好轻艳之辞，朕不为也。'"其"尔俸尔禄，民膏民脂，下民易虐，上天难欺"四句，尤为警醒，自北宋太宗亦用来作为"御制戒石铭"，后来成为各地官厅的警语。

《蜀梼杌》分为抄本和刊本两个系统。据张唐英、陆昭裔二《序》，知其书先是以抄本行世、至迟于英宗治平年间（1064～1067）在京师流传，继有陆昭裔所刻之蜀中刊本。今宋抄及宋刻均不复可见。

宋及其以后之官私书目，多著录《蜀梼杌》"十卷"（《遂初堂书目》著录未分卷），似乎完整无缺地保存下来了，然实际上也有著录有目无书。今存主要版本有：1卷本：《说郛》（宛委本）、《历代小史》《景印元明善本丛书十种·历代小史》《续百川学海》、明天启七年（1627）冯仲昭抄本、清汪氏艺芸书舍抄本（后二种今藏国家图书馆）。2卷本：《四库全书》《函海》（乾隆、道光、光绪本）、《学海类编》《艺海珠尘》《丛书集成初编》、民国四川存古书局刊本、清抄本（黄丕烈、吴翌凤校、跋，今藏国家图书馆）。还有不分卷本：《说郛》（商务本）、北京大学藏清初抄本、清孙潜抄本、清劳权抄本，清鲍氏知不足斋抄本（后三种今藏国家图书馆）。王文才、王炎《校笺》本，巴蜀书社1999年版，最便使用。（董涛）

7. 《蜀鉴》10卷，宋郭允蹈撰

郭允蹈，字居仁，资州（今四川资中）人。宋理宗端平时在世，履历不详。尝著《蜀鉴》10卷。

关于是书撰者，历来说法不一。卷首方孝孺序称："宋端平中，昭武李文子尝仕于蜀，搜择史传，自秦取南郑，至宋平孟昶，上下千二百年事之系乎蜀者，为书拾卷。凡一统之离合，地势之险易，贤才之众寡，攻守之得失，与夫忠顺致福之基，逆乱取祸之原，莫不毕举而详之，名曰《蜀鉴》。"世遂题为李文子撰。

《考亭渊源录》也说，李文子，字公谨，与兄方子俱从朱熹学。"绍熙四年进士，历知阆、潼二州，吏誉蔼然。持麾蜀中二十年，以道学倡，蜀人宗之。著《蜀鉴》十卷。"①四库馆臣据书前端平三年（1236）李文子序："燕居深念，绅绎前闻，因俾资中郭允蹈缉为一编。"②考订说"则此书为资州郭允蹈所撰，文子特总其事耳"，甚是。

　　《蜀鉴》的问世与南宋四川战略地位的突显密切相关。南宋建都临安，偏安东南一隅，四川地处长江上游，自古以地势险要著称，为兵家必争之地，如此突出的战略地位，促使整个南宋政府非常重视对这一地区的经营，所谓"护蜀如头目，保蜀如元气"。讨论四川边防事务、研究历代王朝经略四川的策略以资借鉴，成为现实边疆防御的客观需要。从资治与经世的目的出发，吸取历史上各朝各代经略四川的经验和教训，是时势对史家的迫切要求，也是史家不可推卸的责任。据史载，宁宗时中江人吴昌裔即曾"荟萃周汉以至宋蜀道得失、兴师取财之所，名《蜀鉴》"③。至理宗时，郭允蹈在李文子统领下，完成了另一部《蜀鉴》的编撰。时人评价云，南宋边防危机日益严重，"蜀道汹汹"，加强蜀地战略防御，吸取历史经验教训尤为重要，"今蜀事如许，此书之出，岂不足为经理恢拓者之助乎？"④这正是郭允蹈《蜀鉴》产生的学术背景。

　　《蜀鉴》是一部记载四川、重庆及其相邻地区历史与地理的专著。从时限上看，《蜀鉴》纪事上起秦人于秦厉共公二十六年（前451）攻取南郑，下至北宋乾德三年（965）北宋派王全斌攻取四川，后蜀政权灭亡。在此1300年中，作者将有关四川的历史按时间顺序条分缕析，分别予以记载，共计49件大事。分别为：卷一，秦人取南郑、秦人取蜀、秦人取汉中、秦人自蜀伐楚、汉高帝由蜀汉定三秦、公孙述尽有蜀地、光武得陇望蜀、岑彭吴汉由江道取蜀。卷二，曹操平张鲁取汉中、昭烈君臣由江道入蜀、吴蜀分荆州、昭烈取汉中、孙权袭荆州、蜀失汉中三郡、昭烈攻荆州不利；卷三，汉诸葛忠武侯北伐、蜀汉蒋琬费祎保蜀、姜维出师陇右、邓艾钟会取蜀。卷四，晋王浚自蜀平吴、李特入蜀、罗尚讨李特、李雄入成都、罗尚抗李雄、李雄伪定蜀地、蜀人杜弢等流徙荆湘、元（桓）温讨李势、李寿纵獠于蜀。卷五，江左不用蜀、苻坚取蜀、晋

---

① （清）李清馥：《闽中理学渊源考》卷六引，凤凰出版社2011年徐公喜等点校本。
② （明）曹学佺：《蜀中广记》卷九三《著作记第三》引。
③ 《宋史·吴昌裔传》。按，此书已佚。
④ 《蜀鉴跋》，载《蜀鉴》卷末，巴蜀书社1984年版。

复取蜀、裕讨谯纵。卷六，氐羌杨氏据武都、蜀刺史始不专用武人、魏邢峦谋伐蜀、梁魏争汉中。卷七，唐明皇幸蜀、高崇文讨刘辟、唐僖宗幸蜀、王建据蜀、岐蜀交争、高季昌攻蜀、后唐取蜀。卷八，孟知祥董璋连兵拒命、孟知祥图蜀、孟昶得阶成秦凤四州、周世宗伐蜀取四州、本朝王全斌下蜀。卷九，西南夷本末上。卷一〇，西南夷本末下。

从各卷名称不难看出，郭允蹈《蜀鉴》主要是围绕历代王朝经略巴蜀的历史展开，所述49件事情均侧重于军事攻防策略，考察四川各地的战略地位，总结历代王朝经略四川的成败得失，为南宋治理四川和加强边疆防御提供借鉴。此外，其书每事各标总题，如《通鉴纪事本末》例；每事有纲有目有论，又如《通鉴纲目》体，兼以考证附目末，较《纲目》为详赡。书中所记，皆战守胜败之迹，于用兵之得失、地形之险易尤为着意。凡古人用兵故道，必详记宋代所在。其于地理考证，亦颇精核。如陈仓马鸣阁，引《三国志·蜀志》以证《太平寰宇记》之误；斜谷之遮要，引《兴元记》以补裴松之注所阙；诸葛亮筑乐城，引《通鉴》以辨《华阳国志》《太平寰宇记》之异同。它如罗尚抗李雄、张罗据犍为等，亦较《晋书·载记》《十六国春秋》为详。末2卷，叙西南夷始末，则疏漏稍多。

《蜀鉴》资料翔实，考证严谨，在地理学及经世致用方面，皆有一定的成就和价值。书中叙事每遇及战略要地，便大量引用古籍文献资料考镜源流，考察这一地方的历代沿革、战略地位等，具有突出的地理学价值。四库馆臣评论曰："宋自南渡后，以荆襄为前障，以兴元、汉中为后户，天下形势，恒在楚蜀。故允蹈是书所述，皆战守胜败之迹，于军事之得失，地形之险易，恒三致意。而于古人用兵故道，必详其今在某处，其经营擘画，用意颇深。"另外，《蜀鉴》蕴涵着浓厚的经世思想，以求为边疆防御提供历史借鉴。《蜀鉴》表现出宏观的历史视野和经世思想，在我国地方史志研究中应当具有一定指导作用。

是书今传《四库全书》本、《守山阁丛书》本、《丛书集成初编》本等。（董涛）

8.《岁华纪丽谱》等九种，元费著撰

费著，元代后期华阳（今成都）人。曾举进士，授国子助教，有时名，与兄克诚并称"成都二费"。历汉中廉访使，调重庆府总管。明玉珍攻城，著遁居犍为而卒（以上见《万姓统谱》卷九四）。顺帝至正三年（1343），曾主修《成都志》，明杨慎编《全蜀艺文志》，收入其中之九篇，计有：《岁华纪丽谱》《氏族谱》《器物谱》《笺纸谱》《蜀锦谱》《钱币谱》《楮币谱》《蜀名画记》《成都周公礼殿圣贤图考》。《岁华纪丽谱》等又收入多种丛书。经学者研究，此诸篇盖本出自宋袁说友修《宋成都志》，费著略加修改而成（参见谢元鲁《岁华纪丽谱等九种校释·前言》，巴蜀书社1988年版《巴蜀丛书》第1辑）。

成都自唐代以来就非常繁庶，在西南地区首屈一指。其时为之帅者，大抵以宰臣出镇，富贵悠闲，岁时宴集，寖相沿习。故张周封作《华阳风俗录》，卢求作《成都记》，以夸述其胜。迨及宋初，其风未息，前后太守如张咏之刚方，赵忭之清介，亦皆因其土俗，不废娱游。其侈丽繁华虽不可训，而民物殷阜，歌咏风流，亦往往传为佳话，为世所艳称。

是书仿《荆楚岁时纪》体例，主要记述了宋代成都民情风俗、游乐景观。它按照时间顺序记载了从正月元日开始，到岁末冬至的各个节庆日中，成都的官府百姓游乐庆贺的过程，记叙形象生动而细致。如是书开始便云："成都游赏之盛，甲于西蜀，盖地大物繁而俗好娱乐。凡太守岁时宴集，骑从杂沓，车服鲜华，倡优鼓吹，出入拥导，四方奇技，幻怪百变，序进于前，以从民乐。岁率有期，谓之故事。及期，则士女栉比，轻裘祛服，扶老携幼，阗道嬉游。或以坐具列于广庭，以待观者，谓之邀床，而谓太守为邀头。"其中不少记载极具成都地方特色，如叙成都"蚕市"。正月五日"五门蚕市。盖蚕丛氏始为之，俗往往呼为蚕丛太守，即门外张宴"；正月二十三日"圣寿寺前蚕市。张公咏始即寺为会，使民鬻农器"；三月二十七日"大西门睿圣夫人庙前蚕市"。既反映了古蜀国蚕丛信仰的遗留，又反映出当时成都地区经济的繁荣。又如成都"游江"习俗："二月二日踏青节，初，郡人游赏散在四郊。张公咏以为不若聚之为乐，乃以是日出万里桥，为綵舫数十艘，与宾僚分乘之。歌吹前导，号小游江，盖指浣花为大游江也。士女骈集，观者如堵。晚宴于宝历寺。公为诗，有曰：'春游千万家，美人颜如花。三三两两映花立，飘飘似欲乘烟霞。'"又："四月十九日，浣花佑圣夫人诞日也。太守出笮桥门，至梵安寺谒夫人祠，就宴于寺之设厅。既宴，登舟观诸军骑射，倡乐导前，泝流至百花潭，观水嬉竞渡。官舫民船，乘流上下。或幕帘水滨，以事游赏，最为出郊之盛。"浣花夫人，姓任，喜弓马，善骑射，嫁与西川节度使崔旰。大历三年（768），杨子琳叛乱，任氏出家财、募兵士、手自麾兵，击败杨子琳，保全成都，受封冀国夫人，民间多以"浣花夫人"称之。似此之类，与《蜀梼杌》

《鸡肋编》等相关记载，彼此相得益彰。

是书附录二种，为《笺纸谱》《蜀锦谱》，各1卷。《笺纸谱》记载了蜀纸的沿革、种类、名目、重量、颜色、品质及其分类等。其中双流纸因为品质最差，每张一尺左右，价格最为低廉，所以应用最为广泛。其小灰纸之名疑始于隋炀帝。《蜀锦谱》记载了蜀锦的沿革、制作场地、工人人数、产量、蜀锦的色彩、各种蜀锦的品质、价格等。其中言及蜀因锦而出名，故成都名为锦官，江名为濯锦。并定承平时锦院与茶马司锦院所织锦最为优秀。

是书撰成于元泰定年间（1324~1328），早期版本为尚白斋镌刻版。今有《续百川学海》本、《宝颜堂秘籍》本、《四库全书》本等。1988年巴蜀书社出版谢元鲁《岁华纪丽谱等九种校释》，收入《巴蜀丛书》第1辑中。（潘斌、颜信、邹艳）

9.《明氏实录》1卷，明杨学可撰

杨学可，新都人，其生卒年已不可考，大致生活于元末明初。元朝末年，形势动荡，杨学可博通经史却不愿做官，只在乡里设塾教书，才德名重一方。后来战乱四起，杨氏一度搬到云南昆明躲避战乱，明玉珍攻入四川后又回到家乡。大夏政权建立，欲以国子助教之职授之，学可坚辞不受。称病在家，自杜门户，以示不仕之志。朱元璋灭掉大夏政权建立明朝后，在南京召见天下故官宿儒，学可也在其中，获赏赐后依然归隐故里。一生致力于育人传道，其弟子中多有跻身于显贵者。

《明氏实录》全书共4600余字。是书从明玉珍的出生和籍贯开始说起，到其子明昇于洪武四年（1371）向明王朝投降为止。《四库全书总目》称杨学可将书名定为"实录"，并不是尊明氏父子为正史，只不过是沿袭古名。但作者对明氏政权的溢美之情，还是体现于字里行间。书中对明玉珍有所称道的，主要有以下几项事迹：一是明玉珍攻取四川时军纪较为严明，于百姓秋毫无犯，执政后又宽刑薄赋，颇得蜀中父老之心；二是明玉珍坚定的反元立场；三是明玉珍自始至终都忠于徐寿辉，如他在徐麾下时作战勇猛，在战斗中被射瞎右眼，到四川后，连年输送蜀地粮草支持天完政权。徐寿辉被倪文俊和陈友谅杀害后，明玉珍为其在重庆立庙祭祀，并封锁夔门，不与逆臣相通。对此作者都予以肯定。明玉珍死后，幼主明昇即位，大夏政权内部出现了激烈的权力争斗，发生了张文炳矫诏诱杀丞相万胜的事件。对此作者心绪难平，以"杨学可曰"的方式直接道出了自己的看法，称正是此类事件导致了大夏政权在明玉珍死后"五载而国遂亡",其扼腕之情溢于言表。

《明氏实录》是研究元末红巾军,尤其是明玉珍与他建立的大夏政权的重要材料。杨学可本人博通经史,又身处于当时的四川,对明氏父子的生平或是亲身经历,或得之转述传闻,故此书的文献价值较其他关于明氏父子的材料要高,且更为翔实可信。《四库全书总目》称此书虽然对明氏政权多有溢美之词,但其"叙次颇详,亦足与正史相参考",这一评价是比较公允的。

此书有《学海类编》本,清曹溶辑。今存善本有道光十一年(1831)六安晁氏所印木活字印本,现藏于中国国家图书馆。1920年上海涵芬楼出版了影印本,1996年齐鲁书社、2003年巴蜀书社分别据此本影入《四库全书存目丛书》和《中国野史集成》中。另有《仰视千七百二十九鹤斋丛书》本,清徐松校补,清光绪年间会稽赵之谦刻本。2002年上海古籍出版社据此影入《续修四库全书》中。徐松校补本在此书基础上,援引《明太祖实录》及《大事记》《明史》等书,对《明氏实录》中一些粗疏之处进行了有益的补充,并间有精详的考证,可与此书相参证。(董涛)

10. 《蜀都杂抄》1卷,明陆深撰

陆深(1477~1544),初名荣,字子渊,号俨山,南直隶松江府(今上海)人。明代著作家、藏书家。弘治十八年(1505)进士,选庶吉士,授编修。时翰林官受刘瑾猜忌,悉改外,深得南京主事。瑾诛,复职,历国子司业、祭酒,充经筵讲官。后又出任外官,累官延平同知、山西提学副使、四川左布政使等职。在四川任时,逢松潘、茂县等地少数民族叛乱,深为平叛大军调食有功,获赐金币。又大力提倡文教,建大益书院。嘉靖十六年(1537)召为太常卿兼侍读学士。官至詹事府詹事,卒后谥文裕。《明史》卷二八六有传。深生平著述甚丰,其作品大多收入作品集《俨山集》《俨山外集》《行远集》《行远外集》等。

《蜀都杂抄》凡1卷,收录于《俨山外集》中,作于陆深任四川左布政使之时,为其在蜀中见闻的笔记。主要涉及对山川、风俗、历史名人、典故、诗文等的记录与考证。是书体例、内容较为散杂,如其名,书中各条目间并无内在联系,所述内容也不只限于蜀地之事,另有记贵州、西藏等地的条目若干。

然是书虽属谰言琐语,臆断间出,但总体上还是有一定的参考价值。如其对峨眉山胜景的记载,对成都城内五块石、支机石、天涯石等地的考察,对成都学宫前绰楔所题内容的记录等,皆可供参考,足资考证。

是书最初收入于《俨山外集》，此集为陆深札记之文的总汇，由其子陆楫汇编而成，今有明嘉靖二十四年（1545）所刻善本，存于国家图书馆。其他流传较广的版本有《宝颜堂秘笈续集》本、《广百川学海》本、《说郛续》本等。（董涛）

11.《督蜀疏草》12卷，明朱燮元撰

朱燮元（1566～1638），字懋和，号恒岳，一号石芝，浙江山阴（今绍兴）人。万历二十年（1592）进士，授大理寺评事，后任苏州知府、陕西按察使等职。万历四十六年（1618），转四川布政使。天启元年（1621），四川永宁宣抚使奢崇明反，进围成都，蜀王命燮元治军，坚守成都百余日，又率秦良玉收复重庆、永宁。燮元因此功加兵部侍郎，总督四川及湖广荆、襄、汉中等五府军务，兼巡抚四川。崇祯二年（1629），破水西，杀奢崇明、安邦彦。又招抚流亡，修路筑驿，广开屯田。西南平复，加少保，崇祯中进少师。十一年（1638），卒于官，初谥襄毅，改谥忠定。著有《督蜀疏草》12卷、《朱襄毅疏草》12卷等。《明史》卷二四九有传。

《督蜀疏草》凡12卷，汇集了从天启初到崇祯中朱燮元总督四川时所写的大量奏疏，其中以镇压奢、安起义相关的军事内容为主，兼及经理四川与苗疆事宜和对僚属的举荐弹劾等内容。

明末四川兵祸不断，世人皆以张献忠"屠蜀"为其中之尤。但在张之前，从万历元年（1573）的都掌蛮之乱算起，四川的大小战事已经延续了60多年，时有"天下未乱蜀先乱"之说。其中规模最大的，当属这场持续了16年的明朝与奢崇明、安邦彦父子之间的战争。朱燮元身为这场战争中明军的统帅，其所见、所虑与所奏者，皆非他人所能为，故其史料价值十分可观。又所有奏疏皆出自亲手，时间上延绵有序，是研究明末四川历史不可多得的珍贵史料。

是书由其曾孙朱人龙校刻，今存康熙五十九年（1720）刻本。其书名题为《少师朱襄毅公督蜀疏草》，共13册，版心题《督蜀疏草》，并附朱燮元著《蜀事纪略》1卷、清谷应泰撰《明朝纪事本末》1卷。后《四库全书存目丛书》《续修四库全书》皆收录有此本。今中国文化出版社出版有刘一鸣、雷鸿鸣、雷先均点校整理本。

另外，朱燮元之曾孙朱世卫重刊有《朱少师奏疏》一书，包括《蜀事纪略》1卷、《蜀中疏草删存》4卷、《黔中疏草删存》3卷，合为8卷。是书收有《督蜀疏草》中未录的奏疏130余篇，又于书前录有倪元璐撰写的燮元行状，刘

宗周写的夒元墓志铭，书末录有朱世卫跋，是《督蜀疏草》的重要补充。是书有康熙年间刻本。（董涛）

12. 《益部谈资》3卷，明何宇度撰

何宇度，字仁仲，德安府安陆（今湖北安陆）人，明南京右刑部侍郎何迁子。万历间历任夔州通判、光禄詹事。著有《乔木山房稿》5卷、《何詹部续集》2卷[①]。

明万历时期，何宇度曾出任过夔州通判，是书盖其任官四川时所写。全书共分上、中、下3卷，凡14000余字，将何宇度任职四川即所谓"益"地的所见所闻，如四川山川、物产及古今逸事等，掇拾搜罗，编成此书。内容"皆蜀故实、山川、人物之胜，了然指掌，应接不暇，而时吐致语，靡靡可听"[②]。其每卷内容大致如下：卷上记载玉垒、青城、大峨、武担等蜀山和大江、嘉陵诸水，以及茶、盐井、杜宇、荔枝、八阵图等。卷中考成都、蜀锦、蜀笺、扬雄旧宅、青羊宫、子美石、薛涛井诸目。卷下记蜀道、巴东、楚宫、三峡、白帝城、永安宫等。

是书记事结构较为零碎，条目之间也无内在联系，且没有列题目。所记条目一般在百字以内，短的也有十来字一则的。关于人物逸事和著作之类的条目则较长，有的还加有作者的简评。书中的记事类内容具有较高的史料价值，如关于历史地理的记事中，既有对古代情况的简要论证，也有对当时情况的精练记录。这对于研究古代四川的生产生活，比如火井煮盐、蜀锦生产，以及考证四川名胜古迹，复原明末被毁前成都的原貌等，均有借鉴之功。故《四库全书总目》称"是书旁采群籍，虽未能精核无遗，然尚不至于芜蔓。其后曹学佺作《蜀中名胜江》，征摭较博而稍涉泛滥，不若此本之雅洁。在明人著述中犹可称简而有要者"。所言甚是。

《四库全书总目》认为此书因"体例不似图经，故署曰'谈资'，实亦地志之支流也"，故因之将其归入史部地理类。这只看到该书内容的一个侧面。该书虽然记录了较多的四川山川物产，但同时也有相当部分是对以往诸书中有

---

① 以上参见（明）王世贞：《通议大夫南京右刑部侍郎何公神道碑》，《弇州山人四部续编》卷一二九，影印文渊阁《四库全书》本；《明史》卷一三五《艺文志》三，又卷一三七《艺文志》五，清抄本；（明）刘侗、于奕正：《帝京景物略》卷四，明刻本；（清）徐乾学：《传是楼书目》，清道光八年（1828）味经书屋抄本。

② （明）何宇度：《益部谈资》卷末《跋》，《学海类编》，广陵书社2007年影印本。

关蜀地古今人物逸事的收罗。而且这种逸事类记事的内容大多不拘于正统说教，而是倾向于收录稗官野史之说，故其小说色彩和"谈资"成分更为浓厚，颇为生动可读。例如"任氏墓碑"一条："任氏墓碑，予尝搜之荆棘中，近见稗史载，任氏者，唐之尚书侯继图妻也。侯读书大慈寺，因秋风起，拾得一桐叶，有诗在上，贮之匣中，后数年，方卜任氏为妻。任见而惊曰：'此妾书叶诗，胡为在君乎？'诗曰：'拭翠敛蛾眉，郁郁心中事。搦管下庭除，书成相思字。此字不书石，此字不书纸。书在桐叶上，愿逐秋风起。天下有心人，尽解相思死。天下负心人，不识相思字。有心与负心，不知落何地？'"此类极具传奇色彩和诗情画意的记事在书中还有多处，且大多是诗与故事相结合的方式讲述，如"薛涛""（杨）用修夫人"等皆是。

是书今传版本除《四库全书》本外，还有明代刻本，存于国家图书馆。另有《学海类编》本，1920年涵芬楼出版了根据六安晁氏木活字本的影印本。民国卢靖所编《湖北先正遗书》，则是此书旧时抄本的影印本。（董涛）

13.《蜀中广记》108卷，明曹学佺撰

曹学佺（1574～1646），字能始，又字尊生，号雁泽，自号石仓居士、西蜂居士，福建侯官（今福建闽侯）人。万历二十三年（1595）进士，授户部主事。后因考官张位贬官，受牵连，改调南京大理寺充任闲职。三十年（1602），官四川右参政，三十九年（1611），又升任四川按察使，清正廉明，颇得蜀中百姓爱戴。天启二年（1622），起广西右参政。崇祯初，起广西副使，力辞不就。家居20余年，著书石仓园中，尝谓："二氏有藏，吾儒何独无？"欲修儒藏与佛、道二藏鼎立，功未及就，两京继覆。明亡，入山投缳而死，年73，谥忠节。著有《石仓诗文集》《石仓十二代诗选》《蜀中广记》等。《明史》卷二八八有传。

《蜀中广记》系曹学佺任职四川期间所编的一部大型的巴蜀文献类纂，全书凡108卷，计《蜀中名胜记》30卷、《蜀中边防记》10卷、《蜀中人物记》6卷、《蜀中宦游记》4卷、《蜀郡县古今通释》4卷、《蜀中风俗记》4卷、《蜀中方物记》12卷、《蜀中神仙记》10卷、《蜀中高僧记》10卷、《蜀中著作记》10卷、《蜀中诗话》4卷、《蜀中画苑》4卷。其纂辑之例，多分道叙述，如《名胜记》首川西，次上下川南，次上下川东，而终以川北，各志大率如此。唯《著作》以四部为次，《诗话》《画苑》以年代为次，而《方物》一记分纪草木、鸟兽、服用、食馔诸类，其茶、盐、酒、锦、纸等又皆别著录为谱，盖以其为蜀产之殊美者也。

是书之《名胜记》介绍了明代四川125个州县（遵义府的五县不计在内）的风景名胜，按川西、上下川南、上下川东、川北等道所属府州县，先简溯沿革，再分述各地的胜迹，并征引前人诗文，以为佐证，渊博详赡，颇多故实。后万历四十六年（1618），福清林茂之摘出单行，名曰《蜀中名胜记》，刻之于南京。钟惺为之序云："吾友曹能始，仕蜀颇久，所著有《蜀中广记》……予独爱其《名胜记》体例之奇。其书借郡邑为规，而纳山水其中；借山水为规，而纳事与诗文其中。择其柔嘉，撷其深秀，成一家言。……要以吾与古人之精神，俱化为山水之精神，使山水与文字不作两事，好之者不作两人，入无所不取，取无所不得，则经纬开合，其中一往深心，真有出乎述作之外者矣。虽谓能始之记，以蜀名胜生，而仍以名胜乎蜀，可也。"是曹氏以"借郡邑为规，而纳山水其中；借山水为规，而纳事与诗文其中"之法，足使"吾与古人之精神，俱化为山水之精神，使山水与文字不作两事"，融历史古迹、文物、诗文于山水之中，达到了人与自然的高度和谐，这也就体现了《蜀中名胜记》的重要文学意义。而且，即便在现今，其在旅游开发、文献史料、宗教民俗、文学研究等方面也都具有极大的参考价值。

此外，书中的《人物记》《宦游记》介绍了蜀中人物及外乡游蜀士人，《神仙记》《高僧记》记载了许多道士和僧人的事迹，这四部分可以说是巴蜀人士传记资料的宝库，而《著作记》《诗话》《画苑》则保存了巴蜀的文献典籍资料，《边防记》辑录和记叙了川西、川南、川东、川北四方边防事务的相关资料。如此等等，可以说《蜀中广记》是集四川风土人情、方物地理、名画神仙、高僧宦游为一体的一部内容极为丰富的巴蜀文化志。故《四库全书总目》评价此书云："搜采宏富，颇不愧'广记'之名。"傅增湘亦云："石仓此编，皇皇百卷，穷搜广采，鸿博渊深，实为西川古今文献之渊海。"[①]虽然此书亦有编次偶疏、载录不当、讹舛抵牾之处，"盖援据既博，则精粗毕括，同异兼陈，亦事势之所必至"；然"要之不害其大体，谈蜀中掌故者，终以《全蜀艺文志》及是书为取材之渊薮也"。[②]四库馆臣以《全蜀艺文志》及《蜀中广记》为蜀中掌故"取材之渊薮"，所论诚是。

---

① 傅增湘：《蜀中广记跋》，《藏园群书题记》卷四。
② （清）永瑢等：《四库全书总目》卷七〇《蜀中广记》提要。

是书自万历年间成书刊刻后，世间传播并不是很广，蜀中人士竟多有不能举其名者。如傅增湘《蜀中广记跋》曾云："余近十年来以纂辑《宋代蜀文辑存》，因旁及乡邦故实，访求此书甚为切挚。然历观内府藏书及南北藏家，皆渺不可得，惟《名胜记》于宣统初元四川书局曾有翻刻，此外别种偶见者，如故宫图书馆有《著作记》一种，李椒微师家有《郡县通释》《宦游记》《高僧记》三种，而余自频年以来南北搜求，亦得《方物记》《画苑》二种及《名胜记》残本十余卷，欲求全书完整，俾得以恣意披寻者，盖旷世而未尝一遇也。"故虽有刻本传世，然世不经见，因破例收入于《四库珍本》之中。

《蜀中广记》今存版本主要有明刻本、《四库全书》本、《四库全书珍本初集》本、1993年上海古籍出版社影印本等。又《蜀中名胜记》有《粤雅堂丛书三编》第二十九集本、《丛书集成初编》本、重庆出版社1984年刘知渐点校本。（李冬梅）

14．《平蜀记》1卷，明佚名撰

是书作者佚名，内容乃记载洪武四年（1371）明朝平定蜀地史事。

元末农民起义，红巾军将领明玉珍在四川建立了大夏政权，定都重庆。明玉珍死后，其子明昇继位。洪武四年（1371），明太祖朱元璋开始使用军事手段统一巴蜀，明军分水陆两路从东和北两个方向进行夹攻。一路由汤和、周德兴、廖永忠率领的舟师，溯长江而上，取瞿塘而趋重庆；另一路由傅友德、顾时所率领的步骑，从秦陇趋成都。《平蜀记》就是以这次战争为主线，详细记载了这一过程，从明军伐蜀前的准备、两路明军与蜀夏政权军队的作战过程，到朱元璋对蜀夏政权投降后的处置等，书中都有记录。尤其着力叙述了朱元璋的作用，例如他在发兵之前，曾面诫众将牢记宋时王全斌在蜀地滥杀的教训；在战争过程中，又督促险些贻误战机的汤和部进军；明昇投降后，有官员建议仿照宋太祖对孟昶的受降仪式，朱元璋认为"昶奢淫自恣，昇幼，孽自臣下"，故而免其伏地之礼，以示优待，等等。另又记战前杨璟致明昇劝降书的内容甚详。正文之后有附录，乃刘基所作《平西蜀颂》并序，亦一时实录。

在记录明朝统一蜀夏的史书中，《平蜀记》成书较早，故其对后来的著书者借鉴作用很大。后来的专史，包括《明史》在内，相关内容也多有参照该书之处。明代上海人黄标曾另著有《平夏录》一书（此书今存明朱当㴐抄本），在明代与《平蜀记》并行。邓士龙在编撰《国朝典故》时收入了《平夏录》，但邓氏所收《平夏录》已经不是黄标原作，而是将《平夏录》和《平蜀记》二书合并而成。前半部为黄氏之录,后半部自洪武四年(1371)春正月丁亥起则与《平蜀记》无异,可见《平蜀记》的记载更为详尽。清人谷应泰所撰《明史纪事本末》第11卷所记太祖平夏事迹,亦基本照引《平夏》《平蜀》二书。

《平蜀记》现存最早版本收录在明人袁褧辑编《金声玉振集》,国家图书馆存有嘉靖刻本,有残缺;后中国书店根据他本补齐,于1959年影印。此外该书还收录在明人沈节甫《纪录汇编》中,有万历刻本。1938年商务印书馆据此本的涵芬楼藏本影印入《景印元明善本丛书十种》中。2003年巴蜀书社又将《景印元明善本丛书十种》本《平蜀记》进行重新影印,收入《中国野史集成》。另是书明代《国朝典故》中也有收录,有明朱当㴐抄本,现存国家图书馆。1993年北京大学出版社根据邓士龙刊本《平夏录》的善本为底本,出版了点校本,共三册。(董涛)

15. 《蜀乱》1卷,清欧阳直撰

欧阳直(1621~?),字公卫,号淇竹,又号存一,广安人。自幼父母兄长俱丧,由嫂傅氏母家抚养之,孤贫好学。明崇祯十五年(1642)补郡庠弟子员。两年后逢甲申之变,被张献忠部所执,押往成都。次年逃脱,买舟南下,欲往永宁、遵义之地避乱。行至明月渡,又被摇黄(按,四川土军)农民军所俘,困于营中二年。后乘机逃至定远(今武胜),入明抚镇曾英幕府,旋授安居令。其时久历战乱,人相食。一日,忽闻饥民将缚己杀食,乃星夜逃往嘉定(今乐山)。滇帅刘文秀召直供事中书科,历礼部主事、兵部郎中等职。顺治十年(1653)清兵入滇,残明灭亡,欧阳直自此以教学著述为业。后追叙经历,著成《蜀乱》一书。

《蜀乱》又名《欧阳氏遗书》《蜀警录》,凡1卷,主要记载张献忠入蜀以及清军平定四川之事。是书成于康熙八年(1669),后有"自纪",自叙经历始末,并附诗25首。末有五世孙欧阳鼎道光二十一年(1841)在成都所作跋文。

甲申之际,蜀中受难最为惨烈,此书所记,尤其《自纪》部分,以亲身经历的口吻记其所见所闻。且书中记载的战乱暴行与百姓所受苦难,且晰且详,可补史乘之疏。书中所记,至惨至酷,作者自云"痛定思痛,不知泪落之何从也"。而"天下未乱蜀先乱,天下既治蜀后治"的概括,也颇契合明后期以来四川形势。足以令人"心惊魄褫，骨森发竖"①，警世之功可见。这对于研究明末四川历史有重要的参考价值。

是书有《秘籍汇函》抄本。刻本存世较多，有道光二十年（1840）广安欧阳氏梅花书屋刻本；道光二十七年（1847）又与《滟滪囊》合一重印，卷前有道光二十七年欧阳鼎序；光绪二十六年（1900）重新刊刻，题为《蜀警录》，前有光绪二十四年（1898）编者弁言，述改名缘由。另有民国元年（1912）成都重刊本，版心题《欧阳氏遗书》。2003年巴蜀书社出版的《中国野史集成》即据该本影印。（董涛）

16.《荒书》1卷，清费密撰

费密（1623~1699），字此度，号燕峰，费经虞子，新繁（今属四川新都）人。幼好学，及长，从杨展图谋恢复明朝，展败亡，密历险逃归。归里后，父经虞遣往褒城授徒。后流寓淮南，谒孙奇逢，称弟子，究心性之学。与遂宁吕潜、达州唐甄合称"清初蜀中三杰"。晚年卜居野田村，以授徒为业。四方从游者众，才彦盈庭，一时称盛。年七十七以痢病卒，门人私谥中文先生。密村居杜门30年，著述甚多，杨宾《亡友费燕峰》诗称其"著书百余帙"，今存有《荒书》1卷、《宏道书》3卷、《燕峰诗钞》1卷、《燕峰文钞》1卷等。《清史稿》卷五〇六、《清史列传》卷六六、《国朝耆献类征》卷四二八等有传。

费密年轻时，正逢明末天下大乱。崇祯十七年（1644）其父费经虞出任昆明知县，次年迁云南府同知。不久李自成破北京，明朝的统治瓦解。与此同时张献忠入蜀，蜀中大乱。其时费密离开新繁家乡，只身入滇寻亲。在偕父返蜀途中，为当地少数民族所掳，于顺治五年（1648）始得赎归。费密将父亲安置在雅州（今雅安），遂入广元伯杨展幕府，参加对张献忠起义军的作战，获授南明王朝中书舍人。两年后杨展被降将武大定、袁韬所害，费密与杨展子璟新兴兵讨伐，亲自擐甲上阵。次年被武大定所俘，几遇害，乘隙逃出。及清军南下，四川成为争夺焦点，破坏极为严重。费密于顺治十年（1653）左右举家迁往陕西沔县，顺治十四年（1657），费氏全家迁往扬州。费密一生忠于明朝，入清后与其子皆不仕。《荒书》即是以作者的这段经历为背景写就。书中备述

---

① （清）欧阳直：《蜀警录》卷首光绪二十四年（1898）编者《弁言》，光绪二十六年（1900）刻本。

自己在蜀中颠沛流离十余载辛酸,以及对家乡生灵涂炭的悲痛。正如《自序》所言:"江山如故,人民全非。二十年来之锦绣封圻,忠臣名将,骈首空城,东西川之义夫贞女,膏脑涂地,青磷白骨,地惨天荒。就愚闻见,采而纪之。下笔不忍,不下笔尤不忍也。"

是书所记范围,起于明崇祯三年(1630),终于清康熙三年(1664)。其内容,有亲身经历,有转述见闻,也有兼采塘报、诏令、邸抄等。自崇祯末至顺治十年(1653)左右,所记事出于亲历,史料价值较高。书中所叙之事,前部为张献忠部入蜀过程,后以清军清剿诸路农民起义军,平定四川为线索。而作者身处的残明阵营的活动,因为心存避忌,没有作为叙述的主体出现在书中,对作者本人的活动更是讳莫如深,不无缺憾。尽管如此,是书的史料价值还是应当充分注意的。

《荒书》今有清代抄本藏于国家图书馆,钤"学部图书之印"。最早的刻本为《怡兰堂丛书》本,是唐鸿学根据新繁严渭春所藏抄本付梓。作者《自序》前有史照康熙六十年(1721)序,卷后为费密子锡琮与孙藻跋。书后附唐氏所著《校记》1卷,乃根据新繁杨氏之抄本雠对所得。2003年巴蜀书社根据此本重新影印,收入《中国野史集成》。另外,1983年浙江人民出版社出版的《明末清初史料选刊》有谢伏琛点校本。(董涛)

17.《五马先生纪年》2卷,清傅迪吉撰

傅迪吉(1627~1696),字石公,号五马先生,简州(今简阳)人。崇祯十七年(1644),张献忠再次入川,是年傅迪吉18岁。次年,他携带蜀绸若干前往简州农民军营地贸易,被掳入营中。因其能文,被义军军官张洪宇收为义子,赐名"张奇"。是年年底,在随军进攻仁寿途中逃走。此后为躲避战乱与饥荒,傅迪吉与家人在天台山、五马桥以及蒲江、眉山等地辗转逃亡。最后于顺治十年(1653)回到简州。他曾屡次参加科举,康熙九年(1670)出贡。晚年在家乡龙云寺设馆教书,年70而终。民国《简阳县志》有传。

是书书名仿《东坡先生纪年录》,取以事证年之意。书凡上下2卷,依年系事。原书的前14篇为鼠所坏,不可复识。今存傅迪吉11岁到70岁(1637~1696)的系事。全书用当时白话写成,作者自谓:"但言词鄙俚,不敢多饰一字者,总于欲示其真也。"

书中记录的很多内容,都与张献忠军在四川的活动有关。关于张献忠"屠蜀",史书的记载多比较笼统。是书则多记作者亲历亲见之事,提供了难得的细节材料，而且多为他书所无，实为难得。同时，作者写此书力求"年年不错，字字皆真"，虽然与农民军立场对立，但并不刻意诋毁。有军纪与人性尚存者，皆据实以记。而对清军入蜀的行径，时人作史常有避讳，书中则据实书之。另外书中所记当时四川的年景、生产与市民生活等，也有一定的史料价值。

是书今存傅迪吉四世孙锦涛转录手稿时抄本，现藏于四川省图书馆。20世纪70年代末，胡昭曦对该本进行了校点、整理，后与古洛东所著《圣教入川记》合册，收入《四川历史资料丛书》中，由四川人民出版社于1981年4月重印出版。（董涛）

18.《蜀难叙略》1卷，清沈荀蔚撰

沈荀蔚，生卒年不详，直隶太仓（今属江苏）人。

明崇祯十五年（1642），沈荀蔚随父沈云祚入川赴华阳知县任，相继遇上摇黄农民军与张献忠的军队，遂被困蜀中。张献忠攻陷成都后胁迫其父投降，云祚不从遇害。之后，沈荀蔚辗转逃避战乱于四川各地20余载，康熙三年（1664）始得出蜀。《蜀难叙略》便是记述此段经历。是书原稿先毁于火，再失于兵，出蜀后于襄阳暑斋追忆复成，然仅记原书十之五六。

《蜀难叙略》凡1卷，3万余字，前部分为作者回忆蜀中战乱的经历，以时间为序，对于蜀地情势、张献忠犯蜀始末、士民殉节流离情况以及清军入蜀经过等均有详载。后部分为明四川西南巡抚范文光所著《沈华阳传》，记述其父云祚事迹，传后并附诸先生题跋13篇。

是书语言凝练，记载翔实，内容皆作者亲身经历与所见所闻，其中记载的战乱暴行与百姓所受苦难，更贴近当时普通人民的遭遇，可补史乘之阙。正如作者自云："载笔伤心，一字一泪。其间沧桑涂炭之情状，诚有绝无仅有者，耳目所及，举不敢遗，以备省览。"诚可为研究明末四川历史难得的珍贵史料。

是书有《知不足斋丛书》本。1925年商务印书馆出版的《明季稗史续编》亦收有该书的铅印本。1985年中华书局重印《丛书集成初编》据《知不足斋丛书》本排印。另有《昭代丛书》本，卷末有杨复吉跋，2003年巴蜀书社根据此影印入《中国野史集成》。（董涛）

19.《蜀都碎事》6卷，清陈祥裔撰

陈祥裔，本姓乔，号藕渔，顺天（今北京）人。康熙中官成都府督捕通判。在蜀任职期间，认真收集与蜀相关的各类信息，悉心研究，以成《蜀都碎事》一书，流传于后世。

是书凡6卷，卷首有序两篇，正文"采蜀中故实为《碎事》四卷，杂引诸书，或注或否，间附以考记、案语，及前代题咏诗文。复以所采未尽，别为艺文二卷，谓之补遗。祥裔所自作诗，亦并列于唐宋名作之间"[1]。内容包括成都古时各朝称谓和成都府一些相关逸事；四川各地风貌及四川各地各时期所发生之事；四川地理相关信息、风俗、人物、诗词；与成都地区相关的琐事及诗词赋等。艺文补遗部分则包括：万里桥赋、巴国考、蜀国考、蜀水考、剑阁铭、石室铭、禹庙记、文翁祠堂记、竹枝歌、礼殿诗、成都子云洗墨池诗、眉山歌等内容。

作者在编著本书时，认真收集素材，悉心研究，系统编撰，使得本书颇有阅读价值。书中记述了不少有关蜀地祭祀、物产、饮食、婚姻、游赏、称谓、服饰、集市、农业生产及节庆活动等方面的内容，比较真实地反映了清初四川尤其是成都的民情风俗。而且，本书记撰用词考究，对各内容的记述阐释也较为详细。因此本书对研究四川地区民俗史特别是成都地区民俗史有很高的参考价值。

是书撰成于康熙四十年（1701）冬，民国时期由上海进步书局石印，1983年江苏广陵古籍刻印社影刻，收录于《笔记小说大观》第17册。（颜信）

20.《明末清初雅安受害记》，清李蕃撰

李蕃，生卒年不详，雅安人。清康熙年间贡生。

明末甲申之变，张献忠入蜀，雅安地区受难深重，生灵涂炭。李蕃跟随其父茂轩在乱世中顽强自存，耕作不辍。《明末清初雅安受害记》即以这段饱受艰辛的经历为背景写成。

是书为编年体史书，所记上起明崇祯三年（1630），下至清康熙四十年（1701）。记录了发生在雅安的重大事件，其中以张献忠入蜀称帝后在雅安的所作所为及清军入川作战过程与经略四川的记录尤为详备。书前有作者于康熙三十四年（1695）所作的《雅安追纪》，按内容各列题目，曰：《纪户口》《纪物产》《纪地势》《纪风俗》《纪学术》《纪岁变歌》。末有李蕃佚名弟子题跋。

明末清初，川人中能够亲身经历张献忠农民军入蜀并且幸存下来的本就不多，其中能文且又能详者更是凤毛麟角，故今保存下来的此类文献尤显珍贵，李蕃《明末清初雅安受害记》当属其中之一。书中所记为作者及其家人亲身经

---

[1] （清）永瑢等：《四库全书总目》卷七七《蜀都碎事》提要。

历之事，翔实可信，在研究明末清初四川历史的史籍中占有重要地位。是书有很多内容是他书所无的，比如在记录军政大事的同时，亦用相当的笔墨记录了作者家中发生的事件。尤以甲申之后，记述其家人在颠沛流离中的生产生活、年景收成、赋税徭役等内容，明细数据，皆详备可查，这些材料具有不可替代的史料价值。另外作者在记录明、大顺、清在雅安派遣地方官员与所施政策的同时，也附有评价，不乏一语中的、真知灼见者。

是书今存清代抄本、民国六年石印本。后兰州大学出版社《西南史地文献丛书》、巴蜀书社《中国野史集成》均据清钞本影印。（董涛）

21.《云栈纪程》8卷，清张邦伸撰

张邦伸（1737~1803），字石臣，号云谷，汉州（今广汉）人。乾隆二十四年（1759）举人，会试大挑一等。历任河南辉县、襄城、固始等县县令、光州州判，以政绩称。后辞官回乡，晚年寓居成都。年六十七卒。好为诗，约撰4000余篇，今存《云谷诗钞》8卷、《汜南诗钞》4卷。又著有《全蜀诗汇》《唐诗正音》《绳乡纪略》《云栈纪程》《云谷文钞》《锦里新编》等，为广汉地区的多产作家之一。

是书为张邦伸蜀道行程的记述，成于嘉庆年间。书凡8卷，第一卷为作者从西安至武功的路途记述，第二卷为武功至宝鸡，第三卷为宝鸡至褒城，第四卷为褒城至宁羌州，第五卷为宁羌州至广元，第六卷为广元至沉香铺，第七卷为沉香铺至汉州，第八卷为汉州至成都。书中详细记述了陕西至蜀中沿途的地理风貌，对研究四川、陕西等地区历史地理、研究四川地方志等方面都有极强的史料价值。

是书于乾隆五十九年（1794）由敦彝堂刊刻，1957年上海古籍出版社又据此影印。（颜信）

22.《锦里新编》16卷，清张邦伸撰

是书凡16卷，计名宦1卷、文秩2卷、武功1卷、儒林1卷、忠义1卷、孝友1卷、节烈流寓异人1卷、方伎高僧1卷、贼寇1卷、边防3卷、异闻3卷。其中，人物传记以类相从，各立小传。边防、异闻，则以事为主，述及蜀中各地防务、奇闻异事。

又卷首有《序》《凡例》，略述撰写旨趣及态度。《凡例》曰："异闻，就蜀中所见所闻书也。事虽离奇，实非诞妄。……兹编以纪事为主，其全属子虚者，概从删削，惟共闻共见而为世所不常有者始书之，以志不忘。"可见作者撰写是书，系本着认真求实态度，所录明、清两代蜀中人物、各地防务、奇闻异事，皆有根据。加之文字简练，描述生动，使得本书又有极强的阅读价值，是研究明、清时期四川文学、历史及其他方面不可或缺的重要参考资料。

是书撰成于嘉庆五年（1800）四月，当年即由敦彝堂镌刻行世。1913年成都存古书局有重版。1984年巴蜀书社又据敦彝堂版重印发行。（颜信）

23.《蜀典》12卷，清张澍撰

张澍（1776~1847），字时霖，一字伯瀹，号介侯，又号介白，甘肃武威人。嘉庆四年（1799）进士，历官贵州玉屏，四川屏山、大足、铜梁、南溪，江西永新等县知县，颇得地方拥戴。后弃官主讲汉南书院。平生好考订古事，能文章，极为典丽，见称于时，为清代西北最知名的学者。著有《姓氏五书》《蜀典》《续黔书》《养素堂集》，又辑刊《二酉堂丛书》。

《蜀典》是张澍在四川做官时所辑录的有关巴蜀掌故的文献，对保存和传承巴蜀地方文化做出了应有的贡献。书凡12卷，卷首有张澍《自序》，述其撰著之缘起。澍因病乞假，在叙郡（今宜宾）休养，时四川大吏方延揽人士，续修《四川通志》，张澍申请被拒，于是在养病期间，奋而自修此书。张氏搜辑简编，考证时事，多述蜀中典故，故以《蜀典》命名。其书共分11目，分别为堪舆、人物、居寓、宦迹、故事、风俗、方言、器物、动植物、著作、姓氏，详细考证了四川的历史、地理和人文，是继《蜀中广记》之后又一部十分珍贵的四川地方史志文献类编。

张澍广泛收罗，悉心研究，故而本书内容丰富，文字简练，可读性强。尤其中收集了大量与四川有关的古代文献和蜀人的散佚著述，而且还对四川的风土人情、动植物、矿产以及民族姓氏的起源等，进行了详细的考录。这对于研究四川的地方历史、文学以及神话传说，都具有极强的参考价值。

是书撰成于道光十三年（1833），次年由安怀堂镌刻发行。（颜信）

24.《蜀龟鉴》7卷、首1卷，清刘景伯辑

刘景伯，字达夫，号石溪居士，内江人。道光二年（1822）举人，曾任新都教谕，官至山东临朐知县。著作今存《春秋析疑》20卷、《春秋提纲》10卷、《杜经堂杂著》2卷、《蜀龟鉴》7卷。

是书所记明末清初"蜀难"，据作者自序，明崇祯十七年（1644），大龟浮江三日，成都陷。康熙十二年（1673），大龟亦浮江三日，成都陷。以为"龟之告凶也，信矣"。故其书"名'龟'，志乱也；名'鉴'，虽治不忘

乱也"。这是《蜀龟鉴》名称的由来。纪事始于崇祯元年（1628），止于康熙二十年（1681）平定吴三桂，凡53年。在此期间，仅有几年未有战事，其余时间内，蜀地真是兵连祸接：不是被兵祸、天灾所苦，就是被瘟疫、虎患所害。在这些战乱中，最为后人诟病，也是争议最大的，莫过于"张献忠屠川"了。或说，张献忠入蜀，"坑成都民于中园，杀各卫籍军九十八万"；或说张氏屠蜀有所谓"草杀""天杀"之法，并创为"生剥皮法"；或说其"将卒以杀人多少叙论功次，共杀男女六万万有奇！"①或说"四川经张献忠之乱，孑遗者百无一二"②。语多夸饰，不可尽信。但是书在述四川受张献忠危害外，还记叙清军及残明军队的荼毒。这些祸害刚平，不久又有吴三桂之乱，使短暂安宁后的四川，再度"连年刀兵不息，……一连十五载，川民各处被掳，不遭兵人之劫，即遇盗寇之害。四川际此兵燹之后……所有地土无人耕种，不啻荒郊旷野，一望无际"③！对认识明末清初四川的祸乱惨状，不无帮助。

书中常以"论曰"发表议论，多精辟之见。如卷一记洪承畴与孙传庭事，论曰："传庭征科太峻，死忠而秦人不怜。洪督善抚民，贷于乡村，釜钟为满，此百代督抚之明鉴矣。"同卷又记李自成围西安一事，论曰："福王荒淫，荆王横恣，其取败宜也。秦王、蜀王二王失德，而皆拥厚赀，为世指名，贼之欲得而甘心久矣！……财聚民散，理势自然，所谓秦人不暇自哀而后人哀之者也，其又如后人之不鉴何！"此等议论皆颇发人深省。但也有过信传闻，致有神秘失实之处。如写张献忠屠人于方顺桥（今九眼桥），"方举刃，烈风昼晦，迅雷奋击三。献怒曰：'尔放我下界杀人，奈何以雷吓我！'仰炮击天三。是日死骸激水，桥为折"。是皆过信过听之故。

关于明末清初四川兵祸的记录，尚有彭遵泗《蜀碧》、毛奇龄《后鉴录》、查继佐《罪惟录·张献忠传》、吴伟业《绥寇纪略》、李馥荣《滟滪囊》、冯之《冯氏历乱纪》、孙澍《蜀破镜》等书，皆从不同角度有所叙述，其中《蜀破镜》与《荒书》一样详于川西，《蜀碧》同于《蜀难叙略》，则详于川南。这些书中的记载，同样时有夸张，持论偏颇之处，读者需仔细鉴察。

是书有咸丰间刻本（收入《四库未收书辑刊》第15册，北京出版社2000年

---

① 《明史·张献忠传》。
② 《清史稿·食货志》，中华书局1977年标点本。
③ 〔法〕古洛东：《圣教入川记》，四川人民出版社1981年版。

版)、宣统三年(1911)刻本(收入《中国野史集成》第29册,巴蜀书社1993年版),2002年巴蜀书社编《张献忠剿四川实录》(校点本)亦收有是书。

(邹艳)

25. 《逆党祸蜀记》2卷,清汪堃撰

汪堃,苏州人,曾于咸丰初年任四川永宁道台。在任时经办泸州回民王心一、李三等人暴动未遂一案,为上司黄宗汉所参,罢官回籍。后于同治年间辑录《逆党祸蜀记》一书,所记内容,正是关于此案的卷宗与始末。

是书分为上下2卷,上卷前为作者序,自述作书原委;中为告发者以及参与策划起义的李三、王麻子等共11人的供词;后有永宁道札南溪县稿与上黄制台禀各一。下卷为永宁道上黄制台禀数封,并《永宁道誓庙疏》《再造重生碑记》《思患预防论》等文,末尾附永宁道上黄制台禀一封。

关于此书的由来颇为曲折:南溪回民王心一、李三等为首的走私商贩不堪知县麟勋的勒索,乘太平军攻入湖南及贵州回民起义,清王朝无暇顾及之际,准备在当地"杀官抢城"。案发后,时任永宁道台的汪堃指示南溪县严查。咸丰四年(1854)九月,麟勋逮捕了王心一的弟弟王心融等人,并以此相要挟索要贿银2万两。勒索成功后,麟勋欲收买上级汪堃放人,汪堃不从,麟勋遂以1万两为代价买通四川总督黄宗汉。黄宗汉受贿后向汪堃暗示,如能送银2万两,则全案照办,并保其顶戴花翎;如送银1万两,则此案搁置不办。汪堃自恃忠于朝廷,又证据确凿,拒绝了上司索贿。结果黄宗汉阴使涉案人员集体翻供,反诬是汪堃逼供捏造,"妄想保举,兴此大狱",汪反被参查革职。汪堃回籍后,心甚不平,即将此案全部材料与黄氏参折等汇编成册,后于咸丰十年(1860)因乱散失。同治五年(1866)汪氏读上谕,发现当年李三等失败被杀,又获得旧仆李明所刻关于此事的《辨冤录》,遂重辑全部供词、函禀等,并加以按语,编成此书。

书名中的"逆党",并非指王心一、李三等起义回民,而是指咸丰末年秉持朝政,咸丰帝临终前指定的顾命八大臣肃顺、端华、载垣等人。因为陷害汪堃的黄宗汉正是向端华、肃顺许下贿银16万两,才得到四川总督之位的。辛酉(1861)政变后,八大臣被视作"逆党",作者撰此书正是为了揭发黄宗汉"入逆臣端、肃私党,纵叛殃民"。

书中所记李三等人的未遂暴动,与清末民间的啯噜党、白莲教等秘密组织的活动关系密切,亦可视为五年后发生的李永和、蓝朝鼎大规模暴动的先兆。

书中所记清季官场之黑暗，亦很有代表性，非常有参考价值。不过，作者在书中极力为自己申辩，痛斥黄宗汉等人的同时，言辞较为激烈，不乏武断牵强之言，又将李三和李永和混作一人，益见其考证之疏。

是书有同治年间的抄本存世，又有同治五年（1866）刻本，刻本共2册，题不惧无闷斋藏版。1993年巴蜀书社《中国野史集成》收有此刻本。（董涛）

26.《蜀乱述闻》1卷，清祝介撰

祝介，生平事迹不详。

《蜀乱述闻》共1卷，1900余字，讲述了咸丰年间发生在四川的蓝朝鼎、李永和起义始末，以及太平天国石达开部入蜀转战并最后兵败大渡河之事。

在记录清末四川农民起义的材料中，较为详备的有《蜀燹述略》等书，相比之下，史料丰富非此书之长。然是书字数虽不多，但长于对事件脉络的梳理，尤其是述蓝、李暴动之事，多有条理。另外对清军方面的重要人物，如川督曾颜望、湘军将领骆秉章等人的事迹也有叙及。还对相关的历史人物有所评价，其中不乏可取者。总而言之，是书不失为考证清末四川农民起义的重要参考文献。

此书流传较广的版本是成都昌福公司于1917年出版的《满清野史·续编》中所辑的铅印本。1999年北京古籍出版社出版的《清代野史丛书》以及2003年巴蜀书社出版的《中国野史集成》均收录有该版影印本。（董涛）

27.《圣教入川记》，（法国）古洛东（Gourdon）撰

古洛东（Gourdon，约1840～约1930），法国人。清同治五年（1866）受巴黎外方传教会派遣来华，在重庆从事传教活动，为四川川东传教司铎。先后举办川东教区大、中、小修院，自任大修院长，创办并负责"公义书院"（后改称"圣家书局"），印刷拉丁文《文范》和中文圣书。光绪三十年（1904），与法国人雷龙山（Lonis）共同创办川东教区机关报《崇实报》。卒葬重庆南岸观音山。著有《圣教入川记》。

根据作者《自序》，大致可了解是书撰写过程：他经过多年搜求考查，积累了不少基督教传入四川和在四川发展的资料，然未及成书，资料却在光绪十二年（1886）损毁。古洛东自叙其"下上海时，耶稣会神父慨然出一抄本以示余，内载利类思及安文思二公在四川开教情形，颇为详细。余甚为欣慰，不觉精神为之一振，复向各方征求其余事实，即本书所记载者是也"。可见，此书是古洛东在利类思、安文思二人原稿基础上修订编成的。

利类思（Ludovicus Buglio，1606~1684），意大利人；安文思（GabrielMagallaens，?~1677），字景明，葡萄牙人。二人皆为明清之际天主教传教士、耶稣会会士。利类思于崇祯十年（1637）来华，在江南传教两年后，赴北京助修历法，约于崇祯十五年（1642）入川传教。安文思于崇祯十三年（1640）来华，先住杭州，后入川传教，崇祯十五年（1642）八月到成都。崇祯十七年（1644）张献忠再度入川，攻克成都，利、安二人于城陷前逃到山中，不久即为张献忠所获，遂在军中为大西政权制造天文仪器，并从事传教活动。清顺治三年（1646）张献忠死后，利、安二人又为清军所获，被肃王豪格留在军营，后随军到西安。顺治五年（1648）到北京，先后受到顺治、康熙皇帝的优遇，允许他们传教。安文思于康熙十六年（1677）四月、利类思于康熙二十三年（1684）十月先后卒于北京。利类思曾撰写大量有关天主教的著作，安文思著书较少，他在北京时曾著有《张献忠记》（Relacao das tyranias Obradas Por Chang-herien Chungo Famoso China，em e enno，1651）一书，叙述他和利类思在张献忠军中的经历和见闻。

《圣教入川记》是天主教在巴蜀地区的传教史，内容从明末基督教传入四川述起，直至清末，重点记述明末清初教务开创之时的活动。结构大致可分为两部分：前一部分专记利类思、安文思二人入川传教的情形，这些内容大多来自他在上海所得耶稣会神父出示的抄本，古洛东只是对原稿做了整理和注释；后一部分为《绪论》，概述川省教务，这部分资料应该是他自己搜访所得。内容包括明朝末年天主教传入四川的最初情形、清初四川地区教徒的概况、外国传教士的活动、天主教同道教的矛盾、四川人民反洋教的斗争，同时也记载了一些明末清初四川政治、经济、文化等方面的情况。可见此书乃研究四川近代天主教传教史和四川地方史的重要参考书。

关于是书之史料价值、学术价值，学人多有评述。是书除反映明清之际四川地区基督教传教、四川人民反教的历史外，还保留了大量张献忠的资料。利类思、安文思自崇祯十五年（1642）入川，到顺治四年（1647）出川，在四川住了五年左右，其中在张献忠军中待了两年多，与张献忠接触频繁。安文思的《张献忠记》当是对张献忠比较原始的记叙，这对于研究张献忠起义军在四川的活动、明末清初四川的战争和社会状况，都是可贵的历史资料。古洛东所说他在上海见到的耶稣会神父出示的抄本，当即与《张献忠记》有关。可惜此书原本至今尚未发现。他对利氏、安氏原著加以摘录、编纂、注释而编成是书，从而保存了《张献忠记》的主要内容，提供了于它书不能见到的一些资料，因而成为一本研究张献忠与明末清初四川地方历史的重要史籍。如记载张献忠自称帝至战死的"全段遗事"，也是"诚而且奇"的，其中有张献忠称帝后的政策、殒命凤凰山的情景，以及他对自然科学的态度等，皆首见于此。此外，该书在记述四川天主教徒概况时，详细记录了他们的籍贯，许多人都是明末清初时由外省迁入的，从一个侧面反映出明末清初四川人口的增减、迁徙等方面的情况。书中记述传教活动中，教会收有南明永历太后和永历帝司礼监太监庞天寿在永历四年（1650）时上教皇书两封，是难得的历史资料。

是书版本流传及珍本收藏情况大致如下：民国七年（1918）重庆曾家岩"圣家书局"出版了铅印本，全1册，约5万余字，书前有勘误表，四川省图书馆有藏。是书尚有1934年排印本，错字、漏字较多，书前无勘误表，不及1918年本佳。新中国成立后，作为"四川历史资料丛书"之一，经胡昭曦校点、整理，与傅迪吉著《五马先生纪年》合册，由四川人民出版社于1981年4月重印出版。（王川）

28．《蜀学编》2卷，清方守道、童煦章原著，高赓恩、伍肇龄重订

方守道、童煦章，晚清诸生，肄业于尊经书院。

高赓恩（1841~1917），字曦亭，宁河（今天津市）人。光绪二年（1876）丙子恩科进士，改官，历太常寺卿。卒谥文通，著有《思贻堂诗集》。

伍肇龄（1826~1915），字崧生，大邑人。道光进士，选翰林院庶吉士，后授编修、侍讲及侍讲学士。长期从教，先后主讲邛州书院、成都锦江书院和尊经书院，任山长多年，培育人才众多，有"天下翰林皆后辈，蜀中名士半门生"之誉。工书法，善诗文，著有《石堂藏书》《石堂诗抄》等，并与董贻清等合修《直隶绵竹志》。

巴蜀自文翁启化，蔚为大邦，学风之盛，比于齐鲁，魁儒硕学，历代继踵，汉、唐以来，含章之彦，史不绝书，但蜀学却未有专史专志。《蜀学编》即是收集四川历史上"心术、学术不诡于正"的学人，辑录其事迹，并参考《关学编》《洛学编》体例而编成的一部蜀学专著。此书原为尊经书院两位生员方守道、童煦章所辑课艺，原题《蜀贤事略》，后经曾任四川学政的高赓恩与尊经书院山长伍肇龄增补而成。

是书前有伍肇龄《序》及《凡例》，述及撰著经过。说是宁河高赓恩学使课士尊经书院时，命肄业诸生搜集巴蜀先哲言行，考订学术。其中方守道等所

作颇合史家书法，也与《关学编》《洛学编》《北学编》等体例相近。高赓恩于是将方稿与另一院生童煦章所辑合并，与伍肇龄共同参订，加以厘正，编成一书。后来高氏差竣回京，复考正史及历朝学案、先儒传记、《理学备考》正续编等书，增入22人，并对前收诸人也增补了一些事迹，"大率增者什三，删者数十而一，其人皆无关于学脉者也"①。自汉代张宽起，至清代的川籍学人传记，皆汇于此，谓之《蜀学编》。计收汉人14，唐人1，宋人32，元人3，明人15，清人9。

该书参考《北学编》的体例，于文章、经济并有采录，但收录范围还是比较严格，"是编固以学问为归，而兼有经济者，亦并述其政绩，采其奏议，以著体用兼备之谊……但或学术不传，第以勋业节烈著闻，蜀中名臣如何武、田锡、陈尧叟、杨栋、高稼、任伯雨者尚多，不敢泛入"②。

此书之作，意在清理蜀学学脉。高氏认为：蜀学之脉凡四五，汉则传经重大师，为洙泗之脉。宋则有伊洛之脉、湖闽之脉。元承宋学，明初承元学，嘉靖之后薛、吕、陈、王之学皆有趋之者，是为津会姚泾之派。清代名儒宗派虽各不同，也应据此为断。其说虽较粗略，也可为研治蜀学者参考。至于引用文献，不下百种，大抵采自诸书，集萃成编。

是书先由尊经书院于光绪十四年（1888）冬初刊，光绪二十七年（1901）锦江书局又予以重校重刊，较原本为胜。四川大学《儒藏》史部《儒林史传》第79册收录有校点本，四川大学出版社2008年出版。（杨世文）

29.《蜀燹述略》6卷，清余鸿观撰

余鸿观（1846~1906），字澜阁，又作烂谷。金堂县人。年幼丧父，家贫好学。同治十三年（1874）补县学生员，入成都尊经书院上舍。乡试五次不中，转而讲学乡里。从学者以百数，中举者甚多。后为士大夫争相聘入幕府，游历什邡、中江等地。光绪十八年（1892）以明经注选，任夹江县学训导。三十二年（1906）卒，年61岁。著《蜀燹述略》6卷、《养松塾言》1卷。另著有诗歌若干，其中不乏气韵磅礴、传诵一时的佳作。民国《金堂县续志》有传。

该书是咸丰、同治年间蓝朝鼎、李永和在四川举行暴动时，被杀清将、豪绅、团勇以及平民的事略总集，成书于光绪二十七年（1901）夏。书凡6卷，

---

① （清）高赓恩：《续刻蜀学编序》，《儒藏》本，四川大学出版社2008年版。
② （清）伍肇龄：《蜀学编旧例》，《儒藏》本。

卷前有作者自序及四川督学吴树棻、友人王明德等数人所作之序，并附作者说例。正文卷一、二为忠部：卷一记骆秉章传、奏疏以及武来雨等十数人，附节录董叔纯《刺史援守井研记》；卷二记萧隆昌等十数人死节官员，并撷录许平叔《兰苕馆外史》记粤寇一则。卷三为孝部，记王天鸿等40余人。卷四、五为义部：卷四记邓文学等20多人；卷五记李贡生等30余人。卷六为烈部，记殉难贞妇徐周氏等40余人。后附众人题跋。其所列人物，以年为序。

发生在四川地区的战乱，在明末清初张献忠入蜀之后，要数咸、同年间爆发的蓝、李暴动为烈。这次暴动历时16年，波及40余州县，是一次重大的历史事件。关于此事的记载，当以《蜀燹述略》最为详备。其书虽志在表彰死难诸人，而于蓝、李之转战兴亡，亦可得其麟爪之迹，且所记出自作者本人见闻及他人相关诗文、杂集，征引资料均注明出处，有重要的文献价值。

是书有光绪年间的铅印本，共4册。流传较广的是民国时期由成都昌福公司出版的铅排本，2003年巴蜀书社出版的《中国野史集成》收录有该版的影印本。另成都昌福公司出版的《满清野史五编》中，将《蜀燹述略》中与蓝、李事迹有关者（石达开事亦间存一二）删存少许，而附以骆秉章事略及奏疏，命名为《蜀燹死事者略传》1卷，另作单行。（董涛）

30．《四川儒林文苑传》，清戴纶喆撰

戴纶喆，字吉双，晚清四川綦江（今属重庆）人。《益州书画录》卷一称其为举人，官邛州训导。工隶书，善吟咏。据其《汉魏六朝赋摘艳谱说》自序及戴世怀跋，知其少从吴松轩学赋，受知于綦江县令田子实。继而南游黔，北游京，晚年返乡，于光绪七年（1881）主讲四川瀛山书院。著有《听鹂山馆骈文》《诗集》《诗话》《书记》《琐言》《江汉归船日记》《氍毹杂记》，多佚。今唯传其《汉魏六朝赋摘艳谱说》《綦江县续志》《四川儒林文苑传》。[1]

汉唐以来，巴蜀学术文化繁荣，儒林、文苑，大师辈出，史不绝书。但至清世，达于国史，置之儒林、文苑者殆罕其人。体现清代经学成就的正、续二部《经解》之中，竟无蜀人之作。至于沈德潜《清诗别裁集》、王昶《湖海诗传》、张维屏《国朝诗人征略》、李元度《国朝先正事略》、贺长龄《皇朝经世文编》，所收蜀人之作亦寥寥无几。虽然不能据此否认清代四川的学术文化

---

[1] 参孙福轩：《戴纶喆〈汉魏六朝赋摘艳谱说〉与清末赋学》，载《浙江大学学报》（人文社会科学版）2013年第3期。

成就，但也从一个侧面说明，至少在晚清之前，四川的学术文化与江、浙、皖等省的差距还是比较显著的。戴纶喆总结其中的原因说："国朝文教昌明，超越古初，经列圣培养以来，涵濡渐被，遍于垓埏。独四川于岳、杨、张、曾诸公铭勋异域，著绩封疆外，曾无一人达于国史，以列诸《儒林》《文苑》者。岂其江汉炳灵，顾至今寂寂也欤？良以蜀当献贼之乱，孑遗无几，文献已荡如矣。嗣复吴藩煽逆，科举较迟，而其时隐逸之征，经学之选，博学鸿词之科，际其盛者亦最后，仅一许儒龙赴试，而卒不遇，文运举可知也。乾嘉以降，士气非不振兴，而又以金川、西藏日搆兵戎，教匪盐枭相继稔乱，蓬荜岩穴之中，复何暇攖大府怀乎？况其地距京师数千里，声华之盛，汲引之宏，生既不能与齐鲁吴越诸行省相垺，比其没也，尘编蠹简，几解收藏？郡县志乘，率多简略，又鲜有明于义法者，勒之志传，以表襮而恢奇。纵揭德振华之士挺起一时，未几而风徽顿歇，姓字模糊，在子孙且有不知其祖父之为何如人者。以故其志莫白，其书莫传矣。"①戴氏归结的两点原因，一是四川遭受长期的战乱，影响了学术文化的发展，二是四川僻处西偏，远离政治文化重心。这大体上是不错的。

纶喆此书意在征文考献，表彰清代四川学术文化。故搜集资料，撰写清代儒学、文学人物传记，共49人。计有"蕴真抱璞、笃志儒修者"16人，曰费密、杨甲仁、唐甄、彭王垣、韩士修、顾汝修、林愈蕃、龚有融、李溯芳、李书、李惺、范泰衡、王达琮、戴琛、颜启芳、余焕文等，是皆巴蜀名儒经生。其"词华秀发、颖类倬群者"33人，曰刘道开、李璿、费锡璜、傅作楫、李专、彭端淑、许如龙、何明礼、李调元、王汝璧、何人鹤、周立矩、张问陶、张怀泗、陈一津、汪仲洋、王怀曾、王劼、杨庚、孙澈、李崧龄、刘硕辅、冯世瀛、华暲、江国霖、孙缵、赵树吉、王再咸、朱鉴成、秦代馨、李汝南、武谦、陈树梁等，是皆巴蜀文学家。这些人物都在清代四川学术文化史上占有一定的地位，因此此书可以看成是一部简明清代四川学术文化史。

是书有民国十一年（1922）刊本；四川大学《儒藏》史部《儒林史传》第79册有收录，四川大学出版社2008年出版。（杨世文）

---

① （清）戴纶喆：《四川儒林文苑传·引首》，《儒藏》本，四川大学出版社2008年版。

31.《游蜀日记》等3卷，清吴焘撰

吴焘（1858~？），字子明，云南保山人，祖籍江西金溪。光绪丙子科（二年，1876）进士。初任兵部主事，嗣后历任广西荔浦、藤县、南乐、广昌、邯郸、清苑、邢台、献县等县知县，永安、开州、赵州、冀州知州，朝阳府知府，至吉林提法使，兼署提学使。入民国后，历任直隶内务司司长、护理直隶民政长，并任知事试验委员、直隶津海道道尹。后又入吴佩孚、张作霖幕。著有《游蜀日记》《游蜀后记》《川中杂识》《梨园旧话》等书。

吴焘曾于同治十三年（1874）从北京到四川成都任幕职，《游蜀日记》等三书即记其时见闻。卷首有吴焘《自序》："余至成都之三月，幕府多暇，录成《游蜀日记》二卷。时省垣方开书局，督署数万卷，促览所成。及后搜辑蜀中遗文琐事，得若干条，录为《杂识》一卷，附诸卷末，用备遗忘。"书中所记，系对各种关于四川的典型事例加以分析，并对其中重要内容加以记述。包括四川地理、成都地区风物、名胜、四川各地江河、清朝时期藏区与四川地区关系等。

该书首卷主要介绍位置、气候。包括有四川不同季节的气候变化，转述王士禛、杜甫等人的记述。还有古时成都城的大小、城内各种设施，关于锦江书院重新修葺的时间及后来的招生情况，成都城西南的扬雄旧宅的位置及其后来主人情况，司马相如宅的位置，武侯三宅的位置和各旧宅现在的状况，浣花草堂的位置及其内部设施，武侯祠的位置及其简述，杜甫草堂的位置和草堂内设，青羊宫的位置及内设，石经堂的详细介绍等。

次卷主要记述内容为蜀中人物、蜀中江水、西藏及四川各地情况等。有如花蕊夫人、五代蜀王府位置、窦圌山来历、王敦花妖传说、杨妃池位置及其由来、岷江水系、金沙江源流、潜水源流、历史上前藏地区地理位置及管辖范围、前藏地区佛教及风物、后藏地区的地理位置及管辖范围、后藏地区佛教情况及其风物、蜀郡火井的位置及其由来、金川地区的地理位置及其管理等。

本书文字考究简练，颇具阅读价值，对于研究四川地方史、四川历史地理、四川风俗和川藏关系等，都有极强参考价值。

该书撰成后，于光绪十七年（1891）上海著易堂铅印行世，后收于清王锡祺辑《小方壶斋舆地丛钞》。2006年李德龙、俞冰主编《历代日记丛抄》收有该著。又有《历代日记丛抄》本，四川省图书馆、日本早稻田大学图书馆均有典藏。（颜信）

第四节 地理文献

一、山水类

1. 《峨眉山志》18卷，清蒋超撰、曹熙衡修订

蒋超（1624～1673），字虎臣，号绥庵，江南金坛（今属江苏）人。生明末，清顺治四年（1647）一甲三名进士，授编修。主浙江省试，所拔多名士。提督顺天学政，秩满谢病归。性好山水，遍游五岳及黄山、九华、匡庐、天台、武当。又笃嗜内典，一意台宗，虽早登禁林，尝有出世之想。晚岁假归江南，不欲还家，遂附楚舟上三峡入蜀，居成都金沙寺，后至峨眉，居伏虎寺。康熙十二年（1673）正月，遗书别当事，沐浴端坐，留诗而卒，年仅50岁。蒋超兼擅书法、诗文，尝与朱彝尊、王士禛、施闰章、吴雯等人交游唱和。著有《绥庵诗文集》《论史百篇》《蒋说》等，辑《儒宗辩统》，稿未竟而逝。自叙《华阳山人传》，施闰章《学余堂文集》卷一九有蒋氏墓志铭。

曹熙衡，字素徵，锦州人。历官中议大夫、分巡建昌道按察司副使、贵州等处提刑按察使司按察使等。蒋超客蜀时，曾应当事之请，参与编修《四川通志》。

康熙十一年（1672）夏，蒋超安居峨眉山中之后，历时数月，寻幽探胜，访求故迹，因前人记载之不足，又从而辑之，于是年秋成《峨眉山志》18卷。未几蒋超病逝，书甫成而未及付梓，交由伏虎寺可闻禅师收藏。康熙二十五年（1686），曹熙衡分巡建昌道（治所在今西昌），取蒋超旧志，仍依其凡例，"与宿士商订，重加修饰，分条晰项，淆讹者正之，紊乱者清之，繁芜者裁之，迹无与兹山者去之，事可纪于近今者增之"①，修订完成后，刊刻广布。据卷一《修山志说》，熙衡所谓"宿士"，为戎州宋隶樟，各分志小序即出其手。

今本《峨眉山志》前有康熙十一年（1672）四川巡抚罗森、布政金儁序，其他众吏作序者甚夥，兹不一一叙列。卷一为山图、凡例、星野等图，山图为木刻峨眉山地形图10帧，附井研胡世安《峨山图说》1篇、云间李尊美《图颂》1首、西山张能鳞《图说》1则；凡例9条，为蒋超旧定。卷二形胜，附诸经发

---

① （清）曹熙衡：《峨眉山志序》。

明。卷三寺观、光灯，卷四高僧，卷五神仙、附隐逸，卷六方物，卷七典籍，卷八古迹、附书画。卷九至十二录文，十三至十七录诗，统属于艺文。最后保留蒋超《志余》1卷，"辟诸纰缪妄传之说，归于雅正"。参以《四川总志》《嘉定州峨眉县志》《蜀中广记》等，力求信实，志怪奇谈一概不录，土产方物相传已久者，若无实物可考，亦明辨慎录，以免后人传讹。于水木形胜、宫观殿刹、人物古迹、词翰艺文，列举尤详，"可以备穷探，可以供卧游"①。正如罗森序言所评："上察星躔，下稽形胜，举凡宫室瑰丽、台榭玲珑、高僧羽客、异卉珍禽，莫不考核精研，叙致潇洒。而于艺文，尤加意探讨，黜荒陋，撷菁华，使读者爽然心目。"

峨眉山之有志可追溯到题为汉代张道陵《峨眉山神异记》3卷，后有宋张开《峨眉志》3卷，明嘉靖年间有夹江张庭《岷峨志》，万历间有嘉定州知州袁子让《峨眉凌云二山志》，明后期有喻广文《峨眉山志（志稿）》10卷，清初有张能麟《峨山志》，以上诸作都只见于流传书目，尚未发现存本。明末清初，井研胡世安辑《译峨籁》，这是现存最早有关峨眉山的地志，已是孤本，珍藏于北京。1986年峨眉志办骆坤琪、郑必辉抄录成册，1988年毛西旁校注，铅印成书，乃得以流传。

蒋超《峨眉山志》本于《译峨籁》，又踵事增华，成为后世流布最广、影响最大的有关峨眉山历史地理人文的典籍。道光十四年（1834），峨眉知县胡林秀鉴于该书流传过程中漫涣散佚之失，添补原志残版，并补撰《补遗峨山志书记》一文，重刻为《峨眉山志》12卷。光绪十一年（1885），伏虎寺僧释果重订翻刻，是为光绪版《峨眉山志》，末附玉屏山人郭师古勘误跋文1篇。1934年，释印光以蒋超旧志为蓝本，重修《峨眉山志》8卷，卷首刻普贤菩萨象背趺坐图，又增设"菩萨胜迹""感应灵异"等篇章，意在弘传佛法，宣教四方，使《峨眉山志》带上了浓厚的宗教文化特色。

是书原本18卷，初刻于康熙二十八年（1689），颇罕见，其后在康熙四十一年（1702）（国图、北大、故宫有藏）和乾隆年间（上图、川大有藏）曾补版增刻，今有《四库全书存目丛书》影印乾隆年间增修本、《续修四库全书》影印康熙间刻本、《故宫珍本丛刊》影印康熙间刻本等。胡林秀补刻本为残帙，仅12卷，有清道光十四年（1834）伏虎寺补刻本（上图、北师

---

① （清）曹熙衡：《峨眉山志序》。

大有藏)、清光绪十九年(1893)翻刻本(南大、川大有藏)、民国十一年(1922)刻《壁经堂丛书》本(《中国丛书广录》)、道光二十九年(1849)豫章胡宗阅刻民国十八年(1929)重印本(上图、北师大有藏)等。(唐新梅)

2. 《蜀水经》16卷,清李元撰

李元,字太初,湖北京山人。少时孤贫好学,乾隆三十六年(1771)举人,历知四川金堂、南充、仁寿等县。嘉庆二十一年(1816),托病辞官,载书数万卷而归。在官时亦不废学业,撰述极多,主要有《蜀水经》16卷、《音切谱》18卷、《声韵谱》10卷、《窬索》3卷、《乍了日程琐记》《通俗八戒》《操瓠录》《桑梓录》等。其任仁寿知县时,曾手修县志,体裁极为严谨。

是书修成于清乾隆年间,以四川江河源流的考证为主要内容,全面介绍水道、水系变迁以及水利设施。全书列考订论辩144则,还附有不少相关史实、神话传说及诗文于其间。所引图书,皆注出处,体例完备。既可补郦道元《水经注》之遗,又可与陈登龙《蜀水考》互为补充。

是书有嘉庆五年(1800)传经堂刻本,现存于国家图书馆,共8册。另有清季10册本、1985年巴蜀书社出版的铅印本等。(董涛)

3. 《蜀水考》4卷,清陈登龙撰

陈登龙,字寿明,号秋坪,其先金陵人,明季始迁闽中。7岁而孤,母黄氏食贫,以剪采为生。登龙勤苦力学,博涉典籍,为文宏富,尤长于诗古文辞,旁及琴棋书画。年26,补县诸生。乾隆三十九年(1774)举于乡。后试用知县,署天全州,即前大金川地。著有《蜀水考》《理堂志略》《出塞录》《天全闻见记》诸书。

陈氏官蜀多年,以其见闻和对大金川等地的实际勘查撰成《蜀水考》一书。此书约成于嘉庆五年(1800),书凡4卷,7万余字。卷前有序,正文不分门目,后有朱锡谷的原注和补注、陈一津的分疏。全书以岷江为经,一以贯之,记载岷江源于甘肃岷州木塔山,经蛮中草地至黄胜关入川境,至叙州与金沙江合为长江,自蜀而东入海。其在蜀地盘旋曲折3000里,汇纳百水,会以灌县离碓,束之夔门三峡,后直奔东南。再以其余众水为纬,溯源析流,于今昔名称方位、疆域沿革皆有考证。

是书综全蜀之水,征引宏富,又博而有约,对研究巴蜀历史地理沿革有重要的作用,是继郦道元《水经注》后全面记述四川水道的一部图经考订著作。

不过原书也仍有一些不足之处，如疆域、沿革、名称、方位历代不同，未能一一注明，后经朱锡谷、陈一津分段诠疏，重为补注，使此书更趋完整翔实。

是书今传版本有道光五年（1825）刻本，全1册；光绪五年（1879）绵竹杨氏清泉精舍刻本，全2册；此外还有1985年巴蜀书社出版的铅印本。（董涛）

4.《峨山图说》2卷，清黄绶芙、黄锡焘编修，谭钟岳绘图，廖笙堂辑说

黄绶芙，生卒年不详，光绪间官成绵龙茂候补道。

黄锡焘，原名拱焘，后改名维肆，字季载，号翰仙，一号罕仙，湖南善化（今属湖南长沙）人。咸丰七年（1857）举人，与王闿运、李寿蓉、高心夔等游肃顺幕中，号"肃门五君子"。官兵部主事，改四川候补道。光绪二年（1876），丁宝桢出任川督，以黄锡焘通洋务，奏请朝廷，选拔来川。有《四史论事》《寄愚室集》等著作传世。谭钟岳，字晴峰，湖南衡山人。廖笙堂，生平事迹不详。

峨眉山虽为蜀中名山，但历代并未列入山川祀典。光绪十一年（1885），四川总督丁宝桢奏请至峨眉春秋致祭，奉旨恩允。次年，护理总督游智开派遣候补道黄绶芙赴峨眉行事。"至则坛场寺观皆奉佛像，而山神之庙阙然。搜取旧志，则缺略特多。于是游公筹款建庙山麓，以供望祀。而黄君毅然以纂修山志为己任。"① 是为该书的编纂缘起。黄绶芙本委托谭钟岳绘图，自己撰文叙说，第二年书尚未完成至半，而绶芙却已谢世，叙说旧稿交由廖笙堂修饰完善。时黄锡焘分巡建南，峨眉山在其管辖境内，游智开遂命锡焘总编其稿，最终完成《峨山图说》一书。

《峨山图说》共绘图64幅、其中总图1幅、散图53幅，"又撮其景之最胜者胪为十幅"②。所可贵者，散图在地理位置上前后衔接，对峨眉山的游程步数和沿途山形道路、寺宇景点及其建置简史、文化遗存、典故传说、自然景观等都有简练描绘，配以文字解说，实为具体而微的游山指南。如谓"莲花石至洗象池，必由钻天坡过，直上五里，令人望而却步，古人所谓前人相牵、后人见前人履底、前人见后人顶，即此处"。描述简洁，文字生动，远较旧志为优。其所收故实，补旧志之所未及者，有十之七八。如载光绪年间峨眉山寺庙宫观94座、景点和地名68处、旅店4家。总图注明由峨眉县取大路至金顶共120里，

---

① （清）黄锡焘：《峨山图说序》。
② （清）谭钟岳：《峨眉纪胜杂诗序》。

至今峨眉山附近民间仍用此说。又载"最胜"10幅，依次被命名为：金顶祥光、灵岩叠翠、圣寺晚钟、象池夜月、白水秋风、洪椿晓雨、双桥清音、九老仙府、大坪霁雪和罗峰晴云，是为后人所熟知的"峨眉十景"。此外，谭钟岳又就入山考察体验，赋七言品题绝句36首，名曰《峨眉纪胜杂诗》，对于图文不尽之处做了极好补充。

是书翔实的地理测绘，引起了早期海外游客注意，在流传过程中，出现了英译本，极大地拓展了峨眉山在西方世界的影响。比较著名的是20世纪30年代美籍学者费尔朴（Draden Linsley Phelps）的译本，费氏为美国加州大学东方学院哲学博士，时任华西大学英文学系教授。费氏早年酷爱登山，富有探险精神，对峨眉山神往已久。《峨山图说》入手之后，如获至宝，当即决定译成英文，由俞子丹重绘原图，四川大学黄方刚教授订正，于1936年以"哈佛燕京学社"丛书的名义在成都日新印刷工业社出版发行，由当时峨眉山接引殿住持圣钦法师、名士赵循伯和峨眉县县长赵明松作序，定名为《峨山图志》（*OMEI ILLUSTRATED GUIDE BOOK*）。

是书有光绪十七年（1891）成都会文堂刻本、1984年四川人民出版社影印本以及民国二十五年（1936）华西大学、哈佛燕京学社铅印本。（唐新梅）

5.《青城山记》2卷，清彭洵撰

彭洵（1826～1896），字古香，一字渔子，灌县（今都江堰市）人。先世由楚入蜀，寄居青神，后迁居青城。年十八补博士弟子员，以军功保举任陕西麟游知县，后历知三水、蒲城、商南等县，政声卓著。博学善书，著有《麟游志草》《泥痕集》《种书堂文集》《灌记初稿》《彝军纪略》等。

光绪十三年（1887）夏，彭洵乡居期间，与姻家蒋锡藩、门生靳维藩相约，同游青城。"历重冈，陟列巘，穷高极深，直达上清绝顶"，感山川之奇秀，荡胸襟之超旷。归而证诸典籍，念前人载记之不足征，遂有著述之意，于是检阅群集，就所见录为1册，名为《青城山记》。

青城山之有记，肇自杜光庭，其后有范仲立续作。《郡斋读书志》："《青城山记》一卷，伪蜀杜光庭宾圣撰。蜀山若水在青城者，悉本道家方士之言。"《直斋书录解题》亦称蜀道士杜光庭撰。宋王象之《舆地碑目记》卷四称杜作为"甲记"，范仲立续撰之同名著作被称为"乙记"。范记亡佚不存，杜光庭《青城山记》为《全唐文》所收，然不知是否为全本，且颇简略，故彭洵《青城山记》是迄今为止存世较早的青城山史地人文记载。全书共分两卷，卷一分列原始记、四至记、诸山记、宫观记和古迹记，卷二为事实记隐逸类、事实记方技类，末附青城山拾遗及青城逸事。"原始"者，追溯青城命名之由来，"四至"表明周围起止界限方位，"诸山""宫观""古迹"依次关联，就山形地名列举诸峰及其建筑、奉祀场所，旁及传说与现存的自然、人文遗迹。事实记为方外、仙真杂传。青城山以道教闻名，其间如张道陵、杜光庭、孙思邈等人的事迹多涉神异，可见民间信仰之一斑。

1928年，崇庆罗元黼鉴于彭洵"取材惜俭，抉择未精"，重辑《青城山记补正》一书，并在自序中悉数考证了前人的失误，可以补原书之不足。如"王衍造上清宫，塑王子晋像，及写唐二十一帝像于殿壁，备法驾朝之，士庶帘帷珠翠，夹道不绝。此用蜀都唐道袭私第所建之上清宫，非青城之上清也。薛逢为绵州刺史，梦入天仓洞，使人访之，入洞十里，见山川居第，乃窦圌山之天仓，非青城之天仓也"；"唐睿宗女入道，惟玉真、金仙，其它别无金华封号。《魏志》张陵入蜀，居鹄鸣山，不作'鹤'，与大邑鹤鸣之由石鹤得名有殊。上清峰僧亦不以病冷为名"；"唐许默《紫花梨记》，进丹武宗者邢先生，不作元刑生。杨通幽师西城王君，非西域王"；"黄帝坛石法天圆地方，不必沿《甲记》之称'石天地'也。《杜光庭传》乃《五代史》补文，非薛史也。明末奢崇明围成都，凡百有二日，非五日"；"李意居青城山，乃演义家言，不见之《神仙传》。冯大亮所遇道士，本汶川之慈母山，去青城较远。王仙柯所隐之翠围山，在永康不在青城"，等等。

是书今存光绪十三年（1887）刻本（上图、南大），光绪二十一年（1895）彭氏玉兰堂刻本（国图、上图、南大），光绪三十二年（1906）成都重刊《道藏辑要》本，1923年四川铅印本（国图），1929年《壁经堂丛书》本等。（唐新梅）

二、游记类

1. 《入蜀记》6卷，宋陆游撰

陆游（1125~1210），字务观，号放翁，越州山阴（今浙江绍兴）人。绍兴二十四年（1154）参加礼部考试，因上言恢复而得罪秦桧，竟被除名。孝宗即位后，得赐进士，后出任镇江、隆兴通判。乾道六年（1170）入蜀任夔州通判。至淳熙五年（1178）春出川东归为止，陆游在川峡度过了9年的军旅生活。东归后，或仕或隐，扬历东南，淳熙十六年（1189）再遭弹劾，罢官返里，闲居山阴。直至宋宁宗嘉泰二年（1202），重起为实录院同修撰兼同修国史。次年，力请还乡，遂以宝谟阁待制致仕。嘉定二年（1209）卒，年85。一生著作丰富，有《渭南文集》《剑南诗稿》《放翁逸稿》《南唐书》《老学庵笔记》《家世旧闻》《居士记事》等作品存世。

《入蜀记》作于乾道六年（1170）陆游由越入蜀任夔州通判途中。采用日记体叙述方式，以作者的行程为线索，记录当日的所见所闻所感。就记录的角度而言，《入蜀记》并不拘泥于一般游记或者地理书的体例，而是完全依照作者本人的视角和兴趣，记录沿途的地貌特征、地理沿革、郡国利病、名胜古迹、地方物产等各个方面，尤偏重于自然风光和长江沿岸人文景观。每到一处，作者必探访当地寺庙道观、名胜古迹，特别是著名文学家曾经到过的地方，几乎是前贤所至他都必游。在黄州时，陆游将苏东坡曾经去过的东坡、雪堂、四望亭、安国寺、栖霞楼、赤鼻矶等地都一一游览，并结合苏轼诗文对应记述。又如游夷陵时，又对欧阳修行迹进行了探访。于沿途风物每加考辨，如谓北固山之崖壁非石崖而是土崖，欧阳修诗"江上孤峰蔽绿萝"，"绿萝"乃溪名，非泛指藤萝等，范围相当广泛。《四库全书总目》谓："游本工文，故山川风土，叙述颇为雅洁，而于考订古迹，尤所留意。"

从文献的角度看，《入蜀记》的史料价值很高。书中的辨析，大多言之有据，足以备考证。内容既有风光山水、水文地貌，又有名胜古迹、金石碑文；有对普通百姓日常生活的描述，也有作者途中遇到的奇闻异事。后人若研究古代长江航运史、宋代长江流域人民生活史、沿岸州郡建置演变，或是研究苏轼、欧阳修等历史名人的生平事迹，《入蜀记》都提供了大量翔实可信的珍贵材料。另外，《入蜀记》的创作体例对后世也产生了深远影响，明徐霞客《徐霞客游记》一书，其体例上即借鉴《入蜀记》。

《入蜀记》最先编在《渭南文集》中，明代以后，出现多种单行本。现存有1卷本：《说郛》本、《山林经济籍》本、《续百川学海》本；4卷本：《广秘籍》本、《宝颜堂秘籍》本。清修《四库全书》，在收录陆游《渭南文集》同时，又别收《入蜀记》4卷。嘉庆年间，金长春重刻《入蜀记》4卷，收入《诒经堂藏书七种》。清代还出现6卷本，有《知不足斋丛书》本、《茂雪堂丛书》手抄本。（董涛）

2.《蜀道驿程记》2卷，清王士禛撰

王士禛（1634～1711），原名士禛，以避雍正讳，改作士正，诏改士祯，字贻上，一字子贞，号阮亭，别号渔洋山人，山东新城人。顺治十五年（1658）进士，累迁户部郎中。康熙十一年（1672），充四川乡试正考官。历侍读、侍讲、国子祭酒、少詹事、左副都御史、兵部督捕侍郎、户部右侍郎等，累官至刑部尚书。康熙五十年（1711）病逝，谥文简。生平著述颇多，有《渔洋诗集》22卷、《续集》16卷、《渔洋文略》14卷、《蚕尾集》10卷、《续集》2卷、《后集》2卷、《南海集》2卷、《雍益集》1卷，合刻为《带经堂集》。又有自选诗集《渔洋山人精华录》、诗话合集《带经堂诗话》、词《衍波词》、笔记《居易录》《池北偶谈》以及《蜀道驿程记》《秦蜀驿程记》等。《清史稿》卷二六六、《清史列传》卷九有传。

是书记录了康熙十一年（1672）作者以四川乡试正考官身份由京入蜀督考，以及考完后从成都出蜀至河南新乡县止，五个月中沿途的所见所闻和所感。书凡2卷，上卷记其来，下卷记其去，卷首有王士祯《自序》。全书翔实记述了蜀道沿线的自然地理风貌与人文地理概况，充分展示了蜀道作为大西北与大西南交通要道所具有的独特魅力与价值。

是书于清康熙三十年（1691）在济南刻版，后收入《四库全书存目丛书》，齐鲁书社于1997年影印，2007年又收录于齐鲁书社出版的《王士祯全集》中。（颜信）

3.《秦蜀驿程记》2卷，清王士祯撰

康熙三十五年（1696），王士祯以户部左侍郎奉使祭告西岳、西镇、江渎，《秦蜀驿程记》即是记其从京城出发至华阴，迂道至汧阳吴山，再由汧阳至成都，数日后从成都出发返家期间途中所见所闻和所感。

是书翔实记述了旅途沿线的自然地理与人文地理环境，奇险景观，或抒发对历史、现实、人生的感叹，充分展示了沿途各地景观所具有的独特个性、魅力与价值。

是书于清康熙年间在济南刻版，后收录于《四库全书存目丛书》及2007年齐鲁书社出版的《王士祯全集》。（颜信）

三、方志类

1.《蜀碑记补》10卷，宋王象之撰，清李调元补

王象之，字仪父，婺州金华（今浙江金华）人。宋宁宗庆元元年（1195）进士，曾为长宁军文学、知分宁县等官，著有《舆地纪胜》200卷。元吴师道

《敬乡集》卷一二有《王象之传》。

李调元生平,见《易古文》。

清末藏书家、金石学家叶昌炽《语石》云:"蜀碑初不显于世,自刘燕庭方伯命工摭拓,始稍稍出,今见于《三巴耆古志》者是也。"《三巴耆古志》编者刘喜海,即刘燕庭,清道光间人。叶氏说巴蜀碑刻至清乃显,这一结论不确。蜀碑虽不如陕、豫、鲁碑之"显于世",然"始稍稍出"者,当自宋刘泾《成都刻石总目》、王象之《蜀碑记》始①。北宋蔡京曾命刘泾(绍圣间简州阳安人,今属四川简阳)编纂蜀中金石,以成《成都刻石总目》,是书上起东汉,下迄后蜀,共收入蜀碑268通,可谓历史上第一部蜀碑专著,然其书久佚,今已不传。

《蜀碑记》指王象之《舆地碑记目》之中巴蜀部分,而《舆地碑记目》即汇集《舆地纪胜》中各州郡《碑记》之单行本。其中巴蜀部分分成都府、重庆府、保宁府、叙州府、雅州府、嘉定府、潼川府、直隶泸州、直隶绵州、直隶达州10府州著录。

至清代,李调元博采自宋以来金石诸书所载蜀碑之目,为之补充,增为10卷,名《蜀碑记补》。李氏《自序》曰:"每卷先以王(象之)所得列于前,为上卷;而以己所得列于后,为下卷","不敢紊、不敢袭也。又于下卷中分王本所未有而增入者曰'补',王本所已有而厘订者曰'考',俱遵国朝郡县名标之"。在原有632条基础上,补入125条。如"成都府"部分,补有益郡石经。该石经又名《广政石经》《蜀石经》,始刻于后蜀孟昶广政元年(938),至北宋宣和年间方完成,内容为儒家九经三传,对石经正文、注文、保护等相关情况均有介绍。因《广政石经》于南宋末年逐渐散佚,后世仅有残石、拓本流传,故王氏之书于《广政石经》只字未提,幸得李调元补充著录,遂使蜀碑目录更加完善。

除补录外,李调元还对原有碑记做了详细说明和细致考证,纠正了原书许多讹误。如"汉蜀郡何君造尊楗阁碑"条下,《蜀碑记》仅记:"《容斋随笔》云在成都府,卷末云建武中元一年。"而《蜀碑记补》于同条则对此碑字法等均有说明,并详加考证其渊源,指出"宋以前皆名'阁道碑','尊楗'二字,后人所加,象之误引也",王氏原记"建武中元一年"也为误记。此

---

① 胡昌健:《巴蜀碑刻著录述评》,《恭州集》卷一,重庆出版社2008年版。

外，补记还部分保存了石碑拓本。卷一有郫县西汉刻石拓本，为"建平五年六月"云云，共29字，可观当时之书法。惜全书仅此一处。

《蜀碑记》原书仅将碑记分列各府名下，偶有小字注明县地。李《补》则按清代行政区划，在府州下再细分至各县。如成都府一地，李《补》细分至属下成都县、华阳县、汉州、郫县、什邡县、新津县、简州、新繁县。借此可以帮助我们对碑记具体位置和区域文化有更明确的了解。此外，亦可考见宋清行政区划的变革，如王书列有"崇庆府"条，而李书则不见"崇庆府"，原崇庆府所辖新津县亦并入成都府。

是书主要有《函海》本、《丛书集成初编》本、中华书局《丛书集成》本和台湾新文丰《石刻史料新编》本（收入第二辑）。（邹艳）

2.《罗江县志》10卷，清李调元纂修

据嘉庆七年（1802）调元《罗江县志序》，罗江旧无专志，乾隆九年（1744），邑令延调元父化楠纂修《罗江县志》，然因"兵燹初定，并无书籍可考，又急于卒役，不及细访"①，故多有缺略。嘉庆初（1796），李调元感念"日月之已逝，恐文献之无征，若不继前志而补前志缺，恐一旦填沟壑，咎将谁归？"遂"取先君所纂旧志，遍加考订；又复于登山临水之余，坐小舆，携胥吏，由本州五邑山巅水涯，凡有半碣残碑，自明以上者，莫不手自摹揭；家故有万卷楼，又复獭祭渔猎，夜以继日，互相校雠；并取州邑旧治，去其无征，摘其可据，历三寒暑以成此书"②。

是志原名《梓里旧闻》，后更名为《罗江县志》，汇刻入调元所辑《函海》之中。全书凡10卷，共分20门，约5万字。卷一载沿革、城池、县属、俸廉、仓库、粮银、名宦、厅属、学属、驻防；卷二载城内（附碑阴）；卷三载东向；卷四载南向；卷五载西向；卷六、卷七、卷八载北向；卷九载人物；卷一〇载节孝、道释、技术、土产。是书仿朱彝尊《日下旧闻》例，所采金石文俱照式绘图于旁。偶有考证，则低二格附按语。不独列艺文门，相关诗文俱附见各名胜古迹之后。

该志从门类设置到内容编排，与其他县志不尽相同。除卷一、卷九及卷一〇外，卷二至八则分作城内、东、南、西、北四向来分述其山川道里、祠庙寺

---

① （清）李调元：《罗江县志序》。
② （清）李调元：《罗江县志序》。

观、古迹名胜、风土人物等，各附入有关之诗文，多系化楠、调元父子所作。人物中亦多是记述李化楠父子家人之事迹。志中征引文献，考据传说，可谓心裁独出，兼具诗人、学者慧眼，读之有连贯古今，鏊然贯通之感。然颇失于繁芜，且书中多引李氏父子本人诗文，后人多持异议。故周中孚论曰："是志虽经两世修辑，聊以备修志者之资取而已。以言乎尽志书之能事，则未有也。"①

是志有嘉庆七年（1802）刻本，嘉庆十四年（1809）李鼎元重校《函海》本，道光五年（1825）李朝夔补刻《函海》本，光绪八年（1882）广汉钟登甲重刻《函海》本和民国二十六年（1937）商务印书馆《丛书集成初编》本等。（郑伟）

3. 《富顺县志》5卷、首1卷，清段玉裁等纂修

段玉裁（1735～1815），字乔林、淳甫，后改字若膺，号茂堂、懋堂，又号砚北居士、长塘湖居士、侨吴老人，江苏金坛人。乾隆二十五年（1760）江南乡试中试，选为景山万善殿教习。历任贵州玉屏，四川富顺、南溪、巫山知县。乾隆四十五年（1780）以父老托病辞官，不复仕。段氏师从戴震，为乾嘉学派代表人物，撰有《说文解字注》《六书音韵表》《礼经汉读考》《古文尚书撰异》《春秋左氏古经》《毛诗小学》《汲古阁说文订》《经韵楼集》等。

在段玉裁纂修《富顺县志》之前，曾有熊葵向、周士诚于乾隆二十五年（1760）修纂刊行的《富顺县志》。此志共分18门，约20万字，体例较为完备，是段氏修志的主要依据。段志编撰缘起，段玉裁在《富顺县志·后序》中有明确交代："权是县如信宿逆旅耳，将何以遗县民？民之居错而广，非如学于院者之可以时面命也。县带洛而襟江，山气佳秀，典午（晋）以后，才俊蔚起，文物称最盛。而旧志苦无体例，且缺略不备，不足以论古证今……。（是书）凡德谊、政事、文章，事之系于县者，搜采无遗。县之士与民倘因此念山川之所孕毓，人事之所当师，秀者以古处自期，顽者以桀黠为耻。"可见与一般只知催科督税的"父母官"不同，段氏认为为官一任应当为地方留下精神文化产品，用以嘉惠县民。他慨叹旧有县志"苦无体例，且缺略不备"，不足担当"论古证今"的重任，于是在乾隆四十一年（1776），亦即段氏莅任富顺翌年，时有邑人李芝自湖北归来，便聘其作为新修县志总纂，重修邑乘。新修县

---

① （清）周中孚：《郑堂读书记》（下册），商务印书馆1959年版。

志"网罗缺佚，属稿商订，五阅月而成书"①。在段氏奉调离任后，接任的官德、周澄仍然踵其事，相继鸠工镌板，于乾隆四十二年（1777）刊成，段氏撰写序文冠诸书首。

新志分5卷25门，约15万字。卷首有旧志、新志诸人序10篇，卷末附清光绪陈锡鬯跋语。卷一载建置、疆域、城池、治署、山川（上）；卷二载山川（下）、古迹、田赋、户口、盐政、里镇、风俗、防汛、坊表、坟墓、学校；卷三载坛庙、官师、宦迹；卷四载科第、乡贤（上）；卷五载乡贤（下）、孝义、文苑、列女、祥异、外纪。其中未专列"艺文"门，诗文均附载于各相关门类之中。

是书叙事翔实，网罗丰富，"事之系于县者，搜采无遗"②，其中山川、古迹、坛庙、学校、乡贤等门类记事尤为详审。如"山川"门，除名称方位、道里源流之外，还记其特点、名胜、价值功用等内容，再附以历代有关诗文碑记，史料价值较高。其中玛瑙山、葛仙山、罗浮洞、雒水、西湖，以及境内之津梁塘堰等，内容极其丰富。又如"乡贤"门中所载邑人杨鸿基所著《蜀难纪实》一文，约3500字，详细记述了明末张献忠军攻占四川城池之史实，因系鸿基亲身经历，叙事皆真切生动，为明末农民战争又一珍贵史料。该文还有张献忠西充凤凰山遇难之史料，可纠《清史稿》《盐亭县志》等他史对张献忠死情之谬说。又其考证"赅洽精核"，对山川、地理沿革稽考详尽，对前人志书中之谬误多所匡正，并作《中水考》上下2篇附载于后，为历史地理研究提供了宝贵的资料和有益的借鉴。

其体例严谨有法，分类允当，依类相从，以简驭繁。一改熊志分类枝蔓、芜杂，体例"缺略不备"之弊。段志在每篇之前，概不作序，以免俗套，只于必要处施加案语，一改熊志每篇有小序而皆套话之陋习。陈锡鬯称是志"盖出入班马之间，而擅三长者也"③。在四川方志中，段志最为有名，论者谓可与明康海《武功县志》、韩邦靖《朝邑县志》并称，为后世修志者所取则。然其删除熊志中的"土产"一门，则有轻视经济活动之失。

是志今传版本迄今未见乾隆四十二年（1777）原刻，仅有光绪八年（1882）知县陈锡鬯重刻本。（郑伟）

---

① （清）段玉裁：《富顺县志后序》。
② （清）段玉裁：《富顺县志后序》。
③ （清）陈锡鬯：《富顺县志跋》。

4. 嘉庆《华阳县志》44卷、首1卷，清董淳修、潘时彤等纂

董淳，山东邹县人。乾隆四十八年（1783）举人，嘉庆十九年（1814）任华阳县知县。

潘时彤，字紫垣，华阳县人。嘉庆九年（1804）举人，拣选知县。另主纂有道光《绥靖屯志》10卷。

蜀地理书，据嘉庆《华阳县志》卷首董淳《序》云："自汉扬雄《蜀纪》、谯周《巴志》、晋陈寿《蜀志》、常璩《华阳国志》而外，惟唐卢求《成都记》、张周封《成都风俗录》、宋赵抃《成都古今集记》、张唐英《蜀梼杌》、明何宇度《益部谈资》、曹学佺《蜀中广记》、杨慎《全蜀艺文志》诸书可资考证"，可惜在历代"兵燹之余，仅存一二识者"。雍正七年（1729）修《四川通志》，各州县皆有志，独成都与华阳无志。至嘉庆十二年（1807）重修《四川通志》，华阳无志又80余年矣。当时知县吴巩（字朴亭，江苏阳湖人）曾开局创修《华阳县志》，功未竟，擢知临邛，留稿数册尚待编辑。嘉庆十九年（1814），董淳接任知县，见旧稿谬讹殊甚，挂漏亦多，因延潘时彤等人正讹补阙，历时一年有余，于嘉庆二十一年（1816）书成付梓。

是书共44卷，凡分星野、图考、建置沿革、疆域、形势等42门，附13门，于风俗、职官等门下又设细目共计74。其中，卷二图考共收图21幅，含天文地理、圣庙署衙、书院寺祠、名胜古迹等，甚是丰富。卷三建置沿革自《华阳国志》"人皇"记起，下迄至清雍正五年（1727）复置县邑，除文字叙述外，有建置沿革表相佐，览者一目了然。卷一五学校类首列府学、次列县学，记文翁讲堂、锦江书院及清廷建学等，可见蜀地学风之盛，对清朝恢复文化建设的部分举措也可有所了解。需特别指出的是，是志对清朝学校制度记载尤详，如记"生员当爱身忍性……不许干预他人词讼，他人亦不许牵连生员作证""军民一切利病不许生员上书陈言，如有一言建白，以违制论，黜革治罪""生员不许纠党，多人立盟结社、把持官府、武断乡曲。所作文字不许妄行刊刻，违者听提官治罪"等条，清廷对士子读书、思想、交游及文字的束缚之严，于此可见一斑。卷二九政绩类止载已故循吏，在世之人皆不录，较之他志所录政绩一类，尤为客观。卷三九艺文类所载资料甚丰，几占全志一半的篇幅。除依次载录自汉至清历代蜀人关于本县之著作、留题外，对作者朝代、名爵、字号、里居等均有简单标注，为后人研究提供了方便，此又胜于他志之艺文类矣。此外，古迹名胜、祠庙寺观等门类所载亦详，尽显此地文化之绵长久远、人文荟萃。

因华阳、成都两县旧均为成都府治地，一处西北，一处东南，无明确界限，故所述内容，难免与《成都县志》有交错之处。但较之同时所修《成都县志》，是志内容无疑更为宏富。若能将二志相参，则对了解和研究蜀地文化大有裨益。

是书今传有嘉庆二十一年（1816）刻本，光绪十八年（1892）补刻本和光绪二十五年（1899）重印本。（邹艳）

5.《大足县志》8卷，清张澍修、王松续修

张澍有《蜀典》，前已著录。

王松，号节亭，直隶交河（今河北伯头）人。道光十二年（1832）进士，道光十四年（1834）任大足知县。

在张澍修《大足县志》之前，曾有李德于乾隆十五年（1750）修纂刊行的《大足县志》。此志共分12门，约10余万字。嘉庆二十三年（1818），张澍署大足县，前任知县赵时以"县志陋略，托其更修"①。澍查阅旧志，"缺漏冗俗，如其所言"，又"简略无体"②，遂留心搜辑。因调职频仍，在其他任所亦载笔编纂，书成未付梓。至道光十四年（1834），王松来任知县，以张志"未尽完善，故所传亦仅有抄本"③，遂再度增续补缺，于道光十六年（1836）刊印。

是志凡8卷，共分9门，列目46，附2目（阵亡、祥异），约16万字。卷首有乾隆李德，嘉庆张澍、赵时，道光王松等序4篇。不列艺文门，有关诗文散附各门之中。卷一载舆地志，下设疆域、山川、风俗、古迹、坟墓；卷二载建置志，下设城池、治署、学校、考棚、演武厅、坊表、桥梁、里镇、场市、监狱、养济院；卷三载祠祀志，下设祠庙、寺观；卷四载典礼志；卷五载食货志，下设户口、田赋、盐政、仓储、物产；卷六载官师志，下设刺史、军使、长吏、判官、县令、县丞、主簿、典史、教授、教谕、训导、驻防；卷七载选举志，下设道士、举人、列贡、耆硕；卷八载人物志和杂记志，人物志下设卓行、忠节（附阵亡）、孝义、儒林、隐逸、节烈孝贞；杂记志下附祥异。

该志"择优雅者著录于篇……分类简该，文词质古"，对乾隆旧志缺略做了大量补充，讹误者亦分别予以订正，然后续编旧志以后史料，为清代名志。卷一图绘中专门绘刻了宝顶山、玉皇观、北塔山三幅古迹名胜较多的山景图。张澍于

---

① （清）赵时：《大足县志序》。
② （清）张澍：《重修大足县志序》。
③ （清）王松：《重修大足县志序》。

山川、古迹、人物、职官、祠庙、寺观、学校、桥梁中，多载其撰写之诗文碑记和考证文章，或撰写跋文、碑考，或撰写游记附于其后。宋代进士杨甲著《六经图》诸书，旧志漏载，张澍为之考证，撰文以记。韦君靖故志误作韦靖，昌州刺史误为昌元令，张澍皆一一匡正。白塔山、石门山、宝顶山、石篆山、妙高山诸山中唐宋迄明代的刻石碑记，均一一考证载入山川、古迹等门类中，如宝顶石刻之诗文碑记达5000多字，其中旧志多所未载。玉皇观三清洞中搜出宋人石刻数种，张澍亦为文记之。其中所载范祖禹书《古文孝经》碑价值极高[①]，"是与汉魏六朝所传不同的另一系统的《古文孝经》，弥足珍贵，不可多得……在经学史上、文献学上具有重要意义"[②]。"金石之文，往往与史传相证据，且足以补史之缺"[③]，史料价值极高，也为后来研究大足石刻艺术留下了宝贵的资料。

是志有嘉庆二十三年（1818）刻本，道光十六年（1836）增补本和嘉庆抄张澍校订本等。（郑伟）

6．道光《重庆府志》9卷，清王梦庚修、寇宗纂

王梦庚，浙江金华人。嘉庆拔贡，历官四川富顺、新津、犍为等县知县、雅州府分驻打箭炉同知、松潘厅同知等。道光十年（1830），升任重庆府知府。著有《冰壶山馆诗钞全集》。

寇宗，渠县举人。《重庆府志》纂修时，任成都府学教授。

是书在现存最为完好的重庆府志中，是撰著时间较早、流传较广的一部。早在道光重修《重庆府志》之前，重庆即已有各种史志性地方文献。据张国淦《中国古方志考》考证，唐、宋、元时期，即有《渝州图经》《渝州旧图经》《祥符渝州图经》《渝州志》《重庆图经》《重庆郡志》等书，但均已亡佚。现存最早的重庆史志，当数明成化年间江朝宗所编撰《重庆郡志》（中国国家图书馆有藏），可惜现仅有残本1册，只存长寿、南川、綦江、江津、永川五县内容，不足当时重庆府所辖3州17县内容的四分之一。万历年间张文耀、邹廷彦主修《重庆府志》，全志共86卷，是历次修成府志中规模最大的一版，但由于刊本稀少，又逢明末蜀乱，现仅存64卷（卷一至三，卷二六至八六）、23册

[①] 赵时《大足县志序》云："范纯夫先生《古文孝经》刻，亦出于人间，笔踪雄伟，胜于黄山谷，殊可宝贵。"

[②] 舒大刚：《试论大足石刻范祖禹书〈古文孝经〉的重要价值》，载《四川大学学报（哲学社会科学版）》2003年第1期。

[③] （清）赵时：《大足县志序》。

（上海图书馆有藏）。

据《重修重庆府志叙》记载：王梦庚道光间上任之初"亟调各州县旧志披阅，大抵详略异宜、文质殊尚"，于是他"爰檄合属印官教职，公同采访，编辑成册，陆续申解来郡"，即令所属各县将境内县情编撰成稿呈上重庆府。再由编志人员在各县呈报资料基础上，汇纂修定成书。这个初纂工作，主要由荣昌教谕寇宗汇完。初稿修成之后，再上报王梦庚"斟酌鉴定"。

在编纂方法上，新版《重庆府志》对成化本《重庆郡志》体例也有所改变。原《重庆郡志》以每州县为纲，下分建置沿革、疆界、地名、形胜、风俗等门目叙述，各县独立为编，活像一部重庆府属各县县志的汇编。新编《重庆府志》改以事目为纲，分别设立舆地、祠祀、食货、职官、学校、武备、选举、人物、艺文名目，逐项对府内各县相关史实进行类叙，加强了同类资料的联系，便于读者对同一类事件进行整体考察。

全书共分9卷：卷一《舆地志》，首附重庆舆地全图，后分沿革表、沿革说、疆域、形势、城池、公署、山川、氏族、风俗和陵墓10目。卷二《祠祀志》，主要记述境内的神祠寺观。卷三《食货志》，分田赋、户口、徭役、榷政、监法、茶法、仓储、蠲赈、荒政、物产10目。卷四《职官志》，分统记、题名两目。卷五《学校志》，分学额、书院二目。卷六《武备志》，分营制兵额、题名、驿传、塘铺4目，附述清代团练。卷七《选举志》，分人物、忠节、孝友、（武功、患节）隐逸等目，记录古今人物。卷九为《文艺志》，以经、史、子、集四部分述之，另有"杂著、祥异"二目。

毋庸讳言，是书编纂具有强烈的正统观念和政治资鉴意图，但同时也保留了部分历史信息，如本志记载当时西南少数民族的发展和中央政府在这里实行的羁縻政策（如土司制度等），就是研究西南民族史的宝贵史料。《中国地方志总目提要》指出："是志最具价值者在职官门之统纪之中，详细记载了明万历、天启年间四川布政使朱燮元率兵在川东南剿平川黔边境少数民族部落首领崇明反叛之战争过程，为研究古代我国西南少数民族发展史之珍贵史料。当然，还有土司等门类所载各地寨洞、部落之史料。"

今有道光二十三年（1843）刻本。（廖永林）

7. 同治《成都县志》16卷、首1卷、末1卷，清罗廷权、李玉宣、衷兴鉴等修纂

罗廷权，字鉴平，云南昆明人。道光年间举人，同治四年（1865）任成都

知县，九年升任资州直隶州知州。

李玉宣，河南祥符人。曾任成都、巴县知县，□州直隶州知州。

衷兴鉴，成都人。岁贡生，官高县训导。

成都建城已有2300余年历史，历代修志，源远流长，西晋崇庆人常璩之撰《华阳国志》，固以成都为主要内容，是为我国最早以"志"为名的地方志书。后儒沿波，代有撰述，在唐则有白敏中、卢求《成都记》，在宋则有袁说友修庆元《成都志》，在元则有费著《成都志》，在明则有冯任、张世雍等天启《成都府志》。至于清世，先有嘉庆年间王泰云等《成都县志》，后有同治间罗廷权、李玉宣、衷兴鉴等《成都县志》。迄于晚清，犹有傅崇矩之著《成都通览》，皆城市志书之流。

是书撰著之由，卷首李玉宣《序》有云，嘉庆年间王泰云等《成都县志》，"书成时日仓促，中尚有未尽详晰待后人补订者，迄今又六十年"，此间政俗早已有所改变，故于同治八年（1869）二月开局重修县志，由罗廷权领衔修纂。后罗廷权调往他任，由李玉宣、金凤洲、周翰、吴鼎立等继之，"漏者补，复者芟，误者订"，书成复由李玉宣审阅，完稿于同治十二年（1873），乃嘉庆本的增修和补撰。

嘉庆所修成都旧志仅6卷，简略未备。同治年间重修时，仍以旧志为纲，仿嘉庆《四川通志》体例，厘为天文、舆地、食货、学校、武备、职官、选举、人物、列女、经籍、艺文、纪事、杂类13门。其中天文类于旧志外添载度数、占验，材料虽多引自前代史书，然对是书完整性而言，仍有益处。人物类在旧志基础上补载嘉庆十九年（1814）后50余年之事。此外，食货类中蠲政、户口、茶法、盐法、物产等所记，多不见于他书，故而为后人研究清末成都地区的经济、社会生活状况等，提供了宝贵的资料。

较之旧志，重修本有以下三点颇值得称道：一、卷首增刻省脉、凤凰山、杜公祠等图，编者在实地考察、确保无误的基础上方绘图入载。二、县内满城驻防八旗，旧志所载较略，仅有节孝、贞烈等目。重修本在旧志基础上，依《八旗志稿》例[①]，除"人物"类有相关记载外，八旗其他事例也尽量编入。如卷二提到八旗"婚冠丧祭，满洲、蒙古各尊祖法"；卷四"书院"专列八旗官学、义学、少城书院；同卷"武备志"专门介绍成都驻防八旗武备情况和各项开支等。三、

---

① 案：《八旗志稿》为四川巡抚、成都将军所颁。

"成都境内回民繁衍、武功素称极盛"①，历代旧方志对此多有忽略，是志则广泛搜集整理相关事迹，保存了大量的民族、民俗史料。如"武功"类记载马良柱曾参与征讨吐鲁番、松潘、大小金川等多个战役，力支危局，功勋卓著，为清代著名的回族将领。由于成都地区特殊的地理位置，是书所记内容，保存了大量满、蒙、回等民族、民俗史料，结合这些零散记载，可使我们对相关史实有更深入地了解和把握。但同时我们也应看到，咸丰、同治时期，中国社会开始进入前所未有的大变革时期，从是志中却无法看到多少变革的迹象，盖因成都地处西南一隅，交通、思想略显滞后，也影响了本志作者的关注视阈。

同治《成都县志》有同治十二年（1873）刻本，有缩微版（国家图书馆藏）、影印本（巴蜀书社《中国地方志集成·四川府县志辑》）行世。（邹艳）

8. 光绪《井研县志》42卷、首1卷，清叶桂年、高承瀛、吴嘉谟等修纂

叶桂年，字子义，浙江仁和人。父树东以举人官四川任知县，荐擢知府。桂年早孤，入赀为四川知县，光绪十三年（1887）题授井研，后调知江津等县，有政声。

高承瀛，山东潍扬人。光绪进士，二十五年（1899）任井研知县。

吴嘉谟，井研人。光绪十一年（1885）拔贡，二十四年（1898）以教谕候选。三十三年（1907）春，经赵尔丰奏请，被委为西康学务总办，择西康幼年子妇，教以汉语汉文，说礼乐而敦诗书。初于巴塘等地办学，后扩至甘孜等地。甫届三年，巴塘之男女学生已能作数百言之汉文。

《井研县志》，清雍正、嘉庆时有修纂，光绪八年（1882）有续修。光绪十九年（1893），清廷重修《会典》，诏求郡县图经，知县叶桂年遂设局重修。未几，桂年因病弃任，继由满洲正白旗监生和阎督修，光绪二十五年（1899）高承瀛再继之。自开局至稿成，先后由廖平、吴嘉谟、龚煦春任总纂，于光绪二十六年（1900）毕功付梓。

是志分19门65目，是现存井研县志中最为完备的一部。其中所载人物事迹甚详，自宋至清，共22卷，并专设"氏族"一目，详载邑中大姓，资料较丰富。"艺文"类体例较其他方志不同，不是按照传统方志收录的诗、文、著述等来分类，而是按照经、史、子、集来著录一县著述，标明书名、卷帙、序跋

---

① 《成都县志例言》。

等，对著述的流传、评价等相关情况也有简要介绍。在旧志基础上，大量补充了廖平、龚煦春等人的著述。与本县相关的单篇诗文则附载于"山川""古迹""金石"等目下。全书"洁净而有要，汎博而不枝"①，为后人进行经学、历史、地理、文字、文学等研究提供了重要的参考资料。然是志撰修时，也有贪多求全之失，其《艺文志》著录诸书（如廖平诸书提要），实有未成书者，读者于此，不可不慎于引用。

光绪《井研县志》有光绪二十六年（1900）刻本，另有缩微版（中国国家图书馆藏）、影印本（巴蜀书社《中国地方志集成·四川府县志辑》）行世。（邹艳）

9. 光绪《丰都县志》4卷、首1卷、附《典礼备考》8卷，清田秀栗、徐浚镛修，徐昌绪纂，蒋履泰增纂

徐昌绪，号琴舫，丰都人。徐其岱长子。咸丰六年（1856）进士，历官国史馆纂修、文渊阁校理、武英殿纂修、翰林院编修等，尝主东川书院。

蒋履泰，号石生，直隶大兴（今属北京）人。原籍浙江山阴县，光绪十九年（1893）任丰都县知县。

《丰都县志》，康熙、嘉庆、同治三朝皆尝修撰，前两次毁于水火，唯同治稿仅存，又不完备。同治《丰都县志》田秀栗《序》云："同治丙寅（五年，1866），余摄篆丰都，下车索阅志乘，仅得胥抄残本，芜杂缺略，莫可补缀，山川道里半多舛讹。盖自嘉庆间旧志荡于水，前令巴陵方君纂刊后，又毁于火。是丰之文献等诸杞、宋无征焉。"同治六年（1867），徐昌绪自京师归里，主讲本县书院。同治七年（1868），知县田秀栗延其为总纂，设局重修邑乘。后知县徐浚镛接任，适值徐其岱自潼川任所归里，又请为总纂。于是父子二人总其责，于同治八年（1869）成书付梓。

同治《丰都县志》共分14门80目、附6目，约10万字，附《典礼备考》8卷，约5万字。以旧志为基础，增补内容，调整条目，订正讹误，并以四言韵语将旧志各门类小序进行概括和简化。在增补内容方面，主要有："旧志可存者，或备录全文，或少加汰减，或注正文下，或附每篇末，仍标注旧志于行间。"如果作者有新意见，则随处加按语说明。至于天文分野、古今度数，则"谨遵旧志"；缺失无考之处，则谨守阙文之戒，不妄添加。另外，增远近关

---

① （清）廖平：《井研县志序》。

隘，以资守卫；在忠义传、节烈传中，即使妇人女子均得以备载，如有事迹可征，还系以小传。又依《万县志》例增《典礼备考》。其《艺文》各卷，只录言之有物的作品，不录寿言、墓志、应酬文字以及在世作者之作。在调整条目编排方面，将历代建置归入"沿革"类，另以"建置"专录县域营建大事。总之，同治本"体严义正，文简事核，疆里之广袤，山川之险隘，与夫丁籍赋算之繁赜，人情物产之细微，莫不井井有条，了如指掌，而于风教所系，防守所资，尤复深思虑远"①。有此基础，就为光绪重修县志打下了坚实基础。

同治九年（1870），丰都发生大水，同治版县志刻版遭到冲毁。光绪中，县令何诒孙曾欲重修县志，未果。蒋履泰甫一上任，便召集县中官绅、生员分任采访，依同治旧志体例，于光绪十九年（1893）续纂成书付梓。

光绪《丰都县志》凡4卷、首1卷，附《典礼备考》8卷，分14门80目、附6目，约14万字。卷首有原序、职名、凡例和图考，同时列出总目及目录。卷一载舆地志和官师志，舆地志下设星野、沿革、疆域、山川（附滩险溪流泉井）、关隘（附形胜）、江防（附水卡）、甲里（附场市）、寨洞、津梁、风俗、物产；官师志下设知县、教谕、训导、主簿、巡检、典史、驿丞、驻防把总。卷二载典祀志、营建志、赋役志、学校志和选举志，典祀志下设坛壝、文庙、各祠；营建志下设城池、公署、考棚、校场、杂记；赋役志下设户口、田赋、支领各欵、蠲政、盐茶、杂课、仓储、置邮、恤惠；学校志下设学宫、学署、学田、学基、学额、书院、院田、卷局、义学、宾兴；选举志下设进士、举人、副贡、拔贡、岁贡（附恩贡）、例贡、例仕、椽阶、武科、武职、封荫。卷三载人物志、古迹志和祠庙志，人物志下设孝友、忠义（附义仆）、文学、宦绩、武勋、义行、耆寿、隐逸、列女；古迹志下设古迹、石坊、碑碣、冢墓；祠庙志载凡寺观祠庙之不列祀典者。卷四载艺文志、武备志、志余和补遗，艺文志下设文、诗、赋；武备志下设营制、兵额、火药局、火器；志余下设仙迹、祥异。在内容上，光绪本对同治本依类增补，列于每类之后，以"续纂"二字别之，每条之下若有增补者，则并列"续纂"以别之；对讹误、缺漏加以更正或补遗。

是志保存了许多国史不载的可贵史料，所载各类碑碣、诗文、祠庙、古迹、舆地山川等，内容丰富，价值较高，对研究丰都地区释道二教的规模、发展演变以及以"神仙人鬼混同，巫道、儒佛掺杂"为特征的"巴蜀鬼族文

---

① （清）徐昌绪：《光绪丰都县志序》。

化",具有重要的价值。其中所载"丰都八景",文化价值很高;所载唐太和年间剑南西川节度使段文昌所撰《修仙都观记》言简意赅,具有很高的文献价值。卷首图考中续增乡里各甲舆图13幅及新城池公署等图5幅,甲里图绘制详细,较有价值。由于丰都所处特殊地理位置,编者对其地理、形胜尤三致意焉。郎承谟赞曰:"是书体例仍旧,其中所留意者,尤在山水关隘全图,又岂非于原书外自树一帜,而实与原书异曲同工乎?"①

是志有光绪十九年(1893)增续重刻同治本。(郑伟)

10..《成都通览》,清傅崇矩编

傅崇矩(1875~1917),字樵村,简阳石盘乡人。青年时随父迁成都,故一生以成都人自居,曾于1904年赴日考察。傅氏博览群书,涉猎颇广,思想开放,提倡西学,关心时务,在新闻和著述领域贡献较大。曾创办成都第一家公众阅览室"阅报公社",出版成都第一张科学性报纸《算学报》,创办成都第一家民办报纸《通俗启蒙报》,对于揭露当时社会弊端,启迪民智,起过不小作用。著有《中国历史大地图》《四川省明细详图》《四川省域文明进步图》《松潘游记》等10余种著述。

《成都通览》是关于晚清时期成都的知识概览,相当于成都的"城市百科全书"。是书不重在对成都做学术考证和历史研究,而在于对成都做现代知识性和实用性的介绍,期于实用和建设。"注重调查",所言"皆实事","以实用为主,期于雅俗共赏,故半用白话,以辅导普陀之知识为目的",并希冀"辅导长官耳目所不及,并欲改良社会"。(《自序》)

是书又名《说成都》,全部细目1000条,分为180多类,近70万言,对当时成都的各方面实际情况均有不同程度的记述。如成都之气候、地热、田土、山水、江河流域、堤堰、池塘、桥梁、渡头、成都城、古迹、花园、城内街巷与城外街巷、内城街巷与街巷讹名、近城水碾、四乡场市、城内菜园菜市、田房税契、寺庙、各姓祠堂、会馆公所、官衙与各局所、城内仓廒、近年建置改革、成都之警察五十二局所、官立局厂、各学堂、火政、捐局及捐章、西人产业、西人居留所、外国人游历来往表、商办各公司、慈善事业、文明社会、临时会场、有期游览所、筵宴所、机器工业各局厂、铁路、电报、邮政、大帮信局、银行票号捐号银号、当铺、钱业、银两折合银圆一览表、度量权衡、军

---

① (清)郎承谟:《续修丰都县志序》,《光绪丰都县志》卷首。

政、各商帮、成都人、宗教、妇女、官派、官衙内之名词、讼事、监狱谈、官、学生、优伶、监视户、医生、当禁革及应改良者、小儿行为、乳娃教育、民情风俗、性情积习、夜市、客栈、戏园、戏、游玩杂技、赌具及各种赌目名词、房宅、船业、车、轿、印刷业、小儿女歌谣、普通应酬话、口前话谚语、歇后语、土语土言、双声土语、谜语言子歇后语、呼物土名、呼物诨名、别名、外号等。无不应有尽有，引人入胜。

此外，是书还收集了上百幅关于20世纪初成都各业的素描，名《七十二行现相图》，如"花生担子""捏面娃娃""蒸蒸糕"等，形象地反映了清末成都的市井各业动态。

作者对于是书颇为自负，指出了是书在当时的实用价值，认为："官于成都者，不可不阅；凡商界、学界、军界、工界，不可不阅；游历家、调查家、新学家、旧派家，不可不阅；幼孩、妇女之能识字者，均不可不阅。"①故后来有竹枝词评曰："自有《成都通览》后，至今人说傅樵村。"②同时，作者颇具维新思想，着力反映当时成都社会的重大变化，如新学堂、留学生、在蓉西方人、新书刊报纸、新实业、新玩意等。当然，是书在记述成都"良风"之同时，也揭露了成都的某些"恶俗"，如赌博花样、欺诈迷信、官场腐败等。总而言之，是书注意市井性、平民化，蕴含着民俗学、社会学、文化史、语言学、地理学等重要资料，是上述学科相关研究的重要文献。

是书初版于宣统元年（1909）。二年（1910），由成都通俗报社分册印行，16开线装石印本，共8册。近年又有巴蜀书社1987年版，由四川大学古籍整理研究所组织缪文远、袁庭栋、魏启鹏、庞志祥校点，全2册。最近又有成都时代出版社2006年版。（王川）

第五节　民族文献

1.《蛮书》10卷，唐樊绰撰

樊绰，生卒年不详。唐懿宗咸通三年（862），蔡袭为安南（今越南河内）经略使，绰为袭之幕僚。次年（863），南诏军攻陷交趾，蔡袭全家及随从70余

---

① （清）傅崇矩：《成都通览·自叙》，巴蜀书社1987年版。
② 林孔翼：《成都竹枝词》，四川人民出版社1982年版。

人战死，樊绰长男及奴婢14人一并陷没，独绰于城陷时携带印信，浮水渡富良江走免。次年六月受命任夔州（今四川奉节东）都督府长史。咸通元年（860）至四年（863），南诏三次进攻安南。绰至安南时，正值南诏的第三次进攻。因南诏问题对唐朝政府关系重大，故绰对南诏情况进行调查了解，并收集资料、参考袁滋《云南记》等前人关于云南的著述，复访黔、泾、巴、夏四邑民族情况，撰成《蛮书》10卷。

是书书名，文献记载不一，《新唐书·艺文志》和《直斋书录解题》著录为《蛮书》，《宋史·艺文志》《郡斋读书志》、李京《云南志略》、程本立《云南西行记》均称此书为《云南志》，《宋史·艺文志》又录有《南蛮记》，《永乐大典》著录为《云南史记》，实为一书。

书凡10卷，依次为：卷一《云南界内途程》、卷二《山川江源》、卷三《六诏》、卷四《名类》、卷五《六赕》、卷六《云南城镇》、卷七《云南管内物产》、卷八《蛮夷风俗》、卷九《南蛮条教》、卷一〇《南蛮疆界接连诸蕃夷国名》。是保存到现在的一部最早最详备和最有参考价值的南诏史著。

是书内容丰富，地理、政治、经济、文化诸方面均有涉及。如地理方面，介绍了云南界内各主要区域之间的途程、六赕、云南至今犹存的山川河源情况及著名城镇等。其描述途程以日、里、程等为计量单位，朴实真切。书中所谈及四川入云南的两条道路，即为今之成昆、内昆铁路路线。另外，从对云南城镇的记载中，可以见出云南城市的发展情况；政治方面，对六诏历史的介绍，尤其是六诏内部情况的介绍，如对南诏军队的设置、作战原则、军功赏罚等，为我们提供了丰富的历史材料；经济方面，介绍了各地的物产、生产技术等情况。如卷七讲到安宁的盐时云："安宁城中皆石盐井，深八十尺。城外又有四井，劝百姓自煎。"结合今天盐矿仍是安宁的经济支柱来看，这一经济发展是一脉相承的；文化方面，介绍了云南各少数民族的分化演变历程、民族风俗及各民族之间的往来情况。但需指出的是，是书在介绍风俗方面有一些错误之处，读者阅读时须参看校注。

《蛮书》宋时尚存，宋祁《新唐书·南蛮传》、司马光《资治通鉴》及程大昌《考古编》均有引用。明以来则传本罕见，"虽博雅如杨慎，亦称绰所撰为有录无书"[①]。清乾隆年间编《四库全书》，始将《蛮书》从《永乐大典》

---

① （清）永瑢等：《四库全书总目》卷六六《蛮书》提要。

辑出，刊入聚珍版丛书。至此，《蛮书》湮沉300年，终复重现。晚清以来，学人多致力于《蛮书》的校订和注释工作，较早的有沈曾植《蛮书注》（未刊）、李永清《蛮书校注》（1941年，未刊，残稿藏云南省图书馆），以及向达、岑仲勉、方国瑜、马长寿、赵吕甫、王忠、木芹等，都对本书有研究考证。其中向达著《蛮书校注》（中华书局1962年版），在文字校勘和史实注释方面做了较为系统的整理，特别是广泛收录了云南古代相关资料，尤为丰富。赵吕甫《云南志校释》（中国社会科学出版社1985年版），则详注详解，甚见功力。木芹《云南志补注》（云南人民出版社1995年版），以滇人注滇事，分外真切，均可参阅。

是书传世版本甚多，主要有《四库全书》本、武英殿内聚珍本、《知不足斋丛书》本、《云南备征志》本、《琳琅秘室丛书》本，以及上述向达、赵吕甫、木芹等校注本。（邹艳）

2.《平定金川方略》32卷，清来保等奉敕撰

来保（1681~1764），喜塔腊氏，字学圃，满州正白旗人。初隶内务府，康熙中，自库使授侍卫。雍正初，擢内务府总管。乾隆时历任工部尚书兼议政大臣、刑部尚书、礼部尚书加太子太保。乾隆十四年（1749），金川凯旋，进太子太傅，兼管兵部、刑部事。后又兼管吏部、礼部事。乾隆二十九年（1764）卒，年八十四，赠太保，谥文端。

"方略"一词，起源于战国，至清代，成为官修本朝战争专史的特称，是清代官修史书的一种。它基本利用档案材料编撰而成，完整地记录了本朝军事、战争历程，具有较高的史料价值。乾隆时，专门设有方略馆，来负责《方略》的撰写。有清一代，官修《方略》共25部，总计2480卷。《平定金川方略》是清代《方略》中比较有代表性的一部，也是方略馆编写的第一部方略。

是书为纪事本末体，记载了乾隆首次平定两金川叛乱。金川包括大、小两金川，大金川即大渡河上游，其土司治所在今四川西北的金川县。小金川为大渡河左岸一级支流，沿河产金沙，故名。其土司治所在今四川阿坝的小金县。明末清初，在两金川及其附近的川西地区，分布有众多土司，这些土司对于中央王朝时叛时和，中央王朝对他们也是剿抚并用，恩威迭兴。其中乾隆朝对金川的两次用兵最为惨烈。

乾隆十一年（1746），大金川土司色勒奔以联姻为计，囚禁了小金川土司泽旺，夺其印信。次年（1747），色勒奔又攻打其西南部的革布什咱和南部的

明正土司（今康定），并伏击了前来弹压的四川巡抚纪山。川陕总督庆复奏请用"以番治番"之法，暗令小金川等土司围攻大金川，却屡试无效。乾隆帝于是决计惩创大金川，调集大军从西面、南面，兵分十路讨伐大金川。第一次金川之役由此展开，历时近三年，清政府先后调集了东三省、京、川、陕、甘、云、贵、两湖等省兵力共计八万余众，耗银两千余万两，终于初定金川。其内容"谨按前后用兵始末，自乾隆十一年十一月，讫于乾隆十四年四月。举凡圣训之所指授，章奏之所敷陈，并于军机綮要者，编年系日，据事实书"（《平定金川方略》卷一）。

全书以帝后方针、策略为主线，选取与金川之役相关的奏疏和上谕，并按时间顺序编排成书，详细记录了战争的前因后果，彰显乾隆帝"运筹帷幄决胜千里"之功，使后世子孙知晓祖先功德，明白守成兴国之艰难，其政治、军事方面的经验教训也可资后人借鉴参考。

《平定金川方略》虽取材自档案材料，但在某些容易产生歧义的奏疏和谕旨之后，加有编者注语，有助于读者对史实的全面认识，从而更准确地把握历史真相。如卷五记载有张广泗奏言弹劾马良柱等在战斗过程中"不思努力救援"，擅自撤营，"虽地方现在无虞，而该镇将等连次惶遽撤营，以致军装炮位，多有遗失，其罪诚不可逭"。同卷亦有乾隆帝批复，认为马良柱"罪已显著，实无可逭"，"自当严劾，以肃军机，且伊原有应行质讯之处，可令张广泗即行据实纪参，解京问拟"。编者按语云："马良柱仓促移军，遗失炮位，诚为有罪，然其营中乏粮，至煮铠弩而食，张广泗则讳而不言也。"若没有此条按语，则读者会误以为马良柱仅是贪生怕死之辈，但结合编者按语，则对当时情况有更深入的了解，亦避免了对此段历史的武断评论。

在史实记载上，《平定金川方略》对第一次金川战争的记述，系战事一结束，编撰工作即随之展开。因距离史实时间较短，因而比之其他史书（如《高宗纯皇帝实录》）更易接近历史真实。另一方面，也正因为《方略》为纪事本末体，全书只记载一事，对兵马钱粮、军队派遣、黜陟赏恤等内容都有大量资料，并且最大程度上保留了当时奏谕等档案原貌，因而在金川一役的记载方面，也比其他史书更为翔实可据。

是书有《四库全书》本。后又收入《西藏学汉文文献汇刻》第一辑，全国图书馆文献缩微复制中心编辑，1992年8月出版。（李冬梅、邹艳）

3.《平定两金川方略》152卷，清阿桂等奉敕纂修

阿桂（1717~1797），字广廷，章佳氏，满洲正白旗人。乾隆三年（1738）举人，初以父荫授大理寺丞，累迁吏部员外郎，军机处章京。十三年（1748）参金川军事。历任伊犁将军、兵部尚书、吏部尚书，累官至武英殿大学士兼首席军机大臣。《清史稿》卷三一八有传。

继第一次金川战役之后，大、小金川土司以联姻方式结盟，并对邻近区域不断侵扰。乾隆三十六年（1771），大金川土司索诺木（色勒奔侄孙）、小金川土司僧格桑（泽旺子）相继进攻邻近的鄂克什（治今小金沃日乡）、明正（治今康定）两土司，僧格桑与前来保护鄂克什的清兵交战，第二次金川战争遂拉开帷幕。清廷先后调集二十三省兵力逾四十万人参加此役。乾隆四十一年（1776），清廷攻克勒乌围，战争结束。此次战争的规模之大，耗资之巨，战斗之激烈，在整个有清历史上都十分罕见。

是役之后，乾隆四十一年（1776）二月，阿桂等奉敕纂修此书，至四十四年（1779）底书成。是书为纪事本末体史书，共152卷，"凡《御制序文纪略》一卷、《天章》八卷，冠于前。《臣工诗文》八卷，附于末。所纪平定两金川事，自乾隆二十年六月癸亥起，至乾隆四十四年十一月壬午止"（《四库全书总目》）。其内容丰富具体，史料翔实可靠。

值得特别指出的是，在历史研究者中，使用"方略"资料的并不是很多。姚继荣在《清代档案与官修方略》一文中即提到这点，并举例提到江应樑主编的《中国民族史》，在讲述清代民族史时，仅引用过一条方略资料；吴荣臻《乾嘉苗民起义史稿》以及刘如仲《台湾林爽文起义资料选编》中，均未采入方略资料[①]。但在做研究时，若加以留意，可以注意到《平定两金川方略》等方略中的除战争以外，还透露了其他历史信息。如《平定两金川方略》中，仅在金川一县内就提到了舍齐寺、拉枯寺、噶尔丹土产寺诸多本教寺院。《方略》提到这些宗教情况，意在说明此地的动荡不安与宗教有关。尽管本教在当地早期活动缺少比较明确的记载，但通过《方略》的这项记载，可以看出当地本教的活跃情况。又如在第一次金川战役期间，清廷对金川地区的宗教情况只是笼统地称为喇嘛教。第二次金川战役之前，这样的看法依然存在。在《平定两金川方略》卷一"甲隆、霍尔诸部咸奉喇嘛之教"以及卷二十六"索诺木禀

---

① 载《青海师范大学学报》2002年第1期。

内掌管佛教之语",可以看出清廷并没有将藏区本教与佛教区分开来,这些都可以作为宗教研究的材料①。有研究者已注意到这一点,但总体来讲,《方略》的史料价值还有待充分挖掘和利用。

此外,同来保《平定金川方略》一样,因为历史原因,是书也着力渲染皇帝的英明神武,夸大皇帝的功劳,而对其他成功因素有所忽略。今之读者在了解和研究金川之役时,对此须持客观评论态度。

是书今传有《四库全书》本。后又收入《西藏学汉文文献汇刻》第一辑,全国图书馆文献缩微复制中心编辑,1991年2月出版。(李冬梅、邹艳)

4.《平定两金川述略》1卷,清赵翼撰

赵翼(1727~1814),字云松(一作云菘、耘松),号瓯北,江苏阳湖人。乾隆二十六年(1761)进士,授翰林院编修,累擢贵州西道,以母老乞归。晚岁主讲安定书院,往来常、苏间,诗篇传写,一时江左纸贵,与钱塘袁枚、铅山蒋士铨合称"江右三大家"。诗以五古为最,为"毗陵七子"之一,与袁枚、张问陶并称"乾嘉性灵派三大家"。又长于史学,精于考据,所著《廿二史札记》与王鸣盛《十七史商榷》、钱大昕《二十二史考异》合称"三大史学名著"。又著有《陔余丛考》43卷,《檐曝杂记》6卷,《唐宋十家诗话》12卷等。嘉庆十九年(1814)卒,年八十八。

是书用简要的语言叙述了两次金川战役的始末。开篇简单交代了金川的地理位置情况及历史渊源,指出大小金川的形成过程、战事起因等。对第一次战役记述较略,第二次战役则较详。自郎卡于乾隆二十三年(1758)"逐革布什咱土官及泽旺之子僧格桑于吉地"起,至"阿尔泰遣兵护鄂克什,僧格尔遂与民兵战事",百余字即交代了第二次金川之役错综复杂的起因,极为简洁凝练,体现出史家之笔。与来保、阿桂两部《方略》不同,《方略》重在按时间顺序汇辑奏议、圣谕等文献材料,是书重点则在于记录战场情况,突出战事之艰辛。如:"阿桂趣诸将于勒乌围转经楼之间,先破其碉寨数十区,即立栅驻兵,以断贼互援路。而高碉陡削,贼可下击,我兵不能跃而上,则令军士缚木于肩背,手推土囊,匍匐至碉下,层叠堆起,顷刻立三木栅,俯井碉上贼。其

---

① 徐法言在研究金川地区佛、苯关系时,就谈到了《方略》中的材料。详见徐法言:《走出"佛苯之争"的迷思——论第二次金川战役前金川地区苯教与藏传佛教格鲁派的关系》,载《社会科学研究》2012年第3期。

礅下贼有掘沟以抗者，我军亦穴地轰礅击之。"战争的激烈场面以及战术的选择运用，跃然于读者眼前，令人有如亲临其境之感。

《方略》重在汇辑档案资料，展现"运筹帷幄决胜千里"，在记录政令上传下达方面，是其优势，但在了解战争概况上，则因其卷帙浩繁，而显现出不足来。是书则刚好弥补了《方略》的这一不足之处。它以最凝练的文笔，记录了战争的起因、经过、结果，从宏观上展现了战争的整个过程，在可读性上，也优于《方略》。这是赵翼《述略》的又一个重要特点。因此，在研究两金川战役历史时，可将两部《方略》与赵翼《述略》的材料相结合，既能了解战场情况，又能了解到战争背后的决策过程。

两金川一弹丸之地，乾隆朝却消耗大量的军资和时间，终将其平定。金川之役为何如此艰难，赵翼在分析原因时，将金川的地理环境等因素列于首位。他强调了金川不比"准夷回部"，其地势险要，尤其是兼有碉氆之固，易守难攻，因而清军每每需"步步立栅自护"，或只得"绕道别进"。加之气候恶劣，致使清军"致力于无可致力之处"，与平定准夷回部相比，"战攻之苦，不啻倍蓰"。应该说，赵翼只注意到了天时、地利方面的客观原因，但对于其他原因，却只字未提。比如"番人"的恃战好强，誓死抵抗，其中还蕴含有他们捍卫本教信仰的情怀，这也是乾隆帝在金川地区宗教政策推行的失误之处。①又如对战争中恶劣的天气，归结为"贼之喇嘛复能用札答邪术以致雨雪，泥深路滑，我兵力益难施"，认为喇嘛施邪术，这是谬妄怪诞之语。又比如乾隆帝的盲目出兵和草率撤军，清军将帅不和、主要将领失职，清军士兵战斗力差，等等，均未提到。相反，赵翼却也与《方略》作者一样，过度夸大皇威盛德，甚至将金川战争之功与唐朝平定安史之乱进行比较，认为"哥舒翰四万人破吐蕃石堡城之险，《唐史》侈为奇绩，然所攻不过一城，今则如石堡城者，不下数十百处，节节出死力得之，则绩之奇更前古所未闻也"。赵翼作为史家，对传统"为尊者讳"的史观是持批判态度的，对历朝官修史书的作伪情况也有无情的揭露。但在分析本朝金川战役时，却不能做到全面、客观、公允，且有意掩盖了乾隆及其将帅的失误，这是赵翼的局限。

是书收入于《小方壶斋舆地丛钞》第八帙。（李冬梅、邹艳）

---

① 可参阅徐铭：《苯教与大小金川战争》，载《康定学刊》1997年第1期。

5.《金川琐记》6卷，清李心衡撰

李心衡，字巽廷，号湘帆，上海人。附监生，官西昌县丞、湖北枣阳知县。乾隆四十九年（1784）至五十三年（1788）间，担任绥靖屯（今四川金川）第四任屯员。在绥靖任上，李心衡根据所收集的金川资料，整理编成《金川琐记》。

是书正文凡6卷，卷首有李心衡乾隆五十五年（1790）《自序》《例言》。自定体例曰："专记""风物，其余概不敢搀入"，"词皆纪实，不同传奇家架虚立论，故词皆径而少纡回"，对于暂时"无从考其源流"的"名物象数"，"不敢妄为附会"。可谓征实之作。

正文6卷记载了金川地区（包括今金川、小金、丹巴等县）的风土人情及历史掌故，如：《两金川御碑亭》《义烈墓》《入金川路》《五道进兵》《演炮石》《气候》《风穴》《官寨》《碉楼》《转经楼》《欢喜佛》《袭职》《跳锅装》《俗重藏经》《徭役》《婚配》《金川往事十三则》《屯户》《租妇》《医卜》《夷字》《夷画》《糌粑》《造纸》《索卦》《弈棋》《数学》《咂酒》《酥油》《牦牛》《异僧》《抚边城隍》《神树》《飞僧》《篾索桥》《章谷通事》《藏佛》《乩仙》《夷语》《女子不穿裙裤》《冬虫夏草》《夜光木》《女千总》等，皆得自亲闻亲见，较为生动。

是书还收录了大量金石资料，如乾隆《御制平定金川勒铭勒乌围之碑》《御制平定金川勒铭噶喇依之碑》《御制平定金川勒铭美诺之碑》等三碑、《乾隆四十二年钦颁山川祭文》，附录"慰忠词"以及死事、文职诸人的传略，以及大量亲见的民俗史料，资料性强。《例言》订制"防滥、存真、阙疑"原则，本志编辑严谨，文字简练，颇具学术价值与史料价值。

是书有嘉庆三年（1798）初夏本衙刊巾箱本、道光三年（1823）本、王锡祺光绪十七年（1891）辑刻《小方壶斋舆地丛钞》第八帙本、上海商务印书馆民国四年（1915）版、民国二十五年（1936）《丛书集成初编》本、台湾广文书局1968年影印初版本以及张孝忠、宋友成、蔡仁政、蔡裕隆校注本（金川县，1998年1月印行）。（王川）

6.《直隶理番厅志》6卷，清吴羹梅修、周祚峄纂

吴羹梅，河南固始县人。同治三年（1864），由直隶理番厅典史升任理番厅同知。在任期间，曾受命组织屯兵协助清政府剿松潘"夷乱"，就抚卢花黑水。当时，梭磨女土司藏旺格什及其二子被困在卢花已经三年，吴设法

救出女土司。然而由于女土司的病故，大权旁落，其子不能袭位。同治五年（1866），吴羹梅派兵到梭磨，协助其子收回印记并承袭土司职位。与此同时，吴又与其他三屯修好，从而安定了该地的四土（梭磨、卓克基、松岗、党坝）。同治四年（1865），在安抚四土的过程中，他还受命查办下孟增设守备穆祖索朗。事平后，为纂修省志，奉命设局编修邑志。

周祚峄，安岳县人。附生，保举候补知府，任直隶理番厅教谕。

理番厅为今四川阿坝理县，旧名"杂谷脑"。明永乐五年（1407）在该地置杂谷安抚司。清雍正年间，省威州而以保县县治移住此地，隶属茂州。乾隆十八年（1753），废保县而升设直隶理番厅［嘉庆《四川通志》记为乾隆二十年（1755）］。民国二年（1913）改为理番县，属西川道。民国三十五年（1946），改理番县为理县。

是书的纂修"始于同治三年，初稿出来以后，因为不如意而告中止。两年后方又延请周祚峄前来总其事，重行编订，历数月而成书，付梓未竣而又以边事告停。直到同治七年（1868），吴羹梅调任四川珙县知县前，方刻毕印行"①。故一般认为，是书初刻本产生于同治五年（1866）。

是书凡6卷，卷首有吴羹梅、周祚峄《序》以及《凡例》《沿革表》《舆地图》《宸章》《上谕》。《沿革表》列理番厅从两汉到明以来的郡县设置沿革。《舆地图》一张为《新保关城垣图》。正文分为《舆地》《建置》《学校》《边防》《艺文》《志存》6卷，凡35目。计卷一《舆地》，分郡县沿革、疆域、山川、里居、赋役、风俗、物产7目；卷二《建置》，分职官、城池、祠庙、公署、关隘、桥梁6目；卷三《学校》，为圣贤、祀典、名宦、忠孝、乡贤、节孝、人物、选举8目；卷四《边防》，为筹备、兵制、土制、屯制、武功、夷俗、夷事7目；卷五《艺文》，由奏疏、露布、说、记、诗赋等目组成；卷六《志存》，收录旧志没有记载或前几卷漏载的材料，涉及人物、山川、景观、传闻、碑文、灾异、古墓、井泉等，也有对旧志中的事物进行辨讹。引外还有陈志总序及各卷小序等。

是书著录内容全面，所记理番厅的山川、人物、风俗、边防、物产等，比其他志书更为详尽丰实，是了解该县综合概况的百科全书。如大量收录了当地的风俗民情、婚姻制度、土司人物、各番间的恩怨等，特别是记载"夷俗"尤

---

① 何金文：《四川方志考》，吉林省地方志编辑委员会1985年版。

详。又附录有该地土司首领人物,是研究当地少数民族习俗、制度、文化的重要民族史料。对历代的用兵、驻防、关隘,甚至屯制、兵额配置,也都有详细记录,具有一定的军事防御价值,可为后来政府加强对该地区的守备、维持该地区的治安提供参考和借鉴。是书中记载的许多政府在处理民族之间的事务时采取的措施,可为后来政府提供参考。此外对于儒学在当时当地兴盛的状况也有记述,是研究儒学在民族地区发展的重要史料。如卷三《学校》之《祀典》记载了大成殿和崇圣祠中的各先贤先儒的祀位、祀典,是儒家礼乐制度在当地传播的反映。

是书还收录汉以来的历史名人,著名者有姜维、李德裕、韦皋等,且重点记载了乾隆年间的四川总督策棱和川陕总督岳锺琪在该地剿平仓旺叛乱的事迹。在文献方面,收有李德裕所作《论维州事状》奏疏1篇、《破吐蕃露布》1篇(《全蜀艺文志》中也有收录)、谢方叔《太极图说》1篇、陆游《筹边楼记》、吴羹梅《魁星阁记》等。经常被研究者援引作为论据,为政府处理民族事务提供了借鉴。另据李绍明《四川理县隋唐二石刻题记新证》,在杂谷脑镇西侧之扑头梁子崖壁,有隋开皇九年(589)及唐开元十五年(727)镌刻的摩崖碑各一,隋碑经前人命名为《隋会州通道记》;唐碑无题,其内容述唐朝与吐蕃之间的一次战事。以上二石碑"于赵明诚《金石录》、王象之《舆地碑记目》、孙星衍《寰宇访碑录》、赵之谦《补录》、刘声木《续补录》及嘉庆《四川通志》等,皆未著录,惟唐碑曾载入同治《理番厅志》中"[①],可见是书收载资料之广。

是书有同治五年(1866)刻本,该刻本卷首、每卷各1册,共7册。20世纪70年代末,中央民族学院吴丰培独自整理"中国民族史地资料丛刊"(内部参考,1978年起,由中央民族学院图书馆复制),内有《直隶理番厅志》。20世纪80年代,但远军对该书进行标点、注释、翻译,在理县印行。此外,尚有巴蜀书社1992年8月影印同治五年(1866)本。

近代以来,陆续出版了一些与理县相关的书籍,如《理番县概况资料辑要》(1936~1940年间铅印本),浙江冯克书编写的《理番视察述要》(杭州古籍书店1964年据稿本油印)、《理县地名录》(理县地名领导小组1985年编印)、《理县志》(四川民族出版社1997年版)等,均可参考。(王川)

---

① 李绍明:《四川理县隋唐二石刻题记新证》,载《思想战线》1980年第3期。

第四章 巴蜀子部文献

第一节　巴蜀"子学"及子部文献

刘咸炘《蜀学论》说："若夫经生考典，子部成家，斯则让于他国，不敢饰其所无。"意谓蜀中在经学考据、子学名家方面，不及其他省份。但是诸子学在蜀中的传播或延续，还是代有其人、世有其书的。曹学佺《蜀中广记》之《著作记》有"子部"著录传统诸子书，又有"内典""玄书"二目录佛、道书，共录书150余种。嘉庆《四川通志》之《艺文志》亦有"子部"，下设儒、兵、法、农、医、天算、术数、艺术、谱录、杂、类书、小说、释、道各类，录书545种。吴福连《拟四川艺文志》在诸子、兵书、术数、方技四略中，也对巴蜀"子部"文献进行了著录和叙述，凡录书491种。吴书有目、有叙，体例较善，可以考见蜀中子学流派及文献状况，兹据之概述于后。

诸子略包括儒、道、阴阳、法、名、墨、纵横、杂、农、小说等，即班固所谓"九流十家"。在儒家类，吴氏《拟四川艺文志》著录汉代扬雄《太玄》19篇、《法言》13篇、《乐》4篇、《箴》2篇，三国王长文《无名子》12篇、《通玄经》4卷，北周卫元嵩《元包》5卷，宋范祖禹《帝学》8卷、苏辙《孟子解》1卷、张行成《潜虚衍义》16卷、张栻《孟子说》、黎靖德《朱子语类》140卷，至清费密《宏道书》10卷、《圣门旧章》24卷，张鹏翮《信阳子卓录》8卷、《敦行录》1卷，李调元《逸孟子》1卷等52家86部。吴氏叙录蜀儒源流说，扬雄造《太玄》《法言》，仅次于孟、荀，刘向歆父子"深敬服之"，陆绩甚至称扬雄为"圣人"。其后，有任安、李譔、谯周、李宓，都是常璩《华阳国志》称赞的"名儒"。至宋，"蜀儒最盛，与洛抗衡"。以道学名家的，有张栻、魏了翁；而李道传、李性传兄弟，则又辑录朱子言论成书，黎靖德据之编成《朱子语类》，对道学推广帮助很大。明以后，理学家们多宗濂洛程朱，而何祥则宗崇姚江"心学"。清代张鹏翮又反其道而行之，"持循礼法，以敦本适用为教"，又回到程朱重践履的时代。需要补充的是，明代唐甄撰《潜书》，是一部思想启蒙著作，章太炎说他上继孟荀、下开戴震。晚清杨锐、刘光第、廖平、宋育仁、吴之英等,是维新变法的宣传者和实践者;谢无量、张澜、吴玉章等,又开民主革命的先声。

在道家类,《拟四川艺文志》著录22家24部,其知名者如:《臣君子》2篇,是蜀人最早的道家著作。严遵《老子注》2卷、《老子指归》2卷,是汉代河上公注之外的最早《老子》著作,对东汉张陵《老子想尔注》影响甚巨,对道教在巴蜀的诞生也具有奠基作用,故而被吴福连誉为"道书大宗"。《后汉书》说折像"好黄老言",《华阳国志》说冯颢"修黄老",二人都以"清虚自守"为宗旨。涪陵丹兴人范长生,兼通《易》《老》,博学多艺能,著有《道德经注》《周易注》,寿高百岁,为李蜀宰相,为"蜀中八仙"之一。唐人张君相曾经汇集汉晋以来各家之注,为《三十家老子注》8卷,可谓详赡,惜已不传。

江浙缙云人杜光庭,随唐僖宗入蜀,后留蜀中追随蜀王建,官至户部侍郎,赐传真天师号,晚居青城山,著有《道德真经广圣义》《道门科范大全集》《广成集》《洞天福地岳渎名山记》《青城记》《武夷山记》,对道教教义、斋醮科仪、修道方术、《老子》解义多有研究整理,对后世道教发展影响甚大。

宋代苏辙著《道德经解》2卷,屡引《中庸》为说,是会通儒道的重要尝试。苏轼注《庄子广成子篇》,以阐发其汪洋恣肆之文气;杨慎撰《庄子阙误》1卷,颇能匡谬补阙,亦属可贵。

在阴阳家类,《拟四川艺文志》著录汉景鸾《月令章句》,宋张行成《皇极经世索隐》以及张鉴《衍义》、李竹《发明》等6家8部。他将阴阳之书上推至夏禹《小正》一书,以为是羲和授时传统的产物。邵雍的"元会运世"之说,也与古来阴阳消长之说吻合;张行成、张鉴、李竹皆是拾取邵氏牙慧而成篇。

在法家类,《拟四川艺文志》著录1家13部。吴氏叙录说:文翁遣小吏受业博士,"或学律令",蜀中的法家之学实始于此。《后汉书》说王涣读律令,略举大义;《华阳国志》称王堂任右扶风,政教严明。诸葛亮治蜀,崇尚严峻,他在教育后主时,常常书写《申》《韩》《管子》之书;苏洵《几策》,也都主张治乱世用重典、信赏必罚。还有苏易简《淳化编敕》30卷,王珪《在京诸司库务条式》130卷、《铨曹格勒》14卷,蒲宗孟《八路敕》1卷、《省曹寺监事目格子》47卷,虞允文《乾道重修敕令格式》120卷,都属于当时的刑罚类文献。

在名家类，《拟四川艺文志》著录龙昌期《天保正名论》8卷以下9家11部。说名家是"辨上下、定民志"的，龙昌期的书正好合乎这个标准。范镇、苏洵所编《谥法》诸书，也符合"正名"内容。不过，他将张和卿《皇朝事类枢要》250卷、虞允文《续会要》300卷、李心传《国朝会要总类》588卷、魏了翁《国朝会典》200卷等史部书都归在名家，实属牵强。

在墨家类，《拟四川艺文志》著录冯颢《刺奢说》等18家23部。不过，其所著录并非纯粹墨家著作，而是杂入道教、佛教著述，如隋费长房《历代三宝记》3卷、《开皇三宝录》10卷，唐圭峰《禅源诠》110卷，宋张商英《护法论》1卷、释祖觉《僧史》100卷，明释无际《道林录》1卷，清释通醉《锦江禅灯》10卷等。墨家与名家一样，本是先秦学术，至战国已经与儒家合流（名与法合），入汉已经无复独立的名家和墨家了。历代著录，虽时或有名、墨著作，但也只是研究名家和墨家的成果，而不是信奉名墨之学、持守名墨之说的学派了。为满足著录需要，吴氏在名家中大量引入典制文献，在墨家又大量引录佛家文献。他还说："张鲁行宽惠，以鬼道教，立义舍，置义米义肉其中，行者取之，不得过多，云鬼病之，可谓'右鬼'而'兼爱'矣。""释氏言慈悲，即墨氏'兼爱'之意；其教信佛，即'右鬼'类也。"此乃学术旨趣相近，并不是三者之间有传承关系。他说："墨学之亡，赖释以存，故以释书附墨。"与近世墨子为印度人之说颇为相近，然于"考镜源流，辨章学术"固无补焉。

在纵横家中，吴氏认为"秦之张仪，两次入蜀"，这是巴蜀传入纵横学说的开始。纵横家的特征是，既能摇唇鼓舌，纵横捭阖，播弄是非；又能游走江湖，穿梭列国，折冲尊俎。因此吴氏将善于持纵横之术和善于办理外交之务的人，都归于纵横家中，这倒也合乎《汉书·艺文志》"纵横家者流，盖出于行人之官"的说法。因此，三国时期邓芝本是大将，由于孙权有"合和二国，惟有邓芝"的话，吴氏即认定邓芝属"纵横之类"。宋代余崌出使过金国，明代李实（合州人）出使过北庭，清朝李仙根出使过安南，张鹏翮出使过倭国和俄罗斯，周煌出使过琉球国，都具有纵横家本领，因此将诸人的《使燕录》1卷（余崌）、《出使录》1卷（一名《使北录》，李实）、《安南使事纪》1卷（李仙根）、《出使倭俄罗斯纪略》2卷（张鹏翮）、《琉球国志略》16卷（周煌）等都纳入纵横家著录。巴蜀学人真正持纵横理论而成"家"者，他认为有唐之赵蕤和宋之苏洵，说："《国策》一名短长，赵蕤取以名书，而其中惟《阴谋》一卷，颇近纵横，孙光宪称其博学韬钤，长于经世。苏洵究心《国策》，深得权事制宜之妙，宜其撰述，成一家言。"所以他将二人的《长短要术》10卷（赵蕤）、《权书》10篇和《衡论》10篇（苏洵），列入纵横类，可谓有识。

杂家是"合儒墨，兼名法"的混合学派，《拟四川艺文志》著录64家96部。吴氏说，先秦就有《尸子》《吕氏春秋》等杂家著作，后来尸佼、吕不韦（家人和门客）迁入蜀中，蜀中杂家即从此时开始。西汉司马相如撰《荆轲论》，为巴蜀杂家著作的开端。后世持相同风格的"作者尤多"，如何汶之论《世务》（按吴氏误作"孙汶"。后汉何英之孙名汶，著《世务论》，见《华阳国志》卷一○上，并非姓孙名汶）、李尤之论《政事》、何攀之论《时务》，皆于政事不无帮助。至于北周卫元嵩《齐三教论》7卷，宋龙昌期《泣歧书》3卷、《三教圆通》（《拟四川艺文志》无）、傅代渊《老佛杂说》，明赵台鼎《脉望》8卷、黄时耀《知非录》2卷，清马升楷《二氏指要》1卷等，都主三教合一，于世教亦非无补。宋田锡《御屏风》5卷、张浚《省记时政》、李舜臣《镂玉余功录》、史绳祖《学斋佔毕》4卷、魏了翁《经外杂钞》3卷、《古今考》1卷、《读书杂钞》2卷、员兴宗《辨言》1卷、吴泳《嘉绍本议》3卷，明王德完《鉴古名篇》300卷、刘卿《博雅篇》140卷、王化隆《真如子醒言》9卷、朱应奎《翼学编》13卷、陈于陛《意见》1卷、黎尧卿《诸子纂要》8卷、杨宗吾《检蠹随笔》2卷、李士震《宰官须知》1卷，清唐甄《衡书》3卷、费密《瓮录》1卷、《蚕此遗录》2卷、《筹笞归来晚暇记》4卷、吴学孔《苕西问答》1卷等，都是诸学兼治的杂家著作。至于文立（晋人）《章奏集》10篇以下，历代蜀人的诸臣奏议和代拟诏令，吴氏亦都统统纳入杂家，则未免过滥而不知统，嘉庆《四川通志》随《四库全书》将其归入"史部"之诏令奏议，则比较合理。

《拟四川艺文志》著录巴蜀农家著作10家10部。巴蜀素有"天府之国"的美称，农业发达，农家之事，是其本业。吴氏追述说："禹平水土，岷嶓既艺；杜宇王蜀，教民务农，蜀之农政，于是增修矣！"其后，秦国蜀郡守李冰"穿渠作堰"，蜀汉宰相诸葛亮"殖谷息农"，事皆载于班固《汉书》和陈寿《三国志》中。这些措施促进了巴蜀农业的发展，而多种经营也随之出现。种茶、酿酒、养蚕、制糖、艺花等，在蜀中蔚然成风，是农民致富的重要途径，总结这些行业的经验和文化，也就成为文人雅士的课题之一。于是在五代，出现了毛文锡《茶谱》1卷，宋代则有孙光宪《蚕书》2卷、田锡《曲本草》1卷、王灼《糖霜谱》1卷、苏轼《酒经》1卷、唐庚《斗茶记》1卷，明朝也有万邦宁《茗史》2卷，清朝有李化楠《醒园录》2卷、李调元《醒园花谱》2卷，都是有益的农家之书。至乾隆中张宗法（什邡人）《三农记》24卷出，乃集斯学之大成。吴氏称赞此书："于树艺之法，纤悉不遗，采摭古书，亦云该备。蜀之农书，当以此为冠！"

吴氏对小说家类图书特别钟情，著录五代蜀潘远《纪闻谈》3卷以下34家67部。张衡称"小说九百，本自虞初"，《虞初周说》是《汉书·艺文志》著录的最早小说，说是武帝时人[①]。不过，吴福连说："蜀人尤喜谈神怪。"如说蜀之先王蚕丛、柏灌、鱼凫、杜宇"皆各数百年不死"；蚕丛游玉垒而登仙，杜宇登西山而化，其魂化为杜鹃之类。苌弘逃于蜀而死，蜀人藏其血，三年化为碧珠。都是将史事神化、仙化，其时代在东周及其以前。《汉书·艺文志》说："小说家者流，盖出于稗官，街谈巷语、道听途说者之所造也。"四库馆臣说："迹其流别，凡有三派：其一叙述杂事，其一记录异闻，其一缀缉琐语也。"因此，吴氏将志怪传奇与乎笔记野史，都录入小说家类。如五代何光远《广政杂录》3卷、《鉴戒录》3卷，宋杨九龄《三感志》1卷、冯鉴《广前定录》7卷、周挺《警鉴录》5卷，明杨慎《广夷坚志》20卷等，述果报异闻。五代冯鉴《续事始》5卷，宋李石《续博物志》10卷，元费著《笺纸谱》《蜀锦谱》《器物谱》《钱币谱》《楮币谱》等，言事物起源。宋孙光宪《北梦琐言》20卷、黄休复《茆亭客话》10卷、苏辙《龙川略志》6卷、《别志》4卷等，录政事琐闻。元费著《岁华纪丽谱》1卷，明彭汝实《六诏纪闻》2卷，清李调元《南越笔记》16卷，是异域风情。明杨慎《古今谚》2卷、《异鱼图赞》4卷、《古今风谣》2卷、《丽情集》1卷、《玉名诂》1卷，清李调元《淡墨录》16卷、《乐府侍儿小名录》2卷，等等，又讲艺林掌故。性质不一，体裁各异，吴氏皆汇入一编，真可谓薰莸同器！

"四部"分类中属于"子部"的书籍，在《拟四川艺文志》中还有"兵书略""数术略""方技略"三个部分。《拟四川艺文志》在"兵书略"著录兵书22家25部，在"数术略"著录39家53部，在"方技略"著录60家68部，也都

[①] 永瑢等：《四库全书总目·小说家类·序》云："《汉书·艺文志》载《虞初周说》九百四十三篇，注称武帝时方士。则小说兴于武帝时矣。故《伊尹说》以下九家，班固多注依托也。然屈原《天问》杂陈神怪，多莫知所出。意即小说家言。而《汉书·艺文志》所载《青史子》五十七篇，贾谊《新书·保傅篇》中先引之，则其来已久。特盛于《虞初》耳。"

颇具规模，富有特色。这里再略做介绍：

吴氏"兵书略"小序说："兵家出于古司马之职。"但是《尚书》记载"禹征有苗"，却是以司空之职来兼征讨之任的，这说明当时设官还不严密。后来，武王伐纣，从征的"西土八国"就有蜀人。秦兼并六国，首先取得巴蜀之地；汉高祖先封于汉中巴蜀，然后再还定三秦；刘备据有四川，以此为基地，屡次北伐，欲伸大义于天下。这些都表明了巴蜀地区战略位置的重要，多出军事人才，所以历史上有"巴将蜀相，世有其人"之说。《后汉书》说：宕渠冯绲"少学《春秋》《司马兵法》"，是一个讲求实用的军事人才。《拟四川艺文志》著录唐赵蕤《长短经》有军事篇章，是纵横家军事理论；李远《武孝经》，则发挥"战阵无勇非孝也"学说，是儒家军事理论；北宋张商英注释《素书》，依本黄帝以为说，是道家军事理论；王当、任谅《兵书》（王书12卷、任书10卷），是兵家权谋理论。王当《筹边要略》、邓嘉猷《西南备边志》2卷，则是军事理论在边防上的应用。南宋李焘撰《六朝通鉴博议》10卷，李舜臣、李道传父子分别撰《江东十鉴》《江东十考》（各1卷），郭允蹈、吴昌裔各撰《蜀鉴》，又从古今历史形势，探讨军事问题。至于诸葛亮推演《八阵图》，研制"木牛流马"，系善于军事技巧。先秦《苌弘》15篇，唐李鼎祚《兵钤手历》1卷，宋王适《安营立阵观灾气》1卷、《行军立成七十二篇》1卷，利用鬼神来发挥"兵者诡道"之术。因此，吴氏《拟四川艺文志》仍按《汉书·艺文志》分类，将不多的兵书分成"兵权谋""兵形势""兵阴阳""兵技巧"四种来分别予以著录。

"数术"之书，《汉书·艺文志》已有著录。"数术"之法，无非人们试图运用对自然和人事的已知经验，推知现今或未来的未知世界。其子目排列已寓斯义："天文"者，天道也；"历谱"者，拟天之行也；"五行"者，物理也；"蓍龟"者，预知其理也；"杂占"者，欲尽其变也；"形法"者，欲穷其法也。只因先民认识方法和手段落后，其所得认识也有真有假，其推知方法也有效有无效，其推论结果更是有准确也有不准确，科学与迷信杂厕，正确与虚妄同器，真理与谬误连蒂。对此类文献，视其为人类认识史上一过程可矣，不必迷信，也不必深闭固拒。

吴氏《拟四川艺文志》于数术一目，共著录39家53部，反映了历代巴蜀学人认识天道物理之微、运行变化之妙，并进而推见至隐、本隐以之显的探索。但其中也存在科学与谬误并存的现象。吴氏考察说："苌弘入蜀，素称

'执数',学者沿波,不替其传";"自汉以来,蜀通数术者最多,大抵祖述苌弘者也"。蒙文通也说,巴蜀数术之学源远流长,祖于苌弘。又说:"洛下、(任)文公,图纬最精;庄遵、杨厚,占验尤奇。"庄遵、杨厚占验如何"奇"法,不得而知。其"历谱类"著录"洛下闳《太初历》",却实有其事。此为文献所载,后世所传者。若溯其初,三星堆出土之青铜神树,上中下三层三枝各居一鸟,顶上一鸟失佚,合共十鸟,正象征"十日所浴"之扶桑(《山海经·海外东经》),为上古"十日历"之实物见证。稍后金沙遗址出土太阳神鸟金箔,四鸟环绕,内有十二月牙,学人谓四鸟为四季,十二象十二月,然则太阳神鸟者,正阴阳合历之物证也。三星堆遗址距今5000年到3000年;金沙遗址距今3000年。可见其时在巴蜀地区曾经存在十月历到十二月历的交替使用情况。巴蜀历学可谓源远而流长矣。

汉武帝时,使用已久的《颛顼历》出现重大偏差,于是在全国征召知历者予以修订,最后得阆中天文学家落下闳而成《太初历》。《太初历》的原理即是夏历,其运算方法后世一直沿用。自后蜀人多知历法,唐李远《龙纪圣异历》3卷、《正象历经》1卷,宋贾浚《历法九议》1卷、魏了翁《正朔考》1卷、张方《夏时考异》1卷,明冷逢辰《用正考》1卷等,都载在目录,有案可稽。

需要补充的是,特别是在唐文宗大和九年(835),东川节度使冯宿奏称:"剑南两川及淮南道,皆以版印历日鬻于市。每岁司天台未奏颁下新历,其印历已满天下。"①古代历法乃由司天监主管,每年得朝廷颁布乃能实行,蜀中却是例外,不等朝廷颁布,每年新历就已经"印满天下"了!其非知于历数,何至于此!五代又有孙光宪撰《续通历》1卷,伪蜀胡秀林撰《永昌正象历》,史称:"推步之妙,天下一人。"南宋端宗时,"礼部侍郎邓光荐与蜀人杨某等作历,赐名《本天》";双流邓至著《通书》10卷、《往事龟鉴》10卷,"亦本历书而作"②。

至于"天文"类,唐赵蕤《长短经·天文篇》,宋张商英《三才定位图》1卷、《大象列星图》3卷,清唐乐宇《步天简法图》1册,都是记录巴蜀学人认识天体运行的文献。天文、历谱二类所录,可以说是巴蜀数术类文献的精华所在。

至于在五行、蓍龟、杂占、形法等方面,巴蜀大地也奇人世出,代有佳作。

---

① (宋)王钦若等:《册府元龟》卷一六〇,中华书局1960年影印本。
② (明)曹学佺:《蜀中广记》卷九四《著作记第四》。

《华阳国志》载何宗预知"刘备应汉九世之运",已云奇验;新旧《唐书》说袁天纲预知杜淹、王珪、韦挺、武曌等人前途,其应如响。天纲更是遍通诸术,著述满篋:《太白会运逆兆通代记图》1卷,天文也;《贵贱定格五行相书》《五行元统》(俱1卷),五行也;《易镜元要》1卷,蓍龟也;《九天玄女六壬课》《太乙命诀》《玄女坠金法》《射覆诗诀》(俱1卷),杂占也;《气神经》5卷、《要诀》3卷、《骨法》《相筜经》《人伦龟鉴赋》《元成子》(俱1卷。《新唐书》有袁天纲《相书》7卷),形法也。术精学深,古今一人!

　　此外,吴氏漏载的秦九韶《数书九章》9卷(后分18卷),内容丰富,上至天文、星象、历律、测候,下至河道、水利、建筑、运输,各种几何图形和体积,钱谷、赋役、市场、牙厘的计算和互易,应有尽有;许多计算方法和经验常数至今仍有很高参考价值和实践意义,被誉为"算中宝典"。是书的"大衍求一术",比西方高斯创用的同类方法早500余年,被公认为"中国剩余定理";书中还作正负开方术,对任意次方程的有理根或无理根求解,也比19世纪英国霍纳的同类方法早500多年。

　　"方技类"即医药卫生文献。《拟四川艺文志》亦随《汉书·艺文志》分"医经""经方""房中""神仙"四种。医经是讲医学原理的文献,经方是讲治病方剂汤头的文献,房中是讲两性健康生活的文献,神仙则是讲经过修炼达到长生久视、避谷飞升境界的文献。《拟四川艺文志》著录巴蜀方技文献60家68部,其中不乏精品之作。不过,那还不是巴蜀医药学的全部。

　　据考古发现,距今4000多年前的巫山大溪文化遗址中,出土了两枚骨针,说明巴蜀医学至少可以上溯至新石器时代晚期(约当夏朝)。《山海经》亦记载了当时在巴、蜀境域中的巫彭、巫咸等十几位巫医(郭璞注:"皆神医也。")的采炼药物和治疗疾病的活动,并详细记录了一些药物的治病疗伤和食用滋补功能。如《南山经》鹊山"有草焉,其状如韭而青花,其名曰祝余(或作桂荼),食之不饥"。"有兽焉,其状如禺而白耳,伏行人走,其名曰狌狌,食之善走。"又柢山:"有鱼焉,其状如牛,陵居,蛇尾有翼,其羽在魼下,其音如留牛。其名曰鲮,冬死而夏生,食之无肿疾。"基山:"有鸟焉,其状如鸡,而三首、六目、六足、三翼,其名曰鹘鸼,食之无卧。"青丘之山:"即翼之泽,其中多赤鱬,其状如鱼而人面,其音如鸳鸯,食之不疥。"又如《西山经》小华之山:"其草有萆荔,状如乌韭,而生于石上,亦缘木而生,食之已心痛。"符禺之山:"其上有木焉,名曰文茎,其实如枣,可以已聋。其草多条，其状如葵，而赤花黄实，如婴儿舌，食之使人不惑。"石脆之山："其草多条，其状如韭，而白华黑实，食之已疥。""肥遗，食之已疠，可以杀虫。"如此等等，对这些草木动植的生长地点、习性、形状和食用、药用价值，都进行了描述，真可以说是第一部药物学典。

司马彪《庄子注》说："彭祖八百，犹悔不寿。"又曰："彭祖饵云母，御女，凡数十娶。"《神仙传》："彭祖善于补导之术，服水桂、云母粉、鹿角散，常有少容，殷末已七百六十七岁，而不衰。"彭祖自尧舜以迄殷商，凡历800岁，无论这是一个部族的称号，还是传说中的长寿之人，彭祖都是最早的善行房中之术的专家，他的家乡传说在今四川彭山。《拟四川艺文志》据《汉书·艺文志》首载《容成阴道》26卷，而据谯秀《蜀记》"蜀中八仙"，容成实居其首，可见容成为巴蜀人，中国第一部房中术著作也是巴蜀人士所撰。2013年发掘成都北郊老官山汉墓（约在景帝、武帝时期），出土920余枚医简，包含《五色诊脉》《敝昔医论》等9部古医书，其中部分医书为扁鹊学派著作。此外还出土了一个完整的人体经穴髹漆人像，是迄今我国最早的人体经穴医学模型。说明两汉四川中医药学已发展到很高水平。

此后，巴蜀医人不绝于书，据统计，从《后汉书》《华阳国志》始，截至民国年间，有奇技而见诸文献记载的巴蜀医家达1000余人、各种医学著述700多种。《后汉书·郭玉传》载："初有老父，不知何出，常渔钓于涪水，因号涪翁。乞食人间，见有疾者，时下针石，辄应时而效。乃著《针经》《诊脉法》，传于世。弟子程高，寻求积年，翁乃授之。高亦隐迹不仕。玉少师事高，学方诊六征之技、阴阳不测之术。和帝时，为太医丞，多有效应。"这是见于正史的关于巴蜀三代医人擅长医术、针法并撰有医书的记录。1993年在绵阳从西汉早期古墓中发现了一具标有人体经络流注的木质漆人（又称"涪水经脉木人"），这是当时发现的世界上最早的"经络漆人"，无疑是后世"针灸铜人腧穴"的前辈之一，这正好可与《后汉书》所载涪翁"时下针石，辄应时而效"的记载相印证，因此绵阳也被尊为"中国针灸故乡"。

《华阳国志》卷一〇下："李助多方，以兹立称。"自注："助字翁君，涪人也。通名方，校医术，作《经方颂说》，名齐郭玉。"《宋史·艺文志》载"《李八百方》一卷"，说是汉代蜀人所作。可见自汉代开始，蜀中医学已经发展起来，并有著述传世。

唐代，蜀医昝殷撰著《经效产宝》2卷，多述顺产各法，这是人类史上第一部妇产科专著；北宋杨子建又撰《十产方》，述逆产各法；周颋撰《保童法》，述儿童保健，三书一道构成了完整的妇产、儿科文献体系。中医提倡"不治已病治未病"，注重预防，提倡食疗。在唐代，蜀人严龟撰《食法》10卷、昝殷撰《食医心鉴》3卷，在中医预防史上具有重要价值。宋代，峨眉女医还发明了人工接种牛痘预防天花的技术（见清吴谦《医宗金鉴》），这在全球也是最早的记录。可见"蜀医"一出，即已不同凡响。

巴蜀地区气候温和，地理复杂，是中药材生长的天然沃壤，"川药"系列①，历来为医家所重，文天祥《送蜀医钟正甫》有"炎黄览众草，异种多西川"之说，故历代蜀医撰著"本草"者比比焉。唐代梅彪《石药尔雅》2卷，仿《尔雅》之法解释中药性味。祖籍波斯而来蜀定居的李珣，亦撰《海药本草》6卷，是一部记录和说明海外药物性能的专著。孟蜀韩保升《蜀本草》20卷，在唐修《本草》基础上，增加药物图绘。刘咸炘说："本草之集，莫博于唐。"正是就此而言。

入宋，则有陈承《元祐本草别说》30卷、唐慎微《证类本草》30卷（后增为32卷）。尤其是《证类本草》，在《蜀本草》基础上，增加药物600余味，比《唐本草》多出一倍以上；还首次在本草中配附了汤药，便于实用，成为明李时珍撰著《本草纲目》所依据的主要蓝本。另有苏轼《良方》、史堪《史载之方》，则是著名的临证方剂著述。而南宋绍兴中成都史崧进献家藏《灵枢经》并作音释，使这部失传已久的医学经典得以复现并一直流传至今，对保存、整理和传播这一重要医学经典著作，做出了重要贡献。

明清时期，蜀中名医有：明代韩懋（泸州人）撰《韩氏医通》，又著有我国最早的梅毒专著《杨梅疮论治方》1卷；张介宾（原籍绵竹）撰《景岳全书》。清代郑寿全（邛州人）撰《伤寒恒解》《医理真传》和《医法圆通》等著述，重视辛温扶阳，善用辛热药剂，独具特色，自成一家，被病员和民间誉为"火神"，其影响直至于今。唐宗海（彭州人），撰《中西汇通医书五种》，力倡中西汇通，是我国中西医汇通派的代表人物，他将中医药理论与临床诸科结合起来，甚至进行了中医与西医结合的探索。

晚清民国时期，巴蜀学人仍然延续着重视医药学的传统。民国初年，四

---

① 四川盛产中药，据调查统计，川药占全国药物的75%，而且许多以蜀中所产为贵，如川芎、川连、川贝、川附、川乌、川楝、巴豆、天麻、虫草等，皆名品上药。

川开办存古学堂（后改国学院、国学学校）也以经、史、医学会通为办学目标，廖平、吴之英等既是博通周孔之道的经师，也是深通岐黄之术的名家。学校要求生员"以读经为主，参杂纬书、岐黄，故横通医学"。儒门事亲、医儒会通，似乎成了巴蜀儒学特点之一。廖平在《四益馆经学丛书》外，还撰《四译馆医学丛书》20余种；双流张骥复辑南北朝时医药佚籍《雷公炮炙论》（以《证类本草》为底本，广辑"本草"各书）及撰刻《汲古堂医学丛书》（1932年刻于成都，有《雷公炮炙论》等16种。张氏还自撰医书20余种，影响深远）等，都对古典医药学的推广做出了贡献。

20世纪初，国外教会组织在成都设立华西协合大学，分设医科，引进现代西医教育，为四川医药学事业注入了新鲜空气。三台萧友龙（1870～1960）在北京创办北平国医学院，巫山冉雪峰（1878～1963）在武昌创建湖北武昌中医专门学校，成都李斯炽（1892～1979）在成都开办国医学院等，则为中医界培养了众多的新生力量，造就了大批中医专门人才，为发展中医学术和壮大中医队伍，做出了积极贡献。据民国5年（1916）四川省长公署内务厅统计，当时全省已有中医人员7万余人，居于全国前列。至于今天的四川大学华西临床医学、口腔医学，更是独步全国，饮誉神州。

从上述可知，巴蜀的子部文献类型很多，数量也不菲（吴氏《拟四川艺文志》著录491部，嘉庆《四川通志》著录545部）。巴蜀在历史上曾经产生过严遵、扬雄、赵蕤等足以方驾先秦诸子的巨擘，同时近代巴蜀人之研究先秦诸子亦足以独步学林。到了20世纪，由于子学复兴的影响，蜀中学人对研究和整理诸子文献热情高涨，大家辈出，涌现出许多子学研究成果，如果说"先秦诸子，半在齐鲁"，那么"研究诸子，则学在巴蜀"。如向宗鲁（《说苑校证》）、伍非百（墨学与名学，撰《中国古名家言》上下卷）、吴毓江（墨学，撰《墨子校注》上下卷）、郭沫若（《管子集校》《〈盐铁论〉读本》）、蒙文通（儒道诸子，《道书辑校十种》）、王恩洋（佛学）[①]、王利

---

① 王恩洋撰有《摄大乘论疏》《二十唯识论疏》《阿毗达磨杂集论疏》《唯识通论》《八识规矩颂释》《大乘佛说辨》《佛教概论》《佛学通论》《佛法真义》《解脱道论》《心经通释》《大菩提论》《佛教解行论》《佛说无垢称经释》《世间论》《人生学》《儒学大义》《论语疏义》《孟子新疏》《老子学案》《新理学评论》《大足石刻》《王国维先生之美学思想》等。

器（先秦、两汉、魏晋南北朝诸子）①、杨明照（魏晋诸子）②、张国铨（《新序校注》）、袁珂（上古神话，撰《山海经校注》）等人，考据笺疏，斐然成章，将巴蜀的子学研究推向了新的高峰。

不过，因为大量历史文献已经散佚不存，我们所能看到的巴蜀子学文献十分有限。尽管如此，除研究型文献外，在医药（尤其是草本学）、数学等领域，仍独具特色，颇有影响。此外，巴蜀作为道教的发源地和佛教禅宗孕育地，特别是作为密宗、华严宗的主传之地，其宗教方面的文献也并不逊色。故曹学佺《蜀中广记》之《著作记》特设"内典""玄书"两门（内典即佛教书籍，玄书即道教书籍），嘉庆《四川通志》亦设"释家""道家"两类著录相关文献，共得道教文献87种、佛教文献43种，足可备二学之胜概。

总观上述蜀中子学流派及文献状况，我们拟将巴蜀子部文献分为"诸子类""科技类""宗教类""笔记类"四类加以举要介绍。"诸子类"即是传衍和研究以先秦诸子为代表的思想性（古人谓之"道"）文献；"科技类"即相当于今天科学技术发展史（古人谓之"器"）文献，包括动物、植物、数学、制造、医药等文献；"宗教类"主要针对佛教、道教在巴蜀的文献；"笔记类"即稗官小说、笔记杂录等文献。

第二节　诸子文献举要

1.《老子指归》，汉严遵撰

严遵，字君平，本姓庄，东汉人为避明帝刘庄之讳，遂改称严，西汉蜀郡（今成都）人。生卒年不详，《汉书》说"君平年九十余，遂以其业终"，"扬雄少时从游学"，据此分析，严遵活动的时代应在西汉中后期，约当昭、宣至哀、平之间（前86~公元5）。严遵善《易》，好老庄，隐居不仕，在成都以卜筮为生。史称其卜筮时"与人子言依于孝，与人弟言依于顺，与人臣言

---

① 王利器撰有《新语校注》《盐铁论校注》《风俗通义校注》《颜氏家训集解》《文心雕龙新书》《文心雕龙校证》《文镜秘府论校注》《历代笑话集》《元明清三代禁毁小说戏曲史料》《李士桢李煦父子年谱》《吕氏春秋比义》等，又有论文集《耐雪堂集》《晓传书斋文史论集》《王利器论学杂著》等。
② 杨明照撰有《文心雕龙校注》《抱朴子外篇校笺》《刘子校注》等，还对《吕氏春秋》《庄子》《淮南子》《史通》等作过校正。

依于忠,各因势导之以善"①,可见严遵是一个以世教为怀的人,并非不问世事、不食人间烟火的高蹈隐士。《汉书》说他每天卜筮,"裁日阅数人,得百钱足自养,则闭肆下帘而授《老子》,博览亡不通",还是一位酷爱老庄、知识渊博的大学者。

扬雄曾从严遵学习《易》《老》,后扬雄显贵,屡称严遵之高行于朝,云"蜀庄沉冥,蜀庄之才之珍也。不作苟见,不治苟得,久幽而不改其操,虽隋和何以加诸!"②班固《汉书》亦云"君平年九十余,遂以其业终,蜀人爱敬,至今称焉",还将其与秦末汉初"商山四皓"东园公、绮里季、夏黄公、甪里先生和成帝时谷口隐者郑子真并称,说他们"其风声足以激贪厉俗,近古之逸民也"③。《汉书·地理志》又说:"后有王褒、严遵、扬雄之徒,文章冠天下。"说明严遵还擅长著述,文章曾经冠于天下。《汉书》本传载其"依老子、严周(庄周)之指著书十万余言",《隋书·经籍志》载:"汉隐士严遵注《老子》二卷……《老子指归》十一卷,严遵注。"陆德明《经典释文》载:"(《老子》)严遵注二卷,字君平,蜀都人,汉征士。又作《老子指归》十四卷。"可见严遵著有《老子注》和《老子指归》两书。另据《华阳国志》"司马相如、严君平、扬子云、阳成子玄、郑伯邑、尹彭城、谯常侍、任给事等,各集传记,以作《本纪》,略举其隅"④的话,知严遵还撰有《蜀本纪》(或《蜀纪》)之书。严可均《全汉文》辑有严遵《道德指归说目》《座右铭》等。《老子注》和《蜀本纪》俱亡佚,今唯传《老子指归》残本。

《老子指归》卷数历代目录记载不一。《隋书·经籍志》云"《老子指归》十一卷";《经典释文》则载"《老子指归》十四卷",唐玄宗《道德真经疏外传》、杜光庭《道德真经广圣义》以及《旧唐书·经籍志》《新唐书·艺文志》并同。及宋晁公武《郡斋读书志》作"《老子指归》十三卷"、《宋史·艺文志》、清钱曾《读书敏求记》并同。清钱曾《读书敏求记》中记载:"严君平《道德指归论》七卷至十三卷。"可见《老子指归》卷数有11卷、13卷、14卷之分。谷神子《序》又说:"《道德指归论》若干卷,陈隋之际已逸其半,今所存者止《论德篇》。"《指归》一书在历史上时隐时现、卷

---

① 《汉书·王贡两龚鲍传》。
② (汉)扬雄:《扬子法言》卷六《问明篇》,《四部丛刊》本。
③ 《汉书·王贡两龚鲍传》。
④ (晋)常璩:《华阳国志》卷一二《序志》。

帙分合、内容残缺，极不统一，致使今传之本是否真为严遵作品也受到怀疑，四库馆臣即断为"能文之士所赝托"①。对此钟肇鹏有详尽驳辩，断作者为严遵无疑②，兹不赘述。

是书主旨在于阐释、发挥《老子》微言大义。明刘凤曾概括其核心云："其为旨与老氏无间，故因其篇章以发归趣，以为道本于无：无无之无是生于无，未始之始是为太始。体既无矣，不得不虚，既未有始，莫之端倪。惟无倪也，故能周遍。虚之极也，复何所穷？故原物之生，始惟至柔。柔者，生之端；刚者，生之魄也。（略）此君平之指而老氏之大要也。"③是书对《老子》思想做了阐发和引申，同时也对先秦诸子思想有所吸收。与《老子》一样，将宇宙生成论和本体论混同，既给"道"赋予以宇宙论意义，同时又给其以本体性规定。"道体虚无"，是对《老子》本体论的继承和发展，其所倡导的"道性自然"实际上是老子"道法自然"的翻版，其将道之属性与自然和无为与社会和政治领域相贯通，这实际上是对老子思想的进一步发展。在重视"无""虚"和"柔"的同时，严君平又提出"柔者，生之端；刚者，生之魄也"和"未始之始，是为太始"等观点，有兼"有无""刚柔"的用意。书中《易》《老》合一，援《易》入《老》，卷首开篇《说目》即曰："庄子（即严遵）曰：昔者老子之作也，变化所由，道德为母，效经列首，天地为象，上经配天，下经配地，阴道八，阳道九，以阴行阳，故七十有二首。以阳行阴，故分为上下。以五行八，故上经四十而更始；以四行八，故下经三十有二而终矣。"基于这种体认，他也将《老子》分为上、下经，不过有别于河上公将《老子》分为八十一章，严遵则用《易》之八、九，将《老子》分为七十二章。他说："阳道奇，阴道偶，故上经先而下经后；阳道大，阴道小，故上经众而下经寡；阳道左，阴道右，故上经覆来下经覆往；反覆相过，沦为一形。冥冥混沌，道为中主。重符列验，以见端绪。下经为门，上经为户，智者见其经效，则通乎天地之数，阴阳之纪，夫妇之配，父子之亲，君臣之仪，万物敷矣。"（《说目》）将《易经》阴阳观念和儒家五伦思想，都融入了《老子》分篇之中。其《得一篇》又说："然《大易》乾乾光耀，万物资始，云蒸雨

---

① （清）永瑢等：《四库全书总目》卷一四六《道德指归论》提要。
② 钟肇鹏：《严遵》，贾顺先、戴大禄主编：《四川思想家》，巴蜀书社1988年版。
③ （明）刘凤：《严君平道德指归序》，《老子指归》附录三，中华书局1994年王德有点校本。

施，品物流行，元首性命，玄玄苍苍，无不尽覆。"更是明确地引用《易经》原理了。

书中有许多儒、道会通之说，如《上德不德篇》云："天地所由，物类所以，道为之元，德为之始，神明为宗，太和为祖。"将道、德、神明、太和等融合起来了。在这样的理论框架下，严君平又说："道有深微，德有厚薄，神有清浊，和有高下。清者为天，浊者为地，阳者为男，阴者为女。人物禀假，受有多少，性有精粗，命有长短，情有美恶，意有大小。或为小人，或为君子，变化分离，剖判为数等，故有道人，有德人，有仁人，有义人，有礼人。"（《上德不德篇》）将儒家的君子、小人、仁人、义士，与道家的道人、德人，同条共贯地整合起来了。这些不同的人格情态又有何定义和区别呢？"庄子（严遵）曰：虚无无为，开导万物，谓之道人；清静因应，无所不为，谓之德人；兼爱万物，博施无穷，谓之仁人；理名正实，处事之义，谓之义人；谦退辞让，敬以守和，谓之礼人。"（《上德不德篇》）儒家人格情态，与道家的清修之士，完全都处于一个体系之中，他并且说："凡此五人，皆乐长生。"（《上德不德篇》）与原始道家菲薄仁义，贱视诗书，迥然有别。这无疑体现出巴蜀文化的包容精神。其所形成"道、德、仁、义、礼"的价值结构，后为扬雄、赵蕤、张商英等人所继承，并影响中国道教理论的发展。

宋以后，是书《道经》6卷已佚，仅留《德经》7卷。今所传版本有二：一是6卷本，存卷一至卷六，有胡震亨本，题为《道德指归论》，收入于《秘册汇函》《津逮秘书》《学津讨原》及《丛书集成初编》；一是7卷本，存卷七至卷一三，有《道藏》本、怡兰堂本，题为《道德真经指归》，收入《道藏》及《怡兰堂丛书》《诸子集成续编》。6卷本不引《老子》经文，仅以《老子》每章开头几字作为篇名，卷前有说目。7卷本引用《老子》经文，但不列篇名，末卷有序目，比6卷本多出第13卷。中华书局于1994年3月出版了由王德有校勘标点的《老子指归》。（潘斌、舒大刚）

2.《法言》，汉扬雄撰

扬雄生平，见《太玄》。

《法言》是扬雄继《太玄》之后的又一部传世名作，为语录体散文著作，仿《论语》而撰成。其自序曰："雄见诸子各以其知舛驰，大氐诋訾圣人，即为怪迂析辩诡辞以挠世事，虽小辩，终破大道而或众，使溺于所闻而不自知其非也。及太史公记六国，历楚汉，讫麟止，不与圣人同是非，颇谬于经。故人时有问雄者，常用法应之，撰以为十三卷，象《论语》，号曰《法言》。"（《汉书·扬雄传》载《法言自序》）可知扬雄撰《法言》主要是对诸子和太史公等"不与圣人同是非"的错误认识加以批判和纠正。他"自比于孟子"（《法言·吾子》），要廓清儒学传播、发展道路中的障碍，从而复见儒家经典的真正内涵，阐明孔学圣道的基本精神。他尊崇《五经》，认为圣人及《五经》是评判是非得失的根本标准和唯一标准，尤其在衰乱时期，更是社会生死存亡的重要保证。提出只有努力摒除利禄之欲，涵养道德之心，才能真正达到孔圣的道德境界。他点评了西汉著名儒学大师，包括叔孙通、辕固生、申培、董仲舒等，认为叔孙通作君臣之仪，是得，但其礼不合圣人之道，是失。对辕固生、申培则除称其"守儒"之外，其余都加以批判和否定。而董仲舒空有愿望却不能实现，公孙弘位居显要却只知"利在安身"（《渊骞》李轨注），都未能近圣人之道。此外，对董仲舒等的今文经学走向灾异谶纬学说及时人赞誉的致雨之术，也都予以毫不留情地讽刺和批判，指出："君子之言，幽必有验乎明，远必有验乎近，大必有验乎小，微必有验乎著。无验而言之谓妄。君子妄乎？不妄。"（《问神》）这在谶纬学说流行的西汉后期，无疑是石破天惊之语。徐复观对此评价道："从成帝时起，开始有人对由术数所讲的天人性命之学发生怀疑，渐渐要回到五经的本来面目，以下开东汉注重五经文字本身了解的训诂学，并出现了以桓谭为先河的一批理智清明的思想家，此在西汉末期，虽未成为学术风气的主流，但实开始了一个新的阶段。扬雄末年的《法言》，担当了开辟此阶段的责任。"[①]

对于先秦诸子，扬雄评论最多的当属以申不害、韩非为代表的法家思想，肯定了他们的"苟不乖少圣人之术"，"则颜、闵不能胜之"（《问道》李轨注），但对其"不仁之至"（《问道》）、"险而无化"（《五百》），则进行了严厉的批判和全面的否定。这一点颇不同于汉代其他学者，如司马谈和班固在评价法家时，既有否定，也有肯定。相比之下，扬雄就缺少了这样一种客观分析和全面考察，更多的是带上了鲜明的主观倾向和感情色彩。这样一种主观性，既是《法言》的突出特点，也是其所失之处。

一方面，扬雄极力批判，另一方面，扬雄又指出儒学经典和孔学圣道也不

---

① 徐复观：《两汉思想史》卷二，香港中文大学出版社1975年版。

能生搬硬套、盲目遵从，随着时代变化，"可则因，否则革"（《问道》），"夫道非天然，应时而造者，损益可知也"（《问神》）。他认为，"通天、地、人，曰儒；通天、地，而不通人，曰伎"（《君子》），主张从天、地、人三方面分析社会历史变迁的根本原因。他分析了战国秦汉的历史，认为秦亡于"强阅震扑""播虐黎苗"，而汉虽"兼才尚权"，却并不如上古三代明君因"显懿"而能"飨国长久"（《重黎》）。体现出了扬雄深切的忧患意识，这也是扬雄所倡之儒学的新的文化内涵和时代意义。

儒道水乳交融、互相影响，是《法言》的又一特征。汉初尊黄老，尚无为，将道家学说作为统治思想，后虽经武帝时期"罢黜百家，表彰六经"，但道家学说并未完全、也不可能完全销声匿迹。扬雄少从严君平游学，对严氏的德行才学称赞有加，在《法言》中也提到"蜀庄之才之珍也，不作苟见，不治苟得，久幽而不改其操，虽隋和何以加诸？"（《问明》）严君平是汉代道家学派的代表人物。《法言》中的尚玄崇道思想，正是受了道家影响的结果。在《法言》中，如扬雄认为天道无为："或问天？曰：吾于天与？见无为之为矣。或问：雕刻众形者，匪天与？曰：以其不雕刻也。如物刻而雕之，焉得力而给诸？"（《问道》）这种天道无为的思想正是吸取了老子的自然哲学。但对于道教修仙长生的观念，扬雄又以一个儒者的身份进行批驳，说："神怪茫茫，若存若亡，圣人曼云。"（《重黎》）指出神怪之事是无从验证的，圣人亦不语怪力乱神。又说："有生者必有死，有始者必有终，自然之道也。"（《君子》）并举出历史事实证明神仙之说皆为虚妄，在谶纬神学盛行的时代，无疑是点亮了一缕理性之光。

《法言》的最早著录见于《汉书·艺文志》诸子略儒家类："'扬雄所序'三十八篇。《太玄》十九，《法言》十三，《乐》四，《箴》二。"《隋书·经籍志》以下历代书目等皆有著录。历史上《法言》的版本主要有两个系统：十三卷本和十卷本。十三卷本以李轨注《扬子法言》为代表，篇名依次为《学行》《吾子》《修身》《问道》《问神》《问明》《寡见》《五百》《先知》《重黎》《渊骞》《君子》《孝至》。历来校释和刊行的《法言》大多根据扬雄《自序》（见《汉书·扬雄传》），以一篇为一卷，共十三卷。此系统特点有二：一是十三小序在书后，二是序后附《法言音义》一卷。这一系统的版本尚存宋本：北宋治平二年（1065）国子监刻李轨注《扬子法言》本、清嘉庆二十四年（1819）秦氏石研斋影宋刻本。后世多以秦氏石研斋本为底本进行影印和刊刻。另一系统十卷本，始于北宋宋咸，合《吾子》《修身》为一卷，合《问明》《寡见》为一卷，合《五百》《先知》为一卷，共十卷，且将每篇小序放置卷首。十卷本系统有：1.宋咸《扬子法言注》本，此本明清两代十分流行，重刊者有《汉魏丛书》本、《广汉魏丛书》本、《增订汉魏丛书》本、《丛书集成初编》本。2.司马光集注《扬子法言》本，原书已佚，今存明读书坊刊本、《四库全书》本。3.建宁四注本，北宋刊本，今佚。4.《纂图分门类题五臣注扬子法言》，宋绍兴间刘通判宅仰高堂刻。5.《新纂门目五臣音注扬子法言》，以建宁四注本为底本，增入温公《集注》。6.《纂图互注扬子法言》，南宋景定元年（1260）建阳书坊刊本，现藏于日本，为十卷本系统中最善，据傅增湘《藏园群书经眼录》，此版本还可分为南宋刊本、宋末刊本、明初刊本。①（李冬梅、邹艳）

3.《长短经》9卷②，唐赵蕤撰

赵蕤（约659~742），字太宾，梓州盐亭（今属四川）人，相传为西汉易学家赵宾后裔③。"好学不仕，著书属文，隐于梓州长平山。"④"博学韬钤，长于经世，夫妇俱有节操。"⑤蕤习术数之学、纵横之论，李白尝就学焉⑥，盐亭县有濯笔溪，相传即李白从蕤习书处。开元中，益州长史（一作广汉太守）苏颋将赵蕤、李白一起向朝廷推荐，有"赵蕤术数，李白文章"⑦之称。玄宗征召之，蕤屡辞不赴。蕤著《长短经》9卷、《关子明易传》1卷，俱存。

《长短经》又名《长短要术》，主述王、霸之道，"大旨在乎宁固根蒂，革易时弊，兴亡治乱"⑧。刘向《战国策序》称《战国策》"或题曰《长短》"，纵横家又称"长短术"。赵氏此书辨析事势，其渊源出于纵横家，故

---

① 详参张兵：《扬雄〈法言〉的版本与流传》，载《古籍整理研究学刊》2004年第4期。
② 关于赵蕤《长短经》的研究，可参看周斌：《〈长短经〉校证与研究》，巴蜀书社2003年版。
③ 杨慎《太白怀乡句》（《升庵集》卷五六）注引《图经》云："蕤，汉儒赵宾之后，盐亭人。屡征不就，所著有《长短经》。"
④ （明）曹学佺：《蜀中广记》卷四四。
⑤ （五代）孙光宪：《北梦琐言》卷五，中华书局2002年贾二强点校本。
⑥ （宋）杨天惠：《彰明遗事》，（宋）计敏夫：《唐诗纪事》卷一八引，中华书局1965年版。
⑦ （唐）苏颋：《荐西蜀人才疏》，（明）杨慎：《丹铅总录》卷一二"太白怀乡句"条引。
⑧ （唐）赵蕤：《长短经序》，《长短经》卷首，岳麓书社1999年注译本。

以《长短》命名。

书成于开元四年（716），赵蕤自《序》称"总六十有三篇，合为十卷"。《新唐书·艺文志》与晁公武《郡斋读书志》著录卷数相同。后佚1卷，但反多1篇为64篇，四库馆臣解释说："所存实为篇六十有四，疑蕤序或传写之讹也。"①

赵蕤自序著书宗旨说："故古之理者其政有三：王者之政化之，霸者之政威之，强国之政胁之。各有所施，不可易也。《管子》曰：'圣人能辅时，不能违时；智者善谋，不如当时。'……由此观之，当霸者之朝，而行王者之化则悖矣。当强国之世，而行霸者之威则乖矣。若时逢狙诈，正道陵夷，欲宪章先王，广陈德化，是犹待越客以拯溺，白大人以救火，善则善矣，岂所谓通于时变欤？"他认为治道有三种，一是"王道"，即儒家的仁义之政教化天下，即孔子所谓"导之以德，齐之以礼"；二是"霸道"，即齐桓、晋文以法令为导向、以强权为手段，亦即孔子所谓"导之以政，齐之以刑"；三是"强国"，即苏秦、张仪"合纵连横"和秦始皇"挥师扫六合"，以武力解决问题。他认为治世应当审时度势，慎用经权，否则就将"王霸皆误"。他深恐"儒者溺于所闻，不知王、霸殊略，故叙以长短术，以经论通变者，创立题目……名曰《长短经》……为沿袭之远图，作经济之至道"。也就是说，在治国方略上，他主张因时制宜，不拘一格，但最终结果是革除时弊，实现天下大治。

是书第一至三卷"文治"，卷一有"大体、任长、品目、量才、知人、察相、论士、政体"8篇，卷二有"君德、臣行、德表、理乱"4篇，卷三有"反经、是非、适变、正论"4篇。第四至六卷"霸纪"，卷四为"霸图"，卷五为"七雄略"，卷六为"三国权"。第七卷"权议"，有"惧诫、时宜"2篇。第八卷"杂说"，有"钓情、诡信、忠疑、用无用、恩生怨、诡顺、难必、运命、大私、败功、昏智、卑政、善亡、诡俗、息辩、量过、势运、傲礼、定名"19篇。第九卷"兵权"，有"出军、练士、结营、道德、禁令、教战、天时、地形、水火、五间、将体、料敌、势略、攻心、伐交、格形、蛇势、先胜、围师、变通、利害、奇正、掩发、还师"24篇。第十卷"阴谋"，缺其篇卷，不可考。

是书重点为"论王霸、机权、正变之术"。从篇章结构看，"文治"讲

---

① （清）永瑢等：《四库全书总目》卷一一七《长短经》提要。

"王道"，"霸纪"讲霸道，"权议""杂说"类于纵横术，"兵权"是军事谋略。思想内容上杂糅了儒、道、兵、法、纵横诸家思想，涉及知人、论士、政体、君德、臣行、图霸、兵谋等，集王霸谋略为一体，成一部文韬武略的谋略全书。读此书，可以古为镜，鉴往知来。其用即在于将治理天下的各种方略都陈述出来，以供最高统治者因时制宜地选用，与《申鉴》《论衡》等书同流，也与《资治通鉴》相得益彰，被尊为"小《资治通鉴》"。

《长短经》纵论古今得失、人物贤愚忠奸，主因时制变，量才受职，其间虽"不免为事功之学"，然大旨主于实用，非"策士诡谲之谋"；依据"六经"，折中孔、孟，"其言固不悖于儒者"。[①]尤其值得一提的是，作者站在万物相反相成这一哲学原理基础上，从相反角度考察历史，看到历代统治者依据兴衰成败的史实而总结制定的治国安邦法规，不管其多么完善严密，在实施过程中总有负面作用。可见是书视角独特，注重从反面总结历史经验，故亦被称为"反经"。

篇中注文颇详，广集诸子百家之说，叙历代更迭史实，其整体框架以谋略为经，史事为纬，交错纵横，蔚然成章。由于所引资料遍及经、史、子、集，明抄暗引先秦至唐朝四部书百余种，故成为《艺文类聚》《通典》《初学记》等书外又一古代文献辑佚之渊薮。如其所引书今存者，由于赵蕤引时版本较早，故见于《长短经》的资料对今传本具有一定校勘价值，多能补正通行本之讹脱；其所引书今日不存者，如《玉钤经》《墨记》等，部分内容还借《长短经》得以保留，故文献价值极高。

《长短经》有三种刻本：南宋刊本，此本为孤本，原为常熟翁氏后代翁万戈所有，现藏上海图书馆；另有《读画斋丛书》本、《函海》本、《四库全书》本等。整理本有：1999年岳麓书社出版张兆凯等标点注译本，2001年长春出版社出版刘建国标点注译本等。（潘斌、舒大刚）

4.《老子解》2卷，宋苏辙撰

苏辙有《诗集传》，前已著录。

是书创始于苏辙贬官筠州期间，修订于贬居海康时期，晚年居许昌时又对其有所订正。其自撰《颍滨遗老传》说："凡居筠、雷、循七年，居许六年。杜门复理旧学，于是《诗》《春秋传》《老子解》《古史》四书皆

[①]（清）永瑢等：《四库全书总目》卷一一七《长短经》提要。

成。"①又在大观二年（1108）《题老子道德经后》中说："予年四十有二，谪居筠州。……是时予方解《老子》。"苏辙"年四十有二"，当元丰三年（1080），正是"乌台诗案"，苏轼贬黄州、苏辙贬筠州之时。仕途受挫，世态炎凉，促成了两兄弟有时间去钻研儒释道经典，追求心灵的宁静和学术的永恒，这就是《老子解》诞生的历史背景。

苏辙在撰修《诗集传》《春秋集解》和《古史》同时，还写下了这部熔儒道释于一炉的奇特著作《老子解》。在书中，他力图将儒学积极入世精神与释道旷达超脱态度结合起来，具体实践了孟子提倡的"达则兼济天下，穷则独善其身"的修身模式。不过，这种融合工作也有一个过程。绍圣四年（1097），兄弟二人再度南迁，相遇于藤州，苏轼对当时的注本并不满意。苏辙利用在雷州闲废的日子，又对旧稿进行修订。他在《老子解后跋》记载说："予昔南迁海康，与子瞻兄邂逅于藤州，相从十余日，语及平生旧学，子瞻谓予：'子所作《诗传》《春秋传》《古史》三书，皆古人所未至，惟解《老子》差若不及。'予至海康，闲居无事，凡所为书多所更定。"修订之后，苏辙曾"再录《老子》书以寄子瞻"，可是未及得到苏轼的正面意见，即"蒙恩归北"；既而苏轼途中染病，不幸卒于常州。苏辙回到许昌，直到十余年后的政和元年（1111）冬，从苏迈等人所编《先公手泽》中才得知苏轼对此书的态度："昨日子由寄《老子新解》，读之不尽卷，废卷而叹：'使战国时有此书，则无商鞅、韩非；使汉初有此书，则孔、老为一；使晋、宋间有此书，则佛、老不为二。'不意老年见此奇特！"②看来苏辙最后的修订是成功的，深得其兄称赞。不过苏轼看到的《老子新解》也不是该书最后定本，苏辙从元符三年（1100）回到许昌，至政和二年（1112）去世，都陆续有所更定。他在此书《后跋》中说："予自居颍川，十年之间，于此四书（即《诗集传》《春秋集解》《古史》《老子解》）复多所删改。"可以说，苏辙对四部学术著作，真是用了一生心血在修订。

是书主要特征是融会儒、佛思想于道家，认为孔子与老子没有根本的对立，强调儒教与佛教尤其是南宗禅的一致性，其注解的精彩之处在于"出于自然"和对"无心""解脱"思想的充分发挥。因此，有的学者认为："可以说

---

① （宋）苏辙：《颍滨遗老传下》，《栾城后集》卷一三。
② （宋）苏轼：《跋子由〈老子解〉后》，《东坡志林》卷五，《稗海》本。

苏辙的《老子解》往往成为无心无欲的修养论。"他在创作是书时，已有佛界人士赞其全为"佛说"："有道全者，住黄檗山，南公之孙也。行高而心通，喜从予游。……是时予方解《老子》，每出一章，辄以示全，全辄叹曰：'皆佛说也！'予居筠五年而北归，全不久亦化去，逮今二十余年也。凡《老子解》亦时有所刊定，未有不与佛法合者。"（《题老子道德经后》）可见《老子解》是研究三苏"三教合一"思想的经典著作，[①]辙自己对此书也是非常看重的，他在《颍滨遗老传》中说："尝抚卷而叹，自谓得圣贤之遗意，缮书而藏之。顾谓诸子：'今世已矣，后有达者，必有取焉耳。'"

《老子解》撰定之时，正当禁锢元祐学术之日，于是苏辙将其"缮书而藏之"，未暇刻版。据史少南序称，南宋时期，该书有两次刊布，一次是张方的石刻《老子解》。张方字亨父，资中人，庆元进士，曾官简州教授。生平揭露释、道之妄，但对苏辙《老子解》却颇为推崇。曾得苏辙手写《老子解》，为之刻石，置于眉山老翁井旁。一次是宝祐本，为乡人王伯修所校梓。今传《老子解》版本有两个系列，即2卷本、4卷本。4卷本主要有《道藏》本、元刊本和明存诚书馆抄本。2卷本主要有焦竑序刻《两苏经解》本、《宝颜堂秘籍广集》本、钱穀抄本、《四库全书》本。此外还有明抄1卷本，但不常见，行世《老子解》主要是2卷本和4卷本两种，书名或称《老子解》，或称《道德真经注》。2卷本是将《老子》道经和德经各自分卷，为上下卷；4卷本则将道经和德经各分2卷。傅增湘曾将两本相对勘，发现"焦本上下卷，其经文皆连接而下，不分章次；抄本则分为八十一章，第一至十七为卷一，第十八至三十七为卷二，第三十八至六十为卷三，第六十一至八十一为卷四"[②]。在经文和注文的排列上，4卷本是分章分节以注附经，2卷本则不尽分节。从内容上看，4卷本内容齐全，脱误较少，而2卷本则每多脱误。2002年语文出版社的《三苏全书》有此书整理本，系以《四库全书》本为底本，以《道藏》本、《两苏经解》本、明抄4卷本校勘，补正了底本缺失之处，也订正了《两苏经解》本的讹误，足资参考。另2017年四川大学出版社又出版有《三苏经解集校》整理本，更为完善。（舒大刚）

---

① 参舒大刚：《苏辙"三教合一"思想初探》，载《南充师范学院学报》（哲社版）1986年第2期。
② 傅增湘：《明存诚书馆抄本〈道德真经注〉跋》，《藏园群书题记》卷一〇。

5.《帝学》8卷，宋范祖禹撰

范祖禹有《古文孝经说》，前已著录。

是书乃范祖禹为宋哲宗讲经所作，综述自上古伏羲神农至宋神宗32位君主的嘉言善行，特别是他们重学崇教的事迹，数列甚备。清乾隆皇帝称此书"自宓羲迄宋，凡帝王务学求师之要，灿然眉列，实为千秋金鉴"。

书凡8卷，自上古至汉唐2卷，自宋太祖至神宗6卷，于宋代诸帝叙述独详。卷一选录伏羲、神农、黄帝、少昊、颛顼、帝喾、尧、舜、禹、汤、武丁、周文王、周武王、周成王14位，卷二选录汉高祖、汉文帝、汉武帝、汉昭帝、汉宣帝、东汉光武帝、明帝、孝章帝、北魏孝文帝、唐太宗、唐玄宗、唐宪宗12位，叙述帝王事迹，力求其精，或三数事，或一事。至于宋代六帝，事迹特详，太祖、太宗、真宗合为1卷，仁宗则有上、中、下3卷，英宗、神宗各为1卷，宋代君王尊学贵道之事，述之尤备。而且，由伏羲迄宋神宗，每条后亦间附论断。

祖禹初侍哲宗经幄，因夏暑罢讲，即上书论今日之学与不学系他日治乱，而力陈宜以进学为急。又历举人主正心修身之要，言甚切至。史称其在迩英时守经据正，献纳尤多。又称其长于劝讲，平生论谏数十万言，其开陈治道，区别邪正，辨释事宜，平易明白，洞见底蕴，虽贾谊、陆贽亦不能过，被苏轼称为"讲官第一"。从是书来看，其言简义明，敷陈恳切，实不愧史臣所言。虽然宋哲宗被党论所惑，不能尽用祖禹之说，终致更张初政，国是混淆。然而祖禹忠爱之忱，以防微杜渐为念，观于是书，千载之下犹将见之矣。①

是书今存有缪荃孙旧藏宋活字本，清省园刻本、清抄本，《四库全书》亦有收录。（潘斌）

6.《道命录》5卷，宋李心传撰

李心传有《丙子学易编》，前已著录。

《道命录》是李心传晚年的作品，书成于宋理宗嘉熙三年（1239）。是书从历史的角度，采用了文件编纂与注文论述相结合的体例，记载了程朱进退之本末，从而说明理学在宋代三起三落的兴废历程，为我们研究宋代党禁、程朱理学的发展历程和命运以及李心传的思想等，提供了可靠而翔实的资料。此外，作为学术史著作，《道命录》对后来的学案体史书的发展也有一定的影响。

---

① 参（清）永瑢等：《四库全书总目》卷九一《帝学》提要。

是书卷数，历代著录不一，《宋史》本传载为5卷，而收录在鲍廷博《知不足斋丛书》中的却为10卷，《四库全书》所载亦为10卷。元至顺癸酉（四年，1333）新安程荣秀序云："李公《道命录》五卷，刻梓在江州，毁于兵。荣秀尝得而读之，疑其为初稿，尚欲删定而未成者。斋居之暇，僭因原本，略加厘定，汇次为十卷如左。"是李心传原稿《道命录》本为5卷，刻梓于江州，然毁于兵。后程荣秀因其原本略加厘定，汇次为10卷。

是书反映了李心传的历史观，在《道命录序》中，李氏云："故今参取百四十年之间道学废兴之故，萃为一书，谓之《道命录》。盖以为天下安危、国家隆替之所关系者，天实为之，而非（章）惇、京、（秦）桧、（韩）侂（胄）之徒所能与也。虽然，抑又有感者，元祐道学之兴废，系乎司马文正（光）之存亡；绍兴道学之兴废，系乎赵忠简（鼎）之用舍；庆元道学之兴废，系乎赵忠定（汝愚）之去留。"又云："道学之废兴，乃天下安危、国家隆替之所关系。"在天意、奸相贤相与学术三者之间，李氏认为只有学术能使人心正，才能使天下国家兴盛。

是书今有明刻本、《知不足斋丛书》本，《丛书集成初编》亦有收录，均为10卷。（潘斌）

7.《朱子语类》140卷，宋黎靖德编

黎靖德，南宋末导江（今都江堰市）人[①]。咸淳中知建昌军[②]。景定四年（1263）始以李道传、李性传、蔡抗、黄士毅、王佖等人所编"朱子语录"为蓝本，编辑朱熹语录，删重去复，以类相从，至咸淳中成《朱子语类》140卷刊行。

朱子一生教学，门徒甚盛，师弟子之间，讲学论道，留下大量语录言论，弟子各有所记，后世弟子遂辑为"语录"或"语类"行世。最早编集朱子语录的是李道传，继之而作的是他的弟弟李性传。李道传（字贯之），李性传（字成之），南宋隆州井研（今属四川）人，宗正寺主簿李舜臣之子。舜臣有三子，长子心传，次子道传，季子性传，父子四人，俱有家学渊源，自相师友，

---

① 按《朱子语类·卷目》末黎靖德之识语自题云："后学导江黎靖德书"，可证黎氏为导江人。《宋史》卷四五二《吴楚材传》记宋恭宗德祐元年有"邵武守黎靖德"，或是同一人。又《万姓统谱》卷一四有"黎靖德，永嘉人，嘉祐间为沙县主簿"。弘治《八闽通志》、嘉靖《延平府志》说均同，此自是北宋人，非编《朱子语类》之黎靖德。

② 见《朱子语类·卷目》末黎靖德识语。

名重西川，时称"四李"，俱传朱子之学。

朱熹死后15年（1215），李道传于池州搜辑朱子语录，共得33家所记，刻成43卷的《朱子语录》，史称"池录"。在"池录"基础上，其弟李性传又访得41家，于南宋理宗嘉熙二年（1238），编辑《朱子语续录》刊于饶州，号称"饶录"。"饶录"中有34家是"池录"所无的，其余也有与"池录"相重的，有的则是"池录"中某些家的补充资料（"余录"）等，从而奠定了集成《朱子语类》的基础。

理宗淳祐九年（1249）蔡抗编辑《朱子语类后录》刊于饶州，有20余家为"池录""饶录"所无。其分类编辑者则有宁宗嘉定十二年（1219）黄士毅编辑、魏了翁序的《朱子语类》刊于眉州，世称"蜀类"。"蜀类"以"池录"为基础，又加上38家所记，达70余家。理宗淳祐十二年（1252），王佖编辑《朱子语续类》刊于徽州。于此，各家类辑刊刻《朱子语类》者大备。

景定四年（1263），黎靖德乃依据诸家，删除其文字和记录人完全重复的条目，按照黄士毅本《朱子语类》（即"蜀类"）所用的主题类别加以编排，出版了比较完整的景定本《朱子语类大全》。南宋咸淳元年（1265）吴坚编辑出版建州刊《朱子语别类》，黎靖德又将《别类》中的一些新条目编入景定本《朱子语类大全》中，于南宋度宗咸淳六年（1270）刊刻于建昌军郡斋。黎本《朱子语类》综合了97家所记载的朱熹语录（其中有无名氏4家）。至此，朱子语录之类编遂成定本。

综观《朱子语类》的形成过程，蜀中学人实起了重要作用，首先是李道传、李性传兄弟首开辑编刊刻之路（即"池本""饶本"），成为后来各本所据的基础。继而黄士毅更类而分之（即"蜀类"），提供了朱子语录分类的基础。最后乃由导江人黎靖德编成分类的大全本语类。可见，蜀中学人于《朱子语类》有成始成终的作用，不可忽也。

《朱子语类》所谈到的内容，全部140卷中，"四书"占51卷，"五经"占29卷，哲学专题如理、气、知、行等，专人如周、程、老、释等，以及个人治学方法等，约占40卷，历史、政治、文学等约占20卷，资料十分丰富，对研究朱熹思想学术十分重要。虽然有人认为《朱子语类》对于理解朱熹的"四书"学只有参考作用，但是有些问题似乎只有通过《语类》才能够得到完整的认识。首先，结合《语类》和《文集》，我们了解《四书集注》的成书过程，表明他的确曾用平生精力工作。其次，由于朱熹集中平生精力编写《四书集注》，因此他教导学生时要求他们认真学习。最后，通过《语类》，我们能更清楚地看到朱熹对"四书"的评价及其在经学中的地位。"四书"经过朱熹的注解和提倡，在元明清时期均为官方科举考试的教材，逐渐替代了"五经"的地位。不过朱熹也从事"五经"的整理和研究，并有很大的成就。从元明直到清初，官方的"五经"注疏即以朱熹的指导思想为主。朱熹对"五经"的注解，对于清代考据学也有很重要的启发意义。《朱子语类》对于理解朱熹的经学思想，在一定意义上来说比他的《四书集注》更为重要。

是书《四库全书》等多种丛书俱有收录。目前通用版本是中华书局1994年出版的点校本，系以清光绪庚辰（六年，1880）贺瑞麟刻本（即《刘氏传经堂丛书》本）为底本，并参校明成化九年（1473）陈氏刻本、清康熙年间吕留良天盖楼刻本、清同治壬申（十一年，1872）应元书院刻本，颇为实用。（潘斌、舒大刚）

8．《学斋佔毕》4卷，宋史绳祖撰

史绳祖，字庆长，眉山人。生卒年不详，约宋理宗淳祐（1241）初前后在世。尝师事同郡魏了翁，官至朝请大夫，直焕章阁，主管成都府玉局观。绳祖能诗，著有《学斋佔毕》4卷。魏了翁谓其有《孝经解》[①]，今已不传。

是书皆考证经史疑义，前有《自序》一篇，云："君子之学，思则得之。"所以《中庸》"博学之、慎思之、明辨之"，《论语》也说"学而不思则罔，思而不学则殆"。自谓"余少之时，将求多能，蚤夜以孜孜。凡读书有疑，随即疏而思之，遇有所得，质之于师友而不谬也，则随而录之。积久成编，弗敢自是，而亦弗欲自弃。盖欲告诸同志，而共定之也，故裒为一编，命之曰《学斋佔毕》"。可知此书是其自少以来读书心得的汇录。至其命名，乃取之《礼记》，《学记》有"今之教者，呻其佔毕，而多其讯"之言，呻，吟哦也；佔，视也；毕，书简也。谓教师本无心得，只会照本宣科。绳祖此书本记心得，而以"佔毕"命之，亦自谦之辞尔。

如卷一因《易》"生生不息"一语而辩"儒释老之异"云：《易·系辞》说"生生之谓易"，认为"'生生'两字迭言之，此《大易》之妙、而吾儒根极用功处"。他说："易者，变易也。"《系辞》说"生生"者，就是"变化无穷、生意不息"的意思，"才终于冬，复生于春；才尽于剥，旋生于复，靡

[①] （宋）魏了翁：《题史绳祖孝经》，《重校鹤山先生大全文集》卷六五。

有间断"。正如"人之一身，消息盈虚，死生得丧，万事万变，无出此理！"可道家却解"生生"为"长生"，他批驳说："若使人皆长生而不死，物皆长存而不亡，则一气之消息盈虚灭矣"，世间哪有这个道理——"世无此理也"。释氏又说"生生"是说"无生"，以为世间有生乃有死，如果若求不死就不要有生。《忍法经》说："不生不灭。"他反对说，这就"使天下皆绝生意，人人物物，块然如死灰槁木"，这又岂是宇宙世界之本相——"岂有是事哉！"史氏认为道家追求"长生"办不到，释氏讲究"无生"也不合理，只有儒家的"生生之谓易"才最合理。三教相比，儒家才是清醒之言，而道佛真如梦呓之语。书中还提及"《大戴记》一书列之'十四经'"之说，透露了在"蜀石经"形成了《十三经》之后，南宋时期又有"十四经"的动议。

其他，如谓"君子怀刑"训"刑"为"型"，"子罕言利与命与仁"训"与"为"许"，亦颇有依据。但四库馆臣责其过于求深，难免有牵强附会之处。如讥杜预注《左传》误称"逸书"，而不知《古文尚书》为晚出；谓市井字出《后汉书·循吏传》，而不知本出《国语》；谓双声诗始于姚合，而不知先有齐王融，皆疏于考据。然而瑕不掩瑜，其所辨证，以精确者为多。

是书现存版本有4卷本和1卷本。其中4卷本有《百川学海》本、《四库全书》本、《学津讨原》本、《丛书集成初编》本；1卷本有《稗海》本、《说郛》（商务印书馆）本。（潘斌、舒大刚）

9.《潜书》4卷，清唐甄撰

唐甄（1630～1704），字铸万，号圃亭，达州人。清顺治十四年（1657）中举人，曾在山西长子任知县，因与上司意见不合革职。后曾经商，因赔本乃流寓江南，卜居苏州，靠讲学卖文维持生活。著有《潜书》《毛诗传笺合义》《春秋述传》《圃亭集》等。

是书为唐甄的代表作，自云凡历"三十年而成"。原名《衡书》，意在权衡天下，后因连蹇不遇，犹如《易》之"潜龙勿用"，故更名《潜书》。全书先分上下两篇，每篇又各分上下，合4卷之数，共97目。上篇自《辨儒》始，至《博观》止，共50目，多言学术；下篇自《尚治》始，至《潜存》止，共47目，多言政治。其书名由"衡"到"潜"的转变，正是当时呐喊反思的启蒙思潮由强转弱的一个信号，而且也暗示了服务政教的盛世文风渐成主流。

《潜书》在哲学上着力宣扬孟子的性善论，认为"性"就是仁、义、礼、智，即"人心"。他说："阳明子以死力格外物，久而不得，乃不求于外，反求于心……执良知以为枢。"表现出对阳明学的推崇。但《潜书》的主要内容是对君主专制制度和专制君主进行批判，具有初步的民主启蒙思想。书中大胆提出"乱天下者惟君""天子之尊，非天帝大神也，皆人也"的论点，揭露了自秦以来的君主制度下的大将杀人、偏将杀人、卒伍杀人、官吏杀人，其实是皇帝杀人，主张给专制君主治罪。唐甄认为，皇帝与常人一样无甚神秘，甚至指出皇帝是一切罪恶的根源，"自秦以来，凡帝王者皆贼也"，与同时代黄宗羲（1610~1695）《明夷待访录》的观点相同。又说"杀一人而取其匹布斗粟，犹谓之贼，杀天下之人，而尽有其布粟之富，而反不谓之贼乎？"又与《墨子》观点相近。帝王们为了夺取皇位常常无故杀人，残害百姓，唐甄质问："川流溃决，必问为防之人；比户延烧，必罪失火之主。至于破家亡国，流毒无穷……非君其谁乎！"①《潜书》提出了"抑尊"，即限制君权，要求提高大臣的地位，使他们具有同皇帝及其他权贵做斗争的权力，以"攻君之过"，"攻宫闱过"，"攻帝族、攻后族、攻宠贵"之过，使皇帝有所顾忌。《潜书》还发展了产生于先秦的民本思想，强调民为国本，离开了民便没有国。他指出，国防的巩固靠民，府库的充实靠民，朝廷的尊崇靠民，官员的俸禄靠民。君主爱民，才能长治久安。如果无道于民，即使"九州为宅，九川为防，九山为阻，破之如椎雀卵也"②。

《潜书》在当时很受推崇，每出一篇，人争传写。梁启超《中国近三百年学术史》对其赞扬有加："铸万（甄）品格高峻，心胸广阔，学术从阳明入手，亦带点佛学气味，确然有他的自得。又精心研究事物条理，不为蹈空骛高之谈。这部《潜书》，可以慕追周秦诸子，想成一家之言。……依我看，这部书，有粗浅语，却无肤泛语；有枝蔓语，却无蹈袭语；在古今著作之林，总算有相当位置，大约王符《潜夫》、荀悦《申鉴》、徐干《中论》、颜之推《家训》之亚也。"章太炎亦称此书直接孟子、孙卿、王守仁，下启戴震。③现代学者谓此书是我国启蒙思想史上的重要著作，开后世资产阶级思潮之先河。

是书有1703年前后唐甄之婿王闻远的原刻本、1883年李氏刻本、1905年邓氏刻本、中华书局1955年标点排印本和1963年再版本，1984年四川人民出版社

---

① （清）唐甄：《潜书·远谏》，中华书局1963年版。
② （清）唐甄：《潜书·远谏》。
③ 章太炎：《章氏丛书·文录·征信论上》，江苏广陵古籍刻印社1981年版。

出版的南充师范学院历史系《潜书校注》本等。（潘斌）

10. 《蜀记》1卷，清姜国伊撰

姜国伊有《春秋传义》，前已著录。

是书凡1卷，卷首有光绪三年（1877）冬姜国伊《自序》，云："在蜀读书，日有所记，故曰《蜀记》。"可见此书并非记蜀中之事，而是如日记般记读书所得。内容包括《体仁》《道学》《存诚》《慎独》《改过》《不动心》《躬行》《格致》《致用》9章，每章以摘拾古人精语，加以提要阐释，重在倡导人伦与从道德修养方面启迪时人和后人。

此外，国伊又作有《蜀记补说》《颐说》《颐说补》，这三种著作与《蜀记》均为同一系列。《颐说》1卷，刻于同治十三年（1874）。据其《自序》所言，自同治癸酉（十二年，1873）冬至甲戌（十三年，1874）春完成，日有所记，杂四子诸经之说，内容包括《释大学》《释中庸》《释周易》《释尚书》四部分。

《蜀记》《蜀记补说》《颐说》俱刻于光绪元年至三年（1875~1877）间，今有《守中正斋丛书》本。《颐说补》则未见传本，盖已散佚。（李冬梅）

11. 《经世财政学》6卷，清宋育仁撰

宋育仁有《孝经正义》，已著录。

《经世财政学》是一部经济学著作，全书分《本农食》《权工商》《明士学》《立平准》《制泉币》《正权量》6卷，后两卷各有附篇，篇数不一。《本农食》提出重农、贵食的主张，认为"四民之价值，以农为最高；百物之价值，以自然材料为最重；材料中之价值，又以食物为最贵，无足与为比者也"。《权工商》分析工业与商业的轻重关系，指出"工业必重于商，但工能增利，必赖资本；工能成器，必赖运销；器有滞售，必资囤积，待求善价，均恃商为周转"。因此，"权通国之通易，则工重于商；权国际之贸易，则工商并重。工业与商业相离，则工重于商；工业与商业为联，则工商并重。"《明士学》强调学习工商业知识的必要性，"究之银行不能设，公司莫能举也；物价之低昂，不能与外相持也；钱币之轻重，熟视而无睹，闻之而莫能知其故也，则未尝学之故也。"因此，"必明士学，始足与言商学"。商学"首在明公司之理，次在知银行之务，尤在晓习钱币与货物出入之较"。《立平准》探讨货币流通量问题。宋育仁认为一国的粮食积余数就是劳动所创造的新价值，也就是一国所需要的货币数："会计通国之中食力所余之价值，即民力所生之价值，准此以制为钱币之数，即用以为运动通国器物之交券。"针对中国货币数量不足，工资低，利息高，地价贱，导致洋商经济掠夺等问题，他提出："会计通国人力所出、地产之数，比较外国物价人力之差，而增多本国钱币之数，以增高庸值之率，而减抑放本之息，夫乃有术以剂地亩高下之平。"《制泉币》主张建立健全的货币制度，抵御外国的经济侵略。他认为："求理财之重心，则制币执其枢"，"经世之财政以制泉币为主名。"只要"制金镑，齐银币，改铜圜，行钞票，就铸局为银行，流通圜法"，使"财币之数与食货相均而适得平准"，洋商就"不足以操纵我之食货，而役使吾民"。《正权量》论统一度量衡的重要性。"权为交易价格之重心，泉币又为交易价格之代表。"银两的称量标准不统一，"差之毫厘，积成巨万"。所以，"正权量者正平码而已，正平码者正圜法而已"。总之，宋育仁著此书的时代，尚处于西方经济学在中国传播的初期，能有这些认识，已属不易，其人其书在中国近代经济思想发展史上应占一席之地。

是书今传有光绪三十一年（1905）上海同文书社铅印本。另外，还有清光绪三十一年夏，上海新民书局5卷本，是为初刻本。5卷本《制泉币》篇幅较少，无《正权量》1卷，附篇数量、编排也与6卷本不尽相同。2016年国家图书馆出版社出版的《宋育仁文集》亦收录有此书，为清光绪三十一年铅印本的影印本。（李晓宇）

第三节 科技文献举要

1．《石药尔雅》2卷，唐梅彪撰

梅彪，生卒年不详，西蜀江源（今四川崇州）人，唐代炼丹家，主要生活于元和（806~820）间。

梅彪少好道艺，性攻丹术，自弱冠至于知命，穷究经方，发现丹家炼药，多用隐语，常人观之，莫知所云。曾自序其事说："曾览数百家，论功者如同指掌，用药皆是隐名，就于隐名之中，又有多本，若不备见，犹画饼梦桃，遇其经方与不遇无别。每噫嗟此事，怅恨无师。"于是仿《尔雅》体例，收集唐代以前道家炼丹家的金石药物、丹药、丹法及丹书中名词，撰成《石药尔雅》，以解释炼丹药物之真名、药性。书名虽冠以"石药"二字，其所记药物石类却仅占半数，大概是由于梅氏身系炼丹之家，对矿物药特别重视，故以"石药"命名。又因《尔雅》只释草木类，不及于石，此书乃补其缺，体例"附有六家之口诀，众石之异名，象《尔雅》词句"，故以《石药尔雅》名篇[①]。是书序文署"唐元和丙戌"，为唐宪宗元和元年（806），是书成于此时。

据梅氏自序，原书"凡六篇，勒为一卷"。传世明《道藏》本分上、下二卷，盖为后人所分。上卷标题为《飞炼要诀》，其下子目为《释诸药隐名》。下卷有5个标题，分别是：一、《载诸有法可营造丹名》；二、《释诸丹中有别名异号》；三、《叙诸经传歌决名目》；四、《释诸经记中所造药物名目》；五、《论诸大仙丹有名无法者》。全书所释药名，都在上卷"释诸药隐名"内。该篇所释药名168种，其中石类81味、动物类40味、植物类42味、不明类别者5味。先释65味石类，之后则石类、动物类、植物类，混杂排列。每味药名下列举隐名若干，少则一个，多则数十个，例如水银列举了21个隐名。

是书最早见录于《崇文总目》。现存有《道藏》本、《别下斋丛书》本和《丛书集成初编》本等。（潘斌）

2.《经效产宝》3卷，唐昝殷撰

昝殷（797~859），成都人。精医理，擅长产科，通晓药物学，对摄生、食疗也颇有研究，其食治医方多具取材容易、价廉效验之特点。著有《经效产宝》《道养方》《食医心鉴》。

唐大中年间（847~859），昝殷因在西川节度使白敏中家治病奏效，听其建议，遂将前人有关经闭、带下、妊娠、坐月、难产、产后诸证之医方及自己临症验方共278首（《蜀中广记》卷九四作378首），编成《经效产宝》一书。是书又名《产宝》，是我国最早的一部妇产科专著，为唐以后医学家著书立说所必引，后很快传到日本，受到日本医药界重视。

是书凡3卷，分52篇、371方。上卷论述养胎、保胎、安胎、食忌、恶阻、胎动不安、漏胞下血、身肿腹胀以及难产诸疾，重点介绍了横产、倒产等。所载处方和短论，简单清楚，实用性很强。如对胎动不安，作者认为原因有二：一是孕妇有病，因而胎动流产；二是胎儿先天发育不良，引起流产。对胞衣不出的分析以及对于难产的治法，至今仍为医家所看重。又如论妊娠反应，"夫

[①] 朱彝尊《石药尔雅跋》云："唐元和中西蜀人梅彪撰《石药尔雅》，医方以药石并称，《尔雅》只释草木，石不及焉，宜彪取其隐名而显著之也。"（《曝书亭全集》卷四二，吉林文史出版社2009年王利民等校点本。）谓书名乃因补充《尔雅》所缺所隐之故，亦通。

菹病之候，心中愦愦，头旋眼眩，四肢沉重，懈怠，恶闻食气，好吃酸咸果实"，"多卧少起，三月四月多呕逆，肢节不得自举者"，简明扼要。后所附三个处方，用人参、厚朴、白术、茯苓之类健脾利水，橘皮、生姜、竹茹等化痰止呕，对于妊娠恶阻的疗效较为可靠。

是书中下卷论述产科各种疾病的治疗与方剂，共25篇。对产后病因的分析科学有理，如指出产后烦渴，是因产时"水血俱下"，伤津所致；产后小便次数多，是"由产用气，伤于膀胱"导致；产后乳痈，是因"产后不曾乳儿，结成痈"。对于产后疾病的治疗，也给出了不少好的建议，如对于产后热结，大便不通，他不主张内服攻下药，而采用蜜煎导坐药通大便。对于产后血晕，急救时"须速投方药，若不急疗，即危其命也"，并可用烧红秤砣淬醋熏蒸，简便易行。"醋铁熏法"成为急救休克的有效方法，历来为医家重视，并在临床上普遍应用。

《崇文总目》著录是书为3卷，宋刊本至元明间已散佚，后由日本人船桥氏于《医方类聚》辑得320余方，刻本流传于世。现存主要版本有清光绪三年（1877）影宋刻本，人民卫生出版社1955年曾据此影印。（潘斌）

3.《食医心鉴》1卷，唐咎殷撰

殷有《经效产宝》，前已著录。

是书约成于9世纪中期，宋时尚存，后亡佚。光绪二十七年（1901），著名学者罗振玉游学日本时，得到日人从《医方类聚》中辑出者，共1卷。书中收录了治疗内科、外科、儿科以及治疗中风、诸气、心腹冷痛等16类疾病的食疗方法达211条。

是书在论述中风、脚气、淋病等内科病，以及妇儿科病的食治诸方时，一般先从介绍病因、病机、分类、症状入手，然后再给出食治方。如治疗心痛，是书指出，此病病因为风冷邪气乘于心，如伤正经，将导致旦发夕死、夕发旦死的严重后果。是书用活血祛瘀法，主以桃仁粥方。其他的心腹冷痛中，则随脏腑经络，兼证不同而用药不同。如兼肋痛，则用吴茱萸、葱白温经通阳，疏肝解郁；中焦冷痛，则用高良姜温胃散寒止痛；心腹胀满，用紫苏子理气消胀等。此外，咎氏还对脾胃的生理功能分外重视，认为脾失健运，则"万病辐凑"，因此，对于此病的治疗，需要多用血肉等营养丰富的食物。

是书所列食疗方，均先说明疗效，然后列举食物名称及用量，再介绍使用方法和制作方法，形式多样，有羹、煎、粥、饼、面点、茶、酒等，大多取材容易，符合简、便、廉、验的原则。如用槐叶茶治痔疮方，用桔皮汤消痰化食方，用猪蹄粥治产后虚损乳汁不下方等。每一类食疗方式下又分若干小类。以面点为例，据《中国面点史》记载，《食医心鉴》所记面点方面的食疗方子近20种，治脾胃气弱饮食不下："面（四大两），白羊肉沫（四大两），右溲面作索饼，以羊肉作臛，熟煮，空心食之。以生姜汁溲面更佳。"治脾胃气弱见食呕吐瘦薄无力方："面（四大两），鸡子清（四枚），右以溲面鸡子清作索饼，熟煮于豉汁中，空心食之。"治五噎饮食不下喉中防塞瘦弱无力宜吃黄雌鸡索饼方："黄雌鸡（随多少），面（半斤），桂末（一分），茯苓末（一两），右以桂末和面，溲作索饼，熟煮，兼臛食之。"等等。以上食疗面点的制作方法和普通面点差不多，而每种食疗面点的疗效，又是和原料的功效分不开的。因此这种食疗面点容易为病人所接受。

从今天中医学研究来看，是书所记诸食疗方很有价值。如是书记载黄芪粥治疗慢性肾炎，其配方主要是黄芪和粳米，制作方法如下：先用水煮黄芪取汁去渣，再用药汁煮水熬汁，晨起空腹作早餐服食。其功用及适用范围是补益元气，健脾养胃，利水消肿，适用慢性肾炎恢复期应用。从今天中医学研究来看，黄芪性味甘，微温。生用，具有益气固表、利水消肿之功效；炙用，具有补中益气的作用。黄芪含有多种氨基酸、胆碱、叶酸、葡萄糖酸等，粳米性味甘、平，能健脾养胃、止渴除烦。含有蛋白质、脂肪、维生素、钙、磷、铁等成分，临床见气虚无热象者，慢性肾炎见蛋白尿、反复血尿，属气虚者尤为适宜。

是书有《东方学会丛书初集·敦煌石室碎金》本，上海三联书店1990年亦出版有影印本。（潘斌）

4.《玉函经》3卷，唐杜光庭撰

杜光庭（850~933），字圣宾（一作宾圣），缙云（今属浙江）人，一说长安（今陕西西安）人。少习儒学，因举不第，遂入天台山学道。僖宗召入长安，封麟德殿文章应制，赐紫衣。874年，黄巢起义，杜光庭随僖宗避乱入蜀。五代前蜀时，杜光庭先后供职蜀主王建、王衍父子之朝，授左谏议大夫，封蔡国公，赐号广成先生，升任户部侍郎，进号传真天师。晚年自号东瀛子，归隐青城山近30年。其著作主要有《广成集》《道德真经广圣义》《太上老君说常清静经注》《道门科范大全集》《墉城集仙录》《玉函经》《了证歌》《文集》等。

李唐皇帝自谓为老子李耳后裔，推崇道教，高宗时追封老子为"太上玄元皇帝"，意在以此来提高皇权，巩固其统治地位。光庭因时世之会，修灵宝道场,潜心研究道学,虽然在儒门科场失利,却在道界极为亨通,后"应制为道门领袖"。他在前人基础上,总结出道教斋醮法事中所用音乐,是一位著名的道教音乐家;又钻研道教医学理论,撰著《玉函经》,成就为一名有影响的道门医师。

是书又名《广成先生玉函经》,是继晋人王叔和《脉经》之后的又一部论述脉理的力作。王叔和《脉经》是一部内容颇为详备的脉学著作,它首次从理论到临床运用对中医脉学做了较为全面和系统的论述,对我国中医脉学理论的发展起到了很大作用。但《脉经》内容多借鉴或直接取自《内经》《难经》原文,文理深奥,难于为一般人所掌握。有鉴于此,杜氏之"谨傍《难经》,略依《脉诀》"而成《玉函经》。

是书用七言韵律编为《生死歌诀》,并分为上、中、下3篇,重点阐析脉证关系以及脉象的生理、病理情况。因其所记内容简明扼要,文笔流畅,容易被人理解和接受,因此深受中医学界喜爱,历代医家多有好评。如清光绪七年(1881)徐沛重刻本严恭序认为:光庭此书"宣医门之奥窔,参脉理之玄微。七字歌成,生死即明于指下;三卷编就,阴阳已判于胸中。言虽简而意则赅,义本深而理甚明。此固济世之奇书,抑亦活人之要本也";又云:"呼吸间五色详探,秦越人逊其神妙;左右手九候默调,王叔和无此精微。"以此可见后世医家对《玉函经》推崇之甚。是书有宋人崔嘉彦注释本。崔嘉彦曾避战乱入川,居渝州(今重庆市),由于崔氏亦是深悉中医脉学之人,因此经他对该书做注释后影响更大,流传亦更广。

是书今传版本分3卷本和1卷本,3卷本收入《中国医学大成第三集》和《关中丛书第五集》,1卷本收入《宛委别藏》。单刻本有铁琴铜剑楼所藏宋刻《广成先生玉函经》,清藏书家徐乃昌请清名工陶子麟仿宋精写刻,内有版画两幅,后有黄丕烈长跋述此书源流。(潘斌)

5.《海药本草》6卷,五代李珣撰

李珣(907~960),字德润,梓州(今四川三台)人。其祖先为波斯(今伊朗)人,隋代由"丝绸之路"来华,唐初随国姓改李。唐末战乱,随僖宗避难入蜀,定居于梓州。珣颇好辞章,素养甚高,为蜀后主王衍所知爱,曾著《琼瑶集》,其诗作今存于《全唐诗》中尚有50余首。又好医药之学,著《海药本草》。

唐宋时期,四川医学、药学都十分发达,编著了四部很有特色的本草:

其一即五代梓州人李珣的《海药本草》，以专门研究经海运而来的香药著名；其二即五代后蜀韩保升的《蜀本草》，在《唐本草》基础上增加药物图绘；其三是宋太宗时期洪雅人田锡的《曲本草》，专门研究酿酒药物；其四是仁宗时期唐慎微的《证类本草》，集当时本草学、方剂学之大成。号称"蜀中四本草"①，《海药本草》即是当中的第一部。

是书又名《南海药谱》，共6卷，分玉石、草、木、兽、虫鱼、果6部，玉石类载玉屑、波斯白矾、石硫黄、金屑、银屑、阳起石等药11种；草类载药39种，主要有人参、木香、通草、昆布、海藻、阿魏、延胡索、补骨脂、仙茅、白附子等；木类载药49种，如丁香、沉香、乳香、降真香、槟榔、龙脑香、芜夷、没药、安息香、海桐皮、胡椒、椰子等；兽类载象牙、象胆、犀角、腽肭脐4种；虫鱼类载药15种，如牡蛎、秦龟、真珠、石决明、鲤鱼、青鱼、海蚕砂、蛤蚧、贝子、甲鱼等；果类载豆蔻、荔枝子、橄榄等10种。共记载"海药"128（又作124）种，其中有16种为李珣首次在《海药本草》中正式记载，分别为车渠、金线矾、波斯白矾、瓶香、钗子股、宣南草、藤黄、返魂香、海红豆、落雁木、莎木、栅木皮、无名木皮、奴会子、郎君子、海蚕。

书凡2万余字，所引之书，自《尔雅》《山海经》以下40余种，广收博采，稽其源委，为中医本草学的发展做出了重大贡献，是继唐代郑虔《胡本草》之后的又一部专门研究外来药的专著。李珣为了编写是书曾经乘船经巫峡，过洞庭，到过当时已经发达的通商口岸，从外商、医生和药工中收集了大量资料，以此可见其著论之审慎。

是书对所载药物记述详尽，大凡药物形态、真伪优劣、性味主治、附方服法、制药方法、禁忌畏恶等无不涉及。如记载车渠"形似蚌蛤，有文理"；阿魏"其味辛温，善主于风邪，鬼注，并心腹中冷"；琥珀"主止血，生肌，镇心，明目，破症瘕气块，产后血晕，闷绝，儿枕痛"等。此外，一些药物虽然在秦汉时期已经引进内地，如丁香、肉豆蔻、降真香等，然使用并不广泛，是书对这些药物的资料多有补充，使这些药物逐渐被认识和利用。又详于偏方，于每味药之功用主治后常附偏方。所列偏方用法多样，汁饮、淋蘸、贴敷、酒服、蒸煮、烧炼、含化等，一一叙述，如云波斯白矾宜"烧炼服"，苏方木可"酒煎"，风延母"宜煎服"。

---

① 徐才安：《四川古代史话》，重庆出版社1992年版。

是书散佚已久，其内容散见于《证类本草》《本草纲目》诸书。今有尚志钧辑校本，北京人民卫生出版社1997年版，引注详明。（潘斌）

6. 《蜀本草》20卷，五代后蜀韩保昇撰

韩昇升，生平籍贯史书无载，约生活于公元10世纪，五代后蜀人。后蜀主孟昶在位时，韩任翰林学士，曾奉诏主修《本草》。与诸医详察药品形态，精究药物功效，以唐《新修本草》为蓝本，参考多种本草文献，进行参校、增补、注释、修订工作，编成《蜀本草》20卷，附《图经》，由孟昶作序，刊行于世。由于《新修本草》系英国公李勣负责修定，故本书原名《重广英公本草》。

是书为我国五代时一部著名的本草，其基本内容是在《新修本草》的基础上重新增补扩大而成。因此《蜀本草》内容较《新修本草》更为详尽，所增补的内容多切于实用，涉及面广，大凡药物形态、性状、性味、主治功效每出新见。原书药名下注明性味，其次则分记功用、畏恶相反等，其间或夹有形态、品质优劣、炮炙、产地等论述。

韩氏精于医药，《古今医统大全·历世圣贤名医姓氏》云："韩保昇精医，详察药品，释本草甚功。所以深知药性，施药辄神效。"故后人编本草时常引用是书内容，如《开宝本草》《嘉祐本草》《证类本草》《本草纲目》等都曾援引。《开宝本草》引之称为"别本注"，《嘉祐本草》引之称为"蜀本""蜀本注""蜀本图经"，《证类本草》引之称为"唐本""唐本注""唐本草"。

是书散佚已久，其佚文散见于有关书中。尚志钧有辑本，此辑本以《经史证类大观本草》和《重修政和经史证类备用本草》等书中的佚文为依据，兼参有关文献辑录而成，共得药物600余条，按玉石、草、木、兽禽、虫鱼、果、菜、米分类。对各条有关主治功用，结合辑释者的丰富临床经验，做了详细的注释。此辑本由安徽科学技术出版社于2005年7月出版。（潘斌）

7. 《苏沈良方》15卷，宋苏轼、沈括撰

苏轼有《苏氏易传》，前已著录。

沈括（1031～1095），字存中，号梦溪丈人，杭州钱塘（今浙江杭州）人。仁宗嘉祐八年（1063）进士，神宗时参与王安石变法运动，仕至翰林学士，权三司使。平生成就很多，通天文、数学、物理学、化学、地质学、气象学、地理学、农学，复精医学，撰有《良方》10卷。晚年，复以平生见闻，撰写笔记体巨著《梦溪笔谈》，成为中国科技史名著。

苏轼不但是著名文学家，还在中医药学方面有较高造诣。他深通医理，精于医学和养生之道；此外他还在杭州设立公立医院，为民治病，清洁水源，穿西湖六井，保卫人民健康。苏轼平时翻看医学书籍，为药材写药名，说明药性、品质，宣传药理知识。由于他懂医通药，又擅长于食疗，因此他将收集的方剂写成《苏学士方》《圣散子方》等。

是书又名《苏沈内翰良方》，原本15卷，今传有10卷本和8卷本，其中10卷本流行较广，成书于1075年，是后人将苏轼所著《苏学士方》与沈括的《良方》合编而成。南宋晁公武《郡斋读书志》云："沈括通医药学，尝集得效方成一书，后人附益以苏轼医学杂说，故名苏沈。"是书以医学随笔的形式，广泛论述中医学各个方面问题，如卷一论脉说、脏腑、本草及灸法；卷二至五介绍内科杂病及治疗方药；卷六论养生及炼丹；卷七至十论五官科、外科、妇科、儿科疾病及治疗方药。书中载有如健脾散、葫芦巴散、枳壳汤等奇秘效验药方，对本草性味、采集、配伍、剂型的论述亦颇为精辟。书中的"丹秋石"首次使用了性激素。

是书有明代嘉靖刊本、《四库全书》本、《六醴斋医书》本等，人民卫生出版社1956年有影印本。（潘斌）

8.《证类本草》32卷，宋唐慎微撰

唐慎微（1056~1093），字审元，成都华阳（今属双流）人，一说蜀州晋原（今崇州）人，后迁居成都。出身于医学世家，继承祖业，对经方深有研究，知名一时。宋哲宗元祐年间（1086~1094）师事李端伯。唐氏虽语言朴讷，容貌不扬，但睿智明敏，医术精湛，医德高尚。患者不分贵贱，有召必往，风雨无阻。为读书人治病从不收钱，只求以名方秘录为酬，因此学者喜与交游。每于经史诸书中得一方一药，必录而相咨，从而积累了丰富的药学资料。经多年收集整理，编成《证类本草》31卷、目录1卷。

是书全称《经史证类备急本草》，简称《证类本草》，是"北宋仁宗时期中国出现的一部空前巨著，它总结了中国两千多年的医学成就，堪称中国第一部完备的药典"[①]。其书以宋代掌禹锡《嘉祐本草》和苏颂《图经本草》为基础，参阅《新修本草》和《本草拾遗》等专著，广泛采集医家常用和民间习用的验方单方，又从经史百家文献中整理出大量有关医药学资料，结合自己丰富

---

① 徐才安：《四川古代史话》，重庆出版社1992年版。

的实践经验进行研究，有综合、有调查，有继承也有发展，汇聚了历史最佳成果，也代表了当时医药学的最高水平。用经史来证明本草，是其创新之处，故称"经史证类本草"。

是书原本22卷，政和修订本30卷，绍兴修订本32卷，共60多万字。收载药物1558种（政和重修本收药物1746种），新增药物达600种（比唐修本草多出一倍以上），载古今单方验方3000余首、方论1000余首。在编纂体例上，宋以前的本草一般只记载药物功能主治，不附处方，医生在学习和使用时还需重检方药，极为不便。然是书将采录的经典医著和历代名医方论，以及搜集的大量单方、验方分别载入有关药物项下，使学者开卷之后，能一览用途用法。此外，是书多附药图，将药物理论和药物图谱汇编成一书，并对古书做了许多文字修订及续添增补，这样的编写和分类被后世本草学奉为范例。由于唐慎微生长在药材之乡的四川，因此他对四川当地药材记载尤为翔实，如戎州（今宜宾）产巴豆，梓州（今三台）、龙州（今平武、江油）产附子、川楝子、猪苓，茂州（今茂县）、眉州（今眉山）产独活、升麻、决明子、使君子等，这些记载对于研究传统药物生产很有帮助。

是书具有很高的文献价值。唐氏旁征博引，精细考察，采用"图文对照"形式，辑录宋以前如《神农本草经》《本经集注》《新修本草》《炮炙论》《开宝本草》《海药本草》以及"经史外传"和"佛书道藏"等著作的内容。在辑录古代文献时，唐氏忠实于文献原貌，以采录原文为主。因此这些本已散佚的文献都依靠《证类本草》得以保存下来。因此，是书为后世保存了大量的医药文献，对于后人辑佚有很重要的文献价值。明人李时珍评价说："（唐）慎微貌寝陋而学赅博，使诸家本草及各药单方垂之千古，不致沦没者，皆其功也。"王筠默在《浙江中医杂志》1980年第4期撰文说："该书摘录古代文献十分慎重认真，详实完整记录原著，从而保留下很多古书的原始面貌，使千百年后的读者在古代文献大量散失的情况下，仍可藉以了解有关原文，益觉珍贵。因此其文献学的价值远远超出其后明清时代其他本草学著作。"

是书为我国宋以前本草集大成之作，问世后很快受到了官府的重视，数次作为国家法定本草颁行，沿用五百余年。宋代仁和县尉管句学士艾晟校勘并补入陈承《重广补注神农本草并图经》新增之内容，冠以"别说"以示出处，于大观二年（1108）刊刻印行，名曰《经史证类大观本草》，简称《大观本草》。徽宗认为此书可垂济万民，于政和六年（1116）命医官曹孝忠重新校定

《大观本草》，赐名为《政和新修经史证类备用本草》，简称《政和本草》。李时珍撰《本草纲目》时用该书作为蓝本，李氏曰："自陶弘景以下唐、宋本草，引用医书，凡八十四家，而唐慎微居多。"此书还远传朝鲜、日本，日本的本草学专家中尾万三博士，曾经为本书的日本版本解题，文字达47000余言，考证详博，极备推崇之意。

是书有《四库全书》本、《四部丛刊初编》本。（潘斌）

9.《糖霜谱》1卷，宋王灼撰

王灼，字晦叔，号颐堂，遂宁人。生卒年不详，据考证可能生于北宋神宗元丰四年（1081），卒于南宋高宗绍兴三十年（1160）前后，享年约80岁。王灼出身贫寒，青年时代曾到成都求学，后往京师应试，其学识渊博，然举场失意，终未入仕，只得寄人幕下。晚年闲居成都和遂宁，潜心著述，著有《颐堂文集》57卷、《周书音训》12卷以及《疏食谱》等，但已大部佚散。现存的仅有《颐堂先生文集》和《碧鸡漫志》各5卷，《颐堂词》和《糖霜谱》各1卷，另有佚文12篇。

是书共1卷，分为7篇。惟首篇题"原委第一"，叙唐大历中邹和尚始创糖霜之事。自第二篇以下，则皆无标题。以其文考之，第二篇言以蔗为糖始末，言"蔗浆"始见《楚辞》，而"蔗饧"始见《三国志》。第三篇言种蔗。第四篇言造糖之器。第五篇言结霜之法。第六篇言糖霜或结或不结，似有运命，因及于宣和中供御诸事。第七篇则言糖霜之性味及制食诸法。盖宋时产糖霜者，凡福田、四明、番禺、广汉、遂宁五地，而遂宁为产糖霜最丰富之地。灼生于遂宁，故为此谱。

考《说文》有"饴"字，无"糖"字。徐铉《新附》字中有此字，然亦训为"饴"，不言蔗造。铉为五代宋初之人，尚不知蔗糖事。则灼所征故实，始于元祐年间，并非疏漏。惟灼称糖霜以紫色为上，白色为下，而今日所尚，乃贵白而贱紫。灼称糖霜须一年有半乃结，其结也以自然。今则制之甚易，其法亦不相同。是亦今古异宜，未可执后法以追议前人。

是书是我国乃至世界上第一部实用的甘蔗生产和制造工艺的科技专著，《文献通考》《四库全书》等都对其做了高度评价。王灼在《糖霜谱》中记载："糖霜一名糖冰，福唐、四明、番禺、广汉、遂宁有之，独遂宁为冠。"可见此书对于考察中国古代制糖业和手工业有重要的参考价值。

是书现存有名为《颐堂先生糖霜谱》1卷者，版本有《楝亭藏书十二种》

（康熙本、景康熙本）本、《美术丛书三集》第五辑本等；有名为《糖霜谱》1卷者，有《四库全书》本、《学津讨原》本和《丛书集成初编》本。巴蜀书社1996年出版了胡传淮、刘安遇校辑的《王灼集校辑》，其中收录了《糖霜谱》，此书采用《楝亭藏书十二种》所收的王灼作品为底本，同时还参酌《学津讨原》本、《四库全书》本和《丛书集成初编》本等为之互校，择善而从，为读者提供了一个较为完备的本子。（潘斌）

10. 《数书九章》18卷，宋秦九韶撰

秦九韶（1202～1261），字道古，安岳人。与李冶、杨辉、朱世杰并称为宋元数学四大家。自幼聪敏好学，绍定四年（1231）中进士，先后在湖北、安徽、江苏、浙江等地做官，任县尉、通判、参议官、知州、司农寺丞等职。1261年左右被贬至梅州（今广东梅县），不久死于任所。在政务之余，潜心钻研数学，广泛搜集历学、数学、星象、音律、营造等资料，并进行分析和研究，著成《数书九章》。

是书初名《数术大略》或《数学大略》，为秦九韶于淳祐四年至七年（1244～1247）在为母亲守孝期间，将自己长期积累的数学知识和研究所得加以编辑而成，书凡9卷，分为9类，每类1卷。元代更名为《数学九章》，卷数亦由9卷改为18卷。其内容丰富，涉及面广，上至天文、星象、历律、测候，下至河道、水利、建筑、运输，各种几何图形和体积，钱谷、赋役、市场、牙厘的计算和互易。许多计算方法和经验常数直到现在仍有很高的参考价值和实践意义，被誉为"算中宝典"。

全书并不按数学方法来分类，而是采用问题集的形式，共列算题81问，分为9类，每类9个问题，主要内容如下：（1）大衍类，一次同余式组解法。（2）天时类，历法计算、降水量。（3）田域类，土地面积。（4）测望类，勾股、重差。（5）赋役类，均输、税收。（6）钱谷类，粮谷转运、仓窖容积。（7）营建类，建筑、施工。（8）军族类，营盘布置、军需供应。（9）市物类，交易、利息。

是书系对《九章算术》的继承和发展，概括了宋元时期中国传统数学的主要成就，标志着中国古代数学的高峰。其在数学研究上颇具创新，完整保存了中国算筹式记数法及其演算式，并专条论述自然数、分数、小数、负数等，同时还第一次用小数表示无理根的近似值。秦氏在《孙子算经》"物不知数"问题的基础上总结出"大衍求一术"，使一次同余式组的解法规格化和程序化，这比西方高斯创用的同类方法早500余年，被公认为"中国剩余定理"。此外，卷一七"市物类"给出完整的方程术演算实录，还作正负开方术，对任意次方程的有理根或无理根来求解，这也比19世纪英国霍纳的同类方法早500多年。

是书明初抄本被收入《永乐大典》，另抄本藏于文渊阁。明代学者王应遴传抄时定名为《数书九章》，明末学者赵琦美再抄时沿用此名，1781年由四库馆臣校订后收入《四库全书》。1842年由宋景昌校订后收入《宜稼堂丛书》，这是此书的第一次印刷出版，结束了数百年以来的传抄历史。1898年被收入《古今算学丛书》，为第二次印刷出版。1936年又分别被收入《丛书集成初编》和《国学基本丛书》出版。此外，是书目前还有多种抄本传世。（潘斌）

11．《韩氏医通》2卷，明韩愗撰

韩愗，字天爵，号飞霞道人，又曾改名白自虚，人称白飞霞，泸州人。少为诸生，博览群书。因自幼体虚，父母兄嫂亦多病痛，乃弃儒从医。初师事表舅华恒岈，略有收获，为开阔眼界，遂云游天下，访求名师。至峨眉山后，得高人陈斗南教授，兼之数年实践，遂医术精纯，名满天下。明正德年间（1506～1521）至京师，武宗曾召见之，赐号"抱一守正真人"。晚年定居成都，与太史杨慎交好，卒后杨慎曾私谥之为"贞隐先生"。韩愗一生行医，善于总结经验，撰有《杨梅疮论治方》《方外奇方》《韩氏医通》等。

是书凡2卷、9章、95则，为兼"理、法、方、药"四道的综合性医书，对临床医学有着重要指导意义。上卷为绪论、六法兼施、脉诀、处方、家庭医案5章，论述了脉法、处方用药、医案规则等内容。下卷为悬壶医案、药性裁成、方诀无隐、同类勿药4章，记载了作者临床验案、用药心得，以及实用方剂等。韩愗在著作中提出病案书写应当"六法兼施"：望形式、闻声音、问情状、切脉象、论病因、治方术六大部分，具体项目有30余项。韩氏对六法都有反复周致的考论，如"问病情"一法，就要求详问"何处苦楚，何因所致，何日为始，昼夜孰甚，寒热孰多，喜恶何物，曾服何物，曾经何地"等，详问其状，复究其因，然后对症下药，自然立竿见影、药到病除。韩愗对病历程序的关注，对后世影响很大，清初医家喻昌在《寓意草·与门人定议病式》对韩氏病历格式推崇备至。韩氏处方用药，十分重视病人的年龄、体质、地理环境、自然气候条件等，论述相当精当，提出："老年宜专调气""中寿之年，惟宜补剂""运气风上，禀赋为之权衡"等治疗原则。末载19首处方，皆系韩氏临床结晶，其中不少方剂是韩氏首创。如"三子养亲汤"，药仅三味：紫苏子以降气化痰，白芥子以畅膈除痰，莱菔子以消食化痰。三者皆治痰之药，各逞其长，互为补充，宜于老人食少痰多而致咳嗽喘逆者，至今仍为临床常用之方。又如七味保婴汤、天一丸、异类有情丸、五瘟丹等，皆属药简效宏方剂，深受后世医家钟爱。故其书亦被称为《韩氏有效方》。

《韩氏医通》流行较广，今传版本主要有：明嘉靖元年壬午（1522）始刊本、明嘉靖十一年（1532）于然堂重刻本、清乾隆四十二年（1777）刊本、清同治光绪间刊本、《六醴斋医书十种》本、东壁山房藏板刊本、《周氏医学丛书》本、《中国医学大成》本。（吴孟珍）

12．《蚕桑说》1卷，《种棉说》1卷，清李拔撰

李拔（1713～1775），字清翘，号峨峰，犍为县人。乾隆十六年（1751）进士，历任长阳、钟祥、江夏知县和宜昌府同知。乾隆二十四年（1759）升任福宁知府，政绩卓著。乾隆二十六年（1761），调任福州知府，福宁民众为之立《去思碑》。终官湖北荆宜施道。乾隆四十年（1775）卒，赠中宪大夫。曾主持编修《福宁府志》并自任总纂，亦有大量诗文行于世。

李拔在福宁时，鉴于本地农民不知养蚕、种棉，便专门从外地引进棉、桑种苗和蚕卵，亲自在福宁府署后园和福州分别试种、试养，获得成功后写成《蚕桑说》《种棉说》加以推广。在《蚕桑说》中，首先介绍了桑之种类（压桑、子桑、花桑）和各自的生长习性，再介绍养蚕之法，从取蚕种到喂养、取茧、缫丝等均有极为细致的说明。最后指出了养蚕对于闽中淳风俗、利温饱的社会意义。《种棉说》内容亦大体如是。二书通俗易懂，言简意丰，具有较强的指导性和可行性。

二书收入贺长龄、魏源《清经世文编》卷三七，有道光六年（1826）、光绪十二年（1886）、光绪十三年（1887）、光绪二十二至二十三年（1896～1897）、光绪二十四年（1898）、光绪二十八年（1902）等刊本。中华书局1992年有影印光绪十二年刊本，台湾文海出版社沈云龙《近代中国史料丛刊》亦收是书。（邹艳）

13．《齐氏医案》60卷，清齐秉慧撰

齐秉慧（1764～？），字有堂，宜宾县（今宜宾市）人。自幼聪敏好学，攻习举子业，颇怀抱负，以克承父业。后迁居长宁（今属长宁县），以教书为生；其间体弱多病，有"形容枯槁，颜色憔悴，腰俯不伸，形如鹄立"之状。后到重庆等地经商，沿途遍访良医而不遇，深叹求医之难。后知友人有《薛氏

医案》一书，齐氏借而阅之，方知病因所在，乃依书所记，对症选方，坚持服药数年，汤药服至数百剂，丸药服至上百斤，终至体健食旺。30多岁时，在湖北武昌幸遇黄超凡，黄氏见齐氏聪敏好学，自己年逾古稀而尚无传人，遂以数十年来所得于喻嘉言、舒驰远口授密旨，全部传与齐氏。三年之后，齐氏尽得其真传，遂归四川。归后弃商从医，购得《黄帝内经灵枢素问》《难经》《脉诀》《医门法律》《医宗金鉴》等书，昼夜苦读，寝习深求，于《灵》《素》诸书中得其奥妙，以擅治虚劳杂证而闻名。著有《齐氏医案》，另辑刻《齐氏医书四种》（含《齐氏医案》《痘麻医案》《家传医秘》和《痢症汇参》）。

《齐氏医案》为齐氏晚年将数十年从医心得，参合古今诸家议论，畅发其义而成，历时36载，成书于嘉庆十一年（1806）。书凡6卷，卷前《凡例》首立医德8条，如不以富贵贫贱，而以病势缓急分诊病先后；不可乘人之危勒索钱财；对贫贱鳏寡孤独者，尤宜格外诚心施治，并量力周济；医者应行为端正，衣冠整洁等。所列医德8条，可谓字字金玉，堪为后学儆戒。其卷一以六经学说论述伤寒、温病和内伤杂病，主张分经论治；卷二分述六经证治大义；卷三详析先天水火之说，着重论述虚劳、痨瘵、咳喘、痰饮等证；卷四主要论述后天脾胃病症；卷五主要论述血证，介绍了诊治吐血的独特经验；卷六以论述妇科为主，并介绍了瘟疫与痧证的诊治。是书在叙述病症时，均先引前贤精论，再发表自己的见解，最后列举临床案例，医理与临床融为一体，具有较高的临床实用价值。

是书有清刻本及上海千顷堂石印本等。中国中医药出版社2008年9月出版《中医经典文库》本，系以嘉庆十一年（1806）原刻初印本为底本整理。（潘斌）

14．《医理真传》4卷、《医法圆通》4卷、《伤寒恒解》10卷，清郑寿全撰

郑寿全（1804～1901），字钦安，邛州（今邛崃）人，晚清中医伤寒学家。曾师从名儒兼名医刘沅，从受《周易》《内经》及《伤寒论》诸书，遂通医理。以善用大剂量姜、桂、附等大辛大热药挽救患者而名噪一时。同治年间在成都开创了"火神派"，《邛崃县志》称其为"火神派首领"，人誉"郑火神""姜附先生"，誉满川蜀。著有《医理真传》《医法圆通》《伤寒恒解》，合称《郑寿全医学三书》。

《医理真传》4卷，系郑氏阅读陈修园医书13种之后，对书中分阴、分阳之

实据，用药活泼之机关，诸书略而不详者的一次补充。全书分题立论，条理清晰，诗解图文并茂。撮其要，有乾坤化育、人身性命立极、阴阳五行、气机盈缩、内因外因、阳虚阴虚、病情实据、分科立论、症候图解、方药释义等项。凡论深入浅出，言简意赅，尤其在治疗痢疾、产后瘀血腹痛、老年便秘、遗精、癫痫、目疾、喉症等病上，具有独到见解。

是书有中国中医药出版社1993年出版于永敏校注本。系以同治八年（1869）原刻初印本为底本，用光绪十三年（1887）五福堂刊本及民国十五年（1926）刊本为校本。

《医法圆通》4卷，亦为清代名医郑寿全所著，以讨论杂病和常见病症为题目，辨明内外虚实、经方时方之要，再结合时弊详加论说，颇切临床实用。是书有中国中医药出版社1993年出版于永敏、刘小平校注本。此校注本是以同治甲戌年（十三年，1874）成都原刻初印本为底本，用光绪丁亥年（十三年，1887）五福堂刊本为校本精校而成。

《伤寒恒解》10卷，系郑氏伤寒学理论著作，于光绪二十年（1894）刊行。其特点是不再抄袭前人陈说，而是紧密扣合临床实际，即情言理，并能独抒己见，对原书疑似之处，加以纠正。其《自序》亦谓："兹将原文逐条一一剖析，不敢与前贤并驾，但就鄙见所及，逐条发明，虽不敢云高出手眼，此亦救世之本心，聊以补名贤之不逮，亦大快事也。"

郑寿全最重要的学术观点是重视阳气，他以肾阳为人身立命之根本，这是就正常生理而言。阳气衰弱与否是疾病善恶转化的关键，"万病皆损于阳气"，"阳气无伤，百病自然不作"。"有阳则生，无阳则死。"故其治病立法，首重扶阳，临证时首先考虑元气损伤情况，以辛热之药扶阳抑阴，擅用姜、附、四逆汤之类的方药，形成非常鲜明的用药风格。三书各具特点，又能理论联系实际，切合临床应用，一时为广大医家视为济世活人之鸿宝。今皆收入于《郑寿全医学三书》，由山西科学技术出版社2006年出版。（潘斌）

15. 《中西汇通医经精义》2卷，清唐宗海撰

唐宗海生平，见《医易通说》。

是书又名《中西医判》《中西医解》《中西医学入门》，为唐宗海寓沪上时所作。当时正值西学东进，他认识到西、中医各有所长，力主会通中西医学，厘正医道，遂以中国古代医学理论为基础，吸取西医解剖学和生理学原理，撰成是书，光绪十八年（1892）刊印出版，成为中国医学"中西汇通"先

驱之一。是书将《内经》中的医学理论归纳为阴阳、脏腑、营卫、经脉、全体总论、诸病、望形、问察、诊脉、气味阴阳、七方十剂等20余类，并予以撮要和注释。书中除了对中医理论有所引用以外，同时还采西医生理解剖图说加以论证发挥，因此内容有附会之处，然在会通中西医学理论方面，却是一大胆尝试。因此，对于此书，其开创之功与其具体医学理论一样功不可没。

是书有《中西汇通医书五种》本，光绪年间刊本、石印本及《中西医学劝读十二种》本和《续修四库全书》本。另1999年中国中医药出版社出版有《唐容川医学全书》点校本。（潘斌）

16.《四译馆医书二十四种》30卷，清廖平撰

廖平有《周官考征凡例》，前已著录。

廖平博通今古，主今文学，凡考论"六经"，皆独具卓见。又精医学，于古今医书之良否，内外诸科之同异，皆能究其得失，正其谬误。所著医书凡数十种，有《四译馆医书二十四种》传世。

是书凡30卷，共录廖平医学之作24种。首列《黄帝内经明堂》残本1卷，附考《杨上善内经太素篇目》《隋本灵枢杨氏太素目录》《隋本素问杨氏太素注本目录》。次为《杨氏太素诊法补证》；《三部篇补证》1卷；《九候篇补证》1卷，附《十二经动脉表》；《诊络篇补证》3卷，附《病表》及《诊络名词》；《诊骨篇补证》1卷，附《刘中桢中西骨格辨正》；《诊筋篇补证》1卷；《诊皮篇补证》1卷，附《诊皮名词》及侄孙景浚《仲景诊皮法》；《太素杨注入迎脉口诊》2卷；《营卫运行杨注补证》1卷；《难经经释补证》2卷；《内经平脉考》1卷；《仲景三部诊法考》1卷；《经脉考证》1卷；《释尺》1卷；《卷分方治宜篇》1卷；《伤寒总论》1卷，附《太素内经伤寒补证》；《伤寒古本考》1卷；《伤寒杂病论古本》3卷；《伤寒诸家平议》凡八家不分卷；《桂枝汤讲义》1卷；《巢氏病源补养宣导法》1卷；《丹波元简脉学辑要评》1卷；《摘录丹波元简药法通义辑要》3卷，附子宗泽《灵素五解篇》1卷。诸种随作随刊，无自定总目，且每书中有随时增入者，故篇目亦间有不符，总题曰《四译馆医书》，而书中亦有称"四益馆"者，盖因篇帙繁杂，未经理董画一，又每随意附入他人之作，殆难以编次常例衡之也。

是书撰著大旨，重在复古，且谓后人不考古书，错误相承，故一一加以纠正。于其立说之本，夏孙桐评论云："其立说所本，由丹波元简《脉学辑要》，而论元简仍专诊寸口，但辟藏府之分配，犹属骑墙之见。又得日本所传

杨上善《明堂》《太素》两书残本，就之探讨诊络、诊骨、诊筋、诊皮古法，为之疏证，可谓好学深思。惟于古籍间有与其说难通者，辄指为后人妄改，不免有武断之处。"① 又论其评述诸家云："其评隲诸家，虽多持之有故，文字研求与临证治效，分道扬镳，固当分别观之耳！"②

廖平乃经学名家，其以说经者说医，理论虽精微高远，然却不切实用。三台萧龙友尝言："与廖氏旅齐鲁时，互究医术，冥思独造，识解精辟，惟著述虽富，终始未以医术问世，盖以整理医书，考证医学为归趋者也。"萧氏以医术名世，与廖平又同乡友善，其言可据。故此编虽可供医学参考，以之实行求明效，犹多迂滞也。

是书有四川存古书局刊本、天津科学技术出版社《廖平医书集成》校点本、上海古籍出版社《廖平全集》整理本。（李冬梅）

17.《古欢室医书三种》，清曾懿撰

曾懿（1852～1927），字伯渊，又名朗秋，女，四川华阳（今属成都市）人。10岁时其父曾咏卒于江西鄱阳任所，其母左锡嘉携家回川，卜居成都近郊浣花溪，邻近唐代大诗人杜甫故居。在母亲谆谆教诲下，曾懿自幼研读经史，擅长丹青和文辞。同治年间（1862～1874），川西平原瘟疫流行，许多患者由于缺医少药而丧生。曾懿既怜乡民之无辜，更恨庸医不识寒温、泥执古方之无能，遂弃文从医，苦读家藏医药典籍，上起汉、唐，下迄清末，凡精辟之论述，严谨之方剂，都一一摘录，并悉心钻研。而后给亲友们治病，不出几年就正式行医。由于她医技精湛，医德高尚，前来求医者门庭若市，在群众中颇有声望。1907年以后，曾懿随夫入京，晚年仍为人诊病，暇则以诗、画自娱。1927年冬，卒于北京，享年75岁。

《古欢室医书三种》由《医学篇》8卷、《女学篇》1卷、《中馈录》1卷三书组成。《医学篇》著述之初衷，是曾懿为了不忘当初学医之艰难，决心将自己的心得体会告诉来者，乃发奋著述而成。该书于光绪三十二年（1906）写成，次年刊于长沙。书凡两册，上册4卷，第一卷有脉论、舌色论、温病、伤风、伤寒病论等，第二卷为温病传入中焦治法，第三卷为温病传入下焦治法，

---

① 《续修四库全书总目提要稿本》之《四译馆医书二十四种》提要，齐鲁书社1996年版，第10册。
② 《续修四库全书总目提要稿本》之《四译馆医书二十四种》提要，第10册。

第四卷为伤寒治法；下册也分4卷，第一卷为杂病，第二卷为妇科，第三卷为小儿科，第四卷为外科。书中将伤寒、温病两类疾病的病情及治法详加辨析，分为数章加以介绍。

曾懿本人曾患过四次温病，因得著名温病医家吴鞠通的疗方才使其转危为安，因此她对吴鞠通的《温病条辨》推崇备至。《医学篇》中很多地方都采用吴鞠通的学说和医方，并将《温病条辨》《温热经纬》诸书各方，摘录成帖，明澈显要，使人一目了然。此外，她又将生平经历医效古方、时方及自制诸方，选其灵验素著者，分成伤寒、温病、杂症、妇科、幼科、外科等类，一并附于书中，使学者能从中获益，不致受庸医之误。是书出后，不胫而走，医者甚为重视。

《女学篇》1卷，是曾懿继《医学篇》完成后撰写的。曾懿20岁与江南才士袁学昌结为连理，二人曾宦游闽、皖、浙、赣等省凡20余年，其间夫妻朝夕讲求，风雅唱和，使曾懿在文学和医学方面皆有长进。《女学篇》是曾懿与其夫宦游东南诸省，目睹清王朝腐败无能、西洋列强步步进逼的社会状况，为救国图强而力倡女学的作品。曾懿认为，国家的命运与教育息息相关，而占中国人口半数的女性要改变命运、贡献社会，当以读书明理为第一要务。在《女学篇》中，曾懿提出了女学教育三项主张：一是"教育子女，各尽义务，所以培植国民之基础"；二是"勤俭劳苦，家给人足，所以筹划家政之根本"；三是"医学卫生，以保康强，所以强大种族之原理"。

《中馈录》1卷，则具有家政学的性质。《易》述女子之职"在中馈"，《礼》叙男女分工："门内之治恩揜义，门外之治义断恩。"女主内而男主外。儒者追求"修齐治平"，女子正处于"修齐"的重要位置，与男子之"治平"殊无轩轾。此书撰写之目的和意义，正在提高女子的主内能力，以促进家庭和谐。她在书中明确交代："昔蘋藻咏于《国风》，羹汤调于新妇。古之贤媛淑女，无有不娴于中馈者。"《中馈录》集中地介绍了江南一带民间常用食品的制作方法和保藏方法，如有关于宣威火腿、香肠、肉松、鱼松、五香熏鱼、风鱼、醉蟹、皮蛋、糟蛋、辣豆瓣、豆豉、腐乳、酱油、泡盐菜、冬菜、甜醪酒、酥月饼等20种常见的食品制作方法，以及在制作过程中如何选择主料、配料分量，各种佐料的配用、操作方法，以及制作适宜和不适宜的季节、注意事项等，都阐述得极为周到、详细、具体，且简便易行。

清光绪三十二年（1906），其子袁励准取曾懿之《医学篇》《女学篇》

《中馈录》合辑为《古欢室全集》，木刻刊印于世。1933年，苏州国医书社将《医学篇》重辑为《诊病要诀》《杂病秘籍》《幼科指迷》《寒温指迷》《妇科良方》《外科纂要》6种，名为《曾女士医学全书》（六种）铅印发行，使该书之流传更广，影响更大。中国商业出版社将《中馈录》列入《中国烹饪古籍丛刊》编排出版。另2019年四川大学出版社出版了徐洄、马宇的《兽壹恣集》校点本，颇便使用。（潘斌）

第四节　笔记小说举要

1. 《续事始》5卷，五代冯鉴撰

冯鉴，生卒年不详，梓州射洪（今四川射洪）人。前蜀时曾任县令。著有《修文要诀》2卷（论苏文体式，评其误谬，以训初学），《续事始》5卷，又曾续唐刘轲《帝王镜略》（以四言歌括述历代亲王世次，自三皇至唐初），迄于唐末。

儒者耻一物之不知，寻事物之原，溯制度之始，非仅博物家之故习，亦儒者之所乐为。《易大传》有"伏羲氏始作八卦"及作网罟、作耒耨、作臼杵、作舟楫之说，《世本》亦有"仓颉作书、伶伦造历、奚仲作车"之纪，皆此类也。至唐代，太宗命诸王府官刘存（字孝孙）撰《事始》3卷，为探讨事物起源专书，"以事名类，推原初始，凡二十六门，以教始学诸生"①。其后，又有刘睿《续事始》3卷②、冯鉴《续事始》5卷。前二书俱佚，今唯存冯书。

是书内容宏富，记载了许多科技知识，为科技史的研究做出了重要贡献。其所记358项内容，涉及工业、农业、水利、手工业、建筑、交通运输等各个方面。尤其是对兵器工业记载特别详细，如陆战有刀、枪、箭、戟、发石车；水战有舟、楫；设伏有铁菱角和转关桥；攻城有云梯、冲车、井栏、尖头木、垂墙、地道；守城有火箭、雉尾炬、绳连石磨。这些资料，对研究中国科学技术发明史具有相当高的参考价值。此外，对生活上记述吃、穿、用、玩也都比较完备，如引《仙传拾遗》云："蚕丛氏自立王蜀，教人蚕桑，作金蚕数千头，每岁首，给民一蚕，民所养之蚕必繁孳，罢即归蚕于王。王巡境内，所止

---

① （宋）晁公武：《郡斋读书志》卷三上。
② 《新唐书·艺文志》，中华书局1975年标点本。

之处，民则成市。"这对研究川蜀地区丝绸文化有着重要的参考意义。又如引《西京杂记》"前汉杜子夏，临终作文，其死，命刊石埋于墓前"，说"墓志恐因此始"，也持之有据。

是书有涵芬楼《说郛》本、《说郛三种》本、上海商务印书馆1930年铅印本、上海古籍出版社1988年影印本等。（潘斌、舒大刚）

2. 《北梦琐言》20卷[①]，五代孙光宪撰

孙光宪（约895[②]～968），字孟文，自号葆光子，陵州贵平（今属四川仁寿）人。孙光宪在王蜀时期做过陵州判官，未受重用。蜀亡，孙光宪至荆南，适逢高季兴延揽谋士，以图进取，光宪得梁震推荐，任高季兴掌书记，以睿智善谏，得荆南君主赏识。在孙光宪辅佐下，南平国以弱小国力，维持57年国祚，光宪与有力焉。之后宋太祖以讨湖南为名，假道荆南，孙光宪力排众议，主张归顺宋朝。入宋后，宋太祖授光宪为黄州刺史，光宪治理黄州八年余逝于任所。《十国春秋·孙光宪传》云："性嗜经籍，聚书凡数千卷，或自钞写，孜孜校雠，老而不废。"《三楚新录》卷三亦载："光宪每患兵戈之际，书籍不备，遇发使诸道，未尝不厚加金帛购求焉。"著《北梦琐言》《荆台集》《橘斋集》等，今传其《北梦琐言》及词84首。《宋史》卷四作有传。

是书为孙光宪所撰笔记小说，其书名系取南平国处古云梦泽之北，故称"北梦"。所记为晚唐五代史事，内容包括政教礼法、文坛逸闻趣事、民间风情习俗等。这对于了解唐代科举、风土民情等有着重要意义。据其记载，有唐人中举后的疯狂情状，也有应试20余次仍然不放弃者，甚至拿女儿作为登第交换条件等。此外，是书还记述了村妇、宫女等勇敢追求幸福，寡妇也可以再嫁的情形，这是唐朝开放风气的表现。此外还有关于法律对婚姻的限制的记载，如良贱不婚、同宗共姓不婚以及重财婚的陋习。对于考察唐代门第与婚姻关系、家法门风等也有着重要的参考价值。是书记录有正史未书的皇室遗闻，如同昌公主生母郭妃的下场、昭宗遇弑的真实情况，并有光宪的评论，这些对于考察唐王朝覆灭的原因有着重要的参考意义，也可弥补正史记载之不足。也揭露了不少社会的黑暗面，如记载了不少不肖的僧人、道士行诈骗淫乱之事。但

[①] 关于孙光宪《北梦琐言》的研究，可参见庄学君：《〈北梦琐言〉研究》，载《西南师范大学学报》1990年第1期，以及房锐：《孙光宪与〈北梦琐言〉研究》，四川大学2002年博士学位论文。

[②] 又或云生于901年。

对人性之善也有不少事例进行说明。从总体来说，孙光宪积极宣扬忠孝节义仁爱，并殷切期望后人通过阅读《琐言》能有所帮助[①]。

王文才《蜀梼杌校笺序》云："五代杂笔，首推《北梦琐言》。"许多研究唐末五代的学者在述及历史、政治、文学乃至风土人情时也多引用《琐言》，如《太平广记》《资治通鉴》《旧五代史》《十国春秋》等都不同程度援引《琐言》中的资料，或补其缺，或资考订，可见是书有着重要的史料价值。

关于是书的卷数，晁公武《郡斋读书志》著录为30卷，《宋史·艺文志》著录为12卷，现存之本为20卷，盖其原本为30卷，后来可能经人删弃或散佚。其版本有明代商浚《稗海》本及卢见曾《雅雨堂丛书》本行世，为后之《四库全书》《丛书集成初编》所本。清末缪荃孙《云自在龛》还从《太平广记》中辑得逸文4卷，较为完备。中华书局1959年标点本即以此本为底本。上海古籍出版社1981年出版林艾园校点本，中华书局2000年又出版贾二强点校本。（潘斌）

3.《文房四谱》5卷，宋苏易简撰

苏易简（958～997），字太简，绵州盐泉（今四川绵阳市东）人（宋朝国史误作梓州铜山人）。宋太宗太平兴国五年（980）进士第一。为将作监丞、昇州通判，以右拾遗知制诰。入为翰林学士，迁中书舍人，充承旨。历知审官院、审刑院，迁给事中，拜参知政事。至道元年（995），出知邓州，移陈州。卒赠礼部尚书。知识渊博，善谈笑，以文章著称于世，有《文房四谱》《续翰林志》及文集20卷传世。

是书为我国第一部比较系统完整的有关纸墨笔砚的专著，成书于北宋雍熙三年（986）九月。全书共5卷，分为《笔谱》《纸谱》《墨谱》《砚谱》。《笔谱》2卷，其余各1卷，附笔格、水滴器。书前有徐铉序，末有易简自序。此书分别探讨和记载了笔、墨、纸、砚产生的根源、制造的工艺、流传的故事以及诗词赋文，为有关文房四宝的权威之作。其体例仿《艺文类聚》，分门隶事，后附诗文。古代专举一器一物辑成一谱，自此开始。书中各谱的体例大致相同，首先叙事，次讲制作，三是杂说，四为辞赋。叙事重在说明定义、沿革及产地；制作则重在介绍制造技术；杂说讲述典故和逸闻；辞赋汇集了有关赞咏"文房四宝"的诗词。全书首尾相映，浑然一体。

是书对笔、墨、纸、砚制造的工艺记载尤详，如《笔谱》集中介绍了蒙恬

---

① 参见房锐：《孙光宪与〈北梦琐言〉研究》，中华书局2006年版。

的狐毛笔制作方法、韦仲将的兔羊毫笔制作方法。《砚谱》详细介绍了砚石的色泽、硬度、韧性、渗透性、冷热适应能力以及制作方法和外形等，同时还介绍了作澄泥砚法，这是我国古代造砚艺术的萌芽，也是我国古代制陶技术的一项重大革新。《纸谱》中说，造纸原料其实远不止破布、渔网，还介绍了用麻束造玉屑和屑骨等造纸技术。《墨谱》是第一次记载墨的生产工艺的文字。是书广搜博采，资料丰富，所引之书涉及诸多类书和唐五代以前旧籍。这些书籍现今大多已经亡佚，故此书在保存旧籍方面，具有颇高的文献学价值。

今存版本有《四库全书》本、《学海类编》本、《檀几丛书》本、《十万卷楼丛书》本、《丛书集成初编》本。重庆出版社2011年出版曾敏华注释本，与耿纪鹏注《文房四考图说》合为一册。（潘斌）

4.《益部方物略记》1卷，宋宋祁撰

宋祁（998～1062），字子京，安州安陆（今湖北安陆）人。天圣二年（1024）与兄宋庠同举进士，时称"二宋"。累迁同知礼仪院、尚书工部员外郎，知制诰。又改龙图学士、史馆修撰，拜翰林学士承旨。卒谥景文。文史兼通，尝修《新唐书》，为列传150卷。著有《宋景文公集》。

是书乃嘉祐二年（1057）宋祁由端明殿学士、吏部侍郎知益州时所作。自序云："益为西南一都会，左阻剑门，右负夷蕃，内坦夷数百里。环以长江，裹以复岑，川陆盛气碍而不得东，回薄蜿蜒，还负一方，为珍木、为怪草，为鸟、鱼、芋、稻之饶。日旸雨雨，嘘和吐妍，层出杂见，不可胜状。殆岷精缊灵，示完富瑰璃于兹壤也。嘉祐建元之明年，予来领州，得东阳沈立所录《剑南阳物》二十八种，按名索实，尚未之尽。故遍询西人，又益数十物，列而图之，物为之赞，图视状赞，言生之所以然，更名《益部方物略记》。凡东方所无及有而自异，皆取之，冀裨风土聚丘之遗云。"

是书所记，凡草木之属41，药之属9，鸟兽之属8，虫鱼之属7，共65种。每种先系以赞，次题其物名，其下注明其产地、形状、性味、功用、异名等等。如赞曰："竹生三岁，色乃变紫。伐干以用，西南之美。"题曰："右紫竹。"题下注："蜀诸山中尤多，园池亦种为玩。然生二年色乃变，三年而紫。"图则已佚。

西南地气稍晚，宋祁所记物候往往与他地不符，故明代文学家、藏书家胡震亨跋是书，引范成大《圣瑞花》诗证是花开于春夏间，说祁注称"率以秋开"为非。又引薛涛《鸳鸯草》诗"但娱春日长，不管秋风早"句，说祁注是草"春叶晚生"不确,皆是此类。至于虞美人草,本是借人(项羽妾虞姬)以名物,一如菊号西施,祁必改为"娱美人草",则是曲生训释,实无必要。

是书今传有《说郛》本、《秘册汇函》本、《津逮秘书》本、《学津讨原》本、《四库全书》本、《湖北先正遗书》本和《丛书集成初编》本等。(潘斌)

5.《益州名画录》3卷,宋黄休复撰

黄休复,字归本,一作端本。祖籍江夏(今湖北武汉),五代末北宋初居于成都,因所著书只记蜀事,故陈振孙疑为蜀人,曹学佺《蜀中广记》直题为成都人。通《春秋》之学,尝校《左氏》《公》《穀》三传,兼通诸子百家之说。与当时四川文人李畋、张及、任玠及画家孙知微、童仁益等人为友,游心画艺,深得厥趣。著有《益州名画录》《茆亭客话》。

益州经济文化素来发达,文章尔雅冠于西南,书画之士多汇聚于兹。是书卷前有李畋景德三年(1006)《序》,说"益都多名画,富视他郡",自从唐玄宗、僖宗避难来蜀,成都又是历代蜀王、镇将的首府,"画艺之杰者游从而来"。黄休复长居此地,平时"以魏晋之奇踪、隋唐之懿迹,盈缣溢帙,类而珍之"。如果有"博雅之士款扉求见",他就"敞茅屋、拂榻尘,架而陈之,娱宾赏心,万虑一泯"。如果僧舍、道居屋壁有画者,休复"靡不往而玩之,环岁忘倦"。北宋伐蜀之日,这些壁画还保存完好。然至淳化甲午(五年,994)王小波、李顺起义攻入成都,兵火之下,使这些"墙壁之绘,甚乎剥庐;家秘之宝,散如决水",其残余可观者,仅"十二三焉"。黄休复"心郁久之",于是决计将这些绘画资料著录成书,以便流传。故收集唐乾元(758~760)至宋乾德(963~968)间与蜀地有关的画史资料,撰为《益州名画录》一书。

李氏还揭示黄氏此书:"画之神妙功格,往躅前范,黄氏录之详矣。至如蜀都名画之存亡,系后学之明昧,斯黄氏之志也。"可见其书用意在于垂前代画师之规范,存成都名画之历史。书中所录皆黄氏亲眼看到的名家精品,共选录了58人,"品以四格,离为三卷"。

是书为唐代中后期、五代时期和北宋初年成都绘画史的缩影。以传记体的形式记载了这一时期活跃于成都地区的画家,自孙位至邱文晓等共58位,各家小传、壁画作品和创作逸事,俱有所录。按"逸、神、妙、能"四格来编排。"逸格"是最高品,仅1人:孙位。"神格"2人:赵公佑、范琼。"妙格"上品7人、中品10人、下品11人。"能格"上品15人、中品5人、下品7人。是书在编写上虽曾受到唐代裴孝源、朱景玄、段成式等人绘画史籍的影响，然作为地区性绘画史籍的体例，休复确有开创之功。在其影响下，后世不断出现地区性绘画史著作。

是书重在引述而少评论，评论部分主要在篇首《目录》，其先定"四格"之目，并用精简的文字对四格各自的特点予以说明，以此作为评定画家艺术成就高下之标准。因此，"四格"之说集中反映了作者的艺术见解。在"四格"中，休复认为"逸格"最难，唯有孙位勘当此格。另附有画无名及无画有名者之记录。四库馆臣称"其书叙述颇古雅，而诗文典故所载尤详，非他家画品泛题高下、无所指据者比也"[1]。

是书于画家生平的记载，主要涉及籍贯、官职升迁、师承关系、作品名目及作品绘制的地方位置等情况。休复依靠寻访壁画遗迹，经年积累而成是书，因此书中对这一时期寺院壁画的名目、年代、内容、构图、绘画特点等方面的记载，都是作者本人采访所得，真实可靠。所录壁画作者多为西蜀画院画家，因此是书关乎画院制度、招录升迁、职位待遇、师承关系、绘画创作、艺术流派等均有记载，是后人研究五代宋初西蜀地区绘画艺术重要的文献资料。

是书有明王世贞所辑《王氏画苑》本、宛委山堂《说郛》本、《唐宋丛书》本、清李调元辑《函海》本、《四库全书》本等。1964年人民美术出版社出版了秦岭云点校本，最便阅读。（潘斌、李冬梅）

6.《画继》10卷，宋邓椿撰

邓椿，字公寿，成都双流（今四川双流）人，邓洵武孙。世代显宦，绍兴中登进士第，历官通判、郡守等职。平生对绘画名迹多所见闻，著有《画继》等书。

是书系继唐张彦远《历代名画记》、宋郭若虚《图画见闻志》后而写的一部画学著作。作者以《图画见闻志》成书之年——北宋熙宁七年（1074）起至南宋乾道三年（1167）止，凡九十四年间有关绘画的见闻，辑录而成此书。全书共10卷，前有邓椿序，述及撰著之由及大致内容，云："予虽生承平时，自少归蜀，见故家名胜，避难于蜀者十五六，古轴旧图，不期而聚；而又先世所藏，殊尤绝异之品，散在一门，往往得免焚劫，犹得披寻。故性情所嗜，心目

---

[1] （清）永瑢等：《四库全书总目》卷一一二《益州名画录》提要。

所寄，出于精深，不能移夺。每念熙宁而后，游心兹艺者甚众，迨今九十四春秋矣，无复好事者为之纪述。于是稽之方册，益以见闻，参诸自得，自若虚所止之年，逮乾道之三禩，上而王侯，下而工技，凡二百一十九人，或在或亡，悉数毕见。又列所见人家奇迹，爱而不能忘者，为铭心绝品，及凡绘事可传可载者，裒成此书，分为十卷，目为《画继》。"

其十卷内容依次为"圣艺""侯王贵戚""轩冕才贤""缙绅韦布""道人衲子、世胄妇女（宦者附）""仙佛鬼神、人物传写、山水林石、花竹翎毛""畜兽虫鱼、屋木舟车、蔬果药草、小景杂画""铭心绝品""杂说论远""杂说论近"。其中一至七卷为当时画家的传记——卷一至卷五按画家身份区分，卷六、卷七按画类题材区分。自熙宁七年（1074）起，迄乾道三年（1167）止，在世或亡故者，凡得219人，各为小传一篇。这七卷两类传记，互为经纬，总括一代画史。卷八《铭心绝品》是作者所见私家收藏的优秀作品的目录，包括赵氏宗室、官绅、士庶、僧人等37家所藏之画目，除顾恺之《三教图》外，余皆为唐、五代、北宋人之画。卷九、卷十《杂说论远》《杂说论近》是以杂记体裁，品评绘事，记述画家杂事，对绘画艺术提出自己的见解，为"书中之总断也"[1]。

是书"稽之方册，益以见闻，参诸自得"，所涉画学资料非常丰富，既有文人画家的传记，亦有工匠画家的记载，既有古画名目，又有一己之见，至于当时有关美术活动的各种事迹以及和其他诸国的艺术品交流等，也有所涉及，可供采撷。故《四库全书总目》谓本书"网罗赅备，俾后来得以考核……固赏鉴家所据为左验者"。周中孚《郑堂读书记》则谓"鉴裁明当，条理秩然，诚足继张、郭二书之后"。近人余绍宋《书画书录解题》亦说："所收之人，多由诸家诗文集中采辑而得，用力颇勤，足以传信。……又于诸人短处，时有论列，亦不失褒贬之公。"

是书今传版本主要有南宋临安府陈道人书籍铺刊本、明王世贞刻《王氏画苑》本、明毛晋刻《津逮秘书》本、清张海鹏刻《学津讨原》本以及《四库全书》本、《古逸丛书三编》本等。后又收入《中国美术论著丛刊》，经黄苗子点校，由人民美术出版社于1963年8月出版。此本是以毛氏汲古阁《津逮秘书》本为底本，并以《王氏画苑》本、《学津讨原》本以及铁琴铜剑楼旧藏明刻本

---

[1] （清）永瑢等：《四库全书总目》卷一一二《画继》提要。

重加校勘，颇便读者。（李冬梅）

7.《东坡志林》5卷，宋苏轼撰

苏轼有《苏氏易传》，前已著录。

是书宋时或称《东坡手泽》，陈振孙《直斋书录解题》卷一一即著录《东坡手泽》3卷，并注云："今俗本《大全集》中所谓《志林》也。"《四库全书总目》以为"盖轼随手所记，本非著作，亦无书名。其后人哀而录之，命曰《手泽》。而刊轼集者不欲以父书目之，故题曰《志林》耳。"然黄庭坚《豫章集》卷二九《跋东坡叙英皇事帖》云："往尝于东坡见手泽二囊……手泽袋盖二十余，皆平生作字，语意类小人不欲闻者，辄付诸郎入袋中，死而后可出示人者。"《手泽》之名或因于此。又苏轼元符三年（1100）移知廉州，其《与郑靖老书》云："《志林》竟未成，但草得《书传》十三卷。"是作者亦曾预有《志林》之名。

是书为苏轼元丰至元符20年间杂说史论之作，内容广泛，无所不谈，不但记载了许多朝野大事，也包括了许多荒诞不经的传说。其文长短不拘，或千言或数语，而以短小为多，皆信笔写来，挥洒自如，体现了作者行云流水、涉笔成趣的文学风格，这在很大程度上开启了明代小品文的风格。

是书传本颇多，卷数亦不一，有1卷本、5卷本和12卷本，今较常见者为5卷本。各本内容互有出入，有的甚至歧异很大。如南宋人左圭辑《百川学海》所收《志林》1卷，存史论13篇，与明成化刊本《东坡七集》卷一一所录《志林》13首同。清人马俊良辑《龙威秘书》五集所收《志林》1卷，则纯为笔记小品。通行的5卷本为明万历时赵开美刊本，清张海鹏辑《学津讨原》予以收录，前4卷为笔记文，后1卷与《百川学海》本同，为13篇史论。此本兼有杂说史论，去取较为精审，一般认为它是宋人所哀录，故《四库全书》以之入录，民国年间涵芬楼亦据赵本校印。明万历时商浚《稗海》本所收为12卷，皆笔记杂说，与《学津讨原》本前4卷有无互见。12卷本皆杂说而无史论，虽收罗甚丰，然讹误亦不少。整理本有王松龄点校本（中华书局1981年版）与孔凡礼整理本（《全宋笔记》第一编第九册，大象出版社2003年版）。前书以涵芬楼本为底本，校以《百川学海》本、赵开美刊本、《稗海》本、《东坡七集》本和文澜阁库本、《学津讨原》本。后者以涵芬楼本为底本，主校以茅维万历三十四年（1606）所刊《苏文忠公全集》本。2002年，北京语文出版社出版《三苏全书》，亦收有此书之校点本。（潘斌）

8.《仇池笔记》2卷，宋苏轼撰

是书为苏轼《东坡志林》的姊妹篇，其内容、风格俱与《志林》略同，故明赵开美序云："《笔记》于《志林》，表里书也。"内容涉及当代人物逸事、个人生活记录，大抵兴到即写，自成妙笔。但《四库全书总目》以为书中个别条目不类苏轼语，"疑好事者集其杂帖为之，未必出轼之手著"，然犹"可以备考证也"。"如下卷杜甫诗一条云：'杜甫诗固无敌，然自"致远"已下句甚村陋也。'绝不标其本题，又不举其全句，其为偶阅杜诗，批于'致远终恐泥'句上之语，显然无疑。他可以类推矣。又如蒸豚诗一条，记醉僧事；及解杜鹃诗一条，解杜鹃有无义，亦皆不类轼语。疑并有所附会窜入。"①涵芬楼本夏敬观语亦持此说。

其实，《仇池笔记》与《东坡志林》手稿一样，皆为苏轼生前手录之文。轼死后，后人争相搜录其文以刊行，因搜录者不同，故出现《东坡志林》卷数不一，又复有《仇池笔记》一书。

是书凡2卷，共138条，其中与《东坡志林》重复者36条（一说37条）。所记内容亦十分广泛，涉及经史子集、制度风俗、逸闻时事、山川风物、佛道修养等各个方面，以记身边琐事及诗文评述为主，足资治史考文者参考。

是书之刊刻流传，最早载于南宋曾慥《类说》。明万历时，赵开美继其父刊《志林》，又从《类说》中将此书录出刊刻。其与《志林》并见者，得36则，但存标题，下注"见志林"字样。后《四库全书》所收及昆山徐氏传是楼抄本皆从赵本录出。民国初，涵芬楼铅印本以抄本《类说》为底本，于赵本有所订正。今传本不一，《四库全书》本、《宋人小说》本、《豰园丛书》本作2卷，《唐宋丛书》本、《丛书集成初编》本等作1卷。1983年，华东师范大学古籍整理研究所以1911年商务印书馆印本（原本为赵开美刊本）为底本，参以他书，重新点校注释，与《东坡志林》合为一帙，由华东师范大学出版社出版。另2002年，北京语文出版社出版《三苏全书》，亦收录有该书的校点本。（潘斌）

9.《龙川略志》10卷，《别志》2卷，宋苏辙撰

苏辙有《诗集传》，前已著录。

《龙川略志》《龙川别志》为苏辙于元符二年（1099）夏、秋居循州龙川

---

① （清）永瑢等：《四库全书总目》卷一二〇《仇池笔记》提要。

时所写的笔记①。《略志》主要追忆平生参与的各项政治活动，《别志》则主要追录所闻前贤及时贤的逸事。正如苏辙在《龙川略志引》《龙川别志引》中所说："此郡人物衰少，无可晤语者……乃杜门闭目，追思平昔，恍然如记所梦，虽十得一二，而或详或略，盖亦无足记也。远执笔在傍，使书之于纸，凡四十事，十卷，命之《龙川略志》。""今谪居六年，终日燕坐，欲追考昔日所闻而炎荒无士大夫，莫可问者，年老衰耄，得一忘十，追惟贡父之言，慨然悲之，故复记所闻，为《龙川别志》。"远，即苏辙的儿子苏远，又名苏逊。可见二志之成，由苏辙口授，苏远所记。

《龙川略志》首、尾两卷记往事十四条，其余二十五条皆论朝政，但都为间接追论朝廷政事，因为在当时的世风下，谪居著书，恐如其兄东坡作诗之不免于触犯忌讳，故以神仙道术之说杂于卷首、尾两卷，可见苏辙在谪居时仍然心系朝廷，但又不得不混迹释道以自全。然而只记众人议论之异同，而不像王安石、曾布诸《日录》中动辄归怨于当朝皇帝。这就是苏辙不同于一般人之所在。《龙川别志》所述虽多为耆老之旧闻，但朱熹生平以程子之故，追修洛蜀之旧怨，对二苏极为不满，但在其所作的《名臣言行录》中，引用苏辙《龙川别志》达半数以上，由此可见苏辙所记当信而有征。

历代书目都收有《龙川略志》《龙川别志》②。晁公武《读书志》载《略志》六卷、《别志》四卷，称"辙元符二年夏居循州，杜门闭目，追维平昔，使其子远书之于纸，凡四十事，其秋复纪四十七事"。与辙《引》所述相同。而《百川学海》载《苏黄门龙川略志》十卷，凡三十九则③，无《别志》；《稗海》载《龙川别志》二卷，凡五十一则（上卷二十四事、下卷二十七事），无《略志》，与辙《引》及晁公武所载不符。《宋史·艺文志》题苏辙《龙川志》六卷。《四库全书总目》认为"商刻（商维濬刻本）离析卷帙，误窜《略志》中一事入《别志》中，并辙序所称十卷之文，亦商氏所追改"。此说有一定的道理，但说"商刻离析卷帙，误窜《略志》中一事入《别志》中"，则欠根据，因为《略志》《别志》为《百川学海》《稗海》分刻，商氏

---

① 《百川学海》本、《稗海》本分别作《苏黄门龙川略志》《苏黄门龙川别志》。
② 《宋史·艺文志》《说郛》《四库全书总目》以及周中孚《郑堂读书记》、陆心源《皕宋楼藏书志》、丁丙《善本书室藏书志》、傅增湘《藏园群书经眼录》《北京图书馆古籍善本书目》等都有著录。
③ 笔者按：《四库全书》本与之同。

如何离析卷帙?但所谓"辙序十卷"之文为后来刊者追改,当是商氏所为。据傅增湘《校影宋本〈龙川略志〉〈别志〉跋》所称,他所见的宋本"《略志》六卷、《别志》四卷",二者合起来才是"十卷"。《略志引》所说的"凡四十事",傅增湘所见的宋本也是四十事,而《百川》本、《四库》本都把"与王介甫论青苗盐法铸钱"二事合为一事,实际上,宋本"论青苗"下,"盐法铸钱"乃另为一则,所以仍是四十事,这说明苏辙原作为四十事无疑。《别志引》所说"凡四十七事",今《稗海》本为五十一事,而宋本"丁谓逐李迪"条,与"王沂公倾丁谓"事为一则;"章献皇后崩"条,与"发章懿丧"为一则;"元昊既叛"条,与下"元昊久叛边兵屡屈"为一则;"元祐中蔡确坐弟硕事"一条,与"秦州之祸"为一则,所以仍为四十七事。①今观各种现存版本,尽管卷数有较大出入,而记事内容都是相同的,所以现存《略志》《别志》仍具有苏辙原书的真实性,具有较大的历史价值。

现存《龙川略志》版本有:《百川学海》(咸淳本、影刊咸淳本)庚集、《百川学海》(弘治本、影刊咸淳本据弘治目次编印本、影弘治本)戊集、《说郛》(宛委山堂)本、《丛书集成初编》《四库全书》《历代笔记小说集成》《三苏全书》等本。《龙川别志》版本有:《稗海》(万历本、康熙重编补刊本、乾隆修补重订本)第五函、《笔记小说大观》《丛书集成初编》《旧小说(民国本、1957年本)》丁集、《三苏全书》等本。还有各种抄本。(王小红)

10.《栾城遗言》1卷,宋苏籀撰

苏籀,生卒年不详,字仲滋,眉州眉山(今四川眉山)人。苏辙孙,苏迟子。幼曾随侍祖父苏辙居颖昌九年。南渡后,随父迟居婺州。后以荫补官,为陕州漕司幕僚。未几,召除太府监丞。请外任,除夔府参议官,未赴,改会稽。晚年奉祠,累官朝请大夫。后卒,赠太中大夫。尝从胡安国讲学,又以文学见知于晁说之、洪炎诸人。平生喜论事,多著述,有《栾城遗言》《双溪集》传世。事迹具《宋史翼》卷四。

"栾城"为眉山苏氏祖籍,苏辙用以为文集之名。苏籀年十余岁,侍祖辙于颖昌,首尾九载,未尝去侧。其间受苏辙教育及耳闻目睹之事颇多,后乃追记其言其事,撰成此书,意欲垂先祖法戒,留示后世子孙,因定名为《栾城遗言》。

---

① 傅增湘:《校影宋本〈龙川略志〉〈别志〉跋》,《三苏全书》本《附录》,语文出版社2002年版。

是书凡1卷，中间辩论文章流别及古今人是非得失，最为详晰，颇能窥见苏辙作文宗旨。其精言奥义，亦足以启发后学。然书中暗寓尊其祖父苏辙而稍抑苏轼之意，当不是苏辙本心。又谓吕惠卿和王安石的矛盾起于《字说》与《三经新义》，提法虽新，但与史实颇不相合。又谓苏辙母梦见蛟龙伸臂而生苏辙，引孔子生时二龙附其母徵在之房为比，亦颇失伦。又杂载苏辙崇宁五年（1106）梦见王安石等事，失于诞妄。不过书中记载的洛蜀党争中一些逸事，对于研究北宋党争仍有一定的参考价值。总而言之，书中所记多为苏籀亲承祖训，耳濡目染，颇为可观，对后人研究苏辙及其家史颇有帮助，足资参证。

是书有《百川学海》本、宛委山堂《说郛》本、商务印书馆《说郛》本、《四库全书》本、《粤雅堂丛书初编》本、《丛书集成初编》本、《续金华丛书》本等。（潘斌）

11.《续博物志》10卷，宋李石撰

李石（1108~1181），字知几，号方舟，资州盘石（今四川资中）人①。绍兴二十一年（1151）进士，调成都户掾。二十七年（1157），除太学录。二十九年（1159）由赵逵推荐，任太学博士，不久罢为成都府学学官。累官知黎州、合州、眉州，除成都路转运判官。淳熙二年（1175），罢职闲居，晚境日困。淳熙八年（1181），卒于成都。著有《方舟易学》《方舟集》《续博物志》等。《宋史翼》卷二八有传。

是书记天下奇闻逸事，以补晋张华《博物志》所未备，体例上与张书大同小异。所记范围广泛，凡草木、动物、医药、养生、历史、地理等均多有记述。特别是记载了科技知识436项，对上古至北宋间科技成果多有总结，至今仍是研究宋以前历史文化的重要参考。然亦多自相矛盾和附会之处，王士禛《香祖笔记》摘其既云刘亮合仙丹，得白蝙蝠，服之立死；又云陈子真得蝙蝠，大如鸦，食之，一夕大泄而死。乃更云丹水石穴蝙蝠，百岁者倒悬，得而服之，使人成仙，其自相矛盾如此。又摘其以文帝使欧阳生受伏生《尚书》，以伏生墓为在漯水，以磻溪为在汲郡，皆附会舛误。此为间引旧闻，未及考证所致。

是书有《古今逸史》本、《格致丛书》本、《稗海》本、《秘书二十一种》本、《四库全书》本、《百子全书》本、《说郛》本、《丛书集成初编》本。另有巴蜀书社1991年版李之亮点校本。（潘斌）

---

① 见（宋）李心传：《建炎以来系年要录》卷一七六。

12.《丹铅录》，含《丹铅余录》17卷、《续录》12卷、《摘录》13卷、《总录》27卷，明杨慎撰

杨慎生平，见《升庵经说》。

《丹铅录》系杨慎杂记其考证诸书异同的书，之所以用"丹铅"为名，系与其处于贬谪状态有关。《丹铅总录》卷二五云："按《左传》襄公二十三年'斐豹隶也，著于丹书'。注：'犯罪没为官奴，以丹书其罪。近世魏律，缘坐没，配为工乐杂户者，皆用赤纸为籍，其卷以铅为轴。此亦古人丹书之遗法。'据此，则丹书，古人之法律书名也。盖戒人之怠与欲，而勉以敬义，失敬义则入怠欲而隶于刑矣。"是要告诫自己虽处于缧系，也不要"怠欲"而要保持"敬义"。实则"丹铅"原指点勘书籍用的朱砂与铅粉，借交订之事。胡应麟《丹铅新录》云："杨子用修拮据坟典，摘抉隐微，白首丹铅，厥功伟点。"书名《丹铅录》以此。

是书对古文疑义，多所辨正，虽小说、童谣亦不放过。其人学问淹博，记忆超凡，其所考证，时有独到之处，故多为后世援引。如考证《越绝书》作者云："《越绝》后篇隐语云：以'去'为姓，得'衣'乃成。又曰：厥姓有'口'，承之以'天'，乃'袁'与'吴'也。《论衡·按书篇》云：临淮袁太伯、袁文术，会稽吴君高，岂即其人乎？又曰：君高之《越纽录》，疑《越纽》即《越绝》也，'绝'与'纽'字相近。"（《余录》卷三）即为胡应麟《珍珠般》、田艺衡《留青札记》所引，遂成定论。然亦有说升庵文人习性，注意小说俗语、逸闻遗事，而颇忽略正经正史；又自恃博洽，率意成篇，急于刻梓，难免疏失。王世贞谓："明兴称博学饶著述者，盖无如用修"，然其"工于证经而疏于解经，博于稗史而忽于正史，详于诗事而不得诗旨，精于字学而拙于字法，求之宇宙之外而失之耳目之前"。①四库馆臣以为确论。而且，杨慎又好伪撰古书以证成己说，睥睨一世，谓无足以发其覆。故杨慎之后，陈耀文对杨氏博学不服，特作《正杨》一书，指出《丹铅》诸录中的150条错误。万历年间，胡应麟又仿杨慎《丹铅录》而作《丹铅新录》。这都从反面证明了此书影响之深。

是书原成《余录》17卷、《续录》12卷、《闰录》9卷，慎又自删为《摘录》13卷，刻于嘉靖二十六年（1547）。后其门人梁佐会合诸《录》，分类编

---

① （明）王世贞：《弇州四部稿》卷一四九，影印文渊阁《四库全书》本。

辑，去其复重，校其讹误，为《总录》27卷，《总录》一出而诸录遂不显。然后人以诸录考之，发现互相之间仍可互补，四库馆臣谓可"以《总录》补三录之遗，以三录正《总录》之误"，实为得之，故后世仍然诸录并存。

诸录今传版本主要有《函海》本、《宝颜堂秘籍》本、《丛书集成初编》本。另有巴蜀书社1991年出版的李之亮点校本，天地出版社2002年《杨升庵丛书》校点本，《总录》有浙江古籍出版社2013年出版的王大淳笺注本。（潘斌）

13.《谭苑醍醐》9卷，明杨慎撰

是书与《丹铅录》相类，乃杨慎治学考证札记，成书于明嘉靖二十一年（1542）。醍醐乃乳酪提炼之油，以此名书，意谓"夫从乳出酪，从酪出酥，从生酥出熟酥，从熟酥出醍醐，犹之精义以入神，非一蹴之力也"①。

是书所录札记共290余则，每则下又分细则，总共300余则。所论话题遍涉经、史、子各方面内容，与其所撰《丹铅总录》体例一致。其论儒家时对孔子、朱熹等人推崇备至，表明杨氏传承乃是正统儒学。此外，此书一反明人虚浮学风，特重考证，如其引《逸周书》之"南宫忽迁麟鹿之财"和"南宫百达迁九鼎"等语，以"南宫忽"为仲忽，"南宫百达"为伯达，《尚书》所云"南宫适"即伯士，论据确凿，考证有力。是书卷四"青云"条谓"青云之士，谓圣贤立言传世者，孔子是也，附青云则伯夷、颜渊是也；后世谓登仕路为青云，谬矣"，又引数例以证其误。此外，杨慎既重视考证，又申之以义理，如其在考证先天图与后天图的传授统绪时，以先天图始于陈抟，后天图续于邵雍。其间的传授统绪为陈抟授穆修，穆修授李之才，李之才授邵雍，邵雍因之而作后天图，这一推论邵雍之子邵伯温之序亦有明证，朱子于此语意含混，不置可否，可能与后人的评议有关。卷六"朱子自言传注"条，谓"朱子自言平生传注，《大学》《中庸》《论语》所得为多，《易》与《诗》所得仅如鸡肋，盖不满于《易本义》与《诗传》也。今世乃规规然一不敢议，岂朱子所望于后贤之心乎？"此类考证中有推理，可谓汉宋学风之综合。是书不同于晚明束书不观的治学风气，强调考证与义理相结合，这对于当时而言，可谓一种新的学风和治学方法，对学术界影响很大，为清人所推崇。

清乾隆中李调元将是书编为8卷，收入《函海》，其中有与《丹铅总录》等书重复者，皆删而不录，而以小字注明。《四库全书》所收者为9卷，当据旧本

---

① （明）杨慎：《谭苑醍醐·原序》，《杨升庵丛书》第二册。

录入，李氏所删者具在，可与《函海》本相参照。是书又有《丛书集成初编》本，乃据《函海》所收；又收入王文才、万光治主编《杨升庵丛书》，天地出版社2002年校点本。（潘斌）

14．《剿说》4卷，清李调元撰

李调元有《易古文》，前已著录。

李调元游学江南多年，深得浙东学派考据之要，《剿说》即是他考证经史字义的著作。其《自序》，云："立言者不可以立异，而亦无取乎苟同。……余从经史传注中择其字义错谬，考证以成是编。"①其中既有古人研究的成果（"其所引据，强半出自古人"），也有作者的发现（"第其所自说者间有发明"）。

是书辨析字义错谬，体例严谨，态度审慎，具有较高的学术价值。如卷一"熟通作孰"条："《公羊传》哀公十四年：'孰为来哉？孰为来哉？'此'孰'字，何也？古通作'熟'。皮日休《和张处士诗序》：'鲁望视予困与承吉生前熟若？'按：'熟'本作'孰'，缘是一字，故通用，非误也。今俗本改作'孰'，非。"作者引经据典，在注明字义错例出处的基础上，还对字义错谬的原因做辨析，结论比较可靠。

是书收于《函海》中，有乾隆刻本、道光五年（1825）李朝夔补刊本、光绪八年（1882）钟登甲乐道斋刊本等。又有《续集》1卷，仅收入乾隆本。（刘平中）

15．《尾蔗丛谈》4卷，清李调元撰

李调元博学多才，生性好奇猎异，《尾蔗丛谈》即是其记载生平奇闻异见的一部笔记小说。是书凡4卷，卷首有李调元《自序》，述其创作大要，云："世有怪乎？吾不得而知也。世无怪乎？吾亦不得而知也。但自《齐谐》志怪而后，好异者每津津乐道之，因而《搜神》《广异》之书纷纷错出，至《太平广记》，而牛鬼蛇神千形亿貌，可谓幻中之幻矣。……予生平宦游所历，辄访问山川风土人物，采其事之异乎常谈，并近在耳目之前为古人所未志者，辄随笔记载，以为丛谈之资。始自何人，出自何地？爰取其有据，不取其无稽。即以此为续《齐谐》之书……昔人谓蔗自尾倒，当渐入佳境，读此书者，亦可知其味矣。"②

---

① （清）李调元：《剿说序》，《剿说》卷首，《丛书集成初编》本。
② （清）李调元：《尾蔗丛谈序》，《尾蔗丛谈》卷首，《丛书集成初编》本。

神仙志怪笔记，我国自古有之。调元是书记载的故事实际上是其生平宦历中所见闻的奇异之事，与《聊斋志异》"皆凿空造意，无实可征"不同。如卷一《献贼初生事》、卷二《复社事实》等，所载事件虽然荒谬，但对研究张献忠、复社颇有一定的参考。如卷二《苗笙》《补仙药》《黄喉蛇》等对研究西南少数民族风俗也有一定的参考。卷一《断肠草》、卷二《虎》等，有助于动植物的研究。

是书收于《函海》，有乾隆间刻本、道光五年（1825）李朝夔补刊本、光绪八年（1882）钟登甲乐道斋刊本等。（刘平中）

16.《南越笔记》16卷，清李调元撰

李调元素好寄情山水，爱好游历，曾典试广东和出任广东学政。其间，除加意文教，整饬学风，培厚士气外，还特别留意广东的山川名胜、风土人情和民生百态，著有《南越笔记》《然犀志》《使粤程记》《粤东皇华集》《粤风》等书，为研究清代广东社会人文、地域风貌提供了必要材料。《南越笔记》即是记载李调元遍历广东各州县所见所闻的游历笔记。

是书《清史稿》作《南粤笔记》，《贩书偶记》作《粤东笔记》，实为同书异名。书凡16卷，卷首有李调元《自序》，云："予自甲午典试粤东，惜所游览仅五羊城而止，虽欲征之前贤所记，而未逮也。岁次丁酉之冬，复来视学，遂得遍历全省诸郡县，可以测北极之出地，以占时变；可以乘破浪之长风，以穷海寓；可以审扶荔之不宜于北土，可以征灵羽之独钟于丹穴。……畴见昔人著述，诧为怪怪奇奇，惊心炫目者，至是又不觉知其或失则诬，或当于理，而因为之弃取焉，且因为之上下，草木鱼虫各从其类焉。书成，计一十有六卷"①云云。

有关某一地域风土人情、物产环境、鸟兽鱼虫的记载，自古不乏其书。但"时有古今，物有显晦"，诸书所载，误失或遗漏者难免。粤东此类记载，亦不例外。李调元利用出任广东学政、遍考诸州县之机，通过目验核实，在参考前人著述特别是屈大均《广东新语》的基础上，为之弃取，并改编类目而成一部新作，比《广东新语》等书更具学术价值。一是李调元根据实地考核，订正了前人记载的谬失；二是该书增补了部分前人遗漏的内容；三是该书目类和体例比前著更合理。

---

① （清）李调元：《南越笔记序》，《南越笔记》卷首，《函海》本。

据《童山自记》记载，此书成于乾隆四十五年（1780），收录于《函海》乾隆间刻本、道光五年（1825）李朝夔补刊本、光绪八年（1882）钟登甲乐道斋刊本等。另《贩书偶记》载有乾隆萃精堂刊巾箱本。（刘平中）

17.《淡墨录》16卷，清李调元撰

是书为李调元晚年所作，主要记载清初至乾隆末120余年"翰苑"名臣的言行事迹。书凡16卷，卷首有李调元《自序》，其云："《淡墨录》者，所纪皆本朝甲、乙两榜诸名臣之言行也。余著有《人物总志》百卷，篇帙浩繁，故先摘其要者以问世。大抵皆翰苑之名言，科场之条例，兼征轶事，并述奇闻。自国初起，每科俱按《题名碑录》，科分前后。而康熙己未、乾隆丙辰，两举博学鸿词，得人尤盛，亦并逐一搜罗，详为考释。……夫述而不作，虽圣人且然，况下焉者乎？故兹编钦遵纶书，谨依功令，抽中秘之书，采故老之传，不但备词林典故，聊以续《玉堂嘉话》云耳。"①

《玉堂嘉话》为元王恽所撰，"玉堂"为翰林院别称，王氏之书即录其任职翰林院时掌故，调元之书亦与之相似。其中所采，一是太宗天聪初年（1627）设立文馆时入馆的名臣；二是顺治、康熙、雍正、乾隆四朝各科所取一甲、二甲进士（如王士禛"郎中改侍讲"、熊赐履所上"万言书"）的生平政绩；三是康熙己未（1679）、乾隆丙辰（1736）博学鸿词科所得名宦（如朱彝尊、陈维崧等人）生平事迹、学术成就、影响。除记载名臣"翰苑"事迹，此书还记载这一时期的科场条例制度，如国初馆阁官制、翰林所掌、满汉进士分二榜等。因此，该书可看成是清代中前期的科举名人小史与科举制度史。该书"抽中秘之书，采故老之传"，所载具有较强的史料价值。特别是对博学鸿词科相关人物生平言行事迹广加搜罗，详为考释，实可补志乘之遗缺。李调元序所说曾著《人物总志》100卷，但未见传本，赖有《淡墨录》"摘其要者"，也为人们认识《人物总志》提供了必要参考。

是书成书于乾隆六十年（1795），收入《函海》，有道光、光绪刻本。另辽宁教育出版社2001年出版有湛之校点本。（刘平中）

---

① （清）李调元：《淡墨录序》，《淡墨录》卷首，《丛书集成初编》本。

第五节 宗教文献举要

一、佛教文献

1．《禅源诸诠集都序》4卷①，唐宗密撰

宗密（780～841），唐代僧人，俗名何炯，果州西充（今四川西充）人。如来第三十九代法孙、华严宗五祖。唐元和二年（807）从遂州道圆落发，同年从拯律师受具足戒。道圆授予《华严法界观门》，令往各处参学。元和五年（810）读澄观《华严经疏》，遂到长安见澄观，此后常随澄观受学。元和十一年（816）入终南山智炬寺阅藏三年。长庆元年（821）游清凉山后，回鄠县（今陕西户县），闭关于终南山草堂寺。后于大和中被文宗召入内殿，问佛法大义，赐紫方袍，敕号大德。卒后追谥定慧禅师。宗密主要著述有《华严经行愿品疏钞》6卷、《华严经法界观科文注》1卷、《注华严法界观门》1卷、《华严心要法门注》1卷、《原人论》1卷、《圆觉经大疏》12卷、《圆觉经大疏释义钞》13卷、《圆觉经略疏》4卷、《金刚经疏论纂要》2卷、《佛说盂兰盆经疏》2卷、《起信论注疏》4卷、《中华传心地禅门师资承袭图》1卷等。

此序原为《禅源诸诠集》之序文，后来单行。宗密初从遂州道圆受菏泽的禅法，后就清凉澄观探《华严》之旨，他倡导禅和《华严》相一致。《禅源诸诠集》即为宣扬此说而作。《禅源诸诠集》又名《禅那理行诸诠集》，或名《禅源诠》和《圭峰兰若禅藏》，《唐书·艺文志》著录《禅源诸诠集》101卷，《景德传灯录·宗密录》附注曰"或云一百卷"。此书收录诸宗禅言近百家，然而在宋真宗景德年间（1004～1007）亡佚，只存其序，并一直流传至今。

此序是作者为调解禅宗与教下之冲突而作，因此其中心目标乃在解说禅教之一致。此序先释《禅源诸诠集》之名义，后强调三乘学人欲求佛道必须修禅。宗密在此序中言禅有五种，即外道禅、凡夫禅、小乘禅、大乘禅、最上乘禅。此序还说明了《禅源诸诠集》宗旨，认为佛说顿、渐二教，禅开顿、渐二门，二教二门若合符契。此外，此序还以三教三宗配对，证明教禅一致。禅三宗，一是息妄修心宗，二是泯绝无寄宗，三是直显心性宗。教三种：一是密意

---

① 一作2卷。

依性说相教，二是密意破相显性教，三是显示真心即性教。认为此三教三宗，都是阐明灵知不昧的众生心性。此外，本序还对三教和顿渐二教的关系进行阐述，宗密云："三教三宗是一味法，故须先约三种佛教，证三种禅心，然后禅教双忘，心佛俱寂。……执情破而真性显，即泯绝是显性之宗；习气尽而佛道成，即修心是成佛之行。"是序还对《大乘起信论》加以引用，从而阐扬禅教诸家教义之可会通者。此书中所述之佛教形上学内容多以《大乘起信论》为依据，是序卷下之二附有佛教形上学图表即依《起信论》之说而绘。宗密以《大乘起信论》沟通禅教诸家之说，对后来禅教会通的影响很大。

此外，是序对于研究禅宗史或禅宗思想史而言具有一定的参考价值。如在叙述禅门三宗时，作者将历史上之各家禅学分别判入三宗之内，如北宗神秀被判入"息妄修心宗"，荷泽神会一系被判入"直显心性宗"等。

是序被收入《续藏经》《大正藏》《弘教藏》。又有中州古籍出版社2008年出版《中国禅宗典籍丛刊》本，邱高兴校释。（潘斌）

2.《北山参玄录》16篇，唐释神清撰

据《宋高僧传》卷六本传，释神清俗姓章氏，字灵庾。绵州昌明（今四川江油）人，生于大安山下。13岁初受学于绵州开元寺辩智法师。唐大历年间敕条严峻，要求出家者需念佛经千纸，神清才华俊逸，诵《法华》《维摩》《楞伽》《佛顶》经，为绵郡太守乔琳所激赏。在开元寺出家后，神清致力于经论，"巨富其才，亦凿深于学。三教俱晓，该玄鉴极。彝伦咸叙，万人之敌也"。后以辞章仕于大内，备受礼遇。晚年辞归，住梓州（四川三台）慧义寺，讲导著述，受业弟子1000余人。宪宗元和年中圆寂于本寺峰顶。神清为唐代著名义学高僧，著有《法华玄笺》10卷、《释氏年志》30卷、《新律疏要诀》10卷、《二众初学仪》1卷、《有宗七十五法疏》1卷。此外还有《识心论》《澄观论》以及《俱舍义钞》数卷、《北山参玄语录》10卷。

是书得名与神清所居寺庙有关。《宋高僧传》谓神清居慧义寺，位于"郪城（三台）之北长平山阴，故云'北山'；统三教玄旨，实而为录，故云'参玄'也"。《新唐书·艺文志》作《参玄语录》10卷，《宋史·艺文志》作《北山参玄语录》10卷，《遂初堂书目》"释家类"作《北山录》，明代焦竑《国史经籍志》有《参玄语录》《北山语录》两书，盖为重出。全书共16篇，以三字或二字拟为篇题，依次为天地始、圣人生、法籍兴、真俗符、合霸王、至化、宗师议、释宾问、丧服问、讥异说、综名理、报应验、论业理、住持行、异学、外信。

内容丰富，涉及释迦之生平、佛教世界观、佛教三藏之大略，以及佛教与外学外教之关系等。是书引书很多，如《法华经》《贤愚经》《华严经》《毗昙心论》《杂毗昙心论》《中观》《智度论》《入大乘论》，以及清辩菩萨之《掌珍论》、范缜《神灭论》等，有博采佛教教义以调和百家之说的倾向。如在"异学篇"中，神清明确提出"习外学"的主张，认为佛教徒应广泛地博采外道诸家的学问。神清的这种融合各家思想学说，对当时佛教界影响甚大，北宋熙宁元年（1068）丘浚在《〈北山录〉后序》云："考其大概，以□立空寂为本，欲天下派归于巨壑也。会粹老子、孔子经术，庄、列、荀、孟、管、晏、杨、墨、班、马之说，驰骛其间。约万歧而趋一正，峙之则如山，渟之则如渊，变之则风霆，平之则权衡。其恢宏辩博，如是之甚矣。"①

是书在中国佛教史上影响很大。据学人研究，《北山录》论业理篇在论及佛家眼中的孝道观念时，神清提出："乌反哺、枭反噬，盖前生之行逆顺之余习也。"这句著名的释家语词在宋陆佃《埤雅》卷九、叶廷珪《海录碎事》卷二二上，明徐元太《喻林》卷一一七、陈耀文《天中记》卷五九、徐应秋《玉芝堂谈荟》卷三二、毛晋《陆氏诗疏广要》卷下，清陈大章《诗传名物集览》卷一、康熙《御定渊鉴类函》卷四二七等文献中，均被广泛征引，以至影响到广大民众，遂有"孝乌孽枭"之谚，其语源即来自于神清《北山录》②。

是书有宋、元刊本，但已无完帙。民国初年只发现两个残本：一是存卷一至卷三、卷七至卷一〇，为项氏天籁阁旧藏，西蜀草玄亭沙门慧宝注；另一版本存卷一至六，为华亭朱氏文石山房旧藏，附《注解随函》2卷，仪封县平城村比丘德珪注解。现流行的《北山录》即据两本聚合而成，有民国间影印本。今富世平为之校注，中华书局2013年出版。（潘斌）

3. 《开宝大藏经》，宋开宝间造于成都

是书为我国第一部官刻本汉文《大藏经》。"大藏经"，即将佛教典籍汇集起来编成的一部大丛书。其内容主要由经、律、论三部分组成，又称为"三藏经"，分别为经藏、律藏和论藏。"经"是佛祖为指导弟子修行所说的理论；"律"是为信徒制定的日常生活所应遵守的规则；"论"是佛教弟子阐明

---

① ［日］《大正新修大藏经》，新文丰出版公司1990年版。
② 杜正乾：《唐释神清〈北山录〉刍议》，载《烟台师范学院学报》（哲学社会科学版）2006年第2期。

经的理论的著述。此外还包括印度、中国的其他有关佛教史、佛教理论研究的专著。

佛教经典在我国汇集、编纂成"藏"的次数较多，据不完全统计，大型的编纂活动就达15次之多，计宋、辽、金8次，元2次，明4次，清1次。此外，海外也有汇录，其可考者有高丽3次、日本7次。而以北宋开宝四年开始（971）在成都汇刻的这一次最早。当时宋太祖敕高品张从信到益州（今成都）筹划刻藏，经过12年努力，到太宗太平兴国八年（983）才全部刻成，刻版共13万片。因为此刻版在益州，所以通称为《蜀版大藏经》。又称《开宝大藏经》《北宋官版大藏经》等。

此板刻成后运到汴京，在新创的译经院西边建筑了印经院，并藏版印刷。从后来金代复刻本（即《金刻藏经》），可见它最初刻成部分完全用《开元释教录》入藏的写经为底本，共收大小乘佛典及"圣贤集传"1076部，分装480帙、5048卷。蜀版收藏于印经院之后，译场学僧进行校勘，同时宋代新译入藏之经以及新入藏的著述，都陆续刻版并刷印流通，因之蜀版后来印出的本子，子目随时有所不同。其中比较重要的，主要有3种：一是"咸平本"，此是蜀版在咸平初校订以后的印本，也可谓之"蜀版初校本"。校订是由译场证义字学沙门云胜主持，从端拱二年（989）起，到咸平初完成。二是"天禧本"，此版是蜀版在天禧初年经过校订以后的印本，也可谓之"蜀版再校本"。所用以对勘的有天寿、皇建两院的写经，刻版上的缺点大都得到订正。随同流通的除了宋代新译和入藏著述而外，还有咸平以来访得《贞元录》未入藏的，如《千臂千钵曼殊室利经》《法苑珠林》《宝林传》等一些典籍。三是"熙宁本"。熙宁四年（1071）印经院停办，蜀版全部移送京城显圣寺圣寿禅院，从此再无校改，所以印出的本子可以谓之"蜀版校定本"。熙宁以后，由于译经断断续续地一直进行到政和初年，所以蜀版的内容新版就因之陆续添刻。

《蜀版大藏经》原印本现存的极少，国内只有公私收藏的几卷。从现存少量印本看，此版是卷子式，每板23行，每行14字。板首另刻经题、板号、帙号小字一行。这大概是参酌写本款式而定的。此印本于淳化二年（991）传到高丽，后来高丽僧守其等用他校勘新刻藏经；又传入日本，日本也用之进行藏经的校刻。因此，《蜀版大藏经》实际上是国内外各种"藏经"最早的祖本（参童玮《北京〈开宝大藏经〉雕印考释及目录还原》）。近时方广锠先生搜辑海内外所藏《开宝藏》遗卷，得十二种，编为《开宝遗珍》一书，由文物出版社

于2010年出版。（潘斌）

4.《护法论》1卷，宋张商英撰

张商英（1043~1121），字天觉，号无尽居士，北宋蜀州新津（今四川新津）人。宋英宗治平二年（1065）进士，调通川县主簿，知南川县。历仕神宗、哲宗、徽宗三朝，进退无常。历官中书舍人、翰林学士、中书侍郎，拜尚书右仆射。宣和三年卒，年七十九，谥"文忠"。著有文集100卷，已佚。《宋史》卷三五一、《东都事略》卷一〇二有传。

据志盘《佛祖统纪》记载，欧阳修仁宗庆历元年（1041）为辟佛而著《本论》一文，此文开篇即曰"佛法为中国患千余岁"。欧阳修是北宋中期学界泰斗，无论是在政治、经学、文学、史学等方面均有重要成就。作为一代大儒，欧阳修对佛教采取的批判态度，在当时影响极大。在欧阳修《本论》撰成二年后，即庆历三年（1043），张商英作《护法论》专破欧阳修的《本论》。

是书站在维护佛教的立场，通过比较释、道、儒三教的优缺点，认为儒教所治为皮肤之病，道教所治为血脉之病，而佛教则能直指根本，治骨髓之病。他说："余谓群生失真迷性，弃本逐末者，病也；三教之语，以驱其惑者，药也。儒者，使之求为君子者，治皮肤之疾也；道书使之日损，损之又损者，治血脉之疾也；释氏直指本根，不存枝叶者，治骨髓之疾也。"其好友无碍居士在该书序中称："无尽居士深造大道之渊源，洞鉴儒释之不二，痛夫俗学之蔽蒙，不悟自己之真性，在日用之间颠倒妄想，不得其门而入，深怀愤嫉，摇唇鼓舌，专以斥佛为能，自比孟子拒杨墨之功，俾后世称之以为圣人之徒，聋瞽学者，岂不欺心乎？欺心，乃欺天也。则'护法'之论，岂得已哉？"对商英此作十分赞赏。

是书有欲融合儒、释、道三家之倾向，书中云："儒者言性，而佛见性；儒者劳心，而佛者安心；儒者贪著，而佛者解脱；儒者喧哗，而佛者纯静；儒者尚势，而佛者忘怀；儒者争权，而佛者随缘；儒者有为，佛者无为；儒者分别，而佛者平等；儒者好恶，而佛者圆融；儒者望重，而佛者念轻；儒者求名，而佛者求道；儒者散乱，而佛者观照；儒者治外，而佛者治内；儒者该博，而佛者简易；儒者进求，而佛者休歇。不言儒者之无功也，亦静躁之不同矣。老子曰：'常无欲以观其妙。'犹是佛家金锁之难也。"

是书收入《大正藏》《卍字藏》《弘教藏》。（潘斌）

5.《碧岩录》10卷，宋克勤编

释克勤（1063～1135），字无著，俗姓骆，彭州崇宁（今四川郫县唐昌镇）人。幼年出家，后至成都，谒文熙、敏行二师研习经论。徒步出蜀求学，终得法于五祖山法演禅师。崇宁中还成都，开法六祖院、昭觉寺。复出蜀至荆南，张商英执以师礼，留住澧州夹山碧岩禅院。迁长沙道林寺，徽宗赐号佛果。徙居金陵，名震东南。高宗初赐号圜悟。晚复归蜀，住持昭觉。绍兴五年（1135）卒，年七十三，谥真觉禅师。克勤为宋代著名禅僧，与佛鉴慧勤、佛眼清远齐名，世有"演门二勤一远"之称，被誉为"丛林三杰"。著有《碧岩录》《圜悟佛果禅师语录》《圆悟心要》。

《碧岩录》10卷，乃克勤在成都、澧州、长沙其间为弟子讲说之作，由门人编集而成。是书以雪窦重显禅师所著的"百则颂古"作底本，由"垂示""本则""颂古""著语""评唱"五部分组成。即雪窦重显底本里有一百则公案，每则公案后有颂古，其内容仅为"本则"及"颂古"。圜悟克勤在每一则公案和颂古之前加一段提纲式的"垂示"，又在公案和颂古的每一句之下系以短小精悍的"著语"（夹注），然后分别在公案和颂古之后加上"评唱"。

雪窦重显禅师的颂古百则，向来被认为是禅文学的典范之作。而圜悟克勤禅师的评唱，与原诗珠联璧合，故使得此书在禅林享有盛誉。撰成后，深受学界欢迎，有"洛阳纸贵"之势。以致学徒参禅悟道，总是非其实悟，而是出自《碧岩录》的模仿。因此，圜悟高徒大慧认为长此以往，参禅将变成虚有其表，故为了挽救临济禅的弊害，毅然将其师圜悟的杰作《碧岩录》付之烧毁，并禁止其流传。《重刊圜悟禅师碧岩录集疏》即云："学人机锋捷出，大慧密室勘辨知无实诣，毁梓不传。"又径山住持比丘希陵所写的后序亦云："后大慧禅师因学人入室下语颇异，疑之，才勘而邪锋自挫，再鞫而纳款自降，曰我《碧岩集》中记来，实非有悟。因虑其后不明根本，专尚语言，以图口捷，由是火之以救斯弊也。"

自此，《碧岩录》百余年间不再在禅林间公开流行，而只在各地丛林中以一些零本传世。后有张明远者搜集各方面所留存的版本或各种抄写本，对校后印行。此本卷首题"宗门第一书、圜悟碧岩集"，两边细注者云："《碧岩集》标的宗门，真雾海之南针，夜途之北斗也。一炬之后，善刻不存，今多方寻访，得成都大圣慈寺白马院赵大师房真本，与江浙诸禅刹所藏本参考无讹，敬绣梓以寿其传，得于希有，发于久秘，圜悟心法，了然目前，向上机关，头头是道，具眼幸鉴。"书前后均有序，前序为三，依次为元大德四年（1300）方回序、元大德九年（1305）休休居士聊城周驰序、元大德八年（1304）三教老人序；后序为四，分别为《重刊圜悟禅师碧岩集疏》（作者不详，亦无记年月日）、元大德六年（1302）住天童山第七世法孙东岩净目禅师序、延祐四年（1317）径山住持虚谷希陵禅师序、延祐四年（1317）海粟老人冯子振序。并前后附圜悟时代初版书中圜悟的法嗣普照前序及关友无觉后序二篇。

在圜悟克勤禅师看来，禅是另一种佛经，是活活泼泼的佛经，禅与佛经本来就是一而二、二而一的。因此，他把公案、颂文和佛教经论结合起来，从禅宗基本理论出发，对疑义丛生的公案一一解释，并加以引申发挥。如此，《碧岩录》就成了禅宗的新经典，成为古今公认的"禅门第一书"。其后，模仿《碧岩录》的著作屡出不穷，如元代从伦评唱投子义青的《颂古百则》称为《空谷集》，元代行秀评唱天童正觉的《颂古百则》称为《从容庵录》，等等。故《碧岩录》篇幅虽不大，但确为禅宗最具代表性的公案评唱集，在中国佛教史上是一部对于禅风转变有深远影响的著作。

是书收于《大正藏》第四十八册、《禅宗全书》第八十九册、《续藏经》第二编。（李冬梅）

6.《续灯正统》42卷，清释性统纂集

释性统，祖籍湖北麻城，流寓入蜀。撰有《梅岑集》5卷、《续灯正统》42卷。

本书系"灯录体"禅宗史书。灯录体是兼有高僧传、语录二体的一种史书体裁，为禅宗所首创。禅家以为僧僧之间、师徒之际，智慧相传，灵根相应，有似薪火续接，灯灯继明，故将禅法传授称为"传灯"。关于佛教的历史编撰，在六朝有"高僧传"的创作，在唐代又有"语录体"的产生。"灯录"与"僧传""语录"皆有不同，"僧传"详于记事，而"灯录"却详于记言；"语录"详于记言，而"灯录"又撷取其精要，而按传承世次编列。是一种按一定传承关系编录的有小传有语录的佛学史。后来儒家依仿之而作"学案"，体例正复相似。

最早的"灯录体"著作是宋景德元年（1004）法眼宗释道原所撰《景德传灯录》30卷。其书记禅宗世系源流，上起七佛，下止法眼文益法嗣长寿注齐，52世、1701人。其后，临济宗李遵勖撰《天圣广灯录》、云门宗惟白撰《建中靖国续灯录》、临济宗悟明撰《联灯会要》、云门宗正受撰《嘉泰普灯录》，自北宋景德元年（1004）至南宋嘉泰二年（1202）近200年间，分别成书，皆各30卷、共150卷，号称"五灯"。"五灯"内容层见叠出，殊多重复。于是，南宋释普济删复去重，合五书为一书，共20卷，号《五灯会元》。《五灯》之后，明圆极居顶又撰《续传灯录》，继《景灯》之后，集录禅宗六祖慧能以后第十世至第二十世传法体系。然而诸书下限皆止于其时，后之续有所传，则端赖本书予以补续。

本书成于康熙三十年（1691），共42卷、目录1卷。全书内容：卷首序文以及凡例为1卷；正文卷一叙述禅宗六祖慧能以下第十六世大慧宗杲与虎丘绍隆临济宗。卷二至三十四叙述慧能以下第十六世至三十五世临济宗；三十五至四十卷叙述慧能以下第十六世至三十七世曹洞宗；卷四十一叙述未详法嗣诸师；卷四十二补遗。《中国佛典通论》曰："先是《五灯会元》所载慧能以下第十六世至十八世，并不详备；又临济宗子孙均出于宗杲、绍隆二师，因而本书仍从宗杲（慧能以下第十六世）起，以明临济宗源流之所在。于此可见本书之主要传承脉络，以及主导思想所在。"①

是书收入《续藏经》。（潘斌）

7.《锦江禅灯》20卷，清释通醉撰

释通醉（1619~1693），法号丈雪，俗姓李，内江（今四川内江）人。少出家，长事破山明，得其心传。初居万峰，后至成都昭觉寺为住持。寿八十四示寂。

是书为佛教灯录，为通醉禅师在国内各种灯录和四川寺庙的史料中，经抽择编撰而成的一部反映四川禅宗史的资料。凡20卷，另有目录1卷。成书于康熙十一年（1672），康熙三十二年（1693）重刊。第一卷叙述东土六祖至慧能以下第五世旁出法嗣；卷二至十五叙述慧能下第五世至四十世诸师835人；卷一六至二〇叙述高僧、神僧156人。

通醉广搜历代诸家史传、语录，依《指月录》等体例，将历代各宗共为一源，而依禅宗五家分派，惟于卷目之下标明大鉴下第几世。主要收录蜀地出身而弘扬宗乘于异地之诸师，或籍属四方而建法幢于蜀地者之上堂、小参、行实、颂古等，以及朝野护法居士、隐逸山林之高僧与神僧之机缘法语，据统计共1000余人，其中初祖达摩至大鉴下40世之禅师约有800余人。是书为罕见的四

---

① 刘保金：《中国佛典通论》，河北教育出版社1997年版。

川禅宗史专著，对于研究四川禅宗史有着重要的参考价值。

是书收入《续藏经》。1992年，四川佛教协会以此书为基础，扩大编成《巴蜀禅灯录》一书，由成都出版社出版。该书除内容更为丰富外，编者又指出《锦江禅灯》若干缺失。如宋元之间，中日文化交流频繁，四川禅师在这一文化交流中曾起到了主导和核心的作用，但在《锦江禅灯》中却没有反映。又如是书所记载的一大批著名禅师的籍贯有误，如东林常总、曹源道生等数人虽是剑州人，但却是福建的南剑州，而非四川的剑阁。（潘斌）

8. 《藏文大藏经》，德格版、理塘版

《藏文大藏经》是《中华大藏经》的组成部分，或者说是《中华大藏经》的藏文部分，以与《中华大藏经》的巴利文版、汉文版、蒙文版、满文版相区别。所谓《大藏经》，是继承和发扬佛教历史上的"结集"传统，以一定的结构、体例和编辑方式，汇总以佛教经典为核心的佛教典籍，并通过一定的载体保存传世的佛教文献丛书。公元7世纪，当佛教传入西藏后，历代的吐蕃王都十分重视佛经的翻译，当时曾派百余名藏族青年到印度学习梵文和佛经。是书纂辑于13世纪，在数百年漫长历史中，经200多名藏族翻译师与印度、尼泊尔和中原经师的共同努力，将释迦牟尼讲论的佛典以及龙树、无著等人解释佛语经典的佛学著作，从梵文为主翻译为以藏语为主。这些翻译过来的佛语经典汇编称为《甘珠尔》和《丹珠尔》。《甘珠尔》为佛说部，所收录的为经、律及密经；《丹珠尔》则是诸大师的论疏，其中收录释经论、中观、瑜伽诸论及雪域藏地高僧大德的重要概述。

中国藏学研究中心于1986年成立后，就向中央政府提交了《关于整理出版〈中华大藏经〉（藏文部分）的报告》，中央非常重视，拨专款用于这项整理工作。1987年5月，中国藏学研究中心在四川成都成立大藏经对勘局，由中国藏学研究中心副总干事扎西泽仁任对勘局长。对勘局先对勘《丹珠尔》，以德格版《丹珠尔》为底本，以北京版和纳塘本、卓尼本为参校本。对勘的原则是在保持版本原文的原则下，对原文中由于印版缺损或誊写印版样稿时的明显错误进行更正外，其他一律保持不变。对勘工作首先是校对，然后录入电脑，进行编辑、验收、终审等程序。经过校勘局工作人员20余年的努力，《丹珠尔》的对勘工作已经完成。新出版的校勘本《丹珠尔》共计124册。《甘珠尔》的校勘共选取了8个版本，分别是永乐版、丽江版、北京版、卓尼版、纳塘版、德格版、拉萨版、库伦版。

中国藏学研究中心这次对勘，一是将各种版本的阙、衍以及相异之处列在每个法部后面的对校记中；二是将各种版本的字数和行数列在对勘表中。是书的出版，对于广大读者和研究者来说，大大方便于理解各种版本的特点，一本在手，众版皆具，从而节约了大量查阅《藏文大藏经》版本的时间。是书的出版，也为发展藏族文化和中华文化起到积极的推动作用。（潘斌）

二、道教文献

1.《老子想尔注》，汉张道陵撰

张道陵（34～156），是道教的创始人，第一代天师。本名张陵，东汉沛国丰邑（今江苏丰县）人。根据道书记载，他是汉留侯张良（子房）八世孙。7岁读老子《道德》2篇即能了其义。通晓五经、诸子、天文、地理，从学者千余人。永平二年（59）以直言极谏科中，拜巴郡江州（今重庆）令，时年26岁。因素志于黄老之道，见世风日下，不久遂弃官隐于北邙山（今河南洛阳北）。汉章帝、和帝诏征皆不就。后与弟子王长从淮入江西鄱阳，溯流至云锦山（今龙虎山），炼九天神丹，三年丹成而龙虎见，山因以名。闻蜀中民风淳厚，易可教化，入蜀居鹤鸣山修道。汉安元年（142）感太上授以正一盟威之道，或云三天正法正一科术要道法文，创立了道教。立二十四治，以祭酒分领。其为教也，不喜施刑罚，廉耻治民，符水治病，百姓奉之为师。永寿二年（156）去世。唐天宝年间册赠"太师"，僖宗中和四年（884）封为"三天扶教大法师"。宋理宗加封"正一静应显佑真君"。道教尊为祖天师，泰玄上相降魔护道天尊。

是书作者，历来存在两种观点：一种观点认为是书为张道陵著，如唐玄宗御制《道德真经疏外传》、五代杜光庭《道德真经广圣义》等，都认为张道陵曾注《道德经》，是《想尔注》的作者，后世道书多沿此说。另一说认为是书作者为张道陵之孙张鲁。如陆德明《经典释文·序录》中认为《想尔注》作者或是张鲁，或是汉末荆州牧刘表。《正统道藏》所收《传授经戒仪注诀》明确认为《想尔注》是张鲁作。我们于此姑取是书作者为张道陵说。至于"想尔"，唐孙思邈认为是仙人之名，盖托其名以注书。

是书散失已久，《隋书·经籍志》和新、旧《唐书·艺文（经籍）志》都无记载，《道藏》中亦无收录。清末敦煌莫高窟发现的古本典籍中，有《老子道德想尔注》残卷，全本共580行，为《道德经》中之《道经》。此残卷于1905年为英人斯坦因所掠，现收藏在大不列颠博物馆，是研究早期道教思想的珍贵资料。

《老子想尔注》是通过道家经典《老子》来阐述道教观点，因此在很多地方不惜对《老子》的原文进行增删改写。如《老子》第十六章原文是"公乃王，王乃大"，而《老子想尔注》将"王"改为"生"，认为"能行道公正，故常生"。改变文字以便说明其长生之理。除了增删改写文字以外，《老子想尔注》通过注释《老子》阐发道教理论。《老子》是哲学书，与宗教之书尚有着很大的不同，因此，要利用《老子》为资源，就要对其进行转化。这突出地表现在其将《老子》中作为哲学范畴的"道"神化和人格化，使抽象的"道"具体为有欲有言，有喜怒哀乐，对人有教导、诫禁、主人生死、赏善惩恶的人格神。《想尔注》"道"等同于"一"，认为：一散形为气，聚形为太上老君，这样，道或一，既是宇宙本源，又是太上老君，哲学家老子就顺理成章地成为五斗米道所信奉的道教之神。

《老子想尔注》的思想内容涉及道诫、长生不死和帝王行道等问题。所谓道诫指道贵中和、真诚，道乐清静等。"道诫"是贯穿注文的重要的线索。《想尔注》认为"道"是专一、真诚、清静自然、好生乐善的，只要人们谨守道诫，就可以延年增寿，除灾得福。关于长生之法，《想尔注》认为善保精气就可以实现仙寿。主张和五脏五行之气，和则相生，战则相克。同时还要不贪欲、不为名利所累、不争竞、不有恶念等。《想尔注》成仙之纲领是"奉道诫，积著成功，积精成神，成神仙寿，以此为身宝矣"。关于帝王行道的问题，《想尔注》认为"道之为化，自高而降，指谓王者，故贵一人，制无二君。是以君王常当行道，然后乃及吏民，非独道士可行，王者弃捐也"，因此君王也应行道。

《想尔注》是早期的道教著作，其思想内容与《道德经》不尽相同，甚至有所违背，但正是如此，才将道家哲学成功转化为道教，因此是书是研究道家哲学如何转变为道教神学的重要材料。

今人饶宗颐依《老君道德经河上公章句》之次第，将敦煌残卷连写之经文与注，按章分别录出，著有《老子想尔注校笺》，由上海古籍出版社1991年出版。台湾三民书局2008年所出"古籍今注新译丛书"有《新译老子想尔注》。

（潘斌）

2.《道德真经注》2卷，唐李荣撰

李荣，号任真子，初唐道士。据北宋释赞宁《宋高僧传》卷二〇《唐成都府法聚寺法江传》附兴善寺异僧传，李荣为巴西（今四川绵阳）人。后出蜀，高宗时住长安东明观、玄都观①。高宗曾多次召集著名僧道入宫讲论释道二教义，李荣在应诏之列②。与当时名士如初唐四杰之卢照邻、骆宾王等亦多交往。卢照邻有《赠李荣道士》诗，骆宾王有《代女道士王灵妃赠道士李荣》诗。又曾与太学博士罗道琮讲论③。所著除《老子道德经注》外，尚有《西升经注》④。据近人蒙文通考证，又曾有《庄子注》。

李荣为道家重玄派的代表人物之一，蒙文通疑其为成玄英之弟子。其《道德真经注》即阐述了他的重玄思想。

是书唐宋文献中多有著录。两《唐书》经籍、艺文志均录李荣《老子集解》4卷，今不可见，似与《老子注》非一书。杜光庭《道德真经广圣义序》存录"《任真子李荣注》上下二卷"；《宋史·艺文志》云"李荣《老子道德经注》二卷"；宋人尤袤《遂初堂书目》也存"李荣注《老子》"；宋高似孙《子略》卷二"老子注"中录"《任真子集注》"。今《正统道藏》残存李荣《道德真经注》，其《道经》阙末章，《德经》则全阙。敦煌曾出李荣《老子注》唐高宗时写本，藏于法国巴黎国立图书馆。王重民云："巴黎所藏李荣《老子道德经注》，共有残卷五：分别著录在二五九四（四十至四十三章），二八六四（四十三至五十三章），三二三七（六十一至六十七章），二五七七（六十八至七十六章），三二七七（七十六至八十一章）等号。第五残卷末题：'老子德经卷下'，则全书当为二卷，适与杜光庭所见者相合。惜第五十三章以后，六十一章以前未见，《德经》未能复获全书。此注为李荣所撰，日人小岛祐马氏已先我证明。""又此卷写于唐代，而不避唐讳，盖唐以老子为祖，故道徒不为避也。……更以原卷纸色及笔迹观之，盖亦高宗时写本也。"

蒙文通于20世纪40年代末据《道藏》残本以及北京图书馆和巴黎图书馆所藏敦煌本，并参考他书，辑成《辑校老子李荣注》，基本恢复了李荣注的原貌，由四川省立图书馆石印刊行。以后严灵峰也有辑校本，收入《无求备斋老子集成》初编第三函。黄海德有《李荣及其〈老子注〉考辩》（南充师范学院

---

① 见（唐）刘肃：《大唐新语》卷一三、《法苑珠林》卷六九。又《正统道藏》所收李荣《道德真经注》题"元（玄）都观道士李荣注"。
② 见（元）释念常：《佛祖历代通载》卷一二，《大正藏》本。
③ 见《旧唐书·罗道琮传》。
④ 见《正统道藏》陈景元《西升经集注》。

硕士学位论文），可以参看。（潘斌）

3.《玄珠录》2卷，唐王玄览讲述，王太霄辑录

王玄览（626~697），俗名晖，法名玄览，汉州绵竹（今四川绵竹）人，唐代蜀中有名的高道。

是书为其子王太霄据诸人听讲笔记汇集而成，分上下两卷，卷首有王太霄序，记其生平及著述甚详。据太霄序，玄览少习卜筮，"至年三十余……耽玩大乘，遇物成论"。曾"抄严遵《老子指归》于三字后，注《老经》两卷，及乎神仙方法、丹药节度，咸心谋手试"。后出游未遂，归而自修，于是将"二教经论，悉遍披讨，究其源奥，慧发生知"。"亦教人九宫六甲、阴阳术数，作《遁甲四合图》，甚省要。"

"年四十七，益州长史李孝逸召见，深礼爱，与同游诸寺，将诸德对论空义，皆语齐四句，理统一乘，问难虽众，无能屈者，李公甚喜。""时遇恩度为道士，隶籍于至真观"，"既处成都，遐迩瞻仰，四方人士，钦挹风猷，贵胜追寻，谈经问道，将辞之际，多请著文。因是作《真人菩萨观门》两卷，贻诸好事。"

晚年不再涉及俗务，专心悟道，著道论多种："年六十余，渐不复言灾祥，恒坐忘行心。时被他事系狱一年，于狱中沉思，作《混成奥藏图》。晚年又著《九真任证颂道德诸行门》两卷。"于是，益州谢法师、彭州杜尊师、汉州李炼师等及诸弟子，跟随玄览"每咨论妙义，询问经教，凡所受言，各录为私记，因解'洪元'义，后诸子因以号师曰洪元先生，师亦不拒焉"。诸人"又请释《老经》，随口便书，记为《老经口诀》两卷，并传于世"。

武则天神功元年（697），在他年72岁时，张昌期奉敕就宅拜请，"乘驿入都"，是年闰十月，行至洛州卒。

是书为语录体，收录其讨论道德心性等问题100余则。玄览援佛入老，对《道德经》的某些观念做了全新的诠释。首先，是书所用佛教术语甚多，并以此解释道德原理。如"空""色""法""相性""四句"等，并按王玄览自己的理解做了阐述。如对于佛教术语"空"，是书卷上云："当知三世之中，三世皆空。三世者，一半已去，一半未来，中间无余方，故皆空也"；"正之实性，与空合德。空故能生能灭，不生不灭"。卷下云："空者，见色不住眼，对境不摇心"；"出诸名相而入真空，真实亦空而非无也"；"因空以立义，此是即空有；因有以立义，此是即有空"；"空常顺明暗，而非是明暗。明暗之外无别虚

空,虚空之外无别明暗"。又如对于"法",是书卷上云:"十方诸法,并可言得。所言诸法,并是虚妄。其不言之法,亦对此妄。言法既妄,不言亦妄,此等既并是妄,何处是真?即妄等之法,并悉是真"。卷下云:"合法不合,不合法不合。合法常为一,一法未曾合。不合法常二,二法岂名合。"

此外,是书对道物、道体、道性、有无、真妄、动寂、心性等理论问题都从佛道融通的角度做了阐述。如关于"有无",是书云:"勿举心向有,勿举心向无,勿举心向有无,勿举心向无有。"王氏运用否定式思维,否定有、无之辨。他将有、无与"生灭"联系起来,最终达到"空"。在此基础上他证明道体空寂,以为神仙之道就在"弃无弃有""非有非无"。由此可见,是书实为唐代道教融合佛、老的典型代表作。

是书收入《正统道藏》太玄部。另朱森博有《玄珠录校释》,1989年由巴蜀书社出版。(潘斌)

4.《道德真经广圣义》,五代杜光庭撰

杜光庭有《玉函经》,前已著录。

是书为作者以老子《道德经》为文本阐发其道教思想的著作。作者推崇唐玄宗的《御注道德经》,发挥其玄旨,撰成《道德真经广圣义》50卷。其《自序》论列《道德经》的宗意、名义、体例,《道德经》注疏的目录、宗趣以及老子史事,可以说是历代道教老学的总结。其序云:"《道德经》自函关所授,累代尊行。哲后明君,鸿儒硕学,诠疏笺注,六十余家。"接下来列举:《节解》上下、《内解》上下、《想尔》二卷,河上公《章句》、严遵《指归》十四卷,山阳王弼注,南阳何晏、河南郭象、颍川钟会、隐士孙登、晋仆射太山羊祜、沙门罗什、沙门图澄、沙门僧肇、梁隐居陶弘景、范阳卢景裕,等等,以至唐玄宗所注《道德》上下二卷。以为众人"所释之理,诸家不同":"或深了重玄,不滞空有;或溺推因果,偏执三生;或引合儒宗,或趣归空寂。"都是在道教、儒理、佛学之间徘徊。但是,如果要审察其"总内外之要,兼人天之能者",则"未有其伦"。这是他要重注此经的本意。杜氏进而将先前《道德经》的60余家注,进行比较分析,概括意旨,分为"五道""五宗",尤其推重"重玄之道"。

杜氏于是书中调和儒道二家的思想,认为老子并非绝仁、义、圣、智,而在于抑狡诈聪明,将使君君、臣臣、父父、子子,见素抱朴,泯和于太和,体道复元,自臻于忠孝。试图将儒家学说统一于道家和道教。其主张"内则修身"、"外以理国",囊括无遗。又主张"仙道非一",不拘一途,这种会通道儒的做法有利于道教的传播和发展。历代道教研究者对是书重视有加,今人金兑勇《杜光庭的道教哲学研究》(巴蜀书社2005年版)对杜光庭与《道德真经广圣义》《道德真经广圣义》论《道德经》及老子等内容做了论述。

是书为《道藏》(正统本、景正统本)以及《道藏举要》收录。(潘斌)

5.《道教灵验记》,五代杜光庭撰

关于是书之成书年代,《四库全书总目》卷一四七本书提要云:"蜀杜光庭撰。……考朱子《通鉴纲目》书'王建以道士杜光庭为谏议大夫',而光庭《广成集》中又有《谢户部侍郎表》,则非惟入蜀,且仕蜀矣,故今改题焉。"意即是书乃杜光庭入仕前蜀后的作品。

杜光庭入蜀,饱经乱离,亲眼目睹了唐朝末年国势的衰落,而道教在战乱频发的年代,宫观焚毁、经籍散佚、道士流离失所。《道教灵验记》记载了很多有关道教所遭遇的破坏和侵侮的内容,如当时的军队、官署拆取道观木瓦、廊宇等以增置公署或私宅,并占用道观土地等。一般民众破坏焚毁道观、经堂,偷盗尊像、钟磬法物,玷污符箓、道经,盗伐侮毁灵迹仙山等。就连道士也偷盗供养法物、常住等。这些现象,对于一个有着深厚学养和宏远志向的道士来讲,无疑刺激更为强烈。此外,佛道之争虽然在唐末五代时期逐渐趋于缓和,但是在佛教法术与道教法术对抗方面,佛教还是一个强有力的对手,因此,杜光庭试图通过极力贬低佛教法术,从而宣扬佛教不如道教灵验高超的事迹。基于上述原因,杜光庭作了《道教灵验记》。

是书站在维护道教的立场上,阐发作者的护教主张,如是书卷一二《僧法成改经验》记载:"(僧法成)乃改换道经题目,立佛经名字,改天尊为佛,言真人为菩萨、罗汉,对答词理,亦多换易,涂抹剪破,计一百六十余卷。……官人责曰:'大道经教,圣人之言,关汝何事,辄敢改易?决痛杖一百,令其依旧修写,填纳观中,填了报来,别有处分。'即于道中决杖百下,仆于地上,疮血遍身,队仗寻亦不见,是夜叫呼数声,如被殴击,耳鼻血流而死矣。"杜氏试图通过这种方式贬低佛教,为道教张目。

是书虽站在维护道教的护教立场上,但是其中很多论述却有会通释道的特点,尤其在教义或术语表达上,有互相吸收、融合的趋势,如卷五《张仁表太一天尊验》云:"天尊坐无色莲花之座,垂足二小莲花中,其下有无色狮子九头,共捧其座,口吐火焰,绕天尊之身于火焰中。"天尊坐于莲花之上,这简直就是佛教的如来。

现存两个重要版本：一是《道藏》15卷本，原本20卷，后有缺失；二是《云笈七签》6卷本。（潘斌）

6.《周易参同契分章通真义》3卷，五代彭晓撰

彭晓（？~954），本姓程，字秀川，自号真一子，后蜀永康（今四川都江堰）人，唐末五代著名道士。少好修炼，后蜀时明经登第，迁金堂令。广政初授朝散郎、守尚书祠部员外郎。据传遇异人得丹诀，修炼于金堂飞鹤山，自称"昌利化飞鹤山真一子"。常以篆符为人治病，号铁扇符。彭晓倡导性、命双修，在修炼养生、阐发内丹思想。他认为世人可以通过修炼还丹，以天地无涯之元气，续个人有限之形躯，使自身成为纯阳真精之形，就可以与天地同寿，长生不死，即身成仙。唐末五代，道教方术由外丹转向内丹，彭晓的修炼成仙思想顺应了这一思潮，特别是他发挥《参同契》原理解说内丹修炼思想，对后世道教有一定影响。

《周易参同契》是东汉魏伯阳等人在炼丹术方面的著作，是世界炼丹史上最古的理论性著作，其用《周易》中的卦和道家哲学作为炼丹的理论基础，在理论上、实践上给中国炼丹术以巨大影响，被称为"万古丹经王"。后世注释、演绎《参同契》之书甚夥，郑樵《通志·艺文略》著录南宋以前"参同契"之书共19部，然多亡佚，惟彭晓所著《周易参同契分章通真义》独存。据彭氏自序，此书写成于孟蜀广政十年（947），是今存最早的注释《参同契》的著作。

彭晓将《周易参同契》分为上中下3卷，共90章，而加以注释；又作《鼎器歌》1篇，复为图八环，以解《参同契》，谓之《明镜图诀》。是书自序对撰作目的进行了说明："公撰《参同契》者，谓修丹与天地、造化同途，故托易象而论之。莫不假借君臣，以彰内外；叙其坎离，直指永铅；……以乾坤为鼎器，以阴阳为隄防；以水火为化机，以五行为辅助；以真铅为药祖，以玄精为丹基；以坎离为夫妻，以天地为父母。"揭示了《参同契》融合《易》《老》，涵纳天地、万物、人事、君臣等理论体系。又说《参同契》运用《易经》卦爻结构，阴阳理论，天文知识和铅汞特性，进行修炼，竭尽天地造化之原："亘施八卦，驱役四时。分三百八十四爻，循行火候；运五星二十八宿，环列鼎中。乃得水虎潜形，寄庚辛而西转；火龙伏体，逐甲乙以东旋。……天关在手，鼓二十四气之阳火，地轴由心。天地不能匿造化之机，阴阳不能藏亭

毒之本。……故得体变纯阳，神生真宅。……非天下之至精，其孰能与于此哉！"但是由于《参同契》"文泛而道正，事显而言微，后世议之，各取所见，或则分字而议，或则合句而笺。……既首尾之议论不同，在取舍而是非无的。"于是他改变各家注本的做法，采取贯通方式，予以分章阐述："今乃分章定句，所贵道理相黏，合义正文，及冀药门附就，故以四篇，统分三卷，发九十章，以阴阳九，名曰'分章通真义'。"又因"内有《歌鼎器》一篇，谓其辞理钩连，字句零碎，分章不得，故独存焉"。经他如此这般的解释，遂使"喻丹道阴阳之数备矣"。四库馆臣也认为："诸家注《参同契》者，以此本为最古。"①《参同契》本为道家修炼经典，内容神秘，形式错讹，久已无人能通。由于有彭晓这番整理，乃有头绪，后来朱熹等人都是依此本而作新解。

是书有《道藏》（正统本，景正统本）本、《道藏举要》本、《道书全集》本、《四库全书》本、《摛藻堂四库全书荟要》本、《续金华丛书》本等。（潘斌）

7. 《正易心法注》，宋陈抟撰

陈抟（871～989），字图南，自号"扶摇子"，赐号"希夷先生"，西蜀崇龛（今属四川安岳）人（或谓真源人）。继承象数学传统，并把黄老清静无为思想、道教修炼方术和儒家修养、佛教禅观汇归一流，对宋代理学有较大影响。据北宋人文同称，陈抟于后晋天福（936～944）中曾入蜀，从邛州天师观都威仪何昌一学睡功"锁鼻术"。魏泰谓其"或一睡三年"。后人称其为"陈抟老祖""睡仙"等。

是书系为《正易心法》所作之注。关于《正易心法》一书来历，古代学者有不同看法：南宋朱熹尝斥其为"伪陋"，陈振孙、胡应麟等均沿袭朱说，将其视为伪书。而张栻则肯定该书出自麻衣道者。据宋代释志盘《佛祖统纪》卷四三记载，该书当系麻衣道者口述，由陈抟记录、整理并加注释而成。《正易心法》为麻衣道者所作。麻衣道者，姓名生卒年皆不详。据传唐黄巢起义时，曾避乱于终南山，见有数十位道人隐居山中，乃为其"役夫"。后遇异人得秘传，常服麻缕百结之衣，人遂以"麻衣道者"称之。五代之季，在华山遇陈抟，遂以《正易心法》授抟。

《正易心法》强调以"心"领悟卦爻象数本义，其书云："落处，谓

---

① （清）永瑢等：《四库全书总目》卷一四六。

知卦画实义所在，不盲诵古人语也。"其不观卦爻辞，独以心悟，这是道教炼心修性的需要。《正易心法》及其注文也融合了佛教思想，如第四十一章云："《易》道弥满，九流可入。当知活法，要须自悟。"其"消息"云："《易》之为书，本于阴阳，万物负阴而抱阳，何适而非阴阳也……果得悟焉，则辞外见意，而纵横妙用，唯吾所欲，是为活法也。"《正易心法》所用术语诸如"心地""圆融"等皆出自佛教。

陈抟在道教方面有很深的造诣，同时又精通《易》学和佛教。他的先天易学是宋代图书学的始祖，传有《太极图》《先天图》《易龙图》等，《正易心法注》为其《易》学体系的重要组成部分。他所创立的《易》学体系，不仅在道教内，也在儒家学者中产生了很大的影响。其将"道、儒、佛"三家之学融合在一起，三教互补，融会贯通，形成中国古代完整的哲学体系。陈抟在《正易心法注》中明确指出："学易者，当于羲皇心地中驰骋，无于周孔语言下拘挛。"他主张融合三家以治《易》、以治学、以治心、以治身、以治天下一切。在这一学术思想的指导下，宋人邵雍写出了《皇极经世》一书，是中国古代有关物理学、天文学、自然环境学等自然科学的重要参考工具书。

是书收入《范氏奇书》《学津讨原》《艺海珠尘》等丛书中。（潘斌）

8．《道藏辑要》，成都二仙庵辑刊

二仙庵为道教著名宫观，位于四川省成都市通惠门外百花潭北岸青羊宫右侧。创建于清代康熙年间，祀奉吕洞宾和韩湘子。庵内原主要建筑有大山门、灵官殿、钟鼓楼、吕祖殿、斗姥殿、九皇殿、百神殿、藏经楼、客堂、道舍等，主体建筑吕祖殿，殿内供奉纯阳祖师吕洞宾塑像，是庵内举行各种重大道教活动之所。

《道藏辑要》是继明代《正统道藏》和《万历续道藏》之后收书最多的道教丛书，其编者有二说：一称此书系蒋元廷编纂于清嘉庆年间，二谓此书系清康熙年间彭定求撰辑。方册本，共218册，按二十八宿字号分集辑录道书297种，其中辑自明正、续《道藏》者204种，新增93种。《重刊道藏辑要》在原刊本基础上又增刻20余种，除去几种目录，实增刊17种。新、旧相加，共314种，集成244册。

《道藏辑要》所收《道藏》已有之书，不尽按原貌收录，卷数多有分合，内容也或有删略。如不收录《太平经》《无上秘要》《道法会元》《灵宝领教济度金书》等大部道书，对《云笈七签》删去数十卷。学人以为颇有可议之处。但是《道藏辑要》的主要价值，在于增收了正、续《道藏》以外之100余种道书（包括重刊本续入的部分），其中绝大部分是明清时代新出的著作，为研究明清道教提供了可贵的资料。

关于选书标准，《道藏辑要·凡例》云："道有宗派，宜分主宾。此编于三清至尊、先天至圣而后，即按道派源流，将南北宗祖所传诸经丹诀挨次列入。"此外，由于清人重视内丹之学，因此选书多有关涉内丹者，而外丹炉火则"严为摈斥"；符箓专本概不列入。是书所选著作还体现了对乩仙信仰的重视，全书收入不少托名吕洞宾乩降之作，如有《太上玄元道德经解》《先天斗帝敕演无上玄功灵妙真经疏解》《九皇新经注解》《玄宗正旨》《玉枢宝经》《十六品经》《金华宗旨》《同参经》《五经合编》《吕帝文集》《吕帝诗集》等。同时还收有张陵、葛洪、许逊、陈抟等历代仙真降笔的乩仙著作。《道藏辑要》还收入一些新出的忏法和清规戒律书，如《忏法大观》《三宝万灵法忏》《道门功课》《十戒功过格》《太上灵宝朝天谢罪法忏》《警世功过格》等。《道藏辑要》为正、续《道藏》的重要补充资料，借助此书，可使人略窥道藏之精要，并得览其后所出之大批道书。这对研究明清道教信仰具有重要价值。

四川成都原二仙庵所存《道藏辑要》经板，乃据清康熙年间的《道藏辑要》版重刻。雕刻字板起于1901年，由二仙庵严永和方丈发起，由各方善士捐助而开始。后又由宋智和及王复阳两位道长于1908年承继下来，历15年之久，至1915年才告竣工。

此套丛书共有245册，其字板系用梨木雕刻而成，共计14000多块，每块是两面刻字，一面两页。是书按角、亢、氐、房、心、尾、箕、斗、牛、女、虚、危、室、壁、奎、娄、胃、昴、毕、觜、参、井、鬼、柳、星、张、翼、轸二十八宿顺序排列。

抗日战争爆发以后，印刷经书的工作被迫停止，经板被保存在二仙庵的印制房内，1957年搬到二仙庵方丈堂，1961年又从二仙庵搬往青羊宫保存至今。1957年至1960年期间，对所藏经板蒸煮过两次。《道藏辑要》的经刻板经过数次搬迁，又历"文化大革命"的劫难，部分经板佚失或被人当作木材拿走，经道士们的一再保护、抢救，大部经板总算保存下来了，但仍然缺少400多块。1984年成都市道协同巴蜀书社签订联合重印《道藏辑要》协议后，刘理钊等老道长将经板按二十八宿顺序清点上架，并将所缺经板一一登记下来。近年巴蜀书社用二仙庵板重印发行。（潘斌）